Zugangscode

Nutzungsdauer 24 Monate

ISSMBR-BOREE-TAKEN-ABAFT-LAPIS-FAKES

https://www.pearson.de/mylab/makro9e

Makroökonomie

Makroökonomie

9., aktualisierte Auflage

Olivier Blanchard
Gerhard Illing

Pearson

Bibliografische Information der Deutschen Nationalbibliothek
Die Deutsche Nationalbibliothek verzeichnet diese Publikation in der Deutschen Nationalbibliografie; detaillierte bibliografische Daten sind im Internet über http://dnb.dnb.de abrufbar.

Der Umwelt zuliebe verzichten wir auf Einschweißfolie.

Bei Fragen zur Produktsicherheit wenden Sie Sich bitte an info@pearson.de.

10 9 8 7 6 5 4 3 2 1

27 26 25

ISBN 978-3-86894-555-3

Zugangscode einlösbar bis 31.07.2027

Programmleitung: Martin Milbradt
Projektverantwortung MyMathLab | Makroökonomie: Birger Peil
Fachlektorat: Prof. Dr. Gerhard Illing
Korrektorat: Hildegard Graf
Produktion: Markus Stahmann
Herstellung: Philipp Burkart, pburkart@pearson.de
Satz: Reemers Publishing Services GmbH, Krefeld
Druck und Verarbeitung: Neografia, a.s., Martin-Priekopa

Printed in Slovakia

Inhaltsverzeichnis

Vorwort 15

TEIL I: EINLEITUNG 21

Kapitel 1 Eine Reise um die Welt 23

1.1 Ein Blick auf die makroökonomischen Daten 24
1.2 Auswirkungen von Covid-Pandemie und dem Angriff Russlands auf die Ukraine 27
1.2.1 Die Entwicklung der Produktion 27
1.2.2 Die Entwicklung der Arbeitslosenquote 28
1.2.3 Der Anstieg der Inflation 29
1.2.4 Die Reaktion der Zentralbanken 30
1.2.5 Der Anstieg der Staatsverschuldung 31
1.3 Langfristige Herausforderungen 33
1.3.1 Wie wird sich das Produktivitätswachstum in Zukunft entwickeln? 34
1.3.2 Das Wachstum in China 35
1.3.3 Wachstum und Ungleichheit 38
1.3.4 Wachstum und globale Erwärmung 39
1.4 Wie es weitergeht 41
Anhang: Wo findet man die Zahlen 45

Kapitel 2 Eine Reise durch das Buch 47

2.1 Produktion und Wirtschaftswachstum – das BIP 48
2.1.1 BIP, Einkommen und Wertschöpfung 48
2.1.2 Nominales und reales BIP 54
2.2 Die Inflationsrate 57
2.3 Die Erwerbs- bzw. Arbeitslosenquote 62
2.4 Arbeitslosigkeit, Inflation und Wirtschaftswachstum – das Gesetz von Okun und die Phillipskurve 65
2.4.1 Das Gesetz von Okun: Arbeitslosigkeit und Wirtschaftswachstum 65
2.4.2 Inflation und Arbeitslosigkeit 67
2.5 Die kurze, die mittlere und die lange Frist 69
2.6 Ein Fahrplan durch das Buch 70
Anhang: Das reale BIP – Mengen- und Preisindizes 77

TEIL II: DIE KURZE FRIST 81

Kapitel 3 Der Gütermarkt 83

3.1 Die Zusammensetzung des Bruttoinlandsproduktes (BIP) 84
3.2 Die Güternachfrage 86
3.2.1 Der Konsum C 87
3.2.2 Die Investitionen I 89
3.2.3 Die Staatsausgaben G 89

3.3 Die Bestimmung der Produktion im Gleichgewicht ... 89
3.3.1 Die formale Analyse ... 91
3.3.2 Die grafische Analyse ... 91
3.3.3 Die verbale Analyse ... 94
3.3.4 Wie lange dauert es, bis der Anpassungsprozess abgeschlossen ist? ... 95
3.4 Investition ist gleich der Ersparnis – ein alternativer Ansatz für das Gleichgewicht auf dem Gütermarkt ... 98
3.5 Ist die Regierung allmächtig? Eine Warnung ... 100

Kapitel 4 Finanzmärkte I 105

4.1 Die Geldnachfrage ... 106
4.1.1 Die Ableitung der Geldnachfrage ... 109
4.2 Die Bestimmung von Geldangebot und Zinssatz I ... 112
4.2.1 Gleichgewicht zwischen Geldnachfrage und Geldangebot bei einer Geldmengensteuerung ... 113
4.2.2 Geldpolitik und Offenmarktgeschäfte ... 115
4.2.3 Geldpolitik bei Zinssteuerung ... 117
4.3 Die Bestimmung von Geldangebot und Zinssatz II ... 119
4.3.1 Das Verhalten der Geschäftsbanken ... 119
4.3.2 Angebot und Nachfrage nach Zentralbankgeld (Geldbasis) ... 121
4.4 Die Liquiditätsfalle ... 125
Anhang: Bestimmung des Geldmarktgleichgewichts für den Fall, dass sowohl Bargeld als auch Sichteinlagen gehalten werden ... 135

Kapitel 5 Gleichgewicht auf Güter- und Finanzmärkten: das IS-LM-Modell 139

5.1 Der Gütermarkt und die *IS*-Gleichung ... 140
5.1.1 Investitionen, Absatz und Zinssatz ... 141
5.1.2 Die Bestimmung des Produktionsniveaus ... 141
5.1.3 Die Ableitung der *IS*-Kurve ... 143
5.1.4 Verschiebungen der *IS*-Kurve ... 144
5.2 Finanzmärkte und die *LM*-Gleichung ... 145
5.2.1 Reale Geldmenge, Realeinkommen und Zinssatz ... 146
5.2.2 Die Ableitung der *LM*-Kurve ... 146
5.3 Das Zusammenspiel von *IS*- und *LM*-Gleichung ... 147
5.3.1 Fiskalpolitik, Produktion und Zinssatz ... 148
5.3.2 Geldpolitik ... 150
5.4 Die Kombination von Geld- und Fiskalpolitik ... 151
5.5 Wie gut bildet das *IS-LM*-Modell die Fakten ab? ... 159
Anhang: Die Ableitung der *LM*-Kurve bei einer Geldmengensteuerung ... 167

Kapitel 6 Finanzmärkte II: Das erweiterte IS-LM-Modell 171

6.1 Nominalzinsen vs. Realzinsen ... 172
6.1.1 Nominalzins und Realzins in Deutschland seit 1974 ... 174
6.1.2 Nominalzins und Realzins: Deflation und die effektive Zinsuntergrenze ... 177
6.2 Risiken und Risikoprämien ... 177

6.3 Die Rolle der Finanzintermediäre ... 179
6.3.1 Die Bestimmung der Fremdfinanzierungsquote (Leverage) ... 180
6.3.2 Fremdfinanzierung und Kreditvergabe ... 181
6.3.3 Liquidität ... 181
6.4 Die Erweiterung des *IS-LM*-Modells ... 184
6.4.1 Leitzins vs. Kreditzins ... 184
6.4.2 Geldpolitik und Schocks im Finanzsektor ... 185
6.5 Die weltweite Finanzkrise ... 187
6.5.1 Der Ursprung der Krise ... 188
6.5.2 Die Rolle der Finanzintermediäre ... 189
6.5.3 Auswirkungen auf die Makroökonomie ... 190
6.5.4 Wirtschaftspolitische Maßnahmen ... 191

TEIL III: DIE MITTLERE FRIST ... 199

Kapitel 7 Der Arbeitsmarkt 201

7.1 Ein Überblick über den Arbeitsmarkt ... 202
7.2 Die Entwicklung der Arbeitslosenquote ... 210
7.3 Wie Löhne bestimmt werden ... 212
7.3.1 Lohnverhandlungen ... 214
7.3.2 Effizienzlöhne ... 214
7.3.3 Löhne, Preise und Arbeitslosigkeit ... 217
7.4 Wie Preise festgesetzt werden ... 219
7.5 Die natürliche Arbeitslosenquote ... 220
7.5.1 Die Lohnsetzungsgleichung ... 221
7.5.2 Die Preissetzungsgleichung ... 222
7.5.3 Der gleichgewichtige Reallohn und die gleichgewichtige Arbeitslosenquote ... 222
7.6 Die weitere Vorgehensweise ... 227
Anhang: Lohn- und Preissetzungsgleichung versus Arbeitsangebot und Arbeitsnachfrage ... 233

Kapitel 8 Die Phillipskurve, Inflation und die natürliche Arbeitslosenquote 235

8.1 Inflation, erwartete Inflation und Arbeitslosigkeit ... 237
8.2 Die Bedeutung der Inflationserwartungen ... 239
8.2.1 Die ursprüngliche Philippskurve ... 239
8.2.2 Steigende Inflationserwartungen ... 240
8.2.3 Die Rückkehr zu fest verankerten Inflationserwartungen ... 244
8.3 Die Covid-Inflation und die Bedeutung von Angebotsschocks ... 247
8.4 Erweiterungen ... 254
8.4.1 Hohe Inflation und Phillipskurve ... 254
8.4.2 Deflation und Phillipskurve ... 255
Anhang: Von der aggregierten Angebotsfunktion zu einer Beziehung zwischen Inflation, erwarteter Inflation und Arbeitslosigkeit ... 262

Kapitel 9 Von der kurzen zur mittleren Frist: Das *IS-LM-PC*-Modell 265

9.1 Das *IS-LM-PC*-Modell ... 266
9.2 Die Anpassung zum mittelfristigen Gleichgewicht ... 271
9.3 Was im Lauf des Anpassungsprozesses alles schieflaufen kann ... 273
9.3.1 Die Rolle der Erwartungsbildung ... 274
9.3.2 Die Gefahr einer Deflationsspirale an der Zinsuntergrenze ... 275
9.4 Ein neuer Blick auf die Haushaltskonsolidierung ... 279
9.5 Die Auswirkungen anhaltend steigender Ölpreise ... 281
9.6 Die COVID-19-Pandemie und Russlands Invasion in der Ukraine ... 284
9.6.1 Ein Ansatz mit zwei Sektoren ... 285
9.6.2 Die Pandemie im *IS-LM-PC*-Modell ... 288
9.6.3 Basisszenario ohne Spillover-Effekte als Grenzfall: $Y^* = Y_n'$ ... 288
9.6.4 Szenario 1: Klassischer Angebotsschock: Inflationsdruck in Sektor B; $Y^* > Y_n'$ ... 289
9.6.5 Szenario 2: Keynesianischer Angebotsschock: Nachfrageausfall in Sektor B; $Y^* < Y_n'$ ... 290
9.6.6 Mittel- bis langfristige Herausforderungen ... 292
9.7 Schlussfolgerungen ... 296

Kapitel 10 Wachstum – stilisierte Fakten 305

10.1 Wie messen wir den Lebensstandard? ... 307
10.2 Wachstum in den Industriestaaten seit 1950 ... 312
10.2.1 Der Anstieg des Lebensstandards seit 1950 ... 313
10.2.2 Konvergenz des Lebensstandards seit 1950 ... 313
10.2.3 Die Abflachung des Wachstums pro Kopf ... 314
10.3 Wachstum – eine breitere Perspektive ... 315
10.3.1 Zwei Jahrtausende im Rückblick ... 315
10.3.2 Ein Blick über viele Länder hinweg ... 316
10.4 Die Grundlagen der Wachstumstheorie ... 317
10.4.1 Die aggregierte Produktionsfunktion ... 318
10.4.2 Skalen- und Faktorerträge ... 318
10.4.3 Kapitalintensität und Produktion je Erwerbstätigen ... 319
10.4.4 Die Quellen des Wachstums ... 320

Kapitel 11 Produktion, Sparen und der Aufbau von Kapital 327

11.1 Die Wechselwirkung zwischen Produktion und Kapital ... 328
11.1.1 Die Wirkung von Kapital auf die Produktion ... 329
11.1.2 Die Wirkung der Produktion auf die Kapitalakkumulation ... 330
11.2 Sparquote und Kapitalakkumulation ... 331
11.2.1 Die Dynamik von Kapitalbildung und Produktion ... 332
11.2.2 Kapital und Produktion im Steady State ... 334
11.2.3 Der Einfluss der Sparquote auf die Produktion ... 335
11.2.4 Sparquote und Konsum ... 338
11.3 Ein Gefühl für die Größenordnungen ... 342
11.3.1 Wie wirkt sich ein Anstieg der Sparquote auf die Steady-State-Produktion aus? ... 342
11.3.2 Wie wirkt sich ein Anstieg der Sparquote auf den Anpassungsprozess aus? 343
11.3.3 Die Sparquote aus Sicht der goldenen Regel ... 345

11.4 Physisches Kapital versus Humankapital ... 347
11.4.1 Eine Verallgemeinerung der Produktionsfunktion ... 347
11.4.2 Humankapital, physisches Kapital und die Produktion ... 348
11.4.3 Endogenes Wachstum ... 349
Anhang: Die Cobb-Douglas-Produktionsfunktion und der Steady State ... 354

Kapitel 12 Wachstum und technischer Fortschritt 357

12.1 Technischer Fortschritt und Wachstumsraten ... 358
12.1.1 Technischer Fortschritt in der Produktionsfunktion ... 358
12.1.2 Die Wechselwirkung zwischen Produktion und Kapital ... 360
12.1.3 Die Dynamik von Kapitalbestand und Produktion ... 362
12.1.4 Der Einfluss der Sparquote ... 364
12.2 Was bestimmt den technischen Fortschritt? ... 367
12.2.1 Die Produktivität des Forschungsprozesses ... 367
12.2.2 Profitabilität des Forschungsprozesses ... 369
12.2.3 Management, Innovation und Imitation ... 370
12.3 Die Rolle von Institutionen für Wachstum und technischen Fortschritt ... 371
12.4 Ein neuer Blick auf die Fakten des Wachstums ... 374
Anhang 1: Wie man ein Maß für technischen Fortschritt erstellt ... 381
Anhang 2: Die Veränderung der Kapitalintensität (je effektiver Arbeit) im Zeitablauf ... 383

Kapitel 13 Herausforderungen des Wachstums 385

13.1 Die Zukunft technischen Fortschritts ... 386
13.2 Technischer Fortschritt und Arbeitslosenquote ... 389
13.3 Technischer Fortschritt, Verteilung und Ungleichheit ... 391
13.3.1 Der Anstieg der Lohnspreizung ... 393
13.3.2 Die Ursachen für den Anstieg der Lohnspreizung ... 396
13.3.3 Ungleichheit und die oberen ein Prozent ... 397
13.3.4 Wachstum und Ungleichheit ... 399
13.4 Klimawandel und globale Erwärmung ... 403

TEIL V: ERWARTUNGEN ... 413

Kapitel 14 Finanzmärkte und Erwartungen 415

14.1 Diskontierter erwarteter Gegenwartswert ... 416
14.1.1 Die Berechnung des diskontierten erwarteten Gegenwartswerts ... 416
14.1.2 Anwendung von Gegenwartswerten: Beispiele ... 418
14.1.3 Nominal- und Realzinsen ... 420
14.2 Kurse und Renditen von Anleihen ... 422
14.2.1 Kurse und Renditen von Anleihen: Gegenwartswerte ... 424
14.2.2 Arbitrage und Anleihekurse ... 425
14.2.3 Arbitrage und Zinsstrukturkurve ... 427
14.2.4 Die Liquiditätsprämie ... 428
14.2.5 Die Interpretation der Zinsstrukturkurve ... 429

14.3 Kursbewegungen am Aktienmarkt . . . 432
14.3.1 Aktienkurse als Gegenwartswerte . . . 433
14.3.2 Der Aktienmarkt und die wirtschaftliche Aktivität . . . 434
14.4 Risiken, Blasen, Launen und Aktienkurse . . . 437
14.4.1 Aktienkurse und Risikoprämie . . . 437
14.4.2 Aktienkurse: Fundamentalwert vs. Blasen . . . 437
Anhang . . . 447

Kapitel 15 Erwartungsbildung, Konsum und Investitionen 451

15.1 Erwartungen und Konsumnachfrage . . . 452
15.1.1 Konsumverhalten bei perfekter Voraussicht . . . 453
15.1.2 Eine realistischere Betrachtung . . . 455
15.1.3 Eine integrierte Sichtweise des Konsumverhaltens . . . 457
15.2 Investitionen . . . 462
15.2.1 Gewinnerwartungen und Investitionen . . . 462
15.2.2 Ein vereinfachter Spezialfall . . . 466
15.2.3 Aktuelle versus zukünftige Gewinne . . . 467
15.2.4 Umsatz und Gewinn . . . 469
15.3 Die Volatilität von Konsum und Investitionen . . . 470
Anhang: Ableitung des Gegenwartswertes erwarteter zukünftiger Gewinne bei statischen Erwartungen . . . 476

Kapitel 16 Erwartungen,Wirtschaftsaktivität und Politik 477

16.1 Erwartungen und Nachfrage – eine Zusammenfassung . . . 478
16.1.1 Konsum und Investitionsentscheidungen – die Rolle der Erwartungen . . . 478
16.1.2 Die *IS*-Kurve mit Erwartungen . . . 479
16.2 Geldpolitik und die Rolle von Erwartungen . . . 483
16.2.1 Abbau des Budgetdefizits bei rationalen Erwartungen . . . 487
16.2.2 Der Einfluss von Erwartungen über die Zukunft . . . 487
16.2.3 Effekte in der aktuellen Periode . . . 488

TEIL VI: DIE OFFENE VOLKSWIRTSCHAFT . . . 497

Kapitel 17 Offene Güter- und Finanzmärkte 499

17.1 Offene Gütermärkte . . . 501
17.1.1 Exporte und Importe . . . 501
17.1.2 Die Wahl zwischen in- und ausländischen Gütern . . . 504
17.1.3 Nominale Wechselkurse . . . 505
17.1.4 Vom nominalen zum realen Wechselkurs . . . 506
17.1.5 Von bilateralen zu multilateralen Wechselkursen . . . 509
17.1.6 Das Gesetz des einheitlichen Preises und die Kaufkraftparität (PPP) . . . 511
17.2 Offene Finanzmärkte . . . 512
17.2.1 Die Zahlungsbilanz . . . 513
17.2.2 Die Wahl zwischen in- und ausländischen Kapitalanlagen . . . 517
17.2.3 Zinssätze und Wechselkurse . . . 519
17.3 Schlussfolgerungen und Ausblick . . . 522

Kapitel 18 Der Gütermarkt in einer offenen Volkswirtschaft 529

18.1 Die *IS*-Funktion in der offenen Volkswirtschaft ... 530
18.1.1 Die Nachfrage nach inländischen Gütern ... 530
18.1.2 Die Bestimmungsgrößen der Nachfrage nach inländischen Gütern ... 531
18.2 Handelsbilanz und Produktion im Gleichgewicht ... 535
18.3 Ein Anstieg von in- und ausländischer Nachfrage ... 536
18.3.1 Ein Anstieg der inländischen Nachfrage ... 536
18.3.2 Ein Anstieg der ausländischen Nachfrage ... 538
18.3.3 Fiskalpolitik in offenen Volkswirtschaften ... 539
18.4 Abwertungen, Handelsbilanz und Produktion ... 542
18.4.1 Abwertung und Handelsbilanz: Die Marshall-Lerner-Bedingung ... 542
18.4.2 Die Auswirkungen einer Abwertung ... 543
18.4.3 Die Kombination von Wechselkurs und Fiskalpolitik ... 544
18.5 Eine dynamische Analyse – die *J*-Kurve ... 548
18.6 Ersparnis, Investitionen und Leistungsbilanz ... 551
Anhang 1: Multiplikatoren – Belgien versus die Vereinigten Staaten ... 561
Anhang 2: Die Ableitung der Marshall-Lerner-Bedingung ... 563

Kapitel 19 Produktion, Zinssatz und Wechselkurs 565

19.1 Das Gleichgewicht auf dem Gütermarkt ... 566
19.2 Das Gleichgewicht auf den Finanzmärkten ... 568
19.2.1 Geld vs. Wertpapiere ... 568
19.2.2 Inländische vs. ausländische Wertpapiere ... 568
19.3 Der Gütermarkt und die Finanzmärkte ... 571
19.4 Wirtschaftspolitik in einer offenen Volkswirtschaft ... 574
19.4.1 Die Wirkungen von Geldpolitik in einer offenen Volkswirtschaft ... 574
19.4.2 Die Wirkungen von Fiskalpolitik in einer offenen Volkswirtschaft ... 574
19.5 Feste Wechselkurse ... 580
19.5.1 Feste Wechselkurse, Crawling Pegs, Bandbreiten, das Europäische Währungssystem (EWS) und der Euro ... 580
19.5.2 Die Entscheidung für einen festen Wechselkurs und die Kontrolle über die Geldpolitik ... 581
19.5.3 Fiskalpolitik unter festen Wechselkursen ... 582
Anhang: Feste Wechselkurse, Zinssätze und Kapitalmobilität ... 588

Kapitel 20 Unterschiedliche Wechselkursregime 591

20.1 Wechselkurse in der mittleren Frist ... 592
20.1.1 Die aggregierte Nachfrage bei festen Wechselkursen ... 593
20.1.2 Das Gleichgewicht in der kurzen und in der mittleren Frist ... 594
20.1.3 Das Für und Wider einer Abwertung ... 595
20.2 Wechselkurskrisen bei festen Wechselkursen ... 597
20.3 Bewegungen der Wechselkurse bei flexiblen Kursen ... 600
20.3.1 Endogene Wechselkurserwartungen ... 601
20.3.2 Wechselkurse und die Leistungsbilanz ... 602
20.3.3 Wechselkurse und Zinserwartungen ... 602
20.3.4 Die Volatilität von Wechselkursen ... 603

20.4 Die Wahl zwischen unterschiedlichen Wechselkursregimen 604
20.4.1 Gebiete mit einer gemeinsamen Währung 605
20.4.2 Currency Boards und Dollarisierung 607
Anhang 1: Die *IS*-Kurve bei fixen Wechselkursen 615
Anhang 2: Der reale Wechselkurs und in- und ausländische reale Zinssätze 615

TEIL VII: ZURÜCK ZUR POLITIK 619

Kapitel 21 Sollten Politiker in ihrer Entscheidungsfreiheit beschränkt werden? 621

21.1 Unsicherheit und Politik 622
21.1.1 Wie viel wissen Makroökonomen eigentlich? 622
21.1.2 Sollte die Unsicherheit politische Entscheidungsträger veranlassen, weniger zu tun? 624
21.1.3 Unsicherheit und Beschränkungen der Entscheidungsfreiheit in der Politik 625
21.2 Erwartungen und Politik 625
21.2.1 Entführungen und Verhandlungen 626
21.2.2 Inflation und Arbeitslosigkeit – ein frischer Blick 627
21.2.3 Der Aufbau von Glaubwürdigkeit 630
21.2.4 Zeitinkonsistenz und Beschränkungen der politischen Entscheidungsträger 632
21.3 Politökonomische Aspekte 633
21.3.1 Spiele zwischen politischen Entscheidungsträgern und Wählern 633
21.3.2 Spiele zwischen politischen Entscheidungsträgern 635
21.3.3 Regeln für ein ausgeglichenes Staatsbudget 640

Kapitel 22 Fiskalpolitik – eine Zusammenfassung 647

22.1 Fiskalpolitik – was haben wir bisher gelernt? 648
22.2 Die staatliche Budgetrestriktion 649
22.2.1 Die Arithmetik von Defiziten und Staatsverschuldung 649
22.2.2 Aktuelle Steuern versus zukünftige Steuern 652
22.2.3 Die Entwicklung der Schuldenquote 655
22.3 Wichtige Themen aus der Fiskalpolitik 658
22.3.1 Die Ricardianische Äquivalenz 658
22.3.2 Defizite, Stabilisierung und das konjunkturbereinigte Defizit 660
22.3.3 Kriege und Defizite 661
22.3.4 Defizite und die Überalterung der Bevölkerung 663
22.4 Die Gefahren hoher Staatsverschuldung 664
22.4.1 Die Gefahr multipler Gleichgewichte 664
22.4.2 Schuldenschnitt 668
22.4.3 Entschuldung durch Gelddrucken und Hyperinflation 669
22.5 Aktuelle Herausforderungen hoher Staatsverschuldung 674

Kapitel 23 Geldpolitik – eine Zusammenfassung 685

23.1 Geldpolitik – was wir bisher gelernt haben ... 686
23.2 Von der Geldmengen- zur Zinssteuerung – moderne Konzepte der Geldpolitik ... 688
23.2.1 Ziele für das Geldmengenwachstum und Bandbreiten ... 688
23.2.2 Geldmengenwachstum und Inflation – eine andere Sichtweise ... 689
23.2.3 Inflationssteuerung und Zinsregeln ... 692
23.3 Die optimale Inflationsrate ... 695
23.3.1 Die Kosten der Inflation ... 695
23.3.2 Die Vorteile der Inflation ... 698
23.4 Geldpolitik in der Praxis – die Strategie der EZB ... 701
23.4.1 Der Auftrag der EZB ... 701
23.4.2 Der Aufbau der EZB ... 701
23.4.3 Die geldpolitische Strategie der EZB ... 702
23.4.4 Das geldpolitische Instrumentarium der EZB ... 703
23.5 Unkonventionelle Geldpolitik ... 706
23.6 Lehren aus der Krise – makroprudenzielle Regulierung ... 711

Kapitel 24 Epilog – die Geschichte der Makroökonomie 719

24.1 Keynes und die Weltwirtschaftskrise ... 720
24.2 Die neoklassische Synthese ... 721
24.2.1 Fortschritt an allen Fronten ... 721
24.3 Die Kritik der rationalen Erwartungen ... 724
24.3.1 Die drei Folgen der rationalen Erwartungen ... 724
24.3.2 Die Integration der rationalen Erwartungen ... 726
24.4 Forschungsrichtungen vor der globalen Finanzkrise ... 727
24.4.1 Neuklassik und die Real Business Cycle Theorie ... 727
24.4.2 Neokeynesianismus ... 728
24.4.3 Neue Wachstumstheorie ... 729
24.4.4 Auf dem Weg zu einer Synthese? ... 730
24.5 Lehren aus der Finanzkrise für die Makroökonomie ... 730
24.6 Aktuelle Forschungsrichtungen ... 732

TEIL VIII: ANHÄNGE ... 737

Anhang A Einführung in die Volkswirtschaftlichen Gesamtrechnungen 739

A.1 Die Verteilungsseite ... 740
A.2 Die Verwendungsseite ... 742
A.3 Einige warnende Hinweise ... 745
A.3.1 Weiterführende Literatur ... 745

Anhang B Mathematische Grundlagen 747

B.1 Geometrische Reihen ... 748
B.2 Nützliche Approximationen ... 749
B.3 Funktionen ... 752
B.4 Logarithmische Skalen ... 753

Anhang C Ökonometrie – eine Einführung 757

C.1 Veränderungen des Konsums und des verfügbaren Einkommens 758
C.2 Der Unterschied zwischen Korrelation und Kausalität 761

Anhang D Glossar 765

Anhang E Variablen im Buch 783

Stichwortverzeichnis 787

Vorwort

Angelsächsische Lehrbücher vermitteln Volkswirtschaftslehre in einem recht lockeren Stil. Sie versuchen, die Studenten durch aktuelle Bezüge und einen eingängigen Stil zu begeistern. Oft hören die Texte aber gerade dann mit dem Erklären auf, wenn es schwierig und anspruchsvoll wird. Ein tieferes Verständnis für komplexe Zusammenhänge wird den Studenten so nicht vermittelt.

Im Gegensatz dazu präsentieren traditionelle deutsche Lehrbücher theoretische Modellansätze sehr detailliert und umfassend. Die recht abstrakte Darstellungsweise wirkt auf Studenten aber nur wenig motivierend; sie versetzt die Studenten auch nicht in die Lage, erlernte Inhalte auf konkrete aktuelle wirtschaftspolitische Fragestellungen anzuwenden.

Das vorliegende Lehrbuch vereint – als deutsche Adaption der amerikanischen Ausgabe von Olivier Blanchard – die Vorzüge beider Traditionen.

Das Buch geht von aktuellen makroökonomischen Fragestellungen aus, um die Studenten für die Thematik zu motivieren. Die adaptierte Fassung geht dabei ausführlich auf aktuelle deutsche und europäische Aspekte ein. Eine der schwierigsten Herausforderungen für Studenten ist es, aktuelle Fragen anhand fundierter theoretischer Argumente zu analysieren. Das Buch zeigt auf, wie sich makroökonomische Modelle auf konkrete wirtschaftspolitische Fragestellungen anwenden lassen. Es macht die Theorie plastisch durch ständigen Bezug zu aktuellen Themen wie die Geld- und Fiskalpolitik in der Europäischen Währungsunion, die hohe Arbeitslosigkeit in Europa und vielen anderen.

Das Buch verfolgt zwei zentrale Anliegen

1. **Es möchte einen engen Bezug zu aktuellen makroökonomischen Fragen herstellen.**
   Die Makroökonomie ist deshalb so spannend, weil sie sich mit drängenden wirtschaftlichen Problemen auf der ganzen Welt auseinandersetzt, angefangen von den Auswirkungen der einheitlichen Geldpolitik im Europäischen Währungsraum über die Auswirkungen der weltweiten Finanzkrise bis hin zu den Bestimmungsgründen des Produktivitätswachstums in Industrie- und Schwellenländern. Diese und viele andere Themen werden im Buch detailliert behandelt; nicht in Fußnoten, sondern im Text und in speziellen Fokusboxen. Viele dieser Fokusboxen zeigen beispielhaft, wie sich mit Hilfe der theoretischen Ansätze konkrete wirtschaftspolitische Entwicklungen verstehen lassen.
2. **Es möchte eine integrierte Sicht der Makroökonomie vermitteln.**
   Das gesamte Buch verwendet ein einheitliches Modell, das die Implikationen der Gleichgewichtsbedingungen auf drei zentralen Märkten untersucht: den Güter-, den Finanz- und den Arbeitsmärkten. Je nach der konkreten Fragestellung werden manche Teile des Grundmodells vertieft, während andere für die Frage weniger relevante Aspekte nur vereinfacht dargestellt werden. Es handelt sich jedoch immer um das gleiche Modell. Damit soll von Anfang an vermittelt werden, dass der modernen Makroökonomie ein kohärenter Ansatz zugrunde liegt, nicht eine Ansammlung einzelner Modelle. Dieser Ansatz ermöglicht es nicht nur, zu verstehen, mit welchen Fragen sich die Makroökonomie in der Vergangenheit auseinandergesetzt hat, sondern auch die Probleme anzupacken, die sich in Zukunft stellen werden.

Änderungen der Neuauflage

Das gesamte Buch wurde wieder intensiv überarbeitet und aktualisiert. Die deutsche Neuauflage behandelt ausführlich den Anstieg der Inflation nach der Corona-Pandemie und der Invasion Russlands in der Ukraine. Sie untersucht, wie die Auswirkungen der Covid-Pandemie und des Angriffs auf die Ukraine starke Angebots- und Nachfrageschocks auslösten, die zu einem rasanten Anstieg der Energie- und Nahrungsmittelpreise führten. ▶ Kapitel 8 behandelt ausführlich die daraus entstandene Inflationsdynamik. Das Kapitel geht auf die zentrale Rolle von Inflationserwartungen für Preis- und Lohninflation ein und diskutiert die wirtschaftspolitischen Reaktionen. ▶ Kapitel 23 analysiert detailliert die geldpolitische Reaktion der EZB und die Bedeutung von Inflationsprognosen. In einer neuen Fokusbox wird untersucht, warum es so lange gedauert hat, bis die EZB mit Zinserhöhungen reagiert hat.

Im gesamten Buch wurden alle Daten und Fokusboxen aktualisiert, um die jüngsten Entwicklungen bis zum Zeitpunkt der Fertigstellung Ende 2024 zu erfassen. Auch ▶ Kapitel 1 wurde stark überarbeitet und aktualisiert. ▶ Kapitel 4 charakterisiert die aktuelle geldpolitische Zinsstrategie der EZB (ein Floor-System), mit der sie über ihren Einlagesatz den Marktzins (die Euro Short-Term Rate) steuert. ▶ Kapitel 13 befasst sich mit den Herausforderungen generativer künstlicher Intelligenz und der globalen Erwärmung. ▶ Kapitel 22 diskutiert die Auswirkungen hoher Staatsverschuldung und untersucht, welcher Handlungsspielraum für grüne Investitionen trotz Schuldenbremse besteht. Es geht dabei auch auf die aktuelle Reform der Fiskalregeln in der Europäischen Union ein.

Zahlreiche neue Fokusboxen zeigen, wie sich die makroökomische Analyse auf viele spannende aktuelle Fragestellungen anwenden lässt. So gibt es neue Fokusboxen zu den Themen:

- Geldnachfrage und Zinsen – empirische Evidenz (▶ Kapitel 4)
- Kreditgeschäfte der EZB (▶ Kapitel 4)
- Die Ursachen des Anstiegs der Inflation nach der Pandemie (▶ Kapitel 8)
- Ein neuer Blick auf die Goldene Regel (▶ Kapitel 12)
- Die Zinsstruktur nach der Pandemie (▶ Kapitel 14)
- Schuldenbremse und grüne Investitionen (▶ Kapitel 22)
- Covid, Inflation und die Geldpolitik (▶ Kapitel 23)

Kurz zusammengefasst: Die vorliegende Neuauflage geht ausführlich auf aktuelle Herausforderungen ein und integriert die Erfahrungen der hohen Inflation nach Corona-Pandemie und Ukraine-Krieg in fundierter Weise in eine makroökonomische Lehrbuchdarstellung, die moderne Forschungserkenntnisse für das Bachelorstudium aufbereitet. Die Abbildungen (mit vielen Beispielen aus Deutschland, dem Euroraum und anderen Regionen der Welt) sind zudem mit detaillierten Datenquellen versehen (meist direkt mit Online-Codes der FRED-Datenbank), sodass die Leser diese Abbildungen eigenständig aktualisieren können.

Soweit nicht anders angegeben, stammen die Daten von der FRED-Datenbank bzw. direkt von der OECD und der EZB.

Der Aufbau des Buchs

Das Buch besteht aus zwei zentralen Teilen: Einem Kern (▶ Kapitel 3 bis 13) und zwei wichtigen Erweiterungen (▶ Kapitel 14 bis 20). Im Anschluss an die Erweiterungen fassen drei Kapitel die Implikationen für die Wirtschaftspolitik zusammen. Die Übersicht auf Seite 12 verdeutlicht auf einen Blick, wie die einzelnen Kapitel strukturiert sind und wie sie sich in den Aufbau des ganzen Buchs einordnen.

▶ Kapitel 1 und 2 führen in die zentralen Fragestellungen der Makroökonomie ein.

▶ Kapitel 1 gibt einen Überblick über aktuelle makroökonomische Probleme in der ganzen Welt, beginnend in Deutschland und Europa über die Vereinigten Staaten bis hin zu China. ▶ Kapitel 2 führt in die Grundkonzepte ein und stellt die unterschiedlichen Perspektiven vor, die in den Kernkapiteln behandelt werden: die kurze Frist, die mittlere Frist und die lange Frist. Dieses Kapitel bietet auch eine kompakte Einführung in die Grundlagen der Volkswirtschaftlichen Gesamtrechnungen (VGR). Eine ausführliche, detaillierte Darstellung der VGR findet sich im **Anhang A** am Ende des Buches.

▶ Kapitel 3 bis 13 bilden den Kern des Buches.

▶ Kapitel 3 bis 6 behandeln die kurze Frist. Diese drei Kapitel untersuchen das Gleichgewicht auf Güter- und Finanzmärkten. Sie entwickeln das IS-LM-Modell, das Grundmodell zur Analyse der kurzen Frist. Das neue ▶ Kapitel 6 erweitert das traditionelle IS-LM-Modell, um die Rolle des Finanzsystems für die Makroökonomie abzubilden. Die Unterscheidung zwischen dem Leitzins, den die Zentralbank steuert, und dem Zins für Kredite im privaten Sektor ist ein zentraler Aspekt zum Verständnis des Verlaufs der weltweiten Finanzkrise und der Krise im Euroraum.
▶ Kapitel 7 bis 9 konzentrieren sich auf die mittlere Frist. ▶ Kapitel 7 untersucht den Arbeitsmarkt und führt das Konzept der natürlichen Arbeitslosenquote ein. ▶ Kapitel 8 leitet den Zusammenhang zwischen Inflation und Arbeitslosigkeit ab – die Phillipskurve. ▶ Kapitel 9 entwickelt schließlich das IS-LM-PC-Modell – ein Modell, das das gesamtwirtschaftliche Gleichgewicht auf den Güter-, den Finanz- und den Arbeitsmärkten integriert. Es zeigt, wie man anhand dieses Modells die Dynamik von Wirtschaftsaktivität und Inflation sowohl auf kurze als auch auf mittlere Frist analysieren kann.
▶ Kapitel 10 bis 13 betrachten schließlich die lange Frist. ▶ Kapitel 10 präsentiert stilisierte Fakten des Wachstums. Es dokumentiert das enorme Produktionswachstum in den Industriestaaten während der vergangenen 60 Jahre. ▶ Kapitel 11 und 12 entwickeln ein Wachstumsmodell, das die Bedeutung von Kapitalakkumulation und technischem Fortschritt für das Wachstum herausarbeitet. ▶ Kapitel 13 untersucht die Auswirkungen technischen Fortschritts auf die kurze, mittlere und lange Frist. Es diskutiert, ob und wann technischer Fortschritt zu Arbeitslosigkeit oder zunehmender Ungleichheit der Einkommensverteilung führt.

▶ Kapitel 14 bis 20 wenden sich dann zwei wichtigen Erweiterungen zu:

Kapitel ▶ 14 bis 16 untersuchen die Rolle von Erwartungen für die kurze und mittlere Frist. Erwartungen haben auf den Finanzmärkten und bei Konsum- und Investitionsentscheidungen zentrale Bedeutung. Sie beeinflussen auch die Wirksamkeit von Wirtschaftspolitik.
▶ Kapitel 17 bis 20 betrachten die offene Volkswirtschaft. Sie untersuchen, welche Bedeutung offene Güter- und Faktormärkte für das Gleichgewicht in der kurzen und mittleren Frist haben. Sie führen das Konzept des realen Wechselkurses ein und analysieren die Eigenschaften unterschiedlicher Wechselkursregimes sowie die Auswirkungen von Wechselkurskrisen.

▶ Kapitel 21 bis 23 kehren zur Analyse der Wirtschaftspolitik zurück. Diese Kapitel fassen die Erkenntnisse zusammen, die im Lauf des Buches in den verschiedenen Kapiteln gewonnen wurden, und ordnen sie in eine gemeinsame Perspektive ein.

▶ Kapitel 21 fragt, welche Grenzen die Existenz von Unsicherheit und das Eigeninteresseder Politiker einer aktiven Rolle der Wirtschaftspolitik setzen. Es zeigt, wie man angesichtsdieser Grenzen geeignete Institutionen gestalten sollte, und geht dabei auf dieUnabhängigkeit von Zentralbanken und den Europäischen Stabilitäts- und Wachstumspaktein. ▶ Kapitel 22 untersucht den Zusammenhang zwischen Staatsverschuldung,Steuern und Staatsausgaben und behandelt aktuelle Themen der Fiskalpolitik. ▶ Kapitel 23 diskutiert aktuelle Entwicklungen der Geldpolitik, angefangen von Inflationssteuerungbis zu Finanzmarktstabilität und makro-prudenzieller Regulierung. Im Laufe einerVorlesung kann ein Teil dieser Themen auch schon früher behandelt werden.
▶ Kapitel 24 schließlich präsentiert in einem Epilog die Geschichte der Makroökonomie im Verlauf der letzten Jahrzehnte und zeigt aktuelle Forschungsansätze auf.

Vorschläge zur Vorlesungsplanung

Die Struktur des Buches bietet viele Möglichkeiten, die Themen in unterschiedlicher Reihenfolge zu behandeln. Der Stoff der meisten Kapitel lässt sich im Rahmen einer 90-minütigen Vorlesung gut abhandeln. Manche Kapitel (etwa ▶ Kapitel 6 und ▶ 9) erfordern allerdings längere Zeit. Nachfolgend einige Vorschläge zur Organisation der Vorlesungen:

- *Kurzer Zyklus (bis zu maximal 15 Vorlesungen)*
  Ein kurzer Vorlesungszyklus konzentriert sich am besten auf die Einführungskapitel und den Kern. Lässt man ▶ Kapitel 13 weg, ergibt das 12 Vorlesungen. Sie lassen sich sehr gut ergänzen durch ein oder zwei Kapitel der Erweiterungen, etwa ▶ Kapitel 16 zu Erwartungen (es kann als eigenständige Vorlesung genutzt werden) und ▶ Kapitel 17 zur offenen Volkswirtschaft.
  Bei einem kurzen Zyklus könnte auch die lange Frist (Wachstumstheorie, ▶ Kapitel 10 bis 13) ganz weggelassen werden. Dann bleibt genug Zeit, um etwa die offene Volkswirtschaft und auch ein Thema der Wirtschaftspolitik zu behandeln.
- *Langer Zyklus (20 bis 26 Vorlesungen)*
  Eine vierstündige Vorlesung in einem Semester oder eine zweistündige Vorlesung über zwei Semester lassen genug Zeit, um den Kern und ein oder zwei Erweiterungen sowie die Kapitel zur Wirtschaftspolitik zu behandeln. Die Erweiterungen setzen die Kenntnis des Stoffes der Kernkapitel voraus, sind aber ansonsten eigenständig aufgebaut. Die im Buch gewählte Reihenfolge bietet sich aber deshalb an, weil die Analyse der Rolle von Erwartungen das Verständnis später behandelter Themen wie die Zinsparität oder Wechselkurskrisen erleichtert.

Zusatzmaterial

Gute Makroökonomen zeichnen sich sowohl durch ein detailliertes Verständnis der Theorie wie durch eine fundierte Kenntnis der empirischen Fakten aus. Die in jedem Kapitel enthaltenen Übungsaufgaben sollen helfen, auf beiden Feldern einen hohen Wissensstandard zu erreichen. Viele Hinweise zeigen auf, wo man Daten abrufen kann, um die theoretischen Einsichten anhand empirischer Arbeit zu vertiefen. Auch die Marginalspalten machen das Lernen einfacher. Rot schraffierte Marginalspalten fassen bestimmte Ableitungen und Definitionen in prägnanter Weise zusammen. Die übrigen betonen wichtige Punkte nochmals, stellen Bezüge zu anderen Kapiteln her oder verdeutlichen den Text anhand von Anekdoten.

Eine ideale Ergänzung zum Lehrbuch für Studierende ist das **Übungsbuch** von Ulrich Klüh, Stephan Sauer und Tobias Hagen. In diesen „Übungen zur Makroökonomie – 7., aktualisierte Auflage" finden Sie sowohl Multiple-Choice- als auch Übungsaufgaben mit ausführlichen Lösungen zu jedem einzelnen Kapitel dieses Lehrbuchs. Das Übungsbuch eignet sich hervorragend für eine zielgerichtete Klausurvorbereitung.

Danksagung

Harald Badinger und Ingrid Kubin, Wirtschaftsuniversität Wien, Axel Lindner, IWH Halle, Joachim Möller, IAB Nürnberg, Albrecht Ritschl, LSE London, Ulrich Woitek, Universität Zürich, Ingo Barens, TU Darmstadt, Frank Heinemann, TU Berlin, Reinhard Spree, Universität München, Thomas Hueck, Bosch Stuttgart, Julian von Landesberger, Franziska Maruhn und Stephan Sauer, Europäische Zentralbank Frankfurt sowie Robert Koll und Wolfgang Nierhaus, ifo Institut München, Joachim Scheide, IfW Kiel, Ulrich Klüh, Hochschule Darmstadt, Thomas Hintermaier, Universität Bonn, Gernot Müller, Universität Tübingen, Matthias Schlegl, Sophia Universität Tokio, Sebastian Horn, Universität Kiel, Alexander Schwemmer, BMF Berlin, Niklas Potrafke, ifo Institut München, sowie Herr Glöckler vom Sachverständigenrat in Wiesbaden und Mitarbeiter des Statistischen Bundesamtes Wiesbaden haben wertvolle Anregungen bei der Durchsicht von Teilen des Manuskripts gegeben. Ganz besonders herzlich bedanken möchte ich mich bei Franz X. Hof von der TU Wien und Johannes Pfeifer von der Universität der Bundeswehr München (Neubiberg) für zahlreiche detaillierte kritische Hinweise. Auch viele andere Kollegen und zahlreiche Studierende haben nach intensiver und sorgfältiger Lektüre zahlreiche konstruktive Kommentare geschickt, die zu einer stetigen Verbesserung des Buches beigetragen haben.

Gerhard Illing

MyMathLab | Makroökonomie

Die 9., aktualisierte Auflage enthält einen 24-monatigen Zugangscode zu **MyMathLab | Makroökonomie**. Die Pearson eLearning-Umgebung ergänzt das Buch in idealer Weise, weil die Studierenden hier das wichtige mathematische Verständnis für makroökonomische Modelle und Prozesse durch eigene Anwendung vermittelt bekommen.

Dafür stehen in **MyMathLab | Makroökonomie** unterschiedliche Aufgabentypen, die klar nach Kapitelabschnitten gegliedert sind, zur Verfügung:

- kürzere Multiple-Choice-Tests,
- Fill-in-the-blank-Fragen,
- längere mathematische Aufgaben und
- Aufgaben mit grafischen Lösungen sowie Aufgaben mit Echtzeitdaten, sogenannte Real Time Data.

Die Aufgaben enthalten zahlreiche Schritt-für-Schritt-Hinweise, die Studierenden bei Verständnisproblemen zielgerichtet helfen und zur richtigen Lösung führen. Hauptzielsetzung bei der Arbeit mit den Aufgaben ist eine effektive Vorbereitung auf Prüfungen, um diese nachher gut bestehen zu können.

Die überwiegende Anzahl der Aufgaben wurde exklusiv für **MyMathLab | Makroökonomie** erstellt. Vereinzelt sind auch Aufgaben aus dem Buch entnommen, allerdings mit geänderten Zahlenwerten.

Hinweise zur Bearbeitung

MyMathLab | Makroökonomie beinhaltet viele aufeinander folgende Aufgaben, die oft inhaltlich miteinander verknüpft sind, sodass es empfehlenswert ist, die Aufgaben in der vorgegebenen Reihenfolge zu bearbeiten.

Der Einstieg in **MyMathLab | Makroökonomie** erfolgt durch einen Lernplan, der sich wie ein roter Faden durch die Aufgaben zieht und ein zielgerichtetes Lernen zu immer wiederkehrenden Problematiken ermöglicht.

Diese Aufgaben sollten aber nicht als alleinige Übung verstanden werden. Zur optimalen Prüfungsvorbereitung ist es sinnvoll, möglichst alle Aufgaben im **MyMathLab | Makroökonomie** mindestens einmal durchzuarbeiten.

Dazu gehören auch Fragen, die mit „Wahr“, „Falsch“ oder „Bedingt wahr“ beantwortet werden müssen und den gesamten Stoff des Kapitels kurz abfragen. Es ist daher empfehlenswert, diese Aufgaben zuerst zu lösen, um herauszufinden, ob alle Teile des Kapitels generell verstanden wurden.

Eine Besonderheit stellen die im Buch befindlichen Aufgaben dar. Bei vielen handelt es sich um zentrale und relevante Aufgaben, die jede/r Student*in beherrschen muss. Die Lösungen zu diesen Aufgaben können im Bereich *Ressourcen* für Studierende heruntergeladen werden. Ein Großteil der weiterführenden Fragen dient dem Training zur Arbeit mit aktuellen Datensätzen. Anleitungen zur Suche nach aktuellen Daten und ihrer Bearbeitung finden sich ebenfalls im Bereich Ressourcen für Studierende im **MyMathLab | Makroökonomie**.

Im Bereich *Ressourcen* für Studierende findet sich eine zudem umfangreiche Linksammlung zu Institutionen und Instituten. Digitale Lernkarten helfen beim Lernen von Begriffen und Definitionen.

Für die Lehre

Dozent*innen haben die Möglichkeit, sich individuell aus einem großen Pool von ca. 1.000 Fragen und Problemstellungen Hausaufgaben für ihre geführten Kurse anzulegen.

Damit kann eine optimale Prüfungsvorbereitung erfolgen und ein angemessener Lernerfolg bei den Studierenden sichergestellt werden.

Lehrende, die das Buch in ihrer Vorlesung adaptieren, erhalten auf **MyMathLab | Makroökonomie** alle Antworten zu den Verständnistests, den Vertiefungsfragen und den weiterführenden Fragen.

Zudem erhalten Dozent*innen im Bereich Ressourcen zu allen Kapiteln PowerPoint-Präsentationen, die für die eigene Vorlesung individuell anpasst werden können. Zudem stehen hier auch alle Abbildungen aus dem Buch zur Verfügung.

Teil I: Einleitung

Die ersten beiden Kapitel des Buches führen in zentrale Fragestellungen der Makroökonomie ein.

Kapitel 1

In ▶ Kapitel 1 unternehmen wir eine makroökonomische Reise um die Welt. Wir beginnen mit einem Blick auf die makroökonomischen Daten in bestimmten Regionen der Welt. Wir betrachten vor allem die Vereinigten Staaten, Deutschland und den Euroraum sowie China als Schwellenland. Dann untersuchen wir die Auswirkungen und der Pandemie und des Angriffs Russlands auf die Ukraine. Schließlich betrachten wir aktuelle Herausforderungen für die Wirtschaftspolitik.

Kapitel 2

In ▶ Kapitel 2 unternehmen wir eine Reise durch das Buch. Wir definieren drei zentrale Variablen der Makroökonomie: Wirtschaftswachstum, Arbeitslosigkeit und Inflation. Im Anschluss daran führen wir die drei Konzepte ein, auf denen die Struktur des Buches basiert: die kurze Frist, die mittlere Frist und die lange Frist.

Eine Reise um die Welt

1

1.1 Ein Blick auf die makroökonomischen Daten 24

1.2 Auswirkungen von Covid-Pandemie und dem Angriff Russlands auf die Ukraine 27

1.3 Langfristige Herausforderungen 33

1.4 Wie es weitergeht 41

Wovon handelt **Makroökonomie**? Eine formale Definition hilft uns an dieser Stelle nicht viel weiter. Stattdessen wollen wir eine Reise um die Welt unternehmen, um zentrale wirtschaftliche Entwicklungen zu beschreiben und die Fragestellungen herauszuarbeiten, die Wirtschaftswissenschaftlern wie Politikern derzeit Sorgen bereiten.

Zum Zeitpunkt der Fertigstellung dieses Buches (Ende 2024) machten sich Makroökonomen und Politiker viele Gedanken über die angemessenen wirtschaftspolitischen Maßnahmen. Die rasante Verbreitung des COVID-19-Coronavirus hatte im ersten Halbjahr 2020 den schwersten globalen Wirtschaftseinbruch seit Ende des zweiten Weltkriegs ausgelöst. Der Pandemieschock führte zu einem drastischen Rückgang des Produktionspotenzials. Zugleich ließ er zunächst auch die Nachfrage in vielen Sektoren massiv einbrechen. Der Einbruch war jedoch nur von kurzer Dauer. Als sich die Wirtschaft wieder erholte, stieg die Inflation in vielen Ländern stark an. Verschärft durch den Angriff Russlands auf die Ukraine, waren viele Versorgungsketten zusammengebrochen; die Energie- und Nahrungsmittelpreise sind rasant gestiegen. Die Zentralbanken erhöhten den Leitzins in vielen Schritten stark, um eine Überhitzung der Wirtschaft zu bremsen. Im Lauf des Jahres 2023 kam es dann zu einem starken Rückgang der Inflation. Während das Wirtschaftswachstum in den USA hoch blieb, stagnierte die Wirtschaft im Euroraum; die Wirtschaftsprognosen wurden insbesondere in Deutschland immer weiter nach unten revidiert. Im Sommer 2024 begannen die Zentralbanken damit, die Zinsen wieder zu senken. Manche Ökonomen forderten angesichts einer beginnenden Rezession raschere Schritte zur Senkung der Zinsen. Andere wiederum sahen angesichts zunehmender Lohnforderungen und verschärfter geopolitischer Spannungen die Gefahr weiterer Preissteigerungen.

Dieses Kapitel will die Entwicklungen beschreiben und einen Einblick in die Fragen geben, die Wirtschaftswissenschaftler heute in unterschiedlichen Regionen der Welt bewegen. Wir beginnen mit einem Blick auf die Entwicklung in drei großen Wirtschaftsregionen: dem Euroraum, den USA und China. Dann analysieren wir die Auswirkungen der Covid-Pandemie und des Ukraine-Kriegs. Schließlich untersuchen wir langfristige Herausforderungen des Wachstums. Wir befassen uns mit folgenden Themen:

Kernbotschaft dieses Kapitels: Volkswirtschaften können – wie Menschen – krank werden: Hohe Arbeitslosigkeit, niedriges Wachstum, Rezessionen und Krisen. Die Makroökonomie beschäftigt sich damit, warum das passieren kann und wie darauf reagiert werden sollte.

- ▸ **Abschnitt 1.1** beschäftigt sich mit makroökonomischen Daten.
- ▸ **Abschnitt 1.2** untersucht die Auswirkungen der Covid-Pandemie und des Ukraine-Kriegs.
- ▸ **Abschnitt 1.3** betrachtet langfristige Herausforderungen.

Dieses erste Kapitel sollten Sie wie einen Zeitungsartikel lesen. Es geht nicht darum, die genaue Bedeutung der einzelnen Begriffe und die Logik der Argumente bis ins letzte Detail zu verstehen. In den folgenden Kapiteln werden wir die Begriffe exakt definieren und die Argumentation sorgfältig erarbeiten. Das Kapitel ist als Einführung in die Fragestellungen der Makroökonomie gedacht. Wenn Sie Spaß daran finden, das erste Kapitel zu lesen, dann wird es Ihnen auch Spaß machen, das ganze Buch durchzuarbeiten. Sobald Sie dies geschafft haben, sollten Sie noch einmal zum ersten Kapitel zurückblättern, um Ihre Fortschritte beim Studium der Makroökonomie zu überprüfen.

1.1 Ein Blick auf die makroökonomischen Daten

Wenn Makroökonomen sich mit einer Volkswirtschaft beschäftigen, dann betrachten sie zunächst vor allem drei Variablen:

- Die Produktion – die Wirtschaftsleistung der gesamten Volkswirtschaft – und die Wachstumsrate der Produktion.
- Die **Arbeitslosenquote** – der Anteil der Arbeitnehmer in der Volkswirtschaft, der in keinem Beschäftigungsverhältnis steht, der aber auf der Suche nach Beschäftigung ist.
- Die **Inflationsrate** – die Rate, mit der in der betrachteten Volkswirtschaft das durchschnittliche Preisniveau aller Güter im Zeitverlauf zunimmt.

▶ **Tabelle 1.1** bis **Tabelle 1.3** präsentieren diese Zahlen für ausgewählte Regionen der Welt. Wir betrachten Deutschland, den Euroraum, die Vereinigten Staaten und China. ▶ **Tabelle 1.1** liefert Daten über das Wirtschaftswachstum (die Wachstumsrate der Produktion, genauer des realen Bruttoinlandsprodukts – abgekürzt als BIP), ▶ **Tabelle 1.2** Daten zur Arbeitslosenquote und ▶ **Tabelle 1.3** zur Inflationsrate. Um die aktuellen Zahlen richtig einordnen zu können, gibt die zweite Spalte jeweils die Durchschnittswerte für die Jahre von 2010 bis 2019 wieder. Die restlichen Spalten geben die Werte für die Jahre 2020 bis 2025 an. Obwohl alle Zahlen Ende 2024 zusammengestellt wurden, werden sogar manche Werte für vergangene Jahre häufig danach noch revidiert. Es dauert nämlich ziemlich lange, bis alle relevanten Informationen gesammelt sind, um diese Werte exakt zu ermitteln. Bei den Werten für 2024 und 2025 handelt es sich um Prognosewerte – Schätzungen, die von der OECD im Dezember 2024 erstellt wurden.

In ▶ Kapitel 2 untersuchen wir, wie das BIP berechnet wird und lernen den Unterschied zwischen nominalem und realem BIP.

Hinweis zu allen Tabellen: Die Zahlen für den Euroraum geben den Durchschnittswert all der Staaten wieder, die den Euro eingeführt haben. Die Abgrenzung der beteiligten Länder variiert also über die Zeit.

Wachstumsrate der Produktion	2010–2019 (Durchschnitt)	2020	2021	2022	2023	2024	2025
Deutschland	2,0	−4,5	3,6	1,4	−0,1	0,0	0,7
Euroraum	1,4	−6,2	6,2	3,6	0,5	0,8	1,3
Vereinigte Staaten	2,4	−2,2	6,1	2,5	2,9	2,8	2,4
China	7,7	2,2	8,4	3,0	5,2	4,9	4,7

Tabelle 1.1 Wirtschaftswachstum (reales BIP) in Deutschland, dem Euroraum, den Vereinigten Staaten und China, 2010–2025 (in Prozent)

Arbeitslosenquote	2010–2019 (Durchschnitt)	2020	2021	2022	2023	2024	2025
Deutschland	4,5	3,7	3,6	3,1	3,0	3,5	3,6
Euroraum	10,2	7,9	7,8	6,8	6,6	6,4	6,3
Vereinigte Staaten	6,2	8,1	5,4	3,6	3,6	4,0	4,1

Tabelle 1.2 Arbeitslosenquote in Deutschland, dem Euroraum und den Vereinigten Staaten, 2010–2025 (in Prozent)

Inflationsrate	2010–2019 (Durchschnitt)	2020	2021	2022	2023	2024	2025
Deutschland	1,4	0,4	3,2	8,7	6,0	2,4	2,0
Euroraum	1,3	0,3	2,6	8,4	5,4	2,4	2,1
Vereinigte Staaten	1,8	1,2	4,7	8,0	4,1	2,9	2,4
China	2,6	2,5	0,8	1,9	0,3	0,4	1,1

Tabelle 1.3 Inflationsrate in Deutschland, dem Euroraum, den Vereinigten Staaaten und China, 2010–2025 (in Prozent)

Quelle für alle Tabellen: OECD Economic Outlook (http://www.oecd.org/economy/outlook/statistical-annex) Dezember 2024; Daten für 2022 und 2023 vorläufig; Daten für 2024 und 2025 Prognosen

Werfen wir kurz einen Blick auf die drei Tabellen, um zu verstehen, welcher Zusammenhang zwischen BIP Wachstum, Arbeitslosenquote und Inflation besteht. Zwischen 2010 und 2019 ist das reale BIP (die Produktionsaktivität) in Deutschland, dem Euroraum und den USA im Durchschnitt zwischen 1,4% und 2,4% gewachsen. Die Arbeitslosenquote lag im vergangenen Jahrzehnt im Euroraum deutlich über dem Niveau der USA und Deutschlands. In China war die reale Wachstumsrate mehr als dreimal so hoch wie in den USA. In allen vier Regionen waren die Inflationsraten sehr niedrig. In ▶ **Tabelle 1.2** sind keine Daten zur Arbeitslosenquote in China angegeben. Arbeitslosigkeit ist in ärmeren Ländern sehr schwer zu berechnen. Viele Beschäftigte bleiben einfach im Landwirtschaftssektor, statt sich erwerbslos zu melden. Umgekehrt werden viele Wanderarbeiter, die in die Städte ziehen, nicht richtig registriert. Die offiziellen Daten zur Arbeitslosigkeit sind deshalb nur wenig informativ. Es kann freilich kein Zweifel bestehen, dass das hohe Wirtschaftswachstum in China auch der Beschäftigung starken Auftrieb gegeben hat.

Die Fokusbox *„Die Wachstumsraten in China“* gibt mehr Information zur Datenqualität in China.

Nach Ausbruch der Pandemie kam es zu einem gravierenden Wirtschaftseinbruch. Die Inflationsraten fielen fast auf null. In den Vereinigten Staaten stieg die Arbeitslosenquote stark an. In Deutschland wie im gesamten Euroraum hat dagegen das Instrument der Kurzarbeit den Arbeitsmarkt stabilisiert und so einen Anstieg der Arbeitslosenquote verhindert. 2021 und 2022 kam es zu einer Erholung der Wirtschaft. Die Arbeitslosenquoten gingen weiter zurück; im Euroraum erreichten sie 2024 einen historischen Tiefstand. In dieser Zeit kam es aber zu einem rasanten Anstieg der Inflationsraten weit über die Zielgröße der Zentralbanken von etwa 2%. Die Zentralbanken erhöhten den Leitzins in vielen Schritten stark, um eine Überhitzung der Wirtschaft zu bremsen.

Wir müssen unterscheiden zwischen Prozent und Prozentpunkt: Wenn die Arbeitslosenquote von 8% auf 4% zurückgeht, dann ist sie um 50% bzw. um vier Prozentpunkte gesunken.

Im Lauf des Jahres 2023 kam es dann zu einem starken Rückgang der Inflation. Während das Wirtschaftswachstum in den USA hoch blieb, stagnierte die Wirtschaft im Euroraum. Insbesondere in Deutschland fürchteten manche Ökonomen den Ausbruch einer Rezession und forderten rasche Schritte zur Senkung der Zinsen. Andere wiederum hielten den Rückgang nicht für nachhaltig. Sie sahen angesichts zunehmender Lohnforderungen und verschärfter geopolitischer Spannungen die Gefahr weiterer Preissteigerungen. Es herrschte hohe Unsicherheit darüber, wie sich das Wirtschaftswachstum weiter entwickeln wird und ob es gelingen kann, die Inflationsraten wieder auf die Zielgröße von 2% zu senken.

In den folgenden Abschnitten gehen wir auf diese Herausforderungen näher ein. Wir beginnen mit einem Überblick über die Auswirkungen der Covid-Pandemie und des Ukraine-Kriegs.

FOKUS

Wo finden wir makroökonomische Daten?

Aus welchen Quellen stammen die Daten, die wir in diesem Kapitel analysiert haben? Nehmen wir an, wir benötigen die Daten der Inflationsraten für Frankreich für die letzten fünf Jahre. Vor vierzig Jahren hätten wir wie folgt vorgehen müssen: zunächst Französisch lernen, dann eine Bibliothek mit französischen Veröffentlichungen ausfindig machen, ein Buch mit den Inflationsraten suchen, diese Raten abschreiben und dann von Hand auf ein sauberes Blatt Papier zeichnen. Heute ist diese Aufgabe dank verbesserter Datensammlungen, der Entwicklung von Computern und elektronischen Datenbanken und dank des Zugangs zum Internet viel einfacher zu bewältigen.

Internationale Organisationen sammeln mittlerweile Daten für viele Länder. Für die reichen Länder ist die nützlichste Quelle die OECD, die Organisation für wirtschaftliche Entwicklung und Zusammenarbeit, mit Sitz in Paris. Man kann sich die OECD als den Club der wohlhabenden Länder vorstellen. Die komplette Liste der Mitgliedsländer beinhaltet Australien, Belgien, Dänemark, Deutschland, Finnland, Frankreich, Griechenland, Großbritannien, Island, Italien, Japan, Kanada, Korea, Luxemburg, Mexiko, Neuseeland, die Niederlande, Norwegen, Österreich, Polen, Portugal, Schweden, die Schweiz, die Slowakei, Spanien, die Tschechische Republik, die Türkei, Ungarn und die Vereinigten Staaten. Zusammen erwirtschaften diese Länder 70% der gesamten weltweiten Produktion. Der *OECD Economic Outlook* (*http://www.oecd.org/economic-outlook*) wird zweimal jährlich veröffentlicht. Er analysiert die aktuelle wirtschaftliche Entwicklung der Mitgliedsländer und enthält Basisdaten zu den wichtigsten Variablen wie Wirtschaftswachstum, Inflation und Arbeitslosigkeit. Mit ihren *Main Economic Indicators* liefert die OECD zudem eine Fülle historischer Daten, die meist bis zum Jahr 1960 zurückgehen. Viele davon sind online auch in der FRED-Datenbank der Federal Reserve Bank of St. Louis (*https://fred.stlouisfed.org/*) verfügbar.

Da diese Veröffentlichungen oft nicht genügend Details enthalten, wird es unter Umständen doch nötig, auch Veröffentlichungen des einzelnen Landes heranzuziehen. Die statistischen Ämter und Zentralbanken vieler Staaten bringen mittlerweile bemerkenswert klare statistische Veröffentlichungen heraus, oft mit englischer Übersetzung. Für Deutschland ist neben der Deutschen Bundesbank und dem

Statistischen Bundesamt in Wiesbaden auch der jährliche Bericht des Sachverständigenrates eine gute Quelle. Eine ausführlichere Liste von Datenquellen und Hinweise, wie man Daten aus dem Internet erhalten kann, sind im Anhang zu diesem Kapitel aufgeführt.

Für die Länder, die nicht Mitglied der OECD sind, ist der Internationale WährungsfondsIWF die wichtigste Datenquelle. Er veröffentlicht monatlich die International Financial Statistics (IFS) mit Basisinformationen zu allen Mitgliedsländern. Der IWF veröffentlicht auch den jährlichen *World Economic Outlook*, der die makroökonomische Entwicklung in verschiedenen Regionen der Welt beurteilt. Auch wenn sie manchmal etwas kompliziert formuliert sind, sind sowohl der *World Economic Outlook* als auch der *OECD Economic Outlook* wertvolle Informationsquellen.

Die meisten dieser Datenquellen liefern auch Prognosen über die Wirtschaftsentwicklung der nächsten Jahre. Solche Vorhersagen sind immer mit hoher Unsicherheit behaftet; sie werden oft von Monat zu Monat revidiert. Wenn Sie das Buch lesen und die neuesten Daten in Zeitung und Internet mit den Prognosen der ▶ **Tabelle 1.1** bis ▶ **Tabelle 1.3** vergleichen, werden Sie erkennen, dass die meisten Zahlen stark von den Schätzungen in unseren Tabellen abweichen. Selbst manche Daten für die vergangenen Jahre sind dann wohl wieder revidiert worden. Makroökonomen und Politiker müssen sich dieser Unsicherheit bewusst sein. Stetige Revisionen (nach unten und oben) machen es gerade an Wendepunkten besonders schwer, einzuschätzen, wie sich die Wirtschaft wirklich entwickelt. Das ist eine enorme Herausforderung. Einerseits sollte man sorgfältig abwägen, um voreilige Schlüsse zu vermeiden. Andererseits wirken sich wirtschaftspolitische Maßnahmen meist erst mit langen und variablen Zeitverzögerungen aus. Soll Politik effektiv sein, sollte sie möglichst präventiv eingesetzt werden. Es ist daher wichtig, verlässliche Datenquellen zu verwenden.

1.2 Auswirkungen von Covid-Pandemie und dem Angriff Russlands auf die Ukraine

Im Dezember 2019 kamen aus der Stadt Wuhan in China erste Berichte über Infektionen mit einem neuen Virus. Am 23. Januar 2020 wurde Wuhan vollständig abgeriegelt, kurz darauf die ganze Provinz. Doch mit nur kurzer Verzögerung verbreitete sich das Virus bald schon über alle Regionen weltweit. Angesichts der Covid-Pandemie verhängten fast alle Länder aus Sorge vor Ansteckungsrisiken drastische Maßnahmen mit erheblichen Einschränkungen des öffentlichen Lebens durch Lockdowns. In der ersten Welle erreichte die Zahl der Todesopfer in Europa ihren Höhepunkt Anfang April mit 4.000 pro Tag, in den USA Mitte April. Als die Zahl der Todesfälle zurückging, war dies jedoch noch nicht das Ende der Pandemie: Auf die erste Welle folgten weitere. Sie traten in den einzelnen Ländern zu unterschiedlichen Zeitpunkten ein und führten oft zu neuen Lockdowns.

1.2.1 Die Entwicklung der Produktion

Die Pandemie löste im ersten Halbjahr 2020 den schwersten globalen Wirtschaftseinbruch seit Ende des Zweiten Weltkriegs aus; eine Folge der politischen Entscheidung, die Länder – und ihre Volkswirtschaften – abzuschotten, um einen weiteren Anstieg der Infektionen und Todesfälle zu vermeiden. Obwohl dies aus gesundheitlichen Gründen gerechtfertigt war, waren die wirtschaftlichen Auswirkungen dramatisch. Die Menschen konnten viele Waren nicht mehr kaufen, und viele Unternehmen konnten mangels Arbeitskräften nicht mehr produzieren. Ein erheblicher Teil der Produktion brach zusammen. ▶ **Abbildung 1.1** zeigt anhand von Indexwerten die Entwicklung der Produktion, besser bekannt als reales Bruttoinlandsprodukt (BIP), für Deutschland, den Euroraum und die USA.

In ▶ Kapitel 9 analysieren wir ausführlich die wirtschaftlichen Herausforderungen der Covid-Pandemie.

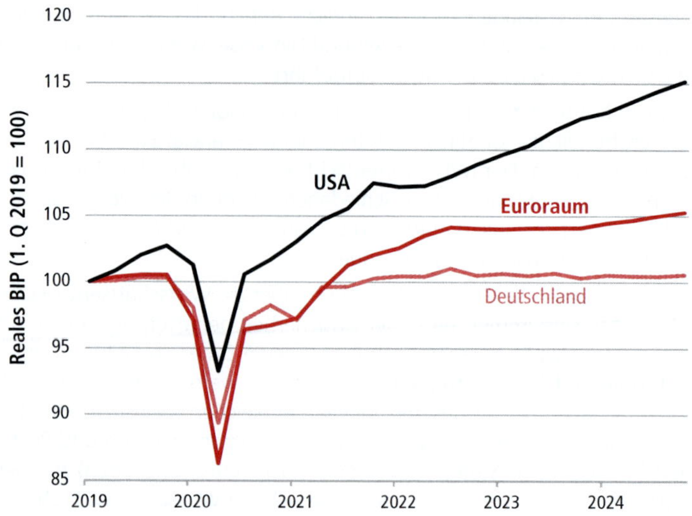

Abbildung 1.1 Die Entwicklung der Produktion (reales BIP) ab 2019, Deutschland, Euroraum und USA. Die Indexreihen sind so konstruiert, dass der Wert für das erste Quartal 2019 jeweils auf 100 normiert ist. Jede Reihe wird ermittelt, indem die ursprüngliche Reihe durch ihren Wert im ersten Quartal 2019 dividiert und zudem mit 100 multipliziert wird.
Quelle: Eurostat und BEA, via FRED. Die Daten für Deutschland sind in der FRED-Datenbank unter dem Code CLVMNACSCAB1GQDE abrufbar. Als Code für andere Staaten im Euroraum können Sie einfach das Länderkürzel DE mit dem passenden Code ersetzen. Code für den Euroraum CLVMNACSCAB1GQEA19; Code für die USA: GDPC1.

Dies ist ein sehr starker Einbruch. Eine normale Rezession, die bereits schmerzhaft ist, führt zu einem Rückgang des BIP um einige Prozent. Die globale Finanzkrise – der letzte große Schock für die Weltwirtschaft in den Jahren 2008–2009, auf den wir in ▶ Kapitel 6 ausführlich eingehen werden – führte zu einem Rückgang des BIP in den USA um 4% und im Euroraum um 6%; dieser Rückgang vollzog sich aber über mehr als ein Jahr.

Der große Einbruch im zweiten Quartal 2020 entspricht der Zeit, als die ersten Lockdowns verhängt wurden. Im historischen Vergleich war der Einbruch extrem groß: Das BIP sank in Deutschland gegenüber dem 4. Quartal des Vorjahres 2019 um mehr als 10%, im Euroraum gar um 14%. Auch in den USA ging das BIP um fast 7% zurück.

1.2.2 Die Entwicklung der Arbeitslosenquote

Mit dem Einbruch der Produktion einher ging ein starker Rückgang der Beschäftigung (vgl. ▶ **Abbildung 1.2**). In den USA kam es dementsprechend zu einem rasanten Anstieg der Arbeitslosenquote: Von Februar bis April 2020 schoss sie dort von 3,5% auf 14,7%. Der Anstieg fiel in Europa wesentlich moderater aus. Zwar lag die Arbeitslosenquote im Euroraum schon seit Anfang der 1980er-Jahre deutlich höher als in den Vereinigten Staaten. Sie hat sich – im Gegensatz zu den USA – im Lauf der vergangenen Jahrzehnte im Durchschnitt zudem immer weiter nach oben verschoben. Vor Ausbruch der Pandemie war sie mit 7,5% mehr als doppelt so hoch wie in den USA.

Im Lauf der Pandemie ist die Arbeitslosenquote im Euroraum aber nur sehr moderat gestiegen bis auf 8,6% im August 2020. In Deutschland stieg sie von 3% im Jahr 2019 auf 3,9% im August 2020. Ein wichtiger Grund für den moderaten Anstieg im Euroraum liegt daran, dass die Maßnahmen zur Absicherung der Beschäftigten in Form von Kurzarbeitergeld während der Pandemie stark ausgeweitet wurden: Ein Teil der Lohnkosten wird vom Staat übernommen, sofern die Arbeitnehmer von ihrem Unternehmen trotz Produktionsausfällen weiter beschäftigt bleiben. Das Kurzarbeitergeld wurde in Deutschland schon während der Finanzkrise 2008 und 2009 intensiv genutzt. Für die ausgefallenen Arbeitsstunden übernimmt der Staat zwischen 60% und 80% des früheren Nettolohns, sofern der Entgeltausfall im jeweiligen Monat mindestens 50% beträgt. In der Pandemie führten auch viele andere Staaten Europas ähnliche Regelungen ein. Manche Ökonomen befürchten, dass solche Maßnahmen den notwendigen Strukturwandel verhindern. Andere sehen darin dagegen ein wichtiges Instrument der sozialen Absicherung, das verhindern kann, dass qualifiziertes Humankapital in Krisen entwertet wird.

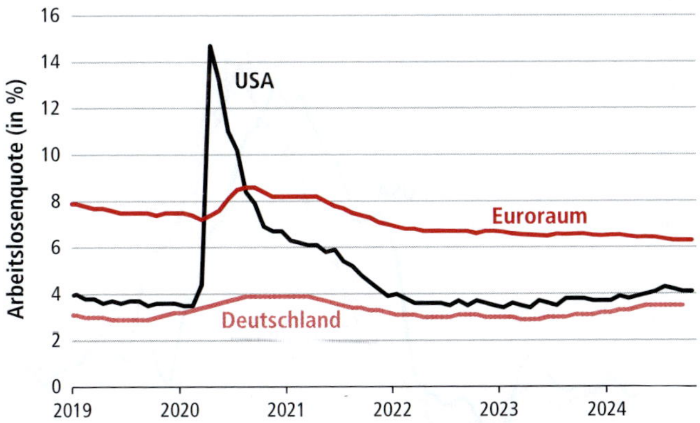

Abbildung 1.2 Arbeitslosenquote, Vereinigte Staaten, Euroraum und Deutschland. In den USA ist die Arbeitslosenquote in der Pandemie stark angestiegen, dann aber wieder zurückgegangen. Im Euroraum – insbesondere in Deutschland – hat Kurzarbeitergeld den Anstieg begrenzt. Anfang 2022 lag sie in den USA wie im Euroraum niedriger als vor Ausbruch der Krise.

Quelle: OECD Main Economic Indicators, Harmonized Unemployment Rate, All Persons, via FRED; Code für DeutschlandLRHUTTTTDEM156S, US für die USA und EZ für den Euroraum.

Wie ▶ **Abbildung 1.1** zeigt, war die schlimmste Zeit des Einbruchs jedoch nur von kurzer Dauer. Nachdem die Lockdowns aufgehoben wurden und die Unternehmen wieder öffneten, erholte sich die Wirtschaftstätigkeit weitgehend, in den Vereinigten Staaten schnell, in Europa weniger schnell. In Deutschland allerdings stagnierte die Wirtschaft. Auch Ende 2024 war sie kaum höher als Anfang 2019. ▶ **Abbildung 1.2** verdeutlicht, dass die Arbeitslosenquoten wieder zurückgegangen sind. Anfang 2023 lagen sie in den USA (mit 3,4%) ebenso wie im Euroraum (mit 6,7%) niedriger als vor Ausbruch der Krise.

1.2.3 Der Anstieg der Inflation

Doch als sich die Wirtschaft erholte, geschah etwas, was viele politische Entscheidungsträger nicht erwartet hatten: Die Inflation begann zu steigen.

▶ **Abbildung 1.3** zeigt die Entwicklung der Inflation, gemessen als Veränderungsrate des harmonisierten Verbraucherpreisindexes (HVPI) gegenüber dem Vorjahreswert. In den zwei Jahrzehnten vor der Covid-Pandemie hatten sich die Zentralbanken verpflichtet, die Inflation nahe bei 2% zu halten. Tatsächlich lag die durchschnittliche Inflation sowohl in den USA wie im Euroraum unter 2%. Im Jahr 2020 war die Inflationsrate sogar negativ. Im Jahr 2021 stieg sie jedoch stetig an und erreichte in den USA im Juni 2022 dann mit 10,1% ihren Höhepunkt. In Deutschland (im Euroraum) stieg sie bis Oktober 2022 sogar auf 11,6% (10,6%). Danach ist sie zwar zurückgegangen; sie liegt zum Zeitpunkt der Erstellung dieses Buchs aber immer noch über dem von den Zentralbanken angestrebten Ziel von 2%.

Warum hat sich die Inflation beschleunigt? Die kurze Antwort lautet: Die Volkswirtschaften überhitzten. In den Jahren 2020 und 2021 legten die Regierungen große Fiskalprogramme auf, um Menschen zu schützen, die nicht mehr arbeiten konnten und kein Einkommen mehr erhielten, und um Unternehmen zu schützen, die ihre Produkte nicht mehr verkaufen konnten und ohne staatliche Unterstützung Bankrott gegangen wären. Diese Programme fielen oft sehr großzügig aus. Das Ergebnis war nach dem Abklingen eine starke Nachfrage, insbesondere seitens der Verbraucher.

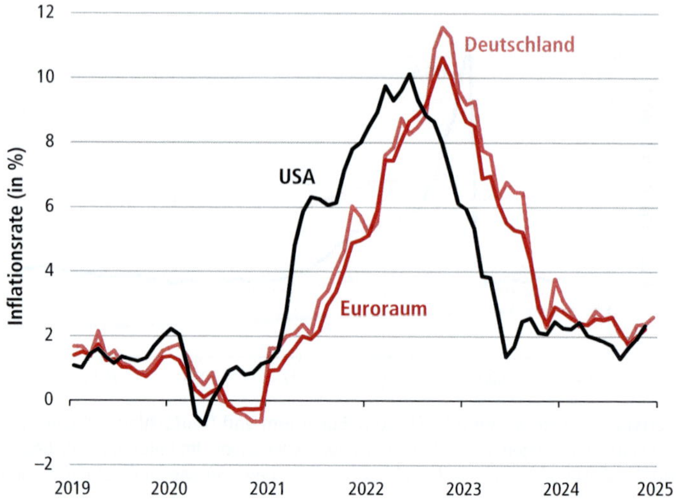

Abbildung 1.3 Inflationsrate; Deutschland, Euroraum und USA. Die Inflation war 2020 war sehr niedrig; 2021 stieg sie jedoch stetig an und erreichte 2022 ihren Höhepunkt.

Quelle: Eurostat, Harmonized Index of Consumer Prices, via FRED; Code für Deutschland CP0000DEM086NEST; für den Euroraum DE durch EZ ersetzen und für die USA durch US.

Die starke Nachfrage traf zusammen mit Problemen auf der Angebotsseite. Der Angriff Russlands auf die Ukraine verschärfte das Problem massiv. Europa war davon besonders betroffen. Im Zug des Kriegs sind noch viele weitere Versorgungsketten zusammengebrochen; die Energie- und Nahrungsmittelpreise rasant gestiegen. Auch nachdem die Lockdowns beendet waren, hielt der Zusammenbruch vieler Versorgungsketten an, sodass Unternehmen, denen es an wichtigen Inputs fehlte (wie etwa Chips für Automobilhersteller), die Nachfrage durch starke Preiserhöhungen rationierten.

Es kam zu einer Überhitzung sowohl auf dem Arbeits- als auch auf dem Gütermarkt. Auf den Gütermärkten führte die hohe Nachfrage zu einem starken Anstieg der Weltmarktpreise für Energie und Nahrungsmittel, was die Inflation auch in Ländern und Regionen mit begrenzteren Haushaltsprogrammen, wie dem Euroraum, beeinflusste. Arbeitslosigkeit und Kurzarbeit, die während der Schließungen ihren Höhepunkt erreicht hatte, gingen zurück. Die steigenden Preise und der angespannte Arbeitsmarkt ermunterten zu steigenden Lohnforderungen.

1.2.4 Die Reaktion der Zentralbanken

Auf die steigende Inflation reagierten die Zentralbanken zunächst nur zögerlich. Sie gingen davon aus, der Anstieg der Inflation werde nur von kurzer Dauer sein. ▶ **Abbildung 1.4** zeigt die Entwicklung der Leitzinsen im Euroraum und in den Vereinigten Staaten. Im Jahr 2020 hatte die Federal Reserve (die US-Zentralbank) ihren Leitzins auf Null gesenkt, um die Nachfrage zu stützen; im Euroraum war der von der EZB festgelegte Einlagesatz (der Zinssatz für die Einlagefazilität) bereits vor Ausbruch der Pandemie negativ; die Zentralbank hielt daran weiter fest. Im Jahr 2022 begannen die Zentralbanken dann aber, die Zinssätze stark anzuheben, um die Inflation zu dämpfen.

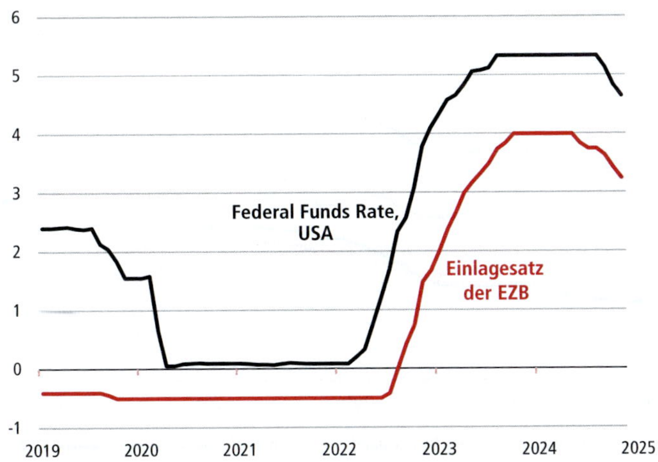

Abbildung 1.4 Die Entwicklung der Leitzinsen im Euroraum (Einlagesatz, rot) und in den USA (Federal Funds Rate, schwarz). Zentralbanken verändern ihre Leitzinsen im Konjunkturverlauf. 2022 begannen die Zentralbanken, die Zinssätze stark anzuheben, um die Inflation zu dämpfen. In der zweiten Hälfte 2024 wurden die Zinsen wieder gesenkt.
Quelle: EZB und Fed via FRED, Code ECBDFR bzw. FEDFUNDS.

Ende 2023 lag der Leitzins in den USA bei 5% und im Euroraum bei 4%. Wie ▶ **Abbildung 1.3** zeigt, ist die Inflation seit Herbst 2022 zurückgegangen. Dies ist auf eine Verbesserung der Lieferketten sowie die Stabilisierung (und manchmal den Rückgang) der Rohstoffpreise zurückzuführen. In der zweiten Hälfte des Jahres 2024 leiteten die Zentralbanken angesichts rückläufiger Inflationsraten wieder eine Zinswende ein. Die Inflation liegt aber Ende 2024 immer noch über dem 2%-Ziel der meisten Zentralbanken. Die Frage, mit der sich die Zentralbanken konfrontiert sehen, ist, ob sie genug getan haben – ob es ihnen gelingt, die Inflation auf das Ziel zurückzuführen oder ob die Zinssenkungen zu einer Überhitzung der Wirtschaft führen. Wenn die Zinsen zu schnell gesenkt werden, besteht das Risiko, dass die hohe Inflation anhält. Das könnte zu einem Verlust der Glaubwürdigkeit der Zentralbank führen und es in Zukunft noch schwieriger machen, die Inflation zu kontrollieren. Vor allem steigende Lohnforderungen und ein anhaltender Preisanstieg im Dienstleistungssektor machten den Zentralbanken Sorgen. Wenn die Zinsen zu lange hoch gehalten werden, besteht das Risiko, die Wirtschaftstätigkeit zu sehr zu bremsen und eine starke Rezession auszulösen.

Im Euroraum bestimmt die EZB den Einlagesatz. Wie die Fokusbox *„Kreditgeschäfte der EZB“* in ▶ Kapitel 4 zeigt, liegt der Zinssatz für Tagesgeld zwischen Banken (FRED Code IRSTCI01EZM156N) leicht unter diesem Einlagesatz.

Wenn Sie dieses Kapitel lesen, werden Sie die Antwort kennen. Die Zentralbanken können sich den Luxus des Abwartens nicht leisten und stehen vor einer schwierigen Entscheidung. Was sie tun, wird sich auf uns alle auswirken, da es die Entwicklung von Inflation und Arbeitslosigkeit beeinflusst.

1.2.5 Der Anstieg der Staatsverschuldung

Fiskalpolitik ist neben der Geldpolitik das zweite Instrument zur Stabilisierung der Wirtschaft. Während der Covid-Pandemie wurden massive staatliche Stützungsprogramme aufgelegt, die über Haushaltsdefizite finanziert wurden. Sie führten zu einem Anstieg der öffentlichen Verschuldung. In den meisten Industriestaaten kam es in den letzten 20 Jahren zu einem starken Anstieg der Schuldenquote (dem Verhältnis der öffentlichen Verschuldung zum BIP).

▶ **Abbildung 1.5** zeigt die Entwicklung der Brutto-Schuldenquote im Euroraum und in vier Ländern – Deutschland, Italien, den Vereinigten Staaten und Japan – seit dem Jahr 2000. Besonders auffällig ist der Anstieg in Japan von 131% im Jahr 2001 auf 237% im Jahr 2023. Aber auch in den USA und Italien war der Anstieg beträchtlich: in den Vereinigten Staaten hat sich die Schuldenquote mehr als verdoppelt von 53% auf 121%, in Italien stieg sie von 118% auf 148%. Im gesamten Euroraum erhöhte sich die Schuldenquote von 76% auf 92%. Ein Land steht in krassem Gegensatz zu den anderen: In Deutschland ist die Schuldenquote mit 65% im Jahr 2023 kaum höher als im Jahr 2000.

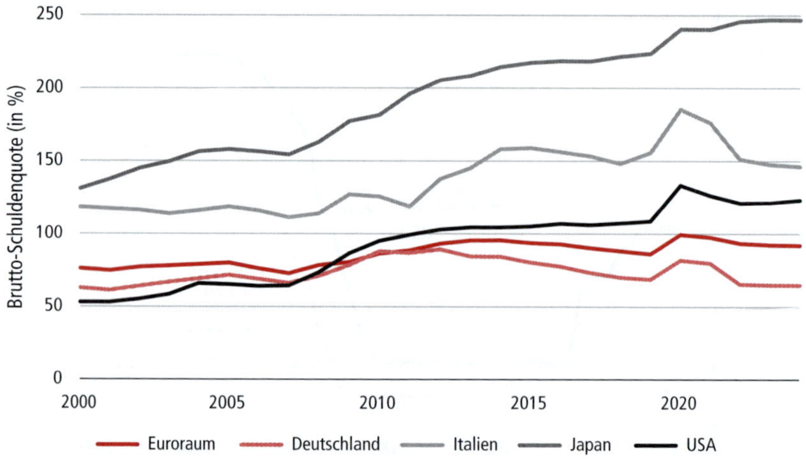

Abbildung 1.5 Die Entwicklung der Brutto-Schuldenquote seit 2000, Euroraum, Deutschland, Italien, USA und Japan. In den meisten Industriestaaten ist die Schuldenquote (das Verhältnis der öffentlichen Verschuldung zum BIP) in den letzten 20 Jahren stark gestiegen.

Quelle: OECD Economic Outlook, https://data.oecd.org/gga/general-government-debt.htm

Wenn man sich die Abbildung genau ansieht, wird deutlich, dass die Schuldenquoten zwei Ausschläge haben: Den ersten in Folge der globalen Finanzkrise Ende der 2000er-Jahre und den zweiten während der frühen Phase der Covid-Pandemie. Dies ist nicht überraschend: Während einer Krise gehen die Staatseinnahmen stärker zurück als die Staatsausgaben. Das führt automatisch zu einem höheren Defizit und wirkt als automatischer Stabilisator (vgl. ▶ **Kapitel 3**); außerdem ergreifen die Regierungen meist weitere diskretionäre Maßnahmen, um Menschen und Unternehmen zu helfen – wie sie es während der Covid-Pandemie taten. Es wird aber auch erkennbar, dass die beiden Krisen nur einen kleinen Teil des Anstiegs der Schuldenquoten erklären. Es hat den Anschein, dass die Regierungen systematisch auf Defizite zurückgegriffen haben, anstatt zu versuchen, den Haushalt durch Steuererhöhungen oder Ausgabenkürzungen auszugleichen.

Auf der Agenda der makroökonomischen Entscheidungsträger steht die Frage, wie es nun weitergehen soll.

Einige argumentieren, es sei dringend notwendig, die Defizite zu verringern, um die hohen Schuldenquoten stetig zu senken, indem die Steuern erhöht oder die Ausgaben gesenkt werden, oder beides. Sie argumentieren, eine hohe Verschuldung stelle eine zu große Belastung für künftige Steuerzahler dar, die schließlich hohe Steuern zahlen müssen, um die Zinsen für die Schulden zu bezahlen. Sie argumentieren auch, die Evidenz deute auf einen „deficit bias“ hin: Politiker, die einen kurzen Zeithorizont haben, machen lieber Defizite, als die Steuern zu erhöhen. Daher fordern sie, dass die Regierungen sich selbst strenge finanzpolitische Regeln auferlegen, die sie zu zwingen, die Schulden im Laufe der Zeit abzubauen.

Andere argumentieren, ein Schuldenabbau sei zwar wünschenswert; die Kosten einer hohen Verschuldung seien aber nicht so hoch, während die makroökonomischen Kosten von Sparmaßnahmen zum Abbau der Schulden sehr hoch sein können. Sie behaupten, dass es nicht so sehr auf die Schulden ankommt, sondern auf den Schuldendienst, also die Zinszahlungen für die Schulden. Sie weisen darauf hin, dass die Zinssätze vor dem Covid-Programm sehr niedrig waren, und obwohl der Kampf gegen die Inflation sie vorübergehend erhöht hat, könnten die Zinssätze in Zukunft wieder auf ein niedriges Niveau zurückkehren. Sie argumentieren, wenn ein Teil der Ausgaben z.B. in Form von umweltfreundlichen Investitionen zur Verringerung der globalen Erwärmung erfolgt, könne es gerechtfertigt sein, diese durch Schulden zu finanzieren. Das führt zwar zu einer höheren Verschuldung, aber auch zu einem bewohnbareren Planeten für künftige Generationen. Schließlich argumentieren sie, dass ein zu schneller Schuldenabbau, z.B. durch eine starke Erhöhung der Steuern oder eine starke Senkung der Staatsausgaben, einen Rückgang der Nachfrage und damit eine Rezession auslösen kann. Dies veranlasst sie zu einer eher pragmatischen Haltung: Stabilisierung der Schulden, aber Flexibilität bei der Geschwindigkeit des Schuldenabbaus.

Hier geht es nicht um abstrakte Debatten. Welche Position sich durchsetzt, wird nicht nur auf die Verschuldung große Auswirkungen haben, sondern auch auf Produktion und Investitionen (einschließlich grüner Investitionen). Tatsächlich diskutierten die Mitglieder der Europäischen Union, der Gruppe von 27 Ländern, die etwa 85% des europäischen BIP erwirtschaften, intensiv darüber, welche finanzpolitischen Regeln sie festlegen sollten. Die strengen Regeln, für die sie sich in der Vergangenheit entschieden hatten, erwiesen sich als zu strikt. Die Länder hielten sich nicht daran. Es überrascht nicht, dass Deutschland, das mit der Schuldenbremse wesentlich strenger war als andere Länder und seine Schuldenquote nicht erhöht hat, strikte Regeln forderte, um anderen Ländern ein ähnliches Verhalten aufzuzwingen. Viele andere Länder waren zurückhaltend; sie forderten einen flexibleren Ansatz.

Ende Dezember 2023 einigten sich die Finanzminister der Europäischen Union über eine Reform der Fiskalregeln. Die neuen Regeln – ein Kompromiss zwischen beiden Positionen – sollen Schuldenquoten und Defizite schrittweise, realistisch, nachhaltig und wachstumsfreundlich senken und gleichzeitig Reformen und Investitionen in grüne Technologie ermöglichen. Die Fokusbox *„Fiskalregeln im Euroraum"* in ▶ **Kapitel 21** beschreibt die Geschichte des Stabilitäts- und Wachstumspakts und die Grundelemente dieses Kompromisses. Die Fokusbox *„Schuldenbremse und grüne Investitionen"* in ▶ **Kapitel 22** diskutiert das Spannungsverhältnis zwischen der Finanzierung nachhaltiger „grüner" Investitionen und der Aufgabe, die Tragfähigkeit staatlicher Verschuldung nicht zu gefährden.

1.3 Langfristige Herausforderungen

Im Jahr 2022 lag der Lebensstandard im Euroraum, gemessen anhand des Bruttoinlandsprodukts (abgekürzt BIP) pro Kopf bei 60.417 $. Der Lebensstandard Frankreichs entspricht in etwa dem Durchschnitt des Euroraums. Die Wirtschaftsleistung mancher Mitgliedsländer liegt aber wesentlich niedriger. Wie ▶ **Abbildung 1.6** zeigt, erreicht das BIP pro Kopf in Griechenland nur 65% des Euroraums, in Deutschland dagegen ist er um 12% höher. Noch größer sind die weltweiten Unterschiede: Das BIP pro Kopf in China liegt bei 37% des Euroraums, in Nigeria dagegen bei nur 10%. In den Vereinigten Staaten ist das BIP pro Kopf dagegen wiederum um 30% höher als im Euroraum, in der Schweiz gar um 50%.

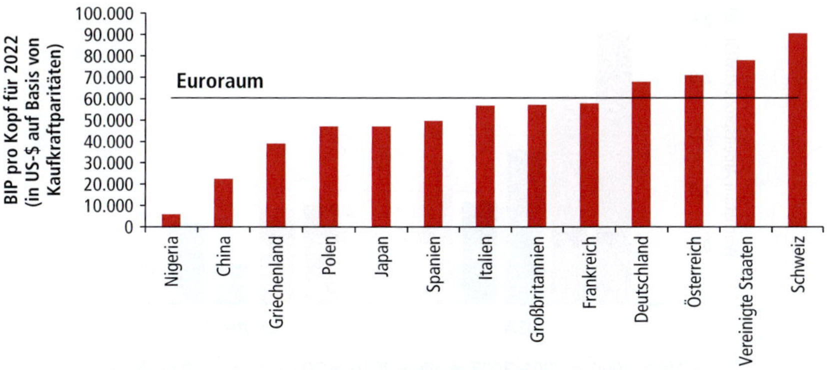

Abbildung 1.6 BIP pro Kopf 2022 in US-$ auf Basis von Kaufkraftparitäten. Zwischen den Ländern gibt es starke Unterschiede des Bruttoinlandsprodukts (BIP) pro Kopf, gemessen in Kaufkraftparitäten.
Quelle: Weltbank, World Development Indicators https://data.worldbank.org/indicator/NY.GDP.MKTP.PP.KD

Bei der Frage, welche Faktoren für die starken Unterschiede zwischen den Ländern verantwortlich sind, müssen wir eine längerfristige Perspektive einnehmen. In vielen Ländern hat Wirtschaftswachstum im Lauf der vergangenen Jahrzehnte dazu beigetragen, den Lebensstandard zu erhöhen. China ist während der letzten 40 Jahre besonders stark gewachsen, andere Schwellenländer hatten dagegen wesentlich niedrigere Wachstumsraten. Aber auch in den Industriestaaten gibt es starke Unterschiede beim Wachstum. Zudem hat in vielen Ländern die Ungleichheit zugenommen; schließlich ist die globale Erwärmung zu einer ernsthaften Bedrohung geworden. Diesen Themen wenden wir uns nun zu.

1.3.1 Wie wird sich das Produktivitätswachstum in Zukunft entwickeln?

Der Lebensstandard ist in Industriestaaten viel höher als in Schwellen- und Entwicklungsländern. Im Lauf der vergangenen Jahrzehnte hat er sich immer weiter erhöht. Innovation (die Erfindung und Imitation neuer Technologien) kann das Produktivitätswachstumund damit die Produktion selbst bei unverändertem Ressourcenbestand steigern. Produktivitätswachstum bestimmt den langfristigen Wachstumstrend. Bereits kleine Änderungen der Wachstumsrate der Wirtschaft können über längere Zeit (wenn wir über ein Jahrzehnt hinausblicken) nachhaltige kumulative Effekte auslösen. Offensichtlich ist Produktivitätswachstum der Schlüssel für langfristige Prosperität. Die Makroökonomen fragen sich, wie die Wirtschaft auf **Lange Frist** einen Pfad hohen Produktivitätswachstums erreichen kann.

In einer längerfristigen Perspektive betrachten wir die Wachstumsrate der Produktion je Beschäftigten, also der Produktivität und vergleichen dabei Deutschland und die USA. ▶ **Abbildung 1.7** zeigt, wie sich die Wachstumsraten der **Arbeitsproduktivität** dort entwickelt hat, beginnend mit den Jahren 1996–2000. Die Wachstumsraten schwanken immer sehr stark von Jahr zu Jahr; deshalb konzentrieren wir uns auf die Entwicklung über 5-Jahres-Zeiträume.

Produktivität: Produktion je Erwerbstätigen

Von 1996 bis 2000 lag das Wachstum der Arbeitsproduktivität in den USA bei 2,4%. Das starke Wachstum Mitte der 1990er-Jahre machte die These populär, die Vereinigten Staaten hätten sich zu einer „New Economy“ gewandelt, einer Welt, in der die alten Regeln der Ökonomie keine Bedeutung mehr hätten. Viele der Behauptungen, die im Zusammenhang mit der „**New Economy**“ aufgestellt wurden, entsprangen jedoch reinem Wunschdenken und erwiesen sich letztlich als hohl. In den folgenden 5-Jahres-Zeiträumen ist das Wachstum der Arbeitsproduktivität immer weiter zurückgegangen auf nur mehr 0,9% zwischen 2011 und 2015. Zwischen 2016 und 2022 ist das Produktivitätswachstum dann wieder auf 1,3% angestiegen.

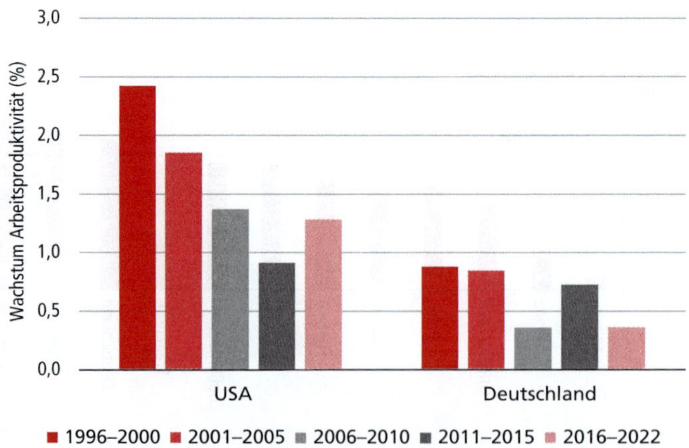

Abbildung 1.7 Die durchschnittliche Wachstumsrate der Produktivität in Deutschland und den USA seit 1995 (5-Jahres-Zeiträume). Sie liegt in Deutschland niedriger als in den USA.
Quelle: OECD Economic Outlook, BIP je Erwerbstätigen, via FRED; Code ULQELP01DEQ659S und ULQELP01USQ659S

Im Vergleich zu den USA lag das Wachstum der Arbeitsproduktivität in Deutschland aber noch viel niedriger. Im gesamten Zeitraum zwischen 1996 und 2022 betrug es dort im Durchschnitt nur 0,6% im Vergleich zu 1,5% in den Vereinigten Staaten. In ganz Europa ist das Bild recht ähnlich. Eine solche Differenz bei der durchschnittlichen Wachstumsrate der Produktivität scheint auf den ersten Blick nicht allzu gravierend zu sein. Tatsächlich ergeben sich aus diesem kleinen Unterschied aber enorme wirtschaftliche Konsequenzen. Wir wollen den Sachverhalt so verdeutlichen: Ein im Durchschnitt um 1 Prozentpunkt höheres Wachstum über 20 Jahre hin bedeutet, dass das Produktivitätsniveau nach 20 Jahren gleich um 22% höher ist. Über 70 Jahre hinweg hätte es sich sogar verdoppelt. Diese Rechnung gilt auch für die **Produktion pro Kopf**, die Ökonomen auch als Lebensstandard bezeichnen: Wächst das BIP pro Kopf um einen Prozentpunkt mehr, dann wäre der Lebensstandard schon nach 20 Jahren um 22% höher – ein beträchtlicher Unterschied!

Müssen wir wirklich davon ausgehen, dass die Wachstumsrate der Produktivität in Deutschland bzw. dem Euroraum weiterhin viel niedriger bleibt als in den USA? Manche Ökonomen sind optimistisch. Sie sind überzeugt davon, dass rasante Fortschritte im Bereich der generativen künstlichen Intelligenz wie etwa ChatGPT bald auch in Deutschland und ganz Europa die Produktivität stark erhöhen. Andere sind dagegen weit skeptischer und befürchten, dass europäische Unternehmen zu wenig in Software und Prozessmanagement investieren, um das Produktivitätspotential digitaler Technologien voll auszuschöpfen, und dass sie deshalb bei der Nutzung der Effizienzgewinne durch moderne Informations- und Kommunikationstechnologien versagen. Sie argumentieren, gravierende Lücken im Bildungssystem behinderten die Nutzung der Revolution im Bereich künstlicher Intelligenz und damit die Verbreitung neuer Technologien in Europa. Optimisten verweisen dagegen darauf, dass auch gering qualifizierte Arbeitnehmer dank generativer KI in Zukunft viel produktiver werden könnten. Falls sie Recht haben, können wir bald wieder mit hohem Produktivitätswachstum und einem schnellen Anstieg des Lebensstandards rechnen. Trifft dagegen die Einschätzung der Skeptiker zu, sind die Aussichten eher düster.

Lebensstandard: Produktion pro Kopf. Erhöht sich die Wachstumsrate der Produktion pro Kopf über 70 Jahre hin um 1 Prozentpunkt, dann hat sich der Lebensstandard verdoppelt – er liegt um $(1{,}01)^{70} - 1 = 100\%$ höher.

Berechnen Sie die durchschnittliche Wachstumsrate der Produktivität in Italien und dem gesamten Euroraum zwischen 1995 und 2022.

1.3.2 Das Wachstum in China

Die Bedeutung Chinas in der Weltwirtschaft ist in den letzten Jahrzehnten stark gestiegen. China zeigte eine beeindruckende wirtschaftliche Entwicklung mit anhaltend hohen Wachstumsraten seit Anfang der 1980er-Jahre. ► **Abbildung 1.8** illustriert die jährlichen Wachstumsraten des realen BIP in China seit 1970.

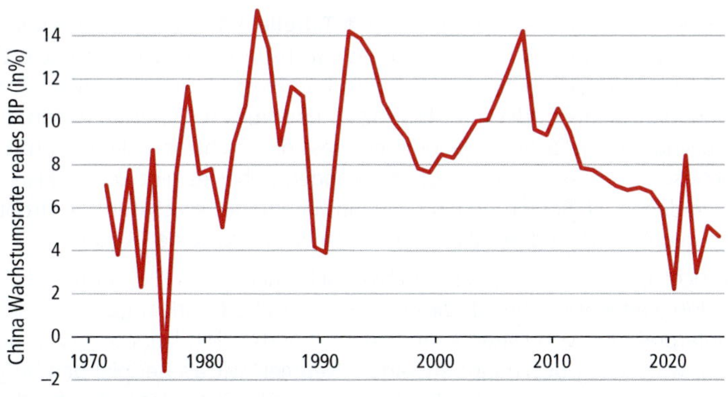

Abbildung 1.8 Wachstumsrate des realen BIP in China seit 1970.
Quelle: OECD Economic Outlook, via FRED; Code CHNGDPRAPSMEI

Die hohen Wachstumsraten bedeuten jedoch nicht unbedingt, dass die chinesischen Bürger einen hohen Lebensstandard haben. Die Bevölkerung Chinas ist viel größer als die des Euroraums oder der Vereinigten Staaten: 1,3 Milliarden gegenüber 343 bzw. 330 Millionen. Es ist sinnvoller, die Entwicklung der Produktion pro Person (ein Maß für den relativen Lebensstandard) zu betrachten. ▶ **Abbildung 1.9** setzt die Daten in China in Relation zu denen der Vereinigten Staaten. Die Daten in dieser Abbildung wurden auf Basis der Kaufkraftparität berechnet (vgl. die Fokusbox *„Die Wachstumsraten in China"*).

Die Abbildung weist zwei interessante Merkmale auf. Erstens, und das ist das Wichtigste, betrug Chinas BIP pro Kopf 1960 nur 5% des Niveaus der Vereinigten Staaten. Im Jahr 2019 liegt es bei 23% – eine erhebliche Verbesserung, auch wenn sie noch nicht an den Standard in den USA heranreicht. Zweitens setzt der Anstieg erst seit den frühen 1980er-Jahren ein. Bis dahin war das Produktionswachstum zwar meist positiv (vgl. ▶ **Abbildung 1.8**), aber es spiegelte eher das starke Bevölkerungswachstum wider als eine Zunahme des Produktionswachstums pro Person. Seit den 1980er-Jahren und noch stärker seit dem Jahr 2000 ist der Anstieg der relativen Pro-Kopf-Leistung in China am stärksten ausgeprägt.

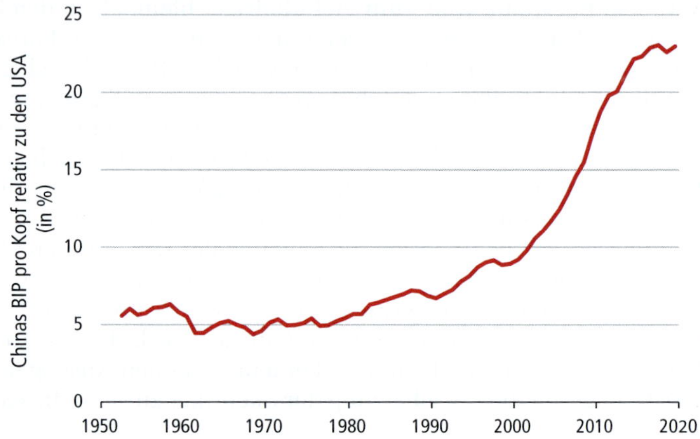

Abbildung 1.9 Reales BIP pro Kopf von China im Verhältnis zu den USA auf der Basis von Kaufkraftparität, 1960 bis 2019. Chinas BIP pro Kopf im Vergleich zu den USA ist von nur 5% im Jahr 1960 auf 23% im Jahr 2019 gestiegen.
Quelle: Penn World Tables, in 2017 Billionen $ via FRED; Codes: RGDPNACNA666NRUG, POPTTLCNA148NRUG, RGDPNAUSA666NRUG, POPTTLUSA148NRUG

FOKUS

Die Wachstumsraten in China

Was sagen die Daten überhaupt aus?

Wenn wir die beeindruckenden Daten für Chinain ▶ **Tabelle 1.1** betrachten, stellt sich die Frage, ob diese Zahlen überhaupt stimmen können. Wird das Wachstum nicht einfach fingiert? Schließlich ist China immer noch ein kommunistisches Land und die Bürokraten könnten manche Anreize haben, die Wirtschaftsleistung ihres Sektors oder ihrer Provinz zu übertreiben. Experten haben diese Frage sorgfältig geprüft und sind zu dem Schluss gekommen, dass dies nicht unbedingt zutrifft. Die Statistiken sind vielleicht nicht so zuverlässig wie in reicheren Ländern, aber es gibt keinen klaren Bias. So hätte es in den Jahren, in denen die Regierung eine Verlangsamung des Wachstums anstrebte, eher Anreize zum Untertreiben gegeben. Die hohen Wachstumsraten sind also keine Fiktion.

Allerdings ist Vorsicht geboten. So stellte die chinesische Regierung die Veröffentlichung der Daten zur Jugendarbeitslosigkeit einfach ein, als diese im Sommer 2023 stark angestiegen sind. Eine gewisse Skepsis bei der Interpretation von Daten kann zudem grundsätzlich keineswegs schaden. Wir sollten uns immer fragen, was Daten überhaupt aussagen. Nehmen wir als Beispiel den Vergleich der Wirtschaftsleistung Chinas mit der von Deutschland. Nach einer Revision der Daten für das Bruttoinlandsprodukt hieß es in der Presse, China habe im Jahr 2007 erstmals Deutschland überholt. Rechnen wir die Wirtschaftsleistung für beide Länder zum Marktkurs in Dollar um, so ergeben sich im Jahr 2022 für China 17.963 Mrd. $, für Deutschland dagegen nur 4.072 Mrd. $. Ist das aber überhaupt ein sinnvoller Vergleich? Schließlich leben in China ja knapp 1,4 Milliarden Menschen, in Deutschland nur 84 Millionen. Als Maß für den Lebensstandard erscheint deshalb das BIP pro Kopf viel aussagekräftiger. Es beträgt dort nur 26% der Produktion pro Kopf in Deutschland.

Andererseits liefert aber auch ein Vergleich der Produktion pro Kopf verzerrte Aussagen, wenn wir bei der Umrechnung den Wechselkurs am Devisenmarkt zugrunde legen. Beim Vergleich zwischen reichen und armen Ländern sollten wir gut aufpassen, weil in armen Ländern viele Güter billiger sind. Ein gutes Mittagessen in einem Frankfurter Restaurant kostet ungefähr 15 Euro. In Peking müssten wir dafür 15 Yuan zahlen – umgerechnet in Euro sind das 1,5 Euro. Ähnlich sieht es mit Mieten aus. Um den Lebensstandard vergleichen zu können, müssen wir diese Unterschiede berücksichtigen. Dies geschieht mit Hilfe von Wechselkursen, die in Kaufkraftparitäten gemessen werden. In Kaufkraftparitäten berechnet, betrug das BIP pro Kopf in China im Jahr 2022 ungefähr 21.476 $. Das sind immerhin 37% des BIP pro Kopf im Euroraum (vgl. ▶ **Abbildung 1.6**). Sicher ist es immer noch viel niedriger; aber doch weit höher als der Wert, den wir bei der Umrechnung zum Wechselkurs errechneten.

Allerdings sollten wir bei solchen Vergleichen immer vorsichtig sein. Es gibt keinen goldenen Weg, um den Kurs der Kaufkraftparität exakt zu berechnen. In ▶ **Kapitel 10** lernen wir, wie man dabei vorgeht. Der Wert hängt stark davon ab, welchen Warenkorb man zugrunde legt. Das gilt auch bei der Ermittlung realer Wachstumsraten. Die offiziellen Quellen in China legen dafür den Warenkorb urbaner Haushalte zugrunde, die einen hohen Anteil moderner digitalisierter Produkte konsumieren. Im Warenkorb der ländlichen Bevölkerung machen traditionelle Produkte, deren Preise schneller steigen, dagegen einen größeren Anteil aus. Weil die Inflation auf dem Land deshalb höher ist, ergeben sich dann insgesamt niedrigere reale Wachstumsraten – so bei den Werten der Penn World Tables, die wir ▶ **Tabelle 10.1** in ▶ **Kapitel 10** zugrunde legen (Vergleichen Sie dazu die Fokusbox *„Reales BIP, technischer Fortschritt und der Preis von Computern"* in ▶ **Kapitel 2**).

Warum war das Wachstum in China so hoch? Es gibt eine Reihe von Gründen, die sich nicht gegenseitig ausschließen:

Erstens ermöglicht eine starke Zunahme des Kapitalbestandes, von Maschinen bis zur Infrastruktur, den Arbeitnehmern eine höhere Produktivität. In der Tat liegt das Verhältnis von Investitionen zum BIP in China bei etwa 40% und damit mehr als doppelt so hoch wie in Deutschland. Mehr Kapital bedeutet höhere Produktivität und höhere Wirtschaftsleistung.

Zweitens ermöglicht ein großer Zuwachs dessen, was Ökonomen als Humankapital bezeichnen (mehr und bessere Bildung und Ausbildung), den Arbeitnehmern, bessere Jobs zu bekommen und produktiver zu sein. Auch hier sind die Zahlen beeindruckend. Die durchschnittliche Anzahl der Jahre formaler Bildung bei den über 25-Jährigen ist in China von 1,6 Jahren im Jahr 1960 auf heute fast 8 Jahre gestiegen. Der Anteil der Schüler, die ein Hochschulstudium aufnehmen, ist von 3,5% Anfang der 1990er-Jahre auf über 50% 2019 gestiegen.

Drittens ermöglicht der technische Fortschritt bei gegebenem Sach- und Humankapital eine höhere Produktion. Länder wie Deutschland und die Vereinigten Staaten, die an der technologischen Grenze stehen, müssen innovativ sein und neue und effizientere Produktionsmethoden finden. Für die Länder hinter der technologischen Grenze besteht die Aufgabe stattdessen darin, zu folgen, zu lernen und die Technologien der Industrieländer anzupassen. In diesem Sinne ist es für sie einfacher als für die Innovatoren, ihre Technologien zu verbessern. Die Anpassung bestehender Technologien hat in China eindeutig eine wichtige Rolle gespielt. So wurde es beschuldigt, ausländische Firmen zur gemeinsamen Nutzung ihrer Technologien zu zwingen und manchmal sogar Patente von Firmen in anderen Ländern zu stehlen.

„Humankapital" ist ein Begriff, bei dem Nicht-Ökonomen zusammenzucken, vielleicht zu Recht: Menschen sind eindeutig mehr als Humankapital. Aber es ist sinnvoll, Bildung als eine wichtige Art von Kapital zu betrachten.

Jeder dieser Faktoren hat eindeutig eine Rolle gespielt. Die Bewertung ihrer jeweiligen Rolle ist in mehrfacher Hinsicht wichtig.

Erstens: Werden alle diese Faktoren andauern und zu einem anhaltend hohen Wachstum in China führen, oder werden einige von ihnen schwächer werden und zu einem geringeren Wachstum führen? ▶ **Abbildung 1.8** zeigt, dass sich die Wachstumsraten im letzten Jahrzehnt abgeschwächt haben. Sicherlich wird der Rückgang der Bevölkerung aufgrund der niedrigen Geburtenrate zu einem geringeren Wachstum führen. Aber wie wird sich das Wachstum pro Person, der Lebensstandard der Chinesen, entwickeln? Ein Großteil der Produktion ist in den vergangenen Jahrzehnten in Investitionen zur Kapitalakkumulation geflossen. Fährt die Bevölkerung in China vielleicht besser, wenn die Investitionen zurückgehen und dafür der Konsum stärker ansteigt?

Zweitens: Kann die Erfahrung Chinas auf andere Länder übertragen werden? Die Erfahrungen der anderen großen Nation der Welt, Indien, deuten darauf hin, dass das chinesische Wachstumsrezept möglicherweise nur schwer anwendbar ist. Indiens Pro-Kopf-BIP, das 1960 ebenfalls 5% desjenigen der Vereinigten Staaten entsprach, liegt heute bei 10%, also weniger als der Hälfte des chinesischen Wertes. Und viele andere arme Länder haben ein noch viel geringeres Wachstum zu verzeichnen. Was das Wachstum in reichen und armen Ländern bestimmt und ob und wie politische Maßnahmen helfen können, sind zentrale Fragen der Makroökonomie. Was geschieht, wird die Form der Weltwirtschaft, die Entwicklung der Ungleichheit zwischen den Ländern und damit auch die künftige Geopolitik bestimmen.

In ▶ **Kapitel 12**, wenn wir uns mit Fragen des langfristigen Wachstums beschäftigen, werden wir versuchen, auf diese Fragen eine Antwort zu geben.

1.3.3 Wachstum und Ungleichheit

Die Ungleichheit zwischen den Ländern hat im Allgemeinen abgenommen, aber die Ungleichheit innerhalb mancher Länder, insbesondere innerhalb der Industrieländer, hat oft zugenommen.

Ungleichheit hat viele relevante Dimensionen: Man kann sich dafür interessieren, wie viele Menschen in Armut leben, wie groß die Mittelschicht ist oder wie hoch das Einkommen der sehr reichen Menschen ist. Um ein vollständiges Bild zu erhalten, müsste man eine Vielzahl von Daten untersuchen. In ▶ **Kapitel 13** werden wir ein Standardmaß für Ungleichheit kennenlernen – den Gini-Koeffizienten. Sein Wert liegt zwischen 0 und 1. Ein hoher Wert bedeutet höhere Ungleichheit. ▶ **Abbildung 1.10** zeigt, dass in den USA die Ungleichheit des Markteinkommens (das ist das Bruttoeinkommen, das die Einkommensbezieher vor Steuern und Transferleistungen erhalten) zwischen 1975 und 2020 stark zugenommen hat. Wenn wir die Ungleichheit des verfügbaren Einkommens (nach Steuern und Transfers) betrachten, so ist auch sie in den USA angestiegen, wenn auch schwächer.

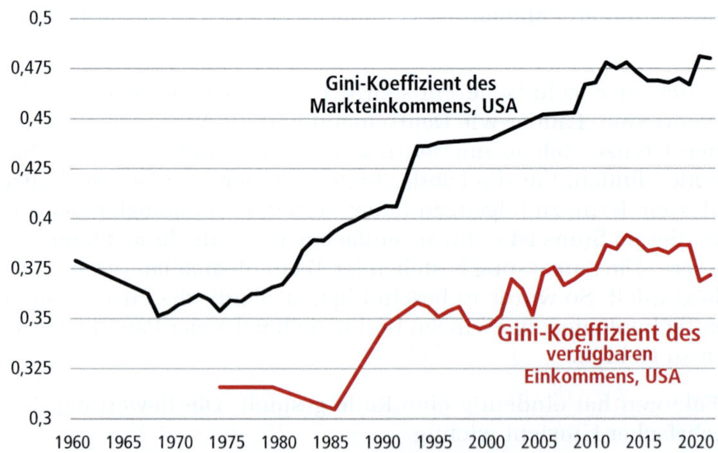

Abbildung 1.10 Die Entwicklung des Gini-Koeffizienten in den USA.
Quelle: OECD Income Distribution Database (IID), measure: GINI (market and disposable income; from 18 to 65 years).

Wie ▶ **Kapitel 13** zeigt, hat die Ungleichheit des Markteinkommens auch in Deutschland seit den 1970er-Jahren zugenommen, der Anstieg war hier aber viel verhaltener als in den USA. Die Ungleichheit des verfügbaren Einkommens ist in Deutschland nach 2005 relativ konstant geblieben. In Deutschland und in Europa im Allgemeinen verringern progressive Steuern und andere steuerliche Maßnahmen die Ungleichheit, manchmal sogar erheblich. Allerdings zeigen diese Zahlen nur die Einkommensungleichheit. Die Vermögensungleichheit ist noch größer, sodass das Bild schlechter aussieht.

Diese Zahlen werfen grundlegende Fragen auf. In welchem Verhältnis stehen Wachstum und Ungleichheit? So ist etwa der Gini-Koeffizient in China bis 2010 stark gestiegen.

Kann das Wachstum in Marktwirtschaften allen zugutekommen oder profitieren davon naturgemäß einige mehr als andere? Vergrößert der technische Fortschritt die Ungleichheit? Die Antwort lautet: Es kommt darauf an.

Nehmen wir zum Beispiel die aktuellen Diskussionen über künstliche Intelligenz (KI). Man kann sich zwei Extremszenarien vorstellen: eines, in dem KI-basierte Roboter und Programme schließlich Arbeitskräfte mit mittleren Qualifikationen ersetzen, sodass viele von ihnen arbeitslos werden oder schlechter bezahlte Jobs annehmen müssen; das andere, in dem KI-Roboter und -programme es gering qualifizierten Arbeitskräften ermöglichen, komplexere Aufgaben zu erledigen und bessere Jobs zu bekommen. Die erste Variante führt zu mehr Ungleichheit, die zweite zu weniger. Welche Variante wird sich durchsetzen? Kann der Staat durch Subventionen oder andere Mittel das Ergebnis beeinflussen, indem er Unternehmen dazu veranlasst, sich für die zweite und nicht für die erste Option zu entscheiden? Dies sind wiederum entscheidende makroökonomische Fragen: Das Ergebnis wird nicht nur über die Entwicklung der Ungleichheit entscheiden, sondern auch über die Attraktivität des Populismus und die politische Dynamik im Allgemeinen.

1.3.4 Wachstum und globale Erwärmung

Die globale Erwärmung ist nicht länger eine Hypothese oder eine ferne Bedrohung. Es gibt inzwischen überwältigende Beweise dafür, dass sie tatsächlich stattfindet. ▸ **Abbildung 1.11** zeigt, wie die jährliche globale Durchschnittstemperatur seit 1880 sich im Vergleich zum Durchschnitt des Zeitraums von 1961 bis 1990 entwickelt hat. Auffallend ist der Anstieg seit Mitte der 1960er-Jahre um etwa 1 Grad Celsius und der starke Anstieg in den letzten Jahren. Prognosen gehen davon aus, dass die Temperatur bis zum Ende des Jahrhunderts um weitere 3 Grad ansteigen könnte, wenn nichts unternommen wird. Die Folgen wären katastrophal. Ein großer Teil des afrikanischen Kontinents würde aufgrund der hohen Temperaturen und der Trockenheit unbewohnbar werden. Der Meeresspiegel würde zwischen 6 und 12 Fuß ansteigen und tiefliegende Länder wie Bangladesch und Indonesien weitgehend bedecken.

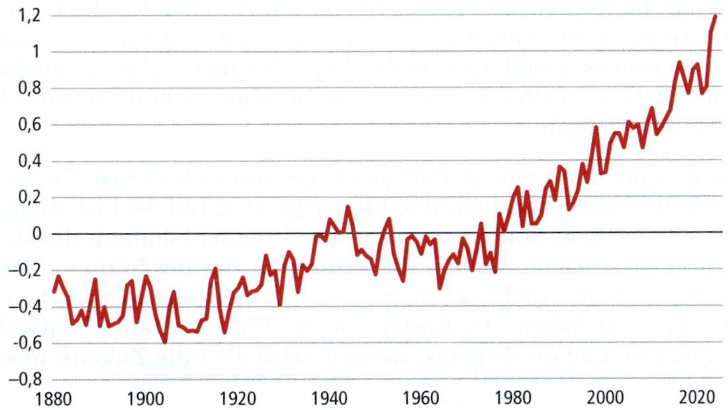

Abbildung 1.11 Anstieg der jährlichen globalen Durchschnittstemperatur in Grad Celsius seit 1880 (im Vergleich zum Durchschnitt des Zeitraums von 1961 bis 1990).
Quelle:ourworldindata; https://ourworldindata.org/grapher/temperature-anomaly

Mit den Klimaabkommen in Paris und Dubai haben die Regierungen begonnen zu handeln. Die Länder haben sich auf das Ziel geeinigt, den Anstieg der Welttemperatur im Vergleich zum vorindustriellen Niveau auf 1,5 Grad Celsius zu begrenzen. Dies erfordert einen drastischen Rückgang der neuen Emissionen. Einige Länder haben sich zum Ziel gesetzt, bis Mitte des Jahrhunderts keine CO_2-Emissionen mehr zu verursachen. Deutschland will das Ziel der Treibhausgasneutralität bis 2045 erreichen. Es ist jedoch nicht klar, ob der Kampf gegen den Klimawandel gewonnen werden kann.

Hier gibt es zwei verschiedene Fragen. Die erste Frage ist, ob der Kampf technisch gewonnen werden kann, ob der Energieerzeugungsmix rechtzeitig geändert werden kann, um die CO_2-Emissionen zu verringern und schließlich zu beseitigen. Die Antwort lautet wahrscheinlich ja. Der technische Fortschritt bei der grünen Energie ist extrem schnell. Die Kosten für die Erzeugung eines Watts mit Solarzellen sind beispielsweise von 130 Dollar im Jahr 1975 über 6,5 Dollar im Jahr 2000 auf 30 Cent im Jahr 2023 gesunken. Und die Regierungen verfügen über eine Reihe von politischen Instrumenten, um den Prozess zu beschleunigen, von Subventionen für die Forschung und Entwicklung grüner Technologien über eine Kohlenstoffsteuer, die den Einsatz von Technologien, die hohe Emissionen verursachen, verteuert, bis hin zu Subventionen für Unternehmen, die Emissionen reduzieren.

Ist das Ziel von Nullemissionen mit einem positiven Wachstum vereinbar? Die Antwort lautet wahrscheinlich wieder: Ja. Den fortgeschrittenen Volkswirtschaften ist es gelungen, die Emissionen erheblich zu senken und gleichzeitig weiter zu wachsen. Sowohl die Vereinigten Staaten als auch Europa haben ihre Emissionen seit dem Jahr 2000 um 25% gesenkt und dabei ihr Wachstum beibehalten. Dennoch könnte die Umstellung auf neue und weniger bewährte Technologien für einige Zeit ein geringeres Wachstum bedeuten. Und selbst wenn die Produktion weiterwächst, könnten die höheren Investitionen den für den Verbrauch verbleibenden Betrag verringern. Der Kampf gegen die globale Erwärmung hat seinen Preis. Aber die Alternative ist schlimmer.

Die zweite Frage ist, ob der politische Wille dazu vorhanden ist. Die Anstrengungen zur Bekämpfung des Klimawandels werden teuer sein, und bisher ist aus verschiedenen Gründen nicht klar, ob die Regierungen das Notwendige tun werden.

Wenn die Regierungen mehr ausgeben müssen, können sie dies entweder durch Steuern oder durch Schulden finanzieren. Die Wähler sind möglicherweise nicht bereit, eine Steuererhöhung zu akzeptieren, aber gleichzeitig kann eine zu starke weitere Erhöhung der Schulden gefährlich sein, wie wir in ▸ **Abschnitt 1.2.5** gesehen haben.

Angesichts der Tatsache, dass die Maßnahmen des eigenen Landes einen vernachlässigbaren Einfluss auf die weltweiten Emissionen haben, bestehen für die Regierungen große Anreize, selbst wenig zu tun und zu hoffen, dass sie von den Maßnahmen anderer profitieren. Genau darum geht es bei internationalen Vereinbarungen, aber sie reichen möglicherweise nicht aus. Bislang haben die Regierungen nur Versprechungen gemacht, aber keine Verpflichtungen eingegangen.

Schließlich geht es auch um eine grundlegende geopolitische Frage. Die reichen Länder, die sich früher industrialisiert haben, sind für den größten Teil der bisherigen kumulierten Emissionen verantwortlich. Sollten sie nicht den ärmeren Ländern, die sich noch nicht so stark industrialisiert haben, helfen, die Kosten für die Bekämpfung der globalen Erwärmung zu tragen? Wenn nicht, können die ärmeren Länder, von denen viele bereits eine hohe Schuldenlast haben, die Kosten tragen? Dies sind entscheidende makroökonomische Fragen. Wie und ob sie gelöst werden, wird über die Zukunft unseres Planeten entscheiden.

1.4 Wie es weitergeht

In diesem Kapitel haben wir eine Vielzahl von Fragen aufgeworfen. Wir begannen mit einem Blick auf die Entwicklung in drei großen Wirtschaftsregionen: dem Euroraum, den USA und China. Dann analysierten wir die Auswirkungen der Covid-Pandemie und des Kriegs in der Ukraine. Schließlich untersuchten wir langfristige Herausforderungen des Wachstums, wie die Frage nach der Messung des Lebensstandards, den Bestimmungsgründen langfristigen Wachstums und seine Auswirkungen auf Ungleichheit und globale Erwärmung. Das Ziel des Buches besteht darin, einen Weg aufzuzeigen, wie man diese und viele andere Fragen analysieren kann. Wir haben uns bislang anhand vieler Daten intensiv mit der Entwicklung der jüngsten Vergangenheit beschäftigt. Um Prognosen für die kommenden Jahre zu erstellen und Empfehlungen für die Wirtschaftspolitik zu geben, wie wir mit den aufgeworfenen Fragen umgehen sollen, ist die Kenntnis ökonomischer Theorien erforderlich. Wir werden die notwendigen Instrumente entwickeln und zeigen, wie sie eingesetzt werden, indem wir auf diese Fragen zurückkommen und mit Hilfe der entwickelten Instrumente mögliche Antworten geben.

Übungsaufgaben

(Lösungen auf **MyMathLab | Makroökonomie**)

Verständnistests

1 Welche der folgenden Aussagen sind zutreffend, falsch oder unklar? Geben Sie jeweils eine kurze Erläuterung.

a) Im Jahr 2020 wiesen die großen Industriestaaten negative Wachstumsraten der Produktion auf.

b) Die Wachstumsrate des realen BIP war in Deutschland in den Jahren 2022 und 2023 nach der Pandemie höher als in den Vereinigten Staaten und im Euroraum.

c) Auf der Basis von Kaufkraftparität-Wechselkursen ist Chinas BIP pro Kopf im Vergleich zu den USA von nur 5% im Jahr 1960 auf 23% im Jahr 2019 gestiegen.

d) In den vergangenen Jahrzehnten ist ein Großteil der Produktion in China in Investitionen zur Kapitalakkumulation geflossen und stand damit für einen höheren Konsum zur Verfügung.

e) Das BIP pro Kopf, gemessen in Dollar zu Kaufkraftparität, ist in China höher als im Euroraum. In allen Ländern des Euroraums ist es fast überall ungefähr gleich hoch.

f) Ein hoher Wert des Gini-Koeffizienten bedeutet höhere Ungleichheit.

g) Die Europäische Zentralbank senkt den Zinssatz, wenn sie eine Rezession verhindern möchte, und erhöht diesen, wenn das Wirtschaftswachstum gebremst werden soll.

h) Nach der Pandemie hat die Arbeitslosenquote im Euroraum 2024 historische Höchststände erreicht.

i) Das Wachstum der Arbeitsproduktivität, gemessen am BIP pro Erwerbstätigen, war in Deutschland zwischen 1996 und 2022 viel höher als in den USA.

j) Im Euroraum lag der Tagesgeldzins zwischen Geschäftsbanken im Zeitraum von 2015 bis 2020 unter null.

2 In den meisten westlichen Länder ist das Verhältnis der Staatsverschuldung zum BIP in den letzten zwei Jahrzehnten stark angestiegen.

a) Nennen Sie Gründe, warum manche Wirtschaftswissenschaftler argumentieren, dass die Regierungen sofort Maßnahmen ergreifen sollten, um die Schuldenquoten zu senken.

b) Nennen Sie Gründe, warum andere Ökonomen einen Schuldenabbau als wünschenswert, aber nicht als dringend ansehen.

c) Welches Argument halten Sie für das stärkste – immer unter dem Vorbehalt, Ihre Meinung zu ändern, wenn Sie die wirtschaftlichen Zusammenhänge besser verstehen und gelernt haben, mit Hilfe von Daten unterschiedliche Hypothesen zu testen?

3 Verwenden Sie die Daten aus ▶ **Tabelle 1.1** über die durchschnittliche Wachstumsrate der Produktion für Deutschland, den Euroraum, die Vereinigten Staaten und China. Beachten Sie, dass viele Werte nur vorläufig waren (Stand Dezember 2024).

a) Vergleichen Sie für alle Regionen den Durchschnitt der Werte für 2023 bis 2024 mit dem Durchschnitt von 2010 bis 2019. Wie stellt sich die jüngste Entwicklung dar im Vergleich zu den langfristigen Durchschnittswerten und im Vergleich zum Jahr der Covid-Pandemie 2020?

b) Erwarten Sie, dass die durchschnittliche Wachstumsrate für die nächsten zehn Jahre näher am Durchschnitt der Jahre 2010 bis 2019 oder näher am Durchschnitt der Jahre 2023 bis 2024 liegt? Begründen Sie Ihre Antwort.

c) Vergleichen Sie die Prognosewerte in ▶ **Tabelle 1.1** für 2024 und 2025 mit den aktuellsten OECD-Daten, die verfügbar sind, wenn Sie das Buch lesen (vgl. den *Anhang* zu diesem Kapitel: „Wo findet man die Zahlen"). Waren die Prognosen Ende 2024 zu optimistisch?

Vertiefungsfragen

4 *Produktivitätswachstum und Lebensstandard*

Die wirtschaftliche Entwicklung in China im Lauf der letzten beiden Jahrzehnte war äußerst bemerkenswert.

a) Im Jahr 2023 lag das Produktionsniveau (reales BIP zum Basisjahr 2015) in den USA bei 22 Billionen US-$, in China bei 17 Billionen US-$. Unterstellen wir, dass die Wirtschaft in China dauerhaft jährlich real mit 6,5% wächst, in den USA dagegen mit 2,3% (den Durchschnittswerten von 2010 bis 2023). Berechnen Sie mit Hilfe eines Tabellenkalkulationsprogramms, wie sich die Produktion in beiden Ländern im Lauf der nächsten 10 Jahre entwickeln würde. Nach wie vielen Jahren hätte China dann das Produktionsniveau der USA erreicht? Wie lange dauert es, wenn China in Zukunft nur mehr mit 4% oder 2,3% wächst?

b) Wenn China ein höheres Produktionsniveau als die USA erreicht, bedeutet dies, dass die Menschen in China einen höheren Lebensstandard genießen wie die Menschen in den USA? Begründen Sie Ihre Antwort.

c) Das BIP pro Kopf wird häufig als Maß für den Lebensstandard verwendet. Mit welchen Maßnahmen hat China im Lauf der vergangenen Jahrzehnte das BIP pro Kopf gesteigert? Sind diese Methoden auch für den Euroraum geeignet?
d) In der World Development Indicators Database der Weltbank finden Sie Daten ab 1990 für das reale BIP, umgerechnet nach Kaufkraftparität (Code: NY.GDP.MKTP.PP.KD). Erklären Sie, warum diese Werte sich von den Werten in *Teilaufgabe a.* unterscheiden. Seit welchem Jahr übertrifft das so berechnete BIP der Volksrepublik China das BIP in den USA bzw. im Euroraum?
e) In der Datenbank der Weltbank finden Sie auch Werte für das **reale BIP pro Kopf** nach Kaufkraftparität (Code NY.GDP.PCAP.PP.KD). Zeigen Sie graphisch, wie sich das reale BIP pro Kopf von China im Verhältnis zu den USA auf Basis von Kaufkraftparität-Kursen in der Zeit von 1990 bis 2022 entwickelt hat. Liegen die Werte höher, wenn wir Marktkurse statt Kaufkraftparität-Kurse verwenden?
f) Berechnen Sie die Wachstumsrate des realen BIP pro Kopf für China und die USA im Zeitraum von 1990 bis 2022.

5 ▶ **Abbildung 1.6** vergleicht für ausgewählte Länder das BIP pro Kopf in US-$ für das Jahr 2022 auf Basis von Kaufkraftparitäten.

a) Ermitteln Sie für die betrachteten Länder anhand der dort angegebenen Quelle der Weltbank das BIP pro Kopf in Prozent im Vergleich zum Euroraum.
b) Ermitteln Sie, wie sich die Rangordnung verändert, wenn statt den Kaufkraftparität-Kursen das reale BIP zu Marktwechselkursen (in konstanten 2015 $) verwendet wird (Quelle: *https://data.worldbank.org/indicator/NY.GDP.PCAP.KD*). Welche Faktoren könnten für die Unterschiede verantwortlich sein?
c) Ermitteln Sie die Prozentzahlen wie in Aufgabe a) auch für das letzte verfügbare aktuelle Jahr. Hat sich die Rangordnung seitdem verändert?
d) Vergleichen Sie anhand der Weltbankdaten, wie sich für die betrachteten Länder das reale BIP pro Kopf zu Kaufkraftparität-Kursen prozentual im Vergleich zum Euroraum seit 1990 entwickelt hat.

6 *Wachstum der Arbeitsproduktivität*
Das Wachstum der Arbeitsproduktivität wurde in diesem Kapitel als zentrale Herausforderung für die langfristige Entwicklung des Lebensstandards bezeichnet. Die OECD stellt für die Industriestaaten einen Index des BIP *pro Arbeitsstunde* als Maß für das Produktivitätswachstum bereit. Suchen Sie auf der Seite *https://data-explorer.oecd.org/* das Stichwort *„Productivity levels"* und wählen Sie dort dann als Measure *„GDP per hour worked"*; Unit: *„GUS dollars per hour, PPP converted, Constant prices"* und laden die Daten ab 1995 für Deutschland, Griechenland, Italien, Polen sowie die USA und den Euroraum in ein Tabellenkalkulationsprogramm.

a) Normieren Sie alle Werte für 1995 jeweils auf 100 und stellen Sie für die betrachteten Länder den Verlauf bis 2022 grafisch dar. Wie lässt sich ein bestimmter Wert interpretieren?
b) Berechnen Sie für die angegebenen Länder die Durchschnittswerte der Wachstumsrate der Arbeitsproduktivität für die 5-Jahres-Zeiträume 1996-2000, 2001-2005, 2006-2010, 2010-2015 sowie für 2016-2022. Wie stark ist die Produktivität jeweils im Durchschnitt zwischen 1995 und 2022 gestiegen? Vergleichen Sie die Entwicklung für Europa mit den USA. Geben Sie eine Begründung für unterschiedliche Entwicklungen in den einzelnen Ländern.
c) Vergleichen Sie nun die Entwicklung in Polen mit den USA. Was könnte den unterschiedlichen Verlauf erklären?
d) ▶ Abbildung 1.7 misst das Produktivitätswachstum anhand von Daten des *BIP je Erwerbstätigen*. Wählen Sie nun wieder im *https://data-explorer.oecd.org/* das Stichwort *„Productivity levels"* und suchen Sie nun Daten für die Measure *„GDP per person employed"* mit der Unit *„US dollars per person, PPP converted, Constant prices"* für Deutschland und die USA (reference area). Erstellen Sie damit eine Grafik der Entwicklung der so gemessenen Arbeitsproduktivität in Deutschland und den USA seit 1995 (wieder mit den Werten für 1995 auf 100 normiert). Wie stark unterscheiden sich diese Werte von denen aus Teilaufgabe a? Lässt sich ein ähnlicher Trend erkennen? Worauf könnten Unterschiede beruhen?
e) Betrachten Sie Quartalsdaten für Deutschland und die USA ab dem 1. Quartal 2019. Welche Faktoren könnten den unterschiedlichen Verlauf in der Pandemie erklären?

Weiterführende Fragen

7 Diese Frage beschäftigt sich mit den Rezessionen der vergangenen Jahrzehnte. Um sie beantworten zu können, benötigen Sie die saisonbereinigten Quartalsdaten für das **BIP-Wachstum** der USA für den Zeitraum von 1970 bis 2019. Sie finden diese Daten auf der FRED-Website USA mit dem Code der Indexreihe NAEXKP01USQ661S. Ermitteln Sie in den Datenreihen die prozentuale Veränderung des vierteljährlichen Bruttoinlandsprodukts sowohl gegenüber dem Vorquartal (mit der Unit „percentage change" unter „Edit") als auch gegenüber dem Vorjahresquartal (mit der Unit „percentage change from year ago").

a) Nach der Standarddefinition liegt eine Rezession vor, wenn das Wachstum in zwei oder mehr aufeinanderfolgenden Quartalen negativ ist. Wie oft kam es dieser Standarddefinition zufolge in den Vereinigten Staaten seit 1970 zu einer Rezession?
b) Wie viele Quartale hat jede dieser Rezessionen jeweils gedauert?
c) Zwei dieser Rezessionen haben am längsten gedauert; zwei Rezessionen waren am tiefsten. Um welche handelte es sich?
d) Die grauen Balken auf der FRED Website charakterisieren alle Phasen in den USA, die der NBER als Rezession klassifiziert (FRED Code USREC). Welche Beziehung besteht zu den Berechnungen in *Teilaufgabe a.*?
e) Der Sachverständigenrat identifizierte 2017 für Deutschland seit 1970 fünf Rezessionsphasen (Januar 1974 bis Juli 1975, Januar 1980 bis November 1982, Februar 1992 bis Juli 1993, Februar 2001 bis Juni 2003 sowie Januar 2008 bis April 2009). Welche Beziehung besteht dabei zu den Wachstumsraten des Vorquartals bzw. Vorjahresquartals (FRED Code für Deutschland NAEXKP01DEQ661S)?
f) Die Klassifikation der OECD von Rezessionsphasen in Deutschland finden Sie auf der FRED Website unter dem Code DEUREC. Lesen Sie die Beschreibung dazu auf der FRED Website. Nach welcher Methodik geht die OECD dabei vor? Welche Beziehung besteht zu den Ergebnissen von *Teilaufgabe e.*?

8 Betrachten Sie nun die Entwicklung der Arbeitslosenquote in den Rezessionsphasen gemäß der Klassifikation von NBER bzw. Sachverständigenrat (vgl. *Aufgabe 6*). Gehen Sie auf die FRED-Website und laden Sie Datenreihen für die monatliche Arbeitslosenquote seit 1970 herunter (Code für USA UNRATE; für Deutschland LMUNRRTTDEM156S).

a) Betrachten Sie jede Rezession im Zeitraum von 1970 bis 2019. Wie hoch war die Arbeitslosenquote ersten und letzten Monat der Rezession? Um wie viel ist die Arbeitslosenquote im Verlauf der Rezession gestiegen?
b) In welcher Rezession kam es zum höchsten Anstieg der Arbeitslosenquote? Vergleichen Sie dies mit dem Anstieg der Arbeitslosenquote im Jahr 2020.
c) Erhalten Sie für Deutschland ähnliche Ergebnisse wie in den USA?

9 Die FRED-Website liefert Ihnen aktuelle Daten zur Entwicklung der Arbeitslosenquoten in ▶ **Abbildung 1.2** (*Harmonized Unemployment Rate*). Rufen Sie für die dort betrachteten Länder die monatlichen Werte ab Januar 1991 bis zum aktuellsten Wert ab (Codes: LRHUTTTT*DE*M156S bzw. *US*, *EZ*, sowie *ES* für Spanien).

a) Wie hat sich die Arbeitslosenquote in den USA im Vergleich zu Deutschland ab Januar 2020 entwickelt? Begründen Sie den unterschiedlichen Verlauf.
b) Vergleichen Sie den Rückgang der Arbeitslosenquote in Spanien und im gesamten Euroraum seit dem Höchstwert Mitte 2013 bis Ende 2019 mit der Entwicklung in Deutschland. Welche Faktoren könnten für den Unterschied verantwortlich sein? Wie haben sich die Arbeitslosenquoten nach dem Ausbruch der Pandemie entwickelt?

10 In der Pandemie ist das reale BIP in den 4 größten Ländern des Euroraums (Deutschland, Frankreich, Italien und Spanien) stark gesunken. Es hat das Niveau des 4. Quartals 2019 meist erst im Lauf des Jahres 2022 wieder erreicht. Die FRED-Website liefert Ihnen dazu aktuelle Daten von Eurostat (Code für Deutschland: CLVMNACSCAB1GQ**DE**; **IT** für Italien etc., **EA** für Euroraum; Code für USA: GDPC1).

a) Erstellen Sie mit Hilfe der FRED-Datenbasis eine Grafik, die diese Entwicklung illustriert. Normieren Sie dafür das reale BIP im 4. Quartal 2019 auf 100. Welches Land hatte den stärksten Einbruch nach der Pandemie?
b) Jeweils ausgehend vom Wert 100 im 4. Quartal 2019, lag das reale BIP des gesamten Euroraums im 3. Quartal 2022 über dem Niveau der größten Länder (abgesehen von Italien). Wie lässt sich dies erklären?
c) Vergleichen Sie die Entwicklung in Deutschland und im Euroraum mit der in den USA (GDPC1).
d) Ein wesentlicher Faktor für die in Teilaufgabe b) beschriebene Entwicklung liegt im starken Wachstum des BIP der Republik Irland (CLVMNACNSAB1GQIE). Um wie viel Prozent ist das BIP in Irland vom 4. Quartal 2019 bis zum 3. Quartal 2022 gestiegen? Berechnen Sie, wie stark in diesem Zeitraum das reale BIP für die Länder des Euroraums ohne Irland gewachsen wäre und ermitteln Sie daraus den Beitrag des Wachstums in Irland für die Entwicklung im gesamten Euroraum.

Weiterführende Literaturhinweise

Am besten lassen sich aktuelle ökonomische Ereignisse und Themen verfolgen, indem man den Economist liest. Der Economist ist eine englische, wöchentlich erscheinende Zeitschrift. Die Artikel im Economist (*www.economist.com*) sind gut recherchiert, gut geschrieben, geistreich und meinungsstark. Eine regelmäßige Lektüre wäre sinnvoll.

Anhang: Wo findet man die Zahlen

Dieser Anhang soll bei der Suche nach Daten helfen, gleichgültig ob es sich um die Inflation in Malaysia im letzten Quartal, um die Höhe des Konsums in den Vereinigten Staaten im Jahr 1959 oder um die Jugendarbeitslosigkeit in Irland in den 1980er-Jahren handelt.

Schnelle Auskunft zu aktuellen Zahlen

- Eine gute Quelle für die brandaktuellen Zahlen zu den Themen Produktion, Arbeitslosigkeit, Inflation, Wechselkurse, Zinssätze und Aktienkurse für eine große Anzahl von Ländern sind die letzten vier Seiten des Economist, der wöchentlich erscheint (*www.economist.com*). Diese Website enthält sowohl Informationen, die für jeden frei zugänglich sind, als auch Informationen, die nur für Abonnenten reserviert sind. (Dies gilt für die meisten hier aufgelisteten Websites.)

Informationen zu Deutschland und Europa

- Detaillierte Informationen über die deutsche Volkswirtschaft werden vom Statistischen Bundesamt in Wiesbaden veröffentlicht. Sie finden sie auf der Website *www.destatis.de/*.
- Im November jeden Jahres wird das Jahresgutachten des Sachverständigenrats veröffentlicht. Dieser Bericht liefert eine kritische Bewertung der aktuellen wirtschaftspolitischen Lage. Auf der Website des Sachverständigenrats finden sich zudem eine Vielzahl nationaler und internationaler Daten, die laufend aktualisiert werden. Sie sind abrufbar auf der Internetseite *www.sachverstaendigenrat-wirtschaft.de/*.
- Viele makroökonomische Daten (nicht nur zur Geldpolitik) finden Sie auf den Websites der Deutschen Bundesbank*www.bundesbank.de/* und der Europäischen Zentralbank (EZB) *https://www.ecb.europa.eu/home/html/index.en.html*.
- **Eurostat** – das statistische Amt der Europäischen Union liefert aktuelle Daten über die EU: *http://epp.eurostat.ec.europa.eu*.
- Auf europäischer Ebene gibt es noch kein Pendant zum Sachverständigenrat. Verschiedene Forschergruppen veröffentlichen aber regelmäßige Analysen zur europäischen Wirtschaftspolitik. Der jährliche „Report on the European Economy“ der European Economic Advisory Group (EEAG) findet sich auf der Website des CESifo, München: *www.cesifo.de/*.

Informationen über die US-amerikanische Volkswirtschaft

- Eine hervorragende, kostenlos zugängliche Datenbank mit zahlreichen Zeitreihen sowohl für die USA wie für viele andere Staaten auch in Europa ist die Federal Reserve Economic Database (FRED). Sie wird von der Federal Reserve Bank of St. Louis betreut. In der FRED Datenbank sind auch aktuelle Daten zu den meisten Abbildungen in diesem Lehrbuch verfügbar.
- Eine detaillierte Darstellung der aktuellsten Daten findet sich im Survey of Current Business, der monatlich vom amerikanischen Wirtschaftsministerium veröffentlicht wird, vom Bureau of Economic Analysis (*www.bea.gov/*).
- Einmal im Jahr wird der Economic Report of the President vom Council of Economic Advisers erstellt und vom US government printing office in Washington, D.C. veröffent-

licht. Dieser Report enthält eine Beschreibung der aktuellen Entwicklung und Werte für die wichtigsten makroökonomischen Variablen. Die Daten gehen teilweise bis in die frühen 1930er-Jahre zurück. (Der Report und die statistischen Tabellen finden sich auf der Internetseite *http://www.whitehouse.gov/administration/eop/cea/economic-report-of-the-President*).

- Daten zu fast allen Themenbereichen, einschließlich Wirtschaftszahlen, finden sich im Statistical Abstract of the United States, der jährlich vom US Department of Commerce, Bureau of the Census, herausgegeben wird (*http://www.census.gov/*).

Informationen zu anderen Ländern

Die OECD mit Sitz in Paris gibt drei nützliche Veröffentlichungen heraus. In der OECD sind die meisten reichen Länder der Welt Mitglied (*www.oecd.org*). (Die Mitgliedsländer wurden bereits in der Fokusbox *„Wo finden wir makroökonomische Daten?“* aufgelistet.)

- Die wichtigste Veröffentlichung ist der *OECD Economic Outlook*, der zweimal im Jahr erscheint. Der *OECD Economic Outlook* diskutiert aktuelle makroökonomische Fragen und liefert Daten und Prognosen zu vielen makroökonomischen Variablen. Die Datenreihen gehen meistens bis in die 1970er-Jahre zurück und sind durchgehend im Zeitverlauf und im Ländervergleich dokumentiert.
- Die zweite Veröffentlichung ist der *OECD Employment Outlook*, der jährlich veröffentlicht wird. Diese Veröffentlichung geht näher auf den Arbeitsmarkt ein.
- In ihren *Main Economic Indicators* stellt die OECD aktuelle und weiter zurückliegende Zahlen zusammen. Die Daten sind online verfügbar auf der Seite *https://www.oecd.org/economy/outlook/statistical-annex/*. Viele dieser Daten sind auch über die FRED-Datenbank zugänglich.

Der Internationale Währungsfonds (IWF, mit Sitz in Washington, D.C.) deckt die meisten Länder der Welt ab (*www.imf.org*).

Folgende Veröffentlichungen des IWF liefern besonders nützliche Daten:

- Der World Economic Outlook wird zweimal im Jahr veröffentlicht und liefert eine Analyse der weltwirtschaftlichen Entwicklung.
- Der IWF veröffentlicht zweimal im Jahr auch eine internationale Analyse der Fiskalpolitik *(fiscal monitor)* sowie der Finanzmarktstabilität *(global financial stability report)*.
- Die International Financial Statistics (IFS) werden monatlich herausgegeben. Sie beinhalten Daten der Mitgliedsländer, vor allem zu Variablen aus dem Finanzbereich, aber auch einige aggregierte Variablen (wie das BIP, Beschäftigung und Inflation). Die Daten gehen einige Jahre zurück.
- Das International Financial Statistics Yearbook wird jährlich veröffentlicht. Es deckt dieselben Länder und Variablen wie die IFS ab, die Daten gehen jedoch bis zu 30 Jahre zurück.
- Das Government Finance Statistics Yearbook wird jährlich veröffentlicht und enthält Daten zu den Haushalten der Mitgliedsländer, die typischerweise zehn Jahre zurückreichen. (Da es zu Verzögerungen in der Zusammenstellung der Zahlen kommt, sind die aktuellsten Daten meist nicht erhältlich.)

Eine wertvolle Quelle für langfristige Statistiken einiger Länder ist die Studie von Angus Maddison zum Thema „Monitoring the World Economy“, 1820–1992, Development Centre Studies, OECD, Paris, 1995. Diese Studie beinhaltet Daten für 56 Länder, die bis 1820 zurückreichen. Eine noch umfassendere Datenquelle ist The World Economy. Vol I: A Millenium Perspective, Vol II: Historical Statistics. OECD, 2001/2004, ebenfalls von Angus Maddison. Vgl. auch *http://www.theworldeconomy.org/statistics.htm*.

2 Eine Reise durch das Buch

2.1 Produktion und Wirtschaftswachstum – das BIP 48

2.2 Die Inflationsrate 57

2.3 Die Erwerbs- bzw. Arbeitslosenquote 62

2.4 Arbeitslosigkeit, Inflation und Wirtschaftswachstum – das Gesetz von Okun und die Phillipskurve 65

2.5 Die kurze, die mittlere und die lange Frist 69

2.6 Ein Fahrplan durch das Buch 70

Kernbotschaft dieses Kapitels: Die drei wichtigsten makroökonomischen Größen sind Produktion, Inflation und Arbeitslosigkeit.

Mit den Begriffen Wirtschaftswachstum, Arbeitslosigkeit und Inflation werden wir fast täglich in Zeitungen und Fernsehnachrichten konfrontiert. Als wir sie in ▶ **Kapitel 1** verwendeten, waren Sie damit schon vertraut – zumindest wussten Sie ungefähr, was damit gemeint war. Nun aber wollen wir diese Begriffe exakter definieren. ▶ **Abschnitt 2.1** untersucht, wie wir das Wirtschaftswachstum berechnen. Er führt in die Volkswirtschaftlichen Gesamtrechnungen (**VGR**) ein und betrachtet das Bruttoinlandsprodukt (BIP) aus verschiedenen Blickwinkeln: von der Entstehungs-, der Verteilungs- und der Verwendungsseite. ▶ **Abschnitt 2.2** befasst sich mit Inflation. ▶ **Abschnitt 2.3** befasst sich mit Arbeitslosigkeit. Nachdem diese wichtigen Begriffe geklärt sind, untersuchen wir in ▶ **Abschnitt 2.4** die Wechselbeziehungen zwischen diesen drei Variablen, die sich durch das **Gesetz von Okun** sowie die **Phillipskurve** beschreiben lassen. In ▶ **Abschnitt 2.5** lernen wir drei zentrale Konzepte kennen, nach denen dieses Buch aufgebaut ist:

- Die **Kurze Frist** – sie beschreibt, wie sich die Makroökonomie von Jahr zu Jahr entwickelt.
- Die **Mittlere Frist** – sie untersucht, was sich über einen Zeitraum von zehn Jahren abspielt.
- Die **Lange Frist** – hier geht es um eine langfristige Perspektive von über 50 Jahren.

2.1 Produktion und Wirtschaftswachstum – das BIP

Die Konzeption der Volkswirtschaftlichen Gesamtrechnungen ist eine gewaltige intellektuelle Leistung. Für ihre Beiträge zur Entwicklung der VGR erhielten 1971 Simon Kuznets (Universität Harvard) und 1984 Richard Stone (Universität Oxford) den Nobelpreis.

Vor dem Zweiten Weltkrieg gab es kein zuverlässiges Maß für die gesamtwirtschaftliche Aktivität. Ökonomen mussten sich stattdessen auf bruchstückartige Informationen stützen, wie die Produktionszahlen für Roheisen oder die Einzelhandelsverkäufe, um sich ein Bild über die Gesamtwirtschaft zu machen. Erst nach dem Zweiten Weltkrieg wurden in den Industriestaaten verlässliche Einkommens- und Produktionsstatistiken aufgebaut (frühere Daten sind zwar verfügbar; meist aber nur als rekonstruierte Werte). Die Daten zu den Volkswirtschaftlichen Gesamtrechnungen (VGR) werden in Deutschland vom Statistischen Bundesamt in Wiesbaden ermittelt.

Wie jedes Rechnungswesen basieren die VGR auf bestimmten Konzepten. Es wurden geeignete Maße konstruiert, um diese Konzepte zu messen. Ein kurzer Blick auf Statistiken solcher Staaten, die noch kein zuverlässiges Rechnungswesen aufgebaut haben, genügt, um zu sehen, wie entscheidend Präzision und Konsistenz sind. Wir werden Sie hier nicht mit den Feinheiten der Volkswirtschaftlichen Gesamtrechnungen quälen. Weil man als Ökonom aber wissen muss, wie bestimmte makroökonomische Größen definiert sind und wie sie zusammenhängen, gibt ▶ **Anhang A** am Ende des Buches eine Einführung in die Grundbegriffe der VGR. Dieser Anhang sollte immer zu Rate gezogen werden, wenn Sie sich mit Makrodaten beschäftigen.

2.1.1 BIP, Einkommen und Wertschöpfung

Das Maß für die gesamtwirtschaftliche Produktion in den VGR heißt Bruttoinlandsprodukt (BIP). Es gibt verschiedene Methoden, das BIP einer Volkswirtschaft zu berechnen. Wir betrachten sie der Reihe nach:

1a Das BIP erfasst die gesamte Wertschöpfung aller Waren und Dienstleistungen für den Endverbrauch, die in einem bestimmten Zeitraum hergestellt wurden.

Dabei müssen wir das Wort **Endverbrauch** betonen. Folgendes Beispiel erläutert, warum das so wichtig ist. Angenommen, die Wirtschaft besteht nur aus zwei Unternehmen:

- Unternehmen 1 produziert Stahl. Es beschäftigt Arbeitskräfte und setzt Maschinen ein. Es verkauft den Stahl für 100 € an Unternehmen 2, einen Automobilhersteller. Das Stahlunternehmen zahlt Löhne in Höhe von 80 €. Der Rest, 20 €, ergibt den Gewinn.

- Das zweite Unternehmen kauft Stahl und setzt ihn, zusammen mit Arbeit und Maschinen, zur Autoproduktion ein. Aus dem Verkauf der Autos erzielt es Erlöse in Höhe von 210 €. Von den Erlösen verbleibt nach Zahlung von 100 € an das Stahlunternehmen und 70 € an die Arbeitskräfte ein Gewinn von 40 €.
  Alle Informationen sind in folgender Tabelle zusammengefasst:

Stahlunternehmen (Firma 1)		Automobilhersteller (Firma 2)	
Verkaufserlöse	100 €	Verkaufserlöse	210 €
Ausgaben	–80 €	Ausgaben	–170 €
(Löhne)	(80 €)	(Löhne)	(70 €)
		(Vorleistungen)	(100 €)
Gewinne	= 20 €	Gewinne	= 40 €

Wie berechnet sich das BIP in unserer Modellwirtschaft? Ist es die Summe aller Produktionswerte – also 310 €, nämlich 100 € aus der Stahlproduktion und 210 € aus der Autoproduktion? Oder ist es nur der Produktionswert der Endprodukte (also der Autos), 210 €?

Die richtige Antwort muss lauten: 210 €. Stahl ist ja nur eine Vorleistung. Stahl geht als Vorleistung in das Endprodukt (Autos) ein und sollte deshalb bei der Berechnung des BIP nicht noch einmal gezählt werden. Machen wir uns das noch auf eine andere Weise klar: Würden beide Unternehmen fusionieren, sich also zu einem einzigen Unternehmen zusammenschließen, fände der Verkauf von Stahl innerhalb des eigenen Unternehmens statt; er würde somit nicht mehr gemeldet. Wir würden nur mehr ein Unternehmen beobachten, das Autos für 210 € verkauft, Löhne in Höhe von 80€ + 70€ = 150€ zahlt und einen Gewinn von 20€ + 40€ = 60€ erzielt. Es bleibt also bei 210 €.

Eine Vorleistung wird zur Produktion anderer Güter eingesetzt.

Manche Güter können sowohl Vorleistung wie Endprodukt sein. Werden Kartoffeln direkt an Konsumenten verkauft, sind sie ein Endprodukt. Werden sie zur Produktion von Chips weiterverarbeitet, dann sind sie Vorleistungen.

Fusioniertes Unternehmen	
Verkaufserlöse	210 €
Ausgaben (Löhne)	–150 €
Gewinne	= 60 €

Diese Definition liefert uns eine erste Methode zur Berechnung des BIP: Man zählt einfach die Produktion aller Endprodukte zusammen. Das ist im Wesentlichen auch der Weg, wie das BIP tatsächlich ermittelt wird. Eng damit verwandt ist aber noch eine weitere Methode:

1b Das BIP ist die Summe aller Mehrwerte in einem bestimmten Zeitraum.

Der Ausdruck **Mehrwert** meint genau das, was er besagt: Er bezeichnet die von einem Unternehmen im Produktionsprozess zusätzlich geschaffenen Werte. Daraus folgt, dass die Vorleistungen (also die von anderen Unternehmen bereits geschaffenen Werte) vom gesamten Produktionswert abzuziehen sind, um zum Mehrwert zu gelangen.

Weil in unserem Beispiel das Stahlunternehmen keine Vorleistungen nutzt, entspricht der Mehrwert einfach dem Produktionswert von 100 €. Der Mehrwert des Autoproduzenten ermittelt sich als Wert der verkauften Autos abzüglich des Wertes der eingesetzten Vorleistungen 210 € – 100 € = 110 €.

Aufwendungen für Forschung und Entwicklung sowie Aufwendungen für die Entwicklung von Software wurden früher als Vorleistung behandelt; sie gingen deshalb nicht in die Berechnung des BIP ein. In einer umfassenden Revision der VGR werden sie seit September 2014 als Investition behandelt und gehen damit in die VGR ein (vgl. Fokusbox„*Das BIP pro Kopf*“).

2 Das BIP ist die Summe aller Einkommen in einem bestimmten Zeitraum.

- Bislang haben wir das BIP von der Entstehungsseite (der Produktionsseite) betrachtet. Betrachten wir nun das BIP von der Verteilungsseite. Überlegen wir, an wen die Einnahmen verteilt werden, die aus der Produktion nach Zahlung der Vorleistungen erzielt werden.
- Ein Großteil der Einnahmen wird zur Zahlung von Löhnen und Gehältern verwendet – in den VGR werden diese Größen als **Arbeitnehmerentgelt** erfasst.
- Der Rest geht an die Unternehmer und an Personen, die Mittel zum Erwerb von Kapitalgütern (z.B. Maschinen) zur Verfügung gestellt haben (Unternehmens- und Vermögenseinkommen).
- Die Einnahmen verteilen sich also auf Arbeits- und Kapitaleinkommen. Im betrachteten Beispiel erzielen die Arbeiter Lohneinkommen in Höhe von 150 € (80 € aus der Stahlproduktion; 70 € aus der Autoproduktion). Kapital erzielt Einnahmen (Gewinne) in Höhe von 60 € (20 € im Stahlsektor; 40 € im Autosektor). Insgesamt werden Einnahmen in Höhe von 210 € erzielt.

3 Das BIP entspricht dem Wert aller Ausgaben, also der gesamtwirtschaftlichen Nachfrage.

Eine dritte Berechnungsmethode ermittelt die Wertschöpfung von der Nachfrage- oder Verwendungsseite her. Produktion schafft Einkommen; in einer geschlossenen Volkswirtschaft muss aber die Summe aller Einkommen von Arbeitnehmern und Unternehmern genau dem entsprechen, was ausgegeben wird – sei es für Konsumzwecke oder für Investitionen. In unserer einfachen Modellwirtschaft werden alle Arbeits- und Kapitaleinkommen zum Kauf von Autos verwendet; damit schließt sich der Kreislauf. Die Realität ist natürlich viel komplexer. Ein Teil der Einnahmen muss etwa in Form von Steuern und Abgaben an den Staat abgeführt werden. Güter werden auch aus dem Ausland importiert; im Inland produzierte Güter wiederum werden exportiert. Wir untersuchen den gesamtwirtschaftlichen Kreislauf detaillierter im dritten Kapitel.

Zusammengefasst: Das BIP lässt sich mit drei verschiedenen Methoden berechnen:

- Entstehungsseite: Das BIP erfasst die Werte aller Endprodukte und Dienstleistungen (anders formuliert – die Summe aller Mehrwerte oder die gesamte Wertschöpfung) einer Volkswirtschaft in einem bestimmten Zeitraum.
- Verteilungsseite: Das BIP ist die Summe aller in einem bestimmten Zeitraum erzielten Einkommen der Volkswirtschaft.
- Verwendungsseite: Das BIP entspricht dem Wert aller Ausgaben (der gesamtwirtschaftlichen Nachfrage).

FOKUS

Grundlagen der Volkswirtschaftlichen Gesamtrechnungen (VGR)

Werfen wir einen Blick auf die Statistik der VGR (▶ **Tabelle 1**), um herauszufinden, ob unser Beispiel die Praxis richtig abbildet. Wenn wir die VGR für Deutschland im Jahre 2023 betrachten, fällt auf, dass Bruttoinlandsprodukt und **Verfügbares Einkommen** nicht übereinstimmen. Warum erhalten wir für BIP und Einkommen andere Werte? Warum müssen wir zwischen Produktion (Bruttowertschöpfung) und Einkommen unterscheiden? Welches der verschiedenen Konzepte ist das richtige? Die Antwort lautet: Das hängt von der Fragestellung ab, an der wir interessiert sind.

Wollen wir untersuchen, wie sich im Konjunkturverlauf die gesamtwirtschaftliche Produktion entwickelt, müssen wir auf die Veränderungen des BIP achten. Sind wir dagegen am Lebensstandard oder an den Konsummöglichkeiten der privaten Wirtschaftssubjekte interessiert, sind andere Maße vielleicht aussagekräftiger. Wie wir aus unserem einfachen Modellbeispiel lernen, hängen aber alle Konzepte über den Wirtschaftskreislauf systematisch miteinander zusammen. Wir müssen das Modell nur ein wenig erweitern.

Quelle: Statistisches Bundesamt, Wiesbaden

Deutschland: Inlandsprodukt und Nationaleinkommen (Mrd. EUR) in jeweiligen Preisen	2023
Bruttoinlandsprodukt	4121
+ Saldo der Primäreinkommen mit der übrigen Welt	165
= Bruttonationaleinkommen (Bruttosozialprodukt)	4286
– Abschreibungen	848
= Nettonationaleinkommen (zu Marktpreisen; auch Primäreinkommen)	3438
+ Saldo der Sekundäreinkommen (laufende Transfers aus dem Rest der Welt)	–52
= Verfügbares Einkommen der Inländer	3386
(nachrichtlich:) Verfügbares Einkommen der privaten Haushalte	2295
Primäreinkommen (auch Nettonationaleinkommen)	3438
– Produktions- und Importabgaben abzgl. Subventionen	358
= Volkseinkommen (Nettonationaleinkommen zu Faktorpreisen)	3796
Arbeitnehmerentgelt	2159
Unternehmens- und Vermögenseinkommen	922

Tabelle 1 Volkswirtschaftliche Gesamtrechnungen für Deutschland; Stand Februar 2024
Quelle: https://www.destatis.de/DE/Themen/Wirtschaft/Volkswirtschaftliche-Gesamtrechnungen-Inlandsprodukt/_inhalt.html#sprg227266

Zunächst einmal fließen manche im Inland erzielte Einnahmen ins Ausland ab. Wochenendpendler aus Tschechien, die bei einer Software-Firma in München arbeiten, steigern zwar die Produktion (BIP) in Deutschland; sie erhöhen aber das Einkommen in Tschechien. Die von Ausländern im Inland erzielten Einnahmen müssen vom BIP abgezogen werden, wenn wir das Einkommen der Inländer (aller Personen mit Wohnsitz im Inland) ermitteln wollen. Umgekehrt gilt: Einem Studenten mit Wohnsitz in Deutschland, der **Aktien** einer Biotech-Firma in Kalifornien gekauft hat, fließen die aus der dortigen Produktion erwirtschafteten **Dividenden** als Einkommen in Deutschland zu. Solche im Ausland erzielten Einnahmen der Inländer müssen wir bei der Ermittlung des Einkommens zum BIP addieren.

Das Einkommen der Inländer bezeichnet man als **Bruttonationaleinkommen** (BNE). (Früher – bis 1999 – wurde es als Bruttosozialprodukt (BSP) bezeichnet.) Es unterscheidet sich von der inländischen Produktion (dem BIP) durch den **Saldo der Primäreinkommen** – die Differenz der Erwerbs- und Vermögenseinkommen von Inländern und Ausländern: Alle im Ausland erzielten Einnahmen der Inländer werden addiert; die im Inland erzielten Einnahmen von Ausländern dagegen abgezogen.

Auch das BNE entspricht aber noch keineswegs dem frei verfügbaren Einkommen. In jedem Jahr wird ein gewisser Teil der im Produktionsprozess verwendeten Maschinen durch Verschleiß unbrauchbar. Ein Teil der Produktion muss deshalb aufgewendet werden, um veraltete Kapitalanlagen zu ersetzen.

Solche Ersatzinvestitionen stellen keine reale Wertschöpfung dar; sie können deshalb nicht als Löhne oder Gewinne ausgezahlt werden. Das BNE muss daher um diese Abschreibungen korrigiert werden. So erhalten wir das **Nettonationaleinkommen** zu Marktpreisen NNE (auch **Primäreinkommen** genannt) (analog gilt: Zieht man vom BIP die Abschreibungen ab, erhält man das Nettoinlandsprodukt (NIP)).

Um das verfügbare Einkommen aller Inländer zu ermitteln, müssen wir noch den Saldo der laufenden **Transfers** aus dem Rest der Welt (den Saldo der Sekundäreinkommen) berücksichtigen. Solche Sekundäreinnahmen sind regelmäßige Zahlungen, denen keine erkennbare Leistung der anderen Seite gegenübersteht. Für Deutschland ist dieser Saldo traditionell negativ, weil der deutsche Staat etwa Zahlungen an internationale Organisationen oder Leistungen im Rahmen der Entwicklungshilfe erbringt, aber auch, weil Arbeitnehmer einen Teil ihrer hier als Inländer erzielten Einkommen an Verwandte in andere Länder überweisen.

Erfasst das NNE tatsächlich die Nettoeinnahmen (also die Einnahmen abzüglich der für Ersatzinvestitionen nötigen Abschreibungen) der Unternehmen aus dem Verkauf aller produzierten Güter? Noch nicht ganz. Ein Teil der Verkaufserlöse fließt ja gar nicht erst den Unternehmen zu, sondern wird unmittelbar als Produktions- und Importabgaben (**Indirekte Steuern**) an den Staat abgeführt: So wird etwa die Mehrwertsteuer beim Verkauf ja gleich abgebucht. Andererseits erhalten viele Unternehmen vom Staat Subventionen. Sie müssen zu den Verkaufserlösen addiert werden. Nun endlich sind wir beim Volkseinkommen, das auf Arbeit und Kapital verteilt werden kann. Es wird auch als Nettonationaleinkommen zu Faktorpreisen bezeichnet. Wir erhalten es aus dem NNE, indem die Produktions- und Importabgaben abgezogen, staatliche Unternehmenssubventionen dagegen addiert werden:

Volkseinkommen = NNE – Produktions- und Importabgaben abzgl. Subventionen an Unternehmen Das Volkseinkommen entspricht aber keineswegs dem verfügbaren Einkommen der privaten Haushalte. Viele Haushalte müssen ja Sozialbeiträge und (direkte) Steuern zahlen (wie Lohn- und Einkommensteuern); andere wiederum (wie Rentner oder BAfög-Empfänger) erhalten sogenannte Transfereinkommen vom Staat.

Das frei verfügbare Einkommen der privaten Haushalte ergibt sich aus dem Volkseinkommen also erst nach Abzug der Differenz zwischen direkten Steuern plus Sozialbeiträgen sowie Gebühren und den Transfers (ohne soziale Sachleistungen).

Verfügbares Einkommen der privaten Haushalte = Primäreinkommen der privaten Haushalte – direkte Steuern – Sozialbeiträge + Transfereinkommen Wir haben eine auf den ersten Blick verwirrende Vielzahl von Maßen für die gesamtwirtschaftliche Aktivität kennengelernt. Welches dieser verschiedenen Konzepte ist das richtige? Alle haben ihre Berechtigung; sie beantworten jedoch unterschiedliche Fragen.

Ein in Deutschland 1982 sehr populärer Hit von Geier Sturzflug lautete: „Jetzt wird wieder in die Hände gespuckt, wir steigern das Bruttosozialprodukt". Offensichtlich ging es dabei darum, durch mehr Arbeit die gesamtwirtschaftliche Produktion zu steigern. Wie wir eben gesehen haben, ist das BSP (heute BNE genannt) dafür freilich gar nicht das geeignete Maß. Die inländische Produktion wird vielmehr vom BIP korrekt erfasst. Deshalb steht das BIP heute immer im Zentrum, wenn es um die Konjunkturentwicklung geht. Als der Schlager entstand, betrachtete man dagegen meist das BSP. Der Unterschied ist jedoch meist nicht allzu groß – vgl. die Fokusbox *„Bruttoinlandsprodukt versus Bruttonationaleinkommen"* in ▸ ***Kapitel 17***.

Interessieren wir uns für die Konsummöglichkeiten, so ist das verfügbare Einkommen der privaten Haushalte das bessere Maß. Kann dieses auch den Lebensstandard am besten messen? Nicht unbedingt, weil dabei die Versorgung mit öffentlichen, vom Staat bereitgestellten Gütern gar nicht berücksichtigt wird. Für unser Wohlbefinden kann es ja durchaus einen großen Unterschied machen, ob wir mit öffentlichen Verkehrsmitteln bequem von einem Ort zum anderen gelangen oder auf das eigene Auto angewiesen sind. Sofern die Steuern als verlässlicher Maßstab für die Qualität der Versorgung mit öffentlichen Gütern dienen, liefert das Nettonationaleinkommen ein zuverlässigeres Maß für den Lebensstandard. Bei jedem internationalen Vergleich sollte man immer Pro-Kopf-Größen verwenden. Sofern die Wirtschaftsstruktur im Zeitablauf konstant bleibt (also Steuerquote, Abschreibungsraten usw. sich nicht zu stark verändern), wachsen alle Größen ungefähr gleich. Beim Vergleich der Wachstumsraten macht es somit keinen so großen Unterschied, welches Konzept wir verwenden.

In unserem Beispiel erzielt das Arbeitseinkommen 71% der Produktion, Kapitaleinkommen machen 29% aus. Laut ▸ **Tabelle 1** lag der Anteil des Arbeitseinkommens am Volkseinkommen in Deutschland 2020 bei 70%; der Anteil von Unternehmensund Vermögenseinkommen bei 30%. Die Anteile am BIP sind niedriger, weil wir noch Abschreibungen, indirekte Steuern und Unternehmenssubventionen sowie den **Saldo der Erwerbs- und Vermögenseinkommen** berücksichtigen müssen.

FOKUS

Das BIP pro Kopf – ein zuverlässiges Maß für Lebensqualität?

Das BIP ist ein äußerst leistungsfähiges und verlässliches Maß für die gesamtwirtschaftliche Produktion. Es bildet die Grundlage zum Verständnis von Wirtschaftswachstum und Konjunkturschwankungen. Das BIP pro Kopf erfasst, wie viele Güter sich die Menschen im Durchschnitt leisten können. Manchmal wird es aber auch zum Vergleich der Lebensqualität benutzt. Dazu ist es jedoch nur sehr bedingt geeignet. Wir müssen beim Umgang mit Daten stets die Grenzen ihrer Aussagekraft beachten. Ein gutes Beispiel hierfür ist der frappierende Unterschied zwischen dem BIP pro Kopf in Europa und den USA.

In Deutschland lag das BIP pro Kopf im Jahr 2020 10% niedriger als in den USA; die neuen EU-Beitrittsländer wiederum liegen weit unter dem europäischen Durchschnitt (vgl. Polen). Sind die Europäer wirklich so viel ärmer als die Amerikaner? Liegt ihr Lebensstandard deutlich niedriger? Um diese Fragen zu beantworten, müssen wir zunächst erklären, warum die vom BIP gemessene Produktion in den USA so viel höher ist. Dann müssen wir prüfen, inwieweit die Unterschiede Ausdruck freier Wahlentscheidungen sind. Schließlich müssen wir klären, ob die vom BIP gemessenen ökonomischen Aktivitäten als Maß für Wohlstand und Lebensqualität geeignet sind.

2020	Deutschland	Frankreich	Polen	USA	Japan	Euroraum
Bevölkerung (Millionen)	83.161	67.627	38.354	331.800	125.708	346.704
BIP in Mrd. $ zu Kaufkraftparität	4.815.445	3.345.026	1.376.571	21.322.950	5.358.321	17.099.614
BIP in $/Kopf	57.905	49.463	35.891	64.264	42.625	49.320
Zivile Erwerbspersonen (Millionen)	44.915	28.645	16.398	149.978	68.265	160.434
BIP in $/Erwerbspersonen	107.212	116.775	83.950	142.174	78.493	106.583
Arbeitszeit je Erwerbsperson (Stunden pro Jahr)	1.316	1.391	1.769	1.735	1.597	1.467
Produktivität BIP in $/Arbeitsstunde	81,50	84,00	47,50	81,90	49,20	72,70

Um Verzerrungen durch zufällige Wechselkursschwankungen auszuschalten, benutzen wir zur Umrechnung in Dollar Kaufkraftparitätenkurse. Die konkreten Werte unterscheiden sich je nach der verwendeten Methode; die Grundaussagen sind aber davon unabhängig. **Kapitel 10** erläutert das Vorgehen näher.

Quelle: OECD Productivity Statistics

Zunächst zur ersten Frage. Warum produzieren die Europäer so viel weniger als die Amerikaner? Liegt es etwa daran, dass sie nicht in der Lage sind, genauso effizient zu produzieren? Ein genauer Blick verrät, dass der Unterschied hierin nicht begründet sein kann. Die Arbeitseffizienz erfassen wir mit der Produktivität. Sie gibt an, wie viel in Europa im Vergleich zu den USA pro Stunde produziert wird. Dazu müssen wir das BIP durch die Anzahl der in einem Jahr geleisteten Arbeitsstunden teilen. Wie die Tabelle zeigt, liegt die Produktivität nicht nur in Deutschland, sondern auch in Frankreich und manch anderen europäischen Ländern nur knapp unter dem amerikanischen Niveau. Der Unterschied muss also darauf beruhen, dass in Europa weit weniger gearbeitet wird als in den USA: Ein deutscher Arbeiter produziert pro Stunde fast so viel wie ein amerikanischer; er arbeitet jedoch sehr viel weniger Stunden pro Jahr als sein amerikanischer Kollege.

Offensichtlich verfügen Europäer über mehr Freizeit. Teilweise ist dies das Ergebnis freiwilliger individueller Entscheidungen. Manche Europäer ziehen es eben vor, nur 35 Stunden in der Woche zu arbeiten, zusätzlich noch viele Urlaubs- und Feiertage zu genießen und schon frühzeitig in Rente zu gehen, während die meisten Amerikaner sich höchstens zwei Wochen Urlaub im Jahr leisten. Das niedrigere BIP ist zum Teil also nur ein Zeichen dafür, dass Europäer eine größere Präferenz für Freizeit haben. Freiwilliges Genießen von Muße trägt sicher zur Lebensqualität bei, dieser Aspekt wird vom BIP aber nicht erfasst.

Wir sollten uns jedoch vor voreiligen Schlüssen hüten. Ein beträchtlicher Anteil der Europäer ist nämlich unfreiwillig arbeitslos; insofern spiegelt das niedrige BIP pro Kopf nur die Ineffizienz eines überregulierten europäischen Arbeitsmarktes wider.

Eine wichtige Frage ist deshalb, wie viel der niedrigeren Arbeitszeit sich auf freiwillige Entscheidungen zurückführen lässt. Nach Schätzungen von Robert Gordon, einem amerikanischen Ökonomen an der Northwestern University in Chicago, verringert sich der Abstand zwischen dem BIP pro Kopf in den USA und in Europa von 28% auf 22%, wenn man es um die höhere Freizeitpräferenz korrigiert. Der Großteil der verbleibenden Differenz ist dem ineffizient niedrigen Beschäftigungsniveau in Europa geschuldet.

Damit kommen wir zur letzten Frage: Ist das BIP überhaupt ein verlässliches Maß für den Lebensstandard? Einige Argumente sprechen dafür, dass der Lebensstandard in Europa vom BIP unterschätzt wird. So floriert in vielen Staaten Europas der Schwarzmarkt – ein beträchtlicher Teil der Wirtschaftsaktivität findet also in der Schattenwirtschaft statt, die von der Statistik nicht erfasst wird. Nach Schätzungen von Friedrich Schneider (Universität Linz) würde das BIP im Jahr 2025 in Deutschland um gut 11,5% höher liegen, wenn man Schwarzmarktaktivitäten berücksichtigt.

Zudem bieten viele europäische Staaten eine bessere Versorgung mit öffentlichen Gütern. Die Qualität öffentlicher Verkehrsmittel und des Ausbildungssystems lässt sich aber nicht mit Marktpreisen bewerten. So wird etwa der Beitrag staatlicher Universitätsausbildung zum BIP in Deutschland nur an den Ausgaben für die Löhne und Gehälter der Professoren und Mitarbeiter gemessen, während er an den amerikanischen Privatuniversitäten mit Marktpreisen (hohen Studiengebühren) bewertet wird.

Schließlich wurden immaterielle Güter (wie Investitionen in Forschung und Entwicklung, in Markennamen oder Softwarekäufe), die in der modernen Informationsgesellschaft eine immer wichtigere Rolle spielen, in den VGR lange Zeit nur unzureichend erfasst. Solche Aufwendungen wurden früher nicht als Investitionen, sondern nur als Vorleistungen verbucht, und gingen deshalb in die Berechnung des BIP nicht ein. Nach einer umfassenden Revision der VGR werden sie mittlerweile als Investition behandelt. Entsprechend höher fällt auch – bei unverändertem Nettoinlandsprodukt – der ausgewiesene Wert des BIP aus. Dieser Wert erhöhte sich zum Teil erheblich (am stärksten in den Staaten, in denen hohe Aufwendungen für Forschung getätigt werden). Die Wachstumsraten verändern sich dagegen kaum, weil solche Aufwendungen keinen starken Schwankungen unterliegen. In Deutschland erfolgte die Revision im September 2014. Alle Werte – zurückgehend bis zum Jahr 1991 – wurden dabei neu berechnet – einfach nur deshalb, weil sich die Buchungsmethode verändert hat. Im Sommer 2024 wurde erneut EU-weit eine Revision der VGR vorgenommen. Bei der Berechnung des BIP bestehen also gewisse Unschärfen. Auch andere Aktivitäten wie Hausarbeit (die eigene Kinderbetreuung oder das selbst gekochte Essen) könnten im Prinzip durchaus im BIP ausgewiesen werden. Dort geht aber nur der Kauf der Nahrungsmittel ein, nicht dagegen der Marktwert der eigenen Kochkünste – ebenso wenig der Wert der auf dem Balkon selbst gezüchteten Tomaten. Entscheidend ist freilich die Einheitlichkeit der Berechnungsmethoden im internationalen Vergleich.

Fassen wir zusammen. Das BIP pro Kopf ist kein exaktes Maß für Lebensqualität, geschweige denn für Glücksbefinden (vgl. dazu auch die Fokusbox *„Macht Geld glücklich?"* in ▶ **Kapitel 10**). Es liefert uns aber wichtige Anhaltspunkte, solange wir uns der Grenzen seiner Aussagekraft bewusst bleiben. Als zuverlässiges Maß der gesamtwirtschaftlichen Produktionsaktivität ist das BIP von zentraler Bedeutung.

2.1.2 Nominales und reales BIP

Die durchschnittliche Wachstumsrate des BIP g_{BIP} über die 60 Jahre zwischen 1960 und 2023 berechnet sich aus der Gleichung $BIP_{2023} = (1 + g_{BIP})^{63} BIP_{1960}$

Das nominale BIP lag 2023 in den USA bei 27.356 Mrd. \$, im Vergleich zu 543 Mrd. \$ 1960. In Deutschland lag es bei 4.121,2 Mrd. €, gegenüber 155 Mrd. € 1960. Das BIP wuchs in den USA also jährlich im Durchschnitt um gut 6,3%, in Deutschland aber nur um 5,3%. Ist die Produktion in den USA tatsächlich pro Jahr um gut einen Prozentpunkt mehr gestiegen als in Deutschland? Nein. Wir müssen zwischen realem und nominalem BIP unterscheiden.

Das nominale BIP ist die Summe aller verkauften Endprodukte, bewertet zu jeweiligen Preisen, d.h. zu den Preisen der gerade betrachteten Periode. Das nominale BIP kann aus zwei Gründen zunehmen: Zum einen nimmt die Produktion der meisten Güter im Zeitablauf zu. Zum anderen steigen aber auch die Preise der meisten Güter. Wollen wir messen, wie die Produktion sich im Zeitablauf verändert, müssen wir den Effekt steigender Preise herausrechnen. Die Wachstumsrate des realen BIP gibt uns an, um wie viel die Summe aller verkauften Endprodukte gegenüber dem Vorjahr zugenommen hat, bereinigt um die Preissteigerungen.

Wie lässt sich das reale BIP ermitteln? Bestünde die Wirtschaft nur aus einem Endprodukt – etwa einem bestimmten Automodell –, wäre dies ein Kinderspiel. Wir nehmen einfach den Preis eines bestimmten Jahres (des Basisjahres) und multiplizieren die Produktionsmengen jedes Jahrgangs mit diesem konstanten Preis. So erhalten wir das reale **BIP zu konstanten Preisen**.

Unterstellen wir als Beispiel, die produzierten Mengen und Preise des Autos entwickelten sich zwischen 2020 und 2022 wie in den ersten drei Spalten angegeben:

Jahr	Zahl der Autos	Preis eines Autos	Nominales BIP	Reales BIP (in Preisen von 2015)	Index für das reale BIP	Preisindex
2020	10	20.000 €	200.000 €	200.000 €	100	$P_{2020} = 1$
2021	12	24.000 €	288.000 €	240.000 €	120	$P_{2021} = 1,2$
2022	13	26.400 €	343.200 €	260.000 €	130	$P_{2022} = 1,32$

Das nominale BIP (die Menge, multipliziert mit dem jeweiligen Preis) ist 2021 im Vergleich zu 2020 um 44% gestiegen (von 200.000 € auf 288.000 €); im Jahr 2022 nimmt es gegenüber dem Vorjahr um weitere 19% zu (von 288.000 € auf 343.200 €). Das reale BIP erhalten wir, indem wir die Anzahl der produzierten Autos mit dem Preis eines Jahres (dem Basisjahr) multiplizieren. In unserem Beispiel mit 20.000 € – dem Preis des Basisjahres 2020. Alternativ können wir auch einen Index der realen Produktion konstruieren (so geht das Statistische Bundesamt in Wiesbaden vor). Er wird im **Basisjahr** auf 100 (bzw. 100% = 1) normiert. Wir teilen das reale BIP in jedem Jahr einfach durch den Wert des Basisjahres (200.000 €) und multiplizieren mit 100 (vorletzte Spalte). Aus dem Index lassen sich unmittelbar die realen Wachstumsraten berechnen. Das reale BIP ist von 2020 auf 2021 um 20% und von 2021 auf 2022 um 8,33% gestiegen.

Das nominale BIP ist viel stärker gewachsen als das reale, weil das Preisniveau so stark angestiegen ist. Wie stark, können wir ermitteln, indem wir das nominale BIP durch das reale BIP dividieren: Auf diese Weise erhalten wir einen Preisindex – den **BIP-Deflator**. Auch der Preisindex ist im Basisjahr auf 1 (oder 100%) normiert (im Basisjahr sind nominales und **reales BIP** ja gleich).

Das Hauptproblem bei der Ermittlung des realen BIP besteht in der Praxis darin, dass es mehr als ein Endprodukt gibt. Dann muss das reale BIP als gewichteter Durchschnitt aller Endprodukte berechnet werden. Aber welche Gewichtung sollten wir dabei verwenden? Es liegt nahe, hierfür die relativen Preise zu verwenden. Wenn ein Gut doppelt so viel kostet wie ein anderes, sollte es auch doppelt so viel zählen. Doch dies wirft das nächste Problem auf: Auch die relativen Preise verändern sich im Zeitablauf. Sollten wir dann die Preise eines Basisjahres benutzen, oder sollten wir die Gewichtung im Zeitablauf anpassen? Seit der Umstellung der VGR auf das Kettenindexverfahren im Jahr 2005 werden zur Berechnung des realen BIP-Wachstums jeweils die Preise des Vorjahres verwendet; die Preisbasis ändert sich also von Jahr zu Jahr. Eine ausführliche Diskussion findet sich im Anhang zu diesem Kapitel.

▶ **Abbildung 2.1** zeigt, wie sich reales und **nominales BIP** in Deutschland seit 1960 entwickelten. Die rote Kurve zeigt den Verlauf des nominalen BIP. Im Referenzjahr 2020 sind beide per Definition gleich. Die Daten vor 1990 beziehen sich nur auf Westdeutschland; das erklärt, warum beide Kurven im Jahr 1991 stark ansteigen. Das reale BIP (in verketteten Preisen mit dem Basisjahr 2020; die schwarze Kurve) lag 1960 bei 823 Mrd. €. Im Jahr 2023 war es 3.617 Mrd. € hoch. Bereinigt um den Effekt der Deutschen Einheit, ist das reale BIP jährlich im Durchschnitt um 2,4% gestiegen. Gewiss eine beträchtliche Rate, sie liegt aber viel niedriger als das Wachstum des nominalen BIP. Der Unterschied beruht darauf, dass im betrachteten Zeitraum auch die Preise stark gestiegen sind. Das BIP im Jahr 1960 fällt deutlich höher aus, wenn man es mit Preisen von heute berechnet. Umgekehrt wäre das BIP real heute wesentlich niedriger, wenn man es zu Preisen von 1960 bewertet (vgl. die graue Kurve, die 1960 als Basisjahr verwendet): Zu Preisen von 1960 wäre es zwischen 1960 und 2023 von 155 auf 708 Mrd. Euro gestiegen.

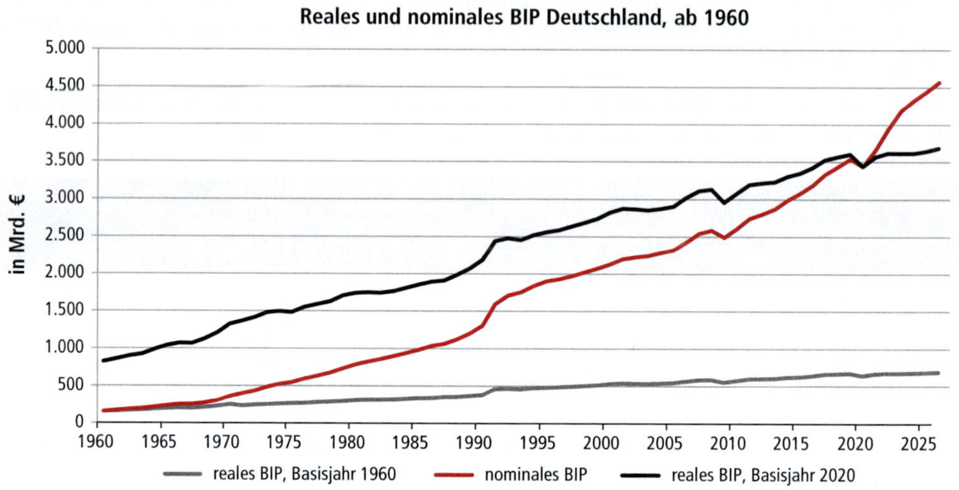

Abbildung 2.1 Reales und nominales BIP von Deutschland. Das nominale BIP wuchs in Deutschland von 1960 bis 2023 im Durchschnitt pro Jahr um 5,2%. Das reale BIP ist dagegen nur um 2,4% gestiegen. Auf der Website FRED Graph der St. Louis Fed können Sie diese Daten für Deutschland ab 1970 reproduzieren (FRED Codes DEUGDPNADSMEI, DEUGDPDEFAISMEI). Dort finden Sie auch umfangreiche Daten für eine Vielzahl von anderen Ländern.
Quelle: Statistisches Bundesamt Wiesbaden; historische Serie des Statistischen Berichts – Volkswirtschaftliche Gesamtrechnungen (Tabellenblatt 81000-117)

Wo schneiden sich die beiden Kurven, wenn das reale BIP auf das Basisjahr 2025 umgestellt wird?

Aus dem Quotienten zwischen nominalem und realem BIP lässt sich der BIP-Deflator und daraus die Inflationsrate errechnen. Im nächsten Abschnitt gehen wir darauf genauer ein.

▶ **Abbildung 2.2** vergleicht reale und nominale Wachstumsraten für den betrachteten Zeitraum. Sie verdeutlicht, dass das Wachstum im Konjunkturverlauf stark schwankt. Beim Blick auf das nominale BIP-Wachstum könnte der Eindruck entstehen, in den 1990er-Jahren seien die Wachstumsraten im Vergleich zu den 1970er-Jahren stark zurückgegangen. Das liegt aber nur daran, dass nach 1990 größere Preisstabilität herrschte. Entscheidend ist das reale Wachstum. So lag die Wachstumsrate des nominalen BIP in Deutschland zwischen 1970 und 1980 im Durchschnitt bei über 11%, die des realen BIP aber nur bei knapp 3%. Weil die Inflation 2022 und 2023 stark gestiegen ist, war die nominale Wachstumsrate in diesen Jahren mehr als 6% höher als die reale.

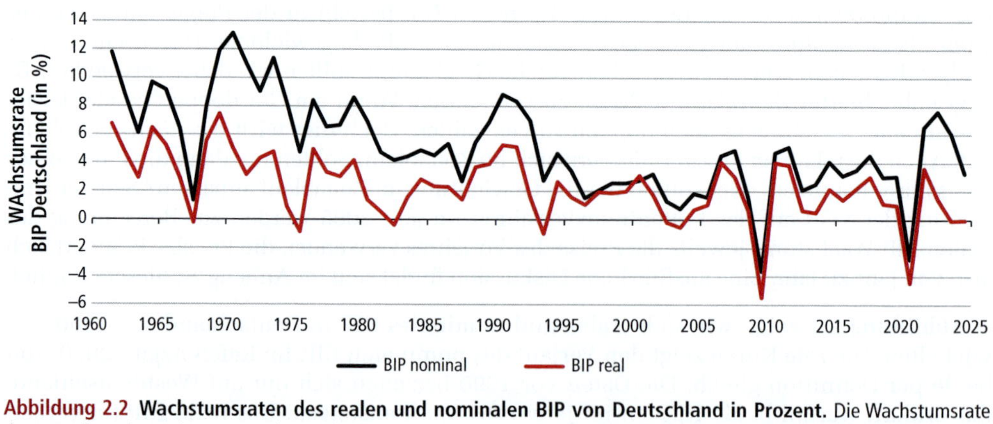

Abbildung 2.2 Wachstumsraten des realen und nominalen BIP von Deutschland in Prozent. Die Wachstumsrate des BIP schwankt stark im Konjunkturverlauf. Entscheidend ist das reale Wachstum, bereinigt um den Preisanstieg.
Quelle: Statistisches Bundesamt Wiesbaden; Statistischer Bericht VGR Tabelle 81000-117; OECD; FRED Codes: NAEXKP01DEA657S, DEUGDPNADSMEI

Statt nominales und reales BIP finden Sie oft folgende Bezeichnungen:

- Das nominale BIP bezeichnet man auch als **BIP in jeweiligen Preisen.**
- Statt vom realen BIP spricht man auch vom preisbereinigten BIP. Das reale BIP wird in Deutschland als **Kettenindex** veröffentlicht, der im Basisjahr auf 100 normiert ist.

Unsere Einführung in das Konzept des BIP, der wichtigsten makroökonomischen Variablen, ist damit abgeschlossen. Wenn wir zukünftig vom BIP sprechen, verstehen wir darunter – sofern nicht anders angegeben – immer das reale BIP. Y_t bezeichnet das reale BIP im Jahr t. Das nominale BIP im Jahr t bezeichnen wir dagegen mit $P_t\,Y_t$ – das mit dem Preisindex P_t multiplizierte reale BIP.

Mit dem Begriff BIP-Wachstum im Jahr t bezeichnen wir von nun an die Wachstumsrate des realen BIP im Jahr t gegenüber dem Vorjahr $t-1$. Wachstumsraten geben die prozentuale Veränderung einer Variablen über die Zeit an. Die Wachstumsrate der Variable BIP (Y) ergibt sich demnach als die Differenz zwischen dem aktuellen Wert in Periode t und dem Wert der Vorperiode $t-1$, dividiert durch den Wert der Vorperiode. Es gilt also: $g_{Yt} = (Y_t - Y_{t-1})/Y_{t-1}$ bzw. $Y_t = (1 + g_{Yt})\,Y_{t-1}$. Perioden mit positiven Wachstumsraten bezeichnet man als Expansionsphase; Perioden negativen Wachstums als Rezession. Zwar gibt es keine offizielle Regelung, viele Makroökonomen sprechen aber von einer Rezession in der Regel dann, wenn die Wachstumsrate der Wirtschaftsleistung, errechnet aus den saisonbereinigten Daten, für mindestens zwei aufeinanderfolgende Quartale negativ ist. Deutschland befand sich im Jahr 2020 in einer Rezession. Das reale Wachstum war in den ersten beiden Quartalen 2020 negativ.

Reale Wachstumsrate: $g_{Yt} = (Y_t - Y_{t-1})/Y_{t-1}$
Expansion: $g_{Yt} > 0$
Rezession: $g_{Yt} < 0$

2.2 Die Inflationsrate

Das BIP ist als Maß für die gesamtwirtschaftliche Produktion die wichtigste makroökonomische Variable. Aber auch zwei andere Größen, die Erwerbslosen- bzw. **Arbeitslosenquote** sowie die Inflationsrate, liefern uns wichtige Informationen darüber, wie sich die Wirtschaft entwickelt. In diesem Abschnitt untersuchen wir zunächst, wie sich **Inflation** berechnen lässt.

Die Inflationsrate (die Wachstumsrate des Preisniveaus) bezeichnen wir mit $\pi_t = (P_t - P_{t-1})/P_{t-1}$

Inflation ist ein anhaltender Anstieg des allgemeinen Preisniveaus. Die Inflationsrate π_t ist die Rate, mit der das Preisniveau steigt: $P_t = (1 + \pi_t)P_{t-1}$. (Analog bedeutet **Deflation** einen anhaltenden Rückgang des allgemeinen Preisniveaus. Sie entspricht einer negativen Inflationsrate.)

Wie können wir das Preisniveau in der Praxis messen? Makroökonomen verwenden in der Regel zwei verschiedene Maße: den BIP-Deflator und den **Verbraucherpreisindex**.

Der BIP-Deflator

Wenn das nominale BIP stärker wächst als das reale, so liegt dies am Anstieg des Preisniveaus. Ein solcher Anstieg wird durch den BIP-Deflator erfasst. Der BIP-Deflator im Jahr t, P_t, ist definiert als Verhältnis von nominalem zu realem BIP im Jahr t:

$$P_t = \frac{\text{nominales BIP}}{\text{reales BIP}}$$

Im Basisjahr entspricht das reale BIP per Definition dem nominalen BIP. Im Basisjahr wird das Preisniveau folglich gleich 1 gesetzt. Es ist wichtig, dies zu verstehen: Der BIP-Deflator ist eine sogenannte **Indexzahl**. Sein Niveau kann willkürlich festgesetzt werden. Wir können ihn für ein bestimmtes Jahr – etwa das Jahr 2020 – gleich 1 (oder 100) setzen. Das Niveau hat keine ökonomische Bedeutung. Aber seine Wachstumsrate, die Inflationsrate $\pi_t = (P_t - P_{t-1})/P_{t-1}$, macht eine klare ökonomische Aussage: Sie gibt (unabhängig vom gewählten Basisjahr) an, mit welcher Rate das allgemeine Preisniveau über die Zeit steigt.

Indexzahlen werden im Basisjahr in der Regel gleich 100 gesetzt – als Abkürzung für 100%. 100% entsprechen genau dem Wert 1.

Vergewissern Sie sich auf der Seite des Statistischen Bundesamtes (destatis), wie sich der BIP-Deflator im Lauf der letzten Jahre verändert hat.

Ein Vorteil, das Preisniveau als BIP-Deflator zu definieren, liegt darin, dass wir eine einfache Beziehung zwischen nominalem BIP, realem BIP und BIP-Deflator erhalten: Das nominale BIP ist gleich dem realen BIP, multipliziert mit dem BIP-Deflator. Die Wachstumsrate des nominalen BIP entspricht somit der Summe aus realer Wachstumsrate und Inflation: $g_{BIP} = g_{Yt} + \pi_t$.

Exakter gilt: $g_{BIP} = g_{Yt} + \pi_t + g_{Yt} \cdot \pi_t$. Solange aber g_{Yt} und π_t niedrig sind, ist das Produkt aus den beiden Werten verschwindend klein und kann daher vernachlässigt werden (vgl. *Anhang B* am Ende des Buches).

Verbraucherpreisindex (VPI)

Der BIP-Deflator ist ein Maß für den Durchschnittspreis der Produktion und misst somit die Preisentwicklung aller produzierten Endgüter. Konsumenten interessieren sich aber für den Durchschnittspreis der Konsumgüter, also all der Güter, die sie konsumieren.

Die beiden Preise müssen nicht übereinstimmen: Die Menge der produzierten Güter ist nicht identisch mit der Menge der konsumierten Güter. Dies hat zwei Gründe:

- Manche der produzierten Endgüter werden nicht an Konsumenten verkauft, sondern an Unternehmen (Investitionsgüter), den Staat oder an das Ausland.
- Manche Güter, die Konsumenten kaufen, werden nicht im Inland produziert, sondern importiert.

Um den Durchschnittspreis aller Konsumgüter zu messen, verwenden Makroökonomen deshalb einen anderen Index, den Verbraucherpreisindex. Er wurde früher als **Preisindex für die Lebenshaltung** bezeichnet. Für Deutschland wird er monatlich vom Statistischen Bundesamt berechnet (der BIP-Deflator dagegen nur vierteljährlich). Eurostat berechnet die Inflationsrate für den gesamten Euroraum anhand des harmonisierten Verbraucherpreisindex HVPI.

Den VPI darf man nicht mit dem Index der Erzeugerpreise gewerblicher Produkte verwechseln. Dieser misst die Preisentwicklung der im Inland hergestellten und abgesetzten industriellen Güter. Preisindizes des Außenhandels erfassen die Preisentwicklung von Ausfuhr- und Einfuhrgütern.

Der **VPI** berechnet die Kosten in Euro für einen detaillierten Warenkorb, der die Ausgabenstruktur privater Haushalte abzubilden versucht. Er basiert auf einer sorgfältigen Analyse des Verbraucherverhaltens. Es wird versucht, anhand eines repräsentativen Warenkorbs die durchschnittliche Preisentwicklung aller Waren und Dienstleistungen zu erfassen, die von privaten Haushalten für Konsumzwecke gekauft werden. Der Warenkorb wird alle fünf Jahre aktualisiert. Den größten Anteil machen Ausgaben für Wohnung (36%) sowie Verkehr (12,2%) und Ausgaben für Nahrungsmittel und alkoholfreie Getränke mit einem Gewicht von 14,6%.

Jeden Monat besuchen 560 Mitarbeiter des Statistischen Bundesamtes in ganz Deutschland zahlreiche Geschäfte, um herauszufinden, wie sich die Preise der Güter dieses Warenkorbs verändert haben. Sie sammeln die Preise für rund 600 einzelne Güterarten in 190 Berichtsgemeinden (in Großstädten ebenso wie in mittleren und kleinen Gemeinden) und besuchen dabei 40.000 Geschäfte (angefangen von Einzelhandelsgeschäften über Banken bis hin zu Tankstellen und Friseuren). Basierend auf den so erfassten etwa 350.000 Einzelpreisen für das gesamte Bundesgebiet wird dann der Verbraucherpreisindex berechnet.

Ebenso wie beim BIP-Deflator setzt man in der Praxis den VPI im Basisjahr gleich 1 bzw. 100%.

Ebenso wie der BIP-Deflator ist auch der Verbraucherpreisindex ein Index. In der Basisperiode wird er gleich 1 gesetzt; dieser Wert hat keine Bedeutung. Die aktuelle Basisperiode für den VPI ist 2015, der Durchschnittspreis für 2015 ist also 1. Im Jahr 1991 betrug der VPI 65,5. Um den gleichen Warenkorb zu kaufen, musste man 2015 also 53% mehr bezahlen als im Jahr 1991 ($100/65{,}5 - 1 = 0{,}53$ oder 53%).

Anfang 2002, nach der Euro-Umstellung, hatten viele Konsumenten in Deutschland das Gefühl, dass die Währungsumstellung dazu genutzt wurde, die Preise massiv zu erhöhen. Subjektiv wurde die Inflationsrate als so hoch empfunden, dass der Euro als „Teuro" diskreditiert wurde. Die im VPI offiziell ausgewiesene Inflationsrate betrug aber etwa im April 2002 nur 1,5%. Wie lässt sich diese Diskrepanz erklären? Anfang Januar wurden einige Preise stark erhöht, die sich ins Bewusstsein der Bevölkerung besonders markant einprägten (etwa Preise in Restaurants sowie bestimmte Nahrungsmittel – so waren Tomaten aufgrund einer außergewöhnlichen Kälteperiode besonders knapp). Diese Güter gehen jedoch nur mit geringem Gewicht in den Warenkorb ein. Die Preise vieler anderer Güter, die im Warenkorb weit stärkeres Gewicht haben, sind dagegen zum offiziellen Kurs umgestellt worden (insbesondere Mieten und andere Preise, deren Umstellung gesetzlich geregelt war). Manche wurden gar – wie etwa Computer oder Produkte bestimmter Einzelhandelsketten – billiger. ▶ **Tabelle 2.1** gibt einen Einblick, wie stark sich die Preise einzelner Komponenten des Warenkorbs des Verbraucherpreisindex zwischen April 2001 und April 2002 verändert haben. Die Tabelle greift nur einige Beispiele heraus und illustriert dabei zugleich, wie detailliert dieser Warenkorb zusammengesetzt ist.

Die Preise mancher Güter unterliegen starken Schwankungen (etwa der Preis für Öl oder saisonal verfügbare Nahrungsmittel). Um zuverlässige Informationen über den mittelfristigen Preistrend zu erhalten, orientiert man sich deshalb häufig an der Kerninflationsrate. Ihre Berechnung klammert Waren mit stark schwankenden Preisen aus.

Eine naheliegende Frage ist, ob die verschiedenen Indizes für Inflationsraten zu den gleichen Ergebnissen kommen. Die Antwort liefert ▶ **Abbildung 2.3**. Sie zeigt, wie sich die beiden Raten seit 1960 in Deutschland entwickelt haben.

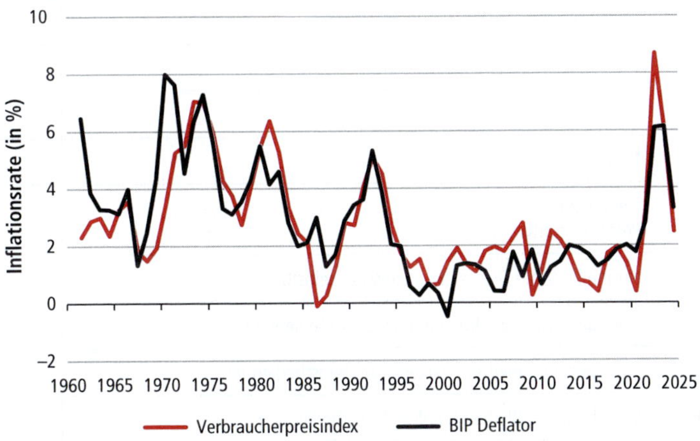

Abbildung 2.3 BIP-Deflator und Verbraucherpreisindex für Deutschland. Meistens ist der Verlauf von Verbraucherpreisindex (VPI) und BIP-Deflator sehr ähnlich.
Quelle: Statistisches Bundesamt, Wiesbaden; FRED Codes: DEUCPIALLQINMEI, DEUGDPDEFQISMEI

Produkt/ Dienstleistung	Anteil am Warenkorb (in Promille)	in %
Gesamtlebenshaltung	1.000,00	1,5
Weißbrot	0,38	2,8
Toastbrot	0,41	1,8
Roggenbrot	1,19	2,6
Brötchen	3,27	7,3
Langkornreis, parboiled	0,37	1,3
Pizza, tiefgefroren	1,61	5,0
Kalbsschnitzel	0,13	1,4
Schweinekotelett	1,42	–4,7
Schweinebauchfleisch	0,40	–2,7
Schweinebraten	2,00	–2,8
Lammfleisch	0,17	4,6
Putenschnitzel	0,63	–2,6
Kopfsalat	0,50	–21,4
Lauch	0,63	–24,8
Blumenkohl	0,19	–13,2
Weißkohl	0,17	32,3
Wirsingkohl	0,15	15,2
Tomaten	1,05	51,2
Kiwi	0,61	29,6
grüne Paprikaschoten	0,78	–24,2
Salatgurken	0,53	–19,0
Zwiebeln	0,44	19,7
Bananen	1,27	–4,1
Tafeläpfel	2,08	11,5
Tafelbirnen	0,31	7,7
Weintrauben	1,55	–9,6
Hundefutter	1,99	1,0
Bohnenkaffee	2,95	–2,4

Produkt/ Dienstleistung	Anteil am Warenkorb (in Promille)	in %
Instant-Bohnenkaffee	0,45	–0,4
Verzehr von Suppen und Eintöpfen	1,11	5,2
Verzehr von Getränken in Gaststätten	0,93	6,6
Verzehr von Fleischgerichten	8,23	4,2
Eintrittskarte zu Fußballspiel	1,39	4,3
Eintrittskarte für Hallenbad	2,18	1,8
Tageszeitung, örtlich bevorzugtes Blatt, Abonnement	4,24	4,0
Tageszeitungen, Abo, überregional	0,23	4,9
Tageszeitung, örtlich bevorzugtes Blatt, Einzelverkauf	0,53	5,6
Tageszeitung, Einzelverkauf, überregional	0,20	10,4
Telekommunikationsdienstleistungen	20,96	2,2
Wohnung über 70 qm, Neubau, ZH, netto	71,51	1,2
Wohnung bis 70 qm, Neubau, ZH, netto	96,97	1,5
Extraleichtes Heizöl	7,90	–6,8
Neue Personenkraftwagen	28,59	2,3
Gebrauchte Personenkraftwagen	4,22	–0,3
Normalbenzin – Bleifrei, Markenware, Selbstbedienung	10,68	2,3
Normalbenzin – Bleifrei, Ringfrei, Selbstbedienung	1,88	2,1
Superbenzin – Bleifrei, Markenware, Selbstbedienung	13,38	2,2
Superbenzin – Bleifrei, Ringfrei, Selbstbedienung	2,12	2,3
Flugreisen	14,46	–5,3
Bahn- und Busreisen	5,34	0,7
Ärztliche Dienstleistungen	6,62	0,7
Zahnärztliche Dienstleistungen	5,28	1,8
Medikamente (einschl. Rezeptgebühr)	9,51	–1,2
Zigaretten	19,07	6,1
PC, IBM-kompatibel	4,97	–20,9
Monitor	1,21	–8,7
Tintenstrahl-Farbdrucker	0,92	–15,5

Tabelle 2.1 Preisveränderung zwischen April 2001 und April 2002

Quelle: Statistisches Bundesamt, Wiesbaden

Daraus ergeben sich zwei Folgerungen:

- Meistens verlaufen VPI und BIP-Deflator sehr ähnlich. In den meisten Jahren unterscheiden sich die Inflationsraten um weniger als einen Prozentpunkt.
- Aber es gibt klare Ausreißer. In den Jahren 1979 bis 1980 und 2000 stieg der VPI signifikant stärker als der BIP-Deflator; umgekehrt war dieser in den Jahren 1969 bis 1970 und 1986 höher. Es fällt nicht schwer, den Grund dafür zu erkennen:
  - Der BIP-Deflator ist der Preis aller in Deutschland produzierten Güter. Der VPI dagegen ist der Preis der konsumierten Güter. Die Preise von Rohöl als ein für Deutschland besonders wichtiges Importgut schwanken stark; aber auch der Wechselkurs ist erheblichen Schwankungen ausgesetzt. Beide Schwankungen können Abweichungen der beiden Indizes auslösen.
  - Wenn die Preise der Importgüter sich relativ zu den im Inland produzierten Gütern verteuern, steigt der VPI stärker als der BIP-Deflator. Sowohl in den Jahren 1979 bis 1980 als auch 2000 kam es in Deutschland zu einer erheblichen Verteuerung von Importgütern: Ende der 1970er-Jahre verdoppelte sich der Preis für Rohöl. 2000 verteuerten sich aufgrund des schwachen Euro ganz generell die Importe. Umgekehrt verfielen 1986 die Rohölpreise; gleichzeitig wertete der Dollar relativ zur Deutschen Mark dramatisch ab. Beides wirkte sich stark dämpfend auf die Importgüterpreise aus; der Verbraucherindex für Lebenshaltung (VPI) ging sogar zurück.

Von nun an werden wir davon ausgehen, dass beide Indizes gleich verlaufen, sodass wir nicht zwischen BIP-Deflator und VPI unterscheiden müssen. Deshalb sprechen wir einfach vom Preisniveau und bezeichnen es mit P_t.

Warum machen sich Ökonomen überhaupt Gedanken über Inflation?

Wenn eine höhere Inflationsrate nur bedeutet, dass alle Preise und Löhne gleichmäßig schneller steigen, wäre eine solche „reine" Inflation nur ein kleines Übel. Betrachten wir als Beispiel den Reallohn eines Arbeiters. Es ist der Lohn in Gütereinheiten gemessen, nicht in Euro. In einer Wirtschaft mit 10% Inflation würden alle Preise um 10% zunehmen. Aber auch alle Löhne würden im gleichen Umfang steigen. Der Reallohn bliebe unverändert. Die Preissteigerung wäre nicht ganz irrelevant: Die Leute müssten ständig mit anderen Preisen und Löhnen kalkulieren. Aber dies wäre eine vergleichsweise kleine Unannehmlichkeit. Sie rechtfertigt es kaum, dass Preisstabilität (eine niedrige Inflationsrate) ein zentrales Anliegen der Makroökonomie ist.

Die Reallöhne könnten sich freilich selbst dann verändern, wenn es gar keine Inflation gäbe. Präziser sollten wir deshalb formulieren: „Reine" Inflation würde die Entwicklung der Reallöhne nicht beeinflussen.

Warum kümmern sich Ökonomen dann überhaupt um die Inflation? Einfach deshalb, weil es solch eine „reine" Inflation gar nicht gibt:

- In Zeiten steigender Preise nehmen nicht alle Preise und Löhne gleichmäßig zu. Inflation beeinflusst deshalb die Einkommensverteilung. In vielen Staaten werden etwa die Zahlungen an Rentner nicht an das Preisniveau angepasst; diese verlieren somit in Zeiten hoher Inflation an **Kaufkraft**. In Deutschland geht man anders vor; hier sind Steigerungen der Rentenzahlungen an die Lohnentwicklung und damit indirekt an die Inflationsrate des vergangenen Jahres gekoppelt. Aber in vielen Staaten mit hoher Inflation (wie etwa in Russland während der 1990er-Jahre) halten die Rentenzahlungen mit der Inflation nicht Schritt; viele Rentner bringt die hohe Inflation deshalb an den Rand des Existenzminimums.
- Inflation führt auch zu anderen Verzerrungen. Schwankungen der relativen Preise erzeugen verstärkte Unsicherheit; es wird schwieriger, rationale Zukunftsentscheidungen (etwa über Investitionspläne) zu treffen. Manche gesetzlich fixierten Preise passen sich langsamer als andere an; so verschieben sich die relativen Preise. Die mit hohen Steuersätzen verbundenen Verzerrungen verstärken sich bei steigender Inflation. Wenn etwa bei Steuerprogression die Steuersätze nicht an die Inflationsrate angepasst werden, geraten immer mehr Lohngruppen in eine höhere Progressionsstufe, obwohl die Realeinkommen gar nicht steigen.

Kurz zusammengefasst: Hohe Inflation verändert die Einkommensverteilung, erzeugt Unsicherheit und führt zu Verzerrungen. Wenn Inflation so schlecht ist, bedeutet dies, dass fallende Preise (eine Deflation) erstrebenswert sind? Die Antwort lautet: Nein! Eine hohe Deflation würde ähnliche Probleme (Verzerrungen und Unsicherheit) auslösen wie hohe Inflation. Wie wir später im Buch lernen, schränken selbst niedrige Deflationsraten den Spielraum der Geldpolitik stark ein. Was aber ist dann die „beste" Inflationsrate? Viele Makroökonomen sind davon überzeugt, dass eine niedrige und stabile Inflationsrate angestrebt werden sollte – zwischen 1% und 4%. Wie hoch genau, ist aber eine heiß umstrittene Frage. Wir werden später im Buch wieder darauf zurückkommen.

FOKUS

Reales BIP, technischer Fortschritt und der Preis von Computern

Bei der Berechnung des realen BIP liegt eine Herausforderung darin, Qualitätsänderungen von Gütern zu erfassen. Bei Computern ist das am augenfälligsten. Es wäre absurd, zu behaupten, ein 2024 hergestellter Computer sei das gleiche Gut wie ein Computer aus dem Jahr 1995: Zum gleichen Preis erhält man heute enorm viel mehr Rechenkapazität. Aber wie viel mehr? Erbringt ein heutiger Computer die 10-fache, 100-fache oder 1.000-fache Leistung? Wie sollen wir die verschiedenen Komponenten wie Rechengeschwindigkeit, Speicherkapazität auf der Festplatte oder den Zugang zum Internet bewerten? Um diese Qualitätsverbesserungen zu erfassen, beobachten Ökonomen, wie sich am Markt die Preise für Computer mit unterschiedlichen Charakteristika in einem bestimmten Jahr unterscheiden. Nehmen wir als Beispiel an, aus den Preisen unterschiedlicher Modelle gehe hervor, dass die Leute bereit sind, 10% mehr für einen Computer mit 4 Gigahertz zu zahlen im Vergleich zu einem Computer mit 3 Gigahertz. Nehmen wir weiter an, alle in diesem Jahr neu produzierten Computer sind mit 4 Gigahertz ausgestattet, die vom vergangenen Jahr dagegen nur mit3 Gigahertz. Schließlich sei der Preis in Euro für einen neuen Computer der gleiche wie der Preis für einen neuen Computer im letzten Jahr. Dann interpretieren wir dies so, dass der Preis für neue Computer im Vergleich zum Vorjahr um knapp 10% billiger geworden ist.

Ein Preisindex, der nach einem solchen Ansatz bestimmt wird, wird **Hedonischer Preisindex** genannt (das Wort *„hedone"* bedeutet auf Griechisch Freude – man versucht also, die mit einem bestimmten Produkt verbundenen Nutzen stiftenden Eigenschaften zu berücksichtigen). Der hedonische Preisindex behandelt Güter als eine bestimmte Mischung von Charakteristika (wie Geschwindigkeit, Speicherplatz usw.). Diese Methode wird vom Statistischen Bundesamt (von dem das reale BIP berechnet wird) verwendet, um Preisänderungen bei komplexen und sich schnell verändernden Gütern wie Autos und Computern zu schätzen. Nach Schätzungen des *Department of Commerce* ist etwa der Preis eines neuen Laptops in den USA in der Zeit zwischen 1995 und 2010 im Durchschnitt um fast 25% pro Jahr gesunken; seit 2010 fiel der Preis allerdings nur mehr um knapp 10% jährlich (vgl. die FRED-Datenreihe PCU33411133411172).

2.3 Die Erwerbs- bzw. Arbeitslosenquote

Wollen wir wissen, wie hoch der Anteil der Personen ist, die keine Beschäftigung finden, stoßen wir auf ganz unterschiedliche Daten. Einmal im Monat gibt die Bundesagentur für Arbeit in Nürnberg in ihrem Arbeitsmarktbericht die Arbeitslosenquote bekannt; aber auch das Statistische Bundesamt gibt seit 2005 jeden Monat im Rahmen seiner ILO-Arbeitsmarktstatistik eine **Erwerbslosenquote** bekannt. Wenn wir diese Daten vergleichen, zeigen sich deutliche Unterschiede. Hat sich da jemand verrechnet? Welchen Daten sollten wir vertrauen?

Die von der Bundesagentur für Arbeit veröffentlichte Arbeitslosenquote weicht von der Erwerbslosenquote ab, die nach dem Konzept der ILO ermittelt wird. Im Buch unterscheiden wir aber meist nicht zwischen diesen beiden Begriffen.

Wie berechnet man überhaupt die Erwerbslosenquote? Beginnen wir mit der Definition der **Erwerbspersonen**. Die Anzahl der Erwerbspersonen L ergibt sich aus der Summe der **Erwerbstätigen** (Selbstständigen und Beschäftigten) N und der Erwerbslosen U:

$$\underset{\text{Erwerbspersonen}}{L} = \underset{\text{Erwerbstätige}}{N} + \underset{\text{Erwerbslose}}{U}$$

Die Erwerbslosenquote ergibt sich als Quotient der Zahl der Erwerbslosen und der Zahl der Erwerbspersonen:

$$u = \frac{U}{L}$$

Eigentlich sollte es relativ einfach sein, zu ermitteln, wer erwerbstätig ist. Aber wie beurteilen wir, ob jemand arbeitslos oder gar nicht bereit ist, zu arbeiten?

Lange Zeit war dafür in Deutschland die Anzahl der offiziell bei der Bundesagentur für Arbeit registrierten Arbeitslosen die einzige verfügbare Quelle. All die Arbeitskräfte, die dort registriert sind, werden als arbeitslos gezählt. Genauso ging man lange Zeit in vielen anderen europäischen Staaten vor. Dies liefert aber kein zuverlässiges Bild: Wie viele von den wirklich Arbeitslosen tatsächlich erfasst werden, schwankt sehr stark zwischen verschiedenen Staaten und auch über die Zeit. Diejenigen, die keinen Anreiz haben, sich zu registrieren, nehmen sich vielleicht gar nicht die Zeit, sich zu melden und werden deshalb nicht gezählt. In Staaten mit geringer Arbeitslosenunterstützung melden sich deshalb weniger arbeitslos als in Staaten mit freizügigen Regelungen, sodass die Statistik kein zuverlässiges Bild liefert.

International vergleichbare Zahlen setzen jedoch voraus, dass auch tatsächlich „das Gleiche mit den gleichen Methoden" gemessen wird. Arbeitsmarktzahlen, die auf spezifisch nationalen sozialrechtlichen Regelungen beruhen, sind dazu kaum geeignet. Die Internationale Arbeitsorganisation (ILO) in Genf hat deshalb seit 1982 Konzepte und Definitionen entwickelt, um Arbeitslosigkeit nach einheitlichen Kriterien international vergleichbar zu erfassen.

Diese Konzepte werden mittlerweile in der Arbeitsmarktberichterstattung von vielen europäischen Staaten angewandt und von OECD und Eurostat verwendet. Bis 2004 wurden in Deutschland nur einmal pro Jahr Daten zum Erwerbsstatus nach dem ILO-Konzept erhoben – in einer amtlichen Repräsentativstatistik (dem **Mikrozensus**), an der jährlich 1% aller Haushalte (insgesamt rund 370.000 Haushalte mit 820.000 Personen) in Deutschland beteiligt sind. Monatliche Daten, aber eben nach ganz anderer Methode, lieferte nur die Bundesagentur für Arbeit. Mittlerweile ermittelt auch das Statistische Bundesamt in Wiesbaden ILO-Daten auf Basis einer monatlichen Arbeitskräfteerhebung im Rahmen einer kontinuierlich durchgeführten Haushaltsbefragung (Mikrozensus). Während das BIP schon seit 1950 weltweit nach einheitlichen Kriterien berechnet wird, setzen sich für den Arbeitsmarkt erst in jüngster Zeit einheitliche, von der ILO entwickelte Indikatoren durch.

Nach der Definition der ILO zählen zu den Arbeitslosen all die Personen, die laut Interview tatsächlich ohne Arbeit sind, innerhalb von zwei Wochen eine Beschäftigung aufnehmen können und in den letzten vier Wochen selbst eine Arbeit gesucht haben. Dies gilt unabhängig davon, ob sie als arbeitslos gemeldet sind. Insofern ist diese Definition umfassender. Andererseits fallen registrierte Arbeitslose, die gar nicht vermittelt werden wollen, aus dem Pool ganz heraus. Teilzeitbeschäftigte, die eine geringfügige Tätigkeit ausüben, gelten nach ILO-Definition als erwerbstätig; dagegen registriert die Bundesagentur für Arbeit diejenigen als arbeitslos, die weniger als 15 Stunden in der Woche arbeiten, aber länger arbeiten wollen. Die nach ILO-Kriterien „bereinigte" Statistik unterscheidet sich also sowohl im Zähler wie im Nenner von der Statistik der Nürnberger Bundesagentur für Arbeit.

▶ **Abbildung 2.4** zeigt den Verlauf der Arbeitslosenquoten für Deutschland nach beiden Berechnungsmethoden. Beide Zeitreihen wurden um saisonale Schwankungen bereinigt (im Winter ist die Zahl der Arbeitslosen immer höher als im Sommer). Es fällt auf, dass die Werte der Bundesagentur für Arbeit in Nürnberg fast durchwegs über der ILO-Statistik liegen. Welche Statistik sollten wir nun verwenden? Die Nürnberger Statistik erfasst diejenigen, die vom Arbeitsamt Geld bekommen, weil sie als arbeitslos registriert sind. Wenn ein Teil davon gar nicht bereit ist zu arbeiten, so liegt die wirtschaftspolitische Herausforderung darin, geeignete Anreize dafür zu setzen, Jobangebote wahrzunehmen. Die ILOStatistik versucht, diejenigen zu erfassen, die arbeitswillig sind, aber trotzdem keinen Job finden. Auch in Deutschland gewinnt diese internationale Klassifikation zunehmend an Bedeutung. Änderungen der Statistik sind immer dem Verdacht ausgesetzt, Manipulationsspielräume zu nutzen, um die wahre Entwicklung zu verschleiern. Arbeitslosenzahlen sind politisch besonders brisant. Ein Vorteil der ILO-Indikatoren liegt – neben der Vergleichbarkeit – freilich gerade in ihrer politischen Neutralität. Weil sie von einer internationalen Organisation entwickelt wurden, sind sie der Einflussnahme durch nationale Interessen weitgehend entzogen.

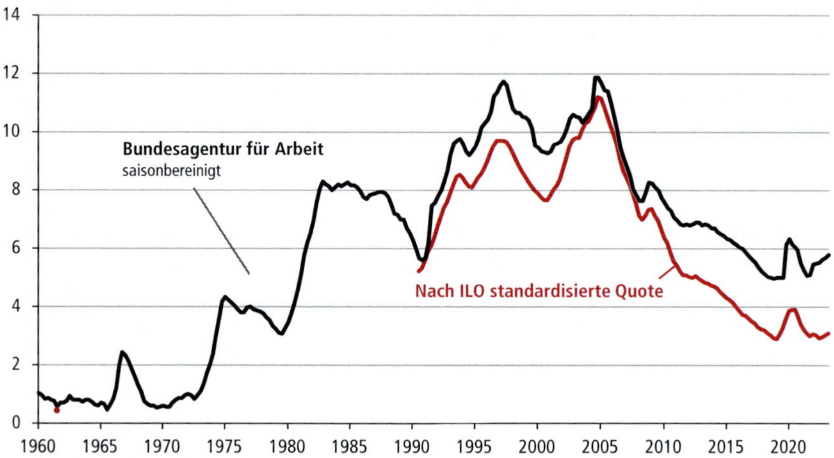

Abbildung 2.4 Die Arbeitslosenquote in Deutschland seit 1960: International standardisierte Daten vs. Daten der Bundesagentur für Arbeit. Die international standardisierten Daten liegen meist unter den Daten der Bundesagentur für Arbeit.

Quelle: Destatis, Bundesagentur für Arbeit, OECD; FRED Codes: LRHUTTTTDEM156S, LMUNRRTTDEM156S, LRUNTTTTDEA156N

Dennoch sollten wir uns der Grenzen ihrer Aussagekraft bewusst bleiben. So zählen etwa diejenigen, die weder arbeiten noch einen Job suchen, gar nicht zu den Erwerbspersonen. Ist die Arbeitslosigkeit hoch, resignieren aber viele, die gerade entlassen wurden, und geben es ganz auf, nach Arbeit zu suchen. Sie fallen völlig aus der Statistik heraus. Im Extremfall, falls alle Arbeitslosen gar nicht mehr nach einem Job suchen würden, wäre die Arbeitslosenquote gleich null. Dies wäre freilich ein äußerst fragwürdiger Indikator für das, was sich am Arbeitsmarkt abspielt. Typischerweise beobachten wir, dass mit steigender Arbeitslosigkeit auch immer mehr Personen aus dem Erwerbsleben ausscheiden. Anders formuliert: Zunehmende Arbeitslosigkeit geht einher mit einer niedrigen **Erwerbsquote** (auch **Partizipationsrate** genannt). Diese ist definiert als Quotient aus der Zahl der Erwerbspersonen im Verhältnis zur Gesamtzahl der erwerbsfähigen Bevölkerung. Nach der deutschen Vereinigung ist etwa in Ostdeutschland die Anzahl der Arbeitslosen dramatisch gestiegen; gleichzeitig aber gab es einen enormen Rückgang der Erwerbsquote. Dies betraf nicht allein Frührentner. Auch viele weibliche Arbeitnehmer, die keinen Job mehr fanden, zogen sich ganz vom Arbeitsmarkt zurück.

Makroökonomen nehmen Arbeitslosigkeit aus zwei Gründen besonders ernst: Einmal hat Arbeitslosigkeit enorme Auswirkungen auf das soziale Gefüge eines Landes. Zum anderen liefert uns die Arbeitslosenquote Informationen darüber, ob die Wirtschaftsaktivität über oder unterhalb der Normalauslastung liegt: Schöpft ein Land sein Potenzial, Wohlstand zu schaffen, auch wirklich aus – oder liegen Ressourcen (arbeitslose Arbeitskräfte) ungenutzt brach?

Soziale Konsequenzen der Arbeitslosigkeit

Arbeitslosigkeit verändert das Leben der Betroffenen radikal. Sie bedeutet eine enorme finanzielle und psychische Belastung, auch wenn die Arbeitslosenunterstützung heute diese Belastungen besser abfedert als zu den Zeiten der **Weltwirtschaftskrise** um 1930. Wie stark diese Belastungen sind, hängt von der **Dauer der Arbeitslosigkeit** ab. Ein gravierendes Problem ist in Deutschland die hohe Anzahl von Langzeitarbeitslosen, von denen viele länger als zwei Jahre ohne Job sind. Die Situation in den USA ist ganz anders. Dort verlieren jeden Monat zwar viele ihren Arbeitsplatz; viele Arbeitslose (im Durchschnitt 25–30% pro Monat) finden aber auch einen neuen Job. Doch selbst in den USA leiden manche Gruppen (Jugendliche, ethnische Minderheiten und Ungelernte) überproportional unter der Arbeitslosigkeit. Sie bleiben länger arbeitslos und sind besonders gefährdet, ihren Job zu verlieren, wenn die Arbeitslosenquote steigt.

2.4 Arbeitslosigkeit, Inflation und Wirtschaftswachstum – das Gesetz von Okun und die Phillipskurve

Bislang haben wir drei wichtige Variablen der Wirtschaftsaktivität getrennt voneinander betrachtet: die Wachstumsrate des realen BIP, die Arbeitslosenquote und die Inflationsrate. Diese drei Variablen entwickeln sich aber nicht unabhängig voneinander. Ein Großteil des Buchs wird sich mit den Wechselbeziehungen zwischen diesen Variablen beschäftigen. Werfen wir aber jetzt schon einen kurzen Blick darauf.

2.4.1 Das Gesetz von Okun: Arbeitslosigkeit und Wirtschaftswachstum

Das Gesetz von Okun: hohe Wachstumsraten des BIP: Arbeitslosenquote ↓ niedrige Wachstumsraten des BIP: Arbeitslosenquote ↑

Wenn das BIP stark wächst, würden wir erwarten, dass die Arbeitslosenquote zurückgeht. Das stimmt in der Tat. Diese Beziehung wurde erstmals in den 1960er-Jahren von dem Ökonomen Arthur Okun analysiert; sie wird heute als Gesetz von Okun bezeichnet. ▸ **Abbildung 2.5** stellt die Beziehung im Euroraum seit 1999 dar. Jeder Punkt in der Abbildung gibt für ein bestimmtes Jahr die Wachstumsrate des BIP und die Veränderung der Arbeitslosenquote an. (Solche Abbildungen, die über einen bestimmten Zeitraum die Entwicklung einer Variablen gegenüber einer anderen abtragen, bezeichnet man als **Streudiagramm**.) Die Abbildung enthält auch eine Gerade, die den Zusammenhang zwischen den beiden Variablen (der Punktewolke) am besten als lineare Beziehung beschreibt. Diese Linie bezeichnet man als **Regressionsgerade** (vgl. *Anhang C*). Die Abbildung macht Folgendes deutlich:

- Die Regressionsgerade hat eine negative Steigung und bildet die Punktewolke ziemlich gut ab. In ökonometrischer Fachsprache formuliert: Es gibt eine enge Beziehung zwischen beiden Variablen. Höheres Wirtschaftswachstum verringert die Arbeitslosenquote. Die Steigung der Geraden beträgt −0,21. Das bedeutet: Steigt das reale Wachstum um einen Prozentpunkt an, so geht die Arbeitslosenquote im Schnitt um 0,21 Prozentpunkte zurück. In einer Boom-Phase sinkt die Arbeitslosenquote also, in einer Rezession nimmt sie dagegen zu. Aus dieser Beziehung lässt sich eine einfache, aber wichtige Überlegung ableiten: Der Schlüssel zur Bekämpfung von Arbeitslosigkeit liegt in ausreichend hohem Wachstum. Das Gesetz von Okun ist freilich keineswegs ein „Naturgesetz“, sondern eine statistische Beziehung. Der Verlauf unterscheidet sich erheblich zwischen verschiedenen Ländern. Ein Beispiel: Im Jahr 2009 brach das BIP in Deutschland um fast 6% ein; der Regressionsgeraden zufolge hätte die Arbeitslosenquote um 1,14 Prozentpunkte steigen müssen. Tatsächlich veränderte sie sich aber kaum. Kurzarbeitergeld (es ersetzt einen Teil des durch Arbeitsausfall entfallenen Lohns) gab den Unternehmen Anreize, trotz schlechter Auftragslage nicht zu kündigen. In der Corona-Krise 2020 wurde dieses Instrument auch in vielen anderen Ländern Europas eingesetzt und hat den Anstieg der Arbeitslosenquote im gesamten Euroraum – anders als in den USA – gedämpft (vgl. den Wert für 2020). Aus diesem Grund ist die Arbeitslosenquote während der Erholung im Jahr 2021 auch nicht so stark gesunken wie die Regressionsgerade nahelegen würde. Um die Entwicklung der Arbeitslosenquote zu verstehen, müssen wir also auch anderen Faktoren Rechnung tragen. ▶ **Kapitel 9** beschäftigt sich intensiv damit.

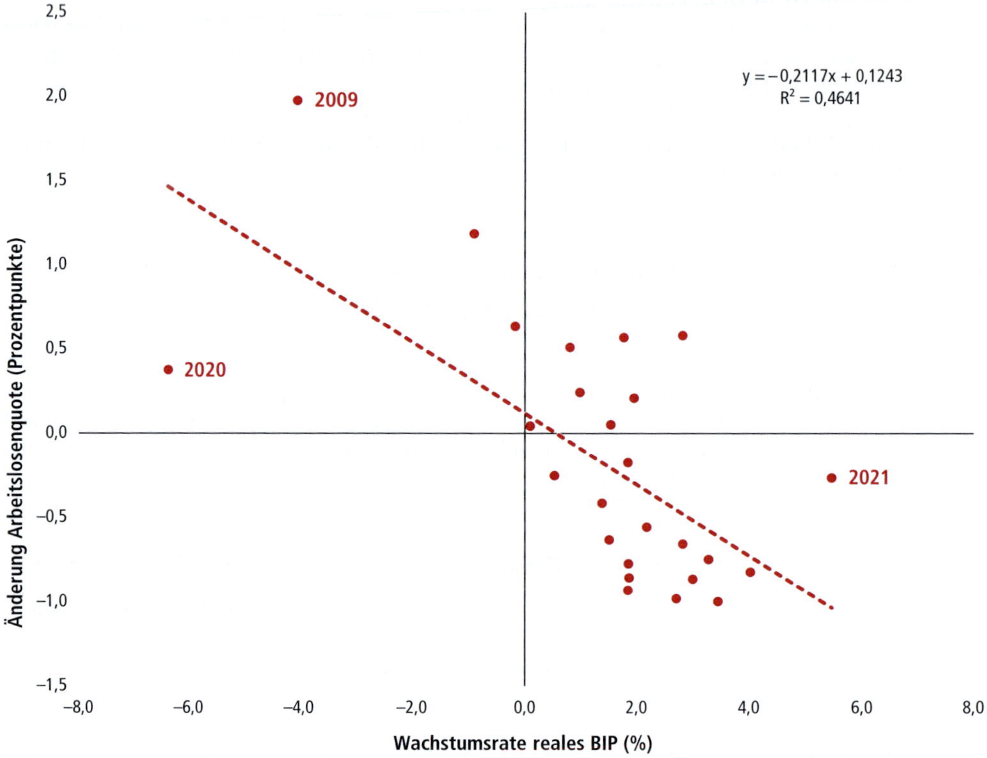

Abbildung 2.5 Gesetz von Okun für den Euroraum. Veränderung der Arbeitslosenquote vs. Wachstumsraten des BIP: Euroraum, 1999–2023. Hohe Wachstumsraten des BIP gehen im Normalfall mit einem Rückgang der Arbeitslosenquote einher, niedrige Wachstumsraten mit einem Anstieg der Arbeitslosenquote.
Quelle: OECD (FRED Codes: EA19LORSGPORIXOBSAM, LRHUTTTTEZM156S)

Berechnen Sie die Regressionsgerade des Gesetzes von Okun mit den Daten für Deutschland im betrachteten Zeitraum (FRED Codes NAEXKP01DEA657S und LRHUTTTTDEM156S). Welche Steigung hat die Gerade? Prüfen Sie, ob die Regressionsgerade steiler wird, wenn die Daten für die Jahre 2009, 2020 und 2021 in der Regression nicht berücksichtigt werden!

- Die Regressionsgerade schneidet die X-Achse bei einer realen Wachstumsrate von 0,6%. Das bedeutet: Um die Beschäftigung konstant zu halten, ist eine reale Wachstumsrate von ca. 0,6% notwendig. Das hat zwei Gründe. Zum einen gilt: Nimmt die Bevölkerung (genauer: die **Erwerbsbevölkerung**) zu, dann muss auch die Beschäftigung im Lauf der Zeit zunehmen, um die Arbeitslosenquote konstant zu halten. Zum anderen aber erhöht **Technischer Fortschritt** (steigende Produktivität der Arbeitnehmer) die **Produktion je Beschäftigten** im Zeitverlauf. Das Wachstum des realen BIP ist also höher als das Wachstum der Bevölkerung.
- Beide Faktoren zusammen bestimmen die Wachstumsrate des Produktionspotenzials. Wenn etwa die Arbeitsbevölkerung um 0,1% steigt und die Produktion je Beschäftigten um 0,5%, dann ist ein Wachstum des realen BIP in Höhe von 0,6%(= 0,1 % +0,5%) erforderlich, um die Arbeitslosenquote konstant zu halten.

2.4.2 Inflation und Arbeitslosigkeit

Dem Gesetz von Okun zufolge geht die Arbeitslosenquote bei sehr hohem Wachstum auf entsprechend niedrige Werte zurück. Unsere Intuition legt aber nahe, dass bei sehr niedriger Arbeitslosigkeit die Wirtschaft Gefahr läuft, zu überhitzen, und sich damit ein Inflationsdruck aufbaut. Diese Überlegung ist in der Tat zu einem Großteil zutreffend. Die Beziehung zwischen Inflation und Arbeitslosigkeit wurde erstmals 1958 von A. W. Phillips dokumentiert. Sie wird seit Langem als Phillipskurve bezeichnet. Phillips untersuchte mit Hilfe eines der ersten Großcomputer an der LSE in London den Zusammenhang zwischen Arbeitslosenquote und Lohnsteigerungen (bzw. Inflationsrate) und fand eine negative Beziehung.

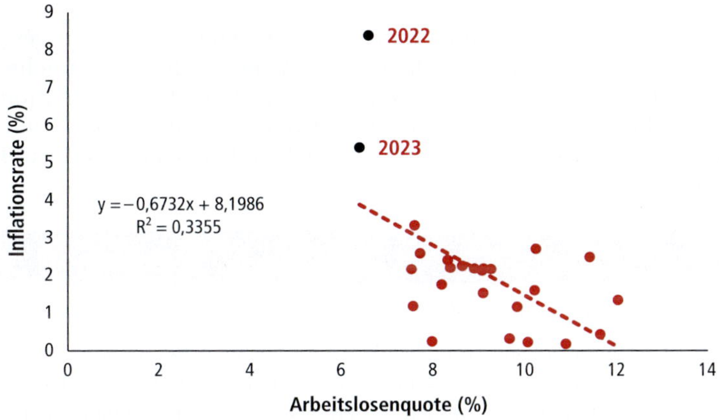

Abbildung 2.6 **Phillipskurve für den Euroraum, 1999–2023, Veränderung der Inflationsrate vs. Arbeitslosenquote.** In Zeiten hoher Arbeitslosenquoten ist die Inflationsrate tendenziell eher niedrig; bei niedrigen Inflationsraten eher hoch.
Quelle: OECD (FRED Codes: CPHPTT01EZM659N, LRHUTTTTEZM156S)

▶ **Abbildung 2.6** zeigt diesen Zusammenhang für den Euroraum seit der Einführung des Euro im Jahr 1999. Auf der vertikalen Achse ist die Inflationsrate (VPI) im betrachteten Jahr abgetragen. Die horizontale Achse zeigt die Arbeitslosenquote. Jeder Punkt bezeichnet für ein bestimmtes Jahr die Kombination von Arbeitslosenquote und Inflationsrate. Diese Kombinationen für alle Jahre bilden in ▶ Abbildung 2.6 eine Punktewolke. Die Abbildung zeigt auch die Regressionsgerade, die diese Punktewolke am besten als lineare Gerade beschreibt. Aus der Abbildung ergeben sich zwei Einsichten:

Die Phillipskurve: niedrige Arbeitslosenquote: Inflation ↑; hohe Arbeitslosenquote: Inflation ↓

- Die Regressionsgerade hat eine negative Steigung. In Zeiten hoher Arbeitslosenquoten ist die Inflationsrate tendenziell eher niedrig; bei niedrigen Quoten dagegen hoch.
- Die Regressionsgerade ermöglicht uns, zu berechnen, wie hoch die Arbeitslosenquote ausfällt, wenn wir eine bestimmte Inflationsrate anstreben. So strebt die EZB etwa eine Inflationsrate von knapp 2% an. Der Phillipskurve zufolge liegt die Arbeitslosenquote im gesamten Euroraum dann im Durchschnitt bei knapp 9,2%.

Im Lauf der vergangenen 2 Jahrzehnte galt also im Durchschnitt: War die Arbeitslosenquote niedriger als 8,5%, dann lag die Inflation im gesamten Euroraum über 2%. Umgekehrt galt: Übertraf die Arbeitslosenquote den Wert 9,2%, lag die Inflationsrate unter 2%.

Allerdings ist die Beziehung keineswegs so eng wie beim Gesetz von Okun in ▶ **Abbildung 2.5**. Sie gilt nur im groben Durchschnitt. In manchen Jahren lässt sich auch bei hoher Arbeitslosenquote eine hohe Inflation beobachten.

In *Kapitel 8* werden wir untersuchen, wie sich die Phillipskurve im Lauf der Zeit stark verändert hat. Das erklärt auch, warum die Beziehung nicht so eng ist wie beim Gesetz von Okun.

Das zeigt sich auch daran, dass das **Bestimmtheitsmaß** viel niedriger ist (vgl. *Anhang C*). In ▶ ***Kapitel 8*** werden wir lernen, dass sich die Phillipskurve im Lauf der vergangenen Jahrzehnte immer wieder verändert hat, und wie dadurch die Aufgabe der Geldpolitik, für Preisstabilität zu sorgen, erschwert wurde.

Die EZB orientiert sich in ihrer Politik an der Entwicklung im gesamten Euroraum. Deshalb hat die Phillipskurve für einzelne Länder im Euroraum nur wenig Aussagekraft. Wenn Sie die Regressionsgerade mit den Daten für Deutschland im betrachteten Zeitraum berechnen, zeigt sich, dass sich für Deutschland kein stabiler Zusammenhang erkennen lässt.

Weil die Regressionsgerade (die Gleichung, die die Beziehung zwischen Inflation und Arbeitslosigkeit als lineare Gerade beschreibt) die Punktewolke zwischen beiden Variablen nicht allzu eng erfasst, lässt sich nicht eindeutig bestimmen, mit welcher Arbeitslosenquote bei einer bestimmten Inflationsrate zu rechnen ist. So ist die Arbeitslosenquote im Euroraum zwischen 2013 und 2019 stetig von 12% auf 7,6% gesunken, die Inflationsrate lag aber auch im Jahr 2019 bei nur 1,2%. Der Zusammenhang zwischen beiden Variablen ist also keineswegs stabil. Die Beziehung verändert sich zudem im Zeitablauf; sie variiert ebenfalls stark zwischen verschiedenen Staaten. Das erklärt auch, warum verschiedene Ökonomen ganz unterschiedliche Einschätzungen darüber haben, wann ernsthaft die Gefahr steigender Inflation droht. In den Jahren 2022 und 2023 war die Inflation viel höher als die lineare Regressionsgerade der Phillipskurve nahelegt. ▸ **Kapitel 8** und **Kapitel 23** gehen ausführlich darauf ein.

Eine erfolgreiche Wirtschaft verbindet hohe Wachstumsraten mit niedriger Arbeitslosigkeit und niedriger Inflation. Lassen sich all diese Ziele gleichzeitig erreichen? Ist niedrige Arbeitslosigkeit überhaupt vereinbar mit niedriger und stabiler Inflation? Haben die wirtschaftspolitischen Akteure die richtigen Instrumente, um all diese Ziele zu verwirklichen? Diese Fragen werden uns im Lauf des Buchs intensiv beschäftigen. Die nächsten Abschnitte liefern einen Überblick.

FOKUS

Arbeitslosigkeit und Lebenszufriedenheit

Wie schmerzhaft ist Arbeitslosigkeit? Um diese Frage zu beantworten, benötigt man detaillierte Informationen zu einzelnen Personen im Zeitverlauf – insbesondere darüber, wie sich ihre Lebenszufriedenheit verändert, wenn sie arbeitslos werden. Daten des sozio-ökonomischen Panel (SOEP) des DIW in Berlin liefern solche Informationen. Die Frage zur Lebenszufriedenheit in dem Panel lautet: *„Wie zufrieden sind Sie derzeit alles in allem mit Ihrem Leben?"* Die Befragten geben einen Wert auf einer Skala von 0 bis 10 an. Die Zahl Null bedeutet *„ganz und gar unzufrieden"*, zehn steht dagegen für *„ganz und gar zufrieden"*.

▸ **Abbildung 1**zeigt die Auswirkung von Arbeitslosigkeit. Sie gibt die durchschnittliche Lebenszufriedenheit für die Befragten an, die in einem bestimmten Jahr arbeitslos waren, in den 4 Jahren vorher und danach aber beschäftigt. Das Jahr 0 ist das Jahr, in dem sie arbeitslos waren; die Jahre –4 bis –1 sind die Jahre davor; 1 bis 4 gibt uns die Werte für die Jahre danach.

Die Abbildung liefert uns drei wichtige Einsichten. Die erste und wichtigste lautet, dass die Lebenszufriedenheit in der Tat stark fällt, wenn man arbeitslos wird. Um ein Gefühl für das Ausmaß zu bekommen: Andere Studien zeigen, dass der Rückgang der Lebenszufriedenheit vergleichbar ist mit dem, der durch eine Scheidung oder Trennung ausgelöst wird. Die zweite Einsicht: Die Lebenszufriedenheit verschlechtert sich schon bevor überhaupt Arbeitslosigkeit eintritt. Das legt nahe, dass die Arbeitskräfte entweder schon vorher wissen, dass ihr Risiko steigt, arbeitslos zu werden, oder dass sie mit ihrem Job immer unzufriedener werden. Als dritte Einsicht lässt sich an der Abbildung erkennen, dass die Lebenszufriedenheit selbst vier Jahre später immer noch nicht das frühere Niveau erreicht. Offensichtlich richtet Arbeitslosigkeit nachhaltigen Schaden an – entweder aufgrund der fortwährenden Arbeitslosigkeitserfahrung an sich, weil der neue Job unsicherer ist als der alte Job oder weil man im neuen Job nicht so zufrieden ist wie im alten.

Um Arbeitslosigkeit wirksam zu bekämpfen, muss man die verschiedenen Wirkungskanäle genauer verstehen. Eine wichtige Einsicht ist dabei, dass der Rückgang an Lebenszufriedenheit nicht stark davon abhängt, wie großzügig die Arbeitslosenunterstützung ausfällt. Arbeitslosigkeit beeinflusst Lebenszufriedenheit offensichtlich weniger über finanzielle Auswirkungen als über psychologische Effekte. Der Nobelpreisträger George Akerlof formulierte das so: *„Eine Person ohne Job verliert nicht nur ihr Einkommen, sondern oft auch das Gefühl, dass sie Leistungen erbringt, die von ihr als menschliches Wesen erwartet werden."* Wenn es gelingt, Arbeitslosen wieder Beschäftigung zu verschaffen, bringt das also viel mehr als nur eine Kompensation des Einkommensverlustes.

Das Material in dieser Fokusbox (insbesondere die Abbildung) stammt zum großen Teil aus der Studie von Rainer Winkelmann, „Unemployment and happiness," IZA world of labor, 2014: 94, S. 1–9.

Vgl. dazu auch Ronnie Schöb, „Unemployment and identity." CESifo Economic Studies 59 (2013), S. 149–180. Beide Studien verwenden Daten des sozio-ökonomischen Panel (SOEP). **Panel-Daten** sind Sammlungen von Daten, in denen Informationen zu den immer gleichen Individuen bzw. Haushalten über einen längeren Zeitraum verfolgt werden. Seit 1984 werden in Deutschland ca. 11.000 Haushalte mit mehr als 22.000 Personen im SOEP regelmäßig in einer umfassenden Langzeitstudie befragt. Die Haushalte machen in den jährlichen Wiederholungsbefragungen Angaben zu ihrem Erwerbs- und Einkommensstatus für jeden einzelnen Monat des entsprechenden Jahres. Das SOEP deckt hierbei ein weites Themenspektrum ab. Es liefert kontinuierlich Informationen über Haushaltszusammensetzung, Wohnsituation, Erwerbs- und Familienbiografien, Erwerbsbeteiligung und berufliche Mobilität, Einkommensverläufe, Gesundheit, Lebenszufriedenheit und gesellschaftliche Partizipation, Zeitverwendung, Bildung und Qualifikation sowie soziale Sicherung.

Mehr Informationen zum SOEP stellt das Deutsche Institut für Wirtschaftsforschung in Berlin unter *http://www.diw.de/soep* zur Verfügung.

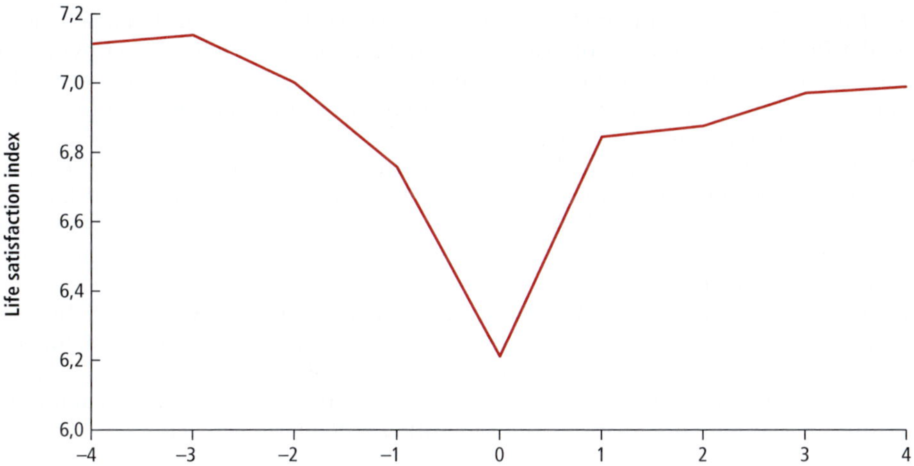

Abbildung 1 Auswirkungen von Arbeitslosigkeit auf die Lebenszufriedenheit
Quelle: Winkelmann (2014)

2.5 Die kurze, die mittlere und die lange Frist

Nachdem wir nun die wichtigsten Größen definiert haben, kommen wir zu einer zentralen Frage der Makroökonomie: Was bestimmt das gesamtwirtschaftliche Produktionsniveau? Betrachten wir folgende drei ganz unterschiedliche Antworten:

- Beim Lesen des Wirtschaftsteils der Tageszeitung erhalten wir eine erste Antwort: Änderungen der Produktion sind auf veränderte Güternachfrage zurückzuführen. So lesen wir täglich Meldungen der Art: „Als Folge eines Rückgangs des Konsumentenvertrauens ist der Absatz von Mittelklassewagen im letzten Monat eingebrochen." Solche Erklärungen verdeutlichen die Rolle, die der Nachfrage bei der Bestimmung der Produktion zukommt – dabei geht es um Faktoren wie Konsumentenvertrauen, Steuersätze und Zinsen.
- Aber selbst, wenn alle Ostdeutschen plötzlich wie wild Autos kaufen würden, würde das Produktionsniveau in Ostdeutschland noch lange nicht dem Niveau der USA entsprechen. Dies legt eine zweite Antwort nahe: Es kommt auf die Angebotsseite an; darauf, wie viel die Wirtschaft überhaupt produzieren kann. Dies hängt ab vom technischen Wissen, dem Kapitalbestand, der Zahl der Erwerbsfähigen und den Kenntnissen der Arbeitskräfte. Diese Faktoren sind fundamental für das Produktionsniveau, nicht für das Konsumentenvertrauen.

- Das letzte Argument kann noch einen Schritt weiter geführt werden: Weder Technologie noch Kapitalbestand oder Fachkenntnisse sind etwas Naturgegebenes. Der Grad an technologischer Perfektion hängt ab von der Innovationsfähigkeit und der Bereitschaft eines Landes, neue Technologien einzuführen. Der Kapitalbestand wird von der Sparrate beeinflusst. Der Ausbildungsstand der Arbeitskräfte ist eine Funktion der Qualität des Bildungssystems. Auch andere Faktoren spielen eine Rolle. Um effizient zu produzieren, brauchen die Unternehmen ein verlässliches Rechtssystem und eine Regierung, die garantiert, Eigentumsrechte durchzusetzen. Dies führt zur dritten Antwort: Die wirklichen Determinanten sind Faktoren wie das Bildungssystem, die Sparrate und die Qualität der Regierungen. Darauf sollten wir unsere Aufmerksamkeit richten, um zu verstehen, was die Produktion bestimmt.

Welche dieser Antworten ist richtig? Alle drei treffen zu. Aber jede bezieht sich auf einen anderen Zeithorizont.

- Kurzfristig, über ein paar Jahre hin, ist die erste Antwort korrekt. Jährliche Schwankungen der Produktion werden von Nachfrageschwankungen ausgelöst (die Covid-Pandemie war eine seltene Ausnahme). Solche Schwankungen (hervorgerufen etwa durch verändertes Konsumentenvertrauen) können einen Produktionseinbruch (eine Rezession) oder einen Boom (eine Expansion) auslösen.
- Auf mittlere Frist, über eine Dekade hinweg, trifft die zweite Antwort zu. In diesem Zeitraum kehrt die Wirtschaft auf das Niveau zurück, das von Angebotsfaktoren bestimmt ist: Kapitalbestand, Arbeitsangebot und technisches Wissen. Über den Zeitraum einer Dekade hin verändern sich diese Faktoren nur wenig, sodass man sie ruhig als gegeben ansehen kann.
- Langfristig – über mehr als 50 Jahre hinweg, ist die dritte Antwort die richtige. Um zu verstehen, warum China seit den 1980er-Jahren bis 2020 so hohe Wachstumsraten erzielen konnte, müssen wir verstehen, warum sowohl Kapitalbestand als auch das technische Wissen in China so schnell gewachsen sind. Wir müssen auf Faktoren wie das Bildungssystem, die Sparrate und die Rolle der Regierungen achten.

Auf dieser Art von Denken basiert die Makroökonomie, und es ist auch die Grundlage des Aufbaus dieses Buches.

2.6 Ein Fahrplan durch das Buch

Das Buch setzt sich aus drei Teilen zusammen: Aus einem Kern, der in die Grundlagen der kurz-, mittel- und langfristigen Analyse einführt; einem Teil mit drei Erweiterungen, der die Analyse wichtiger Aspekte vertieft; und schließlich einer abschließenden Analyse makroökonomischer Wirtschaftspolitik. Der Aufbau wird in der Übersicht auf *Seite 18* beschrieben. Schauen wir ihn detaillierter an:

Der Kern

Der Kern setzt sich aus drei Teilen zusammen – der kurzen, der mittleren und der langen Frist.

- Die ▸ **Kapitel 3** bis **Kapitel 6** beschäftigen sich mit der kurzen Frist.
  Im Mittelpunkt stehen dabei die Bestimmungsgründe der Güternachfrage. Um uns darauf zu konzentrieren, nehmen wir an, dass die Unternehmen bereit sind, jede beliebige Menge zu einem gegebenen Preis zu produzieren. Anders formuliert: Wir vernachlässigen Beschränkungen der Angebotsseite.
  ▸ **Kapitel 3** untersucht den Gütermarkt; ▸ **Kapitel 4** zeigt, wie Geldpolitik den Zinssatz bestimmt. ▸ **Kapitel 5** betrachtet die Wechselbeziehungen zwischen diesen Märkten und die Rolle von Geld- und Fiskalpolitik. ▸ **Kapitel 6** erweitert den Modellrahmen, indem wir die Finanzmärkte genauer betrachten und dabei auch auf die Probleme in der jüngsten Finanzkrise eingehen.

- ▶ **Kapitel 7** bis **Kapitel 9** betrachten mittelfristige Determinanten der Produktion. Sie untersuchen die Angebotsseite und ihre Interaktion mit der Nachfrage.
  ▶ **Kapitel 7** führt in den Arbeitsmarkt ein. Darauf aufbauend untersucht ▶ **Kapitel 8** die Beziehung zwischen Arbeitslosigkeit und Inflation. ▶ **Kapitel 9** bringt Güter-, Geld und Arbeitsmärkte zusammen und zeigt die kurz- und mittelfristigen Determinanten von Produktion, Inflation und Beschäftigung. Es erklärt auch die Rolle von Geld- und Fiskalpolitik in der kurzen und mittleren Frist.
- Die ▶ **Kapitel 10** bis **Kapitel 13** untersuchen die lange Frist.
  ▶ **Kapitel 10** präsentiert stilisierte Fakten beim Vergleich von Wachstumsraten zwischen Ländern und über längere Perioden hinweg. Die ▶ **Kapitel 11** und **Kapitel 12** diskutieren die Bedeutung von Kapitalakkumulation und technischem Fortschritt für das Wachstum. ▶ **Kapitel 13** betrachtet die Herausforderungen von Wachstum und technischem Fortschritt, von Ungleichheit bis zur Klimaerwärmung.

Erweiterungen

Die Kernkapitel vermitteln eine Denkmethode, um die Determinanten von Produktion, Arbeitslosigkeit und Inflation in der kurzen, mittleren und langen Frist zu verstehen. Sie vernachlässigen aber einige Elemente, die wir in zwei Erweiterungen betrachten.

- Die Kernkapitel vernachlässigen weitgehend die Rolle von Erwartungen. Erwartungen haben in der Makroökonomie aber eine wichtige Funktion. Fast alle wirtschaftlichen Entscheidungen – egal, ob Haushalte über Aktienkäufe nachdenken oder Unternehmer über den Kauf von Investitionsgütern – hängen von Erwartungen über zukünftige Erträge und zukünftige Zinsen ab. Geld- und Fiskalpolitik wirken nicht nur direkt auf die Wirtschaftsaktivität, sondern auch indirekt, indem sie die Erwartungen beeinflussen.
  Die ▶ **Kapitel 14** bis **Kapitel 16** behandeln die Rolle von Erwartungen und ihre Bedeutung für die Geld- und Fiskalpolitik.
- Die Kernkapitel behandeln eine geschlossene Wirtschaft; sie vernachlässigen den Einfluss des Auslands. Aber die Wirtschaftsräume werden immer offener, sowohl auf Güter- als auch auf Finanzmärkten gewinnt der Handel mit anderen Volkswirtschaften immer mehr an Bedeutung. Einzelne Volkswirtschaften werden damit immer stärker voneinander abhängig.
  Die Art dieser Wechselbeziehungen und ihre Implikationen für Geld- und Fiskalpolitik sind das Thema der ▶ **Kapitel 17** bis **Kapitel 20**.

Zurück zur Politik

Geld- und Fiskalpolitik spielen in fast jedem Kapitel eine Rolle. Aber nachdem wir den Kern und die Erweiterungen verstanden haben, ist es wichtig, die Rolle der Politik noch einmal umfassend und vor dem Hintergrund der dann bekannten Zusammenhänge zu diskutieren.

- ▶ **Kapitel 21**behandelt allgemeine Fragen der Wirtschaftspolitik: Wissen Makroökonomen überhaupt genug, um Politikempfehlungen auszusprechen? Können wir darauf vertrauen, dass Politiker das Richtige tun?
- ▶ **Kapitel 22** und **Kapitel 23** beurteilen dann die Rolle von Fiskal- und Geldpolitik.

Nachwort

In der Makroökonomie gibt es keinen starren Block an Wissen. Sie entwickelt sich über die Zeit fort. In ▶ **Kapitel 24**, dem letzten des Buches, schauen wir auf die jüngere Geschichte der Makroökonomie und fragen, wie Makroökonomen zu den Einschätzungen gelangten, die sie heute vertreten. Von außen sieht Makroökonomie häufig wie ein Feld aus, das zwischen verschiedenen Schulen aufgeteilt ist: Keynesianer, Monetaristen, Neue Klassische Makroökonomen, Verfechter der Angebotsseite und so weiter – alle schlagen sich die Argumente gegenseitig um die Ohren. Der Forschungsprozess läuft in der Realität aber in viel geregelteren Bahnen ab; er ist weit produktiver, als dieses Bild suggeriert. Wir arbeiten heraus, was wir als die wesentlichen Unterschiede zwischen den Positionen verschiedener Makroökonomen betrachten; aber auch die Aussagen, die heute den Kern der Makroökonomie ausmachen.

ZUSAMMENFASSUNG

- Wir können das BIP als Maß für die gesamtwirtschaftliche Aktivität auf drei Arten erfassen: Von der Entstehungs-, Verteilungs- und der Verwendungsseite. Das BIP misst für die Volkswirtschaft in einem bestimmten Zeitraum: (1) die gesamte Wertschöpfung aller Endprodukte und Dienstleistungen (die Summe aller Mehrwerte), (2) die Summe aller Einkommen und (3) den Wert aller Ausgaben (die gesamtwirtschaftliche Nachfrage).
- Das nominale BIP ist die zu den jeweiligen Preisen bewertete Summe aller produzierten Endprodukte. Änderungen des nominalen BIP können auf Mengenoder auf Preisänderungen beruhen. Das reale BIP ist ein Maß für die Güterproduktion. Änderungen des realen BIP erfassen nur die Mengeneffekte.
- Die Zahl der Erwerbspersonen ergibt sich als Summe aus den Erwerbstätigen und den Arbeitslosen. Die Erwerbslosenquote ist der Quotient aus der Zahl der Arbeitslosen und der Erwerbspersonen. Nach der ILO-Klassifikation ist eine Person erwerbslos, wenn sie keinen Arbeitsplatz hat und in den vergangenen vier Wochen selbst eine Arbeit gesucht hat.
- Die empirische Beziehung zwischen BIP-Wachstum und der Veränderung der Erwerbslosenquote wird als Gesetz von Okun bezeichnet. Diese Beziehung zeigt, dass höheres Wirtschaftswachstum mit einem Rückgang der Arbeitslosenquote einhergeht.
- Inflation bezeichnet den Anstieg des allgemeinen Preisniveaus. Die Inflationsrate ist die Rate, mit der das Preisniveau steigt. Makroökonomen verwenden zwei Maße für das Preisniveau: (1) Den BIP-Deflator – den Durchschnittspreis aller produzierten Endgüter und (2) den Verbraucherpreisindex (VPI), den Durchschnittspreis der in der Volkswirtschaft von den privaten Haushalten konsumierten Güter.
- Die empirische Beziehung zwischen Inflationsrate und Arbeitslosenquote wird Phillipskurve genannt. Diese Beziehung hat sich im Lauf der Zeit verändert; sie variiert auch zwischen verschiedenen Staaten. Sie besagt aber Folgendes: Eine niedrige Arbeitslosenquote geht meist mit höherer Inflation einher.
- Inflation führt zu Änderungen der Einkommensverteilung. Sie führt auch zu Verzerrungen und verstärkter Unsicherheit.
- Makroökonomen unterscheiden zwischen der kurzen, mittleren und langen Frist. In der kurzen Frist (ein Jahr) ist die Produktion durch die Nachfrage bestimmt. In der mittleren Frist (ein Jahrzehnt) durch die Angebotsseite (technisches Wissen, Kapitalbestand und Arbeitsangebot). In der langen Frist (über ein halbes Jahrhundert hin) sind Faktoren wie Ausbildung, Innovation, Ersparnis und die Qualität des Rechtssystems ausschlaggebend.

Übungsaufgaben

(Lösungen auf **MyMathLab | Makroökonomie**)

Verständnistests

1 Welche der folgenden Aussagen sind zutreffend, falsch oder unklar? Geben Sie jeweils eine kurze Erläuterung.

a) Der Anteil des Arbeitseinkommens am BIP ist viel kleiner als der Anteil des Kapitaleinkommens.
b) In Deutschland ist das nominale BIP zwischen 1960 und 2023 jährlich im Durchschnitt um 5,3% gewachsen.
c) Falls eine hohe Arbeitslosenquote Arbeiter davon abhält, nach einem Job zu suchen, liefert die Arbeitslosenquote ein unvollständiges Bild über die Bedingungen am Arbeitsmarkt. Eine korrekte Beurteilung der Lage erfordert auch einen Blick auf die Erwerbsquote.
d) Eine hohe Arbeitslosenquote korreliert mit hoher Wahrscheinlichkeit mit einer hohen Erwerbsquote.
e) Das Gesetz von Okun besagt, dass die Arbeitslosenquote ansteigt, wenn die Wachstumsrate der Wirtschaft niedriger ist als die Wachstumsrate des Produktionspotenzials.
f) Falls der VPI in Deutschland derzeit bei 108 liegt, in den USA dagegen bei 104, dann liegt die Inflationsrate in Deutschland höher als in den USA.
g) Die nach dem VPI ermittelte Inflationsrate ist ein zuverlässigerer Index für Inflation als der BIP-Deflator.
h) Das reale BIP ist eine fiktive Größe. Deshalb ist ein Vergleich realer Wachstumsraten nicht aussagekräftig.
i) Läuft die Wirtschaft normal, ist die Arbeitslosenquote gleich null.
j) Die Phillipskurve ist eine Beziehung zwischen dem Preisniveau und der Arbeitslosenquote.

2 Angenommen, Sie berechnen das BIP in der Europäischen Union, indem Sie die Wertschöpfung aller in der Wirtschaft produzierten Güter und Dienstleistungen des Endverbrauchs addieren. Bestimmen Sie, wie sich folgende Transaktionen auf das BIP auswirken:

a) Sie kaufen von einem Fischer Fisch im Wert von 100 €, den Sie zu Hause kochen und dann aufessen.
b) Ein Restaurant kauft von einem Fischer Fisch im Wert von 100 €.
c) Lufthansa kauft ein neues Flugzeug von Airbus im Wert von 200 Millionen €.
d) China Airlines kauft ein neues Flugzeug von Airbus im Wert von 200 Millionen €.
e) Lufthansa verkauft eines seiner Flugzeuge an Uli Hoeneß für 100 Millionen €.

3 Im Lauf eines Jahres kommt es zu folgenden Aktivitäten:

– Eine Goldmine zahlt seinen Arbeitern 200.000 €, um 75 Kilo Gold abzubauen. Das Gold wird dann an einen Goldschmuckproduzenten für 300.000 € verkauft.
– Der Goldschmuckproduzent zahlt seinen Arbeitern 250.000 €, um Goldketten herzustellen. Diese werden direkt an Konsumenten verkauft zum Preis von 1.000.000 €.

a) Wie hoch ist das BIP in dieser Wirtschaft, berechnet als „Wertschöpfung der Endprodukte“?
b) Wie hoch ist auf jeder Produktionsstufe der Mehrwert? Ermitteln Sie das BIP nach dem „Mehrwert“-Ansatz.
c) Wie hoch sind die gesamten Löhne und Gewinne in der Ökonomie? Ermitteln Sie das BIP von der Verteilungsseite.

4 Eine Ökonomie produziert drei Güter: Autos, Computer und Äpfel. Die folgende Tabelle gibt die Mengen und Preise je Einheit für die Jahre 2020 und 2021 an:

	Mengen	2020 Preise	Mengen	2021 Preise
Autos	10	2.000 €	12	3.000 €
Computer	4	1.000 €	6	500 €
Äpfel	1.000	1 €	1.000	1 €

a) Wie hoch ist das nominale BIP in den Jahren 2020 und 2021? Um wie viel Prozent ist es von 2020 auf 2021 gestiegen?
b) Ermitteln Sie das reale BIP in Preisen von 2020 für die Jahre 2020 und 2021? Um wie viel Prozent ist das reale BIP zwischen 2020 und 2021 gestiegen?
c) Ermitteln Sie nun jeweils das reale BIP in Preisen von 2021 für die Jahre 2020 und 2021. Um wie viel Prozent ist das reale BIP zwischen 2020 und 2021 gestiegen?
d) Warum erhalten wir unterschiedliche Wachstumsraten aus b. und c.? Wie lautet die richtige Antwort? Begründen Sie Ihre Antwort.

5 Verwenden Sie die Daten aus Aufgabe 4, um folgende Fragen zu beantworten:

a) Gehen Sie davon aus, dass das reale BIP in Preisen von 2020 berechnet wird. Berechnen Sie den BIP-Deflator für die Jahre 2020 und 2021 und die Inflationsrate zwischen 2020 und 2021.

b) Gehen Sie nun davon aus, dass das reale BIP in Preisen von 2021 berechnet wird. Berechnen Sie den BIP-Deflator für die Jahre 2020 und 2021 und die Inflationsrate zwischen 2020 und 2021.

c) Warum erhalten wir unterschiedliche Inflationsraten? Wie lautet die richtige Antwort? Begründen Sie Ihre Antwort.

6 Verwenden Sie wieder die Daten aus Aufgabe 4.

a) Berechnen Sie das reale BIP für die Jahre 2020 und 2021, indem Sie für jedes Gut die durchschnittlichen Preise der beiden Jahre als Basis nehmen.

b) Um wie viel Prozent verändert sich das reale BIP zwischen 2020 und 2021?

c) Wie hoch ist der BIP-Deflator für die Jahre 2020 und 2021? Wie hoch ist die Inflationsrate zwischen 2020 und 2021, ausgehend von diesem BIP-Deflator.

d) Erhalten wir so eine überzeugende Lösung der Probleme, die in den Aufgaben 4 und 5 angesprochen wurden (zwei unterschiedliche Wachstums- und Inflationsraten je nach den zugrunde gelegten Preisen)? (Die Antwort lautet: Ja; sie ist die Grundlage für die Verwendung von Kettenindizes. Vgl. dazu ausführlicher den *Anhang* auf Seite 80)

7 *Wachstum, Inflation und Arbeitslosigkeit*

a) Das Gesetz von Okun besagt, dass die Arbeitslosenquote tendenziell zurückgeht, wenn das reale BIP stärker als gewöhnlich wächst. Warum beobachten wir im Durchschnitt positives Wachstum?

b) Im Jahr A beträgt das Wachstum des realen BIP 1%, im Jahr B beträgt es –1%. In welchem Jahr steigt die Arbeitslosenquote stärker?

c) Die Phillipskurve ist eine Beziehung zwischen Inflation und Arbeitslosigkeit. Lässt sich aus der Phillipskurve ableiten, dass die Arbeitslosenquote bei null liegt, wenn die Inflationsrate 2% beträgt?

d) Die Phillipskurve ist eine Gerade mit negativer Steigung. In ▶ **Abbildung 2.6** ist die Steigung –0,67. Geht es der Wirtschaft Ihrer Meinung nach besser, wenn die Steigung steil (etwa –1) oder wenn sie flach (etwa –0,1) ist?

Vertiefungsfragen

8 *Hedonischer Preisindex*

Wie die Fokusbox *„Reales BIP, technischer Fortschritt und der Preis von Computern“* erklärt, lassen sich die Preissteigerungen von Gütern schwer messen, deren Charakteristika sich im Zeitablauf verändern. Der hedonische Preisindex liefert eine Methode, den Preisanstieg um Qualitätsveränderungen zu bereinigen.

a) Betrachten Sie medizinische Vorsorgeuntersuchungen. Nennen Sie einige Gründe, weshalb es sinnvoll sein kann, im Gesundheitssektor einen hedonischen Preisindex zu verwenden.
Betrachten Sie konkret einen jährlichen Gesundheitscheck für Senioren. Nehmen Sie an, in dem Jahr, in dem eine neue Methode für die Routineuntersuchung eingeführt wird, verwendet die Hälfte der Ärzte die alte und die andere Hälfte die neue Methode. Eine Untersuchung mit der neuen Methode verursacht 10% mehr an Kosten als eine entsprechende Untersuchung mit der alten Methode.

b) Um wie viel Prozent übersteigt die neue Methode die alte bezüglich der Qualität? (Beachten Sie, dass die Senioren sich bewusst für einen Arzt, der die neue Methode verwendet, entscheiden, obwohl sie auch einen anderen Arzt hätten wählen können.)
Nehmen Sie nun außerdem an, dass im ersten Jahr, in dem die neue Methode zugänglich ist, der Preis für Untersuchungen mit dieser Methode um 15% höher ist als der Preis für Untersuchungen im vorherigen Jahr (als noch jeder die alte Methode verwendete).

c) Welcher Anteil des höheren Preises für Untersuchungen mit der neuen Methode (im Vergleich zu Untersuchungen im vorigen Jahr) stellt einen tatsächlichen Preisanstieg der Untersuchungen dar und welcher Teil bezieht sich auf den Qualitätsanstieg? Wie hoch ist der qualitätsbereinigte Preisanstieg der Untersuchungen?
In vielen Fällen sind die Informationen, die in b. und c. zur Verfügung stehen, nicht vorhanden. Unterstellen Sie beispielsweise, dass alle Ärzte sofort auf die neue Methode umsteigen. Unterstellen Sie weiterhin, dass der Preis für Untersuchungen in dem Jahr, in dem die neue Methode eingeführt wird, um 15% höher ist als im Jahr zuvor, als noch jeder die alte Methode verwendete. Somit ergibt sich ein Preisanstieg von 15% bei den Untersuchungen, jedoch hat sich auch die Qualität der Versorgung verbessert.

d) Welche Informationen benötigen Sie unter diesen Bedingungen, um den Preisanstieg um Qualitätsverbesserungen zu bereinigen? Können Sie auch ohne diese Informationen eine Aussage über den bereinigten Preisanstieg treffen? Liegt er bei 15%, darüber oder darunter?

9 *Gemessenes und wahres BIP*
Statt zu Hause eine Stunde lang ein Abendessen vorzubereiten, entscheiden Sie sich dafür, eine Stunde länger zu arbeiten. Sie verdienen dabei zusätzlich 12 €. Anschließend gehen Sie in ein Chinarestaurant und zahlen 10 € für das Essen.
a) Um wie viel ist das BIP gestiegen?
b) Sollte das wahre BIP stärker oder weniger stark steigen? Begründen Sie Ihre Antwort.

Weiterführende Fragen

10 Das Gesetz von Okun (▶ **Abbildung 2.5**) für Deutschland.
Erstellen Sie zunächst mit Hilfe der FRED Datenbank (*https://fred.stlouisfed.org/*) mit Quartalsdaten ab 1999 eine Grafik mit der Wachstumsrate des BIP – (prozentuale Veränderung des vierteljährlichen BIP gegenüber dem *Vorjahresquartal* – Code: NAEXKP01DEQ661S; Unit: *Percentage Change from Year ago*) und der Veränderung der Arbeitslosenquote im Vergleich zum Vorjahr auf Quartalsebene (Code: LRHUTTTTDEM156S; Unit: *Change from Year ago, Percent*; Modify frequency: *Quarterly*).
Laden Sie diese Daten mit Hilfe von Excel auf Ihren Laptop und konstruieren Sie nun ein Streudiagramm für den Zeitraum 1999 bis 2019, indem Sie beide Datenreihen auswählen und dann mit der Option „*Empfohlene Diagramme*“ das Diagramm *Punkt (XY)* einfügen. Erzeugen Sie mit der Option „*Trendlinie hinzufügen*“ eine Regressionsgerade (eine lineare Gerade durch die Datenpunkte, die so verläuft, dass alle Punkte möglichst nahe an dieser Geraden liegen).
a) Ermitteln Sie mit den Optionen „*Trendlinie formatieren*“ und „*Formel auswählen und im Diagramm anzeigen*“ die Funktionsgleichung $y = \alpha\, x + \beta$ (mit y als prozentuale Veränderung der Arbeitslosenquote, x als prozentuale Wachstumsrate des BIP und α als Steigung der Regressionsgeraden).
b) Wie hoch ist die Steigung dieser Regressionsgeraden? Wie hoch muss die reale Wachstumsrate sein, um die Arbeitslosenquote innerhalb eines Jahres um einen Prozentpunkt zu reduzieren?
c) Bei welchem Wert schneidet die Gerade die X-Achse? Ermitteln Sie die Wachstumsrate des BIP, bei der die Arbeitslosenquote konstant bleibt.
d) Wie stark ist das Wachstum des realen BIP im 2. Quartal 2020 eingebrochen und wie stark war die Erholung im 2. Quartal 2021? (Ermitteln Sie die prozentualen Wachstumsraten für diese Quartale). Nutzen Sie die in Teilaufgabe a. ermittelte Regressionsgerade, um – ausgehend von den Daten der Jahre 1999 bis 2019 – eine Prognose für die Veränderung der Arbeitslosenquote in diesen Quartalen zu erstellen. Wie stark weicht der tatsächliche Anstieg vom prognostizierten Verlauf ab?
e) Ermitteln Sie nun (analog zu Teilaufgabe a.), welche Funktionsgleichung sich ergibt, wenn Sie für Ihre Regression die Daten für den gesamten Zeitraum von 1999 bis Ende 2023 verwenden. Prüfen Sie, ob die Regressionsgerade steiler wird, wenn die Daten für das Jahr 2009 und das 2. Quartal der Jahre 2020 und 2021 in der Regression nicht berücksichtigt werden! Geben Sie eine ökonomische Begründung.
f) In der FRED-Datenbank finden Sie Daten auch für viele andere Staaten. Erstellen Sie ein Streudiagramm mit Quartalsdaten für den Euroraum (Codes siehe ▶ **Abbildung 2.5**) anhand der Daten von Anfang 1999 bis Ende 2019. Wie hoch ist die Steigung der Regressionsgeraden? Wie verändert sich diese Steigung, wenn Sie alle verfügbaren Daten bis Ende 2022 verwenden? Geben Sie eine ökonomische Begründung.
g) Vergleichen Sie die Entwicklung von BIP Wachstum und Arbeitslosigkeit für Deutschland, Italien und Spanien in der Finanzkrise 2008/2009, der Eurokrise 2010 bis 2015 sowie der Pandemie 2020/2021. Bei welcher Krise gab es den stärksten Produktionseinbruch? Wie hat sich das jeweils auf die Arbeitslosenquote ausgewirkt?

11 Für die meisten Länder sind lange offizielle Zeitreihen zur Entwicklung des BIP verfügbar. Weil sich die geografische Zusammensetzung Deutschlands aber mehrfach geändert hat, gibt das Statistische Bundesamt in der historischen Serie des Statistischen Berichts – Volkswirtschaftliche Gesamtrechnungen (Tabellenblatt 81000-117) nur Daten an, die über die Zeit nicht voll vergleichbar sind (vgl. den Strukturbruch in ▶ **Abbildung 2.1**).
a) 1991 war das nominale BIP für ganz Deutschland um ca. 12% höher als das BIP Westdeutschlands. Wie könnte man die BIP-Daten vor 1991 „bereinigen“, um aus den destatis Werten durchgehende Zeitreihen zu berechnen?

b) Mit der FRED Reihe DEUGDPNADSMEI veröffentlicht die OECD für Deutschland eine durchgehende Reihe für das BIP ab 1970. Nach welcher Methode werden diese Daten berechnet?
c) Wie wirkt sich die zur Bereinigung verwendete Methode auf die Wachstumsraten der jeweiligen Reihen aus?
d) Gehen wir davon aus, dass die Wachstumsrate des BIP in Ostdeutschland in der Zeit zwischen 1970 und 1990 niedriger war als in Westdeutschland. Fallen die in der OECD Reihe DEUGDPNADSMEI berechneten Werte dann zu hoch oder zu niedrig aus? Geben Sie eine Begründung!

12 Der OECD Data Explorer (*https://data-explorer.oecd.org/*) liefert aktuelle Daten zum Produktivitätsvergleich. (Stichwort Productivity levels; *Measure:* GDP, Population, Employment, Average hours worked per person employed; *Unit:* US dollars, PPP converted, Current prices).

a) Ermitteln Sie für die in der Fokusbox *„Das BIP pro Kopf"* betrachteten Länder die Daten für das Jahr 2023 (jeweils berechnet zu Kaufkraftparitätkursen).
b) Untersuchen Sie, ob sich das Ranking des Produktivitätsvergleichs gegenüber den Angaben in der Fokusbox *„Das BIP pro Kopf"* verändert hat.
c) Diskutieren Sie, ob Kaufkraftparitätenkurse zuverlässigere Aussagen ermöglichen als ein Ländervergleich anhand von am Devisenmarkt bestimmten Wechselkursen (lesen Sie dazu auch die Fokusbox *„Die Berechnung der Kaufkraftparität (PPP)"* in ▶ **Kapitel 10**).

Anhang: Das reale BIP – Mengen- und Preisindizes

Im Beispiel von *Abschnitt Nominales und reales BIP* gab es nur ein Endprodukt (Autos). Die Berechnung des realen BIP ist in diesem Fall ein Kinderspiel. Wie aber sollen wir vorgehen, wenn es viele Güter gibt? Dieser Anhang zeigt es auf.

Um das Prinzip zu verstehen, genügt ein Beispiel mit zwei Endprodukten. Sobald man das Prinzip verstanden hat, kann man das BIP auch für eine Million Güter berechnen.

Nehmen wir also an, es werden zwei Endprodukte hergestellt – Autos und Kartoffeln.

- Im Jahr 0 werden 100.000 Kilo Kartoffeln zum Preis von 1,00 € pro Kilo verkauft, und 10 Autos zum Preis von 10.000 € pro Auto.
- Im Jahr 1, werden 100.000 Kilo Kartoffeln zum Preis von 1,20 € pro Kilo, und 11 Autos für 10.000 € pro Auto verkauft.
- Das nominale BIP beträgt deshalb 200.000 € im Jahr 0 und 230.000 € im Jahr 1.

Diese Information ist in ▶ **Tabelle A2.1** zusammengefasst. Wir multiplizieren einfach für jedes Gut $i(i = 1,2)$ die Menge einer Periode $t(X_t^i)$ mit dem Preis der Periode $t(P_t^i)$ und addieren die entsprechenden Werte:

$$BIP_t^{nom} = P_t^1 X_t^1 + P_t^2 X_t^2$$

Bei vielen Gütern $(i = 1,2,...N)$ berechnen wir das nominale BIP des Jahres t analog als

$$BIP_t^{nom} = P_t^1 X_t^1 + P_t^2 X_t^2 + ... + P_t^N X_t^N = \sum_{i=1}^N P_t^i X_t^i$$

Wir können auf das Summenzeichen verzichten, wenn wir zur Vereinfachung die Vektorschreibweise verwenden. Wir definieren zunächst zwei Vektoren P_t und X_t.

$$P_t = [P_t^1 P_t^2 ... P_t^N]\, X_t = \begin{bmatrix} X_t^1 \\ X_t^2 \\ ... \\ X_t^N \end{bmatrix}$$

Bei der Multiplikation von Vektoren wird der Wert jeder Zeile des P-Vektors mit dem entsprechenden Wert jeder Spalte des X-Vektors multipliziert. In Vektorschreibweise können wir damit die Berechnung des nominalen BIP kompakt abkürzen als:

$$\sum_{i=1}^N P_t^i X_t^i = P_t X_t$$

	Jahr 0		
	Menge	**Preis €**	**Wert €**
Kartoffeln	100.000	1,00	100.000
Autos	10	10.000	100.000
Nominales BIP: $P_0 X_0$			200.000

	Jahr 1		
	Menge	**Preis €**	**Wert €**
Kartoffeln	100.000	1,20	120.000
Autos	11	10.000	110.000
Nominales BIP: $P_1 X_1$			230.000

Tabelle A2.1 Nominales BIP im Jahr 0 und im Jahr 1

Das nominale BIP stieg von Jahr 0 zu Jahr 1 um 30.000€/200.000€ = 15%. Um wie viel ist das reale BIP gestiegen? Da sich sowohl Mengen wie Preise verändert haben, müssen wir die reinen Preissteigerungen herausrechnen. Die Grundidee zur Ermittlung des realen BIP ist simpel: Wir bewerten einfach die in den verschiedenen Jahren produzierten Mengen mit den gleichen Preisen. Wenn wir die Preise des Jahres 0 verwenden (das Jahr 0 ist dann das Basisjahr), müssen wir folgendermaßen rechnen:

- Das reale BIP im Jahr 0 ist die Summe aus den im Jahr 0 produzierten Mengen, multipliziert mit den Preisen des Jahres 0 für beide Güter:

$$P_0 X_0 = (100.000 \cdot 1€) + (10 \cdot 10.000€) = 200.000€$$

- Das reale BIP im Jahr 1 ist die Summe aus den im Jahr 1 produzierten Mengen, multipliziert mit den Preisen des Jahres 0 für beide Güter:

$$P_0 X_1 = (100.000 \cdot 1€) + (11 \cdot 10.000€) = 210.000€$$

- Damit ist das reale BIP vom Jahr 0 auf das Jahr 1 gestiegen um

$$P_0 X_1 / (P_0 X_0) - 1 = 0{,}05 = 5\%$$

Diese Antwort wirft aber eine wichtige Frage auf: Wenn wir stattdessen das Jahr 1 als Basisjahr zugrunde legen (die Produktion also mit den Preisen für das Jahr 1 bewerten), kommen wir dann zum gleichen Ergebnis? Die Antwort lautet: Nein, die Werte unterscheiden sich:

- Das reale BIP im Jahr 0, bewertet mit den Preisen des Jahres 1, ist

$$P_1 X_0 = (100.000 \cdot 1{,}20€) + (10 \cdot 10.000€) = 220.000€$$

- Das reale BIP im Jahr 1, bewertet mit den Preisen des Jahres 1, ist

$$P_1 X_1 = (100.000 \cdot 1{,}20€) + (11 \cdot 10.000€) = 230.000€$$

- Die Wachstumsrate des realen BIP vom Jahr 0 auf das Jahr 1 ergibt sich nun als

$$P_1 X_1 / (P_1 X_0) - 1 = 0{,}045 = 4{,}5\%$$

Wir erhalten also unterschiedliche Antworten für die reale Wachstumsrate, je nachdem, welches Basisjahr wir zugrunde legen. Die Preise welchen Jahres sollen wir nun verwenden? Für den Vergleich zwischen zwei aufeinander folgenden Jahren macht es keinen großen Unterschied, wie wir vorgehen: In Deutschland nimmt man die Preise des Vorjahres; in den Vereinigten Staaten verwendet man, vereinfacht gesprochen, den Durchschnitt der beiden Wachstumsraten. Probleme ergeben sich aber, wenn wir einen längeren Zeitraum betrachten. Früher legte man für die gesamten Zeitreihen des realen BIP immer die Preise eines bestimmten Basisjahres zugrunde; das Basisjahr wurde aber regelmäßig (alle fünf Jahre) aktualisiert. Das bedeutete freilich, dass mit jeder Umstellung des Basisjahres immer wieder völlig neue Deflatoren ermittelt wurden. Bei jeder Umstellung mussten die Daten für das reale BIP (und auch die entsprechenden Wachstumsraten) für die zurückliegenden Jahre ganz neu berechnet werden. Die Geschichte wurde quasi alle fünf Jahre neu geschrieben. In der Regel werden gerade solche Güter vermehrt nachgefragt, die relativ billiger geworden sind. Weil mit jeder Aktualisierung der Preisbasis billigere Güter nun geringer gewichtet werden, fällt die reale Wachstumsrate nach der Revision meist niedriger aus. Je stärker sich die Preisstrukturen verändert haben, desto größer die Unterschiede. Die Verwendung veralteter Preise führt dann zu einer Überschätzung des realen Wachstums. Um diese Probleme zu vermeiden, berechnet das Statistische Bundesamt in Wiesbaden seit der Umstellung im Frühjahr 2005 das reale BIP nach einer neuen Methode, dem Kettenindex. Dieser Übergang erforderte eine umfassende Revision; er wurde im Zuge einer internationalen Harmonisierung der Berechnungsmethoden von der EU vorgeschrieben. In den Vereinigten Staaten wird das Kettenindex-Verfahren bereits seit 1995 angewendet.

Das Kettenindex-Verfahren

Um die Wachstumsrate des realen BIP vom Jahr t zum nächsten Jahr t+1 zu berechnen, werden die in t+1 produzierten Mengen jeweils mit den Preisen der Güter der Vorperiode gewichtet. Dann bilden wir den Quotienten $P_t X_{t+1}/P_t X_t$, um die Wachstumsrate des realen BIP – $P_t X_{t+1}/P_t X_t$ – zu ermitteln. Das Besondere am Kettenindex-Verfahren besteht darin, dass sich die Preisbasis von Jahr zu Jahr ändert. Die reale Wachstumsrate vom Jahr t+1 zum Jahr t+2 erhalten wir also aus dem Quotienten $P_{t+1} X_{t+2}/P_{t+1} X_{t+1}$.

- Durch Verkettung der so ermittelten jährlichen Quotienten lässt sich ein Index für das reale BIP konstruieren. Dieser Index wird in einem beliebigen Referenzjahr t gleich 100 gesetzt. Beträgt das reale Wachstum im nächsten Jahr (t+1) 1,4%, so ergibt sich als Index für das Jahr t+1 der Wert $(1{,}014) \cdot 100 = 101{,}4$.
- Der Index für das übernächste Jahr t+2 ergibt sich dann durch Multiplikation des Index von t+1 mit dem Quotienten $P_{t+1} X_{t+2}/P_{t+1} X_{t+2}$ [also mit 1 + der realen Wachstumsrate zwischen t+1 und t+2] usw. Wenn das reale BIP im Jahr t+2 um 0,1% gestiegen ist, beträgt der verkettete Index, berechnet zu Preisen des Vorjahres, im Jahr t+2 demnach 101,5.

Schließlich könnte dieser Index mit dem nominalen BIP des Referenzjahres t multipliziert und durch 100 geteilt werden, um Absolutwerte für das reale BIP in verketteten Preisen (zum Referenzjahr t) auszuweisen. Weil der Index im Referenzjahr gleich 100 ist, entspricht das reale BIP für t dann dem nominalen BIP (vgl. ▶ **Abbildung 2.2**). So verfährt etwa das Bureau of Economic Analysis (BEA) in den USA. Das Statistische Bundesamt in Wiesbaden gibt nur den Indexwert an. Ein Nachteil der Verkettung besteht darin, dass die Addition der einzelnen Komponenten des BIP (wie privater Konsum, Konsum des Staates, Investitionen) – außer im Referenzjahr – aufaddiert nicht mehr den gleichen Wert wie das aggregierte reale BIP ergibt (der Kettenindex ist nicht additiv).

Preisindizes

Aus der Berechnung des realen BIP lassen sich implizit auch die Preissteigerungen zwischen t und t+1 ermitteln. Wird das reale BIP des Jahres t+1 ausgehend von den Preisen des Vorjahres berechnet, so ist der BIP-Deflator einfach das Verhältnis von nominalem zu realem BIP:

Ein Paasche-Preisindex berechnet den Preisanstieg, indem die Preise der verschiedenen Perioden jeweils mit den Mengen der laufenden Periode gewichtet werden: $P_{t+1} X_{t+1}/P_t X_{t+1}$. Der BIP-Deflator ist ein Paasche-Preisindex.

$$\text{BIP-Deflator für das Jahr } t+1: P_{t+1} X_{t+1}/P_t X_{t+1}$$

In unserem Beispiel ergibt sich für den BIP-Deflator der Wert 1,095 (= 230.000€/210.000€); der reine Preiseffekt beträgt somit 9,5%. Der BIP-Deflator verwendet immer die (wechselnden) Mengen der jeweiligen Berichtsperiode. Im Gegensatz dazu geht der Laspeyres-Index von den Mengen eines bestimmten Basisjahres aus. Die Preise werden also mit den Mengen der Basisperiode gewichtet: $P_{t+1} X_t/P_t X_t$. Im betrachteten Beispiel beträgt der Laspeyres-Index 1,1 (= 220.000€/200.000€), es ergibt sich also eine Inflationsrate von 10%. In unserem Beispiel liegt die nach dem Laspeyres-Index berechnete Inflationsrate über der des Paasche-Index; das ausgewiesene reale Wachstum ist entsprechend niedriger. Dies ist kein Zufall. Da wir von Gütern, die besonders teuer werden, in der Regel eher weniger kaufen und sie durch billigere Güter substituieren, überzeichnet die auf der Basis des Laspeyres-Index berechnete Rate die tatsächliche Inflationsrate.

Der Verbraucherpreisindex (VPI) ist ein Laspeyres-Preisindex. Um Verzerrungen aus dem Substitutionseffekt gering zu halten, wird der Warenkorb des VPI regelmäßig aktualisiert. Das Statistische Bundesamt stellt den Warenkorb alle fünf Jahre um, letztmals im Jahr 2018 auf 2015 als neues Basisjahr. In diesem Warenkorb sind etwa auch die Ausgaben für Altersheime und Pflegedienste erfasst – Ausgaben, die im alternden Deutschland immer mehr an Bedeutung gewinnen.

Ein Laspeyres-Preisindex gewichtet die Preise jeweils mit den Mengen der Basisperiode $P_{t+1} X_t/P_t X_t$.

Werden die Preisindizes in verschiedenen Ländern nach unterschiedlichen Methoden berechnet, kann dies internationale Vergleiche realer Wachstumsraten verzerren. So ist man in den USA schon seit Längerem dazu übergegangen, Qualitätssteigerungen für neue Produkte nach dem hedonischen Preisindex zu erfassen (vgl. die Fokusbox: *Reales BIP, technischer Fortschritt und der Preis von Computern* in Kapitel 2.2). Auch in Deutschland, wie in vielen anderen europäischen Ländern, wurde dieses Verfahren schrittweise für ausgewählte Gütergruppen eingeführt; etwa Computer im Jahr 2002. Ist der neu berechnete Preisindex niedriger, so ergeben sich für das reale BIP höhere Wachstumsraten. Schätzungen der Deutschen Bundesbank zufolge lag das ausgewiesene reale Wachstum in den USA zwischen 1997 und 1999 im Durchschnitt um 0,5% höher, als es nach alter Berechnungsmethode gewesen wäre. Wäre das neue Verfahren auch in Deutschland bereits für diesen Zeitraum verwendet worden, wäre das reale Wachstum hier aber nur um jährlich 0,2% höher ausgewiesen worden. Dies liegt daran, dass Ausgaben für Computer in Deutschland einen viel kleineren Anteil ausmachen.

Teil II: Die kurze Frist

In der kurzen Frist wird die Produktion von der Nachfrage bestimmt. Viele Faktoren beeinflussen die Nachfrage, angefangen vom Konsumentenvertrauen bis zur Geld- und Fiskalpolitik.

Kapitel 3

▶ **Kapitel 3** untersucht das **Gleichgewicht** auf dem Gütermarkt und die kurzfristigen Bestimmungsgrößen der Produktion. Es analysiert die Wechselbeziehungen zwischen Nachfrage, Produktion und Einkommen und zeigt, wie Fiskalpolitik die Produktion beeinflusst.

Kapitel 4

▶ **Kapitel 4** behandelt das Gleichgewicht auf den Finanzmärkten und die Bestimmung des Zinssatzes. Es zeigt, wie Geldpolitik die Zinsen beeinflusst, und verdeutlicht den Unterschied zwischen Geldmengen- und Zinssteuerung. Es zeigt auch, wie konventionelle Geldpolitik in der Liquiditätsfalle an Grenzen stößt.

Kapitel 5

▶ **Kapitel 5** betrachtet Güter- und Finanzmärkte zusammen. Es zeigt, wie in der kurzen Frist Produktion und Zinsen bestimmt werden. Es untersucht die Rolle von Geld- und Fiskalpolitik. Das in diesem Kapitel entwickelte **Modell** bezeichnet man als *IS-LM*-Modell. Es ist ein zentrales Modell der Makroökonomie.

Kapitel 6

▶ **Kapitel 6** erweitert das *IS-LM*-Modell. Es trägt der Komplexität der Finanzmärkte Rechnung, indem zwischen Nominal- und Realzins sowie zwischen Leit- und Kreditzins unterschieden wird. Es verdeutlicht die Rolle von Risikoprämien und zeigt, wie dieses erweiterte Modell zum Verständnis der Finanzkrise beiträgt.

Der Gütermarkt

3

3.1 Die Zusammensetzung des Bruttoinlandsproduktes (BIP) ... 84
3.2 Die Güternachfrage ... 86
3.3 Die Bestimmung der Produktion im Gleichgewicht ... 89
3.4 Investition ist gleich der Ersparnis – ein alternativer Ansatz für das Gleichgewicht auf dem Gütermarkt ... 98
3.5 Ist die Regierung allmächtig? Eine Warnung ... 100

Wenn Ökonomen sich mit jährlichen Änderungen der Wirtschaftsaktivität befassen, konzentrieren sie sich auf die Wechselbeziehungen zwischen Nachfrage, Produktion und Einkommen.

- Änderungen der Nachfrage führen zu Anpassungen der Produktion.
- Anpassungen der Produktion lösen Veränderungen des Einkommens aus.
- Veränderungen des Einkommens rufen wiederum Änderungen der Nachfrage hervor.

In diesem Kapitel untersuchen wir diese Wechselbeziehungen und ihre Implikationen.

Kernbotschaft dieses Kapitels: In der kurzen Frist wird die Produktion von der Nachfrage bestimmt.

- ▸ **Abschnitt 3.1** betrachtet die Zusammensetzung des BIP.
- ▸ **Abschnitt 3.2** untersucht die Bestimmungsfaktoren der Güternachfrage.
- ▸ **Abschnitt 3.3** zeigt, wie das Gleichgewicht bestimmt ist durch die Bedingung, dass die Produktion der Güternachfrage entsprechen muss.
- ▸ **Abschnitt 3.4** erläutert, wie man das Gleichgewicht auch auf einem anderen Weg verstehen kann, nämlich als Gleichheit von Investition und Ersparnis.
- ▸ **Abschnitt 3.5** gibt einen ersten Einblick, wie sich Fiskalpolitik auf das Gleichgewicht auswirkt.

3.1 Die Zusammensetzung des Bruttoinlandsproduktes (BIP)

Ein Unternehmer kauft Maschinen; ein Konsument geht ins Restaurant; die Regierung kauft Militärflugzeuge – bei diesen Beispielen handelt es sich um sehr heterogene Entscheidungen, die von ganz unterschiedlichen Motiven geleitet sind. Um zu verstehen, von welchen Faktoren die Güternachfrage bestimmt wird, wollen wir die Produktion (das BIP) auf zwei Arten betrachten. Zum einen lässt sich die Produktion nach den verschiedenen Gütern gliedern, die produziert werden; zum anderen lässt sie sich nach den unterschiedlichen Käufern dieser Güter einteilen.

Die in der Makroökonomie üblicherweise verwendete Aufgliederung des BIP sehen wir in der ▸ **Tabelle 3.1**. (Eine detaillierte Fassung findet sich in *Anhang A* am Ende des Buches.) Die Tabelle gibt die Werte in Mrd. € für die Jahre 2022 und 2023 wieder; für das Jahr 2023 zudem auch die Veränderung gegenüber dem Vorjahr und den Anteil am BIP (jeweils in %).

Die meisten der hier angeführten Werte sind nur Schätzungen (Stand Februar 2024). Viele werden auch noch Jahre später revidiert (vgl. die Fokusbox *„Wo finden wir makroökonomische Daten?“* in ▸ **Kapitel 1**). Wenn Sie die aktuellen Werte über den Link zu destatis aufrufen, können Sie selbst überprüfen, welche Revisionen sich ergeben haben. Die in der Tabelle erkennbaren Trends sind aber unabhängig von den exakten Werten.

- An erster Stelle stehen die Konsumausgaben der privaten Haushalte (von nun an mit C bezeichnet). Dabei handelt es sich um Waren und Dienstleistungen, die von Verbrauchern gekauft werden, angefangen bei Nahrungsmitteln bis zu Kinotickets, Urlaubsreisen, neuen Autos usw. Der Konsum privater Haushalte macht den bei Weitem größten Teil des BIP aus. Im Jahr 2023 belief er sich in Deutschland auf 50,7% des BIP.
- An zweiter Stelle stehen die **Konsumausgaben des Staates**. Dabei handelt es sich um die Käufe von Waren und Dienstleistungen durch den staatlichen Sektor – also Bund, Länder und Gemeinden. Die Waren enthalten sowohl Sportstätten wie auch Büroausstattungen. Dienstleistungen enthalten alle Leistungen, die von Staatsangestellten erbracht werden: Die Volkswirtschaftlichen Gesamtrechnungen erfassen den staatlichen Sektor so, als ob der Staat diese Dienstleistungen von den staatlichen Angestellten kaufen und sie dann gebührenfrei den Bürgern zur Verfügung stellen würde.

		2022 Mrd. €	2023 Mrd. €	2023 Veränderung zum Vorjahr (%)	2023 in % des BIP
1	Private Konsumausgaben	1979	2090	5,6	50,7
2	+ Konsumausgaben des Staates	851	889	4,4	21,6
3	+ Bruttoanlageinvestitionen	856	904	6	21,9
4	Bauten	464	487	5,0	11,8
5	Ausrüstungen	253	275	9	6,7
6	Sonstige Anlagen	139	142	1,9	3,4
7	+ Vorratsveränderungen und Nettozugang an Wertsachen	114	67	-41,1	1,6
8	= Inländische Verwendung von Gütern	3801	3950	3,9	95,8
9	+ Außenbeitrag (Exporte minus Importe)	76	172	124,9	4,2
10	Exporte von Waren und Dienstleistungen	1974	1943	-1,6	47,1
11	Importe von Waren und Dienstleistungen	1898	1771	-6,7	43,0
12	= Bruttoinlandsprodukt (nominal)	3877	4121	6,3	100

Tabelle 3.1 Die Zusammensetzung des BIP, Deutschland 2022 und 2023, in Mrd. € sowie für 2023 Veränderung gegenüber dem Vorjahr und Anteil am BIP (jeweils in %)

Quelle: Statistisches Bundesamt Wiesbaden, Stand Februar 2024; https://www.destatis.de/DE/Themen/Wirtschaft/Volkswirtschaftliche-Gesamtrechnungen-Inlandsprodukt/Tabellen/inlandsprodukt-verwendung-bip.html

- In den Staatsausgaben G sind staatliche Transferzahlungen nicht enthalten, wie etwa Zahlungen für das Gesundheitswesen, an die Sozialversicherungen oder Zinszahlungen auf die Staatsverschuldung. Obwohl es sich dabei natürlich um staatliche Ausgaben handelt, sind es keine Käufe von Waren und Dienstleistungen. Aus diesem Grund fallen die Konsumausgaben des Staates im Jahr 2023 in Höhe von 21,5% des BIP (▶ **Tabelle 3.1**) niedriger aus als die gesamten staatlichen Ausgaben einschließlich der Transfer- und Zinszahlungen.
- An dritter Stelle stehen die Investitionen (I). Manchmal spricht man dabei auch von **Anlageinvestitionen**, um sie von den Lagerinvestitionen abzugrenzen, die wir später kurz ansprechen werden. Die Investitionen setzen sich zusammen aus den gewerblichen Investitionen (der Anschaffung von Maschinen oder neuen Anlagen durch Unternehmen), den Wohnungsbauinvestitionen (dem Kauf von neuen Häusern und Wohnungen durch Privatpersonen) sowie den öffentlichen Investitionen (etwa in Verkehrsinfrastruktur und Militärausgaben).
- Die Motive, von denen die Investitionsentscheidungen der Unternehmen und der Privatpersonen geleitet werden, haben mehr gemeinsam, als man auf den ersten Blick meint. Unternehmen kaufen Maschinen oder Anlagen, um in der Zukunft mehr produzieren zu können. Privatpersonen kaufen Häuser oder Wohnungen, um in der Zukunft Wohnraum nutzen zu können. In beiden Fällen hängt die Kaufentscheidung vom Nutzen ab, den solche Güter in der Zukunft bringen werden. Wir behandeln beide Arten von Investitionen gemeinsam. Investitionen machten im Jahr 2023 22,1% des BIP aus.
- Wenn wir die Zeilen (1), (2) und (3) aufsummieren, ergibt sich, wie viele Waren und Dienstleistungen von deutschen Verbrauchern, deutschen Unternehmen und den staatlichen Behörden in Deutschland gekauft werden. Um jedoch herauszufinden, wie viele Waren und Dienstleistungen insgesamt produziert werden, sind noch zwei weitere Schritte nötig.

Anhang A am Ende des Buches untersucht detailliert, wie sich die gesamten staatlichen Ausgaben zusammensetzen (vgl. Tabelle A.3).

Achtung: Unter Investition verstehen viele den Erwerb von Vermögen wie Gold oder Telekom-Aktien. Ökonomen bezeichnen als Investition den Kauf neuer Kapitalgüter wie (neuer) Maschinen, (neuer) Gebäude oder (neuer) Häuser. Den Erwerb von Aktien oder anderen Finanzanlagen bezeichnet man als Finanzinvestitionen.

- Erstens müssen wir die Importe abziehen, da es sich dabei um den Kauf ausländischer Waren und Dienstleistungen durch einheimische Konsumenten, Unternehmen bzw. staatliche Institutionen handelt.
- Zweitens müssen wir die Exporte dazuzählen, da es sich dabei um den Kauf einheimischer Waren und Dienstleistungen durch Ausländer handelt.

Exporte – Importe = Nettoexporte (Waren und Dienstleistungen) = Außenbeitrag

Exporte > Importe: positiver Außenbeitrag (Überschuss in der Handels- und Dienstleistungsbilanz)

Exporte < Importe: negativer Außenbeitrag (Defizit in der Handels und Dienstleistungsbilanz)

- Die Differenz aus Exporten und Importen, $(X - IM)$, bezeichnet man als Außenbeitrag. Wenn die Exporte die Importe übersteigen, dann weist das betreffende Land einen positiven **Außenbeitrag** auf. Sind die Exporte dagegen kleiner als die Importe, dann weist das Land einen negativen Außenbeitrag – ein Defizit – auf. Im Jahr 2023 beliefen sich die deutschen Exporte auf 47,3% des BIP und die Importe auf 43,1% des BIP; damit ergab sich ein Überschuss des Außenbeitrags von 4,2% des BIP.
- Über den Zeitraum von einem Jahr müssen Produktion und Absatz nicht notwendigerweise gleich sein. Einige der Waren, die in einem bestimmten Jahr produziert werden, werden nicht im selben Jahr verkauft, sondern erst später. Und manche Waren, die in diesem Jahr verkauft werden, sind vielleicht schon früher produziert worden. Die Differenz zwischen den über das Jahr produzierten und verkauften Waren – die Differenz zwischen Produktion und Absatz – bezeichnen wir als Vorratsveränderungen. Wenn die Produktion den Absatz übersteigt, bauen die Unternehmen Vorräte auf: die Vorratsveränderungen sind positiv. Fällt die Produktion geringer aus als der Absatz, dann bauen die Unternehmen Vorräte ab: die Vorratsveränderungen sind negativ.

Lagerinvestitionen = Produktion – Verkäufe

- Meist sind die Vorratsveränderungen gering – in manchen Jahren positiv, in manchen Jahren negativ. Im Jahr 2023 waren die Vorratsveränderungen (einschließlich dem Nettozugang an Wertsachen) positiv, sie beliefen sich auf 1,6% des BIP. Anders ausgedrückt, der Absatz lag in diesem Jahr um 1,6% des BIP unter der Produktion. Die exakte Höhe der **Lagerinvestitionen** lässt sich nur schwer erfassen. Sie ergibt sich statistisch nur als Restgröße. In diesem Kapitel ignorieren wir Lagerinvestitionen; wir unterstellen, dass sie gleich null sind.
- Jetzt haben wir alles, was wir brauchen, um unser erstes Modell zur Bestimmung der Gleichgewichtsproduktion zu entwickeln.

3.2 Die Güternachfrage

Wir bezeichnen die Güternachfrage mit Z. Wenn wir die Aufteilung des BIP aus ▶ **Abschnitt 3.1** heranziehen, dann können wir Z so darstellen:

$$Z \equiv C + I + G + X - IM$$

Diese Gleichung ist eine **Identität** (daher verwenden wir das Symbol ≡ statt =). Z ist definiert als Summe aus Konsum, Investitionen, Staatsausgaben und Exporten, abzüglich der Importe.

Betrachten wir jetzt die Bestimmungsfaktoren von Z genauer. Um diese Aufgabe zu erleichtern, treffen wir einige vereinfachende Annahmen.

Ein Modell verwendet meist die Formulierung „Wir nehmen an“. Sie deutet an, dass wir die Realität vereinfachen, um uns auf eine bestimmte Frage zu konzentrieren.

- Wir nehmen an, dass alle Unternehmen dasselbe Gut produzieren. Dieses eine Gut kann von den Verbrauchern als Konsumgut, von den Unternehmen als Investitionsgut und vom Staat zu staatlichen Zwecken verwendet werden. Durch diese (große) Vereinfachung können wir uns auf einen einzigen Markt konzentrieren – den Markt für ein Gut. Wir analysieren, wie Angebot und Nachfrage auf diesem Markt bestimmt werden.
- Wir unterstellen, dass die Unternehmen zum gegebenen Preis P bereit sind, jede gewünschte Menge bereitzustellen. Diese Annahme ermöglicht es, uns ganz auf die Rolle der Nachfrage bei der Bestimmung der Produktion zu konzentrieren. Später wer den wir sehen, dass diese Annahme nur in der kurzen Frist gültig ist. Wenn wir von der kurzen Frist zur mittleren Frist übergehen (beginnend in ▶ **Kapitel 7**), heben wir diese Annahme deshalb auf. Momentan allerdings vereinfacht sie unsere Analyse erheblich.

- Wir betrachten derzeit eine geschlossene Volkswirtschaft. Das heißt, die Volkswirtschaft weist keinen Austausch von Gütern mit dem Rest der Welt auf. Sowohl Exporte als auch Importe sind also gleich null. Diese Annahme steht in deutlichem Widerspruch zur Realität. Alle modernen Volkswirtschaften haben intensive Handelsbeziehungen mit dem Rest der Welt. Später (ab ▶ **Kapitel 17**) werden wir diese Annahme aufheben und offene Volkswirtschaften betrachten. Aber vorläufig macht auch diese Annahme unser Leben einfacher: Wir müssen nicht darüber nachdenken, wodurch Exporte und Importe bestimmt werden.

In einer geschlossenen Volkswirtschaft mit $X = IM = 0$ setzt sich die Güternachfrage einfach zusammen aus Konsum, Investitionen und Staatsausgaben.

$$Z \equiv C + I + G$$

Wir wollen nun diese drei Bestandteile nacheinander analysieren.

3.2.1 Der Konsum C

Konsumentscheidungen hängen von vielen Faktoren ab. Der wichtigste Faktor ist jedoch mit Sicherheit das Einkommen oder, noch genauer, das verfügbare Einkommen. Das verfügbare Einkommen ist das Einkommen, über das der Haushalt verfügen kann, nachdem er Transferleistungen vom Staat erhalten und Steuern und Abgaben gezahlt hat. Wenn das verfügbare Einkommen steigt, kaufen die Haushalte mehr Güter; wenn es fällt, kaufen sie weniger Güter.

C bezeichnet den Konsum und Y_V das verfügbare Einkommen. Wir können die Beziehung zwischen C und Y_V so ausdrücken:

$$C = C(\underset{(+)}{Y_V}) \tag{3.1}$$

Wir werden in diesem Buch Funktionen verwenden, um Beziehungen zwischen Variablen darzustellen. Das dazu benötigte Wissen über Funktionen wird in Anhang B am Ende des Buches dargestellt. Dieser Anhang stellt die Mathematikkenntnisse zusammen, die in dem Buch vorausgesetzt werden. Zum besseren Verständnis werden wir jedoch jede Funktion, wenn sie zum ersten Mal eingeführt wird, verbal erläutern.

Diese Gleichung beschreibt auf formale Art und Weise, dass der Konsum C eine Funktion des verfügbaren Einkommens Y_V ist. Die Funktion $C(Y_V)$ wird **Konsumfunktion** genannt. Das Pluszeichen unter Y_V zeigt, dass der Konsum zunimmt, wenn das verfügbare Einkommen steigt. Ökonomen nennen eine solche Gleichung **Verhaltensgleichung**, um zum Ausdruck zu bringen, dass die Gleichung Verhaltensaspekte beinhaltet – im konkreten Fall geht es um das Verhalten der Konsumenten.

Oft ist es nützlich, eine Funktion näher zu spezifizieren. Im konkreten Fall ist es sinnvoll anzunehmen, dass die Beziehung zwischen Konsum und verfügbarem Einkommen durch eine lineare Funktion beschrieben wird:

$$C = c_0 + c_1 Y_V \tag{3.2}$$

Diese lineare Beziehung ist durch die beiden Parameter c_0 und c_1 charakterisiert.

- Der Parameter c_1 ist die **Konsumneigung** (c_1 wird präziser als **Marginale Konsumneigung** bezeichnet, aber aus Gründen der Einfachheit lassen wir den Zusatz „marginal" weg). Dieser Parameter beschreibt den Effekt, den ein zusätzlicher € verfügbares Einkommen auf den Konsum hat. Wenn c_1 etwa den Wert 0,6 annimmt, bedeutet dies, dass ein zusätzlicher € mehr verfügbaren Einkommens den Konsum um $1\text{ €} \cdot 0{,}6 = 60$ Cent erhöht.
  Wir gehen davon aus, dass c_1 positiv ist. Ein Anstieg des verfügbaren Einkommens lässt aller Wahrscheinlichkeit nach den Konsum steigen. Zudem erscheint es plausibel, dass c_1 nur Werte kleiner eins annimmt. Denn es ist wahrscheinlich, dass bei einem Anstieg des verfügbaren Einkommens nur ein Teil für Konsum ausgegeben wird und der Rest gespart wird.

- Der Parameter c_0 ist leicht zu interpretieren. Er beschreibt, wie viel konsumiert würde, wenn das verfügbare Einkommen im betrachteten Jahr null wäre: Wenn Y_V in Gleichung (3.2) den Wert null annimmt, dann gilt $C = c_0$.
  Es ist sinnvoll anzunehmen, dass der Konsum, auch wenn kein laufendes Einkommen vorhanden ist, dennoch positiv ist. Essen muss man immer! Daraus folgt, dass c_0 positiv sein muss. Aber wie kann der Konsum positiv sein, wenn das laufende Einkommen gleich null ist? Die Antwort darauf lautet: Entsparen. Der Konsum muss entweder durch den Verkauf von Vermögen oder durch Kreditaufnahme finanziert werden.

▶ **Abbildung 3.1** stellt die Beziehung zwischen Konsum und verfügbarem Einkommen aus Gleichung (3.2) grafisch dar. Da es sich um eine lineare Beziehung handelt, ist es eine Gerade. Der vertikale **Achsenabschnitt** ist c_0, die Steigung der Geraden beträgt c_1. Da c_1 kleiner eins ist, ist die Steigung der Geraden kleiner eins. Die Gerade verläuft somit flacher als die 45-Grad-Linie. (Zur Auffrischung Ihrer Kenntnisse über Grafiken, Steigungen und Achsenabschnitte sollten Sie **Anhang B** studieren.)

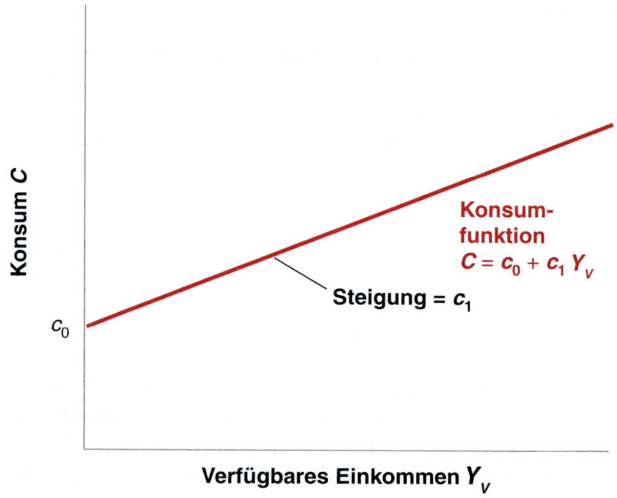

Abbildung 3.1 Konsum und verfügbares Einkommen. Der Konsum steigt mit dem verfügbaren Einkommen, aber die Steigung der Konsumfunktion ist kleiner eins.

Als Nächstes definieren wir das verfügbare Einkommen. Es ist gegeben als:

$$Y_V \equiv Y - T$$

Lohn- und Einkommenssteuer, Renten-, Arbeitslosen- und Krankenversicherung haben in Deutschland den größten Anteil an den gesamten Steuern und Sozialabgaben. Transfers bestehen v.a. aus Rentenzahlungen, Arbeitslosengeld und Gesundheitsleistungen.

Y bezeichnet dabei das Einkommen. Hinter der Variablen T verbergen sich die gezahlten Steuern sowie Abgaben an den Staat (wie Sozialbeiträge, Gebühren) abzüglich der erhaltenen Transferleistungen. Wir werden T meistens nur als Steuern bezeichnen, dies ist aber nur eine Abkürzung – es handelt sich immer um die Staatseinnahmen (Steuern und Abgaben) abzüglich der Transferleistungen. Die Gleichung ist eine Identität; daher wird wieder das Symbol ≡ verwendet.

Wenn wir Y_V in Gleichung (3.2) ersetzen, erhalten wir

$$C = c_0 + c_1(Y - T) \qquad (3.3)$$

Gleichung (3.3) sagt uns, dass der Konsum C eine Funktion des Einkommens Y und der Steuern T ist. Ein höheres Einkommen erhöht den Konsum, wenn auch weniger als im Verhältnis 1:1. Höhere Steuern führen zu einem geringeren Konsum, aber ebenfalls nicht im Verhältnis 1:1.

3.2.2 Die Investitionen I

In Modellen gibt es zwei Arten von Variablen. Einige Variablen hängen von anderen Variablen im Modell ab. Sie werden im Modell bzw. durch das Modell erklärt. Solche Variablen werden **Endogene Variable** genannt. Konsum ist ein Beispiel dafür. Andere Variablen werden nicht im Modell erklärt, sondern im Gegensatz dazu als gegeben genommen. Diese Variablen werden exogene Variablen genannt. Ein Beispiel dafür sind die Investitionen. Wir nehmen in diesem Kapitel die Investitionen als gegeben und schreiben

Endogene Variablen werden im Modell erklärt.

Exogene Variable werden vorgegeben.

$$I = \bar{I} \tag{3.4}$$

Die Investitionen als exogene Variable zu behandeln, hält unser Modell einfach, ist aber nicht unproblematisch. Dieses Vorgehen hat folgende Konsequenz: Wenn wir die Auswirkungen von Veränderungen in der Produktion untersuchen, dann nehmen wir an, dass die Investitionen darauf nicht reagieren. Ganz offensichtlich entspricht dies nicht der Realität: Unternehmen, deren Absatz ansteigt, werden meist zusätzliche Maschinen brauchen und deshalb ihre Investitionen erhöhen. Diesen Mechanismus lassen wir momentan außer Acht; ▶ **Kapitel 5** führt dann eine realistischere Behandlung der Investitionen ein. Es wird sich zeigen, dass wichtige Erkenntnisse, die wir in unserem einfachen Modell gewinnen, weiterhin gültig bleiben.

3.2.3 Die Staatsausgaben *G*

Als dritten Bestandteil der Nachfrage betrachten wir die Staatsausgaben G. Entscheidungen über die Höhe von Steuern T und Staatsausgaben G bezeichnet man als Fiskalpolitik. Genauso wie im Fall der Investitionen, werden wir auch G und T als exogen gegeben annehmen – allerdings aus anderen Gründen. Unsere Vorgehensweise basiert auf zwei Argumenten:

***Beachte:* T steht für Steuern minus Transfers.**

- Erstens: Das Verhalten des Staates ist nicht derselben Regelmäßigkeit unterworfen wie das Verhalten von Verbrauchern oder Unternehmen. Daher gibt es keine verlässliche Regel, mit der wir G oder T beschreiben könnten, so wie wir es beispielsweise für den Konsum getan haben. (Dieses Argument überzeugt nicht völlig. Selbst wenn der Staat keine einfache Verhaltensregel befolgt, so wie es bei den Verbrauchern der Fall ist, ist doch ein großer Teil seines Verhaltens vorhersehbar. Wir werden diese Aspekte später betrachten, vor allem in den ▶ **Kapiteln 21** bis ▶ **23**, bis dahin lassen wir sie jedoch außen vor.)
- Zweitens – und dieses Argument ist wichtiger – besteht eine der Aufgaben der Makroökonomie gerade darin, zu analysieren, wie sich Änderungen der Fiskalpolitik (alternative Entscheidungen über die Höhe der Steuern und Staatsausgaben) auswirken. Wir sind an Aussagen der folgenden Art interessiert: „Wenn der Staat bestimmte Werte für G und T festlegen würde, dann ergäbe sich Folgendes." In diesem Buch betrachten wir deshalb G und T in der Regel als Variablen, die vom Staat bestimmt werden. Wir versuchen nicht, G und T im Modell zu erklären.

Wir betrachten G und T fast durchwegs als exogen, verwenden für diese Variablen aber keinen Querstrich.

3.3 Die Bestimmung der Produktion im Gleichgewicht

Wir können nun die bisher erarbeiteten Teile zusammensetzen.

Wenn wir sowohl Exporte als auch Importe gleich null setzen, ergibt sich die Güternachfrage als Summe aus Konsum, Investitionen und Staatsausgaben.

$$Z \equiv C + I + G$$

Ersetzen wir C und I durch die Gleichungen (3.3) beziehungsweise (3.4), so erhalten wir:

$$Z = c_0 + c_1(Y - T) + \bar{I} + G \tag{3.5}$$

Die Güternachfrage Z hängt ab vom Einkommen Y, den Steuern T, den Investitionen I und den Staatsausgaben G.

Wir werden später betrachten, was passiert, wenn Unternehmen Lagerinvestitionen tätigen, die Produktion also nicht unbedingt den Verkäufen entspricht.

Wir beschäftigen uns nun mit dem Gleichgewicht auf dem Gütermarkt und der Beziehung zwischen Produktion und Nachfrage. Wenn die Unternehmen Lagerbestände aufbauen können, dann müssen Produktion und Nachfrage nicht notwendigerweise übereinstimmen: Ein Unternehmen kann ja auf einen Anstieg der Nachfrage mit einem Lagerabbau reagieren. Dies führt zu negativen Lagerinvestitionen. Als Reaktion auf ein Sinken der Nachfrage kann ein Unternehmen sein altes Produktionsniveau aufrechterhalten und seine Lagerbestände vergrößern. Dies führt zu positiven Lagerinvestitionen. Im Anfangsstadium ignorieren wir diesen Fall und nehmen an, dass die Unternehmen keine Lagerinvestitionen tätigen. Ein Gleichgewicht auf dem Gütermarkt stellt sich dann nur ein, wenn die Güterproduktion Y gleich der Güternachfrage Z ist:

$$Y = Z \tag{3.6}$$

Es gibt drei Gleichungstypen: Identitäten, Verhaltensgleichungen und Gleichgewichtsbedingungen.

Diese Gleichung wird als **Gleichgewichtsbedingung** bezeichnet. Modelle beinhalten drei Arten von Gleichungen: Identitäten, Verhaltensgleichungen und Gleichgewichtsbedingungen. Wir haben Beispiele für alle drei Arten von Gleichungen behandelt: Die Gleichung, durch die das verfügbare Einkommen definiert wird, ist eine Identität, die Konsumfunktion ist eine Verhaltensgleichung und die Bedingung, dass Produktion und Nachfrage gleich sein sollen, ist eine Gleichgewichtsbedingung.

Wenn wir Z in Gleichung (3.6) durch den Ausdruck für Z aus Gleichung (3.5) ersetzen, dann erhalten wir:

$$Y = c_0 + c_1(Y - T) + \bar{I} + G \tag{3.7}$$

Gleichung (3.7) stellt das, was wir am Anfang des Kapitels bereits verbal beschrieben haben, algebraisch präzise dar.

> *Im Gleichgewicht ist die Produktion Y (die linke Seite der Gleichung) gleich der Nachfrage (die rechte Seite der Gleichung). Die Nachfrage hängt ihrerseits vom Einkommen Y ab; das Einkommen wiederum ist gleich der Produktion.*

Wir benutzen dasselbe Symbol Y sowohl für die Produktion als auch für das Einkommen. Das ist kein Fehler, sondern so gewollt! In ▶ **Kapitel 2** wurde gezeigt, dass wir das BIP von zwei Seiten berechnen können, entweder von der Produktionsseite oder von der Einkommensseite. Produktion und Einkommen sind identisch.

Nachdem wir nun ein Modell entwickelt haben, sollten wir es lösen, um herauszufinden, wodurch das Niveau der gesamtwirtschaftlichen Produktion bestimmt wird und wie es auf eine Veränderung der Staatsausgaben reagiert. Das Lösen eines Modells besteht jedoch nicht allein in einer algebraischen Lösung. Es geht vielmehr auch darum, zu verstehen, worauf die Ergebnisse zurückzuführen sind. In diesem Buch werden wir deshalb zur Lösung eines Modells meist auch die Ergebnisse grafisch darstellen – und die Algebra dabei manchmal sogar völlig weglassen. Schließlich werden wir die Ergebnisse und Mechanismen auch verbal beschreiben. In der Makroökonomie lässt sich ein Modell immer mit Hilfe folgender drei Techniken analysieren:

1. Formale Analyse – sie soll sicherstellen, dass die Logik stimmt,
2. Grafische Analyse – sie soll die Intuition vermitteln,
3. Verbale Analyse – sie soll die Ergebnisse erklären.

Diese Vorgehensweise sollte immer eingehalten werden.

3.3.1 Die formale Analyse

Wir formulieren die Gleichgewichtsbedingung (3.7) um:

$$Y = c_0 + c_1 Y - c_1 T + \bar{I} + G$$

Bringen wir $c_1 Y$ auf die linke Seite und stellen die rechte Seite um:

$$(1 - c_1)Y = c_0 + \bar{I} + G - c_1 T$$

Wir dividieren beide Seiten durch $(1 - c_1)$:

$$Y = \frac{1}{1 - c_1}[c_0 + \bar{I} + G + c_1 T] \qquad (3.8)$$

Die Gleichung (3.8) charakterisiert die gleichgewichtige Produktion, also das Niveau, für das die Produktion gleich der Nachfrage ist. Betrachten wir die beiden Terme auf der rechten Seite; fangen wir dabei mit dem zweiten Term an.

- Können wir sicher sein, dass die autonomen Ausgaben positiv sind? Sicher können wir zwar nicht sein, aber es ist zumindest sehr wahrscheinlich. Die ersten beiden Terme in der Klammer, c_0 und , sind positiv. Was wissen wir über $G - c_1 T$? Nehmen wir an, dass der Staatshaushalt ausgeglichen ist, dass also die Steuern gleich den Staatsausgaben sind. Falls $T = G$ gilt und die marginale Konsumneigung kleiner eins ist, wie wir angenommen haben, dann ist der Term $(G - c_1 T)$ positiv und damit sind es auch die autonomen Ausgaben. Nur wenn der Staat einen sehr hohen Haushaltsüberschuss ausweisen würde – wenn also die Steuern die Staatsausgaben bei Weitem übersteigen würden –, könnten die autonomen Ausgaben negativ werden. Diesen Spezialfall können wir ohne Bedenken außer Acht lassen.
- Betrachten wir nun den ersten Term $1/(1 - c_1)$. Da die marginale Konsumneigung c_1 zwischen null und eins liegt, ist $1/(1 - c_1)$ größer eins. Aus diesem Grund wird dieser Term, mit dem die autonomen Ausgaben multipliziert werden, **Multiplikator** genannt. Je mehr sich c_1 dem Wert eins nähert, desto größer wird der Multiplikator.
- Was ist die Bedeutung des Multiplikators? Nehmen wir an, dass sich die Konsumenten bei gegebenem Einkommensniveau entscheiden, mehr zu konsumieren. Als konkretes Beispiel nehmen wir an, dass c_0 in Gleichung (3.3) um eine Milliarde € steigt. Wenn beispielsweise c_1 den Wert 0,6 hat, ergibt sich ein Multiplikator von $1/(1 - 0{,}6) = 2{,}5$, sodass die Produktion um 2,5 · 1 Milliarde € = 2,5 Milliarden € ansteigt.
- Wir haben eben einen Anstieg des autonomen Konsums betrachtet. Gleichung (3.8) macht aber deutlich, dass jede Veränderung der autonomen Ausgaben – sei es eine Veränderung der Investitionen, der Staatsausgaben oder der Steuern – dieselbe qualitative Auswirkung hat: Die dadurch insgesamt bewirkte Veränderung der Produktion wird immer die Veränderung der autonomen Ausgaben übersteigen.
- Wie kommt der Multiplikatoreffekt zustande? Bei der Antwort auf diese Frage hilft Gleichung (3.7) weiter: Der Anstieg von c_0 erhöht die Nachfrage. Der Anstieg der Nachfrage führt dann zu einem Anstieg der Produktion und des **Einkommen**. Der Einkommensanstieg jedoch stimuliert wiederum den Konsum. Dadurch steigt aber auch die Nachfrage weiter ... Dieser Gedankengang lässt sich am besten durch eine Grafik vertiefen. Deshalb wollen wir nun das Gleichgewicht in einer Zeichnung darstellen.

Der Term $[c_0 + I + G - c_1 T]$ beschreibt den Teil der Güternachfrage, der unabhängig vom Produktionsniveau ist. Aus diesem Grund wird er als „autonome Ausgaben“ bezeichnet. Autonom bedeutet unabhängig; hier: unabhängig vom Produktionsniveau.
Falls $T = G$, gilt
$G - c_1 T = G(1 - c_1) > 0$

3.3.2 Die grafische Analyse

- Zunächst zeichnen wir die Produktion als eine Funktion des Einkommens.
- In der ▸ **Abbildung 3.2** wird Produktion und Nachfrage auf der vertikalen Achse abgetragen, das Einkommen auf der horizontalen Achse. Die Produktion als Funktion des Einkommens zu zeichnen ist einfach: Wir müssen uns nur vor Augen halten, dass Produktion und Einkommen immer gleich sind. Damit wird die Funktion durch die 45-Grad-Linie beschrieben, also durch die Gerade, deren Steigung den Wert eins aufweist.

- Anschließend zeichnen wir die Nachfrage als eine Funktion des Einkommens.

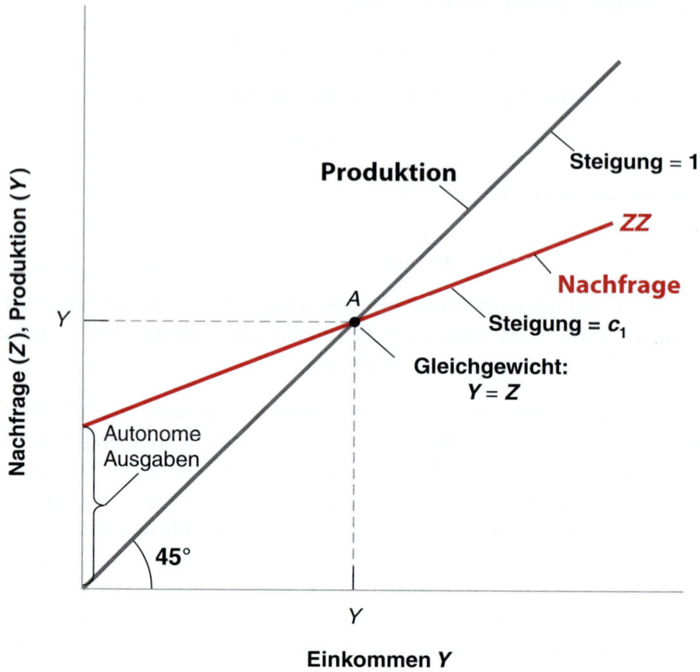

Abbildung 3.2 Gleichgewicht auf dem Gütermarkt. Die Produktion (und das Einkommen) sind im Gleichgewicht bestimmt durch die Bedingung, dass die Güternachfrage gleich der Produktion ist.

- Gleichung (3.5) beschreibt die Beziehung zwischen Nachfrage und Einkommen. Zur Vereinfachung formulieren wir die Gleichung hier um und setzen die autonomen Ausgaben in Klammern.

$$Z = (c_0 + \bar{I} + G - c_1 T) + c_1 Y \quad (3.9)$$

- Die Nachfrage hängt von den autonomen Ausgaben ab, aber auch – da der Konsum vom Einkommen abhängt – vom Einkommen. Die Beziehung zwischen Nachfrage und Einkommen wird in der Grafik durch die Gerade *ZZ* dargestellt. Der Achsenabschnitt auf der vertikalen Achse – der Wert der Nachfrage für ein Einkommen von null – entspricht den autonomen Ausgaben. Die Steigung der Geraden entspricht der marginalen Konsumneigung c_1. Wenn das Einkommen um eine Einheit zunimmt, dann steigt die Nachfrage um c_1 Einheiten. Unter der Annahme, dass c_1 positiv, aber kleiner eins ist, weist die Gerade eine positive Steigung kleiner eins auf.
- Im Gleichgewicht ist die Produktion gleich der Nachfrage.
- Die Gleichgewichtsproduktion *Y* ergibt sich damit im Schnittpunkt der 45-Grad-Linie mit der Nachfragefunktion (Punkt *A*). Links von *A* übersteigt die Nachfrage die Produktion; rechts von A übersteigt die Produktion die Nachfrage. Nur im Punkt A sind Nachfrage und Produktion gleich groß.

Nehmen wir nun an, dass c_0 um eine Milliarde € steigt. Ausgehend vom ursprünglichen Einkommensniveau – dem Einkommensniveau in Punkt *A* – erhöhen die Verbraucher ihren Konsum um eine Milliarde €. Was dann passiert, ist in ▸ **Abbildung 3.3** eingezeichnet.

Aus Gleichung (3.9) wissen wir, dass die Nachfrage für jedes Einkommensniveau um eine Milliarde € gegenüber dem ursprünglichen Niveau zunimmt. Vor dem Anstieg von c_0 war die Beziehung zwischen Nachfrage und Einkommen durch die Gerade *ZZ* gegeben. Nach dem Anstieg von c_0 wird die Beziehung zwischen Nachfrage und Einkommen durch die Gerade *ZZ'* repräsentiert. Die Gerade *ZZ'* verläuft parallel zu *ZZ*, liegt aber um eine Milliarde € weiter oben. Anders ausgedrückt: Die Nachfragefunktion verschiebt sich um eine

Milliarde nach oben. Das neue Gleichgewicht befindet sich im Schnittpunkt der 45-Grad-Linie mit der neuen Nachfragefunktion im Punkt A'.

Die gleichgewichtige Produktion erhöht sich von Y auf Y'. Der Anstieg der Produktion $(Y'-Y)$, den wir entweder auf der horizontalen oder der vertikalen Achse ablesen können, ist größer als der ursprüngliche Anstieg des Konsums um eine Milliarde €. Dies ist gerade der Multiplikatoreffekt.

Wegen des Multiplikatoreffekts ist der Abstand zwischen *Y* und Y′ größer als der zwischen *A* und *B*.

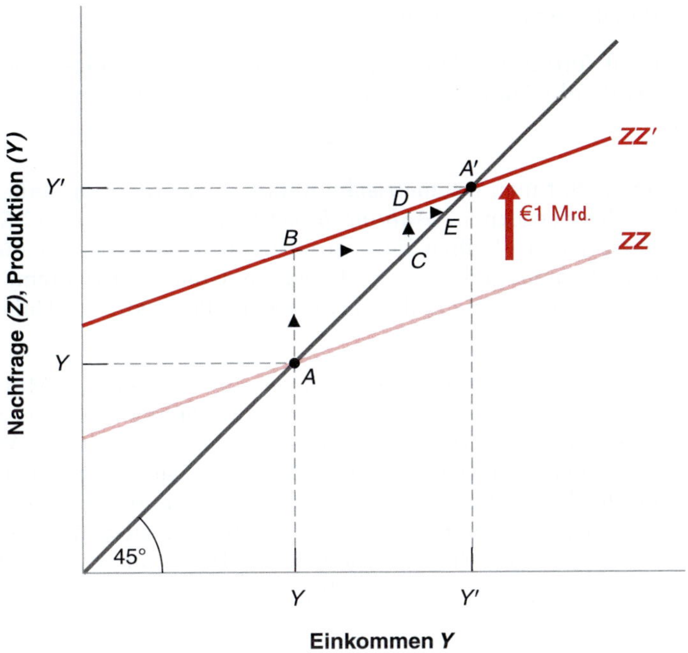

Abbildung 3.3 Der Multiplikatoreffekt. Ein Anstieg der autonomen Ausgaben um 1 Mrd. € steigert die Produktion um ein Vielfaches – um $1/(1-c_1)$ Mrd. €.

Die Grafik macht es uns leichter zu erklären, warum und wie sich die Volkswirtschaft von A nach A' bewegt. Der ursprüngliche Anstieg des Konsums führt zu einer Erhöhung der Nachfrage in Höhe von einer Milliarde €. Die Nachfrage für das Ausgangsniveau des Einkommens Y ist nun um eine Milliarde € höher. Sie ist nicht mehr durch Punkt A, sondern durch Punkt B gegeben. Um die gestiegene Nachfrage befriedigen zu können, erhöhen die Unternehmen ihre Produktion um eine Milliarde €. Die Volkswirtschaft bewegt sich zum Punkt C, in dem sowohl Nachfrage als auch Produktion um eine Milliarde € gestiegen sind. Aber damit ist die Geschichte noch lange nicht zu Ende. Die um eine Milliarde € höhere Produktion lässt zugleich das Einkommen um eine Milliarde € steigen – zusätzliche Produktion erzeugt ja zusätzliches Einkommen in gleicher Höhe. So wird ein weiterer Nachfrageanstieg ausgelöst. Die neue Nachfrage finden wir nun in Punkt D. Punkt D führt zu einem höheren Produktionsniveau. Dieser Prozess geht so lange weiter, bis die Volkswirtschaft den Punkt A' erreicht hat. Im Punkt A' haben sich Produktion und Nachfrage wieder aneinander angeglichen; damit ist das neue Gleichgewicht erreicht.

Wir können diese Art, den Multiplikator zu erklären, noch weiterführen und kommen dadurch zu einer anderen Betrachtungsweise des Multiplikators.

- Der Anstieg der Nachfrage in der ersten Runde entspricht der Strecke AB in ▶ **Abbildung 3.3**. Er beträgt eine Milliarde €.
- Der Nachfrageanstieg aus der ersten Runde führt zu einem gleich großen Anstieg der Produktion, der ebenfalls der Strecke AB entspricht, also eine Milliarde € beträgt.
- Die höhere Produktion aus der ersten Runde führt zu einer gleich großen Erhöhung des Einkommens – der Strecke BC. Auch sie beträgt eine Milliarde €.

- Der Anstieg der Nachfrage in der zweiten Runde entspricht nun der Strecke *CD*. Sie beträgt nunmehr c_1 Milliarden €: der Einkommensanstieg aus der ersten Runde – (eine Milliarde €) – multipliziert mit der marginalen Konsumneigung c_1.
- Der Nachfrageanstieg aus der zweiten Runde führt zu einem gleich großen Anstieg der Produktion, der ebenfalls der Strecke *CD* entspricht, und zu einer gleich großen Erhöhung des Einkommens.
- Der Anstieg der Nachfrage in der dritten Runde beträgt $c_1 \cdot c_1 = c_1^2$ Milliarden € – nämlich c_1 Milliarden € (der Einkommensanstieg der zweiten Runde), wieder multipliziert mit c_1, der marginalen Konsumneigung.

Denksportaufgabe: **Stellen Sie sich den Multiplikator als das Endergebnis einer Abfolge von vielen aufeinander folgenden Runden vor. Was würde passieren, falls $c_1 > 1$?**

Wenn wir diese Logik fortführen, dann ergibt sich nach *n* Runden eine Erhöhung der Produktion um eine Milliarde € multipliziert mit der folgenden Summe:

$$1 + c_1 + c_1^2 + ... + c_1^{n-1}$$

Eine solche Summe nennt man **Geometrische Reihe**. Geometrischen Reihen werden wir in diesem Buch häufiger begegnen. (***Anhang B*** bietet eine Auffrischung.) Eine der wichtigsten Eigenschaften solcher Reihen liegt darin, dass für Werte $c_1 < 1$ die Summe mit zunehmendem n zwar immer größer wird, aber einem Grenzwert zustrebt. Dieser Grenzwert ist $1/(1 - c_1)$, sodass sich schließlich ein Anstieg der Produktion in Höhe von $1/(1 - c_1)$ Milliarden € ergibt.

Der Ausdruck $1/(1 - c_1)$ sollte uns bekannt vorkommen: Es ist gerade der Multiplikator, der diesmal auf einem ganz anderen Weg abgeleitet wurde. Dadurch erhalten wir eine zwar äquivalente, aber viel intuitivere Vorstellung von unserem Multiplikator. Wir können uns den Mechanismus so vorstellen: Der ursprüngliche Nachfrageanstieg löst sukzessive eine weitere Steigerung der Produktion aus, wobei jeder Produktionsanstieg einen Einkommensanstieg mit sich bringt, der einen (kleineren) Nachfrageanstieg induziert, der zu einer weiteren Produktionserhöhung führt, die wiederum ... Die Summe aus all diesen sukzessiven Produktionssteigerungen ergibt den Multiplikator.

3.3.3 Die verbale Analyse

Fassen wir unsere bislang gewonnenen Erkenntnisse verbal zusammen.

Die Produktion hängt von der Nachfrage ab, die ihrerseits vom Einkommen abhängt. Das Einkommen ist wiederum gleich der Produktion. Ein Anstieg der Nachfrage, wie zum Beispiel ein Anstieg der Staatsausgaben, führt zu einem Anstieg der Produktion und zu einem korrespondierenden Anstieg des Einkommens. Diese Einkommenserhöhung induziert einen weiteren Anstieg der Nachfrage. Das führt wiederum zu einer weiteren Produktionssteigerung usw. Im Endergebnis fällt der Anstieg weit größer aus als die ursprüngliche Verschiebung der Nachfrage, und zwar genau um den Faktor, der dem Multiplikator entspricht.

Die Größe des Multiplikators hat einen direkten Bezug zum Wert der marginalen Konsumneigung c_1. Je größer c_1, desto größer ist der Multiplikator – ganz einfach, weil dann die induzierten Konsumeffekte umso höher sind. Welchen Wert hat die marginale Konsumneigung in der Realität? Um diese Frage zu beantworten – allgemeiner: um Verhaltensgleichungen und deren Parameter zu schätzen – verwenden Ökonomen die **Ökonometrie**. (Unter Ökonometrie werden die statistischen Methoden verstanden, die von Makroökonomen eingesetzt werden.) **Anhang C.1** bietet eine kurze Einführung zu der Frage, was Ökonometrie ist und wie sie eingesetzt wird. Als Anwendungsbeispiel wird die marginale Konsumneigung geschätzt. Das Ergebnis aus **Anhang C.1** ist, dass die marginale Konsumneigung in Deutschland ungefähr einen Wert von 0,68 aufweist. Ein zusätzlicher € an Einkommen führt im Durchschnitt zu einem Anstieg des Konsums um 68 Cent. Damit ergibt sich ein Multiplikatoreffekt von $1/(1 - c_1) = 1/(1 - 0,68) = 3,125$.

3.3.4 Wie lange dauert es, bis der Anpassungsprozess abgeschlossen ist?

Wir wollen ein letztes Mal zu unserem Beispiel zurückkehren. Nehmen wir an, dass c_0 um eine Milliarde € ansteigt. Wir wissen, dass dadurch die Produktion um eine Milliarde €, multipliziert mit dem Multiplikator $1/(1 - c_1)$, steigen wird. Aber wie lange wird es dauern, bis sie dieses neue, höhere Niveau erreicht hat?

Unter den Annahmen, die wir bisher getroffen haben, heißt die Antwort: sofort! Bei der Formulierung der Gleichgewichtsbedingung (3.6) haben wir angenommen, dass die Produktion immer gleich der Nachfrage ist. In anderen Worten ausgedrückt: Die Produktion reagiert unverzüglich auf die Nachfrage. Bei der Formulierung der Konsumfunktion (3.2) haben wir angenommen, dass der Konsum unverzüglich auf das verfügbare Einkommen reagiert. Unter diesen beiden Annahmen bewegt sich die Volkswirtschaft unverzüglich von Punkt A zu A' in ▶ **Abbildung 3.3**. Der Anstieg der Nachfrage führt zu einem sofortigen Anstieg der Produktion und der damit verbundene Einkommensanstieg führt zu einem sofortigen Nachfrageanstieg usw. Wir können uns den Anpassungsprozess so vorstellen, als ob er in sukzessiven Runden abliefe, wie wir es weiter oben getan haben, aber tatsächlich laufen alle diese Runden gleichzeitig ab.

Die sofortige Anpassung erscheint nicht plausibel. Und tatsächlich ist sie auch nicht realistisch: Beobachtet ein Unternehmen einen Nachfrageanstieg, wird es wahrscheinlich erst einmal abwarten, bevor es sein Produktionsniveau anpasst. In der Zwischenzeit greift es auf seine Lagerbestände zurück, um die Nachfrage zu befriedigen. Auch ein Arbeiter, der eine Lohnerhöhung bekommt, wird seinen Konsum wahrscheinlich nicht sofort anpassen. All diese Verzögerungen bringen es mit sich, dass Zeit verstreichen wird, bis der Anpassungsprozess abgeschlossen ist.

In unserem Modell haben wir das ausgeschlossen, weil wir Lagerinvestitionen nicht betrachteten.

Es wäre zu schwierig, den Anpassungsprozess über die Zeit – die Ökonomen nennen dies die **Dynamik** der Anpassung – formal zu beschreiben. Aber es ist eine leichte Aufgabe, diesen Prozess verbal zu beschreiben.

- Nehmen wir beispielsweise an, dass die Unternehmen die Entscheidung über ihr Produktionsniveau jeweils am Anfang eines Quartals treffen; wenn die Entscheidung einmal getroffen ist, dann kann die Produktion in diesem Quartal nicht mehr verändert werden. Wenn der Absatz höher ist als die laufende Produktion, so werden die Unternehmen ihre Lagerbestände abbauen, um den höheren Absatz zu realisieren. Liegt der Absatz niedriger als die Produktion, dann bauen die Unternehmen Lagerbestände auf.
- Kehren wir jetzt zu unserem Beispiel zurück und nehmen an, die Konsumenten entscheiden sich, mehr Geld auszugeben. Sie erhöhen also c_0. In dem Quartal, in dem der Anstieg von c_0 erfolgt, erhöht sich zwar die Nachfrage, aber die Produktion bleibt auf dem ursprünglichen Niveau, sofern sie am Anfang des Quartals festgelegt wird. Deshalb bleibt auch das Einkommen unverändert.
- Im nächsten Quartal werden die Unternehmen wahrscheinlich ein höheres Produktionsniveau wählen, da sie im vorausgehenden Quartal einen Anstieg der Nachfrage beobachtet haben. Mit dem Anstieg der Produktion ist ein Anstieg des Einkommens verbunden, was wiederum zu einem weiteren Anstieg der Nachfrage führt. Wenn der Absatz immer noch über der Produktion liegt, werden die Unternehmen im übernächsten Quartal ihre Produktion wieder steigern usw.
- *Zusammengefasst:* Als Reaktion auf eine Erhöhung der Konsumausgaben springt die Produktion nicht sofort auf den neuen Gleichgewichtswert, sondern steigt im Zeitverlauf von Y auf Y' an.
- Die Dauer dieses Anpassungsprozesses hängt davon ab, wie und wie oft die Unternehmen ihr Produktionsniveau neu festlegen. Je öfter die Unternehmen ihre Produktionsplanung anpassen und je stärker die Reaktion auf vorangegangene Absatzsteigerungen, desto schneller wird die Anpassung erfolgen.

Die hier verwendete Vorgehensweise benutzen wir im Folgenden immer wieder. Wenn wir Veränderungen der Gleichgewichtsproduktion untersuchen, beschreiben wir verbal, wie sich die Volkswirtschaft von einem Gleichgewicht zum nächsten bewegt. Das ermöglicht nicht nur eine realitätsnähere Beschreibung der Prozesse, die in der Volkswirtschaft ablaufen, sondern verbessert gleichzeitig auch unser Verständnis dafür, warum sich das Gleichgewicht verändert hat.

In diesem Abschnitt haben wir uns auf einen Anstieg der Nachfrage konzentriert. Der Mechanismus läuft jedoch symmetrisch ab: Ein Nachfrageeinbruch führt zu einem Einbruch in der Produktion.

Der starke Einbruch in der Finanzkrise war das Resultat eines ungewöhnlich hohen Rückgangs von gleich zwei der vier Bestimmungsfaktoren der autonomen Nachfragekomponenten

$$c_0 + \bar{I} + G - c_1 T$$

Die Fokusbox *„Die Finanzkrise – Konsumeinbruch aus Furcht von einer neuen Depression"* verdeutlicht, wie zu Beginn der Krise die Haushalte in den USA aus Furcht vor einem starken Wirtschaftseinbruch ihre Ausgaben einschränkten, obwohl ihr verfügbare Einkommen zunächst relativ stabil blieb. Der Wert c_0 ist also gesunken. Mit dem Rückgang der Immobilienpreise ging auch die Nachfrage nach Wohnungen zurück. Neue Immobilien zählen zu den autonomen Investitionsausgaben. Der Wert von $\bar{I}$ ist also auch scharf eingebrochen. Mit dem Rückgang der autonomen Ausgaben gingen die Konsumnachfrage und damit auch die Produktion insgesamt zurück. Dieser Einbruch der autonomen Nachfrage ist ein zentrales Element für das Verständnis der Finanzkrise.

FOKUS

Die Finanzkrise – Konsumeinbruch aus Furcht vor einer neuen Depression

Warum sollten Haushalte ihre Nachfrage einschränken, selbst wenn sich das verfügbare Einkommen gar nicht verändert? Anders formuliert: Warum sollte c_0 in Gleichung (3.2) sinken und so einen Rückgang von Nachfrage und Produktion auslösen? Selbst wenn das aktuelle Einkommen stabil bleibt, werden Konsumenten mehr sparen, wenn sie sich Sorgen über ihr zukünftiges Einkommen machen. Genau das spielte sich zu Beginn der Finanzkrise Ende 2008 und Anfang 2009 ab. ▶ **Abbildung 1** macht dies deutlich. Sie zeigt, wie sich in den USA drei Größen vom ersten Quartal 2008 bis zum dritten Quartal 2009 entwickelt haben: das verfügbare Einkommen, die gesamte Konsumnachfrage und die Nachfrage nach dauerhaften Konsumgütern (wie Autos, Möbel und Computer). Um einen klaren Eindruck zu bekommen, ist für alle drei Zeitrei Zeitreihen der Ausgangswert im ersten Quartal 2008 auf 100 normiert.

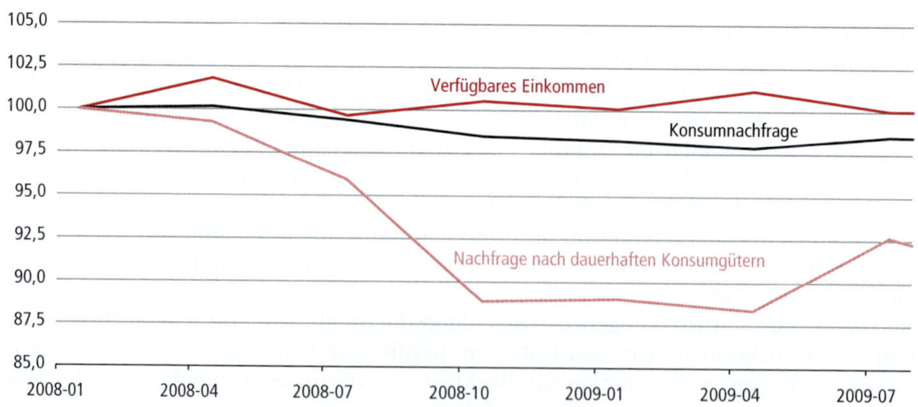

Abbildung 1: Verfügbares Einkommen, gesamte Konsumnachfrage und Nachfrage nach dauerhaften Konsumgütern in den USA (jeweils real); 1. Quartal 2008 bis 3. Quartal 2009
Quelle: FRED, St. Louis Fed, Zeitreihen DPIC96; PCECC96; PCDGCC96

Zwei Dinge fallen in der Abbildung auf. Zunächst: Obwohl die Krise zu einem starken Einbruch der Produktion führte, hat sich das verfügbare Einkommen zunächst kaum verändert. Im ersten Quartal 2008 stieg es sogar noch an. Die gesamte Konsumnachfrage aber ging schon zurück, bevor das verfügbare Einkommen sank, und sie sank viel stärker (um 2%). Der Abstand zwischen der Geraden für verfügbares Einkommen und für Konsumnachfrage hat sich ausgeweitet. Zum anderen: Im dritten und vierten Quartal 2008 kam es zu einem besonders scharfen Einbruch der Nachfrage nach dauerhaften Konsumgütern. Sie ist im Vergleich zum ersten Quartal um 10% eingebrochen, hat sich danach leicht erholt und ist dann wieder gesunken.

Warum ist die Konsumnachfrage, vor allem für dauerhafte Konsumgüter, Ende 2008 so stark gesunken, obwohl das verfügbare Einkommen selbst nur leicht zurückgegangen ist? Da spielte eine Reihe von Faktoren mit; die psychologische Wirkung der Finanzkrise war aber der entscheidende Faktor. Als die Investmentbank Lehman Brothers im September 2008 pleiteging, befürchteten viele, dass andere Banken das gleiche Schicksal erleiden würden und das gesamte Finanzsystem zusammenbrechen könnte. Viele Haushalte gerieten in große Sorge, als sie die Nachrichten in Zeitungen und Fernsehen verfolgten. Obwohl sie selbst noch ihren Arbeitsplatz und ein regelmäßiges Einkommen hatten, erinnerte sie die Entwicklung an die Zeiten der Großen **Depression**. Ein Indiz dafür ist, wie häufig in der Suchmaschine von Google zwischen Januar 2008 und September 2009 nach dem Begriff „Große Depression" gesucht wurde. ▶ **Abbildung 2** zeigt diese Zeitreihe. Sie gibt die Suchanfragen als Prozentsatz des Höchstwertes Anfang Oktober 2008 an. Es ist bemerkenswert, wie scharf die Suche nach diesem Begriff im Oktober 2008 anstieg und nur langsam wieder abflachte, als allmählich klar wurde, dass die Wirtschaftspolitik alles versucht, um ein Wiederholen der Großen Depression zu vermeiden.

Wie wird man sich verhalten, wenn man eine neue Große Depression befürchtet? Aus Angst davor, den Job zu verlieren und Einkommenseinbußen zu erleiden, werden die meisten schon heute ihren Konsum einschränken, selbst wenn man den Arbeitsplatz noch nicht verloren hat. Angesichts der hohen Unsicherheit wird man als Erstes den Kauf eines neuen Autos oder eines neuen Fernsehers aufschieben. ▶ **Abbildung 1** verdeutlicht, dass sich die Konsumenten genau so verhalten haben. Die Nachfrage nach dauerhaften Konsumgütern ist stark eingebrochen. Als klar wurde, dass die schlimmsten Befürchtungen sich doch nicht realisieren, hat sich diese Nachfrage wieder erholt.

Doch zu dem Zeitpunkt haben dann wieder viele andere Faktoren dazu beigetragen, dass die Krise länger anhielt.

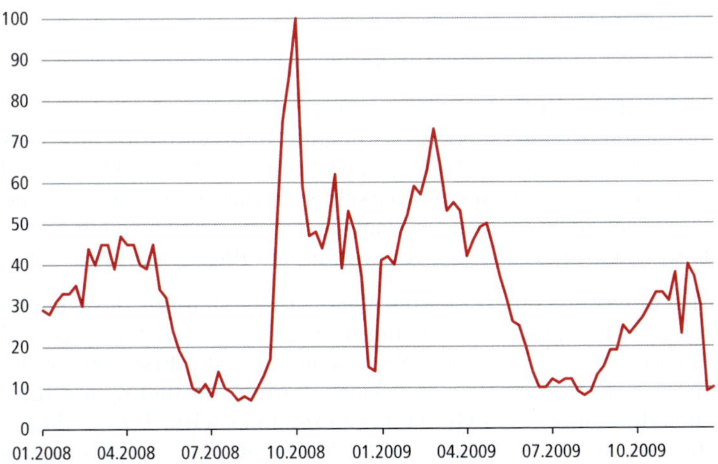

Quelle: https://trends.google.de, Suche nach „great depression, Vereinigte Staaten von 1.1.2008 bis 31.12.2009".

3.4 Investition ist gleich der Ersparnis – ein alternativer Ansatz für das Gleichgewicht auf dem Gütermarkt

Bislang haben wir das Gleichgewicht auf dem Gütermarkt als die Gleichheit von Produktion und Güternachfrage beschrieben. Ein alternativer, aber äquivalenter Ansatz betrachtet die Gleichheit von Investition und Ersparnis. Dies ist der Weg, den erstmals John Maynard Keynes 1936 in seinem Buch „The General Theory of Employment, Interest and Money" formulierte.

- Beginnen wir mit einem Blick auf die Ersparnis. Per Definition entspricht die **Private Ersparnis** der Konsumenten (S) der Differenz zwischen verfügbarem Einkommen und Konsum:

$$S \equiv Y_V - C$$

- Wenn wir die Definition des verfügbaren Einkommens einsetzen, ergibt sich die private Ersparnis als Einkommen abzüglich Steuern und Konsum:

$$S \equiv Y - T - C$$

- Gehen wir zurück zur Gleichung für das Gleichgewicht auf dem Gütermarkt. Die Produktion muss der Nachfrage entsprechen, also der Summe aus Konsum, Investition und Staatsausgaben:

$$Y = C + I + G$$

- Ziehen wir nun die Steuern (T) von beiden Seiten ab und bringen den Konsum auf die andere Seite:

$$Y - T - C = I + G - T$$

- Die linke Seite ist aber nichts anderes als die private Ersparnis (S), also

$$S = I + G - T$$

- Somit erhalten wir:

$$I = S + (T - G) \tag{3.10}$$

- Der Ausdruck auf der linken Seite bezeichnet die Investition. Auf der rechten Seite steht zum einen die private Ersparnis, zum andern die Ersparnis des Staates (die Differenz zwischen Steuern und Staatsausgaben). Sind die Steuern höher als die Staatsausgaben, erzielt der Staat einen Budgetüberschuss – seine Ersparnis ist dann positiv. Sind die Steuern dagegen niedriger als die Staatsausgaben, ergibt sich ein Budgetdefizit – der Staat hat dann eine negative Ersparnis; er muss am Kapitalmarkt Kredit aufnehmen.

Gleichung (3.10) liefert uns einen zweiten Weg zum Verständnis des Gleichgewichtes auf dem Gütermarkt. Sie besagt, dass der Gütermarkt nur dann im Gleichgewicht sein kann, wenn Investitionen und Ersparnis (die Summe aus privater Ersparnis und Ersparnis des Staates) gleich sind. Diese Überlegung erklärt, warum die Bedingung für ein Gleichgewicht auf dem Gütermarkt als ***IS*-Gleichung** bezeichnet wird. Dies steht für „Investition gleich Ersparnis (saving)". Die Nachfrage der Unternehmen nach Investitionen muss genau dem entsprechen, was private Haushalte und Staat zusammen bereit sind zu sparen.

Betrachten wir eine „Robinson Crusoe"-Wirtschaft, um eine bessere Intuition für Gleichung (3.10) zu erhalten. Wir versetzen uns in die Lage einer Person, die darüber entscheiden muss, wie viel konsumiert, investiert und gespart wird. Für Robinson Crusoe sind die Entscheidungen über Ersparnis und Investition nur zwei Seiten der gleichen Medaille: All das, was er investiert (wie viel Hasen er etwa zur Aufzucht hält, statt sie am Abend zu verspeisen), spart er automatisch. In einer modernen Wirtschaft werden Investitionsentscheidungen von Unternehmen getroffen; Sparentscheidungen dagegen von Haushalten und dem Staat. Gleichung (3.10) sagt uns, dass all diese Entscheidungen im Gleichgewicht miteinander konsistent sein müssen: Die Investition muss gleich der Ersparnis sein.

Zusammenfassend: Es gibt zwei äquivalente Methoden, um die Gleichgewichtsbedingung auf dem Gütermarkt zu formulieren:

$$\begin{aligned} \text{Produktion} &= \text{Nachfrage} \\ \text{Investition} &= \text{Ersparnis} \end{aligned}$$

Früher charakterisierten wir das Gleichgewicht durch die erste Bedingung, Gleichung (3.6). Wir können das nun auch durch die zweite Bedingung ausdrücken, Gleichung (3.10). Das Ergebnis ist das gleiche, aber die Ableitung liefert uns neue Einsichten in die gesamtwirtschaftlichen Zusammenhänge.

- Wir müssen zunächst beachten, dass Konsum- und Sparentscheidungen ein und dasselbe sind: Sobald der Haushalt bei gegebenem verfügbaren Einkommen seinen Konsumplan festgelegt hat, ist über die Budgetbeschränkung auch die Ersparnis festgelegt (und umgekehrt). So wie wir das Konsumverhalten spezifiziert haben, ergibt sich die Ersparnis als:

$$\begin{aligned} S &= Y - T - C \\ &= Y - T - c_0 - c_1(Y - T) \end{aligned}$$

Durch Umformung erhalten wir:

$$S = -c_0 + (1 - c_1)(Y - T) \quad (3.11)$$

- Genauso wie wir c_1 als Konsumneigung interpretierten, können wir $(1 - c_1)$ als **Sparneigung** bezeichnen. Die Sparneigung gibt uns an, wie viel die Konsumenten bereit sind, von einer zusätzlichen Einheit Einkommen zu sparen. Für die Konsumneigung haben wir angenommen: $0 < c_1 < 1$. Damit liegt auch die Sparneigung $(1 - c_1)$ zwischen null und eins. Private Ersparnis steigt zwar mit dem verfügbaren Einkommen, aber nur im Umfang $1 - c_1 < 1$.
- Im Gleichgewicht müssen Investitionen und die Summe aus privater Ersparnis und Ersparnis des Staates gleich sein. Wenn wir für die private Ersparnis in Gleichung (3.10) den Ausdruck oben einsetzen, ergibt sich:

$$\bar{I} = -c_0 + (1 - c_1)(Y - T) + (T - G)$$

Aufgelöst nach dem Einkommen erhalten wir:

$$Y = \frac{1}{1 - c_1}[c_0 + \bar{I} + G - c_1 T] \quad (3.12)$$

Gleichung (3.12) ist exakt derselbe Ausdruck wie Gleichung (3.8). Das sollte uns nicht überraschen. Wir haben ja dieselbe Gleichgewichtsbedingung betrachtet, nur aus einem anderen Blickwinkel. Diese Alternative wird sich später an verschiedenen Stellen im Buch als sehr hilfreich erweisen. Eine Anwendung ist etwa das sogenannte Sparparadox, das von Keynes betont wurde. Wir betrachten es in der Fokusbox.

FOKUS

Das Sparparadox

Als wir aufwuchsen, wurden uns die Tugenden des Sparens beigebracht. Denjenigen, die alles konsumieren wollten, wurde damit gedroht, in Armut zu versinken. Fleißigen Sparern dagegen wurde ein glückliches Leben versprochen. Auch die Regierungen legten uns nahe, unsere Wirtschaft würde nur mit hoher **Sparquote** stark und mächtig. Das Modell in diesem Kapitel erzählt uns eine andere, verblüffende Geschichte.

Nehmen wir an, die Konsumenten entscheiden sich, bei gegebenem Einkommen mehr zu sparen. Anders formuliert: Angenommen, die Konsumenten reduzieren c_0, sodass bei gegebenem Einkommen der Konsum zurückgeht, die Ersparnis ansteigt. Was passiert mit Einkommen und Ersparnis? Gleichung (3.12) zeigt, dass das Gleichgewichtseinkommen zurückgeht: Wenn die Leute beim Ausgangseinkommen mehr sparen, schränken sie ihren Konsum ein. Die dadurch gedämpfte Konsumnachfrage lässt aber wiederum die Produktion sinken. Was passiert mit der Ersparnis? Schauen wir auf die Gleichung für privates Sparen, Gleichung (3.11) (wir unterstellen dabei, dass sich die Ersparnis des Staates nicht verändert).

$$S = -c_0 + (1 - c_1)(Y - T)$$

Einerseits ist $-c_0$ nun höher (nicht mehr so negativ): Weil die Konsumenten bei jedem Einkommensniveau mehr sparen, nimmt die Ersparnis zunächst zu. Aber andererseits sinkt nun das Einkommen Y: Dies wiederum reduziert die Ersparnis. Der Nettoeffekt scheint auf den ersten Blick unbestimmt. Tatsächlich können wir aber die Richtung exakt angeben.

Betrachten wir Gleichung (3.10):

$$I = S + (T - G)$$

Annahmegemäß bleiben die Investitionen unverändert: $I = \bar{I}$. Ebenso wenig ändern sich T oder G. Die Gleichgewichtsbedingung macht uns damit aber deutlich, dass sich auch die private Ersparnis S nicht ändern kann. Bei gegebenem Einkommen möchten die Leute zwar mehr sparen; das Einkommen geht aber gerade so stark zurück, dass die Ersparnis letztlich unverändert bleibt. Der Versuch, mehr zu sparen, führt also nur zu einem Rückgang der Produktion; die Ersparnis bleibt gleich. Dieses überraschende Ergebnis bezeichnen wir als Sparparadox.

Sollten wir also die alten Tugenden vergessen? Sollten Regierungen die Konsumenten dazu ermuntern, weniger zu sparen. Nein! Die Einsichten dieses einfachen Modells sind nur auf kurze Frist gültig. Der Wunsch, mehr zu sparen, kann zu einer Rezession führen. Aber wir werden später sehen, dass auf mittlere und lange Frist andere Wirkungsmechanismen zum Tragen kommen. Sie führen dazu, dass ein Anstieg der Sparquote letztlich zu höherer Ersparnis und höherem Einkommen führt. Allerdings sollten wir nun vorgewarnt sein: Eine Politik, die zum Sparen ermuntert, mag auf lange Frist erfolgreich sein; kurzfristig kann sie aber einen Wirtschaftsabschwung auslösen.

3.5 Ist die Regierung allmächtig? Eine Warnung

▶ Gleichung (3.8) besagt, dass die Regierung durch geeignete Wahl von Staatsausgaben G oder Steuern T jedes gewünschte Produktionsniveau realisieren kann. Soll die Produktion um eine Million € steigen, muss sie nur G um $(1 - c_1)$ Millionen € erhöhen; ein solcher Anstieg der Staatsausgaben lässt theoretisch die Gesamtproduktion um $(1 - c_1)$ Millionen € mal dem Multiplikatoreffekt $1/(1 - c_1)$, insgesamt also um eine Million € steigen.

Eine längere Liste findet sich in ▶ Abschnitt 22.1.

Können Regierungen wirklich jedes gewünschte Produktionsniveau realisieren? Sicher nicht. Viele Aspekte der Realität, die diese Aufgabe erschweren, sind in unserem Modell noch gar nicht enthalten. Wir werden sie später einführen. Aber es ist hilfreich, schon jetzt kurz darauf einzugehen:

- Staatsausgaben oder Steuern rasch zu ändern ist nahezu unmöglich. Der Prozess, bis Änderungen der Steuergesetzgebung in Parlament und Bundesrat verabschiedet sind, kann ewig dauern (▶ **Kapitel 21** und **22**).
- Wir haben uns auf die Auswirkungen auf den Konsum konzentriert. Aber auch Investitionen und Importe werden ebenfalls reagieren. Ein Teil der gestiegenen Nachfrage fließt ins Ausland. All diese Effekte sind nicht exakt kalkulierbar, weil komplexe, schwer durchschaubare dynamische Prozesse ausgelöst werden (▶ **Kapitel 5**, **9** und **18** bis **20**).
- Erwartungen spielen eine große Rolle. Wie Konsumenten auf eine Steuersenkung reagieren, hängt stark davon ab, ob diese als dauerhaft oder als nur vorübergehend eingeschätzt wird. Je mehr die Steuererleichterung als dauerhaft eingeschätzt wird, desto stärker ist die Wirkung auf den Konsum (▶ **Kapitel 14** bis **16**).

- Es kann unerwünschte Nebenwirkungen haben, ein bestimmtes Produktionsniveau anzustreben. So könnte etwa der Versuch, die Produktion zu stimulieren, die Inflation stark ansteigen lassen und deshalb auf mittlere Frist nicht durchsetzbar sein (▶ **Kapitel 9**).
- Steuersenkungen und Erhöhung der Staatsausgaben können zu einem großen **Haushaltsdefizit** führen und die Staatsschuld ansteigen lassen. Der Anstieg der Staatsverschuldung kann langfristig schädliche Effekte auslösen (▶ **Kapitel 9, 11, 16** und **22**).

Die These, kurzfristig könne Fiskalpolitik Nachfrage und Produktion beeinflussen, ist trotz dieser Einwände korrekt. Aber wenn wir unsere Analyse verfeinern, werden wir lernen, dass die Rolle der Regierungen im Allgemeinen und der Fiskalpolitik im Besonderen immer schwieriger wird. Die Regierung wird es nie mehr so einfach haben wie in diesem Kapitel.

ZUSAMMENFASSUNG

Folgende Aussagen über die Zusammensetzung des BIP sollten im Gedächtnis bleiben:

- Das BIP ist die Summe aus privatem Konsum, Investitionen, Konsumausgaben des Staates, Außenbeitrag (Exporte minus Importe) und Lagerinvestitionen.
- Private Konsumausgaben – der Kauf von Waren und Dienstleistungen durch die privaten Haushalte – macht den größten Anteil der Gesamtnachfrage aus.
- **Bruttoinvestitionen** (I) sind die Summe aus gewerblichen Investitionen (der Kauf neuer Fabriken und Maschinen durch Unternehmen), den Investitionen in Wohnungsbau (der Kauf neuer Häuser oder Apartments) sowie öffentlichen Investitionen.
- Bei den Konsumausgaben des Staates (G) handelt es sich um die Käufe von Waren und Dienstleistungen durch den staatlichen Sektor – von Bund, Ländern und Gemeinden.
- **Exporte** sind Käufe inländischer Waren und Dienstleistungen durch Ausländer. Importe (IM) sind Käufe ausländischer Waren und Dienstleistungen durch Inländer (Konsumenten, Unternehmen oder staatliche Stellen).
- Vorratsveränderungen sind die Differenz zwischen Produktion und Verkäufen. Sie ist in manchen Jahren positiv, in anderen negativ.

Unser erstes Modell zur Bestimmung der Produktion zeigt Folgendes:

- Kurzfristig wird die Produktion von der Nachfrage bestimmt. Die Produktion entspricht dem Einkommen; das Einkommen bestimmt die Nachfrage.
- Die Konsumfunktion zeigt, wie der Konsum vom verfügbaren Einkommen abhängt. Die marginale Konsumneigung gibt an, um wie viel der Konsum steigt, wenn das verfügbare Einkommen um eine Einheit zunimmt.
- Im Gleichgewicht entspricht die Produktion gerade der Nachfrage. Im Gleichgewicht gilt: Die Produktion ist gleich den autonomen Ausgaben, multipliziert mit dem Multiplikator. Die autonomen Ausgaben sind der Teil der Güternachfrage, der unabhängig vom Produktionsniveau ist. Der Multiplikator beträgt $1/(1-c_1)$, mit c_1 als marginaler Konsumneigung.
- Ein Anstieg des Konsumentenvertrauens, der Investitionsnachfrage, der Staatsausgaben oder der **Nettoexporte** und eine Senkung der Steuern erhöhen kurzfristig jeweils die Gleichgewichtsproduktion.
- Das Gleichgewicht auf dem Gütermarkt kann auch durch die Bedingung charakterisiert werden, dass die Investitionen gleich der Ersparnis (der Summe aus privater und öffentlicher Ersparnis) sein müssen. Deshalb wird diese Bedingung *IS*-Gleichung genannt (I für Investitionen, S für Ersparnis).

Übungsaufgaben

(Lösungen auf **MyMathLab | Makroökonomie**)

Verständnistests

1 Aufbauend auf den Informationen dieses Kapitels, geben Sie an, welche der folgenden Aussagen zutreffend, falsch oder unklar sind. Geben Sie jeweils eine kurze Erläuterung.

a) Private Konsumausgaben machen den größten Anteil am BIP aus.

b) Konsumausgaben des Staates, einschließlich der Transfers, entsprachen im Jahr 2023 21,6% des BIP.

c) Die marginale Konsumneigung muss positiv sein, kann aber ansonsten jeden positiven Wert annehmen.

d) Fiskalpolitik betrifft die Entscheidungen über die Höhe von Steuern und Staatsausgaben. In unserem Modell wird diese Entscheidung als exogen betrachtet.

e) Die Gleichgewichtsbedingung auf dem Gütermarkt lautet: Der Konsum muss gleich der Nachfrage sein.

f) Ein Anstieg der Staatsausgaben um eine Einheit erhöht im Gleichgewicht die Produktion um eine Einheit.

g) Ein Anstieg der Konsumneigung führt zu einem Rückgang der Produktion.

2 Angenommen, die Wirtschaft ist durch folgende Verhaltensgleichungen beschrieben:

$$C = 160 + 0{,}6\,Y_V$$
$$I = 150$$
$$G = 150$$
$$T = 100$$

Berechnen Sie:

a) Das BIP im Gleichgewicht (Y)

b) Das verfügbare Einkommen (YV)

c) Die privaten Konsumausgaben (C)

3 Für die Wirtschaft von Aufgabe 2:

a) Berechnen Sie die Gleichgewichtsproduktion. Ermitteln Sie auch die Gesamtnachfrage. Entspricht sie der Produktion? Geben Sie eine Begründung.

b) Angenommen, G sinkt auf 110. Berechnen Sie die Gleichgewichtsproduktion und Gesamtnachfrage. Entspricht sie der Produktion? Geben Sie eine Begründung.

c) Gegeben sei $G = 110$ (die Produktion ist also durch die Antwort auf Frage b. bestimmt). Berechnen Sie die private und staatliche Ersparnis und prüfen Sie, ob dies den Investitionen entspricht. Begründen Sie.

Vertiefungsfragen

4 *Der Multiplikator bei ausgeglichenem Staatshaushalt (***Haavelmo-Theorem***)*

Sowohl aus politischen als auch aus makroökonomischen Gründen verpflichten sich manche Regierungen zu einem ausgeglichenen Haushalt ohne Defizit. Wie wirken sich Änderungen in G und T aus, bei denen der Staatshaushalt ausgeglichen bleibt? Wir fragen, ob es möglich ist, bei unverändertem Staatshaushalt durch Variation von G und T die Produktion zu beeinflussen.

Wir gehen aus von Gleichung (3.7).

a) Wie stark verändert sich Y, wenn G um eine Einheit steigt?

b) Wie stark verändert sich Y, wenn T um eine Einheit steigt?

c) Warum erhalten wir auf a. und b. unterschiedliche Antworten?

Gehen wir von einem ausgeglichenen Haushalt aus: $T = G$. Falls G und T gleich stark ansteigen, bleibt der Haushalt ausgeglichen. Berechnen wir, welcher Multiplikatoreffekt sich dann ergibt.

d) Angenommen, G und T steigen beide um eine Einheit, sodass der Staatshaushalt G-T unverändert bleibt. Aus den Antworten auf a. und b. erkennt man, wie sich eine solche Politik auf das *BIP* auswirkt. Lässt ein Anstieg von G und *T um den gleichen Betrag das BIP unverändert?* Staatshaushalt nicht verändern, neutral?

e) Warum hängt die Antwort auf Frage d. nicht davon ab, wie hoch die Konsumneigung ist? Der norwegische Ökonom Haavelmo erkannte diesen Sachverhalt als Erster; deshalb spricht man vom Haavelmo-Theorem.

5 *Automatische Stabilisatoren*

Bislang unterstellten wir in diesem Kapitel, dass Fiskalpolitik (G und T) nicht vom Produktionsniveau abhängt. In der Realität stimmt das aber nicht: Steuereinnahmen steigen im Nor malfall, wenn die Produktion steigt. In dieser Aufgabe untersuchen wir, wie die automatische Anpassung der Steuereinnahmen an das Produktionsniveau dazu beiträgt, die Auswirkung von exogenen Schocks (Änderungen der autonomen Ausgaben) zu dämpfen. Man sagt, einkommensabhängige Steuern wirken als automatischer Stabilisator.

Wir gehen von folgenden Verhaltensgleichungen aus:

$$C = c_0 + c_1 Y_V$$
$$T = t_0 + t_1 Y$$
$$Y_V = Y - T$$

G und I sind konstant. Die Steuerquote t_1 liege zwischen null und eins.

a) Berechnen Sie das Produktionsniveau im Gleichgewicht.
b) Wie hoch ist der Multiplikator? Reagiert die Wirtschaft stärker auf Änderungen der autonomen Ausgaben, wenn t_1 gleich null ist oder wenn t_1 positiv ist? Erklärung?
c) Warum bezeichnet man Fiskalpolitik in diesem Fall als automatischen Stabilisator?

6 *Ausgeglichener Haushalt vs. automatischer Stabilisator*
Oft wird argumentiert, ein ausgeglichener Haushalt wirke destabilisierend. Um dies zu verstehen, betrachten wir wieder die Wirtschaft von Aufgabe 5.
a) Berechnen Sie im Beispiel von Aufgabe 5 das Produktionsniveau im Gleichgewicht.
b) Berechnen Sie im gleichen Beispiel die Steuereinnahmen im Gleichgewicht.
Angenommen, der Staatshaushalt ist zunächst ausgeglichen. Nun geht c_0 zurück.
c) Wie wirkt sich das auf Y aus? Was passiert mit den Steuereinnahmen?
d) Angenommen, die Regierung schränkt die Staatsausgaben ein, um weiterhin für einen ausgeglichenen Staatshaushalt zu sorgen. Wie wirkt sich das auf Y aus? Wirkt die Senkung der Staatsausgaben dem Rückgang der autonomen Ausgaben entgegen oder verschärft sie ihn? Geben Sie eine intuitive verbale Erklärung.

7 *Steuern und Transferzahlungen*
Bislang wurden stets die um Transferzahlungen bereinigten Steuern betrachtet:

$$T = \text{Steuern} - \text{Transferzahlungen}$$

a) Unterstellen Sie, der Staat erhöht die Transferzahlungen an die privaten Haushalte, was jedoch nicht durch Steuererhöhungen finanziert wird. Stattdessen leiht sich der Staat Geld, um die Erhöhung der Transferleistungen zu bezahlen. Stellen Sie in einem Diagramm dar, wie die gleichgewichtige Produktion dadurch beeinflusst wird. Erklären Sie dies.
b) Unterstellen Sie, dass die Erhöhung der Transferzahlungen durch eine entsprechende Steuererhöhung finanziert wird. Wie beeinflusst die Erhöhung der Transferzahlungen die gleichgewichtige Produktion in diesem Fall?
c) Unterstellen Sie nun, dass sich die Bevölkerung aus zwei Gruppen zusammensetzt: eine Gruppe besitzt eine hohe marginale Konsumneigung, die andere eine geringe. Angenommen, die Regierung erhöht die Steuern für die Gruppe mit niedriger Konsumneigung, um Transferzahlungen an die Gruppe mit hoher Konsumneigung zu finanzieren. Wie wird hierdurch der gleichgewichtige Produktionsoutput verändert?
d) Wie verändert sich, Ihrer Meinung nach, die marginale Konsumneigung bei Personen mit unterschiedlichen Einkommen? Vergleichen Sie die marginale Konsumneigung bei Menschen mit hohen Einkommen und Menschen mit niedrigen Einkommen. Überlegen Sie, auf Basis Ihrer bisherigen Ergebnisse, ob Steuersenkungen für Menschen mit hohen oder niedrigen Einkommen effektiver sind, um die Produktion zu stimulieren.

8 *Investitionen und Einkommen*
Diese Fragestellung beschäftigt sich mit einkommensabhängigen Investitionen. In ▶ **Kapitel 5** wird die Investitionsentscheidung genauer untersucht, insbesondere die Beziehung zwischen Investitionen und Zinssatz, die hier nicht beachtet werden soll.
Wir gehen von folgenden Verhaltensgleichungen aus:

$$C = c_0 + c_1 Y_V$$
$$I = b_0 + b_1 Y$$
$$Y_V = Y - T$$

a) Staatsausgaben und Steuern sind konstant. Die Investitionen nehmen nun mit steigendem Output zu. Berechnen Sie das Produktionsniveau im Gleichgewicht.
b) Welchen Wert nimmt der Multiplikator an? Wie verändert sich der Multiplikator im Gegensatz zu einkommensunabhängigen Investitionen. Welche Werte können $(c_1 + b_1)$ annehmen (beachten Sie dabei, dass der Multiplikator positiv sein muss)? Begründung?
c) Was wäre falls $c_1 + b_1 > 1$? (Achtung Fangfrage! Überlegen Sie, was in jeder Stufe abläuft).
d) Angenommen, der Parameter b_0 (als Indikator für das Geschäftsklima) nimmt zu. Wie verändert sich das gleichgewichtige Produktionsniveau? Verändern sich die Investitionen um mehr oder weniger als die Veränderung von b_0? Warum? Wie verändert sich die gesamte Ersparnis?

9 *Das Sparparadoxon*
Lösen Sie die folgende Fragestellung verbal, ohne mathematische Berechnungen.
a) Betrachten Sie die in Aufgabe 8 vorgestellte Volkswirtschaft. Unterstellen Sie, dass die Konsumenten weniger konsumieren (und folglich mehr sparen) für jedes Einkommensniveau. Wie verändert sich der gleichgewichtige Output, wenn der autonome Konsum c_0 abnimmt? Verwenden Sie für Ihre Antwort ein Diagramm. Stellen Sie lediglich die Richtung der Veränderung, nicht deren Höhe fest.

b) Wie verändern sich daraufhin die Investitionen und die öffentliche Ersparnis? Was passiert mit der privaten Ersparnis? Geben Sie eine Begründung. Wie reagiert der Konsum?

c) Unterstellen Sie nun, dass die autonomen Konsumausgaben c_0 zunehmen. Welche Auswirkungen hat dies auf die gleichgewichtige Produktion, die Investitionen und die private Ersparnis? Geben Sie eine Begründung. Wie reagiert der Konsum?

d) Bewerten Sie folgende Aussage: „Wenn das Produktionsniveau zu niedrig ist, schafft ein Anstieg der gesamtwirtschaftlichen Nachfrage Abhilfe. Die Investitionen sind ein Bestandteil der Nachfrage und es gilt, dass die Investitionen gleich der Ersparnis sind. Folglich würden die Investitionen und damit die Produktion zunehmen, falls die Regierung die Haushalte davon überzeugen könnte, mehr zu sparen."

Weiterführende Fragen

10 *Exit-Strategie nach der Pandemie*

Im Kampf gegen die Pandemie-Krise wurden die Konsumausgaben des Staates massiv erhöht und Steuern gesenkt. Das führte zu einem starken Anstieg von Budgetdefizit und Staatsverschuldung. Bei der Frage nach der Exit-Strategie geht es darum, wie sich das Budgetdefizit wieder abbauen lässt.

a) Wie wirkt sich ein Abbau des Defizits in der kurzen Frist auf die Produktion aus, wenn es über (i) eine Senkung der Staatsausgaben G bzw. (ii) Steuererhöhungen T erfolgt?

b) Was wirkt sich stärker auf die Produktion aus: (i) Eine Kürzung der Staatsausgaben um 100 Mrd. € oder (ii) eine Steuererhöhung um 100 Mrd. €?

c) Inwieweit hängt die Antwort auf Frage *b.* von der Höhe der marginalen Konsumneigung ab? (Beachten Sie dabei, wie G und T jeweils die gesamtwirtschaftliche Nachfrage Z beeinflussen – vgl. *Gleichung 3.7*).

d) Nach Bekämpfung der Pandemie setzte in den USA ein Boom ein, der zu einer Überhitzung der Wirtschaft führte. Wie würden sich die in *a.* diskutierten Maßnahmen auf die Wirtschaftsaktivität auswirken?

11 *Griechenland: Fiskalpolitik und Schuldenkrise*

Im Verlauf der Maßnahmen zur Bekämpfung der Schuldenkrise ging das BIP von Griechenland von 242 Mrd. € im Jahr 2008 auf 176 Mrd. € im Jahr 2015 zurück (vgl. FRED Code GRCGDPNADSMEI).

a) Um wie viel Prozent ist das BIP in Griechenland in diesem Zeitraum jährlich gesunken?

b) Um wie viel Mrd. € hätten die Staatsausgaben pro Jahr steigen müssen, um den Rück gang des BIP zu verhindern? Gehen Sie dabei von einer marginalen Konsumneigung von 0,6 aus.

c) Ein Ziel des Reformprogramms in Griechenland bestand darin, die Anreize für private Investoren zu verbessern. Um wie viel würde das BIP pro Jahr steigen, wenn die Privatinvestitionen jährlich um 4 Mrd. € steigen? Gehen Sie wieder von einer marginalen Konsumneigung von 0,6 aus. Vergleichen Sie dies mit dem tatsächlichen Verlauf der Privatinvestitionen in Griechenland (FRED-Code NAEXKP04GRA189S).

d) Im Zeitraum von 2008 bis 2015 ist in Griechenland die staatliche Schuldenquote trotz Umschuldung stark angestiegen (FRED-Code GGGDTAGRC188N). Zum Teil hängt dieser Anstieg mit dem Rückgang des BIP (des Nenners der Schuldenquote) zusammen. Wie hoch wäre die Schuldenquote 2015, wenn das BIP im Jahr 2015 noch dem Niveau von 2008 entspräche?

e) Vergleichen Sie die Entwicklung des nominalen BIP und der staatlichen Schuldenquote in Deutschland und Italien seit der Finanzkrise 2008 (FRED-Codes GGGDTADEA188N; GGGDTAITA188N). Auf welche Faktoren könnte der unterschiedliche Verlauf zurückzuführen sein?

f) Oft hört man das Argument, ein Rückgang des Haushaltsdefizits stärke das Vertrauen von Konsumenten und Unternehmern und mildere damit den Rückgang der Produktion. Unter welchen Bedingungen trifft dieses Argument zu?

Finanzmärkte I

4

4.1 Die Geldnachfrage 106
4.2 Die Bestimmung von Geldangebot und Zinssatz I 112
4.3 Die Bestimmung von Geldangebot und Zinssatz II 119
4.4 Die Liquiditätsfalle 125

Das Geschehen auf den Finanzmärkten ist faszinierend und einschüchternd zugleich. Eine Fülle von Institutionen wie Geschäftsbanken, Hedgefonds und Versicherungen handeln täglich mit Anleihen und Aktien sowie anderen Anlageformen mit exotischen Namen wie **Swaps** und Optionen. Auf den Finanzmarktseiten der Zeitungen und im Internet finden sich eine Fülle an aktuellen Daten über Aktienkurse und über Zinssätze für kurz- und **Langfristige Anleihen** von Staaten und Unternehmen mit unterschiedlicher Bonität. Man kann sich leicht davon verwirren lassen. Aber Finanzmärkte spielen eine zentrale Rolle im Wirtschaftsgeschehen. Im Zusammenspiel mit der Zentralbank bestimmen sie die Kosten für Kredite und die Erträge von Ersparnissen und beeinflussen damit unmittelbar die Ausgabenentscheidungen von Haushalten, Unternehmen und Regierungen.

Um die Rolle der Finanzmärkte zu verstehen, gehen wir schrittweise vor. In diesem Kapitel konzentrieren wir uns darauf, welchen Einfluss die Zentralbank auf die Zinsen ausübt. Zu diesem Zweck nehmen wir eine drastische Vereinfachung vor und unterstellen, dass es nur zwei Anlageformen gibt – nämlich Geld und festverzinsliche Wertpapiere. Dies ermöglicht es uns zu verstehen, wie der Zins für Wertpapiere bestimmt wird und welche Rolle die Zentralbank dabei spielt. Es vergeht kaum ein Tag, an dem in der Öffentlichkeit nicht darüber spekuliert wird, ob die Europäische Zentralbank (EZB) ihre Zinsen ändern wird, und wie sich ihre Entscheidungen auf die Volkswirtschaft auswirken könnten.

In ▸ **Kapitel 5** integrieren wir unser Modell des Finanzmarktes in das Modell der Gütermärkte, das wir im letzten Kapitel entwickelt haben, und fragen, wie Nachfrage und Produktion vom Zusammenspiel zwischen Güter- und Finanzmärkten beeinflusst werden. In ▸ **Kapitel 6** beschäftigen wir uns dann intensiv mit der Rolle von Geschäftsbanken und anderen Finanzinstituten. Wir entwickeln ein umfassenderes Modell, das uns erlaubt, die Entwicklungen im Lauf der Finanzkrise besser zu verstehen.

Das Kapitel gliedert sich in vier Abschnitte:

Kernbotschaft dieses Kapitels: In der kurzen Frist bestimmt die Zentralbank den Leitzins.

- ▸ **Abschnitt 4.1** beschäftigt sich mit der Geldnachfrage.
- In ▸ **Abschnitt 4.2** betrachten wir das Verhalten der Zentralbank bei Geldmengen- und **Zinssteuerung**. Wenn die Zentralbank das Geldangebot direkt kontrolliert, bestimmt sich der Zinssatz endogen. Steuert die Zentralbank dagegen den Zinssatz, bestimmt sich das Geldangebot endogen. In beiden Fällen muss im Gleichgewicht die Bedingung „Geldangebot gleich Geldnachfrage" erfüllt sein.
- In ▸ **Abschnitt 4.3** werden die Geschäftsbanken als Anbieter von Geld eingeführt. Die Bestimmung des Zinssatzes und die Rolle der Zentralbank werden in diesem erweiterten Rahmen noch einmal betrachtet.
- ▸ **Abschnitt 4.4** untersucht, welche Beschränkungen sich für die Geldpolitik aus der Tatsache ergeben, dass Nominalzinssätze nicht zu stark negativ werden können. Diese Beschränkung spielte im vergangenen Jahrzehnt eine wichtige Rolle.

4.1 Die Geldnachfrage

Es ist wichtig, sich den Unterschied zwischen folgenden Entscheidungen bewusst zu machen: die Entscheidung, wie viel man spart (dies bestimmt, wie sich das Vermögen im Zeitverlauf entwickelt), und die Entscheidung, wie ein gegebener Vermögensbestand auf alternative Anlageformen, etwa Geld und festverzinsliche Wertpapiere, aufgeteilt werden soll.

Dieser Abschnitt behandelt die Bestimmungsgrößen der Geldnachfrage. (Gleich zu Beginn eine Warnung: Begriffe wie Geld oder Vermögen haben in der Volkswirtschaftslehre eine ganz spezielle Bedeutung, die sich oft von der Bedeutung unterscheidet, die wir im Alltag gebrauchen. Die Fokusbox *„Semantische Fallen – Geld, Einkommen und Vermögen"* soll helfen, solche Missverständnisse zu vermeiden. Es ist ratsam, sie aufmerksam zu lesen und das Thema von Zeit zu Zeit wieder aufzugreifen.)

Nehmen wir an, dass wir regelmäßig einen Teil unseres Einkommens gespart haben und daher über ein **Finanzvermögen** von 50.000 € verfügen. Vielleicht haben wir die Absicht, weiterhin zu sparen, um unser Vermögen noch zu vergrößern, der aktuelle Wert ist jedoch zunächst einmal gegeben. Die einzige Entscheidung, die wir heute treffen können, besteht darin, wie wir diese 50.000 € auf alternative Anlageformen aufteilen sollen. Zwar gibt es eine Vielzahl von Anlageformen; in diesem Kapitel beschränken wir uns aber auf die Alternative zwischen Geld und festverzinslichen Wertpapieren.

- Geld hat den Vorteil, dass es als Zahlungsmittel für die Abwicklung von Transaktionen verwendet werden kann. Der Nachteil von Geld besteht darin, dass es keine Zinsen bringt. In der Realität gibt es zwei Arten von Geld: **Bargeld** in Form von Münzen und Banknoten sowie **Sichteinlagen**. Bei Sichteinlagen handelt es sich um Girokonten, die zur elektronischen Abwicklung von Zahlungsverpflichtungen genutzt werden. Die Unterscheidung zwischen diesen beiden Arten von Geld wird wichtig, wenn wir das Geldangebot betrachten. Im Augenblick ist die Unterscheidung noch nicht relevant.
- Festverzinsliche Wertpapiere können nicht zur Abwicklung von Transaktionen verwendet werden. Im Normalfall bringt das Halten von Wertpapieren aber eine positive Ertragsrate. In der Realität gibt es viele verschiedene Arten von Wertpapieren mit ganz unterschiedlichen Laufzeiten und Ertragsraten. In diesem Kapitel vernachlässigen wir diese Vielfalt und nehmen an, dass es nur einen einzigen Wertpapiertyp gibt, der als Ertrag den Nominalzinssatz i bringt.

In ▶ Kapitel 14 beschäftigen wir uns dann mit der Entscheidung zwischen verschiedenen Wertpapieren mit unterschiedlichen Zinssätzen und der Rolle der Erwartungen.

Beim Kauf oder Verkauf von Wertpapieren fallen Kosten an, wie zum Beispiel Gebühren für Telefongespräche, beim Internetzugang mit einer Bank oder die Zahlung von Transaktionsgebühren. Wie sollen wir unser Vermögen in Höhe von 50.000 € auf Geld und Wertpapiere aufteilen?

Wenn wir unser gesamtes Vermögen in Form von Geld halten, dann ist dies mit Sicherheit sehr bequem. Wir können dadurch Telefongespräche mit unserer Bank und die Zahlung der Transaktionsgebühren vermeiden. Gleichzeitig bedeutet es aber auch, dass wir keine Zinsen erhalten.

Legen wir unser gesamtes Vermögen in Form von Wertpapieren an, dann wird das gesamte Vermögen verzinst, aber jedes Mal, wenn wir Geld benötigen, um mit der U-Bahn zu fahren oder um eine Tasse Kaffee zu bezahlen, müssen wir unsere Bank anrufen. Dies ist mit Sicherheit keine besonders bequeme Art und Weise, durchs Leben zu gehen.

Daher ist es offensichtlich, dass wir unser Vermögen teils in Geld, teils in Wertpapieren anlegen sollten. Aber in welchem Verhältnis sollen wir das Vermögen aufteilen? Die Antwort auf diese Frage hängt in erster Linie von zwei Variablen ab:

Im Lauf der Finanzkrise sind die Zinssätze für Wertpapiere weltweit auf historische Tiefstände gefallen, zum Teil sogar negativ geworden. ▶ Abschnitt 4.4 beschäftigt sich damit ausführlich.

- Das Transaktionsvolumen. Man möchte natürlich vermeiden, ständig Wertpapiere verkaufen zu müssen, um wieder Geld zu bekommen. Daher ist es zweckmäßig, eine ausreichend große Menge an Geld für die geplanten Transaktionen zu halten. Nehmen wir an, dass wir normalerweise in einem Monat 3.000 € ausgeben. Im Durchschnitt wollen wir dann vielleicht so viel Geld zur Verfügung haben, dass wir die Ausgaben von zwei Monaten damit bestreiten können, also 6.000 €. Die restlichen 50.000€ – 6.000€ = 44.000€ legen wir in Wertpapieren an. Geben wir dagegen im Monat normalerweise 4.000 € aus, dann wollen wir vielleicht 8.000 € in Form von Geld halten und legen nur 42.000 € in Wertpapieren an.
- Der **Nominalzins** für Wertpapiere. Der einzige Grund, überhaupt einen Teil des Vermögensin Form von Wertpapieren anzulegen, besteht darin, dass Wertpapiere verzinstwerden. Andernfalls würde man sein ganzes Vermögen in Geld halten: Wertpapiereund Geld würden ja die gleiche Verzinsung bringen – nämlich gar keine. Weilman Geld aber auch für Transaktionen verwenden kann, wäre es bequemer, ausschließlichGeld zu halten. Wir haben daher eine Präferenz für Liquidität.

Liquidität ist ein Maß dafür, wie leicht ein Vermögensgegenstand zu Geld gemacht werden kann. Geld ist völlig liquide, andere Vermögensgegenstände sind weniger liquide.

Je höher aber der Nominalzins, desto eher wird man die Kosten und Mühen auf sich nehmen, die beim Kauf und Verkauf von Wertpapieren entstehen. Wenn der Nominalzins sehr hoch ist, dann werden wir die Geldbestände so weit wie möglich reduzieren. Unsere **Liquiditätspräferenz** sinkt mit steigendem Zins. Im Durchschnitt werden wir vielleicht nur noch so viel Geld halten, dass wir die Ausgaben von zwei Wochen be streiten können (also 1.500 € bei monatlichen Ausgaben in Höhe von 3.000 €). Auf diese Weise sind wir in der Lage, im Durchschnitt 48.500 € in Wertpapieren anzulegen, und erhalten dadurch mehr Zinsen.

FOKUS

Semantische Fallen – Geld, Einkommen und Vermögen

Tagtäglich verwenden wir den Begriff „Geld", bezeichnen damit aber die unterschiedlichsten Dinge. Wir verwenden ihn als Synonym für Einkommen: „Geld verdienen". Wir verwenden ihn als Synonym für Vermögen: „Sie hat viel Geld". In der Volkswirtschaftslehre muss man aber viel präziser sein. Deshalb wollen wir hier auf die exakte Bedeutung einiger Begriffe eingehen.

Unter Einkommen versteht man das, was man durch Arbeit verdient, plus dem, was man an Zinsen und Dividenden erhält. Es handelt sich um eine **Stromgröße** – das heißt, das Einkommen wird in Einheiten pro Zeitraum ausgedrückt: wöchentliches Einkommen, monatliches Einkommen oder Jahreseinkommen. Der Milliardär J. Paul Getty wurde einmal nach seinem Einkommen gefragt. Getty antwortete: „1.000 $." Was er damit meinte, aber nicht sagte, war: „1.000 $ pro Minute".

Unter „Ersparnis" versteht man den Teil des Einkommens nach Abzug der Steuern, der nicht konsumiert wird. Auch dabei handelt es sich um eine Stromgröße. Wenn man 10% des Einkommens spart, dann spart man bei einem monatlichen Einkommen von 3.000 € im Monat 300 €. Den Begriff „Ersparnis" dürfen wir nicht mit dem Begriff „Vermögen" verwechseln – dem Wert dessen, was über die Zeit hinweg angespart wurde.

Das „Finanzvermögen", oder einfach das „Vermögen", ist der Wert aller Finanzanlagen abzüglich aller Verbindlichkeiten. Im Gegensatz zum Einkommen oder zur Ersparnis handelt es sich hier nicht um eine Stromgröße, sondern um eine **Bestandsgröße**. Das Vermögen ist der Bestand an Vermögen zu einem gegebenen Zeitpunkt.

Zu einem gegebenen Zeitpunkt lässt sich der Umfang des Finanzvermögens nicht verändern. Das Finanzvermögen kann nur über die Zeit hinweg verändert werden, durch Sparen oder Entsparen, aber auch indem sich der Wert der Vermögensanlagen ändert. Was man jederzeit verändern kann, ist die Zusammensetzung des Vermögens. Zum Beispiel kann man sich entscheiden, einen Teil einer Hypothek zurückzuzahlen, indem man eine Überweisung vom Girokonto tätigt. Dadurch nehmen die Verbindlichkeiten ab – die Hypothek wird kleiner; gleichzeitig werden aber auch die Aktiva weniger. Das Guthaben auf dem Girokonto wird kleiner, das **Gesamtvermögen** aber bleibt unverändert.

Finanzanlagen, die man direkt zum Kauf von Gütern einsetzen kann, werden Geld genannt. Geld beinhaltet Bargeld sowie Sichteinlagen. Auch Geld ist eine Bestandsgröße. Man kann über ein großes Vermögen verfügen, aber dennoch nur wenig Geld haben. So könnte man selbst von einem Gesamtvermögen in Höhe von einer Million € nur 500 € auf dem Girokonto haben. Möglich ist auch, dass jemand ein hohes Einkommen erhält und dennoch nur wenig Geld hält, zum Beispiel könnte jemand mit einem monatlichen Einkommen von 10.000 € dennoch nur ein ganz kleines positives Guthaben auf dem Girokonto haben.

Unter dem Begriff „Investitionen" verstehen Ökonomen den Kauf von neuen Anlagegütern, von Maschinen über Fabriken bis hin zu Bürogebäuden. Wenn man dagegen über den Kauf von Aktien oder anderen Finanzanlagen sprechen möchte, sollte man den Begriff „Finanzinvestition" verwenden.

Es ist wichtig, sich ökonomisch korrekt auszudrücken.

Es heißt nicht: „Maria verdient viel Geld", sondern: „Maria hat ein hohes Einkommen".

Es heißt nicht: „Hans hat viel Geld", sondern „Hans besitzt ein großes Vermögen".

Wir wollen den letzten Punkt noch etwas konkretisieren. Anleger halten Wertpapiere in direkter Form oder auch auf indirektem Weg, etwa in Form von Fondsanlagen. Diese Fonds erhalten von den Anlegern Einlagen und kaufen damit Wertpapiere. Viele Wertpapierfonds legen ihre Einlagen etwa in **Kurzfristige Anleihen** an. Die Fonds zahlen einen Zinssatz leicht unterhalb der Verzinsung der Wertpapiere – die Zinsdifferenz ergibt sich aus den Verwaltungskosten und dem Gewinn des Fonds.

Anfang der 1980er-Jahre stiegen in den USA die Zinsen von **Geldmarktfonds** bis auf 14% pro Jahr. Viele Leute, die bis dahin ihr gesamtes Finanzvermögen nahezu unverzinst auf dem Girokonto hielten, erkannten damals, dass sie hohe Zinseinnahmen erzielen könnten, wenn sie einen Teil ihres Vermögens in Fonds anlegen. Fonds wurden sehr beliebt. Seit damals sind die Zinsen jedoch stark zurückgegangen. Daher unternehmen die Anleger heute kaum noch Anstrengungen, um Bargeld in Fonds umzuschichten. Anders ausgedrückt, für das gleiche Transaktionsvolumen halten die Leute nun einen größeren Anteil ihres Vermögens auf ihrem Girokonto als Anfang der 1980er-Jahre. Wenn die Nominalzinsen gar negativ werden, gibt es umgekehrt sogar starke Anreize, Finanzvermögen aus Fonds abzuziehen und in Bargeld umzuschichten.

Vorsicht: Auch wenn Zinsen von 14% pro Jahr aus heutiger Sicht auf den ersten Blick traumhaft erscheinen, dürfen wir nicht vergessen, dass damals auch die Inflation wesentlich höher lag (In den USA lag sie 1980 bei 13,5%). Die reale Rendite (nach Abzug der Entwertung durch Inflation) war deshalb kaum höher als heute. Den Unterschied zwischen Real- und Nominalzinsen betrachten wir in ▶ Kapitel 6 näher.

4.1.1 Die Ableitung der Geldnachfrage

Aufbauend auf unserer bisherigen Diskussion, wollen wir mit einer Gleichung die Nachfrage nach Geld beschreiben.

Bezeichnen wir die Menge an Geld, die die Wirtschaftssubjekte halten wollen – ihre Geldnachfrage – mit M^d (d steht für *demand*). Die Geldnachfrage für die Volkswirtschaft als Ganzes ist die Summe aus den Geldnachfragen der einzelnen Wirtschaftssubjekte. Daher hängt die Geldnachfrage für die Volkswirtschaft als Ganzes davon ab, wie viele nominale Transaktionen in der Volkswirtschaft getätigt werden, und von der Höhe des Zinssatzes. Die Menge an nominalen Transaktionen, die in der Volkswirtschaft getätigt werden, ist nicht einfach zu erfassen, aber wahrscheinlich ist sie ungefähr proportional zum Nominaleinkommen: Wenn das Nominaleinkommen um 10% steigt, ist es vernünftig anzunehmen, dass die Menge an Transaktionen in der Volkswirtschaft ebenfalls ungefähr um 10% steigt. Demnach können wir die Beziehung zwischen der Geldnachfrage, dem Nominaleinkommen PY (dem Realeinkommen Y multipliziert mit dem Preisindex P) und dem Zinssatz i wie folgt beschreiben:

$$M^d = PYL(\underset{(-)}{i}) \tag{4.1}$$

PY steht für das Nominaleinkommen (gemessen in €). Die Gleichung ist so zu lesen: Die Geldnachfrage M^d ist gleich dem Nominaleinkommen PY multipliziert mit der Funktion $L(i)$ einer Funktion des Zinssatzes i. Das Minuszeichen bedeutet, dass ein höherer Zinssatz sich auf die Geldnachfrage negativ auswirkt: Mit steigendem Zinssatz geht die Liquiditätspräferenz und damit auch die Geldnachfrage zurück.

Greifen wir das Beispiel aus ▶ Kapitel 2 auf – eine Volkswirtschaft mit einem Stahlunternehmen und einem Autohersteller. Wie hoch ist das Transaktionsvolumen in dieser Volkswirtschaft im Verhältnis zum BIP? Wenn beide Unternehmen doppelt so groß werden, ist zu vermuten, dass sich sowohl Transaktionsvolumen als auch BIP ebenfalls verdoppeln. (Schwieriger ist die Frage, was geschieht, wenn die beiden Unternehmen fusionieren.)

Gleichung (4.1) fasst zusammen, was wir bisher diskutiert haben:

- Erstens: Die Geldnachfrage nimmt proportional zum Nominaleinkommen zu. Wenn sich das Nominaleinkommen verdoppelt, beispielsweise von PY auf 2 PY, dann verdoppelt sich auch die Geldnachfrage von $PYL(i)$ auf 2 $PYL(i)$.
- Zweitens: Die Geldnachfrage hängt negativ vom Zinssatz ab. Dies wird durch die Funktion $L(i)$ und durch das Minuszeichen darunter ausgedrückt: Ein Anstieg des Zinssatzes verringert die Liquiditätspräferenz.

Entscheidend ist hier das Nominaleinkommen – das Einkommen in Euro, nicht das Realeinkommen. Verdoppeln sich die Preise bei konstantem Realeinkommen, dann verdoppelt sich das Nominaleinkommen; man benötigt die zweifache Menge an Geld, um denselben Warenkorb zu kaufen.

Der Zusammenhang zwischen Geldnachfrage, Nominaleinkommen und Zinssatz, wie er durch Gleichung (4.1) beschrieben wird, ist in ▶ **Abbildung 4.1** dargestellt. Der Zinssatz wird auf der vertikalen Achse abgetragen, die Geldmenge M auf der horizontalen Achse. Die Beziehung zwischen Geldnachfrage und Zinssatz bei gegebenem Nominaleinkommen wird durch die M^d-Kurve dargestellt. Die Kurve verläuft fallend. Je niedriger der Zinssatz (je niedriger *i*), desto größer die Geldmenge, die die Wirtschaftssubjekte halten wollen (desto größer *M*).

Bei gegebenem Zinssatz führt ein Anstieg des Nominaleinkommens zu einem Anstieg der Geldnachfrage. Anders ausgedrückt: Ein Anstieg des Nominaleinkommens verschiebt die Geldnachfrage nach rechts, von M^d nach $M^{d'}$. Beim Zinssatz *i* beispielsweise führt ein Anstieg des Nominaleinkommens von PY auf PY' zu einem Anstieg der Geldnachfrage von M auf M'.

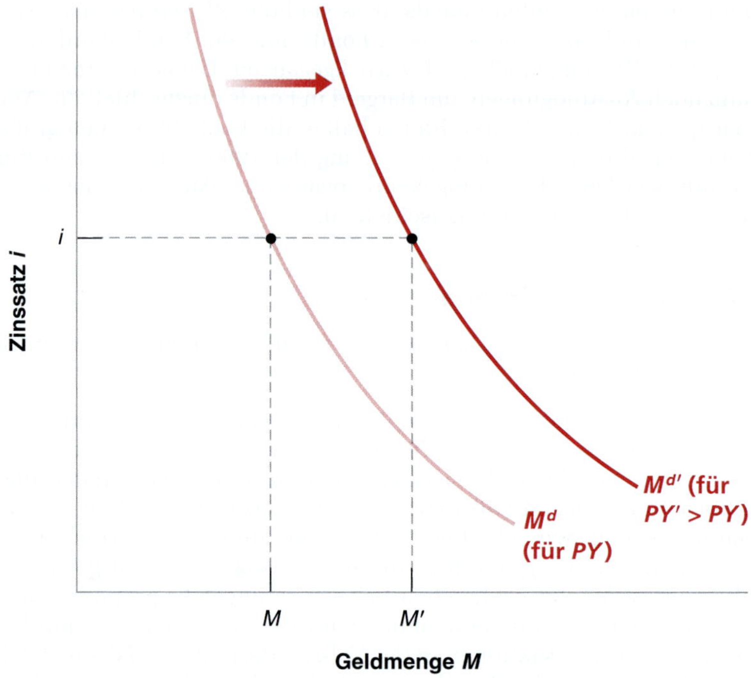

Abbildung 4.1 Die Geldnachfrage. Bei gegebenem Nominaleinkommen geht die Geldnachfrage mit steigendem Zinssatz zurück. Bei gegebenem Zinssatz verschiebt ein Anstieg des Nominaleinkommens *PY* die Geldnachfragekurve nach rechts.

FOKUS

Geldnachfrage und Zinsen – empirische Evidenz

Wie gut bildet Gleichung (4.1) die Realität ab? Vor allem: Wie stark reagiert die Geldnachfrage auf Veränderungen des Zinssatzes? Um eine Antwort auf diese Frage zu erhalten, dividieren wir zunächst beide Seiten der Gleichung durch *PY*:

$$\frac{M^d}{PY} = L(i) \qquad (4.1a)$$

Der Term auf der linken Seite der Gleichung gibt das Verhältnis von Geldnachfrage zu Nominaleinkommen wieder – anders ausgedrückt, er beschreibt, wie viel Geld die Wirtschaftssubjekte als Anteil an ihrem Einkommen halten wollen. Man bezeichnet dieses Verhältnis als **Kassenhaltungskoeffizient**. Da $L(i)$ eine abnehmende Funktion des Zinssatzes *i* ist, besagt diese Gleichung:

- Wenn der Zinssatz hoch ist, dann ist $L(i)$ niedrig; der Kassenhaltungskoeffizient (das Verhältnis von Geldhaltung zu Nominaleinkommen) sollte auch niedrig sein.
- Bei niedrigem Zinssatz dagegen ist $L(i)$ hoch; der Kassenhaltungskoeffizient sollte hoch sein. Wenn also Gleichung (4.1a) die Realität richtig beschreibt, sollten wir eine inverse Beziehung zwischen dem Kassenhaltungskoeffizienten und dem Zinssatz beobachten. Um dies zu überprüfen, untersuchen wir in einem Streudiagramm in ▸ **Abbildung 1**, ob Änderungen des Zinssatzes mit Änderungen des Kassenhaltungskoeffizienten korreliert sind.

Wir untersuchen die Entwicklung von Zinssatz und Kassenhaltungskoeffizient im Euroraum anhand von Quartalsdaten seit Anfang 1999. In ▶ **Abbildung 1** wird auf der vertikalen Achse die jährliche Veränderung des Zinssatzes und auf der horizontalen Achse die jährliche Veränderung des Kassenhaltungskoeffizienten abgetragen. Jeder Punkt im Streudiagramm entspricht einem Wertepaar für ein bestimmtes Quartal (die Quartale sind in der Abbildung in der Regel nicht angegeben). Die vertikale und die horizontale Linie geben die durchschnittliche jährliche Veränderung des Zinssatzes beziehungsweise des Kassenhaltungskoeffizienten für den Zeitraum seit 1999 wieder.

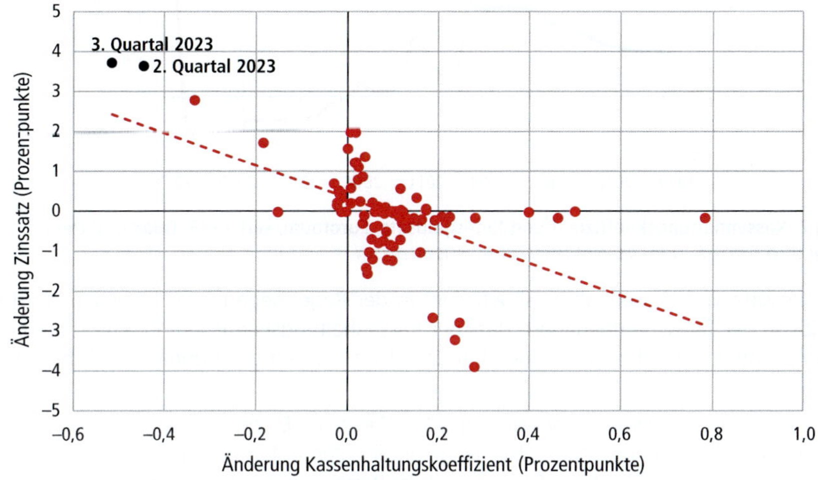

Abbildung 1 Änderungen des Zinssatzes gegen Änderungen des Kassenhaltungskoeffizienten, Euroraum, seit 1999. Ein Anstieg des Zinssatzes führt in der Regel zu einem Rückgang des Kassenhaltungskoeffizienten.
Quelle: OECD, FRED Codes IRSTCI01EZM156N, MANMM101EZM189S

Die Abbildung zeigt einen negativen Zusammenhang zwischen der jährlichen Veränderung des Zinssatzes und des Kassenhaltungskoeffizienten. Es liegt kein enger Zusammenhang vor. Aber wenn wir in **Abbildung 1** die Gerade betrachten, die die Punktwolke am besten beschreibt, dann hat sie eindeutig einen fallenden Verlauf, wie es durch unsere Geldnachfragefunktion vorhergesagt wurde.

Den **Kassenhaltungskoeffizient** ermitteln wir dabei auf folgende Weise: Das Nominaleinkommen wird durch das nominale BIP PY gemessen. Weil die Geldnachfrage im Gleichgewicht mit dem Geldangebot übereinstimmt, können wir die Geldnachfrage anhand der Geldmenge M ermitteln. Wir berechnen sie als Summe aus Bargeld und Sichteinlagen. Diese Geldmengenabgrenzung wird $M1$ genannt. Der Zinssatz i ist der durchschnittliche Zinssatz eines Quartals für Tagesgeld. Der Kehrwert des Kassenhaltungskoeffizienten – das Nominaleinkommen dividiert durch die Geldmenge – wird von Ökonomen oft als **Umlaufgeschwindigkeit** des Geldes bezeichnet. Geschwindigkeit deshalb, weil bei gegebener Geldmenge die Anzahl der Transaktionen umso höher ist, je größer das Verhältnis von Nominaleinkommen zu Geldmenge. Das Geld muss dann schneller von einer Hand in die andere wechseln; damit erhöht sich die Umlaufgeschwindigkeit des Geldes.

▶ **Abschnitt 4.3** analysiert Bargeld und Sichteinlagen als Bestandteile des *M***1***M***1** genauer. Geld dient als Recheneinheit und als Transaktionsmittel, es wird aber auch zur Wertaufbewahrung benutzt. Diese Funktionen lassen sich nicht strikt voneinander trennen, der Übergang ist fließend. Auch Geldmarktfonds und kurzfristige Spareinlagen sind sehr enge Substitute zu Sichteinlagen. Deshalb gehen auch sie in breitere Geldmengenaggregate wie *M***2** bzw. *M***3** ein. In ▶ **Kapitel 23** betrachten wir unterschiedliche Abgrenzungen der Geldmenge im Detail.

Das Streudiagramm in ▶ **Abbildung 1** macht deutlich, dass es einen negativen Zusammenhang zwischen den Änderungen des Zinssatzes und den Änderungen des Kassenhaltungskoeffizienten gibt. Dieser Zusammenhang ist dagegen wesentlich schwieriger zu erkennen, wenn wir – wie in ▶ **Abbildung 2** – die direkte Beziehung zwischen Kassenhaltungskoeffizient und Zinssatz betrachten.

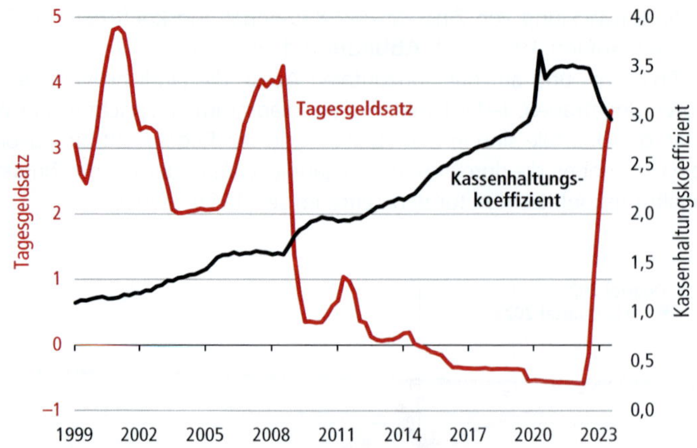

Abbildung 2 Kassenhaltungskoeffizient und Tagesgeldsatz, Euroraum, seit 1999, Quartalsdaten.
Quelle: Eurostat, OECD, FRED Codes EUNNGDP, MANMM101EZM189S, IRSTCI01EZM156N

Dass sich Zinssatz und Kassenhaltungskoeffizient in der Regel gegenläufig bewegen, wird in ▶ **Abbildung 2** von der Tatsache überlagert, dass der Kassenhaltungskoeffizient im Euroraum im Lauf der letzten Jahrzehnte im Trend zugenommen hat. Dies lässt sich auf ganz unterschiedliche Ursachen zurückführen:

- Ein Grund ist, dass Finanzmarktinnovationen sich in Teilen des Euroraums lange Zeit kaum durchsetzen konnten. Viele Deutsche bezahlten etwa lange am liebsten in bar oder per Scheck; Kreditkarten dagegen waren wenig populär. Beim Einkauf wird der Betrag meist per EC-Karte elektronisch direkt vom Girokonto abgebucht. Diese Finanzinnovation stimuliert aber gerade die Nachfrage nach Transaktionen via Sichteinlagen, weil der Betrag – anders als bei Kreditkarten – sofort vom Girokonto abgebucht wird.
- Außerdem hat – trotz aller Finanzinnovationen – auch die Nachfrage nach Bargeld stetig zugenommen. Einmal sind wohl die Transaktionen am Schwarzmarkt angestiegen. Solche Transaktionen werden am liebsten in bar abgewickelt, weil Bargeld keine schriftlichen oder elektronischen Spuren hinterlässt (die etwa von den Steuerbehörden verfolgt werden könnten). Zum anderen wird der Euro auch in vielen osteuropäischen Staaten als Transaktions- und Wertaufbewahrungsmittel zunehmend begehrter. Einem im Euroraum ausgegebenen Geldschein lässt sich ja nicht ablesen, wo er gehalten wird.
- Bemerkenswert ist schließlich der starke Anstieg von *M*1 seit dem Jahr 2008, als viele aus Furcht riskante Vermögensanlagen in sichere Anlagen wie Bargeld tauschen wollten. In der Zeit von Juni 2014 an bis Juli 2022, als die EZB ihren Einlagezins unter null gesenkt hat und damit auch der Zinssatz für Tagesgeld negativ wurde, hat das Halten von Bargeld und täglich fälligen Einlagen (den beiden Komponenten von M1) noch weiter an Attraktivität gewonnen. So stieg etwa der Anteil von *M*1 am breiteren Geldmengenaggregat *M*3 von 40% Anfang 1999 auf über 73% Ende 2021.

Als die EZB dann ab August 2022 bis September 2023 ihre Leitzinsen in mehreren Schritten stark erhöhte, ging die Nachfrage nach *M*1 aber massiv zurück. Als die EZB die Leitzinsen im zweiten und dritten Quartal 2023 im Vergleich zum Vorjahresquartal um ca. 3,7 Prozentpunkte anhob, ist der Kassenhaltungskoeffizient um bis zu 0,5 Prozentpunkte gesunken (vgl. die schwarz markierten Punktewerte in ▶ **Abbildung 1**). Es kam zu einem starken Rückgang von *M*1, weil Haushalte und Unternehmen ihre Portfolios rasch in Termingelder und andere Anlageformen mit höheren Zinssätzen umschichteten.

4.2 Die Bestimmung von Geldangebot und Zinssatz I

Nachdem wir die Geldnachfrage abgeleitet haben, betrachten wir nun als Nächstes das Geldangebot und dann das Gleichgewicht von Geldnachfrage und Geldangebot.

In der Realität gibt es zwei Anbieter von Geld: Sichteinlagen werden von den Geschäftsbanken bereitgestellt, Bargeld von der Zentralbank. In diesem Abschnitt nehmen wir an, dass die Wirtschaftssubjekte ausschließlich Geld in Form von Bargeld halten, sodass die gesamte Geldmenge aus von der Zentralbank bereitgestelltem Bargeld besteht. Im nächsten Abschnitt werden wir Sichteinlagen einführen und die Rolle der Geschäftsbanken betrachten. Dies macht die Diskussion realistischer, dadurch werden aber auch die Mechanismen des Geldangebots komplizierter. Daher ist es besser, in zwei Schritten vorzugehen.

4.2.1 Gleichgewicht zwischen Geldnachfrage und Geldangebot bei einer Geldmengensteuerung

Nehmen wir zunächst an, die Zentralbank betreibt eine Politik der **Geldmengensteuerung**. Sie bestimmt also die Höhe der Geldmenge M, die sie zur Verfügung stellt, sodass $M^s = M$. Das Superskript s steht für *supply* (Angebot). In diesem Abschnitt ist „Geld" gleichbedeutend mit „**Zentralbankgeld**" oder „Bargeld".

Ein Gleichgewicht auf dem Geldmarkt und den Finanzmärkten stellt sich dann ein, wenn das Geldangebot der Geldnachfrage entspricht: $M^s = M^d$. Verwenden wir $M^s = M$ und setzen für die Geldnachfrage Gleichung (4.1) ein, erhalten wir als Gleichgewichtsbedingung:

„*L*" steht für „Liquidität": Wir können uns die Geldnachfrage als Nachfrage nach Liquidität vorstellen. „*M*" steht für „money". Im Gleichgewicht muss die Nachfrage nach Liquidität dem Angebot entsprechen.

$$\text{Geldangebot} = \text{Geldnachfrage}$$
$$M = PYL(i) \tag{4.2}$$

Gleichung (4.2) sagt uns, dass sich der Zinssatz i im Gleichgewicht so einstellen muss, dass die Wirtschaftssubjekte bei gegebenem Einkommen PY genau die Menge an Geld halten wollen, die der von der Zentralbank festgelegten Geldmenge M entspricht.

Die Gleichgewichtsbedingung ist in ▶ **Abbildung 4.2** grafisch dargestellt. Wie auch in ▶ **Abbildung 4.1** wird die Geldmenge auf der horizontalen Achse abgetragen und der Zinssatz auf der vertikalen Achse. Die Geldnachfrage für ein gegebenes Nominaleinkommen PY ist eine fallende Kurve: Je höher der Zinssatz, desto geringer die Geldnachfrage. Das Geldangebot wird durch die vertikale Linie, die mit M^s bezeichnet ist, dargestellt: Bei einer Politik der Geldmengensteuerung ist das Geldangebot in Höhe von M unabhängig vom Zinssatz. Das Gleichgewicht befindet sich in Punkt A, beim Zinssatz i. Wir haben nun das Gleichgewicht charakterisiert und können jetzt die Auswirkungen von Veränderungen des Nominaleinkommens oder der angebotenen Geldmenge auf den Zinssatz analysieren.

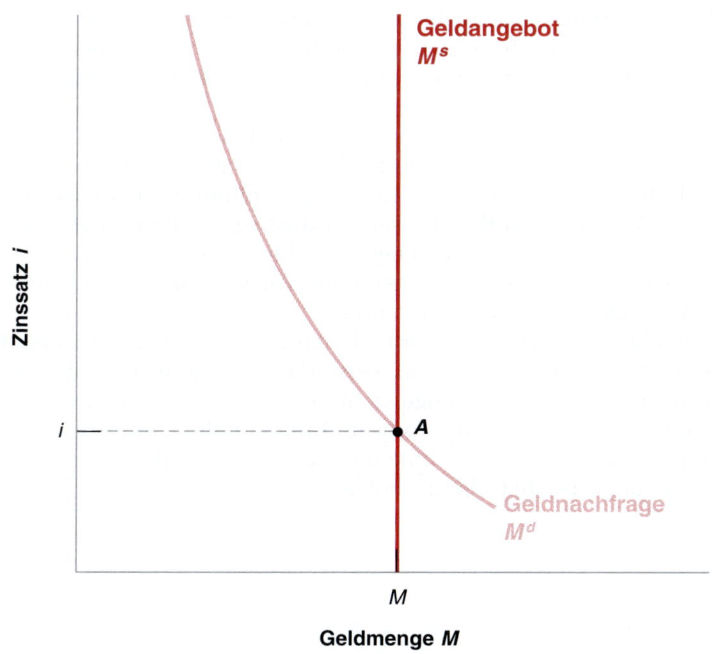

Abbildung 4.2 Der Gleichgewichtszins auf Geld- und Finanzmarkt. Bei einer Geldmengensteuerung legt die Zentralbank das Geldangebot fest; der Zinssatz spielt sich dann im Gleichgewicht so ein, dass die (zinsabhängige) Geldnachfrage dem Geldangebot entspricht.

- ▶ **Abbildung 4.3** zeigt die Auswirkungen einer Erhöhung des Nominaleinkommens auf den Zinssatz.

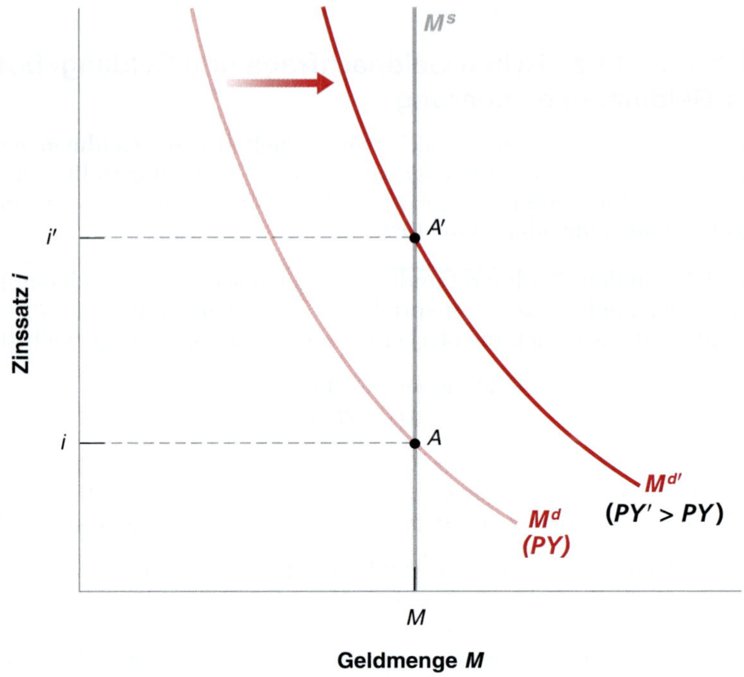

Abbildung 4.3 Die Auswirkung eines höheren Nominaleinkommens auf den Gleichgewichtszins. Mit steigendem Nominaleinkommen verschiebt sich die Geldnachfragekurve nach rechts, bei konstantem Geldangebot steigt der Gleichgewichtszins.

- ▶ **Abbildung 4.3** baut auf ▶ **Abbildung 4.2** auf; das Ausgangsgleichgewicht befindet sich demnach in Punkt A. Ein Anstieg des Nominaleinkommens von PY auf PY' führt zu einem höheren Transaktionsvolumen. Dadurch erhöht sich für jeden Zinssatz die Geldnachfrage. Die Geldnachfragekurve verschiebt sich nach rechts, von M^d nach $M^{d'}$. Das Gleichgewicht verschiebt sich von A nach A'; der gleichgewichtige Zinssatz erhöht sich von i auf i'.
- In Worten: Ein Anstieg des Nominaleinkommens bewirkt bei konstantem Geldangebot eine Zinssteigerung. Beim ursprünglichen Zinssatz übersteigt die Geldnachfrage das unveränderte Geldangebot. Ein Zinsanstieg vermindert die Menge an Geld, die die Wirtschaftssubjekte halten wollen. Dieser Zinsanstieg ist somit notwendig, um bei konstantem Geldangebot wieder ein Gleichgewicht herzustellen.
- ▶ **Abbildung 4.4** zeigt die Auswirkungen einer Ausweitung des Geldangebots auf den Zinssatz bei konstantem Nominaleinkommen.
- Das ursprüngliche Gleichgewicht befindet sich in Punkt A, beim Zinssatz i. Ein Anstieg des Geldangebots von $M^s = M$ auf versch$M^{s'} = M'$iebt die Geldangebotskurve nach rechts, von nach .M^s Das G$M^{s'}$leichgewicht verschiebt sich von A nach unten, nach ; der ZA`inssatz sinkt von i auf . In Wo$i'$`rten: Eine Zunahme des Geldangebots führt zu einer Senkung des Zinssatzes. Der sinkende Zinssatz stimuliert die Geldnachfrage und gleicht sie so an das erhöhte Geldangebot an.

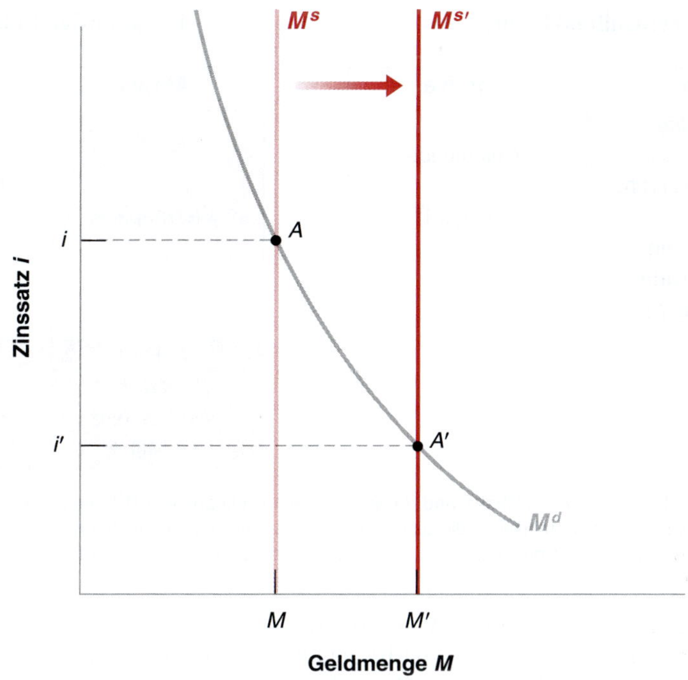

Abbildung 4.4 **Die Auswirkung eines höheren Geldangebots auf den Gleichgewichtszins.** Eine Zunahme des Geldangebots verschiebt die Geldangebotskurve nach rechts; der Gleichgewichtszins sinkt.

4.2.2 Geldpolitik und Offenmarktgeschäfte

Um die Ergebnisse aus ▸ **Abbildung 4.3** und **Abbildung 4.4** besser zu verstehen, wollen wir uns nun näher damit beschäftigen, wie die Zentralbank das Geldangebot verändern kann und was geschieht, wenn sie es verändert.

Die Zentralbank beeinflusst das Geldangebot, indem sie auf dem Wertpapiermarkt Wertpapiere kauft oder verkauft. Wenn sie die Geldmenge erhöhen will, dann kauft sie Wertpapiere und bezahlt sie mit neu geschöpftem Geld. Möchte die Zentralbank die Geldmenge reduzieren, verkauft sie Wertpapiere und entzieht damit im Gegenzug das erhaltene Geld dem Wirtschaftskreislauf. Derartige Operationen werden Offenmarktgeschäfte genannt, weil sie am Offenen Markt für Wertpapiere durchgeführt werden. In modernen Volkswirtschaften steuern alle Zentralbanken die Geldmenge über solche Offenmarktgeschäfte.

▸ **Abbildung 4.5** stellt eine stark vereinfachte Bilanz der Zentralbank dar. Auf der Aktivseite steht das Vermögen der Zentralbank – das sind die Wertpapiere, die sie in ihrem Portfolio hält – hauptsächlich Staatsanleihen und Anleihen privater Unternehmen. Zentralbanken halten aber auch andere Vermögenswerte, etwa Bestände an ausländischen Währungen [Devisenreserven] und Gold. Auf der Passivseite stehen die Verbindlichkeiten der Zentralbank – die Zentralbankgeldmenge, die in der Wirtschaft im Umlauf ist. Offenmarktgeschäfte führen zu gleich großen Veränderungen von Vermögen und Verbindlichkeiten.

Eine Bilanz stellt Gesamtvermögen und Verbindlichkeiten eines Unternehmens (etwa einer Bank) zu einem bestimmten Zeitpunkt gegenüber. Das Vermögen ist die Summe aus Sachvermögen und allen Forderungen, die dem Unternehmen zu diesem Zeitpunkt geschuldet werden. Die Verbindlichkeiten schuldet das Unternehmen anderen Wirtschaftssubjekten. Als Saldo (als Differenz zwischen Gesamtvermögen und Verbindlichkeiten) bestimmt sich das Eigenkapital.

a) Zentralbankbilanz

Aktiva	Passiva
Wertpapiere (Währungsreserven, Gold, Staatsanleihen, Anleihen privater Unternehmen)	Geldmenge (Bargeld)

b) Expansive Geldpolitik

Aktiva	Passiva
Wertpapiere	Geldmenge (Bargeld)
Ankauf zusätzlicher Wertpapiere +1 Mill. €	Anstieg der Geldmenge +1 Mill. €

Abbildung 4.5 Die Bilanz der Zentralbank und die Wirkung einer expansiven Offenmarktpolitik. Die Aktiva der Zentralbank bestehen aus den Wertpapieren, die sie hält. Ihre Passiva entsprechen der Zentralbankgeldmenge. Bei einer expansiven Offenmarktpolitik kauft die Zentralbank zusätzliche Wertpapiere; in gleichem Umfang stellt sie zusätzliches Zentralbankgeld bereit.

Im Lauf der Finanzkrise haben viele Zentralbanken weltweit mit einer Politik quantitativer Lockerung massiv Staatsanleihen und Anleihen privater Unternehmen gekauft. Dadurch wurde die Bilanz stark ausgeweitet. Vgl. Fokusbox *„Kreditgeschäfte der EZB“*.

Die Effektivverzinsung (Rendite) ist das, was man für das Wertpapier in einem Jahr erhält (100 €), abzüglich dem heute gezahlten Preis (P_B), geteilt durch den Preis heute (P_B).

Erwirbt die Zentralbank zusätzliche Wertpapiere im Wert von einer Million € gegen Geld, dann nehmen sowohl die Forderungen (die gehaltenen Wertpapiere) als auch die Verbindlichkeiten (die im Umlauf befindliche Zentralbankgeldmenge) um jeweils eine Million € zu. Es kommt zu einer Verlängerung der Zentralbankbilanz. Dabei handelt es sich um eine expansive Offenmarktoperation: Die Zentralbank weitet die Zentralbankgeldmenge aus.

Verkauft die Zentralbank Wertpapiere gegen Bargeld, dann sinken ihre Forderungen und ihre Verbindlichkeiten im gleichen Umfang. Es kommt zu einer Verkürzung der Zentralbankbilanz. Dabei handelt es sich um eine kontraktive **Offenmarktoperation**: Die Zentralbank reduziert die im privaten Sektor verfügbare Zentralbankgeldmenge.

Wenn die Zentralbank Anleihen privater Unternehmen oder ausländische Währungen (**Devisen**) im Wert von einer Million € ankauft, im Gegenzug aber gleichzeitig andere Aktiva (etwa Staatsanleihen) im gleichem Wert aus ihrem bisherigen Bestand verkauft, bleibt dagegen das Gesamtvermögen der Zentralbank und damit auch die Zentralbankgeldmenge konstant. Es ändert sich nur die Zusammensetzung ihres Vermögens; der Wert der Zentralbankbilanz bleibt jedoch unverändert. In einem solchen Fall spricht man von Sterilisierungspolitik, weil die Auswirkungen der An- bzw. Verkäufe von Wertpapieren auf die Geldmenge durch entgegengesetzte Operationen „sterilisiert“ werden.

Wir benötigen noch einen weiteren Schritt, um die Auswirkungen von Offenmarktoperationen beschreiben zu können. Bisher haben wir uns auf den Zinssatz für Wertpapiere konzentriert. Was aber tatsächlich auf dem Wertpapiermarkt bestimmt wird, ist nicht der Zinssatz, sondern der Preis der Wertpapiere. Diesen Preis bezeichnet man auch als Kurs des Wertpapiers. Die Effektivverzinsung (Rendite) eines Wertpapiers lässt sich aus diesem Preis ableiten. Wir wollen nun den Zusammenhang zwischen dem Zinssatz und dem Kurs eines Wertpapiers herleiten, da sich dies auch später als nützlich erweisen wird.

- Betrachten wir ein Wertpapier, das nach Ablauf eines Jahres die Rückzahlung eines festen Betrags, etwa von 100 € garantiert. Der Preis (Kurs) dieses Wertpapiers zum heutigen Zeitpunkt sei P_B (das tiefergestellte B steht für „Bonds“, Wertpapiere). Wenn wir das Wertpapier heute kaufen und es ein Jahr lang in unserem Portfolio halten, dann erzielen wir eine Rendite in Höhe von $(100€ - P_B)/P_B$. Der Zinssatz für das Wertpapier beträgt also:

$$i = \frac{100€ - P_B}{P_B}$$

Bei einem Kurs P_B = 99€ ergibt sich eine Verzinsung in Höhe von $1€/99€$ = 0,01 oder 1%. Bei einem Kurs P_B = 90€ ergibt sich eine Verzinsung in Höhe von $10€/90€$ = 0,111 oder 11,1%. Je höher der Preis (Kurs) des Wertpapiers, desto niedriger die Verzinsung.

- Ist der Zinssatz gegeben, dann können wir den Kurs des Wertpapiers mit Hilfe der gleichen Formel berechnen. Wenn wir die Gleichung oben nach P_B auflösen, dann erhalten wir den heutigen Preis (Kurs) eines Wertpapiers, das in einem Jahr einen Betrag von 100 € auszahlt:

$$P_B = \frac{100€}{1 + i}$$

Der heutige Kurs eines Wertpapiers mit einjähriger Laufzeit entspricht der Auszahlung nach Ablauf der Laufzeit, dividiert durch 1 plus dem aktuellem Zinssatz: Solange der Zinssatz positiv ist, liegt der Kurs des Wertpapiers unter der Auszahlung am Ende der Laufzeit. Je höher der aktuelle Zinssatz, desto niedriger der Kurs heute. Wenn wir in der Zeitung lesen, dass die Wertpapiermärkte nach oben gegangen sind, dann ist damit gemeint, dass die Wertpapierkurse nach oben gegangen sind. Das ist gleichbedeutend mit der Aussage, dass die aktuellen Zinsen gefallen sind.

Mitte 2014 ist der Zinssatz für einjährige Staatsanleihen der Bundesrepublik Deutschland unter null gefallen. Wenn eine deutsche Staatsanleihe nach Ablauf von einem Jahr eine Auszahlung von 100 Euro garantiert, zu welchem Preis kann das Wertpapier heute verkauft werden?

Wir sind jetzt so weit, dass wir zu den Offenmarktoperationen zurückkehren können. Betrachten wir zunächst eine expansive Offenmarktoperation, in der die Zentralbank Wertpapiere kauft und sie durch Geldschöpfung bezahlt. Wenn die Zentralbank Wertpapiere kauft, steigt die Nachfrage nach Wertpapieren und damit steigt der Kurs der Wertpapiere. Der Zinssatz auf die Wertpapiere sinkt. Reduziert die Zentralbank stattdessen die Geldmenge – betreibt sie eine kontraktive Offenmarktoperation –, dann verkauft sie Wertpapiere. Dies lässt die Kurse fallen und den Zinssatz steigen.

4.2.3 Geldpolitik bei Zinssteuerung

Wir sind bislang davon ausgegangen, dass die Zentralbank den Zinssatz indirekt durch Variation der Geldmenge beeinflusst. Tatsächlich legt die EZB im Normalfall aber den Zinssatz für kurzfristige Papiere (den sogenannten **Hauptrefinanzierungssatz**) fest, zu dem sie im Rahmen ihrer Offenmarktgeschäfte Geld bereitstellt. Man spricht deshalb von Zins- statt von Geldmengensteuerung. In den Medien wird ja meist darüber spekuliert, ob die EZB ihren Zinssatz verändert. Der Wirkungsmechanismus ist aber recht ähnlich: Betrachten wir das Gleichgewicht für den Fall einer Zinssteuerung am Beispiel von ▶ **Abbildung 4.6**. Legt die Zentralbank einen bestimmten Zinssatz fest, ergibt sich das Geldangebot nun endogen aus der Höhe der Geldnachfrage zu diesem Zinssatz. Beim Zinssatz i_1 und der Geldnachfrage M^d etwa stellt die Zentralbank im Gleichgewicht die Geldmenge $M1$ bereit. Senkt sie den Zinssatz von i_1 auf i_2, dann erhöht sich das Geldangebot auf $M2$. Ähnlich wie in ▶ **Abbildung 4.4** verschiebt eine **Expansive Geldpolitik** also das Gleichgewicht von Punkt A_1 zu Punkt A_2.

Erhöht sich (etwa aufgrund eines gestiegenen Nominaleinkommens) die Geldnachfrage von M^d nach $M^{d\prime}$, hält die Zentralbank den Zinssatz aber weiterhin konstant, wird nun das Geldangebot (und damit auch die Bilanz der Zentralbank) entsprechend der gestiegenen Nachfrage endogen ausgeweitet. Beim Zinssatz i_1 erhöht sich die Geldmenge auf $M_1{}'$; beim Zinssatz i_2 auf $M_2{}'$. Möchte die Zentralbank diesen Anstieg der Geldmenge unterbinden, muss sie den Zinssatz entsprechend erhöhen. Solange die Zentralbank den Verlauf der Geldnachfrage exakt kennt, macht es letztlich also keinen Unterschied, ob sie den Geldmarkt über Geldmenge oder Zinssatz steuert. In ▶ **Kapitel 23** werden wir allerdings sehen, dass Zentralbanken eine Zinssteuerung bevorzugen, wenn über den exakten Verlauf der Geldnachfragekurve hohe Unsicherheit besteht.

***Überprüfen Sie*:** **Wenn sich in ▶ Abbildung 4.3 das Nominaleinkommen erhöht und die Zentralbank den Zinssatz konstant hält, wie passt sich dann die Geldmenge an?**

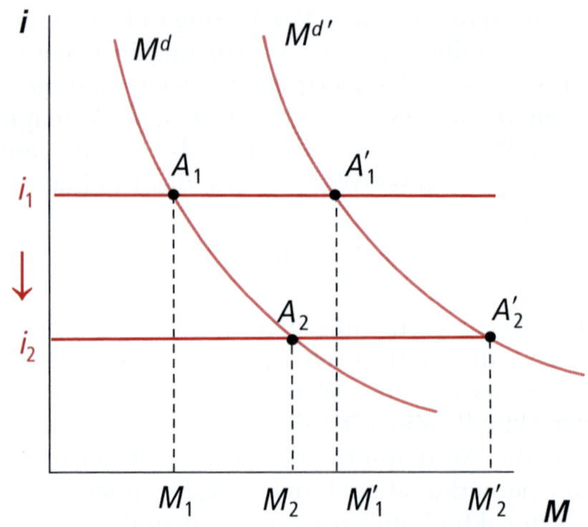

Abbildung 4.6 Das Gleichgewicht auf dem Geldmarkt bei einer Politik der Zinssteuerung. Bei einer Zinssteuerung legt die Zentralbank den Zinssatz fest; das Geldangebot bestimmt sich dann endogen aus der Geldnachfrage zum festgelegte Zinssatz: Bei der Geldnachfrage M^d ergibt sich zum Zinssatz i_1 die Geldmenge *M1* (Punkt *A1*). Eine Zinssenkung auf i_2 führt zu einer entsprechenden Ausweitung des Geldangebots auf *M2*, weil die Geldnachfrage steigt (Punkt *A2*). Hält die Zentralbank bei steigendem Nominaleinkommen den Zinssatz konstant, erhöht sich das Geldangebot entsprechend der gestiegenen Geldnachfrage (Punkt *A1'* mit *M1'* beim Zins i_1 bzw. *A2'* mit *M2'* beim Zins i_2).

Bisher haben wir eine Volkswirtschaft betrachtet, in der es nur zwei alternative Vermögensanlagen gibt: Geld und Wertpapiere. Dabei handelt es sich offensichtlich um eine stark vereinfachte Version der realen Volkswirtschaft mit ihrer Vielzahl an Finanzanlageformen und Finanzmärkten. Wir werden jedoch in den folgenden Kapiteln sehen, dass die grundlegenden Erkenntnisse, die wir hier gewonnen haben, auch allgemein gelten. Die einzige Veränderung, die wir vornehmen müssen, besteht darin, den Begriff „Zinssatz" durch den Begriff „kurzfristiger Zinssatz" zu ersetzen. Wir werden sehen, dass der kurzfristige Zinssatz durch die Gleichheit von Geldangebot und Geldnachfrage bestimmt wird; die Zentralbank kann den kurzfristigen Zinssatz durch Offenmarktgeschäfte verändern. Offenmarktgeschäfte sind tatsächlich das Instrument, mit dem die meisten modernen Zentralbanken die Zinssätze beeinflussen.

Die Komplikation besteht darin, dass der kurzfristige Zinssatz – der Zinssatz, der direkt von der Geldpolitik beeinflusst werden kann – nicht der einzige Zinssatz in der Volkswirtschaft ist und auch nicht der einzige Zinssatz, der Einfluss auf die gesamtwirtschaftlichen Ausgaben hat. ▸ Kapitel 6 und ▸ 14 beschäftigen sich mit der Bestimmung anderer Zinssätze und dem Einfluss von Risikoprämien.

Fassen wir zusammen:

- Bei einer Geldmengensteuerung hält die Zentralbank das Geldangebot konstant. Der Zinssatz bestimmt sich dann endogen durch die Gleichheit von Geldangebot und Geldnachfrage.
- Die Zentralbank verändert das Geldangebot durch Offenmarktgeschäfte. Unter Offenmarktgeschäften versteht man den Kauf oder Verkauf von Wertpapieren gegen Geld.
- Erhöht die Zentralbank das Geldangebot im Zuge von Offenmarktgeschäften durch den Kauf von Wertpapieren, steigen die Wertpapierkurse und – äquivalent dazu – der Zinssatz sinkt.
- Reduziert die Zentralbank das Geldangebot im Zuge von Offenmarktgeschäften durch den Verkauf von Wertpapieren, sinken die Wertpapierkurse und – äquivalent dazu – der Zinssatz steigt.
- Bei einer Zinssteuerung hält die Zentralbank den Zinssatz konstant. Das Geldangebot (und damit auch die Bilanz der Zentralbank) bestimmen sich dann endogen aus der Geldnachfrage zum festgelegten Zinssatz.
- Eine Zinssenkung führt zu einer Ausweitung des Geldangebots, weil die Geldnachfrage steigt.

4.3 Die Bestimmung von Geldangebot und Zinssatz II

Bislang haben wir zur Vereinfachung angenommen, dass die gesamte Geldmenge aus Bargeld besteht, das von der Zentralbank bereitgestellt wird. In der Realität besteht die Geldmenge jedoch nicht nur aus Bargeld, sondern auch aus Sichteinlagen. Sichteinlagen werden nicht von der Zentralbank, sondern von (privaten) Geschäftsbanken zur Verfügung gestellt. Wir analysieren nun, wie die Existenz von Geschäftsbanken unsere Schlussfolgerungen beeinflusst. Um unsere Ergebnisse vorweg zu nehmen: Auch in diesem komplizierteren Rahmen kann die Zentralbank den Zinssatz bestimmen.

Um zu verstehen, wie der Zinssatz in einer Volkswirtschaft bestimmt wird, in der es Bargeld und Sichteinlagen gibt, müssen wir zunächst das Verhalten der Geschäftsbanken betrachten.

4.3.1 Das Verhalten der Geschäftsbanken

In modernen Volkswirtschaften gibt es eine Vielzahl von Finanzintermediären – Institutionen, die von Privatpersonen und Unternehmen Finanzmittel erhalten und damit festverzinsliche Wertpapiere oder Aktien kaufen oder auch Kredite an andere Privatpersonen oder Unternehmen vergeben. Ihre Verbindlichkeiten sind das, was sie den Privatpersonen oder Unternehmen schulden, die ihnen Finanzmittel überlassen haben. Ihr Vermögen sind die Wertpapiere und Aktien, die sie im Portfolio halten, sowie die Kredite, die sie vergeben haben.

Wie immer ist diese Beschreibung eine Vereinfachung. Geschäftsbanken haben nicht nur Verbindlichkeiten in Form von Sichteinlagen und ihre Aktivitäten beschränken sich nicht nur auf das Halten von Wertpapieren oder die Vergabe von Krediten. Aber all diese Komplikationen sind hier nicht relevant.

Geschäftsbanken sind eine Form von Finanzintermediären. Was die Geschäftsbanken jedoch aus der Vielzahl der Finanzintermediäre hervorhebt, ist die Tatsache, dass zu ihren Verbindlichkeiten auch Sichteinlagen des Nichtbankensektors zählen. Weil Unternehmen und Haushalte (als Nichtbankensektor) neben Bargeld auch ihre Sichteinlagen für Transaktionen nutzen können, ergeben beide zusammen die [erweiterte] Geldmenge M_1 (vgl. auch die Fokusbox *„Geldnachfrage und Zinsen"*). Geschäftsbanken sind somit in der Lage Geld zu schaffen. Betrachten wir genauer, wie so ein Transaktionsprozess abläuft.

Die Bilanz einer Geschäftsbank ist in ▸ **Abbildung 4.7b** dargestellt. Dabei gehen wir davon aus, dass die Verbindlichkeiten der Bank nur aus Sichteinlagen bestehen, d.h. aus den Einlagen, die von Haushalten und Unternehmen gehalten werden. Das Vermögen besteht aus Reserven, Krediten und Wertpapieren. Kredite machen ungefähr 70% des Vermögens der Geschäftsbanken nach Abzug der Reserven aus, die restlichen 30% entfallen auf Wertpapiere.

Die Unterscheidung zwischen Wertpapieren und Krediten ist für unsere Zwecke unwichtig, da es uns im Moment ausschließlich um die Bestimmung des Geldangebots geht. Sie ist aber für andere Zwecke durchaus wichtig, beispielsweise für die Gefahr eines Runs auf eine Bank oder für die Rolle der Einlagenversicherung. Diese Fragen behandeln wir in ▸ Kapitel 6.

- Wir müssen verschiedene Fälle unterscheiden, in denen Geschäftsbanken Haushalten und Unternehmen Sichteinlagen gutschreiben. Solange ihre Kunden nur eine Überweisung (z.B. eine Gehaltsüberweisung) von einem anderen Kunden mit einem Konto bei derselben Geschäftsbank erhalten, bleibt die Bilanz dieser Bank unverändert (es ist lediglich eine Umbuchung von Verbindlichkeiten gegenüber verschiedenen Kunden). In allen anderen Fällen verlängert sich die Bilanz einer einzelnen Geschäftsbank, weil sich zusammen mit der Erhöhung der Sichteinlagen auch eine ihrer drei Vermögenspositionen im selben Umfang erhöht:
  - Die Reserven der Geschäftsbank steigen an, wenn ein Kunde eine Überweisung von einer anderen Geschäftsbank erhält, die über den Interbankenmarkt als Reserve bei der Zentralbank gutgeschrieben wird.
  - Die Position Wertpapiere steigt, wenn ein Kunde der Geschäftsbank ein Wertpapier verkauft. Das Gleiche gilt, wenn die Bank andere Vermögensgegenstände erwirbt, z.B. durch die Einzahlung von Bargeld oder den Umtausch von Devisen. Sie sind der Einfachheit halber nicht extra in ▸ **Abbildung 4.7b** aufgeführt.
  - Die Kredite in der Bilanz einer Geschäftsbank steigen, wenn die Geschäftsbank einen Kredit an einen Kunden vergibt.

(a) **Zentralbankbilanz**

Aktiva	Passiva
Wertpapiere	Zentralbankgeld = Bargeld + Reservehaltung der Geschäftsbanken

(b) **Bilanz der Geschäftsbanken**

Aktiva	Passiva
Reservehaltung Kredite Wertpapiere	Sichteinlagen

Abbildung 4.7 Die Bilanz von Geschäftsbanken und Zentralbank

- Aus makroökonomischer Sicht entscheidend sind die unterschiedlichen Auswirkungen auf das aggregierte Geschäftsbankensystem und damit die Geldmenge:
  - Da es sich im ersten Fall um Überweisungen zwischen Geschäftsbanken handelt, bleiben die aggregierten Reserven ebenso wie die aggregierten Sichteinlagen aller Geschäftsbanken und somit die Geldmenge unverändert. Die aggregierte Bilanz für das Bankensystem verändert sich bei einer Überweisung zwischen zwei Banken ebenso wenig wie die Bilanz einer Bank bei einer Überweisung zwischen zwei ihrer Kunden.
  - Dagegen erweitert sich die aggregierte Bilanzsumme aller Geschäftsbanken, wenn eine Bank Wertpapiere erwirbt oder Kredite vergibt. Im heutigen Finanzsystem können Geschäftsbanken so Sichteinlagen und damit Geld schaffen.
- Einen Teil der vorhandenen Einlagen behalten die Geschäftsbanken als Reserve. Sie halten sie in Form von Zentralbankgeld auf Konten bei der Zentralbank, von denen sie bei Bedarf Geld abheben können. Geschäftsbanken halten aus drei Gründen Reserven:
  1. Jeden Tag hebt ein Teil der Anleger Bargeld von ihren Sichteinlagen ab, während andere Anleger Bargeld in ihre Sichteinlagen einzahlen. Weil sich Einzahlungen und Auszahlungen nicht täglich ausgleichen, muss die Geschäftsbank immer eine gewisse Menge an Bargeld bereit haben.
  2. Jeden Tag stellen Personen, die über ein Konto bei der Geschäftsbank verfügen, Überweisungen zu Gunsten von Personen aus, die ihr Konto bei einer anderen Geschäftsbank führen. Der Betrag, den die Geschäftsbank als Ergebnis solcher Transaktionen anderen Geschäftsbanken schuldet, kann größer oder kleiner sein als der Betrag, der ihr von anderen Banken geschuldet wird. Auch aus diesem Grund muss die Bank Reserven halten.
  3. Geschäftsbanken halten aus den ersten beiden Gründen also selbst dann Reserven, wenn sie nicht dazu verpflichtet wären. Zusätzlich jedoch müssen sie bestimmte Mindestreserveverpflichtungen erfüllen. Diese fordern, Reserven in Höhe eines Prozentsatzes der Sichteinlagen zu halten. Im Euroraum wird der **Mindestreservesatz** von der Europäischen Zentralbank festgelegt. Im Januar 2012 hat die EZB den Mindestreservesatz, das Verhältnis von Reserven der Geschäftsbank zu Sichteinlagen, von 2% auf 1% gesenkt.
- Die verbleibenden Überschussreserven können die Geschäftsbanken nutzen, wenn die Kreditnachfrage von Unternehmen und Konsumenten ansteigt. Alternativ halten sie sie als Einlagen bei der Zentralbank. Dies machen sie insbesondere dann, wenn die Überschussreserven von der Zentralbank verzinst werden. Durch Veränderungen des Einlagenzinses oder des Mindestreservesatzes kann die Zentralbank somit indirekt Einfluss nehmen auf das Volumen der Kreditvergabe der Geschäftsbanken und damit auf die Höhe ihrer Sichteinlagen.

▶ **Abbildung 4.7a**zeigt noch einmal die Bilanz der Zentralbank, dieses Mal jedoch für eine Welt, in der es Geschäftsbanken gibt. Die Bilanz ist der für eine Welt ohne Geschäftsbanken in ▶ **Abbildung 4.5** sehr ähnlich. Die Vermögensseite ist gleich: Das Vermögen der Zentralbank besteht aus den von ihr gehaltenen Wertpapieren. Die Verbindlichkeiten der Zentralbank bestehen aus dem von ihr geschaffenen Zentralbankgeld. Neu ist an dieser Bilanz, dass nicht das gesamte Zentralbankgeld in Form von Bargeld von Nichtbanken gehalten wird. Ein Teil davon wird als Reserve von den Geschäftsbanken gehalten.

4.3.2 Angebot und Nachfrage nach Zentralbankgeld (Geldbasis)

Wie lässt sich das Gleichgewicht in diesem realistischeren Fall charakterisieren? Ganz ähnlich wie wir es bislang getan haben, nur dass wir nun unterscheiden müssen zwischen Angebot und Nachfrage von Zentralbankgeld und der Geldmenge M im privaten Sektor, die sich aus Bargeld und Sichteinlagen zusammensetzt. Die Zentralbankgeldmenge wird häufig auch als Geldbasis oder auch als „High powered money" bezeichnet.

Zentralbankgeld wird auch als Geldbasis oder als „High-powered money" bezeichnet (dafür steht der Großbuchstabe H).

- Die Nachfrage nach Zentralbankgeld besteht aus der Nachfrage nach Bargeld des Nichtbankensektors und der Nachfrage nach Reserven durch die Geschäftsbanken.
- Das Angebot an Zentralbankgeld wird direkt von der Zentralbank bestimmt.
- Der gleichgewichtige Zinssatz ergibt sich, wenn das Angebot an Zentralbankgeld der Nachfrage nach Zentralbankgeld entspricht.

Die Nachfrage nach Zentralbankgeld

Die Nachfrage nach Zentralbankgeld H^d setzt sich nun aus zwei Bestandteilen zusammen, nämlich zum einen der Nachfrage der privaten Nichtbanken nach Bargeld, zum anderen der Nachfrage nach Reserven durch die Geschäftsbanken. Um die Analyse möglichst einfach zu halten, nehmen wir in diesem Abschnitt aber an, dass die privaten Wirtschaftssubjekte ausschließlich Sichteinlagen bei den Geschäftsbanken halten wollen. Der allgemeinere Fall wird im **Anhang** dieses Kapitels betrachtet. Er ist algebraisch viel komplizierter, führt letztlich aber zu den gleichen Schlussfolgerungen.

Wir müssen nun unterscheiden zwischen: Nachfrage nach Geld M (Nachfrage nach Bargeld und nach Sichteinlagen) Nachfrage nach Geschäftsbankengeld (Nachfrage nach Sichteinlagen) Nachfrage nach Zentralbankgeld (Geldbasis) H (Nachfrage nach Bargeld durch Nichtbanken, Nachfrage nach Reserven durch Geschäftsbanken)

In unserem einfachen Fall besteht die Nachfrage nach Zentralbankgeld aus der Nachfrage nach Reserven durch die Geschäftsbanken. Diese wiederum hängt natürlich von der Nachfrage privater Wirtschaftssubjekte nach Sichteinlagen ab. Unter der Annahme, dass kein Bargeld gehalten wird, entspricht die Nachfrage nach Sichteinlagen der Geldnachfrage aller privaten Wirtschaftssubjekte. Für die Nachfrage nach Sichteinlagen können wir also dieselbe Gleichung wie zuvor (Gleichung 4.1) verwenden:

$$M^d = PYL(\underset{(-)}{i}) \tag{4.3}$$

Die Wirtschaftssubjekte halten mehr Sichteinlagen, je größer das Transaktionsvolumen und je niedriger der Zinssatz.

Je größer die Sichteinlagen, umso mehr Reserven müssen die Geschäftsbanken wiederum bei der Zentralbank halten – sowohl zur Vorsichtshaltung als auch aufgrund regulatorischen Verpflichtungen. Bezeichnen wir mit θ (dem griechischen Kleinbuchstaben Theta) den Reservesatz, das heißt, die Menge an Reserven, die die Geschäftsbanken pro Euro Sichteinlage halten. Unter Verwendung von Gleichung 4.3 ergibt sich die Nachfrage der Geschäftsbanken nach Reserven (nennen wir sie H^d) als:

$$H^d = \theta M^d = \theta PYL(i) \tag{4.4}$$

Der zweite Teil folgt aus den in Gleichung 4.3 beschriebenen Bestimmungsgründen der Sichteinlagen; der erste Teil der Gleichung spiegelt die Tatsache wider, dass die Nachfrage nach Reserven proportional zur Nachfrage nach Sichteinlagen ist. Wenn beispiels- weise $\theta = 0{,}01$, dann entspricht die Nachfrage nach Zentralbankgeld genau einem Prozent der gesamten Geldnachfrage. Für jeden Euro, den Wirtschaftssubjekte in Form von Sichteinlagen halten wollen, halten die Geschäftsbanken einen Cent als Reserve (etwa aufgrund von

Mindestreserveverpflichtungen). Die Nachfrage nach Reserven macht damit ein Prozent der gesamten Geldnachfrage aus.

Gleichgewicht auf dem Markt für Zentralbankgeld

Die angebotene Menge an Zentralbankgeld (die Geldbasis) – in unserem Beispiel einfach die Menge an Reserven – bezeichnen wir mit H. Genau wie im vorherigen ▸ **Abschnitt 4.2** wird H von der Zentralbank bestimmt. Durch Offenmarktgeschäfte kann sie die Geldbasis H verändern. Die Gleichgewichtsbedingung ist erfüllt, wenn das Angebot an Zentralbankgeld gleich der Nachfrage nach Zentralbankgeld ist:

$$H = H^d \tag{4.5}$$

Die Gleichgewichtsbedingung (4.5) ist in ▸ **Abbildung 4.8** grafisch dargestellt. Die Abbildung entspricht ▸ **Abbildung 4.2**, abgesehen davon, dass diesmal auf der horizontalen Achse die Menge an Zentralbankgeld und nicht die Geldmenge abgetragen wird. Der Zinssatz wird auf der vertikalen Achse abgetragen. Die Nachfrage nach Zentralbankgeld H^d ist für ein gegebenes Nominaleinkommen eingezeichnet. Ein höherer Zinssatz impliziert eine geringere Nachfrage nach Zentralbankgeld, weil die Nachfrage nach Sichteinlagen und damit auch die Nachfrage nach Reserven durch die Geschäftsbanken abnimmt. Bei einer Geldmengensteuerung ist das Geldangebot gegeben; es wird durch die vertikale Linie durch H^s dargestellt. Das Gleichgewicht befindet sich in Punkt A, mit dem Zinssatz i. Bei einer Zinssteuerung bietet die Zentralbank zum festgelegten Zins beliebig viel Zentralbankgeld an. Zum Zinssatz i stellt sie die nachgefragte Menge H^d bereit. Wieder befindet sich das Gleichgewicht in Punkt A.

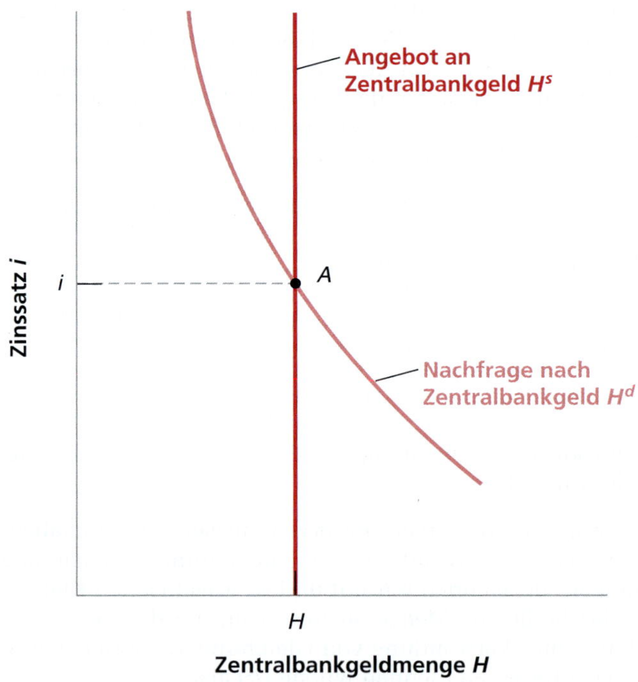

Abbildung 4.8 Gleichgewicht auf dem Markt für Zentralbankgeld. Der Gleichgewichtszins spielt sich so ein, dass die Nachfrage dem Angebot an Zentralbankgeld entspricht.

Die Auswirkungen von Veränderungen des Nominaleinkommens oder von Veränderungen des Angebotes an Zentralbankgeld sind qualitativ dieselben wie im letzten Abschnitt. Bei einer Geldmengensteuerung führt eine Veränderung des Angebotes an Zentralbankgeld zu einer Verschiebung der vertikalen Angebotsgeraden. Wie im letzten Abschnitt beschrieben, bewirkt eine Erhöhung der Geldbasis ein Sinken des Zinssatzes, eine Reduktion der Geldbasis dagegen einen Anstieg des Zinssatzes. Bei einer Zinssteuerung hat die Veränderung des Zinssatzes äquivalente Auswirkungen: Ein niedrigerer Zinssatz bewirkt einen Anstieg der Geldbasis, ein höherer dagegen einen Rückgang.

Zentralbankzinsen und Tagesgeldsatz

Beschreibt unser einfaches Modell wirklich einen realen Markt, auf dem tatsächlich Zentralbankgeld gehandelt wird? In der Tat handeln Geschäftsbanken täglich auf dem Markt für Reserven – dem sogenannten Interbankenmarkt. Auf diesem Markt stellt sich der Zinssatz so ein, dass Angebot und Nachfrage nach Zentralbankreserven übereinstimmen. Geschäftsbanken, die am Ende des Tages über Überschussreserven verfügen, verleihen diese an Geschäftsbanken, die nicht über genügend Reserven verfügen. Im Gleichgewicht muss die gesamte Nachfrage nach Reserven durch alle Geschäftsbanken H^d dem Angebot an Reserven entsprechen, das dem Markt zur Verfügung steht, H. Der Zinssatz, der auf dem Markt für Reserven bestimmt wird, heißt Tagesgeldsatz. Der durchschnittliche Tagesgeldsatz im gesamten Euroraum wird als Euro Short-Term Rate (€STR).

Im Zuge der Finanzkrise haben Zentralbanken weltweit massiv Liquidität bereitgestellt. Viele Geschäftsbanken hielten hohe Überschussreserven, die sie wieder bei der Zentralbank anlegen. Deshalb ist der Zinssatz für Tagesgeld meist auf den Einlagesatz gefallen. Vgl. dazu die Fokusbox *„Kreditgeschäfte der EZB"*.

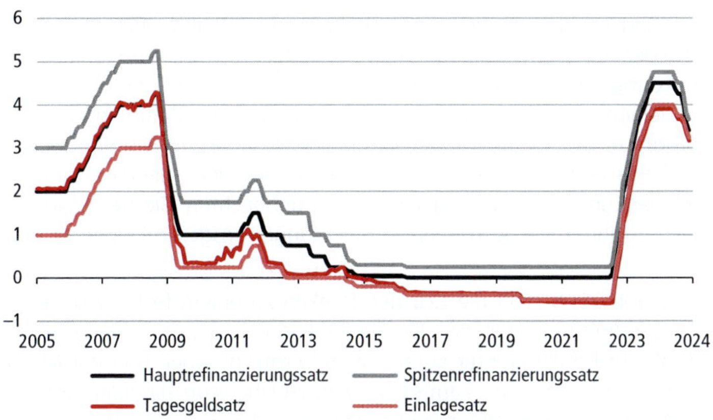

Abbildung 4.9 Tagesgeldsatz, Spitzenrefinanzierungssatz, Hauptrefinanzierungssatz, Einlagesatz
Quelle: https://data.ecb.europa.eu/main-figures/ecb-interest-rates-and-exchange-rates/key-ecb-interest-rates sowie FRED

Vor Ausbruch der Finanzkrise lag der Tagesgeldzins in der Regel sehr nahe beim **Hauptrefinanzierungssatz**, den die EZB direkt steuert (vgl. ▶ **Abbildung 4.9**). Die Realität ist allerdings etwas komplexer ist als unser Modell: Die EZB legt nicht nur den Hauptrefinanzierungssatz fest, sondern eine Untergrenze (den Zinssatz für die Einlagefazilität oder Einlagesatz) und eine Obergrenze (den **Spitzenrefinanzierungssatz**). Damit möchte sie sicherstellen, dass die Zinsen am **Tagesgeldmarkt** nicht zu stark schwanken.

Seit der Finanzkrise 2008 hat die Europäische Zentralbank durch unkonventionelle Maßnahmen ihre Bilanz stark ausgeweitet und im Gegenzug massiv zusätzliche Liquidität geschaffen hat. Seitdem halten die Geschäftsbanken insgesamt hohe Überschussreserven, die sie bei der Zentralbank wieder zum Einlagezins anlegen. ▶ **Abbildung 4.9** zeigt, dass der Zinssatz für Tagesgeld seitdem meist auf den Einlagesatz gefallen ist (vgl. dazu genauer die Fokusbox *„Kreditgeschäfte der EZB"*). Der Einlagesatz wird deshalb mittlerweile als wichtigster Leitzins der EZB betrachtet. Die Zentralbanken versuchten die Folgen der Finanzkrise durch drastische Zinssenkungen zu lindern. Von Juni 2014 an bis Juli 2022 hat die EZB ihren Einlagezins sogar unter null gesenkt. Entsprechend wurde auch der Zinssatz für Tagesgeld zwischen Geschäftsbanken negativ. Der nächste Abschnitt zeigt, warum konventionelle Geldpolitik in einer solchen Situation an Grenzen stößt.

FOKUS

Kreditgeschäfte der EZB

Die EZB führt im Normalfall als Hauptinstrument der Geldpolitik wöchentlich Offenmarktgeschäfte durch. Im Rahmen von Tendergeschäften versteigert sie Liquidität an die Geschäftsbanken. Am Anfang der Woche nimmt sie Gebote aller Geschäftsbanken im Euroraum zur Refinanzierung mit Zentralbankgeld entgegen. Dienstags erhalten die Geschäftsbanken dann je nach Gebot eine bestimmte Zuteilung; im Gegenzug müssen sie der EZB Wertpapiere aus ihrem Besitz übergeben. Die EZB akzeptiert dabei sowohl öffentliche als auch private Wertpapiere (wie etwa Pfandbriefe oder **Unternehmensanleihen** bestimmter Qualität). Im Gegensatz zur Fed in den USA kaufte die EZB diese Wertpapiere nicht, sie nahm sie nur befristet für einen kurzen Zeitraum (normalerweise für eine Woche) in ihr Depot: Es bestand eine Rückkaufsvereinbarung. Meist wurden die Wertpapiere einfach als Sicherheiten (Pfandkredit) verpfändet. Diese Offenmarktgeschäfte wirken aber genauso wie oben beschrieben: Die EZB stellt bei ihren wöchentlichen Operationen immer dann zusätzliche Liquidität bereit, wenn der neu zugeteilte Betrag über dem auslaufenden liegt. Im Gegenzug entzieht sie damit dem Markt mehr Wertpapiere als aus dem abgelaufenen Geschäft der vergangenen Woche zurückfließen. Im umgekehrten Fall entzieht die EZB dem Markt Liquidität, indem sie weniger neue Refinanzierungsgeschäfte zuteilt als in dieser Woche auslaufen. Damit erhöht sich der fungible Bestand an Wertpapieren im privaten Sektor.

Damit die Zinsen am Tagesgeldmarkt nicht zu stark schwanken, legt die EZB zusätzlich eine Ober- und Untergrenze in Form der ständigen Fazilitäten fest: Der Spitzenrefinanzierungssatz bildet die Obergrenze (zu diesem Satz können sich Geschäftsbanken, die dringend zusätzliche Liquidität benötigen, Geld gegen Sicherheiten leihen); der Einlagesatz bildet die Untergrenze. Während der Finanzkrise wurden diese Grenzen verengt, um die Schwankungen des Tagesgeldsatzes zu dämpfen. Wie ▶ Abbildung 4.9 zeigt, bewegt sich der Tagesgeldsatz fast immer in diesem Rahmen. Allerdings sind manchmal durchaus beachtliche Schwankungen des Tagesgeldsatzes zu beobachten. Sie treten auf, wenn Geschäftsbanken im Vergleich zu ihren Mindestreserveverpflichtungen insgesamt über zu wenig oder zu viel Liquidität verfügen.

Nach der Finanzkrise von 2008 stellt die EZB den Banken zu einem festen Zinssatz so viel Liquidität bereit wie sie verlangen (mit Vollzuteilung). Da die Banken Liquidität horteten (sie riefen lieber etwas mehr Liquidität ab als zur Erfüllung ihrer kurzfristigen Verpflichtungen und der Mindestreserveanforderungen unbedingt erforderlich war), kam es seitdem zu Überschussliquidität im gesamten Bankensystem. Im Zug der Ausweitung der Offenmarktgeschäfte an der Zinsuntergrenze (vgl. ▶ Abschnitt 4.4) ist die Überschussliquidität im Bankensystem aufgrund der direkten Wertpapierankäufe und gezielten längerfristigen Refinanzierungsgeschäfte der EZB ab 2015 bis November 2022 noch weiter gestiegen. Diese Überschussliquidität verzinst die EZB mit dem Einlagesatz. Der Marktzins für Tagesgeld zwischen Banken liegt deshalb an der Untergrenze (dem Einlagesatz) oder sogar noch etwas niedriger (vgl. ▶ Abbildung 1). Seitdem ist der Einlagesatz zum wichtigsten geldpolitischen Leitzins der EZB geworden. Man spricht deshalb von einem Floor-System.

Neben den normalen Offenmarktgeschäften führt die EZB auch langfristige Refinanzierungsgeschäfte (mit einer Laufzeit von bis zu vier Jahren) durch. Seit der Finanzkrise haben solche Geschäfte massiv an Bedeutung gewonnen. Im Rahmen von „gezielten längerfristigen Refinanzierungsgeschäften" konnten sich Geschäftsbanken zur Kreditvergabe an den privaten Sektor für die Dauer von jeweils bis zu vier Jahren Zentralbankgeld leihen.

Bis September 2019 wurde als Referenzzinssatz für den Tagesgeldsatz im Euroraum der EONIA Satz verwendet. Von Oktober 2019 an wurde er von der Euro Short-Term Rate abgelöst. Beide Zinssätze beziehen sich auf Transaktionen, die in Euro denominiert sind und auf unbesicherten Geldmarktgeschäften beruhen. Der EONIA Satz wurde als Durchschnitt aus den Daten berechnet, die 28 private Geschäftsbanken meldeten. Der neue Zinssatz wird dagegen von der EZB bereitstellt. Er basiert auf den täglich *tatsächlich gehandelten Einzeltransaktionen* von derzeit ca. 70 berichtspflichtigen Geschäftsbanken. ▶ Abbildung 1 zeigt den Verlauf der Short-Term Rate seit Oktober 2019.

Der Zinssatz spiegelt die Übernachtdarlehenskosten für Banken mit *allen* finanziellen Gegenparteien auf dem Gesamtmarkt für Liquidität wider. Auf diesem Markt sind nicht nur Banken im Euroraum, sondern auch eine Reihe anderer Akteure aktiv, die als Nichtbanken oder Banken außerhalb des Euroraums keinen Zugang zu den geldpolitischen Operationen des Eurosystems haben. Sofern auf dem Markt genügend

Liquidität verfügbar ist, kann die Euro Short-Term Rate deshalb unter dem Zinssatz der Einlagefazilität liegen. Während der Hauptrefinanzierungssatz um 0,5 Prozentpunkte über dem Einlagesatz lag, zeigt ▶ Abbildung 1, dass die Euro Short-Term Rate tatsächlich von Anfang an (seit ihrer Einführung im Oktober 2019) in der Tat leicht unterhalb des Einlagesatzes liegt – ähnlich wie der Zins am Interbankenmarkt in den USA (vgl. ▶ Kapitel 23, Abbildung 23.4). Ab September 2024 wurde der Abstand des Hauptrefinanzierungssatzes zum Einlagesatz auf 0,15 Prozentpunkte gesenkt. Die Abbildung zeigt zudem auch deutlich, dass der Tagesgeldsatz sich an jeden Zinsschritt der EZB direkt anpasst. Die Zinsentscheidungen der EZB bestimmen also unmittelbar die Finanzierungskonditionen aller Finanzinstitute.

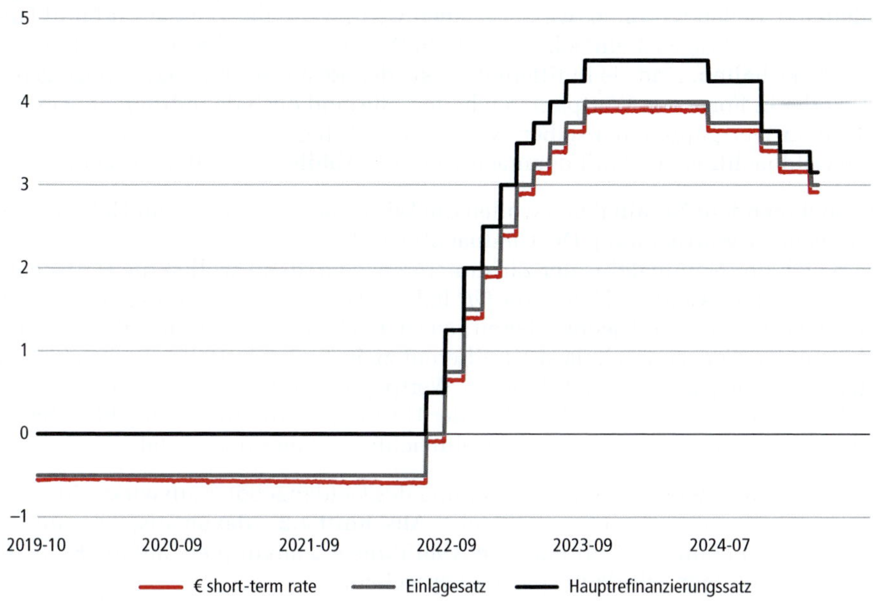

Abbildung 1 Euro Short-Term Rate, Einlage- und Hauptrefinanzierungssatz der EZB ab 1.10.2019
Quelle: ECB, FRED

4.4 Die Liquiditätsfalle

Die Idee der Liquiditätsfalle (einer Situation, in der eine Ausdehnung des Geldangebots den Zins nicht weiter senken kann) wurde bereits in den 1930er-Jahren von Keynes entwickelt, auch wenn dieser Ausdruck erst später geprägt wurde.

Die ersten Abschnitte dieses Kapitels zeigten, wie die Zentralbank durch Geldmengenoder Zinssteuerung den Leitzins immer genau in der Höhe festlegen kann, die sie für angemessen hält. Möchte sie den Zinssatz senken, erhöht sie das Angebot an Zentralbankgeld oder sie senkt direkt ihren Leitzins. Die Erfahrung der Finanzkrise lehrt aber, dass die Zentralbank an wichtige Grenzen stoßen kann: Der Zinssatz kann nicht allzu negativ werden. Sonst würden alle Wirtschaftssubjekte ihr Finanzvermögen in Bargeld umschichten. Man spricht dann von der **Liquiditätsfalle**. Die Wirksamkeit der Geldpolitik ist durch diese effektive Zinsuntergrenze begrenzt.

Manche Ökonomen (wie etwa Ken Rogoff) plädieren dafür, Bargeld ganz abzuschaffen, um die Zinsuntergrenze zu eliminieren. Andere plädieren für die Einführung von Schwundgeld, das im Lauf der Zeit automatisch an Wert verliert – wie es verschiedene Regionalwährungen – etwa der Chiemgauer in Oberbayern – praktizieren.

Lange Zeit sah man die Null als die „Zinsuntergrenze." Weil aber auch das Horten von Bargeld mit Kosten und Risiken verbunden ist (etwa dem Risiko eines Einbruchs und den Kosten für den Einbau von Tresoren), können Zinsen durchaus leicht negativ werden, bevor die Flucht in Bargeld einsetzt. Verschiedene Zentralbanken experimentieren mit dieser Zinsuntergrenze; die Schweizer Nationalbank senkte den Leitzins im Januar 2015 sogar auf –0,75%. Auch wenn sich der exakte Wert nicht genau bestimmen lässt, wird der Spielraum, die Zinsen weiter zu senken, durch die Zinsuntergrenze strikt begrenzt, solange Bargeld nicht abgeschafft wird. Zur Vereinfachung werden wir in diesem Buch in Beispielen für die Zinsuntergrenze den Wert „null" verwenden.

Lange Zeit wurde die Liquiditätsfalle nur als exotischer Spezialfall betrachtet. Die meisten Ökonomen gingen davon aus, dass Zentralbanken nur in seltenen Ausnahmen überhaupt negative Zinsen in Erwägung ziehen, sodass die Untergrenze kaum bindend wird. Mit der Finanzkrise hat sich dies drastisch geändert. Fast alle Zentralbanken senkten ihre Leitzinsen auf null. Manche experimentierten sogar mit negativen Zinsen; sie erfuhren dabei aber, dass die effektive Zinsuntergrenze eine ernsthafte Beschränkung der Geldpolitik bedeutet.

Betrachten wir das Problem genauer. Als wir zu Beginn dieses Kapitels die Nachfragefunktion ableiteten, ließen wir offen, was geschehen wird, wenn der Zinssatz auf null fällt. Die Antwort auf diese Frage ist einfach: Sobald die Wirtschaftssubjekte genug Geld für Transaktionszwecke halten, sind sie indifferent, ob sie den Rest ihres Finanzvermögens in Form von Geld oder in Form von Wertpapieren halten. Sie sind deshalb indifferent, weil sowohl Geld als auch Wertpapiere denselben Nominalzins bringen, nämlich einen Zinssatz von null. Die Geldnachfrage verläuft demnach wie in ▶ **Abbildung 4.10** dargestellt:

- Mit abnehmendem Nominalzins wollen die Wirtschaftssubjekte mehr Geld halten (und damit weniger Wertpapiere): Die Geldnachfrage steigt.
- Nähert sich der Nominalzins der Zinsuntergrenze an, dann wollen die Wirtschaftssubjekte mindestens Geld in Höhe von *OB* halten: Diese Menge benötigen sie für Transaktionszwecke. Sie sind jedoch bereit, sogar noch mehr Geld zu halten (und damit noch weniger Wertpapiere), da sie indifferent zwischen dem Halten von Geld und dem Halten von Wertpapieren sind. Werden Wertpapiere mit einem Strafzins belegt, wird es – abgesehen von Kosten und Risiken der Hortung – attraktiver, Bargeld zu halten. Ab einem gewissen Punkt *B* verläuft die Geldnachfrage daher horizontal.

Betrachten wir nun, wie sich eine Ausweitung des Geldangebotes auswirkt. Zur Vereinfachung gehen wir zunächst wieder – wie im ▶ **Abschnitt 4.2** – davon aus, dass nur Bargeld gehalten wird. So können wir direkt an ▶ **Abbildung 4.2** anknüpfen; auf die Rolle der Geschäftsbanken kommen wir dann später zu sprechen.

- Beginnen wir mit dem Gleichgewicht (Punkt *A*) bei einem Geldangebot in Höhe von M^s mit einem positiven Nominalzins gleich *i*. Ausgehend vom Gleichgewicht *A* lässt eine Ausweitung des Geldangebotes – eine Verschiebung der M^s-Geraden nach rechts – den Nominalzins zunächst sinken, wie wir es in ▶ **Abschnitt 4.2** beschrieben haben.

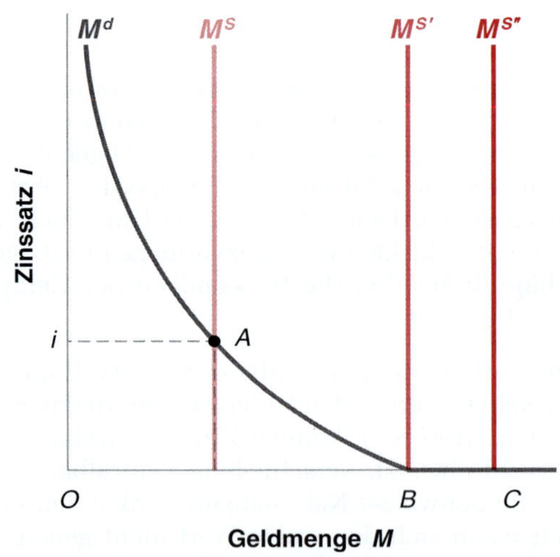

Abbildung 4.10 Geldnachfrage, Geldangebot und die Liquiditätsfalle. Sinkt der Nominalzins auf null, dann sind die Wirtschaftssubjekte indifferent zwischen dem Halten von Geld und dem Halten von Wertpapieren, sobald sie genügend Geld für Transaktionszwecke halten. Die Geldnachfrage wird horizontal. Dies impliziert, dass bei einem Nominalzins von null eine weitere Erhöhung der Geldmenge keine Auswirkungen auf den Nominalzins hat.

- Betrachten wir nun den Fall, dass das Geldangebot gleich $M^{s\prime}$ (bzw. $M^{s\prime\prime}$) ist. Das Gleichgewicht befindet sich nun in Punkt *B* (bzw. in Punkt *C*). In beiden Fällen ist der Nominalzins in der Ausgangssituation gleich null. Eine Ausweitung des Geldangebots hat somit keine Auswirkungen auf den Nominalzins. Überlegen wir, warum das so ist. Wenn die Zentralbank das Geldangebot durch eine Offenmarktoperation erhöht, kauft sie Wertpapiere und bezahlt durch zusätzliche Geldschöpfung. Da der Nominalzins gleich null ist, sind die Wirtschaftssubjekte aber indifferent, wie viel Geld oder Wertpapiere sie halten; sie sind daher bereit, zum selben Nominalzins (dem Zinssatz von null) weniger Wertpapiere und mehr Geld zu halten. Das Geldangebot steigt, ohne dass sich der Nominalzins dadurch verändern würde.

Die Zentralbank verändert die Geldbasis durch Offenmarktoperationen, in denen sie Wertpapiere im Austausch gegen Reserven bzw. Bargeld kauft oder verkauft.

Was geschieht, wenn wir – wie in ▸ **Abschnitt 4.3** – auch Geschäftsbanken mit Sichteinlagen berücksichtigen? Für die Nachfrage der Wirtschaftssubjekte gelten unsere Aussagen unverändert. Bei einem Zinssatz von null sind sie indifferent zwischen Geld (Bargeld oder Sichteinlagen) und dem Halten von Wertpapieren. Aber das Argument gilt analog nun auch für die Entscheidung der Geschäftsbanken, ob sie lieber Reserven bei der Zentralbank oder Wertpapiere halten. Solange die Zinsen auf Reserven und Wertpapiere gleich hoch sind, sind die Geschäftsbanken zwischen beiden Alternativen indifferent. Weitet die Zentralbank die Geldbasis aus, steigen deshalb die **Reserven der Geschäftsbanken** und die Sichteinlagen in gleichem Umfang an.

Genau das ist im Lauf der Finanzkrise geschehen: In den USA sind sowohl die Überschussreserven der Geschäftsbanken als auch die Sichteinlagen der Wirtschaftssubjekte von Ende 2008 bis Ende 2015 stark angestiegen – in der Zeit, als der Leitzins der Fed bei null lag. Als die Fed im Dezember 2015 dann begann, ihren Leitzins wieder langsam anzuheben, hielten Geschäftsbanken aber weiterhin hohe Reserven. Das liegt daran, dass die Fed mit der Anhebung des Leitzinses gleichlaufend auch die Verzinsung auf die Reservehaltung der Geschäftsbanken entsprechend angehoben hat. Die Verzinsung der Reservehaltung ist ein wichtiges geldpolitisches Instrument geworden. Sie ermöglicht den Ausstieg aus unkonventioneller Geldpolitik, ohne die Bilanz der Zentralbank wieder auf das niedrige Niveau vor der Krise senken zu müssen (vgl. dazu ausführlicher ▸ **Kapitel 23**).

Im Gegensatz zu Bargeld kann die Zentralbank auf Reserven der Geschäftsbanken aber auch negative Einlagenzinsen erheben und die Zinsen damit auch unter die Grenze von null senken. So haben die EZB und eine Reihe anderer Zentralbanken (wie etwa die Schweizer Nationalbank) während der Finanzkrise einen negativen Einlagenzins eingeführt. Solange es jedoch möglich ist, jederzeit Einlagen vom eigenen Konto abzuziehen und in Bargeld zu tauschen, können die Nominalzinsen nicht allzu stark negativ werden: Bei hohen Strafzinsen schichten die Wirtschaftssubjekte ihre gesamten Anlagen in Bargeld um; die Zinsuntergrenze wird also wieder bindend.

Kurz zusammengefasst: Fällt der Nominalzins auf die effektive Zinsuntergrenze, dann verfügt konventionelle expansive Geldpolitik über keine Macht mehr. Oder, um die Formulierung von Keynes zu verwenden, der als Erster auf dieses Problem hingewiesen hat, wir befinden uns in einer Liquiditätsfalle: Die Wirtschaftssubjekte sind bereit, zum selben Nominalzins immer mehr Geld (mehr Liquidität) zu halten.

Je höher die Kosten der Hortung, umso tiefer ist die effektive Zinsuntergrenze. Wenn wir von diesen Kosten absehen, liegt die Untergrenze bei null wie in ▸ Abbildung 4.10 gezeichnet. Überlegen Sie, wie unsere Analyse zu modifizieren ist, wenn Hortungskosten eine große Rolle spielen.

Die amerikanische Zentralbank (Fed) hat ihren Leitzins schon Ende 2008 aggressiv auf null gesenkt hat; der Zins verharrte bis Ende 2015 auf dieser Untergrenze. Im Verlauf dieser sieben Jahre hat die Fed ihre Zentralbankgeldmenge über Offenmarktgeschäfte immer weiter erhöht. Sie kaufte Wertpapiere gegen Geld. Unserem Modell zufolge sollten beim Leitzins von null Geschäftsbanken bereit sein, ihre Reserven auszuweiten, so wie Haushalte ihre Sichteinlagen. Genau das ist geschehen. ▸ **Abbildung 4.11** zeigt, dass die Sichteinlagen privater Wirtschaftssubjekte in den USA von 620 Mrd. $ Mitte 2008 auf 1.700 Mrd. $ Ende 2015 angestiegen waren (dagegen waren sie vor der Finanzkrise mit steigender Nutzung von Kreditkarten stetig zurückgegangen). Die Reserven der Geschäftsbanken stiegen noch weit dramatischer von 10 Mrd. $ Mitte 2008 auf 2.500 Mrd. $ Ende 2015. Die starke Ausweitung der Zentralbankgeldmenge wurde also bei unverändertem Zins von null vom privaten Sektor und von den Geschäftsbanken völlig absorbiert. Mit Ausbruch der Corona-Krise wurde der Leitzins 2020 dann wieder auf null gesenkt. Erneut weitete die Fed ihre Offenmarktgeschäfte massiv aus. Mit der Ausweitung der Zentralbankgeldmenge stiegen auch Sichteinlagen und Reserven wieder stark an.

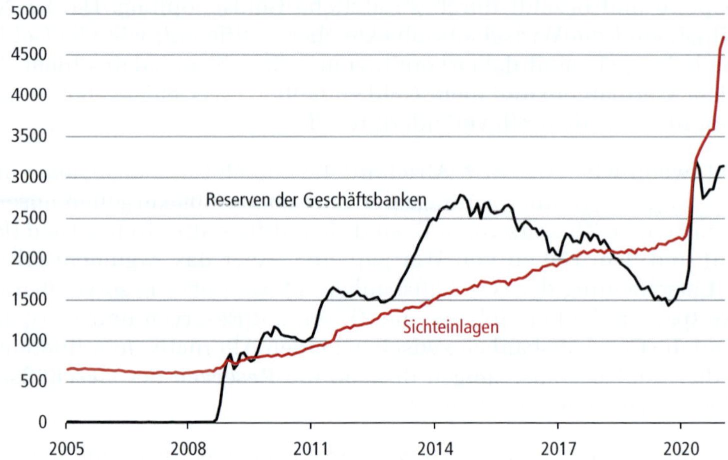

Abbildung 4.11 Reserven der Geschäftsbanken und Sichteinlagen in den USA seit 2005, in Mrd. US-$
Quelle: Fed – FRED Codes WRESBAL (Reserve Balances with Federal Reserve Banks) und TCD (Total Checkable Deposits)

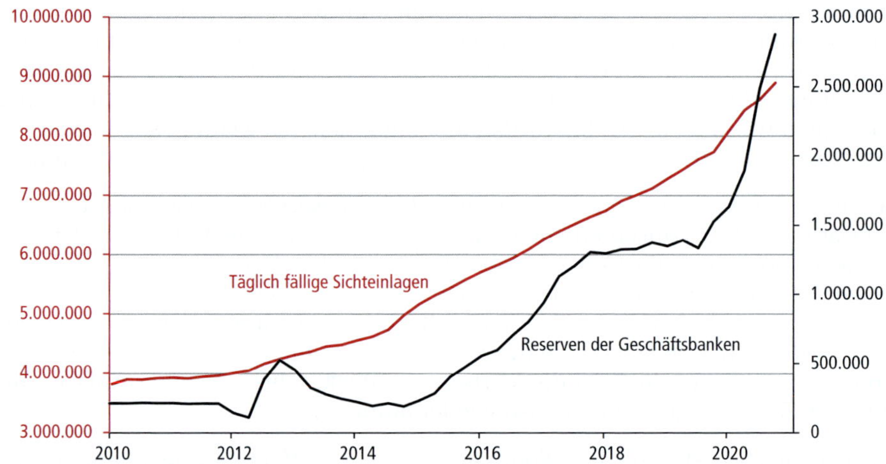

Abbildung 4.12 Reserven der Geschäftsbanken (rechte Skala) und täglich fällige Sichteinlagen (linke Skala) im Euroraum, in Mrd. Euro
Quelle: EZB

Auch im Euroraum zeigt sich – mit gewisser Verzögerung – eine ähnliche Entwicklung. Die EZB hat ihre Zinsen erst ab 2014 stark gesenkt und dabei die Bereitstellung von Reserven für die Geschäftsbanken sowohl durch qualitative als auch quantitative Lockerung stark ausgeweitet. Im Gegenzug sind die Reserven der Geschäftsbanken und auch die täglich fälligen Sichteinlagen des privaten Sektors stark angestiegen (vgl. ▶ **Abbildung 4.12**).

Diese Ausweitung der Offenmarktoperationen soll die Wirtschaftsaktivität stabilisieren und für Preisstabilität sorgen. Manche betrachten solche Aktivitäten mit großer Skepsis. Sie bevorzugen ein Regime, das den Handlungsspielraum von Zentralbanken stark einschränkt. So ist etwa die verfügbare Menge der Kryptowährung Bitcoin von einem mechanischen Regelwerk bestimmt. Die Fokusbox *„Wird Bitcoin den Euro verdrängen?“* analysiert die Entwicklung digitaler Zahlungsmittel.

Die in ▶ **Abbildung 4.11** und **Abbildung 4.12** beschriebene Entwicklung wirft zwei Fragen auf:

- Warum haben Fed und EZB ihr Geldangebot weiter massiv ausgeweitet, nachdem die effektive Zinsuntergrenze erreicht war und traditionelle Geldpolitik damit eigentlich keine Wirkung mehr haben sollte? Den Grund diskutieren wir in ▶ **Kapitel 6**. Mit der Politik quantitativer Lockerung können Offenmarktoperationen in einer Wirtschaft mit Wertpapieren unterschiedlicher Laufzeit und Risikostruktur die Wirtschaftsaktivität durchaus beeinflussen – wenn auch nur indirekt über die Veränderung der relativen Zinssätze.
- Im Dezember 2015 und dann wieder Anfang 2022 begann die Fed, den Leitzins über die nächsten Jahre langsam schrittweise anzuheben. Warum hielten Geschäftsbanken trotzdem weiterhin hohe Reserven? Dies hängt mit der Frage nach der richtigen Ausstiegstrategie zusammen: Muss die starke Ausweitung der Geldbasis wieder rückgängig gemacht werden, sobald Preisdruck aufkommt? Die Erfahrung der Fed zeigt, dass die Anhebung der Zinsen auf Reserven eine Ausstiegstrategie ermöglicht, ohne dass dabei ein Abbau der Geldbasis erfolgen muss. Um den Geschäftsbanken weiterhin Anreize zu geben, hohe Reserven zu halten, hat sie auch die Verzinsung auf Reservehaltung der Geschäftsbanken angehoben. Dies betrachten wir in ▶ **Kapitel 23** genauer.

FOKUS

Wird Bitcoin den Euro verdrängen?

Bitcoin ist eine Kryptowährung – ein virtueller Vermögenswert, der mit Hilfe der Blockchain-Technologie für Transaktionen verwendet werden kann, ohne dass eine dritte Partei (egal ob Zentral- oder Geschäftsbank) daran beteiligt ist. Anfang August 2020 waren 18,5 Millionen Bitcoins im Umlauf. Ein Bitcoin war damals 9.500 € wert; der Gesamtwert aller Bitcoins belief sich also auf ca. 175 Milliarden €. Das klingt eindrucksvoll, ist aber nicht viel etwa im Vergleich zum Wert des Bargelds im Euroraum (über 1,5 Billionen € im Dezember 2023). 80% der Nutzer setzen Bitcoins zudem gar nicht als Transaktionsmittel ein, sondern halten sie nur als Vermögens- oder Spekulationsobjekt.

Dennoch prophezeien Fans der neuen Technologie, dass Bitcoin eines Tages nicht nur den Euro, sondern auch den Dollar und andere Währungen als Transaktionsmittel ablösen werde. Sollte das tatsächlich passieren, würde die Geldmenge statt von der Zentralbank von dem mechanischen Regelwerk bestimmt, das für die Schöpfung neuer Bitcoins im Zeitverlauf festlegt wurde. Geldpolitik, wie wir sie kennen, würde obsolet (und dieses Lehrbuch müsste völlig umgeschrieben werden).

Ist das vorstellbar? Natürlich kann man sich eine Welt vorstellen, in der alle Preise und alle Zinsen in Einheiten von Bitcoin notiert werden, in der alle Transaktionen in Kryptowährung abgewickelt werden. Ist das aber realistisch? Nein – und zwar aus folgenden Gründen.

Erstens aus wirtschaftlichen Gründen. Solange die meisten Preise in Euro notiert sind, sind Transaktionen in Bitcoin mit erheblichen Preisrisiken verbunden. Das Preisrisiko wäre vernachlässigbar, wenn der Kurs von Bitcoin in Euro im Zeitablauf einigermaßen stabil wäre. Tatsächlich gab es aber seit der Einführung von Bitcoin drastische Preisschwankungen. ▶ **Abbildung 1** zeigt die hohe Volatilität des Kurses: Im September 2020 lag er noch unter 10.000 €. Dann sprang er bis April 2021 rasant auf 50.000 € und erreichte im November mit 55.000 € einen Höchststand. Bis Dezember 2022 verfiel er dann wieder knapp unter 16.000 € und erholte sich bis Dezember 2023 auf 40.000 €. Nach der Wahl von Donald Trump zum US-Präsidenten im November 2024 ist der Kurs noch weiter stark gestiegen. Das Zahlen mit Bitcoin ist für die Transaktionsparteien also mit hohen Kursrisiken verbunden.

Zweitens aus technischen Gründen. Der Verifikationsprozess für Transaktionen ist ebenso wie der Prozess der Geldschöpfung mittels Computern technisch äußerst kompliziert. Er verschlingt enorm viel Strom. Transaktionen werden extrem kostspielig. Sollte Bitcoin verstärkt zur Abwicklung von Transaktionen eingesetzt werden, würde der Energieverbrauch dramatisch ansteigen. Anfang 2021 wurden mit Bitcoin täglich nicht mehr als 400.000 Transaktionen durchgeführt – eine verschwindend geringe Zahl im Vergleich zu den reibungslosen Zahlungen, die etwa das Target-System der EZB heute schon sekundenschnell im gesamten Euroraum elektronisch abwickelt.

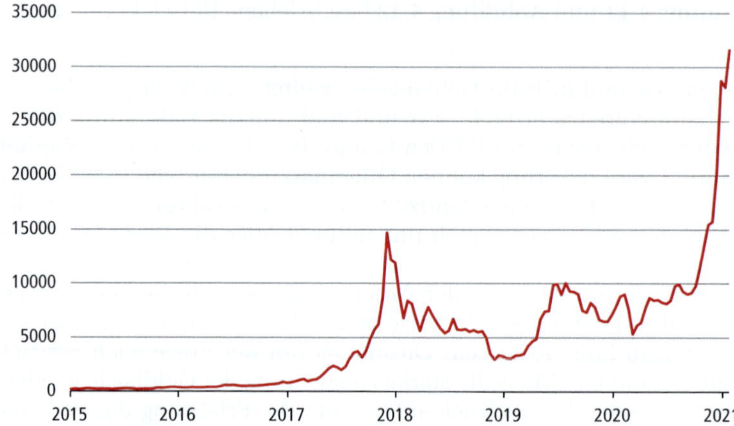

Abbildung 1 Der Kurs von Bitcoin in Euro
Quelle: Coinbase Bitcoin, FRED Code CBBTCUSD / DEXUSEU

Drittens schließlich aus politischen Gründen. Politiker haben kein Interesse daran, die Geldpolitik privaten Akteuren zu überlassen. Der Wechsel zu einem neuen Gleichgewicht, in dem Bitcoins das Hauptzahlungsmittel würden, würde eine enorme Koordination erfordern: Alle Preise müssten in Bitcoin statt in Euro notiert werden. Das kann nur geschehen, wenn dies auch alle anderen tun. Dazu bräuchte es staatliche Unterstützung (wie etwa bei der Einführung des Euro). Staaten sind daran aber nicht interessiert. Sie erteilen vielmehr ihrer Zentralbank den Auftrag, für eine stabile Währung zu sorgen – mit der Garantie, dass das verwendete Zahlungsmittel nicht täglich drastischen Preisschwankungen ausgesetzt ist.

Aus den oben angeführten Gründen eins und drei ist auch das Projekt Libra von Facebook an Grenzen gestoßen. Dem Beispiel von Alipay und WeChatPay in China folgend, wollte Facebook ein privates Zahlungsnetzwerk aufbauen, das den Nutzern Skalenvorteile bei niedrigen Gebühren bringt. Die Nutzer sollten diese Dienstleistung mit der Offenlegung ihrer privaten Zahlungsgewohnheiten „bezahlen" – im Gegensatz zu anonymen Zahlungen mit Bargeld sind elektronische Zahlungsströme jederzeit nachvollziehbar und zentral auswertbar. Es liegt auf der Hand, dass solche Informationen für den Betreiber extrem wertvoll sind.

Ursprünglich wollte Facebook-Gründer Mark Zuckerberg damit eine neue, weltweit gültige virtuelle Währung schaffen. Mittlerweile wurden diese Pläne jedoch wieder eingestellt.

Digitalwährungen werden eine immer größere Bedeutung bekommen. Mehrere Zentralbanken entwickeln derzeit schon Projekte, selbst digitales Zentralbankgeld einzuführen – quasi Bargeld in elektronischer Form. Es könnte in Zukunft einen steigenden Anteil am gesamten Bargeld ausmachen. Eines Tages könnte der digitale Geldbeutel im Handy traditionelle Münzen ganz ersetzen. Chinas Zentralbank bietet digitales Geld heute bereits an. Die Möglichkeit, alle Daten über Zahlungen perfekt zu kontrollieren, weckt allerdings Skepsis. Die Herausforderung besteht darin, Systeme zu entwickeln, die illegale Transaktionen erschweren, zugleich aber (etwa über weitgehend anonymisierte Verfahren) Datenschutz garantieren und so sicherstellen, dass digitale Informationen nicht missbraucht werden. Derzeit ist noch offen, welches Verfahren sich dafür am besten eignet. Wenn Zentralbanken künftig solches digitales Bargeld anbieten, besitzen sie einen enormen Wettbewerbsvorteil: Sie haben sich bereits das Vertrauen der Bevölkerung erworben – die Grundbedingung für jede erfolgreiche Währung. Nur wenn sie dieses Vertrauen verspielen sollten, könnten private Währungen Erfolg haben.

Literatur: Philip R. Lane, The digital euro: maintaining the autonomy of the monetary system, EZB, 2025 https://www.ecb.europa.eu/press/key/date/2025/html/ecb.sp250320_1~41c9459722.en.html

ZUSAMMENFASSUNG

- Die Geldnachfrage hängt positiv vom Niveau des Einkommens und negativ vom Zinssatz ab.
- Die Zentralbank verändert das Geldangebot durch Offenmarktgeschäfte. Sie kann durch Geldmengen- oder Zinssteuerung die Geldmenge bzw. den Leitzins immer genau in der Höhe steuern, die sie für angemessen hält.
- Bei einer Geldmengensteuerung stellt sich der Zinssatz im Gleichgewicht so ein, dass das Geldangebot der Geldnachfrage entspricht. Bei gegebenem Geldangebot führt ein Einkommensanstieg zu einem Anstieg der Geldnachfrage und zu einem Anstieg des Zinssatzes. Eine Erhöhung des Geldangebotes führt zu einem Rückgang des Zinssatzes.
- Bei einer Zinssteuerung hält die Zentralbank den Zinssatz konstant. Das Geldangebot (und damit auch die Bilanz der Zentralbank) bestimmt sich dann endogen aus der Geldnachfrage zum festgelegten Zinssatz.
- Expansive Offenmarktgeschäfte, mit denen die Zentralbank das Geldangebot durch den Kauf von Wertpapieren erhöht, führen zu einem Anstieg der Wertpapierkurse und – äquivalent dazu – zu einer Reduktion des Zinssatzes.
- Kontraktive Offenmarktgeschäfte, mit denen die Zentralbank das Geldangebot durch den Verkauf von Wertpapieren reduziert, führen zu einem Sinken der Wertpapierkurse und – äquivalent dazu – zu einer Erhöhung des Zinssatzes.
- Wenn die Geldmenge sowohl Bargeld als auch Sichteinlagen umfasst, dann können wir unsere Gleichgewichtsbedingung so ausdrücken, dass sich der Zinssatz einstellt, der die Gleichheit von Angebot und Nachfrage nach Zentralbankgeld sicherstellen kann.
- Das Angebot an Zentralbankgeld wird durch die Zentralbank kontrolliert. Die Nachfrage nach Zentralbankgeld hängt von der gesamten Geldnachfrage ab, vom Verhältnis der Nachfrage nach Bargeld zur gesamten Geldnachfrage und von dem von den Geschäftsbanken gewählten Verhältnis von Reserven zu Sichteinlagen.
- Geschäftsbanken handeln täglich auf dem Markt für Reserven – dem sogenannten Interbankenmarkt. Der Tagesgeldsatz im Euroraum wird als Euro Short-Term Rate bezeichnet.
- Im Lauf der Finanzkrise haben viele Zentralbanken ihre Zinsen auf null gesenkt, zum Teil sogar negative Strafzinsen eingeführt. Sobald Anleger bei negativen Zinsen ihr Vermögen in Bargeld umschichten, wird aber eine effektive Zinsuntergrenze bindend (sie ist von Kosten und Risiken der Bargeldhortung bestimmt). Die Zentralbank kann den Zinssatz dann nicht mehr weiter senken. Man bezeichnet diesen Fall als Liquiditätsfalle.

Übungsaufgaben

(Lösungen auf **MyMathLab | Makroökonomie**)

Verständnistests

1 Verwenden Sie die Informationen, die Sie in diesem Kapitel erhalten haben, um folgende Aussagen mit richtig, falsch oder unsicher zu bewerten. Geben Sie eine kurze Erklärung Ihrer Antwort.

a) Bestandsgrößen (wie etwa das Einkommen) werden über einen Zeitraum hinweg gemessen, während Stromgrößen (wie etwa das Finanzvermögen) zu einem bestimmten Zeitpunkt gemessen werden.

b) Mit dem Begriff „Investition" beziehen sich Ökonomen auf den Kauf von Wertpapieren und Aktien.

c) Die Geldnachfrage hängt nicht vom Zinssatz ab, da Zinsen nur auf Wertpapiere gezahlt werden.

d) Ein Rückgang der Geldnachfrage führt bei Geldmengensteuerung zu einem Rückgang der Geldmenge in gleicher Höhe.

e) Die Zentralbank kann das Geldangebot ausweiten, indem sie Wertpapiere auf dem Wertpapiermarkt verkauft.

f) In den letzten 40 Jahren hat sich das Verhältnis von Geld zu Nominaleinkommen in dieselbe Richtung bewegt wie der Zinssatz.

g) Die Europäische Zentralbank (EZB) kann das Geldangebot beeinflussen, aber nicht den Zinssatz, weil Zinssätze im privaten Sektor bestimmt werden.

h) Wertpapierkurse und Zinssätze bewegen sich immer in entgegengesetzter Richtung.

i) Bei einem Anstieg des Einkommens (Y) steigt der Zins, falls die Zentralbank die Geldmenge konstant hält. Hält sie dagegen den Zins konstant, kommt es zu einer Ausweitung der Geldmenge.

j) Hält die Zentralbank den Zinssatz konstant, führt ein Anstieg der Geldnachfrage aufgrund steigenden Einkommens (BIP) weder zu einem Anstieg des Zinssatzes noch der Geldmenge.

2 Nehmen Sie an, dass ein Wirtschaftssubjekt über ein Vermögen von 50.000 € und ein Jahreseinkommen von 60.000 € verfügt. Nehmen Sie zusätzlich an, dass seine Geldnachfrage durch die folgende Funktion beschrieben wird:

$$M^d = PY(0{,}35 - i)$$

a) Ermitteln Sie die Geldnachfrage und die Wertpapiernachfrage für einen Zinssatz von 5% und für einen Zinssatz von 10%.

b) Beschreiben Sie den Effekt des Zinssatzes auf die Geld- und die Wertpapiernachfrage und erklären Sie den Zusammenhang.

c) Nehmen Sie an, der Zinssatz beträgt 10%. Was geschieht, prozentual ausgedrückt, mit der Geldnachfrage, wenn das Jahreseinkommen um 50% sinkt?

d) Nehmen Sie an, der Zinssatz beträgt 5%. Was geschieht, prozentual ausgedrückt, mit der Geldnachfrage, wenn das Jahreseinkommen um 50% sinkt?

e) Fassen Sie den Effekt des Einkommens auf die Geldnachfrage zusammen. Wie hängt er vom Zinssatz ab?

3 Ein Wertpapier verspricht eine Zahlung von 100 € in einem Jahr.

a) Welchen Zins bringt das Wertpapier, wenn der Kurs heute 75 €, 85 € oder 95 € beträgt?

b) Welche Beziehung besteht zwischen dem Kurs eines Wertpapiers und dem Zinssatz?

c) Wenn der Zinssatz 8% beträgt, was ist dann der Kurs des Wertpapiers?

4 Nehmen Sie folgende Geldnachfragefunktion an:

$$M^d = PY(0{,}35 - i)$$

Das Einkommen beträgt 100 €. Nehmen Sie weiter an, dass das Geldangebot 20 € beträgt. Auf dem Geldmarkt und den Finanzmärkten herrscht Gleichgewicht.

a) Welcher Zinssatz stellt sich ein?

b) Wenn die Zentralbank den Zinssatz i um 10 Prozentpunkte erhöhen möchte (beispielsweise von 2% auf 12%), wie muss sie dann das Geldangebot wählen?

5 Die Nachfrage nach Wertpapieren.
In diesem Kapitel haben Sie festgestellt, dass ein Anstieg des Zinssatzes die Wertpapierhaltung attraktiver werden lässt, sodass die Wirt schaftssubjekte einen größeren Teil ihres Vermögens in Wertpapieren halten anstatt in Geld.
Außerdem haben Sie erkannt, dass ein Anstieg des Zinssatzes den Preis für Wertpapiere fallen lässt.
Wie kann ein Anstieg des Zinssatzes Wertpapiere attraktiver werden lassen und zugleich zu einer Senkung ihres Preises führen?

6 Nehmen Sie an, dass ein Wirtschaftssubjekt über ein Vermögen von 50.000 € und ein Jahreseinkommen von 60.000 € verfügt. Nehmen Sie zusätzlich an, dass seine Geldnachfrage durch die folgende Funktion beschrieben wird:

$$M^d = PY(0{,}35 - i)$$

a) Die Nachfrage nach Wertpapieren entspricht dem Vermögen, das nicht in Form von Geld gehalten wird. Leiten Sie die Wertpapiernachfrage ab. Wie wirkt sich eine Erhöhung des Zinssatzes um 10 Prozentpunkte auf die Wertpapiernachfrage aus?
b) Was sind die Auswirkungen eines Anstiegs des Vermögens auf die Geld- und die Wertpapiernachfrage? Erklären Sie den Zusammenhang verbal.
c) Was sind die Auswirkungen eines Anstiegs des Einkommens auf die Geld- und die Wertpapiernachfrage? Erklären Sie den Zusammenhang verbal.
d) „Wenn die Leute mehr Geld verdienen, dann werden Sie natürlich auch mehr Wertpapiere halten.“ Was ist an dieser Aussage falsch?

Vertiefungsfragen

7 *Geldschöpfung im Bankensystem*
Gehen Sie von den folgenden Annahmen aus:
- Es wird kein Bargeld gehalten.
- Das Verhältnis von Reserven zu Sichteinlagen beträgt 0,1.
- Die Geldnachfrage wird durch die folgende Funktion beschrieben:

$$M^d = PY(0,8 - 4i)$$

Die Geldbasis beträgt zunächst 100 Milliarden € und das Nominaleinkommen beläuft sich auf 5 Billionen €.
a) Wie groß ist die Nachfrage nach Zentralbankgeld?
b) Ermitteln Sie den gleichgewichtigen Zinssatz, indem Sie die Nachfrage nach Zentralbankgeld mit dem Angebot an Zentralbankgeld gleichsetzen.
c) Wie groß ist das gesamte Geldangebot? Entspricht es der gesamten Geldnachfrage zu dem Zinssatz, den Sie in b. ermittelt haben?
d) Was ist der Effekt auf den Zinssatz, wenn die Geldbasis auf 300 Milliarden € erhöht wird?
e) Wenn das gesamte Geldangebot auf 3.000 Milliarden € steigt, was ist dann die Auswirkung auf i? (*Hinweis:* Verwenden Sie Ihre Antwort aus Teilaufgabe c.)

8 *Geldautomaten und Kreditkarten* (gemeint sind Geldautomaten im weiteren Sinn, die z.B. auch ein Abfragen des Kontostandes ermöglichen)
In dieser Frage sollen die Auswirkungen der Einführung von Geldautomaten und Kreditkarten auf die Geldnachfrage untersucht werden. Zur Vereinfachung wollen wir die Geldnachfrage eines Wirtschaftssubjektes für eine Periode von vier Tagen betrachten.
Nehmen wir an, dass das Wirtschaftssubjekt vor der Einführung von Geldautomaten und Kreditkarten zu Beginn jeder Vier-Tages-Periode zur Bank geht und von seinem Sparkonto die Geldsumme abhebt, die es für die folgenden vier Tage benötigt. Pro Tag gibt es 4 € aus.
a) Wie viel Geld hebt das Wirtschaftssubjekt jedes Mal ab, wenn es zur Bank geht?
Berechnen Sie die Geldhaltung für die Tage 1 bis 4, jeweils am Morgen, bevor Ausgaben getätigt werden.
b) Wie groß ist die durchschnittliche Geldhaltung?
Nehmen Sie nun an, dass das Wirtschaftssubjekt nach der Einführung von Geldautomaten alle zwei Tage Geld abhebt.
c) Wie viel Geld hebt das Wirtschaftssubjekt jedes Mal ab, wenn es zur Bank geht?
d) Wie groß ist die durchschnittliche Geldhaltung?
Mit der Einführung von Kreditkarten geht das Wirtschaftssubjekt dazu über, all seine Transaktionen mit der Kreditkarte zu bezahlen. Es hebt bis zum vierten Tag kein Bargeld mehr ab, erst am Ende des vierten Tags hebt es dann genau den Betrag ab, den es zur Bezahlung seiner Kreditkartenabrechnung für die vorausgegangenen vier Tage benötigt.
e) Berechnen Sie die Geldhaltung dieses Wirtschaftssubjektes für die Tage 1 bis 4.
f) Wie groß ist die durchschnittliche Geldhaltung?
g) Gehen Sie von Ihren Antworten auf die Teilaufgaben b., d. und f. aus. Im Lauf der letzten Jahrzehnte kam es zu folgenden Entwicklungen: (i) die Einführung von Geldautomaten; (ii) der Gebrauch von Kreditkarten wurde populärer (iii); der Gebrauch von Kundenkarten der Banken wurde populärer; (iv) viele kleine Transaktionen können auch mit Smartphone durchgeführt werden. Welche Auswirkungen sollten diese verschiedenen Innovationen auf die Nachfrage nach Bargeld gemäß den abgeleiteten Antworten haben? Untersuchen Sie, wie sich die Bargeldhaltung als Anteil am BIP im Lauf der letzten Jahrzehnte in den USA und im Euroraum entwickelt hat. Nutzen Sie für die USA die FRED-Datenbank (Codes `MBCURRCIR` und `GDP`), um den Anteil von Bargeld zum BIP seit 1960 zu berechnen. Suchen Sie entsprechende Daten auch für den Euroraum. Geben Sie eine Erklärung.

9 *Zins- vs. Geldmengensteuerung*
Die Geldnachfragefunktion sei gegeben durch:

$$M^d = PY(0{,}25 - i)$$

Das Nominaleinkommen betrage 100 €.

a) Bestimmen Sie die Geldmenge, die die Zentralbank bereitstellen muss, wenn sie den Zinssatz auf $i = 5\%$ setzt.
b) Bestimmen Sie die neue Geldmenge, die die Zentralbank bereitstellen muss, wenn Sie den Zinssatz auf $i = 10\%$ anhebt.
c) Wie wirkt sich der Anstieg des Zinssatzes auf die Bilanz der Zentralbank aus?
d) Bestimmen Sie die Auswirkungen auf die Geldmenge, wenn das Nominaleinkommen auf 200 € steigt und die Zentralbank den Zinssatz bei $i = 5\%$ konstant hält.

10 *Geldpolitik in der Liquiditätsfalle*
Die Geldnachfragefunktion sei gegeben durch:

$$M^d = PY(0{,}25 - i)$$

solange die Zinsen positiv sind. Wir betrachten nun den Fall, dass der Zinssatz bei $i = 0\%$ liegt.

a) Bestimmen Sie die Geldnachfrage beim Zinssatz $i = 0\%$ bei einem Nominaleinkommen $PY = 100$.
b) Wie hoch ist der niedrigste Wert des Geldangebots beim Nominaleinkommen $PY = 100$, für den der Zinssatz auf $i = 0\%$ sinkt?
c) Sobald $i = 0\%$, kann die Zentralbank die Geldmenge über den in b. berechneten Wert hinaus weiter ausdehnen?
d) Untersuchen Sie anhand der FRED-Datenbank die Entwicklung von Geldbasis (BOGMBASE) und Leitzins (FEDFUNDS) in den USA für den Zeitraum von 2003 bis 2023. Vergleichen Sie die Entwicklung von Geldbasis und Leitzins im Zeitraum der Nullzinspolitik ab 2009.
e) Gibt es Evidenz dafür, dass die Geldmenge im Euroraum im Zeitraum einer Politik niedriger bzw. negativer Zinsen von 2009 bis 2020 anstieg? Betrachten Sie dazu anhand der Daten der FRED-Datenbank die Entwicklung der Geldmenge $M1$ und $M3$ (MABMM301EZM189S, MANMM101EZM189S) sowie des Geldmengenmultiplikators M/ Geldbasis. Verwenden Sie als Proxy für die Geldbasis die Reihe ECBASSETSW.

Weiterführende Fragen

11 *Die Umlaufgeschwindigkeit des Geldes*
Erstellen Sie wie in der Fokusbox „Geldnachfrage und Zinsen" ein Streudiagramm mit Quartalsdaten ab 1999. Verwenden Sie FRED Daten für den Tagesgeldzins (Code IRSTCI01EZM156N) und für die Kassenhaltung die Geldmenge M1 (MANMM101EZM189S), dividiert durch das BIP im Euroraum (EUNNGDP). Sie müssen jeweils die Veränderung gegenüber dem Vorjahresquartal (change from year ago) einstellen.

a) Ermitteln Sie die Steigung der Regressionsgeraden.
b) Wie verändert sich die Steigung der Regressionsgeraden, wenn Sie nur die Daten bis zum 4. Quartal 2019 verwenden?
c) Wie haben sich Kassenhaltung und Zins im Lauf des Jahres 2024 verändert bis zum Zeitpunkt, zu dem Sie die Aufgabe bearbeiten?

12 *Aktuelle Geldpolitik*
Gehen Sie auf die Website der Europäischen Zentralbank (*https://www.ecb.europa.eu/mopo/ intro/html/index.en.html*) oder der Deutschen Bundesbank (*https://www.bundesbank.de*) und laden Sie die Zusammenfassung der jüngsten geldpolitischen Sitzung des EZB-Rates herunter. Achten Sie darauf, dass es sich dabei tatsächlich um offizielle „Accounts" und nicht um Presseberichte über die EZB handelt.

a) Wie lässt sich die gegenwärtige Geldpolitik beschreiben? Wird die Politik durch Veränderungen des Geldangebotes oder des Zinssatzes beschrieben?
b) Falls sich der Leitzins der EZB vor Kurzem verändert hat: Welche Aussagen kann man aufgrund dieser Veränderung über die Wertpapierhaltung der Zentralbankbilanz treffen? Hat die Zentralbankbilanz der EZB zuoder abgenommen?
c) Studieren Sie nun den (nur auf Englisch verfügbaren) Bericht über die Pressekonferenz im Anschluss an die Sitzung (*https:// www.ecb.europa.eu/press/pressconf/*). Ordnen Sie Fragen und Antworten auf der Pressekonferenz zu Zinsen und Zentralbankbilanz in den Modellrahmen ein, den Sie in diesem Kapitel kennengelernt haben.

Anhang: Bestimmung des Geldmarktgleichgewichts für den Fall, dass sowohl Bargeld als auch Sichteinlagen gehalten werden

Im ▶ **Abschnitt 4.3** sind wir zur Vereinfachung davon ausgegangen, dass Wirtschaftssubjekte nur Sichteinlagen, aber kein Bargeld halten. In manchen Ländern – etwa in Skandinavien – werden die meisten Zahlungsvorgänge in der Tat elektronisch abgewickelt; gerade in Deutschland ist Bargeld aber weiterhin ein beliebtes Zahlungsmittel. Welche Änderungen ergeben sich, wenn wir berücksichtigen, dass private Wirtschaftssubjekte sowohl Bargeld als auch Sichteinlagen halten?

Um zu verstehen, wie der Zinssatz in dieser Volkswirtschaft bestimmt wird, ist es wieder am einfachsten, Angebot und Nachfrage nach Zentralbankgeld zu betrachten.

- Die Nachfrage nach Zentralbankgeld besteht aus der Nachfrage nach Bargeld und der Nachfrage nach Reserven durch die Geschäftsbanken.
- Das Angebot an Zentralbankgeld wird direkt von der Zentralbank gesteuert.
- Der gleichgewichtige Zinssatz ergibt sich, wenn das Angebot an Zentralbankgeld der Nachfrage nach Zentralbankgeld entspricht.

In ▶ **Abbildung A4.1** ist die Struktur von Angebot und Nachfrage detaillierter dargestellt. (Zunächst betrachten wir nur die Begriffe, die Gleichungen erläutern wir später.)

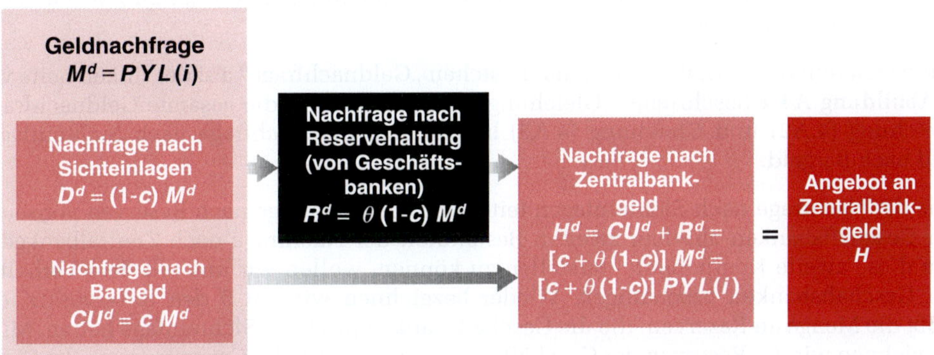

Abbildung A4.1 **Bestimmungsfaktoren von Nachfrage und Angebot an Zentralbankgeld**

Fangen wir auf der linken Seite an. Die Geldnachfrage besteht aus der Nachfrage nach Sichteinlagen und nach Bargeld. Die Geschäftsbanken sind verpflichtet, für ihre Sichteinlagen Reserven zu halten: Die Nachfrage nach Sichteinlagen führt damit zu einer Nachfrage nach Reserven vonseiten der Geschäftsbanken. Die Nachfrage nach Zentralbankgeld ergibt sich als Summe aus der Nachfrage nach Reserven durch die Geschäftsbanken und der Nachfrage nach Bargeld. Auf der rechten Seite ist das Angebot dargestellt: Das Angebot an Zentralbankgeld wird durch die Zentralbank festgelegt. Der Zinssatz muss sich so einstellen, dass Angebot und Nachfrage übereinstimmen.

Wir betrachten nun jedes Kästchen in ▶ **Abbildung A4.1** und stellen die folgenden Fragen.

Die Nachfrage nach Geld

Wenn Wirtschaftssubjekte sowohl Bargeld wie Sichteinlagen halten, sind bei der Nachfrage nach Geld zwei Entscheidungen zu treffen. Zunächst einmal müssen sie entscheiden, wie viel Geld sie überhaupt halten wollen. Sodann müssen sie sich entscheiden, wie viel davon sie in Form von Bargeld und in Form von Sichteinlagen halten wollen.

Es ist sinnvoll anzunehmen, dass die gesamte Geldnachfrage (Bargeld plus Sichteinlagen) weiterhin von denselben Einflussgrößen abhängt. Die Wirtschaftssubjekte fragen umso mehr Geld nach, je mehr Transaktionen sie abwickeln wollen und je niedriger der Zinssatz auf Wertpapiere ist. Daher können wir annehmen, dass die gesamte Geldnachfrage weiterhin durch Gleichung (4.1) beschrieben werden kann.

$$M^d = PYL(\underset{(-)}{i}) \tag{4.A1}$$

Eine Studie der Bundesbank schätzte 1995, dass gut ein Drittel des DM-Bargeldbestandes (ca. 32–45 Mrd. €) außerhalb Deutschlands zirkulierten, insbesondere in Osteuropa und der Türkei. Auch der Euro spielt heute in Südosteuropa als Wertaufbewahrungs- und Zahlungsmittel eine wichtige Rolle. Montenegro und Kosovo verwenden ihn als offizielles Zahlungsmittel. Die Fed kommt sogar zu dem Ergebnis, dass mehr als die Hälfte des amerikanischen Bargeldbestandes im Ausland gehalten wird. Die Vermutung liegt nahe, dass ein Teil dieser Bargeldbestände mit illegalen Transaktionen in Zusammenhang steht. Dollar und Euro (als Nachfolger der DM) dürften die bevorzugten Währungen für illegale Transaktionen auf der ganzen Welt sein.

Die zweite Entscheidung ist die Aufteilung der Geldnachfrage auf Bargeld und Sichteinlagen. Bargeld ist für kleine Transaktionen bequemer (und auch für illegale Transaktionen). Überweisungen sind für große Transaktionen bequemer und außerdem ist es sicherer, größere Geldbeträge in Form von Sichteinlagen auf der Bank zu halten als in Form von Bargeld.

Nehmen wir an, dass die Wirtschaftssubjekte einen festen Anteil ihrer Geldnachfrage in Form von Bargeld halten wollen – wir bezeichnen diesen Anteil mit c – und den Rest $(1 - c)$ folglich in Form von Sichteinlagen. Im Euroraum halten die Wirtschaftssubjekte 14% ihres Geldes in Form von Bargeld, c hat also den Wert 0,14. Wir bezeichnen die Nachfrage nach Bargeld mit CU^d (CU steht für Currency und d für demand) und die Nachfrage nach Sichteinlagen mit D^d (D steht für Deposits). Die beiden Nachfragen sind durch die folgenden Funktionen gegeben:

$$CU^d = cM^d \tag{4.A2}$$

$$D^d = (1 - c)M^d \tag{4.A3}$$

Gleichung (A4.2) beschreibt den ersten Bestandteil der Nachfrage nach Zentralbankgeld, die Nachfrage nach Bargeld durch Nichtbanken. Gleichung (4.A2) beschreibt die Nachfrage nach Sichteinlagen.

Wir haben nun das Verhalten im ersten Kästchen „Geldnachfrage" auf der linken Seite von ▶ **Abbildung A4.1** beschrieben. Gleichung (4.A1) beschreibt die gesamte Geldnachfrage; Gleichung (4.A2) und Gleichung (4.A3) beschreiben die Nachfrage nach Sichteinlagen und nach Bargeld.

Aus der Nachfrage nach Sichteinlagen leitet sich die Nachfrage nach Reserven vonseiten der Geschäftsbanken ab, dem zweiten Bestandteil der Nachfrage nach Zentralbankgeld. Um diese zweite Komponente darstellen zu können, wollen wir uns mit dem Verhalten der Geschäftsbanken beschäftigen. Wieder bezeichnen wir mit θ den Reservesatz, das heißt die Menge an Reserven, die die Geschäftsbanken pro Euro Sichteinlage halten. Mit R bezeichnen wir die Reserven der Geschäftsbanken und mit D die Gesamtsumme der Sichteinlagen. Dann ergibt sich aus der Definition von θ folgende Beziehung zwischen R und D.

$$R = \theta D \tag{4.A4}$$

Der von der EZB geforderte Mindestreservesatz beträgt seit Januar 2012 1%, θ nimmt folglich den Wert 0,01 an.

Wenn die Nachfrage der Wirtschaftssubjekte nach Sichteinlagen D^d beträgt, dann folgt aus Gleichung (4.A4), dass die Geschäftsbanken Reserven in Höhe von θD^d halten müssen. Wenn wir die Gleichungen (4.A3) und (4.A4) kombinieren, dann erhalten wir den zweiten Bestandteil der Nachfrage nach Zentralbankgeld – die Nachfrage nach Reserven durch die Geschäftsbanken:

$$R^d = \theta(1 - c)M^d \tag{4.A5}$$

Damit haben wir die Gleichung für das zweite Kästchen *„Nachfrage nach Reserven durch die Geschäftsbanken"* auf der linken Seite von ▶ **Abbildung A4.1** abgeleitet.

Die Nachfrage nach Zentralbankgeld

Wir bezeichnen die Nachfrage nach Zentralbankgeld mit H^d. Diese Nachfrage ergibt sich als Summe aus der Nachfrage nach Bargeld und der Nachfrage nach Reserven:

$$H^d = CU^d + R^d \tag{4.A6}$$

$$H^d = CU^d + R^d$$

Wenn wir CU^d und R^d durch die Gleichungen (4.A2) und (4.A5) ersetzen, erhalten wir:

$$H^d = cM^d + \theta(1 - c)M^d = [c + \theta(1 - c)]\,M^d$$

Im letzten Schritt ersetzen wir die gesamte Geldnachfrage M^d durch Gleichung (4.A1):

$$H^d = [c + \theta(1 - c)]PYL(i) \tag{4.A7}$$

Damit haben wir die Gleichung für die *„Nachfrage nach Zentralbankgeld“* im dritten Kästchen auf der linken Seite von ▸ **Abbildung A4.1** abgeleitet.

Die Bestimmung des Zinssatzes

Wir sind jetzt in der Lage, das Gleichgewicht zu charakterisieren. H bezeichnet das Angebot an Zentralbankgeld; H wird direkt durch die Zentralbank kontrolliert. Genauso wie im letzten Abschnitt kann die Zentralbank die Menge an Zentralbankgeld H durch Offenmarktgeschäfte verändern. Die Gleichgewichtsbedingung ist erfüllt, wenn das Angebot an Zentralbankgeld gleich der Nachfrage nach Zentralbankgeld ist:

$$H = H^d \tag{4.A8}$$

Unter Verwendung von Gleichung (4.A7) ergibt sich:

$$H = [c + \theta(1 - c)]PYL(i) \tag{4.A9}$$

Das Angebot an Zentralbankgeld (auf der linken Seite von Gleichung (4.A9) ist gleich der Nachfrage nach Zentralbankgeld (auf der rechten Seite von Gleichung (4.A9), die wiederum durch den Term in Klammern multipliziert mit der gesamten Geldnachfrage beschrieben wird.

Betrachten wir den Ausdruck in Klammern etwas genauer. Nehmen wir an, die Wirtschaftssubjekte würden ausschließlich Bargeld halten. In diesem Fall wäre $c = 1$ und in der Folge wäre auch der Term in Klammern gleich 1. Die Geschäftsbanken würden dann keine Rolle bei der Bereitstellung des Geldangebotes spielen. Wir wären genau bei dem Fall, den wir bereits in ▸ **Abschnitt 4.2** mit Gleichung (4.2) betrachtet haben.

Nehmen wir nun an, dass die Wirtschaftssubjekte kein Bargeld, sondern ausschließlich Sichteinlagen halten wollen. In diesem Fall gilt $c = 0$ und der Ausdruck in Klammern nimmt den Wert θ an – das ist genau der Fall, den wir bereits in ▸ **Abschnitt 4.3** betrachtet haben.

Abgesehen von diesen beiden Spezialfällen ist die Nachfrage nach Zentralbankgeld proportional zur Gesamtnachfrage nach Geld, nun mit dem Faktor $[c + \theta(1-c)]$ statt θ allein. Die Schlussfolgerungen bleiben aber die gleichen: Ein Rückgang der Geldbasis führt zu einem Anstieg des Zinssatzes, eine Erhöhung dagegen zu einem Sinken. Solange die Zinsuntergrenze nicht bindend wird, kann die Zentralbank den Zinssatz so steuern, wie sie ihn für angemessen hält. Allerdings gibt es keine mechanische Beziehung zwischen Geldbasis und der Geldmenge als Summe aus Bargeld und Sichteinlagen. Die Größen θ und c sind keineswegs starr, sondern verändern sich im Lauf der Zeit. Wie bereits in der Fokusbox *„Geldnachfrage und Zinsen“* erörtert, ist etwa die Nachfrage nach Bargeld im September 2008 aus Furcht um die Stabilität des Bankensektors stark angestiegen. Die Fokusbox *„Die*

Kreditgeschäfte der EZB“ zeigte, dass die Reservehaltung der Geschäftsbanken im Lauf des Jahres 2012 stark angestiegen war. Sie wollten hinreichend hohe Liquidität halten aus Sorge, dass plötzlich viele Einlagen abgezogen werden könnten.

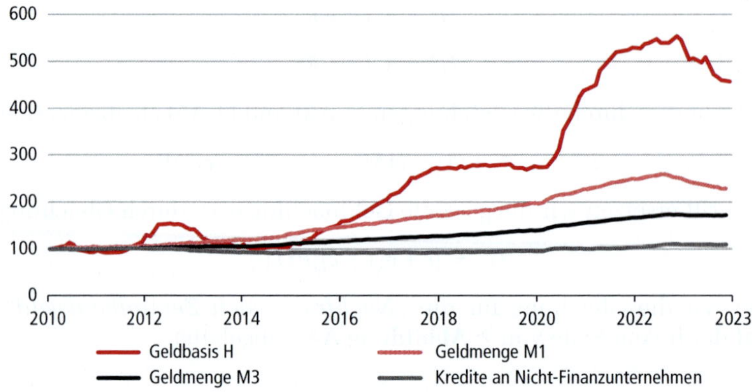

Abbildung A4.2 Die Entwicklung von Geldbasis, Geldmenge M1 und M3 sowie der Kreditvergabe an Nicht-Finanzunternehmen im Euroraum seit 2007. Alle Werte sind für Januar 2007 auf 100 normiert.
Quelle: EZB, OECD, FRED Code ECBASSETSW, MANMM101EZM189S, MABMM301EZM189S

Die starke Nachfrage der Reservehaltung führte zu einer hohen Ausweitung der Geldbasis H (vgl. ▸ **Abbildung A4.2**). Die Geldmenge $M1$, aber auch breitere Geldmengenaggregate (wie $M3$) sind dagegen kaum angestiegen. Die Kreditvergabe an den privaten Sektor war in dieser Zeit sogar rückläufig. Wie ▸ **Abbildung A4.3** verdeutlicht, ging das Verhältnis von Geldmenge M zu Geldbasis H deshalb stark zurück. Die gewünschte Reservehaltung (der Parameter θ in Gleichung 4.A9) hat sich damals also stark erhöht.

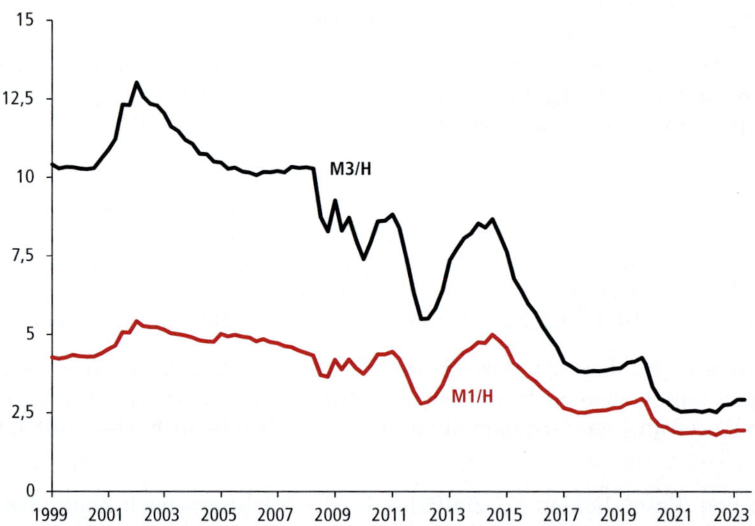

Abbildung A4.3 Das Verhältnis von Geldmenge zu Geldbasis schwankt im Zeitablauf
Quelle: EZB https://data.ecb.europa.eu/data/, Code ILM.M.U2.C.LT00001.Z5.EUR, BSI.M.U2.Y.V.M10.X.1.U2.2300.Z01.E, BSI.M.U2.Y.V.M30.X.1.U2.2300.Z01.E

Im Zug der quantitativen Lockerung stieg die Geldbasis ab 2015 wiederum massiv an (vgl. ▸ **Abbildung A4.2**). Entsprechend sank wieder M/H. Häufig wird die Befürchtung geäußert, dass die starke Ausweitung der Geldbasis zu einer Aufblähung der Geldmenge und damit zu Inflationsgefahren führen könnte, sobald die Wirtschaftsaktivität in Schwung kommt. Dieser Gefahr kann die Zentralbank nicht nur durch die Erhöhung der Leitzinsen begegnen. Statt die Geldbasis zu reduzieren, könnte sie zudem auch den Einlagen- oder den Mindestreservesatz anheben.

Gleichgewicht auf Güter- und Finanzmärkten: das IS-LM-Modell

5

5.1	Der Gütermarkt und die *IS*-Gleichung	140
5.2	Finanzmärkte und die *LM*-Gleichung	145
5.3	Das Zusammenspiel von *IS*- und *LM*-Gleichung	147
5.4	Die Kombination von Geld- und Fiskalpolitik	151
5.5	Wie gut bildet das *IS-LM*-Modell die Fakten ab?	159

▶ **Kapitel 3** behandelte den Gütermarkt, ▶ **Kapitel 4** die Finanzmärkte. Jetzt wollen wir das Zusammenspiel all dieser Märkte untersuchen. Wir erarbeiten einen Modellrahmen, der die Bestimmungsgründe von Produktion und Zinssatz in der kurzen Frist analysieren kann.

In diesem Buch verwenden wir eine leicht modifizierte (und damit wesentlich einfachere) Version des *IS-LM*-Modells, als sie von Hicks und Hansen entwickelt wurde. Während sie damals Geldmengensteuerung betrachteten, betreiben Zentralbanken heute im Normalfall eine Zinssteuerung (vgl. ▶ Abschnitt 5.2).

Dabei folgen wir der Vorgehensweise von John Hicks und Alvin Hansen in den späten 1930er- und frühen 1940er-Jahren. Als John Maynard Keynes 1936 seine „General Theory" veröffentlichte, wurde dieses Werk allgemein zwar als ein fundamentaler Beitrag gewertet, der aber kaum lesbar sei (wer einen Blick in das Buch wirft, versteht schnell, wie es zu dieser Einschätzung kam). Es gab viele Diskussionen darüber, was Keynes eigentlich damit meinte. 1937 fasste John Hicks zusammen, was er als den zentralen Beitrag von Keynes betrachtete: die gemeinsame Beschreibung von Güter-, Geld- und Finanzmärkten. Seine Analyse wurde von Alvin Hansen später noch erweitert. Hicks und Hansen nannten ihre Formalisierung das *IS-LM*-Modell.

Die Makroökonomie hat seit den frühen 1940er-Jahren große Fortschritte gemacht. Deshalb wird das *IS-LM*-Modell in diesem Buch auch in **Kapitel 5** und nicht als das letzte Kapitel behandelt. (Vor 50 Jahren dagegen wäre ein Makroökonomie-Kurs mit dem **Kapitel 5** so gut wie abgeschlossen gewesen.) Für die meisten Volkswirte ist das *IS-LM*-Modell immer noch ein zentraler Baustein der volkswirtschaftlichen Theorie, ein Baustein, der in einfachster Form zusammenfasst, was in einer Volkswirtschaft in der kurzen Frist geschieht.

Kernbotschaft dieses Kapitels: In der kurzen Frist wird die Produktion bestimmt durch das Gleichgewicht auf den Güter- und Finanzmärkten.

Das Kapitel gliedert sich in fünf Abschnitte:

- ▶ **Abschnitt 5.1** behandelt das Gleichgewicht auf dem Gütermarkt; er leitet die *IS*-Gleichung ab.
- ▶ **Abschnitt 5.2** behandelt das Gleichgewicht auf den Finanzmärkten; er leitet die *LM*-Gleichung ab.
- In ▶ **Abschnitt 5.3** und in ▶ **Abschnitt 5.4** werden *IS*- und **LM-Gleichung** zum *IS-LM*-Modell zusammengeführt. Das *IS-LM*-Modell wird dann verwendet, um die Auswirkungen von Geld- und Fiskalpolitik zu analysieren.
- ▶ **Abschnitt 5.5** führt in dynamische Aspekte ein. Er untersucht, ob das *IS-LM*-Modell wirklich erfasst, was in der Volkswirtschaft in der kurzen Frist geschieht.

5.1 Der Gütermarkt und die *IS*-Gleichung

Fassen wir zunächst zusammen, was wir in ▶ **Kapitel 3** gelernt haben.

- Das Gleichgewicht auf dem Gütermarkt ist durch die Bedingung charakterisiert, dass die Produktion Y (oder auch das Einkommen, da diese Begriffe austauschbar sind) der Güternachfrage Z entspricht. Wir haben diese Bedingung *IS*-Gleichung genannt, weil sie auch als Bedingung interpretiert werden kann, dass die Investition der Ersparnis entspricht.
- Wir definierten die Nachfrage als Summe aus Konsum, Investitionen und Staatsausgaben. Dabei haben wir angenommen, dass der Konsum vom verfügbaren Einkommen (Einkommen minus Steuern) abhängt, und dass Investitionen, Staatsausgaben und Steuern exogen gegeben sind. Die Gleichgewichtsbedingung lautete:

$$Y = C(Y - T) + I + G$$

(In ▶ Kapitel 3 haben wir zudem, um die Algebra einfach zu halten, angenommen, dass die Beziehung zwischen Konsum C und verfügbarem Einkommen $Y - T$ linear ist. Hier verwenden wir stattdessen die allgemeinere Form $C = C(Y - T)$).

- Ausgehend von dieser Gleichgewichtsbedingung untersuchten wir anschließend, welche Auswirkungen Änderungen exogener Größen auf die Gleichgewichtsproduktion haben. Insbesondere betrachteten wir die Auswirkungen von Veränderungen der Staatsausgaben und der autonomen Konsumnachfrage.

Eine wichtige Vereinfachung bestand in der Annahme, der Zinssatz beeinflusse die Güternachfrage nicht. In diesem Kapitel heben wir diese Vereinfachung auf. Dabei wollen wir uns zunächst ausschließlich auf die Auswirkungen des Zinssatzes auf die Investitionsnachfrage konzentrieren. Zinsänderungen beeinflussen aber auch andere Komponenten der Nachfrage, insbesondere den Konsum. Diesen Zusammenhang untersuchen wir später in ▶ **Kapitel 15**.

In ▶ Kapitel 15 wird der Einfluss des Zinssatzes auf Konsum und Investitionen ausführlicher beschrieben.

5.1.1 Investitionen, Absatz und Zinssatz

In ▶ **Kapitel 3** wurden die Bestimmungsgründe der Investitionen nicht näher untersucht – wir nahmen an, dass die Investitionen exogen gegeben sind und daher auch auf Veränderungen der Produktion nicht reagieren. Tatsächlich jedoch sind die Investitionsausgaben – die Ausgaben für neue Maschinen oder Anlagen durch Unternehmen – alles andere als konstant. Sie hängen in erster Linie von zwei Faktoren ab:

- *Absatzniveau:* Ein Unternehmen, das einen Absatzzuwachs verzeichnet, muss seine Produktion ausweiten. Dafür wird es vielleicht zusätzliche Maschinen anschaffen oder eine zusätzliche Produktionsanlage bauen. Ein Unternehmen, das nur wenig absetzen kann, verspürt diesen Druck nicht und wird, wenn überhaupt, nur wenig investieren.
- *Zinssatz:* Stellen wir uns vor, ein Unternehmer überlegt, ob er eine neue Maschine anschaffen soll. Nehmen wir weiter an, der Unternehmer muss für die Investition einen Kredit aufnehmen. Je höher der Zinssatz, desto unattraktiver wird es, einen Kredit aufzunehmen, um die Maschine zu kaufen. Ist der Zinssatz zu hoch, werden die zusätzlichen Gewinne aus dem Einsatz der neuen Maschine die Zinszahlungen nicht mehr decken, sodass es sich dann gar nicht mehr lohnt, die Maschine zu kaufen.
- Um die Analyse so einfach wie möglich zu halten, vernachlässigen wir in diesem Kapitel zwei wichtige Aspekte: Zum einen ist für die Investitionsentscheidungen von Unternehmen letztlich der **Realzins** $r = i - \pi^e$, nicht der Nominalzins i ausschlaggebend. Der Nominalzins übersteigt den Realzins um die erwartete Inflationsrate π^e. Wir gehen in diesem Kapitel davon aus, dass die erwartete Inflationsrate gleich null ist: $\pi^e = 0$. Zum anderen sind viele Investitionsentscheidungen riskant; der von den Banken berechnete Zins enthält deshalb auch eine **Risikoprämie**. Auf beide Aspekte werden wir in ▶ Kapitel 6 ausführlich eingehen.

Dieses Argument gilt auch dann, wenn das Unternehmen über genug eigene Mittel verfügt: Je höher der Zinssatz, desto attraktiver ist es, die Geldmittel zu verleihen, anstatt sie zur Finanzierung der neuen Maschine zu verwenden.

Um diese beiden Faktoren zu erfassen, schreiben wir die Investitionsfunktion wie folgt:

$$I = \underset{(+,-)}{I(Y,i)} \tag{5.1}$$

Gleichung (5.1) bringt zum Ausdruck, dass die Investitionen I von Produktion Y und Zinssatz i abhängen. (Wir bleiben bei der Annahme, dass die Lagerinvestitionen gleich null sind, sodass der Absatz immer der Produktion entspricht. Damit bezeichnet Y sowohl den Absatz als auch die Produktion und das Einkommen.) Das Pluszeichen unter Y zeigt, dass ein Anstieg der Produktion (oder gleichermaßen des Absatzes) zu einem Anstieg der Investitionen führt. Das Minuszeichen unter dem Zinssatz i zeigt, dass ein Anstieg des Zinssatzes zu einer Abnahme der Investitionsausgaben führt.

$Y\uparrow \Rightarrow I\uparrow$
$i\uparrow \Rightarrow I\downarrow$

5.1.2 Die Bestimmung des Produktionsniveaus

Wenn wir die Investitionsfunktion (5.1) in die Gleichgewichtsbedingung für den Gütermarkt einsetzen, dann erhalten wir:

$$Y = C(Y - T) + I(Y,i) + G \tag{5.2}$$

Die Produktion (die linke Seite der Gleichung [5.2]) muss gleich der Güternachfrage (die rechte Seite der Gleichung) sein. Gleichung (5.2) ist unsere erweiterte *IS*-Gleichung. Wir können nun analysieren, wie die Produktion auf eine Veränderung des Zinssatzes reagiert.

Beginnen wir mit ▸ **Abbildung 5.1**. Wir tragen die Güternachfrage auf der vertikalen Achse und die Produktion auf der horizontalen Achse ab. Für einen gegebenen Wert des Zinssatzes *i* steigt die Nachfrage mit zunehmender Produktion, und zwar aus zwei Gründen:

- Ein Anstieg der Produktion führt zu einer Zunahme des Einkommens. Auch das verfügbare Einkommen steigt; damit erhöht sich die Konsumnachfrage. Diesen Mechanismus haben wir in ▸ Kapitel 3 behandelt.
- Ein Anstieg der Produktion führt auch zu einer Zunahme der Investitionen. Diese Beziehung zwischen Investitionen und Produktion haben wir in diesem Kapitel eingeführt.

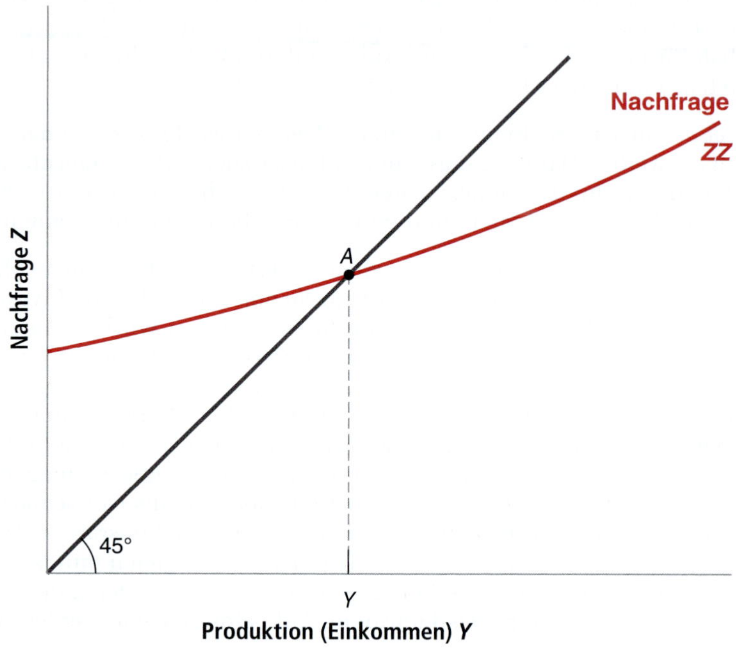

Abbildung 5.1 Gleichgewicht auf dem Gütermarkt. Die Güternachfrage nimmt mit steigender Produktion und steigendem Einkommen zu. Im Gleichgewicht muss die Nachfrage der Produktion entsprechen.

Kurz zusammengefasst: Ein Anstieg der Produktion erhöht die Güternachfrage sowohl über Auswirkungen auf den Konsum wie auf die Investitionen. Diese Beziehung zwischen Nachfrage und Produktion wird für einen gegebenen Zinssatz durch die steigend verlaufende *ZZ*-Kurve dargestellt.

Zwei Eigenschaften der *ZZ*-Kurve in ▸ **Abbildung 5.1** müssen wir besonders beachten:

- Da wir nicht angenommen haben, dass die Konsum- und die Investitionsfunktion in Gleichung (5.2) linear sind, ist *ZZ* eher eine Kurve als eine Gerade, wie in ▸ **Abbildung 5.1** dargestellt. Alle nachfolgenden Argumente gelten freilich auch bei linearer Konsum- und Investitionsfunktion (die *ZZ*-Kurve wäre dann eine Gerade).
- Die *ZZ*-Kurve ist so gezeichnet, dass sie flacher als die 45-Grad-Linie verläuft. Anders ausgedrückt: Wir nehmen an, eine Zunahme des Einkommens lässt die Nachfrage nicht im Verhältnis 1:1, sondern weniger ansteigen.

In ▶ Kapitel 3, bei konstanten Investitionen, folgte diese Restriktion ganz automatisch aus der Annahme, dass die Konsumenten nur einen Teil ihres zusätzlichen Einkommens konsumieren. Aber jetzt, da wir zulassen, dass auch Investitionen vom Produk- tionsniveau abhängen, muss diese Bedingung nicht unbedingt gelten. Wenn die Produktion steigt, könnte der Gesamteffekt aus erhöhter Konsum- und Investitionsnachfrage durchaus größer sein als der ursprüngliche Anstieg der Produktion. Empirische Beobachtungen zeigen aber, dass dieser theoretisch denkbare Fall in der Realität nicht auftritt. Daher nehmen wir weiterhin an, dass die Nachfrage mit dem Einkommen weniger als im Verhältnis 1:1 zunimmt, sodass wir *ZZ* flacher als die 45-Grad-Linie zeichnen können.

Das Gleichgewicht auf dem Gütermarkt liegt in dem Punkt, in dem die Güternachfrage der Produktion entspricht, in Punkt *A*, im Schnittpunkt von *ZZ* und der 45-Grad-Linie. Das gleichgewichtige Produktionsniveau (und damit das Gleichgewichtseinkommen) ist durch *Y* gegeben.

In ▶ **Abbildung 5.1** haben wir bei der Analyse der *ZZ*-Kurve wie in ▶ **Kapitel 3** den Zinssatz *i* als gegeben betrachtet. Im nächsten Abschnitt werden wir nun untersuchen, wie sich Veränderungen des Zinssatzes auf das Gleichgewicht auf dem Gütermarkt auswirken. Das Ergebnis dieser Analyse wird durch die ***IS*-Kurve** grafisch dargestellt.

5.1.3 Die Ableitung der *IS*-Kurve

In ▶ **Abbildung 5.1** wurde die Nachfragefunktion für einen vorgegebenen Zinssatz eingezeichnet. Was passiert, wenn sich der Zinssatz ändert?

In ▶ **Abbildung 5.2a** ist die Nachfragekurve durch ZZ_0 gegeben. Das ursprüngliche Gleichgewicht liegt in Punkt A_0. Nehmen wir nun an, der Zinssatz steigt, ausgehend von i_0, auf den höheren Wert i_1. Für jedes Produktionsniveau führt der höhere Zinssatz zu einem Rückgang der Investitionen und damit auch zu einem Rückgang der Nachfrage. Die Nachfragekurve verschiebt sich deshalb von ZZ_0 nach unten auf ZZ_1: Für jedes Produktionsniveau ist die gesamtwirtschaftliche Nachfrage nun geringer. Das neue Gleichgewicht befindet sich im Schnittpunkt der neuen, niedrigeren Nachfragekurve ZZ_1 und der 45-Grad-Linie, also im Punkt A_1. Als gleichgewichtiges Produktionsniveau ergibt sich Y_1.

Gleichgewicht auf dem Gütermarkt:
$\Rightarrow i\uparrow \Rightarrow Y\downarrow$

In Worten ausgedrückt: Der Zinsanstieg lässt die Investitionen zurückgehen. Der Rückgang der Investitionen induziert einen Einkommensrückgang. Dieser löst wiederum einen Rückgang von Konsum und Investitionen aus. Anders formuliert: Aufgrund des Multiplikatoreffektes ist der gesamte Rückgang der Produktion größer als der ursprünglich durch den Zinsanstieg ausgelöste Rückgang der Investitionen.

Kann man in der Abbildung die Größe des Multiplikatoreffektes ablesen? (*Hinweis:* Auf der vertikalen Achse kann man den Rückgang der Gleichgewichtsproduktion und den Rückgang der Investitionen ablesen.)

Unter Verwendung von ▶ **Abbildung 5.2a** können wir für jeden beliebigen Zinssatz das Produktionsniveau ermitteln, für das der Gütermarkt im Gleichgewicht ist. Dieser Zusammenhang zwischen Produktion und Zinssatz wird in ▶ **Abbildung 5.2b** abgeleitet.

- In ▶ **Abbildung 5.2b** wird das gleichgewichtige Produktionsniveau *Y* auf der horizontalen Achse und der Zinssatz *i* auf der vertikalen Achse abgetragen. Punkt A_0 in ▶ **Abbildung 5.2b** korrespondiert mit Punkt A_0 in ▶ **Abbildung 5.2a**, Punkt A_1 in ▶ **Abbildung 5.2b** mit Punkt A_1 in ▶ **Abbildung 5.2a**. Wir erkennen: Das Gleichgewicht auf dem Gütermarkt impliziert, dass die Produktion im Gleichgewicht umso niedriger ist, je höher der Zinssatz.
- Diese Beziehung zwischen Zinssatz und Produktion wird durch die fallende Kurve in ▶ **Abbildung 5.2b** beschrieben. Sie wird *IS*-Kurve genannt.

Gleichgewicht auf dem Gütermarkt impliziert, dass ein Anstieg des Zinssatzes zu einem Produktionsrückgang führt. Dieser Zusammenhang wird durch die fallende IS-Kurve beschrieben.

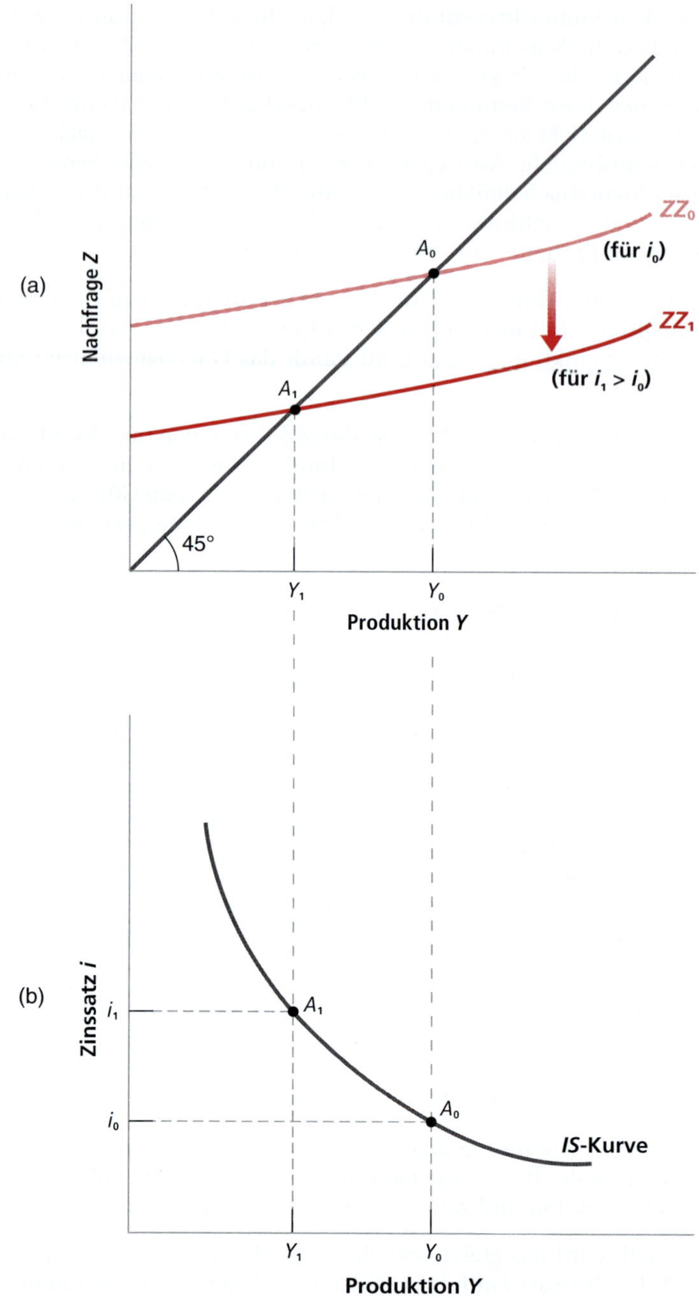

Abbildung 5.2 Die Ableitung der *IS*-Kurve. a) Ein Anstieg des Zinssatzes verschiebt die Güternachfrage nach unten. Das Produktionsniveau, bei dem der Gütermarkt im Gleichgewicht ist, geht zurück. b) Mit steigendem Zinssatz sinkt das Produktionsniveau, bei dem der Gütermarkt im Gleichgewicht ist. Die *IS*-Kurve hat deshalb einen fallenden Verlauf.

5.1.4 Verschiebungen der *IS*-Kurve

Bei gegebenem *i*, T↑ ⇒ Y↓: Eine Steuererhöhung verschiebt die *IS*-Kurve nach links.

Die *IS*-Kurve in ▸ **Abbildung 5.2** wurde für vorgegebene Werte von Steuern *T* und Staatsausgaben *G* gezeichnet. Veränderungen von *G* oder *T* verschieben die *IS*-Kurve.

Wie diese Verschiebungen zustande kommen, betrachten wir in ▸ **Abbildung 5.3**. Die *IS*-Kurve stellt das Produktionsniveau, bei dem der Gütermarkt im Gleichgewicht ist, als eine Funktion des Zinssatzes dar, bei gegebenen Steuern und Staatsausgaben. Was geschieht, wenn die Steuern von T_0 auf T_1 erhöht werden? Bei gegebenem Zinssatz *i* nimmt dadurch das verfügbare Einkommen ab, was zu einem Rückgang des Konsums führt. Der Rückgang des Konsums induziert wiederum einen Rückgang der Güternachfrage und damit einen Rückgang der Produktion. Sie sinkt von Y_0 auf Y_1. Anders ausge- drückt: Die *IS*-Kurve verschiebt sich nach links. Für jeden Zinssatz ist die Produktion im Gleichgewicht nun niedriger als vor der Steuererhöhung.

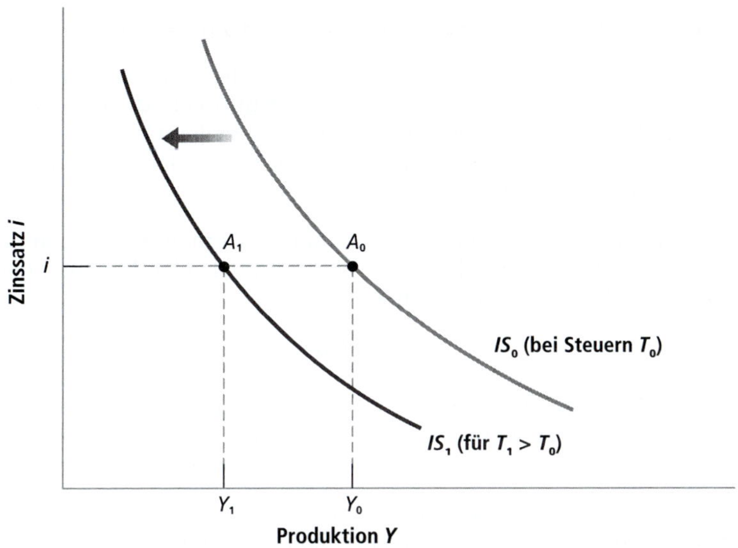

Abbildung 5.3 Verschiebungen der *IS*-Kurve. Eine Steuererhöhung verschiebt die *IS*-Kurve nach links.

Allgemeiner formuliert: Alle Faktoren, die bei gegebenem Zinssatz zu einem Rückgang der Produktion führen, verschieben die *IS*-Kurve nach links. Ebenso wie bei einer Steuererhöhung käme es auch bei einem Rückgang der Staatsausgaben oder einem Verlust an Konsumentenvertrauen (er reduziert den Konsum bei gegebenem verfügbaren Einkommen) zum gleichen Effekt. Umgekehrt gilt: Alle Faktoren, die bei gegebenem Zinssatz die Produktion steigen lassen, verschieben die *IS*-Kurve nach rechts. Beispiele dafür sind eine Steuersenkung, eine Erhöhung der Staatsausgaben oder ein Zuwachs an Konsumentenvertrauen.

Zusammenfassend lässt sich sagen:

- Das Gleichgewicht auf dem Gütermarkt impliziert, dass ein Anstieg des Zinssatzes zu einem Rückgang der Produktion führt. Diese Beziehung wird durch die fallende *IS*-Kurve dargestellt.
- Sämtliche Veränderungen von Faktoren, die bei gegebenem Zinssatz die Güternachfrage verringern, verschieben die *IS*-Kurve nach links. Veränderungen von Faktoren, die bei gegebenem Zinssatz die Güternachfrage erhöhen, verschieben die *IS*-Kurve nach rechts.

5.2 Finanzmärkte und die *LM*-Gleichung

Wir wenden uns nun den Finanzmärkten zu. In ▶ **Kapitel 4** haben wir bereits herausgearbeitet, dass der Zinssatz durch die Gleichheit von Geldangebot und Geldnachfrage bestimmt wird:

$$M = PYL(i)$$

Die Variable *M* auf der linken Seite bezeichnet die nominale Geldmenge. Wir gehen hier nicht mehr weiter auf Details des Geldmarktgleichgewichts ein, die wir in ▶ **Abschnitt 4.3** behandelt haben. Vielmehr gehen wir einfach davon aus, dass die Zentralbank *M* bzw. *i* direkt kontrolliert.

Auf der rechten Seite steht die Geldnachfrage, eine Funktion des Nominaleinkommens *PY* und des nominalen Zinssatzes *i*. Wir wissen bereits aus ▶ **Abschnitt 4.1**, dass ein Anstieg des Nominaleinkommens die Geldnachfrage zunehmen, ein Anstieg des Zinssatzes die Geldnachfrage abnehmen lässt. Ein Gleichgewicht liegt dann vor, wenn das Geldangebot (auf der linken Seite der Gleichung) der Geldnachfrage (auf der rechten Seite der Gleichung) entspricht.

5.2.1 Reale Geldmenge, Realeinkommen und Zinssatz

Die Gleichung $M = PYL(i)$ beschreibt den Zusammenhang zwischen Geldmenge, Nominaleinkommen und dem Zinssatz. Es erweist sich als hilfreich, die Gleichung anders zu formulieren, nämlich als eine Beziehung zwischen der realen Geldmenge (der in Gütereinheiten ausgedrückten Geldmenge), dem Realeinkommen (dem in Gütereinheiten ausgedrückten Einkommen) und dem Zinssatz.

Aus ▶ Kapitel 2: Nominales BIP = reales BIP multipliziert mit dem BIP-Deflator: PY Analog gilt: reales BIP = nominales BIP dividiert durch den BIP-Deflator.

Erinnern wir uns daran, dass man das Realeinkommen *Y* erhält, wenn man das Nominaleinkommen durch das Preisniveau dividiert. Wenn man also beide Seiten der Gleichung durch das Preisniveau *P* dividiert, erhält man:

$$\frac{M}{P} = YL(i) \tag{5.3}$$

Unsere Gleichgewichtsbedingung können wir nun neu formulieren: Das reale Geldangebot – die Geldmenge, ausgedrückt in Gütereinheiten, nicht in Euro – muss der realen Geldnachfrage entsprechen. Letztere hängt vom Realeinkommen und vom Zinssatz ab.

Der Begriff „reale Geldnachfrage“ klingt recht abstrakt. Das folgende Beispiel soll erläutern, was damit gemeint ist. Für dieses Beispiel konzentrieren wir uns auf die Nachfrage nach Bargeld. Nehmen wir an, wir wollen tagsüber immer 4 Tassen Cappuccino trinken. Dann müssen wir immer genügend Bargeld bei uns haben, um den Cappuccino bezahlen zu können. Wenn eine Tasse Cappuccino 2,50 € kostet, dann wollen wir 10 € Bargeld bei uns haben: Die 10 € sind unsere nominale Geldnachfrage. Dies ist gleichbedeutend mit der Aussage, dass wir genügend Bargeld bei uns haben möchten, um 4 Tassen Cappuccino kaufen zu können. Das ist unsere Nachfrage nach Bargeld ausgedrückt in realen Gütereinheiten. In unserem Beispiel bestehen die Gütereinheiten aus Tassen Cappuccino.

Von jetzt an werden wir Gleichung (5.3) als Basis der *LM*-Gleichung verwenden. Der Vorteil liegt darin, dass auf der rechten Seite dieser Gleichung nicht das Nominaleinkommen *PY*, sondern das Realeinkommen *Y* steht – genau die Variable, auf die wir uns bei der Analyse des Gütermarktgleichgewichts konzentrieren. Zur Vereinfachung werden wir die beiden Seiten der Gleichung mit Geldangebot und Geldnachfrage bezeichnen, auch wenn reales Geldangebot und reale Geldnachfrage die präziseren Begriffe wären. Analog bezeichnen wir von nun an *Y* als Einkommen (statt Realeinkommen oder Produktion).

5.2.2 Die Ableitung der *LM*-Kurve

Als wir die *IS*-Kurve ableiteten, haben wir sie als Funktion der Politikvariablen Staatsausgaben *G* und Steuern *T* beschrieben. Um die **LM-Kurve** abzuleiten, müssen wir uns Gedanken darüber machen, wie wir Geldpolitik beschreiben: als Geldmengensteuerung (der Variable *M*) oder als Zinssteuerung (der Variable *i*).

Traditionell wurde Geldpolitik meist als Geldmengensteuerung eingeführt. Legt die Zentralbank die nominale Geldmenge *M* (und damit auf kurze Sicht – bei konstanten Preisen – auch die reale Geldmenge) fest, muss entsprechend ▶ Gleichung (5.3) die reale Geldnachfrage (die rechte Seite der Gleichung) im Gleichgewicht dem gegebenen realen Geldangebot entsprechen – das Geldangebot M/P (die linke Seite) ist dann analog zu ▶ **Abbildung 4.3** durch eine vertikale Linie gegeben. Nimmt die Geldnachfrage mit steigendem (Real-)Einkommen *Y* zu, muss der Zinssatz dann steigen, damit die Geldnachfrage weiterhin dem unveränder- ten Geldangebot entspricht. Mit anderen Worten: Ein Anstieg des

Realeinkommens führt bei unverändertem Geldangebot automatisch zu einem Anstieg des Zinssatzes.

Während früher meist die Geldmenge als Politikvariable betrachtet wurde, betreibt die Zentralbank heute im Normalfall eine direkte Zinssteuerung. Sie legt einen bestimmten Zinssatz i_0 fest; die Zentralbankgeldmenge passt sich dann endogen an die Geldnachfrage zu dem festgelegten Zinssatz an. Das Geldangebot wird also endogen bestimmt, wie wir es in ▶ **Abbildung 4.6** beschrieben haben. Entsprechend betrachten wir in diesem Buch Zentralbankpolitik als reine Zinssteuerung. Damit lässt sich die *LM*-Kurve ganz einfach durch eine horizontale Linie beschreiben wie in ▶ **Abbildung 5.4** gezeichnet. Sie wird jeweils durch den von der Zentralbank festgelegten Zinssatz bestimmt. Eine Zinssenkung verschiebt diese horizontale *LM*-Kurve nach unten; eine Erhöhung verschiebt sie nach oben. Die *LM*-Kurve können wir somit einfach beschreiben als den Zinssatz, den die Zentralbank festlegt:

Wir bezeichnen die horizontale Linie als *LM-Kurve,* weil sich dieser Begriff als Beschreibung des Gleichgewichts auf den Finanzmärkten eingebürgert hat. Bei einer Geldmengensteuerung hat die *LM*-Kurve einen steigenden Verlauf. Das Gleiche gilt, wenn die Zentralbank – einer starren Regel i = i(Y) folgend – mit steigendem Einkommen den Zinssatz erhöht. Beide Fälle betrachten wir im Anhang zu diesem Kapitel.

$$i = i_0 \tag{5.4}$$

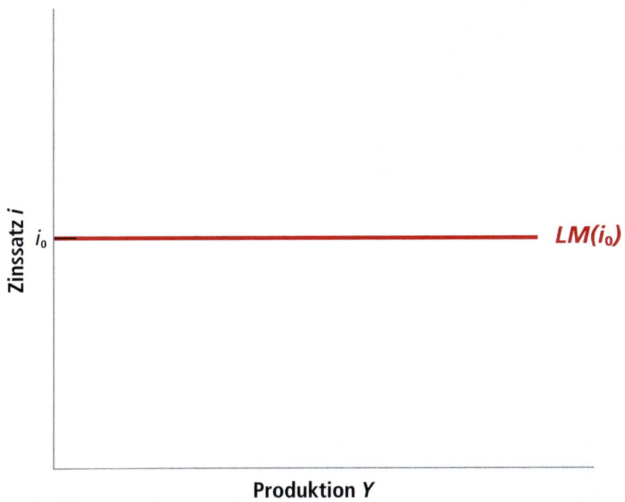

Abbildung 5.4 Die *LM*-Kurve. Die Zentralbank legt einen bestimmten Zinssatz i_0 fest. Die Zentralbankgeldmenge passt sich dann endogen an die jeweilige Geldnachfrage zu diesem Zinssatz an.

5.3 Das Zusammenspiel von *IS*- und *LM*-Gleichung

Wir bringen nun die *IS*- und die *LM*-Gleichung zusammen. Zu jedem Zeitpunkt müssen das Güterangebot der Güternachfrage und gleichzeitig das Geldangebot der Geldnachfrage entsprechen. Sowohl die *IS*- als auch die *LM*-Gleichung müssen erfüllt sein.

$$IS-\text{Kurve}: Y = C(Y-T) + I(Y,i) + G$$
$$LM-\text{Kurve}: i = i_0$$

Gemeinsam bestimmen beide Gleichungen die Produktion und damit auch das Einkommen. In ▶ **Abbildung 5.5** ist sowohl die *IS*-Kurve als auch die *LM*-Kurve eingezeichnet. Die Produktion (bzw. das Einkommen) ist auf der horizontalen Achse, der Zinssatz auf der vertikalen Achse abgetragen.

Jeder Punkt auf der *IS*-Kurve entspricht einem Gleichgewicht auf dem Gütermarkt. Jeder Punkt auf der *LM*-Kurve entspricht einem Gleichgewicht auf den Finanzmärkten. Nur im Punkt *A* sind beide Gleichgewichtsbedingungen erfüllt. Damit liegt in diesem Punkt *A*, mit der entsprechenden Produktion *Y* und Zinssatz i_0, sowohl auf dem Gütermarkt als auch auf den Finanzmärkten ein Gleichgewicht vor.

In späteren Kapiteln werden wir lernen, wie das Modell erweitert werden kann, um etwa die Finanzkrise, die Bedeutung von Erwartungen oder Wirtschaftspolitik in einer offenen Volkswirtschaft besser zu verstehen.

Die *IS*- und die *LM*-Gleichungen, die ▶ **Abbildung 5.5** zugrunde liegen, enthalten implizit viele Informationen über Konsum, Investitionen, Geldnachfrage und Gleichgewichtsbedingungen. Dennoch stellt sich die Frage, wie uns die Erkenntnis, dass der Punkt *A* ein Gleichgewicht ist, in der Realität weiterhelfen kann. Wie können wir daraus etwas ableiten, was zur Lösung von Problemen in der realen Welt nützlich sein könnte? Es ist bemerkenswert, dass ▶ **Abbildung 5.5** Antworten auf viele makroökonomische Fragen liefert. Beispielsweise können wir damit analysieren, wie die Produktion reagiert, wenn die Zentralbank den Zinssatz verändert, wenn der Staat die Steuern erhöht oder wenn die Konsumenten ihr Vertrauen in die Zukunft verlieren. Um das besser zu verstehen, betrachten wir im Folgenden zunächst die Wirkungen von Fiskal- und anschließend dann von Geldpolitik.

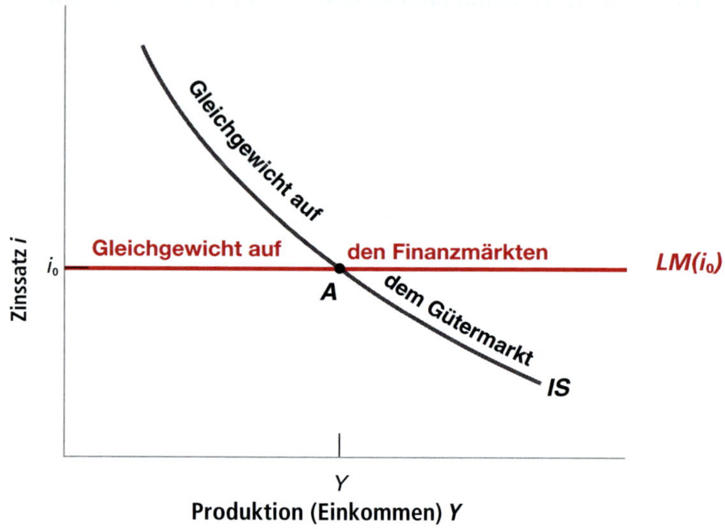

Abbildung 5.5 Das *IS-LM*-Modell. Das Gleichgewicht auf dem Gütermarkt erfordert, dass die Produktion mit steigendem Zinssatz sinkt. Dies spiegelt sich im fallenden Verlauf der *IS*-Kurve wider. Das Gleichgewicht auf den Finanzmärkten zum Zinssatz i_0 ist durch die horizontale *LM*-Kurve charakterisiert. Nur im Punkt *A*, dem Schnittpunkt beider Kurven, herrscht simultanes Gleichgewicht auf Güter- und Finanzmärkten.

5.3.1 Fiskalpolitik, Produktion und Zinssatz

Abnahme von $G - T$ ⇔ kontraktive Fiskalpolitik Zunahme von $G - T$ ⇔ expansive Fiskalpolitik

Überlegen wir, was sich verändert, wenn der Staat das Budgetdefizit durch höhere Steuern bei konstanten Staatsausgaben abbauen möchte. Ein Abbau des Budgetdefizits wird oft als **Kontraktive Fiskalpolitik** (oder **Haushaltskonsolidierung**) bezeichnet. Dieses Ziel könnte auch durch Senkung der Staatsausgaben erreicht werden. (Eine Ausweitung des Defizits dagegen, sei es durch Erhöhung der Staatsausgaben oder über eine Steuersenkung, wird **Expansive Fiskalpolitik** genannt.) Welche Auswirkungen hat diese kontraktive Maßnahme auf die Produktion und ihre Zusammensetzung sowie auf den Zinssatz?

Um solche Fragen zu den Auswirkungen einer bestimmten Politikmaßnahme zu beantworten, ist es sinnvoll, immer die drei folgenden Schritte zu durchlaufen.

1. Im ersten Schritt analysieren wir, wie die Politikmaßnahme die Gleichgewichtsbedingungen auf Güter- und Finanzmärkten beeinflusst. Wichtig ist dabei, zu prüfen, ob es zu einer Verschiebung der *IS*- und/oder der *LM*-Kurve kommt.
2. Im zweiten Schritt werden die Auswirkungen der Verschiebungen auf den Schnittpunkt von *IS*- und *LM*-Kurve und damit auf das Gleichgewicht analysiert.
3. Abschließend, im dritten Schritt, sollten die Auswirkungen verbal beschrieben werden.

Mit zunehmender Routine kann man gleich zum dritten, abschließenden Schritt gehen. Dann ist man in der Lage, zu allen wichtigen ökonomischen Ereignissen des Tages einen schnellen Kommentar abzugeben. Solange man jedoch noch nicht so viel Übung hat, ist es besser, jeden Schritt einzeln durchzugehen, auch wenn sie recht einfach zu verstehen sind.

- Im ersten Schritt stellt sich zunächst die Frage, wie die Steuererhöhung das Gleichgewicht auf dem Gütermarkt und damit die *IS*-Kurve beeinflusst. Die Antwort auf diese Frage hatten wir schon in ▶ **Abbildung 5.3** abgeleitet: Steuern sind ja in Gleichung (5.2) enthalten. Die *IS*-Kurve verschiebt sich, wenn die Steuern variiert werden. Bei gegebenem Zinssatz dämpfen höhere Steuern die Produktion.
  In ▶ **Abbildung 5.6** verschiebt sich die *IS*-Kurve damit nach links, von IS_0 nach IS_1.
  Als Nächstes fragen wir uns, ob auch die *LM*-Kurve beeinflusst wird. Die Antwort liegt auf der Hand: Weil wir hier nur eine Änderung der Fiskalpolitik betrachten, bleibt die Geldpolitik annahmegemäß unverändert. Die Zentralbank ändert den Zinssatz i_0 also nicht; die horizontale *LM*-Kurve verschiebt sich nicht.

In der *IS*-Funktion sind Steuern enthalten ⇔ Steueränderungen verschieben die *IS*-Kurve. Zeigen Sie, dass auch eine Senkung der Staatsausgaben die *IS*-Kurve nach links verschiebt.

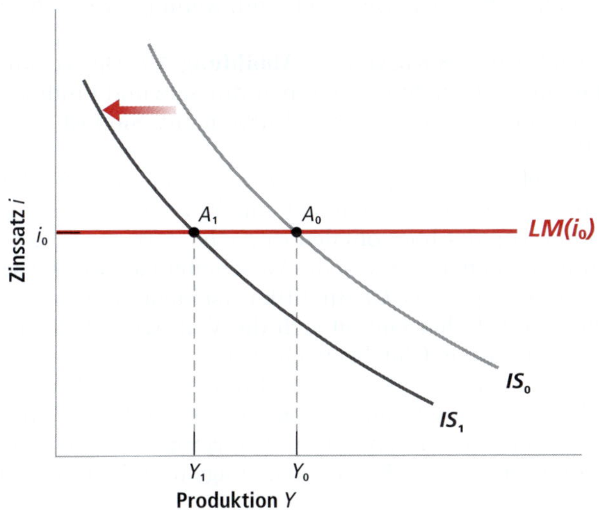

Abbildung 5.6 Die Auswirkungen einer Steuererhöhung. Eine Steuererhöhung verschiebt die *IS*-Kurve nach links. Dies führt zu einem Rückgang der Produktion von Y_0 auf Y_1.

- Betrachten wir nun den zweiten Schritt, die Bestimmung des Gleichgewichts.
  Vor der Steuererhöhung war das Gleichgewicht durch Punkt A_0 in ▶ **Abbildung 5.6** gegeben – den Schnittpunkt der ursprünglichen *IS*-Kurve mit der *LM*-Kurve. Durch die Steuererhöhung verschiebt sich die *IS*-Kurve nach links, von IS_0 nach IS_1. Das neue Gleichgewicht befindet sich im Schnittpunkt der neuen *IS*-Kurve und der unveränderten *LM*-Kurve, in Punkt A_1. Die Produktion sinkt von Y_0 auf Y_1. Der Zinssatz bleibt annahmegemäß unverändert bei i_0. Es kommt also zu einer Verschiebung der *IS*-Kurve, aber einer Bewegung entlang der *LM*-Kurve von A_0 nach A_1. Es ist wichtig, Verschiebungen von Kurven (hier: die Verschiebung der *IS*-Kurve) von Bewegungen entlang einer Kurve (hier: der Bewegung entlang der *LM*-Kurve) zu unterscheiden. Viele Fehler entstehen dadurch, dass man die Verschiebung einer Kurve mit der Bewegung entlang einer Kurve verwechselt.

***T* ändert sich ⇒ die ISKurve verschiebt sich. Die *LM*-Kurve verschiebt sich nicht. Die Volkswirtschaft bewegt sich entlang der *LM*-Kurve.**

- Der dritte und abschließende Schritt besteht darin, den Zusammenhang verbal zu beschreiben:
  Die Steuererhöhung reduziert das verfügbare Einkommen. Dadurch schränken die Wirtschaftssubjekte ihren Konsum ein. Bei unverändertem Zinssatz führt die Steuererhöhung über den Multiplikator-Prozess zu einem Rückgang der Produktion. Was geschieht mit den einzelnen Komponenten der Güternachfrage? Annahmegemäß bleiben die Staatsausgaben unverändert. Der Konsum sinkt, da das verfügbare Einkommen aus zwei Gründen zurückgeht: wegen der Steuererhöhung und weil das Einkommen sinkt. Aufgrund des Absatzrückgangs gehen auch die Investitionen zurück.

5.3.2 Geldpolitik

Erhöhung von *i* ⇔ kontraktive Geldpolitik

Zinssenkung *i* ⇔ expansive Geldpolitik

Wenden wir uns nun der Geldpolitik zu und betrachten den Fall einer expansiven Geldpolitik: Die Zentralbank senkt den Zinssatz. Wie wir in ▶ **Abschnitt 5.2.2** gesehen haben, induziert das eine Erhöhung des Geldangebotes. (Umgekehrt bedeutet ein Anstieg des Zinssatzes eine **Kontraktive Geldpolitik**.)

- Im ersten Schritt untersuchen wir wieder, ob und, wenn ja, wie sich *IS*- und *LM*-Kurve verschieben.
- Betrachten wir zunächst die *IS*-Kurve in ▶ **Abbildung 5.7**. Die Veränderung des Zinssatzes beeinflusst nicht die Beziehung zwischen Zinssatz und Produktion. Deshalb verschiebt eine Variation des Zinssatzes die *IS*-Kurve nicht. Sie löst vielmehr eine Bewegung entlang der *IS*-Kurve aus!
- Trivialerweise verschiebt sich dagegen die *LM*-Kurve bei einer Zinsänderung. Wie bereits in ▶ **Abschnitt 5.2** angedeutet, bedeutet eine Zinssenkung eine Verschiebung der *LM*-Kurve nach unten, von der horizontalen Kurve bei i_0 zur horizontalen Kurve bei i_1.
- Im zweiten Schritt untersuchen wir, wie die Verschiebungen der Kurven das Gleichgewicht beeinflussen. Eine expansive Geldpolitik verschiebt die *LM*-Kurve, lässt dagegen die *IS*-Kurve unverändert. Daher bewegt sich die Volkswirtschaft in ▶ **Abbildung 5.7** entlang der *IS*-Kurve, und das Gleichgewicht verschiebt sich von Punkt A_0 nach A_1. Wenn der Zinssatz von i_0 auf i_1 sinkt, steigt die Produktion von Y_0 auf Y_1.
- Im dritten Schritt beschreiben wir den Zusammenhang verbal. Der niedrigere Zinssatz stimuliert die Investitionen. Über den Multiplikatorprozess steigen nicht nur die Investitionsnachfrage, sondern auch die Konsumnachfrage und die Produktion.

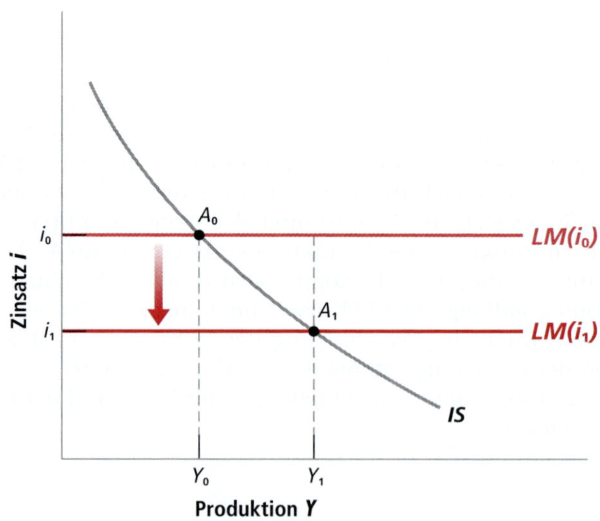

Abbildung 5.7 Die Auswirkungen einer expansiven Geldpolitik. Eine Zinssenkung verschiebt die *LM*-Kurve nach unten. Mit sinkendem Zinssatz steigt die Produktion.

FOKUS

Ist Haushaltskonsolidierung gut oder schlecht für die Investitionstätigkeit?

Oft wird folgendes Argument vorgebracht: „Private Ersparnis finanziert entweder das staatliche Budgetdefizit oder private Investitionen. Man muss kein Genie sein, um zu erkennen, dass mit einem Abbau des Budgetdefizits ein größerer Anteil der privaten Ersparnis zur Finanzierung der Investitionen übrig bleibt, sodass die Investitionen steigen."

Dieses Argument klingt einfach und überzeugend. Wie können wir es mit unseren Überlegungen in Einklang bringen, dass ein Abbau des Budgetdefizits auch zu einem Rückgang der Investitionen führen kann?

Um diese Frage beantworten zu können, greifen wir zunächst auf Gleichung (3.10) in ▶ **Kapitel 3** zurück. Dort haben wir gelernt, dass man die Gleichgewichtsbedingung für den Gütermarkt auch wie folgt ausdrücken kann:

$$\underset{\text{Investitionen}}{I} = \underset{\text{private Ersparnis}}{S} + \underset{\text{staatliche Ersparnis}}{(T - G)}$$

Im Gütermarktgleichgewicht entsprechen die Investitionen der Summe aus privater und staatlicher Ersparnis. Wenn die staatliche Ersparnis positiv ist, dann weist der Staat einen Budgetüberschuss aus; wenn die staatliche Ersparnis negativ ist, dann weist er ein Budgetdefizit aus. Daher ist die Aus Aussage richtig, dass ein Abbau des Defizits – sei es durch eine Steuererhöhung oder durch eine Senkung der Staatsausgaben, sodass $T - G$ zunimmt – bei gegebener privater Ersparnis zu einer Zunahme der Investitionen führen muss: Wenn bei gegebenem S die staatliche Ersparnis $T - G$ zunimmt, muss I steigen.

Der entscheidende Punkt dieser Aussage ist jedoch „bei gegebener privater Ersparnis". Kontraktive Fiskalpolitik beeinflusst eben nicht nur die Höhe des Budgetdefizits, sondern auch die private Ersparnis: Sie führt zu einem Rückgang der Produktion und damit zu geringerem Einkommen. Da der Konsum um weniger als das Einkommen sinkt, nimmt auch die private Ersparnis ab. Unter Umständen geht die private Ersparnis sogar stärker zurück als das Budgetdefizit. In diesem Fall würde die Konsolidierung statt einer Zunahme eine Abnahme der Investitionen auslösen. Wenn S stärker abnimmt als $T - G$ zunimmt, dann geht I zurück, statt zu steigen.

Zusammenfassend lässt sich sagen: Kontraktive Fiskalpolitik kann unter Umständen auch einen Rückgang der Investitionen auslösen. Umgekehrt kann expansive Fiskalpolitik – eine Steuersenkung oder eine Erhöhung der Staatsausgaben – auch zu einer Zunahme der Investitionen führen.

5.4 Die Kombination von Geld- und Fiskalpolitik

Kontraktive Fiskalpolitik ⇔ Verringerung des Budgetdefizits

Bisher haben wir die Fiskal- und die Geldpolitik getrennt voneinander analysiert. Unsere Absicht war es, die Wirkungsweise von Fiskalpolitik und Geldpolitik unabhängig voneinander zu zeigen. In der Realität jedoch werden beide oft gemeinsam eingesetzt. Die Kombination von geld- und fiskalpolitischen Politikmaßnahmen wird Politik-Mix genannt.

Manchmal zeichnet sich der richtige Politik-Mix dadurch aus, sowohl geld- wie fiskalpolitische Politikmaßnahmen in die gleiche Richtung zu lenken. Wenn sich die Wirtschaft in einer Rezession befindet und gesamtwirtschaftliche Nachfrage und Produktion zu niedrig sind, können sowohl Fiskal- wie Geldpolitik eingesetzt werden, um die Wirtschaft zu stimulieren. Eine solche Kombination wird in ▶ **Abbildung 5.8** beschrieben. Das Ausgangsgleichgewicht befindet sich im Punkt A_0 beim Schnittpunkt von *IS*- und *LM*-Kurve mit der Produktion Y_0.

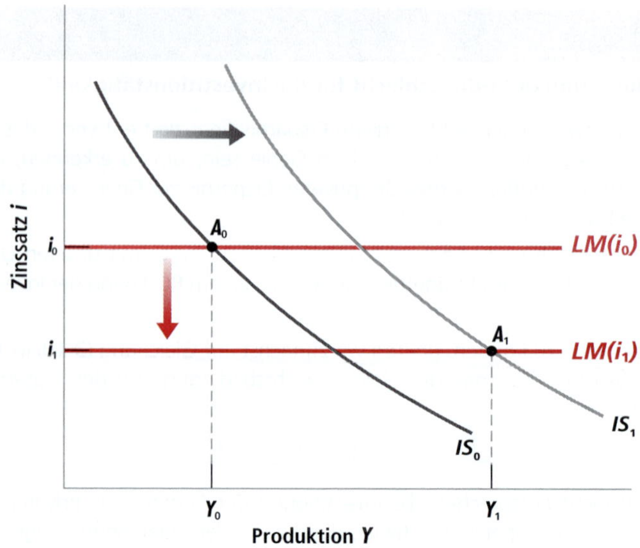

Abbildung 5.8 Die Wirkung einer Kombination aus expansiver Geldund Fiskalpolitik. Expansive Fiskalpolitik verschiebt die *IS*-Kurve nach rechts. Expansive Geldpolitik verschiebt die *LM*-Kurve nach unten von $LM(i_0)$ auf $LM(i_1)$. Beide Maßnahmen führen zu einem Anstieg der Produktion.

Im Punkt A_0 befindet sich die Wirtschaft in einer Rezession. Expansive Fiskalpolitik (etwa mit Hilfe von Steuersenkungen) verschiebt die *IS*-Kurve nach rechts von IS_0 zu IS_1. Expansive Geldpolitik (eine Zinssenkung) verschiebt die *LM*-Kurve nach unten von $LM(i_0)$ zu $LM(i_1)$. Das neue Gleichgewicht befindet sich im Punkt A_1 mit der Produktion Y_1. Sowohl Fiskal- wie Geldpolitik leisten einen Beitrag dazu, Nachfrage und Produktion zu steigern. Die Konsumnachfrage steigt aufgrund niedrigerer Steuern und steigenden Einkommens. Die Investitionsnachfrage erhöht sich dank des gesunkenen Zinssatzes und verbesserter Absatzchancen.

Eine solche Kombination sowohl expansiver Geldpolitik wie auch expansiver Fiskalpolitik kann zur Bekämpfung einer Rezession eingesetzt werden, wie etwa während der Rezession 2001 in den USA (vgl. dazu die Fokusbox *„Die Rezession von 2001"*). Man könnte sich fragen: Warum werden beide Politikmaßnahmen eingesetzt, obwohl doch jede einzelne die gewünschte Wirkung erzielen könnte. Wie in den vorigen Abschnitten gezeigt, lässt sich die Produktion steigern, wenn die Staatsausgaben entsprechend stark erhöht (bzw. die Steuern gesenkt) werden oder indem die Zinsen hinreichend stark gesenkt werden. Die Antwort auf diese Frage lautet: Es gibt eine ganze Reihe von Gründen, warum Politik-Mix erstrebenswert sein kann:

Expansive Fiskalpolitik (egal ob über Erhöhung der Staatsausgaben oder einen Abbau von Steuern) geht mit einem Anstieg des Staatsdefizits einher (bzw. einem Rückgang des Finanzierungsüberschusses, falls anfangs ein Überschuss bestand). Hohe Haushaltsdefizite können aber gefährlich werden, weil sie eine Zunahme der Staatsverschuldung mit sich bringen. Dies untersuchen wir später genauer. Aus diesem Grund ist es besser, sich zumindest teilweise auf Geldpolitik zu verlassen.

Der Spielraum für expansive Geldpolitik (sinkende Zinsen) ist eng begrenzt, wenn die Zinsen ohnehin schon recht niedrig sind. Fiskalpolitik muss dann einen größeren Anteil zur Stabilisierung übernehmen. Wie wir im letzten Kapitel gesehen haben, stößt Geldpolitik an Grenzen, sobald die effektive Zinsuntergrenze erreicht ist. Dann bleibt Fiskalpolitik als einzige Option.

Fiskal- und Geldpolitik wirken sich unterschiedlich auf die Zusammensetzung der Produktion aus. Ein Rückgang der Einkommenssteuern etwa steigert die Konsumnachfrage relativ zu den Investitionen; sinkende Zinsen stimulieren die Investitionen stärker als den

Konsum. Je nach Ausgangslage kann es deshalb sinnvoll sein, Fiskal- oder Geldpolitik in stärkerem Maße einzusetzen.

Weder Fiskal- noch Geldpolitik wirken perfekt. Der genaue Wirkungsmechanismus ist unsicher. Es kann sein, dass niedrigere Steuern nicht ausreichen, um den Konsum zu stimulieren, oder dass niedrigere Zinsen die Investitionen nicht stimulieren. Aus diesem Grund ist es vernünftiger, beide Instrumente einzusetzen.

Manchmal besteht die richtige Kombination darin, beide Instrumente in genau entgegengesetzter Richtung zu nutzen, etwa die Konsolidierung des Staatshaushalts mit einer expansiven Geldpolitik zu begleiten. Ein gutes Beispiel ist der Versuch, ein hohes Haushaltsdefizit abzubauen. Wird die Konsolidierung durch eine expansive Geldpolitik ergänzt, könnte das Abgleiten in eine Rezession vermieden werden. Betrachten wir das am Beispiel von ▸ **Abbildung 5.9** genauer. Im Ausgangspunkt A_0 ist das Produktionsniveau Y_0 beim Zinssatz i_0 angemessen, das Haushaltsdefizit $G - T$ aber zu hoch. Reduziert die Regierung das Defizit (über höhere Steuern, niedrigere Staatsausgaben oder eine Mischung beider Maßnahmen), so verschiebt sich die *IS*-Kurve nach links. Das neue Gleichgewicht liegt nun im Punkt A_1 beim Produktionsniveau Y_1. Bei unverändertem Zinssatz geht die Nachfrage und über den Multiplikator auch die Produktion zurück. Der Abbau des Defizits führt zu einer Rezession.

Diese Rezession lässt sich vermeiden, wenn zur Unterstützung auch Geldpolitik eingesetzt wird. Eine Senkung des Zinssatzes von i_0 auf i_1 stimuliert die private Nachfrage, sodass als neues Gleichgewicht A_2 erreicht wird, in dem die Produktion wieder dem Produktionspotenzial Y_0 entspricht. Diese Kombination aus Geld- und Fiskalpolitik ermöglicht so einen Abbau des Haushaltsdefizits ohne Rezession.

Wie verhalten sich dabei Konsum und Investition? Die Reaktion des privaten Konsums hängt stark davon ab, wie das Defizit abgebaut wird. Werden allein die Staatsausgaben bei unveränderten Steuern reduziert, bleiben verfügbares Einkommen und damit auch der Konsum unverändert. Der Rückgang der Staatsausgaben wird durch einen entsprechenden Anstieg privater Investitionen kompensiert. Erfolgt die Konsolidierung dagegen über höhere Einkommenssteuern, sinken verfügbares Einkommen und auch der Konsum. Die Wirkung auf die Investitionen ist eindeutig: Niedrigere Zinsen stimulieren die Investitionstätigkeit bei unveränderter Produktion.

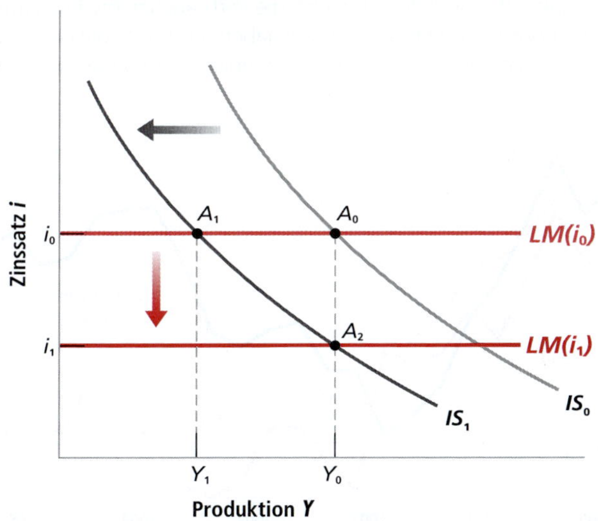

Abbildung 5.9 Die Wirkung einer Kombination von Haushaltskonsolidierung und expansiver Geldpolitik. Die Haushaltskonsolidierung verschiebt die *IS*-Kurve nach links. Die expansive Geldpolitik verschiebt die *LM*-Kurve nach unten von $LM(i_0)$ auf $LM(i_1)$. Die Kombination beider Maßnahmen kann verhindern, dass die Haushaltskonsolidierung in einer Rezession mündet.

Interessant in diesem Zusammenhang: Die Fokusbox *„Die deutsche Einheit und das EWS"* in ▶ *Kapitel 19* und die Fokusbox *„Die Krise des EWS im September 1992"* in ▶ *Kapitel 20*

Wir haben gesehen, wie eine geschickte Kombination von Geld- und Fiskalpolitik eine Rezession verhindern kann. Die Entwicklung in den USA Anfang der 1990er-Jahre ist ein Beispiel für einen erfolgreichen Politik-Mix. Damals versuchte die Regierung Clinton, durch eine Kombination von höheren Steuern und Ausgabensenkungen das **Staatsdefizit** abzubauen. Sie fürchtete aber, dass diese Maßnahmen eine Rezession auslösen könnten. Die richtige Mischung bestand darin, die Haushaltskonsolidierung mit expansiver Geldpolitik zu begleiten, um einen Nachfrageeinbruch zu verhindern. Gemeinsam mit der Regierung Clinton und ein bisschen Glück gelang es damals Alan Greenspan als Zentralbankchef, die richtige Strategie zu finden, um im Lauf dieses Jahrzehnts einen stetigen Abbau des Haushaltsdefizits zusammen mit stetigem Wirtschaftswachstum sicherzustellen.

Die Kombination von Geld- und Fiskalpolitik kann sich aber auch aus Spannungen oder sogar aus Konflikten ergeben zwischen der Regierung, die für die Fiskalpolitik verantwortlich ist, und der Zentralbank, die für die Geldpolitik verantwortlich ist. Ein typisches Szenario besteht darin, dass die Zentralbank eine expansive Fiskalpolitik für gefährlich hält und daher mit einer kontraktiven Geldpolitik gegensteuert, um eine Überhitzung der Volkswirtschaft zu vermeiden. Ein Beispiel dafür ist Deutschland nach der Vereinigung zu Beginn der 1990er-Jahre. Dieses Beispiel wird in der Fokusbox *„Die deutsche Einheit und das Tauziehen zwischen Geld- und Fiskalpolitik"* analysiert.

FOKUS

Die Rezession von 2001 – ein Vergleich zwischen USA und Europa

Im Jahr 2000 zeigten sich in den USA erste Anzeichen dafür, dass die seit 1992 anhaltende Periode starken Wachstums zu Ende gehen könnte. Die Produktion ging im dritten Quartal leicht zurück. Obwohl sie sich dann wieder kurz erholte, blieb die Wachstumsrate auch in zwei Quartalen des Jahres 2001 negativ; die USA gerieten in eine Rezession. ▶ **Abbildung 1** zeigt die Wachstumsraten pro Quartal, abgetragen jeweils als annualisierte (auf das Gesamtjahr hochgerechnete) Werte. Ursache der Rezession war ein scharfer Rückgang der Investitionsausgaben der Unternehmen, die zuvor rasant gewachsen waren. In der zweiten Hälfte der 1990er-Jahre sind die Investitionen jährlich um mehr als 10% gestiegen, weil die Unternehmen ihre Zukunftschancen sehr optimistisch einschätzten. Mit dem Einbruch der Aktienkurse wurde ihnen aber im Lauf des Jahres 2001 bewusst, dass sie zu optimistisch gewesen waren und zu viel investiert hatten. Die Investitionstätigkeit ging im Laufe des Jahres 2001 um 4,5% zurück. Der Einbruch der Investitionen führte zu einem Rückgang der gesamten Güternachfrage. Aus Unsicherheit über die Zukunft schränkten nun auch die Verbraucher ihre Konsumausgaben ein. Die Kombination aus niedrigen Konsum- und Investitionsausgaben reduzierte die gesamte Güternachfrage noch weiter, sodass die Produktion entsprechend dem Multiplikatoreffekt umso stärker zurückging.

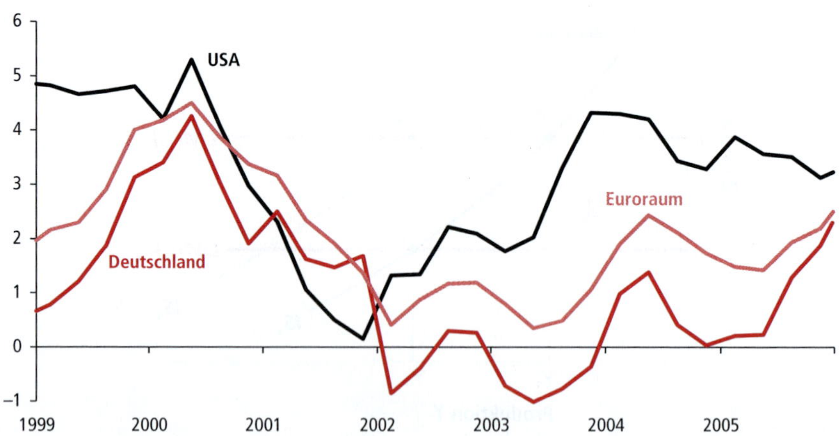

Abbildung 1 Wachstumsraten des realen BIP. USA, Deutschland und Euroraum 1999–2005
Quelle: FRED (Codes: DEUGDPRQPSMEI, USAGDPRQPSMEI, NAEXKP01EZQ659S)

Der Einbruch hätte aber weit schlimmer sein können. Als deutlich wurde, dass die Wirtschaft in eine Rezession geriet, wurden sowohl Geld- als auch Fiskalpolitik aggressiv eingesetzt, um möglichst rasch einen erneuten Aufschwung herbeizuführen. Betrachten wir zunächst die Geldpolitik. Bereits Anfang 2001 begann die amerikanische Zentralbank, meist als Fed (für Federal Reserve Board) bezeichnet, mit massiven Zinssenkungen, die sich das ganze Jahr fortsetzten: Die **Federal Funds Rate** – der Geldmarktzins, den die Fed steuert, fiel von 6,5% im Januar 2001 auf 1,75% im Dezember 2001 – ein ungewöhnlich dramatischer Rückgang (vgl. ▶ **Abbildung 2**).

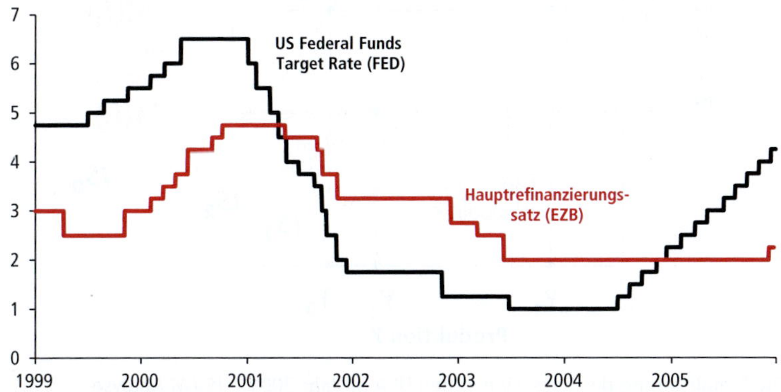

Abbildung 2 Geldpolitik: Federal Funds Target Rate (Fed) und Hauptrefinanzierungssatz (EZB)
Quelle: FRED (Code DFEDTAR), EZB (FM.D.U2.EUR.4F.KR.MRR_RT.LEV)

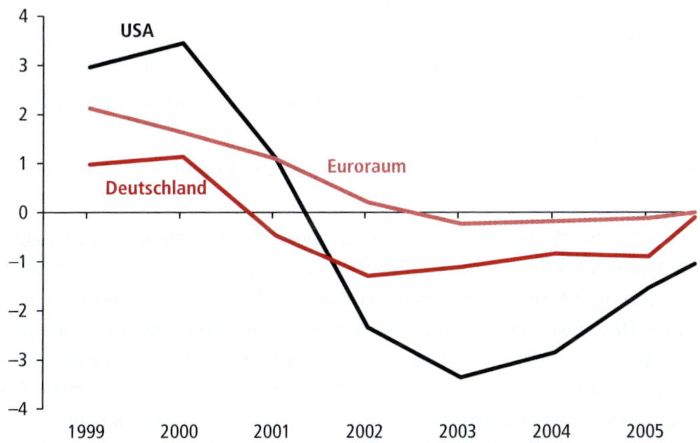

Abbildung 3 Fiskalpolitik: Primärüberschuss des Staates in Relation zum nominalen BIP, USA und Euroraum seit 1999

Seit 2001 verwandelte sich in den USA der **Primärüberschuss** des Staates in ein hohes Defizit. Aber auch die Fiskalpolitik reagierte vehement. Noch im Jahr 2000 hatten die Vereinigten Staaten den höchsten Budgetüberschuss (in Relation zum BIP) seit mehr als vier Jahrzehnten. Das **Primärdefizit** des Staates – der Überschuss der staatlichen Einnahmen über die staatlichen Ausgaben (ohne Berücksichtigung der Zinsbelastungen) – belief sich auf 4,1% in Relation zum BIP. Infolge massiver Steuersenkungen und Ausgabensteigerungen wandelte sich dieser Überschuss unter der Regierung Bush im Lauf des Jahres 2001 und noch stärker 2002 in ein hohes Defizit. In jeder Rezession steigen automatisch die Staatsausgaben, die Steuereinnahmen gehen zurück. Der Rückgang fiel aber besonders drastisch aus, weil die amerikanische Regierung massive Steuersenkungen beschloss.

Die drohende Rezession lieferte den Befürwortern solcher Senkungen ein wichtiges Argument: Sie seien dringend nötig, um das verfügbare Einkommen der Konsumenten nach Steuern zu steigern. Sie würden die Konsumausgaben anregen, und so das Rezessionsrisiko verringern. Dank eines im Frühjahr 2001 verabschiedeten Steuergesetzes erhielten die US-amerikanischen Steuerzahler im Sommer 2001 u.a. eine Steuerrückzahlung in Höhe von rund 300 $ pro Steuerzahler.

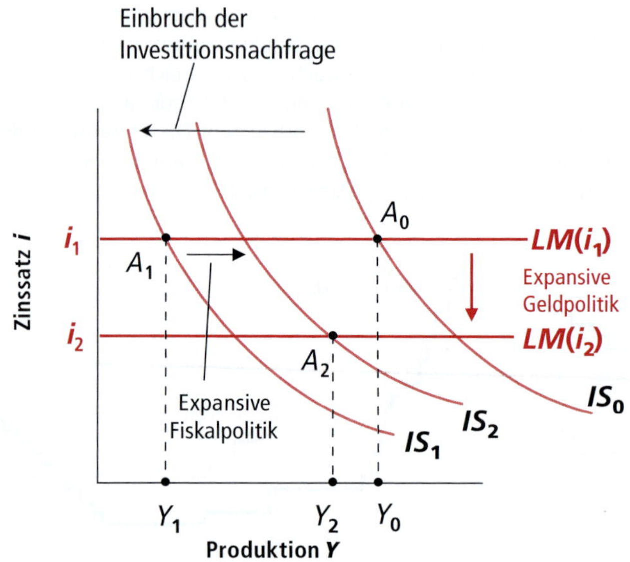

Abbildung 4 **Die Stabilisierung der Rezession in den USA im Jahr 2001 – *IS-LM*-Analyse**

Anhand unseres *IS-LM*-Diagramms in ▶ **Abbildung 4** lässt sich die Entwicklung gut illustrieren: Punkt A_0 repräsentiert das Gleichgewicht am Ende des Jahres 2000 – als Schnittpunkt der ursprünglichen *IS*- bzw. *LM*-Kurven. Im Lauf des Jahres 2001 ging es dann folgendermaßen weiter:

Der Einbruch der Investitionsnachfrage führte zu einer scharfen Linksverschiebung der *IS*-Kurve, von IS_0 auf IS_1. Ohne stabilisierende Eingriffe wäre die Produktion auf Y_1 (entsprechend Punkt A_1) gefallen.

Die expansive Geldpolitik mit drastischen Zinssenkungen von i_1 auf i_2 verschob die *LM*-Kurve nach unten von $LM(i_1)$ auf $LM(i_2)$.

Steuersenkungen und höhere Staatsausgaben bewirkten beide eine Rechtsverschiebung der *IS*-Kurve von IS_1 auf IS_2.

Als Konsequenz dieser Entwicklungen lag das Gleichgewicht am Ende des Jahres 2001 im Punkt A_2 mit niedrigeren Zinsen. Die Produktion ging zwar von Y_0 auf Y_2 zurück; der Einbruch war aber weit weniger dramatisch, als er ohne die Stabilisierungsmaßnahmen (im Punkt A_1) ausgefallen wäre. Diese Entwicklung wirft eine ganze Reihe von Fragen auf: Warum konnten die massiven geld- und fiskalpolitischen Maßnahmen den Einbruch des Wirtschaftswachstums im Jahr 2001 nicht verhindern? Die Antwort lautet: Solche Maßnahmen sind nur äußerst grobe wirtschaftspolitische Instrumente. Das exakte Ausmaß ihrer Wirkungen lässt sich schwer vorhersagen. Die Reaktion der Konsumenten und der Unternehmen hängt nicht nur davon ab, wie Zentralbank und Regierung heute handeln, sondern auch von den Erwartungen über die Zukunft. Und bis die Maßnahmen wirksam werden, verstreicht Zeit: Es dauert mehr als ein Jahr, bis eine Zinssenkung ihre volle Wirkung auf Ausgaben und Produktion entfaltet. Zu dem Zeitpunkt, als die Fed Anfang 2001 begann, die Zinsen zu senken, war es bereits zu spät, den Einbruch zu verhindern. Dank der Stabilisierungspolitik gelang es aber, Tiefe und Dauer des Einbruchs abzumildern. Über das gesamte Jahr 2001 ist die Produktion sogar um 0,8% gestiegen.

War die Mischung aus Geld- und Fiskalpolitik angemessen, um die Rezession zu bekämpfen? Bei der Beurteilung dieser Frage sind sich die Wirtschaftswissenschaftler nicht einig. Die meisten halten die raschen und drastischen Zinssenkungen der Fed für ein Musterbeispiel guter Stabilisierungspolitik, auch wenn manche meinen, die Periode lockerer Geldpolitik habe zu lange gedauert (bis Mitte 2003 kam es nochmals zu weiteren Zinssenkungen bis auf 1%) und letztlich zu einem Überhitzen des Immobilienmarkts geführt hat.

Die drastischen Steuersenkungen werden dagegen vielfach sehr skeptisch beurteilt. Angemessen wäre ein temporärer Rückgang der Steuereinnahmen gewesen, bis sich die Wirtschaft wieder von der Rezession erholt hat. Die beschlossenen Steuersenkungen sind aber auf Dauer wirksam. Auch nachdem sich die US-amerikanische Wirtschaft wieder erholt hat, bleibt das Budgetdefizit weiterhin hoch. Viele Wirtschaftswissenschaftler befürchten, dass dies langfristig gravierende Probleme auslöst.

Was lief im Euroraum anders? Auch hier kam es nach einem relativ hohen Wachstum in den Jahren 1999 und 2000 zu einem Konjunktureinbruch. Erst im zweiten Quartal 2003 aber wurde die Wachstumsrate im gesamten Euroraum negativ. Die schwächere Exportnachfrage aus den USA und der Rückgang der Investitionsnachfrage im Euroraum selbst haben sich erst mit Verzögerung auf die Gesamtproduktion ausgewirkt. Auch hier kam es dann aber zu einer scharfen Linksverschiebung der *IS*-Kurve. Die Europäische Zentralbank hat darauf jedoch weit weniger aggressiv reagiert (vgl. den Zinspfad der EZB in ▶ **Abbildung 2** mit dem Zinspfad der Fed). Die *LM*-Kurve hat sich also weniger stark nach unten verschoben. Auch die Fiskalpolitik war kaum expansiv: Im Durchschnitt aller Länder weist der Euroraum allenfalls ein sehr kleines Primärdefizit auf. Nach Berechnungen der EU wirkte die Fiskalpolitik in diesem Zeitraum sogar prozyklisch. Die *IS*-Kurve verschob sich im Euroraum demnach durch Fiskalpolitik kaum wieder nach rechts zurück. Der gesamte Rückgang der Gesamtproduktion im *IS-LM*-Diagramm von ▶ **Abbildung 4** war im Euroraum deshalb weit stärker.

Ein wesentlicher Grund für die schwachen Impulse durch Fiskalpolitik besteht darin, dass die Gesamtverschuldung der Eurostaaten im Ausgangspunkt wesentlich höher lag als in den Vereinigten Staaten. Die Belastung der Staatshaushalte mit Zinszahlungen (sie sind im Primärdefizit nicht enthalten) war demnach höher; entsprechend geringer der Spielraum, den der **Stabilitäts- und Wachstumspakt** für eine expansive Fiskalpolitik lässt. Wir werden darauf in den ▶ **Kapiteln 21** und ▶ **22** zurückkommen. ▶ **Abbildung 1** macht aber auch deutlich, dass das Gesamtbild im Euroraum die Unterschiede zwischen den einzelnen Staaten vernachlässigt. In manchen Staaten war die Rezession wesentlich gravierender. Insbesondere Deutschland wies damals über mehrere Quartale hin negative Wachstumsraten auf. Die Geldpolitik der Europäischen Zentralbank orientiert sich aber an der Gesamtentwicklung im Euroraum.

FOKUS

Die deutsche Einheit und das Tauziehen zwischen Geld- und Fiskalpolitik

Nach dem Fall der Mauer kam es im Jahr 1990 zur Vereinigung von West- und Ostdeutschland. Vor dem Zweiten Weltkrieg lagen die beiden Regionen ungefähr auf demselben wirtschaftlichen Entwicklungsstand. 1990 aber war Westdeutschland ein viel reicheres und produktiveres Land als Ostdeutschland. Die Vereinigung hatte viele makroökonomische Konsequenzen, hier wollen wir uns aber ausschließlich auf die Konsequenzen für die Geld- und Fiskalpolitik in Deutschland konzentrieren. Durch die Vereinigung wurde deutlich, dass die meisten Unternehmen in den neuen Ländern – die Bezeichnung für die ehemalige DDR – nicht wettbewerbsfähig waren. Viele waren gezwungen zu schließen, die restlichen benötigten neue und modernere Produktionsanlagen.

Es wurde rasch offensichtlich, dass in der Übergangszeit mit einer deutlichen Erhöhung der Staatsausgaben gerechnet werden musste: Zu finanzieren waren eine neue Infrastruktur, die Beseitigung von Umweltschäden, die staatlichen **Sozialleistungen** für Arbeitslose und Subventionen für Unternehmen, denen man eine Chance geben wollte, den Betrieb aufrechtzuerhalten, bis sie wettbewerbsfähig geworden waren.

Konfrontiert mit dem starken Anstieg der Staatsausgaben, entschied sich die deutsche Regierung dafür, diesen zu einem Teil durch Steuererhöhungen zu finanzieren, zum größeren Teil aber über eine Erhöhung des Budgetdefizits. In ▶ **Tabelle 1** sind die Zahlen zu den wichtigsten makroökonomischen Variablen von 1988 bis 1991 (für Westdeutschland) enthalten.

	1988	1989	1990	1991
BIP-Wachstum (%)	3,7	3,6	5,7	5,0
Anstieg der Investitionen (%)	5,6	7,4	10,1	7,5
Budgetüberschuss (% des BIP) (Minus-Zeichen = Defizit)	−2,2	0,1	−2,1	−3,3
Kurzfristiger Zinssatz	4,3	7,1	8,5	9,2

Tabelle 1 Ausgewählte Makro-Variablen für Deutschland 1988–1991

Quelle: OECD Economic Outlook, Nr. 61 vom Juni 1997. „Investitionen" ohne Wohnungsbau

Die Zahlen zeigen, dass sich Deutschland schon vor der Vereinigung in einem starken Aufschwung befand. In den Jahren 1988 und 1989 lag die Wachstumsrate des BIP bei fast 4%. Die Investitionen boomten. Da die Steuereinnahmen vom Niveau der wirtschaftlichen Aktivität abhängen, führte das starke Wachstum des BIP 1989 zu hohen staatlichen Einnahmen und einem Budgetüberschuss von 0,1%.

Durch die Vereinigung stieg die gesamtwirtschaftliche Nachfrage noch weiter an. 1990 stiegen die Investitionen sogar stärker als 1989. Als Folge der Zunahme der Staatsausgaben und der staatlichen Transferleistungen wurde aus dem Budgetüberschuss von 1989 im darauffolgenden Jahr ein Budgetdefizit in Höhe von 2,1% in Relation zum BIP. Im Rahmen des *IS-LM*-Modells lässt sich die Situation so beschreiben, dass 1990 durch den starken Anstieg der Staatsausgaben und der Investitionen eine starke Rechtsverschiebung der *IS*-Kurve von IS_1 nach IS_2 zu beobachten war, wie in ▸ **Abbildung 1** dargestellt.

Angesichts dieser Entwicklungen fürchtete die Bundesbank, das Wachstum sei zu hoch, die Volkswirtschaft sei auf einem überhitzten Niveau; dies würde zu Inflation führen (der entsprechende Zusammenhang wird im nächsten Kapitel besprochen). Die Bundesbank kam zu der Überzeugung, dass das Wachstum gebremst werden sollte. Obwohl der Zinssatz schon vorher von 4,3% im Jahr 1988 auf 7,1% im Jahr 1989 gestiegen war, beschloss die Bundesbank, die kontraktive Geldpolitik noch zu verschärfen. Sie ließ den Zinssatz noch weiter bis auf 9,2% im Jahr 1991 steigen.

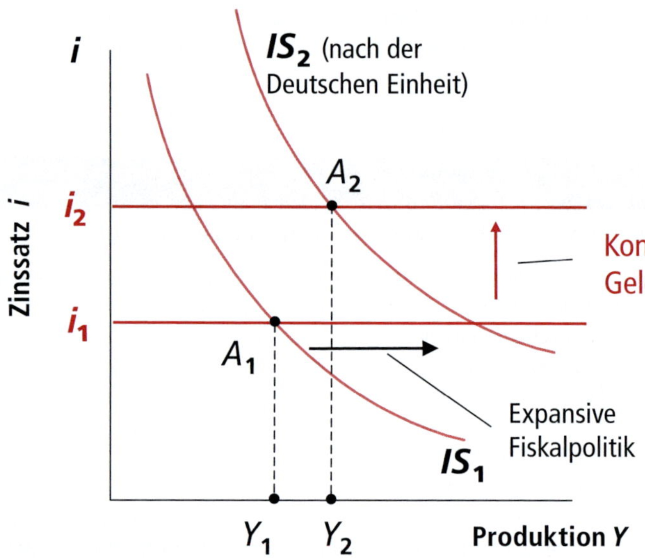

Abbildung 1 Geld- und Fiskalpolitik in Deutschland nach der deutschen Einheit

Im Rahmen des *IS-LM*-Modells in ▸ **Abbildung 1** lässt sich das Vorgehen der Bundesbank so beschreiben, dass sie sich für eine Verschiebung der LM-Kurve nach oben (eine Zinserhöhung von i_1 auf i_2) entschied, um das Wachstum abzuschwächen. Die Konsequenzen waren einerseits schnelles Wachstum, begründet in der expansiven Fiskalpolitik, andererseits aber hohe Zinsen, begründet in der kontraktiven Geldpolitik. Die hohen Zinsen hatten nicht nur für Deutschland, sondern für ganz Europa schwerwiegende Konsequenzen. Einige Ökonomen argumentieren, dass die hohen Zinsen in Deutschland einer der Hauptgründe für die Rezession im Rest von Europa zu Beginn der 1990er-Jahre waren. In ▸ **Kapitel 19** werden wir diesen Punkt im Detail weiterdiskutieren.

5.5 Wie gut bildet das *IS-LM*-Modell die Fakten ab?

Bisher haben wir dynamische Aspekte nicht berücksichtigt. Als wir zum Beispiel in ▶ **Abbildung 5.6** die Auswirkungen einer Steuererhöhung oder in ▶ **Abbildung 5.7** die Auswirkungen einer expansiven Geldpolitik analysierten, haben wir so getan, als ob sich die Volkswirtschaft sofort von A_0 nach A_1 und die Produktion sofort von Y_0 nach Y_1 bewegen würde. Natürlich ist dies nicht realistisch: Die Anpassung der Produktion nimmt mit Sicherheit einige Zeit in Anspruch. Um die zeitliche Dimension in unserem Modell zu erfassen, müssen wir Dynamik einführen.

Eine formale Einführung von Dynamik wäre recht kompliziert. Aber die grundlegenden Mechanismen können wir, wie bereits in ▶ **Kapitel 3**, auch sehr gut verbal beschreiben. Einige der Mechanismen sind bereits aus ▶ **Kapitel 3** bekannt, einige sind neu:

- Mit großer Wahrscheinlichkeit verstreicht eine gewisse Zeit, bis die Konsumenten ihre Konsumausgaben an ein verändertes verfügbares Einkommen anpassen.
- Ebenso wird eine gewisse Zeit verstreichen, bis die Unternehmen ihre Investitionen an eine Veränderung des Absatzes oder eine Veränderung des Zinssatzes anpassen.
- Nicht nur die Anpassung der Investitionen, sondern auch die Anpassung der gesamten Produktion dauern eine gewisse Zeit.
- Dabei sind asymmetrische Reaktionen sehr wahrscheinlich: Während eine restriktive Politik relativ schnell greift, kann es lange dauern, bis eine expansive Politik durchschlägt.

Als Reaktion etwa auf eine Steuererhöhung wird also einige Zeit vergehen, bis der Konsum als Reaktion auf das niedrigere verfügbare Einkommen abnimmt, bis dann die Produktion als Reaktion auf den Konsumrückgang zurückgefahren wird, bis die Investitionen als Reaktion auf den schwächeren Absatz sinken und bis schließlich der Konsum wieder als Reaktion auf den Rückgang der Produktion abnimmt usw.

Nehmen wir als anderes Beispiel eine Erhöhung der Geldmenge. Es wird einige Zeit vergehen, bis die Investitionen als Reaktion auf die Zinssenkung zunehmen, bis die Produktion als Reaktion auf die Zunahme der Investitionsausgaben steigt, bis Konsum und Investitionen als Reaktion auf die Veränderung der Produktion steigen usw.

Offensichtlich ist es kompliziert, den Anpassungsprozess zu beschreiben, der durch die zahlreichen Quellen der Dynamik ausgelöst wird. Der Kern der Aussage ist aber leicht zu erfassen: Es verstreicht einige Zeit, bis sich die Produktion als Reaktion auf eine fiskaloder geldpolitische Maßnahme angepasst hat. Wie lange dauert der Anpassungsprozess? Diese Frage kann nur durch die Auswertung des vorhandenen statistischen Materials mit Hilfe empirischer Daten beantwortet werden. (**Anhang C** am Ende des Buches führt in die Analyse empirischer Daten – die Ökonometrie – ein.) In ▶ **Abbildung 5.10** sind die Ergebnisse einer solchen ökonometrischen Studie dargestellt, in der Daten aus den USA für die Jahre 1960 bis 1990 verwendet werden.

G. Peersman und F. Smets (2003) von der EZB haben vergleichbare Analysen für den Euroraum durchgeführt. Sie kommen zu analogen Aussagen.

In den USA bezeichnet man den Geldmarktzins als Federal Funds Rate.

Die Ökonometrie kann weder den exakten Wert eines Koeffizienten noch den exakten Effekt einer Variablen auf eine andere ermitteln. Die Ökonometrie kann uns nur eine beste Schätzung liefern – die beste Schätzung wird hier durch die durchgezogene Linie dargestellt – und eine Wahrscheinlichkeit, mit der die geschätzte Variable in einem bestimmten Intervall liegt – im Konfidenzintervall.

Die Studie konzentriert sich auf die Auswirkungen von Veränderungen der Federal Funds Rate, dem Geldmarktzins, der unmittelbar auf Änderungen der Geldpolitik reagiert. Untersucht werden die typischen Effekte einer solchen Veränderung auf einige makroökonomische Variablen.

Jede Grafik in ▶ **Abbildung 5.10** stellt die Auswirkungen der Zinssatzänderung auf eine bestimmte Variable dar. In jeder Grafik sind drei Linien enthalten. Die mittlere, durchgezogene Linie stellt die beste Schätzung des Effekts der Zinssatzänderung auf die betrachtete Variable dar. Die beiden gestrichelten Linien und der schraffierte Bereich dazwischen beschreiben ein **Konfidenzintervall**. Könnte man wiederholt Stichproben ziehen und diesen Intervall berechnen, so würde es in 68% der Fälle den tatsächlichen Wert des Effekts beinhalten.

- ▶ **Abbildung 5.10a** zeigt, wie sich eine Erhöhung der Federal Funds Rate von 1% auf den Absatz im Einzelhandel über die Zeit auswirkt. Die prozentuale Veränderung des Absatzes ist auf der vertikalen Achse abgetragen, die Zeit wird in Quartalen auf der horizontalen Achse dargestellt.
- Wenn wir uns auf die beste Schätzung konzentrieren – die durchgezogene Linie –, dann können wir ablesen, dass die Erhöhung des Zinssatzes zu einem Rückgang des Absatzes im Einzelhandel führt. Der Rückgang fällt nach fünf Quartalen mit –0,9% am stärksten aus.
- ▶ **Abbildung 5.10b** zeigt, wie der Absatzeinbruch zu einem Rückgang der Produktion führt. Als Reaktion auf den Absatzeinbruch fahren die Unternehmen ihre Produktion zurück, wenn auch zunächst um weniger als den Umfang des Absatzeinbruches. Anders ausgedrückt: Eine Zeit lang bauen die Unternehmen ihre Lagerbestände auf. Die Anpassung der Produktion verläuft glatter und langsamer als die Anpassung des Absatzes. Der größte Rückgang in Höhe von –0,7% ist nach acht Quartalen zu beobachten. Anders ausgedrückt: Die Geldpolitik ist zwar wirksam, aber sie entfaltet ihre Wirksamkeit mit großen Verzögerungen. Es dauert fast zwei Jahre, bis die Geldpolitik ihren vollen Effekt auf die Produktion erreicht.
- ▶ **Abbildung 5.10c** zeigt, wie der Rückgang der Produktion zu einem Rückgang der Beschäftigung führt: Wenn die Unternehmen ihre Produktion zurückfahren, reduzieren sie auch ihre Beschäftigung. Wie bei der Produktion erfolgt aber auch der Rückgang der Beschäftigung erst allmählich, bis nach acht Quartalen ein Rückgang von – 0,5% zu verzeichnen ist. Der Rückgang der Beschäftigung spiegelt sich in einem Anstieg der Erwerbslosenquote wider, der in ▶ **Abbildung 5.10d** dargestellt ist.
- In ▶ **Abbildung 5.10e** wird die Entwicklung des Preisniveaus dargestellt. Eine der zentralen Annahmen des *IS-LM*-Modells besteht ja darin, dass das Preisniveau nicht auf Änderungen der Nachfrage reagiert. In ▶ **Abbildung 5.10e** sehen wir, dass diese Annahme die Realität bei Betrachtung der kurzen Frist zwar relativ gut abbildet. Das Preisniveau bleibt für die ersten sechs Quartale nahezu unverändert. Nach sechs Quartalen aber geht das Preisniveau zurück. Dies ist ein deutlicher Hinweis darauf, dass das *IS-LM*-Modell viel von seiner Verlässlichkeit einbüßt, wenn wir die mittlere Frist betrachten: Auf mittlere Frist können wir nicht länger davon ausgehen, das Preisniveau sei gegeben. Bewegungen im Preisniveau gewinnen an Bedeutung.

▶ **Abbildung 5.10** ist in zweierlei Hinsicht instruktiv:

Zunächst einmal vermittelt sie einen Einblick in die dynamischen Reaktionen von Produktion und anderen makroökonomischen Variablen auf Veränderungen der Geldpolitik.

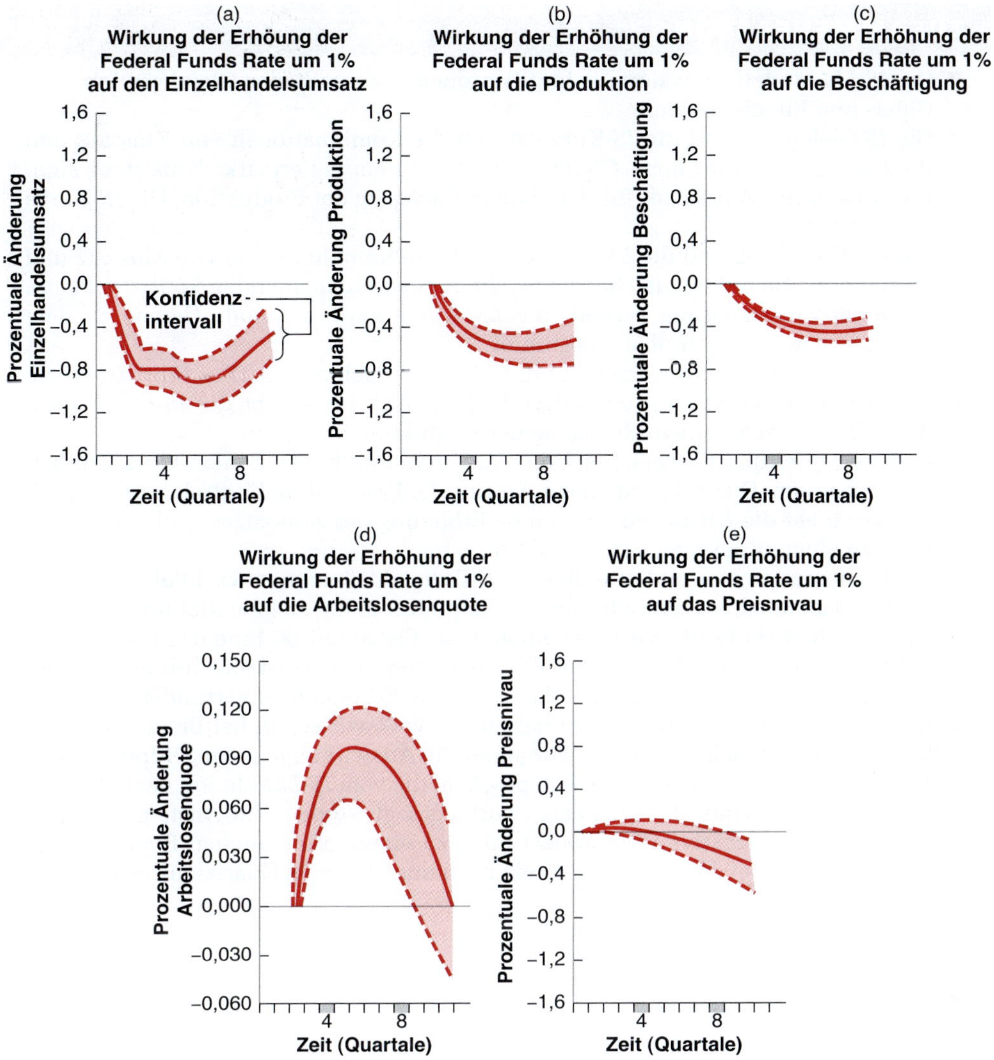

Abbildung 5.10 Ökonometrische Simulation eines Zinsanstiegs der Fed. Kurzfristig lässt ein Anstieg des Zinssatzes durch die Fed die Produktion sinken und die Arbeitslosigkeit steigen. Er wirkt sich zunächst kaum auf die Preise aus.
Quelle: Lawrence Christiano, Martin Eichenbaum und Charles Evans, „The Effects of Monetary Policy Shocks: Evidence from the Flow of Funds", Review of Economics and Statistics, February 1996, Vol. 78-1.

Wichtiger jedoch ist die Erkenntnis, dass unsere Beobachtungen der Realität mit den Aussagen des *IS-LM*-Modells konsistent sind. Damit ist zwar nicht bewiesen, dass das *IS-LM*-Modell das richtige Modell ist. Es wäre denkbar, dass die real beobachteten Vorgänge durch einen ganz anderen Mechanismus ausgelöst werden. Die Tatsache, dass das *IS-LM*-Modell zu passen scheint, wäre dann ein reiner Zufall. Aber das ist eher unwahrscheinlich. Das *IS-LM*-Modell bildet offensichtlich eine solide Basis, auf der wir aufbauen können, wenn wir die Schwankungen der wirtschaftlichen Aktivität in der kurzen Frist analysieren wollen. Später werden wir das Modell erweitern, um die Rolle der Erwartungen zu analysieren (▶ **Kapitel 14** bis **16**) sowie die Auswirkungen von offenen Güter- und Finanzmärkten (▶ **Kapitel 17** bis **20**). Aber zunächst wollen wir verstehen, wie die Produktion auf mittlere Frist bestimmt wird. Dies ist Thema des nächsten Kapitels.

ZUSAMMENFASSUNG

- Das *IS-LM*-Modell analysiert die Implikationen des simultanen Gleichgewichts auf Güter- und Finanzmärkten.
- Die *IS*-Gleichung und die *IS*-Kurve zeigen die Kombinationen von Zinssatz und Produktion, die mit einem Gleichgewicht auf dem Gütermarkt konsistent sind. Ein Anstieg des Zinssatzes führt zu einem Rückgang der Produktion. Die *IS*-Kurve verläuft fallend.
- Die *LM*-Gleichung und die *LM*-Kurve zeigen die Kombinationen von Zinssatz und Produktion, die mit einem Gleichgewicht auf den Finanzmärkten konsistent sind. Bei einer Zinssteuerung verläuft die *LM*-Kurve als horizontale Gerade zu dem Zinssatz, den die Zentralbank bestimmt.
- Expansive Fiskalpolitik verschiebt die *IS*-Kurve nach rechts. Dies führt zu einem Anstieg der Produktion. Kontraktive Fiskalpolitik verschiebt die *IS*-Kurve nach links. Dies führt zu einem Rückgang der Produktion.
- Expansive Geldpolitik verschiebt die *LM*-Kurve durch eine Senkung des Zinssatzes nach unten. Dies führt zu einem Anstieg der Produktion. Kontraktive Geldpolitik verschiebt die *LM*-Kurve durch eine Erhöhung des Zinssatzes nach oben. Dies führt zu einem Rückgang der Produktion.
- Die Kombination von geld- und fiskalpolitischen Maßnahmen wird Politik-Mix genannt. Manchmal wirken Geld- und Fiskalpolitik in die gleiche Richtung. Manchmal jedoch wirkt Geldpolitik gegenläufig zur Fiskalpolitik. Eine expansive Geldpolitik kann etwa die kontraktive Wirkung einer Haushaltskonsolidierung (einer restriktiven Fiskalpolitik) ausgleichen, um eine Rezession zu verhindern.
- Das *IS-LM*-Modell scheint das Verhalten der Volkswirtschaft bei Betrachtung der kurzen Frist gut zu beschreiben. Vor allem die Auswirkungen von geldpolitischen Maßnahmen scheinen denen zu entsprechen, die vom *IS-LM*-Modell nach der Einführung von dynamischen Aspekten vorhergesagt werden. Ein Anstieg des Zinssatzes (eine kontraktive Geldpolitik) führt zu einem allmählichen Rückgang der Produktion, wobei der maximale Effekt nach ungefähr acht Quartalen zur Wirkung kommt.

Übungsaufgaben

(Lösungen auf **MyMathLab | Makroökonomie**)

Verständnistests

1 Verwenden Sie die Informationen, die Sie in diesem Kapitel erhalten haben, um folgende Aussagen mit richtig, falsch oder unsicher zu bewerten. Geben Sie eine kurze Erklärung Ihrer Antwort.

a) Die wichtigsten Bestimmungsfaktoren der Investitionen sind der Absatz und der Zinssatz.

b) Wenn alle exogenen Variablen in der *IS*-Gleichung konstant sind, dann kann ein höheres Produktionsniveau nur durch eine Senkung des Zinssatzes erreicht werden.

c) Die *IS*-Kurve verläuft fallend, da das Gütermarktgleichgewicht impliziert, dass eine Steuererhöhung zu einem Rückgang der Produktion führt.

d) Wenn die Staatsausgaben und die Steuern im selben Umfang steigen, verschiebt sich die *IS*-Kurve nicht.

e) Die *LM*-Kurve verläuft horizontal, da die Zentralbank den Zinssatz festlegt.

f) Das reale Geldangebot ist entlang der *LM*-Kurve konstant.

g) Angenommen, die nominale Geldmenge beträgt 400 Mrd. €. Wenn der Preisindex vom Wert 100 auf den Wert 103 ansteigt, erhöht sich das reale Geldangebot.

h) Wenn die nominale Geldmenge von 400 Mrd. € auf 420 Mrd. € steigt und der Preisindex vom Wert 100 auf 102 ansteigt, erhöht sich das reale Geldangebot.

i) Ein Anstieg der Staatsausgaben führt im *IS-LM*-Modell zu niedrigeren Investitionen.

2 Betrachten Sie zunächst das Modell des Gütermarktes mit konstanten Investitionen, das Sie bereits aus ▶ **Kapitel 3** kennen:

$$C = c_0 + c_1(Y - T); \bar{I}, G \text{und} T \text{sindgegeben.}$$

a) Bestimmen Sie die Produktion im Gleichgewicht mit Hilfe der Methode, die Sie in ▶ **Kapitel 3** gelernt haben. Welchen Wert nimmt der Staatsausgabenmultiplikator an?

Nehmen Sie nun an, dass die Investitionen vom Absatz und vom Zinssatz abhängen.

$$I = b_0 + b_1 Y - b_2 i$$

b) Bestimmen Sie die Produktion im Gleichgewicht. Sind bei einem gegebenen Zinssatz die Auswirkungen einer Erhöhung der autonomen Ausgaben größer als in (a.)? Warum? (*Hinweis:* Nehmen Sie an, dass $c_1 + b_1 < 1$)

c) Bestimmen Sie die Produktion im allgemeinen Gleichgewicht auf Güter- und Finanzmärkten für den Fall, dass die Zentralbank den Zinssatz auf i_0 festlegt.

d) Zeichnen Sie das Gleichgewicht mit Hilfe eines *IS-LM*-Diagramms.

e) Zeigen Sie grafisch, wie sich die Produktion bei einer Zinssteigerung verändert. Berechnen Sie den Effekt einer Zinssteigerung auch algebraisch.

3 *Die Reaktion der Investitionen auf die Fiskalpolitik*

a) Zeigen Sie unter Verwendung des *IS-LM*-Diagramms die Auswirkungen einer Reduktion der Staatsausgaben auf die Produktion. Können Sie eine Aussage darüber treffen, wie sich die Investitionen entwickeln? Warum?

Betrachten Sie nun das folgende *IS-LM*-Modell:

$$C = c_0 + c_1(Y - T)$$
$$I = b_0 + b_1 Y - b_2 i$$
$$Z = C + I + G$$
$$i = i_0$$

b) Berechnen Sie die Produktion im Gleichgewicht beim Zinssatz i_0. (*Hinweis:* Falls diese Aufgabe Probleme bereiten sollte, ist es sinnvoll, zunächst Aufgabe 2 zu bearbeiten.)

c) Berechnen Sie die Höhe der Investitionen im Gleichgewicht.

d) Betrachten wir nun genauer, was sich am Geldmarkt abspielt. Verwenden Sie Ihre Lösung für Y aus Aufgabe b. und die Bedingung für das Gleichgewicht am Geldmarkt $M/P = d_1 Y - d_2 i$. Bestimmen Sie das reale Geldangebot beim Zinssatz i_0. Wie verändert sich das reale Geldangebot bei einem Anstieg der Staatsausgaben?

4 Betrachten wir den Geldmarkt genauer, um die horizontale *LM*-Kurve besser zu verstehen. Das Gleichgewicht am Geldmarkt ist durch Gleichung (5.3) beschrieben:

$$\frac{M}{P} = YL(i)$$

a) Was beschreibt die linke Seite der Gleichung (5.3)?

b) Was beschreibt die rechte Seite der Gleichung (5.3)?

c) Gehen Sie zurück zur ▶ **Abbildung 4.3** in ▶ **Kapitel 4**. Wie ist die Funktion $L(i)$ in dieser Abbildung repräsentiert?

d) Um Gleichung (5.3) grafisch darzustellen, müssen Sie zwei Änderungen an ▶ **Abbildung 4.3** vornehmen. Wie wird nun die horizontale Achse bezeichnet? Durch Änderung welcher Variablen verschiebt sich nun die Geldnachfragefunktion?

Zeichnen Sie eine modifizierte ▶ **Abbildung 4.3** mit den korrekten Bezeichnungen.

e) Verwenden Sie die modifizierte ▶ **Abbildung 4.3**, um zu zeigen, dass (1) mit steigendem Realeinkommen das reale Geldangebot steigen muss, um den Zinssatz konstant zu halten und (2) mit sinkendem Realeinkommen das reale Geldangebot abnehmen muss, um den Zinssatz konstant zu halten.

f) Zeigen Sie, dass die *LM*-Kurve einen steigenden Verlauf hat, wenn die Zentralbank nicht den Zins, sondern die Geldmenge konstant hält (*Hinweis:* Verwenden Sie zur Beantwortung dieser Frage den ▶ **Anhang** des Kapitels zur Geldmengensteuerung).

5 Betrachten Sie das folgende *IS-LM*-Modell:

$$C = 200 + 0{,}25\,Y_V$$
$$I = 150 + 0{,}25Y - 1.000i$$
$$G = 250$$
$$T = 200$$
$$\left(\tfrac{M}{P}\right)^D = 2Y - 8.000i$$
$$i = i_0$$

a) Leiten Sie die *IS*-Gleichung ab. (*Hinweis:* Eine Gleichung, in der *Y* auf der linken Seite steht und alle anderen Variablen auf der rechten Seite.)

b) Die Zentralbank setzt den Zinssatz auf 5% fest. Wie beeinflusst diese Entscheidung die gesamtwirtschaftliche Nachfrage (die *IS*-Gleichung)?

c) Berechnen Sie das reale Geldangebot M/P beim Zinssatz von 5% mit Hilfe der Geldnachfragefunktion.

d) Berechnen Sie die Gleichgewichtswerte für *C* und *I* und verifizieren Sie, dass die Bedingung $Y = C + I + G$ erfüllt ist.

e) Die Zentralbank senkt den Zinssatz nun auf 3%. Wie verändert dies die *IS*-und *LM*-Gleichung? Berechnen Sie die Gleichgewichtswerte für *Y*, *C* und *I*. Beschreiben Sie verbal die Wirkung der expansiven Geldpolitik. Was ist der neue Gleichgewichtswert für das reale Geldangebot M/P?

f) Kehren wir zur Ausgangssituation zurück, wenn die Zentralbank den Zinssatz auf 5% festsetzt. Nun erhöht die Regierung die Staatsausgaben auf $G = 400$. Berechnen und erläutern Sie die Wirkung der expansiven Fiskalpolitik auf *Y*, *C* und *I*. Wie wirkt sich die expansive Fiskalpolitik auf das reale Geldangebot M/P aus?

g) Gehen Sie nun davon aus, dass die Zentralbank nicht den Zinssatz, sondern die reale Geldmenge bei $M/P = 1.600$ konstant hält. Berechnen Sie, wie sich die Erhöhung der Staatsausgaben auf $G = 400$ in diesem Fall auf *Y*, *C* und den Zinssatz *i* auswirkt. Begründen Sie die unterschiedlichen Effekte im Vergleich zur Teilaufgabe *f*.

Vertiefungsfragen

1 *Der Zusammenhang zwischen Investitionen und Zinssatz*
In diesem Kapitel wurde die Behauptung aufgestellt, dass die Investitionen deshalb negativ vom Zinssatz abhängen, weil ein Anstieg des Zinssatzes zu einer Verteuerung der Kreditaufnahme führt und damit die Investoren entmutigt. Die Unternehmen finanzieren ihre Investitionen jedoch häufig mit Eigenmitteln. Da es in diesem Fall nicht zu einer Kreditaufnahme kommt, stellt sich die Frage, ob auch in diesem Fall höhere Zinssätze die Investoren entmutigen. Erklären Sie den Sachverhalt. (*Hinweis:* Stellen Sie sich vor, Sie wären der Eigentümer eines Unternehmens und müssten sich entscheiden, ob Sie mit Ihren gerade erwirtschafteten Gewinnen neue Investitionsprojekte finan- zieren oder Wertpapiere kaufen. Hat die Höhe des Zinssatzes Einfluss auf Ihre Entscheidung?)

7 *Der Politik-Mix von Bush und Greenspan*
2001 betrieb die US-Notenbank eine sehr expansive Geldpolitik. Gleichzeitig senkte die Bush-Regierung die Einkommenssteuer.

a) Stellen Sie die Auswirkungen dieses Politik-Mix auf die Produktion dar.

b) Wie unterscheidet sich diese Politik von den Maßnahmen in der Ära Clintons und Greenspans?

c) Wie entwickelte sich die Produktion im Jahr 2001? Wie lässt sich die expansive Politik mit der Tatsache in Einklang bringen, dass das Wirtschaftswachstum 2002 sehr niedrig ausfiel? (*Hinweis:* sonstige Ereignisse zu dieser Zeit)

8 *Verschiedene Varianten eines Politik-Mix*
Schlagen Sie eine geeignete Kombination von Geld- und Fiskalpolitik vor, um folgende Ziele zu erreichen:

a) Einen Anstieg der Produktion *Y* bei unverändertem Zinssatz i_0. Verändert sich dabei die Höhe der privaten Investitionen?

b) Ein Rückgang des Haushaltsdefizits bei konstanter Produktion *Y*. Begründen Sie, warum sich auch der Zinssatz ändern muss.

9 *Das Sparparadoxon (Wieder einmal ...)*
Eine Aufgabe am Ende von ▶ **Kapitel 3** beschäftigt sich mit der Frage nach den Auswirkungen eines fallenden Konsumentenvertrauens auf die private Ersparnis und die Investitionen, unter der Annahme, dass die Investitionen vom Absatz, nicht jedoch vom Zinssatz abhängig sind. Betrachten Sie nun die gleiche Problematik mit Hilfe des *IS-LM*-Modells, wobei die Investitionen von Absatz und Zinssatz abhängen.

a) Unterstellen Sie, dass die Haushalte versuchen mehr zu sparen, sodass das Konsumentenvertrauen fällt. Stellen Sie die Auswirkungen im *IS-LM*-Modell dar.
b) Wie beeinflusst der Verlust an Konsumentenvertrauen den Konsum, die Investitionen und die private Ersparnis? Wird der Versuch, mehr zu sparen, auch zu einer höheren Ersparnis führen? Wird er zwangsläufig zu einer geringeren Ersparnis führen?

Weiterführende Fragen

10 *Der Politik-Mix von Clinton und Greenspan*
Während der Regierungszeit Clintons war der Politik-Mix durch eine restriktive Fiskalpolitik und eine expansivere Geldpolitik gekennzeichnet. Die folgenden Fragen setzen sich mit den theoretischen und tatsächlichen Folgen dieser Politik auseinander.
a) Wie muss die Zentralbank reagieren, wenn G fällt und T steigt, um sicherzustellen, dass die Produktion im Gleichgewicht konstant bleibt. Zeigen Sie die Auswirkungen dieser Politik im *IS-LM*-Diagramm. Wie verhalten sich Zinssatz und Investitionen?
b) Gehen Sie auf die FRED Website und betrachten Sie die Reihen für Steuereinnahmen, Staatsausgaben und das Staatsdefizit der US-Regierung jeweils als Anteil zum BIP (FYFRGDA188S, FYONGDA188S, FYFSGDA188S) über den Zeitraum 1992 bis 2000. Wie haben sie sich in diesen Jahren verändert? (Beachten Sie, dass die Staatsausgaben (hier: *federal outlays*) Transferzahlungen enthalten, die nicht unter die Variable G, wie sie im *IS-LM*-Modell definiert ist, fallen. Vernachlässigen Sie dies jedoch bei dieser Aufgabe.)
c) Auf der FRED Website können Sie auch den Leitzins der US-Notenbank abrufen (FEDFUNDS). Betrachten Sie die Periode zwischen 1992 und 2000. Wann begann die Geldpolitik expansiver zu agieren?
d) Ermitteln Sie nun auf der FRED Website die Daten zur Entwicklung des BIP (GDPA) und zu den inländischen Bruttoinvestitionen (GPDIA) für die Jahre 1992 bis 2000. Berechnen Sie die Investitionen als Prozentsatz des BIP für jedes Jahr. Wie hat sich diese Größe verändert?
e) Betrachten Sie abschließend die jährlichen Wachstumsraten des realen BIP pro Kopf (A939RX0Q048SBEA). Hat sich das Wachstum im betrachteten Zeitraum abgeschwächt? Vergleichen Sie dazu das durchschnittliche Wachstum des realen BIP pro Kopf für die Zeit zwischen 1992 und 2000 mit dem durchschnittlichen jährlichen Wachstum im Zeitraum von 1950 bis 2000.

11 *Konsum, Investitionen und die Rezession von 2001*
In dieser Aufgabe geht es um die Entwicklung des Konsums und der Investitionen vor, während und nach der Rezession in den USA im Jahr 2001. Zudem sollen die Reaktionen von Investitionen und Konsum auf den 11. September 2001 ermittelt werden. Suchen Sie auf der FRED Website die prozentualen Veränderungen des realen BIP, des Konsums, der inländischen Bruttoinvestitionen und der Investitionen ohne Wohnungsbau für die Jahre 1999 bis 2002 (A191RL1Q225SBEA, DPCERL1Q225SBEA, A006RL1Q225SBEA, A008RL1Q225SBEA). Dort finden Sie auch die Beiträge der Investitionen und des Konsums zum Gesamtwachstum des BIP für diesen Zeitraum (A006RY2Q224SBEA, DPCERY2Q224SBEA). Hier werden die prozentualen Veränderungen des Konsums und der Investitionen mit ihrer Größe gewichtet. Die Investitionen schwanken stärker als der Konsum, dieser ist jedoch um einiges größer als die Investitionen, sodass kleine Veränderungen des Konsums die gleiche Auswirkung auf das BIP haben können wie große Veränderungen bei den Investitionen. Beachten Sie, dass die Veränderungsraten im jeweiligen Quartal auf das Gesamtjahr bezogen sind (d.h. als Jahresraten ausgedrückt sind).
a) In welchen Quartalen in den Jahren 2000 und 2001 liegt negatives Wachstum vor?
b) Verfolgen Sie die Entwicklung von Investitionen und Konsum in den Jahren 2000 und 2001. Welche der beiden Größen weist die größere prozentuale Veränderung in dieser Zeit auf? Vergleichen Sie die ausländischen Investitionen mit den inländischen Bruttoinvestitionen. Welche Variable veränderte sich stärker?
c) Entnehmen Sie den Beitrag von Konsum und Investitionen zum Wachstum des BIP für die Jahre 1999 bis 2001. Berechnen Sie den durchschnittlichen Beitrag für jede Variable und jedes Jahr sowie die Veränderung dieser Werte zwischen 2000 und 2001 (d.h. subtrahieren Sie den durchschnittlichen Beitrag des Konsums im Jahr 1999 vom Beitrag im Jahr 2000; subtrahieren Sie den durchschnittlichen Beitrag des Konsums im Jahr 2000 vom Beitrag im Jahr 2001; und das Gleiche für die Investitionen). Welche Größe hat den größten Einbruch beim Beitrag zum Gesamtwachstum? Was war folglich der vorrangige Grund für die Rezession 2001 (ein Sinken der Investitionsnachfrage oder der Konsumnachfrage)?
d) Betrachten Sie nun, wie sich Konsum und Investitionen im dritten und vierten Quartal 2001 und in den ersten beiden Quartalen im Jahr 2002, also nach den Ereignissen vom 11. September 2001, verhalten. Ist der Rückgang der Investitionen Ende 2001 für Sie plausibel? Wie

lange hielt er an? Was passierte mit dem Konsum zu dieser Zeit? Wie können Sie sich die Veränderung des Konsums im vierten Quartal 2001 erklären? Wurde die Rezession durch die Ereignisse vom 11. September 2001 verursacht? Verwenden Sie die Diskussion in diesem Kapitel sowie Ihre eigene Intuition, um diese Fragen zu beantworten.

e) Betrachten Sie nun die Entwicklung von Konsum und Investitionen während der Finanzkrise 2008/2009 und der Pandemie im Jahr 2020. Welche Gemeinsamkeiten und Unterschiede im Vergleich zur Rezession im Jahr 2001 beobachten Sie? Welche Größe hat hier den größten Einbruch beim Beitrag zum Gesamtwachstum? Was war folglich der vorrangige Faktor für die Rezessionen in den Jahren 2008/2009 und 2020?

Anhang: Die Ableitung der *LM*-Kurve bei einer Geldmengensteuerung

Bislang haben wir die *LM*-Kurve unter der Annahme abgeleitet, dass die Zentralbank den Zinssatz konstant hält. In diesem Fall verläuft die *LM*-Kurve horizontal; die nominale Geldmenge bestimmt sich dann endogen. Dies ist eine realistische Beschreibung des Verhaltens moderner Zentralbanken. Wie schon am Anfang des Kapitels angesprochen, wurde das *IS-LM*-Modell von Hicks und Hansen ursprünglich aber für den Fall abgeleitet, dass Zentralbanken die Geldmenge konstant halten. Überlegen wir uns deshalb in diesem Anhang, wie die *LM*-Kurve verläuft, wenn die Zentralbank die Geldmenge konstant hält. Vergleichen wir dazu die ▸ **Abbildungen A5.1** und **A5.2**.

Wie in ▸ **Abbildung 5.4a** sind in den ▸ **Abbildungen A5.1a** und **A5.2a** wieder Geldangebot und Geldnachfrage abgetragen, mit dem Zinssatz an der vertikalen Achse. Die Geldnachfrage ist durch die fallende Nachfragekurve $M1^d$ beschrieben; das Geldangebot durch die vertikale Linie $M1^s$. Das ursprüngliche Gleichgewicht ist durch Punkt A beschrieben beim Zinssatz i_1 und der Produktion Y_1.

Ein Anstieg der Produktion von Y_1 auf Y_2 verschiebt die Geldnachfrage nach $M2^d$. ▸ **Abbildung A5.1** beschreibt den Fall, dass die Zentralbank den Zinssatz konstant hält. Wenn der Zinssatz unverändert bleibt, steigt die Geldmenge von $M1^s$ auf $M2^s$. Damit verschiebt sich das Gleichgewicht von *A* nach *B* bei höherer Geldmenge $M2^s$ und unverändertem Zinssatz i_1 (vergleiche dazu auch ▸ **Abbildung 4.6** in ▸ **Kapitel 4**).

Solange der Zinssatz konstant bleibt, ergibt sich demnach in ▸ **Abbildung A5.1b** die horizontale Kurve $LM(i_1)$ als Beziehung zwischen Produktion und Zinssatz. Dies ist genau die Kurve, die wir bereits von ▸ **Abbildung 5.4** kennen.

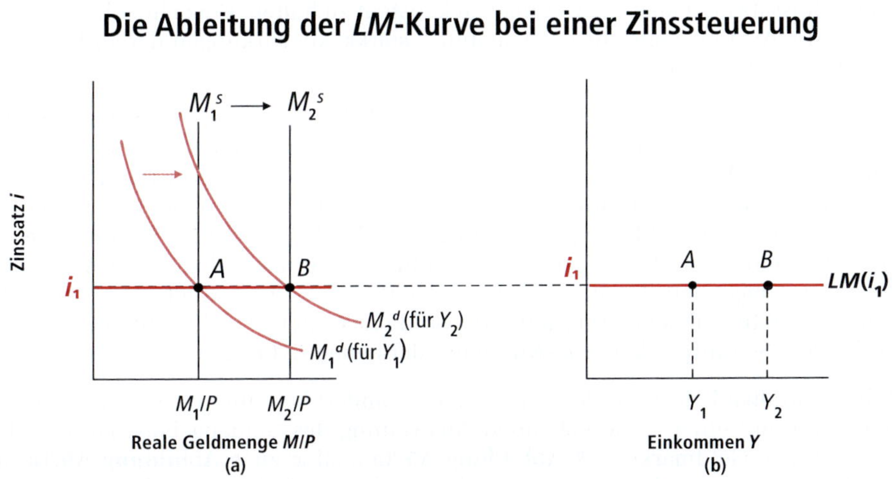

Abbildung A5.1 **Die Ableitung der *LM*-Kurve bei einer Zinssteuerung**

Was aber würde passieren, wenn die Zentralbank auch bei steigender Produktion die Geldmenge unverändert lässt? ▸ **Abbildung A5.2a** beschreibt diesen Fall. Wieder ist das ursprüngliche Gleichgewicht durch Punkt A beschrieben beim Zinssatz i_1 und der Produktion Y_1. Mit steigender Produktion erhöht sich wieder die Geldnachfrage. Lässt die Zentralbank nun aber die Geldmenge unverändert, liegt das neue Gleichgewicht bei der Produktion Y_2 im Punkt *C*. Der Zinssatz würde nun von i_1 auf i_2 ansteigen. Weil mit gestiegener Produktion und Einkommen Y_2 die Transaktionsnachfrage nach Geld steigt, muss bei unverändertem Geldangebot der Zinssatz steigen, damit der Geldmarkt weiterhin im Gleichgewicht ist. Bei konstantem Geldangebot ergibt sich demnach als Beziehung zwischen Produktion und Zinssatz nun die steigende Kurve $LM(M/P)$ wie in ▸ **Abbildung A5.2b** gezeichnet.

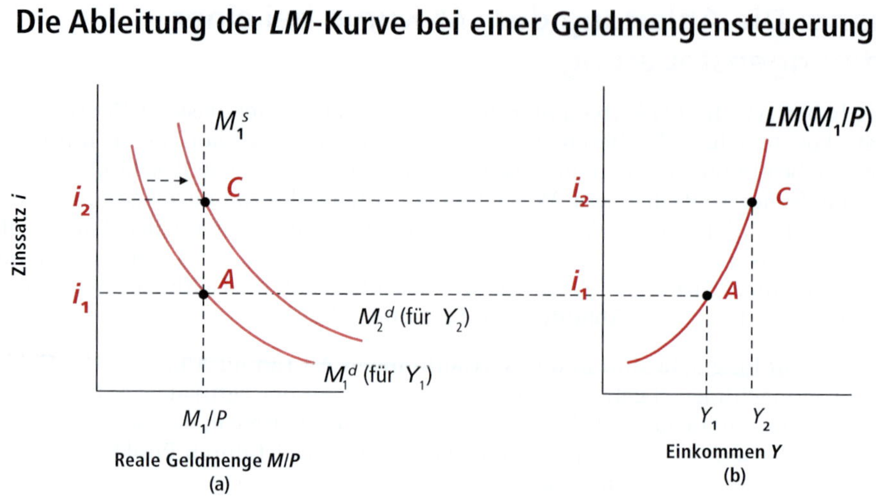

Abbildung A5.2 **Die Ableitung der *LM*-Kurve bei einer Geldmengensteuerung**

Untersuchen wir nun abschließend in ▶ **Abbildung A5.3**, wie sich ein plötzlicher starker Anstieg der Geldnachfrage (etwa eine Flucht in Geldhaltung als sichere Anlageform während einer Finanzkrise) auswirkt. Die Geldnachfrage verschiebt sich nun in ▶ **Abbildung A5.3a** bei unveränderter Produktion Y von M^d nach oben zu $M^{d'}$. Wie sich ein solcher Anstieg auf die Gesamtwirtschaft auswirkt, hängt stark von der Reaktion der Geldpolitik ab. Was geschieht, wenn die Zentralbank auf Änderungen der Geldnachfrage überhaupt nicht reagiert? Unsere Überlegungen machen deutlich, dass diese Frage nicht so einfach zu beantworten ist. Es macht einen enormen Unterschied, ob das „Nichtstun" darin besteht, den Zinssatz oder aber die Geldmenge konstant zu halten. Eine einfache Überlegung zeigt, dass die Art und Weise des „Nichtstuns" starke Auswirkungen darauf hat, wie die Wirtschaft auf Schocks reagiert.

Gehen wir zunächst davon aus, dass die Zentralbank das Geldangebot konstant hält. Dann kommt es zu einem starken Anstieg des Zinssatzes; bei unveränderter Produktion Y verschiebt sich das Gleichgewicht auf dem Geldmarkt nun von A zum Punkt C. Weil die Flucht in Geldhaltung die Geldnachfrage bei beliebigem Einkommen steigen lässt, verschiebt sich bei einer Geldmengensteuerung die *LM*(M/P)-Kurve insgesamt nach oben. Solange die Zentralbank trotz gestiegener Geldnachfrage das Geldangebot nicht erhöht, kommt es zu steigenden Zinsen und damit letztlich zu einem Rückgang von Einkommen und Produktion. Das neue gesamtwirtschaftliche Gleichgewicht befindet sich nun im Punkt D – dem Schnittpunkt der *IS*-Kurve mit der neuen *LM*-Kurve.

Lässt die Zentralbank dagegen den Zinssatz unverändert bei i und reagiert auf die höhere Geldnachfrage mit einer entsprechenden Ausweitung des Geldangebots, ist das Gleichgewicht auf dem Geldmarkt in ▶ **Abbildung A5.3a** analog zu ▶ **Abbildung A5.1a** durch den Punkt B mit unverändertem Zinssatz, aber gestiegener Geldmenge charakterisiert. Die *LM*(i)-Kurve in ▶ **Abbildung A5.3a**bleibt unverändert; damit verändert sich auch das Produktionsniveau trotz der Flucht in Geldhaltung nicht. Hält die Zentralbank den Zins konstant, wirkt diese Politik also quasi als eine Art automatischer Stabilisator der Schocks im Finanzsektor; es kommt in diesem Fall zu keinerlei Schwankungen im realen Sektor (wie in ▶ **Abschnitt 23.2.3** diskutiert, ist eine Zinssteuerung überlegen, wenn Instabilitäten im Finanzsektor dominieren.)

Es wäre aber voreilig, aus diesen Überlegungen zu schließen, eine Politik konstanter Zinsen sei immer sinnvoll. Verschiebt sich etwa die *IS*-Kurve, ergeben sich starke Schwankungen von Produktion und Einkommen, wenn die Zinssätze nicht angepasst werden.

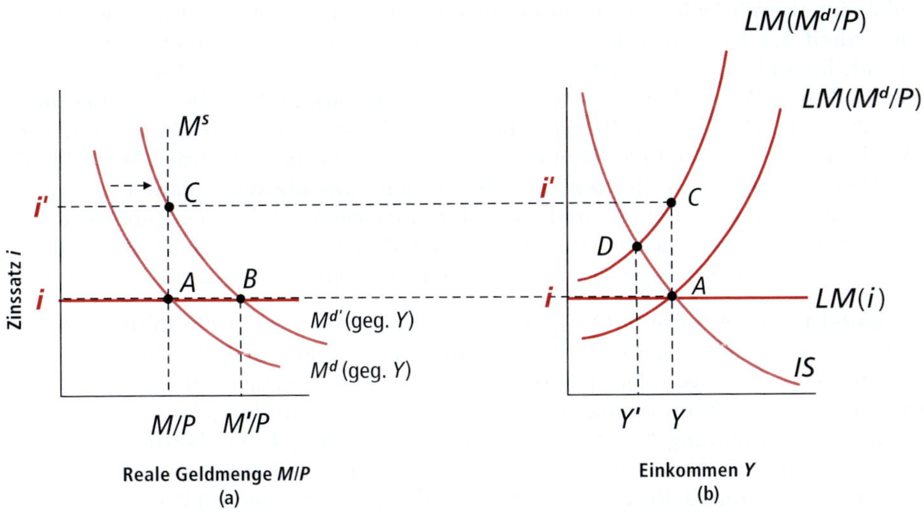

Abbildung A5.3 Die Reaktion auf Geldnachfrageschocks bei Zins- und Geldmengensteuerung

Beschreibt die *LM*(*i*)-Kurve das tatsächliche Verhalten von Zentralbanken überhaupt zutreffend? Was ist eigentlich die angemessene Politik? Unsere Überlegungen zeigen, dass es darauf keine einfache Antwort gibt. Es hängt davon ab, welche Ziele die Zentralbank verfolgt. Überwiegen Schocks im Finanzsektor (die sich in Verschiebungen der *LM*(*M*/*P*)-Kurve auswirken), wirkt eine Politik konstanter Zinsen stabilisierend. Dagegen lassen sich Schwankungen der aggregierten Nachfrage im realen Sektor (Verschiebungen der *IS*-Kurve) stabilisieren, wenn die Zentralbank aktiv mit Zinsänderungen reagiert.

Betrachten wir als Beispiel in unserem *IS-LM*-Diagramm, wie sich ein Anstieg der Staatsausgaben *G* auf die Wirtschaftsaktivität auswirkt (vgl. dazu auch die Fokusbox *„Die deutsche Einheit und das Tauziehen zwischen Geld- und Fiskalpolitik“)*. Solange die Zentralbank auf den Anstieg von *G* nicht reagiert, kommt es zu einer starken Ausdehnung der Produktion entsprechend dem Multiplikatoreffekt, den wir in ▶ **Kapitel 4** abgeleitet haben. In ▶ **Abbildung A5.4** verschiebt sich die *IS*-Kurve von IS_1 nach rechts auf IS_2; die Produktion steigt stark an von Y_1 auf Y_2. Befindet sich die Wirtschaft in einer Rezessionsphase, kann ein solch starker Anstieg erwünscht sein; dann kann es angemessen sein, dass die Zentralbank den Zins nicht anpasst. Wie wir im nächsten Kapitel sehen werden, ist dies insbesondere an der Zinsuntergrenze der Fall.

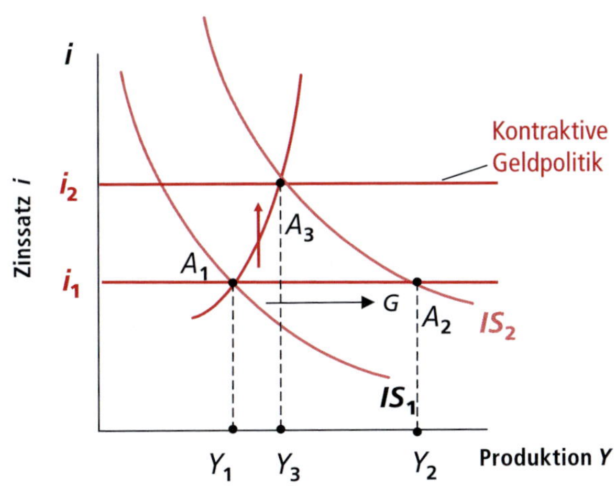

Abbildung A5.4 Die Reaktion der Geldpolitik auf expansive Fiskalpolitik

Befindet sich die Wirtschaft dagegen in einer Boom-Phase (wie dies etwa nach der Deutschen Einheit der Fall war), dann besteht die Gefahr, dass es zu einer Überhitzung der Wirtschaft kommt und die Inflationsrate ansteigt. Unter solchen Bedingungen wird die Zentralbank den Zins erhöhen (etwa auf i_2 in ▸ **Abbildung A5.4** Die Produktion steigt dann nur auf Y_3. Der höhere Zinssatz dämpft die Investitionstätigkeit; es kommt zu einer Verdrängung privater Investitionen durch Staatsausgaben. Will die Zentralbank die Produktion gar bei Y_1 stabilisieren, müsste sie den Zinssatz noch stärker erhöhen. Die Zunahme der Staatsausgaben hätte dann durch die Gegenreaktion der Zentralbank keine Auswirkungen auf die gesamtwirtschaftliche Nachfrage. Bei einer Geldmengensteuerung (einer steigenden *LM*-Kurve) würde der Zinssatz automatisch ansteigen.

In ▸ **Kapitel 9** und ▸ **Kapitel 23** untersuchen wir genauer, wie Geldpolitik optimal auf Schocks reagieren sollte. Moderne Zentralbanken versuchen, die Inflationsrate niedrig zu halten und Schwankungen der Produktionsaktivität entgegenzusteuern. Viele Ökonomen plädieren dafür, die Zentralbank sollte dabei einer Regelbindung folgen. Eine verblüffend einfache Empfehlung liefert die sogenannte **Taylor-Regel**: Die Zentralbank sollte mit Zinsanpassungen auf Abweichungen von Inflation und Produktion von den Zielgrößen reagieren. Stark vereinfacht könnte man dies als eine Zinsregel $i(Y)$ interpretieren, die sich durch eine steigende $LM(i(Y))$-Kurve darstellen lässt. Einer solchen Regel folgend, setzt die Zentralbank den Zinssatz dann umso höher, je höher die Produktion. In ▸ **Kapitel 23** werden wir uns ausführlicher mit der Taylor-Regel beschäftigen. Um beurteilen zu können, wie eine solche Regel im Vergleich zur optimalen Politik abschneidet, müssen wir aber erst einmal verstehen, wie die Wirtschaft reagiert, wenn die Zentralbank den Zinssatz oder die Geldmenge konstant hält.

Finanzmärkte II: Das erweiterte IS-LM-Modell

6

6.1 Nominalzinsen vs. Realzinsen 172

6.2 Risiken und Risikoprämien 177

6.3 Die Rolle der Finanzintermediäre 179

6.4 Die Erweiterung des *IS-LM*-Modells 184

6.5 Die weltweite Finanzkrise 187

Bislang haben wir zur Vereinfachung nur die Wahl zwischen zwei Anlageformen betrachtet – Geld und festverzinsliche Anleihen. Wir haben angenommen, dass die Zentralbank den Zinssatz auf Anleihen (die Rendite der Anleihe) festlegen kann. In der Realität sind die Finanzmärkte viel komplexer. Es gibt eine Fülle von Anlageformen mit ganz unterschiedlichen Zinssätzen. Die Renditen der einzelnen Wertpapiere bilden sich auf den Finanzmärkten; sie können sich selbst im Lauf eines einzigen Tages drastisch ändern. Entscheidungen der Zentralbank sind dabei nur einer von vielen Bestimmungsfaktoren.

Vor Ausbruch der Finanzkrise 2008 spielten die Finanzmärkte in der Makroökonomie nur eine untergeordnete Rolle. Viele Lehrbücher unterstellten einfach, dass alle Zinssätze sich in die gleiche Richtung bewegen wie der Leitzins, den die Zentralbank steuert, und konzentrierten sich deshalb auf die Bestimmung des Leitzinses. Die Finanzkrise hat schmerzhaft verdeutlicht, dass diese Annahme die Realität zu stark vereinfacht. Wenn Krisen die Finanzmärkte stark erschüttern, kann sich das gravierend auf die Makroökonomie auswirken. Dieses Kapitel untersucht detaillierter die Rolle der Finanzmärkte und ihre makroökonomischen Auswirkungen. Es analysiert insbesondere, was während der Finanzkrise schieflief.

Kernbotschaft dieses Kapitels: Finanzmärkte spielen eine große Rolle. Finanzkrisen können sich massiv auf die Wirtschaft auswirken.

- ▶ **Abschnitt 6.1** führt die Unterscheidung zwischen Nominal- und Realzinsen ein.
- ▶ **Abschnitt 6.2** führt Risikoprämien ein und zeigt, wie sie Zinsunterschiede zwischen verschiedenen Kreditnehmern erklären können.
- ▶ **Abschnitt 6.3** untersucht die Rolle von Finanzintermediären. Er betrachtet die Auswirkungen von Fremdfinanzierung auf das Verhalten von Geschäftsbanken und untersucht,wie die Bereitstellung von Liquidität in Krisenzeiten austrocknen kann.
- ▶ **Abschnitt 6.4** erweitert das *IS-LM*-Modell um die Rolle von Finanzintermediären.
- ▶ **Abschnitt 6.5** wendet schließlich das erweiterte *IS-LM*-Modell an, um die makroökonomischen Konsequenzen der Finanzkrise zu analysieren.

6.1 Nominalzinsen vs. Realzinsen

Im Juni 1974 lag die Umlaufrendite für Bundesanleihen mit einem Jahr Restlaufzeit bei 9,5%. Im Juni 2000 ist die Rendite für solche Papiere auf 4,7% gefallen. Wir können uns zwar nicht zu den gleichen Konditionen verschulden wie der Staat, aber auch Konsumentenkredite und Hypothekenzinsen waren 2000 erheblich niedriger als 1974. 2000 war es viel günstiger, einen Kredit aufzunehmen.

Stimmt das wirklich? 1974 lag die Inflationsrate bei rund 7%. 2000 ist die Inflationsrate, gemessen am Verbraucherpreisindex (VPI) dagegen auf ca. 2% gefallen. Das ist von zentraler Bedeutung: Der Zins gibt an, wie viel wir in Zukunft in Euro zurückzahlen müssen, wenn wir heute einen Euro borgen wollen. Wir wollen aber nicht Euro, sondern Güter kaufen.

Wenn wir einen Kredit aufnehmen, ist letztlich ausschlaggebend, auf wie viel Güter wir in Zukunft verzichten müssen, wenn wir heute mehr konsumieren. Umgekehrt, wenn wir Geld anlegen, fragen wir uns, wie viel Güter (nicht: wie viel Euro) wir uns in Zukunft leisten können, wenn wir heute auf Konsum verzichten. Inflation spielt dabei eine große Rolle. Was nützen uns die höchsten Zinsen, wenn die Erträge von der Inflation „aufgefressen" werden, wenn wir damit also nur wenige Güter kaufen können, weil die Preise in der Zwischenzeit stark gestiegen sind?

Nominalzinsen: Zinsen in Euro (oder in einer anderen Währungseinheit)

Aus diesem Grund ist die Unterscheidung zwischen Nominalzinsen und Realzinsen so wichtig:

- Zinsen, ausgedrückt in Euro (oder in einer anderen Währungseinheit), bezeichnet man als Nominalzinsen. Im Wirtschaftsteil der Tagungszeitungen finden Sie die aktuellen Nominalzinsen. Wenn die Zinsen auf Staatsanleihen mit einjähriger Laufzeit bei 4,7% liegen, dann verspricht der Staat, für jeden Euro, den er heute als Kredit aufnimmt, in einem Jahr 1,047 Euro zurückzahlen. Allgemeiner, wenn der Nominalzins im Jahr $t\, i_t$ ist, muss man für jeden Euro, den man sich in t ausleiht, im nächsten Jahr $1 + i_t$Euro zahlen. (Präziser wäre: „heute“ statt „dieses Jahr“ und „heute in einem Jahr“ statt „nächstes Jahr“.)

- Zinsen, ausgedrückt in Einheiten eines Warenkorbes, bezeichnet man als Realzinsen. Für den Realzins im Jahr t schreiben wir r_t. Definitionsgemäß gilt: Wenn wir einen Betrag ausleihen, mit dem wir eine bestimmte Menge eines Warenkorbes kaufen können, müssen wir im nächsten Jahr einen Betrag zurückzahlen, der dem $(1 + r_t)$-Fachen der ursprünglichen Menge des Warenkorbes entspricht.

Realzinsen: Zinsen in Einheiteneines Warenkorbes

Welche Beziehung besteht zwischen Nominal- und Realzinsen? Wie können wir aus dem Nominalzins den Realzins (den wir ja nicht beobachten können) berechnen? Die Antwort lautet: Wir müssen den Nominalzins um die erwartete Inflationsrate bereinigen.

Machen wir dies Schritt für Schritt:

Nehmen wir zunächst an, es gibt nur ein Gut, nämlich Brot (später werden wir auch andere Güter zulassen). Der Nominalzins für einjährige Anleihen in Euro sei i_t: Wer sich heute einen Euro ausleiht, muss nächstes Jahr$1 + i_t$Euro zurückzahlen. Aber wir sind nicht an Euro interessiert. Wir wollen wissen: Wenn wir heute Geld leihen, um ein Kilogramm mehr Brot essen zu können, auf wie viel Brot müssen wir dann nächstes Jahr verzichten?

▶ **Abbildung 6.1** hilft uns bei der Antwort. Der obere Teil gibt wieder, wie der Realzins definiert ist. Der untere Teil zeigt uns, wie wir den Realzins berechnen können aus den Daten über Nominalzins und Brotpreis.

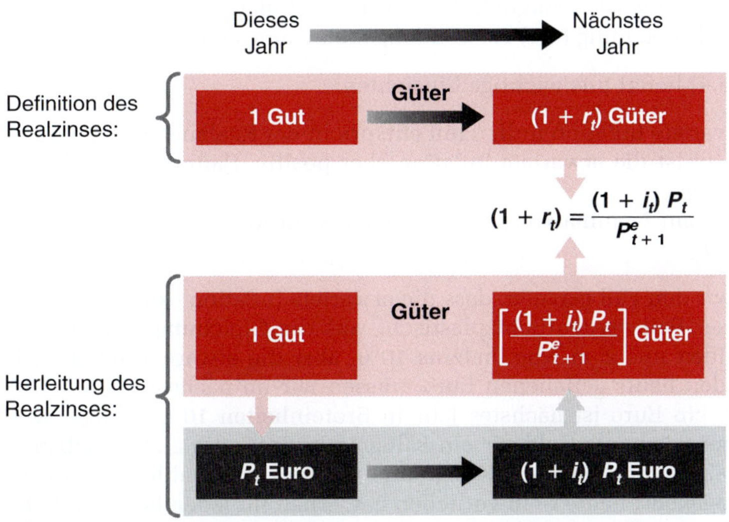

Abbildung 6.1 Definition und Ableitung des Realzinses

- Beginnen wir mit dem Pfeil, der im linken unteren Teil der ▶ **Abbildung 6.1** nach unten zeigt. Beträgt der Preis für ein Kilo Brot in diesem Jahr P_t Euro, muss man sich P_t Euro ausleihen, um ein Kilogramm mehr Brot essen zu können.
- Ist $i_t$der Nominalzins für einen einjährigen Kredit, muss man in einem Jahr$(1 + i_t)\,P_t$ Euro zurückzahlen, wenn man heute P_t Euro ausleiht. Dies zeigt der Pfeil von links nach rechts ganz unten in **Abschnitt 6.1**.
- Aber uns geht es um Brot, nicht um Euro. Deshalb ist ein letzter Schritt nötig, um die Eurosumme nächstes Jahr in Broteinheiten umzurechnen. Angenommen, wir rechnen nächstes Jahr mit einem bestimmten Brotpreis (der Index e steht für erwartet: Wir kennen ja den Preis heute noch nicht). In Broteinheiten ausgedrückt rechnen wir also damit, dass wir im nächsten Jahr $(1 + i_t)\ P_t/P^e_{t+1}$ Kilo Brot zurückzahlen müssen (den Eurobetrag $(1 + i_t)\,P_t$ dividiert durch den für nächstes Jahr erwarteten Brotpreis P^e_{t+1}).Dies zeigt der Pfeil rechts von ganz unten nach oben in ▶ **Abbildung 6.1**.

Wenn wir den oberen und den unteren Teil der ▶ **Abbildung 6.1** zusammenführen, berechnet sich der Realzins r_t als:

$$1 + r_t = (1 + \mathbf{i}_t)\frac{P_t}{P^e_{t+1}} \tag{6.1}$$

Die erwartete Preissteigerungsrate $\hat{\pi}_{t+1}$ ergibt sich aus (6.2) durch Umformung als $\pi^e_{t+1} = \frac{(P^e_{t+1} - P)}{(P_t)}$

Die Gleichung sieht furchterregend aus, doch sie lässt sich schön vereinfachen:

- Weil es nur ein Gut gibt (Brot), lässt sich aus dem erwarteten Brotpreis P^e_{t+1} die erwartete Inflationsrate π^e_{t+1} berechnen aus der Beziehung:

$$P^e_{t+1} = (1 + \pi^e_{t+1})P_t \tag{6.2}$$

Ersetzen wir in Gleichung (6.1) P^e_{t+1} durch die Definition in (6.2) $P^e_{t+1} = (1 + \pi^e_{t+1})\ P_t$ und kürzen dann im Zähler und Nenner P_t heraus, so erhalten wir:

$$(1 + r_t) = \frac{(1 + i_t)}{(1 + \pi^e_{t+1})} \tag{6.3}$$

- Gleichung (6.3) gibt die exakte Beziehung zwischen Realzins, Nominalzins und erwarteter Inflation an. Solange Nominalzins und erwartete Inflationsrate nicht zu groß sind (sagen wir, weniger als 20% im Jahr), liefert folgende, viel einfachere Gleichung eine recht gute Approximation dieser Beziehung:

$$r_t \approx i_t - \pi^e_{t+1} \tag{6.4}$$

Vergleiche Proposition 6 im ▶ Anhang B. Für i = 10% und π^e = 5%, liefert die exakte Gleichung (6.3) r_t = *4,8%*. Die Approximation von Gleichung (6.4) ergibt r_t = 5%. Das kommt dem wahren Wert recht nahe. Bei hohen Werten aber kommt es zu großen Fehlern. Für i = 100% und π^e = 80% etwa ist der exakte Wert r_t = 11% , Die Approximation r_t = 20% liegt weit daneben.

Gleichung (6.4) ist einfach zu merken. Sie besagt, dass der Realzins (ungefähr) gleich dem Nominalzins ist, abzüglich der erwarteten Inflationsrate. Von nun an werden wir in der Regel Gleichung (6.4) verwenden, auch wenn sie nur eine Approximation ist.

Gleichung (6.4) liefert uns wichtige Einsichten:

- Ist die erwartete Inflation null, dann entspricht der Realzins dem Nominalzins.
- In der Regel ist die erwartete Inflation aber positiv. Dann liegt der Nominalzins über dem Realzins.
- Bei gegebenem Nominalzins ist der Realzins umso niedriger, je höher die erwartete Inflation ist.

Betrachten wir den Fall genauer, dass die erwartete Inflation exakt dem Nominalzins entspricht. Dieser Fall verdeutlicht plastisch, was die Gleichung bedeutet. Angenommen, wir verschulden uns zum Nominalzins 10%, aber die erwartete Inflation liegt auch bei 10%. Für jeden heute geliehenen Euro müssen wir im nächsten Jahr 1,10 Euro zurückzahlen. Aber ein Euro ist nächstes Jahr in Broteinheiten 10% weniger wert. Also müssen wir, wenn wir heute Geld für ein Kilogramm Brot ausgeliehen haben, nächstes Jahr real (in Broteinheiten) genau ein Kilogramm wieder zurückzahlen. Der Realzins ist gleich null. Wer umgekehrt heute Geld verliehen hat, erhält für jeden heute verliehenen Euro im nächsten Jahr 1,10 Euro zurück. Eine schöne Summe. Aber leider ist der Brotpreis auch um 10% gestiegen. Trotz des Nominalzinses von 10% kann er sich also im nächsten Jahr real auch nicht mehr als ein Kilo Brot kaufen.

Bislang haben wir angenommen, dass es nur Brot gibt. Aber die Überlegungen lassen sich problemlos verallgemeinern. Statt dem Preis für Brot müssen wir in den Gleichungen (6.1) bzw. (6.3) nur das Preisniveau (den Preis des Warenkorbs) einsetzen. Verwenden wir den Verbraucherpreisindex, dann zeigt uns der Realzins, auf wie viel Konsum wir morgen verzichten müssen, wenn wir heute eine Einheit mehr konsumieren.

6.1.1 Nominalzins und Realzins in Deutschland seit 1974

Kehren wir zu unserer Frage vom Anfang des Kapitels zurück. Wir können sie nun folgendermaßen umformulieren: Lag der Realzins 1998 niedriger als 1974? Wie hat sich seit 1975 der Realzins in Deutschland überhaupt entwickelt?

Die Antwort auf diese Frage ist nicht ganz einfach. Der Nominalzins ist leicht zu ermitteln. Wir messen ihn an der Verzinsung von Staatsanleihen mit einjähriger Laufzeit, die am Anfang des Jahres emittiert wurden. Wie aber lassen sich die Inflationserwartungen messen? Sie sind nicht direkt beobachtbar; es gibt dafür keine Marktdaten. Wir könnten uns auf Umfragen unter den Konsumenten oder unter professionellen Analysten stützen. Solche Daten sind in Deutschland jedoch nur für einen sehr begrenzten Zeitraum verfügbar (vergleiche die Fokusbox „**Inflationserwartungen**"). Deshalb verwenden wir die OECD-Prognose der Inflation in Deutschland jeweils am Ende des vorausgehenden Jahres. So nehmen wir die im Dezember 1999 von der OECD veröffentlichte Inflationsprognose (sie lag bei 1,4%) als Proxy für die Inflationserwartungen Anfang 2000, um den Realzins für dieses Jahr zu konstruieren.

Den Realzins ($i - \pi^e$) berechnen wir auf Basis der erwarteten Inflationsrate, weil die Nominalzinsen (genauso wie die Löhne) fest vereinbart werden, bevor die Inflation bekannt ist. Übersteigt die tatsächliche Inflationsrate die erwartete Rate, ist der effektive Realzins ($r_{expost} = i - \pi$) ex post niedriger als der ursprünglich (ex ante) geforderte Realzins ($r_{exante} = i - \pi^e$). Ex ante bedeutet „vorher" (vor Kenntnis der Inflation); ex post bedeutet „nachher" (nach Realisation der Inflation). (ex ante) Realzins = Nominalzins – erwartete Inflationsrate (im Jahr 2000): $r_{exante} = i - \pi^e = 4{,}7\,\% - 1{,}4\,\% = 3{,}3\,\%$ (ex post) Realzins = Nominalzins – tatsächlich realisierte Inflationsrate (im Jahr 2000): $r_{expost} = i - \pi = 4{,}7\,\% - 2\,\% = 2{,}7\,\%$

▶ **Abbildung 6.2** zeigt, wie wichtig es ist, die Zinsen um die erwartete Inflationsrate zu korrigieren. Zwar war der Nominalzins im Jahr 2000 niedriger als 1974, aber der geforderte Realzins war viel höher (3,3% im Jahr 2000 im Vergleich zu 2,5% 1974). Auch der effektive Realzins ex post war 2000 höher (nämlich 2,7%). Dies hängt damit zusammen, dass seit Anfang der 1980er-Jahre die Inflationsrate stetig gesunken ist.

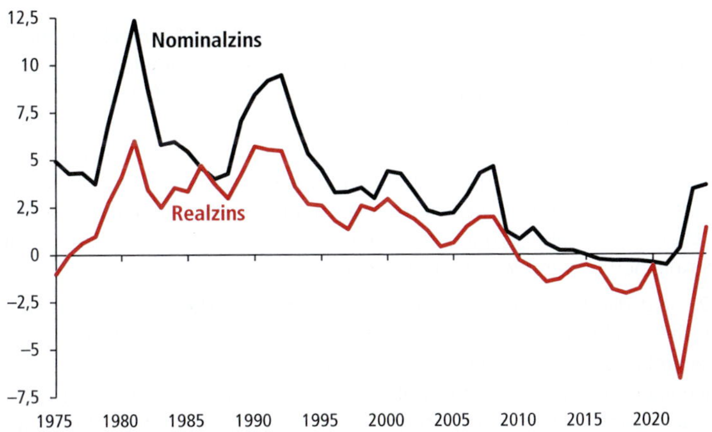

Abbildung 6.2 **Nominal- und Realzins von Bundesanleihen mit einjähriger Laufzeit für Deutschland**

FOKUS

Inflationserwartungen

Inflationserwartungen spielen in der gesamten Makroökonomie eine zentrale Rolle. Umso bedauerlicher, dass wir sie nicht direkt messen können. Makroökonomen behelfen sich oft damit, als Proxy (Hilfsgröße) die tatsächliche Inflationsrate des betreffenden Jahres oder (wenn man **Adaptive Erwartungen** unterstellt) die Inflationsrate des vergangenen Jahres zu verwenden (wie etwa in Gleichung (8.6) in ▶ **Kapitel 8**). In anspruchsvolleren Arbeiten wird ein gewichteter Durchschnitt der Inflationsraten der vergangenen Jahre berechnet (mit abnehmendem Gewicht für entfernter liegende Jahre). Ein Problem dabei ist, dass jeder empirische Test eines Modells immer nur unter der Hypothese gültig ist, dass der verwendete Proxy die Inflationserwartungen korrekt beschreibt.

Erfreulicherweise sind in jüngster Zeit verschiedene Verfahren entwickelt worden, um die Inflationserwartungen direkt zu messen. Dazu zählen Panelumfragen unter Konsumenten, in denen auch die Erwartungen über die Preisentwicklung abgefragt werden, oder unter professionellen Analysten. So führt das ifo Institut in München seit Dezember 1991 in einem World Economic Survey regelmäßige Umfragen unter Experten über die nächsten sechs Monate durch. Die EZB ermittelt seit 1999 Inflationserwartungen über bis zu fünf Jahre anhand von Umfragen im Survey of Professional Forecasters (SPF). Ein zuverlässiges Maß liefern auch die Prognosen renommierter Forschungsinstitutionen wie sie etwa die OECD halbjährlich veröffentlicht. Ihre auf Basis umfangreicher ökonometrischer Modelle erstellten Prognosen beeinflussen stark die Erwartungen von Konsumenten, Unternehmen und Finanzmärkten. ▶ **Abbildung 1** vergleicht die Inflationsprognose für Deutschland, die von der OECD jeweils im November des vorausgehenden

Jahres erstellt wurde, mit dem tatsächlichen Verlauf der Inflationsrate. Sie zeigt, dass die Inflationsentwicklung (abgesehen von den Wendepunkten) meist recht gut abgebildet wird.

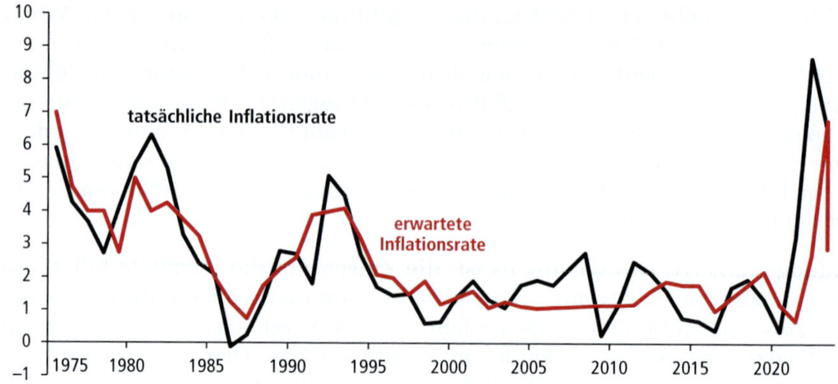

Abbildung 1 Erwartete und tatsächliche Inflationsrate für Deutschland

Inflationserwartungen sind ein wichtiger Bestimmungsfaktor für den Nominalzins. Viele Staaten geben auch **indexierte Anleihen** aus (vgl. dazu ▶ **Kapitel 14**). Diese Anleihen legen nur die Realverzinsung fest; die Verzinsung wird dann nachträglich immer an die tatsächliche Inflationsrate angepasst. Anleger können sich mit indexierten Anleihen gegen Inflationsrisiken absichern: Der Realzins ex post entspricht immer der ex ante gewünschten Verzinsung. Die Differenz zwischen indexierten und nicht-indexierten Anleihen liefert also einen Indikator (quasi einen Marktpreis) zur Messung von Inflationserwartungen: $\pi^e = i - r$. Sie wird häufig auch als BEIR (breakeven inflation rate) bezeichnet. Änderungen dieses Maßes können aber auch darauf beruhen, dass sich Liquiditäts- und Risikoprämen für **indexierte** und nicht-indexierte Anleihen unterschiedlich entwickeln.

▶ **Abbildung 2** misst die Inflationserwartungen im Euroraum für einen Zeitraum sowohl von einem Jahr als auch von fünf Jahren anhand der Umfragewerte des Survey of Professional Forecasters (SPF). Die längerfristigen Inflationserwartungen liegen meist relativ stabil bei der Zielgröße der EZB von knapp unter 2%; sie scheinen also relativ „fest verankert." In der Pandemie sind sie nur leicht auf 2,2% angestiegen. Die kurzfristigen Inflationserwartungen sind dagegen wesentlich stärker angestiegen (vgl. auch **Abbildung 8.9** in ▶ **Kapitel 8**).

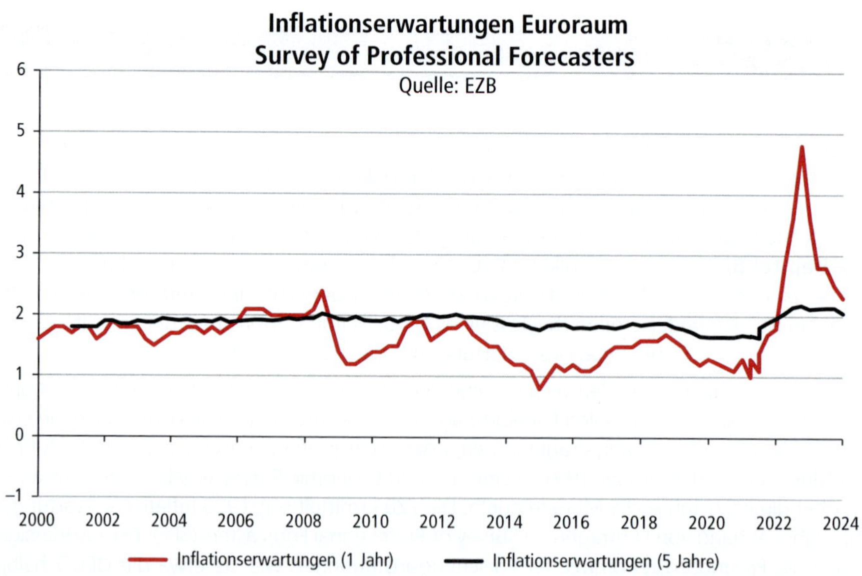

Abbildung 2 Inflationserwartungen im Euroraum, Survey of Professional Forecasters (SPF)

Quelle: EZB, https://www.ecb.europa.eu/stats/ecb_surveys/survey_of_professional_forecasters/html/table_hist_hicp.en.html

6.1.2 Nominalzins und Realzins: Deflation und die effektive Zinsuntergrenze

Bei der Ableitung der *IS*-Kurve im letzten Kapitel spielte die reale Investitionsnachfrage eine zentrale Rolle. Schließlich ist für Investitions- wie auch für Konsumentscheidungen der Realzins ausschlaggebend. Das hat unmittelbare Auswirkungen auf die Geldpolitik: Auch wenn die Zentralbank den Nominalzins steuert, will sie letztlich den Realzins beeinflussen, weil dieser die gesamtwirtschaftliche Nachfrage bestimmt. Um den Realzins in die gewünschte Richtung zu lenken, muss die Zentralbank also auch die Inflationserwartungen im Auge behalten. Strebt sie etwa einen Realzins r an, muss sie den Nominalzins i genau in der Höhe festlegen, dass – gegeben die erwartete Inflationsrate π_t^e – der Realzins $r = i - \pi_t^e$ den gewünschten Wert annimmt. Will sie etwa einen Realzins in Höhe von 4% erreichen und liegt die erwartete Inflationsrate bei 2%, dann muss sie den Nominalzins i auf 6% festlegen. In diesem Sinn können wir davon sprechen, dass die Zentralbank letztlich den Realzins steuert.

Diese Überlegung gilt aber nur mit einem wichtigen Vorbehalt, den wir im Zusammenhang mit der Liquiditätsfalle bereits in ▶ **Kapitel 4** angesprochen haben. Wir haben dort gesehen, dass die effektive Zinsuntergrenze eine wichtige Beschränkung für den Nominalzins bedeutet: Der Nominalzins kann nicht allzu stark unter null sinken – andernfalls wäre niemand mehr bereit, Anleihen zu halten, sondern würde stattdessen Bargeld horten. Setzen wir zur Vereinfachung die Zinsuntergrenze bei null an. Liegt die erwartete Inflationsrate bei 2%, kann die Zentralbank den Realzins dann höchstens auf 0% − 2% = −2% senken. Solange die erwartete Inflationsrate positiv ist, sind negative Realzinsen möglich. Sobald aber die erwartete Inflationsrate negativ wird (sobald die Wirtschaftssubjekte mit Deflation rechnen), wird der niedrigste mögliche Realzins positiv. Beträgt etwa die erwartete Deflation 2% (also $\pi_t^e = -2\%$), kann der Realzins nicht mehr unter 2% fallen. Es ist gut denkbar, dass ein solcher Wert zu hoch ist, um die Güternachfrage hinreichend stark anzuregen. Dann muss die Wirtschaft in der Rezession verharren. Wie wir in ▶ **Abschnitt 6.5** sehen, wirkte sich die effektive Zinsuntergrenze in der Finanzkrise als gravierende Beschränkung der Geldpolitik aus.

6.2 Risiken und Risikoprämien

Bislang unterstellten wir, dass es nur eine Art von Anleihen gibt. Anleihen unterscheiden sich aber in vielerlei Hinsicht. Sie können sich in ihrer Laufzeit unterscheiden – der Zeitdauer, über die Zins- und Rückzahlung erfolgen. Eine Staatsanleihe mit einjähriger Laufzeit wird nach einem Jahr zurückgezahlt; eine Staatsanleihe mit zehnjähriger Laufzeit verspricht dagegen einen Zahlungsstrom über zehn Jahre hinweg. Anleihen unterscheiden sich aber auch in ihrer Risikostruktur. Manche Anleihen haben so gut wie kein Risiko. Die Wahrscheinlichkeit, dass der Schuldner nicht zurückzahlen kann, ist vernachlässigbar klein. Andere Anleihen dagegen sind riskant, weil der Schuldner mit positiver Wahrscheinlichkeit nicht in der Lage oder willens ist, die Anleihe am Ende tatsächlich zurückzuzahlen. Für solche Anleihen fordern die Finanzmärkte einen Zinsaufschlag (Spread) als Kompensation für das Risiko. Auch für Anleihen mit längerer Laufzeit ist im Normalfall ein Zinsaufschlag zu zahlen. In diesem Kapitel konzentrieren wir uns auf das Risiko von Anleihen und vernachlässigen die Laufzeit.

▶ **Abschnitt 14.2 in ▶ Kapitel 14 untersucht die Bestimmung der Zinssätzefür Anleihen mit unterschiedlicher Laufzeit.**

Keine Person kann zu dem Zinssatz Kredit aufnehmen, den die Zentralbank festlegt, und auch nicht zu dem Zinssatz, zu dem sich die Bundesrepublik Deutschland als Staat verschulden kann. Dafür gibt es einen guten Grund. Wer immer bereit ist, uns einen Kredit zu geben, ist sich des Risikos bewusst, dass wir den Kredit vielleicht gar nicht zurückzahlen können. Das Gleiche gilt auch für Unternehmensanleihen. Manche Unternehmen erscheinen sehr solide, andere dagegen als besonders riskant. Als Kompensation für das Risiko verlangen die Käufer der Anleihe eine Risikoprämie.

Wodurch wird die Risikoprämie – der Zinsaufschlag – bestimmt?

- Sie hängt zum einen von der Wahrscheinlichkeit eines Zahlungsausfalls ab. Je höher diese Wahrscheinlichkeit, desto höher der Aufschlag, den Investoren verlangen. Betrachten wir das genauer. Sei i der Nominalzins für eine risikolose Anleihe. x ist der Zinsaufschlag für eine riskante Anleihe, die mit Wahrscheinlichkeit p nicht zurückgezahlt wird. Den Faktor x bezeichnen wir als Risikoprämie. Damit die riskante Anleihe den erwarteten Ertrag abwirft wie die risikolose Anleihe, muss folgende Bedingung erfüllt sein:

$$(1 + i) = (1 - p)(1 + i + x) + (p)(0) \tag{6.5}$$

  Auf der linken Seite von Gleichung (6.5) steht die Auszahlung der risikolosen Anleihe, auf der rechten Seite der erwartete Ertrag der riskanten Anleihe. Nur mit einer Wahrscheinlichkeit $(1 - p)$erfolgt nach einem Jahr die Tilgung dieser Anleihe einschließlich der vereinbarten Zinszahlungen$(1 + i + x)$. Fällt die Anleihe dagegen aus, erfolgen keine Zahlungen. Durch Auflösen nach x erhalten wir:

$$x = (1 + i)p/(1 - p) \tag{6.6}$$

  Liegt beispielsweise der Zins auf risikofreie Anlagen bei 4% und die Wahrscheinlichkeit für einen Zahlungsausfall bei 2% muss als Aufschlag eine Risikoprämie in Höhe von 2,1% gezahlt werden.

- Die Risikoprämie hängt zum anderen vom Grad der Risikoneigung der Anleger ab. Selbst wenn der erwartete Ertrag der riskanten Anleihe gleich hoch ist wie der einer risikolosen, scheuen Anleger den Kauf des riskanten Papiers. Weil sie risikoscheu sind, verlangen sie eine noch höhere Risikoprämie als Kompensation dafür, dass sie dieses Risiko eingehen. Je höher der Grad der **Risikoaversion**, desto höher diese Prämie. Steigt der Grad der Risikoaversion, dann steigt der Aufschlag, selbst wenn sich die Wahrscheinlichkeit eines Zahlungsausfalls gar nicht verändert hat.

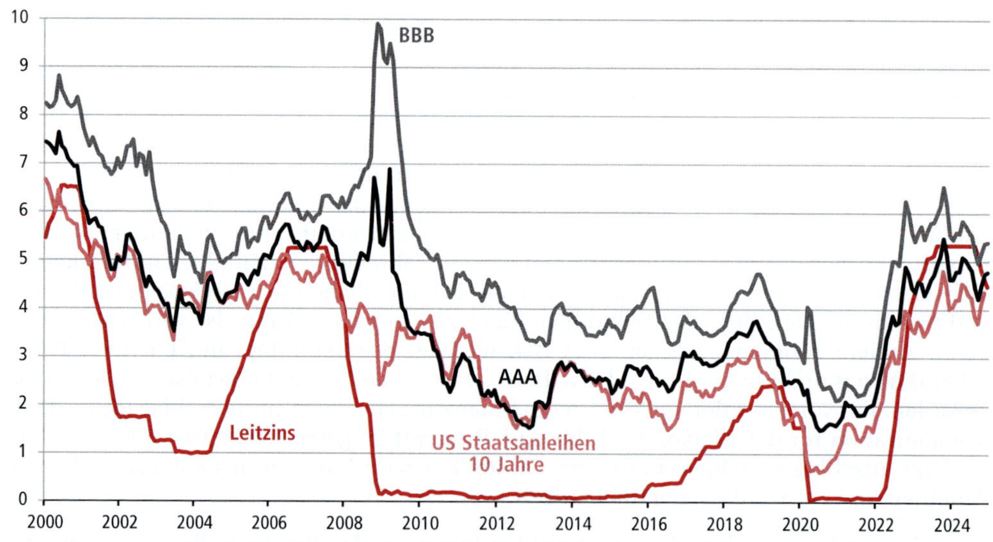

Abbildung 6.3 Risikoprämien: Die Verzinsung US-amerikanischer Staatsanleihen im Vergleich zu Unternehmensanleihen mit einem AAA- bzw. BBB-Rating seit 2000. Beim Ausbruch der Finanzkrise im September 2008 stiegen die Zinsen, zu denen sich Unternehmen finanzieren können, drastisch an. Die Verzinsung der mit BBB bewerteten Unternehmensanleihen war wesentlich höher als die von sicheren Anleihen. Viele Marktzinsen blieben in den USA lange Zeit ungewöhnlich hoch, obwohl die Fed den Leitzins auf null senkte. Erst mit der Ausweitung ihrer unkonventionellen Geldpolitik sind auch diese Zinsen leicht gesunken.

Quelle: FRED-Datenbank. Codes: Leitzins FEDFUNDS;Staatsanleihen (10 Jahre) IRLTLT01USM156N; Unternehmensanleihen (BofA Merrill Lynch) BAMLC0A1CAAAEY und BAMLC0A4CBBBEY

Welche Bedeutung Risikoprämien haben, wird an ▶ **Abbildung 6.3** deutlich. Sie zeigt die Verzinsung verschiedener Arten von US-amerikanischen Anleihen seit 2000. US-Staatsanleihen mit einer Laufzeit von zehn Jahren sind nahezu risikolos. Auch Unternehmensanleihen mit einem AAA-Rating gelten als besonders sicher, ein BBB-Rating dagegen deutet auf höheres Risiko. Die Abbildung liefert drei wichtige Einsichten: Erstens liegt selbst die Verzinsung der als am sichersten bewerteten Unternehmensanleihen mit AAA-Rating in der Regel über der Verzinsung von Staatsanleihen. Der Staat kann sich normalerweise zu den günstigsten Konditionen verschulden. Zweitens ist die Verzinsung der mit BBB bewerteten Unternehmensanleihen wesentlich höher als die der sichersten Anleihen – der Aufschlag beträgt im Durchschnitt zwei Prozentpunkte. Drittens ist die Entwicklung zum Höhepunkt der Finanzkrise von Herbst 2008 bis 2009 bemerkenswert. Während die Verzinsung zehnjähriger Staatsanleihen im Zuge der Zinssenkungen der Fed gesunken ist, sind die Zinsen für schlechter bewertete Unternehmensanleihen dramatisch auf bis zu 10% gestiegen. Obwohl die Fed ihre Zinsen rasch fast bis auf null gesenkt hat, ist der Zins selbst für als sehr sicher bewertete Unternehmensanleihen im Lauf der Krise stark angestiegen. Die Kreditaufnahme der Unternehmen wurde damit stark erschwert. In unserem Modell müssen wir also die Annahme modifizieren, dass für die *IS*-Kurve der von der Zentralbank gesetzte Leitzins ausschlaggebend ist. Der Zinssatz, zu dem Schuldner Kredite aufnehmen, kann wesentlich höher liegen als der Leitzins.

Fassen wir zusammen: In den vergangenen Abschnitten wurde zum einen das Konzept realer sowie nominaler Zinsen eingeführt, zum andern das Konzept der Risikoprämie. In ▶ **Abschnitt 6.4** werden wir das *IS-LM*-Modell erweitern, um diese Konzepte zu integrieren. Zuvor aber wollen wir im nächsten Abschnitt die Rolle von Finanzintermediären genauer untersuchen.

6.3 Die Rolle der Finanzintermediäre

Bei der ersten Betrachtung der Finanzmärkte in ▶ **Kapitel 4** konzentrierten wir uns auf Geschäftsbanken als Finanzintermediäre, deren Hauptaufgabe in der Bereitstellung von Krediten besteht. Wir erklärten, dass Banken (Spar)-Einlagen annehmen, um damit Kredite zu vergeben, Anleihen zu finanzieren und Reserven zu halten. Zur Vereinfachung des Geldangebotsprozesses haben wir dabei nicht zwischen Anleihen (Wertpapieren) und Krediten unterschieden. In diesem Kapitel unterscheiden wir genauer, weil wir die Rolle der Finanzintermediäre als Vermittler zwischen Sparern und Kreditnehmern betonen möchten.

Eine Hauptaufgabe von Geschäftsbanken besteht in der Finanzintermediation – sie bringt die Ersparnis einer Volkswirtschaft mit den Realinvestitionen in Einklang. Finanzintermediäre nehmen Einlagen und Kredite von Sparern auf und leihen die Mittel an Investoren aus. Die Kreditzinsen, die sie den Investoren berechnen, sind etwas höher als Sparzinsen, die sie auf Einlagen zahlen. Auf diese Weise erzielen sie Gewinne. Investitionen sind immer mit Risiken verbunden. Deshalb hat das Finanzsystem Methoden entwickelt, um diese Risiken auf eine große Zahl von Sparern zu verteilen. In den letzten dreißig Jahren gab es eine ungewöhnlich hohe Zahl von Finanzinnovationen. Doch sie ermöglichten nicht nur neue Wege zur breiten Risikostreuung; manche dieser Innovationen haben dazu beigetragen, das gesamte Finanzsystem instabiler zu machen: Viele Risiken sind letztlich im Bankensystem verblieben. Wie konnte das Finanzsystem in die Krise geraten? Um dies zu verstehen, konzentrieren wir uns zunächst auf Geschäftsbanken und betrachten anhand von ▶ **Abbildung 6.4** eine vereinfachte Bilanz einer typischen Bank, die an der Finanzintermediation beteiligt ist.

Aktiva		Passiva	
Vermögenswerte	100	Verbindlichkeiten	80
		Eigenkapital	20

Abbildung 6.4 Die Bilanz einer Bank: Aktiva und Passiva

Die Bank verfügt über ein Eigenkapital in Höhe von 20 € und hat Verbindlichkeiten in Höhe von 80 €, die auf der Passivseite der Bilanz ausgewiesen werden. Verbindlichkeiten können bestehen aus Sichteinlagen, verzinslichen Spareinlagen von Sparern, aber auch aus Schuldverschreibungen (etwa gegenüber anderen Banken oder Anleihen der Bank in den Händen von Privatanlegern). Mit ihrem gesamten Kapital hält die Bank Vermögenswerte in Höhe von 100 € – die Aktivposten der Bank. Dazu zählen Kredite an Unternehmen oder Haushalte, aber auch Unternehmens- oder Staatsanleihen, die die Bank selbstin ihrem Portfolio hält, und schließlich die Reserven, die sie bei der Zentralbank hält.

6.3.1 Die Bestimmung der Fremdfinanzierungsquote (Leverage)

Häufig wird auch das Verhältnis von Fremd- zu Eigenkapital (FK/EK) – im Beispiel FK/EK = 80/20 = 4) als Leverage-Rate (Fremdfinanzierungsquote) bezeichnet. Diese Rate liegt genau um den Wert 1 niedriger als die Inverse der Eigenkapitalquote: Weil BS = EK + FK, gilt FK/EK = BS/EK – 1.

Als wir in ▸ **Kapitel 4** erstmals die Bilanz einer Geschäftsbank einführten, konzentrierten wir uns auf den Unterschied zwischen Reserven und anderen Vermögenswerten. Wir vernachlässigten das Eigenkapital, weil es für die Analyse dort keine Rolle spielte. Nun aber ist es von zentraler Bedeutung.

Das Verhältnis von Bilanzsumme zu Eigenkapital (BS/EK) – also die Inverse der **Eigenkapitalquote** – wird als **Leverage-Rate** bezeichnet. Sie beträgt bei unserer Bank 5/1(=100/20). Dem entspricht eine Eigenkapitalquote [Eigenkapital/Bilanzsumme (EK/BS)] von 20% (= 20/100). Je höher der Leverage, desto niedriger die Eigenkapitalquote.

Bei der Entscheidung über die Höhe der Fremdfinanzierung muss die Bank zwei Faktoren gegeneinander abwägen. Eine höhere Fremdfinanzierung verspricht höhere Gewinne. Da der Wert der Verbindlichkeiten konstant ist, erhöht ein Wertzuwachs der Aktiva den Wert des Eigenkapitals; entsprechend steigt die Eigenkapitalrendite. Dieser Hebeleffekt nimmt mit steigender Fremdfinanzierung zu. Umgekehrt gilt aber auch: Je höher der Hebel, desto stärker wird die Eigenkapitalrendite auch von einem Wertverfall der Aktivposten getroffen. Eine hohe Leverage-Rate bedeutet sowohl hohe potenzielle Renditen als auch hohes Risiko.

Betrachten wir beide Effekte genauer. Gehen wir davon aus, dass sich Aktiva mit 5% verzinsen, auf die Verbindlichkeiten aber nur 4% Zins zu zahlen sind. Der erwartete Gewinn der Bank beträgt dann $(100 \cdot 5\% - 80 \cdot 4\%) = 1{,}8$. Bei einem eingesetzten Eigenkapital in Höhe von 20 ergibt sich daraus eine Eigenkapitalrendite von $1{,}8/20 = 9\%$. Hätten die Anteilseigner selbst nur Eigenkapital in Höhe von 10 eingesetzt und den Rest von 90 über Fremdmittel finanziert, läge die Eigenkapitalquote bei nur mehr 10% (= 10/100); die Leverage-Rate wäre mit 10(= 100/10) nun doppelt so hoch. Der erwartete Gewinn wäre nun zwar nur $(100 \cdot 5\% - 90 \cdot 4\%) = 1{,}4$. Die Eigenkapitalrendite läge aber beträchtlich höher bei $1{,}4/10 = 14\%$. Offensichtlich kann die Bank ihre Rendite (den erwarteten Gewinn im Verhältnis zum eingesetzten Eigenkapital) durch eine höhere Fremdfinanzierungsquote steigern.

Warum sollte sie dann die Fremdfinanzierung nicht beliebig hoch treiben? Der Grund liegt darin, dass der Marktwert der Anlagen Schwankungen durch Risiken unterliegt: Kredite können ausfallen, Wertpapiere Kursverluste erleiden. Je höher die Fremdfinanzierung, desto höher deshalb das Risiko, dass der Wert aller Vermögenswerte unter den Wert der Verbindlichkeiten sinkt. Damit steigt für die Bank das Risiko einer Insolvenz. Bei unserer Bank in ▸ **Abbildung 6.4** können die Vermögenswerte bis auf 80 fallen, bevor sie insolvent wird. Hätte sie dagegen Eigenkapital nur in Höhe von 10, wäre das Risiko einer Insolvenz wesentlich höher: Sie wäre bankrott, sobald der Wert aller Aktiva unter 90 fällt.

Wenn eine Bank ihre Leverage-Rate bestimmt, muss sie beiden Faktoren Rechnung tragen: Eine zu niedrige Fremdfinanzierung bedeutet niedrige Gewinne; eine zu hohe Fremdfinanzierung bedeutet hohe Insolvenzrisiken.

6.3.2 Fremdfinanzierung und Kreditvergabe

Untersuchen wir nun, was passiert, wenn der Wert der Aktiva einer Bank sinkt, ausgehend von ihrer als optimal angesehenen Leverage-Rate. Betrachten wir als Beispiel den Fall, dass der Wert der Aktiva als Folge fauler Kredite von 100 auf 90 fällt. Das Eigenkapital sinkt nun auf 90 – 80 = 10, die Leverage-Rate steigt von 5 auf 9. Zwar ist die Bank noch immer solvent, aber ihre Lage ist nun eindeutig riskanter als zuvor. Was wird sie tun? Sie könnte versuchen, ihr Eigenkapital zu erhöhen, indem sie Investoren bittet, neue Eigenkapitalanteile zu zeichnen. Aber es ist sehr wahrscheinlich, dass sie auch versucht, ihre Aktiva abzubauen. So könnte sie etwa Kredite im Umfang von 40 kündigen und die daraus erzielten Einnahmen dazu nutzen, ihre Verbindlichkeiten auf 80 – 40 = 40 zu senken. Durch den Abbau der Vermögenswerte auf 90 – 40 = 50 erholt sich zwar die Eigenkapitalquote wieder auf den Ausgangswert 20%. Das wird aber erkauft mit einem drastischen Rückgang der Kreditvergabe.

Gehen wir einen Schritt weiter: Falls der Wert der Aktiva von 100 auf 70 fällt, ist die Bank insolvent. Die Kreditnehmer werden es schwer haben, andere Kreditgeber zu finden; die Gläubiger erleiden starke Verluste und werden versuchen, ihre Einlagen möglichst rasch von der Bank abzuziehen.

Warum ist das für uns von Bedeutung? Wenn viele Banken ihre Kreditvergabe einschränken (selbst wenn sie solvent bleiben), dann kann das ernste makroökonomische Auswirkungen haben. Wir untersuchen sie im nächsten Abschnitt. Zunächst aber betrachten wir die Reaktion der Gläubiger genauer.

6.3.3 Liquidität

Bislang konzentrierten wir uns auf die Aktivseite der Bank und untersuchten, wie ein Rückgang der Vermögenswerte die Bank zu einer Einschränkung ihrer Kreditvergabe veranlasst. Nun betrachten wir die Reaktionen der Anleger auf der Passivseite. Wenn Anleger einen Einbruch der Vermögenswerte befürchten (egal ob zu Recht oder aus reiner Panik), dann kann eine hohe Leverage-Rate katastrophale Auswirkungen haben.

Sobald Anleger Zweifel über den Wert der Aktiva der Bank bekommen, haben sie starke Anreize, ihre Einlagen von der Bank abzuziehen. Dieses Verhalten wirft aber ernste Probleme für die Bank auf: Sie muss Mittel finden, um ihre Anleger auszuzahlen. Sie kann die Kredite, die sie vergeben hat, aber kaum kündigen. Die Kreditnehmer haben die Mittel, die ihnen die Bank auszahlte, bereits ausgegeben, um Rechnungen zu zahlen, ein Auto zu kaufen oder langfristige Investitionen zu tätigen. Es ist auch nur schwer möglich, die Kreditforderungen an andere Banken zu verkaufen. Die Bank könnte den Kredit zwar im Prinzip verbriefen und dann weiterverkaufen, um so auf diese Weise Mittel zu erhalten, aber der Verkauf eines Kredits kann sich als sehr schwierig herausstellen. Eine Einschätzung über den wahren Wert solcher Kreditforderungen ist für andere Banken nämlich viel schwieriger, weil sie – im Gegensatz zur ursprünglichen Bank – keine spezifischen Kenntnisse darüber verfügen, wie verlässlich die Kreditnehmer sind.

Je schwieriger es für andere ist, den Wert von Vermögenswerten einzuschätzen, desto schwieriger wird es, solche Vermögenswerte überhaupt zu verkaufen. Ein potenzieller Käufer findet sich meist nur, wenn drastische Abschläge weit unter dem wahren Wert der Anlagen angeboten werden. Ein solcher Panikverkauf verschlimmert aber nur die Lage der Bank: Je stärker die Vermögenswerte einbrechen, desto wahrscheinlicher wird eine Insolvenz. Schlimmer noch: Sobald Anleger solche Panikverkäufe beobachten, haben sie umso stärkere Anreize, ihre Einlagen möglichst rasch abzuziehen. Eine negative Abwärtsspirale wird ausgelöst, die zu weiteren Panikverkäufen zwingt. Dieser Prozess kann selbst dann in Gang kommen, wenn die ursprünglichen Zweifel der Anleger gänzlich unbegründet waren, wenn also die Vermögenswerte der Bank anfangs gar nicht gesunken sind. Sobald die Entscheidung der Anleger, ihre Mittel zurückzufordern, die Bank zu Panikverkäufen zwingt, kann sie insolvent werden, selbst wenn sie anfangs völlig solide war.

Das Problem ist umso gravierender, je rascher die Anleger ihre Mittel kurzfristig abziehen können, wie etwa im Fall von Sichteinlagen, die jederzeit abgerufen werden können. Weil Banken in großem Umfang Fristentransformation betreiben (sie finanzieren langfristige Kredite über kurzfristige Einlagen), sind sie besonders verwundbar für solche „Bank Runs" (Anstürme auf die Bank). In der Wirtschaftsgeschichte findet sich eine Fülle von Beispielen dafür, wie Zweifel über die Solidität der Vermögenswerte einer Bank einen Run ausgelöst haben, der zum Bankrott führte. Bank Runs haben maßgeblich zur Weltwirtschaftskrise im vergangenen Jahrhundert beigetragen. Wie in der Fokusbox *„Bankenzusammenbrüche"* beschrieben, wurden damals Maßnahmen ergriffen, um solche Runs zu begrenzen. Wir werden aber in ▸ **Abschnitt 6.5** sehen, dass auch in der jüngsten Finanzkrise wieder moderne Varianten solcher „Runs" (diesmal nicht auf Banken, sondern auf andere Finanzintermediäre) eine zentrale Rolle spielten.

FOKUS

Bankenzusammenbrüche

Betrachten wir eine gesunde Bank mit einem guten Portfolio an Krediten. Nehmen wir an, es kommen Gerüchte auf, dass die Geschäfte der Bank nicht gut laufen und dass einige Kredite nicht zurückgezahlt werden können. Im Glauben, die Bank könnte zusammenbrechen, werden einige Anleger ihre Konten kündigen und ihr Geld abheben. Wenn sich genügend Anleger so verhalten, dann gehen die Reserven der Bank schnell zur Neige. Wenn die Bank ihre Kredite nicht kündigen kann, wird sie die Nachfrage nach Bargeld nicht befriedigen können; es kommt zum Zusammenbruch der Bank.

Das Gerücht, dass eine Bank zusammenbrechen könnte, kann also unter Umständen selbst dann ihren Zusammenbruch auslösen, wenn alle Kredite gut sind. Die Geschichte des amerikanischen Bankensektors ist bis in die 1930er-Jahre hinein von solchen Runs auf Banken gekennzeichnet. Wenn eine Bank aus guten Gründen in Konkurs geht – das heißt, weil sie schlechte Kredite vergeben hat – führt das dazu, dass die Anleger anderer Banken verunsichert werden und ebenfalls ihre Konten auflösen. Dann drohen auch diese Banken zusammenzubrechen, unabhängig von der Qualität ihrer Kredite. Ein Beispiel für solche Ansteckungseffekte liefert der Film „It?s a wonderful life" mit James Stewart. Wegen des Zusammenbruchs einer anderen Bank in der Stadt werden die Anleger der Bank, deren Manager James Stewart ist, verunsichert und sie versuchen, ihre Einlagen abzuheben. James Stewarts ganze Überzeugungskraft ist gefordert, um den Zusammenbruch seiner Bank zu vermeiden. Im Film gibt es ein Happy End. In der Realität sind die meisten Runs auf Banken nicht gut ausgegangen.

Welche Vorkehrungen können getroffen werden, damit es nicht zu einem Run auf eine Bank kommt?

Ein denkbarer Weg wäre, die Möglichkeiten zur Fristentransformation für Banken stark einzuschränken, indem sie gezwungen werden nur sichere, liquide Anlagen wie Staatsanleihen mit kurzer Laufzeit zu halten. Langfristige Kredite dürften dann nicht mehr über kurzfristige, jederzeit abrufbare Einlagen finanziert werden; sie müssten stattdessen von anderen Finanzinstituten, die sich auch nur langfristig finanzieren, vergeben werden. Dieser als „Narrow Banking" bezeichnete Weg begrenzt die Geschäftsaktivitäten von Banken stark und könnte so die Gefahr solcher Runs verhindern. Eine Sorge bei einer solchen Regelung liegt aber darin, dass damit das Problem nur in den sogenannten **Schattenbankensektor** verlagert wird.

In der Praxis wird dem Problem auf zwei Wegen begegnet. Zum einen mit dem Versuch, durch Einlagensicherung die Gefahr solcher Zusammenbrüche einzudämmen. Zum anderen durch Interventionen der Zentralbanken, die als „Kreditgeber in letzter Instanz" verhindern, dass Panikverkäufe notwendig werden.

In den Vereinigten Staaten wurde 1934 die Bundeseinlagenversicherung – Federal Deposit Insurance Company (FDIC) – eingeführt. Der Staat versichert jedes Bankkonto bis zu einer Obergrenze von 100.000 $. Damit sollte es für die Anleger keinen Grund mehr geben, ihr Geld überstürzt zurückzufordern und gesunde Banken sollten dann nicht zusammenbrechen. Nach dem Konkurs der Investmentbank Lehman Brothers im September 2008 und einem massiven Abfluss von Mitteln aus Geldmarktfonds zeigte sich aber, dass dies nicht ausreichte. Die FDIC sah sich gezwungen, die Obergrenze auf 250.000 $ zu erhöhen. Die Einlagenversicherung führt jedoch zu anderen Problemen. Wenn sich die Anleger keine Sorgen um ihre Einlagen machen müssen, dann haben sie ein geringeres Interesse, die

Kreditvergabetätigkeit der Bank sorgfältig zu überprüfen. Die Bank könnte dem Anreiz unterliegen, zu viele Risiken einzugehen. Sie vergibt dann unter Umständen unsichere Kredite und weitet ihre Fremdfinanzierung weiter aus.

In Deutschland war die Einlagensicherung bis 1998 auf rein privatrechtlicher Grundlage geregelt. Die einzelnen Bankengruppen hatten selbstständig Einlagensicherungsfonds eingerichtet, um im Notfall die Auszahlung von Einlagen gewährleisten zu können. Wechselseitige Kontrolle innerhalb einer Bankengruppe sollte für Anreize zu sorgfältiger Kreditvergabe sorgen. Mit der Umsetzung einer EU-Richtlinie zur Einlagensicherung waren zunächst 90% jeder Einlage bis zum Wert von maximal 20.000 € je Gläubiger gesetzlich geschützt. Unter dem Eindruck der Finanzkrise beschlossen die EU-Finanzminister, die **Einlagensicherung** in der Europäischen Union auf 100.000 € anzuheben. Zusätzlich zu dieser Mindestdeckung bleibt das freiwillige Sicherungssystem der einzelnen Bankengruppen weiterhin bestehen.

Die Erfahrungen in jüngster Zeit zeigen, dass Einlagensicherung allein nicht ausreicht. Dies liegt daran, dass viele Finanzinstitute ihre Kreditvergabe nicht nur über Einlagen, sondern immer stärker über kurzfristige Kredite (etwa bei anderen Banken am Geldmarkt oder über Anleihen mit kurzer Laufzeit) refinanzieren. Der Anteil staatlich garantierter Sichteinlagen privater Anleger ist zurückgegangen. Auch viele andere Finanzinstitute außerhalb des traditionellen Bankensektors, die zudem meist nur über eine geringe Ausstattung an Eigenkapital verfügen, stehen vor dem gleichen Problem: dem Zwang zu Panikverkäufen, wenn Anleger ihre Mittel zurückfordern.

Um solche Panikverkäufe zu verhindern, stellen Zentralbanken in Krisenzeiten als „Kreditgeber in letzter Instanz" Mittel zur Verfügung, die das Ausbrechen eines Bank Runs verhindern sollen. Sie stellen Reserven zur Verfügung und akzeptieren Kreditforderungen der Banken als Sicherheit. So sind die Banken nicht gezwungen, ihre Vermögenswerte zu Schleuderpreisen zu verkaufen. Der Zugang zu diesen Fazilitäten war traditionell den Banken vorbehalten; in der Finanzkrise wurde er ausgeweitet, als auch andere Finanzinstitute (wie etwa Investmentbanken) solchen Runs ausgesetzt waren und sich mit einem dramatischen Abfluss von Mitteln konfrontiert sahen.

Genau wie die Einlagensicherung sind auch Stützungsmaßnahmen der Zentralbank kein Allheilmittel. Zentralbanken stehen vor einer großen Herausforderung: Es ist eine heikle Entscheidung, welchen Finanzinstituten Zugang zu den Reservefazilitäten gewährt werden sollte. Die Zentralbank möchte keinem Finanzinstitut Mittel zur Verfügung stellen, das insolvent ist. Gerade mitten in einer Krise fällt es jedoch äußerst schwer, zwischen Insolvenz und Illiquidität zu unterscheiden.

Die Gründe für die Häufung von Bankenkrisen untersucht Jean-Charles Rochet in seinem Aufsatz „Why are there so many Banking Crises?", CESifo Economic Studies, Vol. 49, 2/2003). Die Bereitstellung von Zentralbank-Liquidität in Krisenzeiten behandelt der Reader von Charles Goodhart und Gerhard Illing (eds.) Financial Crises, Contagion and the Lender of Last Resort: A Reader, Oxford University Press, 2002

Fassen wir die Einsichten zur Liquidität von Aktiva und Passiva kurz zusammen: Je geringer die Liquidität der Vermögenswerte (je schwieriger es ist, sie zu verkaufen), desto höher das Risiko von Panikverkäufen. Damit steigt das Risiko der Insolvenz einer Bank. Umgekehrt gilt: Je liquider die Verbindlichkeiten (je leichter es für Anleger ist, ihre Einlagen kurzfristig abzuziehen), desto größer wird wiederum das Risiko von Panikverkäufen und Insolvenz. Für uns ist das deshalb von Bedeutung, weil Zusammenbrüche von Banken drastische makroökonomische Konsequenzen haben können. Dies untersuchen wir im folgenden Abschnitt.

6.4 Die Erweiterung des *IS-LM*-Modells

Im *IS-LM*-Modell, das in ▸ **Kapitel 5** eingeführt wurde, gab es nur einen Zinssatz. Er wird von der Zentralbank kontrolliert (die *LM*-Kurve) und wirkt sich auf die Nachfrageentscheidungen (die *IS*-Kurve) aus. In diesem Kapitel haben wir gelernt, dass die Beziehungen in der Realität viel komplexer sind; wir wollen das Modell deshalb nun entsprechend erweitern.

6.4.1 Leitzins vs. Kreditzins

Zum einen müssen wir zwischen Real- und Nominalzins (r und i) unterscheiden. Zum anderen müssen wir zwischen dem Leitzins unterscheiden, den die Zentralbank kontrolliert, und dem Kreditzins, den Schuldner bei der Kreditaufnahme zahlen müssen. Der Marktzins, zu dem Banken Kredite an Unternehmen vergeben, liegt in der Regel höher als der Leitzins. Wie wir gesehen haben, hängt dieser Aufschlag vom Risiko des Kreditnehmers und von der Risikolage der Finanzintermediäre ab. Je höher diese Risiken, desto höher die Risikoprämie$x$ (Gleichung (6.6)). Wir formulieren unsere Bedingungen für das *IS-LM*-Gleichgewicht wie folgt um:

$$\textit{IS}\text{-Kurve}: \quad Y = C(Y-T) + I(Y, i - \pi^e + x) + G$$
$$\textit{LM}\text{-Kurve}: \quad i = i_o$$

Die *LM*-Kurve ist weiterhin vom nominalen Zinssatz i abhängig, den die Zentralbank steuert. Als Zinssatz in der *IS*-Kurve ist nun dagegen der inflationsbereinigte Kreditzins relevant – das ist der reale Zinssatz, zu dem Kreditnehmer Kredite aufnehmen können. Wir nehmen deshalb zwei Veränderungen vor: Wir müssen die erwartete Inflationsrate π^e und die Risikoprämie x berücksichtigen.

- Die Entscheidungen über Konsum- und Investitionsausgaben in der *IS*-Kurve hängen vom Realzins (r), nicht vom Nominalzins (i) ab. Der Realzins ist die Differenz zwischen Nominalzins und erwarteter Inflationsrate: $r = i - \pi^e$.
- Die Risikoprämie x erfasst in einfacher Form all die Faktoren, die wir in ▸ **Abschnitt 6.2** analysiert haben. Sie verteuert den Kredit und steigt, wenn Kreditgeber das Risiko für einen Zahlungsausfall des Kreditnehmers höher einschätzen oder wenn Kreditgeber risikoscheuer werden. Sie steigt auch dann an, wenn Finanzintermediäre ihre Kreditvergabe aus Sorge um ihre Solvenz oder ihre Liquidität einschränken.

Wir nehmen nun noch folgende Vereinfachung vor. Wie bereits in ▸ **Abschnitt 6.2** angesprochen, kann die Zentralbank direkt zwar nur den Nominalzins bestimmen. Sie kann ihn aber (abgesehen von den Problemen in der Liquiditätsfalle, auf die wir später wieder zu sprechen kommen) jeweils so hoch setzen, dass sich der Realzins einstellt, den sie für angemessen hält. Um die grafische Analyse auf den (r, Y)-Raum beschränken zu können, formulieren wir unsere Gleichungen einfach so um, als würde die Zentralbank direkt den Realzins steuern. Damit lässt sich unser *IS-LM*-Modell durch folgende Gleichungen beschreiben:

$$\textit{IS}\text{-Kurve}: \quad Y = C(Y-T) + I(Y, r + x) + G \tag{6.7}$$

$$\textit{LM}\text{-Kurve}: \quad r = r_0 = i_o = \pi^e \tag{6.8}$$

Die Zentralbank steuert nun also den Realzins $r = i - \pi^e$. Für Kreditvergabe und gesamtwirtschaftliche Nachfrage ist dagegen der Kreditzins $r + x$ relevant, der auch von der Höhe der Risikoprämie abhängt. Im Folgenden werden wir uns auf die Darstellung mit Realzins beschränken. Die Fokusbox *„Die Steuerung von Nominal- bzw. Realzins“* verdeutlicht den Zusammenhang zwischen beiden Darstellungen.

FOKUS

Die Steuerung von Nominal- bzw. Realzins

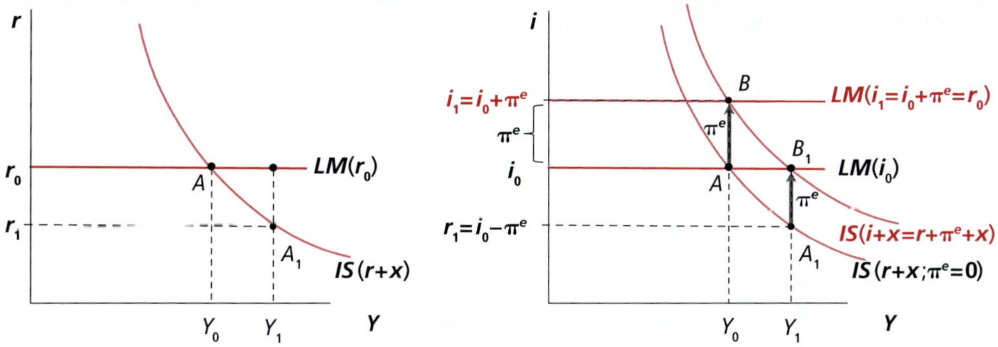

Abbildung 1 Darstellung der Zinssteuerung: Real- oder Nominalzins

Wenn die Zentralbank den Nominalzins *i* festlegt, bestimmt sie bei gegebenen Inflationserwartungen π^e auch den Realzins $r = i - \pi^e$

▶ **Abbildung 1** verdeutlicht den Zusammenhang zwischen einer Darstellung mit Nominal- bzw. Realzins. An der horizontalen Achse ist wieder die Produktion abgetragen. An der vertikalen Achse (der Ordinate) ist in der Abbildung auf der linken Seite der Realzins *r* abgetragen; auf der rechten Seite dagegen der Nominalzins *i*. Die *IS*-Kurve hängt von $r + x = i - \pi^e + x$–der Summe aus Realzins *r* und Risikoprämie *x* – ab; sie hat eine negative Steigung: Ein steigender Realzins lässt – ceteris paribus – die gesamtwirtschaftliche Nachfrage und damit die Produktion sinken.

Gehen wir zunächst davon aus, die erwartete Inflationsrate betrage null ($\pi^e = 0$). Dann macht es keinen Unterschied, ob wir in ▶ **Abbildung 1** an der Ordinatenachse den Nominalzins *i* oder den Realzins *r* abtragen. Strebt die Zentralbank die ProduktionY_0 an, muss sie den Realzins aufr_0 festlegen. Das Gleichgewicht ist in Punkt *A*. Solange $\pi^e = 0$,wird das Gleichgewicht in Punkt *A* auch beim Nominalzins $i_0 = r_0$erreicht.

Was ändert sich, wenn die Inflationserwartungen von null auf π^e ansteigen? Mit steigenden Inflationserwartungen muss die Zentralbank den Nominalzins nun genau umπ^e höher setzen, um den Realzins konstant zu halten. Erhöht die Zentralbank den Nominalzins um π^e, ändert sich damit in der Darstellung im (*r*, *Y*)-Raum mit Realzins nichts. Anders dagegen in der Abbildung auf der rechten Seite: Nur wenn die Zentralbank den Nominalzins auf $i_1 = i_0 + \pi^e$ erhöht, bleibt der Realzins beir_0 konstant. Das Gleichgewicht verschiebt sich dort also von A auf B bei unveränderter Produktion Y_0. Würde die Zentralbank dagegen den Nominalzins beii_0 konstant halten, dann würde der Realzins mit steigenden Inflationserwartungen auf $r_1 = i_0 - \pi^e$sinken; Investitionen und Gesamtnachfrage würden steigen; als neues Gleichgewicht stellt sich Punkt A_1bzw.B_1mit der Produktion Y_1 ein. Im (*i*, *Y*)-Raum mit dem Nominalzins *i* an der Ordinate verschiebt sich die IS-Kurve bei jedem Produktionsniveau also genau um π^e nach oben. Umgekehrt würde sich die IS-Kurve bei Deflationserwartungen nach unten verschieben; die Zentralbank müsste den Nominalzins dann entsprechend stark senken. Zur Verständniskontrolle sollten Sie sich auch in den folgenden Kapiteln jeweils überlegen, wie die entsprechende Darstellung im (*i*, *Y*)-Raum verläuft.

6.4.2 Geldpolitik und Schocks im Finanzsektor

Überlegen wir uns nun, welche Auswirkungen ein Anstieg der Risikoprämie um Δ von x auf $x + \Delta$ hat. Ein solcher Anstieg kann viele Gründe haben. Vielleicht sind die Investoren risikoscheuer geworden und fordern deshalb eine höhere Prämie. Vielleicht ziehen Anleger nach der Insolvenz einer Bank ihre Einlagen auch von anderen Banken ab – aus Sorge davor, dass das gesamte Bankensystem in Schwierigkeiten gerät – und zwingen so alle Banken, ihre Kreditvergabe einzuschränken. In ▶ **Abbildung 6.5** ist das ursprüngliche

Gleichgewicht wieder in Punkt A bei der Produktion Y. Mit dem Anstieg der Risikoprämie verschiebt sich die *IS*-Kurve nach links. Solange der reale Leitzins unverändert bleibt, verteuert sich der Kreditzins. Dies dämpft die gesamtwirtschaftliche Nachfrage und damit die Produktion. Das neue Gleichgewicht ist nun im Punkt A `. Probleme im Finanzsektor führen zu einer Rezession. Anders formuliert: Eine Finanzkrise wird zu einer gesamtwirtschaftlichen, makroökonomischen Krise.

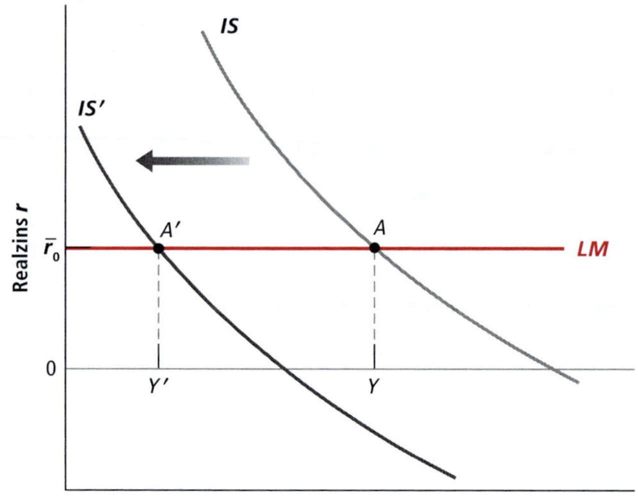

Abbildung 6.5 Die Auswirkungen eines Schocks im Finanzsektor auf die Produktion. Ein Anstieg der Risikoprämie verschiebt die *IS*-Kurve nach links und lässt die *Produktion* im Gleichgewicht sinken.

Wie sollte Politik darauf reagieren? Genau wie in ▶ **Kapitel 5** verschiebt expansive Fiskalpolitik (höhere Staatsausgaben oder niedrigere Steuern) die *IS*-Kurve nach rechts und erhöht so die Produktion. Aber hohe Ausgabensteigerungen oder Steuersenkungen gehen einher mit einem starken Anstieg des Haushaltsdefizits. Aus diesem Grund könnte die Regierung davor zurückschrecken, Fiskalpolitik einzusetzen.

Angesichts der Tatsache, dass der Produktionseinbruch auf überhöhte Kreditzinsen zurückzuführen ist, erscheint Geldpolitik das geeignetere Instrument. Wie **Abschnitt 6.6** zeigt, reicht eine Senkung des Leitzinses um Δ im Prinzip aus, um die Wirtschaft wieder auf das ursprüngliche Produktionsniveau zurückzubringen. Im neuen Gleichgewichtspunkt muss die Zentralbank angesichts der gestiegenen Risikoprämie den Leitzins so stark senken, dass der Kreditzins, der für die gesamtwirtschaftliche Nachfrage ausschlaggebend ist, unverändert bleibt.

▶ **Abbildung 6.6** verdeutlicht aber, dass die Nachfrage möglicherweise nur mit einem negativen Leitzins hinreichend stark stimuliert werden könnte, um die Produktionsaktivität wieder auf das ursprüngliche Niveau zu bringen. ▶ **Abbildung 6.6** ist bewusst so gezeichnet, um diesen Fall zu verdeutlichen. Im Ausgangsgleichgewicht sei etwa$r_0 = 2\%$ und $x = 1\%$. Nun steige die Risikoprämie x um $\Delta = 4\%$ von 1% drastisch auf 5%. Um den Kreditzins unverändert bei $r + x = 3\%$ zu lassen, müsste die Zentralbank den (realen) Leitzins von 2% auf$2\% - 4\% = -2\%$ senken. Dies wirft wieder die Frage auf, die wir schon in ▶ **Abschnitt 6.1** diskutiert haben – die Frage nach den Beschränkungen, die die effektive Zinsuntergrenze auferlegt.

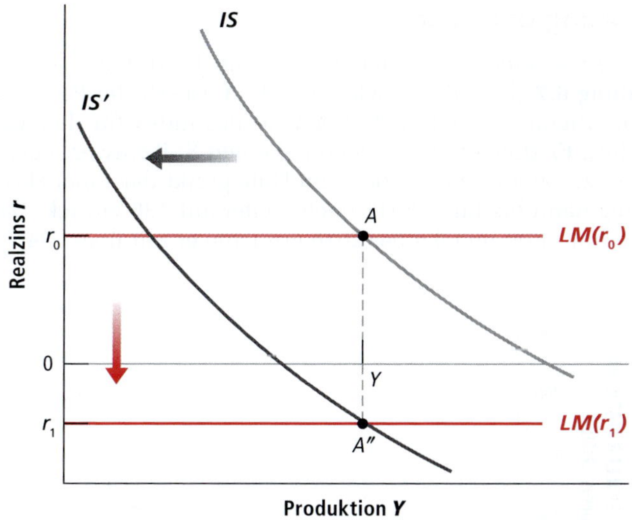

Abbildung 6.6 Geldpolitik als Reaktionauf einen Schock im Finanzsektor. Eine hinreichend starke Zinssenkung kann den Anstieg der Risikoprämie ausgleichen. Die effektive Zinsuntergrenze beschränkt aber den Handlungsspielraum für Zinssenkungen.

Liegt die effektive Zinsuntergrenze für Nominalzinsen bei 0%, dann kann die Zentralbank den realen Leitzins nämlich nicht unter $r = i - \pi_t^e = 0 - \pi_t^e = -\pi_t^e$ senken. Der niedrigste Realzins, den die Zentralbank durchsetzen kann, ist also der negative Wert der erwarteten Inflationsrate. Liegt sie hoch genug (etwa bei 5%), dann fällt der Realzins auf −5%, wenn der Nominalzins auf null gesenkt wird. Eine solche Zinssenkung sollte ausreichen, um den Anstieg der Risikoprämie aufzufangen. Ist die erwartete Inflationsrate jedoch niedrig oder wird gar mit Deflation gerechnet, besteht die Gefahr, dass selbst eine Senkung der Nominalzinsen auf null nicht ausreicht, um die Wirtschaft wieder ins ursprüngliche Gleichgewicht zu bringen. Der niedrigste durchsetzbare Realzins ist dann zu hoch, um den Anstieg der Risikoprämie zu kompensieren. Die jüngste Finanzkrise zeichnete sich in der Tat dadurch aus, dass zum einen die Risikoprämien im Finanzsektor stark angestiegen sind, zum andern aber sowohl die tatsächliche wie die zukünftig erwartete Inflationsrate stark zurückgingen. Der Spielraum der Geldpolitik für die notwendigen Zinssenkungen wurde dadurch erheblich begrenzt.

Nun haben wir alle Bausteine, die wir brauchen, um zu verstehen, wodurch die Finanzkrise im Jahr 2008 ausgelöst wurde und wie sie sich zu einer großen weltweiten Wirtschaftskrise ausgeweitet hat. Das ist das Thema des letzten Abschnitts dieses Kapitels.

6.5 Die weltweite Finanzkrise

Als im Jahr 2006 die Immobilienpreise in den USA zu sinken begannen, warnten viele Makroökonomen, dies könnte zu einer Abschwächung der Nachfrage und des Wachstums führen. Aber nur wenige rechneten damit, dass dieser Rückgang eine ernste weltweite makroökonomische Krise auslösen würde. Viele berücksichtigten damals nicht, welche Auswirkungen der Rückgang der Immobilienpreise auf das Finanzsystem und dann auf die Gesamtwirtschaft hat.

6.5.1 Der Ursprung der Krise

Auslöser der Krise war eine große Immobilien- und Kreditblase, die sich in den USA bildete. ▸ **Abbildung 6.7** zeigt die Entwicklung des Case-Shiller-Preisindex für den amerikanischen Immobilienmarkt seit 2000. Der Wert des Index für den Monat Januar 2000 ist auf 100 normiert. Er stieg bis Mitte 2006 auf einen Spitzenwert über 184 und begann dann Anfang 2007 zu fallen. Ende 2008, zum Höhepunkt der Finanzkrise, ist er auf 153 gesunken und ging dann bis Ende 2011 noch weiter auf 136 zurück. Danach hat er sich langsam wieder erholt. Erst im Oktober 2016 erreichte er mit über 184 wieder den Höhepunkt von 2006.

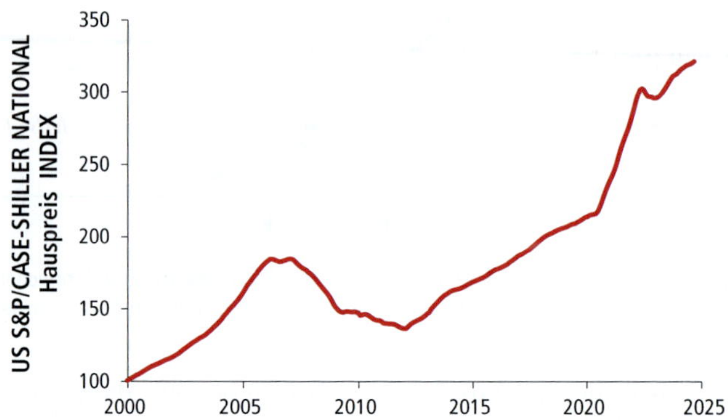

Abbildung 6.7 Die Entwicklung der Immobilienpreise in den USA seit 2000. Dem starken Anstieg der Immobilienpreise bis 2006 folgte ein scharfer Rückgang.
Quelle: Case-Shiller-Preisindex (National Home PriceIndex), © S&P Dow Jones Indices LLC, verfügbar in der FRED-Datenbank als Reihe CSUSHPISA

Im Nachhinein erscheint die Entwicklung auf dem amerikanischen Immobilienmarkt bis 2006 – ähnlich wie in manchen europäischen Staaten – eindeutig als eine Übertreibung der Märkte. Offensichtlich kam es bei der Hypothekenfinanzierung zu ernsthaftem Marktversagen, gekoppelt mit inadäquater Regulierung. Viele Hypothekenkredite, die von Immobilienfinanzierern vergeben werden, blieben nicht in der eigenen Bilanz, sondern wurden an andere Finanzinstitute verkauft. Zum Teil wurden sie an staatlich geförderte Hypothekenfinanzierer wie Fannie Mae und Freddie Mac weitergegeben. Zu einem Großteil wurden sie aber in sehr komplizierten verbrieften Paketen gebündelt und dann an Investmentbanken und deren Investoren weiterverkauft. So sollten die Risiken breit gestreut und an alle Anleger weitergegeben werden, die sich daran beteiligen wollten.

Besorgen Sie sich auf YouTube den Sketch der britischen Komiker John Bird und John Fortune zur Erklärung der Subprime-Krise.

Die betreffenden Hypothekenbanken machten sich wenig Gedanken über die Kreditwürdigkeit ihrer Kunden. Sie prüften kaum, ob die Kreditnehmer ihre Hypotheken überhaupt zurückzahlen konnten. In vielen Fällen wurden Hypothekenkredite an Subprime-Kreditnehmer vergeben, die ihre Zahlungsverpflichtung früher oder später ohnehin nicht einhalten konnten. Solche Hypotheken forderten im ersten (und meist auch im zweiten) Jahr einen sehr niedrigen Zinssatz, danach jedoch stieg der Zinssatz stark an (weit über den Zinssatz für Kredite an Haushalte mit hoher Bonität). Für viele ärmere Familien war das aber kaum finanzierbar.

Ab 2007 konnten viele der Subprime-Hypotheken nicht mehr zurückgezahlt werden, weil die Banken nicht mehr bereit waren, eine Finanzierung zu niedrigeren Zinsen anzubieten. Zudem begannen auch die Immobilienpreise zu fallen, das Eigenkapital der Hausbesitzer nahm also ab. Tatsächlich gingen die Immobilienpreise in den USA im Jahr 2008 um fast 20 Prozent zurück. Auch in vielen anderen Ländern gingen die Immobilienpreise stark zurück (vergleiche dazu auch die Fokusbox *„Welche Rolle spielen Erwartungen – Schwankungen der Vermögenspreise und Konsum“* in ▸ **Kapitel 15**).

Der Wertverfall der Hypotheken verursachte hohe Verluste in den Bilanzen von Finanzinstituten. Mitte 2008 schätzte man die Verluste auf Hypothekenkredite in den USA auf ca. 300 Mrd. US-$. Auch wenn uns das als große Zahl erscheint – relativ zum BIP der amerikanischen Wirtschaft sind das nur 2%. Man könnte meinen, ein robustes Finanzsystem könnte einen solchen Verlust locker verkraften, sodass sich die negativen Auswirkungen auf das Wirtschaftssystem in Grenzen halten. Das war aber keineswegs der Fall. Obwohl die Krise durch den Rückgang der Immobilienpreise ausgelöst wurde, haben sich die Auswirkungen enorm vervielfacht. Selbst viele Experten, die den Rückgang der Immobilienpreise kommen sahen, unterschätzten die Verstärkungsmechanismen im Lauf der Krise. Um sie zu verstehen, müssen wir die Rolle der Finanzintermediäre genauer betrachten.

6.5.2 Die Rolle der Finanzintermediäre

In ▶ **Abschnitt 6.3** haben wir gelernt, warum ein hoher Anteil an Fremdfinanzierung, Illiquidität der Vermögenswerte und hohe Liquidität der Verbindlichkeiten das Finanzsystem jeweils krisenanfälliger machen. All diese Faktoren spielten 2008 eine große Rolle. Ihr Zusammenspiel löste einen „perfekten Sturm" aus.

Die Banken waren aus verschiedenen Gründen in starkem Ausmaß fremdfinanziert. Zum einen unterschätzten sie einfach die Risiken. Wenn alles gut läuft, tendiert man gern dazu, das Risiko zu ignorieren, dass die Zeiten schlechter werden könnten. Die Anreizund Entlohnungssysteme im Bankensektor waren zudem so gestaltet, hohe erwartete Erträge zu generieren, ohne das Risiko eines Bankrotts einzupreisen. Zwar versuchten Regulierungsmaßnahmen wie etwa Eigenkapitalvorschriften das Ausmaß der Fremdfinanzierung zu begrenzen; die Banken fanden jedoch Wege, solche Vorschriften zu umgehen, indem sie neue Finanzinstrumente schufen. Sie lagerten viele Risiken an Zweckgesellschaften (SIV) aus, die langfristige Wertpapiere mit hoher Verzinsung kauften und sie über kurzfristige Kredite finanzierten. Auch in Deutschland nutzten etwa viele Landesbanken sowie IKB und Hypo Real Estate dieses Instrument. Durch die Verlagerung der Risiken auf die Zweckgesellschaften reduzierten sich die Eigenkapitalanforderungen; so ließ sich die Leverage-Rate zur Steigerung der erwarteten Gewinne erhöhen. Weil die Banken de facto aber eine Verlustgarantie für solche Zweckgesellschaften übernahmen, brachten deren Verluste die Banken selbst in enorme Schwierigkeiten.

Zwei weitere Faktoren verschärften das Problem: die **Verbriefung** von Risiken sowie die zunehmend kurzfristige Finanzierung am Interbankenmarkt. Traditionell hielten Banken die von ihnen vergebenen Kredite in ihrer eigenen Bilanz. Damit konnte eine Bank sich aber nicht gegen die Risiken aus der eigenen Kreditvergabe absichern. Das Instrument der Verbriefung erlaubt es, solche Kredite (etwa Subprime-Hypotheken) von verschiedenen Banken aufzukaufen, sie zu verbrieften Anleihen zu bündeln und sie dann wieder weiter an Versicherungen und Pensionskassen, aber auch an andere Banken zu verkaufen. Auf diese Weise werden ursprünglich illiquide Kredite weltweit handelbar. Solche Anleihen sind als äußerst komplexe Finanzinstrumente konzipiert; sie sind in bestimmter Rangfolge abgesichert (verbrieft) durch die Rückzahlungen, die die Kreditnehmer an die Emittenten leisten.

Im Prinzip scheint Verbriefung eine gute Idee, weil sie es ermöglicht, Risiken breiter zu streuen. Weil es aber schwer fällt, die tatsächlichen Risiken verbriefter Anleihen richtig einzuschätzen, verließen sich viele Käufer solcher Anleihen auf die Bewertung von Rating- Agenturen wie Moody's, S&P und Fitch. Als sich deren Risikoeinschätzung jedoch als unzutreffend erwies, fand sich kein Käufer mehr bereit, solche Anleihen zu übernehmen. Die vermeintlich liquiden Anleihen erwiesen sich plötzlich als vollkommen illiquid.

Im Gegensatz zu amerikanischen Subprime-Anleihen werden deutsche Pfandbriefe von der emittierenden Bank garantiert. Sie sind strengen Regulierungsvorschriften unterworfen, um das Ausfallrisiko zu minimieren.

Der zweite Faktor, der zur Verschärfung der Krise beitrug, war die Tatsache, dass sich viele Banken immer weniger über Sichteinlagen ihrer eigenen Kunden und stattdessen immer stärker über kurzfristig fällige Anleihen am Geld- bzw. Interbankenmarkt refinanzierten. So hatte etwa in Deutschland die Hypo Real Estate kaum eigene Kundeneinlagen. Auf diese Weise konnten die Banken von günstigen Refinanzierungskonditionen am Geldmarkt profitieren. Wieder muss dieser Vorteil erkauft werden durch massive Probleme in Krisenzeiten. Ein Großteil der Sichteinlagen ist mittlerweile staatlich garantiert; deshalb ziehen die Kunden ihre Einlagen selbst im Krisenfall nicht ab. Sie bleiben ruhig im Vertrauen auf staatliche Garantien ihrer Ersparnisse. Für die Finanzierung am Geldmarkt ist das aber ganz anders: Viele Banken, die in großem Umfang langfristige Investitionen über Anleihen mit sehr kurzer Laufzeit finanzierten und deshalb einen hohen Refinanzierungsbedarf hatten, konnten sich plötzlich am Geldmarkt gar nicht mehr refinanzieren, als das Vertrauen in die Beständigkeit ihrer Vermögenswerte verloren ging.

Während der Krise misstrauten die Banken einander so stark, dass der Interbankenmarkt ganz zusammenbrach; kurzfristige Kredite waren kaum mehr verfügbar. Der Markt für verbriefte Anleihen trocknete in kurzer Zeit fast völlig aus. Der Risikoaufschlag von **Euribor** und **Libor** erreichte ungeahnte Höhen. Gerüchte über Zahlungsschwierigkeiten führten zu einem Run auf Einlagen und kurzfristige Anleihen. Dies löste eine Abwärtsspirale aus. Viele unregulierte Finanzinstitute (wie etwa Hedgefonds und Private Equity Unternehmen – man spricht vom sogenannten Schattenbankensektor) gerieten in Schwierigkeiten, weil ihr Geschäftsmodell auf hoher Fremdkapitalfinanzierung (einer lockeren Kreditvergabe durch Geschäftsbanken) beruhte. Allmählich geriet dann auch die Kreditvergabe traditioneller Geschäftsbanken an Unternehmen und Haushalte ins Stocken.

6.5.3 Auswirkungen auf die Makroökonomie

Die Probleme im Finanzsektor wirkten sich unmittelbar auf die Makroökonomie aus. Es kam zu einem drastischen Anstieg der Kreditkosten und einem drastischen Verfall des Vertrauens.

▶ **Abbildung 6.3** illustriert den starken Anstieg der Kreditkosten. Da neue Kredite entweder nicht mehr oder nur noch zu sehr hohen Zinsen vergeben wurden, bestand die Gefahr einer systemweiten Kreditklemme (dem Einfrieren der Kreditvergabe), die viele Unternehmen und Haushalte in den Ruin zu stürzen drohte. Ein Kernproblem liegt darin, dass Kreditmärkte eine zentrale Grundlage einer funktionsfähigen Volkswirtschaft bilden.

Es verwundert daher nicht, dass die Finanzkrise bei Unternehmen wie Haushalten schlimme Befürchtungen weckte. Vergleiche mit der Entwicklung im Lauf der großen Depression und – ganz allgemein – die Sorge um die Stabilität des Finanzsektors lösten einen starken Vertrauensverlust aus. ▶ **Abbildung 6.8** illustriert die Entwicklung des Konsumentenvertrauens und des Geschäftsklimaindex für Unternehmen. Alle Indizes sind jeweils für Januar 2007 auf 100 normiert. Als Folge des sinkenden Vertrauens und des Rückgangs der Vermögenspreise kam es zu einem starken Einbruch der Konsum- und Investitionsnachfrage.

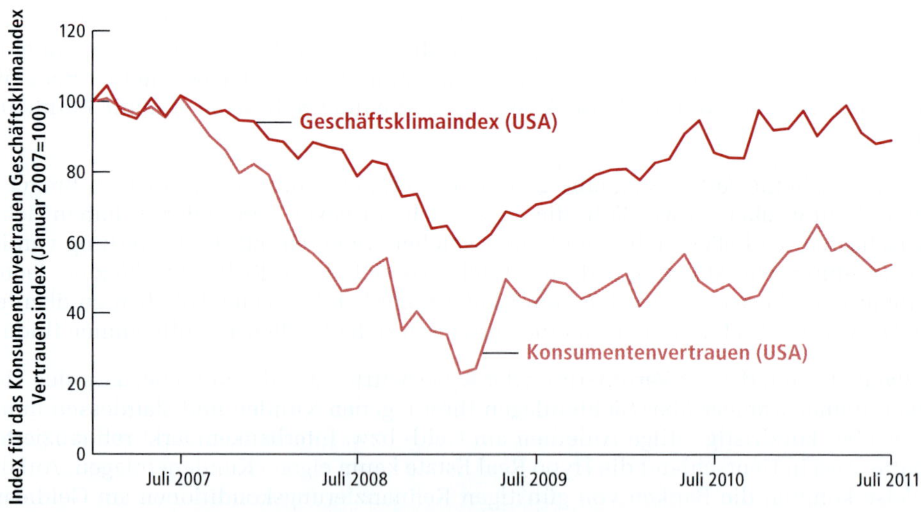

Abbildung 6.8 Konsumentenvertrauen und Geschäftsklimaindex in den USA 2007–2011. Die Finanzkrise löste einenstarken Rückgang des Konsumentenvertrauens und des Geschäftsklimaindex aus.
Quelle: Bloomberg L.P.

Obwohl die Finanzkrise auf dem US-Immobilienmarkt ihren Ursprung hatte, verbreitete sie sich wie eine Seuche über die ganze Welt. Warum hat sich die Krise ausgebreitet? Das ist eine Folge der weltweiten Vernetzung der Finanzmärkte: Finanzmärkte sind in hohem Maße globalisiert. Über sie können Risiken weltweit konzentriert und verteilt werden. Die zunehmende Risikostreuung erleichtert Haushalten und Unternehmen den Zugang zum Finanzsystem. Sie fördert dadurch die Investitionen in physisches Kapital, neue Produkte und Technologien. Das ist nur einer der Vorteile eines gut funktionierenden Finanzsystems. Jedoch hat es auch Schattenseiten. Aufgrund der weltweiten Risikostreuung, von Island in die Schweiz, von einem Kontinent zum anderen, wirkt sich eine Insolvenz an der Wall Street überall aus.

6.5.4 Wirtschaftspolitische Maßnahmen

Der Einbruch der gesamtwirtschaftlichen Nachfrage entspricht im *IS-LM*-Modell einer scharfen Verschiebung der *IS*-Kurve nach links hin zu *IS'*, wie in ▶ **Abbildung 6.9** gezeichnet. Bei unveränderter Wirtschaftspolitik würde die Produktion massiv einbrechen; das Gleichgewicht würde sich von Punkt *A* zu Punkt *B* verschieben. Angesichts dieses massiven Einbruchs blieb die Wirtschaftspolitik aber nicht untätig.

Sowohl Zentralbanken als auch Regierungen sahen sich in vielen Ländern veranlasst, Gegenmaßnahmen zur Bewältigung der Krise durchzuführen. Schon kurz nach Herbst 2008 wurden die Leitzinsen weltweit fast durchwegs auf null gesenkt. Die amerikanische Zentralbank (Fed) hat ihren Leitzins in raschen Schritten stark gesenkt; die EZB ist dieser Entwicklung dann mit gewisser Verzögerung gefolgt. Im *IS-LM*-Modell entspricht diese Politik einer Verschiebung der *LM*-Kurve nach unten (▶ **Abbildung 6.9**). Sehr schnell erwies sich allerdings, dass traditionelle Geldpolitik durch die effektive Zinsuntergrenze beschränkt ist. Aus diesem Grunde experimentierten viele Zentralbanken – mit der Fed als Vorreiter – auch mit sogenannten unkonventionellen geldpolitischen Maßnahmen. Manche davon dienen dazu, als Stützungsmaßnahmen für das Finanzsystem die Funktionsfähigkeit der Kreditmärkte sicherzustellen. Andere haben zum Ziel, auch die langfristigen Zinsen möglichst niedrig zu halten. In ▶ **Kapitel 23** behandeln wir verschiedene Dimensionen unkonventioneller Geldpolitik ausführlicher. Hier genügt es, darauf zu verweisen, dass diese Maßnahmen zwar hilfreich waren, die Wirksamkeit der Geldpolitik jedoch durch die Nulluntergrenze stark eingeschränkt wurde.

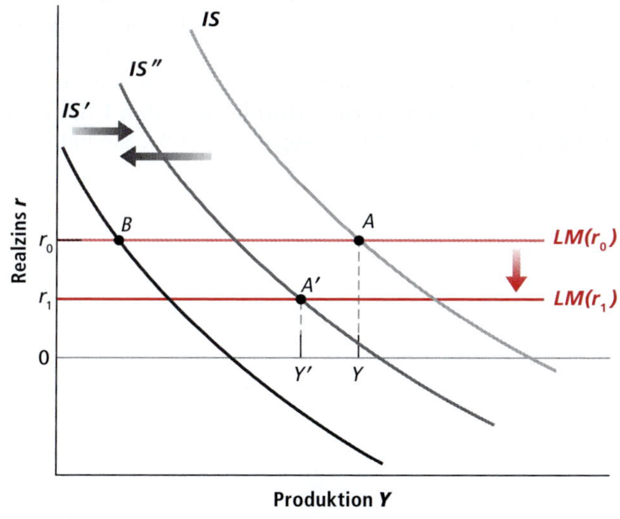

Abbildung 6.9 Wirtschaftspolitische Maßnahmen zur Stabilisierung. Die Finanzkrise führte zu einer scharfen Verschiebung der *IS*-Kurve nach links hinzu *IS*`. Konjunkturpolitische Maßnahmen und Stützungsmaßnahmen des Finanzsektors verschieben die *IS*-Kurve nach rechts zu *IS*''. Zinssenkungen bewirken eine Verschiebung der *LM*-Kurve nach unten. Aber auch alle Maßnahmen zusammen reichten nicht aus, um einen Produktionseinbruch zu verhindern.

Angesichts der effektiven Zinsuntergrenze sprach viel dafür, auch Fiskalpolitik als Stabilisierungsinstrument einzusetzen. Im *IS-LM*-Modell verschieben aktive Konjunkturprogramme die *IS*-Kurve nach rechts. Auch Stützungsmaßnahmen des Finanzsektors, die die Risikoprämie dämpfen, verschieben die *IS*-Kurve nach rechts. Durch solche Maßnahmen gelingt es, den Nachfragerückgang zu begrenzen: Die neue *IS*-Kurve befindet sich nun bei *IS*'' statt *IS*' (vgl. ▸ **Abbildung 6.9**).

Schon Ende 2008 hatte der Internationale Währungsfonds (IWF) ein koordiniertes Fiskalprogramm auf globaler Ebene vorgeschlagen. Er sah zusätzliche Staatsausgaben in Höhe von 2% des BIP als angemessen an. Ausgehend von Erfahrungen aus Krisen der Vergangenheit plädierte er dafür, Fiskalpolitik sollte

- schnell reagieren (weil dringender Handlungsbedarf besteht),
- umfangreich sein (weil der Rückgang der Nachfrage massiv ist),
- über einen längeren Zeitraum anhalten (weil die Rezession länger andauern wird),
- breit gefächert sein (weil Unsicherheit darüber besteht, welche Maßnahmen am wirksamsten sind),
- abhängig vom weiteren Verlauf der Krise angelegt sein (um schon heute zu signalisieren, dass notfalls weitere Maßnahmen erfolgen),
- koordiniert sein (alle Staaten mit fiskalischem Handlungsspielraum sollten ihn angesichts des starken globalen Abschwungs auch nutzen),
- nachhaltig sein (um sicherzustellen, dass es langfristig nicht zu ausufernder Staatsverschuldung kommt).

In seiner Studie zur Fiskalpolitik betonte der IWF, dass Stimulierungsmaßnahmen die mittel- bis langfristige Nachhaltigkeit der Staatsfinanzen nicht infrage stellen sollten. Die nationalen Regierungen standen vor der Herausforderung, die richtige Balance zwischen konkurrierenden Zielen zu finden (umfangreiche länger anhaltende Programme müssen abgewogen werden mit den Auswirkungen auf die Nachhaltigkeit des Staatshaushalts). Manche Staaten verfügten über wenig Handlungsspielraum, weil ihre Staatsverschuldung bereits an die Grenzen der Nachhaltigkeit stößt.

Es ist schwer zu beurteilen, was ohne diese Maßnahmen geschehen wäre. Man kann davon ausgehen, aber nicht beweisen, dass der Einbruch der Wirtschaft noch wesentlich stärker ausgefallen wäre und zu einer Wiederholung der Großen Depression geführt hätte.

Viele Regierungen haben nach Ausbruch der Krise versucht, mit Hilfe von Konjunkturprogrammen die gesamtwirtschaftliche Nachfrage zu stimulieren. Die amerikanische Regierung unter Obama legte Anfang 2009 ein Konjunkturprogramm im Umfang von 780 Mrd. US-$ auf. Die deutsche Regierung verabschiedete im Dezember 2008 und im Januar 2009 zwei Konjunkturpakete über 31 bzw. 50 Mrd. € über zwei Jahre hinweg. Andere Staaten wie etwa Italien hatten dagegen angesichts hoher Schuldenquoten so gut wie keinen Spielraum für aktive Fiskalpolitik. Wegen des begrenzten fiskal- und geldpolitischen Spielraums gelang es nach dem massiven Schock in den meisten Staaten nicht, einen Produktionseinbruch vollständig zu verhindern. In den USA ist die Produktion im Jahr 2009 um 3,5% gefallen, in Deutschland sogar um 5,6%. Sie hat sich danach auch nur langsam erholt.

ZUSAMMENFASSUNG

- Der Nominalzins gibt an, wie viele Euro man künftig zurückzahlen muss im Austausch für einen Euro heute. Der Realzins gibt an, wie viele Güter man in der Zukunft zurückerstatten muss im Austausch für ein Gut heute. Der Realzins entspricht näherungsweise dem Nominalzins abzüglich der erwarteten Inflation.
- Aufgrund der effektiven Zinsuntergrenze für den Nominalzins kann der Realzins niemals niedriger werden als der negative Wert der erwarteten Inflationsrate.
- Für riskantere Anleihen verlangen Anleger eine Risikoprämie bzw. einen Zinsaufschlag (Spread). Die Höhe der Risikoprämie hängt von der Wahrscheinlichkeit eines Zahlungsausfalls sowie von der Risikoscheu der Anleger ab. Wird ein Zahlungsausfall wahrscheinlicher oder steigt die Risikoscheu, dann steigt die Risikoprämie und damit der Zinssatz.
- Finanzintermediäre nehmen Einlagen und Kredite von Sparern auf und leihen diese Mittel an Investoren aus. Bei der Wahl ihrer Leverage-Rate berücksichtigen sie, dass mit steigender Fremdfinanzierung die erwarteten Gewinne zunehmen, aber auch die Insolvenz-Risiken ansteigen.
- Aufgrund der Fremdfinanzierung ist das Finanzsystem durch Solvenz- und Liquiditätsrisiken geprägt. Beide können einen Rückgang der Kreditvergabe auslösen.
- Je höher die Fremdfinanzierung, je illiquider die Aktivseite und je liquider die Passivseite einer Bank, desto höher ist das Risiko eines Bank-Runs oder allgemeiner eines Runs auf das gesamte Finanzsystem.
- Das *IS-LM*-Modell muss erweitert werden, um den Unterschied zwischen Nominal- und Realzins zu berücksichtigen und den Unterschied zwischen dem Zinssatz, den die Zentralbank steuert, und dem Kreditzins, zu dem sich Wirtschaftssubjekte verschulden können.
- Ein Schock im Finanzsektor führt zu einem Anstieg der Risikoprämie und verschiebt die *IS*-Kurve nach links. Lässt die Zentralbank den Zinssatz unverändert, kommt es zu einem Einbruch der Produktionsaktivität.
- Die Finanzkrise im Jahr 2008 wurde durch einen Rückgang der Immobilienpreise in den USA ausgelöst; Verstärkungsmechanismen im Finanzsektor haben die Auswirkungen aber weltweit enorm vervielfacht. Hohe Fremdfinanzierung, illiquide Aktiva und sehr liquide Passiva lösten einen Run im Finanzsektor aus, der zur Einschränkung der Kreditvergabe zwang mit gravierenden negativen Auswirkungen auf die gesamtwirtschaftliche Produktion.
- Es wurden massive geld- und fiskalpolitische Maßnahmen zur Stützung eingesetzt. Sie waren jedoch nicht ausreichend, um eine tiefe Rezession zu verhindern.

Übungsaufgaben

(Lösungen auf **MyMathLab | Makroökonomie**)

Verständnistests

1 Welche der folgenden Aussagen sind zutreffend, falsch oder unklar? Geben Sie jeweils eine kurze Erläuterung.

a) Der Nominalzins wird in Gütereinheiten berechnet, der Realzins dagegen in Geldeinheiten.

b) Solange die Inflation in etwa konstant bleibt, sind die Veränderungen des Realzinses und des Nominalzinses nahezu identisch.

c) Der Nominalzins, den die Europäische Zentralbank festlegt, wurde im Jahr 2015 durch die effektive Zinsuntergrenze beschränkt.

d) Steigt die erwartete Inflation, dann fällt automatisch der Realzins.

e) Alle Anleihen mit gleicher Laufzeit haben das gleiche Ausfallrisiko und deshalb auch den gleichen Zinssatz.

f) Der Nominalzins wird von der Zentralbank festgelegt.

g) Eine steigende Fremdfinanzierungsquote erhöht die erwarteten Gewinne, aber auch die Insolvenz-Risiken.

h) Die realen Kreditzinsen bewegen sich immer in die gleiche Richtung wie der reale Zins, den die Zentralbank anstrebt.

i) Besonders in einer Finanzkrise ist es schwierig, die Aktiva von Banken und Finanzintermediären richtig zu bewerten.

j) Eine Bank mit hohem Leverage und niedriger Liquidität der Aktiva kann sich gezwungen sehen, einen Teil ihrer Aktiva zu Schleuderpreisen zu verkaufen.

k) Die Vermögenswerte der Banken sind im Durchschnitt weniger liquide als ihre Verbindlichkeiten.

l) Seit dem Jahr 2000 sind die Immobilienpreise in den USA stetig gestiegen.

m) Die Konjunkturprogramme der deutschen Regierung Ende 2008 und Anfang 2009 trugen dazu bei, den Nachfrageeinbruch in der Finanzkrise zu dämpfen, und so die Rezession zu dämpfen.

n) Auslöser für die Finanzkrise sind Zahlungsausfälle bei amerikanischen Hypotheken von Schuldnern schlechter Bonität.

o) Unkonventionelle Geldpolitik kann versuchen, durch den Aufkauf von Anleihen die Risikoprämie zu senken.

p) Wenn während einer Finanzkrise die Risikoprämie ansteigt, führt dies zu einer Verschiebung der *IS*-Kurve nach rechts.

q) Wenn während einer Finanzkrise die Risikoprämie ansteigt, führt dies zu einer Verschiebung der *LM*-Kurve nach oben.

2 Berechnen Sie den Realzins mit Hilfe der linearen Approximation (Gleichung 6.4) und vergleichen Sie diese Berechnung mit dem Wert, der sich bei exakter Berechnung entsprechend Gleichung (6.3) ergibt, für folgende Werte:

$$a.\ i = 4\%;\ \pi_t^e = 2\%$$
$$b.\ i = 15\%;\ \pi_t^e = 11\%$$
$$c.\ i = 54\%;\ \pi_t^e = 46\%$$

3 Ergänzen Sie in der nachfolgenden Tabelle jeweils die fehlenden Werte.

Fall	Nominalzins	Erwartete Inflation	Realzins	Risikoprämie	Nominalzins für Kredite	Realzins für Kredite
A	3	0		0		
B	4		2	1		
C	0	2		4		
D				2	6	3
E	0	−2				5

a) Welche Fälle entsprechen der Liquiditätsfalle an der effektiven Zinsuntergrenze, wie sie in ▶ **Kapitel 4** beschrieben wurde?

b) In welchem Fall ist die Risikoprämie am höchsten? Welche Faktoren können für eine hohe Risikoprämie verantwortlich sein?

c) Warum ist es an der effektiven Zinsuntergrenze so wichtig, einen Rückgang der Inflationserwartungen zu verhindern?

4 *Moderne Runs auf Finanzmärkte*

Betrachten Sie eine Bank mit Vermögenswerten in Höhe von 200 und Sichteinlagen in Höhe von 160 als einzige Verbindlichkeiten der Bank (vgl. ▶ **Kapitel 4**).

a) Beschreiben Sie die Bilanz der Bank. Berechnen Sie Eigenkapital sowie Eigenkapitalquote und Leverage-Rate.

b) Gehen Sie nun davon aus, dass die Vermögenswerte der Bank einen Verlust von 10% erleiden. Wie beeinflusst dies das Eigenkapital? Berechnen Sie, wie sich Eigenkapitalquote und Leverage-Rate verändern.

c) Gehen Sie davon aus, dass die Sichteinlagen staatlich garantiert sind. Gibt es angesichts der aufgetretenen Verluste für die Kontoinhaber einen Grund, ihre Einlagen rasch abzuziehen? Würde sich an der Antwort etwas ändern, wenn der Verlust auf 15%, 20% bzw. 25% steigt? Erläutern Sie!

Betrachten Sie nun eine andere Bank mit gleichen Vermögenswerten und gleich hohem Eigenkapital, die sich nun aber statt über Sichteinlagen über kurzfristige Kredite am Geldmarkt refinanziert, die bei Fälligkeit jeweils verlängert werden müssen.

d) Beschreiben Sie die Bilanz dieser Bank.

e) Gehen Sie wieder davon aus, dass die Vermögenswerte der Bank fallen. Erläutern Sie, ob die Kreditgeber bereit sind, ihre Kredite zu verlängern, wenn Zweifel an der Solvenz der Bank bestehen.

f) Welche Möglichkeiten stehen dieser Bank zur Verfügung, die Kredite zu bedienen, wenn sie sich kein neues Eigenkapital beschaffen kann? Was ist zu erwarten, wenn sich viele Banken gleichzeitig in einer ähnlichen Situation befinden und ähnliche Vermögenswerte halten? Wie wirkt sich dies auf die Bereitschaft der Kreditgeber zur Kreditverlängerung aus?

5 *Das erweiterte IS-LM-Modell mit komplexeren Finanzmärkten*

Betrachten Sie eine Wirtschaft wie in ▶ **Abbildung 6.5**.

a) Welche Variable wird auf der vertikalen Achse abgetragen?

b) Angenommen, der von der Zentralbank gesetzte Nominalzins liegt bei 5% und die erwartete Inflationsrate bei 3%. Welchen Wert nimmt dann der durch die *LM*-Kurve beschriebene reale Leitzins an?

c) Gehen Sie nun davon aus, dass die erwartete Inflationsrate auf 2% sinkt. Was muss die Zentralbank tun, damit sich die *LM*-Kurve nicht verschiebt?

d) Verändert sich die *IS*-Kurve in der Darstellung im (r, Y)-Raum, wenn die erwartete Inflationsrate auf 2% sinkt?

e) Verändert sich die *IS*-Kurve in einer Darstellung im (i, Y)-Raum, wenn die erwartete Inflationsrate auf 2% sinkt?

f) Verändert sich die *LM*-Kurve in der Darstellung im (r, Y)-Raum, wenn die Zentralbank den Realzins steuert und die erwartete Inflationsrate auf 2% sinkt?

g) Verändert sich die *LM*-Kurve in der Darstellung im (i, Y)-Raum, wenn die Zentralbank den Realzins steuert und die erwartete Inflationsrate auf 2% sinkt?

h) Verändert sich die *LM*-Kurve, wenn die Risikoprämie von 5% auf 6% steigt?

i) Verändert sich die *IS*-Kurve, wenn die Risikoprämie von 5% auf 6% steigt?

j) Welche Möglichkeiten bestehen für die Fiskalpolitik, um zu verhindern, dass der Anstieg der Risikoprämie einen Produktionseinbruch auslöst?

k) Welche Möglichkeiten bestehen für die Geldpolitik, um zu verhindern, dass der Anstieg der Risikoprämie einen Produktionseinbruch auslöst?

l) Inwiefern ändert sich die Situation, wenn die Zentralbank an die effektive Zinsuntergrenze stößt?

Vertiefungsfragen

6 *Nominal- und Realzinsen weltweit*

a) In der Wirtschaftsgeschichte gibt es einige Episoden, in denen in manchen Ländern die Nominalzinsen negativ waren. Zwar hat die Fed in den USA ihre Leitzinsen im Lauf der Finanzkrise nicht negativ werden lassen. Die EZB dagegen hat – ebenso wie die Schweizer Nationalbank, die Schwedische Reichsbank und auch die Bank of Japan – zeitweise negative Zinsen festgelegt. Gehen Sie auf die Web sites der entsprechenden Zentralbanken und bestimmen Sie den Zeitraum, in dem Leitzins bzw. Einlagenzins negativ waren. Erläutern Sie, warum in diesen Ländern trotzdem keine Flucht in Geldhaltung einsetzte.

b) Wie ▶ Abbildung 6.2 zeigt, ist der Realzins auch in Deutschland schon in der Vergangenheit negativ gewesen. Diskutieren Sie, unter welchen Bedingungen der Realzins negativ sein kann und begründen Sie, warum ein negativer Realzins keine Flucht in Geldhaltung auslöst.

c) Erläutern Sie die Auswirkungen negativer Realzinsen auf Sparen und Kreditvergabe.

d) Auf der FRED-Website sind Daten für den Zins auf zehnjährige Staatsanleihen und für die Inflationsrate abrufbar. Die Codes für Deutschland sind IRLTLT01**DE**M156N und CPALTT01**DE**M659N. Verwenden Sie diese Reihen als Proxy für Nominalzins und erwartete Inflationsrate. Ermitteln Sie, in welchem Zeitraum der Nominal- bzw. Realzins am niedrigsten oder gar negativ war. Warum könnte es problematisch sein, diese Daten als Proxy zu verwenden? Indem Sie bei den Codes einfach den Ländercode **DE** austauschen, können Sie diese Frage auch für andere Länder Ihrer Wahl beantworten. Betrachten Sie insbesondere die USA, die Schweiz und Japan (Ländercodes **US**, **CH** und **JP**).

e) In der FRED-Datenbank gibt es für die USA ab 1982 auch eine Reihe der Inflationserwartungen über die nächsten 10 Jahre (EXPINF10YR). Welche Unterschiede ergeben sich, wenn Sie zur Berechnung des Realzinses diese Reihe statt der tatsächlichen Inflation verwenden? Geben Sie eine Begründung.

7 In ▶ **Tabelle 1** ist die Bilanz einer Bank dargestellt, die als Aktiva Kredite im Wert von 200 und Anleihen im Wert von 100 hält. Sie hat Verbindlichkeiten in Form von Sichteinlagen in Höhe von 150 und in Form von Schuldverschreibungen in Höhe von 120. Ihr Eigenkapital beläuft sich (als Restgröße) auf 30. In der Finanzkrise fällt der Wert der Anleihen auf 80, sodass ihr Eigenkapital auf 10 sinkt. Die Bank verfehlt damit die vorgeschriebene Eigenkapitalquote. Um ihre Lizenz nicht zu verlieren, muss die Bank ihre Eigenkapitalausstattung verbessern. Diskutieren Sie, wie sich unterschiedliche staatliche Stützungsmaßnahmen auswirken:

a) der Aufkauf fauler Wertpapiere durch den Staat entweder zum Nennwert oder zum Marktwert,
b) eine Rekapitalisierung der Geschäftsbanken durch staatliche Finanzhilfen sowie
c) die Beteiligung von Gläubigern durch Umwandlung der Ansprüche bestimmter Gläubigergruppen in Eigenkapital.

Der zukünftige Marktwert der Bank hängt wesentlich davon ab, wie sich der Kurs der Anleihen entwickeln wird. Gehen Sie davon aus, dass dabei drei Szenarien denkbar sind wie in ▶ **Tabelle 1** beschrieben. Im Szenario A steigt der Kurs wieder auf 100; im Szenario B bleibt er bei 80 und im Szenario C fällt er noch weiter auf 60.

d) Zeigen Sie, wie sich die unterschiedlichen Lösungsansätze auf die erwarteten Gewinne der Anteilseigner der Bank auswirken. Charakterisieren Sie auch Kosten und erwartete Erträge für den Steuerzahler bei den einzelnen Maßnahmen.

8 *Die Berechnung der Risikoprämie für Anleihen* In diesem Kapitel lernten wir folgende Formel zur Berechnung der Risikoprämie kennen:
In diesem Kapitel lernten wir folgende Formel zur Berechnung der Risikoprämie kennen:

$$(1 + i) = (1 - p)(1 + i + x) + (p)(0)$$

Dabei ist p die Wahrscheinlichkeit eines totalen Zahlungsausfalls, i der Zinssatz der risikofreien Anleihe und x die Risikoprämie.

a) Wie hoch sind Risikoprämie und Zins, wenn die Wahrscheinlichkeit eines Zahlungsausfalls bei null liegt?
b) Berechnen Sie die Wahrscheinlichkeit eines Zahlungsausfalls, wenn der Zinssatz der riskanten Anleihe 8% beträgt und der Zinssatz der risikofreien Anleihe bei 3% liegt.
c) Berechnen Sie den Zinssatz der riskanten Anleihe, wenn die Wahrscheinlichkeit eines Zahlungsausfalls bei 1% liegt und der Zinssatz der risikofreien Anleihe 4% ist.
d) Berechnen Sie den Zinssatz der riskanten Anleihe, wenn die Wahrscheinlichkeit eines Zahlungsausfalls bei 5% liegt und der Zinssatz der risikofreien Anleihe 4% ist.
e) Die Formel zur Berechnung der Risikoprämie geht davon aus, dass im Fall eines Bankrotts keinerlei Auszahlungen erfolgen. In der Realität ist der Zahlungsausfall meist aber nur partiell. Wie ändert sich die Formel, wenn im Bankrottfall ein Betrag z zurückgezahlt wird mit $0 < z < 1$?
f) Berechnen Sie die Risikoprämie für den allgemeinen Fall z mit $0 \leq z \leq 1$.Wie hoch ist sie, wenn im Bankrottfall nur die Zinszahlungen ausfallen? (***Hinweis***: Dann gilt z=1)

9 *Unkonventionelle Geldpolitik: Quantitative und qualitative Lockerung*
Das erweiterte *IS-LM*-Modell ist durch die Gleichungen (6.7) und (6.8) beschrieben

$$IS\text{-Kurve:} \quad Y = C(Y - T) + I(Y, r + x) + G \qquad (6.7)$$

$$LM\text{-Kurve:} \quad r = r_0 \qquad (6.8)$$

Den realen Zinssatz interpretieren wir dabei als den Zinssatz, den die Zentralbank steuert, abzüglich der erwarteten Inflationsrate. Gehen wir nun davon aus, dass der Zins für Unternehmenskredite wesentlich höher ist als der Realzins, den die Zentralbank steuert (die Risikoprämie x in der *IS*-Kurve ist sehr hoch.

a) Nehmen Sie an, die Regierung unternimmt Maßnahmen zur Verbesserung der Solvenz des Finanzsystems. Falls diese Maßnahmen Erfolg haben und die Banken wieder bereit sind, Kredite (sowohl untereinander wie an den privaten

AKTIVA	A	B	C	PASSIVA	A	B	C
Kredite	200	200	200	Sichteinlagen	150	150	150
Anleihen	100	80	60	Schuldverschreibungen	120	120	110
				Eigenkapital	30	10	0
Bilanzsumme	300	280	260		300	280	260

Tabelle 1 Die Bilanz einer Bank in Abhängigkeit von der Entwicklung des Kurses der von ihr gehaltenen Anleihen.

Sektor) zu vergeben, welche Auswirkungen hat dies auf die Risikoprämie? Zeigen Sie anhand von ▶ **Abbildung 6.5**, wie sich solche Maßnahmen im *IS-LM*-Modell auswirken. Können wir solche Stützungsmaßnahmen des Finanzsektors als eine Art makroökonomischer Politik interpretieren?

b) Angesichts der effektiven Zinsuntergrenze entscheidet sich die Zentralbank zu direkten Käufen von Anleihen, um die Kreditvergabe auf den Finanzmärkten zu erleichtern. Dies wird als quantitative Lockerung bezeichnet. Welche Auswirkungen ergeben sich auf die Risikoprämie, wenn sich diese Maßnahme als erfolgreich erweist und zur Stimulierung der Kreditvergabe sowohl im Finanzsektor wie im privaten Sektor beiträgt. Wie wirkt sich dies im *IS-LM*-Modell aus? Wenn solche Maßnahmen erfolgreich sind, ist es dann zutreffend, zu argumentieren, an der effektiven Zinsuntergrenze bestehe kein geldpolitischer Handlungsspielraum?

c) Eines der Argumente für eine Politik quantitativer Lockerung besteht darin, dass sie dazu beitragen kann, die erwartete Inflationsrate zu erhöhen. Wenn dies erfolgreich gelingt, wie wirkt sich das im *IS-LM*-Modell aus? Wie verschiebt sich dadurch die *LM*-Kurve in ▶ **Abbildung 6.5**?

10 Die *Fed* hat im Sommer 2007 massiv Staatsanleihen in Unternehmens- und Immobilienanleihen umgetauscht. Zudem hat sie ihre Bilanz seit Oktober 2008 stark ausgeweitet. Untersuchen Sie auf der Homepage der Cleveland Fed (*https://www.clevelandfed.org/our-research/indicators-and-data/credit-easing.aspx*), wie sich die Zusammensetzung der Aktiva der Fed seit August 2007 verändert hat. Untersuchen Sie anhand der Erläuterungen, was sich hinter dem Posten „Maiden Lane" verbirgt. Prüfen Sie auch, wie sich auf der Passivseite die Excess Reserve Balances der Geschäftsbanken entwickelt haben. Vergleichen Sie die Entwicklung der Reserven der Geschäftsbanken in den USA (WRESBAL) mit der Entwicklung der Zentralbankbilanz der Fed (WALCL).

11 Untersuchen Sie anhand der Daten auf der-EZB Homepage (*http://sdw.ecb.europa.eu/reports.do?node=10000027 https://www.ecb.europa.eu/ pub/annual/balance/mpo/html/index.en.html*), wie sich die Bereitstellung von Zentralbankgeld (Basisgeld) und der Einsatz geldpolitischer Instrumente der EZB im Zeitablauf verändert hat. Analysieren Sie zudem anhand der Geschäftsberichte der EZB, wie sich in den vergangenen Jahren die Zusammensetzung ihrer Aktiva (*https://www.ecb.europa.eu/pub/annual/ balance/html/index.en.html*) verändert hat.

Weiterführende Fragen

12 *Der Zinsaufschlag zwischen sicheren und riskanten Anleihen*
▶ **Abbildung 6.3** beschreibt die Schwankungen der Zinsaufschläge zwischen zehnjährigen USStaatsanleihen und Unternehmensanleihen mit einem AAA- bzw. BBB-Ranking. Die aktuellen Daten zu dieser Abbildung können Sie aus der FRED-Datenbank ermitteln anhand der Zinssätze der Variablen DGS10, BAMLC0A1CAAAEY sowie BAMLC0A4CBBBEY.

a) Ermitteln Sie ab Juli 2019 die Zinsen für die drei Anleihen sowie für Hypothekenkredite mit Laufzeit über 30 Jahre (MORTGAGE30US). Bestimmen Sie daraus die Zinsaufschläge (Spreads) für private Unternehmensanleihen und Hypothekenkredite im Vergleich zu 10-jährigen Staatsanleihen.

b) Ermitteln Sie die aktuellen und die Zinsen jeweils vor einem Jahr. Berechnen Sie, wie sich die Zinsen und die Aufschläge heute im Vergleich zur Zeit vor einem Jahr verändert haben.

c) Sehen Sie Anzeichen dafür, dass sich die Risikoprämie im Lauf des letzten Jahres verändert hat oder war sie relativ stabil? Geben Sie eine Erklärung.

13 *Inflationserwartungen, Realzins und Risikoprämie*
Die Fokusbox „*Inflationserwartungen*" zeigt Inflationserwartungen im Euroraum des *Survey of Professional Forecasters* der EZB seit 1999. Für die USA können Sie Inflationserwartungen für die Zeit ab 2003, berechnet als Differenz der Rendite von nominalen und inflationsindexierten Staatsanleihen (auch als breakeven inflation rate (BEIR) bezeichnet), direkt aus der FRED-Datenbank abrufen. So gibt etwa der Code T10YIE die Inflationserwartung π^e_{10} an, die bei einer Anlage mit Laufzeit über zehn Jahre im Durchschnitt pro Jahr erwartet wird.

a) Die Rendite indexierter US-Staatsanleihen mit zehnjähriger Laufzeit (FRED Code FII10) liefert ein direktes Maß für den Realzins, der im Durchschnitt pro Jahr bei einer Laufzeit über die nächsten zehn Jahre erzielt wird. In welchen Perioden war dieser Realzins in den USA negativ? Vergleichen Sie dies mit dem Realzins, der sich aus der Differenz von Nominalverzinsung (IRLTLT01USM156N) und den von der Cleveland-Fed geschätzten Inflationserwartungen über die nächsten 10 Jahre (EXPINF10YR) ergibt.

b) In *Aufgabe 6d* wurde die aktuelle Inflationsrate (CPALTT01USM659N) als Proxy für Inflationserwartungen verwendet. Ermitteln Sie den Schätzfehler im Vergleich zu den Marktwerten der BEIR-Inflationserwartungen über 10 Jahre

(π^e_{10}; T10YIE). Wie wirkt sich dies auf die in Aufgabe 6d geschätzte reale Rendite im Vergleich zur realen Rendite indexierter 10-jähriger US-Staatsanleihen aus?

c) Wie hoch waren Realzins und Inflationserwartungen in den USA von Anleihen mit einer Laufzeit von fünf Jahren (π^e_5) im September 2020? Berechnen Sie die Inflationserwartungen über fünf Jahre aus der Differenz von Nominal- und Realzins (Codes GS5 und FII5). Wie haben sie sich seitdem entwickelt?

d) Ein wichtiger Indikator für die Stabilität der Inflationserwartungen ist die sogenannte *„5-Year Forward Inflation Expectation Rate"* ($\pi^e_{5,+5}$). Sie misst die Inflationserwartungen nicht über die nächsten fünf Jahre, sondern über den danach folgenden Fünfjahreszeitraum (FRED Code T5YIFR). Untersuchen Sie, wie sich diese Erwartungen im Lauf der Pandemie entwickelt haben. Wie haben sie sich seitdem entwickelt?

e) Vergleichen Sie die Erwartungen der *„5-Year Forward Rate"* ($\pi^e_{5,+5}$; T5YIFR) mit denen der Reihen (π^e_5) (T5YIE) und (π^e_{10}) (T10YIE). Wann sind die Erwartungen dieser „Forward Rate" höher als die Erwartungen über den Zehnjahreszeitraum T10YIE? Welche Intuition steht dahinter? (In ▶**Kapitel 14** leiten wir die Beziehung $\pi^e_{5,+5} = 2 \times \pi^e_{10} - \pi^e_5$ ab. Prüfen Sie, ob gilt: T5YIFR = 2 × T10YIE – T5YIE.)

f) Der *Survey of Consumers* der University of Michigan fragt monatlich nach den Inflationserwartungen der Haushalte über das kommende Jahr (Code MICH). Wie entwickeln sich die Erwartungen der Haushalte im Vergleich zu den Marktdaten?

g) Seit April 2020 veröffentlicht auch die EZB monatlich Inflationserwartungen in ihrem *Consumer Expectations Survey (ecb_surveys/consumer_exp_survey/)*. Wie haben sich diese Inflationserwartungen im Vergleich zum *Survey of Professional Forecasters* in der Fokusbox über das nächste Jahr sowie über 3 Jahre nach der Pandemie entwickelt? Wie hoch sind die Inflationserwartungen der beiden Surveys aktuell?

14 Auch in der Finanzkrise hat das Wachstum der Kreditvergabe der Geschäftsbanken zumindest bis Herbst 2008 stark zugenommen. In ihrem Aufsatz *„Myths about the Financial Crisis of 2008"* argumentieren deshalb V. Varadarajan. Chari, Lawrence Christiano und Patrick J. Kehoe, die Behauptung, die Bankkredite an Unternehmen und zwischen Banken seien dramatisch zurückgegangen, sei falsch. Beurteilen Sie diese Aussagen anhand der Lektüre ihres Aufsatzes sowie der Replik von Ethan Cohen-Cole, Burcu Duygan-Bump, Jose Fillat und Judit Montoriol-Garriga „Looking behind the Aggregates" der Federal Reserve Bank Boston (besorgen Sie sich beide Aufsätze über die Pearson Homepage). Versuchen Sie, die Relevanz der Aussagen anhand des tatsächlichen Datenverlaufs (Code TOTLL und FINCP der FRED-Datenbank) zu bewerten.

Teil III: Die mittlere Frist

In der mittleren Frist kehrt die Volkswirtschaft zu einem Gleichgewicht zurück, in dem die Produktion dem Produktionspotenzial entspricht. Im mittelfristigen Gleichgewicht wird die Arbeitslosenquote durch strukturelle Faktoren bestimmt. Sie entspricht der „natürlichen“ Arbeitslosenquote.

Kapitel 7

▶ **Kapitel 7** behandelt das Gleichgewicht auf dem Arbeitsmarkt. Es führt in das Konzept der „natürlichen Arbeitslosenquote“ ein. Dabei handelt es sich um die Arbeitslosenquote, die in der Volkswirtschaft auf mittlere Sicht realisiert wird. Sie hängt von strukturellen Faktoren auf Arbeits- und Gütermärkten ab und bestimmt das Produktionspotenzial.

Kapitel 8

▶ **Kapitel 8** untersucht den Zusammenhang zwischen Inflation und Arbeitslosigkeit genauer. Dieser Zusammenhang ist als Phillipskurve bekannt. Es wird gezeigt, dass in der kurzen Frist die Arbeitslosenquote in der Regel von der natürlichen Arbeitslosenquote abweicht. Die Inflation steigt an, wenn die Arbeitslosenquote unter ihrem natürlichen Niveau liegt; umgekehrt geht die Inflation zurück, falls die Arbeitslosenquote über ihrem natürlichen Niveau liegt. Wie sich die Inflation im Zeitablauf entwickelt, hängt von der konkreten Gestalt der Phillipskurve ab.

Kapitel 9

▶ **Kapitel 9** integriert die Phillipskurve in das *IS-LM*-Modell und entwickelt so ein Modell (das *IS-LM-PC*-Modell), das die Analyse von kurzer und mittlerer Frist zusammenführt. Es beschreibt die Dynamik von Produktion und Arbeitslosenquote sowohl in der kurzen wie in der mittleren Frist. Es zeigt, wie Geldpolitik den Anpassungsprozess an die mittlere Frist erleichtern kann, indem sie den Realzins so anpasst, dass er dem „natürlichen“ Realzins entspricht. Das Modell liefert einen guten Ausgangspunkt für die Analyse der Auswirkungen von Schocks, wie etwa dem Pandemie-Schock.

Der Arbeitsmarkt

7

7.1 Ein Überblick über den Arbeitsmarkt 202

7.2 Die Entwicklung der Arbeitslosenquote 210

7.3 Wie Löhne bestimmt werden 212

7.4 Wie Preise festgesetzt werden 219

7.5 Die natürliche Arbeitslosenquote 220

7.6 Die weitere Vorgehensweise 227

Versuchen wir uns vorzustellen, was geschieht, wenn die Unternehmen als Reaktion auf einen Anstieg der Nachfrage ihre Produktion ausweiten:

- Um die Produktion ausweiten zu können, benötigen die Unternehmen zusätzliche Arbeitskräfte. Die Ausweitung der Produktion führt zu mehr Beschäftigung.
- Die höhere Beschäftigung führt zu geringerer Arbeitslosigkeit.
- Die geringere Arbeitslosigkeit verbessert die Verhandlungsposition der Arbeitnehmer und führt zu höheren Löhnen.
- Höhere Löhne lassen die Produktionskosten ansteigen. Die Unternehmen erhöhen daraufhin ihre Preise.
- Höhere Preise führen zu höheren Lohnforderungen.
- Und so weiter ...

Bisher haben wir diese Abfolge der Ereignisse einfach ignoriert. Wir haben ein konstantes Preisniveau unterstellt und dadurch implizit angenommen, dass die Unternehmen bei gegebenem Preisniveau bereit sind, jede gewünschte Menge anzubieten. Für die Betrachtung der kurzen Frist war diese Annahme vernünftig. Nun wenden wir uns aber der Betrachtung der mittleren Frist zu. Deshalb heben wir diese Annahme auf und untersuchen, wie sich Preise und Löhne im Zeitverlauf anpassen und wie sich dies wiederum auf die Produktion auswirkt.

Im Mittelpunkt der oben skizzierten Abfolge von Ereignissen steht der Arbeitsmarkt, also der Markt, auf dem die Löhne bestimmt werden. Wir wenden uns daher zunächst einer genauen Analyse des Arbeitsmarktes zu.

Kernbotschaft dieses Kapitels: Die Natürliche Arbeitslosenquote ist die Arbeitslosenquote, die auf mittlere Sicht erreicht wird. Sie ist dadurch bestimmt, dass der im Rahmen der Lohnsetzung gewählte Reallohn dem durch die Preissetzung implizierten Reallohn entspricht.

- ▶ **Abschnitt 7.1** gibt einen Überblick über die wichtigen Größen am Arbeitsmarkt.
- In ▶ **Abschnitt 7.2** konzentrieren wir uns auf die Frage, wie sich die Arbeitslosenquote im Zeitverlauf entwickelt und welche Bedeutung sie für den einzelnen Arbeitnehmer hat.
- In ▶ **Abschnitt 7.3** und **Abschnitt 7.4** beschäftigen wir uns damit, welche Bedeutung der Arbeitsmarkt für die Bestimmung von Löhnen und Preisen hat.
- ▶ **Abschnitt 7.5** analysiert das Gleichgewicht auf dem Arbeitsmarkt. Dort wird der Begriff der natürlichen Arbeitslosenquote eingeführt. Die natürliche Arbeitslosenquote ist die Arbeitslosenquote, zu der die Wirtschaft auf mittlere Sicht immer wieder zurückkehrt.
- ▶ **Abschnitt 7.6** gibt einen Ausblick auf die Themen der nächsten Kapitel.

7.1 Ein Überblick über den Arbeitsmarkt

Diese Zahl unterscheidet sich leicht von der aus den Medien bekannten Arbeitslosenquote. Wie in ▶ Abschnitt 2.3 ausgeführt, führen unterschiedliche Berechnungsverfahren zu unterschiedlichen Ergebnissen. Im vorliegenden Fall wurde die Erwerbslosenquote durch Verwendung von Daten des Statistischen Bundesamtes ermittelt.

Um die Prozesse am Arbeitsmarkt analysieren zu können, müssen wir zunächst verstehen, wie sich die Zahl der Personen bestimmt, die dem Arbeitsmarkt als potenzielle Arbeitskräfte zur Verfügung stehen (▶ **Abbildung 7.1**). Ausgangspunkt ist die Gesamtbevölkerung einer Volkswirtschaft. Die Bevölkerung in Deutschland betrug im Jahr 2019 etwa 83,2 Millionen. Von diesen 83,2 Millionen zählten nach Angaben des Statistischen Bundesamtes 46,5 Millionen zur Gruppe der Erwerbspersonen. Als Erwerbsperson wird jede Person mit Wohnsitz im Inland bezeichnet, die eine auf Erwerb gerichtete Tätigkeit ausübt oder sucht. Anders formuliert: Die Gruppe der Erwerbspersonen setzt sich zusammen aus der Gruppe der Erwerbstätigen (dazu zählen sowohl Arbeitnehmer wie Selbstständige; im Jahr 2019 waren dies durchschnittlich gut 45 Millionen) und der Gruppe der Erwerbslosen (1,4 Millionen). Die Erwerbslosenquote auf Basis dieser Werte entspricht dem Quotienten aus der Zahl der Erwerbslosen und der Zahl der Erwerbspersonen. Im Jahr 2019 betrug die Erwerbslosenquote also 1,4 / 46,5 = 3%.

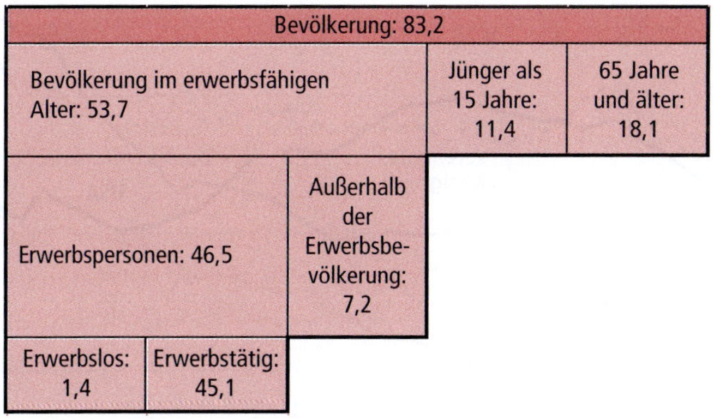

Abbildung 7.1 Bevölkerung, Erwerbspersonen, Erwerbstätigkeit und Erwerbslose in Deutschland, 2019
Quelle: Statistisches Bundesamt, Mikrozensus; https://www.destatis.de/DE/Themen/Arbeit/Arbeitsmarkt/Erwerbstaetigkeit/Tabellen/eckwerttabelle.html

Allein schon aus diesen wenigen Zahlen ergeben sich eine Reihe wichtiger Fragen. Zunächst müssen wir erklären, wie die große Differenz zwischen Bevölkerung und Erwerbspersonen zustande kommt. Ein Teil dieser Differenz erklärt sich durch die Personen, die aufgrund ihres Alters dem Arbeitsmarkt gar nicht zur Verfügung stehen. Ziehen wir alle Personen, die im Jahr 2019 jünger als 15 oder älter als 64 Jahre waren, von der Gesamtbevölkerung ab, erhalten wir als Ergebnis die Bevölkerung im arbeitsfähigen Alter bzw. das sogenannte **Arbeitskräftepotenzial**. Das ist der Anteil der Bevölkerung, der grundsätzlich dem Arbeitsmarkt zur Verfügung steht. Welchen Anteil der Bevölkerung wir als zu jung oder zu alt ansehen, verändert sich aber im Lauf der Zeit. Lange galt als arbeitsfähiges Alter die Spanne von 15 bis 64 Jahren. Legen wir diese Definition zugrunde, so waren 2019 53,7 Millionen Menschen im arbeitsfähigen Alter, also knapp zwei Drittel der Bevölkerung. Etwa 11,4 Millionen Menschen waren jünger als 15 Jahre, ca. 18,1 Millionen älter als 64. Das Renteneintrittsalter erhöht sich jedoch stetig im Lauf der Jahre (vgl. die Fokusbox *„Rentenversicherung, Rentenversicherungsreform und Kapitalakkumulation"* in ▶ **Kapitel 11**). Weil das „arbeitsfähige" Alter nicht eindeutig abzugrenzen ist, beziehen sich viele internationale Vergleiche auf eine längere Altersspanne von 15 bis 74 Jahren. Die Erwerbsquote, das Verhältnis von Erwerbspersonen zur Bevölkerung im arbeitsfähigen Alter, betrug 2019 etwa 86,6%. Offensichtlich gibt es viele Personen, die zwar grundsätzlich in der Lage wären, zu arbeiten, die aber weder einer Beschäftigung nachgehen noch eine Beschäftigung aktiv suchen. Eine große Gruppe sind Schüler über 14 Jahre und Studierende. Eine andere wichtige Gruppe, auf die diese Beschreibung zutrifft, wird als „stille Reserve" bezeichnet. Hierbei handelt es sich vor allem um Personen, die aufgrund der ungünstigen Arbeitsmarktlage entmutigt die Suche nach einem Job aufgegeben haben, bei einer Verbesserung der Bedingungen jedoch wieder auf die Suche gehen würden. Auch werden hierzu Personen gezählt, die in „Warteschleifen" des Bildungs- und Ausbildungssystems ausharren, bis sich die Lage am Arbeitsmarkt verbessert hat.

Arbeit zu Hause, wie die Erledigung der Hausarbeit oder die Erziehung der Kinder, wird in offiziellen Statistiken nicht erfasst, weil diese Arten von Arbeit sehr schwierig zu messen sind. Die Nichterfassung ist also kein Werturteil, was als Arbeit zu betrachten ist und was nicht.

Ein großer Personenkreis verzichtet aber auch aus anderen Gründen auf eine Beschäftigung, etwa die Gruppe der Frühpensionäre oder der Familienvater, dessen Ehefrau sehr gut verdient und der es deshalb vorzieht, sich um die Kinder zu kümmern.

Wie hat sich die Erwerbsquote im Zeitverlauf verändert? ▶ **Abbildung 7.2a** gibt einen Überblick über Erwerbsquoten in unterschiedlichen Ländern. In den USA ist sie zwischen 1995 und 2015 von 77% auf 72,6% zurückgegangen. In vielen anderen Ländern ist sie dagegen stetig angestiegen – in Deutschland etwa von 66% im Jahr 1985 auf über 79% im Jahr 2022. ▶ **Abbildung 7.2a** zeigt, dass die Entwicklung in Deutschland vor allem auf den Anstieg der Erwerbsquote der Frauen zurückzuführen ist. Arbeiteten noch 1985 kaum mehr als die Hälfte der Frauen in Westdeutschland, so lag die Quote 2022 bei 75,4% (immer bezogen auf die Altersgruppe 15–64 Jahre). Die Abbildung illustriert zum einen den sprunghaften Anstieg im Zug der deutschen Einheit, aber auch den weiter steigenden Trend im Lauf der vergangenen Jahrzehnte.

Erwerbsquote: Das Verhältnis von Erwerbspersonen zur Gesamtbevölkerung im arbeitsfähigen Alter. Die Erwerbsquote in ▶ Abbildung 7.2a ist berechnet als Anteil der Erwerbspersonen an der Bevölkerung im Alter von 15 bis 64 Jahren. Je länger die Altersspanne (je größer der Nenner), desto niedriger die Erwerbsquote.

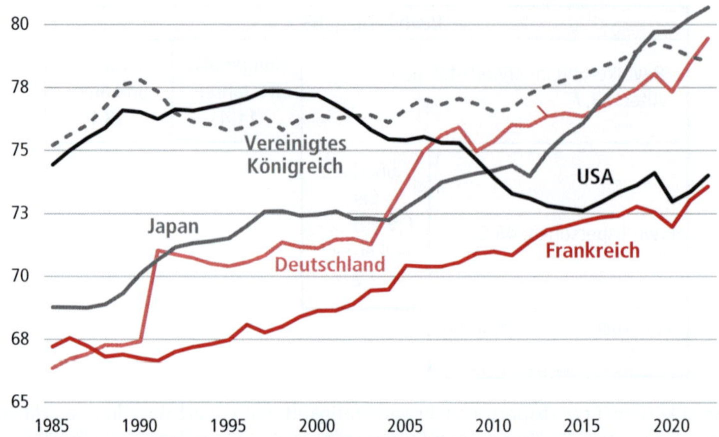

Abbildung 7.2a **Erwerbsquoten (bezogen auf die Bevölkerung von 15 bis 64 Jahren) im internationalen Vergleich**
Quelle: OECD Employment Outlook https://data.oecd.org/emp/labourforce-participationrate.htm Aktuelle Werte auch bei FRED (Code LRAC64TTDEA156S)

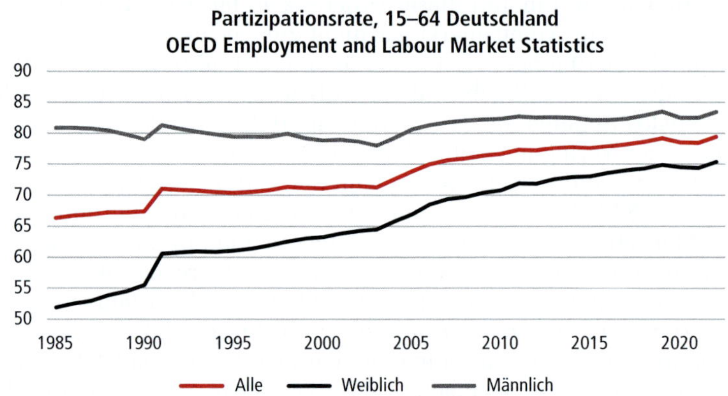

Abbildung 7.2b **Männliche und weibliche Erwerbsquoten in Deutschland seit 1985 (bezogen auf die Bevölkerung von 15 bis 64 Jahren)**
Quelle: OECD Employment Outlook

Vorsicht: **Weil das „arbeitsfähige" Alter nicht eindeutig abzugrenzen ist, versteht man unter Erwerbsquote häufig auch den Anteil der Erwerbspersonen an der Gesamtbevölkerung.**

Untersuchen Sie anhand der Daten der OECD Main Economic Indicators, wie sich die Erwerbsquote für die Altersgruppe 15–74 in Deutschland und den USA in der Pandemie 2020 entwickelt hat (FRED-Datenbank (15-74 Jahre) Code: LREM74TTUSM156S und LRAC74TTDEQ156S).

Es ist wichtig, diese Zusammenhänge genau zu verstehen. Die Entwicklung der Gesamtbevölkerung, die Erwerbsquote von Frauen sowie die Altersstruktur der Bevölkerung werden in Zukunft eine immer größere Bedeutung gewinnen. Dies liegt daran, dass in unserer Gesellschaft aufgrund steigender Lebenserwartung und geringen Bevölkerungswachstums der Anteil älterer Menschen ständig zunimmt. Mit steigender Lebenserwartung nimmt auch das arbeitsfähige Alter zu – neuere internationale Arbeitsmarktstatistiken gehen davon aus, dass die Jahrgänge zwischen 15 und 74 Jahren arbeitsfähig sind. Wird das Renteneintrittsalter nicht entsprechend angepasst, nimmt die Zahl der Personen, die dem Arbeitsmarkt zur Verfügung stehen, im Lauf der Zeit stark ab – mit weit reichenden Folgen für die Volkswirtschaft. So werden wir in diesem Kapitel sehen, dass die gesamtwirtschaftliche Produktion von der Zahl der Erwerbstätigen abhängt. In den ▸ **Kapiteln 11** und **12** werden wir auf die langfristigen Perspektiven des Arbeitskräftepotenzials eingehen.

Die großen Arbeitnehmerströme in Deutschland und den USA

Um uns darüber klar zu werden, was Arbeitslosigkeit für den einzelnen Arbeitnehmer und für die Gesamtwirtschaft bedeutet, betrachten wir folgende Analogie. Stellen wir uns einen völlig überfüllten Flughafen vor. Der Grund für die Überfüllung könnte darin liegen, dass viele Flugzeuge starten und landen und daher auch ständig viele Flugpassagiere zum Flughafen kommen und ihn wieder verlassen. Der Flughafen könnte aber auch deshalb überfüllt sein, weil aufgrund von schlechtem Wetter die Flüge Verspätung haben, sodass die Passagiere festsitzen, weil sie auf besseres Wetter warten müssen. In beiden Fällen ist die Zahl der Passagiere auf dem Flughafen sehr groß; die Situation der Passagiere in den beiden Szenarien ist aber völlig unterschiedlich.

Analog zu diesem Beispiel kann dieselbe Arbeitslosenquote zwei völlig verschiedene Realitäten abbilden. Es kann sich um einen überaus aktiven Arbeitsmarkt handeln, auf dem viele Beschäftigungsverhältnisse gelöst werden, gleichzeitig aber auch viele Arbeitsuchende eine neue Beschäftigung finden, sodass viele Arbeitnehmer in die Arbeitslosigkeit eintreten, viele sie aber auch verlassen. Andererseits kann es sich aber auch um einen „sklerotischen" Arbeitsmarkt handeln, der durch eine geringe Zahl an Kündigungen und **Neueinstellungen** und einen hohen Pool an Langzeitarbeitslosen gekennzeichnet ist.

Der Begriff „Sklerose" kommt aus der Medizin. Er beschreibt eine Verkalkung der Arterien. Entsprechend wird der Begriff in der Volkswirtschaftslehre verwendet, um Märkte zu beschreiben, die schlecht funktionieren und auf denen nur wenige Transaktionen stattfinden.

Um herauszufinden, was sich hinter der Arbeitslosenquote verbirgt, benötigt man Statistiken über die Bewegungen der Arbeitskräfte, also über die Fluktuation am Arbeitsmarkt. In Deutschland sind solche Statistiken allerdings nur in begrenztem Umfang erhältlich (vgl. ▶ **Kapitel 2**). Wir betrachten deshalb zunächst die Zahlen aus den USA und arbeiten anschließend die wichtigsten Unterschiede zur deutschen Situation heraus. In den USA werden die Daten zur Bewegung der Erwerbstätigen aus einer monatlichen Telefonerhebung heraus erstellt, die als **Current Population Survey** bezeichnet wird. Die durchschnittliche monatliche Fluktuation, berechnet aus dem CPS für die Jahre 1994 bis 2018, ist in ▶ **Abbildung 7.3** dargestellt (Weitere Informationen zum Thema CPS und zu vergleichbaren Verfahren in Deutschland können Sie der Fokusbox *„Der Current Population Survey, der Mikrozensus und Panel-Daten"* entnehmen).

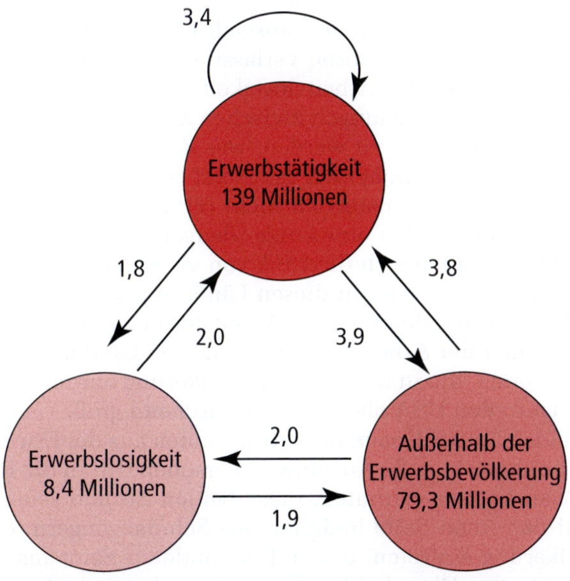

Abbildung 7.3 **Durchschnittliche monatliche Ströme zwischen Erwerbstätigkeit, Erwerbslosigkeit und Nichtteilnahme am Arbeitsmarkt in den USA (in Millionen), 1990–2022.** In den Vereinigten Staaten sind große Fluktuationen zwischen der Gruppe der Erwerbstätigen, der Gruppe der Erwerbslosen und der übrigen Bevölkerung zu beobachten.
Quelle: FRED: Erwerbstätigkeit CE16OV; Erwerbslosigkeit UNEMPLOY; Außerhalb derErwerbsbevölkerung LNS15000000; Ströme: LNS17600000 LNS17200000 LNS 17900000 LNS17800000 LNS17100000 LNS17400000

Aus ▶ **Abbildung 7.3** lassen sich drei wichtige Punkte ablesen:

- In den USA ist die Anzahl der Arbeitnehmer, die ein Beschäftigungsverhältnis antreten oder es beenden, sehr groß.
  Durchschnittlich werden dort in jedem Monat 9,1 Millionen Beschäftigungsverhältnisse (aus einem Pool an Beschäftigten von 139 Millionen) aufgelöst. 3,4 Millionen Beschäftigte wechseln direkt aus einem Beschäftigungsverhältnis in ein anderes. (Dieser Strom wird durch den kreisförmigen Pfeil über dem Pool der Beschäftigten dargestellt.)

Wie kommen wir zu diesem Ergebnis? Die durchschnittliche Dauer der Arbeitslosigkeit ist der Kehrwert des Anteils der Arbeitslosen, die die Arbeitslosigkeit jeden Monat verlassen. Folgendes Beispiel soll dies verdeutlichen. Nehmen wir an, die Zahl der Arbeitslosen ist konstant gleich 100; jeder Arbeitslose bleibt zwei Monate lang arbeitslos. Damit sind zu jedem Zeitpunkt 50 Personen seit einem Monat arbeitslos und 50 Personen seit 2 Monaten. Jeden Monat verlassen 50 Personen, die seit zwei Monaten arbeitslos sind, den Pool der Arbeitslosen. In diesem Beispiel ist damit der Anteil der Arbeitslosen, der den Pool der Arbeitslosen verlässt, 50 / 100 = 50 %. Die Dauer der Arbeitslosigkeit beträgt 2 Monate – der Kehrwert 1 / 0,5 = 2.

Nach der Finanzkrise ist die durchschnittliche Dauer der Arbeitslosigkeit in den USA bis zum Jahr 2011 stark angestiegen und dann wieder zurückgegangen. Untersuchen Sie dazu auf der Website *http://research.stlouisfed.org/* anhand der Zeitreihe: Average (Mean) Duration of Unemployment (UEMPMEAN) wie sich die Dauer nach der Pandemie 2020 entwickelt hat.

Aus diesem Grund werden in den USA auch breitere Maße – etwa U 6 (FRED-Code U6RATE) – betrachtet.

Weitere 1,8 Millionen beenden ein Beschäftigungsverhältnis und werden dann arbeitslos. (Dieser Strom wird durch den Pfeil von den Beschäftigten zu den Arbeitslosen dargestellt.) Die verbleibenden 3,9 Millionen beenden ein Beschäftigungsverhältnis und scheiden ganz aus der Erwerbsbevölkerung aus. (Dargestellt durch den Pfeil von den Erwerbstätigen zu den Personen, die nicht Teil der Erwerbsbevölkerung sind.)

Warum enden in jedem Monat so viele Beschäftigungsverhältnisse? In ungefähr drei Viertel der Fälle handelt es sich um Kündigungen vonseiten der Arbeitnehmer. Diese beenden ihr Beschäftigungsverhältnis zu Gunsten einer besseren Alternative. Beim verbleibenden Viertel handelt es sich um Entlassungen. Zu Entlassungen kommt es in erster Linie, weil sich die Beschäftigung in den einzelnen Unternehmen unterschiedlich entwickelt: Hinter den sich nur langsam verändernden aggregierten Zahlen zur Arbeitslosigkeit verbirgt sich also eine stetige Schaffung und Zerstörung von Arbeitsplätzen. Es gibt immer Unternehmen, die auf einen Rückgang ihres Absatzes reagieren müssen und deshalb Arbeitsplätze abbauen. Zur selben Zeit gibt es aber auch Unternehmen, die ihren Absatz steigern können und deshalb neue Arbeitsplätze schaffen.

Gleichzeitig tritt ein großer Personenkreis, der vorher nicht beschäftigt war, eine Beschäftigung an. Insgesamt beginnen 5,8 Millionen Nichtbeschäftigte ein Beschäftigungsverhältnis. 3,8 Millionen entstammen der Gruppe der Nichterwerbsbevölkerung, die restlichen 2 Millionen wechseln aus Arbeitslosigkeit in eine Erwerbstätigkeit.

- In den USA ist die Anzahl der Arbeitnehmer, die arbeitslos werden oder den Pool der Arbeitslosen wieder verlassen im Verhältnis zur Gesamtzahl der Arbeitslosen sehr groß. Die Verweildauer in Arbeitslosigkeit ist relativ kurz.

  Der durchschnittliche monatliche Strom aus der Arbeitslosigkeit heraus beträgt 3,9 Millionen: 2 Millionen Arbeitnehmer treten in ein neues Beschäftigungsverhältnis ein. 1,9 Millionen geben die Suche nach einer neuen Beschäftigung ganz auf und scheiden aus der Erwerbsbevölkerung aus. Anders ausgedrückt: Der Anteil der Arbeitslosen, der jeden Monat den Pool der Arbeitslosen verlässt, beträgt 3,9/8,4 – also ungefähr 46%. Die durchschnittliche Dauer der Arbeitslosigkeit – die durchschnittliche Zeit, in der jemand arbeitslos ist – beträgt demnach zwischen zwei und drei Monate.

  Es ist wichtig, sich darüber klar zu werden, was dies bedeutet. Die Mehrzahl der Arbeitslosen in den USA wartet nicht ewig lange auf ein neues Beschäftigungsverhältnis. Für die meisten Arbeitslosen – natürlich nicht für alle – ist der Zustand der Arbeitslosigkeit nur vorübergehend, eher eine kurze Übergangszeit als eine lange Wartezeit. In dieser Hinsicht unterscheiden sich die USA von vielen europäischen Ländern. Statistiken aus Westeuropa zeigen, dass in diesen Ländern jeden Monat ein weit geringerer Prozentsatz der Arbeitslosen den Pool der Arbeitslosen verlässt. Das erklärt, warum die durchschnittliche Dauer der Arbeitslosigkeit in diesen Ländern viel länger ist.

- Die Anzahl der Personen, die in die Erwerbsbevölkerung eintreten oder aus dieser wieder ausscheiden, ist in den USA ebenfalls überraschend groß.

  Jeden Monat scheiden 5,8 Millionen Erwerbspersonen aus der Erwerbsbevölkerung aus (3,9 + 1,8) und eine ähnlich große Anzahl von Personen tritt in die Erwerbsbevölkerung ein (3,8 + 2,0). Man könnte vermuten, diese beiden Ströme seien eher unbedeutend und bestehen auf der einen Seite lediglich aus Schulabgängern, die das erste Mal in die Erwerbsbevölkerung eintreten, und auf der anderen Seite aus Arbeitnehmern, die ihren Ruhestand antreten. Diese beiden Gruppen machen jedoch nur einen kleinen Teil der Gesamtströme aus. Jeden Monat treten nur 450.000 Personen das erste Mal in die Erwerbsbevölkerung ein und nur 350.000 gehen in den Ruhestand. Die Gesamtzahl an Personen, die in die Erwerbsbevölkerung eintreten oder diese wieder verlassen, beträgt dagegen 11,5 Millionen (1,8 + 3,9 + 2,0 + 3,8) und ist damit fast vierzehnmal so groß.

  Dies verdeutlicht, dass viele von den Personen, die als „außerhalb der Erwerbsbevölkerung" klassifiziert sind, in Wirklichkeit durchaus arbeiten wollen und sich ständig zwischen Partizipation und Nichtpartizipation hin- und herbewegen. Tatsächlich erklären in den USA beinahe fünf Millionen der Personen, die nicht als Teil der Erwerbsbevölkerung erfasst werden, dass sie zwar nicht auf Arbeitssuche seien, sich aber dennoch eine Beschäftigung wünschen. Was sie damit genau meinen, bleibt unklar. Tatsache ist jedoch, dass viele von denen, die nicht zur Erwerbsbevölkerung gehören, ein Arbeitsangebot annehmen, wenn es sich bietet.

Vergleichen wir diese Ergebnisse mit der Situation in Deutschland. Grundsätzlich finden hier natürlich die gleichen Bewegungen statt. Die relative Bedeutung einzelner Ströme variiert jedoch.

- In Deutschland ist im Zeitraum von 1980 bis 2004 die Anzahl der Arbeitnehmer, die arbeitslos werden oder den Pool der Arbeitslosen wieder verlassen, im Verhältnis zur Gesamtzahl der Arbeitslosen eher klein. Die Verweildauer in der Arbeitslosigkeit ist relativ lang.
  In den USA finden pro Monat ca. 24% der Arbeitslosen (2/8,4) einen neuen Arbeitsplatz; knapp 23% (= 1,9/8,4) scheiden ganz aus der Erwerbsbevölkerung aus. In Deutschland sind diese Quoten wesentlich geringer: Über den Zeitraum von 1980 bis 2004 fanden nur 6,2% der Arbeitslosen im Monatsdurchschnitt einen Arbeitsplatz, ca. 4,9% verließen die Erwerbsbevölkerung. Umgekehrt war auch der Anteil der Beschäftigten, die arbeitslos werden, in Deutschland wesentlich geringer (0,5% im Vergleich zu 1,8/139 = 1,4% in den USA).
  Was bedeuten diese Zahlen für die Dauer der Arbeitslosigkeit in Deutschland? Der Kehrwert des Anteils der Arbeitslosen, die die Arbeitslosigkeit jeden Monat verlassen, ist 1/0,111 = 9. Die durchschnittliche Dauer der Arbeitslosigkeit betrug zwischen 1980 und 2004 also 9 Monate. Ein Arbeitsloser in Deutschland musste 6 Monate länger auf einen neuen Arbeitsplatz warten als sein amerikanischer Leidensgenosse.
  Welche Faktoren verbergen sich hinter diesem großen Unterschied? Natürlich gab es auch in Deutschland eine Gruppe von Arbeitslosen, die schnell wieder eine Beschäftigung fand. Allerdings war diese Gruppe im Vergleich zu den Arbeitslosen, die lange Zeit keine neue Beschäftigung fanden, eher klein. Vielmehr liegt in Deutschland der Anteil sogenannter Langzeitarbeitsloser an allen Arbeitslosen viel höher als in den USA. ▶ **Abbildung 7.4a** zeigt, wie stark der Anteil der Langzeitarbeitslosen (mit einer Dauer über 1 bzw. 2 Jahre) in ausgewählten Ländern der Europäischen Union im Jahr 2018 variierte – zwischen 21 % in Dänemark und 70% in Griechenland. In den USA waren es dagegen nur 13,8%. Besorgniserregend war insbesondere die hohe Jugendarbeitslosigkeit in Ländern wie Griechenland und Spanien (vgl. ▶ **Abbildung 7.4b**).

Die Zahlen für Deutschland entnehmen wir dem Aufsatz von Philip Jung und Moritz Kuhn „Labour Market Institutions and Worker Flows: Comparing Germany and the US", Economic Journal, Bd. 134, 2014, S. 1317–1342. Sie stellen jeweils den Monatsdurchschnitt für den Zeitraum von 1980–2004 dar. Die Zahlen basieren auf einem Panel der Bundesagentur für Arbeit (vgl. die nächste Fokusbox).

Ein Grund für die Unterschiede kann ein starker Kündigungsschutz sein. Er macht es für Unternehmen einerseits schwieriger, auf einen Einbruch der Nachfrage mit Entlassungen zu reagieren. Umgekehrt bewirkt er aber auch, dass Unternehmen mit Neueinstellungen wesentlich zurückhaltender sind. Der Kündigungsschutz kann also auch dazu führen, dass Arbeitslose kaum Chancen auf einen neuen Arbeitsplatz haben.

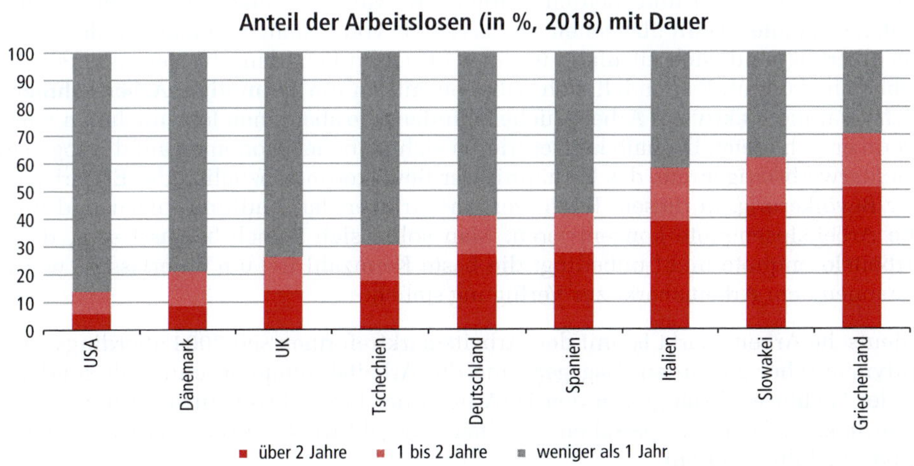

Abbildung 7.4a Anteil der Langzeitarbeitslosen (mit Dauer von 1 bis 2 bzw. über 2 Jahren) an allen Arbeitslosen in ausgewählten Ländern 2018. Die Langzeitarbeitslosenquote ist in vielen Ländern Europas viel höher als in den USA.
Quelle: Eurostat (für USA: Bureau of Labor Statistics)

- Auch in Deutschland findet ein reger Austausch zwischen Erwerbsbevölkerung und Nichterwerbsbevölkerung statt. Allerdings war in Deutschland bis 2004 der Anteil der Arbeitslosen, die aus der Erwerbsbevölkerung ausschieden, sehr viel geringer. In jedem Monat verließen in Deutschland etwa 1% der Beschäftigten und 4,9% der Arbeitslosen die Erwerbsbevölkerung und gehörten fortan zur Gruppe der Nichterwerbstätigen. Zum Vergleich: In den USA betragen die entsprechenden Werte 2,8% und 23%. Wie kommt die große Differenz beim Wechsel zwischen Arbeitslosigkeit und Nichterwerbsbevölkerung zustande? Ein Grund könnte die lange Bezugsdauer für Arbeitslosengeld in Deutschland gewesen sein. Mit den Arbeitsmarktreformen im Zug der Hartz IV Maßnahmen wurde die maximale Bezugsdauer für Arbeitslosengeld I seit 2004 stark gekürzt und nach Ablauf dieser Frist Arbeitslosen- und Sozialhilfe (weitgehend) auf Sozialhilfeniveau reduziert.

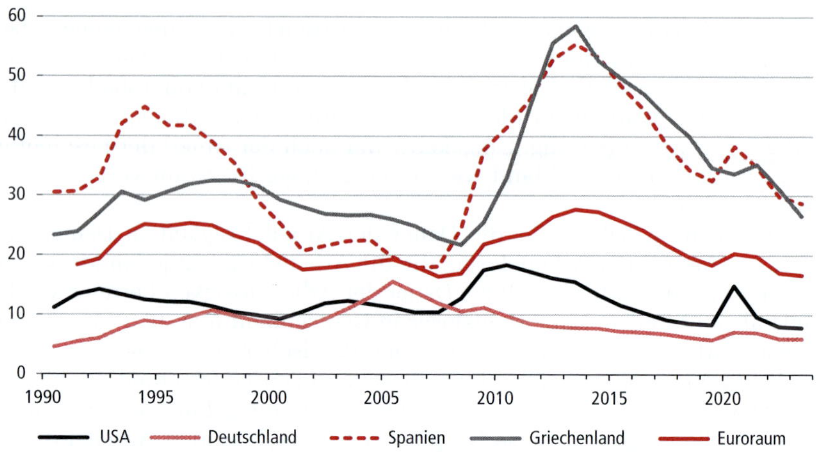

Abbildung 7.4b Jugendarbeitslosigkeit (Arbeitslose als Anteil der Erwerbspersonen, jeweils für die Bevölkerung unter 25 Jahren). Die Jugendarbeitslosigkeit ist in der Finanzkrise in Spanien und Griechenland stark angestiegen. Studierende zählen allerdings nicht zu den Erwerbspersonen.
Quelle: Weltbank via FRED (SLUEM1524ZSDEU)

Auf der anderen Seite sind viele der Arbeitslosen nicht willens, jedes Arbeitsangebot anzunehmen und sollten daher vielleicht nicht als arbeitslos gezählt werden, da sie sich nicht aktiv auf Arbeitssuche befinden.

- Abgesehen von diesem Unterschied sind die Werte recht ähnlich. Auch in Deutschland nehmen viele von denen, die nicht zur Erwerbsbevölkerung gehören, ein Arbeitsangebot an, wenn es sich bietet. Diese Beobachtung enthält eine wichtige Botschaft: Ökonomen, Politiker und Medien richten ihre Aufmerksamkeit meist nur auf die Arbeitslosenquote. Damit übersehen sie, dass viele von denen, die nicht Teil der Erwerbsbevölkerung sind, sich ebenfalls in einer Situation befinden, die der Arbeitslosigkeit sehr nahe kommt. Es handelt sich dabei eigentlich um **Entmutigte Arbeitnehmer**, die sich zwar nicht aktiv auf Arbeitssuche befinden, die aber einen Job annehmen würden, wenn er sich bietet. Deshalb konzentrieren sich manche Ökonomen auf die sogenannte Nichterwerbstätigenrate, das Verhältnis der Bevölkerung abzüglich der Erwerbstätigen zur Bevölkerung. In diesem Buch werden wir aber der Tradition folgen und uns auf die Arbeitslosenquote konzentrieren. Man sollte sich jedoch bewusst sein, dass die Arbeitslosenquote nicht unbedingt die beste Kennzahl ist, um zu erfassen, wie viele Personen dem Arbeitsmarkt zur Verfügung stehen.

Der deutsche Arbeitsmarkt ist mit den Arbeitsmarktreformen seit 2004 allerdings wesentlich dynamischer geworden. Dagegen ging die Arbeitslosenquote und insbesondere die Zahl der Nichterwerbstätigen in den USA nach der Finanzkrise zunächst nur sehr langsam zurück. Auf den europäischen Arbeitsmarkt geht die Fokusbox *„Arbeitslosigkeit in Europa“* ausführlicher ein.

FOKUS

Der Current Population Survey, der Mikrozensus und Panel-Daten

In den USA ist die wichtigste Quelle für Statistiken zu den Themenbereichen Erwerbsbevölkerung, Beschäftigung, Partizipation und Einkommen der sogenannte Current Population Survey (CPS). Der CPS wurde erstmals im Jahr 1940 durchgeführt. Damals basierte der CPS auf Interviews mit 8.000 Haushalten. Die Anzahl der befragten Haushalte (man sagt: die Größe der Stichprobe) ist seither beträchtlich angewachsen und umfasst nun mehr als 60.000 Haushalte, die jeden Monat interviewt werden. Die Haushalte werden so ausgewählt, dass die Stichprobe repräsentativ für die Gesamtbevölkerung der USA ist. Jeder Haushalt bleibt vier Monate in der Stichprobe, verlässt dann die Stichprobe für acht Monate, kehrt dann nochmals für vier Monate in die Stichprobe zurück und verlässt dann die Stichprobe endgültig.

Die Umfrage basiert heute auf computergestützten Interviews. Die Interviews werden entweder persönlich durchgeführt – die Interviewer geben die Daten dabei direkt in ihre Laptops ein – oder telefonisch. Manche Fragen sind jeden Monat gleich. Andere Fragen werden gestellt, um spezielle Aspekte des Arbeitsmarkts zu beleuchten.

Das Arbeitsministerium nutzt die erhobenen Daten, um Kennzahlen zu Beschäftigung, Arbeitslosigkeit und Partizipation nach Alter, Geschlecht, Ausbildung und Branche zu berechnen und zu veröffentlichen. Ökonomen haben für die Daten, die in großen Computerdateien zur Verfügung stehen, zwei unterschiedliche Verwendungen.

Die erste Verwendung besteht darin, Momentaufnahmen der Volkswirtschaft für einen bestimmten Zeitpunkt zu erstellen, und diese Momentaufnahmen dann zu vergleichen. So können Fragen wie die folgende beantwortet werden: Wie hoch ist das Durchschnittseinkommen amerikanischer Frauen mit Hochschulabschluss heute, und wie hoch war es vor 10 oder 20 Jahren?

Für die zweite Verwendungsweise liefert ▶ **Abbildung 7.3** ein Beispiel. Es wird dabei die Tatsache ausgenützt, dass in der Umfrage Personen über einen Zeitraum hinweg verfolgt werden. Wenn man die Personen betrachtet, die sich in zwei aufeinander folgenden Monaten in der Stichprobe befinden, kann man beispielsweise herausfinden, wie viele der Personen, die im letzten Monat arbeitslos waren, mittlerweile in einem neuen Beschäftigungsverhältnis stehen. Diese Zahl liefert dann eine Schätzung für die Wahrscheinlichkeit, dass Personen, die im letzten Monat arbeitslos waren, eine neue Beschäftigung finden. Hierbei können auch die Eigenschaften der betrachteten Personen berücksichtigt werden. Beispielsweise kann gefragt werden, ob die Wahrscheinlichkeit, eine Beschäftigung zu finden, für eine 30-jährige Frau mit Hochschulabschluss größer oder kleiner ist als für eine 30-jährige Frau ohne Hochschulabschluss. Ebenfalls besteht die Möglichkeit, die Wirksamkeit von wirtschaftspolitischen Maßnahmen auf dem Arbeitsmarkt zu untersuchen.

So könnte man alle männlichen Arbeitslosen einer bestimmten Altersgruppe mit identischem Ausbildungsniveau auswählen und untersuchen, ob diejenigen, die schon einmal an einer Arbeitsbeschaffungsmaßnahme (ABM) teilgenommen haben, eine größere oder kleinere Chance haben, eine neue Arbeit zu finden. Schon diese wenigen Beispiele verdeutlichen, wie wichtig es für Ökonomen sein kann, die gleichen Personen in regelmäßigen Abständen zu ihrem Erwerbsstatus, ihrer Einkommenssituation, ihren Familienverhältnissen und zu anderen wichtigen Zusammenhängen zu befragen.

Auch in Deutschland werden Haushalte regelmäßig befragt. Das Statistische Bundesamt erhebt einmal im Jahr im Rahmen des sogenannten Mikrozensus entsprechende Daten von rund 830.000 Personen in etwa 370.000 Haushalten. Die langfristigen Erwerbschancen eines Haushalts lassen sich aber viel besser anhand von Panel-Daten untersuchen. Das sind Sammlungen von Daten, in denen Informationen zu den immer gleichen Individuen bzw. Haushalten über einen längeren Zeitraum verfolgt werden. Die Studie von Philip Jung und Moritz Kuhn basiert auf Paneldaten der Bundesagentur für Arbeit. Umfangreiche Paneldaten werden in Deutschland seit Langem (seit 1984) vor allem im Rahmen des genannten sozio-oekonomischen Panels (SOEP) des DIW in Berlin erhoben (vgl. dazu auch die Fokusbox *„Arbeitslosigkeit und Lebenszufriedenheit"* in ▶ **Kapitel 2**).

Mehr Informationen zum CPS finden sich im Internet unter *www.bls.gov*. Informationen zum Forschungszentrum der Bundesagentur für Arbeit finden sich unter *http://fdz.iab.de/de/FDZ_Projects/ FAWE-Panel. aspx*. Informationen zum SOEP stellt das Deutsche Institut für Wirtschaftsforschung in Berlin unter *http:// www.diw.de/soep* zur Verfügung. Informationen zum Mikrozensus sind beim Statistischen Bundesamt unter *https://www.destatis.de/DE/ZahlenFakten/GesellschaftStaat/Bevoelkerung/Mikrozensus.html* erhältlich.

7.2 Die Entwicklung der Arbeitslosenquote

Untersuchen wir, wie sich die Arbeitslosenquote in den letzten Jahrzehnten entwickelt hat. ▶ **Abbildung 7.5** zeigt den durchschnittlichen Wert der Arbeitslosenquote in den USA und in Deutschland für jedes Jahr seit 1960. Die schattierten Bereiche kennzeichnen Jahre, in denen sich die deutsche Wirtschaft in einer Rezession befand, also eine längere Periode sinkender Produktion durchlebte.

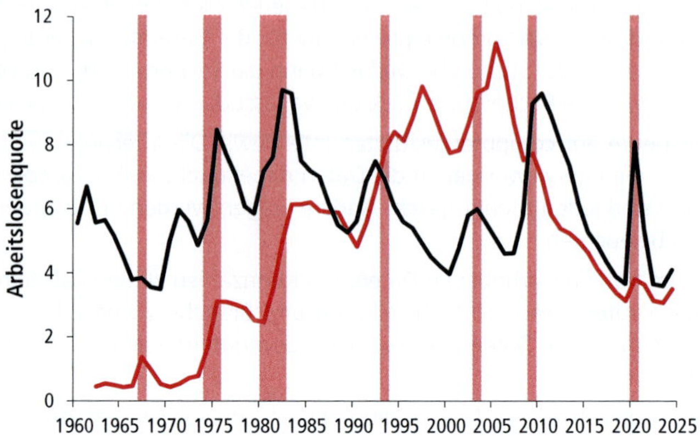

Abbildung 7.5 Die Entwicklung der durchschnittlichen jährlichen Arbeitslosenquote in Deutschland (bis 1989 Westdeutschland) und den USA, seit 1960. In den Vereinigten Staaten schwankt die Arbeitslosenquote seit 1960 zwischen 3 und 10%. In Deutschland ist die Arbeitslosenquote von Mitte der 1970er-Jahre bis 2005 in mehreren Stufen angestiegen. In wirtschaftlichen Schwächephasen nahm sie zu und verharrte auf hohem Niveau. Nach 2005 ging die Arbeitslosenquote aber stark zurück.
Quelle: OECD FRED Codes: LRUNTTTTDEA156N, LRUNTTTTUSA156N

In ▶ **Abbildung 7.5** fallen drei Punkte besonders auf:

Eine ähnliche Entwicklung ist für den Euroraum zu beobachten; wie wir bereits in ▶ Kapitel 1 gesehen haben, hat sich die Arbeitslosenquote in der EU von 3% in den 1960er-Jahren auf 9% in den 1990er-Jahren erhöht.

- Bis Mitte der 1980er-Jahre sah es so aus, als ob die Arbeitslosenquote in Deutschland und den USA einem Aufwärtstrend folgen würde. In den USA stieg die Arbeitslosenquote von 4,5% in den 1950er-Jahren, über 4,7% in den 1960er-Jahren, 6,2% in den 1970er-Jahren bis hin zu 7,3% in den 1980er-Jahren. In Deutschland lag die Arbeitslosenquote zunächst unter dem amerikanischen Niveau, stieg jedoch langfristig auch an. Seit 2006 aber geht die Arbeitslosenquote in Deutschland stetig zurück. Viele Ökonomen führen dies auf erfolgreiche Arbeitsmarktreformen zurück, die von der Regierung Schröder angestoßen wurden. Im Gegensatz dazu ist die Arbeitslosenquote in den USA nach Ausbruch der Finanzkrise auf fast 10 % im Jahr 2010 stark angestiegen, hat sich dann innerhalb weniger Jahre aber wieder halbiert.
- Wenn man einmal von Veränderungen im Trend absieht, dann sind die Veränderungen der Arbeitslosenquote von Jahr zu Jahr eng korreliert mit Rezessionen und Aufschwüngen. So lag die Arbeitslosenquote in Deutschland vor der Rezession zu Beginn der 1970er-Jahre bei unter 2%, im ersten Jahr nach der Rezession (1983) bei 6,4%. Nach Rezessionen sinkt die Arbeitslosenquote üblicherweise wieder. Betrachten wir zum Beispiel die beiden Höchstwerte der Arbeitslosenquote für die USA. Ein Höchstwert in Höhe von knapp 10% kam mit der Rezession der Jahre 2009–2010. (Der Höchstwert wurde kurz nach Ende der Rezession beobachtet, im Oktober 2009.) Der höchste Wert in den USA seit 1950 wurde im April 2020 zu Beginn der Corona-Pandemie erreicht. Nach diesen Höchstwerten sank die Arbeitslosenquote in der Regel relativ rasch.

Mitte der 1980er-Jahre beobachten wir dann aber eine ganz unterschiedliche Entwicklung. Während die Arbeitslosenquote in den USA wieder auf ihr Niveau in den 1960er-Jahren zurückgeht, stieg sie in Deutschland mit einigen Unterbrechungen immer weiter an. Im Vergleich zu 1960, wo eine Arbeitslosenquote von nur 1,73% ermittelt wurde, stieg die Arbeitslosenquote Anfang 2005 auf über 12%.

Welche Bedeutung hat diese Schwankung der Arbeitslosenquote für den einzelnen Arbeitnehmer? Die Antwort auf diese Frage ist sehr wichtig, weil sie über folgende Punkte Aufschluss gibt:

- Die Auswirkung von Schwankungen der Arbeitslosenquote auf das Wohlergehen des einzelnen Arbeitnehmers.
- Die Auswirkung der Arbeitslosenquote auf die Löhne.

Stellen wir uns zunächst die Frage, wie ein Unternehmen sein Beschäftigungsniveau als Reaktion auf eine geringere Nachfrage nach seinen Gütern reduzieren kann. Das Unternehmen kann weniger neue Arbeitnehmer einstellen, aber auch einige der derzeit beschäftigten Arbeitnehmer entlassen. Meist verlangsamen oder stoppen die Unternehmen zunächst die Neueinstellung von Arbeitnehmern und beschränken sich auf ohnehin anstehende Kündigungen und Pensionierungen, um einen Abbau der Beschäftigung zu erreichen. Ist aber der Nachfrageeinbruch so groß, dass diese Maßnahmen allein nicht ausreichen, entlassen Unternehmen Arbeitnehmer auch „aus betriebsbedingten Gründen".

Welche Konsequenzen ergeben sich daraus für Erwerbstätige und für Arbeitslose?

- Erfolgt die Anpassung an das neue Beschäftigungsniveau durch eine Reduktion der Neueinstellungen, dann verringert sich dadurch die Chance, dass ein Arbeitsloser eine neue Beschaftigung findet. Weniger Einstellungen bedeuten weniger offene Stellen; höhere Arbeitslosigkeit bedeutet vermehrte Bewerbungen auf eine offene Stelle. Die Kombination von weniger offenen Stellen und mehr Bewerbern auf eine offene Stelle macht es für die Arbeitslosen schwieriger, eine neue Stelle zu finden.
- Erfolgt dagegen die Anpassung an das neue Beschäftigungsniveau durch vermehrte Kündigungen, dann erhöht sich das Risiko für die Arbeitnehmer, die eine Beschäftigung haben, diese zu verlieren.

Zusammenfassend lässt sich feststellen: Da Unternehmen beide Anpassungsmöglichkeiten nutzen, ist eine höhere Arbeitslosigkeit mit einer geringeren Wahrscheinlichkeit verknüpft, einen Job zu finden, wenn man arbeitslos ist. Zugleich erhöht sich das Risiko, den Job zu verlieren, wenn man in einem Beschäftigungsverhältnis steht. In ▶ **Abbildung 7.6** und ▶ **Abbildung 7.7** sind die beiden Effekte für die USA im Zeitraum 1990 bis 2023 dargestellt. Für Deutschland und andere Länder ergeben sich ähnliche Zusammenhänge.

Die Covid-Pandemie hat zu besonders starken Ausschlägen der Arbeitslosigkeit und der Separationsrate geführt, während Arbeitslose kaum eine neue Beschäftigung fanden. Der in den Abbildungen dargestellte Zusammenhang in normalen Zeiten wäre deshalb noch viel deutlicher zu erkennen, wenn wir nur die Daten bis Ende 2019 darstellen würden.

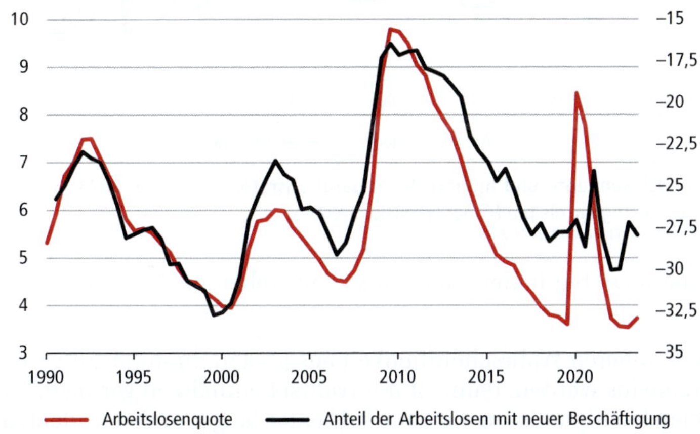

Abbildung 7.6 Arbeitslosenquote und Anteil der Arbeitslosen, die monatlich eine Beschäftigung finden, USA, 1990–2023. Zu beachten ist die invertierte rechte Achse. Bei hoher Arbeitslosigkeit sinkt der Anteil der Arbeitslosen, die pro Monat eine neue Beschäftigung finden.

Quelle: FRED Code UNRATE sowie LNS17100000 zu UNEMPLOY bzw. Fleischman und Fallick, https:// www.federalreserve.gov/ pubs/feds/2004/200434/ 200434abs.htm

▶ **Abbildung 7.6** stellt für die USA zwei Variablen im Zeitverlauf dar: die Arbeitslosenquote (auf der linken vertikalen Achse) und den Anteil der Arbeitslosen, die jeden Monat eine neue Beschäftigung finden (auf der rechten vertikalen Achse). Dieser Anteil wird berechnet, indem die Anzahl der Arbeitslosen, die im Lauf eines Monats ein Beschäftigungsverhältnis aufnehmen, durch die Anzahl der Arbeitslosen zu Beginn des Monats dividiert wird. Um den Zusammenhang zwischen den beiden Variablen noch deutlicher zu machen, wurde der Anteil der Arbeitslosen, die jeden Monat eine neue Beschäftigung finden, auf einer invertierten Skala aufgetragen: Auf der rechten vertikalen Achse findet sich der niedrigste Anteil ganz oben und der höchste Anteil ganz unten.

Wenn wir stattdessen die Trennungsrate betrachten (den Anteil aller Abgänge aus Beschäftigung), ergibt sich ein ähnliches Bild. Die Abgänge setzen sich aus Kündigungen vonseiten der Arbeitnehmer und Entlassungen vonseiten der Arbeitgeber zusammen. Weil die Kündigungen zurückgehen, wenn die Arbeitslosigkeit hoch ist (Es ist attraktiver zu kündigen, wenn es viele offene Stellen gibt) nehmen die Entlassungen (die Abgänge abzüglich der Kündigungen) in solchen Zeiten stärker zu als die Abgänge.

Der Zusammenhang zwischen dem Anteil der Arbeitslosen, die jeden Monat eine neue Beschäftigung finden, und der Arbeitslosenquote ist deutlich: Perioden mit einer hohen Arbeitslosigkeit sind mit einem niedrigen Anteil an Arbeitslosen, die jeden Monat eine neue Beschäftigung finden, verknüpft. Auf dem Höhepunkt der Rezession der Jahre 2008–2010 beispielsweise war der Anteil der Arbeitslosen, die pro Monat eine neue Beschäftigung fanden, auf 17% gesunken, während der durchschnittliche Wert über die gesamte Periode hinweg 25% betrug.

Auch ▸ **Abbildung 7.7** stellt für die USA zwei Variablen im Zeitverlauf dar: Die Arbeitslosenquote (auf der linken vertikalen Achse) und der Anteil der Beschäftigten, der pro Monat den Job verliert. Dieser Anteil wird berechnet, indem die Anzahl der Arbeitnehmer, die während eines Monats arbeitslos werden, durch die Anzahl der Beschäftigten zu Beginn des Monats dividiert wird (dieser Anteil wird auf der rechten vertikalen Achse dargestellt). Der Zusammenhang zwischen diesem Anteil und der Arbeitslosenquote, wie er in ▸ **Abbildung 7.7** dargestellt wird, ist ähnlich eng wie der Zusammenhang, der in ▸ **Abbildung 7.6** dargestellt wird. Eine höhere Arbeitslosigkeit impliziert eine höhere Wahrscheinlichkeit, dass Beschäftigte arbeitslos werden.

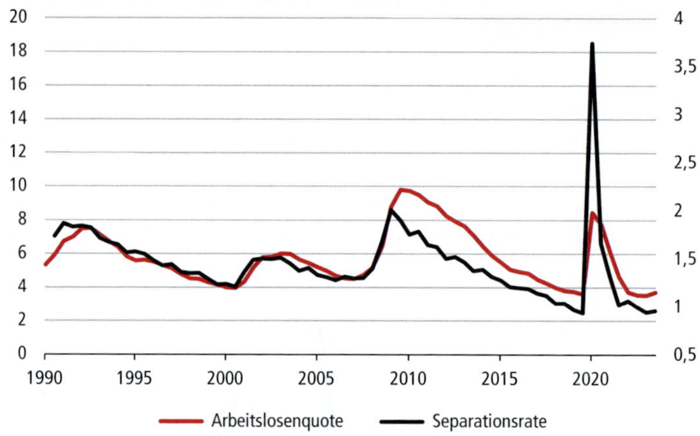

Abbildung 7.7 Arbeitslosenquote und monatliche Separationsrate, USA, 1995–2023. Bei hoher Arbeitslosigkeit steigt der Anteil der Beschäftigten, die pro Monat arbeitslos werden.
Quelle: FRED Code UNRATE sowie LNS17400000 zu PAYEMS

Fassen wir zusammen: Bei hoher Arbeitslosigkeit stehen die Arbeitnehmer vor zwei Problemen:

- Sie sind einer höheren Wahrscheinlichkeit ausgesetzt, ihren Job zu verlieren.
- Wenn sie arbeitslos werden, dann ist die Wahrscheinlichkeit geringer, einen neuen Job zu finden; gleichzeitig müssen sie auch mit einer länger andauernden Arbeitslosigkeit rechnen.

7.3 Wie Löhne bestimmt werden

Bisher haben wir uns mit verschiedenen Aspekten der Arbeitslosigkeit beschäftigt. Nun wenden wir uns der Frage zu, wie Löhne festgesetzt werden. Insbesondere werden wir den Zusammenhang zwischen Löhnen und Arbeitslosigkeit erarbeiten.

Tarifverhandlungen: Verhandlungen zwischen einer Gewerkschaft und einem Unternehmen (oder einer Gruppe von Unternehmen)

Löhne werden auf vielfältige Weise festgesetzt. Oft werden sie zwischen den Tarifvertragsparteien, den Gewerkschaften und Arbeitgebern in Verhandlungen ausgehandelt. Bei Tarifverhandlungen vereinbaren die Vertreter von Arbeitgebern und Arbeitnehmern einen Lohn, der dann für alle vertretenen Unternehmen und Beschäftigten maßgeblich ist. Die Arbeitnehmer werden üblicherweise von Gewerkschaften vertreten. Tarifverhandlungen können auf Unternehmensebene, auf Branchenebene oder auf nationaler Ebene stattfinden. Manchmal gilt ein Tarifvertrag nur für die Unternehmen, die den Tarifvertrag unterzeichnet haben, manchmal wird der Geltungsbereich eines Tarifvertrags automatisch auf alle Unternehmen und Beschäftigten der Branche ausgeweitet.

In Deutschland und in vielen europäischen Ländern spielen Tarifverhandlungen traditionell eine wichtige Rolle. Dies gilt auch für Japan. Allerdings hat in vielen Ländern und auch in Deutschland die Bedeutung von Tarifverhandlungen in den letzten Jahren abgenommen: So waren in Westdeutschland 1995 noch 72% der Beschäftigten in Betrieben tätig, die an einen Tarifvertrag gebunden waren. Im Jahr 2010 betrug dieser Anteil nur noch 56%. Noch deutlicher zeigt sich die sinkende Bedeutung von Tarifverträgen in den neuen Bundesländern. Dort sank der Anteil der Beschäftigten in Betrieben, die von Tarifverträgen erfasst werden, von 56% auf nur noch 37%.

In den USA spielen Tarifverhandlungen schon seit Längerem nur eine untergeordnete Rolle. Heute werden dort für weniger als 25% der Beschäftigten die Löhne durch Tarifverträge festgelegt. Für die restlichen Beschäftigten werden die Löhne einfach durch die Arbeitgeber vorgegeben oder in individuellen Verhandlungen zwischen dem Arbeitgeber und dem einzelnen Beschäftigten festgesetzt. Für alle Länder gilt aber: Je komplexer das Anforderungsprofil eines Jobs, desto größer die Wahrscheinlichkeit, dass direkte Verhandlungen zwischen dem Arbeitgeber und dem Beschäftigten stattfinden. Der Lohn für einen Eingangsjob als Briefträger wird auf einer take-it-or-leave-it-Basis festgelegt. Hochschulabgänger können im Allgemeinen zumindest Einzelheiten ihres Vertrages mitbestimmen, Topmanager und Fußballstars diktieren einen Großteil der Konditionen selbst.

Die Art und Weise, wie Löhne bestimmt werden, ändert sich also zum Teil beträchtlich, wenn man unterschiedliche historische Episoden, unterschiedliche Qualifikationsniveaus oder unterschiedliche Länder betrachtet. Angesichts dieser Unterschiede stellt sich die Frage, ob sich eine wenigstens annähernd allgemein gültige Theorie der Lohnbestimmung aufstellen lässt. Die Antwort lautet: Ja, das ist möglich. Obwohl institutionelle Unterschiede die Festsetzung der Löhne beeinflussen, gibt es doch Kräfte, die in allen Ländern gleichermaßen wirksam sind. Insbesondere zeigt sich, dass zwei Punkte entscheidend sind:

- Im Normalfall erhalten Beschäftigte einen Lohn, der über ihrem **Reservationslohn** liegt. Der Reservationslohn ist der Lohnsatz, bei dem der Beschäftigte gerade indifferent ist zwischen den Alternativen Beschäftigung oder Arbeitslosigkeit. Anders ausgedrückt: Die meisten Beschäftigten erhalten einen Lohn, der mindestens so hoch ist, dass sie die Beschäftigung der Arbeitslosigkeit vorziehen. Der Reservationslohn bestimmt sich also aus einer Abwägungsentscheidung des potenziellen Arbeitnehmers. Dieser überlegt, ob der zusätzliche Konsum an Gütern, den er sich durch die Annahme einer Beschäftigung leisten könnte, den Verlust an wertvoller Freizeit aufwiegt. Der Reservationslohn ist umso höher, je mehr Konsumgüter sich der Arbeitnehmer auch ohne Beschäftigungsverhältnis leisten kann, indem er beispielsweise Arbeitslosenunterstützung bezieht oder von seinem Vermögen lebt. Der Reservationslohn ist umso niedriger, je weniger der potenzielle Arbeitnehmer Wert auf Freizeitkonsum legt.
- Die Höhe der Löhne hängt normalerweise von der Lage am Arbeitsmarkt ab. Je niedriger die Arbeitslosenquote, desto höher die Löhne.

Um diese Beobachtungen erklären zu können, haben Ökonomen unterschiedliche Erklärungsansätze herausgearbeitet. Ein erster Ansatz basiert darauf, dass Arbeitnehmer, selbst wenn keine Tarifverhandlungen stattfinden, dennoch über eine gewisse **Verhandlungsmacht** verfügen, die sie einsetzen können, um Löhne über ihrem Reservationslohn auszuhandeln. Ein zweiter Ansatz geht davon aus, dass Unternehmen unter Umständen ein Eigeninteresse daran haben, höhere Löhne als den Reservationslohn zu zahlen. Wir wollen nun beide Ansätze nacheinander betrachten.

7.3.1 Lohnverhandlungen

Lohnverhandlungen können als kollektive Lohnverhandlung zwischen Gewerkschaften und Arbeitgebervertretern oder als individuelle Lohnverhandlung zwischen dem einzelnen Arbeitnehmer und seinem Arbeitgeber geführt werden. Überlegen wir uns zuerst, über wie viel Verhandlungsmacht ein einzelner Arbeitnehmer verfügt. Dies hängt von mehreren Faktoren ab. Zunächst spielt eine Rolle, welche Kosten dem Unternehmen entstünden, wenn der Arbeitnehmer das Unternehmen verlässt. Weiterhin ist entscheidend, wie schwer es für ihn wäre, eine neue Beschäftigung zu finden, wenn er das Unternehmen verlassen würde. Je höher die Kosten sind, die dem Unternehmen entstehen, wenn es den Arbeitnehmer ersetzen will, und je einfacher es für den Arbeitnehmer ist, eine neue Beschäftigung zu finden, desto größer dessen Verhandlungsmacht. Daraus ergeben sich zwei Implikationen:

- Über wie viel Verhandlungsmacht ein Arbeitnehmer verfügt, hängt zum einen von der Art seines Jobs ab. Einen Arbeiter bei McDonald's zu ersetzen, verursacht dem Unternehmen fast keine Kosten. Ein Bewerber kann schnell angelernt werden und im Normalfall stehen bereits viele Bewerber auf der Warteliste. Unter solchen Bedingungen ist es unwahrscheinlich, dass der Arbeitnehmer über Verhandlungsmacht verfügt. Wenn er einen höheren Lohn fordert, dann kann ihn das Unternehmen entlassen und zu minimalen Kosten ersetzen. Ein gut ausgebildeter Arbeitnehmer dagegen, der die Arbeitsabläufe des Unternehmens sehr gut kennt, ist wahrscheinlich sehr schwierig und nur unter hohen Kosten zu ersetzen. Deshalb hat er eine bessere Verhandlungsposition. Wenn er einen höheren Lohn fordert, dann kommt das Unternehmen eher zu dem Schluss, dass es am besten ist, den höheren Lohn zu zahlen.
- Die Verhandlungsmacht hängt aber auch von der Lage am Arbeitsmarkt ab. Bei niedriger Arbeitslosenquote ist es für Unternehmen schwierig, geeigneten Ersatz zu finden; gleichzeitig ist es für Arbeitnehmer einfacher, einen anderen Job zu finden. Wenn die Verhandlungsposition der Arbeitnehmer gut ist, sind sie eher in der Lage, einen höheren Lohn auszuhandeln. Bei hoher Arbeitslosenquote dagegen wird es für Unternehmen leichter, einen guten Ersatz zu finden, während es für Arbeitnehmer schwieriger wird, einen anderen Job zu finden. Die Verhandlungsposition der Arbeitnehmer ist schlecht; deshalb haben sie kaum eine andere Wahl als einen niedrigeren Lohn zu akzeptieren.

Insbesondere für Tätigkeiten, die für das Funktionieren eines Unternehmens zentral sind, ist eine niedrigere Fluktuation von besonderer Bedeutung. Ein Beispiel kann dies verdeutlichen: Vor dem 11. September 2001 wurden die Beschäftigten in der Flughafensicherung in den USA zu niedrigen Löhnen eingestellt. Man akzeptierte die daraus resultierende hohe Fluktuation. Mittlerweile hat die Flughafensicherung eine viel höhere Priorität bekommen. Man versucht nun, die Arbeit attraktiver zu machen und eine bessere Bezahlung zu gewährleisten, um höher motivierte und kompetentere Bewerber zu bekommen und um die Fluktuation zu verringern.

Was ändert sich, wenn anstelle von individuellen Verhandlungen Tarifverhandlungen unter Beteiligung von Gewerkschaften geführt werden? Grundsätzlich bleiben beide Ergebnisse unverändert: Weiterhin gilt, dass nur schwer ersetzbare Arbeitnehmer eine bessere Verhandlungsposition haben – ein gewerkschaftlich organisierter Mitarbeiter von McDonald's ist relativ leicht durch einen Kandidaten ohne Gewerkschaftsmitgliedschaft zu ersetzen. Im Interesse der Jobsicherheit ihrer Mitglieder dürfte die Gewerkschaft der McDonald's-Mitarbeiter deswegen besondere Vorsicht bei Lohnerhöhungen walten lassen. Ebenso verschlechtert eine höhere Arbeitslosenquote die Verhandlungsposition der Gewerkschaft. Trotzdem spielt es natürlich eine Rolle, ob Gewerkschaften am Lohnfindungsprozess teilnehmen oder nicht.

7.3.2 Effizienzlöhne

Nicht nur die Verhandlungsmacht der Arbeitnehmer kann zu höheren Löhnen führen. Auch die Unternehmen selbst haben unter Umständen einen Anreiz, einen Lohn über dem Reservationslohn zu zahlen. Die Unternehmen sind nämlich daran interessiert, dass ihre Beschäftigten produktiv sind. Ein höherer Lohnsatz hilft ihnen, dieses Ziel zu erreichen. Dies gilt insbesondere für den Fall, dass der Arbeitgeber über die Qualifikation und Motivation seiner Mitarbeiter nur unvollständig informiert ist (vgl. hierzu die Fokusbox *„Effizienzlöhne und asymmetrische Informationsverteilung"*).

FOKUS

Effizienzlöhne und asymmetrische Informationsverteilung

Effizienzlöhne spielen vor allem deshalb eine große Rolle, weil Arbeitgeber oft nur unvollständig über die Qualität ihrer Mitarbeiter informiert sind. In der **Mikroökonomie** werden Situationen, in denen einer Partei mehr Informationen zur Verfügung stehen als der anderen als Situationen mit asymmetrischer (ungleicher) Informationsverteilung beschrieben. Wie wirkt sich asymmetrische Information auf die Höhe der Löhne aus?

Stellen wir uns zunächst einen Arbeitgeber vor, der den Arbeitseinsatz seiner Mitarbeiter nicht perfekt beobachten kann. Der Arbeitnehmer kann sich entweder anstrengen oder sich auf Kosten des Arbeitgebers vor der Arbeit drücken. Wenn der Arbeitgeber das Verhalten seines Mitarbeiters genau beobachten kann, wird er Mittel und Wege finden, ihn zu mehr Anstrengung zu bewegen – er droht ihm mit Kündigung oder Lohneinbußen. Wenn der Arbeitgeber aber nur mit einer gewissen Wahrscheinlichkeit mitbekommt, dass sein Mitarbeiter nicht den gewünschten Einsatz zeigt (es herrscht asymmetrische Information bzgl. des Arbeitseinsatzes), ist er mit folgendem Problem konfrontiert: Der Arbeitnehmer wird zwischen Kosten und Nutzen des Faulseins abwägen.

Der Nutzen des Faulseins besteht einfach in der Vermeidung der Mühe, hart zu arbeiten. Die Kosten des Faulseins bestehen in der Wahrscheinlichkeit, entdeckt zu werden, multipliziert mit den Lohneinbußen, die nach einer Entdeckung (z.B. durch die Entlassung aus dem Unternehmen oder durch geringere Aufstiegschancen) zu ertragen sind. Wenn wir annehmen, dass die Möglichkeiten des Arbeitgebers begrenzt sind, allzu träge Mitarbeiter zu identifizieren, wird der Arbeitnehmer nur dann hart arbeiten, wenn seine Einbußen im Fall einer Entdeckung entsprechend groß sind. Der Arbeitgeber wird deshalb versuchen, diese Einbußen entsprechend anzuheben. Eine Möglichkeit dies zu tun, besteht darin, ihm einen höheren Lohn zu zahlen – den Effizienzlohn.

Die Gefahr unerwünschten Fehlverhaltens infolge von asymmetrischer Information wird von Ökonomen als moralisches Risiko (Moral Hazard) bezeichnet. Asymmetrische Information kann aber noch einen zweiten Effekt haben, der sich ebenfalls auf die Lohnhöhe auswirkt. Ausgangspunkt ist diesmal die unvollständige Kenntnis der Qualifikation eines Mitarbeiters. Meist bewerben sich auf eine bestimmte Stelle Kandidaten mit sehr unterschiedlichen Fähigkeiten. Der Arbeitgeber möchte diejenigen an sein Unternehmen binden, die die höchste Qualifikation aufweisen. Deshalb wird er Arbeitnehmer mit hoher Produktivität gut bezahlen, weil diese mit größerer Wahrscheinlichkeit auch anderswo unterkommen. Arbeitnehmer mit niedrigerer Qualifikation sollen hingegen einen geringeren Lohn erhalten.

Üblicherweise werden zunächst bestimmte Auswahlkriterien herangezogen, wie der Schulabschluss oder die Examensnote. Bleiben aber nach Anwendung dieser Kriterien immer noch verschiedene Kandidaten übrig, wird eine Unterscheidung immer schwieriger. Der Arbeitgeber erkennt wiederum nur mit einer gewissen Wahrscheinlichkeit, ob ein Kandidat qualifiziert ist oder nicht. Wie soll er sich in dieser Situation verhalten? Welchen Lohn sollte er dem zukünftigen Mitarbeiter anbieten? Jeden nach seinen Fähigkeiten zu entlohnen ist aufgrund der asymmetrischen Informationsverteilung nicht möglich.

Eine Lösung könnte darin bestehen, einen durchschnittlichen Lohn anzubieten: Kennt der Arbeitgeber die durchschnittliche Qualifikation der Kandidaten, könnte er auf die Idee kommen, einfach den Mittelwert aus hohen und niedrigen Löhnen zu wählen. Allerdings hat diese Lösung einen Haken, der von Ökonomen als adverse Selektion (ungünstige Auswahl) bezeichnet wird: Wird der Durchschnittslohn bezahlt, erhalten alle Kandidaten mit einer niedrigen Produktivität einen unangemessen hohen Lohn – für sie wird die Stelle besonders interessant, weil ihre Chancen, einen solchen Lohn anderswo zu bekommen, eher niedrig sind.

Andererseits werden alle hochqualifizierten Kandidaten darauf spekulieren, dass ein anderer Einstellungschef ihre Fähigkeiten besser zu beurteilen weiß. Sie werden den Job vielleicht annehmen, sich aber gleichzeitig anderswo bewerben. Am Ende verbleiben nur die wenig qualifizierten Kandidaten im Unternehmen und die Gesamtproduktivität sinkt. Um einen solchen Selbstselektionsprozess zu verhindern, kann es sich für ein Unternehmen auszahlen, einen Lohn anzubieten, der über dem durchschnittlichen Marktniveau liegt – den **Effizienzlohn**.

Wenn es beispielsweise eine Weile dauert, bis ein Arbeitnehmer lernt, wie er eine Aufgabe korrekt erledigt, dann ist es für das Unternehmen vorteilhaft, wenn er dem Unternehmen über längere Zeit erhalten bleibt. Wenn der Beschäftigte jedoch nur seinen Reservationslohn erhält, dann ist er indifferent zwischen Bleiben oder Wechseln. Viele Beschäftigte werden sich in dieser Situation fürs Wechseln entscheiden; die Fluktuation wird hoch sein. Zahlt das Unternehmen dagegen einen Lohn über dem Reservationslohn, dann ist es für die Beschäftigten attraktiv zu bleiben. Die Fluktuation im Unternehmen wird dadurch reduziert und die Produktivität nimmt zu.

Hinter diesem Beispiel steht eine allgemein gültige Einsicht: Die meisten Unternehmen wollen, dass ihre Beschäftigten mit ihrem Job zufrieden sind. Zufriedenheit fördert ein gutes Arbeitsergebnis, dadurch erhöht sich die Produktivität. Einen höheren Lohn zu zahlen, ist ein Instrument, um dieses Ziel zu erreichen. Die Fokusbox *„Effizienzlöhne – Von Henry Ford bis Jeff Bezos"* vertieft diese Einsicht.

FOKUS

Effizienzlöhne – Von Henry Ford bis Jeff Bezos

1914 machte Henry Ford, der Hersteller des damals beliebtesten Autos der Welt, des T-Modells, eine erstaunliche Ankündigung. Sein Unternehmen würde allen qualifizierten Angestellten mindestens 5 $ am Tag für einen 8-Stunden-Tag bezahlen. Dies bedeutete für die meisten Angestellten, die vorher durchschnittlich 2,30 $ für einen 9-Stunden-Tag erhalten hatten, eine deutliche Einkommenserhöhung. Das Unternehmen erzielte damals zwar hohe Gewinne, eine Lohnerhöhung in diesem Ausmaß war dennoch nicht unproblematisch. Sie machte die Hälfte des damaligen Unternehmensgewinns aus.

Es ist nicht völlig klar, worin Henry Fords Motivation bestand. Er selbst gab so viele verschiedene Gründe an, dass es unmöglich ist, herauszufinden, von welchem Argument er wirklich überzeugt war. Sein Unternehmen hatte auch zum niedrigeren Lohnsatz keine Schwierigkeiten, genügend Arbeiter zu finden, sodass dies als mögliche Erklärung ausscheidet. Es war für das Unternehmen jedoch schwierig, die Arbeiter lange im Unternehmen zu halten. Die Fluktuation war hoch, die Unzufriedenheit der Arbeiter auch.

Was auch immer die Gründe für Fords Entscheidung gewesen sein mögen, die Auswirkungen der Lohnerhöhung waren erstaunlich. Sie sind in **Tabelle 1** dargestellt.

Die jährliche Fluktuationsrate (das Verhältnis von Arbeitern, die das Unternehmen verlassen, zur Gesamtzahl der Beschäftigten) fiel von 370% im Jahr 1913 auf 16% im Jahr 1914. (Eine jährliche Fluktuationsrate von 370% bedeutet, dass im Monat durchschnittlich 31% der Beschäftigten das Unternehmen verlassen, sodass sich für das ganze Jahr eine Fluktuationsrate von 31% × 12 = 370% ergibt.) Die Entlassungsrate fiel von 62% auf nahezu 0%. Andere Kennzahlen weisen in dieselbe Richtung. Die durchschnittliche Abwesenheitsrate (in der Tabelle nicht enthalten) lag 1913 noch bei 10% und fiel im folgenden Jahr auf 2,5%. Unstrittig waren die höheren Löhne für diese Entwicklung verantwortlich.

Hat die Produktivität im Ford-Werk genügend zugenommen, um die durch die höheren Löhne gestiegenen Kosten aufzufangen? Diese Frage kann nicht so eindeutig beantwortet werden. Die Produktivität war 1914 viel höher als 1913: Schätzungen gehen von einem Anstieg der Produktivität um 30 bis 50% aus. Trotz der höheren Löhne waren auch die Gewinne 1914 größer als 1913. Aber wie viel von dieser Gewinnsteigerung auf Verhaltensänderungen der Arbeiter zurückzuführen ist, und wie viel auf den zunehmenden Verkaufserfolg des T-Modells, ist schwer festzustellen.

Die bei Ford beobachteten Entwicklungen unterstützen die Effizienzlohntheorien, dennoch war die Lohnerhöhung auf 5 $ pro Tag zumindest unter dem Aspekt der Gewinnmaximierung wohl doch etwas hoch angesetzt. Henry Ford verfolgte jedoch wahrscheinlich noch andere Ziele, wie den Versuch, die Gewerkschaften nicht in seinem Unternehmen Fuß fassen zu lassen. Dies ist ihm gelungen. Auch mit der Absicht, Werbung für sich und sein Unternehmen zu machen, war er erfolgreich. In den letzten Jahren beobachten wir ein ähnliches Experiment. Jeff Bezos verkündete im Oktober 2018, Amazon werde den Mindestlohn für seine 250.000 regulären Arbeitskräfte und auch für die 100.000 Saisonarbeiter in den USA auf 15 $ anheben – verglichen mit einem staatlichen Mindestlohn von 7,50 $. Ein

Grund dafür war sicher das Bestreben, bei dem angespannten Arbeitsmarkt Arbeitskräfte zu gewinnen und zu halten. Ein weiterer Grund wohl, das negative Image von Amazon zu verbessern. Und schließlich könnte Amazon – genau wie Ford damals – so versuchen, Arbeitsmoral und Produktivität zu verbessern. Noch ist es zu früh, die Auswirkungen zu beurteilen.

	1913	1914	1915
Fluktuationsrate	370	54	16
Entlassungsrate	62	7	0,1

Tabelle 1 Jährliche Fluktuationsrate und Entlassungsrate (%) bei Ford, 1913–1915

Quelle: Dan Raff und Lawrence Summers, „Did Henry Ford Pay Efficiency Wages?" Journal of Labor Economics 1987, Vol. 5, No. 4, S. 557–586. Louisa Matsakis, Why Amazon Really Raised Its Minimum Wage to $15, Wired, 2.10.2018 https://www.wired.com/story/why-amazon-really-raised-minimum-wage/

Was auch immer die Gründe für Fords Entscheidung gewesen sein mögen, die Auswirkungen der Lohnerhöhung waren erstaunlich. Sie sind in ▶ **Tabelle 1** dargestellt.

Wie aus den Theorien, die die Verhandlungsmacht der Arbeitnehmer in den Mittelpunkt stellen, folgt auch aus den Effizienzlohntheorien, dass die Höhe der Löhne sowohl von der Art der Beschäftigung als auch von der Lage am Arbeitsmarkt abhängt.

- Unternehmen – wie etwa High-Tech-Unternehmen – für die Qualifikation, Arbeitsmoral und Engagement ihrer Beschäftigten essenziell sind, zahlen höhere Löhne als Unternehmen in Branchen, in denen die Arbeitsabläufe mehr durch Routine geprägt sind.
- Die Lage auf dem Arbeitsmarkt beeinflusst die Höhe der Löhne. Eine niedrige Arbeitslosenquote macht es für die Beschäftigten attraktiver zu kündigen: Wenn die Arbeitslosenquote niedrig ist, dann ist es leicht, einen anderen Job zu finden. Wenn die Arbeitslosenquote sinkt, bedeutet dies für ein Unternehmen, das vermehrte Kündigungen vermeiden will, dass es seine Löhne erhöhen muss, um den Beschäftigten einen Anreiz zu geben, im Unternehmen zu verbleiben. Daher wird eine niedrige Arbeitslosenquote zu höheren Löhnen führen.

7.3.3 Löhne, Preise und Arbeitslosigkeit

Die bisherige Diskussion können wir mit Hilfe der folgenden Gleichung zusammenfassen:

$$W = P^e F(\underset{(-,+)}{u, z}) \qquad (7.1)$$

Hierbei stellt W den aggregierten Nominallohn dar. Der aggregierte Nominallohn ist der durchschnittliche Lohn in Geldeinheiten, also der Betrag, den ein durchschnittlicher Arbeitnehmer am Ende des Monats bekommt. W hängt von drei Faktoren ab:

- W ist umso größer, je höher das erwartete Preisniveau P^e ist.
- W ist umso niedriger, je höher die Arbeitslosenquote u ist.
- W ist umso größer, je höher der Wert der Sammelvariable z ist. z erfasst alle anderen Variablen, die das Ergebnis der Lohnfestsetzung beeinflussen könnten.

Betrachten wir nacheinander jeden dieser drei Faktoren:

Das erwartete Preisniveau

Lassen wir zunächst den Unterschied zwischen dem erwarteten und dem tatsächlichen Preisniveau beiseite und stellen die Frage: Warum beeinflusst das Preisniveau P die Höhe der Löhne?

Die Antwort auf diese Frage lautet: Sowohl für Arbeitnehmer wie auch für Unternehmen ist der Reallohn *W/P* die entscheidende Größe, nicht der Nominallohn. Die Gründe hierfür sind leicht nachzuvollziehen:

- Für die Arbeitnehmer ist es nicht entscheidend, wie viele Euro sie erhalten, sondern wie viele Güter und Dienstleistungen sie mit ihren Löhnen kaufen können. Anders ausgedrückt: Entscheidend ist die Höhe des Lohns, ausgedrückt in Gütereinheiten, der Reallohn *W/P*. Steigen die Preise der Güter, kann man sich mit einem gegebenen Nominallohn weniger leisten – der Reallohn sinkt.
- Genauso ist es für die Unternehmen nicht entscheidend, welchen Nominallohn sie ihren Beschäftigten zahlen, sondern welchen Nominallohn sie im Verhältnis zum Preis des produzierten Outputs zahlen. Demnach ist auch für die Unternehmen der Reallohn *W/P* die entscheidende Größe. Steigen die Preise der Güter, die ein Unternehmen verkauft, während der Nominallohn gleich bleibt, erhält das Unternehmen bei gleichen Kosten eine höhere Einnahme – der Reallohn sinkt.

Kurz: $P^e\uparrow \Rightarrow W\uparrow$

Würde ein Arbeitnehmer erwarten, dass sich das Preisniveau – der Preis der Güter, die er kauft – verdoppelt, dann würde er eine Verdopplung seines Nominallohns fordern. Würden die Unternehmen erwarten, dass sich das Preisniveau – der Preis der Güter, die sie verkaufen – verdoppelt, dann wären sie bereit, die Nominallöhne zu verdoppeln. Würden daher sowohl die Arbeitnehmer als auch die Unternehmen eine Verdopplung des Preisniveaus erwarten, würden sie übereinkommen, die Nominallöhne zu verdoppeln. Die Reallöhne *W/P* würden dadurch konstant bleiben, weil Zähler und Nenner im gleichen Ausmaß zunehmen. Gleichung (7.1) erfasst diesen Zusammenhang: Eine Verdopplung des erwarteten Preisniveaus führt zu einer Verdopplung der Nominallöhne, die in den Lohnverhandlungen festgesetzt werden.

Gehen wir nun auf den Unterschied zwischen dem erwarteten und dem tatsächlichen Preisniveau ein, den wir am Anfang des Abschnitts zurückgestellt haben: Warum hängen die Nominallöhne vom erwarteten Preisniveau P^e und nicht vom tatsächlichen Preisniveau *P* ab? Die Antwort lautet, dass die Löhne für einen bestimmten Zeitraum in der Zukunft in nominalen Einheiten (Euro) festgelegt werden. Zum Zeitpunkt der Lohnfestsetzung ist aber das relevante tatsächliche Preisniveau noch nicht bekannt.

Beispielsweise werden in den Tarifverträgen, die in Deutschland abgeschlossen werden, die Nominallöhne im Normalfall für mindestens ein Jahr im Voraus festgelegt. Gewerkschaften und Arbeitgeber müssen entscheiden, wie sich die Nominallöhne über den Zeitraum der Vertragsdauer entwickeln; sie können dabei nur von ihren Erwartungen bezüglich des tatsächlichen Preisniveaus für diesen Zeitraum ausgehen. Selbst wenn die Löhne ausschließlich von den Unternehmen festgesetzt werden oder wenn sie in individuellen Verhandlungen zwischen einem Unternehmen und einem Arbeitnehmer ausgehandelt werden, umfasst der Zeitraum im Normalfall ein Jahr. Wenn sich das tatsächliche Preisniveau im Lauf dieses Jahres unerwartet erhöht, dann werden die Nominallöhne im Normalfall nicht angepasst. In den folgenden drei Kapiteln beschäftigen wir uns damit, wie Beschäftigte und Unternehmen ihre Erwartungen über das Preisniveau bilden, an dieser Stelle gehen wir darauf noch nicht näher ein.

Die Arbeitslosenquote

Der aggregierte Lohnsatz *W* in Gleichung (7.1) hängt auch von der Arbeitslosenquote u ab. Das Minuszeichen unter der Arbeitslosenquote soll zum Ausdruck bringen, dass ein Anstieg der Arbeitslosenquote zu einem Sinken der Löhne führt.

Kurz: $u\uparrow \Rightarrow W\downarrow$

Die Erkenntnis, dass die Löhne von der Arbeitslosenquote abhängen, haben wir aus unserer vorangegangenen Diskussion über die Festsetzung des Lohnsatzes gewonnen. Wenn wir davon ausgehen, dass die Löhne im Rahmen von Verhandlungen festgesetzt werden, dann wird die Verhandlungsposition der Arbeitnehmer durch eine höhere Arbeitslosenquote geschwächt und sie sind gezwungen, niedrigere Löhne zu akzeptieren. Wenn wir davon ausgehen, dass die Löhne gemäß den Effizienzlohntheorien festgesetzt werden, dann ermöglicht eine höhere Arbeitslosenquote den Unternehmen, niedrigere Löhne zu zahlen, ohne einen Motivationsverlust ihrer Beschäftigten befürchten zu müssen.

Die anderen Faktoren

Die dritte Variable in Gleichung (7.1), z, ist eine sogenannte Sammelvariable. Sie repräsentiert alle anderen Größen, die bei gegebenem erwarteten Preisniveau und gegebener Arbeitslosenquote die Löhne beeinflussen. Wir definieren z so, dass ein Anstieg von z einen Anstieg der Löhne impliziert (aus diesem Grund das Pluszeichen unter der Variable z). Aus unserer vorangegangenen Diskussion lässt sich eine lange Liste von potenziellen Einflussfaktoren ableiten, die alle in der Variable z zusammengefasst werden.

Kurz: $z\uparrow \Rightarrow W\uparrow$

Betrachten wir als Beispiel zunächst die Arbeitslosenversicherung – die Zahlung von Arbeitslosengeld an Arbeitnehmer, die ihre Beschäftigung verloren haben. Es gibt gute Argumente dafür, warum die Gesellschaft eine Arbeitslosenversicherung für Arbeitnehmer einrichten sollte, die ihre Beschäftigung verloren haben und für die es schwierig ist, eine neue Beschäftigung zu finden. Dennoch lässt sich nicht abstreiten, dass eine großzügige Arbeitslosengeldregelung dazu führt, dass das Risiko der Arbeitslosigkeit viel von seinem Schrecken einbüßt. Mit anderen Worten: Eine Erhöhung des Arbeitslosengeldes erhöht den Reservationslohn. In der Folge steigen die Löhne bei gegebener Arbeitslosenquote. Nehmen wir als extremes Beispiel an, dass eine Arbeitslosenversicherung gar nicht existiert. Die Arbeitnehmer müssten dann selbst extrem niedrige Löhne akzeptieren, um zu überleben. In der Realität jedoch existiert eine Arbeitslosenversicherung. Sie ermöglicht es den Arbeitslosen, höhere Löhne zu fordern. In diesem Fall können wir z als Maß für die Höhe des Arbeitslosengeldes interpretieren: Bei gegebener Arbeitslosenquote führt ein höheres Arbeitslosengeld zu einem Anstieg der Löhne.

Es ist nicht schwierig, weitere Einflussfaktoren zu finden, die durch die Sammelvariable z repräsentiert werden. Eine Erhöhung des gesetzlichen Mindestlohns oder der Sozialhilfe hat ähnliche Effekte auf die Löhne oberhalb von Mindestlohn bzw. Sozialhilfe. Dies wiederum führt zu einem Anstieg des durchschnittlichen Lohnsatzes W bei gegebener Arbeitslosenquote. Ein anderes Beispiel ist ein verbesserter Kündigungsschutz, der es für die Unternehmen teurer macht, Beschäftigte zu entlassen. Derartige Maßnahmen stärken die Verhandlungsposition der Beschäftigten, die durch den Kündigungsschutz geschützt sind. (Für Unternehmen wird es teurer, Beschäftigte zu entlassen und dafür andere einzustellen.) Auch dadurch wird der Lohnsatz bei gegebener Arbeitslosenquote ansteigen. Auf einige dieser Einflussfaktoren gehen wir im Rahmen der weiteren Analyse ein.

7.4 Wie Preise festgesetzt werden

Nachdem wir analysiert haben, wie die Löhne zustande kommen, beschäftigen wir uns nun damit, wie die Preise festgesetzt werden.

Wir gehen hierbei davon aus, dass die Preise von den Kosten abhängen. Die Kosten wiederum hängen von den Preisen der eingesetzten Inputs ab sowie davon, welche Inputs zur Produktion eingesetzt werden. Dies hängt von der Produktionsweise der Unternehmen ab, die durch eine **Produktionsfunktion** beschrieben werden kann. Um die Analyse so überschaubar wie möglich zu halten, nehmen wir zunächst an, dass die Unternehmen nur mit einem Produktionsfaktor, dem Faktor Arbeit, produzieren. Ihre Produktionsfunktion weist dann folgende Form auf:

$$Y = AN$$

Y bezeichnet die Produktion, N die Beschäftigung und A die **Arbeitsproduktivität**. Diese Formulierung der Produktionsfunktion impliziert eine konstante Arbeitsproduktivität – die Produktion je Beschäftigten nimmt den Wert A an. Was besagt diese Produktionsfunktion? Wenn das Unternehmen die Anzahl der Beschäftigten N verdoppelt, dann kann es dadurch auch die Produktion verdoppeln.

In der Mikroökonomie sprechen wir in diesem Zusammenhang von einem konstanten Grenzprodukt der Arbeit.

Wenn sich die Produktivität je Beschäftigten, also die Anzahl an Gütern, die ein Arbeitnehmer in einem gewissen Zeitraum produzieren kann, verdoppelt, dann verdoppelt sich ebenfalls die Produktionsleistung.

Natürlich handelt es sich bei einer solchen Produktionsfunktion um eine starke Vereinfachung. So wird in der Realität nicht nur Arbeit als Produktionsfaktor eingesetzt. Es werden auch Kapital – in Form von Maschinen und Produktionsanlagen – und Rohstoffe (wie etwa Öl) eingesetzt. Weiterhin steigt die Arbeitsproduktivität A durch technischen Fortschritt im Zeitverlauf stetig an. Wir werden diese Aspekte später einführen: In ▶ **Kapitel 9** werden wir Rohstoffe mit in die Analyse aufnehmen und die Ölkrisen der 1970er-Jahre betrachten. In den ▶ **Kapiteln 10** bis ▶ **13** werden wir die Rolle des Kapitals und des technischen Fortschritts in den Mittelpunkt der Analyse stellen. In diesem Kapitel jedoch vereinfacht uns die unterstellte Produktionsfunktion das Leben enorm; die zentralen Aussagen gelten auch in komplexeren Modellen.

Schließen wir Veränderungen der Arbeitsproduktivität A aus, ist A konstant. Wir können dann die Produktionseinheiten so wählen, dass ein Erwerbstätiger genau eine Einheit produziert – A nimmt dann den Wert eins an. Deshalb müssen wir den Parameter A nicht weiter beachten. Unter dieser Annahme können wir die Produktionsfunktion vereinfachen:

$$Y = N \tag{7.2}$$

Die Kosten sind $WN = WY$. Bei konstantem Lohn entsprechen die Grenzkosten gerade dem Lohnsatz W.

Bei der Produktionsfunktion $Y = N$ entsprechen die Kosten einer zusätzlichen Produktionseinheit gerade den Kosten der Beschäftigung eines zusätzlichen Erwerbstätigen, also dem Lohnsatz W. In der Mikroökonomie würden wir sagen, die Grenzkosten einer zusätzlichen Produktionseinheit entsprechen dem Lohnsatz W.

Würde auf den Gütermärkten vollkommener Wettbewerb herrschen, dann wäre der Preis einer Produktionseinheit gleich den Grenzkosten: P entspräche dem Lohnsatz W. Auf den meisten Gütermärkten herrscht jedoch kein vollkommener Wettbewerb. Die einzelnen Unternehmen berücksichtigen bei der Preissetzung ihre Marktmacht und verlangen einen Preis, der über den Grenzkosten liegt. Dieser Aufschlag ist umso höher, je weniger elastisch die Nachfrage auf Preissteigerungen reagiert. Weil sich alle Unternehmen so verhalten, liegt auch das allgemeine Preisniveau über den Grenzkosten (dabei vernachlässigen wir, dass manche Unternehmen über größere Marktmacht verfügen als andere). Deshalb nehmen wir an, dass die Unternehmen ihre Preise gemäß der folgenden Funktion festlegen:

$$P = (1 + \mu)W \tag{7.3}$$

Versuchen Sie, den Zusammenhang zwischen Marktmacht und Nachfrageelastizität abzuleiten (vgl. Aufgabe 6).

μ stellt einen Aufschlag auf die Kosten dar, der die Marktmacht der Unternehmen repräsentiert. Würde auf den Gütermärkten vollkommener Wettbewerb herrschen, dann wäre μ gleich null; der Preis entspräche dem Lohnsatz W. Je mehr die Unternehmen über Marktmacht verfügen, umso stärker liegt ihr Preis über dem Preis bei vollkommenem Wettbewerb, desto höher ist also μ. Der Preis P liegt um den Faktor $(1 + \mu)$ über dem Lohnsatz W.

7.5 Die natürliche Arbeitslosenquote

Bis zum Ende dieses Kapitels gehen wir also davon aus, dass $P^e = P$.

Wir wollen nun analysieren, welche Konsequenzen sich aus Lohn- und Preissetzung für die Arbeitslosenquote ergeben. Zunächst treffen wir hierzu noch eine weitere Annahme. Wir gehen davon aus, dass das tatsächliche Preisniveau P dem erwarteten Preisniveau P^e entspricht (später wird deutlich, was diese Annahme bedeutet). Unter dieser zusätzlichen Annahme determinieren die Lohn- und die Preissetzung die gleichgewichtige Arbeitslosenquote.

7.5.1 Die Lohnsetzungsgleichung

Entspricht das tatsächliche Preisniveau P dem erwarteten Preisniveau P^e, dann ergibt sich aus Gleichung (7.1), die die Lohnsetzung beschreibt:

$$W = PF(u, z)$$

Dividieren wir beide Seiten durch das tatsächliche Preisniveau P, so erhalten wir:

$$\frac{W}{P} = F(\underset{(-,+)}{u, z}) \qquad (7.4)$$

Die Lohnsetzung impliziert einen negativen Zusammenhang zwischen Arbeitslosenquote u und Reallohn W/P: Je höher die Arbeitslosenquote, desto niedriger der Reallohn, der von den an der Lohnsetzung Beteiligten festgesetzt wird. Die Intuition ist klar: Je höher die Arbeitslosenquote, desto schlechter die Verhandlungsposition der Beschäftigten, umso niedriger also der Reallohn.

Der Zusammenhang zwischen dem Reallohn und der Arbeitslosenquote – wir nennen ihn **Lohnsetzungsgleichung** – ist in ▸ **Abbildung 7.8** eingezeichnet. Der Reallohn wird auf der vertikalen Achse abgetragen, die Arbeitslosenquote auf der horizontalen Achse. Die Lohnsetzungsgleichung ist die fallende Kurve *WS* (*WS* steht für *„wage setting“*). Je höher die Arbeitslosenquote, desto niedriger der Reallohn.

An der Lohnsetzung können je nach Situation auf dem Arbeitsmarkt unterschiedliche Gruppen beteiligt sein. Wenn der Lohnsatz in Tarifverhandlungen ausgehandelt wird, verhandeln Gewerkschaften und Arbeitgeber. Der Lohnsatz kann aber auch in individuellen Lohnverhandlungen festgesetzt werden. Manchmal, wenn Unternehmer den Lohnsatz auf einer take-it-or-leave-it-Basis festlegen, haben Arbeitnehmer gar keinen Lohnsetzungsspielraum.

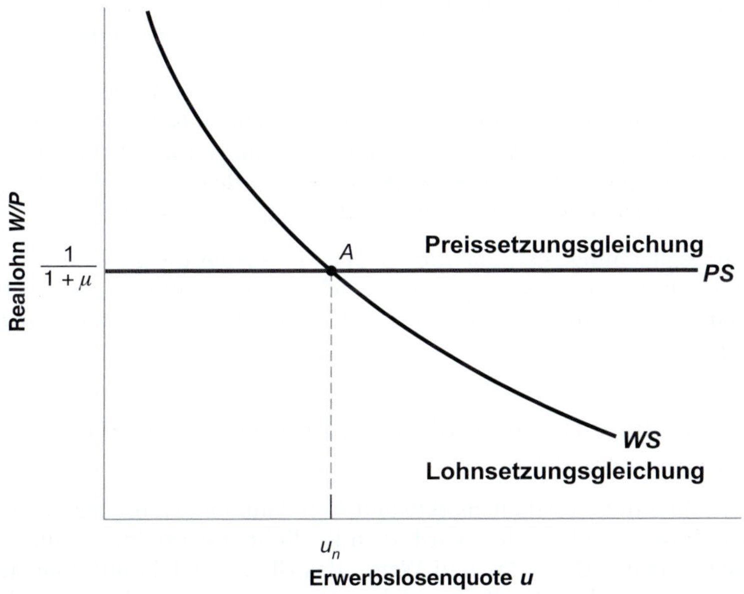

Abbildung 7.8 Lohnsetzungsgleichung, Preissetzungsgleichung und natürliche Arbeitslosenquote. Der im Rahmen der Lohnsetzung gewählte Reallohn ist eine fallende Funktion der Arbeitslosenquote. Der durch die Preissetzung implizierte Reallohn ist konstant und unabhängig von der Arbeitslosenquote. Die natürliche Arbeitslosenquote ist die Arbeitslosenquote, die sich ergibt, wenn der im Rahmen der Lohnsetzung gewählte Reallohn dem durch die Preissetzung implizierten Reallohn entspricht.

7.5.2 Die Preissetzungsgleichung

Die Preise werden von den Unternehmen festgesetzt. Dividieren wir beide Seiten der **Preissetzungsgleichung** (7.3) durch den Nominallohn *W*, erhalten wir:

$$\frac{P}{W} = 1 + \mu \tag{7.5}$$

Aufgrund der Marktmacht der Unternehmen bei der Festsetzung ihrer Preise entspricht das Verhältnis zwischen dem Preisniveau *P* und dem Lohnsatz *W* genau eins plus dem **Gewinnaufschlag**, also $(1 + \mu)$. Bilden wir auf beiden Seiten den Kehrwert, dann ergibt sich der Reallohn, der durch das Preissetzungsverhalten impliziert wird:

$$\frac{W}{P} = \frac{1}{1 + \mu} \tag{7.6}$$

Diese Gleichung besagt: Die Entscheidung der Unternehmen, wie sie ihre Preise festlegen, wirkt sich auch auf den Reallohn aus. Ein höherer Gewinnaufschlag führt dazu, dass die Unternehmen ihre Preise bei gegebenen Nominallöhnen erhöhen. Dies bedeutet aber gleichzeitig einen Rückgang des Reallohns.

Algebraisch betrachtet ist der Schritt von Gleichung (7.5) zu Gleichung (7.6) trivial. Aber wie sich das Preissetzungsverhalten auf den Reallohn auswirkt, ist nicht ganz so offensichtlich. Betrachten wir den Zusammenhang genauer: Nehmen wir an, das Unternehmen, bei dem wir beschäftigt sind, erhöht seinen Gewinnaufschlag und dadurch den Preis seines Produktes. Unser Reallohn verändert sich dadurch kaum. Wir erhalten immer noch denselben Nominallohn. Das im eigenen Unternehmen produzierte Gut macht nur einen ganz kleinen Teil des von uns konsumierten Warenkorbes aus. Wenn aber nicht nur das Unternehmen, bei dem wir beschäftigt sind, seinen Gewinnaufschlag erhöht, sondern alle Unternehmen in der gesamten Volkswirtschaft, dann steigen die Preise aller Güter. Obwohl der Nominallohn gleich bleibt, sinkt deshalb unser Reallohn. Daraus folgt: Der Reallohn ist umso niedriger, je höher der Gewinnaufschlag.

Die Preissetzungsgleichung aus Gleichung (7.6) ist in ▶ **Abbildung 7.8** als die horizontale Gerade *PS* (*PS* steht für *„price setting“*) eingezeichnet. Der Reallohn, der durch das Preissetzungsverhalten der Unternehmen impliziert wird, ist $1/(1+\mu)$ und unabhängig von der Arbeitslosenquote.

7.5.3 Der gleichgewichtige Reallohn und die gleichgewichtige Arbeitslosenquote

Die gleichgewichtige Arbeitslosenquote ist die Arbeitslosenquote, für die gilt, dass der Reallohn, der im Rahmen der Lohnsetzung festgelegt wird – die linke Seite von Gleichung (7.7) – dem Reallohn entspricht, der durch die Preissetzung impliziert wird – die rechte Seite von Gleichung (7.7).

Die übliche Definition von „natürlich“ lautet: In einem Zustand, der durch die Natur gegeben ist und nicht vom Menschen herbeigeführt wurde.

Ein Gleichgewicht auf dem Arbeitsmarkt stellt sich dann ein, wenn der Reallohn, der im Rahmen der Lohnsetzung festgelegt wird, dem Reallohn entspricht, der durch die Preissetzung impliziert wird. Diese Art und Weise, das Gleichgewicht auf dem Arbeitsmarkt zu beschreiben, mag vielleicht seltsam erscheinen, wenn man an die mikroökonomische Betrachtungsweise gewöhnt ist, die von Arbeitsangebot und Arbeitsnachfrage ausgeht. Der Zusammenhang zwischen den beiden Erklärungsansätzen, der Lohn- und Preissetzungsgleichung auf der einen Seite und dem Arbeitsangebot und der Arbeitsnachfrage auf der anderen Seite, ist aber enger, als man auf den ersten Blick vermutet. Im ▶ **Anhang** zu diesem Kapitel werden die beiden Erklärungsansätze gegenübergestellt.

In ▶ **Abbildung 7.8** befindet sich das Gleichgewicht demnach in Punkt *A*. Die gleichgewichtige Arbeitslosenquote bezeichnen wir mit u_n.

Wir können die gleichgewichtige Arbeitslosenquote u_n algebraisch darstellen. Wenn wir die Gleichungen (7.4) und (7.6) gleichsetzen, dann ergibt sich:

$$F(u_n, z) = \frac{1}{1 + \mu} \tag{7.7}$$

Die gleichgewichtige Arbeitslosenquote wird natürliche Arbeitslosenquote genannt (deshalb verwenden wir das tiefgestellte *n*). Da es sich dabei um eine Terminologie handelt, die zum Standard geworden ist, werden wir sie auch hier verwenden. Nichtsdestoweniger ist die Wortwahl nicht besonders geeignet. Der Begriff „natürlich" lässt vermuten, dass es sich bei der gleichgewichtigen Arbeitslosenquote um eine naturgegebene Konstante handelt, um eine Konstante, die weder durch Institutionen noch durch Politikmaßnahmen beeinflusst werden kann. Die Herleitung der natürlichen Arbeitslosenquote zeigt jedoch, dass sie alles andere als natürlich im eigentlichen Sinne des Wortes ist. Die Lage der Preissetzungskurve und der Lohnsetzungskurve, und damit auch die Lage der gleichgewichtigen Arbeitslosenquote, hängen sowohl von z als auch von μ ab. Betrachten wir zwei Beispiele:

- Eine Erhöhung des Arbeitslosengeldes. Eine Erhöhung des Arbeitslosengeldes kann durch einen Anstieg von z dargestellt werden: Da durch eine Erhöhung des Arbeitslosengeldes die Aussicht, arbeitslos zu werden, etwas von ihrem Schrecken einbüßt, steigt der Lohnsatz, der durch die an der Lohnsetzung Beteiligten bei einer gegebenen Arbeitslosenquote festgelegt wird. Damit verschiebt sich die Lohnsetzungsgleichung in ▶ **Abbildung 7.9** nach oben, von *WS* nach WS′. Die Wirtschaft bewegt sich entlang der Geraden *PS*, von *A* nach A′. Die natürliche Arbeitslosenquote steigt von u_n auf $u`_n$. In Worten: Bei gegebener Arbeitslosenquote führt eine Erhöhung des Arbeitslosengeldes zu einem höheren Reallohn. Eine höhere Arbeitslosenquote wird benötigt, um den Reallohn auf das Niveau zurückzuführen, das die Unternehmen bereit sind zu zahlen.

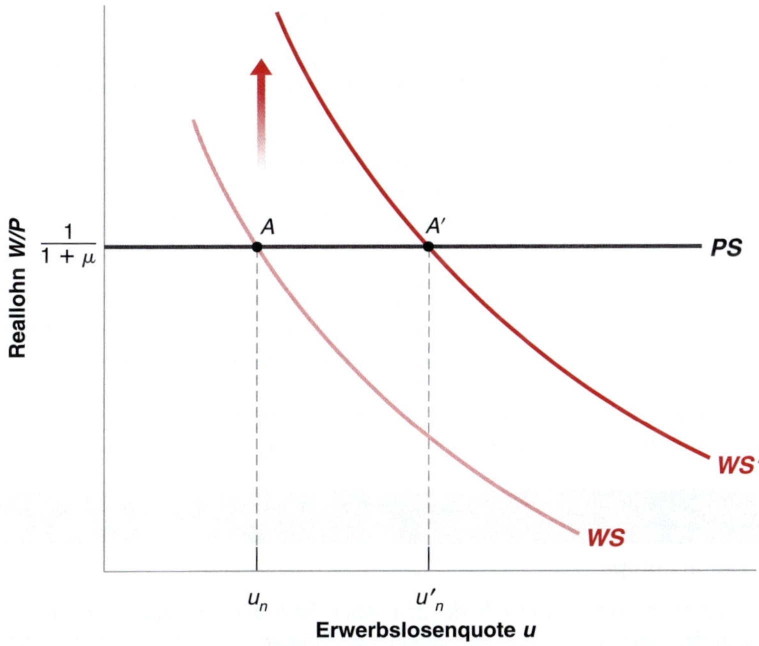

Abbildung 7.9 Die Auswirkungen einer Erhöhung der Arbeitslosenunterstützung auf die Höhe der natürlichen Arbeitslosenquote. Eine Erhöhung der Arbeitslosenunterstützung führt zu einem Anstieg der natürlichen Arbeitslosenquote.

- Eine weniger strenge Gesetzgebung gegen Wettbewerbsbeschränkungen. Wenn Unternehmen Preisabsprachen leichter treffen können und ihre Marktmacht dadurch ausbauen, erhöht sich der Gewinnaufschlag – μ steigt. Der Anstieg von μ impliziert ein Sinken des von den Unternehmen gezahlten Reallohns. Die Preissetzungsgleichung verschiebt sich dadurch nach unten, von *PS* nach PS′ in ▶ **Abbildung 7.10**. Die Volkswirtschaft bewegt sich entlang der Lohnsetzungsgleichung *WS*. Das Gleichgewicht verschiebt sich von *A* nach A′ und die natürliche Arbeitslosenquote erhöht sich von u_n auf $u`_n$.

In Worten: Eine weniger strenge Gesetzgebung gegen Wettbewerbsbeschränkungen ermöglicht es den Unternehmen, ihre Preise bei gegebenen Nominallöhnen zu erhöhen. Eine höhere Arbeitslosenquote wird benötigt, damit die Beschäftigten den gesunkenen Reallohn akzeptieren. Dies führt zu einem Anstieg der natürlichen Arbeitslosenquote.

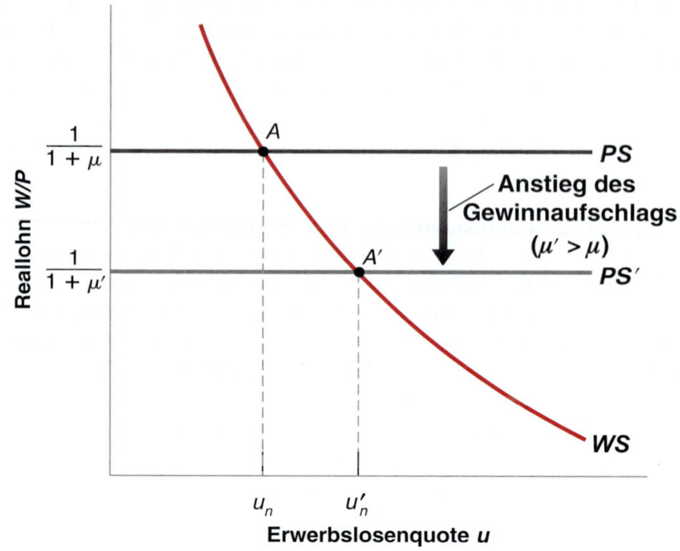

Abbildung 7.10 Unternehmerischer Gewinnaufschlag und natürliche Arbeitslosenquote. Eine Erhöhung des Gewinnaufschlags senkt den Reallohn und führt zu einer Erhöhung der natürlichen Arbeitslosenquote.

Die Bezeichnung „strukturelle Arbeitslosigkeit“ wurde von Edmund Phelps von der Columbia University vorgeschlagen. In den ▶ Kapiteln 8 und 24 werden wir auf weitere Beiträge von ihm eingehen.

Beispiele wie die Höhe des Arbeitslosengeldes oder die Wettbewerbsgesetzgebung können mit Sicherheit nicht als naturgegeben bezeichnet werden. Sie charakterisieren die Struktur einer Volkswirtschaft. Aus diesem Grund wäre es passender die natürliche Arbeitslosenquote als **Strukturelle Arbeitslosenquote** zu bezeichnen. Diese Bezeichnung hat sich jedoch bisher nicht durchsetzen können.

Weil Arbeitslosenquoten im Konjunkturverlauf schwanken, ist die natürliche Arbeitslosenquote nicht direkt beobachtbar. Wenn wir jedoch hinreichend lange Zeiträume betrachten, sollte die durchschnittliche Arbeitslosenquote ein guter Indikator für die natürliche Quote sein. Wie in der Fokusbox *„Arbeitslosigkeit in Europa“* gezeigt wird, gibt es zwischen den Ländern große Unterschiede bei den durchschnittlichen Arbeitslosenquoten. Die Identifizierung der Ursachen für diese Unterschiede ist eine wichtige politische Frage.

FOKUS

Arbeitslosigkeit in Europa

Die Arbeitslosenquote schwankt im Laufe der Zeit. Aber die Arbeitslosenquote in Europa war seit den 1980er-Jahren in der Regel höher als in den Vereinigten Staaten. Im Zeitraum 2000–2020 lag etwa die durchschnittliche Arbeitslosenquote im Euroraum bei 9,4% gegenüber 6,0% in den Vereinigten Staaten. Kritiker machen eine „Verkrustung des Arbeitsmarktes" für die höhere Arbeitslosigkeit in Europa verantwortlich. Dabei führen sie vor allem folgende Punkte an:

- **Großzügige Arbeitslosenunterstützung**. In vielen Ländern Europas ist das Arbeitslosengeld im Vergleich zum vorherigen Nettolohn oft hoch. Auch die Leistungsdauer – der Zeitraum, in dem Arbeitslose Anspruch auf diese Leistungen haben – erstreckt sich oft über mehrere Jahre.
- Vernünftig gestaltete Arbeitslosenunterstützung hat eine wichtige Absicherungsfunktion. Doch zu großzügige Leistungen laufen Gefahr, die Arbeitslosigkeit sogar zu erhöhen: Sie verringern die Anreize für Arbeitslose, sich nach einem Arbeitsplatz umzusehen. Sie tragen auch dazu bei, die Löhne zu erhöhen, die Unternehmen zahlen müssen. Die Diskussion über Effizienzlöhne in ▶ **Kapitel 7** zeigte: Je höher die Arbeitslosenunterstützung, desto höhere Löhne müssen die Unternehmen zahlen, um Arbeiter zu motivieren und zu halten.

- **Starker Kündigungsschutz**. Dazu gehören hohe Abfindungszahlungen, die Pflicht für Unternehmen, Entlassungen zu rechtfertigen, und die Möglichkeit für Arbeitnehmer, gegen eine Kündigung Berufung einzulegen und sie rückgängig zu machen. Solche Regeln erhöhen die Kosten von Entlassungen für Unternehmen. Der Zweck des Kündigungsschutzes ist es, Entlassungen zu verringern und damit die Arbeitnehmer vor dem Risiko der Arbeitslosigkeit zu schützen. Das wird in der Tat erreicht. Er bewirkt jedoch auch, dass Unternehmen zögern, Arbeitnehmer einzustellen. Damit wird es für Arbeitslose schwieriger, einen neuen Arbeitsplatz zu finden. Empirische Evidenz deutet darauf hin, dass der Kündigungsschutz zwar nicht unbedingt die Arbeitslosigkeit erhöht, aber ihren Charakter verändert. Die Zu- und Abgänge in die bzw. aus der Arbeitslosigkeit nehmen ab, doch die durchschnittliche Dauer der Arbeitslosigkeit nimmt zu. Eine lange Dauer der Arbeitslosigkeit erhöht das Risiko, dass die Arbeitslosen ihre Fähigkeiten und ihre Moral verlieren, wodurch ihre Beschäftigungsfähigkeit sinkt.
- **Mindestlöhne.** In vielen europäischen Ländern sind die Mindestlöhne im Vergleich zum Durchschnittslohn relativ hoch. Überhöhte Mindestlöhne machen es unprofitabel, ungelernte Arbeitskräfte einzustellen. Ungelernte bleiben daher arbeitslos und verlieren die Möglichkeit, am Arbeitsplatz Fähigkeiten zu trainieren und sich so zu qualifizieren.
- **Regeln für Tarifverhandlungen.** In den meisten europäischen Ländern sind Arbeitsverträge Gegenstand von tariflichen Vereinbarungen. Ein Vertrag, dem ein Teil der Unternehmen und Gewerkschaften zugestimmt hat, kann automatisch auf alle Unternehmen des Sektors ausgedehnt werden. Dies stärkt die Verhandlungsmacht der Gewerkschaften erheblich, da es den Spielraum für den Wettbewerb durch nicht gewerkschaftlich organisierte Firmen verringert. Wie wir in ▶ **Kapitel 7** gesehen haben, kann eine stärkere Verhandlungsmacht der Gewerkschaften zu einer höheren Arbeitslosigkeit führen. Höhere Arbeitslosigkeit ist der ökonomische Mechanismus, durch den die höheren Forderungen der Arbeitnehmer mit den von den Unternehmen gezahlten Löhnen in Einklang gebracht werden.

Erklären diese Arbeitsmarktinstitutionen tatsächlich die hohe Arbeitslosigkeit in Europa? Ist die Sache wirklich so einfach? Keineswegs. Es ist wichtig, in diesem Kontext an zwei zentrale Fakten zu erinnern. Fakt 1: Die Arbeitslosigkeit war in Europa nicht immer so hoch. Wie ▶ **Abbildung 1** zeigt, war die Arbeitslosenquote in den vier großen kontinentaleuropäischen Ländern Frankreich, Deutschland, Italien und Spanien in den 1960er-Jahren mit nur etwa 2 bis 3% viel niedriger als in den Vereinigten Staaten. Amerikanische Ökonomen sprachen damals vom „europäischen Beschäftigungswunder"! Heute liegt die natürliche Arbeitslosenquote im Euroraum weit höher als in den USA. Wie lässt sich dieser Anstieg erklären?

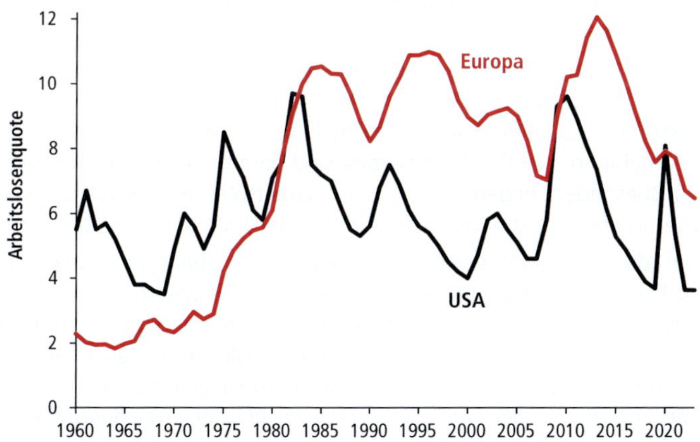

Abbildung 1 Arbeitslosenquote im Euroraum und in den USA. Bis Ende der 1970er-Jahre lag die Arbeitslosenquote im Euroraum weit niedriger als in den USA. Danach ist sie stark gestiegen und verharrte auf hohem Niveau.

Eine Hypothese wäre, dass die Institutionen damals flexibler waren, dass die Verkrustungen auf dem Arbeitsmarkt also erst in den letzten 40 Jahren aufgetreten sind. Dies erweist sich jedoch als nicht zutreffend. Zwar haben viele europäische Regierungen als Reaktion auf die negativen Schocks der 1970er-Jahre (insbesondere die beiden Rezessionen, die den Ölpreisschocks folgten) ihre Arbeitslosenversicherung und den Beschäftigungsschutz großzügiger gestaltet. Aber auch schon in den 1960er-

Jahren legten die Arbeitsmarktinstitutionen in Europa viel stärkeren Wert auf soziale Absicherung als in den USA; die Arbeitslosigkeit war jedoch niedriger.

Ein überzeugenderer Erklärungsansatz betont die Wechselwirkung zwischen Institutionen und Schocks. Manche Arbeitsmarktinstitutionen sind unter bestimmten Bedingungen sehr wirkungsvoll, in anderen dagegen kostspielig. Nehmen wir den Kündigungsschutz. Solange der Wettbewerb zwischen den Unternehmen begrenzt ist, besteht wenig Notwendigkeit, die Beschäftigung in jedem Unternehmen anzupassen; dann sind aber auch die Kosten des Beschäftigungsschutzes gering. Nimmt der Wettbewerb dagegen stark zu (egal ob durch in- oder ausländische Unternehmen), steigen die Kosten des Kündigungsschutzes. Unternehmen, die ihre Arbeitskräfte nicht rasch anpassen können, bleiben möglicherweise nicht konkurrenzfähig; sie müssen ihr Geschäft aufgeben.

Fakt 2: Es gibt große Unterschiede der natürlichen Arbeitslosenquote innerhalb der Länder Europas. Das verdeutlicht ▶ **Abbildung 2**. Sie zeigt die Arbeitslosenquote im Durchschnitt der Jahre 2000 bis 2022 für 16 europäische Länder.

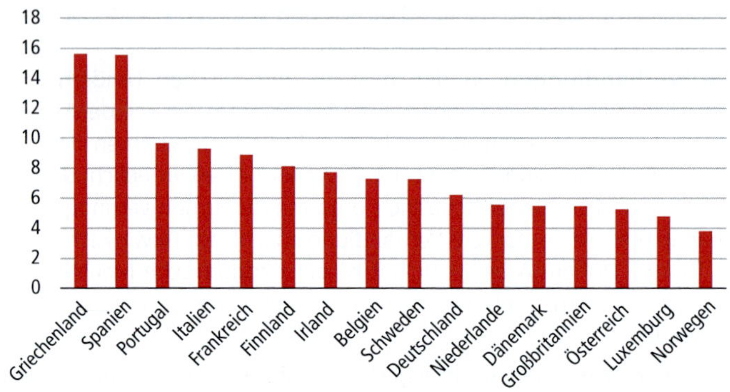

Abbildung 2 Die durchschnittliche Arbeitslosenquoten (in Prozent) in 16 Ländern Europas im Zeitraum 2000–2022
Quelle: OECD Main Economic Outlook; FRED Code LRHUTTTTDEA156S

Die Arbeitslosenquote war in den drei großen Ländern Frankreich, Italien und Spanien im Durchschnitt der Jahre 2000 bis 2022 in der Tat recht hoch. Auch in Deutschland lag die durchschnittliche Arbeitslosenquote zwischen 2000 und 2010 bei 8,7%. Mittlerweile ist sie aber stark gesunken: Im Durchschnitt der Jahre 2015 bis 2022 lag sie bei nur 3,5% – wieder ein Beispiel, wie sich die natürliche Quote im Laufe der Zeit verändern kann. Doch in anderen Ländern Europas war die Arbeitslosenquote über den gesamten Zeitraum niedrig, etwa in den Niederlanden, Dänemark, Österreich und Norwegen.

Was lernen wir daraus? Der Teufel steckt im Detail. Unter Wirtschaftswissenschaftlern herrscht weitgehend Konsens über zentrale Aspekte: Moderne Volkswirtschaften zeichnen sich durch die ständige Reallokation der Ressourcen (auch des Faktors Arbeit) von alten zu neuen Sektoren, von unproduktiven zu produktiven Unternehmen aus. Die Arbeitskräfte sind daran interessiert, sich gegen die damit verbundenen Risiken, insbesondere gegen das Risiko des Arbeitsplatzverlustes, abzusichern. Solche Maßnahmen zur Absicherung bergen aber die Gefahr, effiziente Umstrukturierungen zu bremsen.

Es kommt darauf an, die Arbeitskräfte selbst, nicht jedoch die Arbeitsplätze abzusichern. Die Arbeitslosenunterstützung kann großzügig ausfallen, solange die Arbeitslosen dazu veranlasst werden, eine Arbeit anzunehmen, wenn Arbeitsplätze vorhanden sind. Ein Beschäftigungsschutz (z. B. in Form von großzügigen Abfindungszahlungen) ist mit niedriger Arbeitslosigkeit vereinbar, solange die Unternehmen bei Entlassungen nicht mit langen administrativen oder gerichtlichen Unsicherheiten rechnen müssen. Länder wie Österreich oder Norwegen scheinen bei der Erreichung dieser Ziele besonders erfolgreich gewesen zu sein. Die Schaffung von Anreizen für Arbeitslose, einen Arbeitsplatz anzunehmen, und die Vereinfachung der Vorschriften zum Beschäftigungsschutz stehen auf der Reformagenda vieler europäischer Regierungen. Es ist zu hoffen, dass sie in Zukunft zu einem Rückgang der Arbeitslosenquoten führen werden.

Literatur: Eine ausführliche Analyse des Problems der Arbeitslosigkeit in Europa liefert der Aufsatz von Olivier Blanchard „European Unemployment: The Evolution of Facts and Ideas", *Economic Policy*, Bd. 45, Januar 2006, S. 5–59.

7.6 Die weitere Vorgehensweise

Wir haben gerade analysiert, wie die Arbeitslosenquote durch das Gleichgewicht auf dem Arbeitsmarkt determiniert wird. Diese gleichgewichtige oder „natürliche" Arbeitslosenquote wiederum determiniert ein bestimmtes Produktionsniveau – das „natürliche Produktionsniveau". Diesen Zusammenhang werden wir in ▶ **Kapitel 9** genauer untersuchen.

Damit stellt sich vielleicht die Frage, was wir eigentlich in den ▶ **Kapiteln 3, 4, 5** und **6** gemacht haben. Wenn die Arbeitslosenquote durch das Gleichgewicht auf dem Arbeitsmarkt bestimmt wird und dadurch wiederum das Produktionsniveau, warum haben wir dann so viel Zeit damit verbracht, Güter-, Geld- und Finanzmärkte zu analysieren? Wie sind die Ergebnisse der ▶ **Kapitel 3, 4, 5** und **6** einzuordnen? Wir sind dort zu dem Schluss gelangt, dass das Produktionsniveau durch Nachfragefaktoren wie Konsumentenvertrauen oder Geld- und Fiskalpolitik bestimmt wird. All diese Faktoren gehen jedoch in die „natürliche" Arbeitslosenquote nicht ein; sie dürften demnach auch das natürliche Produktionsniveau nicht beeinflussen.

Der Schlüssel zur Antwort auf diese Fragen liegt im Unterschied zwischen kurzer und mittlerer Frist:

- Wir haben die natürliche Arbeitslosenquote und das damit verbundene Niveau von Beschäftigung und Produktion unter zwei Annahmen abgeleitet. Erstens haben wir Gleichgewicht auf dem Arbeitsmarkt unterstellt; zweitens haben wir angenommen, dass das tatsächliche Preisniveau dem erwarteten Preisniveau entspricht.

- Die zweite Annahme ist aber bei Betrachtung der kurzen Frist nicht gerechtfertigt. Nachdem die Nominallöhne für eine bestimmte Laufzeit fixiert wurden, kann sich das tatsächliche Preisniveau ganz anders entwickeln, als die an der Lohnsetzung Beteiligten erwarteten. Es gibt also keinen Grund, warum die Arbeitslosenquote in der kurzen Frist der natürlichen Arbeitslosenquote entsprechen sollte oder warum sich die Produktion auf dem natürlichen Niveau einstellen sollte.
- [1] Wir werden in ▶ **Kapitel 9** sehen, dass die Veränderungen des Produktionsniveaus in der kurzen Frist tatsächlich durch die Faktoren herbeigeführt werden, auf die wir uns in den vorangegangenen Kapiteln konzentriert haben: Alle Faktoren, die die gesamtwirtschaftliche Nachfrage bestimmen wie etwa die Geld- und Fiskalpolitik. Es war demnach keine Zeitverschwendung, sich mit diesen Faktoren auseinanderzusetzen.
- Es ist jedoch unwahrscheinlich, dass die Erwartungen für immer systematisch falsch bleiben, also entweder für immer zu hoch oder für immer zu niedrig sind. Aus diesem Grund tendieren in der mittleren Frist Arbeitslosenquote und Produktion dazu, auf ihr natürliches Niveau zurückzukehren. In der mittleren Frist sind Arbeitslosenquote und Produktion von den Faktoren bestimmt, die in Gleichung (7.7) beschrieben werden.

In der kurzen Frist werden Produktionsänderungen durch die Faktoren ausgelöst, die wir in den vorangegangenen Kapiteln untersucht haben, wie etwa der Geld- und Fiskalpolitik. In der mittleren Frist pendelt sich die Produktion auf ihrem natürlichen Niveau ein. Dies wird von den Faktoren bestimmt, auf die wir uns in diesem Kapitel konzentriert haben.

Damit haben wir eine Antwort auf die in den ersten beiden Absätzen dieses Abschnittes gestellten Fragen gegeben. Allerdings sind unsere Antworten sehr knapp ausgefallen. In den nächsten beiden Kapiteln wollen wir ins Detail gehen, um diese Fragen exakter zu beantworten. ▶ **Kapitel 8** lockert die Annahme, dass das tatsächliche Preisniveau immer dem erwarteten Preisniveau entspricht. Wir leiten dort die Phillipskurve als Beziehung zwischen Arbeitslosigkeit und Inflation ab. ▶ **Kapitel 9** bringt schließlich alle Teile zusammen.

ZUSAMMENFASSUNG

- Die Erwerbsbevölkerung bzw. die Zahl der Erwerbspersonen setzt sich aus den Erwerbstätigen (Erwerbstätigkeit) und aus den Personen, die eine Beschäftigung suchen (Arbeitslose) zusammen. Die Arbeitslosenquote ergibt sich als Verhältnis der Anzahl der Arbeitslosen zur Anzahl der Erwerbspersonen. Die Erwerbsquote ergibt sich als Verhältnis der Erwerbsbevölkerung zur Bevölkerung im arbeitsfähigen Alter.
- Charakteristisch für den amerikanischen Arbeitsmarkt sind die großen Ströme zwischen dem Pool der Beschäftigten, dem Pool der Arbeitslosen und dem Pool der Personen, die nicht Teil der Erwerbsbevölkerung sind. Jeden Monat verlassen durchschnittlich 44% die Arbeitslosigkeit, entweder weil sie ein neues Beschäftigungsverhältnis eingehen oder weil sie aus der Erwerbsbevölkerung ausscheiden. In Deutschland und Europa sind diese Ströme weniger ausgeprägt. Insbesondere ist der Anteil der Arbeitslosen, der monatlich eine neue Beschäftigung findet, viel geringer. Die Langzeitarbeitslosigkeit ist entsprechend höher.
- Die Arbeitslosigkeit ist in der Rezession hoch, im Aufschwung niedrig. Ist die Arbeitslosigkeit hoch, nimmt die Wahrscheinlichkeit die Beschäftigung zu verlieren zu und die Wahrscheinlichkeit eine neue Beschäftigung zu finden ab.
- Die Nominallöhne werden entweder einseitig von den Arbeitgebern vorgegeben oder sie werden zwischen den Arbeitnehmern und den Arbeitgebern ausgehandelt. Die Nominallöhne hängen negativ von der Arbeitslosenquote ab und positiv vom erwarteten Preisniveau. Die Löhne hängen vom erwarteten Preisniveau ab, weil sie im Normalfall für einen gewissen Zeitraum im Voraus in nominalen Einheiten festgesetzt werden. Weicht das tatsächliche Preisniveau während dieses Zeitraums vom erwarteten Preisniveau ab, dann werden die Nominallöhne im Normalfall nicht angepasst.
- Aufgrund ihrer Marktmacht erheben die Unternehmen einen Gewinnaufschlag. Sie setzen deshalb Preise fest, die über den Grenzkosten (den Löhnen) liegen. Je höher dieser Gewinnaufschlag ist, desto niedriger ist der Reallohn, der sich gesamtwirtschaftlich aus dem Preissetzungsverhalten der Unternehmen ergibt.
- Ein Gleichgewicht auf dem Arbeitsmarkt stellt sich dann ein, wenn der Reallohn, der im Rahmen der Lohnsetzung festgelegt wurde, dem Reallohn entspricht, der durch die Preissetzung impliziert wird. Entspricht das erwartete Preisniveau dem tatsächlichen Preisniveau, stellt sich auf dem Arbeitsmarkt die Arbeitslosenquote ein, die wir als natürliche Arbeitslosenquote bezeichnen. Sie ist aber keineswegs naturgegeben, sondern wird durch strukturelle Faktoren bestimmt, wie der Marktmacht der Unternehmen und institutionellen Faktoren am Arbeitsmarkt.
- Im Allgemeinen weicht das tatsächliche Preisniveau von dem Preisniveau ab, das die an der Lohnsetzung Beteiligten erwarten. Daher entspricht die Arbeitslosenquote nicht notwendigerweise der natürlichen Arbeitslosenquote.
- In den folgenden Kapiteln werden wir sehen, dass in der kurzen Frist Arbeitslosigkeit und Produktion von der Nachfrageseite bestimmt werden, auf die wir uns in den drei vorangegangenen Kapiteln konzentriert haben. In der mittleren Frist tendiert die Arbeitslosenquote jedoch zu ihrem natürlichen Niveau, genauso wie die Produktion.

Übungsaufgaben

(Lösungen auf **MyMathLab | Makroökonomie**)

Verständnistests

1 Welche der folgenden Aussagen sind zutreffend, falsch oder unklar? Geben Sie jeweils eine kurze Erläuterung.

a) In Deutschland ist die Erwerbsquote bei Frauen seit Jahrzehnten nahezu unverändert.
b) In Deutschland ist der Anteil der Arbeitslosen, die monatlich eine Beschäftigung finden, im Vergleich zu den USA relativ klein.
c) Eine hohe Abgangsrate aus Arbeitslosigkeit impliziert einen großen Anteil von Langzeitarbeitslosen.
d) Die Arbeitslosenquote ist in Rezessionen eher hoch und in Phasen des Aufschwungs eher niedrig.
e) Die meisten Arbeitnehmer erhalten ihren Reservationslohn.
f) Arbeitnehmer haben keinerlei Verhandlungsmacht, wenn sie sich nicht einer Gewerkschaft anschließen.
g) Es kann im Eigeninteresse der Arbeitgeber liegen, den Arbeitnehmern Löhne über ihrem Reservationslohn zu zahlen.
h) Die natürliche Arbeitslosenquote lässt sich durch Änderungen der Politik nicht beeinflussen.

2 Beantworten Sie folgende Fragen anhand der Informationen, die Sie in diesem Kapitel für die USA erhalten haben. Vergleichen Sie, wenn möglich, die Situation in Deutschland mit der in den USA.

a) Wie groß sind die monatlichen Ströme in den Pool der Erwerbstätigen (Beschäftigten) hinein und aus dem Pool der Erwerbstätigen heraus (also Aufnahme und Beendigungen von Beschäftigungsverhältnissen), ausgedrückt als Prozentsatz der Beschäftigten?
b) Wie groß ist der monatliche Strom aus dem Pool der Arbeitslosen in den Pool der Erwerbstätigen (Beschäftigten) hinein, ausgedrückt als Prozentsatz der Arbeitslosen?
c) Wie groß ist der gesamte monatliche Strom aus dem Pool der Arbeitslosen heraus, ausgedrückt als Prozentsatz der Arbeitslosen? Wie lange dauert die Arbeitslosigkeit im Durchschnitt?
d) Wie groß ist der Gesamtstrom in die und aus der Erwerbsbevölkerung, gemessen als Anteil der gesamten Erwerbsbevölkerung?
e) Wie in diesem Kapitel beschrieben, treten jeden Monat ca. 450.000 Personen das erste Mal in die Erwerbsbevölkerung ein. Wie groß ist der Anteil der Neuzugänge in die Erwerbsbevölkerung an den Gesamtzugängen in die Erwerbsbevölkerung?

3 *Die natürliche Arbeitslosenquote*

Nehmen Sie an, dass der Gewinnaufschlag der Unternehmen auf die Kosten 5% beträgt. Die Arbeitsproduktivität sei $A = 1$. Die Lohnsetzungsgleichung sei durch $W = P(1 - u)$ gegeben, wobei u die Arbeitslosenquote bezeichnet.

a) Welcher Reallohn wird durch die Preissetzungsgleichung impliziert?
b) Wie hoch ist die natürliche Arbeitslosenquote?
c) Nehmen Sie an, dass der Gewinnaufschlag auf 10% steigt. Wie verändert sich die natürliche Arbeitslosenquote? Erklären Sie den Zusammenhang.

Vertiefungsfragen

4 *Reservationslöhne*

In den 1980er-Jahren machte ein bekanntes Supermodel die Aussage, dass man sie für weniger als 10.000 $ (wahrscheinlich pro Tag) nicht dazu bewegen könne, das Bett zu verlassen.

a) Wie hoch ist Ihr eigener Reservationslohn?
b) Konnten Sie in Ihrem ersten Job mehr als Ihren damaligen Reservationslohn verdienen?
c) Welcher Job bietet Ihnen im Verhältnis zu Ihrem Reservationslohn eine höhere Bezahlung zum jeweiligen Zeitpunkt? Ihr erster Job oder der, den Sie sich in zehn Jahren erwarten?
d) Erklären Sie Ihre Antworten vor dem Hintergrund der Effizienzlohntheorien.
e) Wenn die Zeitdauer der Arbeitslosenunterstützung dauerhaft ausgeweitet würde, wie wirkt sich das auf den Reservationslohn aus?

5 *Die Existenz von Arbeitslosigkeit*

a) Angenommen, die Arbeitslosenquote ist sehr niedrig. Wie schwer ist es in dieser Situation für Unternehmen neue Arbeiter anzustellen? Wie schwer ist es für einen Arbeitnehmer einen Job zu bekommen? Welche Schlussfolgerungen ziehen Sie hieraus über die Verhandlungsmacht von Arbeitgebern und Arbeitnehmern in Zeiten niedriger Arbeitslosigkeit? Wie entwickeln sich die Löhne unter diesen Rahmenbedingungen?
b) Erklären Sie, ausgehend von Ihrer Antwort in Aufgabe a., warum es in einer Volkswirtschaft Arbeitslosigkeit gibt. Was würde mit den Reallöhnen geschehen, wenn es (fast) keine Arbeitslosigkeit gäbe?

6 *Verhandlungsmacht und die Festsetzung der Löhne*

Auch wenn es keine Tarifverhandlungen gibt, verfügen die Arbeitnehmer dennoch über genügend Verhandlungsmacht, um Löhne auszuhandeln, die über ihrem Reservationslohn liegen. Die Verhandlungsposition jedes einzelnen Arbeitnehmers hängt sowohl von der Art seines Jobs als auch von der Lage am Arbeitsmarkt ab. Betrachten wir die beiden Faktoren nacheinander.

a) Vergleichen Sie den Job eines Paketzustellers mit dem Lohn eines Administrators für ein Computer-Netzwerk. In welcher dieser beiden Beschäftigungen verfügt ein Arbeitnehmer über mehr Verhandlungsmacht? Warum?
b) Wie beeinflusst die Lage am Arbeitsmarkt die Verhandlungsmacht des einzelnen Arbeitnehmers? Welche Kennzahl beschreibt Ihrer Meinung nach die Lage am Arbeitsmarkt am besten?
c) Unterstellen Sie, dass bei gegebenen Bedingungen am Arbeitsmarkt (wenn die Variable aus Aufgabe b. konstant bleibt) die Verhandlungsmacht der Arbeitnehmer in allen Bereichen der Volkswirtschaft zunimmt. Welche Auswirkungen hätte dies mittel- und kurzfristig auf die Reallöhne? Wie werden in diesem Modell Reallöhne und Beschäftigung bestimmt?

7 *Der informelle Arbeitsmarkt*

Bereits in ▶ **Kapitel 2** haben Sie gelernt, dass Heimarbeit (z.B. Kindererziehung oder Kochen) im BIP nicht erfasst wird. Diese Arbeiten zählen auch nicht als Beschäftigungsverhältnis in Arbeitsmarktstatistiken. Betrachten Sie, vor diesem Hintergrund, zwei Volkswirtschaften mit 100 Personen in 25 Haushalten, wobei jeweils vier Personen in einem Haushalt leben. In jedem Haushalt bleibt eine Person zu Hause und kümmert sich um die Zubereitung von Mahlzeiten (Heimarbeiter), zwei Personen arbeiten in der Industrie (jedoch nicht in der Nahrungsmittelherstellung) und eine Person ist arbeitslos. Die Industriearbeiter produzieren in beiden Volkswirtschaften den (mengen- und wertmäßig) gleichen Output.

In der ersten Volkswirtschaft, EatIn, arbeiten die 25 Heimarbeiter nicht außerhalb ihres Haushaltes, sondern kochen nur für ihre Familien. Alle Mahlzeiten werden zu Hause vorbereitet und verzehrt. Diese 25 Heimarbeiter suchen nicht nach Arbeit auf dem Arbeitsmarkt (und wenn sie gefragt werden, sagen sie, dass sie keine Arbeit suchen). In der zweiten Volkswirtschaft, EatOut, sind die 25 Heimarbeiter bei Restaurants angestellt, sodass die zubereiteten Mahlzeiten dort verkauft werden.

a) Ermitteln Sie die offiziell ausgewiesene Beschäftigung und Arbeitslosigkeit sowie die Erwerbsbevölkerung in beiden Volkswirtschaften. Berechnen Sie die offiziell ausgewiesene Arbeitslosenquote und die Erwerbsquote. In welcher Volkswirtschaft ist das ausgewiesene BIP größer?
b) Unterstellen Sie nun, dass sich die Wirtschaft in EatIn verändert. Einige Restaurants öffnen und stellen zehn Heimarbeiter ein. Die Mitglieder dieser zehn Haushalte essen fortan in den Restaurants. Die restlichen 15 Heimarbeiter suchen keine reguläre Beschäftigung und die anderen Mitglieder dieser 15 Haushalte nehmen weiterhin alle Mahlzeiten zu Hause ein. Beschreiben Sie (ohne Rechnung), wie sich in EatIn die Beschäftigung, die Arbeitslosigkeit, die Erwerbsbevölkerung, die Arbeitslosenquote und die Erwerbsquote verändern werden. Verändert sich das ausgewiesene BIP?
c) Angenommen, man möchte die Heimarbeit sowohl im BIP als auch in der Arbeitsmarktstatistik erfassen. Wie könnte man den Wert dieser Arbeiten angemessen abschätzen? Wie müsste man die Begriffe Beschäftigung, Arbeitslosigkeit und „außerhalb der Erwerbsbevölkerung" neu definieren?
d) Wenn Sie die neuen Definitionen (aus c.) anwenden, würden sich die Arbeitsmarktstatistiken von EatIn und EatOut unterscheiden? Angenommen, die hergestellten Mahlzeiten besitzen den gleichen Wert; würde sich das offiziell ausgewiesene BIP der beiden Volkswirtschaften unterscheiden? Hätte die Veränderung aus Teilaufgabe b. Auswirkungen auf den Arbeitsmarkt oder das BIP in EatIn?

Weiterführende Fragen

8 Die Preissetzungsgleichung geht davon aus, dass das gesamtwirtschaftliche Preisniveau P aufgrund von Marktmacht aufseiten der Unternehmen über dem Lohnsatz W liegt, weil alle Unternehmen bei ihrer Preissetzung einen Gewinnaufschlag erheben. Es gilt also $P/W = (1 + \mu)$.

Betrachten wir ein einzelnes Unternehmen mit der Produktionsfunktion $Y_i = N_i$. Es maximiert seinen Gewinn bei gegebenem Lohnsatz W_i. Dabei steht es in monopolistischem Wettbewerb mit isoelastischer Nachfragefunktion (die Elastizität hat in jedem Punkt den gleichen Wert):

$$P_i = Y_i^{-\frac{1}{\varepsilon}}$$

wobei ε die Nachfrageelastizität darstellt. Zeigen Sie, dass die gewinnmaximierende Strategie des Unternehmens durch den Gewinnaufschlag

$$\mu = \frac{1}{\varepsilon - 1}$$

charakterisiert ist. Unter welchen Bedingungen lässt sich dieses Ergebnis auf die Gesamtwirtschaft übertragen?

9 *Kurzzeitarbeitslosigkeit und Langzeitarbeitslosigkeit*

Gemäß der Daten, die in diesem Kapitel dargestellt wurden, verlassen in den USA ungefähr 46%, in Deutschland ungefähr 11% der Arbeitslosen jeden Monat den Pool der Arbeitslosen.

a) Angenommen, die Wahrscheinlichkeit, den Pool der Arbeitslosen zu verlassen, ist unabhängig von der Dauer der Arbeitslosigkeit. Wie groß ist in beiden Ländern die Wahrscheinlichkeit, dass ein Arbeitsloser nach einem Monat immer noch arbeitslos ist? Nach zwei Monaten? Nach sechs Monaten? Wie hoch ist in beiden Ländern der Anteil der Arbeitslosen, der auch nach 12 Monaten noch arbeitslos ist?

b) Nutzen Sie die Datenbank der OECD zu „Long-term unemployment rate" *https://www.oecd.org/en/data/indicators/long-term-unemployment-rate.html* und ermitteln Sie den Anteil der Arbeitslosen, der in den USA und Deutschland bereits mindestens 12 Monate (ein Jahr) arbeitslos war. Entsprechen diese Daten den Werten, die Sie aus der Berechnung in Teilaufgabe a. erhalten? Worin könnte der Grund für den Unterschied liegen?

c) Weil in den USA die Dauer der Arbeitslosenunterstützung normalerweise auf sechs Monate begrenzt ist, betrachtet man dort vor allem den Anteil der Arbeitslosen, die mindestens sechs Monate arbeitslos waren (FRED Code LNS13025703). Entspricht dieser Anteil eher den in Teilaufgabe a. berechneten Werten?

d) Wie entwickelt sich der Anteil der Arbeitslosen, der bereits seit 12 oder mehr Monaten arbeitslos war für die Jahre seit der Finanzkrise von 2009 bis 2015 in den Jahren nach der Finanzkrise? Seit wann sehen Sie Anzeichen für eine Erholung?

e) In der Finanzkrise reagierte die Wirtschaftspolitik in den USA unter anderem mit einer Ausdehnung der Dauer der Arbeitslosenunterstützung von 26 auf 59 Wochen in der Zeit von 2009 bis 2013. Wie könnte sich dies auf den Anteil der Arbeitslosen auswirken, der 12 oder mehr Monate arbeitslos ist? Entspricht dies der tatsächlichen Entwicklung?

f) Ab wann lässt sich anhand der FRED Datenreihe LNS13025703 eine Erholung des Arbeitsmarkts nach der Pandemie 2020 erkennen?

10 Die gesamtwirtschaftliche Produktionsfunktion sei $Y = AN$ mit konstanter Arbeitsproduktivität A. Die Arbeitsangebotsfunktion sei $N = W/P^e$ mit der Lohnsetzungsgleichung: $W = P^e F(u,z) = P^e(1+z)N$; die Preissetzungsgleichung sei: $P = (1+\mu)W/A$.

a) Berechnen Sie das natürliche Beschäftigungsniveau N_n und das Produktionspotenzial Y_n. Diskutieren Sie, welche Faktoren bestimmen, wie stark der Reallohn von der Arbeitsproduktivität abweicht.

b) Charakterisieren Sie das effiziente Produktionsniveau Y^*, das sich ohne Verzerrungen auf Arbeits- und Gütermärkten einstellen würde (also für den Fall $z = \mu = 0$). Zeigen Sie, dass $Y^* = (1+\mu)(1+z)\,Y_n$.

c) Leiten Sie die Phillipskurve $P(P^e, Y)$ ab. Zeigen Sie, dass $P = P^e(1+\mu)(1+z)Y/A^2 = P^e \times Y/Y_n$, indem Sie Ihre Lösung für Y_n aus Teilaufgabe *a* verwenden.

d) Gehen Sie im Folgenden davon aus, dass $z = \mu = 0$. Betrachten Sie nun den Fall, dass sich die Unternehmer als Monopsonisten (als Nachfrage-Monopolist auf dem Arbeitsmarkt) verhalten. Der Gewinn eines Monopsonisten ist maximal, wenn der Grenzertrag einer weiteren Stunde Arbeitseinsatz den Grenzausgaben entspricht. Zeigen Sie, dass sich in diesem Fall $N_n = A/2$ als Beschäftigungsniveau ergibt und berechnen Sie den Lohnsatz. Diskutieren Sie, wie sich ein Mindestlohn auf Arbeits- und Gütermarkt auswirken würde.

11 Betrachten Sie die Entwicklung von Beschäftigten (FRED-Code LFEMTTTTDEQ647S) und registrierten Arbeitslosen (LMUNRLTTDEM647S) in Deutschland seit 2005.

a) Berechnen Sie, wie sich die Anzahl der Beschäftigten und der Arbeitslosen jeweils gegenüber dem Vorjahresmonat verändert hat (*change from year ago, persons*). Entspricht die Abnahme der Arbeitslosen der Zunahme der Beschäftigten? Erklären Sie den Sachverhalt in Worten.

b) Wie ändert sich der Verlauf, wenn Sie statt der Zahl der registrierten Arbeitslosen die Zahl der Arbeitslosen nach ILO-Klassifikation (LFUN74TTDEQ647S) betrachten?

c) Ermitteln sie die aktuellsten monatlichen Daten zur Erwerbsbevölkerung und der Anzahl der Arbeitslosen sowie die Arbeitslosenquote. Ist eine Beziehung zum Konjunkturverlauf erkennbar?

12 Suchen Sie auf der FRED-Seite saisonbereinigte Quartalsdatenreihen aus dem *Labor Force Survey* der OECD zur Arbeitslosen- und Erwerbsquote in Deutschland.

a) Zeigen Sie, dass für Erwerbsquote (*activity rate a*) und Beschäftigtenquote (*employment rate e*) die Beziehung gilt: $e = a \times (l - u)$

b) Vergleichen Sie die Entwicklung der Arbeitslosenquote nach Berechnungen der Bundesagentur für Arbeit (registered unemployment rate) mit der Arbeitslosenquote nach dem ILO-Konzept (harmonized unemployment rate)). Erläutern Sie, wie die Unterschiede zu erklären sind.

c) Wie hat sich die Arbeitslosenquote (unemployment rate Germany, all persons) für unterschiedliche Altersgruppen entwickelt (Aged 15–24, 25–54 und 55–64). Welche Bedeutung hat dabei die „activity rate" der Altersgruppen?

d) Gibt es in der Altersgruppe ab 25 Jahren einen Unterschied im Verlauf der „harmonized unemployment rate" nach Geschlechtern?

13 Suchen Sie auf der FRED-Seite OECD saisonbereinigte Datenreihen zur „harmonized unemployment rate, Total: All Persons" sowie zur „activity rate Aged 15–64: All Persons" für Deutschland, Griechenland, Italien, Spanien und USA. Charakterisieren Sie unterschiedliche Entwicklungen in den betrachteten Staaten.

Anhang: Lohn- und Preissetzungsgleichung versus Arbeitsangebot und Arbeitsnachfrage

In der Mikroökonomie wird das Arbeitsmarktgleichgewicht üblicherweise als Gleichgewicht von Arbeitsangebot und Arbeitsnachfrage dargestellt. Deshalb liegt die Frage nahe, wie die Darstellung des Arbeitsmarktgleichgewichtes mit Hilfe der Lohn- und Preissetzungsgleichung mit der in der Mikroökonomie üblichen Darstellung mit Hilfe von Arbeitsangebot und Arbeitsnachfrage zusammenpasst.

In einem wichtigen Aspekt sind die beiden Darstellungen sehr ähnlich.

Um dies zu zeigen, zeichnen wir zunächst noch einmal ▶ **Abbildung 7.8**, aber in leicht abgewandelter Form, sodass sich ▶ **Abbildung A7.1** ergibt. Auf der vertikalen Achse stellen wir den Reallohn dar (wie vorher), auf der horizontalen Achse ersetzen wir die Arbeitslosenquote durch das Beschäftigungsniveau N.

Das Beschäftigungsniveau N muss irgendwo zwischen dem Nullwert und der gesamten Erwerbsbevölkerung L liegen: Die Anzahl der Beschäftigten kann nicht größer sein als die Zahl der Erwerbspersonen, da diese alle Personen umfasst, die dem Arbeitsmarkt zur Verfügung stehen. Für jedes Beschäftigungsniveau N ist die dazugehörige Arbeitslosigkeit durch $U = L - N$ gegeben. Daher können wir die Arbeitslosigkeit ausgehend von L messen, von links auf der horizontalen Achse: Die Anzahl der Arbeitslosen wird durch die Distanz zwischen L und N dargestellt. Je niedriger das Beschäftigungsniveau ist, desto höher ist die Arbeitslosigkeit und damit auch die Arbeitslosenquote u.

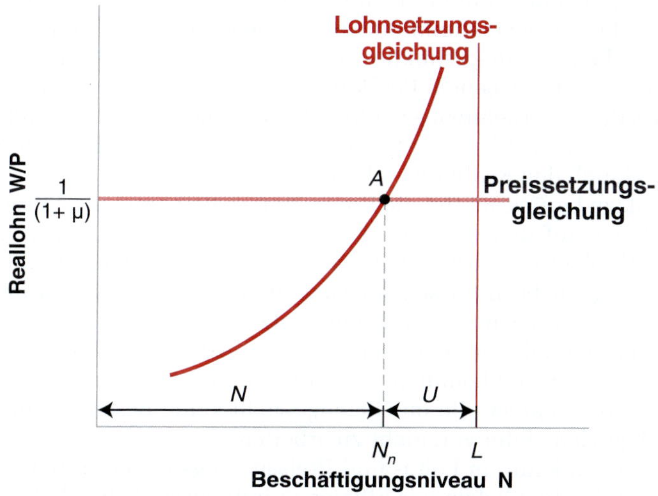

Abbildung A7.1 Lohn- und Preissetzung im Arbeitsnachfrage-/Arbeitsangebots-Diagramm

Wir wollen nun die Lohnsetzungsgleichung und die Preissetzungsgleichung einzeichnen und das Gleichgewicht beschreiben.

- Ein Anstieg des Beschäftigungsniveaus (entspricht einer Rechtsbewegung entlang der horizontalen Achse) impliziert eine Abnahme der Arbeitslosigkeit. Dies wiederum führt dazu, dass im Rahmen der Lohnsetzung ein höherer Reallohn festgelegt wird. Die Lohnsetzungsgleichung lässt sich damit durch eine aufwärts geneigte Kurve darstellen: Ein höheres Beschäftigungsniveau impliziert einen höheren Reallohn.
- Die Preissetzungsgleichung bleibt eine Horizontale bei $W/P = 1/(1+\mu)$.
- Das Gleichgewicht befindet sich im Punkt A, mit dem natürlichen Beschäftigungsniveau N_n(und der dadurch implizierten natürlichen Rate der Arbeitslosigkeit $u_n = (L - N_n)/L$.

In dieser Abbildung sieht die Lohnsetzungsgleichung wie eine Arbeitsangebotsfunktion aus. Mit steigender Beschäftigung steigt auch der Reallohn, den die Arbeitnehmer erhalten. Aus diesem Grund wird die Lohnsetzungsgleichung manchmal „Arbeitsangebots"-Gleichung genannt.

Die Kurve, die wir als Preissetzungsgleichung bezeichnet haben, sieht aus wie eine flache Arbeitsnachfragefunktion. Die vereinfachende Annahme, die wir getroffen haben, dass die Produktionsfunktion ein konstantes Grenzprodukt der Arbeit aufweist, führt dazu, dass die Preissetzungsgleichung flach ist und nicht negativ geneigt. Hätten wir ein abnehmendes Grenzprodukt der Arbeit unterstellt, hätten wir eine fallende Preissetzungsgleichung erhalten, genauso wie die fallende Arbeitsnachfragefunktion: Mit zunehmendem Beschäftigungsniveau würden die Grenzkosten der Produktion ansteigen, folglich wären die Unternehmen gezwungen, ihre Preise bei einem gegebenen Lohnsatz zu erhöhen. Anders ausgedrückt: Der durch die Preissetzung implizierte Reallohn würde bei steigender Beschäftigung sinken.

In anderen Aspekten jedoch unterscheiden sich die beiden Ansätze:

- Die Standard-Arbeitsangebotsfunktion gibt uns den Lohnsatz an, zu dem eine gegebene Zahl von Beschäftigten arbeiten will: Je höher der Lohnsatz ist, desto größer ist die Zahl der Beschäftigten, die arbeiten wollen.
  Im Gegensatz dazu ist der Lohnsatz, der mit einem gegebenen Beschäftigungsniveau in der Lohnsetzungsgleichung verbunden ist, das Ergebnis eines Verhandlungsprozesses zwischen Arbeitnehmern und Unternehmen. Faktoren wie die Struktur der Tarifverhandlungen oder der Einsatz von Effizienzlöhnen als Anreizinstrument beeinflussen die Lohnsetzungsgleichung. In der Realität spielen diese Faktoren eine große Rolle. In der Standard-Arbeitsangebotsfunktion werden sie jedoch nicht erfasst.
- Die Standard-Arbeitsnachfragefunktion gibt uns das Beschäftigungsniveau, das von den Unternehmen bei gegebenem Reallohn gewählt wird. Es wird unter der Annahme abgeleitet, dass die Unternehmen sowohl auf dem Arbeitsmarkt als auch auf den Gütermärkten vollkommenem Wettbewerb ausgesetzt sind und deshalb die Löhne und die Preise – und folglich den Reallohn – als gegeben annehmen.
  Im Gegensatz dazu berücksichtigt die Preissetzungsgleichung die Tatsache, dass in der Realität die Preise auf den meisten Märkten von den Unternehmen gesetzt werden. Faktoren wie die Wettbewerbsintensität auf den Gütermärkten beeinflussen die Preissetzungsgleichung: Sie beeinflussen den Gewinnaufschlag. Diese Faktoren haben in der Standard-Arbeitsnachfragefunktion keinen Platz.
- Auch im Standardmodell von Arbeitsangebot und Arbeitsnachfrage kann es im Gleichgewicht zu Arbeitslosigkeit kommen, es handelt sich dabei aber um freiwillige Arbeitslosigkeit. Die Arbeitnehmer, die im Gleichgewicht keine Beschäftigung haben, ziehen es beim Gleichgewichtslohn vor, nicht zu arbeiten.
  Im Gegensatz hierzu kann im Lohn- und Preissetzungsmodell unfreiwillige Arbeitslosigkeit auftreten. Im Text haben wir Effizienzlohntheorien behandelt. Diesen Theorien zufolge zahlen die Unternehmen einen Lohn über dem Reservationslohn, sodass die Arbeitnehmer die Beschäftigung der Arbeitslosigkeit eindeutig vorziehen. Im Gleichgewicht gibt es jedoch Arbeitslosigkeit. Diejenigen, die arbeitslos sind, würden es vorziehen, zu arbeiten. Auch in dieser Hinsicht bildet das Lohn- und Preissetzungsmodell die Realität besser ab als das Standardmodell von Arbeitsangebot und Arbeitsnachfrage.

Deshalb stellen wir das Arbeitsmarktgleichgewicht in diesem Buch mit Hilfe des Lohn- und Preissetzungsmodells dar.

Die Phillipskurve, Inflation und die natürliche Arbeitslosenquote

8

8.1 Inflation, erwartete Inflation und Arbeitslosigkeit 237

8.2 Die Bedeutung der Inflationserwartungen 239

8.3 Die Covid-Inflation und die Bedeutung von Angebotsschocks 247

8.4 Erweiterungen 254

Das eigentliche Ziel von Phillips war die Suche nach Erklärungsfaktoren für die Höhe der Nominallöhne. Im ursprünglichen Diagramm sind deshalb Nominallohnänderungen und Arbeitslosenquote abgetragen.

1958 zeichnete der britische Ökonom A. W. Phillips ein Diagramm, in dem für jedes Jahr zwischen 1861 und 1957 die Inflationsrate und die Arbeitslosenquote für Großbritannien abgetragen waren. In diesem Diagramm war deutlich ein negativer Zusammenhang zwischen Inflation und Arbeitslosigkeit zu erkennen: Bei niedriger Arbeitslosenquote war die Inflation hoch; in Zeiten hoher Arbeitslosigkeit war die Inflation niedrig, oft sogar negativ.

Zwei Jahre später wiederholten Paul Samuelson und Robert Solow die Untersuchung für die USA, mit Daten für den Zeitraum von 1900 bis 1960. Das Ergebnis ihrer Analyse ist in ▶ **Abbildung 8.1** dargestellt. Zur Berechnung der Inflationsrate wird der Verbraucherpreisindex verwendet. Abgesehen von einer Periode sehr hoher Arbeitslosigkeit in den 1930er-Jahren (die Jahre von 1931 bis 1939 sind durch graue Dreiecke gekennzeichnet; sie liegen eindeutig rechts von den anderen Punkten in der Abbildung) scheint es auch in den USA eine negative Beziehung zwischen Inflation und Arbeitslosigkeit zu geben.

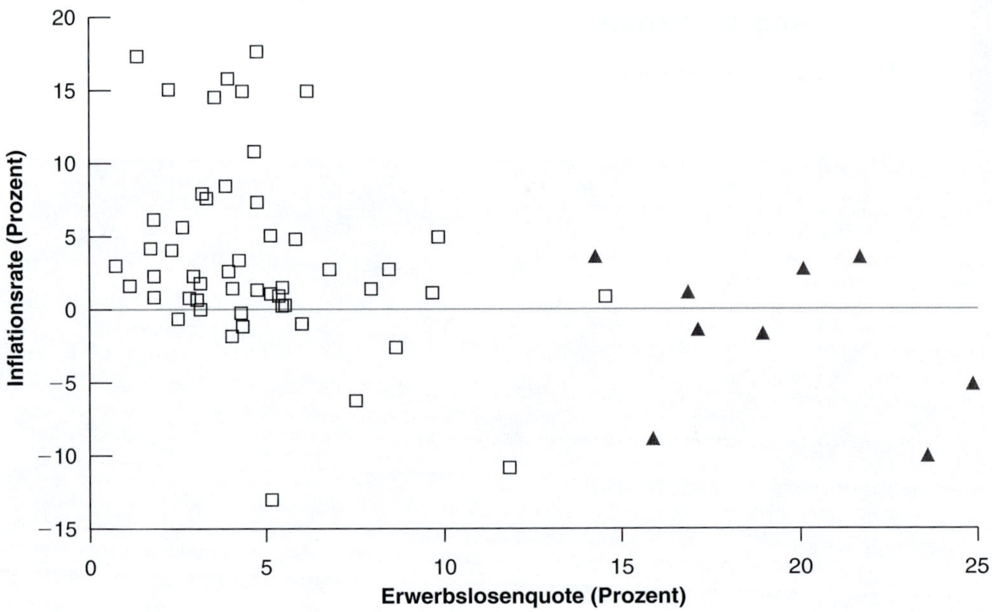

Abbildung 8.1 Inflation und Arbeitslosigkeit in den Vereinigten Staaten, 1900–1960. In der betrachteten Periode war in den USA eine niedrige Arbeitslosigkeit typischerweise von hoher Inflation begleitet; hohe Arbeitslosigkeit war normalerweise mit niedriger Inflation verbunden (graue Dreiecke: die Jahre 1931 bis 1939).

Regelmäßig wird von Ökonomen oder in der Presse verkündet, „die Phillipskurve sei tot". Das ist falsch: Die Arbeitslosigkeit wirkt sich auf die Inflation aus. Das Körnchen Wahrheit ist jedoch, dass die Beziehung tatsächlich komplex ist. Sie hat sich im Laufe der Zeit verändert und kann sich durchaus wieder ändern. Die politischen Entscheidungsträger müssen sie verstehen und mit Bedacht einsetzen.

Samuelson und Solow tauften diesen Zusammenhang Phillipskurve. Die Phillipskurve wurde schnell ein zentraler Baustein für makroökonomische Theorie und Wirtschaftspolitik. Sie wurde als Beleg dafür aufgefasst, dass es möglich sei, zwischen verschiedenen Kombinationen aus Arbeitslosigkeit und Inflation zu wählen: Ein Land könnte niedrige Arbeitslosigkeit erreichen, wenn es bereit wäre, dafür eine höhere Inflation zu tolerieren. Preisstabilität – also eine Inflationsrate von 0 – könnte erreicht werden, wenn man bereit wäre, eine entsprechend hohe Arbeitslosenquote in Kauf zu nehmen. Ein Großteil der Diskussion über makroökonomische Politik beschäftigte sich in der Folge damit, welchen Punkt auf der Phillipskurve man wählen sollte.

In den 1970er-Jahren brach diese Beziehung jedoch zusammen. In den meisten OECD-Staaten herrschte sowohl hohe Inflation als auch hohe Arbeitslosigkeit. Dies widersprach eindeutig der ursprünglichen Phillipskurve. Man fand aber wieder eine Beziehung, nun allerdings zwischen der Arbeitslosenquote und der Veränderung der Inflationsrate. In den 1990er-Jahren änderte sich die Beziehung erneut. Dank dauerhaft niedriger Inflation waren die Inflationserwartungen nun fest verankert; damit galt wieder die ursprüngliche Phillipskurve. In den 2020er-Jahren änderte sich die Beziehung mit dem Ausbruch der Covid-Inflation schließlich ein weiteres Mal.

Ziel dieses Kapitels ist es, zu untersuchen, warum sich die Phillipskurve im Laufe der Jahrzehnte verändert hat und ganz allgemein das Verhältnis zwischen Inflation und Arbeitslosigkeit zu verstehen. Wir leiten die Phillipskurve aus dem Modell des Arbeitsmarktes ab, das wir in ▶ **Kapitel 7** kennen gelernt haben. Wir werden sehen, dass der entscheidende Erklärungsansatz in der Art und Weise zu suchen ist, wie Haushalte und Unternehmen ihre Erwartungen verändern. Zudem kann es zu seltenen Inflationsschüben aufgrund von Angebotsschocks kommen, wie etwa Energiepreisschocks oder den Schocks der Covid-Krise.

Kapitel 8hat vier Abschnitte:

- ▶ **Abschnitt 8.1** zeigt, wie sich aus dem Modell des Arbeitsmarkts, das wir im vorhergehenden Kapitel kennengelernt haben, eine Beziehung zwischen Inflation, erwarteter Inflation und Arbeitslosigkeit ableiten lässt.
- ▶ **Abschnitt 8.2** befasst sich mit der Rolle der Inflationserwartungen bei der Erklärung der Veränderungen der Phillipskurve im Zeitablauf.
- ▶ **Abschnitt 8.3** befasst sich mit der Rolle von Angebotsschocks im Allgemeinen und dem Covid-Schock im Besonderen.
- ▶ **Abschnitt 8.4** enthält eine Zusammenfassung und einige Warnungen.

8.1 Inflation, erwartete Inflation und Arbeitslosigkeit

Kernbotschaft dieses Kapitels: Niedrige Arbeitslosenraten erzeugen inflationären Druck. Die genaue Beziehung hängt aber stark davon ab, wie Konsumenten und Unternehmen ihre Erwartungen bilden. Diese werden wiederum wesentlich vom Verlauf der Inflation bestimmt.

In ▶ **Kapitel 7** leiteten wir zunächst die ▶ Lohnsetzungsgleichung (7.1) ab:

$$W = P^e F(u, z)$$

Der Nominallohn W, der in Lohnverhandlungen bestimmt wird, hängt vom erwarteten Preisniveau P^e, der Arbeitslosenquote u und der Variablen z ab, die alle anderen Variablen erfasst, die das Ergebnis der Lohnfestsetzung beeinflussen könnten, wie die Arbeitslosenunterstützung oder die Ausgestaltung der Kollektivverhandlungen.

Es ist hilfreich, die Funktion F in folgender konkreten Form zu spezifizieren:

$$F(u, z) = 1 - \alpha u + z$$

Der Term $1 - \alpha u + z$ bildet die bereits aus ▶ **Kapitel 7** bekannten Zusammenhänge ab: Je höher die Arbeitslosenquote ist, desto niedriger ist der Lohn; je größer der Wert der Variable z (je großzügiger etwa die Ausgestaltung der Arbeitslosenunterstützung), umso höher der Lohn. Der Parameter α gibt nun zusätzlich an, wie stark der Lohn auf Veränderungen der Arbeitslosigkeit reagiert.

In ▶ **Kapitel 7** leiteten wir auch die ▶ Preissetzungsgleichung (7.3) ab:

$$P = (1 + \mu)W$$

Der Preis, den die Unternehmen fordern, und damit auch das gesamtwirtschaftliche Preisniveau, liegt um den Aufschlag $1 + \mu$ über dem Lohnsatz W. Je höher die Marktmacht der Unternehmen, desto höher ist dieser Aufschlag.

Wir verwendeten in ▶ **Kapitel 7** dann diese beiden Beziehungen zusammen mit einer weiteren Annahme, nämlich dass das tatsächliche Preisniveau dem erwarteten Preisniveau entspricht. Daraus haben wir die natürliche Arbeitslosenquote bestimmt. In diesem Kapitel untersuchen wir nun den allgemeineren Fall, dass das tatsächliche vom erwarteten Preisniveau abweichen kann. Ersetzen wir den Nominallohn in der Preissetzungleichung durch die Lohnsetzungsgleichung, so erhalten wir die Beziehung:

$$P = P^e(1 + \mu)(1 - \alpha u + z) \tag{8.1}$$

▶ Gleichung (8.1) liefert uns eine *Beziehung zwischen dem Preisniveau, dem erwarteten Preisniveau und der Arbeitslosenquote*. Bezeichnen wir mit π die Inflationsrate und mit

π^e die erwartete Inflationsrate. Dann können wir die ▸ Gleichung (8.1) wie folgt auch als eine *Beziehung zwischen Inflation, Inflationserwartungen und Arbeitslosenquote* formulieren:

▸ Gleichung (8.2) ist eine der wichtigsten Gleichungen der Makroökonomie.

$$\pi = \pi^e + (\mu + z) - \alpha u \quad (8.2)$$

Es ist mathematisch nicht schwer, ▸ Gleichung (8.2) aus ▸ Gleichung (8.1) abzuleiten. Allerdings müssen hierzu einige Rechenschritte vollzogen werden, die für das Verständnis der Gleichung eher unwesentlich sind. Deshalb präsentieren wir die formale Ableitung der Gleichung im **Anhang** am Ende des Kapitels. Wichtig ist allerdings, dass man sämtliche in ▸ Gleichung (8.2) wirksamen Effekte versteht:

Um das Lesen zu vereinfachen, werden wir ab jetzt die Begriffe Inflationsrate meistens durch Inflation und Arbeitslosenquote durch Arbeitslosigkeit ersetzen.

- *Ein Anstieg der erwarteten Inflation π^e führt zu einem Anstieg der Inflation π.*
  ▸ Gleichung (8.1) verdeutlicht, welche ökonomischen Prozesse hinter diesem Zusammenhang stehen. Ein Anstieg des erwarteten Preisniveaus P^e führt zu einem Anstieg des tatsächlichen Preisniveaus P in gleichem Umfang. Erwarten die Lohnsetzer ein höheres Preisniveau, dann setzen sie einen höheren Nominallohn, um den angestrebten Reallohn zu erreichen. Über höhere Produktionskosten führt dies zu einem höheren Preisniveau. Ein höheres Preisniveau in der aktuellen Periode ist, bei gegebenem Preisniveau der Vorperiode, gleichzusetzen mit einer höheren Rate des Preisanstiegs von der Vorperiode zu dieser Periode, also einer höheren Inflation.
  Gleichermaßen impliziert ein höheres erwartetes Preisniveau in dieser Periode, bei gegebenem Preisniveau der Vorperiode, eine höhere erwartete Rate des Preisanstiegs von der Vorperiode zu dieser Periode, d.h. eine höhere erwartete Inflationsrate.
  Der Umstand, dass ein Anstieg des erwarteten Preisniveaus zu einem Anstieg des tatsächlichen Preisniveaus führt, kann also auch wie folgt formuliert werden: Ein Anstieg der erwarteten Inflation führt zu einem Anstieg der tatsächlichen Inflation.
- *Bei gegebener erwarteter Inflation π^e und gegebener Arbeitslostenquote u führen ein Anstieg des Gewinnaufschlags μ oder ein Anstieg aller Faktoren z, die zu höheren Lohnforderungen führen, zu einem Anstieg der Inflation π.*
  Wieder können wir ▸ Gleichung (8.1) benutzen, um den Zusammenhang zu verstehen: Bei gegebenem erwarteten Preisniveau P^e lässt ein Anstieg von μ oder z das Preisniveau P steigen, indem Lohn- und Preissetzungsverhalten, wie in ▸ **Kapitel 7** geschildert, beeinflusst werden. Wiederum können wir den Zusammenhang unter Verwendung von Inflation und erwarteter Inflation ausdrücken: Bei gegebener erwarteter Inflation führt ein Anstieg von μ oder z zu einem Anstieg der Inflation π.
- *Bei gegebener erwarteter Inflation π^e führt ein Anstieg der Arbeitslosenquote u zu einem Rückgang der Inflation π.*
  Aus ▸ Gleichung (8.1): Bei gegebenem erwartetem Preisniveau P^e führt ein Anstieg der Arbeitslosenquote u zu einem niedrigeren Nominallohn. Hieraus resultiert ein geringeres Preisniveau P. Gleichermaßen führt ein Anstieg der Arbeitslosenquote u bei gegebener erwarteter Inflation π^e zu einem Rückgang der Inflationsrate π.

Im Folgenden betrachten wir die Entwicklung von Inflation und Arbeitslosigkeit im Zeitverlauf. Hierzu ist es hilfreich, Zeitindizes zu verwenden, sodass man sich auf eine der Variablen in einer bestimmten Periode, z.B. in einem bestimmten Jahr, beziehen kann. ▸ Gleichung (8.3) lässt sich dann wie folgt schreiben:

$$\pi_t = \pi_t^e + (\mu + z) - \alpha u_t \quad (8.3)$$

Die Variablen π_t, π_t^e und u_t beziehen sich auf die Inflation, die erwartete Inflation und die Arbeitslosigkeit eines bestimmten Jahres t.

Die Covid-Inflation ist weitgehend auf Veränderungen in μ zurückzuführen, auf einen Anstieg der Preise bei gegebenen Löhnen. Dies betrachten wir in ▸ Abschnitt 8.3.

Für μ und z verwenden wir keine Zeitindizes, weil wir sie vorläufig als konstant betrachten. Aber diese Annahme werden wir später lockern.

Nun müssen wir noch einen letzten Schritt tun. In ▸ **Kapitel 7** haben wir die natürliche Arbeitslosenquote als die Arbeitslosenquote definiert, bei der das tatsächliche Preisniveau dem erwarteten Preisniveau entspricht. Äquivalent dazu können wir sie als die Arbeitslosenquote definieren, bei der die tatsächliche gleich der erwarteten Inflationsrate ist.

Wir können die natürliche Arbeitslosenquote u_n ermitteln, indem wir tatsächliche und erwartete Inflation in Gleichung (8.3) gleichsetzen.

$$0 = \mu + z - \alpha u_n$$

Auflösen nach u_n ergibt:

$$u_n = \frac{\mu + z}{\alpha} \tag{8.4}$$

▶ Gleichung (8.4) besagt, dass die natürliche Arbeitslosenquote umso höher ist, je größer der Gewinnaufschlag μ ist und je größer die in der Variable z zusammengefassten Faktoren sind.

Aus ▶ Gleichung (8.4) folgt $\alpha u_n = \mu + z$. Ersetzt man in ▶ Gleichung (8.3) $\mu + z$ durch αu_n, erhält man nach einigen Umformungen:

$$\pi_t - \pi_t^e = -\alpha(u_t - u_n) \tag{8.5}$$

▶ Gleichung (8.5) bezeichnet man als Phillipskurven-Beziehung. Sie beschreibt eine Beziehung zwischen der Abweichung der Inflationsrate von der erwarteten Inflation und der Abweichung der Arbeitslosenrate von der natürlichen Rate. Sie macht deutlich, dass die tatsächliche Inflation der erwarteten Inflation entspricht, wenn die Arbeitslosigkeit bei der natürlichen Rate liegt. Sinkt die Arbeitslosigkeit unter die natürliche Rate, ist die Inflation höher als erwartet. Steigt sie dagegen über die natürliche Rate, fällt die Inflation niedriger aus als erwartet.

Ausgehend von den Gleichungen ▶ (8.3) und (8.5) können wir nun im nächsten Abschnitt auf die Beziehung zwischen Inflation und Arbeitslosigkeit und ihre Entwicklung im Zeitablauf zurückkommen.

Man beginnt bei ▶ Gleichung (8.3):

$\pi_t = \pi_t^e + (\mu + z) - \alpha u_t \Rightarrow$

$\pi_t - \pi_t^e = (\mu + z) - \alpha u_t$

Wenn $\pi_t = \pi_t^e$, dann $0 = (\mu + z) - \alpha u_t$

Weil wir angenommen haben, dass sowohl μ wie z und auch die natürliche Rate konstant sind, können wir den Zeitindex weglassen. Wir untersuchen später, was passiert, wenn sich μ und z im Laufe der Zeit verändern.

Einsetzen von

$\alpha u_n = (\mu + z)$

in Gleichung (8.3):

$\pi_t = \pi_t^e + \alpha u_n - \alpha u_t$

Umstellen:

$\pi_t = \pi_t^e - \alpha(u_t - u_n)$.

8.2 Die Bedeutung der Inflationserwartungen

Wir können nun zu der Beziehung zwischen Arbeitslosigkeit und Inflation zurückkehren, wie sie um das Jahr 1960 von Phillips, Samuelson und Solow entdeckt wurde.

8.2.1 Die ursprüngliche Philippskurve

Stellen wir uns eine Ökonomie vor, in der die Inflation um einen bestimmten Wert π^* schwankt. In manchen Jahren ist sie höher, in anderen niedriger. Die Inflation ist aber nicht persistent, d.h., die aktuelle Inflation in diesem Jahr liefert keine gute Prognose dafür, wie hoch die Inflation im nächsten Jahr ausfällt. Dies ist eine gute Beschreibung des Verhaltens der Inflation in dem Zeitraum, den Phillips, Samuelson und Solow in Großbritannien bzw. den USA untersuchten. Unter solchen Bedingungen ist es vernünftig, bei der Lohnsetzung davon auszugehen, dass die Inflation im nächsten Jahr im Durchschnitt bei π^* liegen wird. Dann gilt: $\pi_t^e = \pi^*$ und somit folgt aus ▶ Gleichung (8.5):

$$\pi_t - \pi^* = -\alpha(u_t - u_n) \tag{8.6}$$

Unter solchen Bedingungen beobachten wir eine negative Beziehung zwischen Inflation und Arbeitslosigkeit. ▶ Gleichung (8.6) entspricht exakt der negativen Beziehung, die Phillips für Großbritannien, Samuelson und Solow für die USA fanden. Solange die erwartete Inflationsrate konstant bleibt, führt geringe Arbeitslosigkeit zu hoher Inflation; in Zeiten hoher Arbeitslosigkeit beobachten wir dagegen niedrige Inflation.

Als diese Studien publiziert wurden, schien sich daraus ein Trade-off zwischen Inflation und Arbeitslosigkeit für die Politik zu ergeben: Wenn Politiker bereit wären, mehr Inflation in Kauf zu nehmen, könnten sie niedrigere Arbeitslosigkeit durchsetzen. Dieser Trade-off schien attraktive Optionen zu versprechen: Makroökonomen und Politiker in vielen Ländern begannen, die Phillipskurve als Ausgangspunkt für ihre wirtschaftspolitischen

So formulierte etwa Helmut Schmidt im Juli 1972, damals Finanzminister, fünf Prozent Preisanstieg seien eher zu vertragen als fünf Prozent Arbeitslosigkeit.

Programme zu nutzen. In den 1960er-Jahren zielte die Wirtschaftspolitik vieler Länder darauf ab, die Arbeitslosigkeit auf einem Niveau zu etablieren, das konsistent mit moderater Inflation erschien. Gleichzeitig wurde häufig argumentiert, dass zur Verringerung der Arbeitslosigkeit ein moderater Anstieg der Inflation in Kauf zu nehmen sei. Auch in Deutschland war die Regierung um den damaligen Wirtschaftsminister Karl Schiller und den Finanzminister Franz Josef Strauß bemüht, den Zusammenhang der Phillipskurve in konkrete Wirtschaftspolitik umzusetzen. Tatsächlich erwies sich die Beziehung während der 1960er-Jahre als relativ stabiler Wegweiser zur Analyse der Entwicklung von Arbeitslosigkeit und Inflation.

▶ **Abbildung 8.2** zeigt für jedes Jahr zwischen 1959 und 1970 die Kombination von Inflationsrate und Arbeitslosenquote in Deutschland an. Es ist erstaunlich, wie gut die Werte für diesen Zeitraum mit der Vorhersage der Phillipskurve übereinstimmen. In den Jahren, die durch eine sehr niedrige Arbeitslosenquote gekennzeichnet waren (beispielsweise 0,7% im Jahr 1966), beobachten wir hohe Inflationsraten (3,6% im Jahr 1966); in den Jahren, in denen eine für die damalige Zeit hohe Arbeitslosenquote herrschte (beispielsweise beträgt die Arbeitslosenquote im Jahr 1967 ungefähr 2,2%), beobachten wir relativ nied rige Inflationsraten (1,6%). Besonders auffallend ist die Entwicklung zwischen 1960 und 1965: Die Arbeitslosenquote sinkt (mit Ausnahme der beiden Jahre 1963 und 1964) in diesem Zeitraum von 1,2% auf 0,7%, die Inflationsrate steigt von 1,5% auf 3,2%. Formal ausgedrückt bewegte sich die deutsche Volkswirtschaft entlang der Phillipskurve.

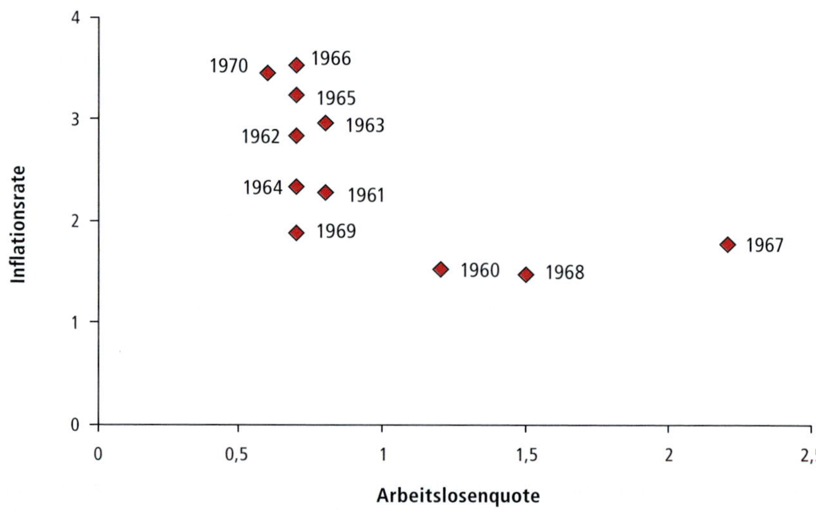

Abbildung 8.2 Inflation und Arbeitslosigkeit in Deutschland, 1960–1970. Vor 1970 bildet die Phillipskurve den Zusammenhang zwischen Inflation und Arbeitslosigkeit erstaunlich gut ab. Ein Rückgang der Arbeitslosenquote geht mit einem Anstieg der Inflationsrate einher.

8.2.2 Steigende Inflationserwartungen

In den späten 1960er-Jahren, als die ursprüngliche Phillipskurve noch eine gute Beschreibung der Daten abgab, stellten zwei Ökonomen, Milton Friedman und Edmund Phelps, die Existenz eines stabilen Trade-offs zwischen Arbeitslosigkeit und Inflation jedoch infrage. Sie argumentierten, ein solcher Trade-off könne nur dann existieren, wenn die Lohnsetzer die Inflation systematisch unterschätzen. Da es unwahrscheinlich sei, dass ein solcher Fehler dauerhaft begangen wird, werde der Trade-off über kurz oder lang verschwinden. Vielmehr sei davon auszugehen, dass die Inflationserwartungen angepasst werden. Die Arbeitslosenquote könne nicht dauerhaft unter die natürliche Arbeitslosenquote fallen (siehe hierzu die Fokusbox *„Die Erwartung eines unerwarteten Zusammenhangs“*).

Tatsächlich brach die Beziehung zwischen Inflationsrate und Arbeitslosenquote um 1970 zusammen. ▶ **Abbildung 8.3** zeigt Kombinationen aus Inflationsrate und Arbeitslosenquote für jedes Jahr von 1960 bis 1998 (vor der Einführung des Euro). Die Punkte sind grob in Form einer symmetrischen Wolke verteilt. Eine offensichtliche Beziehung zwischen Arbeitslosenquote und Inflationsrate lässt sich in diesem Diagramm nicht erkennen.

Samuelson und Solow haben allerdings bereits in ihrem Aufsatz „Analytical Aspects of Anti-Inflation Policy" (AER 1960) darauf verwiesen, dass diese Beziehung nur kurzfristig gilt und dass sie durch wirtschaftspolitische Maßnahmen verändert wird.

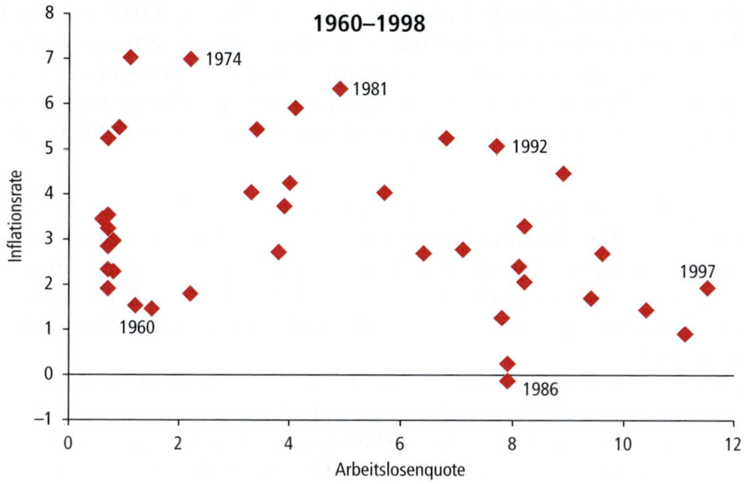

Abbildung 8.3 Inflation und Arbeitslosigkeit in Deutschland, seit 1960–1998. Nach 1970 bricht der stabile Zusammenhang zwischen Inflation und Arbeitslosigkeit weitgehend zusammen.

Warum verschwand die ursprüngliche Phillipskurve? Es gibt zwei zentrale Gründe:

Wir hatten dieses Phänomen Stagflation genannt und argumentiert, dass negative Angebotsschocks zu einer solchen Entwicklung führen können.

- In den 1970er-Jahren war die deutsche Volkswirtschaft, wie auch die meisten anderen Ökonomien, zweimal von einem starken Anstieg der Ölpreise betroffen. Dieser Anstieg hatte zur Folge, dass die Unternehmen ihre Preise relativ zu den von ihnen gezahlten Löhnen erhöhten. Wie in ▶ **Kapitel 9** gezeigt wird, führt ein Anstieg der Kosten zu einem Anstieg der Preise, einem Rückgang der Reallöhne und einem niedrigeren Produktionsniveau.

Obwohl die 1970er-Jahre gleich von zwei Angebotsschocks betroffen waren, war der Hauptgrund für das Zusammenbrechen der Phillipskurve jedoch ein anderer:

Der Begriff „persistent" kann mit „anhaltend" bzw. „hartnäckig" übersetzt werden. Ökonomen bezeichnen damit üblicherweise Größen, die dazu neigen, auf einem einmal erreichten Niveau zu verharren. Ein Beispiel für eine persistente Größe ist die Inflationsrate seit den 1960er-Jahren.

- Die Lohnsetzer veränderten ihre Erwartungsbildung. Ende der 1960er-Jahre begann eine Phase, in der die Inflationsrate andauernd steigende Werte annahm und ein hohes Maß an Persistenz zeigte: Es wurde wahrscheinlicher, dass auf eine hohe Inflationsrate in einem bestimmten Jahr eine hohe Inflationsrate im nächsten Jahr folgte.
  Diese Persistenz der Inflation veranlasste Erwerbstätige und Unternehmen, ihre Erwartungsbildung zu revidieren. Wenn die Inflation von Jahr zu Jahr steigt, macht es wenig Sinn zu erwarten, dass sie unverändert bleibt. Die Akteure, die dies erwarten, die also eine konstante Inflationsrate unterstellen, begehen dauerhaft systematische Fehler. Ökonomen gehen allerdings davon aus, dass Menschen ungern einmal begangene Fehler wiederholen. Als die Inflation sich also persistent verhielt, begannen die Menschen, dies bei ihrer Erwartungsbildung zu berücksichtigen. Die veränderte Erwartungsbildung veränderte auch die Struktur der Beziehung zwischen Arbeitslosigkeit und Inflation. Zentralbanker sprechen davon, dass die Inflationserwartungen nun nicht mehr fest verankert (annähernd konstant) waren.

Der ehemalige Präsident der Bundesbank, Karl Otto Pöhl, hat diesen Zusammenhang einmal so beschrieben: „Inflation ist wie Zahnpasta: Sobald sie einmal aus der Tube draußen ist, ist es schwer, sie wieder hineinzubekommen."

Wir wollen dieses Argument etwas genauer untersuchen. Nehmen wir hierzu an, dass die Erwartungen wie folgt gebildet werden:

$$\pi_t^e = (1-\theta)\pi^* + \theta\pi_{t-1} \tag{8.7}$$

In Worten: Die Inflationserwartungen hängen zum einen (mit dem Gewicht $1-\theta$) von π^* ab, zum anderen aber auch von der in der Vorperiode beobachteten Inflationsrate. Der Wert des Parameters θ (der griechische Kleinbuchstabe Theta) gibt an, wie stark die Inflationsrate der letzten Periode π_{t-1} bei der Bildung der Inflationserwartungen π_t^e berücksichtigt wird (mit $0 \le \theta \le 1$). Je größer der Wert von θ, desto mehr werden sich die Lohnsetzer veranlasst sehen, ihre Inflationserwartungen zu revidieren; desto höher wird π_t^e von aktuellen Erfahrungen geprägt. Man kann sich die Geschehnisse nach den 1960er- Jahren als eine Erhöhung von θ im Zeitverlauf vorstellen:

- Solange die Inflation keine Persistenz zeigte, machte es Sinn, dass Erwerbstätige und Unternehmen die aktuelle Inflationsrate vernachlässigten und davon ausgingen, dass sich die Inflation bald wieder auf π^* einpendelt. Innerhalb des Zeitraums, den Phillips, Samuelson und Solow untersuchten, lag θ nahe bei null; die Inflationserwartungen waren fest verankert; sie lagen bei $\pi_t^e = \pi^*$. Die Phillipskurve ließ sich durch ▶ Gleichung (8.6) gut beschreiben.

Denken Sie darüber nach, wie Sie Erwartungen bilden. Welche Inflationsrate erwarten Sie für das nächste Jahr? Wie sind Sie darauf gekommen?

- Als die Inflationsrate aber persistenter wurde, veränderten auch die Lohnsetzer ihre Erwartungsbildung. Sie realisierten, dass eine hohe Inflationsrate im gerade abgelaufenen Jahr eine ebenso hohe Inflationsrate im Folgejahr wahrscheinlich machte. Der Parameter θ stieg an. Es scheint, dass die Menschen Mitte der 1970er-Jahre ihre Erwartungen so bildeten, dass sie erwarteten, dass die diesjährige Inflationsrate gleich der des Vorjahres sein würde – mit anderen Worten, θ war nun gleich 1. In diesem Fall spricht man von *adaptiven Erwartungen*.

Wenden wir uns nun den Implikationen verschiedener Werte für θ für die Beziehung zwischen Inflation und Arbeitslosigkeit zu. Dafür setzen wir Gleichung (8.7) in Gleichung (8.3) ein:

$$\pi_t = \overbrace{(1-\theta)\pi^* + \theta\pi_{t-1}}^{\pi_t^e} - \alpha(u_t - u_n)$$

- Beträgt θ gleich null, dann erhält man die ursprüngliche Phillipskurve, eine Beziehung zwischen der Inflationsrate und der Arbeitslosenquote:

$$\pi_t = \pi^* - \alpha(u_t - u_n)$$

- Ist θ positiv, dann ist die Inflationsrate nicht nur von der Arbeitslosenquote, sondern auch von der Inflationsrate des letzten Jahres abhängig:

$$\pi_t = (1-\theta)\pi^* + \theta\pi_{t-1} - \alpha(u_t - u_n) \tag{8.8}$$

- Ist θ gleich 1, wird die Beziehung zu:

$$\pi_t - \pi_{t-1} = -\alpha(u_t - u_n) \tag{8.9}$$

wenn wir die Inflationsrate der letzten Periode auf beiden Seiten der Gleichung subtrahieren.

Wenn also θ den Wert 1 annimmt, beeinflusst die Arbeitslosenquote nicht mehr die Inflationsrate, sondern die *Veränderung der Inflationsrate*: Hohe Arbeitslosigkeit führt zu einem Rückgang der Inflation; niedrige Arbeitslosigkeit führt zu steigender Inflation.

Diese Argumentation ist der Schlüssel zu den Geschehnissen seit den 1970er-Jahren. Als θ von 0 auf 1 anstieg, verschwand die einfache Beziehung zwischen Arbeitslosenquote und Inflationsrate. Dieses Verschwinden sahen wir am Beispiel Deutschland in ▶ **Abbildung 8.3.** Es bildete sich aber eine neue Beziehung heraus, diesmal zwischen der Arbeitslosenquote und der Veränderung der Inflationsrate – wie von Gleichung (8.6) vorausgesagt. Diese Beziehung ist in ▶ **Abbildung 8.4** abgebildet. Wir sehen dort Kombinationen von Veränderungen der Inflationsrate und Arbeitslosenquote für jedes Jahr von 1970 bis 1995 für Deutschland (rote Quadrate) und die USA (schwarze Rauten). Die Abbildung zeigt eindeutig einen negativen Zusammenhang zwischen Arbeitslosenquote und der Veränderung der Inflationsrate in beiden Ländern. Die rote Gerade, die für Deutschland am besten die Punktwolke in diesem Zeitraum widerspiegelt, ist folgende Regressionsgerade:

$$\pi_t - \pi_{t-1} = 1{,}05\,\% - 0{,}24\,u_t \qquad (8.7a)$$

Die schwarze Gerade, die für USA am besten die Punktwolke im gleichen Zeitraum widerspiegelt, ist die Regressionsgerade:

$$\pi_t - \pi_{t-1} = 5{,}5\,\% - 0{,}83\,u_t \qquad (8.7b)$$

Beide Geraden zeigen den erwarteten Verlauf: Bei geringer Arbeitslosigkeit ist die Veränderung der Inflation positiv, die Inflationsrate im aktuellen Jahr liegt also über der Inflationsrate im vergangenen Jahr. Umgekehrt ist die Veränderung der Inflation bei hoher Arbeitslosigkeit negativ.

Diese als Regressionsgerade bezeichnete Gerade erhält man durch Anwendung ökonometrischer Verfahren (siehe ▶ Anhang C am Ende des Buches). Beachten Sie, dass die Gerade die Punktewolke nicht sehr genau abbildet. Es gibt Jahre, in denen die Veränderung der Inflation viel größer oder kleiner ist, als von der Gerade vorhergesagt. Anders formuliert: das Bestimmtheitsmaß ist nicht sehr hoch.

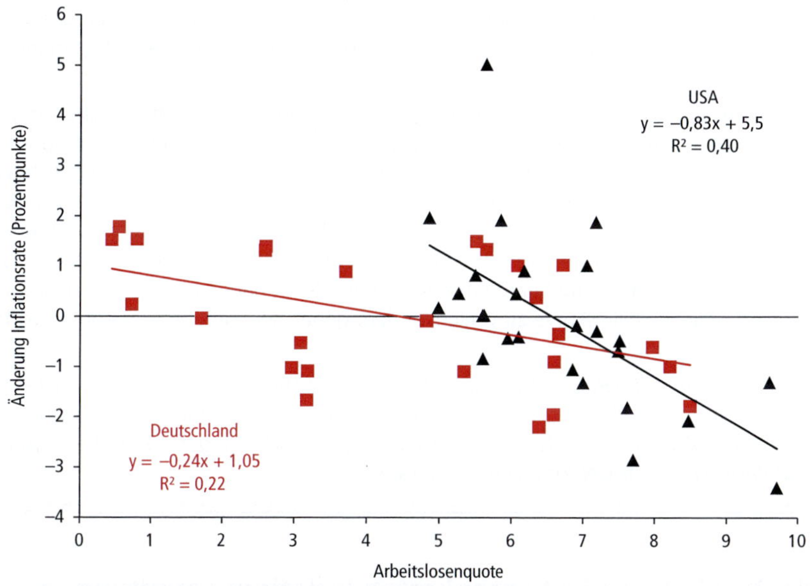

Abbildung 8.4 Modifizierte Phillipskurve in Deutschland und den USA, 1970 bis 1995. Im betrachteten Zeitraum besteht eine negative Beziehung zwischen der Arbeitslosenquote und der **Veränderung** der Inflationsrate.
Quelle: OECD Main Economic Indicators LRUNTTTTDEQ156S, CPALTT01DEM659N, LRUNTTTTUSQ156S, PCEPI

Um sie von der ursprünglichen Phillipskurve (Gleichung (8.4)) zu unterscheiden, wird Gleichung (8.6) oft als **Modifizierte Phillipskurve** oder **Akzelerierende Phillipskurve** bezeichnet. Der zweite Begriff macht deutlich, dass eine niedrige Arbeitslosenquote zu einem Anstieg der Inflationsrate und somit zu einer Beschleunigung (Akzeleration) von Preissteigerungen führt.

Ursprüngliche Phillipskurve:
$u_t\uparrow \Rightarrow \pi_t\downarrow$
(Modifizierte) Phillipskurve:
$u_t\uparrow \Rightarrow (\pi_t - \pi_t - 1)\downarrow$

FOKUS

Die Erwartung eines unerwarteten Zusammenhangs – Milton Friedman und Edmund Phelps

Ökonomen haben häufig Schwierigkeiten, grundlegende Veränderungen vorherzusagen, bevor sie stattfinden. Viele Erkenntnisse werden erst zutage gefördert, wenn ein bestimmtes Phänomen bereits beobachtet werden konnte. Eine der wenigen Ausnahmen ist die Erkenntnis der beiden Ökonomen Milton Friedman und Edmund Phelps, der Phillipskurvenzusammenhang würde nicht dauerhaft bestehen bleiben.

In den späten 1960er-Jahren – genau zu dem Zeitpunkt, als die meisten Ökonomen und Politiker fest von der Existenz der ursprünglichen Phillipskurve ausgingen – argumentierten Friedman und Phelps, dass der beobachtete „Trade-off" zwischen Inflation und Arbeitslosigkeit eine Illusion sei.

Friedman sagte damals über die Phillipskurve: „Phillips schrieb seinen Artikel für eine Welt, in der jedermann erwartete, dass die nominalen Preise stabil seien, und in der diese Erwartungen unerschütterlich und unveränderlich aufrechterhalten würden, unabhängig davon, was mit den tatsächlichen Preisen und Löhnen geschah. Nehmen wir im Gegensatz dazu an, dass jedermann erwartet, dass die Preise mit einer Rate von mehr als 75% pro Jahr steigen – wie es beispielsweise die Brasilianer vor ein paar Jahren taten. Dann müssen die Löhne mit der gleichen Rate steigen, um die realen Löhne unverändert zu lassen. Ein Überschussangebot an Arbeit (damit meint Friedman eine hohe Arbeitslosenquote) wird sich in einem weniger starken Anstieg der Nominallöhne widerspiegeln, nicht in einem absoluten Rückgang der Löhne."

Weiter sagte er:

„Um meine Schlussfolgerung anders auszudrücken: Es gibt immer einen temporären Trade-off zwischen Inflation und Arbeitslosigkeit; es gibt keinen permanenten Trade-off. Der temporäre Trade-off leitet sich nicht aus der Existenz von Inflation per se ab, sondern aus der Existenz steigender Inflationsraten."

Friedman versuchte dann abzuschätzen, wie lange der scheinbare Trade-off zwischen Inflation und Arbeitslosigkeit in den USA noch anhalten würde. „Sie werden fragen, wie lang ist „temporär" eigentlich? ... Ich kann, basierend auf einigen Untersuchungen der empirischen Fakten, höchstens die persönliche Einschätzung wagen, dass der anfängliche Effekt einer höheren unerwarteten Inflationsrate etwa zwei bis fünf Jahre andauert; dass dieser anfängliche Effekt dann umgekehrt wird; und dass die völlige Anpassung der Beschäftigung an die neue Inflationsrate so lange dauert, wie die der Zinssätze, sagen wir ein paar Jahrzehnte." Friedman hätte nicht mehr Recht haben können. Ein paar Jahre später begann die ursprüngliche Phillipskurve zu verschwinden, genau so, wie es von Friedman vorhergesagt worden war.

Quelle: Milton Friedman, „The Role of Monetary Policy", März 1968, American Economic Review, 58-1, Seite 1–17 (Der Beitrag von Phelps, „Money- Wage Dynamics and Labor-Market Equilibrium", Journal of Political Economy, August 1968, Teil 2, Seite 678–711, enthält eine ganz ähnliche Argumentation, allerdings auf Basis einer sehr viel formaleren Analyse).

8.2.3 Die Rückkehr zu fest verankerten Inflationserwartungen

Die EZB orientiert sich bei ihrer Politik am harmonisierten Verbraucherpreisindex im Euroraum (HVPI), die amerikanische Zentralbank Fed am Index der persönlichen Verbrauchsausgaben (PCE). Deshalb betrachten wir bei der Inflationsrate die Entwicklung der jeweiligen Indizes.

Im Lauf der 1990er-Jahre veränderte sich die Beziehung aufs Neue – eine Folge aktiver Geldpolitik. Seit Beginn der 1980er-Jahre betonten Zentralbanken weltweit immer stärker ihre Entschiedenheit, für niedrige, stabile Inflationsraten zu sorgen. Viele erklärten, dass sie eine Inflationsrate nahe ihrem Inflationsziel π^* (meist 2%) anstreben.

Ab Mitte der 1990er-Jahre war dieses Ziel in den meisten OECD-Staaten erreicht. Weil die Inflation über ein Jahrzehnt lang stabil blieb, passten die Wirtschaftssubjekte ihre Inflationserwartungen an diese Entwicklung an. Selbst wenn die Inflation in manchen Phasen über den Zielwert anstieg, waren sie nun zuversichtlich, die Zentralbank werde dafür sorgen, dass die Inflation im Lauf der kommenden Jahre wieder auf den Zielwert zurückkehrt. Die erwartete Inflationsrate wurde wieder eine Konstante – sie entsprach dem Inflationsziel π^*. Die Inflationserwartungen, die im Lauf der 1970er-Jahre immer weiter anstiegen, waren wieder fest verankert.

Der Wert für θ in ▶ Gleichung (8.5) ging auf null zurück. Die Phillipskurve entsprach damit wieder ▶ Gleichung (8.4). ▶ **Abbildung 8.5** zeigt diese Beziehung für die Zeit von 1999 bis 2019 für den Euroraum und die USA. Mit Einführung des Euro Anfang 1999 orientiert sich die Geldpolitik der EZB an der Entwicklung des gesamten Euroraums; deshalb betrachten wir hier Inflation und Arbeitslosenquote im Euroraum. Wir beobachten nun wieder eine negative Beziehung zwischen Inflation und Arbeitslosigkeit.

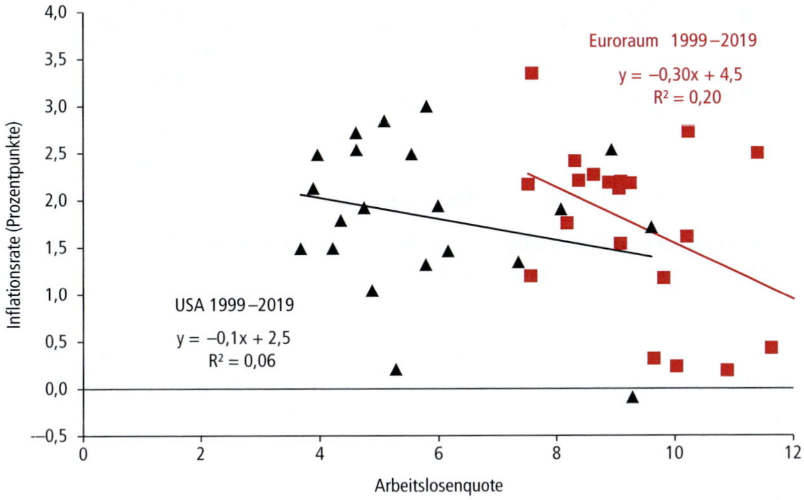

Abbildung 8.5 Phillipskurve im Euroraum und in den USA von 1999 bis 2019. Nach 1999 war die Phillipskurve – bei fest verankerten Inflationserwartungen – wieder eine negative Beziehung zwischen Arbeitslosenquote und Inflationsrate.
Quelle: OECD Main Economic Indicators; Codes: LRUNTTTTEZQ156S, CPHPTT01EZA659N, LRUNTTTTUSQ156S, PCEPI

In ▶ **Abbildung 8.5** sind auch die Regressionsgeraden eingezeichnet – die Geraden, die die Punktwolke für die Jahre seit 1999 am besten widerspiegelt. Die rote ▶ Linie (8.8a) gilt für den Euroraum, die schwarze ▶ Linie (8.8b) für die USA.

$$\pi_t = 4{,}5\,\% - 0{,}3\,u_t \qquad (8.8a)$$

$$\pi_t = 2{,}5\,\% - 0{,}1\,u_t \qquad (8.8b)$$

Sind wir also wieder zur ursprünglichen Phillipskurve zurückgekehrt? Die Antwort lautet: Ja, aber wir haben dabei eine wichtige Einsicht gewonnen:

Die Phillipskurve ist eine Beziehung zwischen Inflationsrate, erwarteter Inflationsrate und Arbeitslosenquote. Die genaue Beziehung hängt jedoch stark davon ab, wie Konsumenten und Unternehmen ihre Erwartungen bilden. Diese werden wiederum wesentlich vom Verlauf der Inflation bestimmt.

Im Lauf der letzten Jahrzehnte waren die Inflationserwartungen wieder fest verankert, weil die Inflationsrate für lange Zeit stabil war. Deshalb hatte die Phillipskurve wieder den ursprünglichen Verlauf.

Die Entwicklung im Euroraum und in den Vereinigten Staaten verlief sehr ähnlich. Abbildung 8.6 illustriert die Veränderung der Glaubwürdigkeit der Zentralbank in den USA, gemessen anhand einer Schätzung des Parameters θ. Aus Gleichung (8.8) wird θ jährlich geschätzt und in der Abbildung über die Zeit aufgetragen. Jeder Punkt entspricht dem Ergebnis einer Schätzung auf Grundlage von Daten für die USA jeweils aus den vorangegangenen 20 Jahren. So zeigt beispielsweise der Punkt für 1972 den geschätzten Wert von θ, basierend auf den Daten aus den Jahren 1953 bis 1972. Die beiden Bänder um den geschätzten Wert geben das 90%ige Konfidenzintervall um die Schätzung an: Sie sagen aus, dass für jede 20-Jahres-Stichprobe eine 90-prozentige Wahrscheinlichkeit besteht, dass der tatsächliche Wert θ zwischen dem oberen und dem unteren Wert des Bandes liegt.

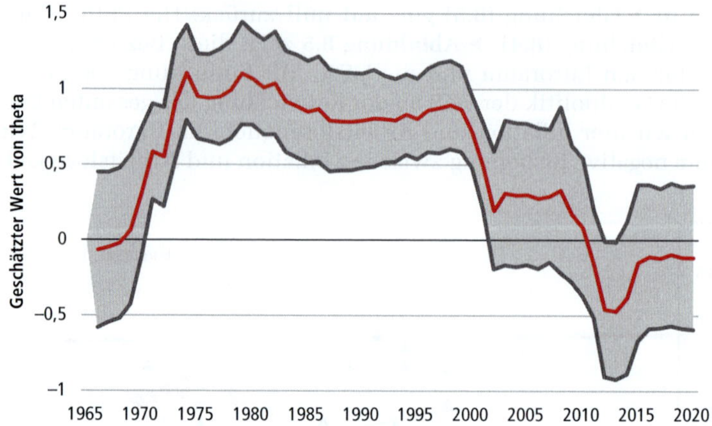

Abbildung 8.6 Die Entwicklung des geschätzten Koeffizienten ⊠ von 1967 bis 2020. Der Koeffizient stieg in den 1970er-Jahren an und ging ab den 1990er-Jahren zurück.
Quelle: Olivier Blanchard, „Should We Reject the Natural Rate Hypothesis?", Abbildung 7 (aktualisiert), Journal of Economic Perspectives 32, 1 Winter 2018, S. 113f.

Der geschätzte Wert des Koeffizienten θ basiert auf der Schätzung von ▶ Gleichung (8.8) über rollierende 20-Jahres-Stichproben. Dabei wird angenommen, dass die Gleichung konstant ist, sodass sie umgeschrieben werden kann als

$$\pi_t = c + \theta \pi_{t-1} - \alpha u_t$$

Der anfängliche Anstieg von 1966 an illustriert, wie die vorher fest verankerten Inflationserwartungen in den USA allmählich immer weiter anstiegen. Der Wert θ blieb bis in die späten 1990er-Jahre nahe bei 1. Ab den späten 1990er-Jahren begann θ jedoch zu sinken. Im Jahr 2020 lag er wieder nahe bei null. (Wir ignorieren, dass die geschätzten Werte von θ am Ende tatsächlich negativ sind. Dies ist unwahrscheinlich. Wie die Konfidenzbänder zeigen, spiegelt es die Tatsache wider, dass wir den genauen Wert von θ nicht kennen).

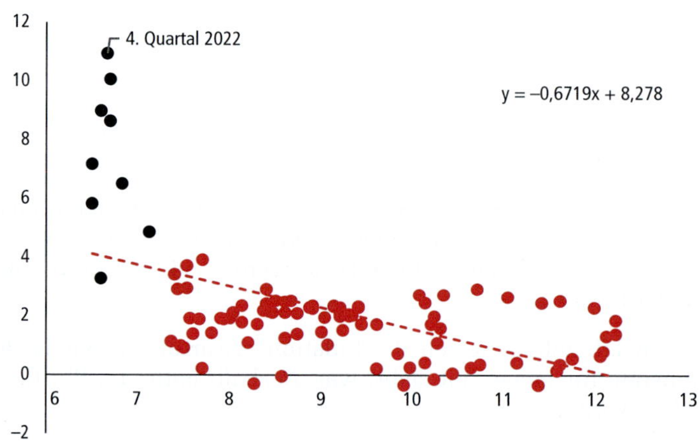

Abbildung 8.7 Phillipskurve für den Euroraum, vierteljährliche Daten, ab 2000. Die Inflation 2022 und 2023 lag viel höher als auf Grundlage der traditionellen Phillipskurve vorhergesagt (vgl. die schwarz markierten Punkte).

Mit anderen Worten: Aufgrund erhöhter Glaubwürdigkeit der Fed entsprach die Beziehung zwischen Arbeitslosigkeit und Inflation bis etwa 2020 wieder eher der ursprünglichen Phillipskurve. Unsere Analyse zeigt aber, dass die Inflationserwartungen und damit auch die Phillipskurve sich wieder verändern können, wenn neue Schocks auftreten. Die 2020er-Jahre haben genau eine solche neue Wendung gebracht. ▶ Abbildung 2.6 zeigte anhand jährlicher Daten bereits, dass die Inflationsrate 2022 und 2023 wesentlich höher lag. Um den Zusammenhang zwischen Arbeitslosenquote und Inflationsrate detaillierter zu analysieren, betrachten wir nun in ▶ Abbildung 8.7 **vierteljährliche** Daten für den Euroraum seit 2000. Während von 2000 bis 2020 in der Tat ein stabiles negatives Verhältnis zwischen der Inflationsrate und der Arbeitslosenquote bestand, war die Inflation in den Jahren 2022 und 2023 viel höher als auf Grundlage der Beziehung vorhergesagt worden wäre, die durch die Regressionslinie in der Abbildung dargestellt ist. Die acht schwarz markierten vierteljährlichen Punkte in den Jahren 2022 und 2023 liegen weit oberhalb dieser Linie. Was passiert ist und was dies bedeutet, untersuchen wir im nächsten Abschnitt.

8.3 Die Covid-Inflation und die Bedeutung von Angebotsschocks

Im letzten Abschnitt sind wir davon ausgegangen, dass die die natürliche Arbeitslosenquote konstant ist, weil wir angenommen haben, die drei Parameter μ, *z*, und α seien konstant. Es gilt ja :

$$u_n = \frac{\mu + z}{\alpha}$$

Tatsächlich stimmt das aber nicht. Wie wir in ▶ **Kapitel 7** gelernt haben, spiegeln diese Parameter eine Vielzahl von Faktoren wider, die sich im Laufe der Zeit verändern – wie etwa arbeitsrechtliche Vorschriften, die sich auf die Lohnfindung auswirken oder Monopolmacht, die die Preisbildung beeinflusst. Manchmal erfolgen diese Veränderungen langsam. Dann stellt die Annahme, dass sie konstant sind, eine akzeptable Annäherung dar. Betrachtet man aber die Schwankungen der Arbeitslosenquote in Deutschland in ▶ **Abbildung 2.4**, so sieht man, dass sie zwar von Jahr zu Jahr meist nur wenig schwankt, dass es aber über die Jahrzehnte hin immer wieder zu strukturellen Verschiebungen nach oben oder unten gekommen ist (vgl. Fokusbox *„Arbeitslosigkeit in Europa"* in ▶ **Kapitel 7**).

Dies war insbesondere in den 1970er-Jahren und Anfang der 1980er-Jahre der Fall. Damals führte die Gründung der OPEC (die Organisation erdölexportierender Länder), eines Monopol-Kartells von Ölproduzenten, zu mehreren Ölkrisen mit einem fünffachen Anstieg des Ölpreises. Als Folge des Anstiegs der Kosten für Energie kam es mehrfach zu einem starken Anstieg in μ. Auch die Covid-Krise und der Ukraine-Krieg lösten einen starken Anstieg der Rohstoffpreise aus. Wenn die Kosten für solche Inputs steigen, geben die Unternehmen die höheren Kosten über die Preise weiter. Dies führt zu einem Anstieg des Preisniveaus bei gegebenen Löhnen und damit zu einem Anstieg von μ.

Um das besser zu verstehen, kehren wir zu ▶ Gleichung 8.4 zurück. Ein Anstieg in μ, gegeben z und α, lässt die natürliche Arbeitslosenquote ansteigen. Wir untersuchten den Mechanismus in ▶ **Kapitel 7**: Ein Anstieg von μ, (ein Anstieg des Preisniveaus bei gegebenen Nominallöhnen) impliziert einen Rückgang des Reallohns (des Quotienten aus Nominallohn und Preisniveau).

Was dann mit der Inflation geschieht, hängt von zwei Faktoren ab. Es kann sein, dass die Arbeitnehmer eine Senkung der Reallöhne bei gleichbleibender Arbeitslosenquote akzeptieren. Gemäß Gleichung (8.4) sinkt z und könnte so den Anstieg von μ ausgleichen. Oder es kann sein, dass die Unternehmen beschließen, den Kostenanstieg durch eine Verringerung der Gewinnspanne aufzufangen. In diesem Fall würde μ nicht steigen. Es ist aber unwahrscheinlich, dass einer dieser beiden Spezialfälle vollständig eintritt. Dann aber steigt (μ + z) und damit auch die natürliche Arbeitslosenquote.

Beachte:
$P = \left(1 + \mu\right) W$
$\Rightarrow \frac{W}{P} = \frac{1}{(1 + \mu)}$

Nehmen wir daher an, dass $(\mu + z)$ zumindest für eine gewisse Zeit steigt. Wie sich das auf die Inflation auswirkt, können wir auf zwei äquivalente Weisen beschreiben. Kehren wir zurück zu ▶ Gleichung (8.3):

$$\pi_t = \pi_t^e + (\mu + z) - \alpha u_t$$

Bei gegebener Arbeitslosenquote (u_t) und gegebenen Inflationserwartungen (π_t^e) steigt die Inflation an.

Betrachten wir alternativ ▶ Gleichung (8.5):

$$\pi_t - \pi_t^e = -\alpha(u_t - u_n)$$

Bei gegebener Arbeitslosenquote (u_t) und gegebenen Inflationserwartungen (π_t^e) steigt die natürliche Arbeitslosenquote. Das führt zu einem Anstieg der Inflation.

Angenommen, die Arbeitslosenquote entsprach vor dem Anstieg von ($\mu + z$) der natürlichen Quote, so dass die Inflation auch der erwarteten Inflation entsprach. Gehen wir nun zudem davon aus, dass die tatsächliche Arbeitslosigkeit unverändert bleibt, so dass sie jetzt niedriger liegt als die natürliche Rate. Was im Laufe der Zeit mit der Inflation geschieht, hängt nun von zwei Faktoren ab: der Persistenz der Schocks und der Anpassung der Erwartungen.

- Erstens hängt es natürlich davon ab, ob und wie schnell ($\mu + z$) zum Ausgangswert zurückkehrt. Solange (μ + z) höher bleibt als zuvor, bleibt die Inflation höher als die erwartete Inflation.
- Was dies für die Inflation bedeutet, hängt zweitens von der Anpassung der Erwartungen ab, die wir im vorigen Abschnitt erörtert haben. Solange die Erwartungen fest verankert bleiben, kehrt die Inflation auf ihren Zielwert zurück, wenn (μ + z) wieder den vorherigen Wert erreicht hat - es gibt einen Inflationsschub, der aber von selbst wieder verschwindet. Wenn (μ + z) wieder seinen ursprünglichen Wert erreicht hat, entspricht die Inflation wieder der erwarteten Inflation, die Arbeitslosenquote entspricht der natürlichen Quote. Es besteht dann wenig Anlass für die Geldpolitik, die Inflation zu bekämpfen.

Dieses Szenario ist aber nur der bestmögliche Fall. Angenommen, die Inflation hält eine Weile an und die Arbeitnehmer beginnen allmählich daran zu zweifeln, dass die Zentralbank versucht, den Anstieg der Inflation zu bekämpfen. Sie werden nun ihre Inflationserwartungen an die tatsächliche Inflation anpassen. Es kommt zu Zweitrundeneffekten. In der Sprache des letzten Abschnitts formuliert: Der Parameter θ steigt. Zur Vereinfachung betrachten wir den Extremfall, dass θ gleich auf 1 steigt. Nun gilt $\pi_t^e = \pi_{t-1}$. Die Inflation verhält sich nun entsprechend $\pi_t - \pi_{t-1} = -\alpha u_t + (\mu + z)$.

Das bedeutet aber, dass die Inflation immer weiter ansteigt, solange ($\mu + z$) über dem Ausgangswert liegt. Selbst wenn ($\mu + z$) zum Ausgangswert zurückkehrt, bleibt nun die Inflation höher als vor dem Schock (sie ist ja im Lauf der Zeit immer weiter angestiegen). Für gewisse Zeit muss nun die Arbeitslosenquote ansteigen, um die Inflation wieder auf den angestrebten Wert zu bringen. Geldpolitik steht in diesem Fall vor wesentlich komplizierteren Herausforderungen. Wir betrachten sie in Kapitel 9 ausführlicher.

In ▶ Kapitel 9 untersuchen wir, wie die Zentralbank die Nachfrage durch Veränderung des Realzinses so beeinflussen kann, dass die Produktion wieder zum Produktionspotenzial zurückkehrt. Dabei gehen wir auch auf die Herausforderungen der Steuerung der Geldpolitik angesichts der Unsicherheit über Art und Dauer der Schocks ein.

Der Inflationsschub im Zusammenhang mit der Covid-Krise und dem Ukraine-Krieg veranschaulicht gut die Bedeutung von Angebotsschocks, Überhitzung und Erwartungsbildung. Der Beginn der Covid-Krise im Jahr 2020 war mit Schließungen von Unternehmen, einem starken Anstieg der Kurzarbeit und einem anfänglichen Rückgang der Inflationsrate verbunden. Die Inflationsrate im Euroraum war von August bis Dezember 2020 sogar negativ. Wie die rote Linie in **Abbildung 8.8** zeigt, stieg die Inflation von da an jedoch stark an. Sie lag im Oktober 2022 bei über 10% und damit weit über dem Inflationsziel der EZB von 2%. Danach begann sie wieder zu sinken; Ende 2023 lag sie knapp unter 3%.

Was war der Auslöser für den Inflationsschub?

Auf der Nachfrageseite spielten zwei Faktoren eine Rolle. Der erste war die aufgestaute Nachfrage der Verbraucher. Sie waren zu Beginn der Pandemie angesichts hoher Unsicherheit nicht bereit und aufgrund von Lockdowns oft auch nicht in der Lage, Ausgaben zu tätigen. Der zweite waren großzügige Stützungsprogramme, die den Haushalten helfen sollten, Kurzarbeit und Einkommensverluste zu überstehen, und den Unternehmen, den Umsatzrückgang aufgrund der Lockdowns zu überstehen. Wir betrachten dies in Abschnitt 9.6 ausführlicher.

Im Herbst 2021 kam es dann zu einem deutlichen Anstieg der Inflationsrate. Es gab zwei konträre Ansichten darüber, was mit der Inflation weiter geschehen würde.

- Die Mehrheit, darunter auch die EZB, vertrat die Ansicht, dass sich die Nachfrage zwar wieder erholt hat und es zu einem starken Anstieg der Beschäftigung kommen könnte; die Auswirkungen auf die Inflation würden aber wahrscheinlich begrenzt sein. Bezogen auf ▶ Gleichung (8.5) lautete das Argument, dass α klein sei, die Erwartungen fest verankert seien und θ ebenfalls klein bleiben würde.
- Eine Minderheit vertrat die Ansicht, dass angesichts des Ausmaßes des Nachfrageanstiegs die Beziehungen, die in den beiden vorangegangenen Jahrzehnten stabil geblieben waren, nicht als selbstverständlich angesehen werden könnten. Die Arbeitslosigkeit könnte so niedrig werden, dass der Inflationsdruck sehr viel stärker wird, und α könnte sehr viel größer werden. Mit höherer Inflation drohten die Erwartungen sich zu entkoppeln; θ könnte steigen. Beide Effekte könnten zusammengenommen zu einer hohen Inflationsrate führen

Es stellte sich heraus, dass beide Seiten zum Teil Recht und zum Teil Unrecht hatten. Es gab in der Tat eine erhebliche Inflation, die Optimisten hatten also Unrecht. Aber die hohe Inflation war weder hauptsächlich auf die Auswirkungen rückläufiger Arbeitslosigkeit noch auf die Enttäuschung der Erwartungen zurückzuführen. Die Pessimisten irrten sich also hinsichtlich des Mechanismus, der zu der hohen Inflation führte.

Der Hauptkanal war vielmehr ein Anstieg der Preise bei gegebenen Löhnen. Gemäß ▶ Gleichung (8.5) kam es zu einem Anstieg des Aufschlags (μ). Dafür gab es zwei Gründe.

Erstens stieg die weltweite Nachfrage nach Rohstoffen, von Lebensmitteln bis hin zu Energie, zum Teil aufgrund gestiegener Nachfrage, nachdem sich die Volkswirtschaften von ihrem anfänglichen Einbruch in der Corona-Pandemie erholten. Ab dem zweiten Quartal 2021 stiegen insbesondere die Energiepreise erheblich an. Dies verdeutlicht die schwarze Linie in ▶ **Abbildung 8.8** zeigt. Sie stellt die Veränderungsrate der Energiepreise dar. Im Jahr 2022 führte dann der Ukraine-Krieg und das Embargo gegen russisches Öl zu einem weiteren starken Anstieg, bis sich die Preise Anfang 2023 stabilisierten. Durch die höheren Energiekosten stiegen die Produktionskosten für die Unternehmen. Das veranlasste sie dazu, ihre Preise bei gegebenen Löhnen zu erhöhen.

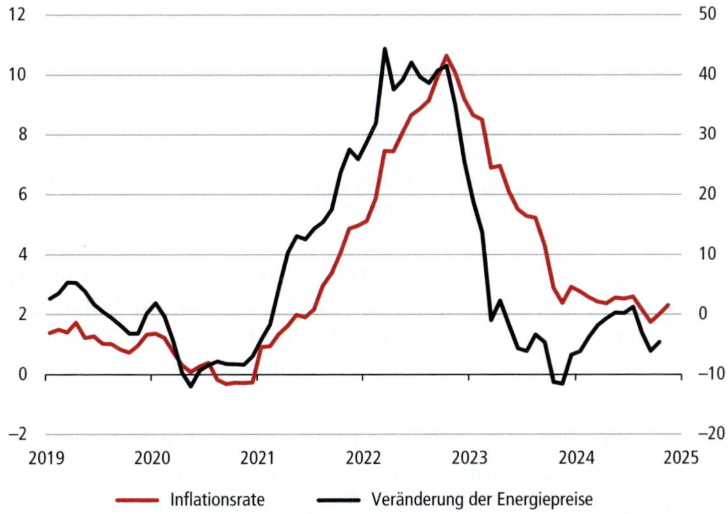

Abbildung 8.8 Harmonisierte Inflationsrate und Veränderung der Energiepreise im Euroraum. Der Anstieg der Inflation ist weitgehend auf den Anstieg der Energiepreise zurückzuführen.
Quelle: Eurostat via FRED-Datenbank, Codes: CP0000EZ19M086NEST, ENRGY0EZ19M086NEST

Zweitens waren viele Lieferketten unterbrochen. Selbst nachdem die Lockdowns aufgehoben wurden, hatte dies andauernde Auswirkungen auf die internationalen Lieferketten. Wichtige Vorleistungen waren nicht verfügbar. Das führte zu Engpässen und höheren Preisen. So hatte beispielsweise die Verknappung von Halbleiterchips erhebliche Auswirkungen auf die Automobilproduktion mit Lieferengpässen und deutlich höheren Preisen nicht nur bei Neuwagen, sondern auch bei Gebrauchtwagen. Covid ist nicht der einzige Schuldige; auch die Spannungen zwischen Euroraum und den Vereinigten Staaten gegenüber Russland und China haben viele Lieferketten unterbrochen.

Es war nicht das erste Mal, dass die Volkswirtschaften von einem starken Anstieg der Energiepreise betroffen waren. In den 1970er-Jahren hatte sich der Ölpreis sogar verfünffacht. Die direkte Folge war ein Anstieg der Inflation. Indirekt wurden damals jedoch auch die Inflationserwartungen enttäuscht. Dies führte zu einem Anstieg von θ und damit zu noch höheren Inflationsraten: Die Inflation erreichte in vielen Ländern des Euroraums Anfang der 1980er-Jahre Höchststände mit einem starken Anstieg der Arbeitslosenquote.

Die gute Nachricht ist, dass sich die Inflationserwartungen diesmal nicht wesentlich verschlechtert haben. Dies macht ▶ **Abbildung 8.9** deutlich. Sie vergleicht die Entwicklung der tatsächlichen Inflationsrate mit der Inflationsprognose aus dem *Survey of Professional Forecasts* über einen Zeitraum von einem bis zu fünf Jahren. Zwar ist die Einjahresprognose gestiegen, allerdings nicht annähernd so stark wie die tatsächliche Inflation. Die Fünfjahresprognose bewegte sich aber kaum. Sie erreichte in der zweiten Hälfte des Jahres 2022 einen Höchststand von 2,2%. Er liegt nur geringfügig über dem Inflationsziel der EZB von 2%. Der Verstärkungsmechanismus, der in den 1970er-Jahren zu einer sehr hohen Inflation führte, wurde diesmal also nicht in Gang gesetzt. Das erklärt, warum die Inflation nach dem Rückgang der Rohstoffpreise mit gewisser Verzögerung ebenfalls wieder zurückging.

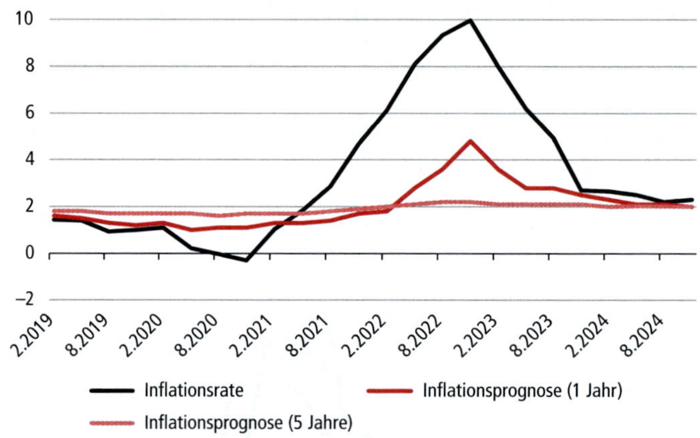

Abbildung 8.9 Inflation und Inflationsprognosen über einen Zeitraum von einem bis zu fünf Jahren, 2019–2023. Während die Inflation anstieg, blieben die Inflationserwartungen weitgehend verankert.
Quelle: EZB, Survey of Professional Forecasters; Inflationsrate: Eurostat (CP0000EZ19M086NEST)

Warum war der Verlauf so anders als in den 1970er-Jahren? Eine plausible Antwort lautet auch hier wieder: Weil die Verpflichtung der Zentralbanken, ihr Inflationsziel zu erreichen, an Glaubwürdigkeit gewann, konnten Lohn- und Preissetzer davon ausgehen, dass die hohe Inflation im Lauf der Zeit wieder auf das Inflationsziel zurückgehen würde.

Ende 2024 ist die Inflation deutlich niedriger als zu ihrem Höhepunkt, liegt aber immer noch über der Zielinflationsrate von 2%. Die EZB sieht sich mit der Frage konfrontiert: Wenn man davon ausgeht, dass die Schocks bei den Energiepreisen abklingen und sich das Problem der Knappheiten schließlich auflöst, wird die Inflation dann von selbst auf 2% zurückgehen, oder muss die Zentralbank die Wirtschaft bremsen, auch wenn sie dabei einen gewissen Anstieg der Arbeitslosigkeit in Kauf nehmen muss? Manche warnen davor, dass es zu einer Rezession im Euroraum kommen wird, wenn die EZB die Konjunktur mit zu hohen Zinsen abwürgt. Andere befürchten dagegen, dass wieder ein erneuter Anstieg der Inflation droht, weil die Löhne schneller steigen könnten als mit Preisstabilität vereinbar und zudem neue Angebotsschocks (wie Lieferengpässe im Zuge geopolitischer Konflikte) wieder Preisdruck ausüben.

Wenn Sie das Buch lesen, können Sie den tatsächlichen Verlauf besser beurteilen und den Rest der Geschichte erzählen.

FOKUS

Die Ursachen des Anstiegs der Inflation nach der Pandemie – ein Ländervergleich

Um beurteilen zu könne, ob die Zentralbanken nach der Pandemie angemessen auf die Inflation reagiert haben und ob sie die richtigen Lehren für die Zukunft ziehen, muss man die Ursachen des Anstiegs der Inflation in dieser Phase verstehen. Ben Bernanke und Olivier Blanchard veröffentlichten im Mai 2023 eine Studie zu den Ursachen in den USA: „*What Caused the U.S. Pandemic-Era Inflation*?" In einem gemeinsamen Projekt mit Forschern vieler Zentralbanken wandten sie die dort entwickelte Methodik auch auf andere Länder und den Euroraum an. Zum Zeitpunkt der Erstellung des Buchs waren diese Studien noch in Gang. Diese Fokusbox gibt einen Überblick über erste Einsichten.

Die Liste möglicher Ursachen für die Inflation nach der COVID-Pandemie ist lang. Sie reicht von makroökonomischen Konjunkturimpulsen durch staatliche Programme und einer starken gesamtwirtschaftlichen Nachfrage über einen starken Anstieg der Rohstoffpreise, insbesondere bei Nahrungsmitteln und Energie, bis hin zu Preisspitzen als Folge der Unterbrechung von Lieferketten. Zudem spielen Versuche der Unternehmen eine Rolle, ihren Gewinnaufschlag über die Kosten hinaus zu erhöhen. Der Anstieg der kurz- und langfristigen Inflationserwartungen und Reallohnstarrheit können als Verstärker der Auswirkungen der ursprünglichen Angebotsschocks wirken.

Die länderspezifischen Modelle legen nahe, dass die Ursachen für die Inflationsepisode nach der Pandemie über alle Länder hinweg weitgehend ähnlich waren. Große Preisschocks dominieren die Entwicklung von Quartal zu Quartal. Eher im Hintergrund führte zudem der Druck auf dem Arbeitsmarkt zu einem Anstieg der Löhne und in der Folge zu Preisinflation. Das zeigt sich am deutlichsten durch den Vergleich von Preis- und Lohninflation für den Euroraum und die USA. Die ▸ **Abbildung**zeigt deutlich starke Schwankungen der Verbraucherpreisinflation über die Quartale, zusammen mit gleichmäßigeren, in der Regel geringeren Anpassungen der Lohninflation.

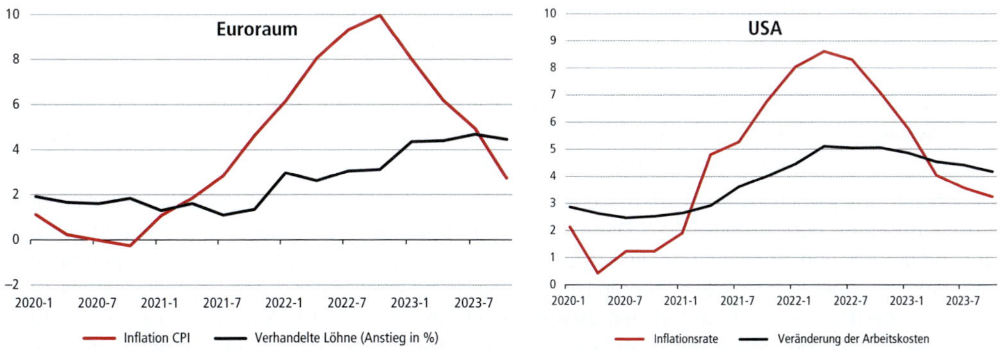

Abbildung 1 Preis- und Lohninflation für den Euroraum und die USA in %, Quartalsdaten ab Anfang 2020.
EZB STS.Q.I9.N.INWR.000000.3.ANR (verhandelte Löhne); FRED Codes: CP0000EZ19M086NEST; ECIALLCIV (Employment Cost Index), CPIAUCSL

Die Inflation wurde hauptsächlich durch zwei Arten von Preisschocks ausgelöst: Zum einen spielten starke Steigerungen der relativen Preise für Energie und Nahrungsmittel eine wichtige Rolle, als Kombination aus starker globaler Nachfrage und ungünstigen Angebotsschocks. Zum anderen sind Preisspitzen aufgrund von Engpässen beobachtbar, als Kombination aus starker globaler Nachfrage und Unterbrechungen der Versorgungsketten.

Die angemessene Reaktion der Zentralbanken auf kurzfristige Angebotsschocks besteht normalerweise darin, den Einmaleffekt gestiegener Preise in Kauf zu nehmen, möglichen Zweitrunden-Effekten (aus einer Lohn-Preis-Spirale) hingegen entgegenzuwirken (vgl. ▶ **Kapitel 9**). Nach der Pandemie traten aber Quartal für Quartal immer wieder neue Schocks auf. Sie beherrschten die Nachrichten und führten zu einer anhaltenden, aber schwankenden Inflation. Die Schocks waren in den einzelnen Ländern unterschiedlich groß; auch die relative Bedeutung dieser Schocks variierte von Land zu Land. In den USA kam der Energieschock schon im Jahr 2021, als höhere Ölpreise die Kosten für Kraftstoff in die Höhe trieben. In Europa dämpften hohe Benzinsteuern zunächst diesen Effekt. Aber Energiepreisschocks und sektorale Preisspitzen waren im Euroraum später besonders stark – vor allem in Folge der Nähe zum Ukraine-Krieg. Der größte Schock war Russlands Einmarsch in die Ukraine im Jahr 2022. Er ließ die Erdgaspreise um das 11-fache ansteigen. Von Anfang 2020 bis zu ihrem jeweiligen Höchststand im Lauf des Jahres 2022 stiegen die Energiepreise relativ zum gesamten Preisniveau in Japan um 18%, in den Vereinigten Staaten um 29%, um 45% in Großbritannien und um 37,5% im Euroraum. Europa hatte somit einen viel größeren Schock zu verkraften als die USA. Innerhalb des Euroraums gab es erhebliche Unterschiede aufgrund mehr oder weniger großzügiger staatlicher Subventionen. In Frankreich kam es nur zu einem Anstieg von 20% gegenüber 36% in Deutschland und 70% in Italien.

Auf den Energieschock folgte in Europa eine starke Inflation der Lebensmittelpreise. Sie war eine direkte Folge der gestiegenen Energiekosten, da viele Lebensmittel und Düngemittel einen hohen Energieanteil haben. Auch bei den relativen Preissteigerungen für Lebensmittel gab es erhebliche Unterschiede zwischen den Ländern: Sie betrugen 6,4% in den Vereinigten Staaten gegenüber 14,7% im Euroraum. Während sich die relativen Lebensmittelpreise in den Vereinigten Staaten bald stabilisiert haben, sind sie in vielen anderen Ländern noch länger angestiegen.

Die Auswirkungen dieser Preisschocks hielten letztlich nicht lange an, und zwar aus drei Gründen. (1): Da Energie und in geringerem Maße auch Nahrungsmittel Vorleistungen für die Produktion anderer Güter sind, hätte man starke dynamische Auswirkungen auf die Preise dieser anderen Güter erwarten können. Die Auswirkungen erwiesen sich jedoch als begrenzt und kurzlebig. (2): In dem Maße, in dem die Arbeitnehmer versuchten, den Rückstand aufzuholen, d.h. den Reallohnverlust aufgrund der unerwarteten Inflation in Lohnverhandlungen zu kompensieren, hätte man einen Anstieg der Nominallöhne und damit auch der Preise erwartet. Empirisch gesehen, war dies im Allgemeinen aber nicht der Fall. (3) – als wichtigsten Punkt: Wenn die höhere Inflation zu einem Anstieg sowohl der kurz- wie auch langfristigen Inflationserwartungen geführt hätte, wäre damit zu rechnen, dass sich die Erwartungen „entankern". Dies würde zu höheren Nominallohnsteigerungen und folglich zu einem weiteren Preisanstieg führen. Auch diese Dynamik lässt sich empirisch aber nicht feststellen. Die langfristigen Inflationserwartungen blieben bis Ende 2024 fest verankert – vermutlich eine Folge der Glaubwürdigkeit der von den Zentralbanken verfolgten Politik strikter Inflationsziele.

Dass diese drei potenziellen Mechanismen sich bislang nur schwach auswirkten, hat eine wichtige Implikation: Die Lohn-Preis-Spirale, die von vielen befürchtet worden war und die die in den 1970er-Jahren eine wichtige Determinante der hohen und anhaltenden Inflation war, spielte in dieser Inflationsepisode nur eine untergeordnete Rolle. Der Anstieg der Inflation aufgrund von Preisschocks war groß, aber jeder einzelne hatte nur wenig nachhaltige Wirkung.

Dennoch führte jedoch in den meisten, wenn auch nicht in allen Ländern, die starke Nachfrage zu einer Anspannung auf dem Arbeitsmarkt. Diese Anspannung messen die Studien in den meisten Ländern anhand der Relation zwischen offenen Stellen und Arbeitslosigkeit. Sie war in den Vereinigten Staaten am stärksten. Aber auch in allen anderen Ländern lag dieser Wert in der ersten Hälfte des Jahres 2023 höher als der Durchschnittswert in den 2010er-Jahren. In fast allen Ländern hatte die Verschärfung der Arbeitsmarktlage jedoch nur relativ geringe Auswirkungen auf die anschließende Lohninflation. Anders ausgedrückt, die Steigung der kurzfristigen Lohn-Phillipskurve wurde in den meisten Ländern als statistisch signifikant, aber gering eingestuft. Anfänglich herrschte die Befürchtung vor, eine höhere Lohninflation und damit auch eine höhere Preisinflation würde auf die Lohninflation zurückwirken und die direkten Auswirkungen der angespannten Arbeitsmärkte auf die Inflation verstärken Inflation verstärken. Auch hier hat die starke Verankerung der Erwartungen diese Verstärkungseffekte begrenzt. Die Auswirkungen des Arbeitsmarktes auf die Inflation sind bislang gering geblieben.

Da die Preisschocks im Lauf des Jahres 2023 allmählich zurückgingen oder sich sogar umkehrten, ist die Inflation deutlich zurückgegangen. Sie liegt aber immer noch über den Zielvorgaben der Zentralbank. Was bleibt, ist weitgehend Lohninflation. Die Lohninflation stieg in allen Ländern, allerdings mit erheblichen Unterschieden zwischen den Ländern. Den Studien zufolge betrug die Lohninflation in den ersten beiden Quartalen des Jahres 2023 in den Vereinigten Staaten 4,4%, gegenüber durchschnittlich 2,2% in den 2010er-Jahren, 7,8% gegenüber 1,8% in Großbritannien, 4,6% gegenüber 1,7% im Euroraum und 1,7% gegenüber 0,3% in Japan.

Ein Problem bei diesen Analysen besteht darin, dass Lohnwachstum nur schwer zu messen ist und viel Raum für Interpretationen lässt. Durch eine sich ändernde Zusammensetzung der Erwerbsbevölkerung kann es zudem verzerrt werden. Schließlich sind die Daten für Lohnindikatoren im Vergleich zur Messung der Inflation oft erst viel später verfügbar (vor allem im Euroraum). ▶ **Abbildung 1** basiert auf der Reihe *„ausgehandelte Löhne (negotiated wages)"* der EZB, die als schnell verfügbarer Indikator die Ergebnisse von Tarifverhandlungen erfasst. (Die irische Zentralbank hat einen neuen monatlichen Index (den *indeed wage tracker*) entwickelt, der auf Basis von Millionen Daten von Online-Stellenausschreibungen versucht, Lohnänderungen möglichst zeitnah zu erfassen. Diesem Index zufolge sind die Löhne im Euroraum schon etwas früher angestiegen, als die Darstellung in ▶ **Abbildung 1** nahelegt; ansonsten verläuft die Entwicklung aber sehr ähnlich).

Ende 2024 war die Lohninflation in den meisten Ländern immer noch hoch. Drei Faktoren könnten dafür verantwortlich sein: Ein angespannter Arbeitsmarkt, der die relative Verhandlungsmacht der Arbeitnehmer erhöht; der Versuch der Arbeitnehmer, ihren Rückstand aufzuholen, d.h., einen Teil der vergangenen Reallohnverluste aufgrund unerwarteter Preissteigerungen wieder aufzuholen; und ein Anstieg der kurzfristigen Inflationserwartungen, der zu höheren Nominallohnforderungen führt.

Die relativ flache Phillipskurve hat den Anstieg der Lohninflation als Reaktion auf die Arbeitslosigkeit begrenzt. Das könnte aber auch bedeuten, dass die Rückkehr zum Inflationsziel von 2% nun eine Periode höherer Arbeitslosigkeit erfordert, damit die Lohninflation ausreichend zurückgeht, um die Inflation auf 2% zu senken. Wie stark der Anstieg der Arbeitslosigkeit sein muss, hängt davon ab, inwieweit der Arbeitsmarkt zu den Bedingungen vor der Pandemie zurückkehrt.

Die Anpassung der Lohninflation war im Euroraum in den Jahren 2021/22 zunächst eher verhalten. Nach Russlands Einmarsch in die Ukraine sind die Preise für importierte Energie und Lebensmittel in Europa im Jahr 2022 stark gestiegen. Dies führte zu einer Reallohnsenkung – einem starken Einschnitt im Lebensstandard der europäischen Verbraucher. Ob der Versuch, diesen Reallohnverlust aufzufangen, zu einer stärkeren Nominallohninflation führt, ist noch offen. Wie ▶ **Abbildung 1** zeigt, liegen die ausgehandelten Lohnsteigerungen seit dem 3. Quartal 2023 über der Inflationsrate. Hohe Lohnsteigerungen könnten sich insbesondere bei den Dienstleistungen niederschlagen, weil sie überwiegend im Inland produziert werden. Es bleibt abzuwarten, ob hohe Lohnforderungen im Euroraum zu einem weiter anhaltenden Preisanstieg beitragen oder ob Lohnerhöhungen im Laufe der Zeit durch eine allmähliche Reduktion des Gewinnaufschlags aufgefangen werden können.

Literatur: Bernanke, Ben und Olivier Blanchard *„What Caused the U.S. Pandemic-Era Inflation?"*, Brookings Institution, 2024, American Economic Journal: Macroeconomics

English, Bill, Kristin Forbes und Angel Ubide, Monetary Policy Responses to the Post-Pandemic Inflation, CEPR 2024, *https://cepr.org/voxeu/columns/monetary-policy-responses-post-pandemic-inflation-challenges-and-lessons-future*

8.4 Erweiterungen

Fassen wir unsere bisherigen Ergebnisse zusammen:

- Die Phillipskurve (Gleichung (8.10)) beschreibt die Beziehung zwischen der Abweichung der tatsächlichen von der erwarteten Inflationsrate und der Abweichung der tatsächlichen von der natürlichen Arbeitslosenquote.
- Übersteigt die tatsächliche Arbeitslosenquote die natürliche, dann sinkt die Inflationsrate unter die erwartete Rate; liegt die tatsächliche Arbeitslosenquote dagegen unter der natürlichen, dann steigt die Inflationsrate über die erwartete Rate.
- Diese Beziehung hängt stark davon ab, wie Arbeitnehmer und Unternehmen im Lohnsetzungsprozess ihre Erwartungen bilden. Die Erwartungen werden wiederum wesentlich vom Verlauf der Inflation bestimmt.
- Ist die Inflationsrate stabil (wie in den 1960er-Jahren und im Lauf der letzten Jahrzehnte), dann sind die Inflationserwartungen fest verankert. Die Phillipskurve ist dann eine Beziehung zwischen Inflationsrate und Arbeitslosenquote.
- Steigt die Inflationsrate über längere Zeit immer weiter an (wie in den 1970er- und 1980er- Jahren), dann verändern sich die Inflationserwartungen. Orientieren sie sich an der Inflationsrate im vergangenen Jahr (der Fall adaptiver Erwartungen), ist die Phillipskurve eine Beziehung zwischen der Veränderung der Inflationsrate und der Arbeitslosenquote.
- Manchmal wird die Wirtschaft von großen Angebotsschocks getroffen, wie z.B. einem Anstieg des Ölpreises oder der Verknappung durch Covid. Solche Schocks haben einen starken direkten Einfluss auf die Inflation. Ob sich der Effekt aufbaut und anhält, hängt stark davon ab, wie fest die Erwartungen verankert sind.

Der Zusammenhang zwischen Inflation und Arbeitslosigkeit ist also sehr komplex. Wir haben in ▶ **Kapitel 7** gesehen, dass die natürliche Arbeitslosenquote von Land zu Land variiert. Im letzten Abschnitt haben wir gesehen, dass sie sich im Laufe der Zeit verändern kann. In diesem Abschnitt betrachten wir noch zwei weitere Probleme: Das Verhältnis zwischen Arbeitslosigkeit und Inflation kann einfach verschwinden, wenn die Inflation sehr hoch wird oder wenn sie niedrig wird und in eine Deflation übergeht.

Beträgt die Inflation im Durchschnitt etwa 2% pro Jahr, können die Lohnsetzer relativ sicher sein, dass die Inflation zwischen 1% und 3% liegen wird. Liegt die durchschnittliche Inflation bei 30%, dann können die Lohnsetzer davon ausgehen, dass die Inflation zwischen 20% und 40% liegen wird. Wenn sie Nominallöhne festlegen, dann können die Reallöhne im ersten Fall einen Prozentpunkt höher oder niedriger als erwartet ausfallen; im zweiten Fall können sie zehn Prozentpunkte höher oder niedriger als erwartet ausfallen. Im zweiten Fall ist also die Unsicherheit bzgl. des Reallohnniveaus viel größer.

8.4.1 Hohe Inflation und Phillipskurve

Erinnern wir uns daran, dass sich in den 1970er-Jahren die Phillipskurvenbeziehung veränderte, als die Inflationsrate stark anstieg. Die am Lohnsetzungsprozess beteiligten Parteien änderten deshalb ihre Erwartungsbildung. Dies führt zu einer allgemeinen Einsicht: Die Beziehung zwischen Arbeitslosigkeit und Inflation wird sich wahrscheinlich mit Niveau und Persistenz der Inflation verändern. Die Evidenz aus Ländern mit hoher Inflation bestätigt dies eindrucksvoll.

Mit steigender Inflationsrate nimmt nämlich auch die Variabilität der Inflation zu. Als Konsequenz sind Arbeitnehmer und Unternehmen nicht mehr bereit, Arbeitsverträge zu schließen, welche die Nominallöhne für einen langen Zeitraum festlegen: Sollte sich eine höher als erwartete Inflation einstellen, dann würden die Reallöhne stark fallen. Als Folge müssten die Arbeiter herbe Einschnitte in ihrem Lebensstandard erleiden. Sollte die Inflation niedriger als erwartet ausfallen, dann könnten die Reallöhne stark steigen. Die Unternehmen sind dann möglicherweise nicht mehr in der Lage, ihre Beschäftigten zu entlohnen; einige Unternehmen könnten in Konkurs gehen.

Aus diesem Grund ändert sich die Form der Lohnabschlüsse mit dem Inflationsniveau. Die Nominallöhne werden für kürzere Zeiträume festgelegt, von Jahren auf Monate oder kürzer. Möglicherweise kommt es zu **Lohnindexierung**, einer Regel, nach der die Löhne automatisch an die Inflationsrate angepasst werden.

Diese Veränderungen haben zur Folge, dass die Inflationsrate in viel stärkerem Maße auf die Arbeitslosigkeit reagiert. Um dies zu sehen, wird ein auf Lohnindexierung basierendes Beispiel hilfreich sein. Man stelle sich eine Ökonomie vor, in der es zwei Arten von Lohnverträgen gibt. Ein Teil λ (der griechische Kleinbuchstabe Lambda) der Lohnverträge sei indexiert: Die Nominallöhne dieser Verträge verändern sich 1:1 mit dem herrschenden Preisniveau.

Der Anteil $1-\lambda$ sei nicht indexiert: Die Nominallöhne werden auf Basis der erwarteten Inflation gesetzt. Die erwartete Inflation entspricht der Inflation des Vorjahres.

Unter dieser Annahme wird aus Gleichung (8.5)

$$\pi_t = [\lambda\pi_t + (1-\lambda)\pi_t^e] - \alpha(u_t - u_n) \tag{8.10}$$

Der Term in eckigen Klammern spiegelt den Umstand wider, dass ein Teil λ der Verträge indexiert ist (und somit auf die herrschende Inflation π_t reagiert), ein anderer Teil $(1-\lambda)$ hingegen auf der erwarteten Inflationsrate π_t^e basiert. Nimmt man an, dass die für dieses Jahr erwartete Inflation der des Vorjahres entspricht ($\pi_t^e = \pi_{t-1}$), dann erhält man

$$\pi_t = [\lambda\pi_t + (1-\lambda)\pi_{t-1}] - \alpha(u_t - u_n) \tag{8.11}$$

Beträgt $\lambda = 0$, dann werden alle Löhne auf Basis der erwarteten Inflation π_{t-1} gesetzt. In diesem Fall entspricht ▶ Gleichung (8.11) der bekannten ▶ Gleichung (8.10):

$$\pi_t - \pi_{t-1} = -\alpha(u_t - u_n)$$

Ist λ allerdings positiv, so reagiert ein Teil der Löhne auf die aktuelle Inflationsrate. Um die Konsequenzen einer solchen Lohnsetzung zu verstehen, bringen wir den Klammerausdruck auf die linke Seite, klammern $(1-\lambda)$ aus und teilen beide Seiten durch $(1-\lambda)$. Wir erhalten dann:

$$\pi_t - \pi_{t-1} = -\frac{\alpha}{(1-\lambda)}(u_t - u_n)$$

Die Gleichung verdeutlicht, dass die Lohnindexierung die Wirkung der Arbeitslosigkeit auf die Veränderung der Inflationsrate verstärkt. Je höher der Anteil der indexierten Lohnverträge – je höher λ –, desto größer ist der Effekt der Arbeitslosenquote auf die Veränderung der Inflation.

Hinter diesem Ergebnis steht die folgende ökonomische Erwägung: Ohne Lohnindexierung erhöht niedrigere Arbeitslosigkeit die Löhne, was wiederum die Preise erhöht. Da die Löhne aber nicht sofort auf die Preise reagieren, gibt es keine weitere Wirkung in diesem Jahr. Bei Lohnindexierung hingegen führt ein Preisanstieg zu einem sofortigen weiteren Anstieg der Löhne, was zu einem weiteren Preisanstieg führt ... Insgesamt ist der Effekt der Arbeitslosigkeit auf die Inflation größer.

Liegt λ nahe bei 1, dann können kleine Veränderungen der Arbeitslosigkeit zu großen Veränderungen der Inflation führen. Dies geschieht in Ländern mit sehr hoher Inflation. Der Zusammenhang zwischen Inflation und Arbeitslosigkeit wird immer schwächer und verschwindet schließlich.

Diese Annahme ist unter Umständen etwas extrem. Indexierungsklauseln passen die Löhne meist nicht an die aktuelle Inflation an, die nur mit einer Verzögerung bekannt wird, sondern an die Inflation der jüngeren Vergangenheit. Somit bleibt eine geringe Verzögerung zwischen der Inflation und der Lohnanpassung. Wir ignorieren die hieraus resultierenden Komplikationen an dieser Stelle.

8.4.2 Deflation und Phillipskurve

Nachdem wir die Folgen sehr hoher Inflationsraten untersucht haben, wollen wir schließlich den genau entgegengesetzten Fall betrachten. Welche Konsequenzen hat eine sehr niedrige oder gar negative Inflationsrate (eine Deflation) auf den von der Phillipskurve beschriebenen Zusammenhang?

Ein Blick auf ▶ **Abbildung 8.1** verdeutlicht die Relevanz dieser Fragestellung. Die Punkte, die in der Abbildung durch graue Dreiecke gekennzeichnet sind, korrespondieren mit den Werten für die 30er-Jahre des 20. Jahrhunderts. Sie liegen rechts von allen anderen Punkten. Da wir die Jahre der Weltwirtschaftskrise betrachten, sind die äußerst hohen Arbeitslosenquoten nicht sonderlich überraschend. Erstaunlich ist vielmehr, dass die Inflationsraten bei solch hohen Arbeitslosenquoten nicht deutlich niedriger ausfallen. Tatsächlich

Stellen wir uns zwei Szenarien vor: In einem herrscht eine Inflation von 4%; die Nominallöhne steigen um 2%. Im zweiten beträgt die Inflation 0%; die Nominallöhne sinken um 2%. Welches gefällt Ihnen weniger? Als rationales Individuum sollten Sie zwischen den beiden Alternativen indifferent sein: In beiden Fällen sinkt der Reallohn um 2%. Empirische Studien deuten aber darauf hin, dass die meisten Menschen das erste Szenario als weniger schmerzhaft empfinden. Wir greifen diesen Aspekt in ▶ Kapitel 23 nochmals auf.

würde man in einer solchen Situation nicht nur Deflation, sondern eine hohe Deflationsrate erwarten. De facto war die Deflation aber begrenzt. Zwischen 1934 und 1937 gab es sogar positive Inflationsraten.

Wie können wir diesen Umstand erklären? Wir können zwei unterschiedliche Ansätze unterscheiden.

- Erstens ist denkbar, dass die Weltwirtschaftskrise nicht nur einen Anstieg der tatsächlichen Arbeitslosenquote, sondern auch einen Anstieg der natürlichen Arbeitslosenquote auslöste. Dies scheint allerdings unwahrscheinlich. Die meisten Wirtschaftshistoriker sehen die Krise vor allem als Ergebnis einer äußerst starken Verschiebung der aggregierten Nachfrage, also als einen Anstieg der tatsächlichen Arbeitslosenquote über die natürliche Arbeitslosenquote.
- Zweitens könnte man die These aufstellen, dass während einer Deflation der mit der Phillipskurve beschriebene Zusammenhang gänzlich zusammenbricht. Ein Grund hierfür könnte der Widerstand von Arbeiternehmern sein, Nominallohnsenkungen zu akzeptieren. Einige Ökonomen vertreten die These, dass Arbeitnehmer zwar bereit sind, eine Senkung der Reallöhne hinzunehmen, die durch im Vergleich zur Inflationsrate zu niedrige Nominallohnsteigerungen verursacht wurden. Bei einem absoluten Rückgang der Nominallöhne dagegen sei mit starken Widerständen der Arbeitnehmerschaft zu rechnen. Sollte dieses Argument stimmen, dann wird die Beziehung der Phillipskurve schwächer oder verschwindet ganz, wenn die Wirtschaft in die Nähe einer Inflationsrate von null gerät.

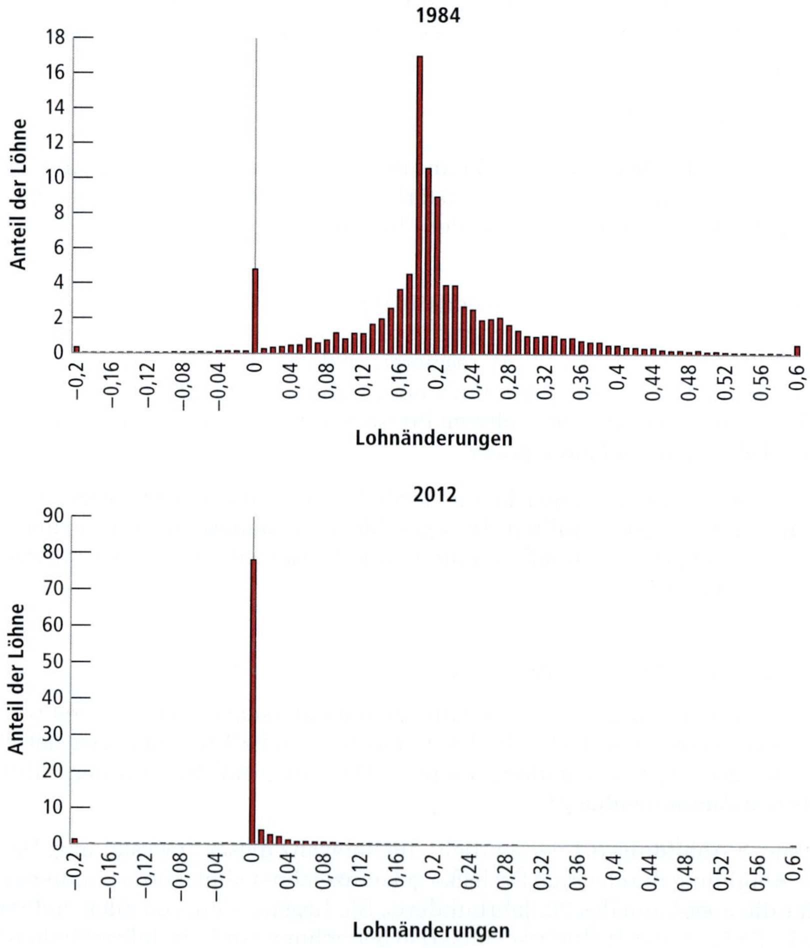

Abbildung 8.10 Verteilung der Lohnänderungen in Portugal in Zeiten hoher und niedriger Inflationsraten.
Quelle: John T. Addison, Pedro Portugal und Hugo Vilares, Unions and Collective Bargaining in the Wake of the Great Recession, IZA Discussion Paper No 9587, 2015

Diese Frage ist keineswegs nur von historischer Bedeutung. Als in der Finanzkrise die Arbeitslosenquote in vielen Ländern stark angestiegen ist, hätte man erwarten können, dass die Inflation stark zurückgeht oder vielmehr dass mit einer erheblichen Deflation zu rechnen ist. Zwar war in manchen Ländern in der Tat Deflation zu beobachten; sie blieb aber relativ begrenzt.

Der Widerstand gegen Nominallohnsenkungen ist in einigen Ländern ganz deutlich zu beobachten. Als Beispiel betrachten wir in ▶ **Abbildung 8.10** die Verteilung der Lohnänderungen in Portugal in zwei verschiedenen Jahren: 1984 – in Zeiten sehr hoher Inflationsraten von im Schnitt 27% – und 2012, als die Inflation bei 2,1% lag. Die Verteilung der Lohnänderungen im Jahr 1984 ist nahezu symmetrisch. Im Jahr 2012 dagegen ist sie extrem auf den Wert null konzentriert. Spielt dieser Mechanismus eine wichtige Rolle, dann folgt daraus, dass die von der Phillipskurve vorhergesagte Beziehung ganz verschwindet oder zumindest schwächer wird, wenn die Inflation nahe null liegt. Bei niedriger Inflation akzeptieren die Arbeitnehmer kaum Senkungen ihrer Nominallöhne. Die Phillipskurve wird dann flach.

ZUSAMMENFASSUNG

- Das Gleichgewicht auf dem Arbeitsmarkt liefert uns eine Beziehung zwischen Inflation, erwarteter Inflation und der Abweichung der Arbeitslosenquote von der natürlichen Arbeitslosenquote. Sie wird als Phillipskurve bezeichnet. Bei gegebener Arbeitslosigkeit führt eine höhere erwartete Inflation zu höherer Inflation. Bei gegebenen Inflationserwartungen führt steigende Arbeitslosigkeit zu einer niedrigeren Inflation. Die natürliche Arbeitslosenquote ist die Rate, bei der die Inflation der erwarteten Inflation entspricht.
- Die Phillipskurve ist aber keine stabile Beziehung. Sie kann sich verändern, wenn sich Inflationserwartungen oder natürliche Arbeitslosenquote verändern.
- Solange die Inflationserwartungen fest verankert sind und die erwartete Inflation konstant ist, lässt sich die Phillipskurve als Beziehung zwischen der Inflationsrate und der Arbeitslosenquote beschreiben. Dies entdeckte Phillips in Großbritannien sowie Solow und Samuelson in den Vereinigten Staaten, als sie Ende der 1950er-Jahre das Verhalten von Arbeitslosigkeit und Inflation untersuchten.
- Als die Inflation in den 1970er- und 1980er- Jahren persistenter wurde, änderte sich jedoch die Art und Weise, wie die Inflationserwartungen gebildet wurden; sie orientierten sich zunehmend an der vergangenen Inflation. Die Phillipskurve nahm somit die Form einer Beziehung zwischen der *Veränderung* der Inflationsrate und der Arbeitslosenquote an. Hohe Arbeitslosigkeit führte zu sinkender, niedrige Arbeitslosigkeit zu steigender Inflation.
- Ab den 1980er-Jahren setzten sich die Zentralbanken dafür ein, die Inflation niedrig und stabil zu halten. In den 1990er-Jahren hatten sich die Inflationserwartungen wieder gefestigt; die erwartete Inflation blieb in etwa konstant. Die Phillipskurve wurde wieder zu einer Beziehung zwischen Inflationsrate und Arbeitslosenquote.
- Angebotsschocks, wie etwa stark steigende Energiepreise oder Preisausschläge in Folge von Verknappungen, wirken sich direkt auf die Inflation aus. Steigen mit höherer Inflation auch die Inflationserwartungen, wird dieser Effekt über Zweitrundeneffekte verstärkt; dies führt zu noch mehr Inflation.
- Verändert sich die Art und Weise, wie die Inflationsrate im Laufe der Zeit schwankt, dann wirkt sich dies auch darauf aus, wie die Lohnsetzer ihre Erwartungen bilden und wie stark sie etwa eine Lohnindexierung fordern. Wenn die Lohnindexierung weit verbreitet ist, können kleine Veränderungen der Arbeitslosigkeit zu großen Veränderungen der Inflation führen. Bei hohen Inflationsraten verschwindet der Zusammenhang zwischen Inflation und Arbeitslosigkeit ganz.
- Die Beziehung zwischen Inflation und Arbeitslosigkeit wird auch bei sehr niedrigen oder gar negativen Inflationsraten schwächer. Während der Großen Depression führte selbst eine hohe Arbeitslosigkeit nur zu begrenzter Deflation.

Übungsaufgaben

(Lösungen auf **MyMathLab | Makroökonomie**)

Verständnistests

1 Welche der folgenden Aussagen sind zutreffend, falsch oder unklar? Geben Sie jeweils eine kurze Erläuterung.

a) Bei der ursprünglichen Phillipskurve handelt es sich um die negative Beziehung zwischen Arbeitslosigkeit und Inflation (genauer: Nominallohnänderungen), die erstmals für Großbritannien entdeckt wurde.

b) Die ursprüngliche Phillipskurve hat sich über Länder und über die Zeit als sehr stabil erwiesen.

c) In manchen Zeiträumen war Inflation über die Jahre hinweg sehr persistent, in anderen Zeiträumen dagegen war die Inflationsrate im aktuellen Jahr ein sehr schlechter Prognosewert für die Inflation im folgenden Jahr.

d) Politiker können den Trade-off zwischen Inflation und Arbeitslosigkeit nur temporär ausnutzen.

e) Die tatsächliche Inflation entspricht immer der erwarteten Inflation.

f) Ende der 1960er-Jahre zeigten die Ökonomen Milton Friedman und Edmond Phelps, dass Politiker die Arbeitslosenquote so niedrig setzen können wie sie es wünschen.

g) Wenn alle davon ausgehen, dass die Inflation im kommenden Jahr so hoch sein wird wie im laufenden Jahr, ergibt sich die Phillipskurve als Beziehung zwischen der Veränderung der Inflationsrate und der Arbeitslosenquote.

h) Die natürliche Arbeitslosenquote in einem Land bleibt im Zeitverlauf konstant.

i) Die natürliche Arbeitslosenquote ist in allen Ländern gleich hoch.

j) Deflation bedeutet eine negative Inflationsrate.

2 Diskutieren Sie die folgenden Aussagen.

a) Die Phillipskurve impliziert, dass die Inflation niedrig ist, wenn die Arbeitslosigkeit hoch ist, und umgekehrt. Deshalb kann entweder hohe Inflation oder hohe Arbeitslosigkeit herrschen, nicht aber beides gleichzeitig.

b) Solange wir uns an hoher Inflation nicht stören, können wir eine so niedrige Arbeitslosenquote erreichen, wie wir wollen. Alles was wir tun müssen, ist die Nachfrage nach Gütern und Dienstleistungen z.B. mit Hilfe expansiver Fiskalpolitik zu erhöhen.

c) In Zeiten der Deflation widersetzen sich Arbeitnehmer trotz fallender Preise einer Senkung ihrer Nominallöhne.

3 *Die Inflation nach der Pandemie*

a) ▶ Abbildung 1 in der Fokusbox zu den Ursachen des Anstiegs misst die Lohninflation im Euroraum anhand der ausgehandelten Löhne, in den USA anhand des *Employment Cost Index* (zur Quelle vgl. die Fokusbox). Die Lohnentwicklung ist nur schwer messbar. Wie unterscheidet sich die Entwicklung der Lohninflation, wenn Sie stattdessen den *„Indeed Wage Tracker"* (*https://github.com/hiring-lab/indeed-wage-tracker*) verwenden? Nutzen Sie für Ihren Vergleich im Euroraum auch die EZB-Reihe *„Wage Compensation per employee"* und in den USA den Wage tracker der Atlanta Fed (Code FRBATLWGT3MMAUMHWGO). Warum sind Unit Labor Costs (ULC; Code ULQEUL01USQ659S) kein zuverlässiger Indikator?

b) Betrachten Sie Lohn- und Preisinflation in Deutschland und Großbritannien mit Hilfe des *„Indeed Wage Tracker"* und in Großbritannien auch anhand der vom Office for National Statistics veröffentlichten *„Average weekly earnings"*.

c) Die Inflation im Euroraum wurde zunächst stark getrieben von den Energiepreisen (vgl. ▶ **Abbildung 8.8**). Vergleichen Sie die Entwicklung der Energiepreise relativ zum gesamten Preisniveau in Deutschland, Frankreich und Italien (das Verhältnis von ENRGY0DEM086NEST zu CP0000DEM086NEST, normiert auf 100 im Dezember 2019). In welchem dieser Länder war die Energiepreisinflation am höchsten? Wie veränderten sich die Energiepreise (in %) gegenüber dem Vorjahresmonat?

d) Die Preissteigerungen waren zunächst im Dienstleistungssektor wesentlich niedriger als im Gütersektor. Zeigen Sie den Verlauf beider Inflationsraten für Deutschland (Code GOODS0DEM086NEST und SERV00DEM086NEST) und den Euroraum. Weil der Dienstleistungssektor besonders arbeitsintensiv ist, herrschte Ende 2023 die Befürchtung, dass hohe Lohnsteigerungen dort zu starken Preissteigerungen führen könnten. Hat sich diese Befürchtung im Lauf des Jahres 2024 bestätigt? Wie haben sich seitdem die Inflationsprognosen des *Survey of Professional Forecasters* (EZB) entwickelt?

4 *Die Bestimmung der Inflationserwartungen*

In diesem Kapitel wurde folgendes Modell der Inflationserwartungen eingeführt:

$$\pi_t^e = (1-\theta)\pi^* + \theta\pi_{t-1}$$

a) Beschreiben Sie, wie sich die Inflationserwartungen im Fall (1) $\theta = 0$ bilden.

b) Beschreiben Sie, wie sich die Inflationserwartungen im Fall (2) $\theta = 1$ bilden.

c) Erläutern Sie, wie Sie Ihre eigenen Inflationserwartungen bilden. Entspricht dies eher dem in Teilaufgabe a. oder in b. beschriebenen Prozess?

d) Diskutieren Sie folgende allgemeinere Annahmen über die Bildung von Inflationserwartungen: (3) $\pi_t^e = 1/3(\pi_{t-1} + \pi_{t-2} + \pi_{t-3})$; (4) $\pi_t^e = 1/2\ \pi_{t-1} + 1/2\,\pi_{t+1}$. Welche Argumente könnten für diese Modellierungen sprechen?

5 *Veränderungen der Phillipskurve*

Angenommen, die Phillipskurve sei gegeben durch

$$\pi_t = \pi_t^e + 0,1 - 2u_t$$

Die Inflationserwartungen sind bestimmt durch

$$\pi_t^e = (1 - \theta)\pi * + \theta\pi_{t-1}$$

π^* sei konstant und verändert sich nicht. Nehmen Sie weiter an, dass θ anfänglich gleich null ist.

a) Angenommen, die tatsächliche Arbeitslosenquote entspricht anfänglich der natürlichen Arbeitslosenquote von $u_n = 5\%$. Wie hoch sind Inflationsrate und Inflationserwartungen?

Im Jahr t entscheiden die wirtschaftspolitischen Entscheidungsträger, die Arbeitslosenquote auf 3% zu senken und sie für immer auf diesem Niveau zu halten.

b) Bestimmen Sie die Inflationsrate der Jahre $t + 1, t + 2, \ldots, t + 5$. Wie verhält sich die Inflationsrate im Vergleich zu π^*?

c) Ist die in b. gegebene Antwort plausibel? Warum oder warum nicht? (*Hinweis:* Denken Sie daran, wie die Menschen wahrscheinlich ihre Erwartungen bilden werden.)
Unterstellen Sie nun, dass θ im Jahr $t + 6$ von 0 auf 1 steigt. Nehmen Sie an, dass die Regierung weiterhin beabsichtigt, die Arbeitslosenquote bei 3% zu halten.

d) Warum könnte sich θ derart verändern?

e) Wie hoch wird die Inflation in den Jahren $t + 6$, $t + 7$, $t + 8$ sein?

f) Wie entwickelt sich für θ = 1 die Inflationsrate im Zeitverlauf, wenn die Arbeitslosenquote unter der natürlichen Arbeitslosenquote gehalten wird?

g) Wie entwickelt sich für θ = 1 die Inflationsrate im Zeitverlauf, wenn die Arbeitslosenquote auf dem Niveau der natürlichen Arbeitslosenquote gehalten wird?

Vertiefungsfragen

6 *Die makroökonomische Wirkung der Lohnindexierung*

Angenommen, die Phillipskurve sei gegeben durch

$$\pi_t = \pi_t^e + 0,1\% - 2u_t$$

wobei

$$\pi_t^e = \pi_{t-1}$$

Angenommen, im Jahr *t* beträgt die Inflation gleich 0%. Im Jahr *t* entscheiden die Autoritäten, die Arbeitslosenquote für immer auf einem Niveau von 5% zu halten.

a) Berechnen Sie die Inflationsrate der Jahre $t, t + 1, t + 2$und$t + 3$.
Unterstellen Sie nun, dass die Hälfte der Arbeitnehmer einen indexierten Arbeitsvertrag geschlossen hat.

b) Was ist die neue Gleichung der Phillipskurve?

c) Beantworten Sie a. erneut.

d) Was ist die Wirkung der Lohnindexierung auf den Zusammenhang zwischen π und u?

e) Beantworten Sie a. erneut.

f) Was ist die Wirkung der Lohnindexierungauf den Zusammenhang zwischen π und u?

7 *Schätzungen der Phillipskurve in den USA, in Deutschland und im Euroraum*

Bei dieser Frage geht es darum, die ▶ **Abbildungen 8.4** und **8.5** zu reproduzieren und die Phillipskurven zu schätzen. Speichern Sie dafür die benötigten Jahresdaten zu Arbeitslosigkeit und Inflation in einer Excel-Datei ab (die FRED-Codes sind bei den Abbildungen angegeben). Definieren Sie die Inflationsrate des Jahres *t* als prozentuale Veränderung des VPI zwischen den Jahren *t* und *t*+1 (*percentage change from yearago*). Berechnen Sie auch die Veränderung der Inflationsrate von einem Jahr zum nächsten.

a) Schätzen Sie die ▶ Phillipskurve (8.8) für die USA und Deutschland für den Zeitraum 1970 bis 1995 (▶ **Abbildung 8.4**) für $\theta = 0$ und $\theta = 1$. Ermitteln Sie jeweils das Bestimmtheitsmaß. Warum erscheint die Schätzung mit $\theta = 1$ plausibler?

b) Schätzen Sie nun die ▶ Phillipskurve (8.8) für die USA und den Euroraum für den Zeitraum 1999 bis 2019 (▶ **Abbildung 8.5**) für $\theta = 0$ und $\theta = 1$. Ermitteln Sie wieder das Bestimmtheitsmaß. Warum erscheint die Schätzung mit $\theta = 0$ plausibler? Welche Ergebnisse liefert die Schätzung für Deutschland in diesem Zeitraum?

8 *Phillipskurve: Volcker-Disinflation vs. Pandemie*
Im August 1979 wurde Paul Volcker zum Präsidenten der US-Zentralbank (Fed) ernannt. In seiner Amtszeit gelang es ihm, durch restriktive Geldpolitik die im Lauf der 1970er-Jahre stark gestiegene Inflationsrate zu senken und dadurch auch die Inflationserwartungen zu dämpfen.

a) Konstruieren Sie anhand monatlicher Daten eine Beziehung zwischen Arbeitslosenquote (UNRATE) und Inflationsrate (CPALTT01USM659N) im Zeitraum von August 1979 bis Dezember 1987. Illustrieren Sie anhand der Grafik, wie die Politik der Disinflation mit einem Anstieg der Arbeitslosenrate einherging.

b) Betrachten Sie nun die gleichen Daten wie in a) für den Zeitraum von Januar 2017 bis Juni 2022 in der Pandemie. Lässt sich anhand dieser Daten eine nicht-lineare Phillipskurve erkennen? Welche Schocks könnten zum Anstieg der Inflation beigetragen haben? Unterscheiden Sie zwischen Angebots- und Nachfrageschocks.

c) Erläutern Sie, ob sich die Analyse der Volcker-Disinflation auch auf die Inflationsbekämpfung ab Mitte 2022 anwenden lässt. Von welchen Faktoren hängt es ab, wie hoch nach dem Anstieg der Inflation die Gefahr von Zweitrundeneffekten mit einer Lohn-Preisspirale ist? Beurteilen Sie den Verlauf längerfristiger Inflationserwartungen anhand der Daten des *Consumer Survey* der New York Fed.

d) Vergleichen Sie anhand der Phillipskurve den Rückgang der Inflation in den USA von Mitte 2022 bis Ende 2023 mit dem Rückgang in der Volcker-Ära. Welche Faktoren könnten für den unterschiedlichen Verlauf verantwortlich sein?

e) Um die Gefahr einer Lohn-Preis-Spirale besser einschätzen zu können, verfolgt die Fed als wichtigen Indikator auch die Lohnentwicklung. Vergleichen Sie, wie sich die Nominallöhne in den USA ab 2017 im Vergleich zur Inflation entwickelt haben. Verwenden Sie dazu den *Employment Cost Index* und den *Wage Growth Tracker* der Atlanta Fed (FRED-Codes ECIALLCIV, FRBATLWGT3MMAUMHWGO, CPALTT01USM659N).

Weiterführende Fragen

9 *Disinflation in Deutschland und im Euroraum*

a) Führen Sie die Datenanalyse der Aufgabe 8 auch für Deutschland durch für den Zeitraum (1) August 1979 bis Dezember 1987 sowie (2) von Januar 2017 bis Dezember 2022. Verwenden Sie dabei die Zeitreihen CPALTT01DEM659N und LMUNRRTTDEM156S. Inwiefern ergeben sich beim Vergleich zwischen Deutschland und den USA unterschiedliche Resultate?

b) Weil für Deutschland vor 1991 keine Daten für die harmonisierte Arbeitslosenquote verfügbar sind, verwenden wir für diese Zeit die Daten der registrierten Arbeitslosen der Bundesagentur für Arbeit. Wie verändern sich die Aussagen, wenn Sie in Teilaufgabe a) für den aktuellen Zeitraum ab 2017 stattdessen harmonisierte Werte wie die Reihe LRHUTTTTDEM156S verwenden?

c) Betrachten Sie nun Monatsdaten zur Phillipskurve für den gesamten Euroraum (die FRED-Reihen CP0000EZ19M086NEST und LRHUTTTTEZM156S bzw. für aktuelle Werte die Daten des *ECB Data Portals*). Lässt sich anhand dieser Daten für den Zeitraum von Januar 2017 bis Ende 2023 eine nicht-lineare Phillipskurve erkennen? Welche Faktoren könnten für Unterschiede im Verlauf zwischen dem Euroraum und den USA verantwortlich sein?

10 *Phillipskurve und Inflationsprognose*
Die für den Zeitraum 1999 bis 2019 erstellte Schätzung der Phillipskurve in den USA ergibt nach ▸ **Abbildung 8.5**: $\pi_t = 2{,}5\,\% - 0{,}11\,u_t$. Rufen Sie aus der FRED Datenbank wieder die Werte für die Codes UNRATE und PCEPI ab. Tragen Sie in einer Tabelle die Jahreswerte für Inflation und Arbeitslosenquote für alle Jahre ab 2005 ein und erstellen Sie für diese Jahre zudem die Inflationsprognose, die sich aus der geschätzten Phillipskurve ableiten lässt. Ermitteln Sie auch den Prognosefehler (die quadratische Abweichung der tatsächlichen Inflationsrate von der prognostizierten).

a) Beurteilen Sie, wie zuverlässig diese Version der Phillipskurve die Entwicklung der Veränderung der Inflation prognostiziert. Wie hoch ist der Prognosefehler im Durchschnitt?

b) Beurteilen Sie zudem, wie zuverlässig diese Version der Phillipskurve die Entwicklung der Veränderung der Inflation in den Jahren 2009 und 2010 prognostiziert. Geben Sie eine Erklärung.

c) Wenn Sie das Buch lesen, kennen Sie bereits die Daten für die Jahre ab 2021. Beurteilen Sie, wie zuverlässig die für die Jahre bis 2019 geschätzte Phillipskurve die Entwicklung der Veränderung der Inflation für die Folgejahre prognostiziert.

Jahr	Inflation	Arbeitslosenquote	prognostizierte Veränderung der Inflation	tatsächliche Veränderung der Inflation – prognostizierte Veränderung der Inflation
2005 …. bis 2021				

11 *Inflation und erwartete Inflation*

Untersuchen Sie die Entwicklung der Inflation in den USA seit 1960. Verwenden Sie den Verbraucherpreisindex PCEPI.

Erstellen Sie mit Hilfe Ihres Tabellen-Kalkulationsprogramms eine Tabelle mit den Daten für Inflation. Betrachten Sie nun verschiedene Annahmen über die Bildung der Inflationserwartungen: (1) $\theta = 0$ und $\pi^* = 0{,}02 = 2\%$; (2) $\theta = 1$. Ermitteln Sie in Ihrer Tabelle die jeweils prognostizierte Inflationsrate (π_t^e) und den **Prognosefehler** (die Abweichung der tatsächlichen von der prognostizierten Inflation) $e_t = \pi_t - \pi_t^e$ unter den alternativen Annahmen. Ermitteln Sie jeweils auch den durchschnittlichen quadratischen Prognosefehler.

Betrachten Sie zunächst die Daten für die Jahre von 1963 bis 1969.

a) Beurteilen Sie, ob $\theta = 0$ und $\pi^* = 2$ eine gute Wahl für θ bzw. π^* für die 1960er-Jahre darstellt. Anhand welcher Kriterien lässt sich diese Frage beantworten?

b) Beurteilen Sie, ob $\theta = 1$ die Entwicklung im Lauf der 1960er-Jahre gut beschreiben kann. Anhand welcher Kriterien lässt sich diese Frage beantworten?

Untersuchen Sie nun den Zeitraum von 1973 bis 1981. Ermitteln Sie wieder den Prognosefehler $e_t = \pi_t - \pi_t^e$ für diesen Zeitraum.

c) Beurteilen Sie, ob $\theta = 0$ und $\pi^* = 0$ eine gute Wahl für θ bzw. π^* im Lauf der 1970er-Jahre darstellt. Anhand welcher Kriterien lässt sich diese Frage beantworten?

d) Beurteilen Sie, ob $\theta = 1$ die Entwicklung im Lauf der 1970er-Jahre gut beschreiben kann. Anhand welcher Kriterien lässt sich diese Frage beantworten?

e) Wie lässt sich das Verhalten der Inflation, die Höhe der Inflation im Durchschnitt und die Persistenz für die unterschiedlichen Zeiträume vergleichen?

f) Wenn Sie die nun Daten für die Zeit von 2012 bis 2020 betrachten, welches der beiden Verfahren ($\theta = 0$ oder $\theta = 1$) liefert Ihnen niedrigere Prognosefehler? Geben Sie eine Begründung.

g) Vergleichen Sie die Entwicklung von Inflationsrate und ihrer Persistenz zwischen den drei Zeiträumen.

h) Die amerikanische Zentralbank orientiert sich bei ihrer Politik am Index für Personal Consumption Expenditures PCEPI, nicht am Verbraucherpreisindex CPI, (FRED-Code CPALTT01USA659N). Vergleichen Sie die durchschnittliche Inflationsrate in den USA seit 1960 für die verschiedenen Indizes. Beobachten Sie Unterschiede bei den Prognosefehlern, wenn Sie die Berechnung anhand des CPI-Index durchführen?

i) Führen Sie die gleichen Berechnungen auch für Deutschland durch anhand der Reihe DEUCPIALLMINMEI. Welche Unterschiede, welche Ähnlichkeiten erkennen Sie im Vergleich zur USA?

Jahr	Inflation π_t	Inflation im Vorjahr π_{t-1}	Erwartete Inflationsrate π_t^e unter der Annahme		$\pi_t - \pi_t^e$ Tatsächliche Inflation abzgl. erwartete Inflation unter der Annahme	
			$\theta = 0$ und $\pi^* = 2$	$\theta = 1$	$\theta = 0$ und $\pi^* = 2$	$\theta = 1$
1963–1969 1973–1981 2012–2020						

Anhang: Von der aggregierten Angebotsfunktion zu einer Beziehung zwischen Inflation, erwarteter Inflation und Arbeitslosigkeit

Dieser Anhang zeigt, wie man von der durch ▶ Gleichung (8.1) beschriebenen Beziehung zwischen Preisniveaus, erwarteten Preisniveaus und der Arbeitslosenquote:

$$P = P^e(1+\mu)(1-\alpha u+z)$$

zu der durch ▶ Gleichung (8.2) beschriebenen Beziehung zwischen Inflation, erwarteter Inflation und der Arbeitslosenquote gelangt:

$$\pi = \pi^e + (\mu + z) - \alpha u$$

Als Erstes führen wir Zeitindizes für das Preisniveau, das erwartete Preisniveau und die Arbeitslosenquote ein, sodass p_t, p_t^e, und u_t sich auf das Preisniveau, das erwartete Preisniveau und die Arbeitslosenquote des Jahres beziehen. Gleichung (8.1) wird zu

$$P_t = p_t^e(1+\mu)(1-\alpha u_t + z)$$

Als Nächstes wechseln wir von einer Darstellung in Form von Preisniveaus zu einer Darstellung in Form von Inflationsraten. Man teile beide Seiten durch das Preisniveau des Vorjahres P_{t-1}

$$\frac{p_t}{p_{t-1}} = \frac{p_t^e}{p_{t-1}}(1+\mu)(1-\alpha u_t + z) \qquad (8A.1)$$

Man schreibe den Quotienten der linken Seite als

$$\frac{P_t}{P_{t-1}} = \frac{P_t - P_{t-1} + P_{t-1}}{P_{t-1}} = 1 + \frac{P_t - P_{t-1}}{P_{t-1}} = 1 + \pi_t$$

Die erste Gleichheit erhält man aus der Addition und Subtraktion von P_{t-1} im Zähler des Quotienten, die zweite Gleichheit folgt aus dem Umstand, dass $P_{t-1}/P_{t-1} = 1$ und die dritte folgt aus der Definition der Inflationsrate ($\pi_t \equiv (P_t - P_{t-1})/P_{t-1}$).

Das Gleiche macht man mit dem Quotienten P_t^e/P_{t-1} auf der rechten Seite der Gleichung unter Verwendung der Definition der erwarteten Inflationsrate ($\pi_t^e \equiv (P_T^e - P_{t-1})/P_{t-1}$).

$$\frac{P_t^e}{P_{t-1}} = \frac{P_t^e - P_{t-1} + P_{t-1}}{P_{t-1}} = 1 + \frac{P_t^e - P_{t-1}}{P_{t-1}} = 1 + \pi_t^e$$

Ersetzen wir nun P_t/P_{t-1} und P_t^e/P_{t-1} der ▶ Gleichung (8A.1) durch die eben hergeleiteten Ausdrücke:

$$(1+\pi_t) = (1+\pi_t^e)(1+\mu)(1-\alpha u_t + z)$$

Dies gibt uns eine Beziehung zwischen der Inflation π_t, der erwarteten Inflation π_t^e und der Arbeitslosenquote u_t. Die verbleibenden Schritte lassen die Gleichung etwas freundlicher aussehen.

Wir teilen beide Seiten durch $(1+\pi_t^e)(1+\mu)$:

$$\frac{(1+\pi_t)}{(1+\pi_t^e)(1+\mu)} = 1 - \alpha u_t + z$$

Solange Inflation, erwartete Inflation und Arbeitslosenquote nicht allzu groß sind, stellt die folgende Gleichung eine gute Annäherung dar:

$$1 + \pi_t - \pi_t^e - \mu = 1 - \alpha u_t + z$$

(Siehe Proposition 3 und 6 im *Anhang B* am Ende des Buches). Ordnet man um, so erhält man

$$\pi_t = \pi_t^e + (\mu + z) - \alpha u_t$$

Ohne die Zeitindizes entspricht dies der ▶ Gleichung (8.2) aus dem Text (mit den Zeitindizes entspricht dies der ▶ Gleichung (8.3) aus dem Text). Die Inflationsrate π_t hängt von der erwarteten Inflation π_t^e und der Arbeitslosenquote u_t ab. Die Beziehung hängt außerdem vom Gewinnaufschlag μ, von anderen die Lohnsetzung beeinflussenden Faktoren z und von der Wirkung der Arbeitslosenquote auf die Löhne α ab.

Von der kurzen zur mittleren Frist: Das *IS-LM-PC*-Modell

9

9.1	Das *IS-LM-PC*-Modell	266
9.2	Die Anpassung zum mittelfristigen Gleichgewicht	271
9.3	Was im Lauf des Anpassungsprozesses alles schieflaufen kann	273
9.4	Ein neuer Blick auf die Haushaltskonsolidierung	279
9.5	Die Auswirkungen anhaltend steigender Ölpreise	281
9.6	Die COVID-19-Pandemie und Russlands Invasion in der Ukraine	284
9.7	Schlussfolgerungen	296

In den ▶ **Kapiteln 3** bis ▶ **6** untersuchten wir das Gleichgewicht auf Güter- und Finanzmärkten und lernten, dass die Produktion in der kurzen Frist von der Nachfrage bestimmt wird. In den ▶ **Kapiteln 7** und ▶ **8** untersuchten wir das Gleichgewicht auf dem Arbeitsmarkt und analysierten, wie sich die Arbeitslosenquote auf die Inflation auswirkt. In diesem Kapitel bringen wir beide Betrachtungen zusammen und charakterisieren das Verhalten von Produktion, Arbeitslosenquote und Inflation sowohl in der kurzen als auch in der mittleren Frist. Wir lernen das *IS-LM-PC*-Modell kennen (dabei steht *PC* für die Phillipskurve). Dieses Modell liefert eine einfache Version moderner Neu-Keynesianischer Modellansätze. Wenn wir vor der Frage stehen, wie sich ein bestimmter Schock oder eine bestimmte Politik auf die Makroökonomie auswirkt, bietet dieses Modell einen guten Ausgangspunkt, um eine vernünftige Antwort zu finden.

Kernbotschaft dieses Kapitels: Auf kurze Frist wird die Produktion von der Nachfrage bestimmt. Auf mittlere Frist kehrt sie zum Produktionspotenzial zurück. Der Anpassungsprozess hängt aber stark von den Politikmaßnahmen ab.

Das Kapitel gliedert sich in folgende Abschnitte:

- ▶ **Abschnitt 9.1** entwickelt das *IS-LM-PC*-Modell.
- ▶ **Abschnitt 9.2** betrachtet die Anpassung vom kurz- zum mittelfristigen Gleichgewicht.
- ▶ **Abschnitt 9.3** zeigt, was im Lauf des Anpassungsprozesses alles schieflaufen kann
- ▶ **Abschnitt 9.4** untersucht, wie sich Haushaltskonsolidierung im Zeitablauf auswirkt.
- ▶ **Abschnitt 9.5** untersucht, wie sich ein Anstieg des Ölpreises im Zeitablauf auswirkt.
- ▶ **Abschnitt 9.6** untersucht die Auswirkungen der COVID-19 Pandemie.
- ▶ **Abschnitt 9.7** fasst die Erkenntnisse dieses Kapitels zusammen.

9.1 Das *IS-LM-PC*-Modell

In ▶ **Kapitel 6** hatten wir in Gleichung (6.7) die *IS*-Kurve abgeleitet. Sie beschreibt, wie bei gegebenem Zinssatz die Produktion auf kurze Frist bestimmt wird. Wir greifen sie nun wieder auf:

$$Y = C(Y - T) + I(Y, r + x) + G \tag{9.1}$$

Auf kurze Frist wird die Produktion von der gesamtwirtschaftlichen Nachfrage bestimmt. Sie setzt sich aus den privaten Konsumausgaben, den Investitionen und den Konsumausgaben des Staates zusammen. Die privaten Konsumausgaben hängen vom verfügbaren Einkommen (dem Einkommen abzüglich Steuern T) ab. Die Investitionen hängen von der Produktion und vom Realzins ab. Der für Investitionsentscheidungen relevante Realzins ist der Zinssatz, der den Unternehmen für Kredite berechnet wird. Er bestimmt sich aus dem Realzins r, den die Zentralbank festlegt, und einer Risikoprämie x. Die Konsumausgaben des Staates G betrachten wir als gegeben.

Wie in ▶ **Kapitel 6** gezeigt, können wir die in Gleichung (9.1) beschriebene Beziehung grafisch als *IS*-Kurve darstellen – eine Beziehung zwischen der Produktion und dem Realzins, wobei wir die Steuern T, die Risikoprämie x und die Konsumausgaben des Staates G als gegeben betrachten. Diese *IS*-Kurve ist im oberen Teil von ▶ **Abbildung 9.1** wiedergegeben. Die Kurve hat einen fallenden Verlauf. Je niedriger der Realzins, den die Zentralbank festlegt (repräsentiert durch die flache *LM*-Kurve), desto höher ist die Produktion im Gleichgewicht. Der Zusammenhang ist uns mittlerweile wohlvertraut: Senkt die Zentralbank den Realzins, steigen die Investitionsausgaben. Je höher die Investitionstätigkeit, desto höher die Nachfrage. Höhere Nachfrage lässt die Produktion steigen. Der Anstieg der Produktion wiederum induziert höheren privaten Konsum und weitere Investitionsnachfrage, und so setzt sich dieser Prozess fort.

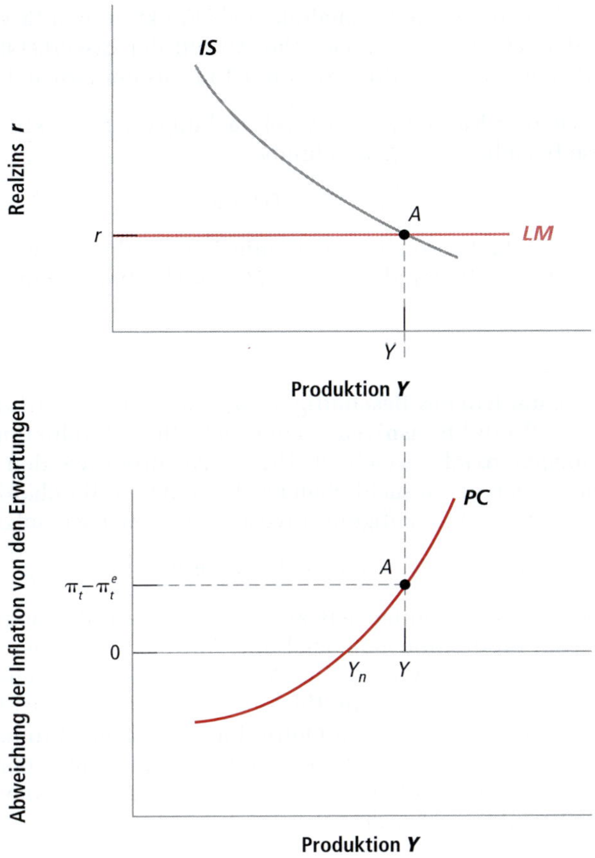

Abbildung 9.1 Das *IS-LM-PC*-Modell. Abbildung oben: Mit sinkendem Zinssatz steigt die Produktion; Abbildung unten: Ein Anstieg der Produktion führt zu steigender Inflation

Wenden wir uns nun der unteren Hälfte von ▶ **Abbildung 9.1** zu. In ▶ **Kapitel 8** haben wir die Phillipskurve abgeleitet (Gleichung (8.9)) – eine Beziehung zwischen Inflation und Beschäftigung, die wir nun wieder aufgreifen:

$$\pi_t - \pi_t^e = -\alpha(u_t - u_n) \qquad (9.2)$$

Liegt die tatsächliche Arbeitslosenquote unter der natürlichen Arbeitslosenquote, dann fällt die Inflation höher aus als erwartet. Liegt sie darüber, so ist die Inflation niedriger als erwartet.

Die *IS*-Kurve in Gleichung (9.1) hängt von der Produktion ab. Im nächsten Schritt formulieren wir auch die Phillipskurve um als eine Beziehung zwischen Inflation und der Produktion statt der Arbeitslosenquote. Das ist nicht schwer; wir benötigen dazu aber mehrere Schritte. Beginnen wir mit der Beziehung zwischen Arbeitslosenquote und Beschäftigung. Definitionsgemäß entspricht die Arbeitslosenquote u dem Anteil der Arbeitslosen U an der gesamten Erwerbsbevölkerung L.

$$u \equiv \frac{U}{L} = \frac{L - N}{L} = 1 - \frac{N}{L}$$

Dabei ist L die Zahl der Erwerbspersonen, N die Anzahl der Beschäftigten. Indem wir den Bruch vereinfachen, lässt sich die Arbeitslosenquote u schreiben als 1 minus dem Verhältnis von Beschäftigten N zu Erwerbspersonen L.

Durch Umformung können wir die Beschäftigten als Funktion von Erwerbspersonen und Arbeitslosenquote darstellen: $N = L(1 - u)$. Die Anzahl der Erwerbstätigen N entspricht der Zahl der Erwerbspersonen L multipliziert mit 1 minus der Arbeitslosenquote u.

Unterstellen wir – wie in ▶ **Kapitel 7** – zur Vereinfachung die Produktionsfunktion $Y = N$, so können wir diese Beziehung auch so schreiben:

$$Y = N = L(1 - u)$$

Wenn die tatsächliche Arbeitslosenquote der natürlichen Arbeitslosenquote $u_n$entspricht, dann ist die Zahl der Beschäftigten durch $N_n = L(1 - u_n)$ bestimmt. Für die Produktion gilt dann:

Beispielsweise ergibt sich, wenn die Erwerbsbevölkerung gleich 100 Millionen ist und die natürliche Arbeitslosenquote bei 5% liegt, ein Natürliches Beschäftigungsniveau von 95 Millionen.

$$Y_n = N_n = L(1 - u_n)$$

N_n bezeichnen wir als **natürliches Beschäftigungsniveau** (kurz: natürliche Beschäftigung) und $Y_n$als **natürliches Produktionsniveau** (kurz: natürliche Produktion). Y_n wird häufig auch als **Produktionspotenzial** bezeichnet. Diesen Ausdruck werden wir später häufig verwenden. Abweichungen der tatsächlichen Produktion bzw. Beschäftigung von dem natürlichen Produktions- bzw. Beschäftigungsniveau können wir wie folgt schreiben:

$$Y - Y_n = N - N_n = L((1 - u) - (1 - u_n)) = -L(u - u_n).$$

Diese Gleichung liefert uns eine einfache Beziehung zwischen Abweichungen der tatsächlichen Produktion vom Produktionspotenzial und Abweichungen der Arbeitslosenquote von der natürlichen Arbeitslosenquote. Die Abweichung der tatsächlichen Produktion vom Produktionspotenzial wird als **Outputlücke** bezeichnet. Entspricht die Arbeitslosenquote der natürlichen Rate, dann ist die Outputlücke null: das Produktionsniveau entspricht dann gerade dem Potenzial. Liegt die Arbeitslosenquote über der natürlichen Rate, liegt die Produktion unter dem Potenzial. Liegt die Arbeitslosenquote unter der natürlichen Rate, liegt die Produktion über dem Potenzial.

Nun sind wir fast am Ziel: Ersetzen wir in Gleichung (9.2) $u - u_n$, dann erhalten wir:

$$\pi - \pi^e = (\alpha/L)(Y - Y_n) \tag{9.3}$$

In Worten: Liegt die Produktion über dem Produktionspotenzial (ist die Outputlücke positiv), dann ist die Inflation höher als erwartet. Es entsteht Inflationsdruck. Umgekehrt ist sie niedriger, wenn die Produktion unter das Produktionspotenzial fällt (wenn die Outputlücke negativ ist). Die positive Beziehung zwischen der Abweichung der Inflationsrate von den Inflationserwartungen und dem Produktionsniveau ist in der unteren Hälfte von ▶ **Abbildung 9.1** als steigende Funktion gezeichnet. An der horizontalen Achse ist die Produktion abgetragen, an der Ordinate die Abweichung der Inflationsrate von den Inflationserwartungen. Entspricht die Produktion dem Produktionspotenzial, entspricht die Inflation den Erwartungen; die Inflation verändert sich nicht. Das bedeutet, dass die Phillipskurve die horizontale Achse genau dann schneidet, wenn die Produktion dem Potenzial Y_n entspricht.

Wir haben damit die beiden entscheidenden Gleichungen beschrieben, die wir benötigen, um zu verstehen, was in der kurzen und in der mittleren Frist abläuft. Das ist Thema des nächsten Abschnitts.

FOKUS

Das Gesetz von Okun – ein Vergleich zwischen Ländern und über die Zeit hin

Wie hängt die Beziehung zwischen Produktion und Arbeitslosigkeit, die wir hier abgeleitet haben, mit der empirischen Beziehung zusammen, die wir in ▶ **Kapitel 2** als Gesetz von Okun kennengelernt haben?

Um diese Frage zu beantworten, müssen wir zunächst die im Text abgeleitete Gleichung etwas umformulieren, um den Vergleich zu erleichtern. Bevor wir die Einzelschritte im Detail besprechen, fassen wir vorweg schon einmal das Hauptresultat zusammen. Die Beziehung im Text können wir zu folgender Gleichung umformen:

$$u_t - u_t - 1 \sim -g_{yt} \qquad (9.F1)$$

Die Veränderung der Arbeitslosenquote entspricht ungefähr dem negativen Wert der Wachstumsrate der Produktion (das Symbol ~ bedeutet „ungefähr gleich").

Nun zu den einzelnen Schritten. Beginnen wir mit der Beziehung zwischen der Anzahl der Erwerbspersonen L, der Zahl der Beschäftigten$N_t$und der Arbeitslosenquote $u_t$für zwei Jahre$t-1$ und t (zur Vereinfachung gehen wir dabei davon aus, dass die Zahl der Erwerbspersonen L konstant bleibt). Es gilt $N_{t-1} = L(1 - u_{t-1})$ und $N_t = L(1 - u_t)$. Damit verändert sich die Zahl der Beschäftigten so:

$$N_t - N_{t-1} = L(1 - u_t) - L(1 - u_{t-1}) = -L(u_t - u_{t-1})$$

Die Zahl der Beschäftigten steigt (bzw. sinkt) entsprechend dem Rückgang (Anstieg) der Arbeitslosenquote, multipliziert mit der Anzahl der Erwerbspersonen. Teilen wir beide Seiten der Gleichung durch N_{t-1}, erhalten wir die Wachstumsrate der Beschäftigten (wir bezeichnen sie mit g_{Nt}):

$$g_{Nt} = (N_t - N_{t-1}) / N_{t-1} = -L / N_{t-1}(u_t - u_{t-1})$$

Würde die Produktion proportional zur Zahl der Beschäftigten wachsen, dann entspricht die Wachstumsrate der Produktion der Wachstumsrate der Beschäftigten: $g_{Yt} = g_{Nt}$. Wenn wir berücksichtigen, dass L/N_{t-1} einen Wert nur etwas größer als 1 annimmt (für $u_t = 5\%$ gilt etwa $L / N_{t-1} \sim 1{,}05$) und wir ihn damit ungefähr gleich 1 setzen können, ergibt sich durch Rundung der Ausdruck $g_{Yt} \sim -(u_t - u_{t-1})$ oder eben:

$$u_t - u_{t-1} \sim -g_{Yt} \qquad (9.F1)$$

Gemäß Gleichung (9.F1) führt ein Anstieg der Produktion um 1 % zu einem Beschäftigungsanstieg von 1 %. Dies hat einen Rückgang der Arbeitslosenquote um einen Prozentpunkt zur Folge.

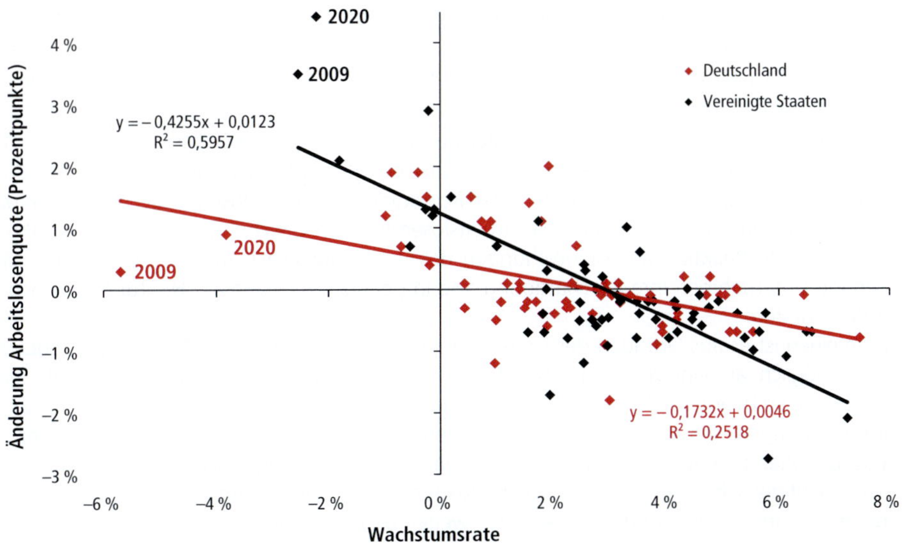

Abbildung 1 Veränderungen von Arbeitslosenquote und Produktionswachstum in den Vereinigten Staaten und in Deutschland, ab 1960

Quelle: OECD, FRED

Ein Anstieg des Produktionswachstums führt zu einem Rückgang der Arbeitslosenquote; niedriges Produktionswachstum geht mit einem Anstieg der Arbeitslosenquote einher.

Vergleichen wir Gleichung (9.F1) nun mit der empirischen Beziehung zwischen Produktionswachstum und Arbeitslosenquote, die wir in ▶ **Kapitel 2** als Gesetz von Okun kennengelernt haben. ▶ **Abbildung 1** trägt für Deutschland und für die Vereinigten Staaten die Veränderung der Arbeitslosenquote gegenüber der Wachstumsrate des BIP für jedes Jahr seit 1960 ab. Die Abbildung enthält zwei Regressionsgeraden, die den Zusammenhang zwischen beiden Größen bestmöglich beschreiben. Die zu der Linie korrespondierende mathematische Beziehung für Deutschland ist:

$$u_t - u_{t-1} = -0{,}17\left(g_{yt} - 2{,}7\,\%\right) \qquad (9.F2a)$$

Für die Vereinigten Staaten ergibt sich:

$$u_t - u_{t-1} = -0{,}43\left(g_{yt} - 2{,}9\,\%\right) \qquad (9.F2b)$$

Wie Gleichung (9.F1) weisen auch die Gleichungen (9.F2a) und (9.F2b) einen negativen Zusammenhang zwischen der Veränderung der Arbeitslosenquote und dem Produktionswachstum auf. In zweierlei Hinsicht ergeben sich jedoch bedeutsame Unterschiede:

Während in Gleichung (9.F1) jedes noch so geringe Wachstum der Produktion zu einem Rückgang der Arbeitslosenquote führt, muss das jährliche Produktionswachstum in den Gleichungen (9.F2) mindestens 2,7% bzw. 2,9% betragen, damit es zu einer Reduktion der Arbeitslosenquote kommt. Für diesen Unterschied lassen sich zwei Faktoren anführen:

1. Während zur Ableitung von Gleichung (9.F1) eine konstante Anzahl von Erwerbspersonen unterstellt wurde, steigt in den meisten Volkswirtschaften die Anzahl der Arbeitskräfte im Zeitverlauf an. Um eine konstante Arbeitslosenquote zu garantieren, muss deshalb die Beschäftigung mit der gleichen Rate wie die Zahl der zur Verfügung stehenden Arbeitskräfte wachsen.
2. Während Gleichung (9.F1) unterstellt, dass das Wachstum der Arbeitsproduktivität 0 ist (in der Produktionsfunktion $Y = AN$ hatten wir einen konstanten Wert von 1 für A unterstellt), steigt in der Realität die Produktivität der Erwerbstätigen über die Zeit an. Der Grund hierfür sind technische Verbesserungen im Produktionsprozess. Immer weniger Erwerbstätige werden also zur Herstellung der gleichen Produktionsmenge benötigt. Deshalb muss die Produktion mindestens mit der gleichen Rate wachsen, mit der die Produktivität pro Beschäftigten zunimmt.

Die beiden Faktoren bewirken, dass das Produktionspotenzial im Zeitablauf wächst. Wir bezeichnen im Folgenden die Wachstumsrate der Produktion, bei der die Arbeitslosenquote mittel- bis langfristig konstant bleibt, als **Wachstumsrate des Produktionspotenzials** g_{Yn}. Angenommen, die Zahl der Erwerbstätigen wächst mit 1% pro Jahr. In diesem Fall muss auch die Beschäftigung mindestens mit 1% pro Jahr wachsen, damit die Arbeitslosenquote nicht ansteigt. Wenn zusätzlich die Produktivität, d.h. die Produktion pro Arbeiter, um 2% pro Jahr wächst, impliziert dies, dass das Produktionspotenzial um $g_{Yn} = 1\,\% + 2\,\% = 3\%$ pro Jahr zunimmt. Die Produktion muss also um 3% pro Jahr wachsen, damit die Arbeitslosenquote konstant bleibt.

- Der Koeffizient auf der rechten Seite von Gleichung (9.F2) ist 0,17 bzw. 0,43, verglichen zu 1,0 in Gleichung (9.F1). Liegt das Produktionswachstum einen Prozentpunkt über der normalen Wachstumsrate, kommt es in Deutschland zu einer Reduktion der Arbeitslosenquote um 0,17 Prozentpunkte. Im Gegensatz hierzu würde die Arbeitslosenquote in Gleichung (9.F1) um einen Prozentpunkt sinken. In Reaktion auf Abweichungen des Produktionswachstums vom normalen Niveau passen die Unternehmen ihre Beschäftigung also in geringerem Maße an. Hierfür lassen sich zwei Gründe anführen:
  1. Zum einen ist es aus Gründen der Unternehmensorganisation und der Arbeitsmarktregulierung nicht möglich, auf eine veränderte Nachfrage vollständig mit Entlassungen bzw. Einstellungen zu reagieren. So benötigen Unternehmen manche Mitarbeiter unabhängig vom Produktionsniveau. Im Rechnungswesen wird beispielsweise ungefähr die gleiche Anzahl an Mitarbeitern beschäftigt, unabhängig davon, ob das Unternehmen mehr oder weniger als normal verkauft. Zudem verursacht die Schulung neuer Mitarbeiter Kosten. Aus diesem Grund bevorzugen es viele Unternehmen, ihre gegenwärtigen Mitarbeiter weiter zu beschäftigen, auch wenn die Produktion unter dem normalen Niveau liegt.

Gleichzeitig werden Perioden mit starker Nachfrage nicht unbedingt mit Neueinstellungen, sondern mit Überstunden bewältigt, da man sich nicht sicher sein kann, ob die Zusatznachfrage von Dauer ist.

2. Kommt es zu Neueinstellungen, führt dies nicht zu einem Rückgang der Arbeitslosenquote in gleichem Ausmaß. Dies wäre nur dann der Fall, wenn die Anzahl der Personen, die dem Arbeitsmarkt zur Verfügung stehen, durch die vermehrte Nachfrage nach Arbeitskräften nicht verändert würde. Wie wir in ▸ **Kapitel 7** sahen, ist dies jedoch eher unwahrscheinlich, da Mitglieder der sogenannten stillen Reserve auf den Arbeitsmarkt drängen. Einige der neuen Arbeitsstellen werden dann an Personen vergeben, die vorher nicht Teil der Erwerbsbevölkerung waren. Zusätzlich werden sich Arbeitskräfte um eine Stelle bemühen, die zuvor die Suche entmutigt aufgegeben hatten. Weil sich die Aussichten auf dem Arbeitsmarkt verbessert haben, ändert sich im Ausdruck $u = {}^{(L-N)}/_{L}$ nicht nur die Variable *N*, sondern auch die Variable *L*.

Fassen wir unsere Überlegungen allgemeiner zusammen: Bezeichnen wir mit g_{Yn}die Wachstumsrate des Produktionspotenzials, können wir Gleichung (9.F2) in allgemeiner Form schreiben:

$$u_t - u_{t-1} = -\beta(g_{Yt} - g_{Yn}) \qquad (9.F3)$$

Wächst die tatsächliche Produktion mit einer Rate stärker als die Wachstumsrate des Produktionspotenzials g_{Yn}, kommt es zu einem Rückgang der Arbeitslosenquote; im umgekehrten Fall steigt die Arbeitslosenquote an. Der Koeffizient β in Gleichung (9.F3) ist ein Maß für die Stärke des Effekts, den ein Anstieg des Produktionswachstums über die Wachstumsrate des Produktionspotenzials hinaus auf die Arbeitslosenquote hat. Er wird als Okun-Koeffizient bezeichnet. Empirischen Schätzungen zufolge erweist sich β als kleiner als eins: Die Arbeitslosenquote reagiert weniger als eins zu eins auf Veränderungen der Zahl der Beschäftigten; diese wiederum weniger als eins zu eins auf Änderungen der Produktionsaktivität.

Weil der Koeffizient β von Faktoren bestimmt wird, die sich von Land zu Land unterscheiden, liegt auf der Hand, dass sich die Stärke von β über Länder hinweg unterscheiden muss. Während er für die USA bei 0,43 liegt, beträgt er in Deutschland nur 0,17. In Japan mit einer Tradition lebenslanger Beschäftigung im gleichen Unternehmen liegt er bei nur 0,1. Der Zusammenhang hängt auch vom betrachteten Zeitraum ab: Verändert sich die Wachstumsrate des Produktionspotenzials g_{Yn}, wirkt sich das auf die empirische Beziehung aus. Trotzdem erweist sich das Gesetz von Okun als erstaunlich robust – vgl. die Studie *„Okun' s Law: Fit at 50?" von Laurence Ball, Daniel Leigh und Prakash Loungani, Journal of Money, Credit and Banking 2017, Vol 49- 7, S: 1413–1441.*

9.2 Die Anpassung zum mittelfristigen Gleichgewicht

Schauen wir uns ▸ **Abbildung 9.1** nochmals genauer an. Wenn die Zentralbank den Zins auf *r* festlegt, dann ergibt sich aus der oberen Hälfte der Abbildung (im Schnittpunkt A von *IS*- und *LM*-Kurve), dass die Produktion den Wert *Y* annimmt. Anhand der unteren Hälfte der Abbildung erkennen wir, dass die Produktion beim Zinssatz *r* über dem Produktionspotenzial liegt. Weil die Outputlücke positiv ist, liegt die Inflationsrate über den Erwartungen. Einfacher formuliert: In dem Beispiel, das wir in ▸ **Abbildung 9.1** gezeichnet haben, ist die Wirtschaft überhitzt. Diese Überhitzung übt Druck auf die Inflationsrate aus. Damit haben wir die Entwicklung in der kurzen Frist beschrieben.

Wie geht es im Lauf der Zeit weiter? Überlegen wir uns zunächst, was passieren würde, wenn die Geldpolitik den Zinssatz unverändert lässt und wenn sich auch die anderen Variablen nicht verändern, die die Lage der *IS*-Kurve bestimmen. Die Produktion bliebe dann über dem Produktionspotenzial, der Inflationsdruck würde immer weiter anhalten. Ab einem bestimmten Punkt aber ist zu erwarten, dass die Politik auf den Inflationsdruck reagieren muss. Wenn wir uns auf das Verhalten der Zentralbank konzentrieren, dann wird sie früher oder später den Leitzins anheben, um die Produktion und damit den Inflationsdruck zu dämpfen. Sobald es gelingt, die Produktion auf das Produktionspotenzial zu senken, gibt es keinen Inflationsdruck mehr. Der Anpassungsprozess und das Gleichgewicht auf mittlere Frist sind in ▸ **Abbildung 9.2** beschrieben. Ausgangspunkt ist in beiden

Teilen der Abbildung wieder Punkt A. Hebt die Zentralbank den Leitzins im Zeitverlauf an, bewegt sich die Wirtschaft im oberen Teil entlang der *IS*-Kurve nach oben von *A* nach *A* `. Damit sinkt die Produktion auf das natürliche Niveau.

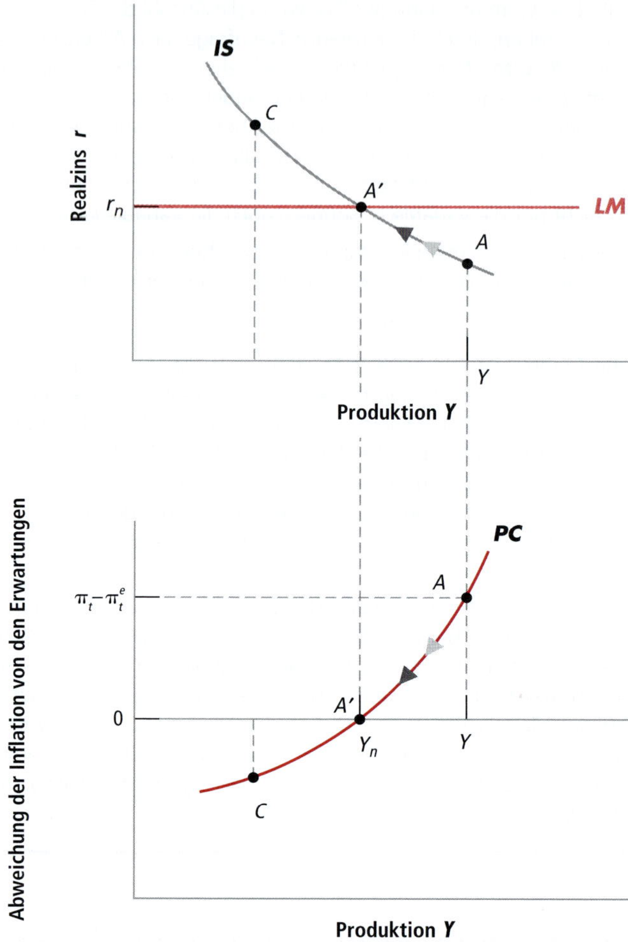

Abbildung 9.2 Produktion und Inflation in der mittleren Frist. Passt die Zentralbank den Zinssatz an den natürlichen Realzins an, konvergiert die Wirtschaft in der mittleren Frist zum natürlichen Produktionsniveau bei stabiler Inflation.

Wenden wir uns nun dem unteren Teil der ▶ **Abbildung 9.2** zu. Wenn die Produktion zurückgeht, bewegt sich die Wirtschaft nun entlang der Phillipskurve von A nach *A'*. Im Punkt *A'* entspricht der Leitzins dem Wert r_n ,die Produktion dem Wert Y_n. Die Inflationsrate entspricht dann den Erwartungen. Damit ist das Gleichgewicht auf mittlere Frist erreicht. Weil nun die Produktion dem Potenzial entspricht, besteht kein Inflationsdruck mehr. Der Zinssatzr_n, bei dem das ProduktionspotenzialY_n realisiert wird, wird häufig als **natürlicher Zinssatz** bezeichnet. Dies spiegelt die Einsicht wider, dass bei diesem Zins die natürliche Arbeitslosenquote realisiert wird. Dieser Zins wird manchmal als **neutraler Zinssatz** oder auch Wicksellscher Zinssatz bezeichnet. **Knut Wicksell**, ein schwedischer Ökonom, hat dieses Konzept in seinem Werk „Geldzins und Güterpreise“ 1898 zum ersten Mal eingeführt. In diesem Werk arbeitete Wicksell als Erster heraus, dass die Zentralbank den Zinssatz gleich dem natürlichen Zinssatz setzen sollte, um die Inflationsrate stabil zu halten. Der Realzins für Kredite ergibt sich dann als $r_n + x$ mit x als Risikoprämie.

Wie hoch ist der Nominalzins *i*? Erinnern wir uns an ▶ Gleichung (6.4), die uns im ▶ **Kapitel 6** die Beziehung zwischen Real- und Nominalzins lieferte: Der Realzins entspricht dem Nominalzins abzüglich der erwarteten Inflationsrate. Anders formuliert: Der Nominalzins ergibt sich als Summe aus Realzins und erwarteter Inflationsrate: $i = r + \pi^e$. In der mittleren Frist entspricht der Realzins dem natürlichen Zins und die Inflationsrate der erwarteten Inflationsrate. Sorgt die Zentralbank mit ihrer Politik dafür, dass sich die Inflationsrate mittelfristig dem Inflationsziel π^* annähert, gilt dann also: $i = r_n + \pi^*$. Je höher das Inflationsziel, umso höher der Nominalzins im Vergleich zum Realzins.

Wie entwickeln sich Geldmenge und Geldmengenwachstum auf mittlere Frist? Erinnern wir uns an die Gleichgewichtsbedingung *5.3* auf dem Geldmarkt in ▶ **Kapitel 5**. Das reale Geldangebot muss gleich sein der Nachfrage nach Realgeld: $M/P = YL(i)$. Weil mittelfristig die Produktion dem Produktionspotenzial $Y_n$entspricht und der Nominalzins wie oben beschrieben bestimmt ist, können wir diese Bedingung mit folgender Gleichung beschreiben:

$$M/P = Y_n L(r_n + \pi^*)$$

Im **Steady State** sind alle drei Variablen auf der rechten Seite (das Produktionspotenzial Y_n,, der natürliche Zinssatz r_n und das Inflationsziel π^*) konstant. Damit ist aber auch die reale Geldnachfrage konstant. Daraus folgt wiederum, dass auch das reale Geldangebot im Steady State konstant ist. Das aber bedeutet, dass das Preisniveau mit der gleichen Rate wachsen muss wie die nominale Geldmenge. Bezeichnen wir die Wachstumsrate der Geldmenge M mit g_M, so erhalten wir $\pi = g_M$.

Weil im Steady State gilt $\pi = \pi^*$, können wir die Bedingung für das Gleichgewicht auf dem Geldmarkt auch so formulieren: $M / P = Y_n L(r_n + g_M)$.

Bei dieser Betrachtung vernachlässigen wir zur Vereinfachung das Wachstum der Produktion.

In der mittleren Frist ist der Nominalzins bestimmt durch die Summe aus natürlichem realem Zinssatz r_n und Wachstumsrate der Geldmenge g_M: $i_n = r_n + g_M$.

Fassen wir zusammen: In der mittleren Frist sind alle realen Variablen – das Produktionspotenzial, die natürliche Arbeitslosenquote und der natürliche reale Zinssatz – unabhängig von der Geldpolitik bestimmt. Geldpolitik bestimmt allein die Inflationsrate und damit den Nominalzins. Ein höheres Geldmengenwachstum führt auf mittlere Frist nur zu höherer Inflation und höherem Nominalzins. Die Einsicht, dass Geldpolitik mittelfristig die realen Größen nicht beeinflusst, wird als **Neutralität des Geldes** bezeichnet.

Die Bedingungen in der mittleren Frist kurz zusammengefasst: $Y = Y_n, u = u_n$, $r = r_n, \pi = \pi^* = g_M$; $i = r_n + g_M$

9.3 Was im Lauf des Anpassungsprozesses alles schieflaufen kann

Der Anpassungsprozess zum Gleichgewicht in der mittleren Frist, wie in ▶ **Abschnitt 9.2** beschrieben, scheint ganz reibungslos abzulaufen. Bei der Lektüre dieses Abschnitts könnte (und sollte) man sich fragen: Wenn die Zentralbank eine stabile Inflationsrate anstrebt und dafür sorgen möchte, dass die Produktion dem Potenzial entspricht, warum setzt sie dann den Leitzins nicht von vorneherein auf r_n, damit das mittelfristige Gleichgewicht ohne Verzögerungen sofort realisiert wird? Die Antwort auf diese Frage lautet: In der Tat versuchen moderne Zentralbanken, ihren Leitzins so zu setzen, dass die Wirtschaft das Produktionspotenzial erreicht. Aber auch wenn ▶ **Abbildung 9.2** den Eindruck vermittelt, das sei sehr einfach, so ist die Realität doch viel komplizierter. Die Gründe dafür entsprechen den Argumenten, die wir in ▶ **Abschnitt 5** von ▶ **Kapitel 3** anführten, als wir Anpassungsprozesse der Fiskalpolitik diskutierten.

Im Lauf der COVID-19 Pandemie sind 2020 sowohl Produktion *Y* wie auch ProduktionspotenzialY_n weltweit stark eingebrochen (vgl. ▶ Abschnitt 9.6). Angesichts rückläufiger Inflationsraten kamen Zentralbanken durchwegs zur Einschätzung, dass die Produktion *Y* stärker gefallen ist als Y_n und verfolgten eine expansive Geldpolitik. Es herrschte aber hohe Unsicherheit darüber, wie lange und nachhaltig Y_n geschädigt war. In der Tat kam es 2021/22 zu einem starken Anstieg der Inflation. Auch die kurzfristigen Inflationserwartungen sind gestiegen.

Betrachten wir die dynamische Entwicklung im Zeitablauf und das mittelfristige Gleichgewicht noch etwas genauer.

Zunächst einmal fällt es Zentralbanken häufig schwer, das Produktionspotenzial korrekt zu identifizieren und damit zu erkennen, wie weit die laufende Produktion davon entfernt ist. Änderungen der Inflationsrate liefern zwar gewisse Aufschlüsse darüber, wie groß die Outputlücke ist (der Unterschied zwischen tatsächlicher Produktion und dem Potenzial). Auch wenn die Formel in Gleichung (9.3) ein einfaches Rezept nahezulegen scheint, sind diese Signale doch meist nicht besonders präzise, sondern mit großer Unsicherheit behaftet. Die Zentralbank zieht es daher häufig vor, den Leitzins nur langsam anzupassen und dann abzuwarten, wie sich die Wirtschaft entwickelt.

Zum anderen braucht es Zeit, bis die Wirtschaftsaktivität reagiert. Unternehmen benötigen Zeit, um ihre Investitionsentscheidungen anzupassen. Wenn sich die Investitionsnachfrage nach einer Zinserhöhung abschwächt (und damit Nachfrage, Produktion und Einkommen zurückgehen), benötigen die Haushalte Zeit, um sich an ihr niedrigeres Einkommen anzupassen; die Unternehmen brauchen Zeit, um ihre Produktion auf den Umsatzrückgang einzustellen. Kurz gesagt: Selbst wenn die Zentralbank rasch handelt, braucht es Zeit, bis die Wirtschaft wieder auf das Produktionspotenzial zurückkehrt.

9.3.1 Die Rolle der Erwartungsbildung

Die Tatsache, dass es Zeit braucht, bis die Wirtschaft auf das Produktionspotenzial zurückkehrt, wirft die wichtige Frage auf, wie sich die Inflation im Lauf der Zeit entwickelt. Während des Anpassungsprozesses liegt die Produktion immer über dem Potenzial. Damit aber herrscht stetiger Inflationsdruck. Liegt die Inflationsrate anhaltend über den Erwartungen, werden sich auch die Inflationserwartungen entsprechend anpassen. Der tatsächliche Anpassungsprozess hängt stark von der konkreten Form der Phillipskurve ab. Eine wichtige Rolle spielt dabei insbesondere, wie die Inflationserwartungen bestimmt werden. Um das besser zu verstehen, kehren wir zur Diskussion der Inflationserwartungen im ▶ **Kapitel 8** zurück.

Dort haben wir verschiedene Versionen der Erwartungsbildung kennengelernt. Sie wurden in ▶ Gleichung (8.7) zusammengefasst, $\pi_t^e = (1 - \theta)\pi^* + \theta\pi_{t-1}$, und unterscheiden sich durch den Wert θ, dem Gewicht der in der Vorperiode beobachteten Inflationsrate. Gehen wir zunächst davon aus, dass $\theta = 0$. Die Wirtschaftssubjekte rechnen mit einer konstanten Inflationsrate π^*, unabhängig davon, wie hoch die Inflation im letzten Jahr war. Wenn sie etwa davon überzeugt sind, dass die Zentralbank ihr angestrebtes Inflationsziel von 2% im Durchschnitt erfolgreich umsetzen wird, erscheint $\pi^* = 2\%$ als plausible **Erwartungshypothese**. In diesem Fall sind die **Inflationserwartungen fest verankert** (um einen Ausdruck zu verwenden, den Zentralbanker gerne benutzen). Aus ▶ Gleichung (9.3) erhalten wir dann folgende Beziehung:

$$\pi_t - \pi^* = (\alpha/L)(Y - Y_n) \tag{9.4}$$

An der Ordinate des unteren Teils von ▶ **Abbildung 9.2** können wir nun $\pi_t^e = \pi^*$ setzen. Gehen wir wieder davon aus, dass wir uns anfangs in Punkt A beim Produktionsniveau Y befinden. Weil die Produktion das Produktionspotenzial übersteigt, liegt die Inflation über der erwarteten Rate: $\pi_t > \pi^*$. Erhöht die Zentralbank den Leitzins, um die Produktion zu dämpfen, bewegt sich die Wirtschaft entlang der *IS*-Kurve von A nach A'. Sobald A' erreicht wird und der Leitzins auf r_n angestiegen ist, entspricht die Produktion dem Potenzial; auch die Inflation entspricht nun genau der erwarteten Rate π^*. Solange die Inflationserwartungen fest verankert sind, ist die Aufgabe der Zentralbank also relativ einfach: Sobald das Produktionspotenzial erreicht ist, muss die Zentralbank den Zins nicht mehr über r_n hinaus erhöhen, um sicherzustellen, dass die Inflation den gewünschten Wertπ^* annimmt.

Die Bekämpfung von Inflation wird dagegen wesentlich schwieriger, sobald die Inflationserwartungen nicht mehr fest verankert sind. Nehmen wir an, die Zentralbank hat länger gezögert, den Realzins anzuheben, sodass die Inflation schon längere Zeit über der erwarteten Rate liegt. In diesem Fall ist es wahrscheinlich, dass die Wirtschaftssubjekte Zweifel daran bekommen, ob die Zentralbank wirklich daran interessiert ist, die Inflationsrate wieder auf die Zielgröße zu senken, und ihre Inflationserwartungen entsprechend anpassen. Betrachten wir als Extremfall den Fall **adaptiver Erwartungen**: Die in diesem Jahr erwartete Inflationsrate entspricht der im vergangenen Jahr beobachteten Inflation ($\theta = 1$).

Aus der Phillipskurve in Gleichung (9.3) ergibt sich dann folgende einfache dynamische Beziehung zwischen Inflation und Outputlücke:

$$\pi_t - \pi_{t-1} = (\alpha/L)(Y - Y_n) \qquad (9.5)$$

Was ist der Unterschied im Vergleich zum Anpassungsprozess, den wir gerade mit Gleichung (9.4) für den Fall $\theta = 0$ beschrieben haben? Die Antwort ist einfach: Solange die Produktion über dem natürlichen Produktionsniveau liegt, kommt es bei adaptiven Erwartungen nun über **Zweitrundeneffekte** zu einem stetigen Anstieg von Inflationsrate und Inflationserwartungen. Sie steigen in jedem Jahr immer weiter an, solange die Wirtschaft über dem Produktionspotenzial liegt. Wenn also endlich Punkt A' erreicht wird, liegt die Inflation weit über dem Niveau, das im Ausgangspunkt A vorherrschte. Erst von da an stabilisiert sie sich auf hohem Niveau.

Betrachten Sie die Phillipskurve auch in einem Diagramm, in dem an der Ordinate (der Y-Achse) π_t (statt $\pi_t - \pi_t^e$) abgetragen wird. Zeigen Sie, dass sich die Phillipskurve im Lauf der Zeit für $\theta = 1$ (▶ Gleichung 9.5) immer weiter nach oben verschiebt, solange $Y > Y_n$. Erläutern Sie, warum sie sich dagegen im Fall $\theta = 0$ (▶ Gleichung 9.4) nicht verschiebt.

Um den Realzins zu erhöhen, muss der Nominalzins stärker steigen als die erwartete Inflationsrate. Daraus folgt eine wichtige Einsicht: Falls $\theta = 1$, muss die Zentralbank auf einen Anstieg der Inflationsrate mit einem überproportionalen Anstieg des Nominalzinses reagieren, um die Inflationsrate stabil zu halten. Diese Einsicht wird häufig als Taylor-Prinzip bezeichnet. John Taylor hat sie in seiner Taylor-Regel formuliert, auf die wir in ▶ **Kapitel 23** näher eingehen.

Ist die Zentralbank nicht nur daran interessiert, die Inflationsrate zu stabilisieren, sondern strebt sie eine bestimmte Zielgröße an, dann wird sie sich aber nicht damit zufrieden geben, die Inflationsrate auf hohem Niveau zu stabilisieren. Sie wird versuchen, ihre Zielgröße durchzusetzen. Um das zu erreichen, muss sie den Realzins nun über r_n hinaus erhöhen, um so für einen Rückgang der Inflationsrate zu sorgen, bis der Wert erreicht ist, den die Zentralbank für angemessen hält. In diesem Fall ist der Anpassungsprozess also wesentlich komplizierter. Die Wirtschaft bewegt sich von A aus über A' hinaus, vielleicht bis Punkt C erreicht ist. Von da an senkt die Zentralbank den Zinssatz dann wieder bis auf r_n. Mit anderen Worten: Strebt sie für die Inflation auf mittlere Frist eine bestimmte Zielgröße an, muss ein anfänglicher Boom mit einer späteren Rezession bekämpft werden, solange die Inflationserwartungen nicht fest verankert sind.

Was sollte die Zentralbank in diesem Fall tun? Einerseits spricht die Unsicherheit für ein langsames Vorgehen. Andererseits steigt das Risiko von Zweitrundeneffekten mit der Dauer, in der die Inflation das Inflationsziel überschreitet. Dies spricht für ein rasches Eingreifen, damit die Inflation schnell zum Zielwert zurückkehrt und sich die Erwartungen gar nicht erst entkoppeln. Dies führt zu zwei Schlussfolgerungen. Erstens: Je höher die anfängliche Glaubwürdigkeit des Inflationsziels und der Verpflichtung der Zentralbank, dieses Ziel zu erreichen, desto unwahrscheinlicher sind Zweitrundeneffekte; desto einfacher also die Aufgabe der Zentralbank. Dies erklärt, warum Zentralbanken sehr viel Wert auf Glaubwürdigkeit legen. Zweitens: Selbst wenn sie glaubwürdig sind, bleibt es eine große Herausforderung für die Geldpolitik, den schmalen Grat zu finden, um weder zu langsam noch zu schnell zu reagieren.

9.3.2 Die Gefahr einer Deflationsspirale an der Zinsuntergrenze

Unsere Beschreibung des Anpassungsprozesses könnte den Eindruck erwecken, dass eine Anpassung zum mittelfristigen Gleichgewicht relativ einfach durchzusetzen ist: Wenn die Produktion zu hoch ist, muss die Zentralbank einfach nur den Zinssatz erhöhen, bis das Produktionspotenzial erreicht wird. Ist die Produktion zu niedrig, muss sie umgekehrt den Zinssatz entsprechend senken. Das liefert jedoch ein viel zu optimistisches Bild. In der Realität können viele Dinge schieflaufen. Ein wesentlicher Grund dafür liegt in der Zinsuntergrenze, kombiniert mit der Gefahr einer Deflation.

In ▶ **Abbildung 9.2** betrachteten wir den Fall eines Booms: Die Produktion lag über dem Potenzial; die Inflationsrate erhöhte sich im Zeitablauf. Betrachten wir dagegen den Fall, dass sich die Wirtschaft in einer Rezession befindet wie in ▶ **Abbildung 9.3**. Wieder beschreibt Punkt A in beiden Teilen der Abbildung die Ausgangssituation. Beim Zinssatz r liegt die Produktion Y weit unter dem Potenzial. Es liegt eine negative Outputlücke vor; die Inflation geht zurück.

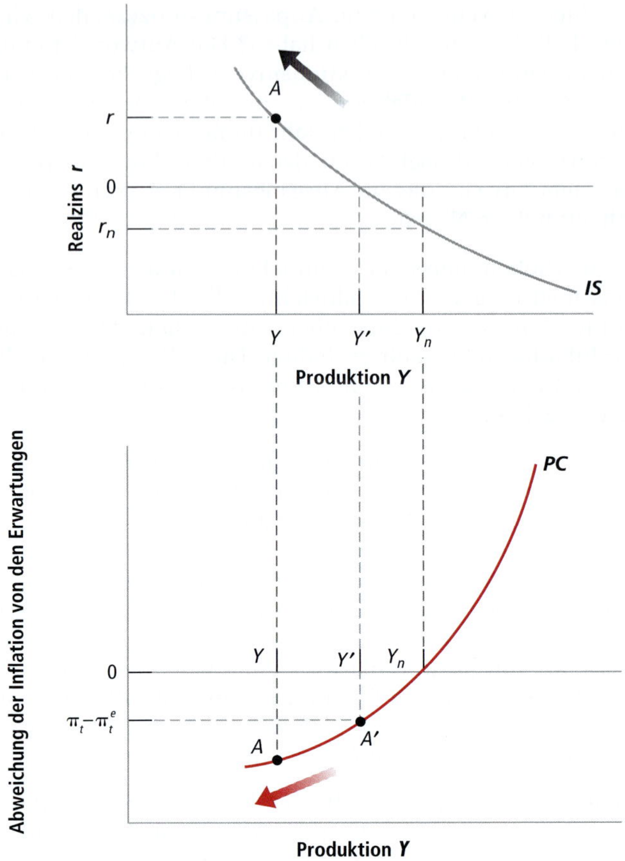

Abbildung 9.3 Die Deflationsspirale. Wenn die Zinsuntergrenze Geldpolitik daran hindert, die Wirtschaft zu stimulieren, um das Produktionspotenzial zu erreichen, besteht die Gefahr einer Deflationsspirale: Je höher die Deflation, umso höher der Realzins. Ein Anstieg des Realzinses lässt die Produktion weiter sinken und führt wiederum zu höherer Deflation.

Eine Politik negativer Realzinsen muss keineswegs bedeuten, dass private Unternehmen und Haushalte Kredite zu negativen Realzinsen aufnehmen können. Der Zinssatz für solche Kredite ist ja durch r + x bestimmt. Bei einer hohen Risikoprämie ist der Realzins für Kredite positiv, selbst wenn die Zentralbank *r* negativ werden lässt.

Es scheint offensichtlich, was die Zentralbank in diesem Fall tun sollte: Sie sollte den Zinssatz so lange senken, bis die Wirtschaft wieder auf das Produktionspotenzial zurückkehrt. In ▶ **Abbildung 9.3** müsste der Zins von r auf r_n gesenkt werden. Zum Zinssatz r_n wird wieder das Produktionspotenzial erreicht; die Inflationsrate bleibt dann stabil. Ist der Wirtschaftseinbruch aber sehr stark, dann kann der Realzins, der notwendig ist, damit die Wirtschaft zum Produktionspotenzial zurückkehrt, negativ sein. ▶ **Abbildung 9.3** beschreibt genau diesen Fall.

Wenn die Zinsuntergrenze von null bindend wird, kann es aber unmöglich werden, mit Hilfe konventioneller Geldpolitik den Realzins hinreichend stark zu senken. Gehen wir als Beispiel davon aus, dass die Inflationserwartungen im Ausgangspunkt bei null liegen. Bei einer Zinsuntergrenze von null kann die Zentralbank den Nominalzins nicht unter 0% senken. Bei Inflationserwartungen von null bedeutet dies, dass auch der Realzins nicht unter 0% gesenkt werden kann. Genau dieser Fall ist in ▶ **Abbildung 9.3** beschrieben: Die Zentralbank kann den Zinssatz nur auf 0% senken und damit das Produktionsniveau Y' anstreben. Auch Y' liegt jedoch weit unter dem Produktionspotenzial. Die Inflation geht damit aber weiter zurück.

Betrachten wir zunächst den Fall adaptiver Erwartungen: die Inflationserwartungen orientieren sich an der in der Vorperiode beobachteten Rate ($\pi_t^e = \pi_{t-1}$). Eine negative Outputlücke bedeutet dann, dass die Inflationserwartungen im Lauf der Zeit immer weiter sinken. Liegt die Inflationsrate im Ausgangspunkt bei null, so wird sie im Lauf der Zeit negativ. Null Inflation wird zu Deflation. Das aber bedeutet: Selbst wenn die Zentralbank den Nominalzins weiterhin auf null verharren lässt, steigen mit zunehmender Deflation die Deflationserwartungen an; damit steigt der Realzins (der in ▶ **Abbildung 9.3** abgetragen ist) im Lauf der Zeit an. Damit aber gehen Nachfrage und Produktion immer weiter zurück. Nun setzt ein Prozess ein, den die Ökonomen als **Deflationsspirale** oder **Deflationsfalle** bezeichnen. Deflation und zu niedrige Produktion verstärken sich immer mehr: Eine zu niedrige Produktion führt zu Deflation; diese wiederum lässt den Realzins ansteigen und die Produktion weiter sinken. Wie die Pfeile in ▶ **Abbildung 9.3** andeuten, entfernt sich die Wirtschaft immer weiter vom mittelfristigen Gleichgewicht, statt dorthin zurückzukehren. Die Produktion geht stetig zurück; die Deflation steigt immer weiter an. Der Zentralbank bleibt wenig Handlungsspielraum; die Wirtschaftslage verschlechtert sich immer weiter.

Dieser Prozess einer Deflationsspirale ist keineswegs nur von rein theoretischem Interesse. Er beschreibt vielmehr genau das, was sich während der Weltwirtschaftskrise abspielte. Die Fokusbox *„Die Deflation in der Weltwirtschaftskrise“* beschreibt, wie sich in den USA in der Zeit zwischen 1929 und 1933 Inflation in immer größere Deflation wandelte. Der Realzins stieg stetig an; Nachfrage und Produktion brachen immer stärker ein, bis schließlich andere wirtschaftspolitische Maßnahmen eingeleitet wurden, die zu einem Umschwung der Wirtschaft führten.

Zeichnen Sie wieder den Verlauf der Phillipskurve auch in einem Diagramm, in dem an der Ordinate π_t (statt $\pi_t - \pi_{te}$) abgetragen wird. Gehen Sie von $\pi_{0e} = 0$ aus. Betrachten Sie den Fall $Y < Y_n$. Zeigen Sie, dass sie konstant bleibt, solange $\theta = 0$.

Erläutern Sie, warum für $\theta = 1$ die Deflationserwartungen im Lauf der Zeit dagegen immer weiter ansteigen und sich die Phillipskurve entsprechend nach unten verschiebt, solange $Y < Y_n$. Was gilt für $\theta > 0$?

Als die Finanzkrise im Jahr 2008 ausbrach, gab es Befürchtungen, dass es wieder zu einer ähnlichen Entwicklung kommen könnte. Weil die Leitzinsen in den meisten Industriestaaten bei null lagen, herrschte die Sorge vor, eine ähnliche Spirale könne sich in Gang setzen, sobald es zu Deflation kommt. Diese Befürchtungen haben sich jedoch nicht realisiert. Die Inflationsraten sind zwar stark zurückgegangen; in manchen Ländern kam es in der Tat zu Deflation. Wie wir gelernt haben, waren die Möglichkeiten der Zentralbanken damit stark eingeschränkt, die Wirtschaft mit konventionellen Mitteln zu stimulieren. Die Deflation blieb aber relativ begrenzt; es kam zu keiner Deflationsspirale.

Ein wesentlicher Grund dafür liegt darin, dass die Inflationserwartungen zu einem Großteil fest verankert blieben. Dies steht in direktem Zusammenhang mit unserer Diskussion darüber, wie sich Inflationserwartungen bilden. Die Phillipskurven-Beziehung im Lauf der Finanzkrise wird offensichtlich besser durch Gleichung (9.4) beschrieben statt durch (9.5). Niedrige Produktion führt bei fest verankerten Erwartungen zwar zu einem Rückgang der Inflation und manchmal auch zu milder Deflation, nicht aber zu einem stetig steigenden Deflationsprozess, wie er in Zeiten der Weltwirtschaftskrise zu beobachten war.

FOKUS

Die Deflation in der Weltwirtschaftskrise

Nach dem Börsenkrach im Oktober 1929 stürzte die amerikanische Wirtschaft in eine große Depression. ▶ **Abbildung 1** zeigt, dass die Arbeitslosenquote von 3,2% im Jahr 1929 auf 24,9% im Jahr 1933 anstieg. Auch die Produktion ist über vier Jahre hinweg massiv eingebrochen (vgl. die zweite Spalte in ▶ **Tabelle 1**). Nach 1933 erholte sich die Wirtschaft, aber noch im Jahr 1940 lag die Arbeitslosenquote bei 14,6%.

Die Weltwirtschaftskrise ähnelt in vieler Hinsicht der jüngsten Finanzkrise: Erst kam es zu einem starken Anstieg der Vermögenspreise vor dem Crash (die Aktienkurse im Jahr 1929, die Immobilienpreise in der jüngsten Finanzkrise), dann zu einer massiven Verschärfung der Krise durch Probleme im Bankensystem. Es gibt aber auch wichtige Unterschiede: Wenn man die Entwicklung von Arbeitslosenquote und Produktion vergleicht, waren Produktionseinbruch und Anstieg der Arbeitslosenquote in den USA und Deutschland in der Weltwirtschaftskrise wesentlich stärker als in der jüngsten Finanzkrise (wie ▶ **Abbildung 1** zeigt, gilt dies allerdings nicht für Griechenland und Spanien). Hier wollen wir uns auf einen zentralen Aspekt der Weltwirtschaftskrise konzentrieren: den Verlauf von Nominal- und Realzinsen sowie die Deflation.

Die dritte Spalte von ▶ **Tabelle 1** verdeutlicht, dass Geldpolitik den Nominalzins (gemessen am Zins für einjährige Staatsanleihen) nach 1929 durchaus (wenn auch sehr zögerlich) gesenkt hat von 5,3% auf 2,6% im Jahr 1933. Gleichzeitig aber führte der massive Produktionseinbruch zu einem dramatischen Rückgang der Inflation. 1929 lag sie bei null Prozent und wandelte sich dann in eine rasante Deflation: Sie erreichte 1931 9,2%, 1932 sogar 10,8%! Wenn wir unterstellen, dass die erwartete Deflation der tatsächlichen Deflation entspricht, können wir eine Zeitreihe für den Realzins konstruieren. Die letzte Spalte von ▶ **Tabelle 1** berechnet diese Zeitreihe. Sie liefert eine überzeugende Erklärung, warum die Produktion bis 1933 weiter zurückging. Der Realzins stieg im Jahr 1931 auf 12,3%, im Jahr 1932 auf 14,8%. Auch im Jahr 1933 belief er sich immer noch auf hohe 7,8%. Es ist nicht sehr überraschend, dass bei solchen Zinssätzen sowohl die Konsum- als auch die Investitionsnachfrage auf sehr niedrigem Niveau verharrten und die Wirtschaftskrise immer schlimmer wurde.

Bis 1933 befand sich die amerikanische Wirtschaft in einer Deflationsfalle. Niedrige Produktion führte zu mehr Deflation, dies wiederum zu höheren Zinsen, niedriger Nachfrage usw. Schon 1933 setzte aber eine Erholung ein. Im Lauf der folgenden Jahre wurde Deflation von Inflation abgelöst. Der Realzins ging stark zurück; die Wirtschaft begann wieder zu wachsen. Die Frage, warum es trotz hoher Arbeitslosenquoten nicht zu weiterer Deflation kam, wird unter Makroökonomen und Wirtschaftshistorikern immer noch heftig diskutiert.

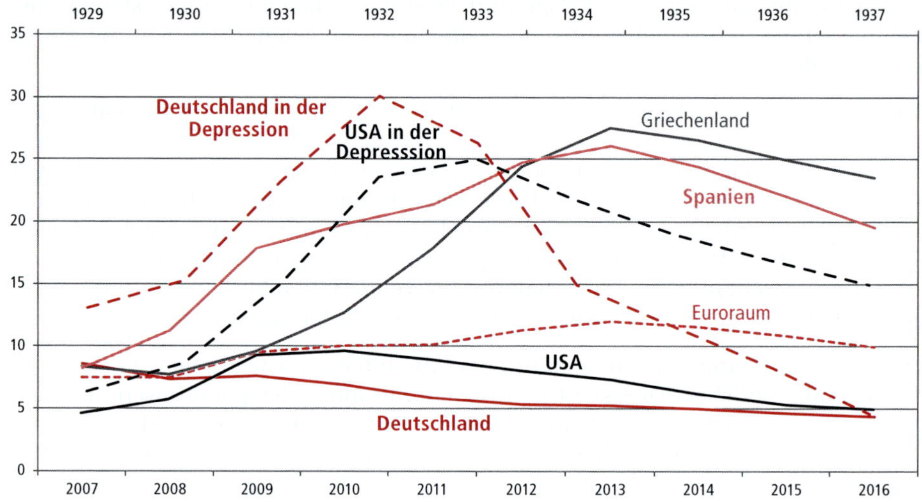

Abbildung 1 Arbeitslosenquoten in Krisenzeiten: ein Vergleich zwischen Weltwirtschaftskrise und Finanzkrise. Die obere Skala der Grafik zeigt die Arbeitslosenquoten für USA und Deutschland (gestrichelt) nach Ausbruch der Depression 1929 bis 1937. Die Grafik zeigt die Quote für diese Staaten (sowie den Euroraum, Griechenland und Spanien) auch nach Ausbruch der Finanzkrise 2007 bis 2015 (untere Skala). In Spanien und Griechenland ist die Arbeitslosenquote ähnlich stark angestiegen wie in der Weltwirtschaftskrise.

Quelle: OECD; FRED. Hyperlink bei FRED: https://fred.stlouisfed.org/graph/?graph_id=1404609

Manche verweisen auf eine drastische Kursänderung in der Geldpolitik nach der Wahl von Franklin Roosevelt im Jahr 1932. Mit der Abkehr vom **Goldstandard** kam es zu einem starken Anstieg von Geldmengenwachstum und der Inflationserwartungen. Andere verweisen auf das Wirtschaftsprogramm von Roosevelt, angefangen vom Budgetdefizit bis zum New Deal mit der Einführung von Mindestlöhnen, die weitere Lohnsenkungen verhinderten. Aus welchen Gründen auch immer, mit dem Ende der Deflationsfalle setzte nach 1933 eine lange Phase der Erholung ein.

Weiterführende Literatur zur Weltwirtschaftskrise: Die wichtigsten Fakten zur Weltwirtschaftskrise enthält „America's Greatest Depression" von Lester Chandler (New York, NY: Harper&Row, 1970) oder „The Great Depression" von John A. Garraty (New York, NY: Harcourt Brace Jovanovich, 1986). Das Buch von Peter Temin „Did Monetary Forces cause the Great Depression?" (New York, NY: W.W.Norton, 1976) beschäftigt sich in erster Linie mit den makroökonomischen Aspekten. Denselben Fokus haben Artikel in einem Symposium über die Weltwirtschaftskrise im Journal of Economic Perspectives, 1993. In seinem Buch „Lessons from the Great Depression", 1989, untersucht Peter Temin die Entwicklung der Weltwirtschaftskrise auch für andere Länder.

Die Entwicklung in Deutschland analysiert Harold James detailliert in „Deutschland in der Weltwirtschaftskrise 1924–1936", DVA Stuttgart, 1988.

Jahr	Arbeitslosenquote (%)	Wachstumsrate der Produktion (%)	Nominalzins (%) (einjährige Anleihen)	Inflationsrate (%)	Realzins (%) (einjährige Anleihen)
1929	3,2	–9,8	5,3	–0,0	5,3
1930	8,7	–7,6	4,4	–2,5	6,9
1931	15,9	–14,7	3,1	–9,2	12,3
1932	23,6	–1,8	4,0	–10,8	14,8
1933	24,9	9,1	2,6	–5,2	7,8

Tabelle 1 Wirtschaftsindikatoren und Zinsen in den USA, 1929–1933

Quellen: Arbeitslosenquote: Serie D85-8; Wachstumsrate der Produktion (BNE) (in Preisen von 1958), Serie F31; Zinssätze, Serie X487–491, Inflationsrate VPI, E135–166. Realzins: Nominalzins minus Inflationsrate. Historical Statistics of the United States, U.S. Department of Commerce

9.4 Ein neuer Blick auf die Haushaltskonsolidierung

Das *IS-LM-PC*-Modell können wir nun nutzen, um Antworten auf ganz verschiedene wirtschaftspolitische Fragen zu geben. In diesem Abschnitt kehren wir zur Frage der Haushaltskonsolidierung zurück, deren kurzfristige Effekte wir schon in ▶ **Kapitel 5** untersucht haben. Nun können wir auch die Auswirkungen auf mittlere Frist analysieren, die in ▶ **Abbildung 9.4** dargestellt sind.

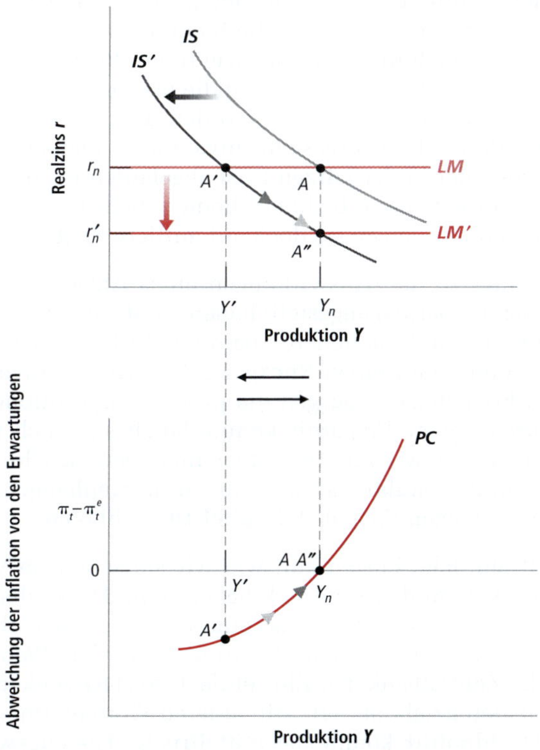

Abbildung 9.4 Haushaltskonsolidierung in der kurzen und mittleren Frist. Eine Haushaltskonsolidierung führt kurzfristig zu einer Rezession. Mittelfristig kehrt die Wirtschaft zum Produktionspotenzial zurück bei sinkenden Zinsen und steigenden Privatinvestitionen.

Wir können die unterschiedlichen Auswirkungen am besten verstehen, wenn wir davon ausgehen, dass sich die Wirtschaft im Ausgangspunkt beim Produktionspotenzial Y_n befindet. In beiden Teilen der ▶ **Abbildung 9.4** befinden wir uns also im Punkt *A*: Die Produktion *Y* entspricht Y_n; der Zinssatz liegt bei r_n; die Inflation ist stabil. Die Regierung, die bislang ein Haushaltsdefizit aufwies, entscheidet sich nun, das Defizit abzubauen – etwa mit Hilfe von Steuerhöhungen. Die höheren Steuern verschieben die *IS*-Kurve im oberen Teil der ▶ **Abbildung 9.4** nach links, von *IS* zu *IS'*. Das neue kurzfristige Gleichgewicht befindet sich nun in Punkt *A'*, bestimmt durch den Schnittpunkt der neuen *IS'*-Kurve mit der *LM*-Kurve. Bei unverändertem Zinssatz $r_n$sinkt die Produktion von $Y_n$auf *Y'*. Wie am unteren Teil der Abbildung zu erkennen, geht die Inflation nun zurück. Mit anderen Worten: Falls die Wirtschaft sich im Ausgangspunkt beim Produktionspotenzial befand, löste die Haus-haltskonsolidierung, so wünschenswert sie aus anderen Gründen auch sein mag, kurzfristig eine Rezession aus. Diese Entwicklung beschreibt das kurzfristige Gleichgewicht, das wir bereits in ▶ **Kapitel 5** in ▶ **Abschnitt 5.3** untersuchten. Mit sinkendem Einkommen und steigenden Steuern geht der Konsum aus beiden Gründen zurück. Auch die Investitionen sinken mit fallender Nachfrage. Auf kurze Frist hat die Haushaltskonsolidierung somit recht unangenehme Folgen: Sowohl Konsum wie Investitionen sinken.

Die Aussagen in der Fokusbox *„Das Sparparadox“* in ▶ Kapitel 3 und „Ist Haushaltskonsolidierung gut oder schlecht für die Investitionstätigkeit?“ in ▶ Kapitel 5 sollten Sie deshalb nun aus einem neuen Blickwinkel überdenken.

Effekte einer Konsolidierung des Staatshaushaltes: Kurze Frist: *Y*↓ *I*↓ Mittlere Frist: *Y* konstant, *I*↑ Lange Frist: ▶ Kapitel 10 bis 13.

Untersuchen wir nun aber den Anpassungsprozess im Lauf der Zeit, bis das mittelfristige Gleichgewicht erreicht ist. Weil sich die Wirtschaft in einer Rezession befindet und die Inflation fällt, wird die Zentralbank mit einer Zinssenkung reagieren, um die Produktion wieder zu stimulieren. Im oberen Teil der ▶ **Abbildung 9.4** bewegt sich die Wirtschaft entlang der neuen *IS'*-Kurve. Mit steigender Produktion geht damit auch eine Bewegung entlang der ***PC*-Kurve** im unteren Teil der ▶ **Abbildung 9.4** einher: Mit steigender Produktion wird der Rückgang der Inflation schwächer, bis schließlich das mittelfristige Gleichgewicht im Punkt *A''* erreicht ist. Die Wirtschaft befindet sich wieder im Produktionspotenzial; die Inflationsrate ist stabil. Der Realzins, der sicherstellt, dass das Produktionspotenzial erreicht wird, ist nun aber niedriger als zuvor: Er ist von $r_n$auf *r'n* gesunken. Betrachten wir nun die Zusammensetzung der Produktion im neuen Gleichgewicht: Das Einkommen ist genauso hoch wie vor der Haushaltskonsolidierung, die Steuern aber sind höher. Der Konsum ist demnach gesunken, wenn auch nicht so stark wie in der Rezession. Weil die Produktion unverändert ist, der Realzins aber niedriger, sind die privaten Investitionen gestiegen. Der Rückgang des Konsums ist nun aufgefangen worden durch höhere Investitionstätigkeit, sodass Nachfrage und Produktion insgesamt unverändert bleiben. Das steht in starkem Kontrast zu dem Prozess, der in der kurzen Frist abgelaufen ist, und lässt die Haushaltskonsolidierung nun in attraktiverem Licht erscheinen. Selbst wenn die Investitionen auf kurze Frist gedämpft werden, steigen sie doch auf mittlere Frist an.

Die Analyse, die wir hier zu den Auswirkungen eines Abbaus des Budgetdefizits (den Anstieg der öffentlichen Ersparnis) angestellt haben, lässt sich auch auf einen Anstieg der privaten Ersparnis übertragen. Eine höhere Sparquote löst bei unverändertem Zins kurzfristig eine Rezession und damit einen Rückgang der privaten Investitionen aus. In der mittleren und langen Frist steigen dagegen die privaten Investitionen. Die Stimulierung von Investitionen durch höhere Ersparnis könnte langfristig auch positive Wachstumseffekte auslösen. Bisher haben wir allerdings noch nicht berücksichtigt, wie Investitionen, Kapitalakkumulation, und Produktionswachstum zusammenhängen. Wir werden dies im Rahmen der Analyse der langen Frist ab ▶ **Kapitel 10** nachholen.

Das führte zu einem intensiven Streit darüber, ob „Austerität“ (die Haushaltskonsolidierung in vielen Ländern des Euroraums nach 2010) sinnvoll war – vgl. dazu ▶ Kapitel 16 und 22.

Unsere Analyse wirft ähnliche Fragen auf, wie wir sie schon im vorherigen Abschnitt diskutiert haben. Man könnte den Eindruck haben, eine Haushaltskonsolidierung ließe sich auch durchsetzen, ohne auf kurze Frist eine Rezession auszulösen. Geld- und Fiskalpolitik müssten nur entsprechend stark koordiniert werden: Während der Konsolidierungsphase müsste die Zentralbank den Zins einfach so stark senken, dass die Wirtschaft weiter am Produktionspotenzial operiert. Mit anderen Worten: Eine geschickte Kombination von Fiskal- und Geldpolitik könnte das mittelfristige Gleichgewicht schon auf kurze Frist erreichen. Manchmal geschieht das tatsächlich. Ein Beispiel dafür haben wir bereits in ▶ **Kapitel 5** kennengelernt: In den 1990er-Jahren wurde in den Vereinigten Staaten die Haushaltskonsolidierung unter Clinton von expansiver Geldpolitik begleitet. Aber das gelingt nicht immer. Ein Grund kann darin liegen, dass die Zentralbank die Zinsen nicht so stark senken kann wie es notwendig wäre. Das bringt uns zurück zur Diskussion um die Zinsuntergrenze von null. Der Spielraum der Zentralbank kann eng begrenzt sein. Das war beispielsweise während der jüngsten Krise im Euroraum der Fall. Weil der Nominalzins schon auf null gefallen war, konnte die EZB die kontraktiven Auswirkungen der Konsolidierungsbemühungen der Staaten im Euroraum nicht ausgleichen. Im Zug der Konsolidierung kam es deshalb zu einer wesentlich schärferen und länger anhaltenden Rezession.

9.5 Die Auswirkungen anhaltend steigender Ölpreise

Bislang konzentrierten wir auf den Fall von Nachfrageschocks, die die Nachfrage über Produktionspotenzial hinaus steigern. Solche Schocks verschieben nur die *IS*-Kurve, sie wirken sich aber nicht auf das Produktionspotenzial und damit auch nicht auf die Phillipskurve aus. Anders dagegen bei Angebotsschocks, wie etwa einem Anstieg der Energiepreise. In ▶ **Kapitel 8** haben wir gesehen, dass ein solcher Anstieg einem Anstieg des Preisaufschlags auf die Löhne entspricht, der μ und folglich die natürliche Arbeitslosenquote steigen lässt. Damit geht ein Rückgang des Produktionspotenzials einher. Wenn die Wirtschaft im Ausgangspunkt beim Produktionspotenzial produziert und der Schock dann das Produktionspotenzial sinken lässt, so herrscht bei unveränderter Produktion eine positive Produktionslücke. Sie lässt die Inflation ansteigen. Das Ergebnis sieht ganz ähnlich aus wie in ▶ **Abbildung 9.2**, mit dem Unterschied, dass die Produktionslücke nun durch einen *Rückgang des Produktionspotenzials* und *nicht durch einen Anstieg der Produktion* entstanden ist.

Was sollte die Zentralbank dann tun? Gehen wir davon aus, sie sei überzeugt, dass (1) der Schock nicht von Dauer sein wird – μ also schnell zu seinem alten Wert zurückkehren wird –, (2) dass die Arbeitnehmer den impliziten Reallohnrückgang akzeptieren werden – dass ein Rückgang von z den Anstieg von µ weitgehend ausgleichen wird, es also zu einer geringen Änderung von $(\mu - z)$ und somit zu einer geringen Änderung der natürlichen Arbeitslosenquote und des Produktionspotenzials kommt – und (3) dass die Erwartungen sich nicht abschwächen werden – dass θ gleich Null bleiben wird. Dann wird sie sich dafür entscheiden, die Geldpolitik nicht zu straffen, die Produktion auf demselben Niveau zu halten und die höhere Inflation zu akzeptieren, solange der Schock anhält. Sobald der Schock verschwindet, wird die Inflation auf natürliche Weise zum Zielwert zurückkehren.

Sobald jedoch eine dieser drei Annahmen nicht zutrifft, kann sich eine solche Strategie als kostspielig erweisen. Dauern die Schocks länger an als ursprünglich prognostiziert, wird die Inflation länger anhalten. Akzeptieren die Arbeitnehmer eine Senkung des Reallohns nicht, wird die Inflation stärker ausfallen. Hält die Inflation länger und stärker an, besteht die Gefahr, dass sich die Inflationserwartungen anpassen, dass sie und die Inflation sich über Zweitrundeneffekte immer weiter nach oben schrauben. Dann entwickelt sich ähnliches Szenario wie wir es in ▶ **Abschnitt 9.3.1** beschrieben haben: Die Inflation steigt stetig an. Selbst wenn die Schocks verschwunden sind, liegt sie weiter über dem Inflationsziel. Um die Inflation wieder auf das Inflationsziel zu senken, muss die Zentralbank nun eine Periode schmerzhafter Arbeitslosigkeit herbeiführen, in der die Produktion für eine gewisse Zeit unter dem Potenzial liegt.

Genau dieser Fall beschreibt die Herausforderungen der starken Ölpreisschocks in den 1970er-Jahren und Anfang der 1980er-Jahre. Damals sind die Energiepreise weltweit dauerhaft gestiegen. Betrachten wir dies genauer im Rahmen unseres *IS-LM-PC*-Modells.

In ▶ **Abbildung 9.5** wird das Ausgangsgleichgewicht durch Punkt *A* beschrieben: Die Produktion entspricht dem Produktionspotenzial Y_n. Die Inflation ist stabil; der Realzins liegt bei r_n. Wie beschrieben, sinkt das Produktionspotenzial mit steigendem Ölpreis. Es verschiebt sich von $Y_n$nach links auf Y'_n. Damit verschiebt sich die Phillipskurve von *PC* auf *PC'*." Solange sich die *IS*-Kurve nicht verschiebt und die Zentralbank ihren Leitzins unverändert lässt, bleibt die Produktion konstant. Bei einem gleich hohen Produktionsniveau kommt es nun aber zu einem Anstieg der Inflation. Bei unveränderten Löhnen erhöhen die Unternehmen mit steigendem Ölpreis ihre Preise; die Inflationsrate steigt. Das kurzfristige Gleichgewicht ist in ▶ **Abbildung 9.5** durch Punkt A' charakterisiert: In der kurzen Frist kommt es zu einem Anstieg der Inflation bei unveränderter Produktion.

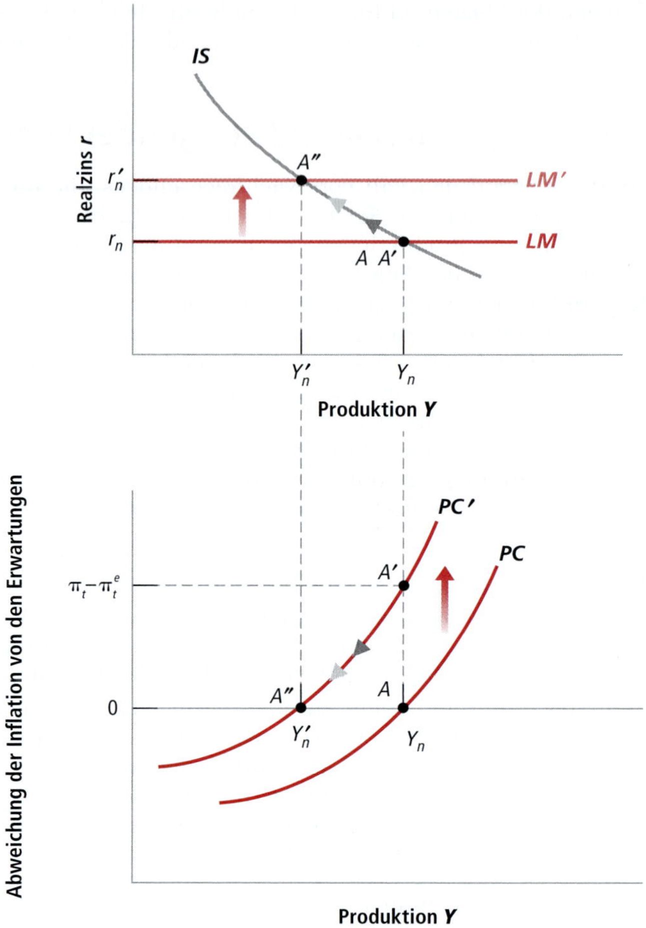

Abbildung 9.5 Kurz- und mittelfristige Auswirkungen eines anhaltenden Anstiegs des Ölpreises. Solange die Zentralbank den Zins nicht anpasst, kommt es in der kurzen Frist zu einem Anstieg der Inflation bei unveränderter Produktion. Auf mittlere Frist muss der Zinssatz steigen, um die Inflation zu bekämpfen; die Produktion geht zurück. Es kommt zu Stagflation.

Stagflation: Rückgang der Produktion; zugleich Anstieg der Inflation

Wenden wir uns nun dem Anpassungsprozess in der mittleren Frist zu. Würde die Zentralbank weiterhin den Leitzins unverändert lassen, würde das Produktionsniveau weiterhin über dem nun gesunkenen Produktionspotenzial liegen. Die Inflationsrate würde immer weiter ansteigen. Letztlich wird sich die Zentralbank gezwungen sehen, die hohe Inflation mit steigenden Zinsen zu bekämpfen. Wenn sie so handelt, bewegt sich die Wirtschaft im Zeitablauf entlang der *IS*-Kurve von A' nach A'' (im oberen Teil der Abbildung) bzw. entlang der *PC*-Kurve von A' nach A'' (im unteren Teil der Abbildung). Mit sinkender Produktion steigt die Inflation immer weniger stark an, bis sie schließlich stabil bleibt, sobald im mittelfristigen Gleichgewicht A'' das neue, niedrigere Produktionspotenzial erreicht wird. Weil das Produktionspotenzial gesunken ist, schlägt sich der Anstieg des Ölpreises in einem dauerhaft niedrigeren Produktionsniveau nieder. Entlang dieses Anpassungsprozesses geht der Rückgang der Produktion mit steigender Inflation einher. Diese Kombination bezeichnen Makroökonomen als Stagflation (eine Mischung aus Stagnation und Inflation).

In ▶ **Abbildung 9.7** untersuchten wir einen anhaltenden Anstieg des Ölpreises, der das Produktionspotenzial nachhaltig schädigte. Unter solchen Bedingungen musste die Zentralbank zwangsläufig eine restriktive Politik verfolgen, um die Inflation zu begrenzen. Bleibt der Ölpreis aber nur für kurze Zeit hoch, könnte die Zentralbank einen temporären Anstieg der Inflation tolerieren im Vertrauen darauf, dass das Inflationsziel wieder erreicht wird, sobald sich der Ölpreis normalisiert.

Das ist allerdings eine riskante Strategie: Geht der Ölpreis nur langsam zurück, bleibt die Inflation für längere Zeit hoch. Es besteht die Gefahr, dass die Inflationserwartungen nicht mehr fest verankert bleiben. Dann aber wird eine Bekämpfung immer schmerzlicher. Das illustriert eindrucksvoll, warum die Aufgabe der Zentralbank viel komplexer ist, als es ▶ **Abbildung 9.5** nahelegt. Zu beurteilen, ob der Preisanstieg nur temporär oder dauerhaft ist, fällt ebenso schwer wie die Einschätzung, ob die Inflationserwartungen fest verankert bleiben.

Ähnliche Herausforderungen stellten sich im Lauf der COVID-19-Pandemie, die wir im nächsten Abschnitt untersuchen.

Diese Überlegungen zeigen die Bedeutung der Inflationserwartungen für die Dynamik des Anpassungsprozesses. Sie helfen auch, die Auswirkungen unterschiedlicher Ölpreisschocks zu verstehen. Während der Ölpreisschock in den 1970er-Jahren sowohl zu hoher Inflation als auch zu starker Rezession führte, waren die Auswirkungen steigender Ölpreise in den 2000er- Jahren wesentlich weniger gravierend. Dies untersucht die Fokusbox *„Steigende Ölpreise“* detaillierter.

FOKUS

Steigende Ölpreise: Warum reagiert die Wirtschaft heute anders auf Ölpreisschocks als in den 1970er-Jahren?

Warum werden steigende Ölpreise in den 1970er-Jahren mit Stagflation in Verbindung gebracht, während ein Anstieg der Ölpreise in den 2000er-Jahren kaum spürbare Auswirkungen auf die Wirtschaft hatte?

Ein erster Erklärungsansatz liegt darin, dass in den 1970er-Jahren neben dem Ölpreisschock auch noch andere Schocks auftraten, im Gegensatz zu den 2000er-Jahren. In den 1970er-Jahren stiegen auch die Preise vieler anderer Rohstoffe, sodass die Auswirkungen stärker waren, als wenn nur der Ölpreis steigt.

Viele Wirtschaftswissenschaftler sind zudem der Ansicht, dass die Verhandlungsmacht der Arbeiter in den 2000er-Jahren nicht zuletzt aufgrund von Globalisierung und internationalem Wettbewerb stark abgenommen hat. Während ein steigender Ölpreis die natürliche Arbeitslosenrate erhöht, wirkt der Rückgang der Verhandlungsmacht genau in die entgegengesetzte Richtung. Dies kann die Auswirkung eines höheren Ölpreises auf Arbeitslosigkeit, Produktion und Inflation dämpfen oder gar eliminieren.

Ökonometrische Analysen zeigen, dass auch noch andere Faktoren eine Rolle spielen. Selbst wenn man für diese anderen Faktoren kontrolliert, haben sich die Auswirkungen eines Anstiegs des Ölpreises seit den 1970er-Jahren freilich stark verändert. ▶ **Abbildung 1** zeigt die Auswirkungen einer Verdoppelung des Ölpreises auf Produktion und Verbraucherpreisindex in den USA in einer Schätzung, die auf den Daten der beiden unterschiedlichen Zeiträume basiert. Die roten Linien zeigen, wie sich der Anstieg des Ölpreises auf Produktion und Preisindex im Zeitraum von 1970 bis 1986 auswirkt. Die schwarzen Linien geben die Auswirkung für den Zeitraum von 1987 bis 2006 an (die Zeitintervalle auf der horizontalen Achse sind jeweils Quartalswerte). Aus der Abbildung lassen sich zwei Schlüsse ziehen: Zum einen führt, wie von unserem Modell prognostiziert, ein Anstieg des Ölpreises zu einem Anstieg des Verbraucherpreisindex und einem Rückgang der Produktion. Zum anderen aber sind die Veränderungen im zweiten Zeitintervall wesentlich kleiner geworden – der Effekt ist ungefähr nur mehr halb so stark. (Beachten Sie, dass die Abbildung jeweils die Auswirkung einer Verdoppelung des Ölpreises simuliert. Steigt der Ölpreis stärker, sind die Effekte entsprechend größer).

Warum sind die negativen Auswirkungen steigender Ölpreise schwächer geworden? Diese Frage ist immer noch ein heißes Forschungsthema. Derzeit liefern aber vor allem zwei Hypothesen plausible Antworten.

Die erste Hypothese geht davon aus, dass die Arbeitskräfte heute viel geringere Verhandlungsmacht haben als in den 1970er-Jahren. Bei steigendem Ölpreis sind sie deshalb eher bereit, eine Reallohnsenkung zu akzeptieren. Die Verschiebung der aggregierten Angebotsfunktion wird dadurch stark gedämpft, sodass die negativen Auswirkungen auf Preisniveau und Produktion viel kleiner ausfallen.

Die zweite Hypothese betrifft die Geldpolitik. Wie in ▶ **Kapitel 8** besprochen, waren die Inflationserwartungen in den 1970er-Jahren nicht besonders stark verankert. Als die Inflation im Lauf der 1970er-Jahre mit steigendem Ölpreis zunahm, rechnete man damit, dass sie anhaltend hoch bleibt. Entsprechend konnten bei den Lohnverhandlungen höhere Nominallöhne durchgesetzt werden; damit wurde die Inflation über Zweitrundeneffekte noch weiter angeheizt. Im Gegensatz dazu waren die Inflationserwartungen in den 2000er-Jahren viel stärker verankert. Der anfängliche Anstieg der Inflation wurde als Einmaleffekt gesehen, der sich kaum auf die Inflationserwartungen auswirkte. Weil somit keine Zweitrundeneffekte ausgelöst wurden, fiel der Anstieg der Inflationsrate weit schwächer aus. Die Geldpolitik musste deshalb nicht mit höheren Zinsen gegensteuern.

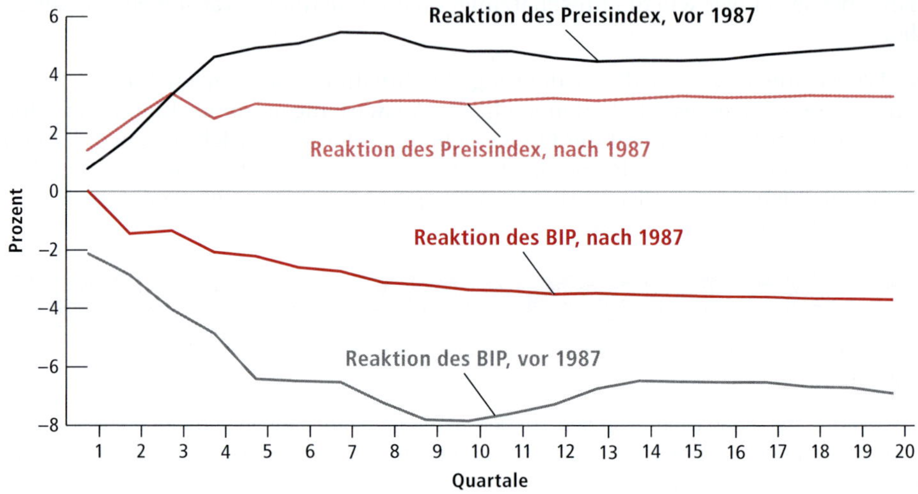

Abbildung 1 Die Auswirkung einer permanenten Verdoppelung des Ölpreises auf Preisindex und BIP. Ein Anstieg des Ölpreises wirkt sich auf Preisindex und BIP heute weniger stark aus als in den 1970er-Jahren.

Quelle: Olivier Blanchard und Jordi Gali, The Macroeconomic Effects of Oil Price Shocks: Why are the 2000s so different from the 1970s?, http://www.nber.org/chapters/c0517.

9.6 Die COVID-19-Pandemie und Russlands Invasion in der Ukraine

Der Ausbruch des COVID-19-Virus löste im ersten Halbjahr 2020 den schwersten globalen Wirtschaftseinbruch seit Ende des Zweiten Weltkriegs aus. Im 2. Quartal 2020 fiel die Produktion in den meisten OECD-Staaten wesentlich stärker als im Laufe der Finanzkrise 2008. Der Pandemieschock bedeutete zum einen, dass das Produktionspotenzial drastisch zurückging – vergleichbar den in ▶ **Abschnitt 9.5** analysierten Ölpreisschocks. Er löste zum anderen aber zugleich auch massive Nachfrageeffekte aus: Aus Angst vor Ansteckungsrisiken kollabierte die Nachfrage in kontaktintensiven Sektoren (Tourismus, Restaurants, Kultur, Erziehung) fast vollständig. In diesen Sektoren musste ein Großteil der Produktion eingestellt werden – egal ob ausgelöst durch reduziertes Angebot als Folge staatlich verordneter Schließungen oder durch fehlende Nachfrage zur Vermeidung von Ansteckung.

Der Nachfrageeffekt beschränkte sich jedoch nicht allein auf die kontaktintensiven Sektoren. Die Einkommensverluste in diesen Sektoren und die Furcht vor dem Abbau von Arbeitsplätzen hatten auch Einschränkungen der Nachfrage in anderen Sektoren zur Folge. Auch über den Zusammenbruch von Lieferketten und weiteren Input-Output-Verflechtungen wirkte sich der Pandemieschock auf andere Sektoren aus.

Mit dem Ausbruch der Pandemie setzten intensive Debatten über die Auswirkungen dieses Schocks auf die Wirtschaft und über angemessene Politikmaßnahmen ein. Viele warnten angesichts drohender steigender Arbeitslosigkeit vor der Gefahr einer Depression. Andere befürchteten, die Stützungsmaßnahmen könnten notwendige strukturelle Anpassungen verhindern und einen starken Anstieg des Preisniveaus (hohe Inflation) auslösen.

Anfänglich interpretierten manche die Krise als reinen Angebotsschock, der das Produktionspotenzial nachhaltig schädige und deshalb inflationär wirke, weil die noch verfügbaren Güter nun knapper und damit teurer werden. In vielen Ländern kam es über mehrere Monate zu einem Lockdown. Beeinträchtigungen der Produktion verschärften sich noch durch Engpässe, weil viele Lieferketten im globalen Welthandel gestört waren. Während der Absatz in kontaktintensiven Sektoren (Tourismus, Hotels und Gastronomie, Kultur und Ausbildungssektor, öffentlicher Nahverkehr) fast völlig zum Erliegen kam, stieg der Bedarf in bestimmten Sektoren wiederum sprunghaft an: Digitale Medien und Online-Lieferdienste erlebten einen ungeahnten Boom. Der Direktversand von Fertiggerichten ersetzte in Zeiten des Homeoffice das Kantinenessen. Auch der Umsatz vieler Handelsketten stieg an. Einige argumentierten sogar, die Pandemie sei eine willkommene Reinigungskrise, die dringend notwendige Anpassungsprozesse der Digitalisierung beschleunige.

Rasch wurde aber klar, dass die Schließung kontaktintensiver Branchen nicht nur in den betroffenen Sektoren selbst starke Einkommenseinbußen mit sich bringt, sondern über Spillover-Effekte auch in vielen anderen Sektoren enorme Nachfrageausfälle zur Folge hat – mit Ausnahme nur weniger Branchen wie im Fall von Toilettenpapier, Atemschutzmasken und Fahrrädern. Dagegen brach der Umsatz von Kosmetika und Fashionmode ebenso dramatisch ein wie die Nutzung von Bus und Bahn. Radikale Produktions- und Mobilitätseinschränkungen lösten auch einen starken Verfall des Ölpreises aus.

Andererseits war evident, dass sich der Pandemieschock anders auswirkt als etwa der Nachfrageschock während der Finanzkrise: Während von der Finanzkrise viele Sektoren in ähnlicher Weise betroffen waren, wirkte sich die Pandemie asymmetrisch aus mit besonders starken Effekten auf bestimmte Sektoren. Solange die Konsumenten kontaktintensive Branchen meiden, könnte (und sollte) selbst das umfangreichste Konjunkturprogramm die Nachfrage in diesen Branchen nicht stimulieren. Die Verstärkungsmechanismen, die wir in ▶ **Kapitel 3** beschrieben haben, waren in der Pandemie deshalb zum Großteil ausgeschaltet: Zusätzliche Nachfrage in einem Sektor stimuliert nicht zusätzliche Nachfrage in anderen Sektoren, wenn die Konsumenten solche Produkte aus Furcht vor Ansteckung gar nicht mehr kaufen. Weil Beschäftigte in diesen Sektoren also gar nicht von zusätzlicher Nachfrage profitieren, war der traditionelle Multiplikator-Effekt unterbrochen – ähnlich wie bei gestörten Lieferketten.

Theoretische Basis für die Frage, welche wirtschaftspolitischen Maßnahmen angemessen sind, lieferten die Modelle, die wir im Folgenden kennen lernen. Der anfängliche Einbruch der Nachfrage war nur von kurzer Dauer, weil er durch massive staatliche Stützungsmaßnahmen und Zinssenkungen aufgefangen wurde. Als sich die Wirtschaft wieder erholte, stieg die Inflation in vielen Ländern dann stark an. Dies verschärfte sich Anfang 2022 dramatisch durch den Angriff Russlands auf die Ukraine. Der Zusammenbruch weiterer Versorgungsketten und die Verknappung des Angebots ließ Energie- und Nahrungsmittelpreise rasant ansteigen. Genau wie die Ölpreisschocks, die wir in ▶ **Abschnitt 9.5** betrachteten, führte der Krieg zu einer weiteren Einschränkung des Produktionspotenzials. Aufgestaute Nachfrage in Kombination mit dem Einbruch des Produktionspotenzials stellten die Wirtschaftspolitik vor große Herausforderungen.

9.6.1 Ein Ansatz mit zwei Sektoren

Bei der Gestaltung wirtschaftspolitischer Maßnahmen ist es ratsam, ganz unterschiedliche Szenarien in Betracht zu ziehen – über die Dauer des Schocks, darüber, wo das mittelfristige Gleichgewicht am Ende liegen könnte, und wie rasch sich die Wirtschaft nach dem Schock daran anpassen wird. Wieder bietet das *IS-LM-PC*-Modell einen guten Ausgangspunkt, um vernünftige Antworten auf diese Herausforderungen zu finden. Es liefert einen einfachen Rahmen, um die Auswirkungen der Pandemie auf Produktionspotenzial und Nachfrage zu verstehen und die Rolle der Wirtschaftspolitik zu analysieren. Wir müssen es nur ein wenig modifizieren. Dem Ansatz von Guerrieri, Lorenzoni, Straub und Werning (2022) folgend, teilen wir die Gesamtwirtschaft in zwei Sektoren ein.

Sektor A ist stark kontaktintensiv mit hohem Ansteckungsrisiko (Restaurants, Tourismus, Konzertsäle, Schulen und Universitäten, Großraumbüros, Konferenzreisen). Sektor B dagegen ist kaum von Ansteckungsgefahr betroffen, weil die Produkte nicht kontaktintensiv sind (wie Lieferservice, Urlaub auf dem eigenen Balkon, das Heimkino mit Flatrate- Abo, E-Learning, Zoom-Konferenzen). Die Arbeitskräfte beziehen ihr Einkommen aus der Arbeit in ihrem jeweiligen Sektor; sie konsumieren aber Güter aus beiden Sektoren (vgl. ▶ **Abbildung 9.6**). Wir gehen davon aus, dass alle Arbeitskräfte hochspezialisiert sind, also auf kurze Frist nicht in einen Job im anderen Sektor wechseln können. Die Ausgaben aller Beschäftigten (im Sektor A und B) für die Güter im Sektor A entsprechen genau dem im Sektor A erzielten Einkommen. Gleiches gilt für Sektor B. Das ursprüngliche Produktionspotenzial der Gesamtwirtschaft vor Ausbruch der Pandemie bezeichnen wir mit Y_n.

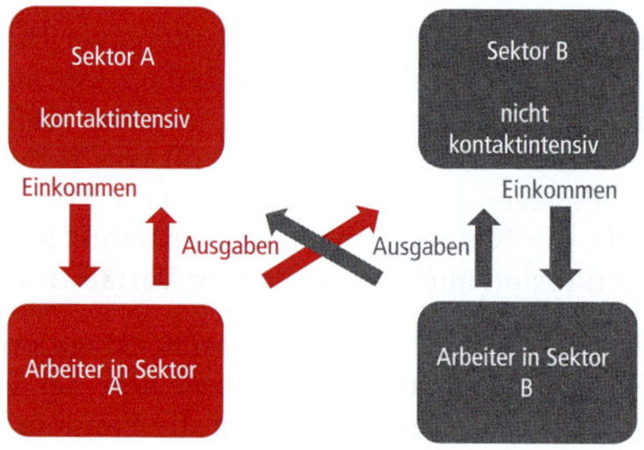

Abbildung 9.6 Ein Modell mit zwei Sektoren. Produktion und Konsum im Sektor A sind stark kontaktintensiv. Vor Ausbruch der Pandemie herrscht intensiver Handel zwischen den Sektoren A und B. Die Arbeitskräfte beziehen Einkommen aus der Arbeit in ihrem jeweiligen Sektor; sie konsumieren aber Güter aus beiden Sektoren.

Um die entscheidenden Mechanismen besser verstehen zu können, betrachten wir hier den Fall, dass die gesamte Produktion in Sektor A geschlossen werden muss ($Y'_A = 0$)

Die Realität ist komplexer: Ein Teil der Produktion lässt sich relativ leicht umstrukturieren (Abholservice statt Essen im Lokal). Zudem könnte das Infektionsrisiko durch geeignete Regelungen (wie Maskenschutz) stark reduziert werden. Mit solchen Maßnahmen fällt die Produktion in Sektor A weniger drastisch: ($Y'_A > 0$); das Produktionspotenzial sinkt dann auf $Y'_A + Y_B$.

Nach Ausbruch der Pandemie muss – im einfachsten Beispiel – die gesamte Produktion im kontaktintensiven Sektor A eingestellt werden. Dabei ist es unerheblich, ob die Schließung aufgrund eines staatlich verordneten Lockdowns erfolgt oder wegen freiwilligem „Social Distancing“ aus Furcht vor Ansteckung. Wenn alle versuchen, kontaktintensive Produkte zu vermeiden, und deshalb lieber zu Hause essen, statt sich ins Restaurant zu wagen, könnte man eher von einem Präferenzschock sprechen. Die Wirkung ist aber die gleiche wie bei einem Angebotsschock: Alle Restaurants stellen ihre Produktion ein. Sektor B kann dagegen weiterproduzieren.

Um die Wirkung des Schocks auf die Makroökonomie besser zu verstehen, lohnt es sich, zunächst den denkbar einfachsten Fall zu betrachten – einen kurzfristigen Schock, der im nächsten Jahr vorbei ist (etwa nach Immunität durch Impfung). Dann sei wieder die Rückkehr zu alten Zeiten möglich. Wir gehen davon aus, dass alle spezialisierten Arbeitskräfte kurzfristig nicht in den anderen Sektor wechseln können. Nach Ausbruch des Pandemieschocks schrumpft das Produktionspotenzial der Gesamtwirtschaft damit auf die Produktion im Sektor B: $Y'_n = Y_B \ll Y_n$.

Der Einbruch der gesamten Produktion im Sektor A bedeutet, dass dort alle Beschäftigten arbeitslos werden. Mit dem Rückgang des Produktionspotenzials kommt es zu einem Anstieg der natürlichen Arbeitslosenrate. Daraus folgt aber nicht unbedingt, dass Maßnahmen zur Stimulierung der Nachfrage angebracht wären, denn die Schließung der Produktion im Sektor A ist ja effizient. Vielleicht könnte es so sogar gelingen, das Virus ganz auszuschalten. Auf jeden Fall kann und sollte die Aktivität im Sektor A nicht durch höhere Staatsausgaben oder Nachfragestützung stimuliert werden. Zusätzliche Nachfrage würde nur in Sektor B fließen. Solange $Y = Y'_n$ gibt es keinen Grund für aktive Konjunkturprogramme. Auch mit steigendem Einkommen würden die Beschäftigten im Sektor B ja keine kontaktintensiven Produkte des Sektors A mit Ansteckungsgefahr konsumieren.

Wie aber wird sich nun die Nachfrage im Sektor B entwickeln? Aufgrund des Produktionsausfalls erhalten die Beschäftigten im Sektor A kein Einkommen mehr (vgl. ▶ **Abbildung 9.7**). Aus diesem Einkommen haben sie bislang auch ihren Konsum der Produkte im Sektor B finanziert. Es ist denkbar, dass die Arbeitslosen ihre Ausgaben für Sektor B zumindest teilweise aus eigener Ersparnis aufrechterhalten oder aber Kredite aufnehmen, die später aus künftigem Einkommen zurückgezahlt werden. Wird der Wegfall des Konsums der Güter im Sektor A durch verstärkten Konsum von Gütern im Sektor B substituiert (den vermehrten Kauf von Nahrungsmitteln und Toilettenpapier im Supermarkt statt dem täglichen Kantinenessen, Netflix-Abo statt Disco-Besuch), könnte die Nachfrage im Sektor B eventuell sogar ansteigen. Weil das Angebot dort jedoch begrenzt (knapp) ist, hätte dies eine inflationäre Wirkung.

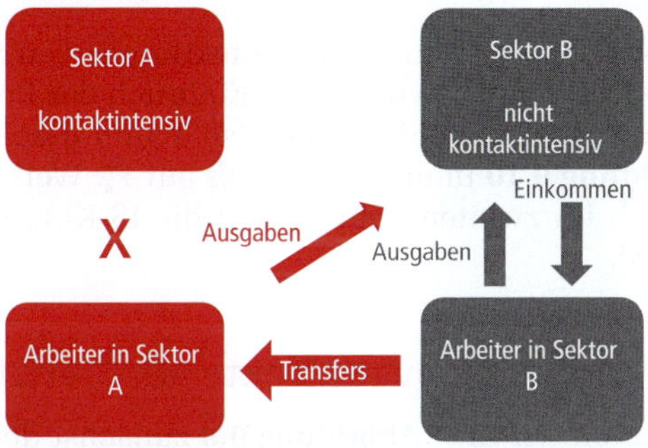

Abbildung 9.7 Ansteckungseffekte im Zwei-Sektoren-Modell. Mit Ausbruch der Pandemie muss die Produktion im kontaktintensiven Sektor A eingestellt werden. Entsprechend sinkt das Produktionspotenzial. Wenn die Arbeitskräfte in Sektor A kreditbeschränkt sind, können sie ihren Konsum in Sektor B nur über Transferzahlungen aufrechterhalten.

Dieser Fall scheint jedoch wenig realistisch: Schließlich kam der Pandemieschock weitgehend unerwartet; die Arbeitslosen im Sektor A hatten deshalb vorher nicht genug gespart, um für eine solche Notlage gerüstet zu sein. Ebenso war es den meisten kaum möglich, sich zu verschulden, um heute schon aus künftigem Einkommen zu konsumieren. Dies umso weniger, wenn unsicher ist, wann (wenn überhaupt) wieder eine Rückkehr zum alten Arbeitsplatz möglich ist. Kaum eine Bank dürfte bereit sein, Kredite an solche Risikogruppen zu vergeben. Viele Haushalte sind deshalb kreditbeschränkt (vgl. dazu später ausführlicher Szenario 2).

Nicht wenige werden in der Krise sogar eher versuchen, zur Vorsorge in Zeiten hoher individueller Unsicherheit mehr zu sparen. Dann aber brechen auch im Sektor B die bisher von den Beschäftigten des Sektors A getätigten Ausgaben weg. Die Gesamtnachfrage fällt in diesem Fall stärker als das Produktionspotenzial. Es kommt zu negativen Rückkoppelungseffekten; Produktion und Einkommen brechen auch im Sektor B ein (vgl. die Fokusbox zum Sparparadox in ▶ **Kapitel 3**). Die fehlende Nachfrage entfaltet dann eine deflationäre Wirkung. Transferzahlungen – etwa Arbeitslosen- oder Kurzarbeitergeld – können als Versicherung dem Nachfrageeinbruch in Sektor B entgegenwirken. Fallen sie wiederum zu großzügig aus, könnten sie dort gar einen Boom auslösen.

9.6.2 Die Pandemie im *IS-LM-PC*-Modell

Es sind also sowohl inflationäre als auch deflationäre Szenarien denkbar. Welcher Effekt dominiert? Wie sollte Politik darauf reagieren? Im Folgenden betrachten wir im Rahmen des *IS-LM-PC*-Modells zwei denkbare Szenarien:

1. Der Pandemieschock wirkt als **klassischer Angebotsschock** (vergleichbar mit einem Ölpreisschock).
2. Der Pandemieschock löst einen **Keynesianischen Angebotsschock** aus: Der Angebotsschock in Sektor A führt zu fallender Nachfrage und damit einem Produktionseinbruch auch in anderen, nicht kontaktintensiven Sektoren.

Wir gehen dabei immer davon aus, dass sich die Wirtschaft vor dem Pandemieschock im mittelfristigen Gleichgewicht befindet. Die Produktion entspricht also dem Produktionspotenzial Y_n, der Realzins dem natürlichen Realzins. Anfang 2020 lag in vielen Ländern der Nominalzins an der Zinsuntergrenze, $i = 0$. Die Inflation entspreche vor dem Schock dem Inflationsziel ($\pi = \pi^e = \pi^* = 2\,\%$). Dann liegt der Realzins bei $r = r_n = i - \pi^e = -2\,\%$.

Der Pandemieschock lässt die Produktion im kontaktintensiven Sektor A zusammenbrechen. Die Schließung von Sektor A bewirkt einen Einbruch des Produktionspotenzials auf $Y'_n = Y_B \ll Y_n$. Im ersten Schritt verschiebt sich also $Y_n$und damit auch die PC-Kurve im unteren Teil der ▶ **Abbildung 9.10** immer nach links auf Y'_n. Weil die Nachfrage im Sektor A ausfällt, verschiebt sich im zweiten Schritt auch die IS-Kurve im oberen Teil der Abbildung nach links auf IS'.

9.6.3 Basisszenario ohne Spillover-Effekte als Grenzfall: $Y^* = Y'_n$

Als Basisszenario betrachten wir in ▶ **Abbildung 9.8** zunächst den Grenzfall, dass die gesamtwirtschaftliche Nachfrage im Sektor B auch nach dem Pandemieschock im Vergleich zur Ausgangslage unverändert bleibt. Die gesamtwirtschaftliche Nachfrage geht in diesem Fall gerade genauso stark zurück wie das Angebot, sodass bei unverändertem Realzins $r = r_n$ die gesunkene Nachfrage exakt dem neuen, nun niedrigeren Produktionspotenzial entspricht: $Y_1^* = Y'_n$. Im Basisszenario entspricht die Inflation genau den Erwartungen; sie bleibt stabil.

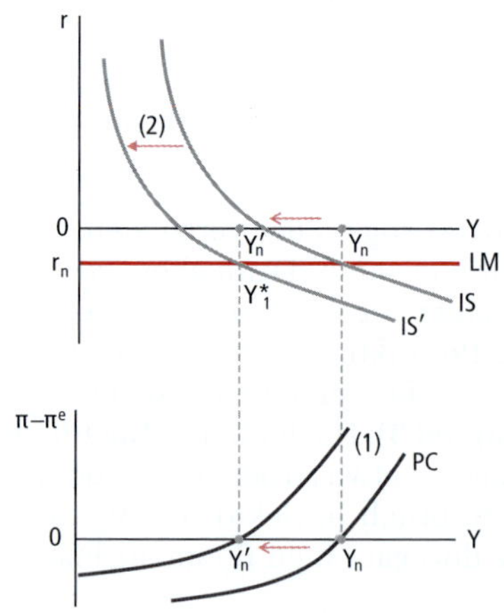

Abbildung 9.8 Basisszenario. Als Folge des Pandemieschocks verschieben sich Produktionspotenzial und PC-Kurve nach links: Y'_n (1). Weil auch die gesamtwirtschaftliche Nachfrage einbricht, verschiebt sich auch die IS-Kurve nach links auf IS' (2). Im Basisszenario entspricht der Rückgang der gesamtwirtschaftlichen Nachfrage beim ursprünglichen Realzins r_n genau dem Rückgang des Produktionspotenzials. Die Inflationsrate entspricht den Erwartungen; sie bleibt stabil.

Im Basisszenario kommt es also bei unverändertem Zinssatz weder zu Inflation noch zu Deflation. Die entscheidende Frage ist somit, wie stark die Gesamtnachfrage im Vergleich zum Produktionspotenzial wirklich sinkt. Manche Sektoren (insbesondere solche, in denen die Digitalisierung weit fortgeschritten ist), sind zweifellos „Krisengewinner". Umgekehrt aber ist damit zu rechnen, dass der Einkommensausfall in Sektor A auch bei vielen Gütern im Sektor B die Nachfrage eher dämpfen wird. Es ist nicht klar, welcher Effekt überwiegt. Betrachten wir deshalb nun beide denkbare Szenarien.

9.6.4 Szenario 1: Klassischer Angebotsschock: Inflationsdruck in Sektor B; $Y^* > Y_n'$

Beginnen wir mit der Analyse eines klassischen Schocks des Produktionspotenzials – dargestellt in ▶ **Abbildung 9.9**. Wieder gehen wir davon aus, dass die Wirtschaft sich vor dem Pandemieschock im mittelfristigen Gleichgewicht befindet. Die Schließung von Sektor A führt zu einem einschneidenden Einbruch des Produktionspotenzials. Wieder verschiebt sich also $Y_n$und damit auch die PC-Kurve im unteren Teil der Abbildung nach links auf Y_n'.

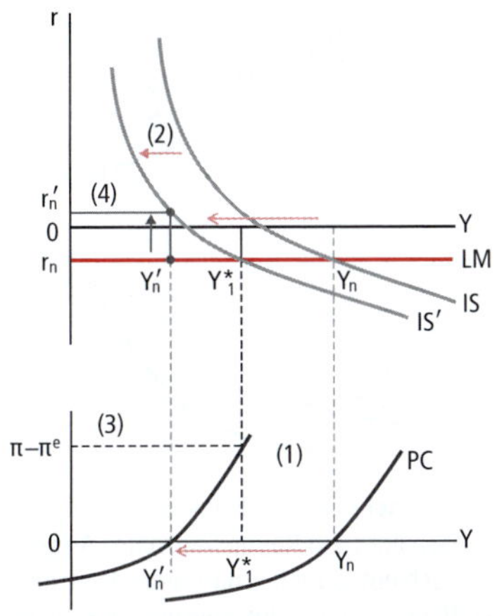

Abbildung 9.9 Klassischer Angebotsschock. Als Folge des Pandemieschocks verschieben sich das Produktionspotenzial und die PC-Kurve nach links auf Y_n'. Ein **klassischer Angebotsschock** liegt vor, wenn der Nachfrageeinbruch die IS-Kurve im oberen Teil der Abbildung kaum verschiebt, sodass der natürliche Realzins bei IS' auf r_n' steigt. Lässt die Zentralbank den Realzins unverändert, kommt es zu Inflationsdruck.

Weil Sektor A ganz ausfällt, geht auch die gesamtwirtschaftliche Nachfrage zurück. Die Haushalte fragen nun aber bei unverändertem Zins verstärkt Güter im Sektor B nach (Online-Versand statt Einzelhandel; To-Go-Delivery statt Kneipenbesuch; Schutzmasken statt Lippenstifte). Die IS-Kurve im oberen Teil der ▶ **Abbildung 9.9** verschiebt sich nur wenig auf IS'; die Gesamtnachfrage entlang der neuen IS'-Kurve übersteigt beim Zins $r = r_n$ die reduzierte Produktionskapazität $Y_1^* > Y_n'$.Weil der Einbruch der Produktionskapazität stärker ausfällt als der Rückgang der gesamtwirtschaftlichen Nachfrage, steigt die Inflation an, solange die Zentralbank den Nominalzins konstant lässt. Der untere Teil der ▶ **Abbildung 9.9** zeigt, dass die Inflation bei Y_1^* die erwartete Rate übersteigt ($\pi > \pi^e$). Steigen auch die Inflationserwartungen, sinkt der Realzins. Um eine Überhitzung der Wirtschaft zu verhindern, muss die Zentralbank den Realzins auf den neuen, höheren Zinssatz anheben. Konjunkturprogramme (eine Verschiebung der IS-Kurve nach rechts) würden die Inflation in diesem Szenario nur noch weiter antreiben. Schließlich kann eine expansive Fiskalpolitik die Schließung von Sektor A ja nicht verhindern.

9.6.5 Szenario 2: Keynesianischer Angebotsschock: Nachfrageausfall in Sektor B; $Y^* < Y'_n$

Modelle, die makroökonomische Beziehungen auf das Verhalten eines repräsentativen Haushaltes reduzieren, betrachten letztlich nur den in Szenario 1 geschilderten Fall. Sie sind nicht geeignet, Feedback-Mechanismen zwischen einzelnen Sektoren zu erfassen. Weiterentwicklungen der modernen Neu-Keynesianischen Modellansätze beschäftigen sich dagegen intensiv mit Interaktionen heterogener Wirtschaftssubjekte und liefern so ein viel detaillierteres Verständnis von Koordinationsversagen zwischen verschiedenen Sektoren. Guerrieri et. al. (2020) wenden diesen Analyserahmen auf den Pandemieschock an. Sie zeigen, unter welchen Bedingungen der Einbruch des Produktionspotenzials im Sektor A mit einem Rückgang der Nachfrage auch in Sektor B einhergeht (vgl. ▶ **Abbildung 9.10**). Sie bezeichnen diesen Fall als **Keynesianischen Angebotsschock**.

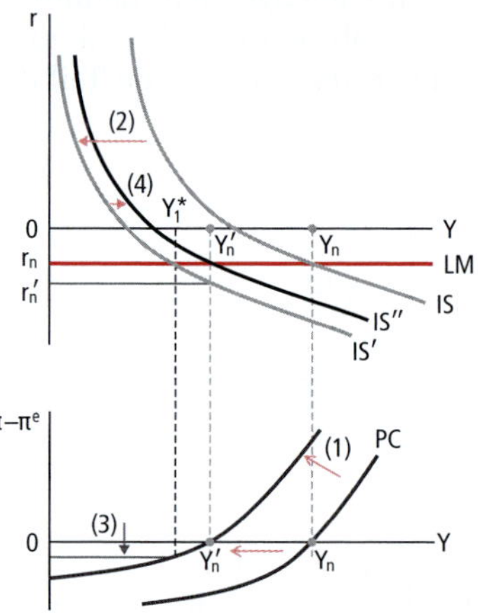

Abbildung 9.10 Keynesianischer Angebotsschock. Als Folge des Pandemieschocks geht das Produktionspotenzial auf Y'_n zurück; die PC-Kurve verschiebt sich nach links. Ein **Keynesianischer Angebotsschock** liegt vor, wenn der Nachfrageeinbruch die IS-Kurve so stark nach links verschiebt, dass der natürliche Realzins bei IS' auf r'_n sinkt. Lässt die Zentralbank den Realzins unverändert bei r_n, sinkt die Inflation. An der Zinsuntergrenze kann eine deflationäre Spirale in Gang kommen.

Wie im Basisszenario und im Szenario 1 verschiebt der Pandemieschock im ersten Schritt Produktionspotenzial und PC-Kurve im unteren Teil der Abbildung nach links auf Y'_n. In ▶ **Abbildung 9.10** bricht nun aber auch die Nachfrage im Sektor B ein. Bei unverändertem Zins $r = r_n$ fällt die Produktion damit noch stärker auf $Y_1^* < Y'_n$. Der Einkommenseinbruch im Sektor A lässt auch in Sektor B die Nachfrage einbrechen. Solange die Zentralbank den Zins nicht anpasst, sinkt die Inflation in diesem Fall (wie im unteren Teil von ▶ **Abbildung 9.10** gezeigt, gilt nun bei $Y_1^*: \pi < \pi^e$). Es kann sogar zu Deflation kommen. Sinken daraufhin auch die Inflationserwartungen, verschärft die mit steigendem Realzins einsetzende Deflationsspirale die Krise dann immer weiter.

Um den Nachfrageeinbruch zu verhindern, müsste die Zentralbank den Realzins auf den niedrigeren Zinssatz r'_n senken. Befindet sich die Wirtschaft schon vor der Krise an der Zinsuntergrenze, ist der Spielraum für konventionelle Geldpolitik jedoch eng begrenzt. Zudem wirkt Geldpolitik auf alle Sektoren; sie kann den Einkommensausfall in Sektor A nicht gezielt bekämpfen. Dagegen können gezielte Transfers an Sektor A (wie Kurzarbeitergeld) die IS-Kurve im oberen Teil der Abbildung wieder so nach rechts verschieben, um den Nachfrageausfall in Sektor B zu kompensieren, bis $Y^* = Y'_n$.

Unter welchen Bedingungen ist das zweite Szenario – ein Keynesianischer Angebotsschock – wahrscheinlich? Die Fokusbox *„Intrasektorale und intertemporale Substituierbarkeit“* zeigt, dass die Nachfragewirkung davon abhängt, wie stark Konsumenten zwischen den Gütern der verschiedenen Sektoren substituieren und in welchem Umfang sie bereit (und in der Lage) sind, Kredite aus künftigem Einkommen aufzunehmen. Eine zentrale Rolle spielen dabei aber vor allem **Kreditbeschränkungen**: Ein beträchtlicher Teil der

Konsumenten hat kaum die Möglichkeit, sich zu verschulden. Banken zögern, Kredite an Arbeitslose oder Kurzarbeiter zu geben – insbesondere, wenn die Gefahr groß ist, dass der Arbeitsplatz dauerhaft wegfällt.

FOKUS

Intrasektorale und intertemporale Substituierbarkeit

Guerrieri et al. (2022) untersuchten, unter welchen Bedingungen die Nachfrage auch im Sektor B zurückgeht. Zum einen spielt dabei der Grad der intrasektoralen Substituierbarkeit zwischen Gütern der verschiedenen Sektoren eine Rolle. Sind die Güter vom Typ A und B starke Substitute, steigt die Nachfrage im Sektor B eher an. Nach der Schließung der Restaurants lässt sich die Nachfrage nach Nahrungsmitteln im Supermarkt decken oder durch direkte Lieferung nach Hause via Online-Buchung. Sind die Güter der Sektoren A und B dagegen komplementär, geht auch im Sektor B die Nachfrage zurück: Müssen Konzertbesuche, Partys und Business-Meetings ausfallen, sinkt die Nachfrage nach modischer Kleidung ebenso stark wie die Nachfrage nach Taxifahrten. Dagegen werden vermehrt Jogginganzüge getragen, in denen man bequem Online-Spiele und Flatrate-Serien genießen kann. Diese Beispiele verdeutlichen die Vielzahl von Sektoren – manche mit komplementären, andere mit substitutiven Beziehungen zu den kontaktintensiven Branchen. Für den aggregierten Effekt kommt es also auf die Größe der verschiedenen Sektoren an.

Zum zweiten spielt der Grad der intertemporalen Substituierbarkeit zwischen Konsum heute und zukünftigem Konsum eine Rolle: Sind sie komplementär, gibt es starke Anreize, heute schon einen Kredit aufzunehmen, um den Konsumstrom zu glätten (vgl. ▶ **Kapitel 15**). Höhere Verschuldung ermöglicht schon heute stärkere Nachfrage im Sektor B. Sind Konsum heute und in der Zukunft dagegen Substitute, fällt es leichter, auf Konsum heute zu verzichten. Langlebige Konsumgüter sind eher Substitute: Den Kauf eines neuen Autos kann man leicht hinauszögern; auf die tägliche Ernährung lässt sich dagegen kaum verzichten.

Betrachten wir beide Effekte zusammen, so steigt die Nachfrage im Sektor B, wenn die Konsumenten lieber zwischen den Gütern der Sektoren substituieren als über die Zeit. Dies setzt jedoch voraus, dass sie sich problemlos verschulden können. Unterliegen sie dagegen Kreditbeschränkungen, sind die Konsumenten gar nicht erst in der Lage, sich zu verschulden. Wie Guerrieri et al. (2022) zeigen, kommt es dann ohne Stützungsmaßnahmen kurzfristig fast immer zu einem Nachfragerückgang.

Literatur: Guerrieri, V., G. Lorenzoni, L. Straub und I. Werning (2022), „Macroeconomic Implications of COVID-19: Can Negative Supply Shocks Cause Demand Shortages", American Economic Review, Vol. 112, May 2022 (S. 1437–74).

Wenn die Beschäftigten im Sektor A weder laufendes Einkommen erzielen noch Kredite aufnehmen können, sind sie auch nicht mehr in der Lage, ihre Ausgaben für Güter im Sektor B aufrecht zu erhalten. Solange gegen den Pandemieschock kein effizienter Versicherungsschutz besteht, ist deshalb auch in Sektor B ein Ausfall effektiver Nachfrage kaum zu vermeiden. Transferzahlungen wie Arbeitslosen- oder Kurzarbeitergeld helfen als Versicherungsmechanismus, um einen solchen Nachfrageeinbruch in Sektor B aufzufangen. Sie können die IS-Kurve wieder nach rechts verschieben. Im Idealfall sind sie gerade so hoch, dass damit der Konsum von Gütern des Typ B genau in der Höhe der Ausgaben finanziert wird, die schon vor der Krise für diese Güter aufgewendet wurden. Ist die Unterstützung zu niedrig, liegt die Nachfrage im Sektor B unter dem Potenzial. Fällt sie wiederum zu großzügig aus, könnte sie dort gar einen Boom auslösen.

Transferzahlungen an die Beschäftigten in Sektor A sind als fiskalpolitisches Stabilisierungsinstrument effizienter als allgemeine Konjunkturprogramme, weil sie gezielt am Kernproblem ansetzen. Die Pandemie wirkt ja als asymmetrischer Schock nur auf kontaktintensive Sektoren. Aus diesem Grund können Transfers auch wesentlich zielgerichteter wirken als geldpolitische Maßnahmen. Dies gilt insbesondere an der effektiven Zinsuntergrenze.

Weil die Pandemie ohne staatliche Stützungsmaßnahmen wohl auch in den nicht kontaktintensiven Sektoren einen drastischen Konjunktureinbruch ausgelöst hätte, haben fast alle

Staaten rasch eine Vielzahl von Gegenmaßnahmen ergriffen. Sie reagierten mit umfangreichen geld- und fiskalpolitischen Stützungsprogrammen. Zentralbanken senkten ihre Zinsen auf null und weiteten die Programme zum Ankauf von Wertpapieren im Rahmen unkonventioneller Geldpolitik stark aus. Fiskalpolitik wurde in wesentlich größerem Umfang eingesetzt als während der Finanzkrise. Weltweit verabschiedeten die Regierungen massive Fiskalprogramme, um Haushalte und Unternehmen während der Pandemie zu stützen. Sowohl unmittelbar budgetwirksame Maßnahmen (zusätzliche Staatsausgaben und Steuerausfälle) wie Eventualverbindlichkeiten (durch Kreditprogramme, Eigenkapitalanteile und Bürgschaften) wurden stark ausgeweitet. So entsprachen etwa die Programme in den USA einer fiskalischen Expansion im Umfang von 25% des BIP. Mit dem *Next Generation EU Recovery Fund* richtete die EU einen Wiederaufbaufond ein, der Zuschüsse und Darlehen zur Unterstützung von Reformen und Investitionen in den EU-Mitgliedstaaten bietet. In Deutschland wurden zusätzliche Ausgaben und Einnahmeausfälle in Höhe von 15% des BIP beschlossen.

Eine detaillierte Zusammenfassung über die Vielzahl von Maßnahmen liefert der Internationale Währungsfond (IWF) in seinem Fiscal Monitor Report. Er erstellte mit der „Fiscal Monitor Database" einen weltweiten Überblick über die fiskalpolitischen Maßnahmen zur Bekämpfung der Covid-Pandemie. *https://www.imf.org/en/Topics/imf-and-covid19/Fiscal-Policies-Database-in-Response-to-COVID-19*

Ob diese Maßnahmen tatsächlich ausreichten, die IS-Kurve wieder zum Produktionspotenzial zu verschieben oder ob sie die Nachfrage gar zu stark stimulierten, ist letztlich eine empirische Frage. Ein genauer Blick auf die Daten ist nötig, um zu beurteilen, welcher Effekt dominiert. Die Fokusbox *„Empirische Evidenz"* macht deutlich, dass sich die Pandemie in der kurzen Frist im Jahr 2020 auf Produktion, Beschäftigung und Inflation genauso auswirkte wie im Szenario des Keynesianischen Angebotsschocks beschrieben. Sowohl aufgrund fehlender Konsummöglichkeiten wie auch als Vorsorge in Zeiten hoher individueller Unsicherheit hat sich in der Pandemie die Sparquote stark erhöht. Die Inflationsraten waren rückläufig. Nach dem Ende der Covid-Pandemie ist die Inflation dann aber im Lauf der Jahre 2021 und 2022 stark angestiegen. Nachdem sich die Volkswirtschaften von ihrem anfänglichen Einbruch in der Corona-Pandemie erholten, kam es zu einer Stimulierung der Nachfrage. Gleichzeitig verschärften sich die Angebotsengpässe bei den internationalen Lieferketten noch mehr, als es mit dem Angriff Russlands auf die Ukraine die Spannungen weiter zunahmen. In ▶ **Kapitel 23** untersuchen wir genauer, wie die Zentralbanken auf diese Schocks reagierten.

9.6.6 Mittel- bis langfristige Herausforderungen

Unsere Analyse betrachtete der Einfachheit halber den Fall, dass die Pandemie zwar einen gravierenden, aber nur kurzfristigen Schock auslöst, der im nächsten Jahr wieder abgeklungen ist. Die Realität ist leider wesentlich komplexer. Es herrscht hohe Unsicherheit über die Dauer der Krise – eine Herausforderung, mit der Politik fast immer zu kämpfen hat, die im konkreten Fall aber besonders gravierende Auswirkungen hat. Wie wir in ▶ **Kapitel 16** zeigen, lassen sich die Einsichten unseres *IS-LM-PC*-Modells aber leicht erweitern, um die Auswirkungen von Unsicherheit genauer zu betrachten. In Zeiten hoher individueller Unsicherheit in Krisenzeiten besteht ein besonders starker Anreiz zu Vorsichtssparen, sodass die Einschränkung der Konsumausgaben und damit der Nachfrageeinbruch noch wesentlich stärker ausfallen.

Angesichts der Unsicherheit über die Dauer des Schocks verwundert nicht, dass ganz unterschiedliche Einschätzungen über die Natur des Schocks und damit über die angemessene Wirtschaftspolitik bestanden. Wenn wir davon ausgehen, das Virus sei schon nach einem Jahr erfolgreich bekämpft, dann erscheint eine rasche Rückkehr zum ursprünglichen Produktionspotenzial Y_n möglich. In diesem Fall wäre es angemessen, sicherzustellen, dass bestehende Strukturen nicht zerstört werden. Vielen Betrieben und Selbstständigen (Hotels, Restaurants, Künstler) droht angesichts massiver Einnahmeausfälle ein Konkurs. Die Vernichtung solcher Strukturen könnte zu bleibenden wirtschaftlichen Schäden führen, wenn hochspezialisiertes privates und soziales Kapital zerstört wird, das nach dem Zusammenbruch der Unternehmen später erst wieder mit hohen Kosten neu geschaffen werden muss. Liquiditätshilfen, Steuerstundungen und staatlich garantierte Kredite können hier Abhilfe schaffen.

Auch auf den Arbeitsmarkt wirken sich solche Effekte aus: Müssen angeschlagene Unternehmen hochqualifizierte Arbeitskräfte entlassen, um Kosten zu sparen, wird projektspezifisches Wissen zerstört, das nach Abklingen des Schocks mühselig wieder neu aufgebaut werden müsste. Bereits in ▶ **Kapitel 7** diskutierten wir das Risiko von Hysterese- Effekten: Der Verlust ihrer Qualifikation bei lang anhaltender Arbeitslosigkeit führt bei den Beschäftigten zu dauerhaften Wunden, die auch die Erholung des Produktionspotenzials stark verzögert. Die Zahlung von Kurzarbeitergeld kann verhindern, dass Unternehmen hochqualifizierte Arbeitskräfte entlassen und so quasi wichtiges immaterielles Humankapital vernichtet wird.

Hält der Pandemieschock jedoch immer länger an, dann lassen sich strukturelle Verschiebungen hin zu weniger kontaktintensiven Sektoren nicht vermeiden. Ein Abbau von Arbeitsplätzen in Sektor A mit einem Wechsel zu Sektor B wird notwendig. Die Pandemie könnte durch Forcierung der Digitalisierung sogar als Beschleuniger des Strukturwandels wirken. Ist der Schock permanent, müssen langfristig alle Arbeitskräfte in Sektor B wechseln. Dabei besteht die Gefahr, dass die Einkommensungleichheit im Lauf des Umstrukturierungsprozesses zunimmt. Die Wirtschaftspolitik steht vor der Herausforderung, Stützungsmaßnahmen so zu gestalten, dass die Kosten des Strukturwandels möglichst gering bleiben. Darauf gehen wir in ▶ **Kapitel 13** ausführlicher ein.

Die Gefahren unterschiedlicher Szenarien zu verstehen, ist wichtig, um die Politik in der Erholungsphase mittel- bis langfristig angemessen zu gestalten. Dominiert die Gefahr knapper Ressourcen, dann ist mittelfristig mit einem starken Druck auf das Preisniveau und einem Anstieg des natürlichen Realzinses zu rechnen. Angesichts des starken Anstiegs der langfristigen Staatsverschuldung im Zuge von Rettungsmaßnahmen und hohen Gesundheitskosten würde damit auch die Zinsbelastung des öffentlichen Sektors ansteigen. Sollten mit einsetzender Wachstumsdynamik nicht auch die Steuereinnahmen wieder anspringen, könnte der Staat vor Finanzierungsproblemen stehen.

In der Pandemie war der Zins – wie schon während der Finanzkrise – zunächst immer stärker gefallen. In vielen Staaten lag er über längere Zeit sogar unter der Wachstumsrate der Wirtschaft. Unter solchen Bedingungen halten viele Ökonomen kreditfinanzierte staatliche Investitionsprogramme für sinnvoll, um so strukturelle Anpassungen in die Wege zu leiten und einer dauerhaften Stagnation entgegenzuwirken. Solange die Wachstumsrate der Wirtschaft den Zinssatz übersteigt, ist die Zinsbelastung des öffentlichen Sektors selbst bei hohem Schuldenstand keine Gefahr: Die Schuldenquote – die Schuldenlast, gemessen als Anteil an der Produktion – würde in diesem Fall im Lauf der Zeit von allein zurückgehen.

Andere Ökonomen waren dagegen skeptisch, dass die Zinsen anhaltend niedrig bleiben. Sie warnten vor der Gefahr, ein Stimmungsumschwung – etwa bei einer Verschärfung der Krise – könnte den Handlungsspielraum des Staates stark einengen. Sie befürchteten, die geforderte Risikoprämie und damit auch die Zinsbelastung könnten rasant ansteigen, sobald auf den Kapitalmärkten Zweifel an der Solvenz (der Tragbarkeit der Staatsfinanzen) einsetzen. Die Rolle von Staatsverschuldung wird in ▶ **Kapitel 22** ausführlicher analysiert. Dort lernen wir, dass es zu sehr hohen Inflationsraten oder gar zu **Hyperinflation** kommen kann, sofern Geldpolitik vom Bestreben bestimmt wird, hohe Haushaltsdefizite über Geldschöpfung zu finanzieren. Solange die Unabhängigkeit der Zentralbank sichergestellt ist, ist dies freilich kaum zu erwarten. Erst wenn die Politik erfolgreich Druck auf die Zentralbank ausübt, sich mit Zinssteigerungen zurückzuhalten, besteht die Gefahr, dass Geldpolitik sich nicht mehr am Inflationsziel orientiert. Man spricht dann von fiskalischer Dominanz.

FOKUS

Empirische Evidenz: Inflation oder Deflation?

Die Pandemie führte im ersten Halbjahr 2020 zu einem dramatischen Wirtschaftseinbruch. Unsere Analyse hat aber deutlich gezeigt, dass keineswegs klar ist, ob sich der Pandemieschock auf kurze Frist inflationär oder deflationär auswirkt. Das hängt stark davon ab, ob der Einbruch der Nachfrage den des Produktionspotenzials überwiegt. Je nachdem, ob der Nachfrageeffekt stärker oder schwächer ausfällt als der Angebotseffekt, sind völlig konträre wirtschaftspolitische Maßnahmen angemessen. Umso wichtiger ist es, zuverlässige Daten als Entscheidungsgrundlage zu nutzen. Viele Makrodaten sind jedoch erst mit langer Verzögerung verfügbar. Sie liefern zudem keine Einsicht in die Heterogenität von Angebots- und Nachfrageeffekten der verschiedenen Sektoren. Moderne Datenanalyse mit Hilfe von Mikrodaten kann dazu beitragen, diese Unsicherheit abzumildern, um besser einzuschätzen, welcher Effekt dominiert. Sie stützt sich zum einen auf regelmäßig durchgeführte Umfragen, zum anderen auf Transaktionsdaten, die täglich in Echtzeit abrufbar ein detailliertes aktuelles Bild über zentrale Indikatoren liefern wie die Konsumausgaben einzelner Sektoren, Einzelhandelsumsätze und Beschäftigung.

In einem umfangreichen Forschungsprojekt an der Harvard Universität wertete ein großes Forscherteam um Ray Chetty (2024) anonymisierte Daten von Kreditkartenfirmen und Arbeitsvermittlern aus. Dies ermöglichte eine starke Differenzierung heterogener Gruppen etwa über Regionen oder Einkommensgruppen hinweg. Anhand dieser Daten war das Team schon frühzeitig in der Lage, die Auswirkungen der Pandemie auf die US-Wirtschaft zu charakterisieren. Die Daten zeigten, dass anfangs insbesondere Haushalte mit hohem Einkommen ihren Konsum in kontaktintensiven Sektoren stark einschränkten. Während die Nachfrage nach privaten Swimmingpools anzog, trocknete die Nachfrage in Restaurants und Friseursalons völlig aus. Die betroffenen Unternehmen entließen daraufhin vor allem Niedriglohn-Arbeiter in Dienstleistungssektoren. Entsprechend stark sind deren Konsumausgaben in der ersten Aprilhälfte eingebrochen.

Mit der Umsetzung des CARES-Rettungspakets hat sich dann vor allem der Konsum unterer Einkommensgruppen stark erholt. Direkt am ersten Tag der Auszahlung der Schecks am 15. April 2020 sind die Konsumausgaben des unteren Einkommensquartils signifikant angestiegen. Ende August lagen sie sogar um 1,1% höher als im Januar. Allerdings änderte sich die Zusammensetzung ihrer Ausgaben stark: Die Nachfrage verlagerte sich von kontaktintensiven Branchen zu den nicht kontaktintensiven Sektoren. Am 4. Januar 2021 wurde ein weiterer Scheck über 600 $ verteilt. Die Bevölkerungsschichten, die nachhaltig vom Arbeitsplatzverlust betroffen waren, konsumierten einen Großteil des Gelds unmittelbar: Wie Chetty et. al. (2021) zeigen, ist der Konsum von Haushalten mit Einkommen unter 46.000 $ in den Wochen nach Ausgabe der Schecks um 8% angestiegen (vgl. ▶ Abbildung 1). Haushalte mit hohem Einkommen (über 78.000 $) waren in der Pandemie von Arbeitsplatzverlusten dagegen nur wenig betroffen. Sie gaben die zusätzlichen Mittel kaum aus.

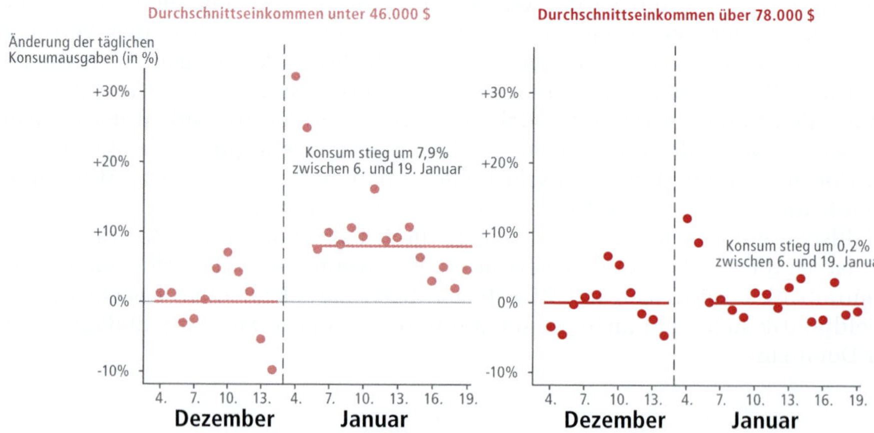

Abbildung 1 Der Einfluss der Ausgabe von Schecks über 600 $ am 4.1.2021 auf den Konsum. Veränderung der täglichen Konsumausgaben vor und nach Ausgabe der Schecks in den USA am 4. Januar 2021, berechnet anhand von bargeldlosen Zahlungen in Regionen mit einem Durchschnittseinkommen unter 46.000 $ (linke Grafik) bzw. über 78.000 $ (rechte Grafik).

Quelle: Raj Chetty et. al. (2021) Effects of January 2021 Stimulus Payments on Consumer Spending

Die hohe Sparquote ging mit rückläufigen Inflationsraten einher. Wenn bestimmte Güter gar nicht verfügbar sind, wird zwar auch die Messung der Inflationsrate unscharf. Solange alle Restaurants und Hotels geschlossen bleiben, lässt sich ja gar kein Preis mehr für Gaststätten- und Beherbergungsdienstleistungen ermitteln. Weil es zwangsläufig zu kurzfristigen Veränderungen der Konsumausgaben kommt, ist der ursprüngliche Warenkorb zudem nicht mehr repräsentativ. Alle Indikatoren wiesen aber einen fallenden Trend auf: Trotz manch leerer Regale in Supermärkten ist die Inflation in den USA (gemessen anhand des PCE-Index) zwischen Januar und Mai von 1,7% auf 0,4% gefallen. Noch im Dezember 2020 lag sie dort bei nur 1,4%.

Auch in Deutschland und im gesamten Euroraum war im Lauf der Pandemie ein Rückgang der Inflationsraten zu beobachten. Von August bis Dezember 2020 waren sie sogar negativ. *Balleer* et al. (2024) untersuchten im Mai 2020 das Preissetzungsverhalten deutscher Unternehmen anhand von Fragen im Rahmen der monatlichen ifo-Konjunkturumfrage, um Aufschluss über die relative Bedeutung von angebots- und nachfrageseitigen Effekten während der Covid-19-Pandemie zu bekommen. Sie zeigen, dass beide zeitgleich auftreten, die Nachfrageeffekte in der Frühphase der Corona-Pandemie jedoch eine dominante Rolle spielten.

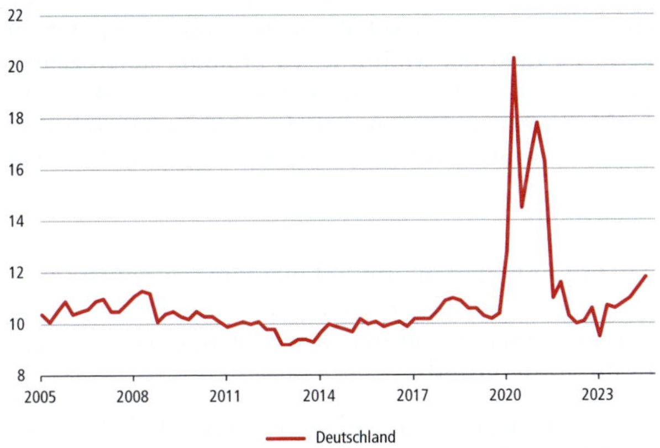

Abbildung 2 Entwicklung der Sparquote in Deutschland, in % des verfügbaren Einkommens.
Quelle: Deutsche Bundesbank, Datenreihe BBNZ1.Q.DE.S.G.0327.A

Wie in den USA ist die private Ersparnis auch in Europa zu Beginn der Krise stark angestiegen. Die Sparquote, die in Deutschland zwischen 2005 und 2019 im Durchschnitt bei 10,4% lag, sprang im zweiten Quartal 2020 auf fast 21% und dann Anfang 2021 mit der zweiten Corona-Welle nochmals auf 19% (vgl. ▸ **Abbildung 2**). Sie stieg zum einen aufgrund fehlender Konsummöglichkeiten, zum anderen zur Vorsorge in Zeiten hoher individueller Unsicherheit. Je nachdem, welches dieser Motive ausschlaggebend war, kann sich die Nachfrage ganz unterschiedlich entwickeln, sobald die Geschäfte wieder öffnen: Im ersten Fall könnte sich die aufgestaute Nachfrage in einem raschen Ausgabenboom entladen. Manche rechneten damals schon mit Goldenen Zwanziger Jahren – wie nach dem Abklingen der Spanischen Grippe im 20. Jahrhundert. Im zweiten Fall würde sich die Nachfrageschwäche dagegen lange hinziehen, bis eine zähe Erholung einsetzt.

Tatsächlich hat sich die Sparquote im Lauf des Jahres 2021 wieder normalisiert. Die Inflationsraten sind in Europa und den USA dann stark gestiegen. Zu dem Preisdruck trugen sowohl angebots- wie nachfrageseitige Effekte bei: Zum einen kam es angesichts zunehmender internationaler Spannungen zu einer Verschärfung der Angebotsengpässe, zum anderen zu einer Erholung der Nachfrage, stimuliert durch die staatlichen Stützungsprogramme. ▸ **Abschnitt 8.3** im letzten Kapitel untersucht diese Faktoren ausführlich. Die Reaktion der Geldpolitik betrachten wir in der Fokusbox *„Covid, Inflation und die Geldpolitik"* in ▸ **Kapitel 23**.

Literatur:

Balleer, A., S. Link, M. Menkhoff und P. Zorn. Demand or supply? Price Adjustment Heterogeneity during the Covid-19 Pandemic, International Journal of Central Banking, 2024; S. 93–157;

Chetty, R., J. Friedman, M. Stepner und das Opportunity Insights Team. „The economic impacts of COVID-19. Evidence from a new public database built using private sector data", Quarterly Journal of Economics, 2024; S. 829–889;

9.7 Schlussfolgerungen

In diesem Kapitel haben wir wichtige Fragen untersucht. Fassen wir die zentralen Einsichten zusammen und ziehen daraus Schlussfolgerungen.

Eine Kerneinsicht dieses Kapitels besteht darin, dass Schocks oder auch Änderungen der Wirtschaftspolitik sich auf kurze und mittlere Frist ganz unterschiedlich auswirken können.

Meinungsverschiedenheiten unter Ökonomen über die Auswirkungen verschiedener Politikmaßnahmen liegen oft daran, dass sie von unterschiedlichen Zeithorizonten ausgehen. Diejenigen, die vor allem die Produktion und die Investitionen auf kurze Frist im Auge haben, werden zögern, steigende Zinsen und Haushaltskonsolidierung durchzusetzen. Diejenigen dagegen, die überwiegend mittel- bis langfristige Aspekte betonen, heben hervor, dass Inflationsbekämpfung und Konsolidierung letztlich private Investitionen stimuliert und so über höhere Kapitalakkumulation die Produktion steigert. Welchen Standpunkt man in dieser Kontroverse einnimmt, hängt offensichtlich stark von der Einschätzung darüber ab, wie schnell sich die Wirtschaft nach Schocks wieder an das mittelfristige Gleichgewicht anpasst. Ist man der Meinung, es brauche lange Zeit, bis die Produktion wieder zum Potenzial zurückkehrt, steht die kurze Frist im Fokus. Dann favorisiert man wirtschaftspolitische Maßnahmen, die kurzfristig stimulieren, selbst wenn die mittelfristigen Auswirkungen eher negativ ausfallen. Ist man dagegen der Überzeugung, dass die Wirtschaft sich sehr rasch anpassen wird, wird man sich stärker auf die mittelfristigen Auswirkungen konzentrieren.

Die Frage, wie man Schocks definiert, ist keineswegs trivial. Betrachten wir als Beispiel eine verfehlte Wirtschaftspolitik in einem Land in Osteuropa, die dort politisches Chaos auslöst und das Risiko für einen nuklearen Konflikt erhöht. Wenn dies das Konsumentenvertrauen in Deutschland einbrechen lässt und dort eine Rezession ausbricht, was ist dann der Schock? Die verfehlte Wirtschaftspolitik, das erhöhte Risiko eines nuklearen Konflikts oder der Einbruch des Konsumentenvertrauens? In der Praxis müssen wir die Wirkungskette irgendwo abschneiden. Deshalb scheint es sinnvoll, den Einbruch des Konsumentenvertrauens als Schock zu identifizieren.

Das Kapitel liefert einen Denkrahmen, um Schwankungen der Produktionsaktivität (häufig als Konjunkturschwankungen bezeichnet) zu beurteilen – Schwankungen der Produktion um einen Trend (diesen Trend haben wir bislang vernachlässigt; er steht in den ▸ **Kapiteln 10** bis **13** im Vordergrund).

Es ist hilfreich, das Wirtschaftsgeschehen als eine stetige Folge neuer Schocks zu verstehen. Solche Schocks können beispielsweise Veränderungen der Konsumnachfrage sein (etwa getrieben von Änderungen des Konsumentenvertrauens), Veränderungen der Investitionsbereitschaft, der Exportnachfrage oder vieler anderer Faktoren. Sie können auch durch wirtschaftspolitische Maßnahmen ausgelöst werden – angefangen von der Einführung neuer Steuern, der Verabschiedung eines Infrastrukturprogramms oder der Entscheidung der Zentralbank, Inflation zu bekämpfen.

Ein Beispiel für eine solche dynamische Analyse haben wir bereits in ▸ Kapitel 5 kennengelernt, als wir die Auswirkungen einer Zinsänderung auf verschiedene Variablen untersuchten.

Jeder Schock wirkt sich im dynamischen Zeitverlauf auf die Produktion und ihre einzelnen Bestandteile aus. Eine dynamische Modellanalyse kann diese Effekte explizit erfassen. Je nach Art des Schocks kann es dabei zu ganz unterschiedlichen Anpassungsprozessen kommen. Die Auswirkungen können sich im Zeitablauf langsam aufbauen und die Produktion eher auf mittlere Frist beeinflussen. Andere Schocks wirken nur kurzfristig und klingen dann wieder ab. Manche Schocks sind besonders stark oder treffen in ungünstiger Kombination mit anderen so zusammen, dass sie eine Rezession auslösen. Die in den 1970er-Jahren beobachteten Rezessionen wurden hauptsächlich vom Anstieg des Ölpreises ausgelöst. Manche Rezessionen wurden durch restriktive Geldpolitik ausgelöst, andere wiederum von einem Einbruch des Konsumentenvertrauens. Die Finanzkrise mit dem scharfen Einbruch der Produktion im Lauf des Jahres 2009 nahm ihren Ausgang in Problemen des Immobilienmarkts in den USA, die dann zu Problemen im Finanzsektor führten und schließlich eine massive Rezession auslösten. Was wir als Konjunkturschwankungen bezeichnen, ist letztlich die Konsequenz solcher Schocks im Zeitablauf. Im Normalfall kehrt die Wirtschaft auf mittlere Frist wieder zum Produktionspotenzial zurück. Eine wichtige Frage ist, ob die Wirtschaft auf mittlere Frist wieder ganz von allein zum Produktionspotenzial zurückkehrt bzw. welche Rolle aktive Wirtschaftspolitik dabei spielt. Über diese Frage gibt es heftige Debatten. Die Ausführungen in diesem Kapitel machen aber deutlich, dass sich die Wirtschaft kaum von selbst stabilisieren wird. In der Regel ist aktive Geld- und/oder Fiskalpolitik erforderlich. In allen betrachteten Beispielen war das Handeln der Zentralbank entscheidend für den Anpassungsmechanismus hin zum Produktionspotenzial. Um eine stabile Inflationsrate sicherzustellen, muss sie auf Schocks aktiv reagieren. Für lange Zeit können die Dinge ziemlich schieflaufen. Ohne angemessene Maßnahmen zur Stabilisierung würde sich entweder die Inflation oder aber die Deflation immer weiter beschleunigen. Irgendwann wären dann umso schmerzhaftere Anpassungsmaßnahmen notwendig.

Zudem gilt: Wie sich das Produktionspotenzial letztlich entwickelt, wird auch stark davon beeinflusst, welcher Anpassungspfad gewählt wird. Auf mittlere bis lange Sicht sind multiple Gleichgewichte (unterschiedliche Produktionspotenziale) denkbar: je nachdem, welche Politik betrieben wird, erreicht die Wirtschaft ein wünschenswertes oder ein schlechtes Gleichgewicht. So können Perioden der Hyperinflation das Produktionspotenzial nachhaltig und dauerhaft schädigen. Umgekehrt kann Deflation zu anhaltender Stagnation führen. Das Beispiel der Zinsuntergrenze illustriert dies eindrucksvoll: Wenn traditionelle Geldpolitik nicht mehr greift, besteht die Gefahr einer deflationären Spirale, in der die Lage immer schlimmer wird. Im Lauf der Finanzkrise konnte das schlimmste verhindert werden. Zum einen, weil sich das Finanzsystem langsam wieder erholt hat. Zum anderen, weil bewusst unkonventionelle Geldpolitik und Fiskalpolitik eingesetzt wurden.

Vgl. die Fokusbox „Multiple, sich selbst erfüllende Gleichgewichte“ in ▸ Kapitel 22

Vgl. die *Fokusbox* „Gelddrucken und Hyperinflation“ in ▸ Kapitel 22

ZUSAMMENFASSUNG

- In der kurzen Frist wird die Produktion von der Nachfrage bestimmt. Die Outputlücke (der Unterschied zwischen Produktion und Potenzial) wirkt sich auf die Inflation aus.
- Eine positive Outputlücke lässt die Inflation ansteigen. Höhere Inflation veranlasst die Zentralbank, ihren Leitzins zu erhöhen. Ein steigender Zins dämpft die Produktion und verringert damit die Outputlücke. Umgekehrt lässt eine negative Outputlücke die Inflation sinken und veranlasst die Zentralbank, ihren Leitzins zu senken. Dies stimuliert die Produktion und verringert damit die Outputlücke.
- In der mittleren Frist entspricht die Produktion dem Potenzial. Die Outputlücke verschwindet dann; die Inflation ist stabil. Der Zins, bei dem die Produktion dem Potenzial entspricht, bezeichnet man als *natürlichen Zinssatz.*
- Bei einer negativen Outputlücke kann die Zinsuntergrenze in Kombination mit Deflation eine deflationäre Spirale auslösen, wenn Inflationserwartungen nicht fest verankert sind. Zu niedrige Produktion führt zu Deflation; diese wiederum lässt den Realzins ansteigen und die Produktion weiter sinken. Die Wirtschaft entfernt sich immer weiter vom mittelfristigen Gleichgewicht, statt dorthin zurückzukehren.
- In der kurzen Frist kann eine Haushaltskonsolidierung bei unverändertem Zinssatz zu einem Rückgang von Produktion, Konsum und Investition führen. Auf mittlere Frist kehrt die Produktion zum Potenzial zurück; der Konsum sinkt; die Investitionen steigen.
- Ein Anstieg des Ölpreises führt in der kurzen Frist zu höherer Inflation. Wenn er auch die Nachfrage senkt, geht auch die Produktion zurück. Die Kombination von hoher Inflation und niedriger Produktion bezeichnet man als Stagflation. In der mittleren Frist löst ein dauerhafter Anstieg des Ölpreises einen Rückgang von Produktionspotenzial und Produktion aus.
- Der Unterschied zwischen den kurz- und mittelfristigen Auswirkungen wirtschaftspolitischer Maßnahmen ist ein Hauptgrund dafür, dass Ökonomen unterschiedliche wirtschaftspolitische Empfehlungen geben. Manche gehen davon aus, dass die Wirtschaft sich rasch an das mittelfristige Gleichgewicht anpasst und betonen deshalb die mittelfristigen Auswirkungen von Politikmaßnahmen. Andere dagegen rechnen mit einem zähen Anpassungsprozess und betonen deshalb eher die kurzfristigen Auswirkungen.
- Wirtschaftsschwankungen sind das Ergebnis ständig neuer Schocks, die sich auf gesamtwirtschaftliche Nachfrage und/oder Produktionspotenzial auswirken. Wie sich solche Schocks im Zeitverlauf auswirken, hängt auch von der Reaktion der Wirtschaftspolitik ab. Hinreichend starke Schocks können Rezessionen auslösen.

Übungsaufgaben

(Lösungen auf **MyMathLab | Makroökonomie**)

Verständnistests

1 Welche der folgenden Aussagen sind zutreffend, falsch oder unklar? Geben Sie jeweils eine kurze Erläuterung.

a) Die *IS*-Kurve verschiebt sich nach oben sowohl mit steigenden Konsumausgaben des Staates *G*, mit höheren Steuern *T* als auch mit einem Anstieg der Risikoprämie *x*.

b) Falls $u - u_n > 0$, dann gilt $Y - Y_n > 0$

c) Falls $u - u_n = 0$, dann befindet sich die Produktion beim Produktionspotenzial.

d) Falls $u - u_n < 0$, besteht eine negative Outputlücke.

e) Bei einer positiven Outputlücke übersteigt die tatsächliche Inflationsrate die erwartete Inflationsrate.

f) Dem Gesetz von Okun zufolge sinkt die Arbeitslosenquote um einen Prozentpunkt, wenn das Produktionswachstum um einen Prozentpunkt zunimmt.

g) Entspricht die Arbeitslosenquote der natürlichen Arbeitslosenquote, dann nimmt die Inflation weder zu noch ab.

h) Im mittelfristigen Gleichgewicht ist die Inflationsrate stabil.

i) Rechtzeitiges Handeln der Zentralbank kann sicherstellen, dass die Produktion immer dem Produktionspotenzial entspricht.

j) Sind die Inflationserwartungen fest verankert, fällt es der Zentralbank leichter, die Produktion beim Produktionspotenzial zu stabilisieren.

k) Ein starker Anstieg des Ölpreises erhöht die natürliche Arbeitslosenquote.

l) Dem Gesetz von Okun zufolge sinkt die Arbeitslosenquote, wenn das tatsächliche Wachstum der Produktion unter dem Wachstum des Produktionspotenzials liegt.

2 Das mittelfristige Gleichgewicht ist durch vier Bedingungen charakterisiert:
Die Produktion entspricht dem Produktionspotenzial $Y = Y_n$.
Die Arbeitslosenquote entspricht der natürlichen Arbeitslosenquote $u = u_n$.
Der reale Leitzins entspricht dem natürlichen Zinssatz r_n, bei dem die Nachfrage dem Produktionspotenzial Y_n entspricht.
Die tatsächliche Inflationsrate π entspricht der erwarteten Inflationsrate π^e.

a) Wie hoch ist die Inflationsrate im mittelfristigen Gleichgewicht, falls die Inflationserwartungen fest verankert sind ($\pi^e_t = \pi^*$)?

b) Die *IS*-Kurve sei durch folgende Gleichung beschrieben: $Y = C(Y - T) + I(Y, r + x) + G$. Nehmen Sie an, ursprünglich sei $r_n = 2\%$. *x* steige nun von 3% auf 5%. Wie hoch muss die Zentralbank den Zins setzen, damit das mittelfristige Gleichgewicht erreicht wird? Erklären Sie Ihre Überlegungen in Worten!

c) Gehen Sie davon aus, dass die Konsumausgaben des Staates *G* steigen. Wie muss die Zentralbank den Zins setzen, damit das mittelfristige Gleichgewicht erreicht wird? Erklären Sie Ihre Überlegungen in Worten!

d) Nehmen Sie an, die laufenden Steuern *T* werden gesenkt. Wie muss die Zentralbank den Zins setzen, damit das mittelfristige Gleichgewicht erreicht wird? Erklären Sie Ihre Überlegungen in Worten!

e) Diskutieren Sie folgende Aussage: Eine anhaltend expansive Fiskalpolitik steigert dauerhaft den natürlichen Zinssatz.

f) Betrachten Sie nun den Fall, dass die Inflationserwartungen im Ausgangsgleichgewicht höher (niedriger) als π^* waren. Charakterisieren Sie, wie sich die Inflation im mittelfristigen Gleichgewicht verhält, wenn die erwartete Inflationsrate jeweils der tatsächlichen Inflation im Vorjahr entspricht ($\pi_e = \pi_{t-1}$).

3 Diese Frage untersucht den Anpassungsprozess an das mittelfristige Gleichgewicht nach einem Nachfrageschock. Wir betrachten einen dauerhaften Anstieg des Konsumentenvertrauens: Der Wert c_0 in der Konsumfunktion von ▶ **Kapitel 3** erhöht sich. Wir gehen davon aus, dass die Zentralbank zunächst den Realzins konstant hält. In diesem Kapitel lernten wir, dass der Anpassungspfad stark davon abhängt, wie die Inflationserwartungen reagieren. Wir betrachteten zwei Fälle: Im ersten Fall sind sie fest verankert und verändern sich nicht. Im zweiten Fall orientieren sich die Inflationserwartungen adaptiv an der im Vorjahr tatsächlich beobachten Inflationsrate; sie verändern sich im Zeitablauf. Teilaufgabe *b.* betrachtet den Anpassungsprozess für den ersten Fall, Teilaufgabe *c.* für den zweiten Fall.
Im Ausgangspunkt befindet sich die Wirtschaft im Jahr *t* beim Produktionspotenzial; die erwartete Inflationsrate beträgt 2%. Im Jahr *t* + 1 verbessert sich das Konsumentenvertrauen; der Wert c_0 steigt.

a) Wie verändert sich die IS-Kurve? Charakterisieren Sie das kurzfristige Gleichgewicht im Jahr *t*+1 im Vergleich zu *t* für den Fall, dass die Zentralbank den Realzins unverändert lässt.

b) Gehen Sie zunächst von fest verankerten Erwartungen aus ($\pi^e_t = \pi^*$). Beschreiben Sie, wie sich Produktion, Inflation und Inflationserwartungen im Lauf der Jahre $t + 2$ bis $t + 3$ verändern, wenn die Zentralbank den Realzins konstant hält. Wie muss die Zentralbank den nominalen Leitzins anpassen, damit der Realzins konstant bleibt? Beurteilen Sie, ob die Politik der Zentralbank nachhaltig ist: Kann sie den Realzins dauerhaft konstant halten?

c) Gehen Sie nun von adaptiven Erwartungen aus ($\pi_t^e = \pi_{t-1}$). Beschreiben Sie, wie sich Produktion, Inflation und Inflationserwartungen im Lauf der Jahre $t + 2$ bis $t + 3$ verändern, wenn die Zentralbank den Realzins konstant hält. Wie muss die Zentralbank den nominalen Leitzins anpassen, damit der Realzins konstant bleibt? Beurteilen Sie, ob die Politik der Zentralbank nachhaltig ist: Kann sie den Realzins dauerhaft konstant halten?

d) Vergleichen Sie die Entwicklung von Produktion, Inflation und Inflationserwartungen in Teilaufgabe c mit Teilaufgabe b.

e) Welchen Fall (Teilaufgabe *b.* oder Teilaufgabe *c.*) halten Sie für realistischer? Erörtern Sie Ihre Aussagen.

f) Nehmen Sie nun an, dass die Zentralbank im Jahr t+4 den Realzins hoch genug setzt, um die Wirtschaft wieder zum Produktionspotenzial zu bringen und die Inflationsrate auf das Ausgangsniveau zu senken. Erläutern Sie, wie sich die Politik der Zentralbank je nach den Annahmen über die Inflationserwartungen in Teilaufgabe *b.* bzw. *c.* unterscheidet.

4 Diese Frage untersucht den Anpassungsprozess an das mittelfristige Gleichgewicht nach einem Angebotsschock, der das Produktionspotenzial verändert – ein dauerhafter Anstieg des Ölpreises. Wieder hängt der Anpassungsprozess stark davon ab, wie die Inflationserwartungen reagieren. Wieder untersuchen wir die schon in Aufgabe 3 betrachteten Fälle: Im ersten Fall sind die Inflationserwartungen fest verankert und verändern sich nicht. Im zweiten Fall passen sich die Inflationserwartungen adaptiv an die im Vorjahr tatsächlich beobachtete Inflationsrate an; sie verändern sich im Zeitablauf. Im Ausgangspunkt befindet sich die Wirtschaft im Jahr t im mittelfristigen Gleichgewicht; tatsächliche und erwartete Inflationsrate liegen bei 2%.

a) Im Jahr t+1 steigt der Ölpreis permanent an. Wie beeinflusst dies die *PC*-Kurve? Charakterisieren Sie das kurzfristige Gleichgewicht im Jahr t+1 im Vergleich zu t für den Fall, dass die Zentralbank ihren Leitzins unverändert lässt. Wie entwickelt sich die Inflation?

b) Beschreiben Sie nun das Gleichgewicht im Jahr t+2 unter bei fest verankerten Inflationserwartungen ($\pi_t^e = \pi^*$). Wie verhält sich die Inflation im Jahr t+2, wenn die Zentralbank den Realzins konstant hält? Betrachten Sie nun das Jahr t+3. Wie verhält sich die Inflation im Jahr t+3 im Vergleich zum Jahr t+2 bei unveränderten Annahmen über die Erwartungsbildung und die Politik der Zentralbank?

c) Gehen Sie nun von adaptiven Erwartungen aus ($\pi_t^e = \pi_{t-1}$). Beschreiben Sie das Gleichgewicht im Jahr t+2. Wie verhält sich die Inflation im Jahr t+2, wenn die Zentralbank den Realzins konstant hält? Wie muss die Zentralbank den nominalen Realzins anpassen, damit der reale Leitzins konstant bleibt? Betrachten Sie nun das Jahr t+3. Wie verhält sich die Inflation im Jahr t+3 im Vergleich zum Jahr t+2 bei unveränderten Annahmen über die Erwartungsbildung und die Politik der Zentralbank?

d) Vergleichen Sie die Entwicklung von Produktion und Inflation in Teilaufgabe c. mit Teilaufgabe b.

e) Nehmen Sie nun an, dass die Zentralbank im Jahr t+4 den Realzins hoch genug setzt, um die Wirtschaft wieder zum Produktionspotenzial zu bringen und die Inflationsrate auf das Ausgangsniveau zu senken. In welchem Fall ist der Zinssatz im Jahr t+4 höher – bei fest verankerten oder bei adaptiven Inflationserwartungen? Erklären Sie, warum in dem von Teilaufgabe b. beschriebenen Fall die Zentralbank den Zinssatz im Jahr t+4 so anpassen kann, dass das mittelfristige Gleichgewicht sofort erreicht wird. Begründen Sie, warum dies in dem von Teilaufgabe c. beschriebenen Fall nicht möglich ist.

Vertiefungsfragen

5 Für Deutschland lautet das Gesetz von Okun für den Zeitraum von 1960 bis 2022 gemäß Gleichung

$$u_t - u_{t-1} = -0{,}17\left(g_{yt} - 2{,}7\,\%\right)$$

a) Wie groß muss die Wachstumsrate der Produktion sein, damit die Arbeitslosigkeit in einem Jahr um einen Prozentpunkt sinkt?

b) Welches Vorzeichen hat $u_t - u_{t-1}$ in einer Rezession? Welches Vorzeichen hat es in einem Boom?

c) Wie lässt sich der Wert 2,7% erklären? Erläutern Sie, warum trotz positiven Wirtschaftswachstums die Arbeitslosigkeit zunehmen kann.

d) Erklären Sie, warum der Okun-Koeffizient β kleiner als 1 ist. Erläutern Sie, warum der für die USA geschätzte Koeffizient höher ist als für Deutschland.

e) Die Bundesregierung beschließt ein neues Einwanderungsgesetz, das den Zuzug nach Deutschland erheblich erleichtert. Wie ändert sich das Gesetz von Okun, wenn die Wachstumsrate der Erwerbsbevölkerung hierdurch um einen Prozentpunkt steigt?

6 *Haushaltskonsolidierung an der Zinsuntergrenze von null.*
Betrachten wir den Fall, dass der Nominalzins die effektive Zinsuntergrenze erreicht hat. Die Wirtschaft befinde sich im mittelfristigen Gleichgewicht: Die Produktion entspricht dem Produktionspotenzial; die Inflation dem Inflationsziel von $\pi^* = 2\%$. Es besteht aber ein hohes Haushaltsdefizit. Eine neu gewählte Regierung verspricht deshalb die Konsumausgaben des Staates dauerhaft zu kürzen, um das Defizit im Jahr $t+1$, $t+2$ und auch in den Folgejahren abzubauen.

a) Skizzieren Sie das ursprüngliche Gleichgewicht grafisch. Wie hoch ist der Realzins in diesem Gleichgewicht? Ist der effektive Realzins für Unternehmen negativ?
b) Zeigen Sie, wie sich die Haushaltskonsolidierung Produktion und Inflation in den Perioden (t+1) und (t+2) auswirkt. Gehen Sie dabei zunächst davon aus, dass die Inflationserwartungen fest verankert bleiben.
c) Gehen Sie nun davon aus, dass die Inflationserwartungen in $t+2$ sinken, weil die Inflation anhaltend unter $\pi^* = 2\%$ verharrt. Wie entwickelt sich dann der Realzins? Wie wirkt sich das auf die Produktion aus?
d) Warum erschwert die effektive Zinsuntergrenze eine Haushaltskonsolidierung? Wann könnte es zu einer Deflationsspirale kommen?

Weiterführende Fragen

7 Betrachten Sie folgende Situation: Im Ausgangspunkt entspricht die Produktion dem Produktionspotenzial Y_n. Der Nominalzins liegt an der effektiven Zinsuntergrenze $i = 0$. Die Inflationsrate im Ausgangspunkt entspricht der Zielgröße $\pi^* = 2\%$.
Ein Pandemieschock lässt das Produktionspotenzial auf $Y_n' < Y_n$ sinken.
Die Konsumnachfrage bricht dagegen kaum ein, sodass die gesamtwirtschaftliche Nachfrage bei unverändertem Realzins nun höher ist als das neue Produktionspotenzial Y_n'.
Aus Sorge um die Auswirkungen der Pandemie verzichtet die Regierung darauf, Fiskalpolitik als Stabilisierungsinstrument einzusetzen.

a) Wie hoch war der natürliche Realzins im Ausgangspunkt?
b) Wie entwickelt sich der natürliche Realzins nach dem Pandemieschock im Vergleich zur Ausgangssituation?
c) Gehen Sie nun davon aus, dass auch die Zentralbank angesichts der Pandemie keine geldpolitischen Maßnahmen ergreift. Wie entwickelt sich die Inflationsrate im Jahr des Pandemieschocks?
d) Gehen Sie davon aus, dass der Pandemieschock im nächsten Jahr wieder vorbei ist und die gesamtwirtschaftliche Nachfrage wieder auf das Niveau im Ausgangspunkt zurückkehrt. Erläutern Sie, wie sich Produktion, Inflation und Realzins im Vergleich zu Produktionspotenzial, Inflationsziel und natürlichem Realzins im nächsten Jahr entwickeln. Unterstellen Sie dabei den Fall, dass sich die Inflationserwartungen für das kommende Jahr adaptiv an der tatsächlichen Inflationsrate im laufenden Jahr orientieren.
e) Welche geldpolitischen Maßnahmen muss die Zentralbank im nächsten Jahr ergreifen, damit die Inflationsrate im übernächsten Jahr wieder dem Inflationsziel entspricht? Wie entwickelt sich die Wirtschaft, falls die Zentralbank den Nominalzins weiterhin bei i = 0 hält?

8 *Nicht-lineare Phillipskurve*
Analysieren Sie einen Pandemie-Schock, der sich als reiner Nachfrageschock auswirkt, das Produktionspotenzial also unverändert lässt. Im Lauf des Schocks bricht die Nachfrage über 2 Jahre hinweg stark ein; die IS-Kurve verschiebt sich zunächst stark nach links. Analysieren Sie die Auswirkungen im Rahmen des IS-LM-PC Modells. Gehen Sie dabei davon aus, dass die Zentralbank den Zins unverändert lässt und die PC-Kurve folgenden nichtlinearen Verlauf aufweist: Im Bereich ($Y < Y_n; \mu < \mu^*$) verläuft sie sehr flach; im Bereich ($Y > Y_n; \mu > \mu^*$) dagegen sehr steil. Vor Ausbruch des Pandemieschocks befindet sich die Wirtschaft im mittelfristigen Gleichgewicht $Y = Y_n; r = r_n; \pi = \pi_n$.

a) Im ersten Jahr des Schocks kommt es zu einem starken Wirtschaftseinbruch. Die Produktion sinkt weit unter das Potenzial auf $Y_1 < Y_n$. Untersuchen Sie, wie sich der Schock beim unterstellten nicht-linearen Verlauf der PC-Kurve auf Inflationsrate und Arbeitslosenquote auswirkt.
b) Im zweiten Jahr des Schocks versucht die Regierung, mit massiven fiskalpolitischen Stützungsmaßnahmen gegenzusteuern. Sie treibt die Nachfrage dabei stark über das ursprüngliche Niveau hinaus, sodass $Y_2 > Y_n$. Analysieren Sie, wie sich der Schock bei dem unterstellten nichtlinearen Verlauf der PC-Kurve auf Inflationsrate und Arbeitslosenquote auswirkt.
c) Im dritten Jahr kehrt die IC-Kurve wieder auf das Ausgangsniveau zurück. Welche geldpolitischen Maßnahmen muss die Zentralbank durchführen, damit die Inflationsrate wieder auf die Zielgröße zurückkehrt, wenn die Inflationserwartungen (1) fest verankert sind bzw. (2) sich jeweils adaptiv an die Inflationsrate im laufenden Jahr anpassen.
d) Erläutern Sie, welche Modifikationen sich ergeben, wenn der Pandemieschock auch das Produktionspotenzial beeinträchtigt.

9 *Konsumnachfrage in den USA in der Covid-Pandemie*

a) Untersuchen Sie, wie sich in den USA in der Covid-Pandemie das verfügbare Einkommen, die gesamte Konsumnachfrage und die Nachfrage nach dauerhaften Konsumgütern entwickelt haben. Erstellen Sie – analog zur Fokusbox *„Die Finanzkrise – Konsumeinbruch aus Furcht vor einer neuen Depression“* aus ▶ **Kapitel 3** (vgl. dort die FRED-Codes) – eine Grafik, bei der alle Werte für das erste Quartal 2019 auf 100 normiert sind. Erläutern Sie den unterschiedlichen Verlauf im Vergleich zur Finanzkrise. Wie hat sich die private Sparquote (Code PSAVERT) verändert?

b) Untersuchen Sie, wie sich in der Pandemie die reale Konsumnachfrage nach Dienstleistungen im Vergleich zu der nach Gütern entwickelt hat. Welche hat sich schneller erholt? Erstellen Sie eine Grafik analog zu Teilaufgabe a) (FRED-Codes DGDSRX1, PCESC96). Wie hat sich dies auf die Preisentwicklung im Güter- bzw. Dienstleistungssektor ausgewirkt (Codes CUSR0000SAC, CUSR0000SAS)?

10 Betrachten Sie die Daten in der Fokusbox *„Die Deflation in der Weltwirtschaftskrise“*.

a) Erörtern Sie, ob die Produktion im Jahr 1933 das Produktionspotenzial erreicht hat.

b) In welchen Jahren lässt sich eine Deflationsspirale beobachten, wie sie in ▶ **Abbildung 9.3** beschrieben ist?

c) Diskutieren Sie, ob die Weltwirtschaftskrise weniger dramatisch verlaufen wäre, wenn die Inflationserwartungen im Jahr 1929 fest verankert gewesen wären.

d) Diskutieren Sie, ob die Weltwirtschaftskrise weniger dramatisch verlaufen wäre, wenn im Jahr 1930 eine expansive Fiskalpolitik betrieben worden wäre.

11 Betrachten Sie die Daten in der Fokusbox *„Die Deflation in der Weltwirtschaftskrise“*.

a) Berechnen Sie den Realzins unter der Annahme, dass die Inflationserwartungen sich an der Inflationsrate des vergangenen Jahres orientieren (die Inflationsrate im Jahr 1928 betrug –1,7%). Lässt sich die Entwicklung von Produktionswachstum und Arbeitslosenquote unter dieser Annahme besser erklären als unter der Annahme, dass die Inflationserwartungen sich an der Inflationsrate des aktuellen Jahres orientieren?

b) Berechnen Sie den Okun-Koeffizienten für die Jahre 1930 bis 1933. Gehen Sie dabei davon aus, dass das Produktionspotenzial über diese Jahre konstant geblieben ist. Überlegen Sie, warum die Unternehmen im Jahr 1933 keine zusätzlichen Arbeitskräfte eingestellt haben, obwohl die Wirtschaft mit der Rate 9,1% gewachsen ist. Hinweis: Falls das Produktionspotenzial nicht wächst, können wir das Gesetz von Okun wie folgt schreiben: $u_t - u_{t-1} = -\alpha g_{yt}$

12 *Die Weltwirtschaftskrise in Europa*

Beantworten Sie die Fragen mit Hilfe der nachfolgenden Tabelle.

a) Sehen Sie Evidenz, dass die Weltwirtschaftskrise sich von den USA auch auf Europa ausbreitete? Begründen Sie.

b) Vergleichen Sie die Beziehung zwischen Industrieproduktion, Arbeitslosenquote und Großhandelspreisindex zwischen den verschiedenen Ländern.

c) Kam es in Europa zu einer gemeinsamen Erholung?

	Industrieproduktion (1929 = 100)			Arbeitslosenquote			Großhandelspreisindex (1929 = 100)		
	Frankreich	Vereinigtes Königreich	Deutschland	Frankreich	Vereinigtes Königreich	Deutschland	Frankreich	Vereinigtes Königreich	Deutschland
1929	100	100	100	1	8	13,1	100	100	100
1933	80	95	60	14,1	15,4	26,3	60	75	70
1938	75	125	140	7,8	10,1	2,1	100	90	75

Teil IV: Die lange Frist

Die nächsten vier Kapitel konzentrieren sich auf die lange Frist. Langfristig geht es um Wachstum, nicht um Konjunkturschwankungen. Wir fragen uns: Wodurch wird das Wachstum bestimmt?

Kapitel 10

▶ ***Kapitel 10*** betrachtet stilisierte Fakten des Wachstums. Es dokumentiert zunächst das enorme Produktionswachstum in den Industriestaaten während der vergangenen 50 Jahre. Es zeigt sich, dass dieses Wachstum, historisch gesehen, ein relativ neues Phänomen ist. Zudem ist es keineswegs ein allgemeingültiges Phänomen: Viele arme Staaten leiden unter niedrigem Wachstum oder haben gar kein Wachstum.

Kapitel 11

▶ ***Kapitel 11*** konzentriert sich auf die Bedeutung der Kapitalakkumulation für das Wachstum. Kapitalakkumulation kann auf Dauer Wachstum nicht stimulieren, sie beeinflusst aber das Produktionsniveau. Eine höhere Sparrate bedeutet zunächst zwar Konsumverzicht, ermöglicht langfristig aber in der Regel ein höheres Konsumniveau.

Kapitel 12

▶ ***Kapitel 12*** wendet sich dem technischen Fortschritt zu. Es wird gezeigt, wie die Wachstumsrate langfristig von der Rate des technischen Fortschritts bestimmt wird. Wir arbeiten die Bedeutung von F&E für diesen Prozess heraus. Schließlich lernen wir, wie sich die im ▶ **Kapitel 10** präsentierten stilisierten Fakten durch die in ▶ **Kapitel 11** und **12** vorgestellten Theorien erklären lassen. Es erläutert auch die Bedeutung von Institutionen für technischen Fortschritt und langfristiges Wachstum.

Kapitel 13

▶ ***Kapitel 13*** analysiert die Herausforderungen des Wachstums. Es diskutiert den Zusammenhang zwischen technischem Fortschritt, Arbeitslosigkeit und Ungleichheit und untersucht, wie sich Wachstum auf die globale Erwärmung auswirkt.

Wachstum – stilisierte Fakten

10

10.1 Wie messen wir den Lebensstandard? 307

10.2 Wachstum in den Industriestaaten seit 1950 312

10.3 Wachstum – eine breitere Perspektive 315

10.4 Die Grundlagen der Wachstumstheorie 317

Zur Messung des BIP verwenden wir in ▸ Abbildung 10.1a eine logarithmische Skala. Die Besonderheit der logarithmischen Skala liegt darin, dass der Logarithmus einer Variablen linear ansteigt, wenn die Variable mit konstanter Rate wächst. Für eine ausführlichere Diskussion, vgl. Anhang B am Ende des Buches.

Unser Verständnis der Wirtschaftsaktivität wird meist von kurzfristigen Konjunkturschwankungen dominiert. Rezessionen verleiten zu Trübsal, Booms zu Optimismus. Doch wenn wir uns zurücklehnen und eine längerfristige Perspektive über mehrere Dekaden hinweg einnehmen, ändert sich der Blickwinkel. Schwankungen verblassen. Wachstum – der stetige Anstieg der Produktion im Lauf der Zeit – dominiert das Bild.

▸ **Abbildung 10.1a** zeigt, wie sich das reale BIP pro Kopf (gemessen in Euro zum Basisjahr 2020) in Deutschland seit 1900 entwickelt hat. Die beiden Weltkriege führten ebenso zu einem starken Einbruch wie die Jahre der Depression zwischen 1929 und 1933. Im Vergleich zu diesen Strukturbrüchen fallen die Rezessionen der Nachkriegszeit, etwa in der Finanzkrise 2008 bis 2010 und in der Corona-Pandemie kaum ins Auge.

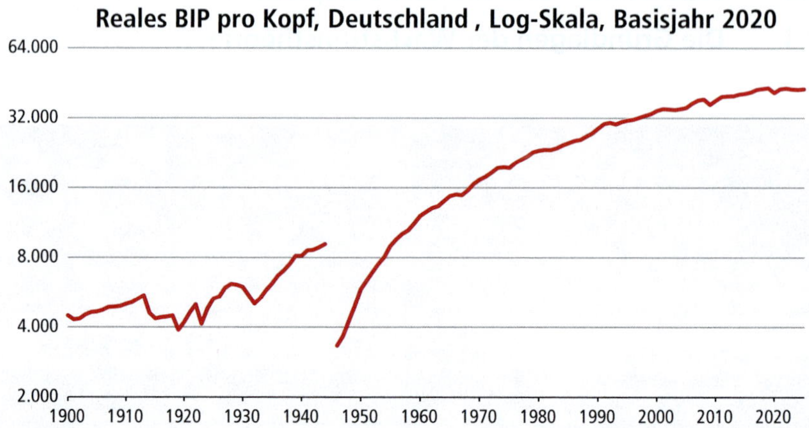

Abbildung 10.1a Deutsches reales BIP pro Kopf seit 1900, Log-Skala; Euro, Basisjahr 2020. Die deutsche Produktion pro Kopf hat sich seit 1900 mehr als verneunfacht.

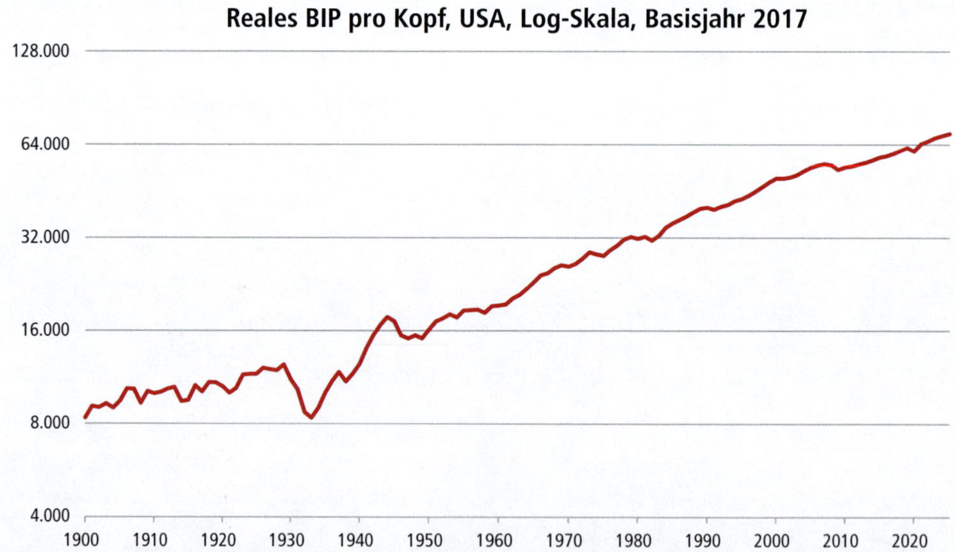

Abbildung 10.1b Reales BIP pro Kopf der USA seit 1900, Log-Skala; US Dollar, Basisjahr 2017. Das reale BIP pro Kopf hat sich in den USA seit 1900 mehr als versiebenfacht.

Quelle: Maddison Historical Statistics of the World Economy (bis 1950), Destatis (Tabellenblatt 81000-117), Bureau of Economic Analysis ab 1950 FRED Code für USA A939RX0Q048SBEA, OECD

Zum Vergleich ist auch das reale BIP der Vereinigten Staaten seit 1900 (gemessen in Dollar zum Basisjahr 2017) in ▶ **Abbildung 10.1b** abgebildet. Die Entwicklung in den USA ist durch einen stetigen Anstieg der Produktion im Lauf der vergangenen 100 Jahre gekennzeichnet. Auch hier sind die stärksten US-Rezessionen der Nachkriegszeit von 1980 bis 1982, von 2008 bis 2010 und die Corona-Rezession 2020 kaum zu erkennen. Von 1900 an ist die Bevölkerung in den USA um mehr als das Vierfache von 76 auf gut 335 Millionen gestiegen. ▶ **Abbildung 10.1b** bildet aber die Entwicklung des realen BIP pro Kopf ab. Das macht deutlich, dass das starke Wachstum des BIP keineswegs allein auf einem starken Bevölkerungswachstum beruht.

Wir wenden unsere Aufmerksamkeit deshalb nun dem Wachstum zu. Anders formuliert: Während wir bislang die kurz- und mittelfristigen Bestimmungsgründe von Konjunkturschwankungen untersuchten, nehmen wir nun eine langfristige Perspektive ein.

- ▶ **Abschnitt 10.1** diskutiert eine zentrale Frage: Wie messen wir den Lebensstandard?
- ▶ **Abschnitt 10.2** dokumentiert das Wachstum der Industriestaaten seit Mitte des letzten Jahrhunderts.
- ▶ **Abschnitt 10.3** nimmt eine breitere Perspektive ein, sowohl zeitlich als auch räumlich.
- ▶ **Abschnitt 10.4** gibt dann eine erste Einführung in die Grundlagen der Wachstumstheorie. Er führt den Rahmen ein, der in den folgenden drei Kapiteln ausgefüllt wird.

Kernbotschaft dieses Kapitels: Langfristig dominiert das Wachstum; Konjunkturschwankungen erscheinen klein dagegen. Der Schlüssel zum Wachstum liegt im technischen Fortschritt.

10.1 Wie messen wir den Lebensstandard?

Wachstum ist deshalb von Bedeutung, weil wir daran interessiert sind, unseren Lebensstandard zu verbessern. Wir wollen wissen, wie stark der Lebensstandard im Lauf der Zeit gestiegen ist. Wir wollen auch den Lebensstandard zwischen verschiedenen Ländern vergleichen. Deshalb konzentrieren wir unser Augenmerk nicht auf das absolute Produktionsniveau, sondern auf die Produktion pro Kopf – sowohl im Zeitablauf als auch beim Vergleich zwischen verschiedenen Ländern.

Lebensstandard: Produktion pro Kopf = BIP geteilt durch die Bevölkerungszahl

Das wirft ein praktisches Problem auf: Wie können wir die Produktion pro Kopf zwischen verschiedenen Ländern überhaupt vergleichen? Jedes Land weist das BIP ja in seiner eigenen Währung aus. Können wir einfach die Landeswährung zum jeweiligen Wechselkurs umrechnen, um die Werte in Euro oder Dollar auszudrücken? Diese einfache Methode funktioniert aus zweierlei Gründen nicht.

Weil Produktion und Einkommen meist gleich sind, sprechen wir auch vom Einkommen pro Kopf.

- Zum einen sind Wechselkurse sehr starken Schwankungen ausgesetzt (mehr dazu in den ▶ ***Kapiteln 17*** bis ***20***). So wertete der Dollar gegenüber dem Euro von Januar 1999 bis Mitte 2001 um 40% auf. Er fiel dann aber bis Mitte 2007 wieder um 50%. Natürlich ist der Lebensstandard in den USA im Vergleich zum Euroraum in dieser Zeit aber nicht erst um 40% gestiegen und danach wieder entsprechend gefallen. Diesen Eindruck bekäme man aber, wenn das BIP pro Kopf jeweils auf Basis der laufenden Wechselkurse berechnet werden würde.
- Der zweite Grund geht über den Aspekt reiner Wechselkursschwankungen weit hinaus. Im Jahr 2022 lag das BIP pro Kopf in Indien nach damaligem Wechselkurs bei 2.522 $ verglichen mit 76.348 $ in den USA. Sicherlich könnte weder in den USA noch in Europa jemand von 2.522 $ im Jahr leben. Doch die Menschen in Indien leben davon – wenn auch sicher nicht sonderlich gut. Dort liegen die Preise für Güter des täglichen Bedarfs (Güter also, die man zum Überleben braucht) weit unter denen der USA. Das durchschnittliche Konsumniveau eines Inders, der überwiegend Güter des täglichen Bedarfs nachfragt, ist also nicht 30,2-mal (76.348/2.522) niedriger als in den USA. Diese Überlegung ist nicht nur beim Vergleich zwischen USA und Indien, sondern ganz generell relevant. Meist gilt nämlich: Je niedriger das BIP pro Kopf in einem Land, desto niedriger sind in der Regel auch die Preise für Nahrungsmittel und für grundlegende Dienstleistungen.

Wir sind auch an der Einkommensverteilung interessiert – an der Frage, wie ungleich das Einkommen über verschiedene Bevölkerungsgruppen hin verteilt ist. Das untersuchen wir in ▶ Kapitel 13.

Will man den Lebensstandard vergleichen, egal ob im Zeitverlauf oder zwischen verschiedenen Ländern, dann erhält man zuverlässigere Ergebnisse, wenn man die Werte um die eben besprochenen Aspekte – Wechselkursschwankungen sowie systematische Preisunterschiede zwischen den Ländern – korrigiert. Wie man dabei im Detail vorgeht, ist kompliziert. Das Prinzip aber ist ganz einfach: Die Daten für das BIP (und damit auch für das BIP pro Kopf) werden berechnet, indem für alle Länder gleichsam die gleichen Preise verwendet werden. Die Werte für das reale BIP, die mit dieser Anpassung berechnet werden, versuchen die Kaufkraft in verschiedenen Ländern zu messen. Dazu wurden Wechselkurse verwendet, die die Kaufkraftparität (als PPP bezeichnet nach „purchasing power parity") zwischen verschiedenen Ländern messen. Sie versuchen, anhand eines Menüs gemeinsamer Preise zu erfassen, zu welchem Wechselkurs der gleiche Warenkorb in allen Ländern gleich viel kostet. Die Fokusbox *„Die Berechnung der Kaufkraftparität (PPP)"* erläutert dies ausführlicher.

Quintessenz: Wenn man den Lebensstandard verschiedener Länder miteinander vergleichen will, muss man PPP-Werte benutzen.

Unter den Industriestaaten haben nur Irland und die Schweiz ein höheres BIP pro Kopf als die USA, gemessen an PPP-Werten. Auch in Kuwait und Katar ist das BIP höher. Woran könnte das liegen?

Vergleichen Sie die Entwicklung des realen BIP für die Schweiz und die USA nach unterschiedlichen Datenquellen (vgl. Aufgabe 11).

Die Unterschiede zwischen den PPP-Werten und den auf laufenden Wechselkursen basierenden Werten können enorm sein. Kehren wir zum Vergleich zwischen Indien und den USA zurück. Zum laufenden Wechselkurs ist das BIP pro Kopf in den USA 30,2-mal höher als in Indien. Zieht man die PPP-Werte heran, liegt das Verhältnis nur bei 9. Der Unterschied ist immer noch groß, aber doch erheblich kleiner. Selbst beim Vergleich zwischen Industriestaaten gibt es große Unterschiede. Im Jahr 2022 war das BIP pro Kopf in den USA um 55% höher als in Deutschland, wenn man zum damaligen Wechselkurs umrechnet. Zieht man dagegen die PPP-Werte heran, dann liegt das BIP pro Kopf in den USA in Wirklichkeit um 20% höher. Allgemein deuten die PPP-Werte darauf hin, dass die USA immer noch das höchste BIP pro Kopf unter den wichtigsten Ländern der Welt aufweisen.

Bei internationalen Vergleichen können sich manchmal allerdings große Unterschiede ergeben, je nachdem, welche PPP-Werte wir zugrunde legen. Traditionell rechnen wir das reale BIP immer für das aktuelle Basisjahr zum PPP-Kurs in Dollar um. Das reale BIP der vergangenen Jahre wird dann anhand der im jeweiligen Land ermittelten realen Wachstumsraten zurückgerechnet (extrapoliert) – so etwa mit der Reihe *„rgdpna"* zum Basisjahr 2017 in ▸ **Tabelle 10.1** und den ▸ **Abbildungen 10.2** und **10.3.** Diese Methode liefert meist zuverlässige Werte. Ein Vergleich der Lebensstandards verschiedener Länder wird jedoch dann problematisch, wenn sich die Kaufkraftparitäten-Kurse im Lauf der Zeit stark verändert haben. So hat nicht nur der Schweizer Franken, sondern auch dessen Kaufkraft-Kurs im Lauf der letzten Jahrzehnte stark aufgewertet. Weil das reale Wachstum in der Schweiz eher niedrig war, errechnet sich dieser Methode zufolge auch für weit vergangene Jahre (wie 1950 oder 1960) ein hohes reales BIP (ähnliches gilt für Luxemburg; beide Länder sind in unseren Abbildungen nicht aufgeführt).

Das Problem ist umso gravierender, je länger der Zeitraum ist, den wir betrachten. Um es zu umgehen, liegt es nahe, das Produktionsniveau vergangener Jahrzehnte zu den damals herrschenden Kaufkraftkursen in Dollar umzurechnen. Die Maddison Project Database 2020 verwendet diese Methode. Sie ermöglicht einen direkten Vergleich von Einkommensniveaus verschiedener Länder auch auf Basis historischer Daten im 19. und 20. Jahrhundert.

Bevor wir uns nun dem Wachstum zuwenden, fragen wir uns erst, ob das BIP wirklich ein gutes Maß für den Lebensstandard ist. Wir haben diese Frage schon in einer Fokusbox in ▸ **Kapitel 2** angesprochen.

- Für die Wohlfahrt der Bürger ist eher Konsum als Einkommen oder Produktion relevant. Sollten wir deshalb nicht eher den Konsum pro Kopf verwenden? Bei der Berechnung der Kaufkraftparität schauen wir ja auch auf den Konsum (vgl. die Fokusbox zur *„Kaufkraftparität"*). Zwar spricht einiges dafür. Der Anteil des Konsums an der Produktion ist aber in den meisten Staaten ähnlich hoch. Das Ranking der Länder würde sich deshalb kaum verändern.

FOKUS

Die Berechnung der Kaufkraftparität (PPP)

Stellen wir uns zwei Länder vor – etwa Deutschland und Russland –, allerdings ohne dass wir versuchen, die Besonderheiten der beiden Länder im Detail zu berücksichtigen.

In Deutschland liegt der jährliche Konsum pro Kopf bei 20.000 €. Die Konsumenten kaufen zwei Güter: Sie kaufen jedes Jahr ein Auto zum Preis von 10.000 €. Den Rest geben sie für Nahrungsmittel aus. Der Preis eines jährlichen Bündels Nahrungsmittel liege bei 10.000 €.

In Russland liegt der jährliche Konsum pro Kopf bei 60.000 Rubel. Die Menschen behalten dort ihre Autos 15 Jahre. Der Preis für ein Auto sei 300.000 Rubel. Im Durchschnitt geben die Konsumenten dann jährlich 20.000 Rubel – 300.000/15 für Autos aus. Sie kaufen das gleiche jährliche Bündel Nahrungsmittel wie die Deutschen, zum Preis von 40.000 Rubel. Russische und deutsche Autos seien von gleicher Qualität, ebenso auch russische und deutsche Nahrungsmittel. (Dies ist eine heroische Annahme. Sie zeigt ein zentrales Problem bei der Konstruktion von PPP-Maßen auf: Können wir wirklich davon ausgehen, dass in den verschiedenen Staaten vergleichbare Güter konsumiert werden?) Für den Wechselkurs gelte, dass einem Euro 30 Rubel entsprechen. Wie hoch ist dann der Konsum pro Kopf in Russland im Vergleich zu Deutschland? Wir könnten den Konsum pro Kopf in Russland mit Hilfe des Wechselkurses in Euro umrechnen. Nach dieser Methode liegt der Konsum pro Kopf in Russland bei 2.000 € (60.000 Rubel geteilt durch den Wechselkurs, 30 Rubel je €). Das sind nur 10% des Niveaus in Deutschland.

Macht diese Antwort Sinn? Es ist zwar richtig, dass die Russen ärmer sind, allerdings sind Nahrungsmittel in Russland viel billiger. Ein deutscher Konsument, der sein ganzes Geld für Nahrungsmittel ausgibt, könnte für seine 20.000 € gerade zwei Bündel (20.000/10.000) kaufen. Ein russischer Konsument, der seine ganzen 60.000 Rubel für Nahrungsmittel ausgibt, könnte davon immerhin 1,5 (60.000/40.000) Bündel kaufen. In Bündeln Nahrungsmittel gemessen ist der Unterschied zwischen Deutschland und Russland also viel geringer. Da Ausgaben für Nahrungsmittel in Deutschland die Hälfte des Konsums, in Russland sogar 2/3 des Konsums ausmachen, ist dies eine relevante Überlegung.

Wie lässt sich unsere erste Antwort verbessern? Wir sollten für beide Länder die gleichen Preise verwenden und die jeweils konsumierten Mengen der einzelnen Güter mit diesen Preisen bewerten. Nehmen wir zunächst die deutschen Preise. Der Konsum pro Kopf in Deutschland bleibt dann natürlich unverändert bei 20.000 €. Wie hoch ist er in Russland? Jedes Jahr kauft der durchschnittliche Russe rund 0,07 Autos (alle 15 Jahre ein Auto) und ein Bündel Nahrungsmittel. Mit deutschen Preisen bewertet – konkret: 10.000 € je Auto und 10.000 € für ein Bündel Nahrungsmittel – liegt der russische Pro-Kopf-Konsum bei $10.700€ = (0{,}07 \cdot 10.000€ + 1 \cdot 10.000€)$. Legen wir also für beide Länder die deutschen Preise zugrunde, dann entspricht das Pro-Kopf-Niveau in Russland $53{,}5\,\% (= 10.700/20.000)$ des deutschen. Im Vergleich zur ersten Methode (die auf nur 10% kam) liefert dies eine bessere Schätzung des relativen Lebensstandards. Gemessen in Kaufkraftparität ergibt sich daraus als PPP-Kurs 5,6 Rubel je € $(= 60.000\text{Rubel}/10.700€)$.

Diese Berechnungsmethode, Konsumbündel über Länder hinweg mit einheitlichen Preisen zu bewerten, bildet die Grundlage aller PPP-Schätzungen. Statt dabei wie in unserem Beispiel deutsche Preise zu verwenden, nimmt man für diese Schätzungen Durchschnittspreise aus verschiedenen Ländern. Diese Preise werden „internationale Dollarpreise" genannt. Die Schätzungen, die wir in ▶ **Tabelle 10.1** und auch später verwenden, sind Ergebnis eines ehrgeizigen Projekts, bekannt als „Penn World Tables" (Penn steht für University of Pennsylvania als ursprünglichem Standort des Projekts). Unter der Leitung der drei Ökonomen Irving Kravis, Robert Summers und Alan Heston wurden im Rahmen dieses Projekts für die meisten Länder der Welt PPP-Zeitreihen nicht nur für den Konsum, sondern allgemein für das BIP und dessen Komponenten ermittelt. Sie gehen bis 1950 zurück.

Je nach dem verwendeten Warenkorb ergeben sich allerdings unterschiedliche PPP-Werte. Es ist nämlich nicht eindeutig, von welchem Warenbündel wir ausgehen sollten. Insofern können die Berechnungen nicht präzise sein. Sie ermöglichen aber zuverlässigere Vergleiche als die Umrechnung zum laufenden Wechselkurs. Die Wochenzeitschrift *The Economist* etwa ermittelt jedes Jahr ein äußerst simples, aber recht populäres PPP-Maß – den Big-Mac-Index. Er berechnet einfach, zu welchem Wechselkurs ein Big Mac weltweit in allen Ländern gleich viel kosten würde wie in den USA. Kostet ein Big Mac in den USA 2,70 $, in Moskau dagegen 41 Rubel, so ergibt sich als PPP-Kurs 15,2 Rubel je $ (= 41 Rubel/2,7$). Im Vergleich zum Tageskurs von 31 Rubel je $ ist der Rubel damit um gut 50% unterbewertet.

Die „Penn World Tables" werden mittlerweile an der Universität von California–Davis und der Universität Groningen fortgeführt. Ausführlichere Informationen finden Sie im Aufsatz von Robert C. Feenstra, Robert Inklaar, and Marcel P. Timmer, „The Next Generation of the Penn World Table", American Economic Review, 2015, 105(10): S. 3150–3182. Aktuelle Werte sind abrufbar auf der Website https://www.rug.nl/ggdc/productivity/ pwt/ und in der FRED Datenbank. Die PPP-Werte des Big-Mac-Index finden Sie auf der Internetseite http://www.economist.com/content/big-mac-index. *In* ▸ **Kapitel 18** *gehen wir darauf ausführlicher ein. PPP-Werte für viele Staaten liefert auch die OECD auf der Seite* https://data.oecd.org/conversion/purchasing-power-parities-ppp.htm.

- Wenn wir die Produktion als Maß nehmen, sollten wir eigentlich auf Unterschiede der Arbeitsproduktivität statt des BIP pro Kopf achten. Die Produktion müssten wir dann nicht auf die Gesamtbevölkerung, sondern auf die Anzahl der Erwerbstätigen aufteilen (oder besser noch auf die Arbeitsstunden, sofern verlässliche Daten dazu verfügbar sind). In ▸ **Kapitel 2** haben wir bereits gezeigt, dass ein Großteil des Unterschieds beim BIP pro Kopf zwischen Deutschland und USA daran liegt, dass in Deutschland insgesamt weniger gearbeitet wird. Die Produktivität ist in beiden Ländern ungefähr gleich hoch. Der Lebensstandard (gemessen am BIP pro Kopf) ist in Deutschland also nur deshalb niedriger, weil die höhere Freizeit in die Produktion nicht eingeht (egal ob sie gewollt oder – bei Arbeitslosen – ungewollt ist).
- Wir sind am Lebensstandard letztlich deshalb interessiert, weil wir uns um den Wohlstand oder das Glücksbefinden sorgen. Das wirft die Frage auf: Bedeutet eine höhere Produktion pro Kopf wirklich ein höheres Glücksbefinden? Die Fokusbox *„Macht Geld glücklich?"* liefert die Antwort. Sie lautet: ja, zumindest bei ärmeren Staaten. Für reichere Staaten ist die Beziehung dagegen weniger eng.

FOKUS

Macht Geld glücklich?

Macht Geld glücklich? Präziser formuliert: Steigert ein höheres Pro-Kopf-Einkommen die Lebenszufriedenheit? Wenn Wirtschaftswissenschaftler unterschiedliche Länder anhand des (Wachstums des) Pro-Kopf-Einkommens vergleichen, gehen sie implizit davon aus, dass ein Anstieg des Einkommens glücklicher und zufriedener macht. Eine Forschungsrichtung, die versucht, das Glücksbefinden direkt zu messen, zeigt aber, dass die Sache viel komplizierter ist. Die ersten Studien, die die Beziehung zwischen Einkommen und Maßen für Lebenszufriedenheit untersuchten, kamen zu dem Schluss, dass diese Annahme nicht zutrifft. Dies wurde als Easterlin-Paradox bekannt – benannt nach Richard Easterlin, der die Frage als einer der ersten studierte. Seine Erkenntnisse lassen sich folgendermaßen zusammenfassen:

1. Beim Vergleich unterschiedlicher Länder scheint es eine positive Beziehung zwischen Glück und dem BIP pro Kopf zu geben. Leute in Ländern mit höherem Einkommen scheinen auch glücklicher zu sein. Allerdings fand man diese Beziehung nur in vergleichsweise armen Staaten. Für reiche Länder (etwa die OECDStaaten) scheint ein höheres BIP pro Kopf nicht unbedingt mehr Glück zu bedeuten.
2. Das Glücksbefinden schien in reichen Ländern im Lauf der Zeit (wenn überhaupt) nicht stark mit dem Einkommen anzusteigen (für ärmere Länder waren keine verlässlichen Daten über einen längeren Zeitraum verfügbar). Mit anderen Worten: Wachstum schien nicht glücklicher zu machen.
3. Vergleicht man unterschiedliche Personen in einem Land, so fand man dagegen eine starke **Korrelation** zwischen Glücksbefinden und Einkommen: Reichere bewerteten sich eindeutig glücklicher als ärmere – über alle Länder hinweg.

Die ersten beiden Aussagen legen nahe, dass höheres Einkommen nicht unbedingt glücklicher macht, sobald einmal Grundbedürfnisse abgedeckt sind. Der letzte Punkt deutet darauf hin, dass es nicht auf das absolute, sondern auf das relative Einkommen im Vergleich zu anderen ankommt.

Treffen diese Aussagen zu, so ergeben sich daraus starke Implikationen für die Wirtschaftspolitik: Eine Politik, die darauf abzielt, das Durchschnittseinkommen reicher Staaten zu steigern, wäre verfehlt, wenn es eher auf die Einkommensverteilung statt auf das Durchschnittsniveau ankommt. Globalisierung und die effizientere Verbreitung von Informationen könnten das Glücksbefinden eher verringern, statt es zu steigern, wenn es dazu führt, dass die Bevölkerung in ärmeren Ländern sich nicht mehr mit den Reichen im eigenen Land, sondern mit der Bevölkerung in reichen Ländern misst. Es verwundert nicht, dass diese Einsichten zu heftigen Debatten und intensiver Forschung angeregt haben. Im Lauf der Zeit wurde mehr Datenmaterial verfügbar; damit wurden genauere Analysen möglich. Den aktuellen Forschungsstand und die immer noch strittigen Punkte fasst ein Aufsatz von Betsey Stevenson und Justin Wolfers zusammen. ▸ **Abbildung 1** verdeutlicht ihre Einsichten.

Die Abbildung enthält eine Fülle von Informationen. Betrachten wir sie der Reihe nach. Die horizontale Achse misst für 131 Länder das BIP pro Kopf, in Dollar zu Kaufkraftparität berechnet. Es ist eine **Logarithmische Skala**, sodass jedes Intervall einen prozentualen Anstieg des BIP pro Kopf repräsentiert. Die vertikale Achse misst die Lebenszufriedenheit in jedem Land. Die Daten basieren auf einer weltweiten Gallup-Umfrage aus dem Jahr 2006, die in allen Ländern jeweils 1.000 Personen folgende Frage stellte: *„Hier ist eine Leiter, die die „Leiter des Lebens" darstellt. Die Spitze der Leiter bezeichnet die für Sie bestmöglichen Lebensbedingungen; die unterste Stufe dagegen die für Sie schlechtesten. Auf welcher Stufe der Lebensleiter, denken Sie, stehen Sie gegenwärtig?"* Die Werte der Skala gehen von null bis zehn. Auf der vertikalen Achse ist für jedes Land der Durchschnittswert aller Antworten angegeben.

Konzentrieren wir uns zunächst auf die Kreise, die die einzelnen Länder repräsentieren, und ignorieren zunächst die Geraden, die durch diese Kreise gezogen sind. Der grafische Eindruck legt eindeutig eine hohe Korrelation zwischen dem Log des Durchschnittseinkommens und der durchschnittlichen Lebenszufriedenheit über alle Länder hinweg nahe. In den ärmsten Ländern ist der Indexwert ungefähr vier, in den reichsten ca. acht. Angesichts des in früheren Studien postulierten Easterlin-Paradox besonders bemerkenswert ist, dass dieser Zusammenhang sowohl für arme wie reiche Länder gilt.

Betrachten wir nun die Geraden, die durch die einzelnen Kreise gezogen sind. Die Steigung bezeichnet die geschätzte Beziehung zwischen Lebenszufriedenheit und Einkommen für alle Personen innerhalb der einzelnen Länder. Alle Geraden haben eine positive Steigung. Damit wird die dritte Aussage von Easterlin bestätigt: In jedem Land fühlen sich Reiche glücklicher als Arme. Die Steigung der einzelnen Geraden entspricht zudem ungefähr der Steigung über alle Länder hin. Dies widerspricht dem Easterlin-Paradox: Die Lebenszufriedenheit der Personen scheint mit dem Einkommen anzusteigen, unabhängig davon, ob das Einkommen steigt, weil es dem Land besser geht oder weil man in einem Land relativ zu anderen dort reicher wird.

Stevenson und Wolfers ziehen aus dieser Erkenntnis starke Schlussfolgerungen: Die Lebenszufriedenheit eines Einzelnen mag auch von vielen anderen Faktoren abhängen, aber sie nimmt eindeutig mit steigendem Einkommen zu. Die Vorstellung, dass ab einem bestimmten kritischen Einkommensniveau ein weiter steigendes Einkommen das Glücksbefinden nicht mehr erhöht, ist nicht in Einklang mit den Daten. Es ist also kein Fehler, dass Wirtschaftswissenschaftler besonderes Augenmerk auf das Einkommensniveau bzw. dessen Wachstumsrate richten.

Ist damit die Kontroverse beendet? Die Antwort lautet: Nein! Selbst wenn wir akzeptieren, dass die empirische Evidenz so interpretiert werden kann, so gilt doch, dass auch viele andere Aspekte für die Wohlfahrt wichtig sind, und ganz sicher spielt die Einkommensverteilung dabei eine wichtige Rolle. Zudem ist nicht jeder von der Evidenz überzeugt. Vor allem ist die Beziehung zwischen Lebenszufriedenheit und Einkommen im Zeitverlauf innerhalb der einzelnen Länder keineswegs so eindeutig wie die in ▸ **Abbildung 1** dargestellte Evidenz über Länder hinweg oder über die Bevölkerung innerhalb eines Landes.

Angesichts der enormen Bedeutung dieser Fragestellung wird die Diskussion bestimmt noch längere Zeit andauern. Die Arbeiten der Nobelpreisträger Angus Deaton und Daniel Kahneman zeigen, dass wir zwischen zwei Arten unterscheiden müssen, wie jemand sein Wohlbefinden einschätzt. Zum einen das emotionale Wohlbefinden: Die Häufigkeit und Intensität von Erfahrungen wie Freude, Zuneigung, Stress, Trauer und Ärger, die das eigene Leben angenehm oder unerfreulich machen. Das emotionale Wohlbefinden scheint mit dem Einkommen zu steigen, weil niedriges Einkommen die Schmerzen steigert, die mit Unglücksfällen wie Scheidung, Krankheit und Einsamkeit einhergehen. Allerdings nur bis zu einem bestimmten Punkt. Oberhalb eines Einkommens von 75.000 $ war kein Anstieg mehr zu beobachten (das Experiment wurde 2009 durchgeführt). Die zweite ist die Lebenszufriedenheit: die Einschätzung über das eigene Leben. Lebenszufriedenheit scheint enger mit dem Einkommen korreliert zu sein. Deaton und Kahneman kommen zu dem Schluss, dass hohes Einkommen zwar mehr Lebenszufriedenheit bringt, nicht notwendigerweise aber mehr Glücksbefinden. Ihre Forschungsergebnisse werfen die Frage auf, ob emotionales Wohlbefinden oder Lebenszufriedenheit den besseren Ansatzpunkt zur Bewertung wirtschaftspolitischer Maßnahmen liefert.

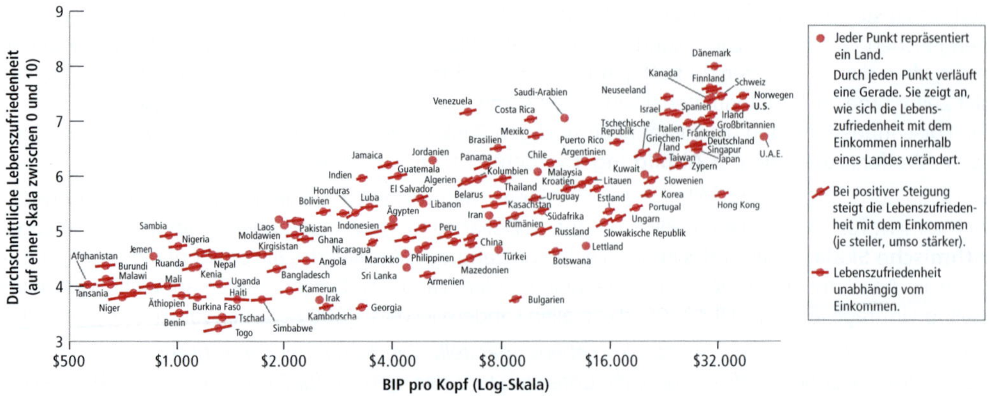

Abbildung 1 BIP pro Kopf; durchschnittliche Lebenszufriedenheit (auf einer Skala zwischen 0 und 10)

Quellen: Betsey Stevenson und Justin Wolfers „Economic Growth and Subjective Well-Being – Reassessing the Easterlin Paradox" Brookings Papers on Economic Activity 2008(1): 1–87. Angus Deaton und Daniel Kahneman „High income improves evaluation of life but not emotional well-being" Proceedings of the National Academy of Sciences 107–38 (2010): 16489–16493.

Die Bücher „Happiness: Lessons from a New Science" von Richard Layard, Penguin Press, 2005, und „Happiness – A Revolution in Economics" von Bruno S. Frey, MIT Press, Cambridge, MA (2008) (Munich Lectures in Economics) präsentieren Ansichten, die eher der Sicht von Easterlin nahestehen. Alle Beiträge liefern faszinierende Einsichten in die politischen Implikationen.

10.2 Wachstum in den Industriestaaten seit 1950

▶ **Tabelle 10.1** zeigt die Entwicklung der Produktion pro Kopf (das BIP, gemessen in Kaufkraftparität, dividiert durch die Bevölkerungszahl) für die USA, Deutschland, Frankreich, Großbritannien und Japan seit 1950; für China ab 1952. Die ersten fünf Staaten gehören nicht nur zu den größten Wirtschaftsmächten der Welt; ihre Entwicklung ist auch repräsentativ für die Entwicklung vieler anderer Staaten in der zweiten Hälfte des vergangenen Jahrhunderts.

	Reales BIP pro Kopf (bewertet zu Preisen von 2017)				Jährliche Wachstumsraten (BIP pro Kopf in %)		
	1950	1980	2019	2019/1950	1950–2019	1950–1980	1980–2019
USA	15.854	31.726	62.491	3,9	2,0	2,3	1,8
Deutschland	7.202	28.580	51.634	7,2	2,9	4,7	1,5
Frankreich	8.749	26.810	44.014	5,0	2,4	3,8	1,3
Großbritannien	12.161	22.637	44.658	3,7	1,9	2,1	1,8
Japan	3.237	21.033	40.188	12,4	3,7	6,4	1,7
China*	962	1.804	14.348	14,9	4,1	2,3	5,5

Tabelle 10.1 Die Entwicklung des BIP pro Kopf; ausgewählte Staaten seit 1950 (* für China seit 1952). Das BIP pro Kopf ist für alle Länder im Basisjahr (2017) nach Kaufkraftparität in Dollar umgerechnet.

*Quelle: Penn World Tables Version PWT 10, Feenstra, Robert C., Robert Inklaar and Marcel P. Timmer (2015), „The Next Generation of the Penn World Table", American Economic Review, 105(10), 3150–3182 https://www.rug.nl/ggdc/productivity/pwt/. Eigene Berechnungen aus den Reihen: „rgdpna" (Real GDP at constant 2017 national prices (in mil. 2017 US-$)) und „pop" (Population in Mil.); Stammcodes in der FRED Datenbank: RGDPNAXXA666NRUG / POPTTLXXA148NRUG; * Daten für China ab 1952*

Wir können aus der Tabelle vier zentrale Schlussfolgerungen ziehen:

- Seit 1950 ist das BIP pro Kopf stark angestiegen.
- Es kam zu einer **Konvergenz** zwischen diesen Staaten.
- Für die Industriestaaten fand die Konvergenz vor allem in der Zeit zwischen 1950 und 1980 statt, für China dagegen erst nach 1980.
- In den Industriestaaten ist die Wachstumsrate des BIP pro Kopf nach 1980 gesunken.

10.2.1 Der Anstieg des Lebensstandards seit 1950

Betrachten wir die vierte Spalte in ▸ **Tabelle 10.1**. Seit 1950 ist der Lebensstandard signifikant gestiegen. Die reale Produktion pro Kopf ist zwischen 1950 und 2019 in den USA auf das 3,9-Fache gestiegen, in Deutschland auf das 7,2-Fache und in Japan und China sogar auf mehr als das 12-Fache.

Diese Daten zeigen, was man oft mit „Zinseszinseffekt" bezeichnet. Er bewirkt, dass selbst ein kleiner in der Jugend gesparter Geldbetrag bis zum Rentenalter zu einer riesigen Summe anwächst. Ein Euro, angelegt zum Zinssatz von 4%, wächst nach 70 Jahren auf einen Betrag von über 15 Euro an $[(1+0{,}04)^{70} = 15{,}57]$, sofern nur alle Zinszahlungen immer wieder reinvestiert werden. Genau diese Logik beschreibt das Wachstum in China und Japan. Die durchschnittliche Wachstumsrate zwischen 1952 bis 2019 lag in China bei 4,1%. Diese hohe Wachstumsrate führte in dem Zeitraum zum 14,9-fachen Anstieg der realen Produktion pro Kopf.

In Japan war das Wachstum pro Kopf zwischen 1950 und 1980 beeindruckend hoch (6,4%). Seitdem lag die Rate im Durchschnitt aber nur mehr bei 1,7%.

Offensichtlich könnte ein besseres Verständnis der Wachstumskräfte einen enormen Effekt auf den Lebensstandard haben, sofern sich daraus eine wachstumsfreundlichere Politik ableiten ließe. Könnte eine bestimmte Wachstumspolitik die Wachstumsrate dauerhaft um nur einen Prozentpunkt steigern, wäre der Lebensstandard schon nach 40 Jahren um fast 50% höher – ein enormer Unterschied.

$(1+0{,}01)^{40} - 1 = 1{,}49 - 1 = 49\%$ Es hat sich aber als schwierig erwiesen, Politikmaßnahmen zu finden, die solch magische Ergebnisse bringen könnten!

10.2.2 Konvergenz des Lebensstandards seit 1950

Die ersten drei Spalten in ▸ **Tabelle 10.1** zeigen, dass die Produktion pro Kopf sich zwischen den fünf Ländern im Zeitverlauf angenähert hat. Wir beobachten eine Konvergenz. Anders formuliert: Die Länder, die 1950 zurücklagen, sind schneller gewachsen, sie haben den Abstand zu den USA verkleinert.

1950 lag das BIP pro Kopf in Deutschland bei nur knapp der Hälfte des BIP pro Kopf in den USA, in Japan bei nur rund 20%. Aus der Sicht Japans und Europas erschienen die USA wie das Land, in dem Milch und Honig fließen. Heute ist diese Vorstellung verschwunden. Die Daten erklären, warum. Ausgehend von den PPP-Werten ist das BIP pro Kopf in den USA immer noch am höchsten; im Jahre 1980 lag der Durchschnitt der anderen vier Länder aber schon bei mehr als 75%, ein viel kleinerer Unterschied als 1950. Der Aufholprozess hat sich für diese Länder aber seit 1980 nicht mehr fortgesetzt. Dagegen hat China erst nach 1980 rasant aufgeholt, das BIP pro Kopf machte dort im Jahr 2019 aber immer noch nur 25% des BIP pro Kopf in den USA aus.

In den OECD-Staaten hat sich allerdings das Wachstum nach 1980 abgeflacht; umgekehrt fand es in China erst danach statt (vgl. Aufgabe 7).

Die Konvergenz des Produktionsniveaus pro Kopf ist keine Besonderheit der betrachteten fünf Länder, sie lässt sich für sämtliche OECD-Staaten beobachten. Dies wird aus ▸ **Abbildung 10.2** deutlich. Sie zeigt für die Mitgliedsstaaten der OECD die durchschnittlichen jährlichen Wachstumsraten des BIP pro Kopf seit 1950 als Funktion des Ausgangsniveaus im Jahr 1950. Es besteht eindeutig eine negative Korrelation zwischen dem Niveau des BIP pro Kopf im Ausgangsjahr und der Wachstumsrate seit 1950: Länder, die damals zurücklagen, sind tendenziell also schneller gewachsen. Die Korrelation ist aber nicht perfekt: Mexiko hatte 1950 in etwa das gleiche BIP pro Kopf wie Spanien. Die Wachstumsrate dort war aber wesentlich niedriger als in Spanien. Trotzdem ist die negative Beziehung klar ersichtlich.

In der Fokusbox *„Wo finden wir makroökonomische Daten"*? in ▸ Kapitel 1 findet sich die Liste aller Länder, die Mitglied der OECD sind.

Einige Ökonomen haben auf ein Problem mit ▶ **Abbildung 10.2** hingewiesen. Sie beschränkt sich auf die Mitgliedsländer der OECD. Damit analysiert sie de facto die Gewinner des Wirtschaftswachstums: Zwar ist die OECD-Mitgliedschaft offiziell nicht an ökonomischen Erfolg gebunden, er ist aber mit Sicherheit ein wichtiges Aufnahmekriterium in den Club. Wenn man eine Organisation betrachtet, die nur ökonomisch erfolgreiche Länder aufnimmt, ist es kein Wunder, dass die Länder, die zunächst rückständiger waren, anschließend die höchsten Wachstumsraten aufwiesen. Dies ist ja genau der Grund, warum sie aufgenommen wurden. Somit könnte die Konvergenz zumindest teilweise nur auf der Auswahl der betrachteten Länder beruhen.

Deshalb empfiehlt es sich für Konvergenzanalysen, Länder nicht auf der Basis ihrer heutigen Situation auszuwählen (wie in ▶ **Abbildung 10.2**, als wir heutige OECD-Staaten auswählten), sondern auf Basis ihrer Situation etwa im Jahr 1950. So könnte man etwa alle Länder zusammenfassen, die 1950 ein BIP pro Kopf aufweisen konnten, das bei mindestens 25% des Niveaus in den USA lag, und innerhalb dieser Gruppe nach Konvergenz suchen. Es stellt sich heraus, dass wir bei den meisten Ländern dieser Gruppe tatsächlich Konvergenz beobachten.

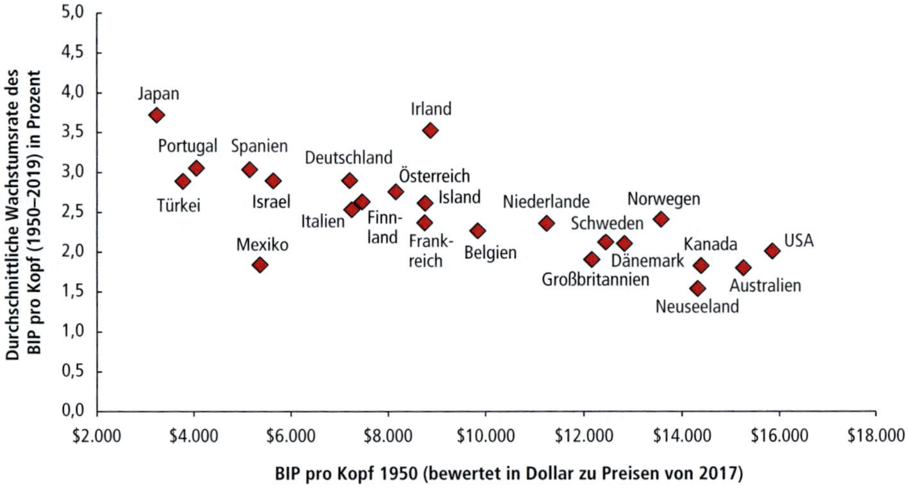

Abbildung 10.2 **Wachstumsrate des BIP pro Kopf seit 1950 im Vergleich zum BIP pro Kopf 1950; OECD-Länder ohne Schweiz und Luxemburg.** Länder, die 1950 ein niedrigeres Produktionsniveau pro Kopf hatten, sind in der Regel schneller gewachsen.
Quelle: Penn World Tables 10

Sie ist also kein reines OECD-Phänomen. Bei vielen Ländern jedoch, wie Argentinien und Uruguay, können wir keine Konvergenz erkennen. 1950 war die Pro-Kopf-Produktion von Uruguay etwa so hoch wie in Deutschland; in Argentinien sogar mehr als 50% höher. Mittlerweile sind diese Länder aber stark zurückgefallen. Die Produktion pro Kopf lag 2019 in beiden Ländern nur mehr bei 40% des Niveaus in Deutschland.

10.2.3 Die Abflachung des Wachstums pro Kopf

Der Vergleich der jährlichen Wachstumsraten von 1950 bis 1980 und 1980 bis 2019 in den letzten beiden Spalten von ▶ **Tabelle 10.1** verdeutlicht die vierte zentrale Schlussfolgerung: Die Wachstumsrate des BIP pro Kopf ist in den Industriestaaten nach 1980 stark gesunken. Der Rückgang ist in Japan besonders stark ausgeprägt. Während das BIP pro Kopf über den gesamten Zeitraum bei eindrucksvollen 3,7% lag, lag das durchschnittliche Wachstum nach 1980 nur bei 1,7%. Seit 2000 war es noch weit niedriger bei nur 0,5%.

Dies liegt zum einen an einem Rückgang der Zahl der Arbeitnehmer im Verhältnis zur Gesamtbevölkerung (er führt zu einem Rückgang der Produktion pro Kopf im Vergleich zur Produktion pro Arbeitnehmer). Vor allem aber ist der Rückgang auf niedrigeres Produktivitätswachstum zurückzuführen. Dies ist ein Zeichen dafür, dass das Produktivitätswachstum bei weitem nicht automatisch erfolgt. Es wirft die Frage auf, was die Politik tun kann, um Produktivitätswachstum zu fördern. Wir werden darauf später zurückkommen, insbesondere in ▶ **Kapitel 12**.

10.3 Wachstum – eine breitere Perspektive

Bislang konzentrierten wir uns auf das Wachstum der reichen Nationen während der letzten Jahrzehnte. Nun wollen wir unsere Erkenntnisse in einen breiteren Kontext einordnen. Deshalb dehnen wir in diesem Abschnitt unsere Beobachtungen auf ein größeres Zeitfenster und eine größere Anzahl von Ländern aus.

10.3.1 Zwei Jahrtausende im Rückblick

Ist die Pro-Kopf-Produktion in den derzeit reichen Ländern schon immer mit der gleichen Rate wie in ▶ **Tabelle 10.1** gewachsen? Die Antwort lautet: Nein. Schätzungen von Wachstumsraten sind umso schwieriger, je weiter man in die Vergangenheit zurückgeht. Es herrscht jedoch Konsens unter den Wirtschaftshistorikern über die Entwicklung der letzten 2000 Jahre.

- Seit dem Ende des Römischen Reiches bis etwa 1500 ist die Pro-Kopf-Produktion in Europa so gut wie nicht gestiegen. Die Bevölkerung war überwiegend in der Landwirtschaft beschäftigt, wo es nur geringen technischen Fortschritt gab. Da der Anteil der Landwirtschaft an der Gesamtproduktion so groß war, konnten Erfindungen, die sich auf Produkte außerhalb der Landwirtschaft bezogen, nur wenig zur Gesamtproduktion beitragen. Zwar ist die Produktion in geringem Umfang durchaus gewachsen, weil aber auch die Bevölkerung etwa gleich stark anstieg, blieb die Produktion pro Kopf nahezu konstant.
- Diese Periode der Stagnation des BIP pro Kopf wird häufig als das Malthusianische Zeitalter bezeichnet. Der Grund hierfür ist, dass Thomas Robert Malthus, ein englischer Ökonom des ausgehenden 18. Jahrhunderts, behauptete, dass dieses proportionale Wachstum von Produktion und Bevölkerung kein Zufall war. Er argumentierte, dass jeder Produktionsanstieg zu einem Anstieg der Bevölkerung führe, bis die ProÖsterreich duktion pro Kopf wieder auf ihrem Ausgangsniveau liege. Europa war in einer Falle, es war unfähig, seine Pro-Kopf-Produktion zu steigern.
- Letztendlich konnte Europa dieser Falle entkommen. Zwischen 1500 und 1700 stieg die Pro-Kopf-Produktion leicht an, das Wachstum war mit etwa 0,1% pro Jahr aber sehr gering. In der Zeit von 1700 bis 1820 stieg es dann nur leicht an. Selbst während der industriellen Revolution waren die Wachstumsraten im Vergleich zu heute nicht hoch. In den USA lag die Wachstumsrate zwischen 1820 und 1900 bei gerade einmal 1,4%.
- Aus historischer Perspektive erweist sich Wachstum also als ein sehr junges Phänomen. Im Lichte der Wachstumsraten der letzten 200 Jahre sind es die hohen Wachstumsraten seit den 1950er- und 1960er-Jahren, die ungewöhnlich erscheinen.

Diese Aussagen basieren auf Daten der Maddison Project Database 2020. Sie ermöglicht einen direkten Vergleich der Einkommensniveaus verschiedener Länder auch auf Basis historischer Daten im 19. und 20. Jahrhundert.

Verwenden Sie Daten des *Maddison Projects* für einen langfristigen Vergleich (vgl. den Link in ▶ Übungsaufgabe 10).

Die Geschichte relativiert auch die Konvergenz der OECD-Staaten seit 1950 hin zum Niveau der USA. Die USA waren nicht immer die wirtschaftlich führende Nation der Welt. Die Geschichte entspricht eher einem Langstreckenrennen: Ein Land übernimmt für einige Zeit die Führung, nur um sie wieder an ein anderes zu verlieren und zum Rudel zurückzukehren oder ganz von der Bildfläche zu verschwinden. Im ersten Jahrtausend hatte China wahrscheinlich die höchste Pro-Kopf-Produktion der Welt. In der Renaissance lag die Führerschaft bei den Städten Norditaliens. Sie wurde dann von den Niederländern und danach durch England übernommen. Die Geschichte erscheint in diesem Licht eher wie ein „**Überspringen**" (Staaten rücken nahe an die Spitze und überholen dann für eine bestimmte Zeit), nicht wie ein Konvergenz-Prozess (dann müsste das Rennen immer enger und enger werden). Wenn sich aus der Geschichte verlässliche Lehren ziehen lassen, dann werden die USA nicht ewig an der Spitze bleiben.

10.3.2 Ein Blick über viele Länder hinweg

Die Daten für 1950 fehlen für zu viele Länder, um wie in ▸ Abbildung 10.2 1950 als Ausgangsjahr zu verwenden. ▸ Abbildung 10.3 beinhaltet alle Länder, für die PPP-Schätzungen des BIP pro Kopf sowohl für 1960 als auch für 2019 vorliegen. Es gibt ein paar wichtige Länder, die nicht in der Abbildung enthalten sind. Dazu gehören insbesondere Russland und viele andere osteuropäische Länder, für die diese Daten oft erst ab 1990 verfügbar sind.

Wir haben beim Blick auf die OECD-Staaten Konvergenz beobachtet. Wie steht es aber mit anderen Ländern? Wachsen auch die ärmsten Länder schneller? Konvergieren sie ebenfalls gegen das Niveau der USA, auch wenn sie noch weit zurückliegen?

Eine erste Antwort gibt ▸ **Abbildung 10.3**. Sie trägt für 77 Staaten die jährlichen Wachstumsraten der Pro-Kopf-Produktion seit 1960 ab gegen die Pro-Kopf-Produktion von 1960.

Bemerkenswert ist, dass keine klare Struktur erkennbar ist: Es gilt nicht generell, dass Länder, die 1960 weit zurücklagen, schneller gewachsen sind. Einige sind schneller gewachsen, andere aber nicht.

Dies verdeckt aber zahlreiche interessante Details. Man erkennt sie, wenn wir die Länder in verschiedene Gruppen zusammenfassen. Fassen wir die Länder in drei Gruppen zusammen. Rauten repräsentieren die OECD-Staaten, die wir bisher schon untersucht haben. Die Quadrate stehen für afrikanische Länder. Die Dreiecke repräsentieren asiatische Staaten.

Die Abbildung lässt drei wichtige Schlussfolgerungen zu:

1. Das Bild der OECD-Staaten (der reichen Länder) entspricht dem von ▸ **Abbildung 10.2**, die einen etwas längeren Zeitraum abdeckt. Nahezu alle starten von einem hohen Niveau aus (mindestens 30% der Pro-Kopf-Produktion der USA von 1960), und es gibt klare Anzeichen einer Konvergenz.

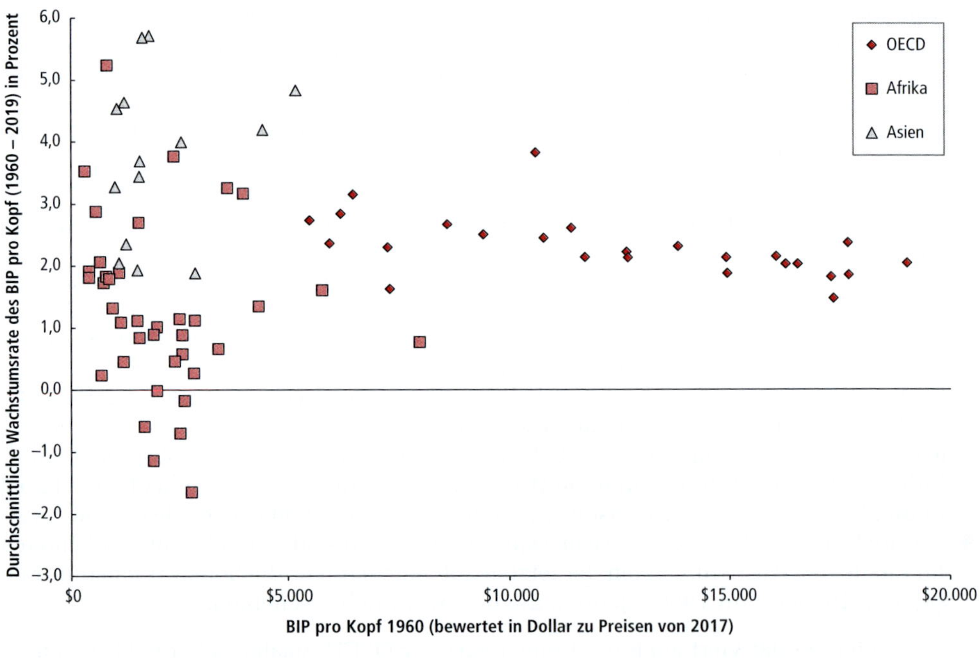

Abbildung 10.3 Wachstumsrate des BIP pro Kopf seit 1960 im Vergleich zum BIP pro Kopf 1960; OECD, Afrika und Asien. Über alle Länder hinweg besteht keine eindeutige Beziehung zwischen der Wachstumsrate der Produktion seit 1960 und dem Produktionsniveau pro Kopf 1960. Die asiatischen Länder konvergieren zum OECD-Niveau. Dies gilt aber bislang nicht für die afrikanischen Länder.
Quelle: Penn World Tables 10

2. Auch bei den meisten asiatischen Ländern können wir Konvergenz feststellen. Japan (als OECD-Mitglied durch eine Raute repräsentiert) war das erste asiatische Land mit raschem Wachstum; es weist die höchste Produktion pro Kopf in Asien auf. Doch dicht darauf folgt eine ganze Anzahl weiterer asiatischer Länder. Die vier Dreiecke in der linken oberen Ecke der Abbildung repräsentieren Korea, Taiwan, Singapur und China. Die ersten drei werden zusammen mit Hongkong manchmal als „Tigerstaaten“ bezeichnet.

In allen vier ist das BIP pro Kopf besonders bis 1980 rasant gestiegen. Während das BIP pro Kopf 1960 nur bei etwa 17% des Niveaus in den USA lag, ist es 2019 auf 90% gestiegen. In jüngster Zeit sind aber Myanmar und Vietnam schneller gewachsen. Die größte Erfolgsgeschichte ist China. Das BIP pro Kopf ist dort seit 1980 im Schnitt um 5,5% gewachsen. Weil es aber von einem viel niedrigeren Niveau aus startete, beträgt das BIP pro Kopf auch heute nur ein knappes Viertel des US-Niveaus.

3 In Afrika sieht die Lage allerdings ganz anders aus. Dort kann von Konvergenz bislang kaum die Rede sein. Die meisten afrikanischen Staaten waren 1960 sehr arm. In vielen dieser Staaten sind seitdem aber das BIP pro Kopf und damit der Lebensstandard absolut noch weiter zurückgegangen. Im betrachteten Zeitraum wiesen fünf Staaten in Afrika negative Wachstumsraten des BIP pro Kopf auf – einen absoluten Rückgang des Lebensstandards. In Zentralafrika etwa ging seit 1960 das BIP pro Kopf um ca. 1,1% pro Jahr zurück. Es liegt deshalb 2019 bei nur der Hälfte des Niveaus von 1960. Zwischen 2000 und 2015 sah es allerdings positiver aus: Das Wachstum des BIP pro Kopf südlich der Sahara lag nach 2000 bei knapp 3%. Seit Ausbruch der Corona-Pandemie hat es sich allerdings wieder abgeflacht.

Erstellen Sie eine Grafik analog zu ▸ Abbildung 10.3, auf der Sie das BIP pro Kopf des Jahres 2000 auf der X-Achse und das durchschnittliche Wachstum von 2000 bis 2019 auf der Y-Achse abtragen. Prüfen Sie, ob sich mit steigendem Wachstum in vielen Entwicklungsländern eine Tendenz zur Konvergenz beobachten lässt.

Wenn wir noch weiter in die Geschichte zurückblicken, erhalten wir wichtige Einsichten. Bis Anfang des 19. Jahrhunderts waren die Unterschiede im Lebensstandard wesentlich kleiner als heute. Seit dem 19. Jahrhundert begannen einige Länder, zunächst in Europa, dann in Nord- und Südamerika, schneller als andere zu wachsen. Seitdem haben viele Länder, vor allem in Asien, stark aufgeholt. Für viele andere dagegen, vor allem in Afrika, galt das aber lange Zeit nicht.

In den nächsten Kapiteln konzentrieren wir uns auf das Wachstum in den reichen Ländern und den Schwellenländern. Deshalb können wir einige der hier aufgeworfenen Fragen nicht weiter verfolgen. Dies würde zu weit in die Wirtschaftsgeschichte und die Entwicklungsökonomie führen. Aber sie relativieren die grundlegenden Fakten, die wir vorher bei der Analyse der OECD konstatierten:

- Wachstum ist keine historische Notwendigkeit. Im Verlauf der Geschichte gab es nur wenig Wachstum. Auch heute ist in zahlreichen Ländern kein Wachstum zu erkennen. Theorien, die das Wachstum in den OECD-Ländern erklären, müssen auch erklären, warum es in der Vergangenheit in den meisten Ländern Afrikas kein Wachstum gab.
- Die Konvergenz der Pro-Kopf-Produktion hin zum Niveau der USA könnte durchaus das Vorstadium zum Überspringen sein, einem Stadium, in dem eines oder mehrere Länder die USA überrunden. Theorien, welche die Konvergenz erklären, sollten auch der Möglichkeit Rechnung tragen, dass Konvergenz abgelöst wird von einem Überholen mit einem neuen wirtschaftlichen Spitzenreiter.

Die Trennlinie zwischen Wachstumstheorie und Entwicklungsökonomie verläuft unscharf. Eine grobe Unterscheidung ist, dass die Wachstumstheorie viele Institutionen (beispielsweise das Rechtssystem oder die Regierungsform) als gegeben annimmt. Die Entwicklungsökonomie fragt dagegen, welche Institutionen für nachhaltiges Wachstum notwendig sind.

10.4 Die Grundlagen der Wachstumstheorie

Wie können wir die Fakten erklären, die wir in ▸ **Abschnitt 10.1** und in ▸ **Abschnitt 10.2** dokumentierten? Was determiniert Wachstum? Welche Rolle spielt dabei Kapitalakkumulation? Welche Rolle kommt dem technischen Fortschritt zu? Um diese Fragen zu beantworten, greifen Ökonomen auf einen Modellrahmen zurück, der Mitte der 1950er-Jahre von Robert Solow entwickelt wurde. Dieser Modellrahmen hat sich als robust und nützlich erwiesen. In diesem Abschnitt führen wir in die Grundlagen ein. ▸ **Kapitel 11** und **12** analysieren dann im Detail, welche Bedeutung Kapitalakkumulation und technischer Fortschritt für den Wachstumsprozess haben.

Robert Solows Artikel „A Contribution to the Theory of Economic Growth" erschien im Quarterly Journal of Economics 70(1), Februar 1956, S. 65–94. Für seine Arbeiten über das Wachstum erhielt er 1987 den Nobelpreis für Wirtschaftswissenschaften.

10.4.1 Die aggregierte Produktionsfunktion

Ausgangspunkt jeder Wachstumstheorie ist die **Aggregierte Produktionsfunktion**. Sie spezifiziert die Beziehung zwischen Gesamtproduktion und den dabei verwendeten Inputs.

In ▸ **Kapitel 7** haben wir eine stark vereinfachte Produktionsfunktion verwendet: Die Produktion war proportional zur Anzahl der eingesetzten Arbeitskräfte (Gleichung (7.2)). Solange unser Augenmerk den Schwankungen der Produktion und der Beschäftigung galt, war diese Annahme ausreichend. Nun, da sich unser Blick auf das Wachstum verlagert, ist diese Vereinfachung aber nicht länger haltbar: Sie impliziert, dass die Produktion pro Erwerbstätigen konstant ist und schließt damit Wachstum (zumindest Wachstum pro Erwerbstätigen) aus. Von nun an berücksichtigen wir deshalb zwei Inputs: Kapital und Arbeit. Die Beziehung zwischen aggregierter Produktion und den beiden Inputs wird beschrieben durch:

$$Y = F(K,N) \tag{10.1}$$

Die aggregierte Produktionsfunktion ist Y = F(K,N) Die aggregierte Produktion (*Y*) hängt vom aggregierten Kapitalstock (*K*) und von der aggregierten Beschäftigung (*N*) ab.

Die Funktion *F* hängt vom technischen Wissen ab. Je größer das technische Wissen, desto größer *F* (*K,N*) für ein gegebenes *K* und ein gegebenes *N*.

Wie zuvor steht Y für die **Aggregierte Produktion**, K für das Kapital – den Wert sämtlicher Maschinen, Fabrik- und Bürogebäude einer Ökonomie. N steht für Arbeit – die Anzahl der Erwerbstätigen in einer Volkswirtschaft. Die aggregierte Produktionsfunktion F gibt an, wie viel bei gegebener Menge an Kapital und Arbeit produziert wird. Auch diese Funktion ist freilich immer noch eine drastische Vereinfachung der Realität. Maschinen und Bürogebäude haben ganz unterschiedliche Bedeutung bei der Produktion; sie sollten deshalb als getrennte Inputs behandelt werden. Promovierte Akademiker unterscheiden sich von Arbeitern ohne Schulabschluss. Indem wir den Arbeitsinput einfach als die Anzahl aller Arbeitskräfte behandeln, unterstellen wir, dass alle Erwerbstätigen identisch sind. Einige dieser Annahmen werden wir später lockern. Momentan aber genügt Gleichung (10.1) vollkommen, um die unterschiedliche Rolle von Arbeit und Kapital zu erfassen.

Was bestimmt die aggregierte Produktionsfunktion F? Welche Faktoren legen fest, wie viel bei gegebener Menge an Kapital und Arbeit produziert werden kann? Die Antwort lautet: das technische Wissen. Ein Land mit fortgeschrittener Technologie kann mit der gleichen Menge an Kapital und Arbeit viel mehr produzieren als ein Land, das nur über eine primitive Technologie verfügt.

Technisches Wissen lässt sich als eine Liste von „Blaupausen" definieren, die beschreiben, welche Produktvarianten mit welchen Technologien produziert werden können. Breiter definiert geht es dabei aber nicht nur um eine Liste von „Blaupausen", sondern auch um die Organisationsstruktur innerhalb der Unternehmen, den Entwicklungsgrad der Märkte, die Qualität des Rechtssystems und des politischen Systems usw.

Noch mal zur Wachstumstheorie im Unterschied zur Entwicklungsökonomie: Die Wachstumstheorie konzentriert sich auf die Rolle des technischen Wissens in der engen Definition, während sich die Entwicklungsökonomie auf die Rolle des technischen Wissens in der breiteren Definition konzentriert.

In den nächsten beiden Kapiteln halten wir uns meist an die enge Definition des technischen Wissens – als Liste von „Blaupausen". Am Ende von ▸ **Kapitel 12** betrachten wir dann die breitere Definition und untersuchen die Bedeutung anderer Faktoren, vom Rechtssystem bis hin zur Qualität der Regierungen.

10.4.2 Skalen- und Faktorerträge

Welche Annahmen über die Eigenschaften der aggregierten Produktionsfunktion sollten wir realistischerweise treffen?

Verdoppeln wir in einem Gedankenexperiment sowohl die Anzahl der Erwerbstätigen als auch die Menge des Kapitals in einer Ökonomie. Was wird dann mit der Produktion geschehen? Man sollte erwarten, dass sich auch die Produktion verdoppeln wird. Tatsächlich „klonen" wir in unserem Gedankenexperiment quasi die originale Ökonomie. Die geklonte Ökonomie kann in der gleichen Weise produzieren wie die originale Ökonomie. Diese Eigenschaft nennt man **Konstante Skalenerträge**: Werden alle Inputs – also die Menge an Kapital und Arbeit – verdoppelt, dann wird sich auch die Produktion verdoppeln.

$$2Y = F(2K, 2N)$$

Allgemeiner gilt für jeden Wert $x \geq 0$ (dies wird weiter unten nützlich sein):

$$xY = F(xK, xN) \tag{10.2}$$

Konstante Skalenerträge beziehen sich darauf, was mit der Produktion passiert, wenn alle Inputs um den gleichen Faktor variiert werden. Was ist zu erwarten, wenn nur einer der beiden Inputs – etwa Kapital – zunimmt?

Konstante Skalenerträge: $F(xK, xN) = xY$

Mit Sicherheit steigt auch dann die Produktion. Es ist aber zu erwarten, dass ein gleich hoher Zuwachs an Kapital zu einem immer kleineren Anstieg der Produktion führt, je mehr Kapital bereits vorhanden ist. Wenn es anfänglich nur wenig Kapital gibt, dann bedeutet zusätzliches Kapital eine große Hilfe. Ist aber schon viel Kapital verfügbar, dann macht zusätzliches Kapital kaum mehr einen Unterschied. Betrachten wir als Beispiel ein Sekretariat mit gegebener Anzahl von Mitarbeitern. Führen wir Kapital in Form von Computern ein. Die Installation des ersten Computers steigert die Produktion des Sekretariats substanziell; die zeitaufwändigsten Aufgaben können nun mit Hilfe des Computers automatisiert werden. Werden weitere PCs installiert, steigt die Produktion zwar noch, aber pro neuem Rechner nicht mehr so stark wie bei der Installation des ersten Rechners. Sobald jeder Mitarbeiter über seinen eigenen PC verfügt, ist es unwahrscheinlich, dass die Installation weiterer Rechner die Produktion – wenn überhaupt – großartig steigert. Zusätzliche PCs bleiben vielleicht einfach ungenutzt in ihren Versandkartons.

Produziert werden hier Sekretariatsdienste. Die beiden Inputs sind Mitarbeiter und Computer. Die Produktionsfunktion verbindet Sekretariatsdienste mit der Anzahl von Mitarbeitern sowie der Anzahl von Computern.

Die Eigenschaft, dass der Produktionszuwachs mit stetiger Erhöhung des Kapitals immer kleiner wird, bezeichnet man als abnehmenden Grenzertrag des Kapitals (dieser Begriff sollte aus der Mikroökonomie wohlvertraut sein). Das Gleiche gilt auch für andere Produktionsfaktoren: Wird der Arbeitseinsatz bei gegebenem Kapital erhöht, nimmt die Produktion immer weniger zu, je mehr Arbeit bereits eingesetzt wird. (Was passiert in unserem Beispiel, wenn die Anzahl der Mitarbeiter bei gegebener Anzahl Computer steigt?). Auch der Faktor Arbeit hat abnehmende Grenzerträge.

**Bei konstanten Skalenerträgen weist jeder Faktor abnehmende Grenzerträge auf, wenn man den anderen Faktor konstant lässt: 1. Je größer der Kapitalstock, desto geringer ist der Produktionszuwachs durch eine zusätzliche Einheit Kapital.
2. Je höher das Beschäftigungsniveau, desto geringer ist der Produktionszuwachs durch einen zusätzlichen Beschäftigten.**

10.4.3 Kapitalintensität und Produktion je Erwerbstätigen

Wegen der konstanten Skalenerträge lässt sich die aggregierte Produktionsfunktion als einfache Beziehung zwischen Produktion je Beschäftigten und Kapital je Beschäftigten umformulieren.

Setzen wir $x = 1/N$ in die Gleichung (10.2) ein, so erhalten wir folgende Beziehung zwischen der Produktion je Beschäftigten und dem Kapital je Beschäftigten:

$$\frac{Y}{N} = F\left(\frac{K}{N}, \frac{N}{N}\right) = F\left(\frac{K}{N}, 1\right) \tag{10.3}$$

Versichern Sie sich, dass Sie den Grund für diese Umformung verstanden haben. Nehmen Sie an, dass sich sowohl das Kapital als auch die Anzahl der Beschäftigten verdoppeln. Was passiert mit der Produktion pro Beschäftigten?

Y/N steht dabei für die Produktion je Beschäftigten. K/N bezeichnet man als **Kapitalintensität** (die Menge des eingesetzten Kapitals je Beschäftigten). ▸ Gleichung (10.3) besagt also, dass die produzierte Menge je Beschäftigten von der Kapitalintensität abhängt. Diese Beziehung ist in ▸ **Abbildung 10.4** dargestellt.

Die Produktion pro Beschäftigten (Y/N) ist an der Vertikalen abgetragen, die Kapitalintensität (K/N) an der Horizontalen. Die Beziehung zwischen beiden wird durch die ansteigende Kurve wiedergegeben. Steigt die Kapitalintensität (das Kapital je Beschäftigten), so steigt auch die Produktion je Beschäftigten. Die Kurve ist aber so gezeichnet, dass ein Anstieg der Kapitalintensität immer weniger zusätzliche Produktion pro Kopf mit sich bringt. Dies ist eine direkte Konsequenz abnehmender Grenzerträge des Kapitals: Am Punkt A, wo das eingesetzte Kapital pro Beschäftigten gering ist, lässt ein Anstieg des Kapitals pro Beschäftigten um den Betrag AB die Produktion pro Kopf um $A'B'$ steigen. Ausgehend vom Punkt C mit höherer Kapitalintensität führt ein gleich großer Anstieg des Kapitals je Beschäftigten (der Betrag CD ist gleich groß wie Betrag AB) zu einer viel geringeren Steigerung der Produktion je Beschäftigten (nur um $C'D'$). Dies entspricht genau unserem Beispiel des Sekretariats: Zusätzliche Computer hätten immer kleinere Effekte auf die gesamte Produktion.

Je höher die Kapitalintensität, desto geringer die Produktionszuwächse, wenn wir die Kapitalintensität noch weiter steigern.

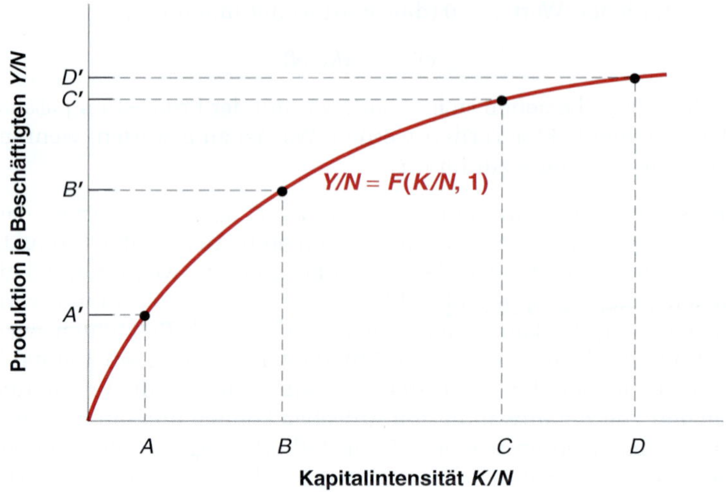

Abbildung 10.4 Produktion und Kapital je Beschäftigten. Vergrößerungen der Kapitalintensität führen zu immer kleineren Produktionszuwächsen.

10.4.4 Die Quellen des Wachstums

Wir können nun zu unserer ursprünglichen Frage zurückkehren: Was verursacht Wachstum? Warum steigt die Produktion pro Beschäftigten im Zeitverlauf – oder pro Kopf, wenn wir unterstellen, dass das Verhältnis zwischen der Anzahl der Beschäftigten und der Gesamtbevölkerung ungefähr konstant bleibt?

Erhöhungen des Kapitals pro Beschäftigten: Bewegungen entlang der Produktionsfunktion

Gleichung (10.3) liefert die Antwort:

- Ein Anstieg der Produktion pro Beschäftigten (Y/N) kann durch höhere Kapitalintensität (K/N) bedingt sein. Diese Beziehung haben wir eben in ▶ **Abbildung 10.4** betrachtet. Steigt (K/N) – wir bewegen uns auf der Horizontalen nach rechts – so steigt (Y/N).
- Ein Anstieg kann aber auch durch technischen Fortschritt bedingt sein. Er verschiebt die Produktionsfunktion F nach oben: Bei gegebener Kapitalintensität steigt dann die Produktion pro Beschäftigten. Dies wird in ▶ **Abbildung 10.5** gezeigt. Technischer Fortschritt verschiebt die Produktionsfunktion nach oben, von F (K/N, 1) nach F(K/N, 1)`. Beispielsweise steigt bei der Kapitalintensität $A$ die Produktion pro Beschäftigten von $A$` auf B`.

Technischer Fortschritt: Verschiebung der Produktionsfunktion

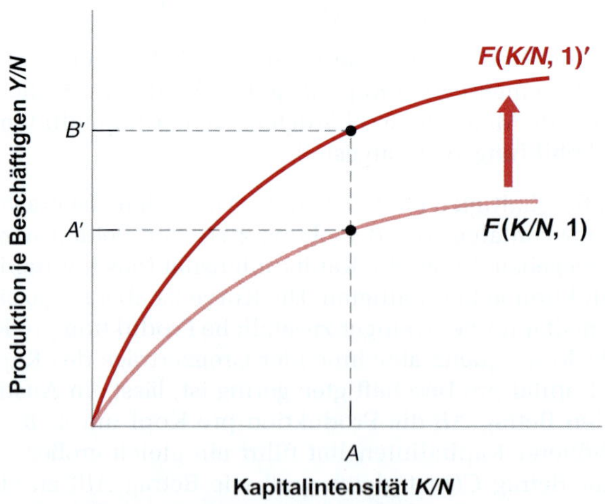

Abbildung 10.5 Die Auswirkungen von technischem Fortschritt. Technischer Fortschritt verschiebt die Produktionsfunktion nach oben und führt so zu einem Anstieg der Produktion je Beschäftigten für eine gegebene Kapitalintensität.

Wachstum kann also zustande kommen durch Kapitalakkumulation oder durch technischen Fortschritt. Wir werden allerdings sehen, dass diese beiden Faktoren ganz unterschiedliche Rollen im Wachstumsprozess spielen:

- Kapitalakkumulation (Konsumverzicht, um zu sparen und so Kapital zu bilden) allein kann auf Dauer kein Wachstum aufrechterhalten. Das formale Argument lernen wir in ▶ **Kapitel 11** kennen. ▶ **Abbildung 10.4** liefert aber schon jetzt eine Intuition für diese Aussage. Wegen der abnehmenden Grenzerträge von Kapital müsste die Kapitalintensität immer schneller steigen, um einen stetigen Anstieg der Produktion pro Beschäftigten aufrechtzuerhalten. Ab einem bestimmten Punkt wird die Volkswirtschaft nicht mehr in der Lage oder willens sein, für einen weiteren Anstieg des Kapitals pro Kopf noch mehr zu sparen und zu investieren. An diesem Punkt wird die Produktion pro Beschäftigten aufhören zu wachsen.
  Ist die Sparquote einer Volkswirtschaft – der Anteil des Einkommens, der gespart wird – deshalb irrelevant? Nein. Zwar trifft zu, dass eine höhere Sparquote die Wachstumsrate der Produktion nicht permanent zu erhöhen vermag. Sie kann aber ein höheres Produktionsniveau ermöglichen. Drücken wir dies etwas anders aus. Vergleichen wir zwei Ökonomien, die sich nur durch ihre Sparquoten unterscheiden. Langfristig werden beide Ökonomien mit der gleichen Rate wachsen; die Ökonomie mit der höheren Sparquote weist aber zu jedem Zeitpunkt ein höheres Niveau der Pro-Kopf-Produktion auf. Wie und wie stark die Sparquote das Produktionsniveau beeinflusst, und ob ein Land wie die USA (mit einer sehr geringen Sparquote) versuchen sollte, die Sparquote zu erhöhen, sind Themen, die wir in ▶ **Kapitel 11** aufgreifen.
- Dauerhaftes Wachstum ist nicht möglich ohne ständigen technischen Fortschritt. Dies folgt unmittelbar aus der ersten Aussage oben: Kapitalakkumulation und technischer Fortschritt sind die beiden Faktoren, die einen Anstieg der Produktion auslösen können. Kapitalakkumulation kann aber Wachstum nicht auf Dauer ermöglichen. Also muss der Schlüssel im technischen Fortschritt liegen. ▶ **Kapitel 12** zeigt, wie die Wachstumsrate der Pro-Kopf-Produktion letztlich durch die Rate des technischen Fortschritts determiniert wird.
  Dies hat eine wichtige Konsequenz. Langfristig wird die Volkswirtschaft, die die höchste Rate des technischen Fortschritts aufweist, alle anderen überholen. Dies wirft die Frage auf, wovon die Rate des technischen Fortschritts bestimmt wird. Die Determinanten des technischen Fortschritts – von den Ausgaben für Grundlagenforschung über das **Patentrecht** bis hin zu Investitionen in Humankapital (Ausbildung) – sind eines der Themen in ▶ **Kapitel 12**.

ZUSAMMENFASSUNG

- Auf lange Frist werden **Produktionsschwankungen** vom Wachstum, dem stetigen Anstieg der Produktion im Zeitverlauf, dominiert.
- Betrachtet man das Wachstum von fünf reichen Ländern (Deutschland, Frankreich, Großbritannien, Japan und die USA) seit 1950, dann zeigen sich vier stilisierte Fakten:
  1. Die Produktion pro Kopf und damit der Lebensstandard ist in allen fünf Ländern stark gewachsen. Wachstum hat die reale Pro-Kopf-Produktion von 1950 bis 2019 in den USA um das 3,9-Fache, in Deutschland um das 7,2-Fache und in Japan um das 12,4-Fache steigen lassen.
  2. Das Niveau der Pro-Kopf-Produktion konvergierte zwischen den Ländern im Zeitverlauf. Anders formuliert: Länder, die 1950 zurücklagen, sind schneller gewachsen, sie haben den Abstand zum Spitzenreiter USA verkleinert.
  3. Diese Konvergenz fand vor allem in der Zeit zwischen 1950 und 1980 statt. Nach 1980 hat sie sich nicht fortgesetzt.
  4. Seit den 1980er Jahren hat sich in den fünf Ländern auch das Wachstum pro Kopf verlangsamt.
- Betrachtet man eine größere Anzahl von Ländern und einen längeren Zeitraum, dann zeigen sich folgende Fakten:
  1. Historisch betrachtet ist das Wachstum ein Phänomen der Gegenwart. Seit Ende des Römischen Reiches bis ca. 1500 ist die Pro-Kopf-Produktion in Europa im Prinzip nicht gestiegen. Selbst während der industriellen Revolution waren die Wachstumsraten im Vergleich zur Gegenwart gering. So lag die Wachstumsrate der Pro-Kopf-Produktion in den USA zwischen 1820 und 1900 bei 1,4%.
  2. Die Konvergenz des Niveaus der Pro-Kopf-Produktion ist kein weltweites Phänomen. Viele asiatische Länder schließen schnell auf, aber die meisten afrikanischen Länder sind sowohl durch eine niedrige Produktion pro Kopf als auch durch geringe Wachstumsraten geprägt.
- Ausgangspunkt der Wachstumstheorie ist die aggregierte Produktionsfunktion. Sie gibt die Beziehung zwischen der Produktion und den Inputfaktoren Kapital und Arbeit an. Wie viel produziert werden kann, hängt vom technischen Wissen ab.
- Bei konstanten Skalenerträgen der Produktionsfunktion kann die Produktion pro Erwerbstätigen zunehmen, wenn entweder die Kapitalintensität (das Kapital pro Erwerbstätigen) steigt oder sich das technische Wissen verbessert.
- Kapitalakkumulation allein kann kein dauerhaftes Wachstum aufrechterhalten. Dennoch ist es wichtig, wie viel ein Land spart: Die Sparrate bestimmt zwar nicht die Wachstumsrate der Produktion pro Kopf, aber das Niveau.
- Dauerhaftes Wachstum basiert letztlich auf technischem Fortschritt. Die vielleicht wichtigste Frage der Wachstumstheorie ist die Frage nach den Bestimmungsgründen des technischen Fortschritts.

Übungsaufgaben

(Lösungen auf **MyMathLab | Makroökonomie**)

Verständnistests

1 Welche der folgenden Aussagen sind zutreffend, falsch oder unklar? Geben Sie jeweils eine kurze Erläuterung.

a) Auf einer logarithmischen Skala verläuft eine Variable, die jedes Jahr um 5% wächst, entlang einer Geraden mit einer Steigung von 0,05.

b) Der Preis für Nahrungsmittel ist in armen Ländern höher als in reichen.

c) Umfragedaten zeigen, dass das Glücksbefinden in den reichen Staaten mit steigendem BIP pro Kopf ansteigt.

d) In fast allen Ländern der Welt konvergiert das BIP pro Kopf zum Niveau des BIP pro Kopf in den USA.

e) Nahezu 1.000 Jahre nach dem Fall des Römischen Reichs gab es in Europa so gut wie keinen Anstieg des BIP pro Kopf, weil jeder Anstieg der Produktion mit einem proportionalen Bevölkerungsanstieg und deshalb einer stagnierenden Produktion pro Kopf einherging.

f) Kapitalakkumulation beeinflusst langfristig nicht das Produktionsniveau. Das vermag lediglich technischer Fortschritt.

g) Die aggregierte Produktionsfunktion ist eine Beziehung von Produktion auf der einen Seite und von Arbeit und Kapital auf der anderen.

2 Nehmen Sie an, dass der durchschnittliche Konsument in Polen und in Deutschland die Mengen kauft und die Preise bezahlt, die in der folgenden Tabelle angegeben sind:

	Nahrungsmittel		Transportdienstleistungen	
	Preis	Menge	Preis	Menge
Polen	2,5 Zloty	400	10 Zloty	200
Deutschland	1 €	1.000	2 €	2.000

a) Berechnen Sie den deutschen Konsum pro Kopf in €.

b) Berechnen Sie den polnischen Konsum pro Kopf in Zloty.

c) Nehmen Sie an, der Wechselkurs sei 0,2 (0,20 € pro Zloty). Berechnen Sie den polnischen Konsum pro Kopf in €.

d) Berechnen Sie den polnischen Konsum pro Kopf in €, indem Sie die Methode der Kaufkraftparität und deutsche Preise verwenden.

e) Ermitteln Sie für beide Berechnungsmethoden, um wie viel der Lebensstandard in Polen im Vergleich zu Deutschland jeweils geringer ist. Bewirkt die Wahl der Methode einen Unterschied?

3 Betrachten Sie die Produktionsfunktion

$$Y = \sqrt{K}\sqrt{N}$$

a) Berechnen Sie die Produktion für $K = 49$ und $N = 81$.

b) Was passiert mit der Produktion, wenn sich sowohl Kapital als auch Arbeit verdoppeln?

c) Ist diese Produktionsfunktion von konstanten Skalenerträgen gekennzeichnet? Erklären Sie.

d) Schreiben Sie diese Produktionsfunktion als eine Beziehung von Produktion pro Kopf und Kapital pro Kopf.

e) Es sei $K/N = 4$. Was ergibt sich für Y/N? Verdoppeln Sie nun K/N auf 8. Verändert sich Y/N um mehr oder weniger als das Doppelte?

f) Weist die Beziehung von Produktion pro Kopf und Kapital pro Kopf konstante Skalenerträge auf?

g) Ist Ihre Antwort auf Frage f. die gleiche wie Ihre Antwort auf c.? Warum oder warum nicht?

h) Zeichnen Sie die Beziehung zwischen Produktion pro Kopf und Kapital pro Kopf. Besitzt sie die gleiche allgemeine Form wie die Beziehung in ▶ **Abbildung 10.4**? Erklären Sie.

Vertiefungsfragen

4 Betrachten Sie die in Aufgabe 3 gegebene Produktionsfunktion. Nehmen Sie an, dass N konstant und gleich 1 ist.

a) Leiten Sie die Beziehung zwischen Wachstumsrate der Produktion und Wachstumsrate des Kapitals her.

b) Nehmen Sie an, wir möchten ein Produktionswachstum in Höhe von 2% pro Jahr erreichen. Wie hoch ist die notwendige Wachstumsrate des Kapitals?

c) Was geschieht im Lauf der Zeit mit dem Verhältnis von Kapital zu Produktion in Frage b.?

d) Ist es in dieser Volkswirtschaft möglich, für immer ein Produktionswachstum von 2% aufrechtzuerhalten? Warum oder warum nicht?

5 Zwischen 1950 und 1980 erlebten Deutschland und Japan Wachstumsraten, die mindestens zwei Prozentpunkte über denen der USA lagen. Die wichtigsten technischen Fortschritte wurden jedoch in den USA erzielt. Wie passt das zusammen?

6 Das BIP pro Kopf $y^B(0)$ in Land B ist im Ausgangsjahr $t = 0$ niedriger als das BIP pro Kopf $y^A(0)$ im Land A, und zwar um den Anteil α. Also $y^B(0) = \alpha\, y^A(0)$ (mit $y = Y/N$ und $\alpha < 1$). Das BIP pro Kopf wächst in Land B aber schneller als in Land A.

a) Nach wie vielen Jahren verdoppelt sich das BIP pro Kopf in Land A bei einer jährlichen Wachstumsrate von (a1) 1% bzw. (a2) 2%? Verwenden Sie dabei eine logarithmische Skala. Führen Sie diese Analyse sowohl für den diskreten wie den stetigen Fall durch. Beachten Sie dabei, dass für die Wachstumsrate über ein Jahr bei stetiger Betrachtung gilt: $\lim_{\tau \to \infty} (1 + g/\tau)^{\tau} = e^{g}$.

b) Betrachten Sie nun den Aufholprozess von Land B. Illustrieren Sie den Verlauf des BIP pro Kopf in beiden Ländern grafisch für den Fall, dass die Wachstumsraten g_A, g_B über die gesamte Zeit konstant sind. Zeigen Sie, dass für einen erfolgreichen Aufholprozess gelten muss: $g_A < g_B$.

c) Wie lange dauert der Aufholprozess bei konstanten Wachstumsraten mit $g_A < g_B$? Bestimmen Sie den Zeitpunkt T, zu dem das BIP pro Kopf in beiden Ländern gleich hoch ist.

d) Wie viele Jahre dauert der Aufholprozess, wenn das BIP pro Kopf in Land B im Ausgangsjahr nur halb so hoch ist wie in Land A, von da an aber um (d1) einen oder (d2) zwei Prozentpunkte schneller wächst.

e) Welche Rolle spielt bei der Antwort auf Frage c. das Anfangsniveau $y^A(0)$?

f) Warum ist die Annahme dauerhaft konstanter unterschiedlicher Wachstumsraten problematisch?

Weiterführende Fragen

7 Ermitteln Sie aus der Datenquelle zu ▶ **Tabelle 10.1** der *Penn World Tables 10* (*http://www. rug.nl/ggdc/productivity/pwt/*) auch die Daten von *rgdpna* und *pop* für die Jahre 1970 und 1990:

a) Berechnen Sie für jedes Land die Wachstumsraten pro Kopf für die beiden Zeiträume 1950 bis 1970, 1970 bis 1990 sowie 1970 bis 2019. Bestätigen sich die in ▶ **Tabelle 10.1** beschriebenen Tendenzen der Wachstumsverlangsamung?

b) Ermitteln Sie das BIP pro Kopf jeweils relativ zum BIP pro Kopf in den USA für die entsprechenden Zeiträume. In welchen Zeiträumen beobachten Sie Konvergenz? Geben Sie eine Erklärung hierfür.

c) Nehmen Sie an, dass die Wirtschaft in den betrachteten Ländern seit 1970 jährlich weiter mit dem Durchschnittswachstum der Produktion pro Kopf der Jahre 1950 bis 1970 gewachsen ist. Wie würden die einzelnen Länder im Vergleich des realen BIP pro Kopf im Jahr 2019 abschneiden?

d) Untersuchen Sie für die Zeit ab 1970 auch das Wachstum in Polen und Ungarn. Ist eine Konvergenz zu Deutschland erkennbar?

e) Die *Penn World Tables* stellen auch andere Zeitreihen für das reale BIP zur Verfügung. Diskutieren Sie kurz die Unterschiede zwischen den Konzepten.

8 *Wachstum – Konvergenz unterschiedlicher Ländergruppen*

In ▶ **Tabelle 10.1** haben wir gesehen, dass die Höhe der Produktion pro Kopf in Deutschland, Frankreich, Großbritannien, Japan und den USA im Jahr 2019 viel näher beieinander lag als 1950. Nun untersuchen wir die Frage der Konvergenz für eine andere Gruppe von Ländern.

Gehen Sie zu der Internetseite der *Penn World Tables* (vgl. ▶ **Tabelle 10.1**) (*http://www.rug.nl/ ggdc/productivity/pwt/*). Speichern Sie die Daten von *rgdpna* und *pop* in Ihrem Tabellenkalkulationsprogramm für die Zeit von 1970 bis 2019.

a) Ermitteln Sie für Argentinien, Äthiopien, Brasilien, Nigeria, Polen, Uganda, Ungarn und USA das BIP pro Kopf von 1970 bis 2019 und bestimmen Sie für jedes Land, wie sich der Anteil des BIP pro Kopf relativ zu den USA aus dem entsprechenden Jahr entwickelt hat (sodass dieses Verhältnis für die USA in allen Jahren gleich eins sein wird).

b) Erstellen Sie für diese Länder eine Grafik mit der Entwicklung dieses Anteils im Zeitverlauf (alle in derselben Grafik). Für welche Länder unterstützt Ihre Grafik die Vorstellung von Konvergenz?

9 *Wachstum – Erfolge und Misserfolge*

In dieser Aufgabe geht es darum, den gesamten Datensatz der Penn World Tables 10 (vgl. Aufgabe 8) für einen Ländervergleich des Wachstums des BIP pro Kopf (rgdpna zu pop) über alle Staaten zu nutzen (Entsprechend ist diese Aufgabe recht zeitaufwendig). Ignorieren Sie Staaten, für die im Jahr 1970 keine Daten verfügbar sind.

a) Ermitteln Sie für alle verfügbaren Nationen das reale BIP pro Kopf in den Jahren 1970 und 2019. Erstellen Sie eine Rangliste gemäß dem BIP pro Kopf im Jahr 1970. Welche Länder fallen unter die Top 10? Gibt es dabei Überraschungen?

b) Erstellen Sie eine Rangliste gemäß dem BIP pro Kopf für das Jahr 2019. Hat sich die Zusammensetzung der Top 10 verändert?

c) Dividieren Sie für alle Länder aus Teilaufgabe b. das BIP pro Kopf im Jahr 2019 durch den entsprechenden Wert im Jahr 1970. Welche 5 Länder weisen die höchste Wachstumsrate des BIP pro Kopf seit 1970 auf?

d) Identifizieren Sie die fünf Länder mit den niedrigsten Wachstumsraten des BIP pro Kopf seit 1970. Gibt es Länder, in denen das BIP pro Kopf zurückgegangen ist?
e) Informieren Sie sich im Internet entweder über das Land mit dem höchsten (Aufgabe c.) oder mit dem niedrigsten (Aufgabe d.) Wachstum des BIP pro Kopf seit 1970. Können Sie Gründe für den Erfolg bzw. den Misserfolg identifizieren?

10 *Wachstumswunder und -krisen*
Gehen Sie nun zu der Internetseite des *Maddison Projects* (*http://www.ggdc.net/maddison/ maddison-project/home.htm*).
Erstellen Sie mit Hilfe eines Tabellenkalkulationsprogramms eine Grafik der Entwicklung des realen BIP pro Kopf seit Christi Geburt für die Länder Großbritannien, Spanien, Italien und Ägypten. Ermitteln Sie für die Länder die durchschnittlichen Wachstumsraten seit Christi Geburt bis 1750. Identifizieren Sie den Zeitraum, seit dem das jährliche Wachstum des realen BIP 1% übersteigt.

11 *Wachstumsraten in der Schweiz*
Berechnen Sie die durchschnittliche Wachstumsrate des BIP pro Kopf der Schweiz für den Zeitraum von 1950 bis 2019 analog zu ▶ **Tabelle 10.1.** Verwenden Sie dabei unterschiedliche Datenquellen: Die *Penn World Tables 10* und die *Maddison Project Database 2020.* Berechnen Sie das BIP pro Kopf bei PWT sowohl für die Reihe *rgdpna* wie *rgdpo*, jeweils dividiert durch POP. Wie hoch war das BIP pro Kopf der Schweiz relativ zu dem der USA im Jahr 1950 entsprechend den verschiedenen Datenquellen? Wie lässt sich der Unterschied erklären?

12 *Glücksbefinden und Einkommen*
Untersuchen Sie mit Hilfe der Daten des World Happiness Report 2020, The Earth Institute, Columbia University (Hrsg. John Helliwell, Richard Layard Jeffrey Sachs und Emmanuel De Neve, *https:// worldhappiness.report/ed/ 2020/*) den Zusammenhang zwischen Einkommen pro Kopf (Logged GDP per capita) und Glücksbefinden (Ladder Score). Speichern Sie dazu die Daten für ▶ **Tabelle 2.1**, *https://happiness-report.s3.amazonaws.com/2020/ WHR20_DataForTable2.1.xls.* Ermitteln Sie den Regressionskoeffizienten sowohl für den Fall, dass das Einkommen pro Kopf als lineare wie auch als logarithmierte Variable verwendet wird.

Produktion, Sparen und der Aufbau von Kapital

11

11.1 Die Wechselwirkung zwischen Produktion und Kapital 328
11.2 Sparquote und Kapitalakkumulation 331
11.3 Ein Gefühl für die Größenordnungen 342
11.4 Physisches Kapital versus Humankapital 347

Seit 1970 lag die Sparquote – das Verhältnis von Ersparnis zu BIP – in den USA bei durchschnittlich nur 17%, verglichen mit 22% in Deutschland und 30% in Japan. Kann dies erklären, warum die US-Wachstumsrate in den letzten 45 Jahren unter dem Durchschnitt der OECD-Staaten lag? Könnte eine höhere Sparquote überhaupt dauerhaft höheres Wachstum ermöglichen?

Wir haben bereits am Ende von ▸ **Kapitel 10** eine Antwort auf diese Frage gegeben: Langfristig – eine wichtige Einschränkung, auf die wir später zurückkommen werden – hängt die Wachstumsrate einer Volkswirtschaft nicht von der Sparquote ab. Es ist nicht plausibel, dass das geringere US-Wachstum der letzten 50 Jahre primär durch die geringe Sparquote verursacht wurde. Ebenso wenig sollte man erwarten, dass ein Anstieg der Sparquote dauerhaft höheres Wachstum stimulieren könnte.

Daraus sollte man aber nicht den Schluss ziehen, die Sparquote hätte gar keine Bedeutung. Selbst wenn sie auf Dauer die Wachstumsrate nicht verändert, beeinflusst sie doch das Produktionsniveau und den Lebensstandard. Solange die Sparquote unterhalb der Goldenen Regel liegt (später hierzu mehr), würde ein Anstieg der Sparquote vorübergehend höheres Wachstum und schließlich einen höheren Lebensstandard (dauerhaft höheren Konsum) ermöglichen. Allerdings muss dies damit erkauft werden, dass zunächst weniger konsumiert werden kann.

Die Auswirkungen der Sparquote auf die Kapitalintensität und die Produktion pro Kopf stehen im Zentrum dieses Kapitels.

Kernbotschaft dieses Kapitels: Kapitalakkumulation steigert die Produktion; die Wachstumsrate kann sie aber für sich allein nicht beeinflussen.

- ▸ **Abschnitt 11.1** und **Abschnitt 11.2** untersuchen die Wechselwirkungen zwischen Produktion und Aufbau des Kapitalbestands (der Kapitalakkumulation) sowie den Einfluss der Sparquote.
- ▸ **Abschnitt 11.3** liefert Zahlenbeispiele, um die Größenordnungen besser zu verstehen.
- ▸ **Abschnitt 11.4** führt neben dem physischen auch das Humankapital ein.

11.1 Die Wechselwirkung zwischen Produktion und Kapital

Zwei Beziehungen zwischen Produktion und Kapital bestimmen langfristig die Produktion:

- Die Höhe des Kapitalbestands beeinflusst die Gütermenge, die produziert werden kann.
- Die Produktionsmenge beeinflusst, wie viel gespart und investiert werden kann, und damit, wie viel Kapital akkumuliert wird.

Beide Beziehungen sind in ▸ **Abbildung 11.1** wiedergegeben. Sie bestimmen gemeinsam die Entwicklung von Produktion und Kapital im Zeitverlauf. Betrachten wir sie der Reihe nach.

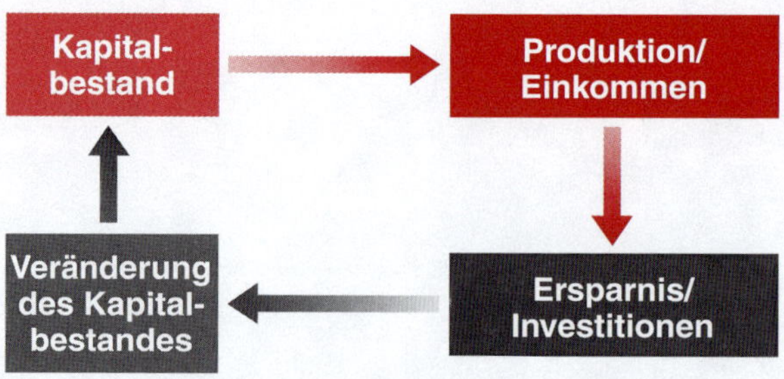

Abbildung 11.1 Kapital, Produktion und Ersparnis/Investitionen

11.1.1 Die Wirkung von Kapital auf die Produktion

Die erste Beziehung, den Einfluss des Kapitalbestands auf die Produktion, haben wir bereits in ▶ **Abschnitt 10.4** diskutiert. Wir führten dort die aggregierte Produktionsfunktion ein. Unter der Annahme konstanter Skalenerträge lässt sich folgende Beziehung zwischen Produktion je Beschäftigten und der Kapitalintensität formulieren:

$$\frac{Y}{N} = F\left(\frac{K}{N}, 1\right)$$

Die Produktion je Beschäftigten steigt mit der Kapitalintensität. Bei abnehmenden Grenzerträgen des Kapitals bringt ein weiterer Anstieg der Kapitalintensität aber umso weniger zusätzliche Produktion, desto mehr Kapital je Beschäftigten bereits eingesetzt wird. Ist die Kapitalintensität bereits hoch, wirkt sich ein weiterer Anstieg also kaum mehr auf die Produktion aus.

Die Produktionsfunktion je Beschäftigten schreiben wir von nun an einfach als

$$\frac{Y}{N} = f\left(\frac{K}{N}\right)$$

Die Funktion f repräsentiert die gleiche Beziehung zwischen Produktion und Kapital je Beschäftigten wie die Funktion F:

$$f\left(\frac{K}{N}\right) = F\left(\frac{K}{N}, 1\right)$$

In diesem Kapitel treffen wir zwei weitere Annahmen:

- Erstens: Bevölkerungsgröße, Erwerbsquote und Arbeitslosenquote nehmen wir als konstant an. Dies impliziert, dass die Beschäftigung N ebenfalls konstant ist (vgl. dazu ▶ **Kapitel 2** und ▶ **Kapitel 7**):
  - Die Erwerbspersonen entsprechen der Bevölkerung, multipliziert mit der Erwerbsquote. Sind sowohl Bevölkerungsgröße als auch Erwerbsquote konstant, dann ist auch die Anzahl der Erwerbspersonen konstant.
  - Die Beschäftigung wiederum entspricht den Erwerbspersonen, multipliziert mit $(1 - u)$, wobei mit u die Arbeitslosenquote bezeichnet wird. Bei 100 Millionen Erwerbspersonen und einer Arbeitslosenquote $u = 5\%$ beträgt die Beschäftigung 95 Mio. (100 Mio. (1 – 0,05)). Sind die Werte für Erwerbspersonen und Arbeitslosenquote konstant, so ist also auch die Beschäftigung konstant.

  Unter dieser Annahme entwickeln sich Gesamtproduktion, Produktion je Beschäftigten (Produktion bezogen auf die Beschäftigung) und Produktion je Kopf (Produktion bezogen auf die Gesamtbevölkerung) proportional. Gleiches gilt für den Bestand an Kapital. Deshalb werden wir zur Auflockerung im Text oft einfach von Produktion und Kapital sprechen, obwohl wir damit eigentlich immer „je Beschäftigten" meinen.

  Die Annahme einer konstanten Beschäftigung N macht es uns einfacher, uns auf die Bedeutung der Kapitalakkumulation für das Wachstum zu konzentrieren: Bei konstantem N ist Kapital der einzige Produktionsfaktor, der sich im Zeitverlauf ändert. Dies ist keine realistische Annahme. Sie ist in zweierlei Hinsicht eine Vereinfachung: Zum einen nimmt die Bevölkerung und damit die Beschäftigung im Lauf der Zeit in der Regel zu. Zum anderen kann, wie wir in den ersten neun Kapiteln gesehen haben, die Beschäftigung kurzfristig vom Beschäftigungspotenzial abweichen. Wir werden die Annahme im nächsten Kapitel lockern und Wachstum von Bevölkerung und Beschäftigung berücksichtigen.
- Zweitens: Wir ignorieren technischen Fortschritt. Die Produktionsfunktion f (bzw. F) verändert sich im Zeitverlauf nicht.

  Erneut dient uns diese Annahme nur dazu, uns auf die Kapitalakkumulation zu konzentrieren. ▶ **Kapitel 12** führt dann technischen Fortschritt ein. Wir werden sehen, dass die hier abgeleiteten Aussagen dann weiterhin gültig bleiben. Deshalb heben wir uns diesen Schritt wieder für später auf.

Nehmen Sie an, dass die Funktion F zum Beispiel die Form der „doppelten Quadratwurzel" besitzt, also $Y = F(K,N) = \sqrt{K}\sqrt{N}$. Teilen Sie beide Seiten durch N: $Y/N = (\sqrt{K}\sqrt{N})/N = \sqrt{K}/\sqrt{N} = \sqrt{K/N}$. Folglich ist die Funktion f, die die Beziehung zwischen Produktion je Beschäftigten und Kapital je Beschäftigten angibt, in diesem Fall einfach die Quadratwurzelfunktion:
$f(K/N) = \sqrt{K/N}$.

Bei konstanter Bevölkerung könnten wir die Beschäftigung auf N = 1normieren und ignorieren. Die hier verwendete Darstellung ist aber allgemeiner; dies zeigt sich in den nächsten Kapiteln.

Fassen wir zusammen: Unter den beiden Annahmen können wir die Beziehung zwischen Produktion und Kapital (jeweils je Erwerbstätigen) wie folgt schreiben:

$$\frac{Y_t}{N} = f\left(\frac{K_t}{N}\right) \quad (11.1)$$

Aus Sicht der Produktion: Die Höhe des Kapitals je Erwerbstätigen bestimmt die Höhe der Produktion je Erwerbstätigen.

Zeitindizes brauchen wir nur für Produktion und Kapital; die Beschäftigung N nehmen wir als konstant an: $N_t = N$.

In Worten: Steigt das Kapital je Erwerbstätigen, dann steigt auch die Produktion je Erwerbstätigen.

11.1.2 Die Wirkung der Produktion auf die Kapitalakkumulation

Die zweite Beziehung – zwischen Produktion und Kapitalakkumulation – leiten wir in zwei Schritten ab.

- Zunächst leiten wir den Zusammenhang zwischen Produktion und Investitionen her.
- Danach leiten wir die Beziehung zwischen Investitionen und Kapitalakkumulation her.

Wie wir in ▶ Kapitel 18 lernen, müssen dagegen in einer offenen Volkswirtschaft Ersparnisse und Investitionen nicht gleich sein. Ein Land kann mehr sparen als es investiert, indem es den Überschuss an den Rest der Welt verleiht. Deutschland etwa erzielt seit Jahren große Handelsüberschüsse; dadurch verleiht es einen Teil seiner Ersparnisse an den Rest der Welt.

Produktion und Investition

Wir treffen drei Annahmen:

- Wir gehen weiterhin von einer geschlossenen Volkswirtschaft aus. In ▶ Kapitel 3 haben wir gelernt, dass dann die Investitionen I gleich den Ersparnissen sein müssen – der Summe aus privater Ersparnis S und öffentlicher Ersparnis $T - G$.

$$I = S + (T - G)$$

- Weil wir uns auf die private Ersparnis konzentrieren wollen, gehen wir von einem ausgeglichenen Staatshaushalt aus: $T = G$ oder $T - G = 0$. (Erst später, wenn wir die Implikationen der Fiskalpolitik auf das Wachstum untersuchen wollen, müssen wir diese Annahme lockern). Die vorangegangene Gleichung vereinfacht sich nun zu:

$$I = S$$

Die Investitionen sind gleich der privaten Ersparnis.

Sie haben nun zwei Spezifikationen des Sparverhaltens (und damit gleichzeitig des Konsumverhaltens) kennengelernt: Eine für die kurze Frist in ▶ Kapitel 3 und eine für die lange Frist in diesem Kapitel. Sie sollten sich fragen, ob diese Beziehungen miteinander konsistent sind. Die Antwort lautet: Ja. Eine vollständige Erläuterung dieser Frage folgt in ▶ Kapitel 15.

- Schließlich nehmen wir an, dass immer ein konstanter Anteil des Einkommens gespart wird:

$$S = sY$$

  Den Parameter s bezeichnet man als Sparquote; s liegt zwischen 0 und 1. Diese Annahme stimmt mit zwei empirischen Beobachtungen überein: (1) Die Sparquote steigt oder fällt nicht systematisch, wenn ein Land reicher wird. (2) Reichere Länder haben keine systematisch höhere oder niedrigere Sparquote als ärmere Länder.

Wir fassen beide Gleichungen nun zusammen und führen dabei Zeitindizes ein. Es gilt dann:

$$I_t = sY_t$$

Die Investitionen entwickeln sich proportional zur Produktion: Je höher die Produktion, desto höher die Ersparnis; umso höher damit auch die Investitionen.

Investitionen und Kapitalakkumulation

Im zweiten Schritt setzen wir die Investitionen, eine Stromgröße (die in einem bestimmten Zeitraum neu produzierten Maschinen und neu gebauten Fabriken), in Beziehung zum Kapital, eine Bestandsgröße (der Bestand an Maschinen und Fabriken zu einem Zeitpunkt).

Erinnern Sie sich, dass Stromgrößen Variablen mit einer Zeitdimension sind (d.h., sie sind über einen Zeitraum definiert). Bestandsgrößen dagegen besitzen keine Zeitdimension (sie sind für einen Zeitpunkt definiert). Produktion, Sparen und Investitionen sind Stromgrößen. Beschäftigung und Kapitalstock sind Bestandsgrößen.

Wir messen die Zeit in Jahren. t steht für das Jahr t, $t+1$ für das Jahr $t+1$ usw. Den Kapitalbestand messen wir am Anfang jedes Jahres; K_t bezieht sich also auf den Kapitalbestand am Anfang des Jahres t, K_{t+1} auf den Kapitalbestand am Anfang des Jahres $t+1$ usw.

Wir nehmen an, dass vom Kapitalbestand jedes Jahr ein Anteil δ verfällt. Dieser Anteil wird im Lauf des Jahres unbrauchbar, sodass im nächsten Jahr nur mehr der Anteil $(1-\delta)$ des Kapitalbestands intakt bleibt. Der Kapitalbestand muss also mit der Rate δ abgeschrieben werden. δ (der kleine griechische Buchstabe Delta) ist die **Abschreibungsrate**.

Der Kapitalbestand entwickelt sich im Zeitablauf somit entsprechend der Gleichung:

$$K_{t+1} = (1-\delta)K_t + I_t$$

Der Kapitalbestand zu Beginn des Jahres $t+1, K_{t+1}$ setzt sich zusammen aus dem Teil des Kapitalbestands, der am Anfang der Periode $t+1$ noch aus dem Vorjahr t intakt geblieben ist, $(1-\delta)K_t$, sowie dem im Lauf des Jahres t neu aufgebauten Kapital, also den im Lauf des Jahres t getätigten Investitionen I_t.

Wenn wir die Investitionen durch die Ersparnis ersetzen (vgl. die vorangegangene Gleichung) und beide Seiten zudem durch N teilen, können wir nun Produktion, Investitionen und Kapitalakkumulation miteinander verknüpfen. So erhalten wir eine zweite zentrale Gleichung der Wachstumstheorie:

$$\frac{K_{t+1}}{N} = (1-\delta)\frac{K_t}{N} + s\frac{Y_t}{N}$$

In Worten: Die Kapitalintensität am Anfang des Jahres $t+1$ entspricht der um die Abschreibung bereinigten Kapitalintensität des Vorjahres t, ergänzt um die während dieses Jahres t getätigten Investitionen je Erwerbstätigen. Letztere entsprechen der Sparquote multipliziert mit der Produktion je Erwerbstätigen. Eine Umformulierung liefert uns:

$$\frac{K_{t+1}}{N} - \frac{K_t}{N} = s\frac{Y_t}{N} - \delta\frac{K_t}{N} \tag{11.2}$$

In Worten: Die Veränderung der Kapitalintensität – die Differenz der beiden Terme auf der linken Seite – ist gleich der Ersparnis je Erwerbstätigen minus den Abschreibungen auf Kapital (wieder je Erwerbstätigen). Diese Gleichung gibt uns die zweite Beziehung zwischen der Produktion und dem Kapitalbestand je Erwerbstätigen.

Aus Sicht der Ersparnis: Die Höhe der Produktion je Erwerbstätigen bestimmt die Veränderung der Höhe des Kapitals je Erwerbstätigen mit der Zeit.

11.2 Sparquote und Kapitalakkumulation

Wir haben zwei Beziehungen hergeleitet:

- ▸ Gleichung (11.1) zeigt, wie das Kapital über die Produktionsfunktion die Produktion bestimmt.
- ▸ Gleichung (11.2) zeigt, wie die Produktion ihrerseits über die Ersparnis auf die Kapitalakkumulation wirkt.

Führen wir nun beide zusammen. Was lernen wir daraus, wie sich Produktion und Kapital im Zeitverlauf entwickeln?

11.2.1 Die Dynamik von Kapitalbildung und Produktion

Ersetzt man Y_t/N in ▶ Gleichung (11.2) durch den Ausdruck aus ▶ Gleichung (11.1), so erhält man

$$\underbrace{\frac{K_{t+1}}{N}-\frac{K_t}{N}}_{\text{Veränderung der Kapital – intensität vom Jahr } t \text{ zum Jahr } t+1} = \underbrace{sf\left(\frac{K_t}{N}\right)}_{\text{Investitionen während des Jahres } t} - \underbrace{\delta\frac{K_t}{N}}_{\text{Abschreibungen während des Jahres } t} \quad (11.3)$$

Diese Beziehung beschreibt, wie sich die Kapitalintensität im Zeitablauf verändert. Diese Veränderung hängt von zwei Faktoren ab:

$K_t/N \Rightarrow f(K_t/N) \Rightarrow sf(K_t/N)$

- Den Investitionen je Erwerbstätigen (der erste Term auf der rechten Seite). Die Kapitalintensität im Jahr t bestimmt, wie viel in diesem Jahr produziert wird. Bei gegebener Sparquote ist damit auch die Menge bestimmt, die pro Erwerbstätigen gespart wird, und damit wiederum die Investitionen je Erwerbstätigen.

$K_t/N \Rightarrow \delta K_t/N$

- Den Abschreibungen je Erwerbstätigen (der zweite Term auf der rechten Seite). Sie sind proportional zur Kapitalintensität im Jahr t.

Übertreffen die Investitionen die Abschreibungen, dann steigt die Kapitalintensität.

Liegen die Investitionen unter den Abschreibungen, dann fällt die Kapitalintensität. Bei gegebener Kapitalintensität ist die Produktion je Beschäftigten durch ▶ Gleichung (11.1) gegeben:

$$\frac{Y_t}{N} = f\left(\frac{K_t}{N}\right)$$

Die ▶ Gleichungen (11.3) und ▶ (11.1) enthalten alle Informationen, um die dynamische Entwicklung von Kapital und Produktion im Zeitverlauf zu verstehen. Am deutlichsten sehen wir das anhand von ▶ **Abbildung 11.2**. Dort ist an der vertikalen Achse die Produktion je Erwerbstätigen, an der horizontalen Achse die Kapitalintensität abgetragen.

Betrachten wir in ▶ **Abbildung 11.2** zunächst die Kurve $f(K_t/N)$. Diese Kurve repräsentiert die Produktion je Erwerbstätigen; sie ist identisch mit ▶ **Abbildung 10.4.** Die Produktion je Erwerbstätigen steigt mit der Kapitalintensität; allerdings hat Kapital abnehmende Grenzerträge (der Zuwachs wird immer kleiner).

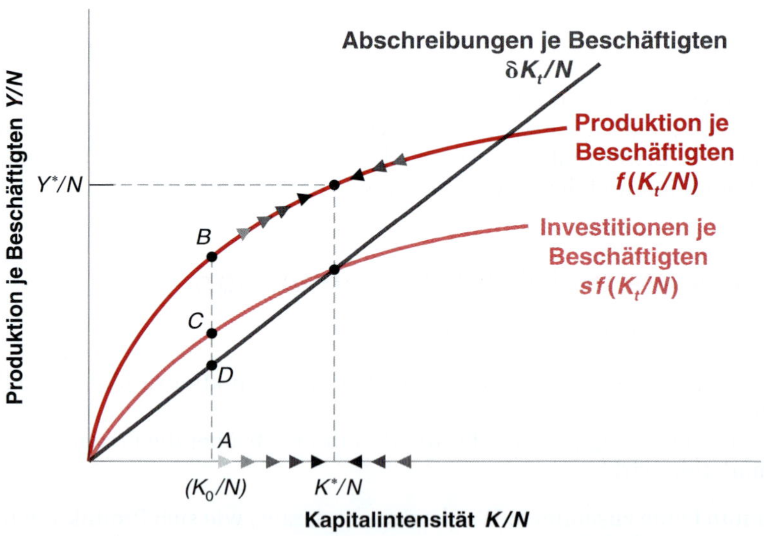

Abbildung 11.2 Dynamische Entwicklung von Kapital und Produktion. Die Strecke *AC* gibt die Bruttoinvestitionen an. Nur wenn die Strecke *CD* positiv ist (positive Nettoinvestitionen je Beschäftigten) steigt die Kapitalintensität. Wenn Kapital und Produktion niedrig sind, übertreffen die Investitionen die Abschreibungen und der Kapitalbestand steigt an. Wenn Kapital und Produktion hoch sind, sind die Investitionen geringer als die Abschreibungen und der Kapitalbestand nimmt ab.

Betrachten wir nun die beiden anderen Kurven. Sie repräsentieren die beiden Terme der rechten Seite der ▶ Gleichung (11.3).

- Die Investitionen je Beschäftigten, $sf(K_t/N)$, haben den gleichen Verlauf wie die Produktionsfunktion, außer dass die Kurve um den Faktor s (die Sparquote) geringer ist. Bei der Kapitalintensität K_0/N in ▶ **Abbildung 11.2** entspricht die Produktion je Beschäftigten dem Abstand AB. Die Investitionen je Beschäftigten entsprechen dem Abstand AC; das ist der Anteil s an der Produktion AB. Auch die Investitionen je Beschäftigten steigen mit der Kapitalintensität. Ist die Kapitalintensität schon sehr hoch, dann wirkt sich ein weiterer Zuwachs der Kapitalintensität aber kaum mehr auf die Produktion aus und deshalb auch kaum auf die Investitionen je Beschäftigten.
- Die Gerade $\delta K_t/N$ gibt die Abschreibungen je Beschäftigten an. Weil diese linear mit der Kapitalintensität ansteigen, hat die Gerade die Steigung δ. Bei der Kapitalintensität K_0/N entsprechen die Abschreibungen dem vertikalen Abstand AD.

Um die Grafik lesbar zu gestalten, haben wir eine unrealistisch hohe Sparquote angenommen. (Können Sie ungefähr abschätzen, welchen Wert wir für s angenommen haben? Was wäre ein plausibler Wert für s?).

Die Differenz zwischen den Investitionen und den Abschreibungen (jeweils wieder je Beschäftigten) gibt an, wie sich die Kapitalintensität über die Zeit verändert. Beim Niveau K_0/N ist diese Differenz positiv: Die Investitionen übersteigen die Abschreibungen um den Betrag $CD = AC - AD$; die Kapitalintensität steigt also. Bewegen wir uns auf der Horizontalen nach rechts, so steigen die Investitionen aber immer weniger an, während die Abschreibungen relativ zum Kapital konstant bleiben. Zunächst steigt die Kapitalintensität noch weiter an, aber sobald sie den Wert K^*/N in ▶ **Abbildung 11.2** erreicht hat, sind die Investitionen gerade groß genug, um die Abschreibungen zu decken: Die Kapitalintensität bleibt von da an konstant. Weil die Investitionen links von K^*/N höher sind als die Abschreibungen, nimmt die Kapitalintensität zu. Dies wird durch die nach rechts gerichteten, entlang der Produktionsfunktion verlaufenden Pfeile verdeutlicht. Rechts von K^*/N dagegen übersteigen die Abschreibungen die Investitionen: Damit aber fällt die Kapitalintensität. Dies ist durch die nach links gerichteten, entlang der Produktionsfunktion verlaufenden Pfeile dargestellt.

Wenn das Kapital je Beschäftigten niedrig ist, wachsen Kapital je Beschäftigten und Produktion je Beschäftigten im Zeitablauf. Wenn das Kapital je Beschäftigten hoch ist, schrumpfen Kapital je Beschäftigten und Produktion je Beschäftigten im Zeitablauf.

Damit können wir nun einfach charakterisieren, wie sich Produktion je Beschäftigten und Kapitalintensität im Zeitablauf entwickeln. Angenommen, die Volkswirtschaft startet auf einem niedrigen Kapitalniveau (einer niedrigen Kapitalintensität) – etwa bei K_0/N in ▶ **Abbildung 11.2.** Da die Investitionen die Abschreibungen übersteigen, wird der Kapitalbestand größer. Weil die Produktion mit steigendem Kapital zunimmt, steigt auch die Produktion je Beschäftigten. Schließlich erreicht die Kapitalintensität das Niveau K^*/N. Die Investitionen entsprechen nun gerade den Abschreibungen. Sobald die Wirtschaft dieses Niveau K^*/N erreicht hat, bleiben Produktion je Beschäftigten und Kapitalintensität konstant. Y^*/N bzw. K^*/N bezeichnen einen Ruhepunkt oder Steady State – das langfristige Gleichgewichtsniveau.

Stellen wir uns ein Land vor, das im Krieg einen Teil seines Kapitalbestands verloren hat. Übersteigt der Verlust an Kapital den Verlust an Bevölkerung, geht das Land aus dem Krieg mit einer niedrigen Kapitalintensität hervor. Wir befinden uns also auf einem Punkt links von K^*/N. Das Land wird dann für einige Zeit durch stark wachsende Produktion und stark ansteigende Kapitalintensität gekennzeichnet sein. Dies beschreibt gut die Erfahrung vieler Länder nach dem Zweiten Weltkrieg, die durch eine überproportional große Zerstörung ihres Kapitalbestands geprägt waren (siehe Fokusbox *„Kapitalakkumulation und Wachstum nach dem Zweiten Weltkrieg"*).

Was sagt das Modell für das Nachkriegswachstum voraus, wenn ein Land proportionale Verluste an Bevölkerung und Kapital hinnehmen muss? Finden Sie diese Antwort überzeugend? Welche Elemente könnten in dem Modell fehlen?

Ist dagegen die Kapitalintensität sehr hoch (wie in den Punkten rechts von K^*/N), dann übersteigen die Abschreibungen die Investitionen, sodass Kapitalintensität und Produktion im Lauf der Zeit abnehmen: Die anfängliche Kapitalintensität kann bei gegebener Sparquote nicht aufrechterhalten werden. Sie wird so lange sinken, bis die Wirtschaft erneut den Punkt erreicht hat, bei dem die Investitionen gerade den Abschreibungen entsprechen, also beim Niveau K^*/N. Von da an bleiben Produktion je Beschäftigten und Kapitalintensität konstant.

11.2.2 Kapital und Produktion im Steady State

Untersuchen wir den Ruhepunkt, zu dem die Wirtschaft langfristig konvergiert, etwas genauer. Den Zustand, bei dem Produktion je Beschäftigten und Kapitalintensität sich nicht mehr verändern, bezeichnet man als Steady State. Der Steady-State-Wert für die Kapitalintensität lässt sich leicht ausrechnen. Weil er dadurch definiert ist, dass sich die Kapitalintensität nicht mehr verändert, setzen wir die linke Seite der ▶ Gleichung (11.3) einfach gleich null. Der Steady-State-Wert des Kapitals je Beschäftigten, K^*/N, berechnet sich dann als:

$$sf\left(\frac{K^*}{N}\right) = \delta\frac{K^*}{N} \tag{11.4}$$

Die Kapitalintensität im Steady State zeichnet sich dadurch aus, dass die Ersparnis je Beschäftigten (die linke Seite) gerade ausreicht, um die Abschreibungen des Kapitalstocks je Beschäftigten (die rechte Seite) zu decken.

Die Produktion je Beschäftigten (Y^*/N)im Steady State ergibt sich für K^*/N aus der Produktionsfunktion:

$$\frac{Y^*}{N} = f\left(\frac{K^*}{N}\right) \tag{11.5}$$

Damit haben wir alle Informationen, um zu untersuchen, wie sich Veränderungen der Sparquote auf die Produktion je Beschäftigten auswirken – sowohl im Zeitverlauf als auch im Steady State.

FOKUS

Kapitalakkumulation und Wachstum nach dem Zweiten Weltkrieg

Der Zweite Weltkrieg brachte in ganz Europa enorme Verluste an Menschen und Kapital. Allein in Frankreich starben 550.000 Menschen der Gesamtbevölkerung von 42 Millionen. Die Kapitalverluste waren dort noch viel größer. Schätzungen zufolge lag der Kapitalstock Frankreichs nach dem Krieg 30% unter seinem Vorkriegswert. Die Daten in ▶ **Tabelle 1** vermitteln ein deutliches Bild der Kapitalzerstörungen.

Unser Wachstumsmodell macht eine klare Aussage, wie sich Frankreich nach dem Verlust des Großteils seines Kapitalbestands entwickelt: Für einige Zeit werden Produktion und Kapitalbestand rasch wachsen. ▶ **Abbildung 11.2** verdeutlicht, dass bei einer anfänglich weit unter K^*/N liegenden Kapitalintensität die Wachstumsrate hoch sein wird, bis sie dann allmählich gegen K^*/N konvergiert (mit Y^*/N als Produktion je Beschäftigten). Dies beschreibt sehr gut, was sich in Frankreich während der Nachkriegszeit abgespielt hat. Zahlreiche Anekdoten belegen, dass schon ein kleiner Zuwachs an Kapital die Produktion stark steigen ließ. Kleinere Reparaturen an einer Brücke ermöglichen ihre Wiedereröffnung. Dies wiederum verringert Reisezeit und Transportkosten zwischen den Städten dramatisch. Die große Reduktion der Transportkosten erleichtert die Versorgung mit dringend benötigten Inputs und steigert damit die Produktion usw.

Die überzeugendsten Belege liefern die Wachstumszahlen der Produktion selbst. In den Jahren von 1946 bis 1950 war die jährliche Wachstumsrate des realen BIP in Frankreich extrem hoch – sie lag bei 9,6%. Das bedeutet, dass das reale BIP innerhalb von nur fünf Jahren um ca. 60% gestiegen ist.

Ist der gesamte Anstieg des französischen BIP auf Kapitalakkumulation zurückzuführen? Die Antwort lautet: Nein. Es gab noch andere Kräfte, die nicht in unserem Modell erfasst werden. Ein Großteil des 1945 verbliebenen Kapitalstocks war alt. Die Investitionen in Frankreich waren in den 1930er-Jahren (das von der Weltwirtschaftskrise dominierte Jahrzehnt) niedrig und kamen während des Krieges fast völlig zum Erliegen. Die Kapitalakkumulation in der Nachkriegszeit bedeutete also gleichzeitig auch die Einführung moderneren Kapitals, die Verwendung modernerer Produktionstechniken. Das ist ein weiterer wichtiger Grund für die hohen Wachstumsraten der Nachkriegszeit.

In Deutschland war die Ausgangssituation anders: Krieg und Vertreibung brachten dort Menschenverluste von rund 8,3 Mio. Toten (bei einer Bevölkerung von 46,5 Mio. in Westdeutschland 1946). Der Wert des Bruttoanlagevermögens der deutschen Industrie lag aber nach heutigen Schätzungen 1945 sogar um 21% höher als 1936. Auch nach der Demontage vieler Industrieanlagen war das Anlagevermögen 1948 immer noch um 11% höher, mit zudem vergleichsweise günstiger Altersstruktur – die Folge enormer Investitionen in die Rüstungsproduktion. Die Umstellung auf die Friedensproduktion war jedoch mit erheblichen Schwierigkeiten verbunden. Auch in Deutschland war zudem die öffentliche Infrastruktur (Gebäude und Verkehr) als wichtiger Bestandteil des Kapitalstocks weitgehend zerstört. Schließlich mussten neben 9–11 Millionen Heimkehrern aus der Kriegsgefangenschaft auch 11 bis 12 Millionen Vertriebene und Flüchtlinge aufgenommen werden. Erst nach der Währungsreform setzte das „deutsche Wirtschaftswunder“ ein.

Quellen: Gilles Saint-Paul, „Economic Reconstruction in France, 1945–1958“, in Rüdiger Dornbusch, Willem Nolling und Richard Layard (Hrsg.) Postwar Economic Reconstruction and Lessons for the East Today (Cambridge, MA: MIT Press, 1993), S. 83– 114. Werner Abelshauser: Wirtschaftsgeschichte der BRD 1945–1980, Frankfurt am Main: Suhrkamp, 1983, S. 22. und Ludger Lindlar: Das missverstandene Wirtschaftswunder. Tübingen: Mohr Siebeck, 1997.

Eisenbahnnetz (%)	Schienen	6	**Flüsse (%)**	Wasserwege	86
	Bahnhöfe	38		Kanalschleusen	11
	Lokomotiven	21		Schiffe	80
	Geräte	60	**Gebäude (Anzahl)**	Wohnungen	1.229.000
Straßen (%)	Autos	31		Industriegebäude	246.000
	Lastwagen	40			

Tabelle 1 Anteil des zerstörten Kapitalbestands in Frankreich am Ende des Zweiten Weltkriegs
Quelle: Gilles Saint-Paul – vgl. die Quellenangabe für diese Box.

11.2.3 Der Einfluss der Sparquote auf die Produktion

Kehren wir nun zu der am Anfang des Kapitels gestellten Frage zurück: Welchen Einfluss hat die Sparquote auf die Wachstumsrate der Produktion? Unsere Analyse gibt eine Antwort in drei Stufen:

Manche Ökonomen behaupten, dass das hohe Produktionswachstum in der Sowjetunion in der Ära Stalins das Ergebnis einer extrem hohen Sparquote gewesen ist und deshalb nicht dauerhaft aufrechterhalten werden konnte. Paul Krugman hat für diese Art von Wachstum die Bezeichnung „Stalinistisches Wachstum“ verwendet – Wachstum, das auf einer immer höheren Sparquote beruht.

Dauerhaftes Wachstum ist nur möglich, wenn es gelingt, durch stetigen technischen Fortschritt die Produktion pro Kopf zu steigern. Wir untersuchen dies in ▶ Kapitel 12 genauer.

1. Die Sparquote beeinflusst die langfristige Wachstumsrate der Produktion je Beschäftigten nicht. Diese liegt bei null.
   Diese Schlussfolgerung ist ziemlich offensichtlich: Wir haben gesehen, dass die Wirtschaft langfristig zu einem konstanten Produktionsniveau je Beschäftigten konvergiert. In anderen Worten: Die Wachstumsrate der Produktion ist gleich null – egal wie hoch die Sparquote ist.
   Warum liegt die langfristige Wachstumsrate bei null? Wie ließe sich in unserer Modellwirtschaft langfristig eine positive Wachstumsrate aufrechterhalten? Die Kapitalintensität müsste steigen. Aufgrund sinkender Grenzerträge des Kapitals müsste sie sogar stärker steigen als die Produktion pro Kopf. Von Jahr zu Jahr müsste also ein immer größerer Teil der Produktion gespart werden, um so immer mehr zusätzliches Kapital zu bilden. Irgendwann müsste dann aber der Anteil der Ersparnis an der Produktion größer als eins werden – es ist jedoch offensichtlich nicht möglich, mehr zu sparen als das, was produziert wird. Eine konstante positive Wachstumsrate lässt sich somit auf Dauer nicht aufrechterhalten. Langfristig muss die Kapitalintensität gegen einen konstanten Wert konvergieren. Damit kann auch die Produktion je Beschäftigten nicht mehr weiterwachsen.
2. Die Sparquote bestimmt aber die Höhe des langfristigen Produktionsniveaus je Beschäftigten. Ceteris paribus erreichen Länder mit einer höheren Sparquote langfristig ein höheres Produktionsniveau.
   ▶ **Abbildung 11.3** verdeutlicht dies. Stellen wir uns zwei Länder mit gleicher Produktionsfunktion, gleichem Beschäftigungsniveau und gleichen Abschreibungsraten vor. Sie unterscheiden sich allein in ihren Sparquoten s_0 und $s_1 > s_0$. ▶ **Abbildung 11.3** zeigt die gemeinsame Produktionsfunktion $f(K_t/N)$ sowie Ersparnis bzw. Investitionen als

Beachten Sie, dass sich die erste Aussage auf die Wachstumsrate der Produktion je Beschäftigen bezieht. Die zweite Aussage bezieht sich auf das Niveau der Produktion je Beschäftigten.

Funktion der Kapitalintensität für die beiden Länder, $s_0 f(K_t/N)$ und $s_1 f(K_t/N)$. Langfristig erreicht das Land mit der Sparquote s_0 das Niveau K_0/N bzw. Y_0/N. Das Land mit der Sparquote s_1 konvergiert dagegen zum höheren Niveau K_1/N bzw. Y_1/N.

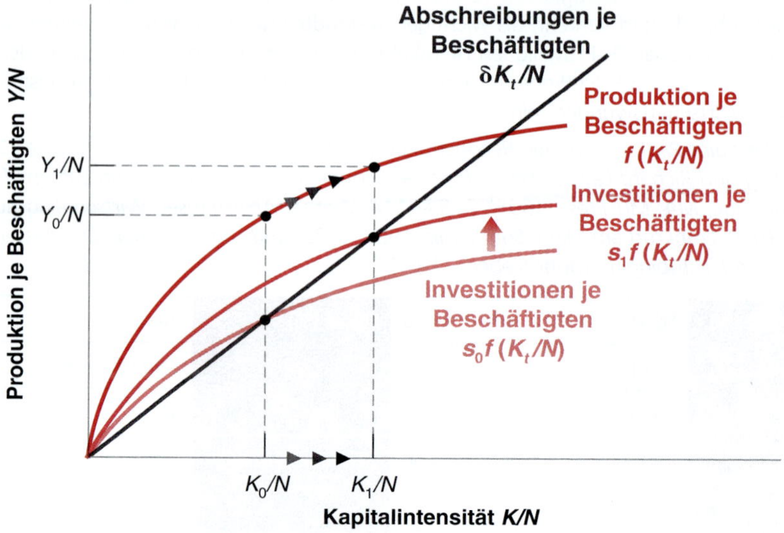

Abbildung 11.3 Die Auswirkungen unterschiedlicher Sparquoten. Ein Land mit einer höheren Sparquote erreicht im Steady State ein höheres Produktionsniveau je Erwerbstätigen.

3 Eine höhere Sparquote lässt für einige Zeit, nicht aber für immer, die Produktion stärker wachsen.

Dies folgt unmittelbar aus den beiden ersten Aussagen. Die erste zeigt, dass ein Anstieg der Sparquote die Wachstumsrate langfristig nicht beeinflussen kann (sie konvergiert gegen null). Die zweite Aussage verdeutlicht, dass das langfristige Produktionsniveau mit höherer Sparquote zunimmt. In der Zeit aber, in der die Produktion auf das neue, höhere Niveau ansteigt, muss die Wirtschaft somit eine Phase positiven Wachstums erleben. Diese Phase endet, sobald der neue Steady State erreicht ist.

▶ **Abbildung 11.3** kann dies wieder verdeutlichen. Stellen wir uns vor, ursprünglich liege die Sparquote bei s_0. Das Land befinde sich im Steady State mit der Kapitalintensität K_0/N und der Produktion je Beschäftigten Y_0/N. Was passiert nun, wenn die Sparquote von s_0 auf s_1 steigt – etwa, weil Sparen aufgrund von Steueränderungen attraktiver wird oder weil das staatliche Budgetdefizit abgebaut wird (die Ursache für die höhere Sparquote spielt keine Rolle)? Die Ersparnis und damit auch die Investitionen je Beschäftigten verschieben sich nach oben von $s_0 f(K_t/N)$ auf $s_1 f(K_t/N)$.

Bei der ursprünglichen Kapitalintensität K_0/N übersteigen die Investitionen nun die Abschreibungen; die Kapitalintensität steigt also. Damit steigt aber auch die Produktion je Beschäftigten. Das Land erlebt eine Phase positiven Wachstums. Erst wenn die Kapitalintensität schließlich den Wert K_1/N erreicht, entsprechen die Investitionen wieder den Abschreibungen. Der Wachstumsprozess ist zu Ende. Die Wirtschaft hat bei K_1/N einen neuen Steady State erreicht; die Produktion je Beschäftigten ist auf Y_1/N gestiegen. Wie sich Y/N im Zeitablauf entwickelt, macht ▶ **Abbildung 11.4** deutlich. Zum Zeitpunkt t_0 steigt die Sparquote von s_0 auf s_1. Ausgehend vom Niveau Y_0/N steigt die Produktion je Beschäftigten für einige Zeit, bis sie ihr neues Steady-State-Niveau Y_1/N erreicht hat. Die Wachstumsrate geht dann wieder auf null zurück.

Bei der Herleitung der drei Aussagen haben wir immer unterstellt, dass es keinen technischen Fortschritt gibt. Langfristig kann die Produktion je Beschäftigten dann nicht wachsen. Wir werden in ▶ **Kapitel 12** sehen, dass sich diese drei Aussagen aber auch auf eine Wirtschaft übertragen lassen, in der es technischen Fortschritt gibt. Schauen wir uns das Argument jetzt schon kurz an.

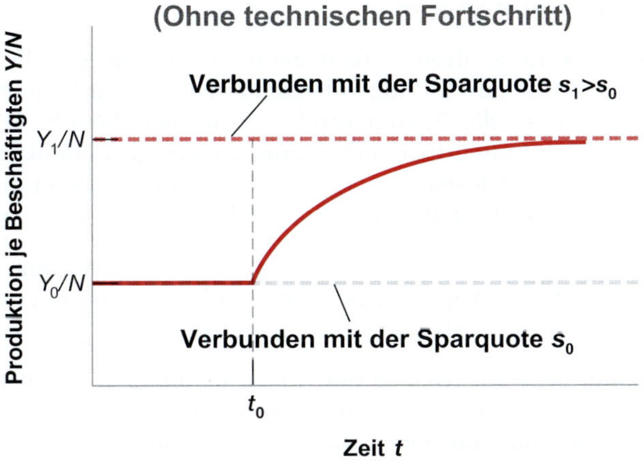

Abbildung 11.4 **Die Auswirkungen eines Anstiegs der Sparquote auf die Produktion je Beschäftigten.** Ein Anstieg der Sparquote führt zu einer Wachstumsperiode, bis die Produktion ihr neues, höheres Steady- State-Niveau erreicht hat.

In einer Wirtschaft mit technischem Fortschritt wächst auch langfristig die Produktion je Beschäftigten. Die langfristige Wachstumsrate wird bestimmt vom technischen Fortschritt; sie ist also wieder unabhängig von der Sparquote – dies entspricht der ersten oben hergeleiteten Aussage. Bei steigender Sparquote wächst die Wirtschaft nun für einige Zeit mit einer Rate, die über der Wachstumsrate im Steady State liegt – und zwar so lange, bis die Wirtschaft ihren neuen höheren Pfad erreicht (Aussage 3).

▶ **Abbildung 11.5** illustriert diese drei Aussagen. Sie erweitert ▶ **Abbildung 11.4**, indem sie technischen Fortschritt berücksichtigt. Die Abbildung misst die Produktion je Beschäftigten in logarithmischer Skalierung. Technischer Fortschritt lässt die Produktion je Beschäftigten mit konstanter Rate wachsen. In logarithmischer Skalierung wird dies durch eine Gerade dargestellt, deren Steigung der Wachstumsrate des technischen Fortschritts entspricht. Bei anfänglicher Sparquote s_0 wächst die Produktion entlang des Pfads *AA*. Steigt nun aber die Sparquote zum Zeitpunkt t_0 auf s_1, dann kommt es für einige Zeit zu höherem Wachstum, nämlich genau so lange, bis der neue, höhere Pfad *BB* erreicht ist. Entlang des Pfads *BB* wird die Wachstumsrate dann wieder von der Rate des technischen Fortschritts bestimmt (die Steigung entlang des Pfads *BB* entspricht also der Steigung von *AA*).

▶ **Anhang B am Ende des Buches erläutert die logarithmische Skalierung.**

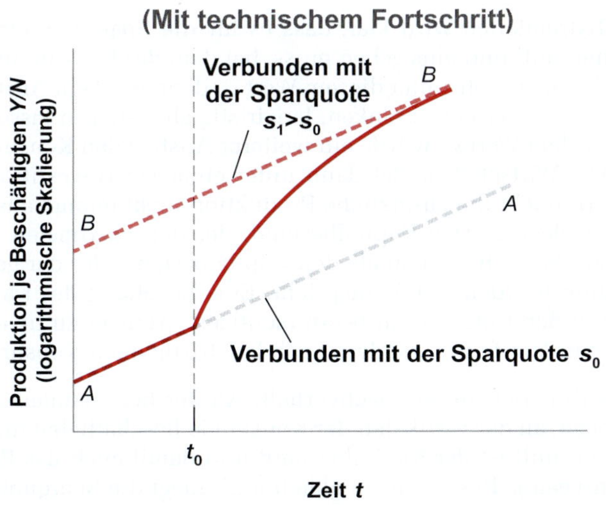

Abbildung 11.5 **Die Auswirkungen eines Anstiegs der Sparquote auf die Produktion je Beschäftigten in einer Volkswirtschaft mit technischem Fortschritt.** Ein Anstieg der Sparquote führt zu einer Periode mit höherem Wachstum, bis die Produktion einen neuen, höheren Wachstumspfad erreicht hat.

11.2.4 Sparquote und Konsum

Die Wirtschaftspolitik kann zahlreiche Instrumente einsetzen, um die Sparquote zu beeinflussen. Der Staat könnte durch Budgetüberschüsse selbst für höhere Ersparnis sorgen. Steuerermäßigungen können das Sparen attraktiver machen. Welche Sparquote sollte angestrebt werden? Um eine Antwort zu finden, müssen wir uns Gedanken darüber machen, wie sich die Ersparnis auf die Konsummöglichkeiten auswirkt: Denn die Menschen interessiert letztlich nicht, wie viel produziert wird, sondern wie viel sie konsumieren können.

Die Investitionen in einem Jahr beeinflussen den Kapitalbestand dieses Jahres nicht: I_t beeinflusst K_{t+1}, nicht K_t.

In diesem Abschnitt lassen wir zur Vereinfachung die Formulierung „je Beschäftigten" weg. Wir ignorieren auch den Anpassungsprozess und konzentrieren uns darauf, wie viel bei gegebener Sparquote langfristig (im Steady State) konsumiert werden kann.

Es liegt auf der Hand, dass ein Anstieg der Ersparnis anfänglich mit Kosten verbunden ist: Der Konsum muss eingeschränkt werden. Weil eine Veränderung der Sparquote den bestehenden Kapitalbestand und damit die Produktionsmöglichkeiten kurzfristig nicht beeinflusst, bedeutet höhere Ersparnis zwangsläufig zunächst einmal einen gleich großen Rückgang des Konsums.

Weil wir annehmen, dass die Beschäftigung konstant ist, ignorieren wir kurzfristige Effekte eines Anstiegs der Sparquote auf die Produktion, auf die wir uns in ▸ Kapitel 3 konzentriert haben. Kurzfristig führt ein Anstieg der Sparquote nicht nur zu einer Senkung des Konsums bei konstantem Einkommen, sondern kann darüber hinaus eine Rezession verursachen und das Einkommen bzw. den Konsum zusätzlich verringern. Wir werden auf die Diskussion der kurz- und langfristigen Effekte von Veränderungen der Ersparnis an verschiedenen Stellen des Buches zurückkommen.

Ermöglicht größere Ersparnis wenigstens langfristig höheren Konsum? Nicht notwendigerweise. Der Konsum kann durchaus auch auf lange Sicht zurückgehen. Dies mag zunächst überraschen. Schließlich wissen wir von ▸ **Abbildung 11.3**, dass ein Anstieg der Sparquote das Produktionsniveau je Beschäftigten auf jeden Fall erhöht. Produktion ist aber nicht das Gleiche wie Konsum. Dies verstehen wir am besten, wenn wir zwei extreme Fälle der Sparquote betrachten.

Ist die Sparquote gleich null (und war sie immer gleich null), ist auch der Kapitalbestand gleich null. Wenn Kapital ein essentieller Produktionsfaktor ist, sind dann weder Produktion noch Konsum möglich. Eine Sparquote von null impliziert damit langfristig einen Konsum von null.

Betrachten wir nun das andere Extrem, eine Volkswirtschaft mit einer Sparquote von eins: Die Menschen sparen ihr gesamtes Einkommen. Der Kapitalstock ist sehr groß; die Produktion wird also sehr hoch sein. Da aber die Menschen ihr gesamtes Einkommen sparen, ist wieder kein Konsum möglich. Die Volkswirtschaft weist einen exzessiven Kapitalbestand auf: Die gesamte Produktion muss eingesetzt werden, nur um die Abschreibungen des hohen Kapitalbestandes auszugleichen! Eine Sparquote von eins impliziert also langfristig ebenfalls einen Konsum von null.

Aus den beiden Extremfällen wird klar, dass es für die Sparquote einen Wert (nennen wir ihn s_G) zwischen null und eins geben muss, bei dem der Konsum im Steady State am größten ist. Liegt die Sparquote unter diesem Wert s_G, dann wird ein Anstieg der Sparquote den Konsum zunächst zwar einschränken, langfristig aber steigen lassen. Liegt die Sparquote dagegen über dem Wert s_G, würde ein weiterer Anstieg den Konsum auch langfristig beeinträchtigen. Die Wirtschaft leidet dann unter einer Überinvestition: Wird mehr gespart und investiert, reicht die zusätzliche Produktion nicht einmal aus, um die höheren Abschreibungen zu decken. Den Kapitalbestand, der den maximalen Konsum im Steady State ermöglicht, bezeichnet man als den Kapitalbestand, der der goldenen Regel der Kapitalakkumulation (Golden Rule) entspricht. Eine Erhöhung des Kapitals über dieses Niveau hinaus kann den Konsum nur beeinträchtigen. Weniger zu investieren, würde in diesem Fall nicht nur kurzfristig, sondern auch langfristig mehr Konsum ermöglichen.

▸ **Abbildung 11.6** illustriert diesen Sachverhalt. An der horizontalen Achse ist dort die Sparquote abgetragen, an der vertikalen der Konsum je Beschäftigten im Steady State. Bei einer Sparquote von null ist der Kapitalbestand und damit auch das Produktionsniveau und das Konsumniveau je Beschäftigten gleich null. Liegt die Sparquote zwischen 0 und s_G, (G steht für Golden Rule), steigt mit zunehmender Sparquote langfristig die Kapitalintensität, die Produktion und auch der Konsum je Beschäftigten. Steigt die Sparquote aber über s_G hinaus, wird zwar die Kapitalintensität und die Produktion je Beschäftigten weiter zunehmen; der Konsum aber geht zurück: Dies liegt daran, dass der Anstieg der Produktion mehr als wettgemacht wird durch die höheren Abschreibungen, die sich aus dem höheren Kapitalbestand ergeben. Für $s = 1$ ist der Konsum je Beschäftigten wieder gleich null. Die gesamte Produktion wird zum Ersatz der Abschreibungen eingesetzt, sodass nichts für den Konsum übrig bleibt.

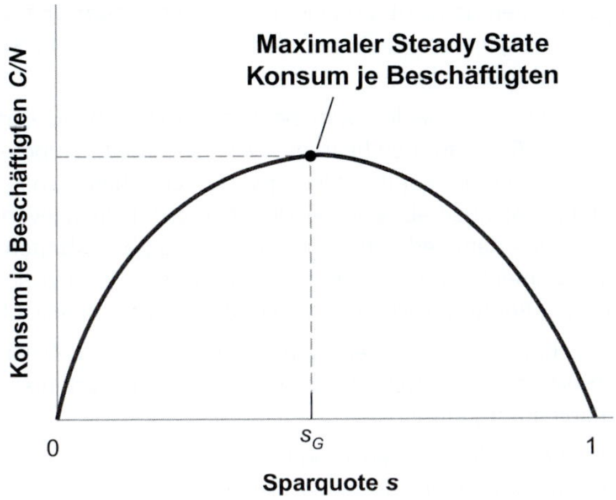

Abbildung 11.6 Die Auswirkungen der Sparquote auf den Konsum je Beschäftigten im Steady State. Ein Anstieg der Sparquote bis s_G führt zu einem Anstieg, ein weiterer Anstieg über s_G hinaus zu einem Rückgang des Konsums je Beschäftigten im Steady State.

Müssen wir uns Sorgen darüber machen, dass manche Länder vielleicht eine zu hohe Ausstattung an Kapital aufweisen, also mehr als den Golden-Rule-Kapitalbestand? Keineswegs. Der empirische Befund weist darauf hin, dass der Kapitalbestand in den meisten OECD-Staaten vielmehr weit unter dem von der goldenen Regel charakterisierten Bestand liegt. Würden sie ihre Ersparnis erhöhen, dann würde dies langfristig zu höherem Konsum führen.

Das bedeutet, die Wirtschaftspolitik sieht sich einem Trade-off gegenüber: Ein Anstieg der Sparquote verringert den Konsum für einige Zeit, erhöht ihn später aber. Was sollten wir tun? Sollten wir versuchen, einen Kapitalbestand aufzubauen, der möglichst nahe an die goldene Regel herankommt? Nicht unbedingt. Schließlich wird die gegenwärtige Generation bei einer solchen Politik wahrscheinlich verlieren (weniger konsumieren), während künftige Generationen davon profitieren. Die Antwort hängt davon ab, wie wir die Wohlfahrt der gegenwärtigen Generation im Vergleich zur Wohlfahrt künftiger Generationen gewichten. Wirtschaftspolitisch gilt: Künftige Generationen wählen noch nicht. Deshalb ist es unwahrscheinlich, dass Regierungen der gegenwärtigen Generation große Opfer abverlangen. Das bedeutet wiederum, der Kapitalbestand liegt wahrscheinlich weit unter dem Niveau der goldenen Regel. Diese Generationenkonflikte sind besonders bei der derzeitigen Debatte zur Rentenversicherungsreform evident. Sie wird in der Fokusbox *„Rentenversicherung, Rentenversicherungsreform und Kapitalakkumulation"* beleuchtet.

FOKUS

Rentenversicherung, Rentenversicherungsreform und Kapitalakkumulation

Die Rentenversicherung wurde in Deutschland als erstes staatliches Rentensystem der Welt schon 1889 von Otto von Bismarck eingeführt. Ziel der gesetzlichen Rentenversicherung war es sicherzustellen, dass ältere Menschen genug Einkommen zum Leben haben. Daraus entstand ein enormes Umverteilungsprogramm. Die an Rentner und Pensionäre gezahlten Leistungen machten 2015 rund 11% des BIP aus. Der Großteil der Bevölkerung über 65 bezieht sein Haupteinkommen aus der gesetzlichen Rentenversicherung. Im Durchschnitt beträgt der Anteil der Renten am Gesamteinkommen der über 65-jährigen im Jahr 2015 63%.

Grundsätzlich lässt sich ein Rentenversicherungssystem nach zwei Möglichkeiten organisieren.

- Im ersten System zahlen die Beschäftigten Rentenversicherungsbeiträge; diese Beiträge werden dann unmittelbar im gleichen Jahr als Leistungen an die jeweiligen Rentner ausgezahlt. Ein solches System bezeichnet man als **Umlageverfahren**.
- Im zweiten System investieren die Beschäftigten ihre Rentenzahlungen in Finanzanlagen; im Rentenalter erhalten sie ihre Investitionen dann einschließlich der Erträge zurück. Ein solches System wird Kapitaldeckungsverfahren genannt: Zu jedem Zeitpunkt verfügt dieses System über Fonds in Höhe der akkumulierten Versicherungsbeiträge, die Leistungen werden erst ausgezahlt, wenn die Beschäftigten das Rentenalter erreichen.

Aus Sicht der Rentner erscheinen die beiden Systeme ziemlich ähnlich, sie sind aber nicht identisch: In beiden Systemen zahlen die Beschäftigten Beiträge, wenn sie arbeiten, und erhalten Leistungen bei Renteneintritt. Wie viel die Rentner im Kapitaldeckungsverfahren erhalten, hängt von der Rendite der vom Rentenfonds gehaltenen Anlagen ab. Wie viel die Rentner im Umlageverfahren erhalten, hängt langfristig von der Demografie - dem Verhältnis von Rentnern zu Beschäftigten - und dem Produktivitätswachstum ab (den Zusammenhang betrachten wir im nächsten Kapitel genauer). Auch eine Anpassung der Beitragssätze zur Rentenversicherung wirkt sich auf die Rentenzahlungen aus.

Aus Sicht der Gesamtwirtschaft sind die beiden Systeme aber sehr verschieden: Im Umlageverfahren werden die Beiträge umverteilt, nicht investiert; im Kapitaldeckungsverfahren werden sie investiert, was zu einem höheren Kapitalbestand führt.

Die Rentenversicherungssysteme der meisten Länder sind als Mischung zwischen Umlageverfahren und Kapitaldeckungsverfahren konzipiert; sie stehen derzeit aber vor großen Herausforderungen. Die gesetzliche Rentenversicherung in Deutschland war zunächst als Kapitaldeckungsverfahren gestaltet. Bis zum Jahr 1956 zahlte jeder Versicherungspflichtige seine Beiträge noch auf ein persönliches Rentenkonto und sparte somit sein Alterskapital an. Der Zweite Weltkrieg hatte aber die Beitragsreserven dramatisch reduziert. Die Generation, die bereits in der Weltwirtschaftskrise und während des Zweiten Weltkrieges stark gelitten hatte, sollte jedoch nicht zusätzlich noch durch Altersarmut belastet werden. Deshalb wurde im Zuge der Rentenreform von 1957 (schrittweise) eine umlagefinanzierte dynamische Rente eingeführt. Im Einführungsjahr ermöglichte dies einen Anstieg der durchschnittlichen Rente im Vergleich zum Vorjahr um über 60%. In den Folgejahren orientierten sich die Rentenerhöhungen an der deutschen Bruttolohnentwicklung.

Nach Jahren der Ausdehnung der Versicherungsleistungen (beispielsweise Senkung der flexiblen Altersgrenze auf 60 Jahre, Verbesserung der Absicherung von nicht erwerbstätigen Frauen) kam es 1992 im Anschluss an die deutsche Einheit zu einer neuen Rentenreform. Um der steigenden Belastung der arbeitenden Bevölkerung durch Steuern und Sozialabgaben Rechnung zu tragen, wurden weitere Rentenerhöhungen an die Nettolohnentwicklung gekoppelt und das gesetzliche Renteneintrittsalter wurde auf 65 Jahre angehoben.

Das langfristige Hauptproblem der deutschen Rentenversicherung, das ebenso in praktisch allen anderen Industriestaaten mit einem Umlageverfahren besteht, wurde dadurch aber nicht gelöst: der demografische Wandel. Steigende Lebenserwartung und damit eine steigende Bezugsdauer von Rentenzahlungen sowie zurückgehende Geburtenraten erhöhen den sogenannten Altenquotienten, der das Verhältnis der alten zu den arbeitsfähigen Mitgliedern der Gesellschaft widerspiegelt. ▶ **Abbildung 1** zeigt die Entwicklung des Altenquotienten für unterschiedliche Renteneintrittsalter, nämlich 60, 65, 67 und 70 Jahre. Läge das Renteneintrittsalter noch bei 60 Jahren, ergäbe sich für den Altenquotienten im Jahr 2018 der Wert 52,3. Knapp zwei Junge ($100/52,3\ =\ 1,91$ müssten einen Rentner finanzieren. Dieser Altenquotient steigt bis 2060 steil an auf 80. Einem Rentner würden dann nur mehr $1,25(\ =\ 100/80)$ Personen im Alter von 20 bis 60 Jahren gegenüberstehen.

Ohne Veränderungen des Umlageverfahrens und insbesondere des Renteneintrittsalters hätte diese Entwicklung zur Folge, dass entweder der Rentenbeitragssatz von heute 18,6% (Stand: 2020) deutlich angehoben oder das Rentenniveau entsprechend abgesenkt werden müsste. Die Folge wäre eine starke Belastung zumindest einer der beiden dann lebenden Generationen. Im vergangenen Jahrzehnt wurde durch die Einführung eines Nachhaltigkeitsfaktors, der die Rentenhöhe an das Verhältnis von Beitragszahlern zu Rentnern koppelt, eine Dämpfung der jährlichen Rentenanpassungen beschlossen. Zudem wird das Renteneintrittsalter seit 2012 stufenweise von 65 auf 67 Jahre bis 2029 angehoben. Damit sollte der Rentenbeitragssatzanstieg 2030 auf maximal 22% begrenzt und das Versorgungsniveau der gesetzlichen Rentenversicherung netto vor Steuern bei mindestens 43% gehalten werden.

Mit der Anhebung des Renteneintrittsalters soll der Anstieg des Altenquotienten gebremst werden. Der Schätzung in ▶ **Abbildung 1** zufolge liegt der Altenquotient im Jahr 2060 bei einer Rente ab 67 Jahren bei 50,2. Steigt das Renteneintrittsalter gar auf 70, sinkt er auf 40,3.

Eine genaue Prognose dieser Werte erfordert sehr schwierige Schätzungen nicht nur über die demografische, sondern auch über die Beschäftigungsentwicklung. Die starke Migration nach Deutschland könnte die Effekte des Anstiegs des Altenkoeffizienten abmildern, sofern die neu Zugewanderten rasch Beschäftigung finden und ihre durchschnittliche Qualifikation derjenigen der bisherigen Bevölkerungsstruktur entspricht. Bleibt aber ein Großteil der Flüchtlinge unqualifiziert oder kehrt wieder in ihre Heimat zurück, könnte die Belastung dagegen noch weiter ansteigen. Angesichts der hohen Unsicherheit über die Zuwanderung berechnet das Statistische Bundesamt recht unterschiedliche Szenarien. ▶ **Abbildung 1** gibt davon „Variante 2" wieder, die eine moderate Entwicklung der entscheidenden Bestimmungsfaktoren unterstellt: eine Geburtenrate von 1,55 Kindern je Frau, Lebenserwartung bei Geburt 2060 für Jungen 84,4/Mädchen 88,1 Jahre, durchschnittlicher Wanderungssaldo 221 000 Personen pro Jahr.

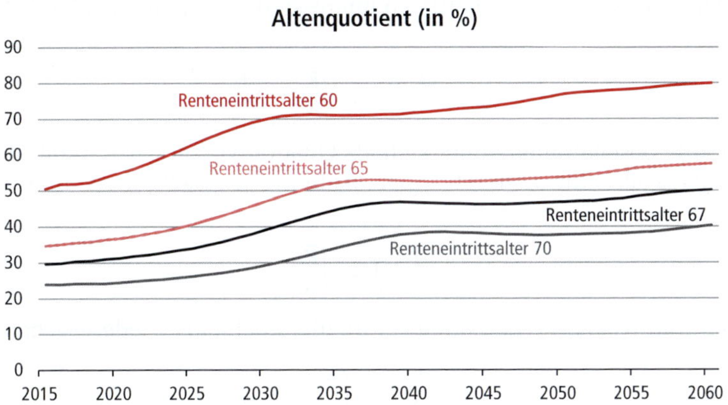

Abbildung 1 Prognostizierter Altenquotient für verschiedene Renteneintrittsalter (60, 65, 67 und 70), 2018–2060

Quelle: Statistisches Bundesamt, Wiesbaden, 2019. Variante 2 (Moderate Entwicklung von Fertilität, Lebenserwartung und Wanderung) der 14. koordinierten Bevölkerungsvorausberechnung

Im Jahr 2001 wurde schließlich mit der sogenannten Riester-Rente eine neue Form einer staatlich geförderten kapitalgedeckten Alterssicherung eingeführt in der Absicht, als Ergänzung und Wiedereinstieg in ein Teilkapitaldeckungsverfahren auch private Altersvorsorge anzuregen. Manche haben als Lösung des Problems gar die vollständige Umstellung des Umlageverfahrens auf ein Kapitaldeckungsverfahren vorgeschlagen. Was sollte man davon halten? Ohne Einführung des Umlageverfahrens ab 1957 hätte es keinen Einführungsgewinn für die Kriegsgeneration gegeben. Deutschland besäße eine höhere Sparquote. Dadurch wäre der deutsche Kapitalbestand größer, ebenso lägen Produktion und Konsum auf höherem Niveau. Man kann aber die Geschichte nicht umschreiben. Das existierende System hat den Rentnern gegenüber Versprechungen gemacht, die eingelöst werden müssen. Das heißt, wenn der Wunsch eines Wechsels zu einem Kapitaldeckungsverfahren besteht, dann müssten die gegenwärtig Beschäftigten einen zweifachen Beitrag leisten. Einmal zur Finanzierung der den Rentnern versprochenen Leistungen und ein weiteres Mal, um das System mit einem Fonds auszustatten und ihre eigene Rente zu finanzieren.

Dies mag langfristig vorteilhaft sein, es würde den gegenwärtig Beschäftigten aber eine enorme Last aufbürden. Praktisch folgt daraus, dass ein solcher Wechsel zu einem Kapitaldeckungsverfahren – wenn überhaupt – sehr langsam erfolgen muss, damit die Anpassungskosten nicht übermäßig zu Lasten einer einzelnen Generation gehen.

Weiterführende Literatur: Einen guten Überblick über die Reformalternativen der Rentenversicherung in Deutschland gibt das Gutachten „Grundlegende Reform der gesetzlichen Rentenversicherung" des wissenschaftlichen Beirats beim Bundesministerium für Wirtschaft (1998): Studienreihe Nr. 99, Bonn. Regelmäßige Informationen finden Sie in den Jahresgutachten des Sachverständigenrats zur Begutachtung der gesamtwirtschaftlichen Entwicklung, Wiesbaden. Die Deutsche Bundesbank gibt in ihrem Monatsbericht vom August 2016 (S. 69–78) einen Überblick zur längerfristigen Entwicklung der Alterssicherung.

11.3 Ein Gefühl für die Größenordnungen

Wie stark wirkt sich eine Veränderung der Sparquote langfristig auf die Produktion aus? Für wie lange und wie stark beeinflusst sie das Wachstum? Wie weit sind wir vom Kapitalbestand der goldenen Regel entfernt? Wir bekommen ein besseres Verständnis für diese Fragen, wenn wir in unserem Modell konkrete Annahmen treffen, Werte einsetzen und die Ergebnisse analysieren.

Dies ist ein Spezialfall der Cobb-Douglas-Produktionsfunktion – vgl. den ▶ Anhang des Kapitels.

Gehen wir von folgender Produktionsfunktion aus:

$$Y = \sqrt{K}\sqrt{N} \tag{11.6}$$

Die Produktion ergibt sich als Produkt der Quadratwurzel aus Kapital und Arbeit. Diese Funktion weist konstante Skalenerträge und für beide Inputs (Kapital wie Arbeit) abnehmende Grenzerträge auf.

Das zweite Gleichheitszeichen folgt aus $\sqrt{N}/N = \sqrt{N}/(\sqrt{N}\sqrt{N}) = 1/\sqrt{N}$

Weil wir an der Produktion je Beschäftigten interessiert sind, teilen wir beide Seiten durch N:

$$\frac{Y}{N} = \frac{\sqrt{K}\sqrt{N}}{N} = \frac{\sqrt{K}}{\sqrt{N}} = \sqrt{\frac{K}{N}}$$

Die Produktion je Beschäftigten ergibt sich als Quadratwurzel der Kapitalintensität. Dies ist nichts anderes als eine konkrete Spezifikation der Produktionsfunktion f ▶ (Gleichung (11.1)):

$$f\left(\frac{K_t}{N}\right) = \sqrt{\frac{K_t}{N}}$$

Betrachten wir nun wieder ▶ Gleichung (11.3), hier nochmals wiedergegeben:

$$\frac{K_{t+1}}{N} - \frac{K_t}{N} = sf\left(\frac{K_t}{N}\right) - \delta\frac{K_t}{N}$$

Setzen wir die konkrete Produktionsfunktion für $f(K_t/N)$ ein, so erhalten wir:

$$\frac{K_{t+1}}{N} - \frac{K_t}{N} = s\sqrt{\frac{K_t}{N}} - \delta\frac{K_t}{N} \tag{11.7}$$

Diese Gleichung beschreibt, wie sich der Kapitalbestand je Beschäftigten im Zeitverlauf entwickelt. Was lernen wir daraus?

11.3.1 Wie wirkt sich ein Anstieg der Sparquote auf die Steady-State-Produktion aus?

Wie stark verändert sich langfristig (im Steady State) die Produktion je Beschäftigten, wenn die Sparquote steigt?

Beginnen wir mit ▶ Gleichung (11.7). Im Steady State bleibt die Kapitalintensität konstant – die linke Seite der Gleichung ist gleich null. Es gilt also:

$$s\sqrt{\frac{K}{N}} = \delta\frac{K}{N}$$

(Wir ignorieren Zeitindizes. Im Steady State werden sie nicht mehr benötigt, weil K/N konstant bleibt). Wenn man beide Seiten quadriert, erhalten wir:

$$s^2\frac{K}{N} = \delta^2\left(\frac{K}{N}\right)^2$$

Teilen durch K/N liefert nach geeigneter Umformulierung:

$$\frac{K}{N} = \left(\frac{s}{\delta}\right)^2 \tag{11.8}$$

Die Kapitalintensität im Steady State entspricht dem Quadrat des Quotienten aus Sparquote und Abschreibungsrate.

Unter Verwendung von ▶ (11.6) folgt aus ▶ (11.8), dass die Produktion je Beschäftigten im Steady State durch den Quotienten aus Sparquote und Abschreibungsrate bestimmt ist:

$$\frac{Y}{N} = \sqrt{\frac{K}{N}} = \sqrt{\left(\frac{s}{\delta}\right)^2} = \frac{s}{\delta} \tag{11.9}$$

Steigt die Sparquote oder sinkt die Abschreibungsrate, so nehmen sowohl Kapitalintensität als auch die Produktion je Beschäftigten im Steady State zu (▶ Gleichung (11.8) bzw. ▶ Gleichung (11.9)). Betrachten wir ein numerisches Beispiel: Liegen sowohl Abschreibungsrate als auch Sparquote bei 10% pro Jahr, dann sind im Steady State nach ▶ Gleichung (11.8) und ▶ Gleichung (11.9) sowohl Kapitalintensität als auch die Produktion je Beschäftigten gerade gleich 1. Was passiert, wenn sich die Sparquote von 10 auf 20% verdoppelt? ▶ Gleichung (11.8) zeigt, dass im neuen Steady State die Kapitalintensität von 1 auf 4 steigt. Aus ▶ Gleichung (11.9) folgt, dass sich die Produktion je Beschäftigten von 1 auf 2 verdoppelt. Eine Verdoppelung der Sparquote führt also langfristig zu einer Verdoppelung der Produktion je Beschäftigten. Dies ist ein beachtlicher Effekt.

11.3.2 Wie wirkt sich ein Anstieg der Sparquote auf den Anpassungsprozess aus?

Gerade haben wir berechnet, welchen neuen Gleichgewichtswert die Wirtschaft langfristig erreichen wird, wenn die Sparquote steigt. Wie lange aber dauert der Prozess, bis die Produktion ihr neues Steady-State-Niveau erreicht hat? Mit anderen Worten: Wie stark und für wie lange wirkt sich die höhere Sparquote auf die Wachstumsrate aus?

Um diese Frage zu beantworten, müssen wir anhand von ▶ Gleichung (11.7) für die einzelnen Jahre 0, 1 usw. die Werte für die Kapitalintensität bestimmen.

Nehmen wir wieder an, die Sparquote steigt im Jahr 0 von 0,1 auf 0,2 und verharrt für immer auf diesem Niveau. Im Jahr 0 erfährt der Kapitalstock keine Veränderung. (Wir gehen davon aus, dass es ein Jahr dauert, bis sich Ersparnis und Investitionen im Kapitalstock widerspiegeln.) Die Kapitalintensität bleibt also zunächst unverändert bei dem ursprünglichen (mit der Sparquote von 0,1 verbundenen) Steady State-Niveau von 1, entsprechend ▶ Gleichung (11.8):

$$\frac{K_0}{N} = \left(\frac{0,1}{0,1}\right)^2 = 1^2 = 1$$

▶ Gleichung (11.7) liefert uns für das nächste Jahr 1:

$$\frac{K_1}{N} - \frac{K_0}{N} = s\sqrt{\frac{K_0}{N}} - \delta\frac{K_0}{N}$$

Bei einer Abschreibungsrate von 0,1 und einer nun auf 0,2 erhöhten Sparquote impliziert dies:

$$\frac{K_1}{N} - 1 = [(0,2)(\sqrt{1})] - [(0,1)1]$$

oder

$$\frac{K_1}{N} = 1,1$$

Auf die gleiche Art können wir nun auch K_2/N usw. bestimmen: Ausgehend von der Kapitalintensität im Jahr t erhalten wir aus ▶ Gleichung (11.6) die Werte für die Produktion je Beschäftigten im gleichen Jahr. Zusammen mit der Sparquote ist damit der Anstieg der Kapitalintensität im Folgejahr bestimmt. ▶ **Abbildung 11.7** zeigt die Ergebnisse dieser Berechnung. ▶ **Abbildung 11.7a** stellt dar, wie sich das Produktionsniveau je Beschäftigten

Y/N im Zeitablauf entwickelt – ausgehend vom Anfangswert 1 im Jahr 0 bis zum langfristigen Steady-State-Wert von 2. ▶ **Abbildung 11.7b** zeigt die gleichen Informationen, aber als Wachstumsraten im Zeitablauf. Am Anfang ist das Wachstum der Produktion je Beschäftigten am höchsten; es nimmt dann im Zeitverlauf ab. Sobald die Ökonomie den neuen Steady State erreicht hat, geht die Wachstumsrate wieder auf null zurück.

Die ▶ **Abbildung 11.7** zeigt deutlich, dass die Anpassung an das neue, höhere langfristige Gleichgewicht lange dauert. Nach zehn Jahren ist sie erst zu 40% abgeschlossen, nach 20 Jahren zu 63%. Anders gesagt: Der Anstieg der Sparquote lässt die Wachstumsrate für längere Zeit ansteigen. Die durchschnittliche Wachstumsrate während der ersten zehn Jahre beträgt 3,1% und 1,5% in den darauf folgenden zehn Jahren. Obschon die Sparquote langfristig keinen Einfluss auf das Wachstum hat, führt ein Anstieg doch für einige Zeit zu höherem Wachstum.

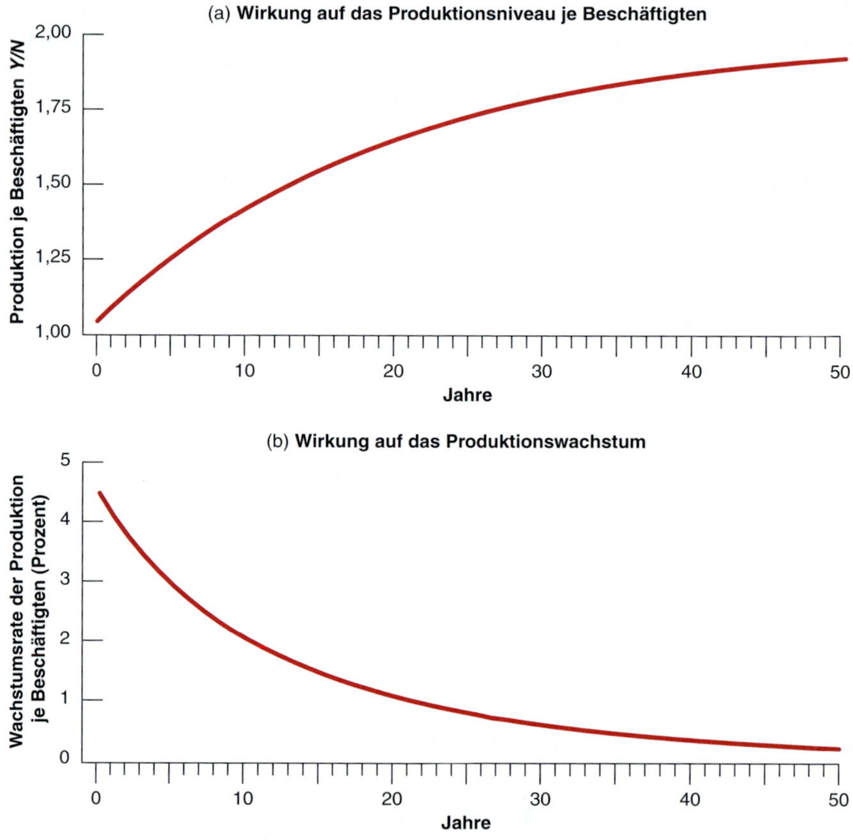

Abbildung 11.7 Der Anpassungsprozess des Niveaus und der Wachstumsrate der Produktion je Beschäftigten bei einem Anstieg der Sparquote von 10% auf 20%. Es dauert lange, bis sich die Produktion nach einem Anstieg der Sparquote auf ihr höheres Niveau angepasst hat. Anders gesagt: Ein Anstieg der Sparquote führt zu einer langen Periode höheren Wachstums.

Kehren wir zu der am Anfang des Kapitels gestellten Frage zurück: Kann die geringe Sparquote der USA erklären, warum die US-Wachstumsrate seit 1950 im Vergleich zu anderen OECD-Staaten relativ niedrig war? Die Antwort lautet: Ja, wenn die USA in der Vergangenheit eine höhere Sparquote gehabt hätte und diese Sparquote in den letzten 50 Jahren substanziell zurückgegangen wäre. Wäre dies der Fall, könnte dies in Übereinstimmung mit dem Mechanismus der ▶ **Abbildung 11.7** die Periode geringeren Wachstums der USA in den letzten 50 Jahren erklären (mit umgekehrten Vorzeichen, da wir einen Rückgang der Sparquote – keinen Anstieg – betrachten). Dies ist aber nicht der Fall: Die US-Sparquote ist schon sehr lange niedrig. Geringe Ersparnisse können die schlechte USWachstumsperformance der letzten 50 Jahre nicht erklären.

11.3.3 Die Sparquote aus Sicht der goldenen Regel

Welche Sparquote würde den Konsum je Beschäftigten im Steady State maximieren? Langfristig kann das konsumiert werden, was übrig bleibt, wenn genug investiert wurde, um den Kapitalbestand konstant zu halten. Etwas formaler: Im Steady State entspricht der Konsum je Beschäftigten der Differenz aus Produktion und Abschreibungen je Beschäftigten.

$$\frac{C}{N} = \frac{Y}{N} - \delta\frac{K}{N}$$

Die ▸ Gleichungen (11.8) und ▸ (11.9) geben uns die Steady-State-Werte von Kapitalintensität und Produktion je Beschäftigten. Der Konsum je Beschäftigten beträgt dann:

$$\frac{C}{N} = \left(\frac{s}{\delta}\right) - \delta\left(\frac{s}{\delta}\right)^2 = \frac{s(1-s)}{\delta}$$

Ausgehend von dieser Gleichung und den ▸ Gleichungen (11.8) und ▸ (11.9) gibt ▸ **Tabelle 11.1** die Steady-State-Werte für Kapital, Produktion und Konsum ((jeweils) je Beschäftigten) für unterschiedliche Sparquoten (bei einer Abschreibungsrate von 10%) wieder.

Sparquote s	Kapital je Beschäftigten *K/N*	Produktion je Beschäftigten *Y/N*	Konsum je Beschäftigten *C/N*
0,0	0,0	0,0	0,0
0,1	1,0	1,0	0,9
0,2	4,0	2,0	1,6
0,3	9,0	3,0	2,1
0,4	16,0	4,0	2,4
0,5	25,0	5,0	2,5
0,6	36,0	6,0	2,4
-	-	-	-
1,0	100,0	10,0	0,0

Tabelle 11.1 Die Sparquote und die Steady-State-Werte von Kapital, Produktion und Konsum je Beschäftigten

Der langfristige (Steady State-) Konsum je Beschäftigten wird bei einer Sparquote von 1/2 maximal: Der Kapitalbestand der goldenen Regel lässt sich an der Sparquote von 50% ablesen. Liegt die Sparquote niedriger, steigt der Konsum je Beschäftigten langfristig, wenn mehr gespart wird. Umgekehrt verhält es sich für Sparquoten über 50%. Manche Länder haben eine Sparquote von über 40%. In Deutschland lag die Sparquote im Durchschnitt der letzten 50 Jahre bei 22%. So unpräzise unsere Berechnung auch ist, ein Anstieg der Sparquote würde in den meisten Volkswirtschaften langfristig sowohl Produktion als auch Konsum je Beschäftigten erhöhen.

Überprüfen Sie Ihr Verständnis des Themas: Nutzen Sie die Gleichungen dieses Abschnittes, um das Für und Wider von politischen Maßnahmen zu diskutieren, die sich zum Ziel setzen, die Sparquote zu erhöhen.

FOKUS

Wie Nudging amerikanische Sparer dazu verleiten soll, mehr zu sparen

Haushalte in den USA haben traditionell wenig gespart. Ihre Sparquote (der Anteil der Ersparnis am verfügbaren Einkommen) ist zwischen 1970 und 2005 stetig gesunken von über 12% auf unter 4% (vgl. ▸ **Abbildung 1**). Im gleichen Zeitraum lag die deutsche Sparquote dagegen beständig bei 10 bis 14% (in Deutschland müssen sozialversicherungspflichtige Arbeitnehmer einen Teil ihres Einkommens als Pflichtbeitrag in die Rentenversicherung einzahlen).

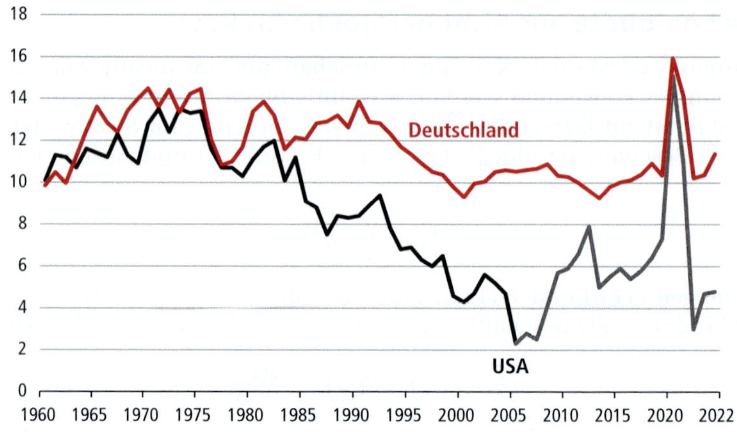

Abbildung 1 Sparquote (als Anteil der Ersparnis am verfügbaren Einkommen) USA und Deutschland seit 1960
Quelle: OECD Economic Outlook (https://data.oecd.org/hha/household-savings.htm); FRED-Code für USA: PSAVERT

Verschiedene Regierungen in Washington versuchten immer wieder, die Sparquote in den USA durch Steueranreize zu steigern – jedoch ohne durchschlagenden Erfolg. Angesichts dieser Fehlschläge schlug Richard Thaler (ein führender Vertreter der Verhaltensökonomie – 2017 erhielt er den Nobelpreis) einen anderen Ansatz vor. Er argumentierte, die Gründe für die geringen Ersparnisse seien nicht fehlende Steueranreize, sondern lägen vielmehr im Verhalten der Haushalte. Er zeigte Evidenz dafür, dass sie nicht unbedingt die richtigen Entscheidungen treffen, selbst wenn man dabei ihr Eigeninteresse zugrunde legt.

Zum einen messen wir zukünftigen Entwicklungen bei unseren Entscheidungen zu wenig Gewicht bei. Wir leiden an übertriebener Abdiskontierung *(hyperbolic discounting)*. Bei der Frage, ob wir lieber heute oder erst in einer Woche einen Apfel konsumieren wollen, bevorzugen die meisten den Apfel schon heute. Dagegen sind wir nahezu indifferent, ob wir den Apfel in einer oder erst in zwei Wochen bekommen. Aus diesem Grund konsumieren wir zu viel in der Gegenwart. Zum anderen tendieren wir dazu, unangenehme Dinge auf die lange Bank zu schieben. Eine Studie hat herausgefunden, dass 43% der Amerikaner aufgrund verzerrter Entscheidungen zu wenige Ersparnisse haben, wenn sie in Rente gehen, und deshalb dann auf die Sozialversicherung angewiesen sind.

Gemeinsam mit Shlomo Benartzi entwickelte Richard Thaler den Ansatz *„Spare morgen mehr!“*, um diese Schwächen zu bekämpfen. Zunächst einmal wurden die Leute gebeten, ihre Entscheidungen festzulegen, lange bevor sie dann umgesetzt wurden. Sie mussten also nicht heute schon mehr sparen, sondern sich darauf verpflichten, das in Zukunft zu tun. Das fällt psychologisch viel leichter.

Zudem aber – und das war die entscheidende Innovation – wurde die Sparoption als Standardplan vorgegeben. Wer trotzdem nicht so viel sparen wollte, musste explizit den Standardplan aktiv kündigen. Angesichts der Neigung, Dinge aufzuschieben, kreuzten viele einfach den Standardplan an. So wurden sie also zu ihrem eigenen Vorteil dazu verleitet, mehr zu sparen.

2006 wurde dieser Plan vom Parlament in einem Gesetz zum Schutz der Renten verabschiedet. Wie hat er sich auf die Sparraten ausgewirkt? Auf seiner Website (*http://www.shlomobenartzi.com/ save-more-tomorrow*) schreibt Benartzi (abgerufen Ende 2020): „Das „Anstupsen (Nudging)“ war extrem erfolgreich. Aktuellen Berechnungen zufolge hat das Programm *„Spare morgen mehr!“* dazu beigetragen, dass die Sparquote für fast 15,5 Millionen Amerikaner stark anstieg.“ Wegen der Covid-Pandemie ist die Sparquote 2020 dann aus ganz anderen Gründen kurzfristig rasant gestiegen (vgl. ▶ **Kapitel 9**).

Das Nest-Rentenprogramm in Großbritannien war ähnlich erfolgreich. Die britischen Arbeitnehmer werden standardmäßig in dieses Programm aufgenommen, in das Arbeitnehmer und Arbeitgeber jeweils 8% des Lohns einzahlen. Obwohl die Arbeitnehmer leicht aus dem Programm aussteigen könnten, machen weniger als 10% von dieser Möglichkeit Gebrauch.

11.4 Physisches Kapital versus Humankapital

Wir haben uns bisher auf physisches Kapital konzentriert – auf Maschinen, Fabriken, Bürogebäude usw. Volkswirtschaften nutzen aber noch eine ganz andere Art von Kapital: Die Kenntnisse der Beschäftigten, von Ökonomen als Humankapital bezeichnet. Eine Volkswirtschaft mit vielen hochqualifizierten Beschäftigten ist wahrscheinlich sehr viel produktiver als eine Ökonomie, in der die Beschäftigten nicht lesen und schreiben können.

Das Humankapital ist in den letzten beiden Jahrhunderten mindestens so stark gestiegen wie das physische Kapital. Zu Beginn der industriellen Revolution konnten nur 30% der Bevölkerung lesen. Heute können mehr als 95% der Menschen in den OECD-Ländern lesen. Vor der industriellen Revolution bestand keine Schulpflicht. Heutzutage besteht Schulpflicht bis zum 16. Lebensjahr. In den OECD-Staaten erhalten heutzutage fast 100% aller jungen Menschen eine primäre, 90% eine sekundäre und 38% eine höhere Schulausbildung. Für arme Länder, d.h. Länder mit einem BIP-pro-Kopf von unter 400 $ im Jahr 1985, liegen die entsprechenden Werte bei 95%, 32% bzw. 4%.

Aber auch dieser Vergleich kann irreführend sein. Die Qualität der Ausbildung kann sich in den einzelnen Ländern ziemlich unterscheiden.

Wie können wir untersuchen, wie sich Humankapital auf die Produktion auswirkt? Inwiefern verändert die Berücksichtigung von Humankapital die bislang abgeleiteten Schlussfolgerungen? Dies sind die Fragen, denen wir uns im letzten Abschnitt zuwenden.

11.4.1 Eine Verallgemeinerung der Produktionsfunktion

Um auch Humankapital zu erfassen, liegt es nahe, die Produktionsfunktion (11.1) wie folgt zu modifizieren:

$$\frac{Y}{N} = f\Big(\underset{(+,+)}{\frac{K}{N}, \frac{H}{N}}\Big) \tag{11.10}$$

Die Produktion je Beschäftigten hängt also nicht nur von der physischen Kapitalintensität K/N ab, sondern auch vom Bestand an Humankapital H/N.

Beachten Sie, dass wir in ▸ Kapitel 4 dasselbe Symbol (*H*) benutzt haben, um die Geldbasis zu bezeichnen. Beide Verwendungen folgen der Tradition. Bitte lassen Sie sich davon nicht irritieren.

Wie bislang nimmt die Produktion mit steigender Kapitalintensität zu. Aber auch ein höheres durchschnittliches Ausbildungsniveau lässt die Produktion je Beschäftigten steigen. Besser Ausgebildete können komplexere Tätigkeiten verrichten; sie können eher mit unerwarteten Komplikationen umgehen; sie können sich schneller an neue Aufgaben anpassen. All dies ermöglicht eine höhere Produktion je Beschäftigten.

Wir hatten für physisches Kapital abnehmende Grenzerträge angenommen. Gleiches trifft vermutlich auch für Humankapital zu. Mehr Humankapital kann etwa von einer längeren Ausbildung herrühren. Empirische Evidenz zeigt, dass ein größerer Anteil von Kindern mit Primärschulausbildung sehr hohe Erträge bringt. Die Fähigkeit zum Lesen und Schreiben erlaubt es den Menschen, komplexere und produktivere Technologien zu benutzen. In den reichen Ländern erhalten die meisten Kinder mittlerweile eine umfassende Ausbildung sowohl im Primär- als auch im Sekundärsektor. Der relevante Maßstab ist also eher die Hochschulausbildung. Hochschulausbildung erhöht die Fähigkeiten, zumindest wenn man diese am höheren Lohn misst, den man mit einem Hochschulabschluss erzielen kann. Es ist allerdings kaum zu erwarten, dass die gesamtwirtschaftliche Produktion stark steigen würde, wenn man jedermann zu einem Hochschulabschluss zwingen würde. Viele Menschen wären am Ende überqualifiziert und eher frustrierter statt produktiver. Dies spricht also für abnehmende Grenzerträge der Investition in Humankapital.

Wir betrachten diese Evidenz genauer in ▸ Kapitel 13.

Der Grund für das Verwenden von relativen Löhnen als Gewichte liegt darin, dass sie relative Grenzprodukte widerspiegeln. Es wird angenommen, dass ein Erwerbstätiger, der dreimal so viel wie ein anderer verdient, auch ein dreimal so großes Grenzprodukt wie der andere Erwerbstätige besitzt. Es ist allerdings eine strittige Frage, ob relative Löhne relative Grenzprodukte exakt widerspiegeln. Betrachten Sie das folgende kontroverse Beispiel: Immer noch verdienen im selben Beruf und mit derselben Berufserfahrung Frauen häufig weniger als Männer. Liegt das an ihrem geringeren Grenzprodukt? Sollten sie ein geringeres Gewicht bei der Konstruktion des Humankapitals erhalten als Männer?

Wie können wir ein Maß für das **Humankapital** konstruieren? Die Antwort ist: Ganz analog zum physischen Kapital. Bei der Konstruktion von K addiert man einfach die Werte unterschiedlicher Kapitalgüter: Eine Maschine im Wert von 2.000 € wird zweimal so stark gewichtet wie eine Maschine im Wert von 1.000 €. Ähnlich konstruiert man ein Maß für H: Einen Beschäftigten, dem doppelt so viel bezahlt wird, gewichtet man doppelt so stark. Betrachten wir als Beispiel eine Volkswirtschaft mit 100 Beschäftigten. Die Hälfte davon hat eine Ausbildung, die andere Hälfte nicht. Wenn der Lohn der ausgebildeten Beschäftigten doppelt so hoch ist wie der von ungelernten Beschäftigten, kann man H wie folgt konstruieren: $[(50 \cdot 1) + (50 \cdot 2)] = 150$. Die Humankapitalintensität H/N beträgt $150/100 = 1{,}5$.

11.4.2 Humankapital, physisches Kapital und die Produktion

Wie verändert die Berücksichtigung von Humankapital die Analyse der vorangegangenen Abschnitte?

Unsere Einsichten zur physischen Kapitalakkumulation gelten auch hier: Ein Anstieg der Sparquote lässt den physischen Kapitalstock je Beschäftigten und somit auch die Produktion je Beschäftigten im Steady State ansteigen. Diese Einsicht lässt sich aber auch auf die Akkumulation von Humankapital übertragen. Steigt die gesamtwirtschaftliche Investition in Humankapital – sei es durch Ausbildung, sei es durch Training on the Job – dann erhöht sich die Humankapitalintensität im Steady State; damit steigt die Produktion je Beschäftigten.

Das erweiterte Modell gibt einen tieferen Einblick, wie die Produktion je Beschäftigten bestimmt wird. Langfristig hängt sie sowohl von der Ersparnis als auch von den Bildungsausgaben einer Gesellschaft ab. Welche Rolle spielt das Humankapital im Vergleich zum physischen Kapital? Vergleichen wir die Bildungsausgaben mit den Investitionen in physisches Kapital. In Deutschland wurden im Jahr 2015 etwa 5,8% des BIP für Bildung ausgegeben. Dieser Wert erfasst sowohl staatliche als auch private Bildungsausgaben.

Dieser Wert liegt unter einem Drittel der Bruttoinvestitionsquote von physischem Kapital (sie liegt ungefähr bei 18,4%). Dies ist aber nur ein erster Annäherungsversuch. Wir stehen vor folgenden Schwierigkeiten.

- Bildung, insbesondere Hochschulausbildung, ist zum Teil Konsum – weil sie um ihrer selbst willen vorgenommen wird – und nur teilweise Investition. Wir sollten für unsere Zwecke nur den Investitionsanteil einbeziehen. Der angegebene Wert 5,8% beinhaltet aber beides.

Wie groß sind Ihre Opportunitätskosten im Vergleich zu Ihren Studiengebühren?

- Zumindest für über die Sekundärausbildung hinausgehende Bildungsinvestitionen entstehen während der Ausbildung auch Opportunitätskosten in Form von Lohnverzicht. Bildungsausgaben sollten nicht nur die tatsächlichen Kosten, sondern auch die Opportunitätskosten beinhalten. Der Wert von 5,6% berücksichtigt diese Opportunitätskosten nicht.
- Formale Ausbildung ist nur ein Teil der Bildung. Vieles erlernen wir am Arbeitsplatz (Training on the Job). Sowohl tatsächliche Kosten als auch Opportunitätskosten des Training on the Job sollten einbezogen werden. Beides ist aber in dem Wert von 5,6% nicht enthalten.
- Man sollte die Investitionsquoten um die Abschreibungen korrigieren. Die Abschreibungen auf physisches Kapital, besonders die auf Maschinen, sind vermutlich höher als die auf Humankapital. Sicher verlieren wir mit zunehmendem Alter gewisse Fähigkeiten; aber im Gegensatz zu physischem Kapital gilt dies umso weniger, je intensiver wir sie nutzen.

Aus all diesen Gründen ist es schwierig, verlässliche Daten für die Investitionen in Humankapital zu finden. Verschiedene Studien kommen zu dem Schluss, dass Investitionen in physisches Kapital und in Bildung von vergleichbarer Bedeutung sind. Dies würde bedeuten, dass die Produktion je Beschäftigten in einer Volkswirtschaft ungefähr gleich stark bestimmt wird von der Menge physischen Kapitals und der Menge des Humankapitals. Länder, in denen mehr gespart wird oder mehr für Bildung ausgegeben wird, können demnach im Steady State substanziell höhere Produktionsniveaus je Beschäftigten erzielen.

11.4.3 Endogenes Wachstum

Machen wir uns klar, was die obige Schlussfolgerung bedeutet und was nicht. Sie besagt, dass ein Land, das mehr spart oder mehr für Bildung ausgibt, im Steady State ein höheres Produktionsniveau je Beschäftigten aufweisen wird. Sie besagt nicht, dass ein Land durch größere Ersparnis oder höhere Bildungsausgaben für ein permanent höheres Wachstum sorgen könnte.

Diese Aussage wurde allerdings im letzten Jahrzehnt infrage gestellt. Inspiriert von Robert Lucas und Paul Romer haben viele Forscher argumentiert, durch eine geeignete Kombination der Akkumulation von physischem Kapital und Humankapital könnte höheres Wachstum stimuliert werden. Zwar gibt es bei gegebenem Humankapital abnehmende Grenzerträge von physischem Kapital; Gleiches gilt auch für das Humankapital. Was passiert aber, wenn beides – physisches Kapital und Humankapital – gemeinsam zunehmen? Ist es denkbar, dass eine Wirtschaft dauerhaft wachsen kann, allein auf Basis stetig steigenden Kapitals und besser ausgebildeter Erwerbstätiger? In den letzten Jahrzehnten sind Modelle **Endogenes Wachstum** populär geworden – das sind Modelle, die selbst ohne exogen angenommenen technischen Fortschritt stetiges Wachstum generieren. Im Unterschied zu den bisher betrachteten Modellen hängt das Wachstum selbst langfristig von Variablen wie der Sparquote und der Ausgabenquote für Bildung ab. Das Urteil über Modelle endogenen Wachstums steht noch aus; vieles deutet aber darauf hin, dass die früheren Schlussfolgerungen zwar modifiziert, nicht aber aufgegeben werden müssen. Der gegenwärtige Konsens lautet:

Robert Lucas bekam 1995 den Nobelpreis. Er lehrt an der University of Chicago. Paul Romer lehrt an der New York University.

- Die Produktion je Beschäftigten hängt sowohl von der Kapitalintensität als auch vom Humankapital je Beschäftigten ab. Beide Arten von Kapital lassen sich akkumulieren, die eine durch physische Investitionen, die andere durch Bildung und Training. Eine höhere Sparquote und/oder ein größerer Anteil der Ausgaben für Bildung und Training ermöglichen langfristig viel höhere Produktionsniveaus. Bei gegebener Rate des technischen Fortschritts führen solche Maßnahmen allerdings nicht zu einer permanent höheren Wachstumsrate.
- Wichtig ist die Einschränkung der letzten Aussage: Bei gegebener Rate des technischen Fortschritts. Besteht aber nicht ein Zusammenhang zwischen technischem Fortschritt und den Investitionen in Humankapital? Ist die Rate des technischen Fortschritts nicht umso höher, je besser ausgebildet die Bevölkerung ist? Diese Fragen führen uns zum Kern des nächsten Kapitels, den Quellen und den Konsequenzen des technischen Fortschritts.

ZUSAMMENFASSUNG

- Langfristig bestimmen zwei Beziehungen die Entwicklung der Produktion (zur Vereinfachung verzichten wir im Folgenden wieder auf den Zusatz „je Beschäftigten"). Erstens hängt die Produktion von der Größe des Kapitalbestandes ab. Zweitens hängt die Kapitalakkumulation vom Produktionsniveau ab, weil dies die Ersparnis und damit die Investitionen bestimmt.
- Die Interaktion zwischen Kapital und Produktion bewirkt, dass eine Volkswirtschaft, ausgehend von einem beliebigen Anfangskapital, langfristig gegen einen (konstanten) Kapitalbestand (den Steady State) und folglich gegen ein konstantes Produktionsniveau konvergiert. (Dabei lassen wir den technischen Fortschritt außer Acht; er wird in ▸ **Kapitel 12** behandelt.)
- Der Kapitalbestand und somit das Produktionsniveau im Steady State hängen positiv von der Sparquote ab. Je mehr gespart wird, desto höher ist das Produktionsniveau im Steady State. Während des Übergangs zu einem neuen Steady State steigt auch das Produktionswachstum an. Langfristig (erneut technischen Fortschritt vernachlässigend) konvergiert die Wachstumsrate der Produktion allerdings unabhängig von der Sparquote gegen null.
- Ein Anstieg der Sparquote erfordert zunächst Konsumverzicht. Langfristig kann eine höhere Sparquote zu steigendem oder fallendem Konsum führen, je nachdem, ob sich die Wirtschaft unterhalb oder oberhalb des Kapitalbestands befindet, der der goldenen Regel entspricht (der den maximalen Konsum im Steady State ermöglicht).
- Der Kapitalbestand der meisten Länder liegt unterhalb des Niveaus der goldenen Regel. Mit steigender Sparquote geht also anfänglich der Konsum zwar zurück, langfristig steigt er aber dauerhaft an. Politiker, die sich fragen, ob die Sparquote durch politische Maßnahmen beeinflusst werden sollte, müssen entscheiden, wie stark sie die Wohlfahrt der gegenwärtigen Generation im Vergleich zur Wohlfahrt künftiger Generationen gewichten.
- Der Großteil dieses Kapitels beschäftigte sich mit physischer Kapitalakkumulation. Die Produktion hängt aber auch vom Bestand an Humankapital ab. Zusätzliches Humankapital kann durch Investitionen in Bildung und Training geschaffen werden. Ebenso wie eine höhere Sparquote lässt ein größerer Anteil der Ausgaben für Bildung und Training auf lange Sicht das Produktionsniveau je Beschäftigten dauerhaft ansteigen.

Übungsaufgaben

(Lösungen auf **MyMathLab | Makroökonomie**)

Verständnistests

1 Welche der folgenden Aussagen sind zutreffend, falsch oder unklar? Geben Sie jeweils eine kurze Erläuterung.

a) In einer geschlossenen Volkswirtschaft muss die private Sparquote immer der Investitionsrate entsprechen.

b) Eine höhere Investitionsrate kann dauerhaft eine höhere Wachstumsrate der Produktion aufrechterhalten.

c) Wenn sich Kapital nicht abnutzen würde, könnte eine Volkswirtschaft stetig wachsen.

d) Je höher die Sparquote, desto höher der Konsum im Steady State.

e) Die Produktion pro Kopf in Deutschland entspricht ungefähr der Produktion je Beschäftigten.

f) Wenn wir das Rentenversicherungssystem vollständig von einem Umlageverfahren auf ein Kapitaldeckungsverfahren umstellen würden, dann könnte der Konsum jetzt und auch in Zukunft ansteigen.

g) Der Kapitalbestand in Deutschland liegt weit unter dem Niveau, das die **Goldene Regel der Kapitalakkumulation** empfiehlt. Die Regierung sollte deshalb Steuererleichterungen für die Kapitalbildung einführen, um so sowohl Ersparnis wie Konsum zu steigern.

h) Bildung steigert das Humankapital und somit die Produktion. Daraus folgt zwingend, dass die Regierung Bildung subventionieren sollte.

2 Stimmen Sie folgenden Aussagen zu oder nicht?

a) „Die Wachstumsrate der Produktion je Beschäftigten in Deutschland wird so lange über der in den USA liegen, wie die deutsche Sparquote die der USA übersteigt."

b) Das Solow-Modell zeigt, dass die Sparquote keine Auswirkungen auf die langfristige Wachstumsrate hat. Wenn aber ein Anstieg der Sparquote keine nachhaltigen Effekte auf die Wirtschaft hat, müssen wir uns über niedrige Sparquoten keine Sorgen machen.

3 In ▶ **Kapitel 3** sahen wir, dass ein Anstieg der Sparquote kurzfristig zu einer Rezession führt (das *Paradox der Ersparnis*). Wir sind nun in der Lage, die Wirkungen zu untersuchen, die über die kurze Frist hinausgehen. Wie wirkt sich eine höhere Sparquote vermutlich auf die Produktion je Beschäftigten nach einem Jahrzehnt aus? Nach fünf Jahrzehnten?

Vertiefungsfragen

4 Diskutieren Sie, welche langfristigen Auswirkungen die folgenden Veränderungen wahrscheinlich auf die Produktion je Beschäftigten haben werden:

a) Das Recht, die Ersparnis von der Einkommensteuerbemessungsgrundlage abzuziehen.

b) Eine Erhöhung der Beschäftigungsquote von Frauen (bei konstant bleibender Bevölkerung).

5 Diskutieren Sie folgende Fragen:

a) Selbst bei konservativen Anlagen (etwa einer Investition in zehnjährige Staatsanleihen) lag die Rendite von Rentenfonds in Deutschland fast immer über der Rendite des Umlageverfahrens. Lässt sich daraus ableiten, dass das Umlageverfahren dem Kapitaldeckungsverfahren unterlegen ist?

b) Das gegenwärtige Rentenversicherungssystem ist im Wesentlichen ein Umlageverfahren: Die laufenden Auszahlungen werden größtenteils durch laufende Beitragseinnahmen finanziert. In einem Kapitaldeckungsverfahren werden dagegen die Beiträge der Beschäftigten gespart und im Rentenalter verzinst zurückgezahlt. Wenn der Wechsel zu einem Kapitaldeckungsverfahren zu höherer Ersparnis führt, würde dann die Produktion je Beschäftigten und das Wachstum der Produktion je Beschäftigten ansteigen?

c) Unter welchen Bedingungen würde ein Rückgang der Ersparnis die Konsummöglichkeiten in allen Perioden steigern? Was spricht dafür, dass dieser Fall wenig plausibel ist?

6 Angenommen, die Produktionsfunktion sei gegeben durch:

$$Y = A\sqrt{K}\sqrt{N}$$

a) Leiten Sie die Gleichung ab, aus der sich die Steady-State-Werte bei konstanter Sparquote s und konstanter Abschreibungsrate δ berechnen lassen. Zeigen Sie anhand dieser Gleichung, dass für das Verhältnis von Kapital zu Produktion im Steady State immer gelten muss: $K/Y = s/\delta$.

b) Bestimmen Sie den Steady-State-Wert der Kapitalintensität als Funktion von s und δ.

c) Bestimmen Sie mit Hilfe von Teilaufgabe b. die Steady-State-Werte von Produktion und Konsum je Beschäftigten als Funktion von s und δ.

d) Sei $A = 0{,}5$und $\delta = 5\%$. Nutzen Sie ein Tabellenkalkulationsprogramm, um Produktion und Konsum je Beschäftigten im Steady State zu berechnen für$s = 0; 0{,}1; 0{,}2; 0{,}3; ...$; Erläutern Sie.

e) Zeichnen Sie mit Hilfe Ihres Programms Produktion und Konsum je Beschäftigten im Steady

State als Funktion von s (tragen Sie dabei die Sparquote an der Horizontalen ab und die Werte für Produktion bzw. Konsum je Beschäftigten an der Vertikalen).

f) Können Sie aus der Grafik erkennen, ob ein Wert von s existiert, der (a) die Produktion je Beschäftigten oder (b) den Konsum je Beschäftigten maximiert? Wenn Ja, bei welchem Wert?

7 Diese Aufgabe basiert auf dem Material im **Anhang**! Nehmen Sie an, dass die Produktion der Volkswirtschaft gegeben ist durch $Y = K^{\alpha} N^{1-\alpha}$.

a) Ist diese Produktionsfunktion durch konstante Skalenerträge gekennzeichnet? Erläutern Sie.
b) Gibt es abnehmende Grenzerträge des Kapitals?
c) Gibt es abnehmende Grenzerträge der Arbeit?
d) Schreiben Sie die Produktionsfunktion als Beziehung zwischen Produktion je Beschäftigten und Kapitalintensität.
e) Geben Sie für eine gegebene Sparquote s und Abschreibungsrate δ an, wie hoch die Kapitalintensität im Steady State ist.
f) Geben Sie den Wert für die Produktion je Beschäftigten im Steady State an. Nehmen Sie nun zudem an, dass $\alpha = 1/3$.
g) Berechnen Sie das Produktionsniveau je Beschäftigten im Steady State für$\delta = 0{,}08$ und $s = 0{,}32$.
h) Angenommen, die Abschreibungsrate bleibt unverändert, aber die Sparquote halbiert sich auf 0,16. Wie hoch ist im neuen Steady State die Produktion je Beschäftigten?

8 Angenommen, die Produktionsfunktion sei gegeben durch:

$$Y = K^{1/3} N^{2/3}$$

Sparquote s und Abschreibungsrate δ liegen beide bei 0,1.

a) Bestimmen Sie die Kapitalintensität und die Produktion je Beschäftigten im Steady State.
Die Volkswirtschaft befindet sich im Steady State. Die Abschreibungsrate steigt in Periode t nun dauerhaft von 0,1 auf 0,2.
b) Bestimmen Sie die veränderte Kapitalintensität und Produktion je Beschäftigten im Steady State.
c) Berechnen Sie die Kapitalintensität und Produktion je Beschäftigten für die ersten drei Perioden nach der Veränderung der Abschreibungsrate.

9 *Defizite und der Kapitalstock*
Für die Produktionsfunktion $Y = \sqrt{K}\sqrt{N}$ wurde die Kapitalintensität je Beschäftigten bereits in ▶ Gleichung (11.8) ermittelt.

a) Betrachten Sie erneut die Schritte im Text, um dieses Ergebnis abzuleiten.
b) Angenommen, $\delta = 7{,}5\,\%\, und s = 15\,\%$.Wie hoch sind die Kapitalintensität und die Produktion je Beschäftigten im Steady State?
c) In die Sparquote gehen auch staatliche Ersparnisse bzw. Defizite ein. Unterstellen Sie, dass die Regierung ein Staatsdefizit in Höhe von 5% des BIP dauerhaft abbaut, die private Ersparnis sich aber nicht verändert, so dass die gesamtwirtschaftliche Sparquote auf 20% steigt.

10 *Lohn- und Gewinnquote 1*
Gehen Sie davon aus, dass die gesamtwirtschaftliche Beziehung zwischen Produktion, Kapital und Arbeit durch eine Cobb-Douglas- Produktionsfunktion $Y = A \cdot K^{\alpha} \cdot N^{\beta}$ beschrieben werden kann.

a) Betrachten Sie das Kalkül eines repräsentativen gewinnmaximierenden Unternehmers, der Kapital und Arbeit zu den Faktorpreisen r_t und w_t einsetzen kann, und zeigen Sie, dass der Reallohn w entsprechend dem Modell vollkommener Konkurrenz dem Grenzprodukt der Arbeit entspricht und die Bruttoverzinsung des Kapitals $r_t + \delta$ dem Grenzprodukt von Kapital.
b) Welche Bedingungen müssen für α und β erfüllt sein, damit die Produktionsfunktion konstante Skalenerträge aufweist? Zeigen Sie, dass bei konstanten Skalenerträgen die Summe aller Faktoreinkommen der Gesamtproduktion entspricht.
c) Bestimmen Sie die Lohn- und Kapitaleinkommensquote. Zeigen Sie, dass bei der Cobb- Douglas-Produktionsfunktion Lohn- und Kapitaleinkommensquote konstant sind, wenn die Produktionsfaktoren unter Bedingungen vollkommener Konkurrenz entlohnt werden.
d) Untersuchen Sie, wie sich im Cobb-Douglas-Fall das Verhältnis von Kapital- zu Arbeitseinkommen mit steigender Kapitalintensität K/Y verändert. Hinweis: Unterscheiden Sie zwischen der Kapitalintensität K/Y und dem Anteil des Kapitaleinkommens $(r + \delta)K/Y$!

11 *Lohn- und Gewinnquote 2*
Betrachten sie als Verallgemeinerung der in Aufgabe 10 unterstellten Cobb-Douglas-Produktionsfunktion folgende Produktionsfunktion mit konstanter Substitutionselastizität σ (mit Kapital und Arbeit als Input):

$$Y_t = \left(\alpha \cdot K_t^{1-1/\sigma} + (1-\alpha) \cdot N_t^{1-1/\sigma}\right)^{\sigma/(\sigma-1)}$$

a) Berechnen Sie das Grenzprodukt von Arbeit und Kapital. Gehen Sie davon aus, dass beide Produktionsfaktoren entsprechend ihrem Grenzprodukt entlohnt werden. Zeigen Sie, dass dann

$$\frac{w_t}{r_t} = \frac{1-\alpha}{\alpha}\left(\frac{K_t}{N_t}\right)^{1/\sigma}$$

b) Zeigen Sie, dass das Verhältnis von Kapital zu Arbeitseinkommen $r_t K_t / w_t N_t$ für $\sigma > 1$ mit steigender Kapitalintensität K_t/N_t zunimmt. Welche Implikationen ergeben sich daraus für Lohn- und Kapitaleinkommensquote?

c) Piketty argumentiert in seinem Buch „Das Kapital im 21. Jahrhundert", dass die Ungleichheit zwischen Beziehern von Lohnund Kapitaleinkommen mit steigender Kapitalintensität K/Y zunimmt. Ausgehend von der Antwort zu Teilaufgabe b, von welchen Annahmen über die Technologie geht er dabei aus?

d) Unter welchen Bedingungen liefert die Entwicklung von Lohn- und Gewinnquote zuverlässige Informationen über Einkommensungleichheit?

Weiterführende Fragen

12 *Bruttosparquoten*

In dieser Übung geht es – in Fortführung von Frage 9 – um die Auswirkungen des Budgetdefizits der USA in der langen Frist:

a) Die Weltbank liefert jährliche Daten zur Bruttosparquote für zahlreiche Länder auf ihrer Website *http://data.worldbank.org/indicator/NY.GNS.ICTR.ZS.* Suchen Sie die aktuellste Zahl für die Bruttosparquote der USA. Wie hat sich die Ersparnis als Anteil am BIP im Lauf des letzten Jahrzehnts verändert? Verwenden Sie die Abschreibungsrate und die Logik aus Fragestellung 9 und ermitteln Sie darauf aufbauend die Kapitalintensität und die Produktion je Beschäftigten im Steady State.

b) Ermitteln Sie mit Hilfe des *Economic Report of the President* (*http://fraser.stlouisfed.org/publication/?pid=45*) das Budgetdefizit als Anteil am BIP für das gleiche Jahr wie in a. Nehmen Sie nun an, dass (gemäß Fragestellung 9) dieses Budgetdefizit ausgeglichen werden soll und sich dabei die private Ersparnis nicht verändert. Was sind die Auswirkungen auf die Kapitalintensität und die Produktion je Beschäftigten in der langen Frist?

c) Ermitteln Sie die entsprechenden Daten für Deutschland und vergleichen Sie die Ergebnisse mit den USA.

d) Ermitteln Sie anhand der Daten der Weltbank auch die Bruttosparquote von China. Wenn Sie diese Daten mit Deutschland und den USA vergleichen, welche Schlussfolgerung ziehen Sie daraus für den Konsum pro Kopf?

13 *Simulationen zum Steady State entlang des Golden Rule Pfads*

Die aggregierte Produktion eines Landes A lässt sich mit einer Cobb-Douglas-Produktionsfunktion $Y = K^{0,5}N^{0,5}$ beschreiben. Die Bevölkerung ist konstant; die Abschreibungsrate beträgt $\delta = 0,1$. Wir betrachten die Entwicklung in diskreter Zeit.

a) Nehmen Sie an, die aggregierte Sparquote in jeder Periode sei ursprünglich $s = 0,1$. Berechnen Sie die Kapitalintensität $k = K/N$, Produktion und Konsum pro Kopf im Steady State.

b) Ermitteln Sie die Sparquote s_{GR}, die den langfristigen Konsum pro Kopf gemäß der goldenen Regel maximiert. Wie hoch ist das entsprechende Niveau der Kapitalintensität, k_{GR}? Nehmen Sie an, dass – ausgehend vom in Teilaufgabe a. berechneten Steady-State- Wert – die Sparquote der goldenen Regel implementiert werden soll. Simulieren Sie mit Hilfe eines Tabellenkalkulationsprogramms den Zeitpfad des Anpassungsprozesses zum neuen Steady State k_{GR} für die Entwicklung der Kapitalintensität, des Pro-Kopf-Einkommens und des Pro-Kopf-Konsums. Ermitteln Sie anhand Ihrer **Simulation**, wie stark der Konsum in der Anfangsperiode zurückgeht, in der die goldene Regel eingeführt wird. Von welchem Zeitpunkt an profitieren die Bewohner von dem Wechsel zur Sparquote gemäß der goldenen Regel?

c) Im Land B sei die Sparquote $s = 0,8$. Alle anderen Parameter sind ansonsten die gleichen wie in Land A mit$\delta = 0,1$. Zeigen Sie anhand einer Simulation auch für Land B den Anpassungsprozess für Konsumpfad und Kapitalakkumulation nach einem Wechsel zur goldenen Regel, ausgehend vom Steady State bei $s = 0,8$.

d) Angenommen, die Abschreibungsrate im Land B steige auf $\delta = 0,2$. Simulieren Sie den Anpassungsprozess zum Steady State bei der höheren Abschreibungsrate und erläutern Sie die Unterschiede im Vergleich zur Teilaufgabe c. Verändert sich die optimale Sparquote s_{GR} gemäß der goldenen Regel? Begründen Sie Ihre Antwort ökonomisch.

Anhang: Die Cobb-Douglas-Produktionsfunktion und der Steady State

Im Jahre 1928 fanden Charles Cobb (ein Mathematiker) und Paul Douglas (ein Ökonom, der später US-Senator wurde), dass folgende Produktionsfunktion die Beziehung zwischen Produktion, physischem Kapital und Arbeit für die USA für die Jahre zwischen 1899 und 1922 sehr gut beschrieb.

$$Y = K^{\alpha} N^{1-\alpha} \tag{A11.1}$$

Dabei liegt α zwischen 0 und 1. Ihre Analyse erwies sich als erstaunlich robust. Selbst heute liefert die Produktionsfunktion ▶ (A11.1), nun bekannt als Cobb-Douglas-Produktionsfunktion, eine recht gute Beschreibung für die Beziehung zwischen Produktion, Kapital und Arbeit in vielen Ländern. Diese Produktionsfunktion gehört mittlerweile zum Standardwerkzeug jedes Ökonomen. (Zeigen Sie selbst, dass sie beide im Text besprochenen Eigenschaften erfüllt: konstante Skalenerträge und abnehmende Grenzerträge von Kapital und Arbeit.)

Wir wollen in diesem Anhang den Steady State charakterisieren, wenn die Produktionsfunktion durch ▶ (A11.1) gegeben ist. (Alles, was wir dazu brauchen, sind gewisse Kenntnisse der Eigenschaften von Exponenten.)

Im Steady State muss die Ersparnis je Beschäftigten gleich der Abschreibung je Beschäftigten sein. Was folgt daraus?

- Leiten wir zunächst die Ersparnis je Beschäftigten her. Zuerst ermitteln wir aus ▶ Gleichung (A11.1) die Produktion je Beschäftigten als Funktion der Kapitalintensität. Wir teilen beide Seiten der ▶ Gleichung (A11.1) durch N:

$$\frac{Y}{N} = \frac{K^{\alpha} N^{1-\alpha}}{N}$$

Weil

$$\frac{N^{1-\alpha}}{N} = N^{1-\alpha} N^{-1} = N^{-\alpha}$$

können wir dies auch so schreiben:

$$\frac{Y}{N} = K^{\alpha} N^{-\alpha} = \left(\frac{K}{N}\right)^{\alpha}$$

Die Produktion je Beschäftigten entspricht der Kapitalintensität hoch α.
Die Ersparnis je Beschäftigten ist der Anteil s an der Produktion je Beschäftigten, also:

$$s\left(\frac{K}{N}\right)^{\alpha}$$

- Die Abschreibung je Beschäftigten entspricht dem Produkt aus Abschreibungsrate und Kapitalintensität:

$$\delta\left(\frac{K}{N}\right)$$

- Im Steady State ist die Kapitalintensität K^*/N bestimmt durch die Bedingung, Ersparnis gleich Abschreibung (wieder bezogen auf die Anzahl der Beschäftigten), also

$$s\left(\frac{K^*}{N}\right)^{\alpha} = \delta\left(\frac{K^*}{N}\right)$$

Wenn wir beide Seiten durch $(K^*/N)^{\alpha}$ teilen, erhalten wir

$$s = \delta\left(\frac{K^*}{N}\right)^{1-\alpha}$$

Durch Umformung folgt dann

$$\left(\frac{K^*}{N}\right)^{1-\alpha} = \frac{s}{\delta}$$

Die Kapitalintensität K^*/N als Funktion der exogenen Parameter erhalten wir schließlich, indem wir beide Seiten mit $1/(1-\alpha)$ potenzieren:

$$\left(\frac{K^*}{N}\right) = \left(\frac{s}{\delta}\right)^{\frac{1}{1-\alpha}}$$

Damit ist die Kapitalintensität K^*/N im Steady State bestimmt.

- Eingesetzt in die Produktionsfunktion, ergibt sich die Produktion je Beschäftigten im Steady State:

$$\left(\frac{Y^*}{N}\right) = \left(\frac{K^*}{N}\right)^{\alpha} = \left(\frac{s}{\delta}\right)^{\frac{\alpha}{1-\alpha}}$$

Untersuchen wir, was diese Gleichung aussagt.

- Im Text haben wir mit einem Spezialfall der Produktionsfunktion (A11.1) gearbeitet, dem Wert $\alpha = 0,5$. (Mit einem Wert von 0,5 zu potenzieren, bedeutet nichts anderes, als die Quadratwurzel zu ziehen.) Für $\alpha = 0,5$ vereinfacht sich die letzte Gleichung zu

$$\frac{Y^*}{N} = \frac{s}{\delta}$$

Dies ist genau die Gleichung, die im Text diskutiert wurde: Die Produktion je Beschäftigten entspricht dem Verhältnis aus Sparquote und Abschreibungsrate. Eine Verdoppelung der Sparquote führt zu einer Verdoppelung der Produktion je Beschäftigten im Steady State.

- Wenn man K als physisches Kapital versteht, liegt der Wert für α empirischen Analysen zufolge allerdings näher bei 1/3 als bei 1/2. Für $\alpha = 1/3$ folgt aus der Gleichung für die Produktion je Beschäftigten:

$$\frac{Y^*}{N} = \left(\frac{s}{\delta}\right)^{\frac{1}{2}} = \sqrt{\frac{s}{\delta}}$$

Das bedeutet, dass sich eine Änderung der Sparquote schwächer auf die Produktion je Beschäftigten auswirkt, als wir im Text angenommen haben. So lässt eine Verdoppelung der Sparquote die Produktion je Beschäftigten nur um den Faktor 1,4 ansteigen (anders formuliert: Die Produktion je Beschäftigten steigt nur um 40%).

- Einer anderen Modellinterpretation zufolge liegt α allerdings näher bei 1/2. Die Berechnungen im Text sind in dieser Sicht durchaus zutreffend. Wenn wir nämlich, dem ▶ **Abschnitt 11.4** folgend, neben physischem Kapital auch Humankapital berücksichtigen, dann erscheint ein Wert von 1/2 für α durchaus angemessen. In dieser Interpretation liefern die Berechnungen aus ▶ **Abschnitt 11.3** realistische Werte für die Wirkungen einer steigenden Sparquote, solange man unter Ersparnis den Gesamtzuwachs von physischem und Humankapital versteht (also mehr Maschinen und mehr Bildung).

[redacted]

Wachstum und technischer Fortschritt

12

12.1 Technischer Fortschritt und Wachstumsraten 358

12.2 Was bestimmt den technischen Fortschritt? 367

12.3 Die Rolle von Institutionen für Wachstum und technischen Fortschritt 371

12.4 Ein neuer Blick auf die Fakten des Wachstums 374

[redacted]

▶ **Kapitel 11** machte deutlich, dass Kapitalakkumulation allein kein dauerhaftes Wachstum bringen kann. Das bedeutet: Dauerhaftes Wachstum ist ohne technischen Fortschritt nicht denkbar. In diesem Kapitel wollen wir die Rolle des technischen Fortschritts für das Wachstum genauer untersuchen.

Kernbotschaft dieses Kapitels: Nachhaltiges Wachstum ist ohne nachhaltigen technischen Fortschritt nicht möglich. Der Schlüssel dazu sind Forschung und Entwicklung sowie die institutionellen Rahmenbedingungen.

- ▶ **Abschnitt 12.1** untersucht die Bedeutung des technischen Fortschritts für das Wachstum im Vergleich zur Kapitalakkumulation. Im Steady State entspricht die Wachstumsrate der Produktion pro Kopf genau der Rate des technischen Fortschritts. Dies bedeutet allerdings nicht, dass die Sparquote irrelevant wäre: Sie beeinflusst das Niveau der Produktion pro Kopf – nicht aber deren Wachstumsrate.
- ▶ **Abschnitt 12.2** wendet sich den Determinanten des technischen Fortschritts zu, mit besonderem Augenmerk auf Investitionen in Forschung und Entwicklung (F&E).
- ▶ **Abschnitt 12.3** erweitert den Blick auf die Bedeutung von Institutionen.
- ▶ **Abschnitt 12.4** kehrt zu den in ▶ **Kapitel 10** präsentierten Fakten des Wachstums zurück. Sie werden aus Sicht der im letzten und diesem Kapitel gelernten Ansätze neu interpretiert.

12.1 Technischer Fortschritt und Wachstumsraten

Mit welcher Rate wächst eine Volkswirtschaft, die sowohl von Kapitalakkumulation als auch von technischem Fortschritt geprägt ist? Wir müssen das in ▶ **Kapitel 11** entwickelte Modell erst erweitern, um auch technischen Fortschritt erfassen zu können. Werfen wir aufs Neue einen Blick auf die Produktionsfunktion.

Die durchschnittliche Anzahl an Gütern, die von einem Supermarkt angeboten wird, stieg von 2.200 im Jahr 1950 auf 17.500 im Jahr 1985. Eine Vorstellung davon, was das bedeutet, vermittelt die Supermarktszene mit Robin Williams als russischem Immigranten in dem Film „Moskau am Hudson".

12.1.1 Technischer Fortschritt in der Produktionsfunktion

Technischer Fortschritt kann viele Dimensionen haben:

- Er könnte bedeuten, dass bei gegebenem Kapital und Arbeit mehr produziert werden kann: Man stelle sich eine neue Art Schmiermittel vor. Es ermöglicht, Maschinen mit höherer Geschwindigkeit laufen zu lassen und so mehr zu produzieren.
- Er könnte bessere Produkte bedeuten: Man denke an stetige Verbesserungen bei Sicherheit und Komfort von Autos.
- Er könnte neue Produkte bedeuten: Man denke an die Einführung des CD-Players, des Faxgerätes, der Mobiltelefone, der Flachbildschirme.
- Er könnte eine größere Produktvielfalt bedeuten: Man denke an den stetigen Anstieg der Anzahl von Müslisorten, die im Supermarkt angeboten werden.

Wie die Fokusbox *„Reales BIP, Technischer Fortschritt und der Preis von Computern"* in ▶ Kapitel 2 zeigte, basiert der hedonische Preisindex (etwa für Computer) auf der Methode, Güter als eine bestimmte Mischung zugrunde liegender Nutzungsdienste zu begreifen.

Die verschiedenen Dimensionen sind einander ähnlicher, als es auf den ersten Blick scheint. Wenn für die Konsumenten nicht die Produkte selbst, sondern die aus den Produkten bezogenen Nutzungsdienste entscheidend sind, dann haben alle Aspekte eines gemeinsam: In allen Fällen werden den Konsumenten mehr Nutzungsdienste angeboten. Ein besseres Auto ist sicherer, ein neues Produkt wie Fax oder Internet stellt mehr Informationsdienstleistungen zur Verfügung usw.

Versteht man unter Produktion die Erstellung der den Gütern zugrunde liegenden Nutzungsdienste, kann technischer Fortschritt so aufgefasst werden, dass er bei gegebenem Einsatz von Kapital und Arbeit mehr Produktion ermöglicht. Man kann sich den *Stand der Technik* als eine Variable vorstellen, die angibt, wie viel bei gegebenem Einsatz von Kapital und Arbeit produziert werden kann. Bezeichnet A den Stand der Technik, dann lässt sich die Produktionsfunktion wie folgt schreiben:

$$Y = \underset{(+,+,+)}{F(K,N,A)}$$

Zur Vereinfachung lassen wir dabei Humankapital vorerst außer Betracht. Wir gehen später wieder darauf ein.

Dies ist unsere erweiterte Produktionsfunktion. Die Produktion hängt nun sowohl von Kapital und Arbeit als auch vom Stand der Technik ab. Bei gegebenem Einsatz von Kapital und Arbeit ermöglicht ein verbesserter Stand der Technik mehr Produktion.

Es erweist sich als praktisch, eine restriktivere Form der oben aufgestellten Gleichung zu verwenden, nämlich

$$Y = F(K, AN) \tag{12.1}$$

Die Gleichung besagt, dass die Produktion abhängt vom Kapital und von dem mit dem Stand der Technik multiplizierten Arbeitseinsatz. Diese Art, den Stand der Technik zu modellieren, erleichtert es, die Wirkungen technischen Fortschritts auf die Beziehung zwischen Produktion, Kapital und Arbeit zu untersuchen. Aus ▶ Gleichung (12.1) folgt, dass man sich technischen Fortschritt auf zwei äquivalente Weisen vorstellen kann.

- Technischer Fortschritt verringert die Anzahl der Beschäftigten, die notwendig sind, um eine bestimmte Menge zu produzieren. Verdoppelt man A, so kann die gleiche Menge schon mit der Hälfte der ursprünglichen Anzahl von Beschäftigten N produziert werden.
- Technischer Fortschritt erhöht AN. Darunter kann man sich die Menge an effektiver Arbeit in einer Volkswirtschaft vorstellen. Verdoppelt sich der Stand der Technik A, so wirkt dies genauso, als ob die Volkswirtschaft doppelt so viele Beschäftigte hätte. Arbeit ist doppelt so effizient geworden. In anderen Worten: Wir gehen davon aus, dass die Produktion durch zwei Faktoren erstellt wird: Kapital und **Effektive Arbeit**, AN.

AN wird oft auch als Arbeit in Effizienzeinheiten bezeichnet. Zwischen der Bedeutung von „Effizienz“ in „Effizienzeinheit“ an dieser Stelle und bei „Effizienzlöhnen“ in ▶ Kapitel 7 besteht keine Verbindung.

Welche Eigenschaften sollte die erweiterte Produktionsfunktion (12.1) aufweisen? Wir können hier direkt an der Diskussion von ▶ **Kapitel 10** anknüpfen.

Es erscheint weiter sinnvoll, konstante Skalenerträge zu unterstellen: Für einen *gegebenen Stand der Technik* führt eine Verdopplung sowohl des Kapitals als auch der effektiven Arbeit zur Verdopplung der Produktion:

$$2Y = F(2K, 2AN)$$

Allgemeiner, für beliebige $x \geq 0$, gilt wieder:

$$xY = F(xK, xAN)$$

Es ist auch vernünftig, abnehmende Grenzerträge für die beiden Faktoren Kapital und effektive Arbeit anzunehmen. Bei gegebener Menge an effektiver Arbeit ermöglicht mehr Kapital sicherlich mehr Produktion, allerdings mit abnehmender Rate. Analog führt ein Anstieg der effektiven Arbeit bei gegebenem Kapitalbestand zu einem Anstieg der Produktion, jedoch wieder mit abnehmender Rate.

In ▶ **Kapitel 11** erwies es sich als praktisch, mit den Größen „Produktion *je Beschäftigten*“ und „Kapitalintensität (Kapital *je Beschäftigten*)“ zu arbeiten. Der Steady State einer Volkswirtschaft war ein Zustand (ein Ruhepunkt), in dem sowohl die Produktion je Beschäftigten als auch die Kapitalintensität konstant waren. Nun lassen wir zu, dass effektive Arbeit, Kapital und Produktion wachsen. Der Steady State ist nunmehr dadurch gekennzeichnet, dass das Verhältnis von Produktion bzw. Kapital zu *effektiver Arbeit* konstant bleibt. Das bedeutet, dass im Steady State Produktion und Kapital mit der gleichen Rate wachsen wie die effektive Arbeit.

Je Beschäftigte: Geteilt durch die Anzahl der Beschäftigten (N). Je effektiver Arbeit: Geteilt durch (AN) – der Anzahl der Beschäftigten, multipliziert mit dem Stand der Technik A.

Um eine Beziehung zwischen Produktion und Kapital je effektiver Arbeit zu erhalten, setzen wir für $x = 1/AN$ in die vorangegangene Gleichung ein. Dies gibt:

Zur Vereinfachung schreiben wir $1/AN$ für $1/(AN)$

$$\frac{Y}{AN} = F\left(\frac{K}{AN}, 1\right)$$

Wenn man die Funktion f wieder so definiert, dass $f(K/AN) = F(K/AN, 1)$, ergibt sich:

$$\frac{Y}{AN} = f\left(\frac{K}{AN}\right) \tag{12.2}$$

In Worten: Die *Produktion je effektiver Arbeit* (die linke Seite) ist eine Funktion des Verhältnisses von *Kapital zu effektiver Arbeit* (der Ausdruck auf der rechten Seite).

Angenommen F ist die Cobb-Douglas-Produktionsfunktion: $Y = F(K, AN) = \sqrt{K}\sqrt{AN}$. Dann gilt $Y/AN = (\sqrt{K}\sqrt{AN})/AN = \sqrt{K}/\sqrt{AN} = \sqrt{(K/AN)}$. Somit hat f einfach die Form: $f(K/AN) = \sqrt{(K/AN)}$.

Diese Beziehung ist in ▶ **Abbildung 12.1** abgebildet. Sie sieht der Beziehung ohne technischen Fortschritt in ▶ **Abbildung 11.2** ganz ähnlich. Dort ließ ein Anstieg der Kapitalintensität K/N die Produktion je Beschäftigten Y/N steigen, wenn auch mit abnehmender Rate. Hier gilt genau das Gleiche, außer, dass wir nun jeweils das Verhältnis zu effektiver Arbeit betrachten (also die Quotienten K/AN und Y/AN).

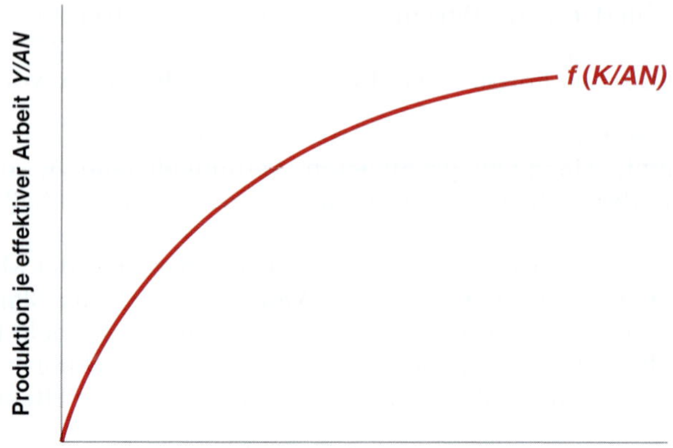

Abbildung 12.1 **Produktion je effektiver Arbeit versus Kapital je effektiver Arbeit.** Aufgrund abnehmender Grenzerträge von Kapital führt ein höherer Kapitalbestand zu einem immer kleineren Zuwachs der Produktion (beides jeweils im Verhältnis zur effektiven Arbeit).

12.1.2 Die Wechselwirkung zwischen Produktion und Kapital

Hier liegt der Schlüssel zum Verständnis der Ergebnisse dieses Kapitels: Die Ergebnisse, die wir in ▶ Kapitel 11 für die *Produktion je Beschäftigten* herleiteten, gelten immer noch, nun aber bezogen auf die *Produktion je effektiver Arbeit*. So zeigte ▶ Kapitel 11, dass im Steady State die Produktion je Beschäftigten konstant ist. In diesem Kapitel werden wir sehen, dass im Steady State gilt: Die Produktion je effektiver Arbeit ist konstant.

Wir können nun wieder die Determinanten des Wachstums herausarbeiten. Unsere Analyse verläuft völlig parallel zu der in ▶ **Kapitel 11**. Der einzige Unterschied ist, dass wir nun statt der *Anzahl der Beschäftigten* die *effektive Arbeit* zugrunde legen.

In ▶ **Kapitel 11** charakterisierte ▶ **Abbildung 11.2** die Dynamik von Produktion und Kapital je Beschäftigten. Diese Abbildung arbeitete drei Beziehungen heraus:

- Die Beziehung zwischen Produktion je Beschäftigten und der Kapitalintensität.
- Die Beziehung zwischen den Investitionen je Beschäftigten und der Kapitalintensität.
- Die Beziehung zwischen den Abschreibungen je Beschäftigten – die Investitionen, die nötig sind, um die Kapitalintensität konstant zu halten – und der Kapitalintensität.

Die dynamische Entwicklung von Kapital und Produktion wurde durch die Beziehung zwischen Investitionen und Abschreibungen bestimmt. Waren die Investitionen je Beschäftigten größer (kleiner) als die Abschreibungen je Beschäftigten, stieg (fiel) die Kapitalintensität im Zeitverlauf, ebenso wie die Produktion je Beschäftigten.

Bei der Konstruktion der ▶ **Abbildung 12.2** folgen wir exakt dem gleichen Ansatz. Der einzige Unterschied liegt darin, dass wir nun unser Augenmerk auf das Verhältnis von Produktion, Kapital bzw. Investitionen *zu effektiver Arbeit* richten. Analog zu Gleichung 10.3 verändert sich die Kapitalintensität *(der Kapitalbestand je effektiver Arbeit)* im Zeitablauf entsprechend folgender Beziehung (zur Ableitung vgl. den **Anhang** zu diesem Kapitel):

$$\frac{K_{t+1}}{A_{t+1}N_{t+1}} - \frac{K_t}{A_tN_t} \approx \frac{s \cdot Y_t}{A_tN_t} - (\delta + g_A + g_N)\frac{K_t}{A_tN_t} \tag{12.3}$$

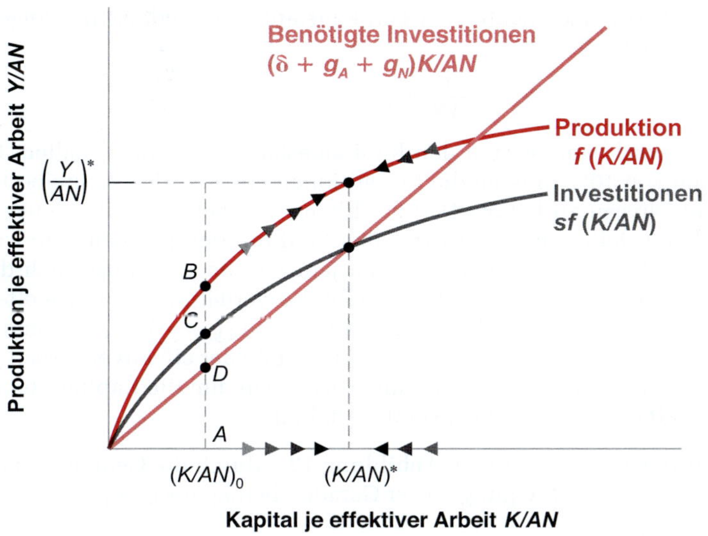

Abbildung 12.2 Die dynamische Entwicklung von Kapital je effektiver Arbeit und Produktion je effektiver Arbeit. Kapitalbestand und Produktion (jeweils je effektiver Arbeit) konvergieren langfristig gegen konstante Werte.

- Die Beziehung zwischen Produktion und Kapital, jeweils je effektiver Arbeit, wurde in ▶ **Abbildung 12.1** hergeleitet. Sie wird in ▶ **Abbildung 12.2** reproduziert. Die Produktion steigt mit dem eingesetzten Kapital (jeweils bezogen auf effektive Arbeit), allerdings mit abnehmender Rate.
- Unter den gleichen Annahmen wie in ▶ **Kapitel 11** – die Investitionen entsprechen der privaten Ersparnis; die Sparquote ist konstant – sind die Investitionen im Verhältnis zur effektiven Arbeit AN gegeben durch

$$\frac{I}{AN} = s\left(\frac{Y}{AN}\right) = sf\left(\frac{K}{AN}\right)$$

Im zweiten Teil ersetzen wir Y/AN mit dem Ausdruck aus Gleichung (12.2).

Die Beziehung zwischen Investitionen und Kapital (jeweils im Verhältnis zu effektiver Arbeit) ist in ▶ **Abbildung 12.2** wiedergegeben. Sie entspricht der oberen Kurve – aber multipliziert mit der Sparquote *s*.

- Schließlich fragen wir uns noch, wie hoch die Investitionen sein müssen, um den im Steady State benötigten Kapitalbestand aufrechtzuerhalten. Nun allerdings muss gelten: Das Verhältnis von Kapitalbestand zu effektiver Arbeit bleibt konstant.
  In ▶ **Kapitel 11** war die Antwort einfach: Der Kapitalbestand blieb konstant, wenn die Investitionen gerade den Abschreibungen auf den existierenden Kapitalbestand entsprachen. Hier ist die Antwort etwas komplizierter. Der Grund dafür: Dank technischen Fortschritts steigt *A* im Zeitverlauf. Damit nimmt aber die effektive Arbeit (*AN*) im Zeitverlauf zu. Um den Kapitalbestand je effektiver Arbeit (K/AN) konstant zu halten, muss der Kapitalbestand *K* also genauso schnell wachsen wie die effektive Arbeit. Wir wollen diese Bedingung etwas genauer untersuchen.
  δ sei wieder die Abschreibungsrate des Kapitals. Die Wachstumsrate der Bevölkerung sei konstant über die Zeit und gleich g_N. Wenn das Verhältnis zwischen den Beschäftigten und der Gesamtbevölkerung konstant bleibt, wächst auch die Anzahl der Beschäftigten (*N*) mit der Rate g_N. Die Wachstumsrate des technischen Fortschritts bezeichnen wir mit g_A. Sie sei ebenfalls konstant über die Zeit. Insgesamt wächst die effektive Arbeit (*AN*) dann mit der Rate $g_A + g_N$ (dabei vernachlässigen wir den sehr kleinen Term $g_A \times g_N$). Wächst beispielsweise die Anzahl der Beschäftigten mit einer Rate von 1% pro Jahr und beträgt die Rate des technischen Fortschritts 2% pro Jahr, dann liegt das Wachstum der effektiven Arbeit bei 3% pro Jahr.

In ▶ Kapitel 11 nahmen wir an, dass $g_A = 0$ und $g_N = 0$. Dieses Kapitel konzentriert sich auf die Implikationen des technischen Fortschritts $g_A > 0$. Aber nachdem wir den technischen Fortschritt eingeführt haben, lässt sich auch das Bevölkerungswachstum einfach analysieren. Deshalb lassen wir sowohl $g_A > 0$ als auch $g_N > 0$ zu.

Die Wachstumsrate des Produkts zweier Variablen ist gleich der Summe der Wachstumsraten der einzelnen Variablen. Siehe Proposition 7 im ▶ Anhang B am Ende des Buches.

Um den Kapitalbestand je effektiver Arbeit konstant zu halten, ist also folgendes Investitionsniveau erforderlich:

$$\frac{I}{AN} = (\delta + g_A + g_N)\frac{K}{AN} \tag{12.4}$$

Die Menge $\delta K/AN$ wird benötigt, um den Kapitalbestand konstant zu halten. Bei einer Abschreibungsrate von 10% müssen die Investitionen bei 10% des Kapitalbestandes liegen, um das gleiche Niveau zu halten. Darüber hinaus ist aber noch die Menge $(g_A + g_N) \cdot K/AN$ nötig, um sicherzustellen, dass der Kapitalbestand mit der gleichen Rate wächst wie die effektive Arbeit. Wächst die effektive Arbeit jährlich um 3%, muss auch der Kapitalbestand um 3% pro Jahr steigen. Nur dann bleibt das Verhältnis Kapital je effektiver Arbeit konstant. Fügen wir in unserem Beispiel nun $\delta K/AN$ und $(g_A + g_N) \cdot K/AN$ zusammen: Bei einer Abschreibungsrate von 10% und einer Wachstumsrate der effektiven Arbeit von 3% müssen die Investitionen bei 13% des Kapitalstocks liegen, um die Kapitalintensität (den Kapitalbestand je effektiver Arbeit) konstant zu halten.

Dieses Investitionsniveau wird in ▶ **Abbildung 12.2** durch die Gerade „Benötigte Investitionen" repräsentiert. Die Steigung dieser Geraden beträgt $\delta + g_A + g_N$.

Im Steady State gilt:

$$s\left(\frac{Y}{AN}\right)^* = (\delta + g_A + g_N)\left(\frac{K}{AN}\right)^*$$

und damit:

$$\frac{K}{Y} = \frac{s}{\delta + g_A + g_N}$$

12.1.3 Die Dynamik von Kapitalbestand und Produktion

Anhand der Grafik können wir untersuchen, wie sich Kapitalbestand und Produktion im Verhältnis zur effektiven Arbeit im Zeitablauf entwickeln. Gehen wir in ▶ **Abbildung 12.2** von einem gegebenen Niveau $(K/AN)_0$ aus. Bei diesem Niveau entspricht die Produktion je effektiver Arbeit dem vertikalen Abstand AB. Die Investitionen je effektiver Arbeit sind gleich AC. Um dieses Niveau an Kapital je effektiver Arbeit aufrechtzuerhalten, wäre eine Investition in Höhe von AD nötig. Weil die tatsächlichen Investitionen dieses Niveau übersteigen, steigt die Kapitalintensität K/AN.

Wenn es weder Bevölkerungswachstum noch technischen Fortschritt gibt ($g_A + g_N = 0$), bleiben im Steady State auch Produktion und Kapitalbestand konstant. Dieser in ▶ Kapitel 11 betrachtete Fall ist ein Spezialfall unseres allgemeinen Modells.

Damit Y/AN konstant bleibt, muss Y mit der gleichen Rate wie AN wachsen. Es muss also mit der Rate $g_A + g_N$ wachsen.

- Ausgehend von $(K/AN)_0$ bewegt sich die Wirtschaft also nach rechts. Im Zeitverlauf steigt der Kapitalbestand zunächst schneller als die effektive Arbeit. Dies geht so lange weiter, bis das Niveau $(K/AN)^*$ erreicht ist. Bei diesem Niveau reichen die Investitionen dann gerade aus, um den Kapitalbestand nach Abschreibungen mit der gleichen Rate wachsen zu lassen wie die effektive Arbeit. Das Verhältnis $(K/AN)^*$ bleibt demnach konstant. Wir sind im Steady State.
- Auch die Produktion wächst langfristig (im Steady State) mit der gleichen Rate wie die effektive Arbeit. Mit anderen Worten: Der Steady State ist dadurch gekennzeichnet, dass das Verhältnis von Kapitalstock und Produktion zu effektiver Arbeit konstant bleibt. Im Zeitverlauf nähert sich dieses Verhältnis seinem Steady-State-Wert $(K/AN)^*$ bzw. $(Y/AN)^*$ an.
- Was bedeutet das? *Im Steady State ist nun nicht mehr die Produktion, sondern vielmehr das Verhältnis von Produktion zu effektiver Arbeit konstant.* Die Produktion Y selbst wächst also im Steady State mit der gleichen Rate wie die effektive Arbeit AN, also mit der Rate $(g_A + g_N)$. Das Gleiche trifft auf den Kapitalbestand zu. Auch er wächst im Steady State mit der Rate $(g_A + g_N)$. Das Verhältnis zwischen diesen Größen ist also im Steady State konstant.

Wir haben damit ein wichtiges erstes Ergebnis abgeleitet. *Die Wachstumsrate von Produktion und Kapitalbestand entspricht im Steady State der Summe aus der Wachstumsrate der Bevölkerung (g_N) und der Rate des technischen Fortschritts (g_A). Diese Wachstumsrate der Produktion ist unabhängig von der Sparquote.*

Um unsere Intuition zu schärfen, kehren wir zu dem Argument aus ▶ **Kapitel 11** zurück. Dort wurde gezeigt, dass eine Volkswirtschaft ohne technischen Fortschritt und Bevölkerungswachstum nicht dauerhaft wachsen kann.

- Das Argument lautete wie folgt: Angenommen, wir streben positives Wachstum an. Aufgrund der abnehmenden Erträge von Kapital müsste der Kapitalbestand dann aber immer schneller wachsen als die Produktion. Die Volkswirtschaft müsste einen immer größeren Teil der Produktion für die Kapitalakkumulation aufwenden. An einem bestimmten Punkt würde die Produktion aber gar nicht mehr ausreichen, um noch mehr Kapital zu akkumulieren. Spätestens dann endet das Wachstum.
- Die gleiche Logik gilt auch hier. Die effektive Arbeit wächst mit der Rate $(g_A + g_N)$. Angenommen, die Volkswirtschaft versucht, ein Produktionswachstum größer als $(g_A + g_N)$ aufrechtzuerhalten. Wegen der abnehmenden Grenzerträge von Kapital müsste dann aber der Kapitalbestand schneller wachsen als die Produktion. Die Volkswirtschaft müsste einen immer größeren Teil der Produktion für die Kapitalakkumulation aufwenden. An einem bestimmten Punkt würde sich dies als unmöglich herausstellen. Die Volkswirtschaft kann also nicht permanent schneller wachsen als $(g_A + g_N)$.

Der Lebensstandard ist durch die Produktion je Beschäftigten (präziser: durch die Produktion pro Kopf) gegeben, nicht durch die Produktion je effektiver Arbeit.

Die Wachstumsrate von Y/N entspricht der Differenz der Wachstumsrate von Y und der von N (siehe Proposition 8 im ▶ Anhang B am Ende des Buches). Die Wachstumsrate von Y/N ist also gleich $(g_Y - g_N) = (g_A + g_N) - g_N = g_A$.

Bisher konzentrierten wir uns auf die aggregierte Produktion. Wie entwickelt sich der Lebensstandard des Einzelnen im Zeitverlauf? Technischer Fortschritt ermöglicht es, je Beschäftigten ständig mehr zu produzieren. Untersuchen wir, wie sich die Produktion je Beschäftigten Y/N entwickelt. Die Produktion wächst mit der Rate $(g_A + g_N)$, die Anzahl der Beschäftigten mit der Rate g_N. Somit wächst die Produktion je Beschäftigten gerade mit der Rate g_A. Mit anderen Worten: *Im Steady State wächst die Produktion je Beschäftigten entsprechend der Rate des technischen Fortschritts.*

Produktion, Kapitalbestand und effektive Arbeit wachsen im Steady State alle mit der gleichen Rate $(g_A + g_N)$. Dieser Steady State wird auch als „state of balanced growth" bezeichnet: Im Steady State wachsen die Produktion und die beiden Inputfaktoren ausgewogen (mit der gleichen Rate). Die Charakteristika eines ausgewogenen Wachstums werden später in diesem Kapitel hilfreich sein; sie sind in ▶ **Tabelle 12.1** zusammengefasst.

		Wachstumsrate:
1	Kapital je effektiver Arbeit	0
2	Produktion je effektiver Arbeit	0
3	Kapital je Beschäftigten	g_A
4	Produktion je Beschäftigten	g_A
5	Arbeit	g_N
6	Kapital	$g_A + g_N$
7	Produktion	$g_A + g_N$

Tabelle 12.1 Wachstum im Steady State

Auf dem ausgewogenen Wachstumspfad (äquivalent: im Steady State; oder auch: langfristig) gilt:

- *Produktion und Kapitalbestand je effektiver Arbeit* sind konstant; wir haben dieses Ergebnis aus ▶ **Abbildung 12.2** abgeleitet.
- Das bedeutet, dass sowohl die *Produktion je Beschäftigten* als auch der *Kapitalbestand je Beschäftigten* mit der Rate des technischen Fortschritts g_A wachsen.
- Die *Beschäftigung* wächst entsprechend der Wachstumsrate der Bevölkerung, g_N; *Produktion* und *Kapitalbestand* wachsen dagegen mit der Rate $(g_A + g_N)$.

12.1.4 Der Einfluss der Sparquote

Die Wachstumsrate der Produktion hängt langfristig (im Steady State) *nur* vom Bevölkerungswachstum und vom technischen Fortschritt ab. Veränderungen der Sparquote beeinflussen die langfristige Wachstumsrate nicht. Wieder gilt aber: Die Sparquote bestimmt das Niveau von Produktion je effektiver Arbeit im Steady State.

Dieses Resultat erkennt man am besten in ▸ **Abbildung 12.3**. Sie zeigt, wie sich eine Erhöhung der Sparquote von s_0 auf s_1 auswirkt. Die höhere Sparquote verschiebt die Investitionsfunktion von $s_0f(K/AN)$ nach oben auf $s_1f(K/AN)$. Der Steady State für das Verhältnis von Kapital zu effektiver Arbeit steigt damit von $(K/AN)_0$ auf $(K/AN)_1$, entsprechend steigt die Produktion je effektiver Arbeit von $(Y/AN)_0$ auf $(Y/AN)_1$.

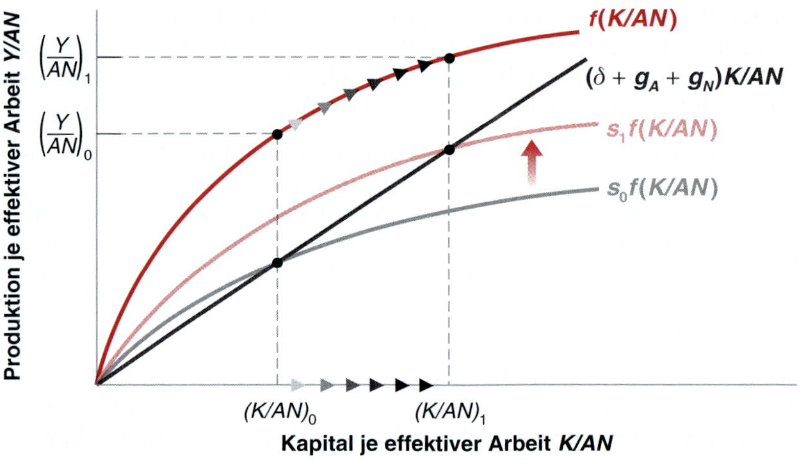

Abbildung 12.3 Anstieg der Sparquote: I. Je höher die Sparquote, desto höher sind langfristig sowohl Produktion als auch Kapital im Verhältnis zu effektiver Arbeit.

Betrachten wir nun den Anpassungspfad von einem Steady State zu einem neuen. Steigt die Sparquote, nehmen sowohl Produktion als auch Kapital im Verhältnis zu effektiver Arbeit langsam zu, bis sie allmählich gegen ihr neues, höheres Steady-State-Niveau konvergieren. ▸ **Abbildung 12.4** zeigt den Zeitpfad des Anpassungsprozesses für Kapital (oberer Graph) und Produktion (unterer Graph). Sowohl für Kapital als auch für Produktion verwenden wir eine logarithmische Skala. Anfänglich befindet sich die Wirtschaft auf dem ausgewogenen Wachstumspfad *AA*: Kapital und Produktion wachsen mit der Rate $(g_A + g_N)$ – die Steigung des Pfades *AA* ist $(g_A + g_N)$. Zum Zeitpunkt t_0 steigt die Sparquote, von da an wachsen Produktion wie Kapitalstock für einige Zeit schneller. Schließlich erreichen Kapital und Produktion höhere Niveaus, als sie ohne den Anstieg der Sparquote erreicht hätten. Ihre Wachstumsrate geht dann allerdings wieder auf $(g_A + g_N)$ zurück. Im neuen Steady State wächst die Wirtschaft also wieder mit der gleichen Rate, aber auf einem höheren Wachstumspfad *BB* – die zu *AA* parallele Gerade *BB* hat auch die Steigung $(g_A + g_N)$.

Fassen wir zusammen: In einer Volkswirtschaft mit technischem Fortschritt und wachsender Bevölkerung nimmt die Produktion im Zeitverlauf zu. Im Steady State sind das Verhältnis von Kapital und Produktion *je effektiver Arbeit* konstant. Mit anderen Worten: Produktion und Kapital *je Beschäftigten* wachsen mit der Rate des technischen Fortschritts. Produktion und Kapitalbestand selbst wachsen mit der gleichen Rate wie die effektive Arbeit, also der Summe aus der Wachstumsrate der Bevölkerung und der Rate des technischen Fortschritts. Befindet sich eine Ökonomie im Steady State, sagt man auch, dass sie sich auf dem ausgewogenen Wachstumspfad bewegt.

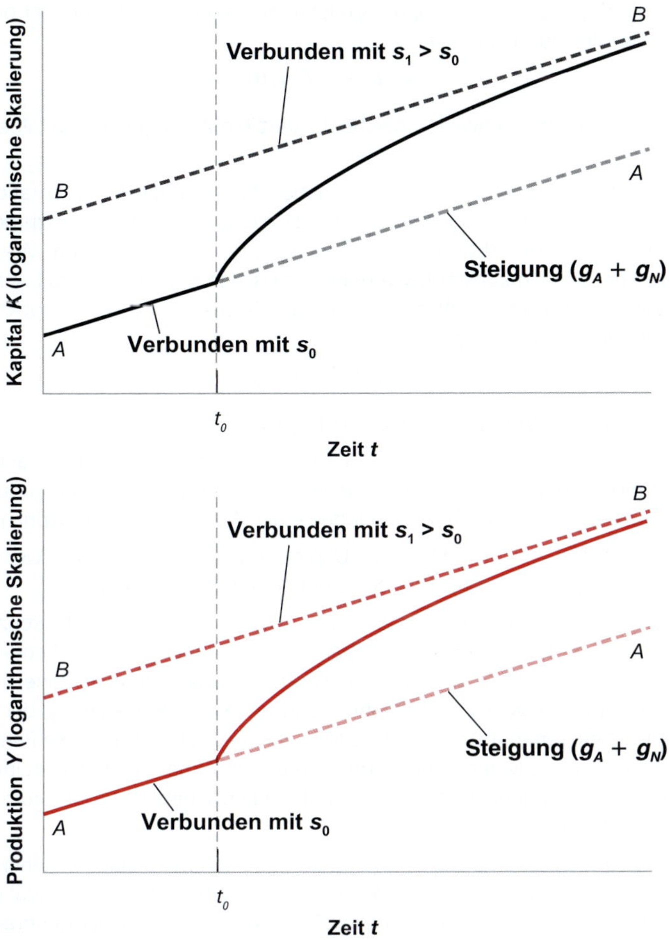

Abbildung 12.4 Anstieg der Sparquote: II. Eine höhere Sparquote lässt die Wirtschaft schneller wachsen, bis sie ihren neuen, ausgewogenen Wachstumspfad erreicht hat.

Im Steady State ist die Wachstumsrate der Produktion unabhängig von der Sparquote. Die Sparquote beeinflusst aber das langfristige Niveau der Produktion je effektiver Arbeit. Steigt die Sparquote, wächst die Wirtschaft für einige Zeit schneller als mit der Steady-State-Wachstumsrate.

In ▸ **Kapitel 10** diskutierten wir, ob es zu viel Kapitalakkumulation geben kann. Wir haben dort eine goldene Regel für das Kapitalniveau abgeleitet. Sie lieferte die Bedingung dafür, dass der Konsum im stationären Zustand maximal wird. Die Fokusbox *„Ein neuer Blick auf die Goldene Regel"* leitet eine modifizierte Form der goldenen Regel ab, für den Fall, dass wir das Modell um Wachstum erweitern.

FOKUS

Ein neuer Blick auf die Goldene Regel

In ▸ **Kapitel 10** haben wir technischen Fortschritt und Bevölkerungswachstum ausgeklammert. Wir haben gesehen, dass ein höheres Kapitalniveau ab einem gewissen Schwellenwert tatsächlich zu einem niedrigeren Konsum führt (vgl. ▸ **Abbildung 11.6**). Der Grund dafür war, dass mehr Kapital zwar eine höhere Produktion zur Folge hatte. Aber die zusätzlichen Investitionen, die erforderlich waren, um das abgeschriebene Kapital zu ersetzen und den Kapitalstock zu erhalten, überstiegen den Anstieg der Produktion, sobald der Kapitalbestand einen kritischen Schwellenwert übersteigt. Dies führte zu einem niedrigeren Konsum.

Die kritische Schwelle des Kapitalbestands, die so genannte goldene Regel, bei der der Konsum maximal ist, war durch die Gleichung gegeben:

$$f`(K/N) - \delta = 0$$

Wenn der Kapitalbestand diese Schwelle übersteigt, führt ein Anstieg des Kapitalbestands zu einem geringeren Konsum.

Nachdem wir nun Wirtschaftswachstum behandelt haben, lässt sich die Argumentation einfach erweitern, um eine ähnliche Beziehung abzuleiten. Die Intuition ist dieselbe: Das Grenzprodukt des Kapitals muss nun hoch genug sein, um nicht nur die Abschreibungen, sondern auch das Wachstum des Kapitalbestandes zu decken. Um ein konstantes Verhältnis zwischen Kapital und Produktion aufrechtzuerhalten, muss das Wachstum des Kapitalbestandes also der Wachstumsrate der Produktion entsprechen. Die erweiterte Bedingung lautet somit:

$$f`(K/AN) - \delta = g$$

mit g als Wachstumsrate der Wirtschaft. g entspricht $g_A + g_N$.

In Worten: Das kritische Niveau des Kapitalstocks, über das hinaus zusätzliches Kapital zu einem geringeren Konsum führt, ist durch die Bedingung gegeben, dass das Netto-Grenzprodukt des Kapitals – d.h. das Grenzprodukt abzüglich der Abschreibungen – der Wachstumsrate entspricht.

Wir können nun fragen: Auf welcher Seite dieser Ungleichung befindet sich die Wirtschaft? Könnte es sein, dass sie sich tatsächlich auf der falschen Seite befindet, mit zu viel Kapital?

Ein erster Ansatz, um darauf eine Antwort zu finden, besteht darin, das Nettogrenzprodukt des Kapitals zu betrachten. Es ist nicht direkt beobachtbar. Aber wir können uns die Rendite für das Halten von Aktien ansehen, die Ansprüche auf die aktuellen und zukünftigen Gewinne der Unternehmen darstellen. Legt man für die USA den S&P500-Index zugrunde (den Börsenindex, der die 500 größten Unternehmen des US-Aktienmarktes abbildet), so liegt die durchschnittliche reale Rendite, definiert als Durchschnitt der Summe aus Dividende und Kursänderung je Aktie, inflationsbereinigt seit dem Jahr 2000 bei 8,6% pro Jahr. Dies übersteigt bei weitem die durchschnittliche Wachstumsrate des BIP, die im gleichen Zeitraum 2% betrug.

Aus dieser Überlegung lässt sich scheinbar eine eindeutige Schlussfolgerung ziehen: Die Wirtschaft der Vereinigten Staaten ist noch weit von der goldenen Regel entfernt. Mehr Kapitalakkumulation impliziert demnach einen höheren Konsum im Steady State. Alles, was zu einer geringeren Kapitalakkumulation führt, z.B. eine höhere Staatsverschuldung, wird im neuen Steady State zu einem geringeren Konsum führen.

Die Sache ist aber komplizierter. Die durchschnittliche Rendite von Aktien ist zwar hoch; das Halten von Aktien ist aber riskant. Die Standardabweichung der Rendite seit 2000 beträgt 17 %. Die höchste Rendite war 2013 mit +32 %, die niedrigste 2008 mit −36 %. Dies bedeutet, dass Menschen, die Aktien halten und das damit verbundene Risiko kompensieren wollen, eine beträchtliche Risikoprämie verlangen. Sie sollte beim Vergleich mit der Wachstumsrate abgezogen werden. Dies legt nahe, für eine Vergleichsrendite Vermögenswerte mit geringem oder gar keinem Risiko heranzuziehen – etwa den Zins auf 3-monatige Staatsanleihen. Die durchschnittliche inflationsbereinigte Rendite solcher Anleihen liegt seit 2000 bei 1,1% pro Jahr und damit unter der durchschnittlichen Wachstumsrate.

Was können wir daraus schließen? Welchen Zinssatz sollten wir bei unserer Berechnung verwenden? Dies ist Gegenstand aktueller Forschungsarbeiten; die Frage ist noch nicht abschließend geklärt. Als allgemeine Schlussfolgerung gilt, dass der richtige Zins eine Mischung aus beiden Zinssätzen ist. Wahrscheinlich liegt er etwas höher als die Wachstumsrate. Mit anderen Worten: Die US-Wirtschaft leidet wahrscheinlich nicht unter einer Überakkumulation von Kapital. Eine höhere Kapitalakkumulation, d.h. eine höhere Investitionsrate, wird wahrscheinlich zu einem höheren Konsum in der Zukunft führen und damit den Wohlstand künftiger Generationen verbessern. In dem Maße, in dem eine höhere Staatsverschuldung die Kapitalakkumulation verdrängt, wird sie wahrscheinlich zu einem niedrigeren Konsum in der Zukunft führen und damit den Wohlstand künftiger Generationen verringern. Liegt der angemessene Zins aber nahe bei der Wachstumsrate, ist dieser Effekt möglicherweise nicht sehr groß.

Ausführlicher wird diese Frage in dem Buch von Olivier Blanchard untersucht: Fiscal Policy Under Low Rates, MIT Press, 2023.

12.2 Was bestimmt den technischen Fortschritt?

Wir haben soeben gesehen, dass die Wachstumsrate der Produktion pro Kopf letztlich von der Rate des technischen Fortschritts bestimmt wird. Was aber bestimmt den technischen Fortschritt? Dieser Frage wenden wir uns nun zu.

Mit dem Begriff „Technischer Fortschritt" assoziiert man wegweisende Entdeckungen: die Erfindung des Mikrochips, die Entdeckung der DNS-Struktur usw. Diese Entdeckungen suggerieren, dass Fortschritt hauptsächlich von wissenschaftlicher Forschung und vom Zufall bestimmt wird, nicht von ökonomischen Kräften. Die Wahrheit ist aber, dass der Großteil technischen Fortschritts das Ergebnis eines mühsamen Prozesses ist: der Aktivitäten für Forschung und Entwicklung (F&E) in Unternehmen. Industrielle Ausgaben für F&E machen in den reichsten Ländern (USA, Frankreich, Deutschland, Japan, UK), die wir im ▶ **Kapitel 10** untersucht haben, zwischen 2% und 3% des BIP aus. Ca. 75% der etwa eine Million Wissenschaftler und Forscher, die in den USA in F&E tätig sind, arbeiten in Unternehmen. Die F&E-Ausgaben amerikanischer Unternehmen entsprechen mehr als 20% der Bruttoinvestitionen, das sind mehr als 60% der Nettoinvestitionen – der Investitionen ohne Abschreibungen.

Die Bedeutung von Ideen zur Förderung von technischem Fortschritt und Wachstum verdeutlicht die Nobelpreisrede von Paul Romer 2018: *https://paulromer.net/prize/*

Die Unternehmen investieren aus dem gleichen Grund in F&E, aus dem sie neue Maschinen kaufen oder neue Fabriken bauen: Sie wollen ihre Gewinne steigern. Wenn ein Unternehmen mehr in F&E investiert, erhöht es die Wahrscheinlichkeit, neue Produkte zu entdecken und zu entwickeln. (Der Begriff „Produkt" kann ein neues Gut oder auch eine neue Technologie bezeichnen). Ist ein neues Produkt erfolgreich, dann erzielt das Unternehmen höhere Gewinne. Es gibt aber dennoch einen wichtigen Unterschied zwischen dem Kauf einer neuen Maschine und erhöhten Ausgaben für F&E: Das Ergebnis von F&E sind im Grunde Ideen. Im Gegensatz zu einer Maschine können Ideen potenziell von vielen Unternehmen gleichzeitig genutzt werden. Ein Unternehmen, das gerade eine neue Maschine gekauft hat, braucht keine Angst zu haben, dass andere Unternehmen diese Maschinen nutzen. Bei einem Unternehmen, das ein neues Produkt entdeckt oder entwickelt hat, ist das anders. Es ist nicht unbedingt garantiert, dass die Eigentumsrechte neuer Produkte auch durchsetzbar sind.

Das bedeutet, die Ausgaben für F&E hängen nicht allein von der Produktivität des Forschungsprozesses ab, sondern auch davon, wie leicht sich Forschungsergebnisse in Gewinne umsetzen lassen, inwieweit also die Unternehmen von Investitionen in eigene F&E profitieren. Lassen Sie uns beide Aspekte untersuchen.

12.2.1 Die Produktivität des Forschungsprozesses

Ist Forschung produktiv – führen Investitionen in F&E zu vielen neuen Produkten –, dann haben Unternehmen ceteris paribus einen höheren Anreiz, in F&E zu investieren; F&E, und damit der technische Fortschritt, werden höher sein. Was die Produktivität von Forschung bestimmt, liegt größtenteils außerhalb des Gebietes der Volkswirtschaftslehre. Zahlreiche Faktoren spielen hier zusammen:

- Die Produktivität von Forschung hängt von der erfolgreichen Interaktion zwischen Grundlagenforschung und angewandter Forschung (der Umsetzung in spezifische Verfahren und der Entwicklung neuer Produkte) ab. Grundlagenforschung allein führt nicht zu technischem Fortschritt. Der Erfolg der angewandten F&E hängt aber letztlich von der Grundlagenforschung ab. Viele Entwicklungen in der Computerindustrie können auf ein paar grundlegende Durchbrüche, angefangen von der Erfindung des Transistors bis hin zur Erfindung des Mikrochips, zurückgeführt werden.

In ▸ Kapitel 11 untersuchten wir die Rolle des Humankapitals als Input der Produktion: Besser ausgebildete Menschen können komplexere Maschinen bedienen oder komplexere Aufgaben lösen. Nun lernen wir einen weiteren Aspekt von Humankapital kennen: bessere Wissenschaftler und damit eine höhere Rate des technischen Fortschritts.

- Einige Länder scheinen in der Grundlagenforschung erfolgreicher zu sein, andere in der angewandten F&E. Studien verweisen auf die Bedeutung des Bildungssystems. Beispielsweise wird oft argumentiert, dass das französische System höherer Bildung mit starker Betonung des abstrakten Denkens Forscher hervorbringt, die eher in der Grundlagenforschung als in der angewandten F&E produktiv sind. Studien weisen auch auf die Bedeutung einer „Unternehmenskultur" hin: Ein Großteil des technischen Fortschritts beruht auf der Fähigkeit von Unternehmern, die Entwicklung und Vermarktung neuer Produkte zu organisieren.
- Es dauert viele Jahre, oft viele Jahrzehnte, bis das volle Potenzial einer großen Entdeckung realisiert wird. Im Normalfall führt eine große Entdeckung zur Erforschung möglicher Anwendungen, dann zur Entwicklung neuer Produkte und schließlich zur „Adaption" dieser neuen Produkte. Die Fokusbox *„Die Ausbreitung neuer Technologien – hybrider Mais"* zeigt, zu welchen Ergebnissen eine der ersten Studien dieses Prozesses der Ideenverbreitung gelangte. Vertrauter ist uns das Beispiel des PCs. Viele Jahrzehnte nach der kommerziellen Einführung des PCs (der erste Apple-Computer wurde 1976 vorgestellt) kommt es uns immer noch so vor, als hätten wir eben erst damit begonnen, das Potenzial zu nutzen. Und heute beginnen wir die Auswirkungen Künstlicher Intelligenz (KI) gerade erst zu begreifen (im nächsten Kapitel werden wir darauf zurückkommen).

Immer wieder wird die Befürchtung geäußert, Forschung werde immer weniger produktiv. Die meisten großen Erfindungen seien längst schon gemacht; der technische Fortschritt verlangsame sich. Diese Angst mag im Bergbau begründet sein: Zuerst werden die qualitativ hochwertigsten Minen abgebaut; dann muss man immer mehr auf Minen von niedriger Qualität zurückgreifen. Bislang gibt es keine Beweise dafür, dass die Menge möglichen Wissens beschränkt ist und die Analogie abnehmender Grenzerträge auch auf Investitionen in Forschung und Entwicklung zutrifft.

FOKUS

Die Ausbreitung neuer Technologien – hybrider Mais

Neue Technologien werden nicht über Nacht entwickelt oder adaptiert. Eine der ersten Studien, wie sich neue Technologien verbreiten, hat Zvi Griliches 1957 durchgeführt. Er untersuchte die Verbreitung von hybridem Mais in den Bundesstaaten der USA.

Hybrider Mais ist, wie Griliches formulierte, „die Erfindung einer Methode des Erfindens". Die Herstellung von hybridem Mais erfordert es, verschiedene Maissorten zu kreuzen, um eine Sorte zu züchten, die an die lokalen Bedingungen angepasst ist. Die Einführung des hybriden Maises kann den Ertrag um bis zu 20% steigern.

Obwohl das Kreuzen bereits im 19. Jahrhundert entdeckt wurde, wurde in den USA erst in den 1930er-Jahren damit begonnen, es kommerziell zu nutzen. ▸ **Abbildung 1** zeigt, mit welcher Rate hybrider Mais in verschiedenen US-Bundesstaaten im Zeitraum von 1932 bis 1956 angebaut wurde. Die Abbildung verdeutlicht, dass sich hier zwei dynamische Prozesse abspielen. Der erste beschreibt die Entdeckung eines für die einzelnen Bundesstaaten geeigneten hybriden Maises.

In den Südstaaten (Texas, Alabama) war hybrider Mais erst zehn Jahre später als in den Nordstaaten (Iowa, Wisconsin, Kentucky) verfügbar. Beim zweiten geht es um die Geschwindigkeit, mit der sich hybrider Mais in den einzelnen Bundesstaaten ausbreitete. Schon acht Jahre nach seiner Einführung wurde in Iowa praktisch nur mehr hybrider Mais angebaut. Im Süden verlief der Prozess dagegen viel langsamer. Mehr als 10 Jahre nach seiner Einführung machte hybrider Mais in Alabama nur 60% der gesamten Ernte aus.

Warum war die Verbreitungsgeschwindigkeit in Iowa so viel höher als im Süden? Der Aufsatz von Griliches zeigt, dass ökonomische Gründe ausschlaggebend waren: Wie schnell hybrider Mais sich in den einzelnen Bundesstaaten ausbreitete, hing davon ab, wie profitabel seine Einführung war. In Iowa war die Profitabilität weit höher als in den Südstaaten.

Quelle: Zvi Griliches, „Hybrid Corn: An Exploration in the Economics of Technological Change", Econometrica, Oktober 1957, S. 501–522.

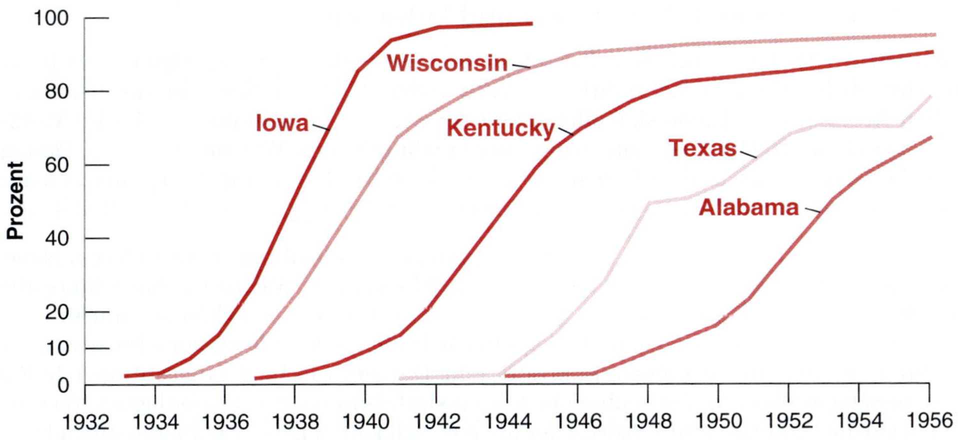

Abbildung 1 Prozent der gesamten Maisanbaufläche, die mit hybridem Saatgut bepflanzt ist – ausgewählte US-Staaten, 1932–1956

12.2.2 Profitabilität des Forschungsprozesses

Der zweite Aspekt des Ausmaßes von F&E ist die Aneigenbarkeit von Ergebnissen der Forschungsarbeit. Wenn ein Unternehmen nicht in der Lage ist, die Früchte der Entwicklung neuer Produkte zu ernten, dann wird es F&E erst gar nicht betreiben. Der technische Fortschritt kommt dann nur langsam voran. Auch hier spielen zahlreiche Faktoren eine Rolle:

- Die Natur des Forschungsprozesses selbst ist wichtig. Die Entdeckung eines neuen Produktes mag schnell zur Entdeckung eines noch besseren Produkts führen. Dann lohnt es sich nicht, der Erste zu sein. Ein hochproduktives Forschungsfeld muss also nicht unbedingt bedeuten, dass viel in F&E investiert wird. Dieses Beispiel ist extrem, aber aufschlussreich.
- Noch wichtiger ist der Schutz der **Eigentumsrechte für neue Produkte**. Ohne einen rechtlichen Schutz lässt sich mit der Entwicklung neuer Produkte so gut wie kein Gewinn machen. Zwar gibt es seltene Fälle, in denen ein erfolgreiches Produkt sein Geschäftsgeheimnis weltweit wahren kann (wie etwa Coca-Cola). In der Regel wird es aber nicht lange dauern, bis andere Unternehmen das gleiche Produkt imitieren und so den Vorsprung eliminieren, den das innovative Unternehmen anfangs hatte. Dies ist der Grund, warum es das Patentrecht gibt. Patente geben dem Unternehmen, das ein neues Produkt entdeckt hat, für eine bestimmte Zeit das Recht, andere von der Produktion bzw. Nutzung dieses Produktes auszuschließen.

Wie sollte das Patentrecht konzipiert werden? Einerseits ist ein Schutz notwendig, um den Unternehmen Anreize zu geben, in F&E zu investieren. Andererseits, sobald erst einmal ein neues Produkt entdeckt wurde, wäre es gesellschaftlich effizient, das neue Wissen allgemein zugänglich zu machen: Information ist ein öffentliches Gut, sobald sie einmal produziert worden ist, sind die Grenzkosten der Verwendung dieser Information gleich Null. Betrachten wir als Beispiel Forschung zur Bekämpfung von Aids oder Krebs. Nur die Aussicht auf große Gewinne veranlasst Unternehmen, in kostenintensive Forschung zu investieren. Sobald aber endlich ein Produkt entdeckt wird, das viele Leben retten könnte, wäre es eindeutig wünschenswert, es allen potenziellen Nutzern zu Selbstkosten zur Verfügung zu stellen. Eine solche Politik, würde sie systematisch betrieben, würde aber jeden Anreiz eliminieren, überhaupt zu forschen. Das Patentrecht muss einen schwierigen Mittelweg finden. Zu wenig Schutz führt zu wenig F&E. Zu viel Schutz erschwert es für neue F&E, auf bestehenden Ergebnissen aufzubauen, und kann damit auch zu wenig F&E führen.

Dieses Dilemma ist als „Zeitinkonsistenz" bekannt. Wir werden andere Beispiele sehen und ausführlich in ▸ Kapitel 21 diskutieren.

Das Problem geht weit über das Patentrecht hinaus. Um zwei kontroverse Fragen zu stellen: Sollte Microsoft als Ganzes bestehen bleiben oder zerschlagen werden, um so F&E anzuregen? Sollte die Regierung Preisgrenzen für Aids-Medikamente festlegen?

12.2.3 Management, Innovation und Imitation

Auch wenn F&E für technischen Fortschritt zentrale Bedeutung hat, wäre es falsch, sich ausschließlich auf ihn zu konzentrieren. Auch andere Faktoren sind relevant. Bereits verfügbare Technologien lassen sich effizienter oder weniger effizient nutzen. Starker Wettbewerb zwischen den Unternehmen zwingt sie zu mehr Effizienz. Wie die Fokusbox *„Management-Praktiken – eine andere Dimension des technischen Fortschritts"* zeigt, machen auch gute Management-Praktiken einen entscheidenden Unterschied für die Produktivität aus.

In manchen Ländern allerdings ist F&E von geringerer Bedeutung als in anderen. Neuere Forschung über Wachstum betont den Unterschied zwischen Wachstum durch Innovation und Wachstum durch Imitation. Um Wachstum aufrechterhalten zu können, müssen Staaten, die sich bereits an der Technologiegrenze befinden, neue Ideen, neue Prozesse, neue Produkte entwickeln. Sie müssen innovativ sein. Dies erfordert hohe Investitionen in F&E. Ärmere Staaten dagegen, die noch nicht so weit sind, können ihre Technologie verbessern, indem sie die Produkte und Prozesse der hoch entwickelten Länder kopieren und adaptieren. Sie müssen imitieren. Die Art des Wachstums unterscheidet sich also stark zwischen hoch entwickelten und weniger entwickelten Staaten. Je weniger ein Land entwickelt ist, desto größer ist die Bedeutung von Imitation im Vergleich zu Innovation. Dass Imitation wohl einfacher ist als Innovation, kann erklären, warum Konvergenz in der Regel durch technologisches Aufholen erreicht wird – das gilt sowohl innerhalb der OECD-Länder als auch für weniger entwickelte Staaten wie China.

Das erklärt auch, warum Länder, die weniger fortgeschritten sind, oft ein schwächeres Patentrecht haben. China beispielsweise ist ein Land, in dem Patentrechte bislang kaum garantiert werden. Unsere Diskussion hilft zu erklären, warum dies so ist. Viele Unternehmen in China sind deshalb produktiv, weil sie ausländische Erfindungen adaptieren, nicht, weil sie eigene Erfindungen machen. In diesem Fall sind mit schwachem Patentschutz kaum Kosten verbunden, da es ohnehin nur wenige einheimische Erfindungen geben würde. Die Vorteile des schwachen Patentschutzes für das eigene Land sind offensichtlich: Es erlaubt einheimischen Unternehmen, Technologien zu nutzen und zu adaptieren, ohne dafür Gebühren an die ausländischen Unternehmen zu zahlen, die diese Technologien entwickelten.

Das aber wirft eine neue Frage auf: Wenn Imitieren so einfach wäre, warum sind dann so viele andere Staaten nicht in der Lage, das Gleiche zu tun und so schneller zu wachsen? Warum sind asiatische Staaten erfolgreich damit, warum gelingt das in vielen afrikanischen Staaten dagegen nicht? Das hängt mit anderen Eigenschaften von Technologie zusammen, die wir in diesem Kapitel bereits angesprochen haben. Technologie ist mehr als nur eine Handvoll Blaupausen. Wie effizient diese Blaupausen genutzt werden – wie produktiv eine Wirtschaft ist – hängt wesentlich von Institutionen ab, etwa von der Qualität der Regierung und von vielen anderen Faktoren. Eine intensive Diskussion dieser Frage würde uns von der Makroökonomie zur Entwicklungsökonomie führen und ein eigenes Lehrbuch rechtfertigen. Weil die Frage aber von so großer Bedeutung ist, gehen wir im nächsten Abschnitt auf diese Faktoren ausführlicher ein.

FOKUS

Management-Praktiken – eine andere Dimension des technischen Fortschritts

Selbst bei gegebenem technischen Wissen und gegebenem Humankapital der Arbeitskräfte kann es für die Produktivität einen Unterschied machen, wie ein Unternehmen gemanagt wird. Manche Forscher sind der Überzeugung, dass Management-Praktiken eine viel stärkere Rolle als andere Faktoren dabei spielen, wie ein Unternehmen abschneidet, auch bei technischen Innovationen. Nick Bloom (Stanford Universität) und John Van Reenen (Sloan School of Management (MIT)) untersuchten in einem Forschungsprojekt die Management-Praktiken von mehr als 4.000 Unternehmen mittlerer Größe in Europa, den USA und Asien. Sie fanden, dass Unternehmen, die die gleiche Technologie in Kombination mit guter Management-Praxis anwenden, weltweit signifikant besser abschneiden als andere, die dies nicht tun. Dies deutet darauf hin, dass bessere Management-Praktiken eine der effizientesten Methoden sind, um besser als andere Unternehmen abzuschneiden.

Faszinierende Evidenz für die Bedeutung von Management-Praktiken liefert eine experimentelle Studie, die ein Team von Nick Bloom in 20 indischen Fabriken der Textilindustrie durchführte. Von diesen 20 Fabriken wurde eine Zufallsgruppe ausgewählt, der kostenlos Consulting über Management-Praktiken gegeben wurde. Danach wurde untersucht, wie diese Gruppe im Vergleich mit der Kontrollgruppe abschneidet, die kein Consulting erhalten hat. Es zeigte sich, dass die Übernahme guter Management-Praktiken die Produktivität um 17 Prozent steigern konnte mittels verbesserter Qualität und Effizienz und geringerer Lagerhaltung.

Quellen: „Why do management practices differ across firms and countries", Nicholas Bloom and John Van Reenen, Journal of Economic Perspectives, 24(1), 2010, S. 203–224

„Does management matter? Evidence from India", Nicholas Bloom, Benn Eifert, Aprajit Mahajan, David McKenzie und John Roberts, Quarterly Journal of Economics, Vol. 128, No. 1, 2013, S. 1–51.

12.3 Die Rolle von Institutionen für Wachstum und technischen Fortschritt

Um ein Gefühl dafür zu bekommen, warum manchen Staaten die Imitation bestehender Technologien gut gelingt, anderen dagegen nicht, vergleichen wir Kenia mit den Vereinigten Staaten. Das BIP pro Kopf in Kenia, gemessen nach der Kaufkraftparität, ist ungefähr nur 1/18 des BIP pro Kopf in den USA. Ein Teil des Unterschieds ist auf den viel niedrigeren Kapitalbestand pro Kopf zurückzuführen. Der Rest aber muss an einem viel niedrigeren Niveau des Stands der Technik in Kenia liegen. Schätzungen zufolge beträgt A (der Stand der Technik) in Kenia nur 1/13 des Wertes in den USA: Warum ist der Wert A in Kenia so niedrig? Wie viele andere arme Staaten, hat Kenia in Zeiten der modernen Informationstechnologie freien Zugang zu fast dem gesamten technischen Wissen in der ganzen Welt. Was hindert Kenia daran, einfach die neuesten technischen Verfahren aus den entwickelten Ländern zu übernehmen und so die Lücke zu schließen?

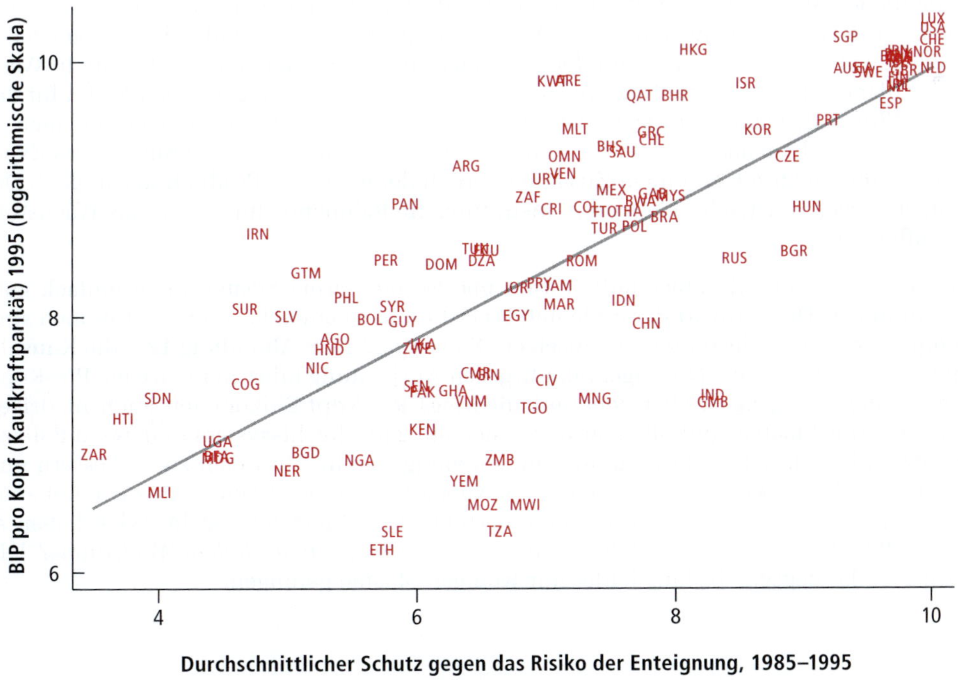

Abbildung 12.5 Schutz vor Enteignung und BIP pro Kopf. Es gibt eine starke positive Korrelation zwischen den beiden Variablen.

Quelle: Daron Acemoglu, Understanding Institutions, Lionel Robbins Lectures, 2005

Es gibt eine ganze Reihe möglicher Faktoren, angefangen von der Geografie über das Klima bis hin zu kulturellen Einflüssen. Viele Ökonomen sind aber der Meinung, dass die Hauptursache in schlechten institutionellen Rahmenbedingungen liegt. Das gilt nicht nur für Kenia, sondern ganz generell für die armen Länder.

Um welche Institutionen handelt es sich? Der **Schutz von Eigentumsrechten** könnte der vielleicht wichtigste Faktor sein. Wenige Menschen sind bereit, ein Unternehmen zu gründen, neue Technologien einzuführen und zu investieren, wenn sie damit rechnen müssen, dass die erhofften Gewinne dann vom Staat oder von korrupten Bürokraten enteignet werden oder dass sie einfach von anderen gestohlen werden. In ▶ **Abbildung 12.5** ist für 90 Länder auf der Ordinate (mit einer logarithmischen Skala – vgl. dazu **Anhang B.4**) das BIP pro Kopf, gemessen in Kaufkraftparität für das Jahr 1995, abgetragen. Auf der Abszisse ist für jedes dieser Länder ein Indexwert zwischen 0 und 10 abgetragen, der das Ausmaß des Schutzes vor Enteignung angibt. Ein Wert von 10 bedeutet maximalen Schutz. Der Index wurde von einer privaten Organisation erstellt, um politische Risiken für internationale Investoren abzuschätzen. Die positive Korrelation zwischen den beiden Variablen ist beeindruckend (in der Abbildung ist auch die Regressionsgerade abgetragen): Niedriger Schutz geht einher mit niedrigem BIP pro Kopf (Zaire und Haiti sind die extremsten Länder); umgekehrt weisen Staaten mit hohem Schutz (mit USA, Schweiz und Niederlande an der Spitze) das höchste BIP pro Kopf auf.

Was bedeutet Schutz der Eigentumsrechte in der Praxis? Es geht um ein gutes politisches System, in dem diejenigen, die über Macht verfügen, sich nicht das Eigentum ihrer Bürger aneignen können. Es geht um ein gutes Rechtssystem, in dem Streitigkeiten rasch, effizient und fair geklärt werden. Konkret geht es etwa um Verbote von Insidergeschäften auf den Aktienmärkten (um Anreize zu schaffen, Unternehmen Kapital zur Verfügung zu stellen), um transparente und gut durchsetzbare Patentrechte (damit Unternehmen Anreize haben, neue Technologien zu entwickeln), um gute Kartellgesetze (damit Wettbewerb nicht in Monopolen mündet). Diese Liste könnten wir beliebig fortsetzen.

Ein eindrucksvolles Beispiel für die Bedeutung der Institutionen liefert die ganz unterschiedliche Entwicklung von West- und Ostdeutschland nach dem Zweiten Weltkrieg bis zur Deutschen Einheit im Jahr 1989. Vor der Teilung war Deutschland ein homogenes Land, bewohnt von Menschen mit der gleichen Sprache und der gleichen Kultur. In Westdeutschland war Privateigentum mit starkem Rechtsschutz ein wesentlicher Motor für das hohe Wirtschaftswachstum nach 1948. Im Gegensatz dazu wurden die Unternehmen in Ostdeutschland verstaatlicht; es gab keine Eigentumsrechte für private Bürger. Das Experiment führte letztlich zu einem Zusammenbruch der gesamten Produktionstätigkeit. Der Vergleich zeigt drastisch, wie massiv institutionelle Rahmenbedingungen das Wachstum beeinflussen.

Das wirft eine zentrale Frage auf: Warum übernehmen arme Staaten nicht einfach gute Institutionen? Die Antwort darauf lautet: Das ist nicht so einfach. Gute Institutionen sind komplex; sie sind sehr schwer umzusetzen. Sicher geht in ▶ **Abbildung 12.5** die **Kausalität** in beide Richtungen: Niedriger Schutz gegen Ausbeutung führt zu niedrigem Pro-Kopf-Einkommen. Umgekehrt aber generiert niedriges Pro-Kopf-Einkommen auch niedrigen Schutz: Arme Staaten sind oft zu arm, um sich ein gutes Rechtssystem und guten Polizeischutz zu leisten. Es ist deshalb oft sehr schwierig, die Institutionen zu verbessern und so aus dem Teufelskreis in einen sich selbst verstärkenden positiven Zyklus von höherem Einkommen und besseren Institutionen auszubrechen. Viele Staaten in Asien haben es geschafft (vgl. die Fokusbox *„China – wo liegen die Ursachen des hohen Wachstums?“*). In Afrika ist das dagegen bislang leider nur wenigen Staaten gelungen.

FOKUS

China – wo liegen die Ursachen des hohen Wachstums?

Zwischen 1949 (dem Jahr der Gründung der Volksrepublik China) und 1978 basierte das chinesische Wirtschaftssystem unter dem Vorsitzenden Mao auf zentraler Planung. Zwei große Reformen – der Große Sprung 1958 und die Kulturrevolution 1966 endeten in menschlichen und wirtschaftlichen Katastrophen. Von 1959 bis 1962 ging die Produktion um 20% zurück; in diesem Zeitraum starben ca. 25 Millionen Menschen an Hunger. Auch zwischen 1966 und 1968 schrumpfte die Produktion um mehr als 10%.

Nach dem Tod von Mao im Jahr 1976 führte die neue Führung in mehreren Stufen Marktmechanismen in das Wirtschaftssystem ein. 1978 gab es eine Agrarreform. Die Bauern mussten eine bestimmte Quote ihrer Produktion an den Staat abliefern; den Rest konnten sie aber auf Märkten frei verkaufen. Im Lauf der Zeit erhielten sie immer mehr Rechte, das Land zu nutzen. Heute produzieren Staatsbetriebe weniger als ein Prozent der landwirtschaftlichen Güter. Auch außerhalb des Agrarsektors erhielten Unternehmen zunehmende Autonomie. Für immer mehr Güter wurden Märkte und Preismechanismen eingeführt. Die Gründung privater Unternehmen wurde ermuntert. In speziellen Wirtschaftszonen in der Umgebung Kantons wurden ausländische Investoren mit Steuervorteilen angezogen.

Die wirtschaftlichen Auswirkungen dieser Reformen waren dramatisch: Zwischen 1952 und 1980 wuchs die Produktion je Beschäftigten im Durchschnitt um nur 2,3% jährlich; seitdem aber um mehr als 5,5%. Auf den ersten Blick scheint das hohe Wachstum gar nicht so erstaunlich zu sein. Offensichtlich sind zentrale Planwirtschaften sehr schlechte Wirtschaftssysteme.

Mit einem Wechsel zur Marktwirtschaft sollten Staaten deshalb leicht hohe Produktivitätszuwächse erzielen können. Das stimmt aber keineswegs, wenn wir viele andere Staaten betrachten, die seit 1990 die zentrale Planwirtschaft aufgegeben haben. In den meisten mittel- und osteuropäischen Staaten war diese Transformation zunächst mit einem Produktionseinbruch zwischen 10% und 20% verbunden. Es brauchte mindestens fünf Jahre, bis das Ausgangsniveau wieder erreicht wurde. In Russland und manch anderen Staaten der ehemaligen Sowjetunion war der Einbruch sogar weit stärker und dauerte länger. Die meisten Transformationsländer haben mittlerweile hohe Wachstumsraten; sie liegen aber noch weit unter denen von China.

In Mittel- und Osteuropa kam es zunächst zu einem Zusammenbruch des Staatssektors, der nur teilweise und allmählich durch das Wachstum des privaten Sektors kompensiert wurde. In China ist der Staatssektor langsamer geschrumpft; zudem war das Wachstum des privaten Sektors stärker.

Dies wirft die Frage auf: Warum verlief die Transformation in China viel reibungsloser? Manche sehen die Erklärung in kulturellen Unterschieden. Die Tradition von Konfutius dominiere immer noch die Werte in China. Sie betont harte Arbeit, die Einhaltung von Verpflichtungen und das Vertrauen zwischen Freunden. All diese Tugenden seien institutionelle Grundlagen, unter denen Marktwirtschaft gut funktioniert.

Andere liefern eine historische Erklärung. Sie verweisen darauf, dass die zentrale Planwirtschaft in China, im Gegensatz zu Russland, nur wenige Jahrzehnte dauerte. Deshalb wussten viele Menschen noch, wie eine Marktwirtschaft funktioniert, und konnten sich schnell an die neuen Bedingungen anpassen.

Die meisten Beobachter verweisen auf die Rolle der kommunistischen Partei im Transformationsprozess. Im Gegensatz zu Mittel- und Osteuropa hat sich das politische System nicht verändert. Die Regierung war in der Lage, den Transformationsprozess zu steuern. Sie konnte dabei auch experimentieren. Sie ließ die Staatsunternehmen weiter produzieren, während der Privatsektor aufgebaut wurde, und garantierte die Eigentumsrechte ausländischer Investoren (China hat in ▸ **Abbildung 12.5** einen Index von 7,7 – das unterscheidet sich nicht stark vom Wert reicher Staaten). Ausländische Investoren brachten modernes technisches Wissen mit, das dann von einheimischen Unternehmen übernommen wurde. Eine solche Strategie war in vielen mittel- und osteuropäischen Ländern aus politischen Gründen nicht durchsetzbar.

Es gibt aber auch klare Grenzen der Strategie Chinas: Eigentumsrechte sind noch nicht gut etabliert; das Bankensystem ist immer noch ineffizient. Bislang haben diese Probleme das Wachstum freilich nicht behindert.

Einen tieferen Einblick in die Wirtschaft Chinas liefern die Bücher von Gregory Chow, China's Economic Transformation, 3. Auflage, John Wiley&Sons, Chichester, 2015 und Konrad Seitz, China: Eine Weltmacht kehrt zurück, Goldmann 2006. Jan Svejnar liefert einen Vergleich der Transformation Osteuropas und Chinas: China in Light of the Performance of Central and East European Economies, IZA Discussion Paper 2791, 2007.

12.4 Ein neuer Blick auf die Fakten des Wachstums

Wir wollen nun die Theorie nutzen, die wir in ▶ **Kapitel 11** und in diesem Kapitel entwickelt haben, um die Fakten besser zu verstehen, die wir in ▶ **Kapitel 10** präsentierten.

Betrachten wir ein Land, das ungewöhnlich schnell wächst – entweder im Vergleich zu den eigenen Wachstumsraten in der Vergangenheit oder im Vergleich zu anderen Ländern. Nach unserer Theorie kann dieses schnelle Wachstum zwei Ursachen haben.

- Der Grund kann in einer höheren Rate des technischen Fortschritts liegen. In diesem Fall ist das rasche Wachstum Zeichen eines ausgewogenen Pfades mit hoher Wachstumsrate. Länder mit hohem g_A haben auch eine hohe gleichgewichtige Wachstumsrate der Produktion ($g_Y = g_A + g_N$).
- Es kann aber auch die Anpassung des Verhältnisses von Kapital zu effektiver Arbeit (K/AN) an ein höheres Niveau widerspiegeln. ▶ **Abbildung 12.4** macht deutlich, dass eine solche Anpassung für eine gewisse Zeit stärkeres Wachstum mit sich bringt, selbst wenn die Rate des technischen Fortschritts konstant geblieben ist.

In Deutschland ist die Zahl der Arbeitsstunden pro Beschäftigten im Zeitraum von 2000 bis 2019 im Durchschnitt von 1466 auf 1386 Stunden gesunken. Dies bedeutet einen Rückgang von 0,3% pro Jahr. Die Produktion je Kopf ist in Deutschland also um 0,3% pro Jahr weniger stark gestiegen als die Produktion je Beschäftigten – ein kleiner Unterschied im Vergleich zu den Werten der Tabelle.

Können wir beurteilen, wie viel vom Wachstum sich den verschiedenen Quellen zurechnen lässt? Ja. Wenn ein höherer ausgewogener Wachstumspfad die Ursache ist, dann sollte die Produktion je Beschäftigten *mit* der Rate des technischen Fortschritts wachsen (▶ **Tabelle 12.1**, *Zeile 4*). Ist das höhere Wachstum hingegen auf die Anpassung an ein neues, höheres Niveau zurückzuführen, dann sollte sich diese Anpassung darin widerspiegeln, dass die Produktion je Beschäftigten *schneller* wächst als der technische Fortschritt.

Diese Überlegung liefert ein einfaches Rezept: Man berechne die Wachstumsraten der Produktion je Beschäftigten und die Rate des technischen Fortschritts und vergleiche beide Werte. Wenden wir diese Methode auf die Länder an, die wir in ▶ **Tabelle 10.1** betrachteten.

Die *erste Spalte* in ▶ **Tabelle 12.2** gibt die durchschnittlichen Wachstumsraten pro Jahr für die Produktion pro Arbeitsstunde von 1985 bis 2018 wieder. [Es gibt einen kleinen Unterschied zwischen ▶ **Tabelle 10.1** und ▶ **Tabelle 12.2**. Im Einklang mit den theoretischen Überlegungen betrachten wir in ▶ **Tabelle 12.2** die Wachstumsraten der Produktion *pro* Arbeitsstunde, während ▶ **Tabelle 10.1** die Wachstumsraten *pro Kopf* angibt – sie betrachtet den Lebensstandard.] Der Unterschied ist klein. (Bliebe das Verhältnis zwischen Arbeitsstunden, Beschäftigten und Gesamtbevölkerung immer konstant, so wären beide Wachstumsraten identisch.) Die *zweite Spalte* gibt die durchschnittlichen jährlichen Raten des technischen Fortschritts von 1985 bis 2018 an. Die Rate des technischen Fortschritts – sie ist ja nicht direkt beobachtbar – wurde mit einer Methode berechnet, die Robert Solow eingeführt hat. Sie wird im **Anhang** am Ende dieses Kapitels erläutert.

	Wachstumsrate der Produktion pro Arbeitsstunde (%)	Wachstumsrate des Solow-Residuums (MFP) (%)	Produktionsanteil des Faktors Arbeit	Wachstumsrate des Technischen Fortschritts (%)
Frankreich	1,5	0,8	0,74	1,0
Deutschland	1,6	1,0	0,73	1,4
Japan	2,0	1,0	0,70	1,4
Großbritannien	1,5	0,9	0,77	1,2
USA	1,6	0,9	0,75	1,2

Tabelle 12.2 Durchschnittliche Wachstumsraten der Produktion je Arbeitsstunde, Wachstumsrate des Solow-Residuums (MFP) und des technischen Fortschritts für ausgewählte Staaten 1985–2018

Quelle: OECD, https://data-explorer.oecd.org, Productivity growth rates

Die Tabelle liefert uns wichtige Erkenntnisse:

- Über den Zeitraum von 1985 bis 2018 war die Wachstumsrate der Produktion pro Arbeitsstunde über alle fünf Länder hinweg relativ ähnlich. Es gab also keine Aufholjagd gegenüber den Vereinigten Staaten. Das steht in starkem Kontrast zu den Daten in ▶ **Tabelle 10.1**. Sie betrachtet den Zeitraum von 1950 bis 2019 und zeigt für die anderen Länder beträchtliche Konvergenz zu den Vereinigten Staaten. Offensichtlich hat sich der Konvergenzprozess hauptsächlich im Zeitraum von 1950 bis 1985 abgespielt.
- Das Produktionswachstum seit 1985 ist zu einem Großteil auf technischen Fortschritt zurückzuführen, nicht auf ungewöhnlich hohe Kapitalakkumulation. Dies folgt aus der Tatsache, dass in allen Staaten die Wachstumsrate der Produktion je Arbeitsstunde *(Spalte 1)* nicht viel höher lag als die der Rate des technischen Fortschritts *(Spalte 4)*. Dies deutet darauf hin, dass sich die Staaten auf einem ausgewogenen Wachstumspfad befinden.

Die Daten in ▶ Tabelle 10.1 stammen aus einer anderen Quelle (den Penn World Tables). Berechnen Sie anhand dieser Daten auch die Wachstumsraten für die Zeiträume 1950–1995 und 1985–2018 (Übungsaufgabe 10).

Diese Überlegung bedeutet freilich keineswegs, dass Kapitalakkumulation irrelevant wäre. Der Aufbau des Kapitalstocks erfolgte in einer Weise, die es den Staaten ermöglichte, das Verhältnis von Produktion zu Kapital ungefähr konstant zu halten und so ein ausgewogenes Wachstum zu ermöglichen. Die Überlegung besagt vielmehr, dass im betrachteten Zeitraum das Wachstum nicht auf ein ungewöhnlich starkes Wachstum des Kapitalstocks zurückzuführen ist.

Beschränken wir uns nicht nur auf das Wachstum der OECD-Staaten. Zu den faszinierendsten Fakten aus ▶ **Kapitel 10** zählen die hohen Wachstumsraten asiatischer Länder. Wieder stellt sich die Frage: Beruhen die hohen Wachstumsraten auf technischem Fortschritt oder sind sie das Resultat ungewöhnlich starker Kapitalakkumulation?

Um diese Frage zu beantworten, konzentrieren wir uns auf China. Seit den frühen 1980er-Jahren hat dieses Land dauerhaft hohe Wachstumsraten erreicht. Inwieweit ist das hohe Wachstum auf einen starken Anstieg des Kapitalbestands (hohe Kapitalakkumulation) zurückzuführen, inwieweit auf technischen Fortschritt? Welche Rolle spielt das Wachstum der Beschäftigung? Welchen Anteil haben die einzelnen Faktoren? Wir wenden unsere Erkenntnisse aus der Wachstumstheorie an, um diese Fragen zu beantworten. Dabei konzentrieren wir uns auf einen Vergleich der Periode von 1996 bis 2008 mit den Jahren 2009 bis 2019. In der Zeit nach der Finanzkrise hatte China eine sehr hohe Investitionsquote, das Wachstum war aber rückläufig.

In diesem Kapitel verwenden wir die in der FRED Datenbank abrufbaren Reihen der Penn World Tables 10.0. Die Wachstumsrate des realen BIP der PWT Reihe fällt im Durchschnitt um 2,5% niedriger aus als die der offiziellen Daten in ▶ Tabelle 1.1 (▶ Kapitel 1). Der Rückgang des Produktivitätswachstums zeigt sich aber unabhängig davon, welche Datenreihen wir verwenden (vgl. Brandt et. al (2020)).

Weil die Rate des technischen Fortschritts nicht direkt beobachtbar ist, ermitteln wir sie indirekt mit Hilfe des Solow Residuals. Wie im ▶ **Anhang 1** dieses Kapitels ausführlich beschrieben, benötigen wir dazu Daten über das Wachstum von Produktion (g_Y), Arbeit (g_N) und Kapital (g_K). Das durchschnittliche Wachstum dieser Größen von 1996 bis 2019 können wir mit Hilfe der Penn World Tables 10 ermitteln. Wir betrachten die Reihen für die Produktion (*rgdpna*), die Beschäftigung (*emp*) und den Faktor Kapital (*rnna*). Der Anteil α_N des Faktors Arbeit an der Produktion ist der Durchschnittswert des Labor Share (*labsh*). Die durchschnittlichen Wachstumsraten dieser Reihen (Produktion g_Y, Produktion je Beschäftigten $g_Y - g_N$ und Kapitalbestand g_K) sowie der Durchschnittswert für α_N sind in ▶ **Tabelle 12.3** zusammengefasst.

Betrachten wir zunächst die Periode von 1996 bis 2008. Das Produktionswachstum lag damals bei $g_Y = 7{,}3\%$. Wie im *Anhang 1* abgeleitet, ergibt sich der Beitrag des Beschäftigungswachstums aus dem Produkt $\alpha_N * g_N = 0{,}58 * 0{,}8\,\% = 0{,}46\%$. Der Beitrag des Wachstums des Kapitalstocks war mit $(1 - \alpha_N)g_K = 0{,}42 * 8{,}6\,\% = 3{,}6\%$ wesentlich höher. Das **Solow-Residuum** (das Wachstum, das wir diesen beiden Faktoren nicht zurechnen können – auch als **Wachstumsrate der totalen Faktorproduktivität** bezeichnet) beträgt demnach $3{,}2\,\%\,(= 7{,}3\,\% - 0{,}46\,\% - 3{,}6\,\%)$. Dividieren wir das **Residuum** durch den Anteil der Arbeit, ergibt sich daraus als Rate des technischen Fortschritts $g_A = 3{,}2\% / 0{,}58 = 5{,}6\%$.

Wachstumsraten, China (Penn World Tables 10)	1996 bis 2008	2009 bis 2019
Wachstumsrate der Produktion Y (*rgdpna*) (%)	7,3	5,0
Wachstumsrate der Produktion je Beschäftigten Y/N (*rgdpna/emp*) (%)	6,5	4,8
Wachstumsrate des Kapitals K (*rnna*) (%)	8,6	8,3
Wachstum der Kapitalintensität K/Y (*rnna/rgdpna*)	1,2	3,1
Produktionsanteil des Faktors Arbeit α_N	0,58	0,57
Wachstumsrate des Solow-Residuums (MFP) (%)	3,2	1,3
Wachstumsrate des Technischen Fortschritts (%)	5,6	2,3

Tabelle 12.3 Wachstumsraten in China 1996 bis 2019
Quelle: Penn World Tables 10.0

Fassen wir zusammen: In China war das Wachstum der Produktion in der Zeit von 1996 bis 2008 mit 7,3% sehr hoch. Das liegt aber nur zu einem geringen Anteil am Beschäftigungswachstum. Das Wachstum der Produktion je Beschäftigten war mit 6,5% ähnlich hoch. Es ist auf hohe Kapitalakkumulation sowie auf rasanten technischen Fortschritt (5,6%) zurückzuführen.

Nach der Finanzkrise änderte sich die Dynamik: Das Wachstum sank auf 5%. Bei rückläufigem Beschäftigungswachstum speist es sich zu einem erheblichen Teil $(0{,}43 * 8{,}3\,\% = 3{,}6\,\%)$ aus hoher Kapitalakkumulation. China hatte in diesem Zeitraum eine ungewöhnlich hohe Investitionsquote. Das Verhältnis von Kapital zu Produktion stieg jährlich um über 3% an. Dagegen ging die Wachstumsrate des technischen Fortschritts auf 2,3% zurück.

Wir dürfen aber nicht vergessen, dass die hier berechneten Daten nur grobe Schätzungen darstellen. So benötigen wir für die Berechnung der Wachstumsrate des Fortschritts auch Daten über den Kapitalbestand. Diese Daten sind für China aber nicht so zuverlässig wie etwa die Daten für OECD-Staaten. Die verwendete Schätzmethode geht zudem davon aus, dass auf allen Märkten vollkommener Wettbewerb herrscht, dass alle Produktionsfaktoren also entsprechend ihrem Grenzprodukt entlohnt werden. Ein erheblicher Teil der Kapitalinvestitionen in China betrifft aber die öffentliche Infrastruktur – ein Bereich, für den Marktwerte nur schwer zu bestimmen sind.

Wenn wir unsere Analyse in Bezug zu ▶ **Abbildung 12.2** setzen, so befand sich die Wirtschaft in China nicht in einem Steady State; sie bewegte sich vielmehr vom Startpunkt $(K/AN)_0$ in Richtung Steady State $(K/AN)^*$. Auf lange Frist wird das Verhältnis von Kapital zu Produktion zu einem Steady State konvergieren. Die Investitionsquote wird sinken, das Verhältnis zwischen Kapital und Produktion wird sich stabilisieren, und das Wachstum der Produktion wird der Summe aus der Rate des technischen Fortschritts und der Wachstumsrate der Beschäftigung entsprechen. Im Steady State entspricht das Wachstum der Arbeitsproduktivität $(g_Y - g_N)$ der Rate des technischen Fortschritts g_A; das Wachstum der Produktion fällt um das Wachstum der Beschäftigung (g_N) höher aus. Sind g_N und g_A rückläufig, geht langfristig auch das Wachstum entsprechend zurück.

An beiden Fronten gibt es Anzeichen für eine Abschwächung. Es scheint unwahrscheinlich, dass die hohen Wachstumsraten der vergangenen Jahrzehnte Bestand haben. In einigen Sektoren nähert sich China mittlerweile der technologischen Grenze; es muss von Nachahmung zur Innovation übergehen – ein schwieriger Akt. Die aktuelle Politik der Regierung in China könnte zudem zu einem geringeren technischen Fortschritt beitragen. Lassen wir die zentrale Frage der Grenzen der Demokratie beiseite und konzentrieren wir uns nur auf wirtschaftliche Fragen: Das Bankensystem ist noch immer ineffizient. In jüngster Zeit hat sich unter Präsident Xi JinPing die Verlagerung vom Staatssektor zum Privatsektor verlangsamt. Einige der aktuellen Maßnahmen werfen Fragen zu Eigentumsrechten und zur Rolle des staatlichen Sektors im Vergleich zum privaten Sektor auf. Seit

2010 betrug das Wachstum „nur" 4,3%. Eine Reihe von Beobachtern befürchtet, dass zu viele staatliche Eingriffe, eine größere Unsicherheit in Bezug auf private Eigentumsrechte und geopolitische Faktoren in Zukunft zu einem geringeren Wachstum führen könnten. Geopolitische Spannungen machen es für China schwieriger, neue Technologien zu importieren und führen zu Zöllen und Beschränkungen für chinesische Exporte. Dies alles deutet darauf hin, dass die Rate des technischen Fortschritts erheblich sinken könnte. Zudem ist die Geburtenrate sehr niedrig; Bevölkerung und Beschäftigung gehen in China derzeit zurück. Die Wachstumsraten sind negativ geworden. Dies deutet auf ein negatives Wachstum der Erwerbsbevölkerung in der Zukunft und damit auch auf ein wesentlich niedrigeres Produktionswachstum als in den letzten Jahrzehnten hin.

Quelle: Brandt, L., J. Litwack, E. Mileva, L. Wang, Y. Zhang und L. Zhao, China's Productivity Slowdown and Future Growth Potential, Policy Research Working Paper 9298, World Bank, 2020, https://openknowledge.worldbank.org/handle/10986/33993

ZUSAMMENFASSUNG

- Um die Auswirkungen technischen Fortschritts auf den Wachstumsprozess zu verstehen, empfiehlt es sich, den technischen Fortschritt als eine Erweiterung der zur Verfügung stehenden effektiven Arbeit (des Produkts aus Arbeit und dem Stand der Technik) aufzufassen. Man kann sich vorstellen, dass Produktion mit Kapital und effektiver Arbeit erzeugt wird.
- Im Steady State ist das Verhältnis von Produktion und Kapital *je effektiver Arbeit* konstant. Anders formuliert: Produktion und Kapital *pro Kopf* wachsen mit der Rate des technischen Fortschritts. Wieder anders formuliert: Produktion und Kapital wachsen mit der gleichen Rate wie die effektive Arbeit. Diese Rate entspricht der Summe aus Wachstumsrate der Beschäftigten und der Rate des technischen Fortschritts.
- Befindet sich eine Ökonomie im Steady State, dann sagt man, dass sie sich auf einem ausgewogenen Wachstumspfad befindet. Produktion, Kapital und effektive Arbeit wachsen ausgewogen, d.h. mit derselben Rate.
- Im Steady State ist die Wachstumsrate unabhängig von der Sparquote. Die Sparquote beeinflusst allerdings das Steady-State-Niveau der Produktion je effektiver Arbeit. Ein Anstieg der Sparquote lässt die Wachstumsrate vorübergehend über das Wachstum im Steady State ansteigen.
- Der technische Fortschritt hängt sowohl (1) von der Produktivität von F&E ab – davon, inwiefern Ausgaben für F&E neue Ideen und neue Produkte generieren, als auch (2) von der Profitabilität der Investitionen in F&E und dem Ausmaß, in dem Unternehmen von ihrer F&E profitieren können.
- Beim Patentrecht gibt es einen Trade-off zwischen dem Schutz zukünftiger Entdeckungen (dem Anreiz zur Produktion von künftigem Wissen) und dem Wunsch, bestehende Entdeckungen potenziellen Nutzern frei zugänglich zu machen (der raschen Verbreitung vorhandenen Wissens).
- Deutschland, Frankreich, Großbritannien, Japan und die USA sind seit 1985 durch ein mehr oder weniger ausgewogenes Wachstum geprägt. Das Wachstum der Produktion je Beschäftigten entspricht weitgehend der Wachstumsrate des technischen Fortschritts. Das Wachstum in China setzt sich zusammen aus einer hohen Rate des technischen Fortschritts und einer ungewöhnlich hohen Investitionsquote, die das Verhältnis von Kapital zu Produktion stark ansteigen lässt.

Übungsaufgaben

(Lösungen auf **MyMathLab | Makroökonomie**)

Verständnistests

1 Welche der folgenden Aussagen sind zutreffend, falsch oder unklar? Geben Sie jeweils eine kurze Erläuterung.

a) Schreibt man die Produktionsfunktion in Abhängigkeit von Kapital und effektiver Arbeit, dann impliziert dies, dass sich bei einem Anstieg des Standes der Technik um einen bestimmten Prozentsatz die Anzahl der Beschäftigten, die benötigt wird, um dieselbe Produktionsmenge herzustellen, um den gleichen Prozentsatz verringert.

b) Steigt die Rate des technischen Fortschritts, dann muss die Investitionsrate steigen, um das Verhältnis von Kapital zu effektiver Arbeit konstant zu halten.

c) Im Steady State wächst die Produktion je effektiver Arbeit mit der Rate des Bevölkerungswachstums.

d) Im Steady State wächst die Produktion je Beschäftigten mit der Rate des technischen Fortschritts.

e) Eine höhere Sparquote impliziert ein höheres Niveau von Kapital je effektiver Arbeit im Steady State und somit eine höhere Wachstumsrate der Produktion je effektiver Arbeit.

f) Selbst wenn F&E-Ausgaben und Investitionen in neue Maschinen den gleichen potenziellen Gewinn aufweisen, so sind Ausgaben für F&E für eine Unternehmung riskanter als die Investition in neue Maschinen.

g) Der Umstand, dass sich ein Theorem nicht patentieren lässt, macht es für Unternehmen unprofitabel, Grundlagenforschung zu betreiben.

h) Weil wir irgendwann einmal alles wissen, muss das Wirtschaftswachstum letztlich zu einem Ende kommen.

i) Für das Wachstum in China hat Technologie keine entscheidende Rolle gespielt.

2 *F&E und Wachstum*

a) Wie werden die Ausgaben für F&E von Regelungen der Eigentumsrechte und von der Produktivität des Forschungsprozesses beeinflusst?

Bestimmen Sie die Auswirkungen der folgenden Politikvorschläge auf die Profitabilität und die Produktivität der Forschung sowie die erwarteten langfristigen Auswirkungen auf F&E und Produktion:

b) Ein internationales Abkommen, das die Patente eines jeden Landes weltweit schützt.

c) Steuererleichterungen für jeden in F&E investierten Euro.

d) Eine Kürzung der Mittel für staatlich finanzierte Konferenzen zwischen Universitäten und Unternehmen.

e) Die Abschaffung von Patenten für bahnbrechende Medikamente, damit diese, sobald verfügbar, zu geringen Kosten bezogen werden können.

3 Wo liegen die Quellen technischen Fortschritts für die ökonomisch führenden Staaten der Welt? Haben Entwicklungsländer andere Alternativen? Sehen Sie irgendeinen Grund, warum sich Entwicklungsländer für ein schwaches Patentrecht entscheiden könnten? Birgt eine solche Politik irgendwelche Gefahren (für die Entwicklungsländer)?

Vertiefungsfragen

4 Betrachten Sie die beiden folgenden Szenarien:

– Die Rate des technischen Fortschritts sinkt permanent.

– Die Sparquote sinkt permanent.

a) Was sind die Auswirkungen jedes dieser Szenarien für das ökonomische Wachstum in den nächsten fünf Jahren?

b) In den nächsten sieben Jahrzehnten?

Untersuchen Sie, wie sich die beiden Fälle sowohl auf die Wachstumsrate als auch auf das Produktionsniveau auswirken.

5 *Messfehler, Inflation und Produktionswachstum*

Nehmen Sie an, in einer Ökonomie werden nur die beiden Güter Haarschnitte und Bankdienstleistungen produziert. Preise, Mengen und die Anzahl der in der jeweiligen Produktion eingesetzten Beschäftigten für Jahr 1 und Jahr 2 lauten wie folgt:

	Jahr 1			Jahr 2		
	P1	M1	B1	P2	M2	B2
Haarschnitte	10	100	50	12	100	50
Bankdienstleistungen	10	200	50	12	230	60

a) Wie hoch ist das nominale BIP in jedem Jahr?

b) Wie hoch ist das reale BIP des zweiten Jahres unter Verwendung der Preise aus dem ersten Jahr? Wie hoch ist die Wachstumsrate des realen BIP?

c) Wie hoch ist die Inflationsrate unter Verwendung des BIP-Deflators?

d) Wie hoch ist das reale BIP je Beschäftigten im Jahr 1 und im Jahr 2 unter Verwendung der Preise des ersten Jahres? Wie hoch ist das Arbeitsproduktivitätswachstum zwischen Jahr 1 und Jahr 2 für die ganze Ökonomie?

Unterstellen Sie nun, dass die Bankdienstleistungen des ersten Jahres von denen des zweiten verschieden sind, da diese im Gegensatz zum ersten Jahr Telebanking enthalten. Die Technologie für Telebanking stand im Jahr 1 zur Verfügung, der Preis für Bankdienstleistungen mit Telebanking lag allerdings bei 13 € und das Paket wurde von niemandem nachgefragt. Im zweiten Jahr lag der Preis für Bankdienstleistungen mit Telebanking dagegen bei 12 €. Alle entschieden sich, dieses Paket nachzufragen (im zweiten Jahr fragte also niemand das Paket des ersten Jahres nach, Bankdienstleistungen ohne Telebanking).

e) Wie hoch ist unter Verwendung der Preise des ersten Jahres das reale BIP im Jahr 2? Wie hoch ist die Wachstumsrate des realen BIP?
f) Wie hoch ist die Inflationsrate unter Verwendung des BIP-Deflators?
g) Wie hoch ist das Arbeitsproduktivitätswachstum zwischen Jahr 1 und Jahr 2 für die ganze Ökonomie?
h) „Werden Bankdienstleistungen falsch gemessen – beispielsweise, weil die Einführung des Telebanking nicht beachtet wurde –, dann wird die Inflation überschätzt und das Produktivitätswachstum unterschätzt." Diskutieren Sie dies im Rahmen der Antworten a. bis g.

6 Nehmen Sie an, dass die Produktionsfunktion gegeben ist durch

$$Y = \sqrt{K}\sqrt{NA}$$

Die Sparquote sei 16%; die Abschreibungsrate betrage 10%. Nehmen Sie weiterhin an, dass die Anzahl der Beschäftigten mit 2% pro Jahr wächst und dass die Rate des technischen Fortschritts 4% pro Jahr beträgt.

a) Berechnen Sie die Steady-State-Werte
   - des Kapitalbestands je effektiver Arbeit,
   - der Produktion je effektiver Arbeit,
   - der Wachstumsrate der Produktion je effektiver Arbeit,
   - der Wachstumsrate der Produktion je Beschäftigten,
   - der Wachstumsrate der Produktion.
b) Nehmen Sie an, dass sich die Rate des technischen Fortschritts auf 8% verdoppelt. Berechnen Sie erneut die Größen aus a.
c) Unterstellen Sie nun, dass die Rate des technischen Fortschritts weiterhin 4% beträgt, die Anzahl der Beschäftigten nun aber mit 6% jährlich wächst. Berechnen Sie erneut die Größen aus a. Geht es der Bevölkerung in a. oder in c. besser? Erläutern Sie.

7 Diskutieren Sie die potenzielle Bedeutung folgender Faktoren für das Steady-State-Niveau der Produktion je Beschäftigten. Zeigen Sie in jedem der Fälle auf, ob die Wirkung durch A und/oder K und H erzielt wird.

a) Geografische Lage
b) Bildung
c) Schutz der Eigentumsrechte
d) Offenheitsgrad der Volkswirtschaft (für Handel)
e) Niedrige Steuersätze
f) Gute öffentliche Infrastruktur
g) Geringes Bevölkerungswachstum

8 *Verhältnis von Kapital zu Einkommen im Steady State*

a) Zeigen Sie ausgehend von der Konvergenzanalyse in ▶ **Abschnitt 12.1**, dass der Kapitalkoeffizient K/Y (das Verhältnis von Kapital zu Einkommen) im Steady State durch folgende Bedingung bestimmt ist: $K/Y = s/(\delta + g_A + g_N)$.
b) Gemäß der Bedingung in Teilaufgabe a. steigt der Kapitalkoeffizient bei gegebener Sparquote mit sinkender Rate des Wirtschaftswachstums. Ist deshalb bei anhaltend niedrigem Wachstum in der Zukunft davon auszugehen, dass das Verhältnis von Kapital zu Einkommen stetig ansteigt?

9 *Steady State und Golden Rule Pfad*

Die aggregierte Produktion eines Landes A lässt sich mit einer Cobb-Douglas-Produktionsfunktion $Y = AK^{0,5}N^{0,5}$ beschreiben. Die Bevölkerung im Land A wächst mit der Rate $g_N = 0,1$; die Abschreibungsrate beträgt $\delta = 0,1$. Wir betrachten die Entwicklung in diskreter Zeit.

a) Nehmen Sie an, die aggregierte Sparquote in jeder Periode sei $s = 0,2$. Wie hoch ist die Kapitalintensität $k = K/N$ im Steady State? Simulieren Sie mit Hilfe eines Tabellenkalkulationsprogramms den Zeitpfad für die Entwicklung der Kapitalintensität, des Pro- Kopf-Einkommens und des Pro-Kopf-Konsums zum Steady State, ausgehend von einem Ausgangswert $k_0 = 0,1$ für die Kapitalintensität.
b) Wie hoch ist die Sparquote s_{GR}, die den langfristigen Konsum pro Kopf gemäß der goldenen Regel maximiert? Wie hoch ist das entsprechende Niveau der Kapitalintensität, k_{GR}? Nehmen Sie an, dass – ausgehend von dem in Teilaufgabe a. berechneten Steady-State-Wert – die Sparquote der goldenen Regel implementiert werden soll. Ermitteln Sie anhand Ihrer Simulation, wie stark (gemessen an der Wachstumsrate des Konsums) der Konsum in der Periode zurückgeht, in der die goldene Regel eingeführt wird. Simulieren Sie den Zeitpfad des Anpassungsprozesses von k_0 zu k_{GR}. Von welcher Zeitperiode an

profitieren die Bewohner von dem Wechsel zur Sparquote gemäß der goldenen Regel?

c) Im Land B ist die Sparquote $s = 0{,}75$. Alle anderen Parameter sind die gleichen wie in A. Zeigen Sie anhand einer Simulation auch für Land B den Anpassungsprozess für Konsumpfad und Kapitalakkumulation nach einem Wechsel zur goldenen Regel, ausgehend vom Steady State mit $s = 0{,}75$.

Weiterführende Fragen

10 *Schätzungen zur Messung des technischen Fortschritts (Growth Accounting)*

Im **Anhang** zu diesem Kapitel wird gezeigt, wie Daten über Produktion, Kapital und Arbeit verwendet werden, um Schätzungen der Rate des technischen Fortschritts zu erstellen. Betrachten Sie folgende Produktionsfunktion, die eine gute Beschreibung für reiche Volkswirtschaften darstellt:

$$Y = K^{\frac{1}{3}}(NA)^{\frac{2}{3}}$$

Folgt man den gleichen Schritten wie im Anhang, so kann man zeigen, dass:

$$Residuum = \left[g_Y - \frac{1}{3}g_K - \frac{2}{3}g_N\right]$$

oder umgestellt:

$$Residuum = \left[(g_Y - g_N) - \frac{1}{3}(g_K - g_N)\right]$$

Die Rate des technischen Fortschritts erhält man dann, indem man das Residuum durch den Anteil der Arbeit an der Produktion teilt, der per Annahme unserer Produktionsfunktion 2/3 beträgt.

$$g_A = \frac{Residuum}{2/3} = \left(\frac{3}{2}\right) Residuum$$

Gehen Sie nun auf die Internetseite der Penn World Table Version 10 *http://www.rug.nl/ ggdc/productivity/pwt/* und suchen Sie nach den Zeitreihen für Produktion (*rgdpna*), Beschäftigung (*emp*), Kapital (*rnna*) und Labor Share (*labsh*) für die in ▶ **Tabelle 12.2** betrachteten Länder.

Geben Sie die Daten in Ihr bevorzugtes Tabellenkalkulationsprogramm ein.

a) Berechnen Sie die Wachstumsrate $Y/N = (g_Y - g_N)$ und $K/N = (g_K - g_N)$ für jedes Jahr und jedes Land.

b) Berechnen Sie für jedes Land die Wachstumsraten für Y/N und K/N für die Teilperioden 1960–1985 und 1985–2019.

c) Berechnen Sie unter Verwendung der oben genannten Gleichungen die Rate des technischen Fortschritts für beide Teilperioden.

d) Finden Sie Hinweise für eine Verlangsamung? Für welche Teilperioden?

e) Erklärt der Unterschied in $g_A$den gesamten Unterschied in $(g_Y - g_N)$? Wenn nicht, was erklärt dann den Rest?

f) PWT 10 liefert mit der Reihe *labsh* auch jährliche Daten für den Anteil α der Arbeit an der Produktion. Ändern sich die Ergebnisse stark, wenn Sie den Durchschnittswert von *labsh* verwenden statt den Wert 2/3?

11 *Wachstumsraten des technischen Fortschritts in China*

▶ **Tabelle 12.3** zeigt, wie die Wachstumsrate des Technischen Fortschritts für China für den Zeitraum von 1996 bis 2008 und 2009 bis 2019 anhand der Penn World Tables 10 berechnet wird.

a) Reproduzieren Sie die Daten dieser Tabelle.

b) Wie ändern sich die Aussagen, wenn Sie für die Produktion statt rgdpna die Reihe rgdpo verwenden?

Anhang 1: Wie man ein Maß für technischen Fortschritt erstellt

1957 machte Robert Solow einen Vorschlag, wie man den technischen Fortschritt schätzen könnte. Diese Methode wird heute noch verwendet. Sie geht von den wichtigen Annahmen konstanter Skalenerträge und der Entlohnung aller Produktionsfaktoren entsprechend ihrem Grenzprodukt aus. Unter diesen Annahmen ist es einfach zu berechnen, wie stark sich die Zunahme eines Produktionsfaktors auf die Produktion auswirkt. Beträgt etwa der Lohn eines Beschäftigten 30.000 € pro Jahr, dann ist sein Beitrag zur Produktion gleich ca. 30.000 €. Wenn er seine Arbeitsstunden um 10% erhöht, steigt die Produktion somit um ca. 30.000 € · 10% oder 3.000 €.

Schreiben wir dies formaler: Y bezeichne die Produktion, N die Arbeit und W/P den Reallohn, K den Kapitalbestand und r die Bruttorealverzinsung. Wie wir gerade herausgefunden haben, entspricht der Anstieg der Produktion durch Veränderungen von Arbeit und Kapital genau dem Produkt aus Reallohn und Veränderung der Arbeit plus dem Produkt aus Realverzinsung und Veränderung des Kapitalbestandes.

$$\Delta Y = \frac{\partial Y}{\partial N}\Delta N + \frac{\partial Y}{\partial K}\Delta K = \frac{W}{P}\cdot\Delta N + r\Delta K$$

Teilt man beide Seiten der Gleichung durch Y, multipliziert die rechte Seite mit K/K bzw. N/N und stellt die Gleichung um, erhält man

$$\frac{\Delta Y}{Y} = \frac{W \cdot N}{P \cdot Y}\frac{\Delta N}{N} + \frac{rK}{Y}\frac{\Delta K}{K}$$

Beachten Sie, dass der erste Term auf der rechten Seite (WN/PY) dem Anteil des Arbeitseinkommens an der Produktion entspricht – die gesamten Lohnkosten in Euro geteilt durch den Wert der Produktion in Euro und (rK/Y) dem Anteil des Kapitaleinkommens an der Produktion. Beachten Sie, dass $\Delta Y/Y$ der Wachstumsrate der Produktion entspricht, die mit g_Y bezeichnet werde. Entsprechend ist $\Delta N/N (\Delta K/K)$ die Veränderungsrate des Arbeits- bzw. Kapitaleinsatzes und wird mit g_N bzw. g_K bezeichnet. Wenn wir den Anteil des Arbeitseinkommens mit α_N bezeichnen, dann lässt sich die vorangegangene Beziehung wie folgt schreiben:

$$g_Y = \alpha_N g_N + (1 - \alpha_N) g_K$$

Allgemeiner impliziert dies, dass der Anteil des Produktionswachstums, der dem Wachstum des Arbeitseinsatzes zugeschrieben werden kann, dem Produkt aus α_N und $g_N$entspricht. Beträgt das Beschäftigungswachstum beispielsweise 2% und der Arbeitsanteil 0,7, dann liegt das durch das Beschäftigungswachstum bedingte Produktionswachstum bei 1,4% (0,7 mal 2%).

Ähnlich kann der Anteil des Produktionswachstums, der dem Wachstum des Kapitalbestandes zugeschrieben werden kann, berechnet werden. Da es nur zwei Produktionsfaktoren, Arbeit und Kapital, gibt und der Arbeitsanteil α_N beträgt, muss der Kapitalanteil am Einkommen $1 - \alpha_N$ betragen. Beträgt die Wachstumsrate des Kapitals g_K, dann entspricht der Anteil des Produktionswachstums aus Kapitalwachstum dem Produkt aus $1 - \alpha_N$ und g_K. Beträgt das Kapitalwachstum beispielsweise 5% und der Kapitalanteil 0,3, dann beträgt das durch das Wachstum des Kapitalbestands bedingte Produktionswachstum 1,5% (0,3 mal 5%).

Fasst man die Anteile der Arbeit und des Kapitals zusammen, dann beträgt das durch Arbeit und Kapital insgesamt bedingte Produktionswachstum $[\alpha_N g_N + (1 - \alpha_N) g_K]$.

Die Effekte des technischen Fortschritts messen wir mit dem, was Solow als Residuum bezeichnete: Es ist genau die Differenz zwischen dem tatsächlichen Produktionswachstum und dem Anteil, der dem Wachstum von Arbeit und Kapital zugerechnet werden kann: $[\alpha_N g_N + (1 - \alpha_N) g_K]$.

$$\text{Residuum:} g_y - \left[\alpha_N g_N + \left(1 - \alpha_N\right) g_K\right]$$

Dieses Maß ist als Solow-Residuum bekannt. Es ist leicht zu berechnen: Alles, was man dazu wissen muss, ist: Wie stark sind die Produktion (g_Y), wie stark die Arbeit (g_N) und wie stark das Kapital (g_K) gewachsen. Außerdem müssen die Produktionsanteile von Arbeit α_N und Kapital $(1 - \alpha_N)$ bekannt sein.

Fahren wir mit dem vorherigen numerischen Beispiel fort. Angenommen, die Beschäftigung wächst mit 4%, der Kapitalstock mit 5% und der Anteil der Arbeit beträgt 0,7 (der Anteil des Kapitals somit 0,3). Dann beträgt der Teil des Produktionswachstums, der dem Wachstum von Arbeit und Kapital zugerechnet werden kann 2,9% (0,7-mal 2% plus 0,3-mal 5%). Liegt das Produktionswachstum beispielsweise bei 4%, so ergibt sich daraus als Solow-Residuum 1,1% (4% minus 2,9%).

Das Solow-Residuum wird manchmal als Wachstumsrate der totalen Faktorproduktivität (oder Rate des TFP-Wachstums) bezeichnet. Der Begriff **totale Faktorproduktivität** wird zur Abgrenzung von der Wachstumsrate der Arbeitsproduktivität verwendet, die als $(g_Y - g_N)$ definiert ist.

Das Solow-Residuum steht in einer einfachen Beziehung zur Rate des technischen Fortschritts. Das Residuum ist gleich dem Anteil der Arbeit mal der Rate des technischen Fortschritts.

$$\text{Residuum} = \alpha_N g_A$$

Wir werden dieses Ergebnis hier nicht herleiten. Die Intuition dieser Beziehung liegt in dem Umstand, dass es in der Produktionsfunktion $Y = F(K, AN)$ (Gleichung (12.1)) auf das Produkt aus dem Stand der Technik und der Arbeit (AN) ankommt. Um den Beitrag des Wachstums der Arbeit zum Produktionswachstum zu erhalten, muss die Wachstumsrate der Arbeit mit deren Anteil multipliziert werden. Da N und A auf die gleiche Weise in die Produktionsfunktion eingehen, ist es nicht überraschend, dass man den Beitrag des technischen Fortschritts zum Produktionswachstum erhält, wenn man diesen auch mit dem Arbeitsanteil multipliziert.

Ist das Solow-Residuum gleich null, so gibt es unter unseren Annahmen auch keinen technischen Fortschritt. Um eine Schätzung für den technischen Fortschritt zu konstruieren, muss man das Solow-Residuum berechnen und durch den Anteil der Arbeit teilen. So wurden die im Text verwendeten Schätzer für g_A konstruiert.

Im vorangegangenen numerischen Beispiel betrug das Solow-Residuum 1,1%; der Arbeitsanteil lag bei 0,7. Somit betrug die Rate des technischen Fortschritts $g_A = 1{,}6\%$ (1,1% geteilt durch 0,7).

Halten Sie die beiden im Text verwendeten Produktivitätsbegriffe auseinander:

- Wachstum der Arbeitsproduktivität (äquivalent: die Wachstumsrate der Produktion je Beschäftigten): $g_Y - g_N$
- Rate des technischen Fortschritts: g_A

Im Steady State entsprechen sich Wachstum der Arbeitsproduktivität $(g_Y - g_N)$ und die Rate des technischen Fortschritts g_A. Außerhalb des Steady States müssen sie allerdings nicht gleich sein: Ein Anstieg des Verhältnisses von Kapital zu effektiver Arbeit, beispielsweise aufgrund eines Anstiegs der Sparquote, lässt $(g_Y - g_N)$ für einige Zeit über g_A steigen.

Quelle: Robert Solow, „Technical Change and the Aggregate Production Function“, Review of Economics and Statistics, 39(3), 1957, S. 312–320.

Anhang 2: Die Veränderung der Kapitalintensität (je effektiver Arbeit) im Zeitablauf

Gleichung (12.3) gibt an, wie sich die Kapitalintensität (je effektiver Arbeit) $k_t = \frac{K_t}{A_t N_t}$ im Zeitablauf verändert. In dieser Form gilt sie streng genommen nur bei stetiger Betrachtung; sie liefert aber auch bei diskreter Analyse eine gute Approximation. Im Folgenden leiten wir diese Approximation kurz ab. Ausgangspunkt ist die definitionsgemäße Beziehung (dabei bezeichnen wir mit g jeweils die entsprechende Wachstumsrate)

$$1 + g_k = \frac{k_{t+1}}{k_t} = \frac{K_{t+1}/K_t}{A_{t+1}/A_t \cdot N_{t+1}/N_t} = \frac{1 + g_K}{(1 + g_A) \cdot (1 + g_N)}$$

oder (logarithmiert):

$$\ln(1 + g_k) = \ln(1 + g_k) - \ln(1 + g_A) - \ln(1 + g_N)$$

Unter Verwendung der Approximation $\ln(1 + x) \approx x$ (vgl. ▸ **Anhang B.2**) erhalten wir:

$$g_k = \frac{\Delta k_t}{k_t} \approx g_K - g_A - g_N$$

Durch Multiplizieren beider Seiten mit $k_t = \frac{K_t}{A_t N_t}$ erhalten wir die Gleichung:

$$\Delta \mathrm{k}_t \approx g_K \mathrm{k}_t - (g_A + g_N)\mathrm{k}_t$$

mit g_K als Wachstumsrate des Kapitalbestands K_t. Verwenden wir dafür die Beziehung

$$g_K = \frac{\Delta K_t}{K_t} = \frac{s \cdot Y_t}{K_t} - \delta,$$

so erhalten wir schließlich

$$\Delta k_t \approx \frac{s \cdot Y_t}{A_t N_t} - (\delta + g_A + g_N)\frac{K_t}{A_t N_t}.$$

Herausforderungen des Wachstums 13

13.1 Die Zukunft technischen Fortschritts 386

13.2 Technischer Fortschritt und Arbeitslosenquote 389

13.3 Technischer Fortschritt, Verteilung und Ungleichheit 391

13.4 Klimawandel und globale Erwärmung 403

Bislang präsentierten wir zu Beginn jeden Kapitels eine Kernbotschaft. Es fällt aber schwer, die Einsichten dieses Kapitels einfach zusammenzufassen. Wachstum ist ein komplexer Prozess. Eine zentrale Herausforderung besteht darin, Wachstum fair und nachhaltig zu gestalten.

In ▶ **Kapitel 12** haben wir die Vorzüge des technischen Fortschritts gefeiert. Wir argumentierten, dass technischer Fortschritt langfristig der Schlüssel zu dauerhaftem Wachstum der Produktion pro Kopf und damit zu einer Verbesserung des Lebensstandards ist. In Alltagsdiskussionen wird über technischen Fortschritt häufig ganz anders gesprochen. Er wird für hohe Arbeitslosigkeit, hohe Ungleichheit der Einkommen und den Klimawandel verantwortlich gemacht. Sind diese Sorgen unbegründet? Diese Frage greifen wir nun auf.

- ▶ **Abschnitt 13.1** untersucht die Zukunft technischen Fortschritts. Manche Ökonomen argumentieren, die Zeit der Innovationen von Basistechnologien sei vorbei; wir müssten damit rechnen, dass sich das Produktivitätswachstum in Zukunft stark abschwäche. Andere sind dagegen davon überzeugt, dass wir mit Generativer künstlicher Intelligenz an der Schwelle der Einführung einer neuen Basistechnologie stehen und sagen eine rosige Zukunft voraus. Auf welche Argumente stützen sich die beiden Seiten? Mit welcher Entwicklung können wir rechnen?
- ▶ **Abschnitt 13.2** untersucht, ob technischer Fortschritt zu Massenarbeitslosigkeit führt. Diese Befürchtung gibt es schon seit langer Zeit. Bislang hat sie sich nicht bestätigt. Im Gegenteil: Stärkerer Produktivitätszuwachs scheint mit niedrigerer Arbeitslosigkeit einherzugehen. Könnte das in Zukunft anders werden? Welche wirtschaftspolitischen Maßnahmen könnten dies verhindern?
- ▶ **Abschnitt 13.3** untersucht die Beziehung zwischen Wachstum und Verteilung. Im Lauf der vergangenen Jahrzehnte hat Ungleichheit zugenommen. Technischer Fortschritt und Globalisierung werden dafür verantwortlich gemacht. Wir betrachten die empirische Evidenz und diskutieren, mit welchen wirtschaftspolitischen Maßnahmen der Anstieg der Ungleichheit begrenzt werden kann.
- ▶ **Abschnitt 13.4** diskutiert den Klimawandel. Wachstum wird für eine Vielzahl ökologischer Probleme verantwortlich gemacht. Viele sehen darin den Haupttreiber für Klimawandel. Wir untersuchen die empirische Evidenz und fragen, welche Politikmaßnahmen ergriffen werden sollten. Zudem fragen wir, wie groß die Chancen stehen, dass solche Maßnahmen tatsächlich eingeleitet werden.

13.1 Die Zukunft technischen Fortschritts

Es gibt eine seltsame Diskrepanz zwischen den empirischen Daten, die einen Rückgang des Produktivitätswachstums anzeigen, und der Wahrnehmung, dass wir in Zeiten rasanten technischen Wandels leben. Dieser Eindruck ist geprägt von der Einführung von Robotern, der Entwicklung künstlicher Intelligenz, dem Einsatz von maschinellem Lernen oder, unmittelbarer, von der Vielzahl der Anwendungen, die wir auf unseren Smartphones nutzen können. Man sollte erwarten, dass sich dies auch in einem höheren gemessenen Produktivitätswachstum niederschlägt. Doch wie wir in ▶ Kapitel 1 gesehen haben, hat sich das gemessene Produktivitätswachstum in den USA seit Mitte der 2000er- Jahre verlangsamt; es liegt bei weniger als der Hälfte der Rate früherer Jahrzehnte.

Wie lassen sich diese beiden Aspekte miteinander in Einklang bringen? Eine mögliche Antwort liegt in Messfehlern. Wie in der Fokusbox *„Reales BIP, technischer Fortschritt und der Preis von Computern“* in ▶ **Kapitel 2** besprochen, ist die Messung des technischen Fortschritts schwierig. Wie viel besser ist ein Computer von 2020 im Vergleich zu einem Computer von 2010? Obwohl die statistischen Ämter versuchen, Änderungen bei Geschwindigkeit, Größe der Speicherkapazität usw. zu berücksichtigen, leisten sie keine perfekte Arbeit. Die Herausforderung ist bei der Erfassung neuer Software sogar noch größer. Wie sehr schätzen wir die Tatsache, dass wir mittlerweile fast jedes Musikstück, fast jeden Film, den wir genießen wollen, sofort abrufen können?

Könnte es somit sein, dass wir die Rate des Produktivitätswachstums unterschätzen, die wahre Rate also viel höher ist? Untersuchungen zu diesem Thema legen nahe, dass die Antwort „Ja“ lautet, allerdings mit einem Haken: Messprobleme hat es schon immer gegeben. Es scheint nicht so zu sein, dass die Messprobleme für die Gesamtwirtschaft stark zugenommen haben. Anders ausgedrückt: Messprobleme können nur einen kleinen Teil des Rückgangs des gemessenen Produktivitätswachstums erklären. Wenn wir also tatsächlich einen Rückgang des Produktivitätswachstums beobachten, wie können wir ihn erklären? Dies ist Gegenstand intensiver Debatten unter den Experten.

Innovationen von Basistechnologien sind solche, die in vielen Bereichen und vielen Produkten Anwendung finden. Aus diesem Grund bezeichnet man sie als General Purpose Technologies (Basistechnologien).

Manche argumentieren, die Innovationen neuer Basistechnologien seien weniger fundamental als die Innovationen früherer Basistechnologien. So argumentiert etwa Robert Gordon von der Northwestern University, Elektrizität und der Verbrennungsmotor seien die beiden wichtigsten Innovationen der letzten 150 Jahre gewesen. Noch viele Jahrzehnte nach ihrer Einführung veränderten sie die Produktionsmethoden und das Leben im Allgemeinen auf oft dramatische Weise. Um ein paar Beispiele zu nennen: Elektrizität ermöglichte die Nutzung von Klimaanlagen und damit erst das Aufblühen vieler Regionen wie der Südstaaten der Vereinigten Staaten. Mit der Entwicklung von Kühlschränken und der Möglichkeit, Lebensmittel viel länger aufzubewahren, veränderte sich das System von Produktion und Verteilung von Lebensmitteln grundlegend. Der Verbrennungsmotor erlaubte den Bau von Fahrzeugen und Autobahnen; er prägte die Entwicklung der modernen Städte. Gordon zufolge habe Digitalisierung als neue Basistechnologie nicht annähernd die gleichen weitreichenden Auswirkungen. Daher sollten wir nicht erwarten, dass sie sich ähnlich auswirkt wie frühere Innovationen von Basistechnologien. Die Zeit hohen technischen Fortschritts, so behauptet er, liege hinter uns.

Andere, wie etwa Erik Brynjolfsson vom MIT, argumentieren, die Digitalisierung, zusammen mit der zunehmenden Leistungsfähigkeit von Computern, werde unser Leben genauso oder sogar noch mehr verändern wie früher Elektrizität und Verbrennungsmotor. Künstliche Intelligenz und maschinelles Lernen können nahezu jede Tätigkeit verändern, von fahrerlosen Autos über die Entschlüsselung des menschlichen Genoms mit großen Fortschritten in der Medizin bis hin zu der Art und Weise, wie Anwälte auf Daten der Rechtsprechung zugreifen können. Er argumentiert, das derzeitige geringe Produktivitätswachstum spiegele einfach nur den langsamen Prozess der Diffusion und Entdeckung neuer Anwendungen wider. Er kommt zu dem Schluss, die Zukunft sei rosig, und sieht kein Ende des technischen Fortschritts.

Der Einsatz von Künstlicher Intelligenz (KI) ist seit den 2010er-Jahren stetig angestiegen. D.h. eine wachsende Zahl von Aufgaben, die bislang von Menschen ausgeführt werden, wurden Computern und Robotern übertragen. In den 2020er-Jahren hat sich der Fortschritt mit der Entwicklung der Generativen künstlichen Intelligenz (Generative KI) dramatisch beschleunigt. Sie ermöglicht es Computern und Robotern, auf der Grundlage einfacher Anweisungen noch komplexere Aufgaben auszuführen, von der Programmierung über Textanalyse bis hin zur Erstellung von Bildern oder Musik.

Die Fortschritte im Bereich der Generativen künstlichen Intelligenz sind rasant. Es ist klar, dass Computer und Roboter bald in der Lage sein werden, viele der Aufgaben zu übernehmen, die heute von Menschen erledigt werden. ▶ **Abbildung 13.1** fasst die Ergebnisse einer McKinsey-Studie zusammen darüber, wie viel Zeit durch den Einsatz von Generativer KI in verschiedenen Bereichen eingespart werden könnte. Die grauen Balken zeigen den Anteil der Zeit, der früheren Schätzungen zufolge durch den Einsatz traditioneller KI und Automatisierung in verschiedenen Sektoren bis 2030 eingespart werden könnte. Die roten Balken zeigen den Anteil der Zeit, der eingespart werden kann, wenn zusätzlich auch noch Generative KI eingesetzt wird.

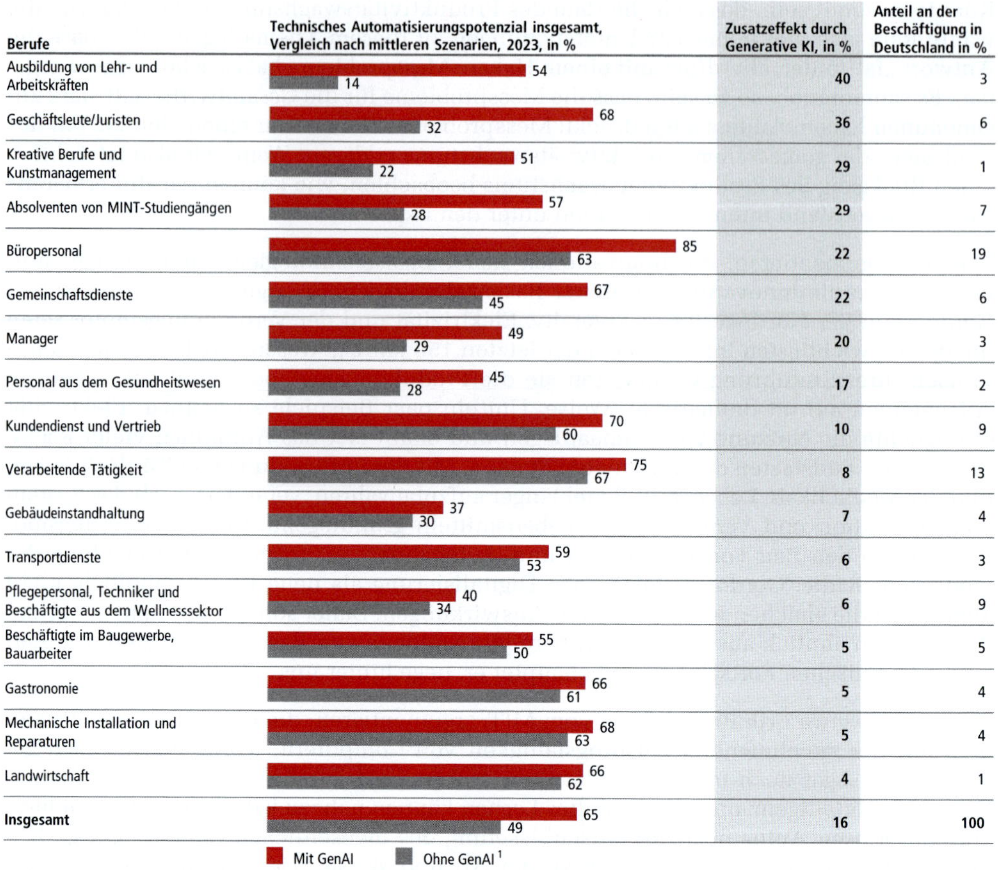

Abbildung 13.1 Potenzielle Zeitersparnis durch generative künstliche Intelligenz. Der durchschnittliche Anteil der Zeit, der durch den Einsatz von KI, Robotern und Generativer KI bis 2040 eingespart werden kann, wird auf 65% geschätzt.
Quelle: McKinsey, Auswirkungen von GenAI auf den deutschen Arbeitsmarkt bis 2040, November 2023

Betrachten wir die roten Balken, so liegt der Anteil der potenziell eingesparten Zeit im Durchschnitt bei etwa 65%. Er variiert zwischen den einzelnen Sektoren (wahrscheinlich noch mehr zwischen den Berufen innerhalb eines Sektors), von 37% bei Gebäudeinstandhaltung bis zu 85% bei Büroarbeit. Der Zusatzeffekt durch Generative KI selbst (der Unterschied zwischen den grauen und roten Balken) variiert ebenfalls, von nur 4% in der Landwirtschaft bis zu 40% bei der Ausbildung von Lehr- und Arbeitskräften. Die Größenordnung dieser Zahlen ist beeindruckend. Wenn wir davon ausgehen, dass ein Arbeitnehmer im Jahr 2040 in nur 35% (=1−65%) Zeiteinheiten das produziert, was er heute in einer Einheit produziert, bringt dies eine Produktivitätssteigerung von 1/0,35−1,0 oder 186%. Wenn dies im Zeitraum von 2022 bis 2040 realisiert wäre, würde dies ein enormes Produktivitätswachstum von 6% pro Jahr bedeuten – ein Vielfaches des derzeitigen Produktivitätswachstums! Das wird sicherlich nicht in dieser Größenordnung geschehen; aber es ist ein Hinweis darauf, dass der mit Generativer KI verbundene Diffusionsprozess große Auswirkungen auf das Produktivitäts- und damit auch auf das Produktionswachstum haben könnte.

Vergleiche dazu auch die IWF-Studie „GenAI: Artificial Intelligence and the Future of Work", Januar 2024 (*https://www.imf.org/en/Publications/Staff-Discussion-Notes/Issues/2024/01/14/Gen-AI-Artificial-Intelligence-and-the-Future-of-Work-542379*)

Können wir uns da sicher sein? Die ehrliche Antwort ist: Niemand weiß das wirklich. Es gibt eine Reihe spektakulär falscher Vorhersagen, etwa die von Thomas Watson, dem ehemaligen Chef von IBM, der 1943 sagte: „Ich glaube, es gibt einen Weltmarkt für höchstens fünf Computer." Aber die Debatte zeigt, wie wichtig sowohl der Prozess der Innovation als auch die Geschwindigkeit der Diffusion für die Erklärung des technischen Fortschritts an der Grenze sind.

13.2 Technischer Fortschritt und Arbeitslosenquote

Seit Beginn der industriellen Revolution befürchten Arbeitnehmer, dass technischer Fortschritt ihre Arbeitsplätze vernichten und sie damit arbeitslos machen könnte. Im England des frühen 19. Jahrhunderts zerstörten Gruppen von Industriearbeitern neue Maschinen, die sie als direkte Bedrohung ihrer Arbeitsplätze empfanden. Sie wurden als Maschinenstürmer bekannt. Ähnliche Bewegungen gab es auch in anderen Ländern. Das Wort „Saboteur" hat seinen Ursprung in der Weise, wie französische Arbeiter Maschinen zerstörten: Sie stellten einfach ihre „sabots" (schwere, hölzerne Schuhe) in die Maschinen.

Das Thema der **technisch bedingten Arbeitslosigkeit** tritt normalerweise immer in den Vordergrund, wenn die Arbeitslosigkeit hoch ist. Während der großen Depression behaupteten Anhänger einer Bewegung, die sich als „Technokratie-Bewegung" bezeichnete, die hohe Arbeitslosigkeit sei Folge der Einführung von Maschinen; alles würde nur noch schlimmer, wenn man weiterhin technischen Fortschritt zuließe. Heute ist in Europa – wo die Arbeitslosigkeit hoch ist – in vielen Ländern die Unterstützung für kürzere Arbeitszeiten von 35 oder sogar nur 30 Stunden pro Woche weit verbreitet. Das Argument lautet, wegen des technischen Fortschritts gäbe es nicht mehr genug Arbeit, um allen Beschäftigten Vollzeit-Arbeitsplätze zu sichern. Als Lösung wird vorgeschlagen, jeden Beschäftigten eine geringere Stundenzahl (zum gleichen Stundenlohn) arbeiten zu lassen, um mehr Arbeitnehmer beschäftigen zu können.

In seiner einfachsten Form ist das Argument, technischer Fortschritt müsse zu Arbeitslosigkeit führen, offensichtlich falsch. Die enormen Verbesserungen des Lebensstandards, die die OECD-Länder im Lauf des 20. Jahrhunderts erfahren haben, waren mit großen *Beschäftigungszuwächsen* verbunden; es gab keinen systematischen Anstieg der Arbeitslosenquote. In den Vereinigten Staaten ist die Produktion pro Kopf seit 1890 um das Zehnfache angestiegen. Die Beschäftigung hat nicht abgenommen, sondern ganz im Gegenteil um das Sechsfache zugenommen (das spiegelt den entsprechenden Anstieg der amerikanischen Bevölkerung wider). Wenn man über die Ländergrenzen hinwegblickt, gibt es auch keine Anzeichen für eine systematische positive Beziehung zwischen Arbeitslosenquote und Produktivitätsniveau. Japan und die USA gehören zu den Ländern mit der höchsten Produktivität; sie haben zugleich besonders niedrige Arbeitslosenquoten im Vergleich zu den anderen OECD-Ländern.

Wie in ▶ Kapitel 12 erörtert, hängt der technische Fortschritt in Ländern, die nicht an der Spitze der Innovation stehen, weitgehend von anderen Faktoren ab, nämlich von der Fähigkeit, bestehende Technologien zu adaptieren und zu imitieren. Diese wird wiederum von Institutionen bestimmt. Sie reichen von Eigentumsrechten bis hin zur Bildung.

Differenziertere Versionen der Hypothese, technischer Fortschritt führe zu Arbeitslosigkeit, müssen jedoch ernster genommen werden. So könnte man erwarten, dass es einige Zeit dauert, bis neue Arbeitsplätze die vernichteten Arbeitsplätze ersetzen, wenn höhere Produktivität Unternehmen dazu veranlasst, Arbeitsplätze abzubauen. Dass dieser Prozess also zumindest für gewisse Zeit zu einer höheren Arbeitslosigkeit führt, wenn auch nicht für immer. Empirische Evidenz deutet jedoch darauf hin, dass dies nicht der Fall ist.

▶ **Abbildung 13.2** zeigt für jedes Jahrzehnt seit 1890, wie hoch im Durchschnitt in den jeweiligen Jahrzehnten das Wachstum der Arbeitsproduktivität und die Arbeitslosenquote in den USA waren. Auf den ersten Blick scheint kaum eine Beziehung zwischen den beiden zu bestehen. Das Jahrzehnt der Weltwirtschaftskrise (1930–1939) war aber so außergewöhnlich, dass man es ignorieren sollte. Dann zeichnet sich doch eine – wenn auch nicht besonders starke – Beziehung zwischen Produktivitätswachstum und Arbeitslosenquote ab. Es handelt sich allerdings um eine Beziehung, die der Voraussage technisch bedingter Arbeitslosigkeit widerspricht:

Vieles deutet darauf hin, dass die Abflachung des Produktivitätswachstums in Europa zum Anstieg der Arbeitslosigkeit in Europa seit den 1970er-Jahren beigetragen hat. Vergleiche dazu auch die Fokusbox *„Arbeitslosigkeit in Europa"* *in* ▶ Kapitel 7.

Zeiten *hohen Produktivitätswachstums* wie zwischen den 1940er- und 1960er-Jahren waren mit einer *niedrigeren Arbeitslosenquote* verbunden. Zeiten *niedrigeren Produktivitätswachstums*, wie sie die Vereinigten Staaten in den 1970er- und 1980er-Jahren erfahren haben, waren mit einer *höheren Arbeitslosenquote* verbunden.

Was in der Vergangenheit galt, muss aber nicht unbedingt auch für die Zukunft gelten. Automatisierung und Digitalisierung scheinen bedrohlich genug. Es liegt in ihrer Natur, dass sie zunächst die am wenigsten qualifizierten Arbeitskräfte ersetzen; dann, sobald sie anspruchsvoller werden, Arbeitskräfte mit höheren Qualifikationen und so weiter. So kommen aktuelle Studien zu dem Schluss, dass in den nächsten zwei Jahrzehnten 47% der Arbeitskräfte in den USA Gefahr laufen, von Robotern ersetzt zu werden.

Daron Acemoglu und Pascual Restrepo vom MIT haben die Evidenz dafür erforscht, wie sich die Einführung von Robotern auf die Beschäftigung in lokalen Arbeitsmärkten auswirkt. Sie kommen zu dem Schluss, dass Roboter dort, wo sie eingeführt werden, tatsächlich Arbeitsplätze vernichten. Auch wenn der Einsatz von Robotern zu Kostenreduktionen führt; die Unternehmen ihre Produkte also billiger verkaufen und damit Absatz und Produktion steigern, dominiert die Substitution von Arbeitern durch Roboter: Es kommt zu einem Abbau von Arbeitsplätzen.

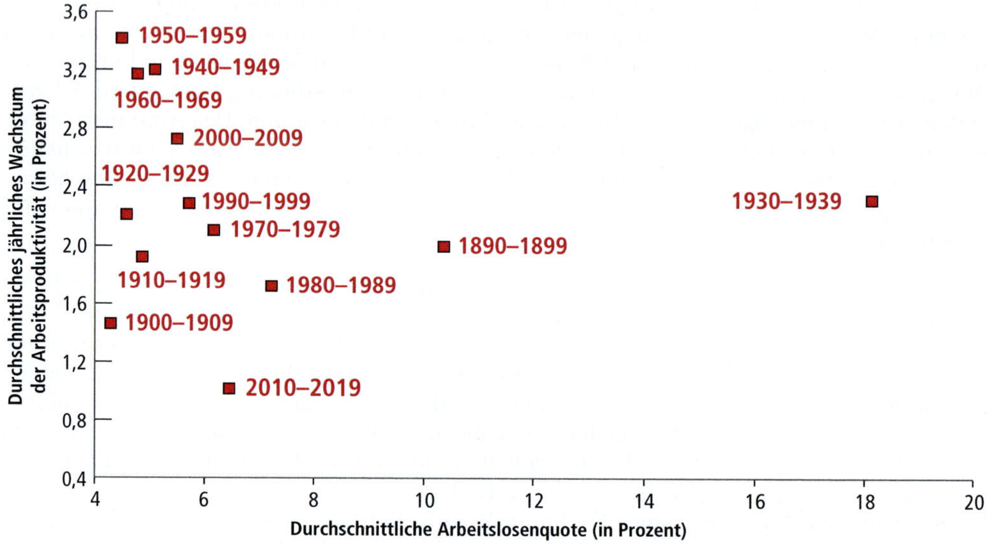

Abbildung 13.2 Produktivitätswachstum und Arbeitslosigkeit – Durchschnitte für die Jahrzehnte seit 1890 in den USA. Es besteht kaum ein Zusammenhang zwischen den Zehn-Jahres-Durchschnitten von Produktivitätswachstum und Arbeitslosenquote. Wenn überhaupt ein solcher Zusammenhang besteht, führt höheres Produktivitätswachstum zu einer Verringerung der Arbeitslosigkeit.
Quelle: U.S. Bureau of the Census, Historical Statistics of the United States

Die entscheidende Frage ist aber, ob die Roboter dafür an anderer Stelle zur Schaffung von Arbeitsplätzen führen. Werden durch den Einsatz von Robotern etwa billigere Vorleistungen produziert, ermöglicht dies auch anderen Unternehmen eine Senkung ihrer Produktionskosten; sie könnten dann wiederum ihre Beschäftigung erhöhen. Inwieweit dies zutrifft, ist wesentlich schwieriger zu beurteilen. Auf jeden Fall aber ist die Arbeitslosenquote selbst für Arbeitskräfte mit geringer Qualifikation in vielen Ländern (etwa in den USA und Deutschland) im historischen Vergleich niedrig. So lag die Arbeitslosenquote in den USA 2018 für Arbeitskräfte ohne Schulabschluss bei nur 5,7%, diejenige für Arbeitskräfte mit einem einfachen High-School-Abschluss ohne Studium bei 3,8% – jeweils historische Tiefststände. Offensichtlich konnten die Arbeitsplätze, die durch Roboter weggefallen sind, durch andere Arbeitsplätze ersetzt werden.

Generative Künstliche Intelligenz wirft noch ganz andere Fragen auf. Im Gegensatz zu traditioneller KI betrifft Generative KI wahrscheinlich eher Arbeitnehmer mit höheren Qualifikationen und höherer Bildung. Dies kann dazu führen, dass manche dieser Arbeitnehmer niedrigere Löhne akzeptieren oder sogar den Beruf wechseln müssen. Es ist jedoch zu erwarten, dass sie weiterhin beschäftigungsfähig bleiben, sodass es nicht zu einer höheren Dauerarbeitslosigkeit kommen dürfte. Darüber hinaus könnten dank Generativer KI einige der Arbeitnehmer, die zuvor nur über geringe Qualifikationen verfügten und keine Beschäftigung finden konnten, nun beschäftigungsfähig werden, was die Arbeitslosigkeit senkt.

Die Erfahrungen aus der Geschichte lassen hoffen, dass sich die Produktivitätsgewinne durch Generative KI hauptsächlich in höherer Produktion niederschlagen ohne Anstieg der Arbeitslosigkeit. Selbst wenn diese optimistische Einschätzung zutrifft, bleibt die Frage offen, ob Arbeitskräfte, die ihre Jobs an Roboter verloren haben, neue Jobs zum gleichen Lohn bekommen oder nur mit starken Lohneinbußen. Daron Acemoglu und Simon Johnson (Nobelpreisträger im Jahr 2024) liefern in ihrem Buch *Macht und Fortschritt* (Campus Verlag 2023) eine spannende Analyse der Auswirkungen künstlicher Intelligenz auf die Arbeitsmärkte. Sie argumentieren, dass die Richtung des technologischen Wandels nicht vorgegeben ist, sondern durch geeignete Regeln wesentlich mitbestimmt werden kann. Sie hängt entscheidend davon ab, ob KI vor allem zur Überwachung und Automatisierung (zur Substitution von Arbeitskräften) eingesetzt wird oder ob sie die Arbeitnehmer komplementär ergänzt, indem sie es ihnen ermöglicht, effizienter zu arbeiten, qualitativ hochwertigere Arbeit zu leisten und neue produktive Aufgaben zu erfüllen.

So kann Generative KI beispielsweise einen Großteil der Hintergrundlektüre und -analyse übernehmen, die bislang von Rechtsanwälten, Anwaltsgehilfen oder Anlageberatern durchgeführt wird.

Fassen wir kurz zusammen: Bis jetzt haben Roboter nicht zu einem Anstieg der Arbeitslosigkeit oder gar zu so etwas wie Massenarbeitslosigkeit geführt. Ein interessantes Gedankenexperiment (auch wenn es eher an Science-Fiction erinnert) besteht darin, sich vorzustellen, wie unsere Wirtschaft aussähe, wenn Roboter alle Arbeitsplätze ersetzen würden. Das könnte sowohl Hölle wie auch Himmel bedeuten. Die Hölle wäre es, wenn alle Roboter einem einzigen, ganz reichen Besitzer gehören; alle anderen dagegen arbeitslos werden. Der Himmel wäre es, wenn jeder einen Anteil an den Robotern besitzt. Dann kann er von den Einnahmen leben, die bei der Produktion der Roboter anfallen, und sein Leben in Muße genießen. Zugegeben, das sind extreme Szenarien. Sie zeigen aber, mit welchen Fragen sich die Wirtschaftspolitik in Zukunft auseinandersetzen muss: Wie lässt sich Ungleichheit bekämpfen? Sollte man für alle ein Mindesteinkommen garantieren? Wie stark sollte man Vermögen und Eigentumsrechte umverteilen? Dies bringt uns zum Thema der Einkommensungleichheit, das wir im nächsten Abschnitt untersuchen.

13.3 Technischer Fortschritt, Verteilung und Ungleichheit

Technischer Fortschritt ist ein Prozess des strukturellen Wandels. Das war das zentrale Thema der Arbeit von Joseph Schumpeter, einem österreichischen Ökonomen, der in Harvard lehrte. Er betonte in den 30er-Jahren des 20. Jahrhunderts, dass der Wachstumsprozess im Grunde ein Prozess der **Kreative Zerstörung** ist. Neue Güter werden entwickelt und machen alte überflüssig. Neue Produktionsmethoden werden eingeführt, die neue Fähigkeiten erfordern und alte Fähigkeiten weniger nützlich werden lassen.

Viele Berufe wie Köhler, Schmied oder Trambahnschaffner sind für immer verschwunden, andere, wie der Buchsetzer, haben sich so fundamental gewandelt (vom ursprünglichen „Setzer" an der Druckpresse zum Computerexperten), dass völlig andere Kenntnisse erforderlich sind. Zu Beginn des 20. Jahrhunderts gab es in den USA mehr als elf Millionen Landwirtschaftsarbeiter, heute sind es weniger als eine Million. Dafür gibt es heute mehr als drei Millionen Lkw-, Bus- und Taxifahrer in den USA, während es 1900 noch keinen einzigen gab. Heute gibt es mehr als eine Million Computerprogrammierer, um 1960 gab es praktisch keine.

Selbst für diejenigen, die über die richtigen Qualifikationen verfügen, gilt: Das Unternehmen, in dem sie arbeiten, kann durch ein effizienteres ersetzt werden. Das Produkt, das ihr Unternehmen verkauft, kann durch ein anderes Produkt ersetzt werden. Es besteht ein Spannungsverhältnis zwischen den Vorteilen technischen Fortschritts für Konsumenten (und für die Unternehmen mit ihren Aktionären) und den Risiken für Arbeitnehmer. Auf die Risiken für Arbeitnehmer geht die Fokusbox *„Einkommenseinbußen bei einem Arbeitsplatzverlust"* ein.

FOKUS

Einkommenseinbußen bei einem Arbeitsplatzverlust

Technischer Fortschritt mag zwar das Wirtschaftswachstum stimulieren; er ist aber eine bittere Erfahrung für die Arbeitskräfte, die dabei ihren Job verlieren. Steve Davis und Till von Wachter nutzten Sozialversicherungsdaten in den USA zwischen 1974 und 2008, um zu erforschen, was passiert, wenn Arbeiter ihren Arbeitsplatz in Folge einer Massenkündigung verlieren.

Als Massenentlassung definieren sie, dass in einem Quartal mindestens 30% der Arbeitskräfte in Unternehmen mit mehr als 50 Beschäftigten entlassen werden. Sie dokumentieren all diese Fälle und identifizieren die Auswirkung der Arbeitslosigkeit unter den langfristig Beschäftigten – entlassene Arbeitskräfte, nicht älter als 50 Jahre, die in ihrem Unternehmen zuvor mindestens drei Jahre lang beschäftigt waren. Sie vergleichen deren Erfahrungen am Arbeitsmarkt mit anderen, vergleichbaren Beschäftigten, die nicht in einer solchen Entlassungswelle ihren Job verloren. Schließlich vergleichen sie die Erfahrung von Massenentlassungen mitten in einer Rezession mit denen während einer Expansionsphase.

▸ **Abbildung 1** fasst ihre Ergebnisse zusammen. Das Jahr 0 kennzeichnet das Jahr der Massenentlassung. Die Jahre 1, 2, 3 usw. sind die darauf folgenden Jahre; die negativen Jahre sind die Jahre vor der Entlassung. Der Verdienst von langfristig Beschäftigten mit Arbeitsplatz steigt in den Jahren vor der Entlassung stetig an. Es wirkt sich positiv auf das Wachstum des eigenen Einkommens aus, einen langfristigen Arbeitsplatz beim gleichen Unternehmen zu haben – unabhängig davon, ob im Boom oder in einer Rezession.

Betrachten wir nun die Entwicklung im ersten Jahr nach der Entlassung: Massenentlassungen führen zu enormen Einkommensverlusten, egal ob sie in einer Rezession oder in einem Boom passieren. Wer in einer Boomphase von einer Massenentlassung getroffen wird, erleidet eine relative Lohnsenkung um 25% im Vergleich zu den Arbeitskräften, die nicht entlassen werden. Erfolgt die Entlassung aber in einer Rezession, dann sinken die Löhne fast doppelt so stark – nämlich um 40%. Die Abbildung macht noch etwas anderes deutlich: Die relativen Lohneinbußen halten auch noch Jahre nach der Massenentlassung an. Fünf oder selbst 20 Jahre nach der Kündigung beträgt der Lohnverlust in Folge einer Massenentlassung noch ungefähr 20% für diejenigen, die ihren Job in einer Rezession verloren; und ca. 10% für die, die in einer Boomphase entlassen wurden. Starke Evidenz zeigt, dass Massenentlassungen mit erheblichen Einbußen des gesamten Lebenseinkommens verbunden sind.

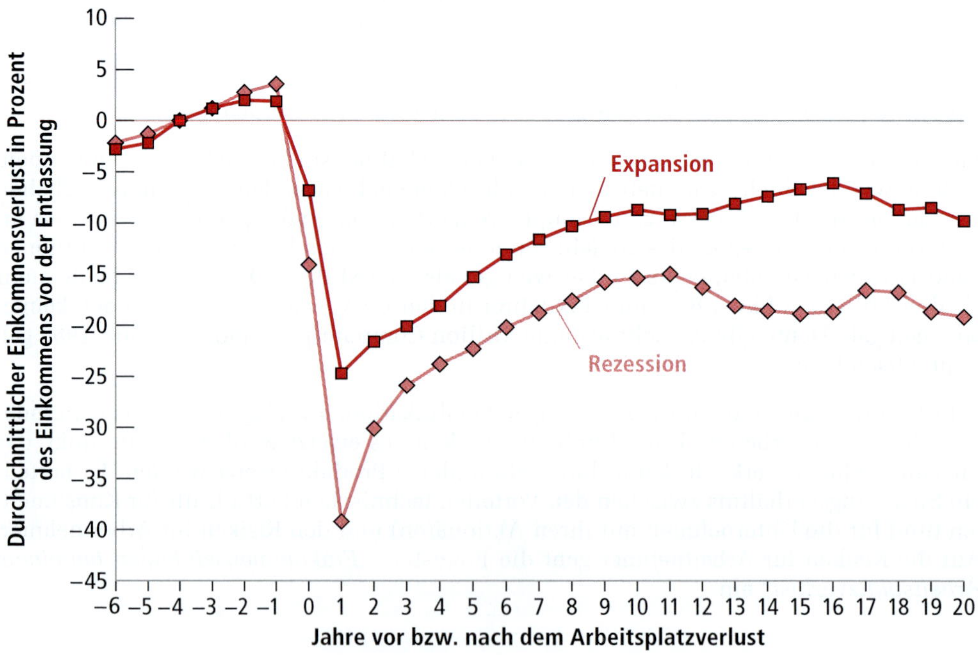

Abbildung 1 Einkommensverluste von Arbeitskräften in den USA, die von einer Massenentlassung betroffen sind

Quelle: Davis, Steve und Till von Wachter (2011), Recessions and the Costs of Job Loss, Brookings Papers on Economic Activity, Fall, S. 1–55.

Es fällt nicht schwer zu erklären, warum es zu solchen Einkommenseinbußen kommt, auch wenn das Ausmaß überrascht. Arbeitskräfte, die einen beträchtlichen Teil ihrer Karriere beim gleichen Unternehmen verbracht haben, haben dort sehr spezifische Fähigkeiten erworben – Fähigkeiten, die am besten in diesem Unternehmen bzw. in der gleichen Branche genutzt werden können. Durch technischen Fortschritt induzierte Massenentlassungen entwerten solche spezifischen Fähigkeiten. Andere Untersuchungen haben ergeben, dass Arbeitskräfte in Familien, die durch Massenentlassungen geprägt wurden, ein weniger stabiles Beschäftigungsprofil (länger andauernde Zeiten der Arbeitslosigkeit) und schlechteren Gesundheitsstatus aufweisen; die Kinder sind durch niedrigeres Ausbildungsniveau und höhere Sterblichkeit geprägt im Vergleich zu denjenigen, deren Familien nicht von Massenentlassungen betroffen waren.

Zwar stellt technischer Fortschritt die treibende Kraft für langfristiges Wachstum und einen höheren Lebensstandard dar; die von Massenentlassungen betroffenen Arbeitskräfte sind aber eindeutig die Verlierer in diesem Prozess.

13.3.1 Der Anstieg der Lohnspreizung

Für diejenigen, die in wachsenden Sektoren arbeiten, oder diejenigen, die mit den richtigen Fähigkeiten ausgestattet sind, bringt technischer Fortschritt neue Chancen und höhere Löhne. Aber für diejenigen, die in den schrumpfenden Sektoren arbeiten, oder diejenigen, die über Fähigkeiten verfügen, die nicht mehr so stark nachgefragt werden, kann technischer Fortschritt den Arbeitsplatzverlust, eine Zeit der Arbeitslosigkeit und möglicherweise deutlich niedrigere Löhne bedeuten. In den USA stieg die Lohnungleichheit während der letzten 35 Jahre stark an. Viele Ökonomen glauben, dass der technische Wandel einer der Hauptschuldigen für diesen Anstieg ist.

▶ **Abbildung 13.3a** zeigt, wie sich die relativen Löhne seit 1973 für verschiedene Beschäftigungsgruppen in den USA entwickelt haben – in Abhängigkeit von ihrem Ausbildungsstand. Die Abbildung basiert auf Informationen über einzelne Arbeitnehmer aus dem „Current Population Survey" (CPS). Jede der Linien in der Abbildung zeigt die Lohnentwicklung eines Beschäftigten – „High-School-Besuch ohne Abschluss", „High-School-Abschluss", „College-Besuch ohne Abschluss", „College-Abschluss" und „Hochschulabschluss" – *relativ* zum Lohn eines Beschäftigten mit einem bloßen High-School- Abschluss. Zudem sind alle relativen Löhne durch ihren eigenen Wert im Jahr 1973 geteilt, sodass die resultierenden Lohnzeitreihen alle mit eins im Jahr 1973 beginnen. Die Abbildung liefert eine sehr markante Schlussfolgerung.

Wir haben die CPS-Studie und einige ihrer Anwendungen in ▶ Kapitel 7 beschrieben.

Seit den frühen 1980er-Jahren sind die relativen Löhne der Beschäftigten mit niedrigem Ausbildungsstand stetig gesunken. Am unteren Ende der Ausbildungsleiter sind die relativen Löhne von Arbeitnehmern, die keinen High-School-Abschluss erworben haben, um beinahe 15% gefallen. Das bedeutet, dass diese Arbeitnehmer in vielen Fällen nicht nur einen Rückgang ihres relativen Lohns, sondern auch ihres absoluten Reallohns hinnehmen mussten. Am oberen Ende der Ausbildungsleiter ist der relative Lohn derjenigen mit einem Hochschulabschluss seit den frühen 1980er-Jahren um 34% gestiegen. Kurz gesagt, die **Lohnspreizung** ist in den USA in den vergangenen 40 Jahren stark angestiegen.

Von 2015 an ist der Reallohn für gering qualifizierte Arbeitnehmer wieder gestiegen. Es ist aber zu früh, um beurteilen zu können, ob dies eine Trendumkehr bedeutet.

▶ **Abbildung 13.3b** stellt die Lohnentwicklung für männliche Beschäftigte mittleren Alters in der Zeit von 1984 bis 2004 in Deutschland dar. Sie zeigt, wie sich die Löhne für Beschäftigte mit unterschiedlichem Ausbildungsgrad im Vergleich zu Geringqualifizierten ohne abgeschlossene Berufsausbildung entwickelt haben. Die vertikale Skala gibt den prozentualen Aufschlag an, den eine mit bestimmter Ausbildung qualifizierte Person im Vergleich zu Beschäftigten ohne abgeschlossene Berufsausbildung im Durchschnitt erhält. Als Bildungskategorien betrachten wir folgende Qualifikationsgruppen: „Lehre ohne Abitur", „nur Abitur", „Lehre und Meister", „Lehre und Abitur ", „Fachhochschul-Abschluss" sowie „Universitäts-Abschluss". Die Abbildung zeigt beispielsweise, dass die Lohnspreizung zwischen einem Universitätsabsolventen im Vergleich zu einem Ungelernten im Zeitraum von 1984 bis 2004 um 30 Prozent angestiegen ist.

Es wird aber deutlich, dass die Lohnunterschiede sich in Deutschland zumindest bis 2004 keineswegs so dramatisch auseinander entwickelt haben wie in den USA. So sind etwa gerade die Löhne für Beschäftigte mit abgeschlossener „Lehre ohne Abitur" im Vergleich zu Ungelernten relativ stärker gestiegen als die von Universitätsabsolventen, wenn auch von einem viel niedrigeren Niveau aus. Die Lohnspreizung ist in Deutschland offensichtlich wesentlich weniger ausgeprägt als in den USA.

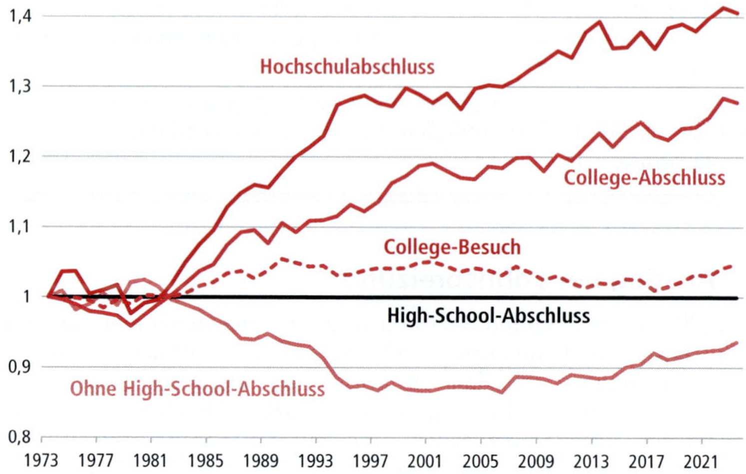

Abbildung 13.3a Entwicklung der relativen Löhne, nach dem Ausbildungsstand, in den USA seit 1973. Seit den frühen 1980er-Jahren sinkt der relative Lohn von Beschäftigten mit geringem Ausbildungsstand, während der relative Lohn von Beschäftigten mit hohem Ausbildungsstand steigt.
Quelle: Economic Policy Institute Datazone, www.epi.org

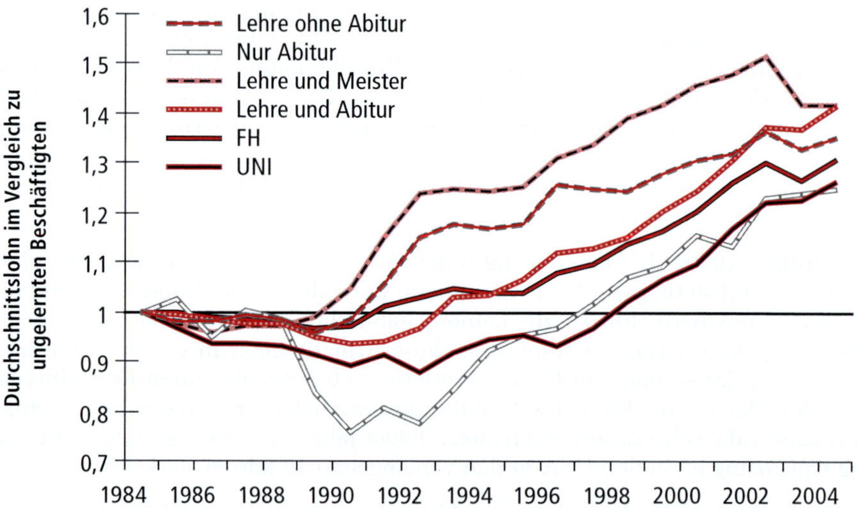

Abbildung 13.3b Die Entwicklung der Lohnspreizung unterschiedlicher Qualifikationsgruppen im Vergleich zu ungelernten Beschäftigen in Deutschland, 1984–2004
Quelle: Joachim Moeller, Qualifikationsbedingte Lohndifferenziale in Deutschland 1984–2004, Diskussionspapier Institut für Arbeitsmarkt- und Berufsforschung, Nürnberg 2008

FOKUS

Technologie, Ausbildung und Ungleichheit in der langen Frist

Die Ungleichheit hat in den USA in den ersten Jahrzehnten des vergangenen Jahrhunderts abgenommen. Seit Mitte der 1970er-Jahre ist sie wieder angestiegen. Claudia Goldin und Larry E. Katz von der Harvard Universität sehen in der Ausbildung einen zentralen Faktor für die beiden unterschiedlichen Trends der Ungleichheit.

Das Ausbildungsniveau, gemessen anhand der abgeschlossenen Ausbildungsjahre verschiedener Schüler- und Studentenjahrgänge, stieg im Lauf der ersten drei Quartale des vergangenen Jahrhunderts ungewöhnlich stark an. Seit Anfang der 1970er-Jahre hat sich dies jedoch für junge Erwachsene und dann Anfang der 1980er-Jahre für alle Beschäftigten stark abgeschwächt. Für die Generationen, die von 1870 bis 1950 geboren wurden, ist die Dauer der abgeschlossenen Ausbildungsjahre in jedem Jahrzehnt um ca. 0,8 Jahre gestiegen. Die meisten Eltern in diesen 80 Jahren hatten Kinder, die ein höheres Ausbildungsniveau erreichten. Ein Kind, geboren im Jahr 1945, hatte eine um 2,2 Jahre längere Ausbildung als ein Kind, das 1921 geboren wurde. Aber ein Kind, das 1975 geboren wurde, hatte nur eine um ein halbes Jahr längere Ausbildung als seine im Jahr 1951 geborenen Eltern.

Die Entscheidung für eine längere Ausbildung wird stark von wirtschaftlichen Motiven getrieben. Wie ▶ **Abbildung 1** zeigt, war der Ertrag einer um ein Jahr längeren Schul- und Universitätsausbildung (gemessen als die durchschnittliche Lohnsteigerung nach einem weiteren Jahr Ausbildung) in den 1940er-Jahren besonders hoch: 11% bei jungen Männern; 10% bei allen Männern. Das gab starke Anreize, die Kinder länger in die Schule und dann auch zum Studium zu schicken. Der darauf folgende Anstieg der qualifizierten Arbeitskräfte senkte dann sowohl den Ertrag der Ausbildung wie auch die Lohnspreizung. In den 1950er-Jahren ist der Ertrag für junge Männer auf 8% gefallen. Seit den 1990er-Jahren ist er dagegen wieder angestiegen. Der Ertrag einer Studienausbildung ist heute höher als in den 1930er-Jahren.

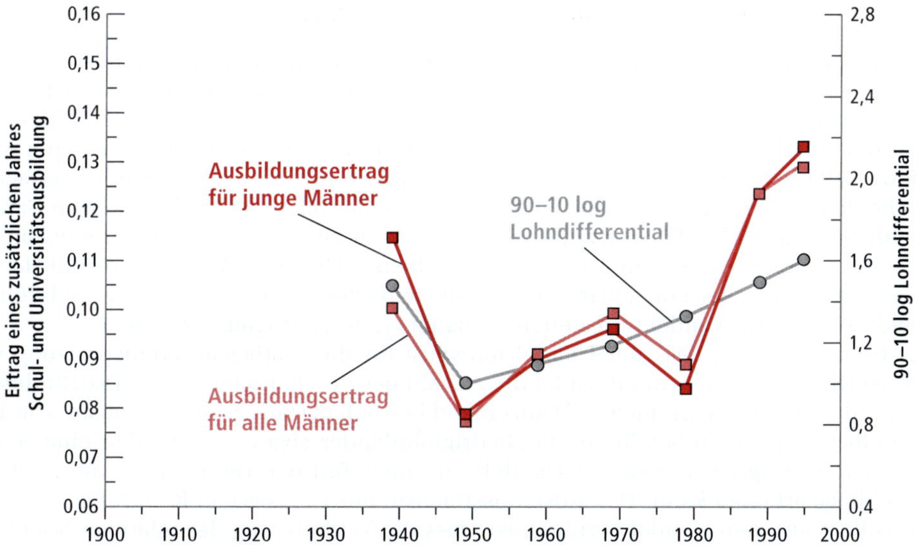

Abbildung 1 Lohnungleichheit und der Ertrag von Ausbildungsinvestitionen 1939–1995

Quelle: Claudia Goldin and Larry F. Katz, „Decreasing (and then Increasing) Inequality in America: A Tale of Two Half Centuries", in: Finis Welch The Causes and Consequences of Increasing Inequality. Chicago: University of Chicago Press; 2001. pp. 37–82. Claudia Goldin hat 2023 für ihre Forschung den Nobelpreis bekommen.

Aus dieser Evidenz lassen sich zwei Schlussfolgerungen ziehen:

Erstens: Technischer Fortschritt muss nicht zwingend die Ungleichheit erhöhen, selbst wenn er unausgewogen („skill-biased") ist, das heißt wenn er einhergeht mit steigender Nachfrage nach hoch qualifizierten, gut ausgebildeten Arbeitskräften. Im Lauf der ersten drei Quartale des vergangenen Jahrhunderts wurde die gestiegene Nachfrage nach qualifizierten Arbeitskräften mehr als kompensiert durch das steigende Angebot, sodass die Ungleichheit abgenommen hat. Seitdem hat zwar die

Nachfrage weiter zugenommen, das Angebot ist aber gesunken. Das wiederum hat die Ungleichheit ansteigen lassen.

Zweitens gilt: Auch wenn Marktkräfte Anreize dafür geben, auf Lohnunterschiede mit entsprechenden Ausbildungsinvestitionen zu reagieren, spielen institutionelle Faktoren ebenfalls eine große Rolle. Anfang des 20. Jahrhunderts war für die meisten Amerikaner der Zugang zumindest zur Schulausbildung weitgehend frei. Die Ausbildung wurde vom Staat bereitgestellt und war meist kostenlos, außer auf der Ebene von Spitzenuniversitäten. Selbst im ländlichen Raum konnten Amerikaner ihre Kinder auf öffentliche Schulen schicken. Allerdings war manchen Kindern afrikanischer Abstammung vor allem im Süden der Zugang zu bestimmten Schulen verwehrt. Das machte einen großen Unterschied aus.

13.3.2 Die Ursachen für den Anstieg der Lohnspreizung

Was sind die Ursachen für den Anstieg der Lohnspreizung in den USA? Nach allgemeiner Auffassung liegt die Hauptursache für den Anstieg der Löhne der hoch qualifizierten im Vergleich zu den Löhnen der gering qualifizierten Beschäftigten darin, dass die Nachfrage nach Hochqualifizierten relativ zur Nachfrage nach Geringqualifizierten stetig angestiegen ist.

Eine nähere Betrachtung der Effekte des internationalen Handels würde den Rahmen dieses Buches sprengen. Für eine vertiefende Diskussion darüber, wer gewinnt und wer verliert, wenn Handel stattfindet, empfiehlt sich das Buch von Paul Krugman, Mark Melitz und Maurice Obstfeld, Internationale Wirtschaft, 11. Auflage (München: Pearson Studium, 2019).

Dieser Trend ist nichts Neues; es gab ihn bereits in den 60er- und 70er-Jahren des 20. Jahrhunderts. Aber er wurde damals von einem stetigen Anstieg des relativen Angebotes von hoch qualifizierten Arbeitnehmern ausgeglichen: Ein ständig wachsender Anteil der Kinder beendete die High School, ging aufs College, erreichte einen Abschluss und so weiter. Seit den frühen 1980er-Jahren ist das relative Angebot von Hochqualifizierten zwar weiter gestiegen, der Anstieg hat aber nicht ausgereicht, um die schneller ansteigende relative Nachfrage zu befriedigen. Deshalb sind die relativen Löhne der Hochqualifizierten im Vergleich zu den Niedrigqualifizierten stetig angestiegen.

Was kann diese stetige Veränderung der relativen Nachfrage erklären?

- Ein Argument konzentriert sich auf die Rolle des internationalen Handels. Es lautet, dass diejenigen amerikanischen Unternehmen, die einen größeren Anteil Geringqualifizierter beschäftigen, durch Importe ähnlicher Unternehmen aus Niedriglohnländern aus dem Markt gedrängt werden. Als Alternative müssen diese Unternehmen, um wettbewerbsfähig zu bleiben, einen Teil ihrer Produktion in Niedriglohnländer verlagern. In beiden Fällen ergibt sich ein stetiger Rückgang der relativen Nachfrage nach Geringqualifizierten in den USA. Es gibt klare Analogien zwischen den Auswirkungen von Handel und den Auswirkungen von technischem Fortschritt. Während sowohl Handel als auch technischer Fortschritt für die Volkswirtschaft als Ganzes positiv sind, führen beide zu Strukturwandel und stellen so manchen Beschäftigten schlechter.
  Es ist keine Frage, dass der Handel teilweise für die gestiegene Lohnspreizung verantwortlich ist. So ist zum Beispiel die Anzahl der Beschäftigten in der Textilindustrie sowohl in den USA als auch in Deutschland besonders stark zurückgegangen. Die Textilindustrie ist zu großen Teilen in Niedriglohnländer abgewandert. Aber eine genauere Betrachtung zeigt, dass der Handel nur einen Teil der Veränderung der relativen Nachfrage erklären kann. Das aufschlussreichste Indiz, das gegen Erklärungen spricht, die allein auf dem Handel beruhen, ist, dass die Veränderung der relativen Nachfrage hin zu Hochqualifizierten auch in Bereichen vorhanden zu sein scheint, die keinem ausländischen Wettbewerb gegenüber stehen, wie zum Beispiel am Rückgang der Angestellten in der Buchhaltung zu erkennen ist.
- Das zweite Argument konzentriert sich darauf, dass der technische Fortschritt nicht die Produktivität aller Qualifikationsgruppen gleichermaßen erhöht. Wir sprechen daher von „unausgewogenem (skill-biased) technischem Fortschritt". Neue Maschinen und neue Produktionsmethoden erfordern, heute noch mehr als früher, hoch qualifizierte Beschäftigte. Die Entwicklung von Computern verlangt, dass die Beschäftigten immer besser mit Computern umgehen können. Die neuen Produktionsmethoden erfordern flexiblere Beschäftigte, die sich an neue Aufgaben besser anpassen können. Größere Flexibilität wiederum erfordert bessere Fähigkeiten und mehr Ausbildung.

Anders als Erklärungen, die auf dem Handel beruhen, kann der unausgewogene technische Fortschritt erklären, warum es in beinahe allen Sektoren der Volkswirtschaft zu einer Veränderung der relativen Nachfrage gekommen ist. Heutzutage glauben die meisten Ökonomen, dass dies ein entscheidender Faktor für die Erklärung der Zunahme der Lohnspreizung ist.

Bedeutet all dies, dass die USA zu einem stetigen Anstieg der Lohnungleichheit verdammt sind? Nicht notwendigerweise. Es gibt mindestens drei Gründe, warum sich die Zukunft von der unmittelbaren Vergangenheit unterscheiden könnte:

- Der Trend in der relativen Nachfrage könnte sich einfach verlangsamen. Zum Beispiel ist es wahrscheinlich, dass Computer in der Zukunft auch von Geringqualifizierten immer einfacher zu bedienen sein werden. Computer könnten sogar Hochqualifizierte ersetzen, nämlich diejenigen, deren Qualifikationen hauptsächlich Rechnen und Merkfähigkeit umfassen. Paul Krugman hat behauptet – nur zum Teil ironisch –, dass Wirtschaftsprüfer, Rechtsanwälte und Ärzte die nächsten auf der Liste von Berufen sein könnten, die von Computern ersetzt werden.
- Technischer Fortschritt ist nicht exogen: Dieses Thema behandelten wir bereits in ▶ **Kapitel 12.** Wie viel die Unternehmen für F&E ausgeben und welche Art von Forschung sie betreiben, hängt direkt von ihren erwarteten Gewinnen ab. Der niedrige relative Lohn von Geringqualifizierten könnte die Unternehmen veranlassen, neue Technologien zu erforschen, um sich Geringqualifizierte zunutze zu machen. Marktkräfte könnten dazu führen, dass der technische Fortschritt in der Zukunft weniger unausgewogen bezüglich der Qualifikation ist.
- Das Angebot von hoch qualifizierten im Verhältnis zu gering qualifizierten Arbeitnehmern ist ebenfalls nicht exogen. Der starke Anstieg des relativen Lohns von Besserqualifizierten bedeutet, dass die Rendite einer besseren Ausbildung höher ist als noch vor zehn oder 20 Jahren. Höhere Renditen auf Ausbildung können das relative Angebot Hochqualifizierter ansteigen lassen und dadurch mithelfen, dass ihr relativer Lohn nicht mehr weiter steigt. Viele Ökonomen glauben, dass die Politik hier eine wichtige Rolle zu spielen hat, um sicherzugehen, dass sich die Qualität der primären und sekundären Bildung für die Kinder von Geringverdienern nicht weiter verschlechtert.

Während in den USA eine starke Lohnspreizung zu beobachten ist, ist sie in Deutschland und ganz Europa wesentlich weniger ausgeprägt.

13.3.3 Ungleichheit und die oberen ein Prozent

Bislang haben wir uns auf die Ungleichheit der Löhne konzentriert – die Verteilung der Löhne über alle Arbeitnehmer hin. Eine andere Dimension der Ungleichheit betrifft die Frage, welcher Anteil aller Einkommen an die reichsten Haushalte fließt (an diejenigen im obersten ein Prozent der Einkommensverteilung). Wenn wir an der Ungleichheit bei Spitzeneinkommen interessiert sind, liefern Löhne keinen guten Anhaltspunkt, weil Unternehmer einen Großteil ihres Einkommens nicht in Form von Löhnen, sondern in Form von Kapitaleinkommen oder Kapitalgewinnen erzielen. Sie erhalten typischerweise keinen Lohn, sondern Unternehmensanteile, die sie (in gewissen Grenzen) mit Gewinn am Aktienmarkt verkaufen können.

Es ist bemerkenswert, wie sich der Einkommensanteil der obersten ein Prozent in den USA im Zeitablauf entwickelt hat. ▶ **Abbildung 13.4** zeigt, dass er zwischen den 1950er- und 1970er-Jahren stetig gesunken ist auf ca. 10%. Mittlerweile aber ist er auf fast 19% angestiegen. Wenn man Kapitalgewinne mitberücksichtigt, flossen 95% des gesamten Einkommenszuwachses in den USA zwischen 2008 und 2014 an die obersten ein Prozent. Der französische Ökonom Thomas Piketty, der diese Statistiken anhand von Steuerdaten zusammengestellt hat und dessen Buch „Das Kapital im 21. Jahrhundert“ 2014 zu einem internationalen Bestseller wurde, schreibt: *„Die Ungleichheit in den USA, gemessen als Anteil des Einkommens der obersten ein Prozent, ist vermutlich so hoch wie niemals zuvor in irgendeiner anderen Gesellschaft.“*

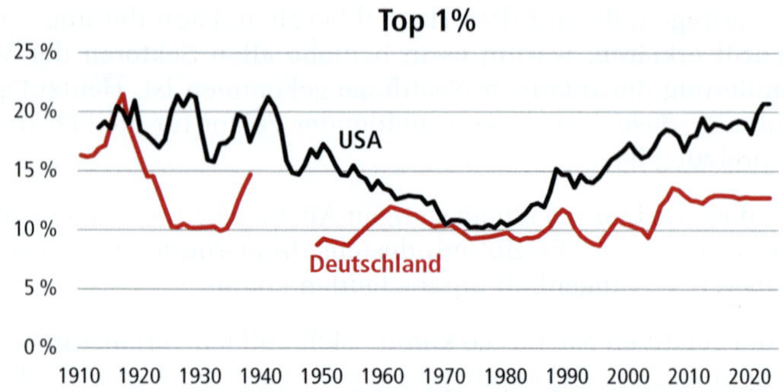

Abbildung 13.4 Entwicklung der Einkommensanteile der obersten ein Prozent in Deutschland und den USA seit 1910
Quelle: Thomas Piketty, Data on Wealth and Income, Global Inequality Database, http://wid.world/

Wer zählt zu den hohen Einkommensgruppen? In den obersten ein Prozent finden sich viele, die wir dort erwarten würden: Ärzte, Anwälte, Manager, Gründer mittelständischer Unternehmen. Doch schon der Einkommensanteil allein der obersten 0,01 Prozent beläuft sich auf 5,1% aller Einkommen. Manche denken dabei vor allem an reiche Erben, die nur von ihrem geerbten Kapital leben. Andere denken eher an erfolgreiche Unternehmer, wie die Gründer von Amazon, Facebook und Google. Um zu verstehen, welches Bild am besten passt, lohnt sich ein Blick auf die jährlich veröffentlichte Forbes-Liste der 400 vermögendsten Amerikaner (das sind 2,5% der 16.000 Haushalte in den obersten 0,01%). Etwa ein Drittel der Personen in dieser Liste hat einen beträchtlichen Anteil des Vermögens geerbt. Zwei Drittel sind Unternehmensgründer und Manager.

Warum sind Unternehmer und Manager so reich geworden? Piketty erklärt die Entwicklung mit ungerechtfertigt hohen Einkommen derjenigen, die er als „Supermanager" bezeichnet. Er verweist auf Praktiken schlechter „Corporate Governance": Die Unternehmen räumen ihren Chefs exzessiv großzügige Gewinnanteile ein. Seiner Einschätzung nach findet man in den Daten ab einem bestimmten Niveau keinen Zusammenhang mehr zwischen Entlohnung und Performance. Obwohl sich zweifellos zahlreiche anekdotische Evidenz für solche Exzesse findet, spielt für den in ▶ **Abbildung 13.4** beschriebenen Verlauf aber sicher auch ein anderer Faktor eine wichtige Rolle: Wieder ist es die Natur des technischen Fortschritts.

In den meisten Sektoren, die moderne Informationstechnologien einsetzen, gibt es enorme Skalenvorteile (zunehmende Skalenerträge): Ein Großteil der Kosten ist fix, unabhängig von der Zahl der Nutzer. Je größer die Zahl der Nutzer, desto niedriger werden somit die Kosten je Nutzer. Das erleichtert die Tendenz zu sehr großen Unternehmen mit einer sehr großen Kundenzahl. Mitte 2020 hatte Facebook weltweit 2,5 Milliarden tägliche Nutzer über alle Apps hinweg (inkl. WhatsApp und Instagram). Die Zahl der Abonnenten von Amazon Prime stieg von 100 Millionen im Jahr 2018 auf mehr als 150 Millionen schon vor Ausbruch der Pandemie Anfang 2020. Ein ähnlicher Trend ist in der Finanzindustrie zu beobachten: Die größten Fonds verwalten Hunderte von Milliarden oder gar Billionen Dollar Vermögensanlagen. Mitte 2020 verwaltete der weltweit größte Vermögensverwalter BlackRock Vermögenswerte in Höhe von 7,3 Billionen $. Angesichts der Größe dieser Unternehmen und ihrer Gewinne überrascht es nicht, dass ihre Unternehmensgründer und Manager so hohe Einkommen und Vermögen erzielen.

Vgl. dazu den Survey von Wojciech Kopczuk und Eric Zwick, „Business Incomes at the Top", *Journal of Economic Perspectives*, Band 34, Heft 4/2020, sowie Gale, Sabelhaus und Thorpe, „Measuring income inequality: A primer on the debate", Brookings Institute, Dezember 2023.

Die Daten von ▶ **Abbildung 13.4** entstammen der *Global Inequality Database* der Forschungsgruppe um Thomas Piketty. Die Qualität dieser Daten ist allerdings umstritten. Anderen Studien zufolge (etwa Gerald Auten und David Splinter, „Income Inequality in the United States", *Journal of Political Economy* 2024) ist die Ungleichheit nicht so stark angestiegen. Alle Forscher versuchen, die Einkommensverteilung auf der Basis von Steuerdaten zu messen. Empirische Daten zeigen, dass das beobachtbare Steuereinkommen in den USA im Lauf der letzten Jahrzehnte in der Tat ungleicher verteilt ist. Ein erheblicher Teil des Einkommens wird aber nicht in der Steuererklärung ausgewiesen (etwa um Steuern zu vermeiden). Deshalb müssen Annahmen getroffen werden, welchen Personen das nicht ausgewiesene Einkommen zuzurechnen ist. Die Art und Weise, wie diese Zurechnung auf einzelne Personen erfolgt, erklärt einen Großteil des Unterschieds der verschiedenen Studien. Piketty und seine Koautoren gehen davon aus, dass Steuerhinterziehung sich stark auf die wohlhabendsten Steuerzahler (auf die oberen 1%) konzentriert. Auten und Splinter ordnen dagegen nicht gemeldete Einkünfte auf Grundlage von Betriebsprüfungsstudien auf die Gesamtbevölkerung zu; sie kommen deshalb zu niedrigeren Schätzungen der Ungleichheit. Es besteht kein Konsens über die richtige Zuordnung. Allerdings weisen verschiedene Indizien darauf hin, dass die Ungleichheit in den USA nicht nur bezüglich des Einkommens, sondern auch in anderen Bereichen wie Gesundheit, Sterblichkeit und Vermögen zugenommen hat.

13.3.4 Wachstum und Ungleichheit

Lässt sich dauerhaftes Wachstum erreichen, ohne dass damit eine immer weiter ansteigende Ungleichheit einhergeht? Die beschriebenen Trends sind nicht sehr ermutigend. Aus zwei Gründen sollten wir aber nicht zu pessimistisch sein.

Erstens verläuft die Entwicklung nicht in allen Staaten wie in den USA. Lohnungleichheit und der Anteil der Top 1% Einkommensbezieher sind zwar in den meisten Ländern angestiegen, meist aber weit weniger dramatisch als in den USA. Zweitens müssen wir unterscheiden zwischen der **Ungleichheit des Markteinkommens** (dem Einkommen vor Abzug von Steuern und Umverteilung über Transfers) und der **Ungleichheit des verfügbaren Einkommens** (nach Steuern und Transfers). Bislang haben wir uns auf die Ungleichheit am Markt konzentriert. Letztlich aber ist die Ungleichheit des verfügbaren Einkommens entscheidend. Gerade für diese gilt jedoch, dass die Ungleichheit nach Steuern und Transfers in vielen Ländern viel niedriger ausfällt als in den USA.

▶ **Abbildung 13.5** verdeutlicht dies. Sie vergleicht den Verlauf beider Arten von Ungleichheit für Deutschland mit den USA. Sie trägt den Verlauf eines Standardmaßes für Ungleichheit ab – den Gini-Koeffizienten. Die Fokusbox *„Ungleichheit und Gini-Koeffizient“* erläutert genauer, wie das Maß berechnet wird. Das Grundprinzip ist aber ganz einfach: Der Gini-Koeffizient liegt zwischen 0 und 1. Der Wert 0 bedeutet absolute Gleichheit (jeder hat das gleiche Einkommen). Der Wert 1 entspricht absoluter Ungleichheit – eine Person erhält das gesamte Einkommen, die anderen dagegen nichts. Tatsächlich liegt der wahre Wert zwischen 0,2 (für die Länder mit niedrigster Ungleichheit) und 0,6 (für die Länder mit höchster Ungleichheit).

Der Gini-Koeffizient ist benannt nach dem italienischen Statistiker Corrado Gini, der dieses Maß in der ersten Hälfte des 20. Jahrhunderts entwickelte.

FOKUS

Ungleichheit und Gini-Koeffizient

Der Gini-Koeffizient liefert ein Maß für Ungleichheit. ▶ **Abbildung 1** illustriert, wie er berechnet wird. Auf der horizontalen Achse ist der Bevölkerungsanteil (von 0 bis 1) abgetragen, geordnet vom niedrigsten zum höchsten Einkommen. Der Anteil am Einkommen wird auf der vertikalen Achse (wieder von 0 bis 1) abgetragen. Die konvexe rote Linie gibt uns den Anteil am Einkommen an, über den ein bestimmter Bevölkerungsanteil (jeweils mit niedrigstem Einkommen) verfügt. Der Gini-Koeffizient berechnet sich aus dem Quotienten der Fläche A zur Fläche A+B.

Um zu verstehen, was er bedeutet, betrachten wir zunächst den hypothetischen Fall, dass alle das gleiche Einkommen beziehen. Der Einkommensanteil entspricht dann immer genau dem Bevölkerungsanteil; die Beziehung (die rote Linie) fällt mit der Diagonalen zusammen. Die Fläche A ist in diesem Fall also gleich 0 und damit auch der Gini. Betrachten wir nun das andere Extrem – das gesamte Einkommen fließt an den Reichsten. Dann bewegt sich die rote Linie zunächst ganz entlang der Horizontalen und springt erst am Ende von null auf eins. Nun ist die Fläche B gleich null; der Gini beträgt also eins (völlige Ungleichheit).

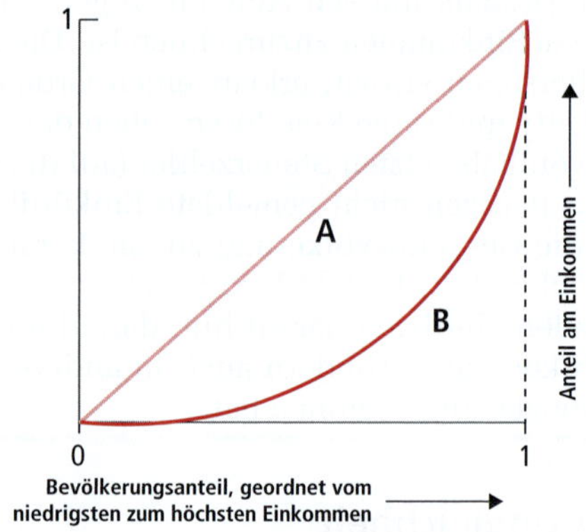

Abbildung 1 **Der Gini-Koeffizient**

Das sind natürliche extreme Fälle. Die Gini-Koeffizienten liegen in der Regel zwischen 0,2 und 0,6. Je ungleicher die Verteilung, desto kleiner ist im Normalfall der Anteil, der einem bestimmten Bevölkerungsanteil zufließt. Ist etwa ein großer Anteil der Bevölkerung sehr arm, verläuft die rote Linie am Anfang sehr flach. Ist ein kleiner Anteil der Bevölkerung sehr reich, verläuft die Kurve nahe dem Wert 1 recht steil.

Der Versuch, eine komplexe Einkommensverteilung mit einer einzigen Zahl zu beschreiben, stößt natürlich an Grenzen. Ungleichheit kann ganz unterschiedliche Formen annehmen, die durch den gleichen Gini-Koeffizienten gemessen werden könnten. Er ist aber ein einfaches, intuitiv leicht verständliches Maß. Ein Maß, das den Vergleich der Einkommensverteilung über die Zeit und über Länder hin ermöglicht.

Beim Vergleich des Gini-Koeffizienten für Markteinkommen zwischen Ländern ist aber Vorsicht geboten: Wenn wir dabei die Gesamtbevölkerung betrachten, müssen wir auch Unterschiede im Rentensystem berücksichtigen. Länder wie Großbritannien und die USA haben ein weitgehend privates Rentensystem; die Rentner erzielen also auch schon vor Umverteilung ein Markteinkommen. Weil Renten aus gesetzlicher Rentenversicherung dagegen nicht als Markteinkommen zählen, wird solchen Rentnern ein Einkommen von null zugerechnet. Dies wirkt, als würden Rentner vor Umverteilung quasi an der Armutsgrenze leben. In Ländern, in denen die gesetzliche Rentenversicherung eine große Rolle spielt (wie in Deutschland und Frankreich), wäre der so berechnete Gini-Koeffizient des Markteinkommens somit künstlich überhöht. Deshalb betrachten wir hier nur das Markteinkommen der Bevölkerung im erwerbsfähigen Alter.

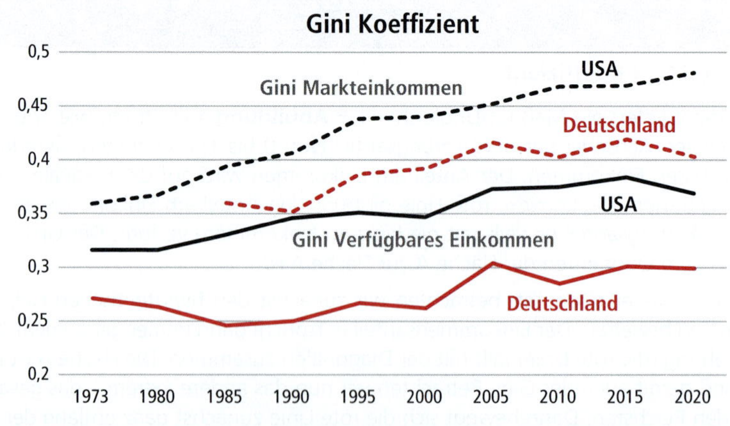

Abbildung 13.5 **Die Entwicklung des Gini- Koeffizienten (Bevölkerung im erwerbsfähigen Alter von 18 bis 65 Jahren) für Markteinkommen und verfügbares Einkommen – Deutschland und die USA**
Quelle: OECD Income Distribution Database (IID).

Die beiden gestrichelten Reihen in der ▶ **Abbildung 13.5** zeigen, wie sich die Ungleichheit des Markteinkommens in Deutschland (rot) und den USA (schwarz) im Lauf der vergangenen Jahrzehnte entwickelte. In beiden Ländern ist das Markteinkommen im Lauf der Zeit immer ungleicher verteilt – ein Reflex der im letzten Abschnitt beschriebenen Tendenz zu steigender Lohnungleichheit und steigendem Anteil der Top 1% Einkommensbezieher. In Deutschland ist der Trend aber viel verhaltener als in den USA. Dies liefert eine wichtige Einsicht: Die unterschiedliche Entwicklung legt nahe, dass Ungleichheit nicht allein von Globalisierung und technischem Fortschritt getrieben wird (davon sind ja beide Länder ähnlich betroffen). Auch institutionelle Faktoren und soziale Normen spielen eine wichtige Rolle für die Ungleichheit des Markteinkommens. In manchen Ländern (etwa in Schweden, der Schweiz und Korea) liegt sie noch wesentlichen niedriger.

Die beiden unteren Reihen geben die Entwicklung des Gini-Koeffizienten für verfügbares Einkommen wider. Auch sie zeigen einen gravierenden Unterschied zwischen der Entwicklung in Deutschland und den USA: Während die Ungleichheit in den USA auch nach Steuern und Transfers stark angestiegen ist (auf über 0,37 im Jahr 2020), steigt dieser Wert in Deutschland nach 2005 (damals knapp über 0,30) nicht mehr an. Die Grafik illustriert eindrucksvoll, dass (zumindest bislang) Umverteilungsmaßnahmen in Deutschland den Anstieg der Ungleichheit für verfügbares Einkommen erfolgreich begrenzen konnten. Der Gini-Koeffizient ist ein einfaches, aber auch sehr grobes Maß. Selbst wenn er konstant bleibt, muss das nicht zwangsläufig bedeuten, dass alle Einkommensbezieher gleichermaßen vom Wachstum profitieren. Ein Teil der Arbeitskräfte erlebte durchaus einen relativen Rückgang seines Einkommens.

Inwieweit Ungleichheit als unfair empfunden wird, ist eine ethische Frage. So würden es viele etwa auch als unfair empfinden, wenn alle unabhängig vom eigenen Arbeitseinsatz das gleiche Einkommen bekommen. Basieren Einkommensunterschiede aber auf Chancenungleichheit, sehen wir dies meist als besonders unfair an. Es gibt sicher gute moralische Argumente dafür, Ungleichheit zu begrenzen – inklusives Wachstum anzustreben, das allen Bevölkerungsgruppen zugutekommt. Für eine solche Strategie gibt es auch gute politische Argumente. Viele Anzeichen sprechen dafür, dass wahrgenommene Ungleichheit – sei es bezüglich der relativen Lohnanteile oder des Anteils des oberen 1% – zu einem Anstieg des Populismus beigetragen hat. Was lässt sich dagegen tun?

Wirtschaftspolitik kann versuchen, die Ungleichheit des Markteinkommens zu verringern – durch bessere Ausbildung, mit Hilfe von Mindestlöhnen oder durch Maßnahmen, die bei Regeln zur Corporate Governance ansetzen. Bei gegebener Marktungleichheit lässt sich wiederum durch Steuerprogression die Ungleichheit des verfügbaren Einkommens verringern – etwa durch eine negative Einkommensteuer, hohe Steuerfreibeträge für Niedrigverdiener oder Transfers wie Arbeitslosen- und Sozialhilfe. Umverteilung kann Ungleichheit stark reduzieren. Fast alle Regierungen greifen auf einige solcher Maßnahmen zurück. ▶ **Abbildung 13.6** fasst Ergebnisse einer OECD-Studie zusammen. Sie gibt den Gini-Koeffizienten (multipliziert mit 100) für verfügbares Einkommen (graue Balken) und Markteinkommen für ausgewählte Länder im Jahr 2020 wieder. Der Gini für Markteinkommen entspricht der Summe aus grauem und schwarzem Balken; der schwarze Balken gibt also die Differenz (und damit implizit auch den Grad der Umverteilung) wieder. Die rote Linie misst den Grad der Umverteilung (rechte Skala) – den prozentualen Anteil des schwarzen Balkens am Gini für Markteinkommen.

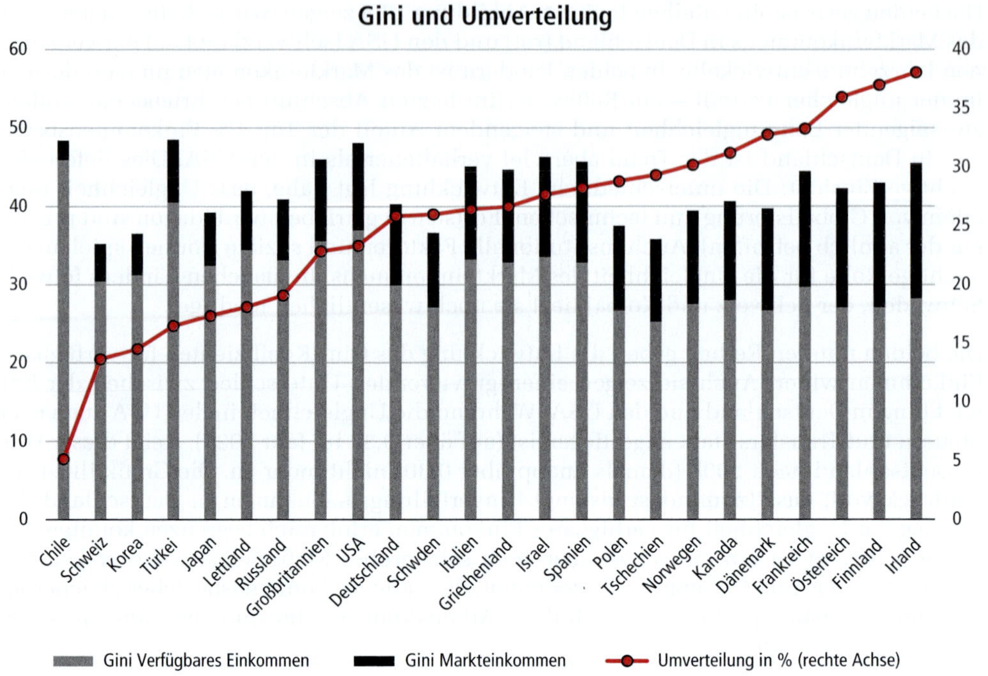

Abbildung 13.6 Gini und Umverteilung (Bevölkerung im erwerbsfähigen Alter von 18 bis 65 Jahren). Daten im Jahr 2020 bzw. letztes verfügbares Jahr aus der OECD Income Distribution Database (IDD), *http://www.oecd.org/social/income-distribution-database.htm*
Quelle: OECD Economic Policy Paper No 23 „Income redistribution across OECD countries"

Aus ▶ **Abbildung 13.6** lassen sich drei Schlüsse ziehen:

- In der Abbildung sind die Länder nach dem Grad der Umverteilung geordnet (rote Linie; rechte Skala). Er wird gemessen als Differenz der Gini-Koeffizienten von Marktund verfügbarem Einkommen, dividiert durch den Gini für Markteinkommen. Er variiert von 6% in Chile über 26% in Schweden und Deutschland bis 37% bis 38% in Irland und Finnland. Die USA stehen mit 23% eher am unteren Ende. Das verdeutlicht die zentrale Bedeutung politischer Entscheidungen.
- Die Länder unterscheiden sich stark im Ausmaß der Marktungleichheit. Die Gini-Koeffizienten bewegen sich zwischen 35% in der Schweiz und 48% in Chile, der Türkei und den USA. Fast alle Staaten sind dem Wettbewerb durch internationalen Handel ausgesetzt und verwenden ähnliche Technologien. Andere Faktoren bestimmen also entscheidend die Unterschiede.
- Schließlich fallen die Ginis des verfügbaren Einkommens als Folge der Umverteilung niedriger aus als die des Markteinkommen – oft in beträchtlichem Umfang. So beträgt etwa die Marktungleichheit in Deutschland 40,3%, die des verfügbaren Einkommens dagegen nur 29,9%. Die Varianz der Ungleichheit des verfügbaren Einkommens (von Chile abgesehen, liegt sie zwischen 25% und 40%) fällt etwas niedriger aus als die des Markteinkommens (zwischen 34% und 50%), sie ist aber noch immer beträchtlich. In den USA ist nicht nur die Marktungleichheit hoch, auch das Ausmaß der Umverteilung ist stark begrenzt. Noch weit extremer ist es in Chile.

Um die Entwicklung der Ungleichheit über Länder hin zuverlässig vergleichen zu können, müssen wir zudem auch noch die Verteilungswirkung indirekter Steuern berücksichtigen. In vielen Ländern Europas wurden im Lauf der letzten Jahrzehnte die Einkommenssteuern gesenkt, dafür aber die indirekten Steuern angehoben (sie werden nicht auf das Einkommen, sondern auf den Konsum erhoben – wie etwa die Mehrwertsteuer). In den USA fallen solche Steuern wesentlich niedriger aus als in Europa. Werden indirekte Steuern proportional als Anteil am Konsum berechnet, fällt die effektive Umverteilung über alle Haushalte schwächer aus, als es die Daten zum verfügbaren Einkommen nahelegen. Wird dieser Effekt berücksichtigt, schwächt sich die Umverteilung des Markteinkommens in vielen Ländern Europas ab.

Sollte die Ungleichheit noch weiter ansteigen, werden Forderungen nach stärkeren Korrekturen zunehmen. Diskussionen über die Anhebung von Grenzsteuersätzen oder der Erbschaftssteuer werden dann in Zukunft lauter. Auch in Deutschland findet die Forderung nach einem bedingungslosen Grundeinkommen (einem festen monatlichen Mindestbetrag, der unabhängig vom Arbeitseinsatz ausgezahlt wird) zunehmende Beachtung. Wie sich langfristiges Wachstum sichern, zugleich aber die Ungleichheit begrenzen oder gar abbauen lässt, zählt zu den wichtigsten Herausforderungen der Wirtschaftspolitik.

13.4 Klimawandel und globale Erwärmung

Sobald externe Effekte auftreten, funktionieren Märkte nicht gut. Die Emission von Treibhausgasen ist ein globaler externer Effekt, der sich auch stark auf das Wachstum auswirkt. Treibhausgase verursachen Kosten, die Unternehmen und Konsumenten bei ihren Entscheidungen aber nicht berücksichtigen: Diese externen Kosten gehen nicht in das Kalkül ein bei der Abwägung, für welche Technologie sich Unternehmen entscheiden oder welches Auto Konsumenten kaufen sollten.

Das wichtigste Treibhausgas ist Kohlendioxid (CO_2). Um seine Bedeutung zu verstehen, betrachten wir das Licht, das die Sonne auf die Erde strahlt. Ein Teil des Sonnenlichts wird von der Erde absorbiert; ein anderer Teil wird wieder zurück ins All gestrahlt. Die Menge an CO_2 in der Atmosphäre bestimmt die Stärke des „Treibhauseffekts" – sie bestimmt, wie viel davon von der Erde absorbiert wird und wie viel zurückstrahlt. Wie viel davon absorbiert wird, ist wiederum ein wichtiger Faktor für die globale Temperatur. Gäbe es kein Kohlendioxid oder andere Treibhausgase in der Atmosphäre, würde zu wenig Sonnenlicht absorbiert und zu viel zurückgestrahlt. Die globale Temperatur läge dann bei etwa −18 °C. Ist dagegen zu viel Kohlendioxid vorhanden, steigt die Temperatur der Erde. Es kommt zu globaler Erwärmung. Eine zu starke globale Erwärmung hätte katastrophale Folgen. Sie würde zu einem starken Anstieg des Meeresspiegels und zu extremen Wetterereignissen führen – letztlich dazu, dass Teile der Welt unbewohnbar werden.

Seit der industriellen Revolution hat die Nutzung fossiler Brennstoffe (insbesondere Kohle) zu einem starken Anstieg der CO_2-Emissionen geführt. ▸ **Abbildung 13.7** liefert dafür Evidenz. Sie zeigt den Anstieg der CO_2-Emissionen seit 1850, aufgeschlüsselt nach Regionen der Welt. Sie zeigt einen sehr großen Anstieg der Emissionen im Laufe der Zeit. Es fing in Europa während der industriellen Revolution an. Später übernahmen dann die Vereinigten Staaten die Führung. Seit den 2000er-Jahren übertreffen schließlich die Emissionen in China diejenigen von Europa und den Vereinigten Staaten zusammengenommen. Wie ▸ **Abbildung 1.10** in ▸ **Kapitel 1** zeigt, kam es gleichzeitig zu einem stetigen Anstieg der globalen Durchschnittstemperatur. Die Temperatur hat sich seit 1850 um etwa 1,3 °C erhöht. Ein Großteil des Anstiegs erfolgte aber erst seit den späten 1970er-Jahren.

Die Evidenz, dass sowohl der CO_2-Gehalt als auch die globale Temperatur angestiegen sind, ist unstrittig; nur Spinner (die es leider immer gibt) leugnen dies. Man kann sich jedoch fragen, ob der Anstieg der globalen Temperatur auf den Anstieg des CO_2-Gehalts oder auf andere Faktoren zurückzuführen ist. Fast alle Wissenschaftler glauben, dass der Zusammenhang tatsächlich kausal ist. Und selbst wenn es nicht so sein sollte, ist die globale Erwärmung ein großes Problem. Eine Begrenzung des CO_2-Gehalts kann das Problem lindern.

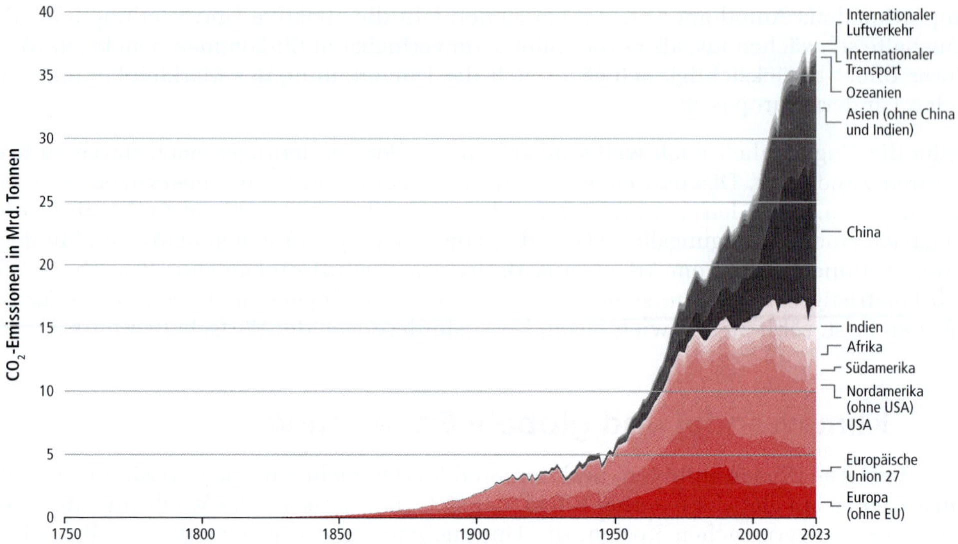

Abbildung 13.7 **CO_2-Emissionen seit 1850, nach Regionen**
Quelle: Carbon Dioxide Information Analysis Center (CDIAC) und Global Carbon Project (GCP), visualisiert von Max Roser, Our World in Data https://ourworldindata.org/grapher/annual-co-emissions-by-region

Wenden wir uns von der Vergangenheit der Zukunft zu. Es stellt sich vor allem die Frage, wie schnell die globale Erwärmung weiter ansteigen wird. ▶ **Abbildung 13.8** gibt eine Konsensprognose wieder.

Interessanterweise sind diese Zahlen etwas optimistischer als bei der letzten Auflage. Dazu beigetragen haben die Umsetzung strengerer politischer Maßnahmen und der Rückgang der Kosten für erneuerbare Energien.

Bleibt es bei den derzeitigen klimapolitischen Maßnahmen, würde die Temperatur bis zum Jahr 2100 im Vergleich zum Wert vor der industriellen Revolution um 2,5 bis 2,9 °C ansteigen. Dies würde den Planeten weitgehend unbewohnbar machen. Werden die bislang bis zum Jahr 2030 gemachten Zusagen umgesetzt, steigt die Temperatur auf 2,5 °C. Werden darüber hinaus auch die langfristigen Zusagen mit einer Verpflichtung auf Net Zero realisiert, käme es zu einem Anstieg von 2,1 °C. Die Zusagen sind jedoch nicht bindend. Es gibt Anzeichen dafür, dass sich viele Länder nicht daranhalten. Selbst wenn sie es täten, würden die zugesagten Änderungen nicht ausreichen, um den Anstieg auf 1,5 bis 1,8 °C zu begrenzen – das Niveau, das von den meisten Wissenschaftlern als akzeptabel angesehen wird.

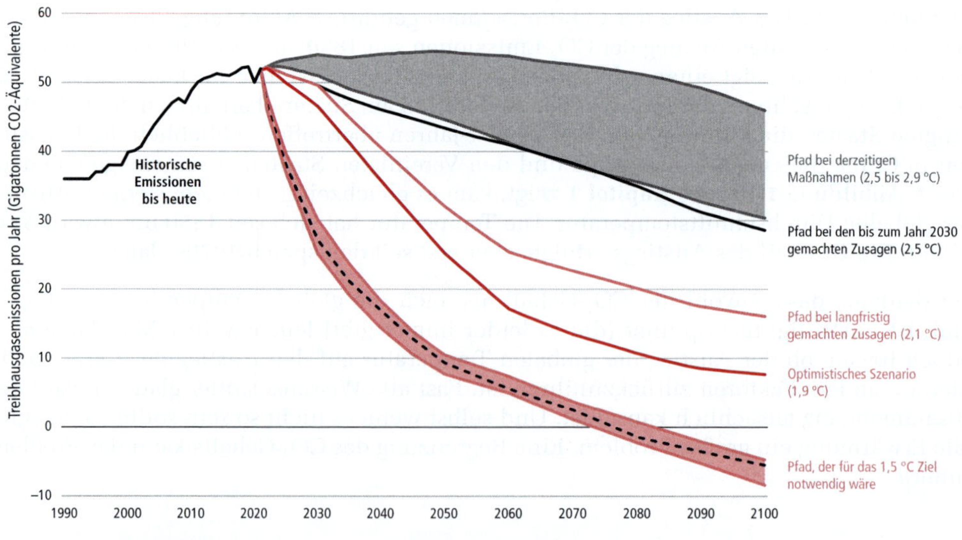

Abbildung 13.8 **Konsensprognose über den Anstieg der Temperatur bis zum Jahr 2100 (in Grad Celsius).** Globale Erwärmung für unterschiedliche Szenarien der Treibhausgasemissionen, Stand Dezember 2024
Quelle: Climate Action Tracker (2024), Climate Analytics and New Climate Institute. https://climateactiontracker.org/global/temperatures/

Um das Ziel eines Anstiegs von 1,5% zu erreichen, ist eine rasche Umstellung von brauner Energie (Energiequellen mit hohen Emissionen wie Kohle, Öl, Gas) auf grüne Energie (Energiequellen mit geringen oder keinen Emissionen wie Wasserkraft, Wind, Sonnenenergie, Kernenergie) erforderlich. Hier gibt es einige gute Nachrichten: Bei manchen grünen Technologien sind sehr schnelle Fortschritte zu verzeichnen, mehr als noch vor einem Jahrzehnt vorhergesagt wurde. Ein eindrucksvolles Beispiel ist ▶ **Abbildung 13.9** zu entnehmen. Sie zeigt den Preisrückgang von Solarzellen. Von 130 (inflationsbereinigten) Dollar pro Watt im Jahr 1975 ist der Preis auf 30 Cent im Jahr 2023 gesunken. Dieser Fortschritt muss jedoch in die richtige Perspektive gerückt werden: Der Anteil der grünen Energie an der Gesamtenergieerzeugung ist mit 18% nach wie vor recht gering. Es entspricht einem Anstieg von nur 4% gegenüber dem Jahr 2000, und es liegt noch ein weiter Weg vor uns.

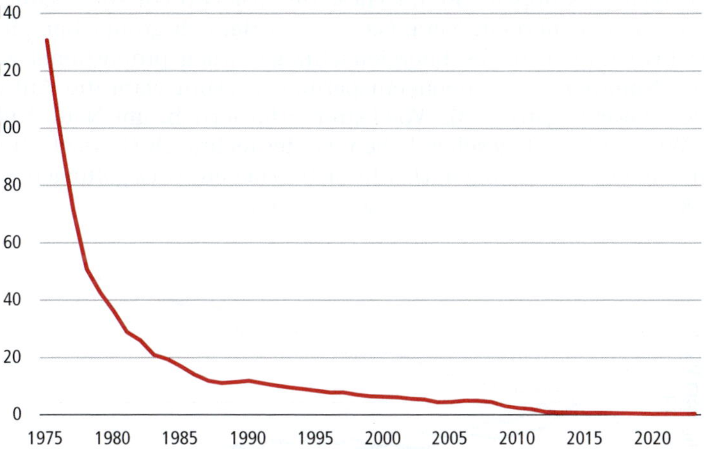

Abbildung 13.9 Der Preisrückgang von Solarzellen seit 1975. Seit 1975 sind die Preise für Solarzellen dramatisch gesunken. Preise für Solarpanel, in US $ je Watt, korrigiert um Inflationseffekte (Basisjahr 2023).
Quelle: World in data. https://ourworldindata.org/grapher/solar-pv-prices

Es herrscht Einigkeit darüber, dass stärkere Maßnahmen erforderlich sind. Die meisten Wirtschaftswissenschaftler empfehlen im Wesentlichen zwei Maßnahmenpakete: Zum einen Subventionen für Forschung und Entwicklung, um eine schnellere Innovation und Verbreitung grüner Technologien zu erreichen. Zum Zweiten die Erhebung einer Kohlenstoffsteuer, deren Höhe proportional zur Höhe der Emissionen ist. Dies wiederum kann auf zwei Arten erreicht werden: Durch die Besteuerung von CO_2-Emissionen mit einem bestimmten Steuersatz oder durch die Ausgabe einer bestimmten Anzahl von Emissionsrechten, die dann auf einem wettbewerbsorientierten Markt für Emissionen verkauft werden.

Wird die Strategie erfolgreich sein, und zu welchen Kosten?

Die Kosten für den Übergang von brauner zu grüner Energie werden wahrscheinlich hoch sein. Die zusätzlichen Investitionen werden auf etwa 2% des BIP jährlich geschätzt, wenn wir den Temperaturanstieg auf 1,5% begrenzen wollen. Es überrascht nicht, dass Regierungen nur ungern die Steuern erhöhen, und Umfragen deuten auf eine starke Opposition gegen eine hohe CO_2-Steuer hin. Daher kann es sein, dass die Regierungen die CO_2-Steuer nicht ausreichend erhöhen, oder aber sie greifen auf Subventionen für grüne Energie zurück, anstatt braune Energie zu besteuern: Subventionen sind offensichtlich beliebter als Steuern, obwohl sie früher oder später höhere Steuern erfordern, um den Anstieg der Schulden zu begrenzen. Es stellt sich die Frage, inwieweit der Übergang durch Steuern oder durch Schulden finanziert werden sollte und ob die Länder nicht eher das Erreichen des Ziels aufgeben, wenn sie nicht bereit sind, ihre Schulden zu erhöhen.

Die Frage, wer für den Übergang zahlen soll, geht über nationale Grenzen hinaus. Wer soll für den Übergang zahlen, von den Industriestaaten bis zu den Ländern mit niedrigem Einkommen? In dem Ausmaß, in dem die Welttemperatur vom **kumulierten** Niveau aller bisherigen Emissionen abhängt, liegt die Verantwortung klar bei den Industriestaaten. Wenn die Kosten auf Grundlage der akkumulierten Emissionen aufgeteilt werden, würde das einen großen Transfer von den fortgeschrittenen Volkswirtschaften zu den ärmeren Ländern bedeuten. Hinzu kommt, dass die globale Erwärmung vielen armen Ländern, vor allem in Afrika, hohe Kosten verursacht und dass sie ohnehin nicht über die Mittel verfügen, um große Investitionsprogramme zu starten. In den Industriestaaten ist der Gedanke, den armen Ländern durch umfangreiche Transfers zu helfen, – wenig überraschend – politisch nicht populär. Ohne solche Transfers werden diese Länder jedoch oft nicht in der Lage sein, den Übergang zu finanzieren, und das Ziel wird nicht erreicht werden.

Schließlich wirft der Übergang eine weitere grundlegende Frage auf. Könnte es sein, dass die einzige Möglichkeit, das Ziel zu erreichen, darin besteht, das Wachstum zu reduzieren, vielleicht sogar zu stoppen? So die These der „De-Growth"-Bewegung. Die Antwort lautet mit ziemlicher Sicherheit: Nein. Gäbe es im Bereich grüner Energie keinen technischen Fortschritt und wäre die Energienachfrage streng proportional zum BIP, dann bestünde kaum Spielraum für Energieeinsparungen. Dann wäre die Antwort ja. Wahrscheinlich wäre sogar negatives BIP-Wachstum erforderlich, um Netto-Null-Emissionen zu erreichen! Wie wir jedoch gesehen haben, ist der technische Fortschritt rasant. Es gibt Spielraum für Energieeinsparungen. Den Industriestaaten ist es gelungen, die Nettoemissionen zu senken und gleichzeitig weiter zu wachsen.

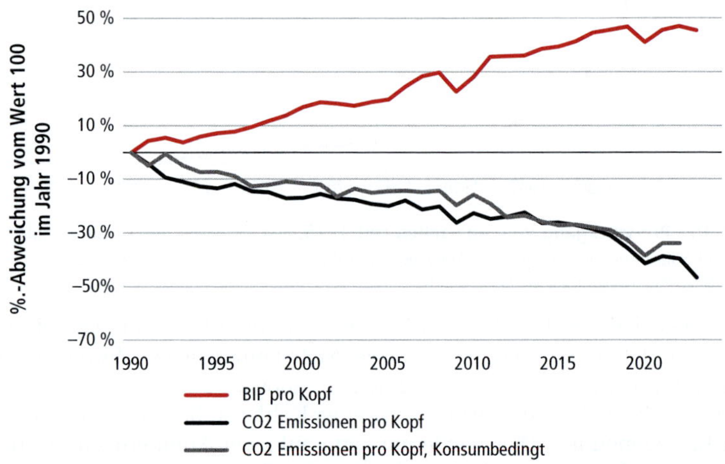

Abbildung 13.10 Entwicklung von realem BIP und der CO_2 Emissionen sowie der konsumbedingten CO_2-Emissionen, jeweils pro Kopf, in Deutschland seit 1990. Alle Werte sind für 1990 auf 100 normiert.

Quelle: BIP: Weltbank (Code NY.GDP.PCAP.PP.KD); CO_2-Emissionen: Global Carbon Budget (GCP) viaOur world in data. https://ourworldindata.org/grapher/co2-emissions-and-gdp-per-capita

▶ **Abbildung 13.10** vergleicht die Entwicklung des BIP pro Kopf mit der Entwicklung der Emissionen pro Person seit 1990 in Deutschland. Alle Werte wurden für das Jahr 1990 auf 100 normiert. Die Abbildung zeigt jeweils die prozentuale Abweichung vom Ausgangswert 100. Das reale BIP pro Kopf ist bis 2022 um 47% gestiegen (vgl. die rote Linie). Gleichzeitig sind aber trotz steigender Produktion die Pro-Kopf-Emissionen im gleichen Zeitraum um fast 40% gesunken (schwarze Linie). Ein Teil des Rückgangs liegt allerdings daran, dass die Produktion CO_2-intensiver Konsumgüter ins Ausland verlagert wurde (etwa nach China). Ein Forschungsprojekt des Global Carbon Budget (GCP) schätzt die jährlichen *konsumbedingten CO_2-Emissionen* vieler Staaten anhand detaillierter Daten über den Handel zwischen den Ländern und die Emissionsintensität für viele Branchen und Sektoren in jedem Land. Die bei der Produktion von Waren und Dienstleistungen entstandenen Emissionen werden dabei dem Land zugeordnet, an dem sie verbraucht werden. Diese Daten werden berechnet, indem „produktionsbasierte" Emissionen (im Inland produzierte Emissionen) um den Handel bereinigt werden: Die verbrauchsbasierten Emissionen sind gleich den produktionsbasierten Emissionen abzüglich der in den Exporten enthaltenen Emissionen und zuzüglich der in den Importen enthaltenen Emissionen. Auch die *konsumbedingten CO_2-Emissionen* pro Kopf sind in Deutschland seit 1990 stetig gesunken – allerdings etwas schwächer, bis 2022 (der letzte verfügbare Wert) um nur knapp 34% (vgl. die graue Linie). Deutschland ist ein Nettoimporteur von Kohlendioxid, China dagegen ein Nettoexporteur.

ZUSAMMENFASSUNG

- Es gibt eine starke Diskrepanz zwischen empirischen Daten, die einen Rückgang des Produktivitätswachstums anzeigen, und der Wahrnehmung rasanten technischen Wandels. Der Rückgang des Produktivitätswachstums hat aber tatsächlich stattgefunden; nur ein kleiner Teil lässt sich auf Messprobleme zurückführen. Das hohe Produktivitätswachstum der Vergangenheit war Folge bahnbrechender Entdeckungen – der Innovation von Basistechnologien, die in viele Sektoren der Wirtschaft diffundierten. Niemand weiß, ob die Digitalisierung – als aktuelle Basistechnologie – sich ähnlich auswirken wird.
- Schon seit Langem besteht die Befürchtung, technischer Wandel führe zu Massenarbeitslosigkeit. Diese Befürchtung hat sich in der Vergangenheit jedoch nicht bewahrheitet. Die Arbeitsproduktivität ist um ein Vielfaches gestiegen, aber auch die Beschäftigung. Die Arbeitslosigkeit ist selbst unter gering qualifizierten Arbeitskräften niedrig. Niemand weiß aber, ob dies auch in Zukunft so bleiben wird. Die Sorge vor Automatisierung und Digitalisierung muss man ernst nehmen.
- Technischer Fortschritt ist ein Prozess des strukturellen Wandels mit kreativer Zerstörung. Neue Güter werden entwickelt; alte verschwinden. Neue Unternehmen werden gegründet, alte scheiden aus. Während wir als Konsumenten von diesem Prozess profitieren, werden manche als Arbeitskräfte hart davon getroffen. Diejenigen, die ihren Job verlieren, weil ihr Unternehmen ausscheidet, erleiden für lange Zeit Einkommenseinbußen. Wenn „unausgewogener" technischer Fortschritt vor allem die Produktivität von Arbeitskräften mit hoher Qualifikation steigert, kommt es zu zunehmender Ungleichheit. Die Einkommen von Menschen mit geringer Qualifikation und niedriger Ausbildung bleiben zurück.
- Die zunehmende Ungleichheit zeigt sich auch daran, dass der Anteil am gesamten Einkommen und Vermögen ansteigt, der der Einkommensgruppe des oberen 1% zufließt. Dies liegt zum Teil daran, dass viele neue Technologien steigende Skalenerträge aufweisen. Sie ermöglichen ein hohes Einkommen der Gründer und Manager großer Unternehmen.
- Die Ungleichheit des Markteinkommens unterscheidet sich von Land zu Land stark – selbst für Industriestaaten, die den gleichen Trends von Globalisierung und technischem Fortschritt ausgesetzt sind. Das deutet darauf hin, dass Ungleichheit auch von anderen Faktoren bestimmt wird – wie etwa Institutionen und sozialen Normen. Bei gegebenem Markteinkommen können Maßnahmen zur Umverteilung die Ungleichheit des verfügbaren Einkommens reduzieren. Auch beim Ausmaß der Umverteilung gibt es wieder große Unterschiede zwischen den Ländern.
- Der Klimawandel ist vielleicht die größte Herausforderung für das Wachstum. Die globale Durchschnittstemperatur steigt stetig – wohl als Folge erhöhter CO_2-Emissionen. Die beste Politik zur Begrenzung der CO_2-Emissionen wäre die Einführung einer CO_2-Steuer. Sie stößt aber auf große politische bzw. geopolitische Hindernisse.

Übungsaufgaben

(Lösungen auf **MyMathLab | Makroökonomie**)

Verständnistests

1 Welche der folgenden Aussagen sind zutreffend, falsch oder unklar? Geben Sie jeweils eine kurze Erläuterung.

a) Die Veränderung der Beschäftigung und der Produktion pro Kopf in den Vereinigten Staaten seit 1900 unterstützt das Argument, dass technischer Fortschritt zu einem stetigen Anstieg der Beschäftigung führt.
b) Arbeitnehmer und Konsumenten profitieren gleichermaßen vom Prozess der kreativen Zerstörung.
c) Während der letzten beiden Jahrzehnte ist der Reallohn der amerikanischen gering qualifizierten Beschäftigten relativ zum Reallohn hoch qualifizierter Arbeitskräfte zurückgegangen.
d) Das Produktivitätswachstum ist im letzten Jahrzehnt zurückgegangen.
e) Ein Großteil des Rückgangs des Produktivitätswachstums ist auf Messprobleme zurückzuführen.
f) Neue Technologien verdrängen in der Regel Arbeitskräfte mit niedriger Qualifikation.
g) Innovationen von Basistechnologien treten häufig auf.
h) Die Einführung von Robotern könnte die Beschäftigung tatsächlich ansteigen lassen.
i) Es findet sich Evidenz dafür, dass Arbeitskräfte, die bei Betriebsschließungen als Folge technischen Wandels ihren Arbeitsplatz verlieren, auch langfristig Lohneinbußen erleiden.

2 Wie dürften sich folgende wirtschaftspolitische Änderungen auf die Lohnspreizung zwischen Gering- und Hochqualifizierten in den USA auswirken?

a) Ein Anstieg der Ausgaben für Computer in öffentlichen Schulen.
b) Beschränkungen auf die Anzahl der ausländischen Saisonarbeiter für die Landwirtschaft, die in die USA einreisen dürfen.
c) Vergrößerung der Anzahl öffentlicher Colleges.
d) Steuergutschriften für amerikanische Unternehmen in Zentralamerika.
e) Unternehmenssubventionen zur Einführung von Robotern in den Produktionsprozess.

3 Man kann die Produktionsfunktion so erweitern, dass die Produktion mit Arbeitseinsatz (N) Kapitaleinsatz (K) und CO_2-intensivem Energieeinsatz (E) erfolgt, indem wir die Produktionsfunktion schreiben als $Y = N^{1/3} {}^* K^{1/3} {}^* E^{1/3}$

a) Weist diese Produktionsfunktion konstante Skalenerträge auf? Berechnen Sie die Produktionswerte für die Input-Werte der folgenden Tabelle.

Einheiten von *N*	Einheiten von *K*	Einheiten von *E*	Produktion
27	125	64	
54	250	128	
81	375	192	

b) Lösen Sie die Produktionsfunktion nach *E* auf, um herauszufinden, welche Menge an Energie in jeder Zeile für die vorgegebene Produktionsmenge notwendig ist.

Einheiten von *N*	Einheiten von *K*	Einheiten von *E*	Produktion
54	250		120
54	375		120
18	250		120

c) Kommentieren Sie folgende Aussage anhand ihrer Ergebnisse aus Teilaufgabe *b.*: „Bei konstanten Skalenerträgen müssen wir unseren Energieverbrauch erhöhen, um das Produktionsniveau zu steigern."
d) Beschreiben Sie verbal, wie die Produktion ohne Zunahme des Energieverbrauchs erhöht werden kann. Wie in ▶ **Abschnitt 13.4** angesprochen, herrscht weitgehend Einigkeit unter Ökonomen, dass eine Steuer auf CO_2- Emissionen der beste Weg ist, um solche Emissionen zu reduzieren. Wie würde sich eine solche Steuer im Rahmen der obigen Produktionsfunktion auswirken?

Vertiefungsfragen

4 *Änderungen in der Wachstumsrate des technischen Fortschritts*

In ▶ **Kapitel 12** (Aufgabe 10) haben wir einen Term für das Residuum berechnet, der die Wachstumsrate des technischen Fortschritts darstellt. Die Berechnung erfolgte gemäß dem Residuum $= g_Y - [\alpha^* g_N + (1-\alpha)^* g_K]$ aus den jährlichen Wachstumsraten der Produktion (g_Y), des Arbeitseinsatzes (g_N) und des Kapitaleinsatzes (g_K). Wie hoch war der Wert dieses Residuums in den USA für den Zeitraum 1985 bis 2019? Füllen Sie mit Hilfe der Penn World Tables folgende Tabelle für die USA aus. Zur Erinnerung: Verwenden Sie *rgdpna* für die Produktion, *emp* für die Anzahl der Arbeitskräfte als Arbeitseinsatz und *rnna* für den Kapitalstock. Der Anteil des Arbeitseinkommens ist labsh.

USA				
	Y	N	K	Anteil des Arbeitseinkommens
Jahr 1985				
Jahr 1999				
Jahr 2000				
Jahr 2019				

Berechnen Sie die Wachstumsraten von Y, N und K zwischen 1985 und 1999 sowie für den Zeitraum von 2000 bis 2019. (Sie können dafür die Ergebnisse von Aufgabe 10 aus ▶ **Kapitel 12** verwenden).

a) Vergleichen Sie die Wachstumsrate des technischen Fortschritts für die beiden Zeiträume.

b) Unter dem Code LNU04023068 können Sie in der FRED-Datenbank die Arbeitslosenquote von gering qualifizierten Jugendlichen im Alter von 16 bis 25 Jahren seit 1985 abrufen. Laden Sie die Datenreihe in ein Tabellenkalkulationsprogramm. Wie hat sich die Arbeitslosenquote dieser Gruppe in der Zeit nach der Finanzkrise entwickelt?

c) Berechnen Sie nun die durchschnittliche Arbeitslosenquote dieser Gruppe über folgende drei Zeiträume: 1985-1999, 2000 bis 2017 und 2017 bis zum Ende ihrer Daten. Wie lassen sich die drei Arbeitslosenquoten vergleichen? Bestätigt Ihr Ergebnis die These, dass stärkeres Wachstum des technischen Fortschritts die Arbeitslosenquote von gering qualifizierten Arbeitskräften erhöht? Welche Erkenntnis liefert die Analyse der Jahre nach 2017?

5 *Technischer Fortschritt, Landwirtschaft und Beschäftigung*

„Diejenigen, die behaupten, technischer Fort schritt führe nicht zu einem Beschäftigungsrückgang, sollten sich das Beispiel der Landwirtschaft vor Augen führen. Zu Beginn des letzten Jahrhunderts betrug die Bevölkerung in der Landwirtschaft 29 Millionen – 44% der Gesamtbevölkerung. 1990 war die Anzahl auf vier Millionen gesunken – 2% der Gesamtbevölkerung. Wenn alle Sektoren anfingen, das gleiche Produktivitätswachstum zu erfahren wie die Landwirtschaft im 20. Jahrhundert, würde in hundert Jahren niemand mehr beschäftigt sein." Diskutieren Sie.

6 *Technologie und Arbeitsmarkt*

Im **Anhang** von ▶ **Kapitel 7** wurde bereits ausgeführt, wie die Lohn- und Preissetzungsgleichungen Arbeitsangebot und -nachfrage ausdrücken können. Hier wird dies um das Technologieniveau erweitert.

Betrachten Sie folgende Lohnsetzungsgleichung, die dem Arbeitsangebot entspricht: $W/P = F(u,z)$

Die Arbeitslosenquote u kann dabei (für eine gegebene Erwerbsbevölkerung L und eine gegebene Beschäftigtenzahl N) wie folgt ausgedrückt werden: $u = 1 - N/L$

a) Setzen Sie diese Beziehung für u in die Lohnsetzungsgleichung ein.

b) Gegeben ist die zusammengesetzte Gleichung aus Teilaufgabe a.; stellen Sie das Arbeitsangebot grafisch in einem Diagramm (mit N auf der horizontalen und W/P auf der vertikalen Achse) dar.

Weiterhin sei die Preissetzungsgleichung gegeben: $P = (1 + \mu)MC$

MC bezeichnet dabei die Grenzkosten der Produktion. Dabei soll gelten: $MC = W \cdot MPL$

W bezeichnet den Nominallohn, MPL das Grenzprodukt der Arbeit.

c) Setzen Sie die Beziehung für die Grenzkosten in die Preissetzungsgleichung ein und lösen Sie nach dem Reallohn W/P auf. Sie erhalten die Arbeitsnachfrage; mit W/P als Funktion von MPL und dem Mark-up μ.

Zur Vereinfachung nehmen wir häufig an, dass das MPL für ein gegebenes Technologieniveau konstant ist. Hier betrachten wir ein MPL, das mit steigender Beschäftigung (bei gegebenem Technologieniveau) abnimmt. Diese Annahme ist deutlich realistischer.

d) Stellen Sie unter dieser Annahme die Arbeitsnachfrage grafisch dar. Verwenden Sie das gleiche Diagramm wie in Teilaufgabe b.

e) Wie verändert sich die Arbeitsnachfragekurve, wenn das Technologieniveau zunimmt? (*Hinweis:* Beachten Sie, wie sich das Grenzprodukt MPL verändert.) Begründen Sie dies. Wie wird der Reallohn hierdurch beeinflusst?

Weiterführende Fragen

7 *Wandel auf dem Arbeitsmarkt*

Das *Bureau of Labor Statistics* veröffentlicht eine Prognose für das Beschäftigungswachstum in einzelnen Berufsgruppen. Betrachten Sie die Tabellen auf den Webseiten *https://www.bls .gov/emp/tables/occupations-largest-job-declin es.htm* (größter Arbeitsplatzabbau) und *https:// www.bls.gov/emp/tables/fastest-growing-occu pations.htm* (größtes Arbeitsplatzwachstum).

a) In welchen Berufen ist der Arbeitsplatzabbau mit dem technologischen Wandel zu begründen; wo mit ausländischem Wettbewerb?
b) In welchen Berufen ist das Arbeitsplatzwachstum mit dem technologischen Wandel zu begründen? In welchen Berufen kann der demografische Wandel, v.a. die zunehmende Alterung der Bevölkerung, als Begründung dienen?
c) Vergleichen Sie die Bildungsanforderungen (in der letzten Spalte der Tabellen) für die aufstrebenden und rückläufigen Berufe. Können Sie hieran Auswirkungen des technologischen Wandels festmachen?

8 *Reallöhne*

In diesem Kapitel betrachteten wir die relativen Löhne, etwa von hoch und gering qualifizierten Arbeitskräften. In dieser Frage untersuchen wir die Entwicklung der Reallöhne.

a) Wie sollten sich die Reallöhne mit technischem Fortschritt verändern, ausgehend von der im Text eingeführten Lohn- und Preissetzungsgleichung? Prüfen Sie anhand des Solow-Residuums, ob es im Zeitraum von 1973 bis 2020 technischen Fortschritt gab.
b) Suchen Sie die Daten der Tabelle. „Hours and earnings in private nonagricultural industries" im neuesten *Economic Report of the President auf der Seite https://www.gov info.gov/app/collection/erp*. Wie hat sich der durchschnittliche Reallohn pro Stunde in den USA seit 1973 entwickelt? Vergleichen Sie diese Entwicklung mit der Entwicklung der Arbeitsproduktivität.
c) Angesichts der im Text präsentierten Daten über die Entwicklung der relativen Löhne in den USA, welche Schlüsse ziehen Sie aus der in Teilaufgabe b. gefundenen Evidenz für die Entwicklung der Reallöhne von gering qualifizierten Arbeitskräften in den USA seit 1975?
d) Welche Faktoren zur Entlohnung von Arbeitskräften könnten bei dieser Analyse fehlen? Inwieweit sind für Arbeitnehmer andere Kompensationen außer den Löhnen relevant?

Detaillierte Daten zur Entwicklung der Reallöhne einzelner Kategorien von Arbeitskräften liefert das Economic Policy Institute auf seiner Website: *https://www.epi.org/data/*.

9 *Einkommensungleichheit 1*

a) Diskutieren Sie die Evidenz dafür, dass die Ungleichheit in den USA angestiegen ist.
b) Verwenden Sie das Modell von Angebot und Nachfrage nach qualifizierten Arbeitskräften als Erklärungsansatz für den Anstieg der Ungleichheit in den USA.
c) Verwenden Sie das Modell von Angebot und Nachfrage nach weniger qualifizierten Arbeitskräften als Erklärungsansatz für den Anstieg der Ungleichheit in den USA. Inwieweit ist es auf Deutschland übertragbar?
d) Es gibt gewisse Evidenz dafür, dass junge Paare meist heiraten, wenn sie eine ähnliche Ausbildung aufweisen. Erklären Sie, warum dies zu steigender Einkommensungleichheit führen kann. Nutzen Sie dazu die Daten auf der Website *http://www.theatlantic.com/ sexes/archive/2013/04/college-graduatesmarry- other-collegegraduates-most-of-thetime/ 274 654/*.

10 *Einkommensungleichheit 2*

a) Untersuchen Sie anhand der Daten der World Wealth and Income Database *http:// wid.world/*, wie sich im Lauf der letzten 100 Jahre der Anteil der Einkommen der obersten ein Prozent in Frankreich, Großbritannien und Japan im Vergleich zu Deutschland und den USA entwickelt hat.
b) Wie lassen sich dabei die starken Schwankungen in den USA im Lauf der letzten 20 Jahre erklären?
c) Untersuchen Sie anhand der Daten der World Wealth and Income Database *http:// wid.world/*, wie sich im Lauf der letzten 100 Jahre der Anteil des *Vermögens* der obersten ein Prozent in Großbritannien und den USA entwickelt hat.
d) Führt ein Anstieg der Ungleichheit der Einkommen zwangsläufig zu einem Anstieg der Ungleichheit der Vermögensverteilung? Diskutieren Sie, unter welchen Bedingungen dies der Fall ist.

11 *Einkommensungleichheit 3: Gini-Koeffizienten – Vergleich unterschiedlicher Bevölkerungsgruppen*

a) Die Gini-Koeffizienten unterscheiden sich je nach betrachteter Bevölkerungsgruppe. Ermitteln Sie die Gini-Koeffizienten für das Jahr 2020 für Deutschland und die USA aus der OECD Income Distribution Database (IDD; https://www.oecd.org/en/data/datasets/income-and-wealth-distribution-database.html) sowohl für verfügbares Einkommen (Maß: Gini disposable income) wie für Markteinkommen (Maß: Gini market income). Vergleichen Sie dabei die Verteilungsmaße für die Gesamtbevölkerung (Age: Total) sowie die über 65-jährigen (Age: Over 65 years) mit denen der Bevölkerung im erwerbsfähigen Alter (Age: From 18 to 65 years), die in ▶ **Abbildung 13.5** betrachtet wurde. Um wieviel Prozent sind die Koeffizienten für die beiden anderen Gruppen jeweils höher im Vergleich zu denen der Bevölkerung im erwerbsfähigen Alter?

b) Wie lassen sich die Unterschiede der Verteilungsmaße zwischen den betrachteten Bevölkerungsgruppen beim Vergleich von Deutschland und den USA erklären? Beziehen Sie sich dabei auf die Ausführungen in der Fokusbox „Ungleichheit und Gini-Koeffizient“.

12 *CO_2-Emissionen und Wachstum*

a) Vergleichen Sie für den Zeitraum von 1990 bis 2021 die Entwicklung des BIP pro Kopf sowie der CO_2-Emissionen pro Kopf in Deutschland mit der in Frankreich, der Europäischen Union (EU 27), den USA und China. In welchen dieser Regionen ist das BIP pro Kopf in dem Zeitraum am stärksten gestiegen; in welchen Regionen sind die gesamten bzw. die konsumbedingten CO_2-Emissionen am stärksten gefallen? Verwenden Sie dazu die bei ► **Abbildung 13.10** angegebenen Datenquellen.

b) Die Weltbank erstellt auch Schätzungen der CO_2-Intensität der Produktion, berechnet als CO_2-Ausstoß in kg je produzierten Dollar des realen BIP *(https://data.worldbank.org/indicator/en.atm.co2e.pp.gd)*. Speichern Sie diesen Datensatz in einer Tabelle ab. Wie hat sich die CO_2-Intensität der Produktion in den in Teilaufgabe a) betrachteten Regionen im Zeitraum von 1990 bis 2020 geändert? Ermitteln Sie jeweils die durchschnittliche Wachstumsrate der CO_2-Emissionen pro Dollar des realen BIP.

c) Berechnen Sie auch die Wachstumsrate der gesamten CO_2-Emissionen in den entsprechenden Regionen (Datenreihe *https://ourworldindata.org/grapher/annual-co2-emissions-per-country*). Worauf lassen sich die unterschiedlichen Entwicklungen im Vergleich zu Teilaufgabe a) und b) zurückführen?

Teil V: Erwartungen

Die nächsten drei Kapitel führen eine wichtige Erweiterung ein: Wir untersuchen, welche Bedeutung den Erwartungen zukommt.

Kapitel 14

▶ **Kapitel 14** konzentriert sich auf die Rolle der Erwartungen auf den Finanzmärkten. Es führt ein in das Konzept des diskontierten erwarteten Gegenwartswerts, das eine wichtige Rolle bei der Bestimmung von Vermögenspreisen und auch bei Konsum- und Investitionsentscheidungen spielt. Mit Hilfe dieses Konzepts untersuchen wir, wie sich Preise und Renditen von Anleihen bestimmen. Dann wenden wir uns Aktienkursen zu und fragen, wie diese von erwarteten Dividenden und Zinsen abhängen. Schließlich fragen wir, ob Aktienkurse sich immer an Fundamentalwerten orientieren oder ob sie Blasen folgen können.

Kapitel 15

▶ **Kapitel 15** untersucht die Rolle der Erwartungen für Konsum- und Investitionsentscheidungen. Es zeigt, dass der Konsum nicht nur vom laufenden Einkommen, sondern auch von Human- und Finanzkapital abhängt. Investitionen hängen vom laufenden **Cashflow** und vom **Gegenwartswert** der erwarteten zukünftigen Gewinne ab.

Kapitel 16

▶ **Kapitel 16** betrachtet die Rolle der Erwartungen in Bezug auf Produktionsschwankungen. Dazu wird im *IS-LM*-Modell das Gleichgewicht auf dem Gütermarkt modifiziert, um die Auswirkungen der Erwartungen auf die Ausgaben zu erfassen. Dann werfen wir nochmals einen Blick auf die Geld- und Fiskalpolitik, um zu verstehen, wie ihre Wirkung von Erwartungseffekten beeinflusst wird.

Finanzmärkte und Erwartungen

14

14.1 **Diskontierter erwarteter Gegenwartswert** 416

14.2 **Kurse und Renditen von Anleihen** 422

14.3 **Kursbewegungen am Aktienmarkt** 432

14.4 **Risiken, Blasen, Launen und Aktienkurse** 437

Wenn wir überlegen, ob die Kurse von **Aktien** oder Wertpapieren weiter steigen oder fallen, so fragen wir uns: Sind steigende Aktienkurse ein Indiz für optimistischere Erwartungen über zukünftige Unternehmensgewinne? Soll ich mich dieser Meinung anschließen und den Aktienanteil in meinem Portfolio ausbauen oder vielleicht besser zurückfahren? Muss ich mit steigenden Zinsen rechnen, weil die Wirtschaft an Schwung gewinnt? Wir werden sehen, dass die Preise von Vermögenswerten nicht nur von der aktuellen und zukünftig erwarteten Wirtschaftsaktivität abhängen, sondern dass diese sich selbst wiederum auf die Wirtschaftsaktivität auswirken. Diesen Zusammenhang zu verstehen ist von zentraler Bedeutung für das Verständnis von Schwankungen der Wirtschaftsaktivität.

Kernbotschaft dieses Kapitels: Erwartungen spielen eine zentrale Rolle für die Kurse von Anleihen und Aktien.

- ▸ **Abschnitt 14.1** führt in das Konzept des diskontierten erwarteten Gegenwartswerts ein. Es spielt eine wichtige Rolle bei der Bestimmung von Vermögenspreisen und auch bei Konsum- und Investitionsentscheidungen.
- ▸ **Abschnitt 14.2** untersucht, wie die Kurse von Anleihen und deren Renditen bestimmt werden. Dabei wird deutlich, dass Kurse und Renditen von den aktuellen und den künftig erwarteten kurzfristigen Zinsen abhängen. Anschließend zeigen wir, was man von der **Zinsstrukturkurve** über den künftig erwarteten Verlauf der kurzfristigen Zinsen lernen kann.
- ▸ **Abschnitt 14.3** beschäftigt sich mit den Bestimmungsgrößen von Aktienkursen. Es zeigt sich, dass die Aktienkurse von den aktuellen und künftig erwarteten Gewinnen sowie auch von den aktuellen und erwarteten Zinsen abhängen. Anschließend wird diskutiert, wie sich veränderte wirtschaftliche Aktivität auf Aktienkurse auswirken.
- ▸ **Abschnitt 14.4** diskutiert vorübergehende **Launen** und Blasen (Bubbles) am Aktienmarkt – Zeiten, in denen die Aktienkurse scheinbar von anderen Faktoren, nicht allein von Gewinnen und Zinsen, getrieben werden.

14.1 Diskontierter erwarteter Gegenwartswert

Um die Darstellung möglichst einfach zu halten, vernachlässigen wir in diesem Abschnitt Risikoprämien, die wir schon in ▸ Kapitel 6 betrachtet haben. Gehen die Anleger ungern Risiken ein, dann wird der Wert einer unsicheren (und daher riskanten) Auszahlung geringer sein als der Wert einer sicheren Auszahlung, selbst wenn beide denselben Erwartungswert besitzen. Im nächsten Abschnitt kommen wir darauf wieder zurück.

Um zu verstehen, warum der diskontierte erwartete Gegenwartswert von so großer Bedeutung ist, betrachten wir einen Manager, der überlegt, ob er in eine neue Maschine investieren soll. Die Investition kostet heute Geld. Andererseits ermöglicht sie Produktionssteigerungen und höhere Gewinne in der Zukunft. Die Frage ist, ob die zukünftigen Gewinne die Kosten von heute übersteigen. Solange die Zinsen positiv sind, müssen wir aber zukünftige Gewinne mit dem Zinssatz diskontieren. Wir müssen den **diskontierten erwarteten Gegenwartswert** der zukünftigen Einnahmeströme berechnen. Übersteigt dieser Wert die laufenden Kosten, ist die Investition rentabel. Ansonsten sollte sie besser unterbleiben.

Wir stehen aber vor dem Problem, dass solche diskontierten erwarteten Gegenwartswerte nicht direkt beobachtbar sind. Sie müssen abgeleitet werden aus der Folge erwarteter Gewinne und den erwarteten Zinsen. Wie müssen wir dabei vorgehen?

14.1.1 Die Berechnung des diskontierten erwarteten Gegenwartswerts

Bei einem Nominalzins i_t bringt das Verleihen eines Euro heute einen Ertrag von $1 + i_t$ im nächsten Jahr. Genauso muss ein Kredit von einem Euro heute mit $1 + i_t$ Euro im nächsten Jahr zurückgezahlt werden. Ein Euro heute ist also $1 + i_t$ Euro im nächsten Jahr wert. Die erste Zeile in ▸ **Abbildung 14.1** verdeutlicht dies.

Wir können das Argument aber auch umdrehen und fragen: Wie viel ist ein Euro im nächsten Jahr heute wert? Die erste Zeile in ▸ **Abbildung 14.1** liefert die Antwort: Wer heute $1/(1+i_t)$ Euro verleiht, bekommt in einem Jahr $1/(1+i_t)$ mal $(1 + i_t) = 1$ Euro zurück. Wer heute $1/(1+i_t)$ Euro ausleiht, muss in einem Jahr genau einen Euro zurückzahlen. Ein Euro im nächsten Jahr ist also heute $1/(1+i_t)$ Euro wert.

$1/(1+i_t)$ ist der diskontierte erwartete Gegenwartswert eines Euro aus dem nächsten Jahr.

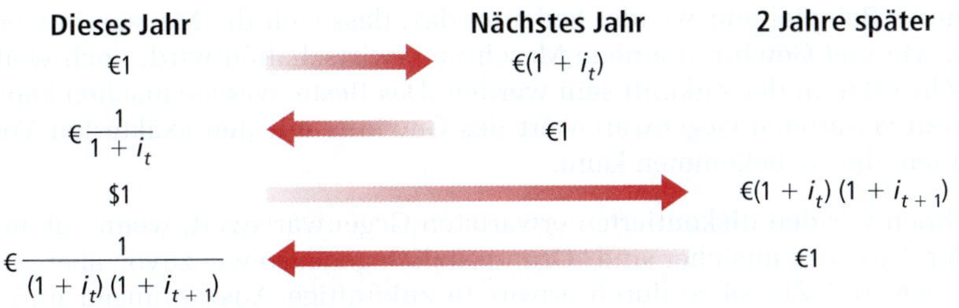

Abbildung 14.1 Berechnung des diskontierten Gegenwartswertes

Der Begriff Gegenwartswert besagt, dass wir den heutigen Wert (gemessen in Euro heute) zukünftiger Zahlungen betrachten.

„Diskontiert" bedeutet, dass zukünftige Zahlungen mit dem Diskontfaktor $1/(1+i_t)$ abgezinst werden (der Zinssatz i_t wird auch als Diskontrate bezeichnet).

i_t: Diskontrate $1/(1+i_t)$: Diskontfaktor Wenn die Diskontrate steigt, nimmt der Diskontfaktor ab.

Weil der Nominalzins positiv ist, ist der Diskontfaktor kleiner als eins. Ein Euro im nächsten Jahr ist weniger wert als ein Euro heute. Je höher der Zins, desto niedriger der Gegenwartswert. Für $i = 5\%$ ist ein Euro, verfügbar im nächsten Jahr, heute $1/1{,}05 = 95$ Cent wert. Für $i = 10\%$ sinkt der Wert heute auf$1/1{,}10 = 91$Cent.

Die gleiche Logik lässt sich natürlich auch auf einen Euro anwenden, der erst in zwei Jahren verfügbar ist. Nehmen wir momentan an, die Nominalzinsen seien heute schon mit Sicherheit bekannt. Gegeben seii_t, der Nominalzins in diesem Jahr, und i_{t+1}, der Nominalzins im nächsten Jahr.

Wer heute einen Euro für zwei Jahre verleiht, erhält in zwei Jahren $(1 + i_t)(1 + i_{t+1})$ Euro. Anders formuliert: Ein Euro heute bringt in zwei Jahren $(1 + i_t)(1 + i_{t+1})$ Euro. Die dritte Zeile in ▸ **Abbildung 14.1** verdeutlicht dies.

Umgekehrt gilt wiederum: Ein Euro, verfügbar in zwei Jahren, hat heute nur einen Gegenwartswert von $1/(1 + i_t)(1 + i_{t+1})$ Euro: Wer heute $1/[(1 + i_t)(1 + i_{t+1})]$ Euro verleiht, erhält in zwei Jahren exakt einen Euro. Diese Überlegung wird in der vierten Zeile in ▸ **Abbildung 14.1** verdeutlicht. Sind etwa die Zinsen in beiden Jahren gleich hoch (bei 5%), beträgt der Gegenwartswert heute $1/(1{,}05)^2$ – ungefähr 91 Cent.

Eine allgemeine Formel

Vollzieht man diese Schritte nach, ist es einfach, den diskontierten Gegenwartswert für den allgemeinen Fall abzuleiten.

Betrachten wir einen Zahlungsstrom in Euro, der heute beginnt und sich zukünftig fortsetzt. Nehmen wir für den Moment an, dass diese zukünftigen Zahlungen mit Sicherheit bekannt sind. Die heutige Zahlung sei z_t, die Zahlung im nächsten Jahr seiz_{t+1}, in zwei Jahren z_{t+2} und so weiter.

Den diskontierten Gegenwartswert dieses Zahlungsstroms V_t – das ist der heutige in Euro ausgedrückte Wert aller Auszahlungen des Zahlungsstroms – erhält man durch:

$$V_t = z_t + \frac{1}{1 + i_t} z_{t+1} + \frac{1}{(1 + i_t)(1 + i^e_{t+1})} z_{t+2} + \ldots$$

Jede zukünftige Zahlung wird mit ihrem jeweiligen Diskontfaktor multipliziert. Je weiter die Auszahlung entfernt ist, desto kleiner der Diskontfaktor und folglich auch der heutige Wert einer weit entfernten Auszahlung. Mit anderen Worten: Zukünftige Auszahlungen werden stärker diskontiert, wodurch ihr Gegenwartswert geringer wird.

Wir haben bisher angenommen, dass zukünftige Zahlungen und Zinssätze mit Sicherheit bekannt sind. Tatsächlich müssen Entscheidungen jedoch auf den Erwartungen über das Ausmaß der künftigen Auszahlungen beruhen, anstatt auf ihrer tatsächlichen Höhe. Auf unser früheres Beispiel angewendet bedeutet das, dass sich die Managerin weder sicher sein kann, wie viel Gewinn die neue Maschine erwirtschaften wird, noch weiß sie, wie hoch die Zinssätze in der Zukunft sein werden. Das Beste, was sie machen kann, ist, den diskontierten erwarteten Gegenwartswert des Gewinns mit den exaktesten Vorhersagen auszurechnen, die sie bekommen kann.

Wie berechnen wir den diskontierten erwarteten Gegenwartswert, wenn zukünftige Zahlungen oder Zinssätze unsicher sind? Grundsätzlich genauso wie zuvor, aber wir ersetzen Auszahlungen und Zinssätze durch erwartete zukünftige Auszahlungen und erwartete Zinssätze. Formal bezeichnen wir erwartete Auszahlungen im nächsten Jahr mit z^e_{t+1}, erwartete Auszahlungen in zwei Jahren mit z^e_{t+2} und so weiter. Ganz ähnlich bezeichnen wir den erwarteten einjährigen Nominalzins im nächsten Jahr mit i^e_{t+1} und so weiter (der einjährige Nominalzins im aktuellen Jahr $i_t$ist heute bekannt, bedarf also keines Superskripts e). Den diskontierten erwarteten Gegenwartswert dieses erwarteten Zahlungsstroms berechnet man mit:

$$V_t = z_t + \frac{1}{(1+i_t)} z^e_{t+1} + \frac{1}{(1+i_t)(1+i^e_{t+1})} z^e_{t+2} + \dots \qquad (14.1)$$

„**Diskontierter erwarteter Gegenwartswert**“ ist ein recht umständlicher Ausdruck; daher verwenden wir oft nur den Ausdruck Gegenwartswert. Es ist auch bequemer mit Kurzschreibweisen für Formeln wie ▶ Gleichung (14.1) zu arbeiten. Um den Gegenwartswert einer Reihe erwarteter Auszahlungen z zu beschreiben, werden wir $V(z_t)$ schreiben oder einfach $V(z)$.

14.1.2 Anwendung von Gegenwartswerten: Beispiele

▶ Gleichung (14.1) hat zwei wichtige Implikationen:

$z\uparrow$ oder $z^e\uparrow \Rightarrow V\uparrow$

- Der Gegenwartswert hängt positiv von gegenwärtigen und zukünftigen Zahlungen ab. Nehmen entweder die heutigen Zahlungen z oder die zukünftigen Zahlungenz^ezu, so erhöht sich der Gegenwartswert.

$i\uparrow$ oder $i^e\uparrow \Rightarrow V\downarrow$

- Der Gegenwartswert hängt negativ von gegenwärtigen und zukünftigen Zinssätzen ab. Eine Zunahme von i heute oderi^e in Zukunft lässt den Gegenwartswert sinken.

▶ Gleichung (14.1) ist nicht ganz einfach. Die Intuition für diese Effekte vermitteln am besten einige Beispiele.

Konstante Zinssätze

Um uns darauf zu konzentrieren, wie sich der Zahlungsstrom auf den Gegenwartswert auswirkt, nehmen wir an, dass man über den gesamten Zeitraum mit konstanten Zinssätzen rechnet. Es gilt also $i_t = i^e_{t+1} = \dots$ Den gemeinsamen Wert bezeichnen wir mit i. Die Formel für den ▶ Gegenwartswert (14.2) wird zu

$$V_t = z_t + \frac{1}{(1+\mathrm{i})} z^e_{t+1} + \frac{1}{(1+\mathrm{i})^2} z^e_{t+2} + \cdots \qquad (14.2)$$

Die Gewichte entsprechen den Ausdrücken einer geometrischen Reihe. Vgl. dazu den Abschnitt: „Die geometrische Reihe“ im ▶ Anhang B am Ende des Buches.

In diesem Fall ist der Gegenwartswert eine gewichtete Summe von gegenwärtigen und erwarteten zukünftigen Auszahlungen: Die Gewichte nehmen geometrisch mit der Zeit ab. Das Gewicht für eine Zahlung im laufenden Jahr ist eins, das Gewicht einer Zahlung in n Jahren ist dagegen nur $(1/(1+i))^n$. Bei positivem Zinssatz konvergiert dieses Gewicht gegen null, je weiter man in die Zukunft blickt. Beträgt der Zinssatz beispielsweise 10%, wird eine Auszahlung, die erst in zehn Jahren anfällt, gewichtet mit $1/(1+0{,}10)^{10} = 0{,}386$. Eine Zahlung von 1.000 € in zehn Jahren ist heute also nur 386 € wert. Zahlungen in 30 Jahren werden diskontiert mit $1/(1+0{,}10)^{30} = 0{,}057$. Ein Betrag von 1.000 € in 30 Jahren ist heute lediglich 57 € wert!

Konstante Zinssätze und konstante Auszahlungen

In einigen Fällen ist es ganz einfach, den Gegenwartswert eines Zahlungsstroms auszurechnen. Bei einer 30-jährigen Hypothek mit fixem Zinssatz müssen wir zum Beispiel 30 Jahre lang die gleichen Zahlungen (in Euro) leisten. Betrachten wir eine Reihe von gleichen Zahlungen – nennen wir sie z ohne Zeitindex – über n Jahre einschließlich dieses Jahres. In diesem Fall vereinfacht sich die Formel für den Gegenwartswert in ▶ Gleichung (14.6) zu

$$V_t = z\left[1 + \frac{1}{(1+\mathrm{i})} + \ldots + \frac{1}{(1+\mathrm{i})^{n-1}}\right]$$

Da der Ausdruck in Klammern eine geometrische Reihe darstellt, können wir die Summe der Reihe ausrechnen. Wir erhalten

$$V_t = z\frac{1 - [1/(1+i)^n]}{1 - [1/(1+i)]}$$

Nehmen Sie an, Sie haben gerade eine Million Euro beim Lotto gewonnen und wollen einen siebenstelligen Scheck über 1.000.000 € entgegennehmen. Um Sie vor verrückten Kaufinstinkten zu bewahren, aber auch vor Ihren vielen neuen „Freunden“, zahlt Ihnen der Staat die Million aber stattdessen in gleichen jährlichen Raten von 50.000 € über die nächsten 20 Jahre aus. Wie hoch ist der Gegenwartswert Ihres Gewinnes? Bei einem Zinssatz von 6% pro Jahr erhalten wir aus der vorherigen Gleichung $V = 50.000€ \cdot (0{,}688)/(0{,}057)$ also nur ca. 608.000 €. Nicht schlecht, aber der Gewinn hat Sie nicht zum Millionär gemacht.

Sie sollten mittlerweile mit geometrischen Reihen vertraut sein und diese Beziehung herleiten können. Falls Sie dabei Probleme haben, arbeiten Sie ▶ Anhang B am Ende des Buches durch.

Wie hoch ist der Gegenwartswert, falls *i* gleich 4%? 8%? (Antworten: 706.000 €, 530.000 €).

Die meisten Consols wurden gegen Ende des 19. und Anfang des 20. Jahrhunderts von der britischen Regierung zurückgekauft. Einige sind aber immer noch im Umlauf.

Konstante Zinssätze und Auszahlungen mit unendlichem Horizont

Wir gehen jetzt einen Schritt weiter und nehmen an, dass die Auszahlungen nicht nur konstant sind, sondern auch für immer anhalten. Beispiele aus der Realität sind hierfür schwerer zu finden, aber ein Beispiel stammt aus dem England des 19. Jahrhunderts, als die Regierung sogenannte *Consols* ausgegeben hat, Anleihen, die Jahr für Jahr ohne zeitliche Beschränkung einen fixen Betrag bezahlen. Gegeben sei z, die konstante Zahlung. Nehmen wir zudem an, die Zahlungen beginnen nächstes Jahr anstatt sofort, wie im vorherigen Beispiel (das macht die Berechnungen einfacher). Aus ▶ Gleichung (14.2) erhalten wir nun:

$$V_t = \frac{1}{(1+i)}z + \frac{1}{(1+i)^2}z + \ldots = \frac{1}{(1+i)}\left[1 + \frac{1}{(1+i)} + \ldots\right]z$$

Den letzten Ausdruck auf der rechten Seite erhalten wir durch das Ausklammern von $1/(1+i)$. Durch das Ausklammern ergibt sich eine unendliche geometrische Summe. Wir können also die Eigenschaften geometrischer Summen anwenden und den Gegenwartswert schreiben als

$$V_t = \frac{1}{1+i}\frac{1}{[1 - (1/(1+i))]}z$$

Oder noch einfacher als

$$V_t = \frac{z}{i}$$

Der Gegenwartswert eines unendlich anhaltenden konstanten Zahlungsstroms z entspricht dem Verhältnis von z zum Zinssatz i. Sei der erwartete Zinssatz zum Beispiel für immer 5% pro Jahr, dann wäre der Gegenwartswert eines Consols, das dem Besitzer 10 € pro Jahr verspricht, gleich $10€/0{,}05 = 200€$. Falls der Zinssatz steigt und jetzt erwartet wird, dass er für immer 10% pro Jahr betragen wird, dann fällt der Wert des Consols auf $10€/0{,}10 = 100€$.

Zinssatz von null

Wegen der Diskontierung benötigt man für die Berechnung des diskontierten Gegenwartswerts normalerweise einen Taschenrechner. Es gibt jedoch einen Fall, für den sich die Berechnungen vereinfachen. Das ist der Fall, in dem der Zinssatz gleich null ist: Für $i = 0$ ist $1/(1+i)$ gleich eins, ebenso auch $[1/(1+i)^n]$ für alle n. Aus diesem Grund ist der diskontierte Gegenwartswert eines erwarteten Zahlungsstroms einfach gleich der Summe der erwarteten Zahlungen.

Da der Zinssatz in der Regel positiv ist, ist die Annahme eines Null-Zinssatzes lediglich eine Näherung. Aber eine sehr nützliche für Überschlagsrechnungen.

14.1.3 Nominal- und Realzinsen

Bislang haben wir den Gegenwartswert einer Folge von Geldzahlungen (in Euro) berechnet. Als **Diskontfaktor** haben wir den Nominalzins für in Euro ausgestellte Wertpapiere verwendet. ▶ Gleichung (14.1) lautete:

$$V_t = z_t + \frac{1}{(1+i_t)} z^e_{t+1} + \frac{1}{(1+i_t)(1+i^e_{t+1})} z^e_{t+2} + \ldots$$

mit $i_t, i^e_{t+1}, \ldots$, als Folge des aktuellen und der zukünftig erwarteten Nominalzinsen, und $z_t, z^e_{t+1}, z^e_{t+2}, \ldots$ als Folge aktueller zukünftiger Zahlungen in Euro.

Letztlich sind wir aber am realen Ertrag interessiert (wie viel wir mit dem Geld in Einheiten Brot oder allgemeiner eines Güterbündels in jeder Periode konsumieren können), nicht an den Nominalbeträgen in Euro.

▶ Gleichung (14.1) können wir aber leicht umformen, um den Realertrag als Folge zukünftiger realer Zahlungen, diskontiert mit dem erwarteten Realzins, zu berechnen. Wir erhalten dann:

$$\frac{V_t}{P_t} = \frac{z_t}{P_t} + \frac{1}{1+r_t} \frac{z^e_{t+1}}{P^e_{t+1}} + \frac{1}{(1+r_t)(1+r^e_{t+1})} \frac{z^e_{t+2}}{P^e_{t+2}} + \ldots \qquad (14.3)$$

r_t, ist der aktuelle Realzins; $r^e_{t+1}, \ldots$, die Folge der in Zukunft erwarteten Realzinsen und z^e_{t+i}/P^e_{t+i} $(i = 1, 2, \ldots)$, die Folge der zukünftig erwarteten Auszahlungen in Einheiten des Warenkorbes. ▶ Gleichung (14.3) lässt sich unmittelbar aus ▶ Gleichung (14.1) ableiten (unter Verwendung der Beziehung zwischen Real- und Nominalzins), die beiden Darstellungen sind äquivalent. Die Fokusbox *„Vom Nominalzins zum Realzins"* zeigt, wie wir dabei vorgehen müssen.

FOKUS

Vom Nominalzins zum Realzins

Die ▶ Gleichungen (14.1) und (14.3) sind äquivalente Berechnungen des Gegenwartswertes, auch wenn sie auf den ersten Blick ganz unterschiedlich aussehen. Es ist instruktiv, zu sehen, wie die beiden zusammenhängen. Wir gehen aus von ▶ Gleichung (14.1) und teilen zunächst einmal beide Seiten dieser Gleichung (die Eurobeträge) einfach durch den Brotpreis bzw. den Preisindex der laufenden Periode P_t, (den BIP-Deflator, den wir in ▶ **Kapitel 2** eingeführt haben).

$$\frac{V_t}{P_t} = \frac{z_t}{P_t} + \frac{1}{1+i_t} \frac{z^e_{t+1}}{P^e_{t+1}} + \frac{1}{(1+i_t)(1+i^e_{t+1})} \frac{z^e_{t+2}}{P^e_{t+2}} + \ldots$$

Bislang haben wir nichts anderes gemacht, als beide Seiten der Gleichung durch einen konstanten Wert (den Preis P_t) zu dividieren. Wir sind jedoch eigentlich am realen Ertrag in jeder Periode interessiert, der vom Preis in der betreffenden Periode abhängt. Eine einfache Umformung führt uns aber in wenigen Schritten dort hin. Nach Gleichung (6.2) gilt ja:

$$P^e_{t+1} = (1 + \pi^e_{t+1}) P_t \; ;$$

$$P^e_{t+2} = (1 + \pi^e_{t+2}) P^e_{t+1} = (1 + \pi^e_{t+2})(1 + \pi^e_{t+1}) P_t \text{ usw.}$$

Diese Ausdrücke lösen wir jeweils nach P_t auf und setzen sie an der entsprechenden Stelle in die Gleichung oben ein. Für den Gegenwartswert

$$\frac{1}{1+i_t}\frac{z^e_{t+1}}{P_t}$$

setzen wir zum Beispiel

$$P_t = \frac{P^e_{t+1}}{1+\pi^e_{t+1}}$$

oder vielmehr den Kehrwert

$$\frac{1}{P_t} = \frac{1+\pi^e_{t+1}}{P^e_{t+1}}$$

ein und können nun den Ausdruck schreiben als

$$\frac{1+\pi^e_{t+1}}{1+i_t}\frac{z^e_{t+1}}{P^e_{t+1}}$$

In gleicher Weise gehen wir für Zahlungen in Periode t+2 und alle anderen Perioden vor. So erhalten wir:

$$\frac{V_t}{P_t} = \frac{z_t}{P_t} + \frac{(1+\pi^e_{t+1})}{(1+i_t)}\frac{z^e_{t+1}}{P^e_{t+1}} + \frac{(1+\pi^e_{t+1})(1+\pi^e_{t+2})}{(1+i_t)(1+i^e_{t+1})}\frac{z^e_{t+2}}{P^e_{t+2}} + \ldots$$

Unter Verwendung der Definitionsgleichung (6.3) für den Realzins ersetzen wir in einem letzten Schritt schließlich Nominalzins und Inflationsrate durch den Realzins. Setzen wir also den Realzins $1 + r^e_{t+1} = (1 + i^e_{t+1})/(1 + \pi^e_{t+i+1})$ (oder vielmehr seinen Kehrwert) ein, erhalten wir einfach:

$$\frac{1}{1+r_t}\frac{z^e_{t+1}}{P^e_{t+1}}$$

und genauso für alle weiteren Perioden t+2 ...

In Worten: Wir können den Realertrag eines Zahlungsstromes auf zwei Arten berechnen. Zum einen erhält man den Realertrag des in Euro ausgedrückten Zahlungsstroms, indem man mit dem Nominalzins diskontiert und diesen Wert durch das aktuelle Preisniveau teilt. Zum anderen kann man den realen Gegenwartswert des Zahlungsstroms durch Diskontierung mit dem Realzins erhalten. Beide Arten liefern dasselbe Ergebnis.

Benötigen wir beide Formeln? Ja. Es hängt allerdings vom Kontext ab, welche Methode nützlicher ist:

Betrachten wir beispielsweise Anleihen. Anleihen sind gewöhnlich Ansprüche auf nominale Zahlungsströme über mehrere Jahre. Zum Beispiel kann eine zehnjährige Anleihe eine jährliche Zahlung von 50 € über die nächsten zehn Jahre versprechen, zuzüglich der Rückzahlung von 1.000 € im letzten Jahr. Im Hinblick auf die Bewertung von Nominalanleihen sollten wir uns an ▸ Gleichung (14.1) halten (die in Euro, also in nominalen Einheiten rechnet), anstatt an ▸ Gleichung (14.3) (die in realen Einheiten rechnet).

Aber gelegentlich haben wir eine bessere Einschätzung der zukünftig erwarteten realen Werte als der nominalen Werte in Euro. Man hat meist wenig Ahnung davon, wie hoch das eigene Einkommen (in Euro) in 20 Jahren ist: Dies hängt sehr stark von der Inflationsentwicklung bis dahin ab. Man kann aber relativ sicher sein, dass das Nominaleinkommen zumindest mit der Rate der Inflation wächst, – dass also kein realer Einkommensverlust entsteht. In diesem Fall bereitet ▸ Gleichung (14.1) eventuell Schwierigkeiten, da man sich Erwartungen über das künftige Einkommen (in Euro) bilden muss; ▸ Gleichung (14.3) erleichtert die Berechnung, da sich Erwartungen über das reale künftige Einkommen einfacher bilden lassen. Aus diesem Grund werden wir, in Bezug auf Konsum- und Investitionsentscheidungen in ▸ **Kapitel 15**, ▸ Gleichung (14.3) der ▸ Gleichung (14.1) vorziehen.

14.2 Kurse und Renditen von Anleihen

Anleihen unterscheiden sich in zwei wesentlichen Dimensionen:

1. Dem Ausfallrisiko. Das ist das Risiko, dass der Emittent der Anleihe (eine Regierung oder ein Unternehmen) die versprochene Rückzahlung der Anleihe nicht in vollem Umfang leisten kann.
2. Der Laufzeit. Das ist die Länge des Zeitraums, über den die Anleihe Zahlungen verspricht. Eine Anleihe, die in sechs Monaten eine einzelne Zahlung von 100 € verspricht, hat eine Laufzeit von sechs Monaten. Eine Anleihe, die für die nächsten 20 Jahre eine jährliche Zahlung von 100 € verspricht, zuzüglich der Rückzahlung von 100 € am Ende der 20 Jahre, hat eine Laufzeit von 20 Jahren. Die Laufzeit ist für unsere Zwecke die wichtigere Dimension; wir werden uns auf sie konzentrieren.

Machen Sie sich keine Sorgen: Diese Begriffe werden weiter unten sorgfältig definiert und erklärt.

Zinsstrukturkurve = Renditestrukturkurve

Suchen Sie die entsprechenden Zinsstrukturkurven im Euroraum *(Euro area yield curve)* und vergleichen Sie die Kurven mit den tagesaktuellen Daten. Auf der Homepage der EZB (*https://www.ecb.europa.eu/stats/financial_markets_and_interest_rates/euro_area_yield_curves/html/index.en.html*) finden Sie alle historischen Daten ab September 2004.

Sowohl Risiken wie Laufzeit gehen in die Bestimmung des Zinssatzes ein. Um die Analyse einfach zu halten, abstrahieren wir zunächst von Risiken und konzentrieren uns auf die Auswirkung der Laufzeit. Anleihen mit unterschiedlicher Laufzeit haben jeweils einen Kurs mit einem dazugehörigen Zinssatz, bezeichnet als Rendite einer Laufzeit oder einfach Rendite. Anleiherenditen kurzer Laufzeit (gewöhnlich bis zu einem Jahr), heißen kurzfristige Zinsen. Anleiherenditen längerer Laufzeit heißen langfristige Zinsen.

Für jeden beliebigen Tag können wir die Renditen von Anleihen mit unterschiedlichen Laufzeiten beobachten und in einer Grafik den Zusammenhang von Laufzeit und Rendite abbilden. Diese Beziehung zwischen Laufzeit und Rendite ist als Zinsstrukturkurve bekannt. Sie zeigt die zeitliche Struktur der Zinsen (zeitlich bezieht sich auf die Laufzeit). ▶ **Abbildung 14.2** zeigt als Beispiel die zeitliche Struktur von mit der Bestnote AAA bewerteten Staatsanleihen im Euroraum für vier Zeitpunkte: Die schwarze Kurve stammt vom 6.10.2008; die dunkelrot gezeichnete vom 1.12.2011; die hellrote Kurve vom 1.12.2016; die graue schließlich vom 1.12.2020. Die Wahl dieser Zeitpunkte ist kein Zufall. Es wird bald klar werden, warum sie gewählt wurden.

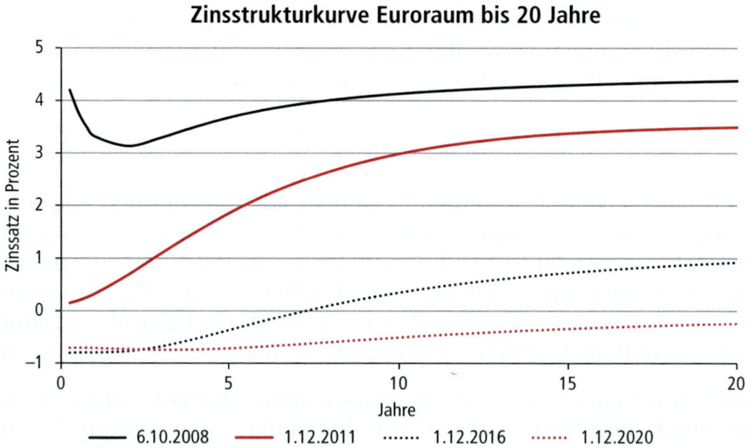

Abbildung 14.2 Zinsstrukturkurve für den Euroraum: 6.10.2008, 1.12.2011; 1.12.2016 und 1.12.2020; Zinsen von mit der Bestnote AAA bewerteten Staatsanleihen im Euroraum mit einer Restlaufzeit bis zu 20 Jahren (Startwert bei drei Monaten)

Quelle: EZB, Euro area yield curve, Link: http://www.ecb.int/stats/money/yc/html/index.en.html

Beachten Sie, dass sich die Zinsstrukturkurven zwischen Oktober 2008 und Dezember 2016 stark nach unten verschoben haben. Die schwarze Kurve vom Oktober 2008 hat bei kurzen Laufzeiten zunächst einen fallenden Verlauf – die Renditen sinken von 4,2% Zinsen für Drei-Monats-Anleihen auf unter 3,14% für Anleihen mit einer Laufzeit von zwei Jahren; sie steigen dann nur schwach wieder an bis auf 4,4% nach 20 Jahren. Im Dezember 2011 liegen die Zinsen für alle Laufzeiten durchwegs niedriger; für kurze Laufzeiten liegen sie bei null. Die Zinsstrukturkurve steigt aber durchwegs relativ steil an bis auf 3%

nach zehn Jahren. Im Dezember 2016 schließlich sind die Zinsen bis zu einer Laufzeit von sieben Jahren sogar negativ. Selbst der Zinssatz für Anleihen mit 20-jähriger Laufzeit lag damals noch unter 1%. Mit anderen Worten: Auch die langfristigen Zinsen waren ungewöhnlich niedrig.

Warum hatte die Zinsstrukturkurve im Oktober 2008 zwischen drei Monaten und zwei Jahren einen fallenden Verlauf; warum steigt sie danach an? Weshalb hat sich die Zinsstrukturkurve zwischen Oktober 2008, Dezember 2011 und Dezember 2016 so stark nach unten verschoben? Warum blieben die Zinsen im Dezember 2016 für Anlagen mit Laufzeiten bis zu sieben Jahren, vier Jahre später sogar bis zu mehr als 20 Jahren, negativ? Was haben die Akteure an den Finanzmärkten zu diesen Zeitpunkten gedacht? Um diese Fragen zu beantworten und um allgemein die Zinsstrukturkurve, die Beziehung zwischen kurz- und langfristigen Zinsen, zu verstehen, gehen wir in zwei Schritten vor:

- Erstens leiten wir den Zusammenhang zwischen Kursen und Renditen von Anleihen verschiedener Laufzeit her.
- Zweitens überprüfen wir die entscheidenden Faktoren der Zinsstrukturkurve, jene Faktoren, die eine Beziehung zwischen den lang- und den kurzfristigen Zinsen herstellen.

FOKUS

Ein Wörterbuch der Anleihenmärkte

Versteht man die Grundbegriffe der Finanzmarkttheorie, erscheint vieles nicht mehr so mysteriös. Hier ist ein Überblick über den Grundwortschatz.

- Anleihen werden von Regierungen oder Unternehmen emittiert. Werden sie von der Regierung oder einer staatlichen Körperschaft begeben, bezeichnet man sie als Staatsanleihen (**Government Bonds** oder **Sovereign Debt**). Werden sie von Unternehmen begeben, heißen sie Unternehmensanleihen (**Corporate Bonds**).
- Viele Anleihen werden von drei privaten Rating-Unternehmen nach ihrem Ausfallrisiko bewertet (dem Risiko, dass sie nicht zurückbezahlt werden), der Standard & Poor's Corporation (S&P), Moody's Investors Service und Fitch. Die Ratings von Moody's reichen von Aaa für Anleihen mit beinah keinem Ausfallrisiko, wie z.B. US-Staatsanleihen, bis C, das einen Zahlungsausfall signalisiert. Ein niedrigeres Rating impliziert gewöhnlich, dass die Anleihe einen höheren Zins zahlen muss, sonst werden die Anleger sie nicht kaufen. Die Differenz zwischen dem Zins, den eine gewisse Anleihe zahlt, und dem Zins, den eine Anleihe mit dem höchsten (besten) Rating zahlt, nennt man die Risikoprämie der Anleihe. Anleihen mit hohem Ausfallrisiko werden manchmal Ramschanleihen (**Junk bond**) genannt.
- Anleihen, die nur eine einzige Zahlung am Ende der Laufzeit versprechen, heißen **Diskontanleihen**. Die einzelne Zahlung heißt **Nominalwert der Anleihe**.
- Anleihen, die mehrfache Zahlungen während der Laufzeit und eine Zahlung am Ende versprechen, heißen **Kuponanleihen**. Die Zahlungen während der Laufzeit nennt man **Kuponzahlungen**. Die abschließende Zahlung bezeichnet man als Nominalwert der Anleihe. Das Verhältnis von Kuponzahlung zu Nominalwert heißt **Kuponzins**. Die **Aktuelle Rendite** ist das Verhältnis der Kuponzahlung zum Preis der Anleihe.

Ein Beispiel: Eine Anleihe mit einer Kuponzahlung von 5 € in jedem Jahr, einem Nominalwert von 100 € und einem Preis von 80 €, hat einen Kuponzins von 5% und eine aktuelle Rendite von $5/80 = 0{,}0625 = 6{,}25\%$.Aus ökonomischer Sicht sind aber weder der Kuponzins noch die aktuelle Rendite interessante Maße. Das richtige Maß einer Anleihe ist ihre Effektivverzinsung, die Laufzeitrendite oder einfach Rendite. Man kann sie sich als den Durchschnittszins über die Restlaufzeit (die Restlaufzeit ist die bis zum Ablauf der Anleihe verbleibende Zeit) der Anleihe vorstellen. Wir werden die Laufzeitrendite später im Kapitel genauer definieren.

- Anleihen sind normalerweise Nominalanleihen: Sie versprechen eine Reihe fixer nominaler Zahlungen – in Einheiten der inländischen Währung (daher auch der Begriff „fixed income"). Es gibt jedoch auch andere Arten von Anleihen. Für Ökonomen besonders interessant sind indexierte Anleihen. Sie versprechen statt fixer nominaler Zahlungen um die Inflation bereinigte Zahlungen. Anstatt etwa in einem Jahr eine Zahlung von 100 € zu leisten, verspricht eine einjährige indexierte Anleihe

$100 \cdot (1 + \pi)$€ zu zahlen, wobei π die Inflationsrate ist, die im kommenden Jahr realisiert wird. Indexierte Anleihen sind in vielen Ländern beliebt, da sie die Anleger vor dem Inflationsrisiko schützen. Sie spielen in Großbritannien eine besonders wichtige Rolle, wo sie in den vergangenen 20 Jahren verstärkt zum Aufbau der Altersvorsorge verwendet wurden. Durch das Halten von langfristigen indexierten Anleihen können Anleger ihre Rente vor der Inflation schützen. Indexierte Anleihen (inflationsindexierte Anleihen genannt) gibt es zwar in Frankreich, aber nicht in Deutschland. In den Vereinigten Staaten wurden sie 1997 eingeführt. Sie machen derzeit nur einen geringen Teil der US-Staatsanleihen aus, sie werden in Zukunft aber wichtiger werden, sobald eine stärkere Absicherung gegen das Inflationsrisiko gewünscht wird.

14.2.1 Kurse und Renditen von Anleihen: Gegenwartswerte

Anleger können aus einer Vielzahl von Anleihen mit ganz unterschiedlicher Laufzeit und mit ganz unterschiedlichen Auszahlungen am Ende der Laufzeit wählen. Täglich (oder besser: fast jede Minute) verändern sich auf den Finanzmärkten die aktuellen Kurse (Preise) und damit auch die Effektivrenditen (die Verzinsung) der Anleihen. Die Laufzeitrendite einer n-jährigen Anleihe ist als der konstante jährliche Zinssatz definiert, der den Kurs heute gleich dem Gegenwartswert der künftigen Zahlungen dieser Anleihe macht.

Vergleichen Sie im Internet die aktuellen Renditen für Bundesanleihen mit ein-, zwei-, fünf- und zehnjähriger Laufzeit.

Wir betrachten in diesem Kapitel in der Regel nur Anleihen, die eine einzige Auszahlung von 100 € am Ende ihrer Laufzeit versprechen, also Nullkuponanleihen. Wenn Sie einmal verstanden haben, wie sich Preise und Renditen solcher Anleihen bestimmen lassen, wird es ein Leichtes sein, unsere Ergebnisse auf Anleihen anderer Art anzuwenden. Das werden wir später tun. Die Laufzeitrendite einer n-jährigen Nullkuponanleihe (der jährliche Zinssatz für n-jährige Anleihen) lässt sich relativ einfach berechnen: Wird der aktuelle Anleihekurs jedes Jahr mit diesem konstanten Zinssatz verzinst, muss sich am Ende der Laufzeit genau die festgelegte Auszahlung ergeben, also genau 100 Euro: $P_{nt} \cdot (1 + i_{nt})^n = 100$. Die Beziehung zwischen Kurs und Laufzeitrendite einer Nullkuponanleihe in Periode t mit n Jahren Restlaufzeit ist somit durch folgende Gleichung definiert:

$$P_{nt} = \frac{100}{(1 + i_{nt})^n} \quad (14.4)$$

Der Preis (Kurs) von Anleihen und die Rendite (der Nominalzins) verhalten sich invers zueinander.

Betrachten wir als Beispiel zunächst eine einjährige Anleihe, die eine Zahlung von 100 € in einem Jahr verspricht. Gemäß ▶ Gleichung (14.4) besteht ein inverser Zusammenhang zwischen dem Kurs (Preis)P_{1t}dieser Nullkuponanleihe und dem aktuellen Nominalzins für Anleihen mit einjähriger Laufzeit i_{1t}. (Beachten Sie, dass wir den einjährigen Zinssatz nun miti_{1t} bezeichnen, statti_t, wie in den vorangegangenen Kapiteln. Das soll Sie daran erinnern, dass es sich um den Zinssatz für einjährige Anleihen handelt.)

$$P_{1t} = \frac{100}{1 + i_{1t}} \quad (14.5)$$

Alle Anleihen mit derselben Laufzeit und Bonität erzielen im Gleichgewicht die gleiche Rendite. Lesen Sie in ▶ Kapitel 4 nach, welches Arbitragekalkül hinter diesem Zusammenhang steht.

Jeder Euro, den ich heute in diese Anleihe investiere, bringt mir im nächsten Jahr eine Auszahlung in Höhe von $100/P_{1t} = 1 + i_{1t}$. Der Preis (Kurs) der einjährigen Anleihe verhält sich invers zum aktuellen einjährigen Nominalzins. Bei einem Zinssatz von $i_{1t} = 25\%$ etwa liegt der Kurs bei 80. Sinkt der Zinssatz auf $i_{1t} = 10\%$, steigt der Kurs auf 91. Fällt der Zinssatz gar auf null, steigt der Kurs auf 100.

Eine zweijährige Anleihe verspricht eine Zahlung von 100 € in zwei Jahren. Der Preis dieser Anleihe, nennen wir ihn P_{2t}, entspricht dem Gegenwartswert einer Auszahlung von 100 € in zwei Jahren. Es gilt:

$$P_{2t} = \frac{100}{(1 + i_{2t})^2} \quad (14.6)$$

Jeder Euro, den ich heute in eine solche Anleihe investiere, bringt mir im übernächsten Jahr eine Auszahlung in Höhe von $100/P_{2t} = (1 + i_{2t})^2$. Wieder besteht eine inverse Beziehung zwischen Preis und Laufzeitrendite (dem jährlichen Zinssatz i_{2t} für Anleihen mit zweijähriger Laufzeit). Wird die Anleihe heute zu 64 € gehandelt, dann ist die jährliche Rendite i_{2t} über die Laufzeit von zwei Jahren durch $\sqrt{100/64} - 1 = \sqrt{1,5625} - 1 = 0,25$ oder 25% gegeben. Hält man die Anleihe über zwei Jahre – also bis zum Ende der Laufzeit –, rentiert sich die Anleihe mit 25% pro Jahr. Sinkt der Zins für zweijährige Anleihen etwa auf 10%, dann steigt der Kurs auf $82,65 = 100/(1,1)^2$. Fällt der Zinssatz auf null, liegt der Kurs heute bei 100.

$64 = 100/(1 + i_{2t})^2 \rightarrow$
$(1 + i_{2t})^2 = 100/64 \rightarrow$
$(1 + i_{2t}) = \sqrt{100/64} \rightarrow$
$i_{2t} = 25\%$

Bei gleich hohen (positiven) Renditen ($i_{1t} = i_{2t} > 0$) sind die Kurse für Anleihen mit längerer Laufzeit niedriger: Eine Anleihe, die 100 Euro erst in zwei Jahren auszahlt, hat einen niedrigeren Gegenwartswert als eine Anleihe, die diesen Betrag schon in einem Jahr auszahlt. Die Zinsstrukturkurven in ▶ **Abbildung 14.2** machen deutlich, dass die Renditen normalerweise mit zunehmender Laufzeit ansteigen (ansteigende Zinsstrukturkurve $i_{1t} < i_{2t}$). Manchmal aber (wie im Jahr 2008) liegen die Renditen für kurzfristige Anleihen über denen mit längerer Laufzeit: $i_{1t} > i_{2t}$. In einem solchen Fall spricht man auch von **inverser Zinsstruktur**. Welche Beziehung besteht zwischen den Zinsen unterschiedlicher Laufzeit? Wir werden sehen, dass Risikoverhalten und die Erwartungen der Finanzteilnehmer über die künftigen Zinsentscheidungen der Zentralbank eine wesentliche Rolle spielen. Arbitrage zwischen Anleihen unterschiedlicher Laufzeit führt dazu, dass sich Erwartungen über zukünftige Zinsänderungen heute schon auf die Rendite längerfristiger Anleihen auswirken.

Statt eine zweijährige Anleihe zu kaufen, könnte man ja auch eine Anleihe mit einjähriger Laufzeit kaufen und den Ertrag dann einfach im nächsten Jahr erneut für ein weiteres Jahr anlegen. Umgekehrt könnte man heute zweijährige Anleihen kaufen, selbst wenn man das Geld nach einem Jahr schon wieder ausgeben will. Dann muss man die Anleihe eben im nächsten Jahr einfach verkaufen. Wie hoch der Ertrag dabei wirklich sein wird, ist heute allerdings unsicher. Er hängt entscheidend davon ab, wie hoch im nächsten Jahr der Kurs (Preis) bzw. der Zinssatz von Anleihen mit einjähriger Restlaufzeit sein wird. Jeder Anleger bildet heute schon gewisse Erwartungen über Kurse bzw. den kurzfristigen Zins im nächsten Jahr. **Arbitrage** wird im Gleichgewicht dafür sorgen, dass es keinen Unterschied machen sollte, ob ich ein- oder zweijährige Anleihen kaufe. Im nächsten Abschnitt werden wir das Konzept der Arbitrage genauer kennenlernen.

14.2.2 Arbitrage und Anleihekurse

Nehmen Sie an, Sie haben die Wahl zwischen ein- und zweijährigen Anleihen. Sie interessieren sich letztlich aber nur für den Wert der Anlage in einem Jahr. Welche Anleihen sollten Sie kaufen?

Zeigen Sie, dass das Arbitragekalkül zum gleichen Ergebnis kommt, wenn Sie umgekehrt nur am Wert in zwei Jahren interessiert sind!

- Wenn Sie einjährige Anleihen kaufen, erhalten Sie für jeden heute angelegten Euro nächstes Jahr eine Auszahlung in Höhe von $(1 + i_{1t})$ Euro. Diese Beziehung wird in der ersten Zeile von ▶ **Abbildung 14.3** dargestellt.
- Angenommen, Sie kaufen stattdessen Anleihen mit zweijähriger Laufzeit. Der Preis einer solchen Anleihe ist P_{2t}. Für jeden Euro, den Sie heute in eine zweijährige Anleihe investieren, bekommen Sie also in zwei Jahren $1/P_{2t}$ Anleihen.
  Im nächsten Jahr hat diese Anleihe aber nur mehr eine Restlaufzeit von einem Jahr. Die Anleihe mit zweijähriger Laufzeit ist also in einem Jahr zu einer einjährigen Anleihe geworden. Der erwartete Preis, zu dem Sie die Anleihe im nächsten Jahr verkaufen können, muss also dem erwarteten Preis P^e_{1t+1} einer einjährigen Anleihe im nächsten Jahr entsprechen. Wenn Sie heute einen Euro in zweijährige Anleihen investieren und diese im nächsten Jahr verkaufen, ist der im nächsten Jahr erwartete Ertrag also gerade P^e_{1t+1}/P_{2t}€. Das ist in der zweiten Zeile von ▶ **Abbildung 14.3** dargestellt.

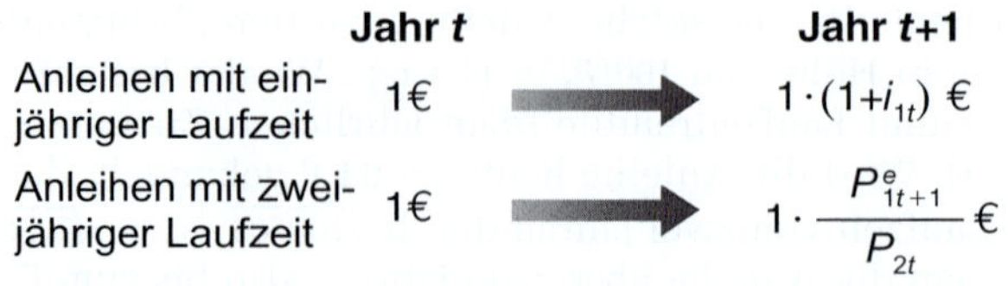

Abbildung 14.3 Kurse von Anleihen mit einer Laufzeit von einem und von zwei Jahren

Welche Anleihe sollten Sie halten? Gehen wir davon aus, Sie und andere Finanzinvestoren interessieren sich allein für die erwartete Rendite. Ein solches Verhalten bezeichnen wir als risikoneutral. Das ist eine starke Vereinfachung: Finanzinvestoren geht es in der Regel nicht nur um die erwartete Rendite, sondern auch um das Risiko, das mit dem Halten der jeweiligen Anleihe verbunden ist. Halten Sie eine einjährige Anleihe, wissen Sie mit Sicherheit, wie viel Sie nächstes Jahr bekommen. Halten Sie dagegen eine zweijährige Anleihe, ist der Preis, zu dem Sie nächstes Jahr verkaufen können, unsicher; das Halten der zweijährigen Anleihe ist also riskant. Wie *Abschnitt Die Liquiditätsprämie* zeigt, enthalten längerfristige Anleihen deshalb in der Regel eine Risikoprämie.

Solange aber Investoren sich nur an der erwarteten Rendite orientieren, müssen beide Anleihen über das nächste Jahr dieselbe erwartete Rendite bieten. Angenommen, diese Bedingung sei verletzt. Die Jahresrendite einjähriger Anleihen sei z.B. niedriger als die erwartete Rendite zweijähriger Anleihen über den gleichen Zeitraum (das nächste Jahr). Dann würde niemand die einjährigen Anleihen nachfragen (wollen). Der Markt wäre nicht im Gleichgewicht. Nur falls die erwartete Jahresrendite bei beiden Anleihen gleich ist, sind die Finanzinvestoren bereit, sowohl ein- als auch zweijährige Anleihen zu halten.

Beide Anleihen bieten nur dann dieselbe erwartete Jahresrendite, wenn gilt (dies folgt aus ▶ **Abbildung 14.3**):

$$1 + i_{t1} = \frac{P^e_{1t+1}}{P_{2t}} \tag{14.7}$$

Arbitrage ist hier die Bezeichnung der Aussage, dass zwei Wertpapiere dieselbe Rendite aufweisen. Manche Ökonomen reservieren Arbitrage für die engere Auslegung, dass risikolose Gewinnmöglichkeiten nicht ungenutzt bleiben.

Die linke Seite gibt den Ertrag der einjährigen Anleihe an; die rechte Seite gibt die erwartete Rendite je Euro der Anleihe mit zweijähriger Laufzeit an, sofern sie bis zum nächsten Jahr gehalten wird. ▶ Gleichungen wie (14.7), die für zwei Vermögenswerte dieselbe erwartete Rendite fordern, bezeichnet man als Arbitragebeziehungen.

Eine einfache Umformung von ▶ Gleichung (14.7) liefert:

$$P_{2t} = \frac{P^e_{1t+1}}{1 + i_{1t}} \tag{14.8}$$

Arbitrage impliziert, dass der heutige Preis einer Anleihe mit zweijähriger Laufzeit gleich dem Gegenwartswert des erwarteten Preises einjähriger Anleihen im nächsten Jahr ist (im nächsten Jahr beträgt die Restlaufzeit dieser Anleihe ja nur mehr ein Jahr!). Das impliziert eine weitere Frage: Wovon hängt der erwartete Preis P^e_{1t+1} einjähriger Anleihen im nächsten Jahr ab? Die Antwort ist offensichtlich: Der Preis einer einjährigen Anleihe im nächsten Jahr hängt davon ab, wie hoch der kurzfristige Zinssatz im nächsten Jahr sein wird. Das steht heute zwar noch nicht fest, aber Investoren bilden heute schon gewisse Erwartungen über die zukünftigen Zinsen. Genauso wie ▶ Gleichung (14.5) den Preis einer einjährigen Anleihe in diesem Jahr abgeleitet hat, muss demnach folgende Beziehung gelten:

$$P^e_{1t+1} = \frac{100}{(1 + i^e_{1t+1})} \tag{14.9}$$

Der Preis der Anleihe im nächsten Jahr ist im Erwartungswert gleich der Auszahlung, 100 €, diskontiert mit dem einjährigen Zinssatz, der für nächstes Jahr erwartet wird. Ersetzt man P^e_{1t+1} durch $100/(1 + i^e_{1t+1})$ in ▶ Gleichung (14.8), so erhält man:

$$P_{2t} = \frac{100}{(1 + i_{1t})(1 + i^e_{1t+1})} \tag{14.10}$$

Wir haben gezeigt, dass Arbitrage zwischen ein- und zweijährigen Anleihen impliziert, dass der Preis einer zweijährigen Anleihe gleich dem Gegenwartswert der Zahlung in zwei Jahren ist, nämlich 100 €, diskontiert mit dem aktuellen und dem in einem Jahr erwarteten einjährigen Zinssatz.

Arbitrage zwischen Anleihen verschiedener Laufzeit impliziert, dass die Anleihekurse dem erwarteten Gegenwartswert der Auszahlungen dieser Anleihen entsprechen.

14.2.3 Arbitrage und Zinsstrukturkurve

In welcher Beziehung steht der Zinssatz für zweijährige Anleihen mit dem aktuellen einjährigen Zinssatz und dem für nächstes Jahr erwarteten einjährigen Zinssatz? Aus den beiden ▶ Gleichungen (14.10) und ▶ (14.6) erhält man

$$\frac{100}{(1+i_{2t})^2} = \frac{100}{(1+i_{1t})(1+i^e_{1t+1})}$$

Umstellen und kürzen liefert:

$$(1+i_{2t})^2 = (1+i_{1t})(1+i^e_{1t+1}) \qquad (14.11a)$$

Das gibt uns die exakte Beziehung zwischen dem aktuellen zweijährigen Zinssatz i_{2t}, dem aktuellen einjährigen Zinssatz i_{1t}und dem für das nächste Jahr erwarteten einjährigen Zinssatz i^e_{1t+1}. Eine nützliche Approximation dieser Beziehung ist:

Wir haben eine ähnliche Approximation genutzt, als wir in ▶ Kapitel 6 die Beziehung zwischen Nominal- und Realzins betrachtet hatten. Vgl. Proposition 3 im ▶ Anhang B.

$$i_{2t} \approx \frac{1}{2}(i_{1t} + i^e_{1t+1}) \qquad (14.11)$$

▶ Gleichung (14.11) besagt schlicht, dass der Zinssatz für zweijährige Anleihen (näherungsweise) gleich dem Durchschnitt des jetzigen und für nächstes Jahr erwarteten einjährigen Zinssatzes ist. Wird erwartet, dass der Zinssatz im nächsten Jahr unverändert bleibt, sollte die Rendite für zweijährige Anleihen genauso hoch sein wie für einjährige. Verhalten sich die Anleger risikoneutral, ist es ein Indiz dafür, dass die Finanzmärkte erwarten, dass die kurzfristigen Zinsen ansteigen, wenn der Zins für längerfristige Anleihen über dem für kurzfristige liegt. Diesen Erklärungsansatz der Zinsstruktur bezeichnet man als Erwartungshypothese.

Wir haben uns bisher auf die Beziehung der Preise und Renditen ein- und zweijähriger Anleihen konzentriert. Unsere Ergebnisse lassen sich jedoch auf Anleihen jeder Laufzeit anwenden.

- Wir hätten Anleihen mit einer Laufzeit unter einem Jahr betrachten können. Zum Beispiel ist die Rendite einer sechsmonatigen Anleihe (näherungsweise) gleich dem Durchschnitt des jetzigen und für das nächste Quartal erwarteten dreimonatigen Zinssatzes.
- Wir hätten auch Anleihen mit längerer Laufzeit als zwei Jahre betrachten können. Zum Beispiel ist die Rendite einer zehnjährigen Anleihe (näherungsweise) gleich dem Durchschnitt des heutigen einjährigen Zinssatzes und der für die nächsten neun Jahre erwarteten einjährigen Zinssätze.

Einfach ausgedrückt reflektieren die langfristigen Zinsen gemäß der Erwartungshypothese lediglich die aktuellen und künftig erwarteten kurzfristigen Zinsen. Weil langfristige Anleihen aber auch riskanter sind, ist mit steigender Laufzeit auch eine Prämie für das Liquiditätsrisiko enthalten. Deshalb führen wir nun wieder Risiko in unsere Betrachtung ein.

14.2.4 Die Liquiditätsprämie

Meist sind Anleger nicht sicher, wann sie ihre Ersparnisse ausgeben möchten. In der Regel möchten sie eher kurzfristig anlegen, um Liquiditätsrisiken zu vermeiden – das Risiko, bei Bedarf langfristige Anlagen nur mit Verlust vorzeitig verkaufen zu können. Kreditnehmer binden sich dagegen lieber langfristig; sie scheuen das Refinanzierungsrisiko – das Risiko steigender Zinsbelastung bei Refinanzierung. Aus diesen unterschiedlichen Einschätzungen ergibt sich die Liquiditätsprämie.

Bislang sind wir davon ausgegangen, dass die Anleger nur die erwartete Rendite und nicht das Risiko berücksichtigen. Anders gesagt gingen wir von risikoneutralen Anlegern aus. In Wirklichkeit sind die meisten Anleger risikoavers. Betrachten wir die Frage, ob wir eine Anleihe mit einjähriger oder aber mit zweijähriger Laufzeit kaufen sollen, wenn wir das gesparte Geld nach einem Jahr ausgeben möchten. Die erste Option ist ohne Risiko; die zweite dagegen riskant. Wir wissen ja nicht, wie hoch der Preis der Anleihe sein wird, wenn wir sie im nächsten Jahr verkaufen müssen. Um bereit zu sein, die zweite Anleihe zu halten, werden wir eine Liquiditätsprämie x_t verlangen. Die Arbitrage-Gleichung müssen wir also so modifizieren:

$$1 + i_{t1} + x_t = \frac{P^e_{1t+1}}{P_{2t}}$$

Der erwartete Ertrag der Anleihe mit zweijähriger Laufzeit (die rechte Seite der Gleichung) muss den der Anleihe mit einjähriger Laufzeit um die Liquiditätsprämie x_t übersteigen. Durch Umformulierung erhalten wir:

$$P_{2t} = \frac{P^e_{1t+1}}{1 + i_{1t} + x_t}$$

Der Preis der Anleihe mit zweijähriger Laufzeit ist der diskontierte Wert des erwarteten Preises einer Anleihe mit einjähriger Laufzeit, ausgegeben im nächsten Jahr. Die Diskontrate enthält nun eine Risikoprämie. Weil Anleihen mit einjähriger Laufzeit einen sicheren Ertrag haben, ist der erwartete Preis einer im nächsten Jahr ausgegeben Anleihe mit einjähriger Laufzeit weiterhin durch ▶ Gleichung (14.8) gegeben. Setzen wir ▶ (14.8) in die obige Gleichung ein, erhalten wir:

$$P_{2t} = \frac{100}{(1 + i_{t1} + x_t)(1 + i^e_{1t+1})} \tag{14.12}$$

Unter Verwendung von ▶ Gleichung (14.10) erhalten wir:

$$\frac{100}{(1 + i_{21})^2} = \frac{100}{(1 + i_{t1} + x_t)(1 + i^e_{1t+1})}$$

Durch Verwendung der linearen Approximation erhalten wir damit:

$$i_{2t} \approx \frac{1}{2}(i_{t1} + i^e_{1t+1} + x_t) \tag{14.13}$$

Einen guten Überblick zur Liquiditätsprämie bietet der Beitrag von Eric Swanson von der San Francisco Fed *http://www.frbsf.org/economic-research/publications/economic-letter/2007/july/term-premium/*

Der Zinssatz für Anleihen mit zweijähriger Laufzeit ist der Durchschnitt des aktuellen und des in einem Jahr erwarteten Zinses für Anleihen mit einjähriger Laufzeit zuzüglich einer Liquiditätsprämie. Nehmen wir an, der in einem Jahr für Anleihen mit einjähriger Laufzeit erwartete Zins entspricht dem heutigen Zinssatz. Trotzdem liegt dann der Zinssatz für Anleihen mit zweijähriger Laufzeit über dem Zins für Anleihen mit einjähriger Laufzeit. Der Zinsunterschied spiegelt dann genau die Liquiditätsprämie für die längere Laufzeit wider. Weil mit zunehmender Laufzeit das Risiko ansteigt, steigt normalerweise auch die Liquiditätsprämie x_t mit steigender Laufzeit t; die Rendite längerfristiger Anleihen liegt deshalb meist über der Rendite kurzfristiger Anleihen, mit einem Zinsvorsprung von 1% bis 2% für langfristige Anleihen. Die „normale" Zinsstruktur hat also einen leicht steigenden Verlauf – selbst dann, wenn die Finanzmärkte davon ausgehen, dass die Zentralbank die Zinsen unverändert lässt.

14.2.5 Die Interpretation der Zinsstrukturkurve

Die gerade abgeleiteten Beziehungen liefern uns den Schlüssel, den wir zur Interpretation der Steigung der Zinsstrukturkurve benötigen. Die Beobachtung der Anleiherenditen unterschiedlicher Laufzeit ermöglicht es uns, die Erwartungen die Finanzmärkte über die Entwicklung der zukünftigen kurzfristigen Zinsen abzuleiten.

Angenommen, wir möchten herausfinden, welche Erwartungen die Finanzmärkte über den einjährigen Zinssatz in einem Jahr haben. Wir müssen dazu die Rendite einer zweijährigen Anleihe, i_{2t}, und einer einjährigen Anleihe, i_{1t}, vergleichen. Durch Umformung von ▶ Gleichung (14.13) erhalten wir

$$i^e_{1t+1} = 2\,i_{2t} - i_{1t} - x_t$$

Setzen wir zur Vereinfachung nun die Liquiditätsprämie gleich null ($x_t = 0$), so erhalten wir:

$$i^e_{1t+1} = 2\,i_{2t} - i_{1t} \tag{14.14}$$

Unter dieser Annahme können wir die in den Folgejahren an den Finanzmärkten erwarteten kurzfristigen Zinssätze einfach anhand der verfügbaren Marktdaten berechnen: Der für nächstes Jahr erwartete einjährige Zinssatz ist gleich der doppelten Rendite einer zweijährigen Anleihe abzüglich des heutigen einjährigen Zinssatzes und der Liquiditätsprämie. Nehmen wir die Zinsstrukturkurve vom 1. Dezember 2011 aus ▶ **Abbildung 14.2** als Beispiel.

- Am 1. Dezember 2011 lag der einjährige Zinssatz, i_{1t}, bei 0,32%.
- Am gleichen Tag lag der zweijährige Zinssatz, i_{2t}, bei 0,68%.
- Aus ▶ Gleichung (14.14) folgt, dass die Finanzmärkte am 1. Dezember 2011 einen einjährigen Zinssatz im nächsten Jahr – d.h. den einjährigen Zinssatz am 1. Dezember 2012 – in Höhe von $2 \cdot 1{,}36\,\% - 0{,}32\,\% = 1{,}04\%$ erwarteten, also um 0,72 Prozentpunkte höher als den einjährigen Zinssatz am 1. Dezember 2011. In Worten: Am 1. Dezember 2011 erwarteten die Finanzmärkte für das nächste Jahr einen deutlich höheren einjährigen Zinssatz.

Allgemeiner gesagt: Wenn die Zinsstrukturkurve steigend verläuft, d.h. wenn die langfristigen Zinsen über den kurzfristigen Zinsen liegen, erwarten die Finanzmärkte in der Zukunft höhere Kurzfristzinsen. Verläuft die Zinsstrukturkurve fallend, d.h. liegen die langfristigen Zinsen unter den kurzfristigen Zinsen (wie im Oktober 2008), erwarten die Finanzmärkte in der Zukunft niedrigere kurzfristige Zinsen.

▶ Gleichung (14.14) gibt uns als Näherungswert einen guten Anhaltspunkt. Die EZB berechnet mit Hilfe mathematischer Finanzmodelle sogenannte *„instantaneous forward rates"* – sie ermittelt, welche kurzfristigen Zinssätze die Finanzmärkte heute schon in ein, zwei oder auch 30 Jahren erwarten. Aus der Zinsstrukturkurve lässt sich also ein Bild über die Erwartungen darüber ableiten, wie sich die kurzfristigen Zinsen im Lauf der nächsten Jahre entwickeln. Die gestrichelten Linien in ▶ **Abbildung 14.4** geben die Einschätzung der Finanzmärkte an den von uns betrachteten Tagen wieder, ausgehend von der jeweiligen (durchgehend gezeichneten) Zinsstrukturkurve. In den Zinsen für längere Laufzeiten ist zwar auch die Liquiditätsprämie x_t enthalten, weil sie nicht unabhängig beobachtet werden kann. Solange die Liquiditätsprämie im Lauf der Zeit konstant bleibt, lassen sich aber aus Änderungen der Zinsstrukturkurve Rückschlüsse über Änderungen der Zinserwartungen ableiten.

***Allgemeiner:* Der erwartete Zins für eine einjährige Anleihe $i^e_{1,t+T}$ in T Jahren ergibt sich aus dem Vergleich des Zinses der Anleihe mit T+1-jähriger Laufzeit, i_{T+1t}, mit dem Zins der Anleihe i_{Tt} mit T-jähriger Laufzeit: $i^e_{1,t+T} = (T+1)\,i_{T+1,t} - T \cdot i_{T,t}$**

Am 6. Oktober 2008 lag der Zins für einjährige Anleihen bei 3,31%, für zweijährige bei 3,14%. Zeigen Sie, dass der für Anfang Oktober 2009 erwartete einjährige Zinssatz damals bei 2,97% lag.

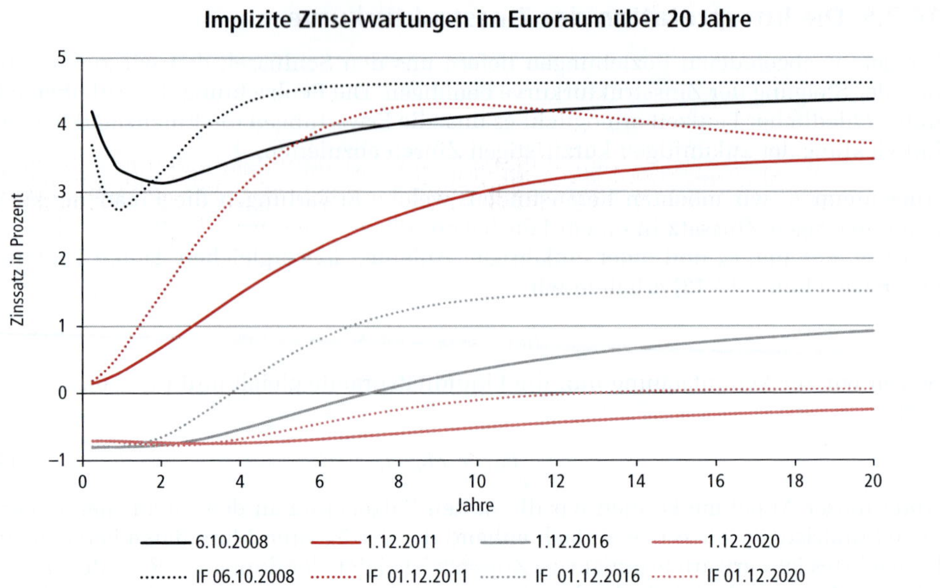

Abbildung 14.4 Zinserwartungen und Zinsstruktur im Euroraum. Implizite Erwartungen (instanteneous forward rates – gepunktete Linien) über die sich im Verlauf der nächsten 20 Jahre ergebenden kurzfristigen Zinsen am 6. Oktober 2008, 1. Dezember 2011 und 1. Dezember 2016, basierend auf der jeweiligen (durchgehend gezeichneten) Zinsstrukturkurve
Quelle: EZB, Euro area yield curve, Link: http://www.ecb.int/stats/money/yc/html/index.en.html

Damit können wir nun zu unseren Ausgangsfragen zurückkehren: Warum hatte die Zinsstrukturkurve im Oktober 2008 für Anleihen zwischen 3 Monaten und 2 Jahren einen fallenden Verlauf? Weshalb hat sich die Zinsstrukturkurve zwischen Oktober 2008 und Dezember 2020 so stark nach unten verschoben? Warum blieben die Zinsen im Dezember 2020 auch für Anlagen mit Laufzeiten über 20 Jahre negativ?

Die Antwort liegt auf der Hand: Im Oktober 2008 lagen die Zinsen der EZB noch relativ hoch; die Finanzmärkte rechneten aber schon mit einer Rezession, auf die die Zentralbank mit einer baldigen Zinssenkung reagieren wird. Sie gingen dabei jedoch davon aus, dass sich die Wirtschaft rasch wieder erholen wird und die EZB die Zinsen dann wieder steigen lässt. Die starke Abschwächung der Wirtschaftsaktivität im Euroraum führte dann Ende 2011 zu einem noch weit stärkeren Rückgang der kurzfristigen Zinsen auf null. Wieder rechneten die Finanzmärkte aber mit einer stetigen Erholung. Die langfristigen Zinsen lagen im Vergleich zu den kurzfristigen Zinsen wesentlich höher. Entsprechend steil verläuft die Zinsstrukturkurve nach oben. Weil sich die Wirtschaftsaktivität jedoch im Lauf der Folgejahre noch weiter verschlechterte und die EZB darauf mit massiven unkonventionellen Maßnahmen reagierte (sie senkte den Einlagenzins bis auf −0,4%), gingen die Finanzmärkte im Dezember 2016 davon aus, dass die Zinsen anhaltend auf niedrigem, ja sogar negativem Niveau verharren. In der Pandemie im Jahr 2020 reagierte die EZB noch stärker; die Finanzmärkte rechneten sogar damit, dass der Leitzins über 20 Jahre negativ bleibt. Die Fokusbox *„Zinsstruktur nach der Pandemie"* zeigt aber, wie sich die Einschätzungen angesichts stark steigender Inflation drastisch geändert haben.

Auf der Homepage der EZB zur Zinsstrukturkurve im Euroraum (*Euro area yield curve*) finden Sie auch die entsprechenden Daten für den Durchschnittszins aller Staaten im Euroraum. Zeigen Sie, dass auch diese Zinsstrukturkurven an den jeweiligen Tagen ähnlich verlaufen, allerdings auf höherem Niveau.

Im Lauf der letzten Jahre herrschte hohe Unsicherheit über die zukünftige Konjunkturentwicklung im Euroraum. Zudem trat die EZB mit ihrem Programm quantitativer Lockerung massiv als Käufer von Staatsanleihen auf. Im Euroraum unterliegen die Staatsanleihen einzelner Länder unterschiedlichen Risiken. Nur wenige Staatsanleihen (Deutschland, Niederlande, Luxemburg) wurden damals mit der Bestnote AAA bewertet und waren deshalb besonders begehrt. Risikoprämien spiegeln nicht nur das Laufzeitrisiko wider, sondern insbesondere auch das Ausfallrisiko, möglicherweise aber auch das Risiko des Auseinanderbrechens des Euroraums. Angesichts einer Flucht in sichere Vermögenswerte könnte deshalb die Risikoprämie für als besonders sicher angesehene Anleihen sogar negativ geworden sein. Der Zinsverlauf wäre dann nicht unbedingt Indiz für Erwartungen über den Kurs der Geldpolitik, sondern vielmehr ein Reflex geänderter Risikoeinschätzung. Da wir die Risikoprämien empirisch nicht beobachten können, ist es schwer, zwischen diesen Erklärungsansätzen zu differenzieren. Wir sollten daher vorsichtig sein und keine voreiligen Schlüsse ziehen.

FOKUS

Zinsstruktur nach der Pandemie

Mit dem Auslaufen der Pandemie, insbesondere aber nach dem drastischen Anstieg der Energiepreise im Lauf des Jahres 2022 als Folge des Kriegs Russlands in der Ukraine ist die Inflation im Euroraum stark angestiegen. Anfangs ging die EZB davon aus, dies sei nur von kurzer Dauer. Nachdem die Inflation aber persistent hoch blieb, beendete sie Ende Juli 2022 ihre Politik negativer Leitzinsen und begann mit einer bis dahin nicht gekannten Serie von stufenweisen Zinserhöhungen um 0,50 bzw. 0,25 Prozentpunkte. Zwischen Juli 2022 und September 2023 hob die EZB ihre geldpolitischen Zinssätze um insgesamt 4,5 Prozentpunkte an. Der Einlagenzins, der den Verlauf der *Euro short-term rate* (€STR) wesentlich bestimmt (vgl. ▶ **Kapitel 4**), stieg von –0,5% auf 4%. Im Lauf dieser Zinsschritte hat sich auch die Zinsstrukturkurve stark nach oben verschoben. Wie in den USA herrschte allerdings auch im Euroraum starke Unsicherheit darüber, wie lange die Phase steigender Zinsen anhalten werde. Manche hofften auf eine sanfte Landung ohne Rezession und steigende Arbeitslosigkeit. Andere befürchteten, die hohe Inflation werde noch lange weiter andauern und erfordere anhaltend hohe Zinsen.

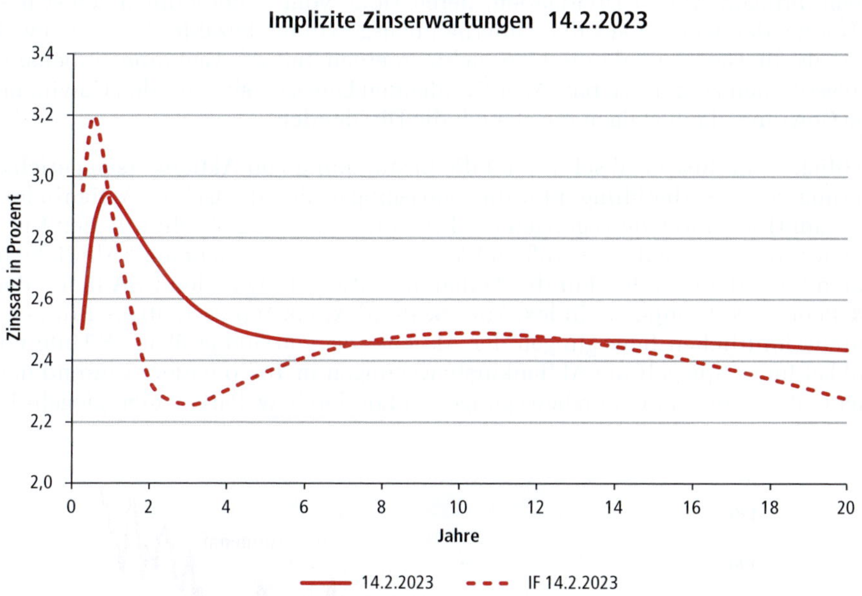

Abbildung 1 Zinsstrukturkurve am 14.2.2023

In ▶ **Abbildung 1** betrachten wir die Zinsstrukturkurve am 14.2.2023 – eine Woche, nachdem die EZB den Einlagenzins auf 2,5% anhob. Sie zeigt über die kommenden 12 Monate einen steigenden Verlauf, danach aber wieder einen raschen Rückgang. Berechnen wir aus diesen Marktdaten – gemäß ▶ Gleichung (14.14) – die *„instantaneous forward yields“*(die gepunktete Linie), so rechneten die Finanzmärkte Mitte Februar damit, die Leitzinsen würden ihren Höhepunkt im Februar 2024 erreichen. Allerdings überzeichnet die gestrichelte Kurve die „reinen“ Erwartungen über den weiteren Leitzinsanstieg. Weil die Marktteilnehmer bei zunehmender Unsicherheit darüber, wie die Inflation sich entwickeln wird, auch höhere Risikoaufschläge (steigende Liquiditätsprämien) für Zinsänderungsrisiken verlangen, ist die Schätzung des implizit erwarteten Zinses nach oben verzerrt – der tatsächlich erwartete Wert liegt um die Liquiditätsprämie niedriger.

Die gepunktete Linie geht in den folgenden 2 Jahren rasch wieder zurück. Offensichtlich rechneten die Finanzmärkte am 14.2.2023 damit, die Inflation würde sehr schnell wieder in Richtung des Inflationsziels von 2 Prozent sinken. Mitglieder des EZB-Direktoriums warnten jedoch davor, die Finanzmärkte unterschätzten die Hartnäckigkeit der Inflation und verwiesen auf das Risiko, sie könne sich als persistenter erweisen als von den Finanzmärkten eingepreist. Bis zum Herbst 2023 sind Zinsen und Zinserwartungen tatsächlich trotz langsam rückläufiger Inflationsraten weiter angestiegen. Im Dezember 2023 rechneten die Finanzmärkte allerdings damit, dass die EZB die Zinsen im Lauf des Jahres 2024 wieder senken wird. Tatsächlich begann sie im Juni 2024 damit, die Leitzinsen schrittweise zu senken. Auf der Webseite *Euro area yield curve* der EZB lassen sich die Verschiebungen der Zinserwartungen im Lauf der Zeit graphisch einfach darstellen. Sie können dort auch die aktuellen Erwartungen abrufen (vgl. dazu auch *Übungsaufgabe 14*).

14.3 Kursbewegungen am Aktienmarkt

Bislang haben wir uns auf Anleihen konzentriert. Aber während sich Regierungen durch die Emission von Staatsanleihen finanzieren, trifft das auf Unternehmen nicht unbedingt zu. Sie finanzieren sich auf verschiedene Arten: durch Verschuldung über Anleihen und Kredite sowie durch die Emission von Aktien oder Unternehmensanteilen, wie Aktien auch genannt werden. Statt der Zahlung einer vorher festgelegten fixen Summe, wie bei Anleihen, bringen Aktien Dividenden, deren Höhe vom Unternehmen selbst bestimmt wird. Dividenden werden aus den Unternehmensgewinnen bezahlt. Sie sind gewöhnlich geringer als die Gewinne, da die Unternehmen einen Teil der Gewinne einbehalten, um ihre Investitionen zu finanzieren. Aber Dividenden bewegen sich mit den Gewinnen: Steigen die Gewinne, dann steigen meist auch die Dividenden.

Unser Blick ist in diesem Abschnitt auf die Bestimmung von Aktienkursen gerichtet. Zur Einführung zeigt ▸ **Abbildung 14.5** die Bewegungen des deutschen Aktienindex (kurz DAX genannt) seit 1960. Bewegungen des DAX messen die durchschnittlichen Kursbewegungen der Aktienkurse der 30 größten Werte deutscher Unternehmen. (Ähnliche Indizes existieren für andere Länder: Für die Aktienkursentwicklung in den USA liefert der Standard & Poor's 500 Composite-Index, kurz S&P-Index, ein repräsentatives Bild; er erfasst die durchschnittlichen Bewegungen der Aktienkurse von 500 großen US-Unternehmen. Der Nikkei-Index spiegelt die Aktienkursbewegungen in Tokio wider, während der FTSE und der CAC 40 die Aktienkursbewegungen in London bzw. Paris widerspiegeln.)

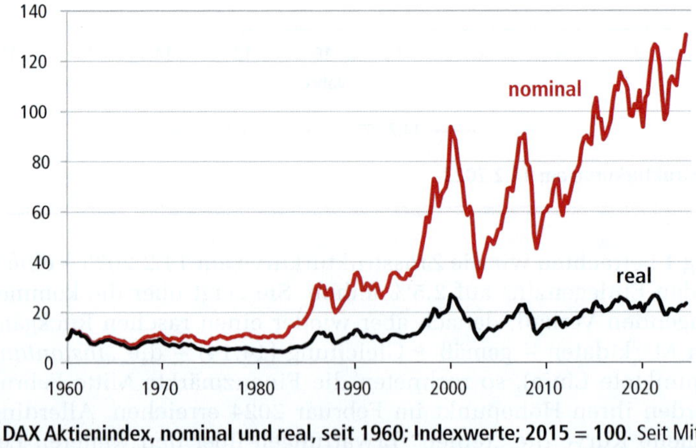

Abbildung 14.5 DAX Aktienindex, nominal und real, seit 1960; Indexwerte; 2015 = 100. Seit Mitte der 1990er-Jahre kam es zu starken Schwankungen nicht nur der nominalen, sondern auch der realen (um Inflation bereinigten) Aktienkurse. Danach sind sie stark gestiegen, ab Februar 2000 sind sie sehr volatil.
Quelle: FRED, Codes SPASTT01DEM661N und DEUCPIALLMINMEI

▶ **Abbildung 14.5** zeigt zwei Linien. Die eine zeigt die Entwicklung des nominalen Aktienindex, wie er in Zeitungen veröffentlicht oder in den Nachrichten verbreitet wurde, allerdings so normiert, dass er 2015 den Wert 100 annimmt. Seit Mitte der 1990er-Jahre ist er stark angestiegen; er weist aber starke Schwankungen auf.

Die historischen Werte für den DAX-Index bis 1998 sind in Euro umgerechnet.

Allerdings ist der Index nominal – d.h. er gibt die Aktienkursentwicklung in Euro (früher in DM) wieder. Uns interessiert aber die reale (um die Inflation bereinigte) Indexentwicklung. Die Entwicklung des realen Index erhält man, indem man für jedes Jahr den nominalen Kursindex durch den Verbraucherpreisindex (VPI) teilt. Sie ist ebenfalls in ▶ **Abbildung 14.5** zu sehen. Der reale Aktienindex ist so konstruiert, dass er im Januar 1960 dem nominalen Aktienindex entspricht. Die Kurve des realen Aktienindex zeigt ein etwas anderes Bild. Sie zeigt, wie trostlos die Entwicklung des Aktienmarktes in den späten 1960er- und den 1970er-Jahren war: Weitgehend konstante nominale Aktienkurse und ein stetig steigendes Preisniveau sorgten für stetig fallende reale Aktienkurse bis Mitte der 1980er-Jahre. Erst dann hatten die realen Aktienkurse wieder das Niveau zu Anfang der 1960er-Jahre erreicht. Seitdem haben die realen Aktienkurse allerdings um einiges zugelegt. Ende 2015 entsprach der reale **Aktienkurs** ungefähr dem sechsfachen Wert von Anfang 1960.

Am auffallendsten sind allerdings die starken Schwankungen sowohl der realen wie der nominalen Aktienkurse. Nach dem Zusammenbruch des New Economy Booms Ende 2000 und dann im Lauf der Finanzkrise sind sie besonders stark gefallen; danach aber haben sie sich wieder erholt. Was bestimmt diese starken Schwankungen der Aktienkurse? Allgemeiner gefragt: Wie reagieren Aktienkurse auf Änderungen des wirtschaftlichen Umfeldes und der makroökonomischen Politik? Mit diesen Fragen beschäftigen wir uns in diesem Abschnitt.

14.3.1 Aktienkurse als Gegenwartswerte

Was bestimmt den Preis einer Aktie, die einen gewissen Dividendenstrom in der Zukunft verspricht? Sie kennen die Antwort bereits aus ▶ **Abschnitt 14.1**: Der Aktienkurs muss gleich dem Gegenwartswert der künftig erwarteten Dividenden sein.

Q_t sei der Aktienkurs. D_t bezeichne die Dividende in diesem Jahr, D^e_{t+1} die im nächsten Jahr erwartete Dividende, D^e_{t+2} die in zwei Jahren erwartete Dividende usw.

Das ist lediglich eine Frage der Vereinbarung; wir könnten genauso gut den Kurs vor der Dividendenausschüttung betrachten. Welcher Ausdruck würde diesen Kurs beschreiben?

Wir nehmen an, dass die Dividende für dieses Jahr bereits gezahlt wurde – der Aktienkurs wird dann mit ex Dividende beschrieben – sodass die erste Dividendenauszahlung nach dem Kauf der Aktie die Dividende im nächsten Jahr ist. Der Kurs der Aktie ist dann gegeben durch:

$$Q_t = \frac{D^e_{t+1}}{(1+i_{t1}+x)} + \frac{D^e_{t+2}}{(1+i_{t1}+x)(1+i^e_{1t+1}+x)} + \ldots \qquad (14.15)$$

Der Preis für die Aktie entspricht dem Gegenwartswert der Dividende im nächsten Jahr, die mit dem heutigen einjährigen Zinssatz und der Risikoprämie auf Aktien diskontiert wird, zuzüglich dem Gegenwartswert der Dividende in zwei Jahren, die mit dem heutigen und dem in einem Jahr erwarteten einjährigen Zinssatz diskontiert wird, wieder mit einem Aufschlag für die Risikoprämie auf Aktien usw. – summiert über die erwarteten Auszahlungen in allen zukünftigen Perioden hinweg.

Der geforderte Zins übersteigt den Zins auf risikofreie Anlagen um den Faktor x. **Abschnitt 14.5** hat ja eindrucksvoll verdeutlicht, dass nicht nur einzelne Aktienkurse, sondern auch die Kurse eines wohldiversifizierten Aktienportfolios im Lauf der Zeit stark schwanken. Es ist viel riskanter, ein Aktienportfolio über ein Jahr zu halten als eine Anleihe mit einjähriger Laufzeit: Wir wissen heute weder, wie hoch die Dividenden in einem Jahr ausfallen, noch kennen wir die Aktienkurse im nächsten Jahr. Deshalb berücksichtigen wir in ▶ Gleichung (14.15) gleich von Anfang an, dass Anleger für das Halten des Aktienportfolios eine Risikoprämie x fordern. Diese Risikoprämie auf Aktien nennt man

Der Anhang soll helfen, Ihr Verständnis für die Beziehung zwischen Arbitrage und Gegenwartswert zu verbessern. Zum Verständnis des Textes ist es aber nicht zwingend erforderlich, ihn durchzuarbeiten.

häufig auch im Deutschen *equity premium*. Ist x beispielsweise 5%, dann sind die Anleger nur dann bereit, Aktien zu halten, falls die erwartete Rendite von Aktien die erwartete Rendite kurzfristiger Anleihen um 5% pro Jahr übersteigt. Je höher die Risikoprämie, desto niedriger der Aktienkurs selbst bei unveränderten Erwartungen über den zukünftigen Dividendenstrom.

Wie im Fall langfristiger Anleihen, lässt sich die Gegenwartswertbeziehung in ▶ Gleichung (14.15) aus dem Arbitrage-Kalkül herleiten, nämlich von der Annahme, dass die erwartete Rendite je Euro aus dem Besitz einer Aktie für ein Jahr gleich der Rendite einer einjährigen Anleihe sein muss. Sie wird im **Anhang** zu diesem Kapitel hergeleitet.

Zwei äquivalente Methoden, den Aktienkurs auszudrücken: Der nominale Aktienkurs ist gleich dem erwarteten Gegenwartswert künftiger nominaler Dividenden, diskontiert mit dem aktuellen und den künftigen nominalen Zinssätzen. Der reale Aktienkurs ist gleich dem erwarteten Gegenwartswert zukünftiger realer Dividenden, diskontiert mit dem aktuellen und den künftigen realen Zinssätzen.

▶ Gleichung (14.15) zeigt den Aktienkurs als Gegenwartswert nominaler Dividenden, diskontiert mit dem Nominalzins. Aus ▶ **Abschnitt 14.1** wissen wir, dass man auch den realen Aktienkurs als Gegenwartswert realer Dividenden ausdrücken kann, diskontiert mit dem realen Zinssatz. Dazu müssen wir den Aktienkurs und die Dividenden durch das erwartete Preisniveau der jeweiligen Periode teilen. Wir können den realen Aktienkurs also schreiben als

$$Q_t = \frac{1}{(1 + r_{t1} + x)} \cdot \frac{D^e_{t+1}}{P^e_{t+1}} + \frac{1}{(1 + r_{t1} + x)(1 + r^e_{1t+1} + x)} \cdot \frac{D^e_{t+2}}{P^e_{t+2}} + \dots \qquad (14.16)$$

Q_t/P_t und D_t/P_tbezeichnen den realen Kurs und die reale Dividende zum Zeitpunkt t. Der reale Aktienkurs ist der Gegenwartswert zukünftiger realer Dividenden, diskontiert mit der Reihe realer einjähriger Zinssätze und der Risikoprämie auf Aktien.

Diese Beziehung hat drei wichtige Implikationen:

- Höher erwartete, künftige reale Dividenden führen zu einem höheren realen Aktienkurs.
- Höhere einjährige, reale Zinssätze, für heute oder in Zukunft, führen zu einem niedrigeren realen Aktienkurs.
- Ein Anstieg der Risikoprämie auf Aktien lässt den Aktienkurs sinken.

Lassen Sie uns nun sehen, wie viel Licht dies in die Bewegungen des Aktienmarktes bringt.

14.3.2 Der Aktienmarkt und die wirtschaftliche Aktivität

▶ **Abbildung 14.5** hat die großen Bewegungen der Aktienkurse über die vergangenen Jahrzehnte gezeigt. Es ist nicht unüblich für den Index, 15% im Jahr zu steigen oder zu fallen. Von Januar bis März 2020 ging der Aktienmarkt real um mehr als 25% nach unten; von März bis September 2020 stieg er dann wieder um 27%. Mit dem Ausbruch des Kriegs Russlands gegen die Ukraine ist er wieder eingebrochen. Tägliche Bewegungen von 2% und mehr sind nicht ungewöhnlich. Was verursacht diese Bewegungen?

Sie kennen sicher die Aussage, Aktienkurse folgten einem Random Walk. Das ist ein technischer Begriff, aber leicht zu interpretieren: Etwas – das kann ein Molekül sein oder der Kurs einer Aktie – folgt einem Random Walk, wenn jeder Schritt, den es macht, mit gleicher Wahrscheinlichkeit nach oben oder nach unten geht. Seine Bewegungen sind daher unvorhersehbar.

Zunächst müssen wir feststellen, dass diese Bewegungen unvorhersehbar sein sollten und es auch größtenteils sind. Den Grund dafür versteht man am besten, wenn man sich die Entscheidung zwischen der Alternative einer Anlage in Aktien oder Anleihen vorstellt. Falls allgemein damit gerechnet wird, dass innerhalb des nächsten Jahres der Kurs einer Aktie um 20% steigt, dann wäre es ungewöhnlich attraktiv, die Aktie ein Jahr lang zu halten – viel attraktiver als eine kurzfristige Anleihe. Die Nachfrage nach der Aktie wäre sehr groß. Ihr Kurs würde deshalb schon heute so weit steigen, bis die erwartete Rendite wieder genauso hoch ist wie die von anderen Wertpapieren. Mit anderen Worten: Die Erwartung eines hohen Aktienkurses im nächsten Jahr lässt heute schon den Aktienkurs steigen.

Die Wirtschaftswissenschaften betonen tatsächlich, dass die Unvorhersagbarkeit von Aktienkursbewegungen ein Zeichen für einen gut funktionierenden Aktienmarkt sei: Er verarbeitet nur dann alle Informationen effizient, wenn sämtliche bislang verfügbaren Informationen bereits im Aktienkurs enthalten sind. Diese Aussage ist allerdings zu streng: Zu jedem Zeitpunkt gibt es einige Investoren, die bessere Informationen besitzen oder einfach die Zukunft besser erahnen. Falls es nur einige sind, dann können sie vielleicht nicht genug von der Aktie kaufen, um den Kurs heute bereits ganz nach oben zu treiben. Diese Investoren erzielen vielleicht tatsächlich große Renditen. Aber die Grundidee ist trotzdem richtig. Die Gurus der Finanzmärkte, die regelmäßig große, für die nächsten Monate anstehende Aktienmarktbewegungen vorhersagen, sind Quacksalber. Große Aktienkursbewegungen können nicht vorhergesagt werden.

Falls die Bewegungen im Aktienmarkt nicht vorhersehbar sind, falls sie vielmehr immer auf neue Informationen reagieren, was sollen wir dann machen? Wir können immer noch zwei Dinge tun:

- Wir können aus der Vergangenheit lernen und herausfinden auf welche Nachrichten der Markt reagiert hat.
- Wir können „Was wäre, wenn"-Fragen stellen. Z.B.: Wie würde der Aktienmarkt reagieren, wenn die EZB anfinge, eine expansivere Geldpolitik zu betreiben, oder falls die Konsumenten optimistischer würden und mehr kauften?

Lassen Sie uns zwei „Was wäre, wenn"-Fragen mit Hilfe des *IS-LM*-Modells betrachten. Zur Vereinfachung lassen Sie uns, wie schon früher, annehmen, dass die Inflation null sei, damit der Realzins dem Nominalzins entspricht.

Der Aktienmarkt bei expansiver Geldpolitik

Nehmen Sie an, die Wirtschaft befindet sich in einer Rezession. Die EZB geht zu einer expansiveren Geldpolitik über. Die Zinssenkung verschiebt die *LM*-Kurve in ▶ **Abbildung 14.6** nach unten. Die gleichgewichtige Produktion wandert von Punkt *A* zu Punkt *A'*. Wie wird der Aktienmarkt reagieren?

Die Antwort hängt davon ab, welche Geldpolitik die Aktienmärkte vor der Änderung erwartet haben:

Falls der Aktienmarkt die expansive Politik bereits antizipiert hat, dann wird er gar nicht reagieren: Weder die Erwartungen über zukünftige Dividenden noch die Erwartungen über zukünftige Zinssätze sind von einer bereits antizipierten Änderung betroffen. Folglich wird sich in ▶ Gleichung (14.15) nichts ändern; der Aktienkurs bleibt derselbe.

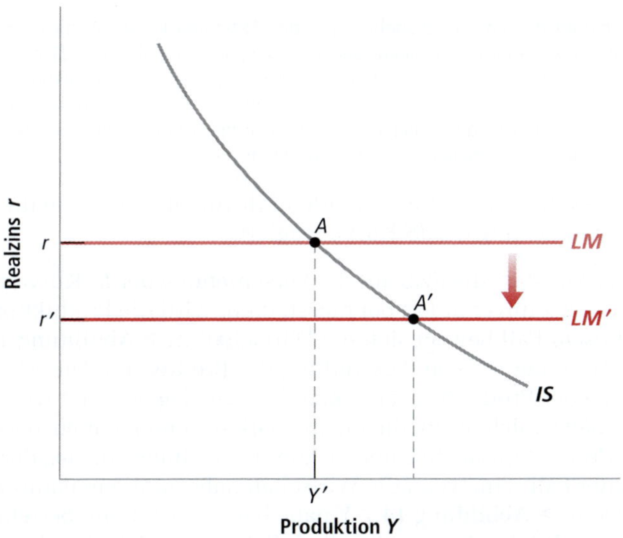

Abbildung 14.6 Expansive Geldpolitik und der Aktienmarkt. Eine expansive Geldpolitik senkt den Zinssatz und erhöht die Produktion. Was mit dem Aktienmarkt geschieht, hängt davon ab, ob die Märkte die expansive Geldpolitik antizipiert haben.

Falls dagegen der Kurswechsel der EZB wenigstens teilweise unerwartet kommt, werden die Aktienkurse steigen. Sie steigen aus zwei Gründen: Erstens impliziert eine expansivere Geldpolitik für einige Zeit geringere Zinsen. Zweitens führt eine derartige Politik vorübergehend zu höherem Wirtschaftswachstum (bis die Wirtschaft zu ihrem natürlichen Produktionsniveau zurückgekehrt ist) und lässt so höhere Dividenden erwarten. Gemäß ▸ Gleichung (14.15) führen sowohl niedrigere Zinsen als auch höhere Dividenden – heutige und erwartete – zu steigenden Aktienkursen.

Ein Anstieg der Konsumausgaben und der Aktienmarkt

Betrachten wir jetzt eine Verschiebung der *IS*-Kurve nach rechts, die beispielsweise von unerwartet starken Konsumausgaben herrührt. Dies führt zu einer Verschiebung der *IS*-Kurve in ▸ **Abbildung 14.7** von *IS* zu *IS'*.

Werden die Aktienkurse steigen? Sie sind vielleicht versucht, mit Ja zu antworten: Eine stärkere Wirtschaft bedeutet für einige Zeit höhere Gewinne und höhere Dividenden. Aber diese Antwort ist nicht unbedingt korrekt.

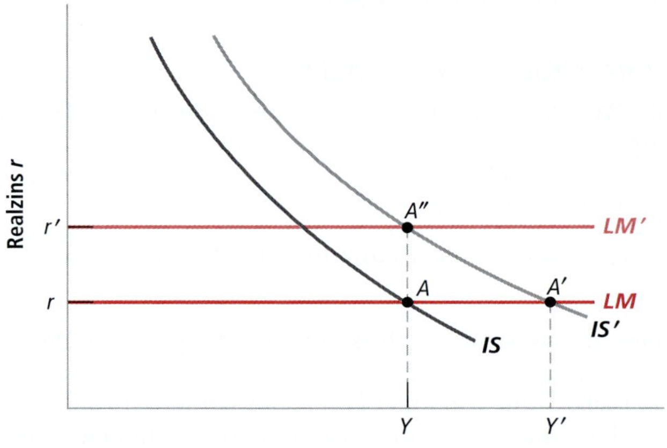

Abbildung 14.7 Ein Anstieg der Konsumausgaben und der Aktienmarkt. Der Anstieg der Konsumausgaben verschiebt die IS-Kurve nach rechts. Wie die Aktienmärkte reagieren, hängt vom Verhalten der EZB ab: Erwarten die Investoren, dass die Zentralbank nicht reagiert und den Zinssatz unverändert lässt, steigt die Produktion auf *Y'*. Die Aktienkurse steigen. Erwarten die Investoren dagegen, dass die Zentralbank mit einer Zinserhöhung reagiert, um die Produktion zu stabilisieren, bleibt die Produktion unverändert bei *Y*. Das neue Gleichgewicht mit höherem Zinssatz ist in Punkt *A''*. Mit steigendem Zinssatz fallen die Aktienkurse bei konstanter Produktion.

Dies liegt daran, dass die Antwort entscheidend davon abhängt, wie die Zentralbank auf die unerwartete Verschiebung der *IS*-Kurve reagiert.

- Erwarten die Märkte, dass die EZB auf die Verschiebung der *IS*-Kurve gar nicht reagiert, sondern den Zinssatz unverändert bei *r* lässt, dann wird die Produktion in der Tat stark ansteigen. In diesem Fall bewegt sich die Wirtschaft in ▸ **Abbildung 14.7** von Punkt *A* nach Punkt *A'* mit einer starken Ausweitung der Produktion. Die Aktienkurse steigen, da eine Zunahme der Produktion, aber kein Zinsanstieg erwartet wird.
- Ganz anders verhält es sich, wenn die Finanzmärkte damit rechnen, dass die Zentralbank befürchtet, ein Produktionsanstieg über $Y_A$könnte zu einem Anstieg der Inflation führen. Das wird dann der Fall sein, wenn die Wirtschaft nahe an ihrem natürlichen Niveau produziert, falls also in ▸ **Abbildung 14.7** *Y* nahe bei Y_n liegt. Dann besteht die Gefahr, dass bei einem weiteren Produktionsanstieg die Inflation ansteigt. Das aber möchte die Zentralbank verhindern. Eine Entscheidung, mit kontraktiver Geldpolitik – einem Anstieg des Zinssatzes – gegenzusteuern, bedeutet, dass sich die *LM*-Kurve nach oben verschiebt, von *LM* nach *LM''*. Dadurch bewegt sich die Wirtschaft von Punkt *A* nach Punkt *A''*. Die Produktion bleibt konstant. In diesem Fall fallen die Aktienkurse: Die erwarteten Gewinne bleiben gleich, aber die Zinsen werden wahrscheinlich für einige Zeit hoch sein.

Es überrascht daher nicht, dass die Investoren meist am stärksten darauf achten, wie sich die Zentralbank bei einem Anstieg der Nachfrage verhält. Wenn neue Nachrichten über einen unerwartet starken Anstieg der wirtschaftlichen Aktivität eintreffen, ist die Hauptfrage an den Finanzmärkten: Wie wird die Zentralbank darauf reagieren?

Fassen wir zusammen:

Veränderungen der Produktion können, müssen aber nicht zu gleichgerichteten Veränderungen bei den Aktienkursen führen. Ob sie gleichgerichtet sind, hängt ab von:

- den anfänglichen Erwartungen der Märkte,
- der Ursache der Schocks und
- davon, mit welcher Reaktion der Zentralbank die Finanzmärkte rechnen.

14.4 Risiken, Blasen, Launen und Aktienkurse

Kommen alle Aktienkursbewegungen von neuen Nachrichten über künftige Dividenden und Zinsen? Die Antwort lautet: Nein. Aus zwei unterschiedlichen Gründen: Zum Ersten verändert sich im Zeitablauf die Einschätzung über die Risiken und damit die Risikoprämie. Zum Zweiten können die Aktienkurse von ihrem Fundamentalwert abweichen; es kann zu Blasenbildung kommen.

14.4.1 Aktienkurse und Risikoprämie

Im letzten Abschnitt haben wir unterstellt, dass die Risikoprämie x auf Aktien konstant ist. Das trifft aber in der Realität nicht zu. Risikoprämien schwanken im Konjunkturverlauf stark; in Krisenzeiten sind sie besonders hoch. Nach der Großen Depression ist die Risikoprämie auf Aktien besonders stark angestiegen, vermutlich weil Investoren angesichts der Erfahrung des rasanten Kursverfalls im Oktober 1929 mit dem Kauf von Aktien sehr zurückhaltend waren, solange sie nicht mit einer hohen Risikoprämie entschädigt wurden. Die Risikoprämie ging dann nach dem Zweiten Weltkrieg von 7% auf heute ungefähr 3% zurück. Aber sie kann sich schnell wieder verändern. Der starke Verfall der Aktienkurse im Herbst 2008 ist nicht allein auf pessimistischere Erwartungen über die zukünftigen Dividendenzahlungen zurückzuführen, sondern zum Teil auch auf einen starken Anstieg der Unsicherheit und des Gefühls höherer Risiken aller Teilnehmer am Aktienmarkt. Ein erheblicher Teil der Kursbewegungen beruht also nicht auf veränderten Einschätzungen über zukünftige Zinsen und Dividendenstrom, sondern auf Veränderungen der Risikoprämie.

14.4.2 Aktienkurse: Fundamentalwert vs. Blasen

Im letzten Abschnitt haben wir angenommen, dass die Aktienkurse immer vom Fundamentalwert bestimmt werden – dem mit dem geeigneten Faktor diskontierten Gegenwartswert aller zukünftig erwarteten Auszahlungen, der durch ▶ Gleichung (14.16) bestimmt ist. Viele Ökonomen bezweifeln das. Sie verweisen auf den schwarzen Oktober von 1929, als der US-Aktienmarkt innerhalb von zwei Tagen um 23% fiel, oder den 19. Oktober 1987, als der Dow Jones-Index 22,6% an einem einzigen Tag verlor. Sie verweisen auf den erstaunlichen Aufstieg des japanischen Nikkei-Aktien-Index in den 1980er- Jahren (von etwa 13.000 im Jahr 1985 auf rund 35.000 im Jahr 1989), auf den dann in den 1990er-Jahren gleich ein tiefer Fall auf rund 16.000 im Jahr 1992 folgte. Sie verweisen darauf, dass die Kursbewegungen in all diesen Fällen kaum durch offensichtliche neue Nachrichten gerechtfertigt waren; zumindest keine Neuigkeiten, die wesentlich genug sind, um derart gewaltige Bewegungen zu rechtfertigen.

Aktienkurse entsprechen also nicht immer ihrem **Fundamentalwert**, dem Gegenwartswert heutiger und künftig erwarteter Dividenden in ▶ Gleichung (14.16). Manchmal sind sie unter-, manchmal überbewertet. Die Überbewertung kommt irgendwann zu einem Ende, manchmal durch einen Crash, wie im Oktober 1929, oder durch ein langsames Absinken, wie im Fall des Nikkei-Index.

Erinnern Sie sich, dass das Arbitrage-Kalkül für zwei Finanzanlagen dieselbe erwartete Rendite verlangt.

Unter welchen Umständen können solche falschen Bewertungen auftreten? Die überraschende Antwort ist, dass sie selbst dann auftreten können, wenn die Investoren rational sind und das Arbitrage-Kalkül erfüllt ist. Um das zu verstehen, stellen Sie sich eine vollkommen wertlose Aktie vor (d.h. eine Aktie eines Unternehmens, von dem alle Investoren wissen, dass es niemals Gewinne machen wird und niemals Dividenden zahlen wird). Setzen wir D^e_{t+1}, D^e_{t+2} usw. in ▶ Gleichung (14.16) gleich null, erhalten wir eine einfache und nicht überraschende Antwort: Der fundamentale Wert einer solchen Aktien ist gleich null.

In einer spekulativen Blase liegen die Aktienkurse über ihrem Fundamentalwert. Anleger sind bereit, einen hohen Preis für die Aktien zu zahlen, da sie erwarten, die Aktie zu einem höheren Preis wieder verkaufen zu können.

Sind Sie vielleicht nicht doch bereit, einen positiven Preis für eine solche Aktie zu zahlen? Ja. Nämlich dann, wenn Sie erwarten, dass die Aktie im nächsten Jahr einen höheren Wert als in diesem Jahr haben wird. Dasselbe gilt für einen Käufer im nächsten Jahr: Er wird bereit sein, zu einem hohen Preis zu kaufen, falls er erwartet, im Folgejahr zu einem noch höheren Preis wieder verkaufen zu können. Dieser Vorgang zeigt, dass Aktienkurse steigen können, nur weil die Investoren es erwarten. Solche Aktienkursbewegungen heißen **Rationale spekulative Blase**: Anleger handeln rational, solange die Blase entsteht. Selbst jene Anleger, die Aktien zum Zeitpunkt eines Crashs halten und daher große Verluste erleiden, können rational gewesen sein. Sie haben vielleicht damit gerechnet, dass ein Crash möglich ist, aber auch dass sich mit gewisser Wahrscheinlichkeit die Blase noch weiter aufbläht und sie zu einem noch höheren Preis verkaufen können.

Unser Beispiel ging zur Vereinfachung von einer fundamental wertlosen Aktie aus. Das Argument gilt aber allgemein; es lässt sich ebenso auf Aktien mit positivem Fundamentalwert anwenden. Individuen sind möglicherweise bereit, mehr als den Fundamentalwert einer Aktie zu bezahlen, wenn sie künftig einen weiteren Preisanstieg erwarten. Dasselbe Argument gilt für andere Vermögensgegenstände wie Wohnraum, Gold und Bilder. Zwei solcher Blasen sind in der Fokusbox *„Berühmte Blasen – von der Tulpenmanie Hollands im 17. Jahrhundert bis in die USA im Jahr 2008“* beschrieben.

Im Zusammenhang mit dem US-Aktienmarkt hat Alan Greenspan 1996 von „irrationalem Überschwang“ *(„irrational exuberance“)* gesprochen.

Sind alle Abweichungen vom Fundamentalwert an den Finanzmärkten rationale Blasen? Wahrscheinlich nicht. Viele Anleger sind nicht rational. Stieg der Aktienkurs in der Vergangenheit aufgrund einer Reihe guter Meldungen, bildet sich oftmals übermäßiger Optimismus. Wenn Anleger lediglich aus der vergangenen Rendite auf die zukünftige Kursentwicklung schließen, kann eine Aktie einfach nur aus dem Grund steigen, dass sie in der Vergangenheit einmal stieg. Dies gilt nicht nur für Aktien, sondern auch für Immobilienmärkte (vgl. die Fokusbox *„Der Anstieg der Immobilienpreise – von Fundamentalfaktoren getrieben oder reine Blasenbildung?“*). Diese Art von Abweichung vom Fundamentalwert einer Aktie oder Immobilie wird häufig Laune (fad) genannt. Wir alle kennen viele Launen im Alltagsleben; es gibt gute Gründe zu glauben, dass sie auch am Aktienmarkt vorkommen.

Die grundlegende Frage nach den Bestimmungsfaktoren von Aktienkursen – nur Fundamentaldaten oder auch Launen und Blasen – ist eine wichtige Frage, nicht nur für Marktteilnehmer, sondern auch für die Makroökonomie. Der Aktienmarkt ist mehr als ein Nebenschauplatz: Wie die beiden nächsten Kapitel zeigen, sind nicht nur die Aktienkurse von der wirtschaftlichen Aktivität betroffen, sondern umgekehrt auch die wirtschaftliche Aktivität von den Aktienkursen, durch ihren Einfluss auf Konsum und Investitionsausgaben. Es steht außer Frage, dass der Rückgang der Aktienkurse im Jahr 2001 ein wesentlicher Faktor für die darauf folgende Rezession war. Die meisten Ökonomen sehen im Aktien-Crash von 1929 einen der Gründe für die große Depression. Wie wir in ▶ **Kapitel 6** gelernt haben, war der Rückgang der Immobilienpreise in den USA einer der Auslöser der Finanzkrise. Die Wechselbeziehungen zwischen Vermögenspreisen, Erwartungen und Wirtschaftsaktivität sind Thema der beiden folgenden Kapitel.

FOKUS

Berühmte Blasen (Bubbles) – von der Tulpenmanie Hollands im 17. Jahrhundert bis in die USA im Jahr 2008

Tulpenmanie in Holland Im 17. Jahrhundert erfreuten sich Tulpen zunehmender Beliebtheit in westeuropäischen Gärten. Es entwickelte sich in Holland ein reger Markt für seltene und ungewöhnliche Formen von Tulpenzwiebeln.

Der als „Tulpenblase" bekannte Zeitraum war zwischen 1634 und 1637. Im Jahr 1634 begann der Preis für seltene Knollen zu steigen. Der Markt geriet in helle Aufregung, als Spekulanten in Antizipation noch höherer Preise Tulpenzwiebeln kauften. Der Preis einer solchen Knolle, „Admiral van Eyck", stieg von 1.500 Gulden im Jahr 1634 auf 7.500 Gulden im Jahr 1637, äquivalent zum Preis eines Hauses zu dieser Zeit. Es kursieren Geschichten über einen Seemann, der aus Versehen Knollen gegessen hatte und erst später die Kosten seiner „Mahlzeit" realisierte. Anfang des Jahres 1637 stiegen die Preise schneller. Sogar die Preise einiger gewöhnlicher Knollen explodierten. Sie stiegen im Januar auf das 20-Fache. Doch im Februar 1637 brachen die Preise zusammen. Einige Jahre später wurden Knollen für knapp 10% ihres Preises auf dem Höhepunkt der Blase gehandelt. *Der Bericht über die Tulpenmanie ist aus Peter Garber, „Tulipmania", Journal of Political Economy, June 1989, S. 535–560.*

Die MMM-Pyramide in Russland Im Jahr 1994 gründete der „Finanzier" Sergei Mavrody ein Unternehmen namens MMM. Er begann damit, Aktien mit einer versprochenen Mindestrendite von 3.000% pro Jahr (!) zu verkaufen. Das Unternehmen war ein sofortiger Erfolg. Die Aktie stieg von 1.600 Rubel im Februar (zu dieser Zeit entsprach das etwa einem Euro) auf 105.000 Rubel (51 €) im Juli. Bis Juli stieg nach den Angaben des Unternehmens die Anzahl der Aktionäre auf 10 Millionen an.

Das Problem war, dass das Unternehmen keinerlei produktive Tätigkeiten ausübte. Es besaß auch keine Vermögensgegenstände, mit Ausnahme von 140 Büros in Russland. Die Aktien waren im Prinzip wertlos. Der anfängliche Unternehmenserfolg basierte auf einem Standard-Pyramiden-Schema: MMM verwendete die Erlöse aus dem Verkauf neuer Aktien dazu, die versprochene Rendite für die alten Aktien zu zahlen. Trotz wiederholter Warnungen von Regierungsvertretern, einschließlich Boris Jelzin, dass der Aktienkurs von MMM eine reine Blase sei und keinen Wert habe, waren die versprochenen Renditen für viele Russen zu verlockend, insbesondere mitten in einer tiefen Rezession.

Das Schema konnte nur so lange funktionieren, solange genügend neue Aktionäre eintraten, um die für die Ausschüttung an die bestehenden Aktionäre nötigen Mittel zu erwirtschaften. Ende Juli 1994 konnte das Unternehmen nicht länger seine Versprechen einhalten. Das Schema kollabierte. Das Unternehmen schloss die Pforten. Mavrody versuchte, die Regierung zu erpressen, die Aktionäre auszuzahlen, mit der Drohung, andernfalls würde eine Revolution oder ein Bürgerkrieg ausgelöst. Die Regierung weigerte sich. Das führte dazu, dass viele Aktionäre eher auf die Regierung als auf Mavrody wütend waren. Noch im selben Jahr bewarb sich Mavrody um einen Sitz im Parlament, als selbst ernannter Verteidiger von Aktionären, die ihre Ersparnisse verloren hatten. Er gewann!

Weltweite Ponzi-Spiele Herr Mavrody war nicht der Erste (und wird sicher auch nicht der Letzte bleiben), der versuchte, durch ein Schneeballsystem reich zu werden. In Boston kam Charles Ponzi mit einem solchen System um 1920 zu großem Vermögen, bevor er arm im Gefängnis starb. In den Wirtschaftswissenschaften spricht man seitdem von der „No Ponzi Game"-Bedingung, wenn man solche Systeme ausschließen will. Im Dachauer Hinterland in der Nähe Münchens hat Adele Spitzeder mit dieser Methode bereits ca. 1870 31.000 Bauern und Arbeiter um ihre Ersparnisse gebracht. Ihre im Gefängnis geschriebenen Memoiren „Geschichte meines Lebens – der große Münchner Bankenskandal" wurden im Buchendorfer Verlag, München, 1996 neu aufgelegt.

Im Dezember 2008 wurde Bernard L. Madoff in Manhattan beschuldigt, mit dem bislang größten Ponzi-Spiel viele Investoren weltweit betrogen zu haben. Der Schaden wird auf bis zu 50 Milliarden Dollar geschätzt. Madoff, Anfang der 90er-Jahre zeitweise auch Chef der New Yorker Börse Nasdaq, akzeptierte in seinem 1960 gegründeten Unternehmen nur Einlagen von auserwählten, wohlhabenden Klienten (darunter auch zahlreichen Hedgefonds). Er spiegelte ihnen selbst in Zeiten hoher Kursschwankungen konstant hohe Renditen vor. Obwohl Skeptiker den Aufsichtsbehörden mehrfach konkrete Hinweise auf Unregelmäßigkeiten lieferten, konnte Madoff sein Schneeballsystem immer weiter ausbauen, bis es Ende 2008 in Folge der Finanzkrise endlich zusammenbrach.

FOKUS

Der Anstieg der Immobilienpreise – von Fundamentalfaktoren getrieben oder reine Blasenbildung?

Auslöser der Finanzkrise war ein Rückgang der Immobilienpreise in den USA, der Mitte 2006 einsetzte. Zuvor waren die Immobilienpreise im Vergleich zum Einkommen auf immer neue historische Höchstwerte angestiegen. Noch dramatischer war die Entwicklung in Teilen Europas, wie etwa in Großbritannien, insbesondere aber in Irland und Spanien. Berechnungen der OECD zufolge sind die Immobilienpreise dort relativ zum Einkommen – gemessen am langjährigen Durchschnitt, normiert auf den Wert 100 – bis 2007 auf mehr als 150 angestiegen (vgl. ▸ **Abbildung 1**). Vergleichsweise moderater war die Entwicklung in Italien. In Deutschland war bis 2010 sogar ein stetig fallender Trend zu beobachten.

Im Nachhinein betrachtet erscheint die Tatsache, dass die Immobilienpreise seit dem Jahr 2000 weit stärker stiegen als die Einkommen, als eindeutiges Indiz für eine Blasenbildung – eine Übertreibung der Märkte. Aber in der Zeit, als die Preise stetig nach oben gingen, herrschte keineswegs Einigkeit darüber, welche Faktoren dafür verantwortlich waren – im Gegenteil, es gab heftige Kontroversen unter den Experten. Die Ökonomen konnte man in drei Gruppen einteilen:

Die Pessimisten argumentierten, dass sich dieser Preisanstieg nicht durch Fundamentaldaten begründen ließe. Robert Shiller von der Universität Yale, der bereits lange zuvor vor einem Kurssturz am Aktienmarkt gewarnt hatte (vgl. sein 2001 bei Princeton University Press erschienenes Buch „Irrational Exuberance"), erklärte etwa im Jahr 2005: „Die Blase am Immobilienmarkt erinnert stark an den Hype am Aktienmarkt 1998. Kurz vor dem Zusammenbruch des Neuen Markts Anfang des neuen Jahrtausends war er genauso geprägt von Herdenverhalten und der absoluten Überzeugung, dass Aktienkurse nur eine Richtung kennen – nämlich nach oben."

Um Shillers Aussagen zu verstehen, überlegen wir anhand der mathematischen Ableitungen im Text, von welchen Faktoren eine Fundamentalbewertung der Aktienkurse abhängt. Solange es zu keiner Blasenbildung kommt, ist der Aktienkurs eines Unternehmens bestimmt von der Höhe der aktuellen und der in Zukunft zu erwartenden Dividendenzahlungen sowie vom aktuellen und den zukünftigen Zinssätzen: Je höher der Gegenwartswert der zukünftig zu erwartenden Dividenden, desto höher der aktuelle Aktienkurs. Die gleiche Logik können wir auch auf Immobilienpreise anwenden: Der Fundamentalwert einer Immobilie hängt von den aktuellen und den in Zukunft erwarteten Mietpreisen ab sowie vom aktuellen und den zukünftig erwarteten Zinssätzen. Die Pessimisten hoben hervor, dass der Anstieg der Immobilienpreise nicht einherging mit einem parallel verlaufenden Anstieg der Mietpreise. Die Mietpreise haben sich ganz ähnlich entwickelt wie das Einkommen – also weit langsamer als die Immobilienpreise. Dieser Logik zufolge liefert ▸ **Abbildung 1** ein untrügliches Indiz für eine Überbewertung. Robert Shiller verwies zudem auf Umfragen unter Hauskäufern, die durchwegs die absolute Überzeugung stetig steigender Immobilienpreise und entsprechend hoher Vermögensgewinne erkennen ließen. Wie wir zuvor lernten, dürften Investoren aber keine großen Kursgewinne erzielen können, wenn die Vermögenspreise in Einklang mit den Fundamentalwerten stehen.

Die Optimisten argumentierten dagegen, dass es sehr wohl gute Gründe gab für ein steigendes Verhältnis von Preisen zu Mieten. Erstens ist der Realzins in diesem Zeitraum gesunken (vgl. ▸ **Abbildung 6.2** in ▸ **Kapitel 6**). Damit aber steigt der Gegenwartswert zukünftiger Mieteinnahmen. Zweitens sind auch die Nominalzinsen gesunken – und in vielen Staaten sind Nominalzinsbelastungen aus Verschuldung von der Steuer absetzbar. Drittens veränderte sich der Immobilienmarkt. Viele neue Hauskäufer verschuldeten sich in der Hoffnung, durch den Kauf einer eigenen Wohnung einer zukünftig steigenden Mietbelastung entgehen zu können. Dieser Sicht zufolge reflektierten die steigenden Immobilienpreise nur die vorausschauende Erwartung eines starken Anstiegs zukünftiger Mieten, der in einer boomenden Wirtschaft mit Bevölkerungswachstum mit gewisser Verzögerung einsetzen werde. Die Optimisten verwiesen zudem darauf, dass die Pessimisten schon seit 2000 ein Ende der Blasenbildung verkündeten, während die Immobilienpreise trotzdem stetig weiter stiegen. Je länger diese Phase anhielt, desto mehr verloren die Pessimisten an Überzeugungskraft.

Die dritte Gruppe blieb unentschieden – sie war bei Weitem die größte. (Harry Truman wird nachgesagt, er hätte gerne „einarmige" Ökonomen als Berater. Alle seine Wirtschaftsberater betonten meist: „Einerseits könnte es so kommen, andererseits aber auch so.") Die Mehrheit der Ökonomen verwies darauf, dass für den Anstieg der Immobilienpreise gleichermaßen Fundamentalfaktoren wie

Blasenbildung mitverantwortlich seien, dass es aber schwerfalle, die relative Bedeutung dieser Faktoren einzuschätzen.

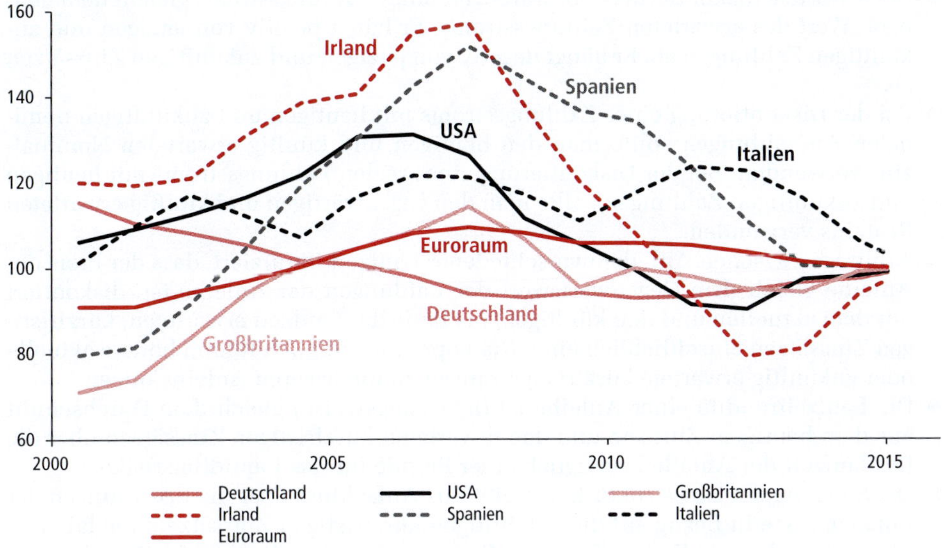

Abbildung 1 Immobilienpreise relativ zum Einkommen; Indexwert, normiert auf 100, für das Jahr 2015. Die Immobilienpreise sind in den USA nach Berechnungen der OECD bis zum Jahr 2006 im Vergleich zum Einkommen stark angestiegen. In Irland und Spanien war diese Entwicklung aber noch viel ausgeprägter. Im Gegensatz dazu sind die Immobilienpreise in Deutschland bis 2010 langsamer gestiegen als die Einkommen.

Quelle: OECD Housing Prices (Price to Income), https://www.oecd.org/en/data/indicators/housing-prices.html

Was können wir daraus lernen? Blasenbildung ist im Nachhinein immer leichter zu beurteilen als in der Phase, in der sie sich entwickelt. Diese Tatsache macht die Aufgabe der Wirtschaftspolitiker besonders schwer: Wenn sie sich sicher sind, dass wirklich eine Blasenbildung vorliegt, dann sollten sie versuchen, die Entwicklung zu dämpfen, bevor die Blase platzt. Aber sie können sich selten sicher sein, bevor es zu spät ist – zumal dann, wenn Unsicherheit über die Qualität der Daten zur Immobilienpreisentwicklung besteht. Und sie laufen stets Gefahr, sich dem Vorwurf auszusetzen, entgegen den Marktkräften einen nachhaltigen Boom abzuwürgen.

Makroprudenzielle Regulierung (wie etwa strikte Beleihungsgrenzen beim Immobilienkauf oder eine Begrenzung der Absetzbarkeit von Schuldzinsen bei der Einkommensteuer) können jedoch dazu beitragen, prozyklische Kreditvergabe zu dämpfen (vgl. auch ▸ **Kapitel 23**).

Weiterführende Literatur: Gerardi, Kristopher S.; Christopher L. Foote und Paul S. Willen (2010), Reasonable People Did Disagree: Optimism and Pessimism, About the U.S. Housing Market Before the Crash, Federal Reserve Bank of Boston, Policy Brief.

ZUSAMMENFASSUNG

- Der erwartete diskontierte Gegenwartswert eines Zahlungsstroms gleicht dem heutigen Wert des erwarteten Zahlungsstroms. Er hängt positiv von jetzigen und zukünftigen Zahlungen ab. Er hängt negativ von jetzigen und zukünftigen Zinssätzen ab.
- Bei der Diskontierung eines Zahlungsstroms mit heutigen und zukünftigen nominalen Auszahlungen sollte man den heutigen und künftig erwarteten Nominalzins verwenden. Bei der Diskontierung eines realen Zahlungsstroms mit heutigen und zukünftigen Zahlungen sollte man den gegenwärtigen und künftig erwarteten Realzins verwenden.
- Arbitrage zwischen Anleihen verschiedener Laufzeit impliziert, dass der Preis der Anleihe gleich dem Gegenwartswert der Zahlungen der Anleihe ist, diskontiert mit dem aktuellen und den künftigen, bis Ende der Laufzeit erwarteten, kurzfristigen Zinssätzen einschließlich einer Risikoprämie. Folglich führen höhere aktuelle oder zukünftig erwartete kurzfristige Zinsen zu niedrigeren Anleihekursen.
- Die Laufzeitrendite einer Anleihe ist (näherungsweise) gleich dem Durchschnitt aus dem heutigem Zinssatz und den erwarteten kurzfristigen Zinssätzen über die Restlaufzeit der Anleihe, zuzüglich einer Prämie für das Liquiditätsrisiko.
- Die Steigung der Zinsstrukturkurve gibt uns Aufschluss über die Erwartungen der Finanzmärkte in Bezug auf die zukünftigen kurzfristigen Zinssätze. Eine fallende Zinsstrukturkurve (die kurzfristigen Zinsen liegen über den langfristigen Zinsen) impliziert, dass der Markt fallende kurzfristige Zinsen erwartet; eine steigende Zinsstrukturkurve (die kurzfristigen Zinsen liegen unter den langfristigen Zinsen) impliziert, dass der Markt steigende kurzfristige Zinsen erwartet.
- Der Fundamentalwert einer Aktie ist der Gegenwartswert der zukünftig erwarteten realen Dividenden, diskontiert mit den aktuellen und den künftig erwarteten, einjährigen realen Zinsen einschließlich einer Risikoprämie auf Aktien. Abgesehen von Blasen oder Launen ist der Aktienkurs gleich seinem Fundamentalwert.
- Werden die Dividenden höher erwartet, dann steigt der fundamentale Wert der Aktien; steigen der aktuelle Zinssatz oder die erwarteten einjährigen Zinssätze oder auch die Risikoprämie auf Aktien, dann fällt ihr fundamentaler Wert.
- Eine veränderte Nachfrage kann, muss aber nicht die Aktienkurse in dieselbe Richtung bewegen. In welche Richtung sie sich bewegen, hängt ab von (1) den anfänglichen Erwartungen der Märkte, (2) der Quelle der Schocks und (3) den Erwartungen der Märkte, wie die Zentralbank auf das veränderte Produktionsniveau reagieren wird.
- Aktienkurse können von Blasen oder Launen bestimmt werden, sodass der Aktienkurs von seinem Fundamentalwert abweichen kann. Blasen sind Zeiträume, in denen die Anleger Aktien zu einem höheren Kurs als fundamental gerechtfertigt in der Erwartung kaufen, die Aktie zu einem späteren Zeitpunkt noch teurer weiterveräußern zu können. Launen charakterisieren Zeiten, in denen Anleger, wegen einer Mode-Erscheinung oder aus Überoptimismus, bereit sind, mehr als den fundamentalen Wert für eine Aktie zu bezahlen.

Übungsaufgaben

(Lösungen auf **MyMathLab | Makroökonomie**)

Verständnistests

1 Welche der folgenden Aussagen sind zutreffend, falsch oder unklar? Geben Sie jeweils eine kurze Erläuterung.

a) Der Gegenwartswert eines Ertragsstroms kann in realen oder in nominalen Werten berechnet werden.

b) Je höher der Zinssatz auf einjährige Anleihen, desto niedriger der diskontierte Gegenwartswert dieser Anleihe.

c) Im Normalfall ist zu erwarten, dass der Zinssatz für Anleihen mit einjähriger Laufzeit über die Zeit hin konstant bleibt.

d) Anleihen geben einen Anspruch auf feste Zahlungen während ihrer Laufzeit.

e) Aktien geben einen Anspruch auf zukünftige Dividendenzahlungen des Unternehmens.

f) Ein Anstieg der erwarteten Inflation und der nominalen Zinssätze aller Laufzeiten um denselben Betrag lässt den Aktienkurs in realen Werten steigen.

g) Ein Anstieg der erwarteten Inflation und der nominalen Zinssätze aller Laufzeiten um denselben Betrag lässt den Aktienkurs in nominalen Werten sinken.

h) Ein rationaler Investor würde niemals einen positiven Preis für eine Aktie bezahlen, die niemals Dividenden ausschütten wird.

i) Die Zinsstrukturkurve hat normalerweise einen steigenden Verlauf.

j) Gemäß der Arbitragegleichung sollten alle Anlageformen über ein Jahr hin den gleichen erwarteten Ertrag liefern.

k) In einer Blase entspricht der Wert einer Aktie dem Gegenwartswert aller zukünftig erwarteten Dividendenzahlungen.

l) Der reale Wert eines gesamtwirtschaftlichen Aktienindex unterliegt im Lauf eines Jahres keinen großen Schwankungen.

m) Indexierte Anleihen schützen den Anleger gegen unerwartete Inflation.

n) Nominalanleihen können den Anleger nicht gegen erwartete Inflation schützen.

2 Für welche der folgenden Fragestellungen macht es einen Unterschied, ob Sie reale Auszahlungen und Realzinsen oder Nominalzinsen und nominale Auszahlungen verwenden, um den diskontierten erwarteten Gegenwartswert auszurechnen. Erläutern Sie jeweils den Grund.

a) Eine Schätzung des Gegenwartswertes der Gewinne aus einer Investition in eine neue Maschine.

b) Eine Schätzung des Gegenwartswertes einer Bundesanleihe mit 20-jähriger Laufzeit.

c) Die Entscheidung darüber, ob Sie ein Auto kaufen oder leasen.

3 Der diesjährige einjährige Zinssatz sei 0%. Nehmen Sie an, dass die Finanzmärkte erwarten, dass der einjährige Zinssatz jedes Jahr um 1% für die folgenden drei Jahre steigt und dann bei 3% bleibt. Bestimmen Sie approximativ die Laufzeitrendite für:

a) eine einjährige Anleihe.

b) eine zweijährige Anleihe.

c) eine dreijährige Anleihe.

d) eine fünfjährige Anleihe.

e) eine zehnjährige Anleihe.

4 Berechnen Sie den Nominalzins auf Anleihen mit zweijähriger Laufzeit unter folgenden Annahmen einmal approximativ, zum anderen mit der exakten Formel.

a) $i_{1t} = 2\%$; $ie_{1,t+1} = 3\%$

b) $i_{1t} = 2\%$; $ie_{1,t+1} = 10\%$

c) $i_{1t} = 2\%$; $ie_{1,t+1} = 3\%$,
wenn die Liquiditätsprämie auf Anleihen mit zweijähriger Laufzeit 1% beträgt.

5 *Zinsstrukturkurve und implizite Zinserwartungen*
i_{Tt} ist der heutige Zinssatz auf Anleihen mit T-jähriger Laufzeit; i_{T+1t} der heutige Zinssatz auf Anleihen mit T+1-jähriger Laufzeit. Berechnen Sie daraus mit Hilfe der Formel in der Marginalspalte zu ▶ Gleichung (14.14). approximativ den im Jahr T erwarteten Nominalzins auf Anleihen mit einjähriger Laufzeit $i^e_{1,t+T}$ für folgende Fälle:

a) $T = 1: i_{1t} = 3\%$; $i_{2t} = 4\%$;

b) $T = 5: i_{5t} = 3\%$; $i_{6t} = 4\%$;

c) $T = 10: i_{10t} = 3\%$; $i_{11t} = 4\%$

Wie zuverlässig sind Ihre Berechnungen, wenn Anleger für Anleihen mit längerer Laufzeit eine Liquiditätsprämie fordern?

6 *Laufzeitrenditen*
Die Laufzeitrendite mit Nominalwert F, Preis P und Laufzeit von n Jahren berechnet sich aus der Beziehung $1 + i = (F/P)^{1/n}$. Bestimmen Sie die Laufzeitrenditen der folgenden Anleihen:

a) Eine Diskontanleihe mit Nominalwert 1.000 €, einer Laufzeit von drei Jahren und einem Preis von 800 €.

b) Eine Diskontanleihe mit Nominalwert 1.000 €, einer Laufzeit von vier Jahren und einem Preis von 850 €.

c) Eine Diskontanleihe mit Nominalwert 1.000 €, einer Laufzeit von vier Jahren und einem Preis von 850 €.

7 *Der Preis von langfristigen Anleihen*
Der Gegenwartswert eines unendlichen Zahlungsstroms von jährlich z (beginnend im nächsten Jahr) beträgt z/i bei einem konstanten Nominalzins i. Anhand dieser Formel können wir den Preis von Anleihen mit unendlicher Laufzeit (Consols) berechnen. Sie liefert uns aber auch eine gute Annäherung für den Preis von langfristigen Anleihen mit begrenzter Laufzeit, solange der Zins konstant ist. Im Folgenden prüfen wir, wie gut die Approximation ist.

a) Sei z = 100 und i = 10%.Berechnen Sie den Preis einer Anleihe mit unendlicher Laufzeit

b) Berechnen Sie für i = 10% den Preis einer Anleihe mit 10-jähriger, 20-jähriger, 30-jähriger und 60-jähriger Laufzeit mit jährlichen Auszahlungen von z = 100. *Hinweis:* Verwenden Sie die in diesem Kapitel präsentierte Formel (für konstante Zinssätze und konstante Auszahlungen), aber vergessen Sie dabei nicht, für die erste Auszahlung zu korrigieren.

c) Stellen Sie die gleiche Berechnung auch für i = 2% und i = 5% an.

8 *Aktienkurse und Risikoprämie*
(Diese Problemstellung basiert auf dem **Anhang** zu diesem Kapitel.)

a) Erklären Sie, warum es in Gleichung (A14.1) wichtig ist, dass der Kurs nach Dividendenausschüttung betrachtet wird. Welcher Ausdruck würde den Kurs vor der Dividendenausschüttung beschreiben?

b) Zeigen Sie anhand von Gleichung (A14.1) den Beitrag der einzelnen Faktoren, die zur Bestimmung des heutigen Aktienkurses relevant sind.

c) Wie wirkt sich ein Anstieg der Risikoprämie auf den heutigen Aktienkurs aus, wenn alles andere konstant bleibt?

d) Wie wirkt sich ein Anstieg des Zinssatzes für einjährige Anleihen auf den heutigen Aktienkurs aus?

e) Wie wirkt sich ein Anstieg des erwarteten Aktienkurses im nächsten Jahr (t+1) auf den heutigen Aktienkurs aus?

f) Betrachten Sie nun Gleichung (A14.3). Setzen Sie $i_{1t} = i_{1t+n} = 0{,}05$ ür alle n und x =0,03. Berechnen Sie die Diskontfaktoren für D^e_{t+3} und D^e_{t+10}. Vergleichen Sie, wie sich ein Anstieg der erwarteten Dividende um einen Euro in drei Jahren oder in zehn Jahren auf den heutigen Aktienkurs auswirkt.

g) Stellen Sie die gleichen Berechnungen wie in f. auch an für $i_{1t} = i_{1t+n} = 0{,}08$ für alle n und $x = 0{,}05$.

h) Nehmen Sie an, im nächsten Jahr beträgt die Dividendenauszahlung 1.000. In den Folgejahren wächst die Dividende jeweils mit der Rate g. Berechnen Sie den Aktienkurs, wenn Realzins r und Risikoprämie x für alle Zeiten konstant bleiben.

9 Bestimmen Sie mit Hilfe des *IS-LM*-Modells den Einfluss der Geldpolitik auf die Aktienkurse. Gehen Sie davon aus, dass zunächst sowohl der aktuelle wie der zukünftig erwartete Realzins bei 2% liegen. Die EZB entscheidet sich nun für eine restriktive Geldpolitik und erhöht den aktuellen Realzins von r = 2% auf r = 3%.

a) Wie reagieren die Aktienkurse, wenn der Zinsanstieg als nur vorübergehend angesehen wird (also nur für das laufende Jahr)? Gehen Sie dabei davon aus, dass die erwarteten realen Dividendenzahlungen sich nicht ändern, und nutzen Sie ▶ Gleichung (14.16).

b) Wie reagieren die Aktienkurse, wenn der Zinsanstieg als dauerhaft angesehen wird? Gehen Sie dabei davon aus, dass die erwarteten realen Dividendenzahlungen sich nicht ändern, und nutzen Sie ▶ Gleichung (14.16).

c) Wie reagieren die Aktienkurse, wenn der Zinsanstieg als dauerhaft angesehen wird und die zukünftig erwartete Produktion so wie die realen Dividendenzahlungen ebenfalls steigen. Nutzen Sie wieder ▶ Gleichung (14.16).

Vertiefungsfragen

10 *Interpretation der Zinsstrukturkurve*

a) Erklären Sie, weshalb eine inverse (fallende) Zinsstrukturkurve auf eine nahende Rezession hindeuten kann.

b) Was impliziert eine steile Zinsstrukturkurve im Hinblick auf die zukünftige Inflation?

11 *Immobilienpreise und Blasenbildung*
Immobilien sind Vermögenswerte, deren Fundamentalwert sich aus dem erwarteten diskontierten Gegenwartswert der zukünftigen Mieteinkünfte ableitet.

a) Würden Sie zur Berechnung des Fundamentalwertes reale Auszahlungen und Realzinsen verwenden oder Nominalzinsen und nominale Auszahlungen?

b) Mietzahlungen auf eine Immobilie lassen sich wie Dividendenzahlungen auf Aktien interpretieren, egal ob Sie die Immobilie vermieten oder selbst bewohnen und sich dafür Mietzahlungen an Fremdeigentümer sparen. Formulieren Sie das Äquivalent von Gleichung (14.16) für eine Immobilie.

c) Warum können niedrige Zinsen helfen, einen Anstieg des Verhältnisses von Immobilienpreis zu Mietzahlungen zu erklären. Unterscheiden Sie dabei zwischen Nominal- und Realzinsen.
d) Wenn Immobilien als sichere Anlagen eingeschätzt werden, wie wirkt sich das Verhältnis von Immobilienpreis zu Mietzahlungen aus?
e) Die Abbildung der Fokusbox *„Der Anstieg der Immobilienpreise – von Fundamentalfaktoren getrieben oder reine Blasenbildung?“* zeigt das Verhältnis von Immobilienpreisen zu Einkommen für verschiedene Länder bis 2015. Erstellen Sie anhand der OECD-Datenbank zu Housing Prices (Quellenangabe in der Fokusbox) eine Abbildung der Entwicklung des Verhältnisses von Immobilienpreisen zu Mieten (Price to rent ratio). Vergleichen Sie die Entwicklung Ihrer Grafik mit der Abbildung der Fokusbox. Wie haben sich die beiden Relationen seit 2015 entwickelt?

12 Reale vs. nominale Aktienrendite
▶ **Abbildung 14.5** zeigt die großen Schwankungen der realen und nominalen Aktienkurse am Beispiel des DAX-Index. Berechnen Sie mit Hilfe der FRED-Datenbank (Codes SPASTT01DEM661N und DEUCPIALLMINMEI) die nominale und reale Aktienrendite des Dax für den Monat Juli 2020 und September 2022 jeweils gegenüber dem Vormonat. Erklären Sie, warum sich nominale und reale Rendite unterscheiden.

Weiterführende Fragen

13 *Immobilienpreise weltweit*
Die *Residential Property Price Database* der Bank für Internationalen Zahlungsverkehr in Basel erstellt für viele Länder einen Index der realen Preisentwicklung für Wohnimmobilien. Der FRED-Code für Deutschland ist QDER628BIS. Erstellen Sie für die Länder, die in ▶ **Abbildung 1** in der Fokusbox *„Der Anstieg der Immobilienpreise“* betrachtet werden, sowie für Japan eine Abbildung mit der Entwicklung seit 2000. Normieren Sie jeweils den Wert für das 1. Quartal 2000 auf 100.
a) In welchen Ländern ist der Index von 2010 bis zum Ausbruch der Pandemie besonders stark gestiegen? Wie hat sich der Index in diesen Ländern nach Ausbruch der Pandemie entwickelt?
b) In welchen Ländern hat sich der Index nach 2010 am schwächsten entwickelt? Welche Faktoren könnten dafür verantwortlich sein?
c) Vergleichen Sie den Verlauf des realen Preises für Wohnimmobilien in Japan und den USA seit 1970 sowie in Japan und China seit 2005. Lassen sich aus der Entwicklung in Japan Lehren für China ziehen?

14 *Zinsstrukturkurve 1*
a) Vergleichen Sie die Zinsstruktur Ende 2023 im Euroraum mit der Entwicklung in den USA. Suchen Sie dazu die Zinsen für den 29.12.2023 mit unterschiedlichen Laufzeiten für die USA (Webseite der US Treasury, *Daily Treasury Par Yield Curve Rates*) sowie von der *Euro area yield curve* der EZB (Link vgl. ▶ **Abbildung 14.2**). War die Zinsstruktur steigend, fallend oder flach? Welche Begründungen lassen sich dafür geben?
b) Ermitteln Sie auch die Zinsstruktur zu dem Zeitpunkt, zu dem Sie diese Aufgabe bearbeiten. Inwieweit gibt es Parallelen? Woraus lassen sich Unterschiede begründen?

15 Zinsstrukturkurve 2
Die Fokusbox *„Zinsstruktur nach der Pandemie“* zeigt die impliziten Zinserwartungen im Euroraum für den 14.2.2023 anhand der *„instantaneous forward yields“*. Auf der Homepage der EZB zu Zinsstrukturkurven im Euroraum *(Euro area yield curve)* (Link vgl. ▶ **Abbildung 14.2**) finden Sie Berechnungen für die impliziten Erwartungen *(instantaneous forward rates)* über die sich im Verlauf der nächsten 30 Jahre ergebenden kurzfristigen Zinsen.
a) Untersuchen Sie mit Hilfe der *Euro area yield curves* der EZB, wie sich die Zinserwartungen bis Ende 2023 verändert haben. Vergleichen Sie dazu die Zinserwartungen vom 14.2.2023 mit denen (1 vom) 4.10.2023 und (2) vom 29.12.2023 mit Hilfe der EZB-Seite.
b) Vergleichen Sie die Zinserwartungen mit den aktuellen Daten zu dem Zeitpunkt, an dem Sie das Buch lesen. Wie haben sich die kurz- und längerfristigen Erwartungen seit Ende 2023 verändert?

16 Die Verzinsung indexierter Anleihen (in den USA als TIPS – *Treasury Inflation protected securities* – bezeichnet) liefert ein gutes Maß für den Realzins. Weil die Nominalverzinsung bei indexierten Anleihen nachträglich immer an die tatsächliche Inflationsentwicklung angepasst wird, entspricht die Verzinsung solcher Anleihen dem erwarteten Realzins. Wie die Fokusbox *„Vom Nominalzins zum Realzins“* zeigt, liegt die Verzinsung nominaler im Vergleich zu indexierten Anleihen um die erwartete Inflationsrate höher. Die Differenz der Verzinsung lässt sich somit (abgesehen von Risikoprämien) als Marktindikator für die Inflationserwartungen interpretieren.
a) Nutzen Sie die FRED-Datenbank, um die Entwicklung von Nominal- und Realzins für zehnjährige Staatsanleihen sowie der Inflationserwartungen über diesen Zeithorizont in den USA

seit 2003 zu ermitteln. Nutzen Sie die Datenreihen DGS10, DFII10, T10YIE. Interpretieren Sie die Entwicklung des Realzinses und der Inflationserwartungen im Lauf der Finanzkrise. Welche Erwartungen haben die Finanzmärkte über die Inflationsrate im Lauf der nächsten zehn Jahre?

b) Vergleichen Sie die in Teilaufgabe a) abgeleiteten Erwartungen mit der Inflationsprognose der Cleveland Fed (FRED-Code: EXPINF10YR)

c) Wie haben sich die Erwartungen über 10 Jahre seit Ende 2023 verändert?

Anhang

Dieser Anhang hat drei Teile.

Der erste zeigt allgemein, wie sich aus der Zinsstrukturkurve die erwarteten zukünftigen Zinssätze ableiten lassen.

Der zweite zeigt, dass ohne spekulative Blasen die Arbitrage zwischen Aktien und Anleihen dazu führt, dass der Aktienkurs dem erwarteten Gegenwartswert der Dividenden entspricht.

Der dritte zeigt, wie man das Arbitragekalkül modifizieren muss, um die Risikoaversion der Anleger zu berücksichtigen. Es wird gezeigt, wie dies das Verhältnis des Gegenwartswerts zwischen Aktien und Dividenden verändert.

Erwartete zukünftige Zinssätze und Zinsstrukturkurve

Aus dem Vergleich der heute (zum Zeitpunkt t) herrschenden Zinssätze einer Anleihe mit Laufzeit von τ Jahren $(i_{\tau,t})$und einer Anleihe mit längerer Laufzeit von $T > \tau$Jahren $(i_{T,t})$ können wir gemäß der Erwartungstheorie den heute im Jahr $t + \tau$ erwarteten Zinssat $i^e T -_{\tau,t+\tau}$ einer Anleihe mit einer Laufzeit der restlichen$T - \tau$ Jahren wie folgt berechnen. Analog zur Arbitrage- ▶ Gleichung (14.7) muss gelten:

$$(1 + i_{T,t})^T = (1 + i_\tau)^\tau (1 + i^e_{T-\tau,t+\tau})^{T-\tau}$$

Logarithmieren beider Seiten ergibt unter Verwendung der Approximation $ln(1 + i) \approx i$ (vgl. Proposition 5 in ▶ **Anhang B.2**):

$$T i_{T,t} \approx \tau i_{\tau,t} + (T - \tau)) i^e_{T-\tau,t+\tau}$$

Durch Umformen können wir $i^e_{T-\tau,t+\tau}$wie folgt berechnen:

$$i^e_{T-\tau,t+\tau} \approx T/(T - \tau) i_{T,t-\tau}/(T - \tau)) i_{\tau,t}$$

Arbitrage und Aktienkurse

Sie möchten Ihre Ersparnisse für ein Jahr anlegen und stehen vor der Wahl, entweder in eine einjährige Anleihe oder in Aktien zu investieren. Was sollten Sie wählen?

- Nehmen Sie an, Sie wählen einjährige Anleihen. Dann erhalten Sie für jeden investierten Euro $(1 + i_{1t})$ Euro im nächsten Jahr. Diese Auszahlung ist in der oberen Zeile von ▶ **Abbildung A14.1** dargestellt.
- Nehmen Sie nun an, dass Sie ein Jahr lang Aktien halten. Das impliziert den Aktienkauf heute, den Erhalt der Dividende im nächsten Jahr und den anschließenden Verkauf der Aktie. Bei einem Aktienkurs von Q_t, kauft jeder investierte Euro $1/Q_t$ Aktien. Und für jede gekaufte Aktie erwarten Sie $(D^e_{t+1} + Q^e_{t+1})$zu erhalten, die Summe aus erwarteter Dividende und Aktienkurs im nächsten Jahr. Daher erwarten Sie, für jeden Euro den Sie in Aktien investieren, $(D^e_{t+1} + Q^e_{t+1})/Q_t$ zu erhalten. Diese Auszahlung ist in der unteren Zeile von ▶ **Abbildung A14.1** dargestellt.

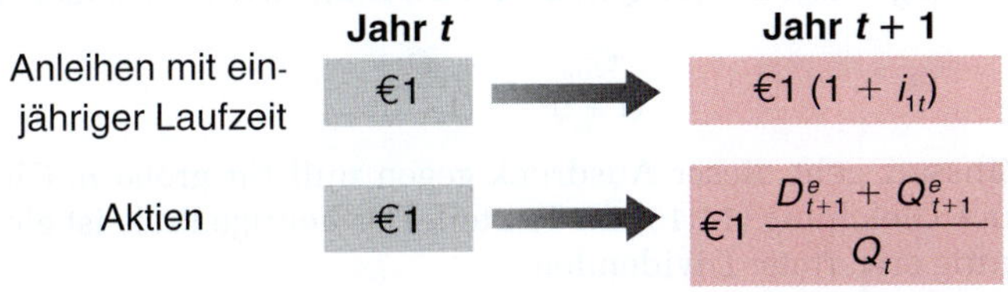

Abbildung A14.1 Zahlungen aus dem Halten von einjährigen Anleihen oder Aktien für ein Jahr

Nutzen wir dasselbe Arbitrage-Argument wie bereits früher bei Anleihen. Falls die Investoren nur auf die erwartete Rendite achten, muss im Gleichgewicht die erwartete Rendite aus dem Besitz von Aktien für ein Jahr gleich der Rendite einer einjährigen Anleihe sein:

$$\frac{(D^e_{t+1} + Q^e_{t+1})}{Q_t} = 1 + i_{1t}$$

Stellen wir die Gleichung um, zu

$$Q_t = \frac{D^e_{t+1}}{(1 + i_{1t})} + \frac{Q^e_{t+1}}{(1 + i_{1t})} \qquad (14.A1)$$

Arbitrage impliziert, dass der Kurs einer Aktie heute gleich dem Gegenwartswert der erwarteten Dividende zuzüglich dem Gegenwartswert des Aktienkurses im nächsten Jahr ist.

Im nächsten Schritt überlegen wir, was den erwarteten Aktienkurs im nächsten Jahr, Q^e_{t+1}, bestimmt. Im nächsten Jahr stehen die Anleger wieder vor der Wahl zwischen Aktien und einjährigen Anleihen. Es wird dasselbe Arbitrage-Kalkül gelten. Schreiben wir die vorige Gleichung nun für t+1 und berücksichtigen die Erwartungen, so erhalten wir

$$Q^e_{t+1} = \frac{D^e_{t+2}}{(1 + i^e_{t+1})} + \frac{Q^e_{t+2}}{(1 + i^e_{t+1})}$$

Der erwartete Kurs im nächsten Jahr ist einfach der Gegenwartswert aus der Summe von erwarteter Dividende und Aktienkurs in zwei Jahren. Durch Ersetzen des erwarteten Preises Q^e_{t+1} in Gleichung (A14.1), erhalten wir

$$Q_t = \frac{D^e_{t+1}}{(1 + i_{1t})} + \frac{D^e_{t+2}}{(1 + i_{1t})(1 + i^e_{1t+1})} + \frac{Q^e_{t+2}}{(1 + i_{1t})(1 + i^e_{1t+1})}$$

Der Aktienkurs ist der Gegenwartswert der erwarteten Dividende im nächsten Jahr, zuzüglich dem Gegenwartswert der erwarteten Dividende in zwei Jahren, zuzüglich dem erwarteten Preis in zwei Jahren.

Ersetzen wir den erwarteten Kurs in zwei Jahren durch den Gegenwartswert des erwarteten Kurses und der Dividende in drei Jahren und fahren so fort für n Jahre, dann erhalten wir

$$Q_t = \frac{D^e_{t+1}}{(1 + i_{1t})} + \ldots + \frac{D^e_{t+n}}{(1 + i_{1t})\ldots(1 + i^e_{1t+n-1})} + \frac{Q^e_{t+n}}{(1 + i_{1t})\ldots(1 + i^e_{1t+n-1})} \qquad (14.A2)$$

Betrachten Sie den letzten Ausdruck in Gleichung (A14.2) – den Gegenwartswert des in n Jahren erwarteten Kurses. Solange die Individuen keinen explodierenden Aktienkurs in der Zukunft erwarten, geht dieser Ausdruck gegen null, wenn wir weiterhin Q^e_{t+n} ersetzen und n steigt. Um zu verstehen weshalb, nehmen Sie den Zinssatz i als konstant an. Der letzte Ausdruck wird zu

$$\frac{Q^e_{t+n}}{(1 + i_{1t})\ldots(1 + 1^e_{1t+n-1})} = \frac{Q^e_{t+n}}{(1 + i)^n}$$

Nehmen Sie weiter an, dass die Individuen für die ferne Zukunft erwarten, dass der Aktienkurs gegen einen gewissen Wert Q konvergiert. Dann wird der letzte Ausdruck zu

$$\frac{Q^e_{t+n}}{(1 + i)^n} = \frac{Q}{(1 + i)^n}$$

Bei positivem Zinssatz geht dieser Ausdruck gegen null für große n. Gleichung (A14.2) reduziert sich zu ▶ Gleichung (14.15) im Textteil: Der heutige Preis ist gleich dem Gegenwartswert zukünftig erwarteter Dividenden.

Ein wichtiger Punkt: Die Bedingung, die Individuen erwarten, der Aktienkurs konvergiert mit der Zeit gegen einen bestimmten Wert, erscheint vernünftig. Sie scheint tatsächlich die meiste Zeit erfüllt zu sein. Sind die Kurse jedoch Ausdruck einer rationalen Blase **(Ab-**

schnitt Risiken, Blasen, Launen und Aktienkurse), erwarten die Anleger also starke Kursanstiege in der Zukunft, dann ist die Bedingung, dass die Kurse nicht explodieren, nicht erfüllt. Deswegen hilft beim Auftreten von Blasen unser soeben angeführtes Argument nicht weiter; der Aktienkurs entspricht nicht länger dem Gegenwartswert der erwarteten Dividenden.

Eine Erweiterung der Formel für den Gegenwartswert zur Berücksichtigung des Risikos

Weil das Halten von Aktien im Vergleich zu Anleihen für Anleger riskanter ist, fordern sie eine Risikoprämie x beim Kauf von Aktien. In diesem Fall ändert sich die Arbitragegleichung zwischen Aktien und Anleihen zu

$$\frac{D^e_{t+1} + Q^e_{t+1}}{Q_t} = 1 + i_{1t} + X \qquad \text{(A14.3)}$$

Die einzige Veränderung ist der Term x auf der rechten Seite der Gleichung. Vollziehen wir dieselben Schritte wie oben (ersetzen Q^e_{t+1} durch seinen Ausdruck zum Zeitpunkt t+1 usw.), entspricht der Aktienkurs folgendem Wert:

$$Q_t = \frac{D^e_{t+1}}{(1 + i_{1t} + x)} + \ldots + \frac{D^e_{t+n}}{(1 + i_{1t} + x)\ldots(1 + i^e_{1t+n-1} + x)} + \ldots$$

Der Aktienkurs entspricht immer noch dem Gegenwartswert der in Zukunft erwarteten Dividenden. Aber der Diskontsatz ist hier gleich dem Zinssatz zuzüglich der Risikoprämie für das Halten von Aktien. Je höher die Prämie, desto niedriger der Aktienkurs. Über die letzten 100 Jahre war die Risikoprämie in den Vereinigten Staaten etwa 5%. Sie ist aber nicht konstant. Veränderungen der **Aktienprämie** sind eine weitere Quelle für Schwankungen der Aktienkurse.

Erwartungsbildung, Konsum und Investitionen

15

15.1 Erwartungen und Konsumnachfrage 452

15.2 Investitionen 462

15.3 Die Volatilität von Konsum und Investitionen 470

Nachdem wir die Bedeutung von Erwartungen für die Finanzmärkte verstanden haben, können wir uns nun der Frage zuwenden, welche Rolle die Erwartungsbildung für zwei Hauptbestandteile der gesamtwirtschaftlichen Nachfrage, für Konsum und Investitionsausgaben, spielt. Diese Betrachtung ermöglicht es uns dann, in ▸ Kapitel 16 eine erweiterte, dynamische Version des *IS-LM*-Modells zu entwickeln.

Kernbotschaft dieses Kapitels: Konsum- und Investitionsentscheidungen werden wesentlich von Erwartungen über die zukünftige Entwicklung bestimmt.

- ▸ **Abschnitt 15.1** erweitert unsere Kenntnisse des Konsumverhaltens. Wir werden sehen, dass der Konsum nicht ausschließlich vom aktuellen Einkommen, sondern auch vom erwarteten zukünftigen Einkommen sowie von der Vermögensentwicklung abhängt.
- ▸ **Abschnitt 15.2** zeigt, dass Investitionsentscheidungen von den aktuellen *und* den erwarteten Gewinnen sowie von den aktuellen *und* den erwarteten Zinsen abhängen.
- ▸ **Abschnitt 15.3** untersucht die Entwicklung von Konsum und Investitionen im Zeitablauf und interpretiert die empirischen Gegebenheiten anhand der zuvor erzielten Erkenntnisse.

15.1 Erwartungen und Konsumnachfrage

Bisher nahmen wir an, dass die Konsumnachfrage ausschließlich vom aktuellen Einkommen abhängt. In der Realität zeigt sich, dass diese Sichtweise zu restriktiv ist. Wir müssen deshalb unsere Behandlung des Konsumverhaltens vertiefen. Hierbei zeigt sich, dass die Konsumentwicklung nicht ohne Berücksichtigung von Erwartungen verstanden werden kann.

Friedman erhielt den Nobelpreis für Ökonomie im Jahre 1976, Modigliani im Jahre 1985.

Ausgangspunkt ist ein Ansatz, der im Laufe der 1950er-Jahre entwickelt wurde. Zu dieser Zeit erarbeiteten zwei Ökonomen unabhängig voneinander eine Theorie, die explizit die Erwartungen der Konsumenten berücksichtigte. Milton Friedman, Professor an der Universität von Chicago, nannte seinen Ansatz „**Permanente Einkommenshypothese des Konsums**“, um zu betonen, dass Konsumenten Aspekte jenseits des aktuellen Einkommens berücksichtigen; Franco Modigliani, Ökonom am Massachusetts Institute of Technology, wählte die Bezeichnung „**Lebenszyklus-Hypothese des Konsums**“, um hervorzuheben, dass die gesamte Lebensspanne als Planungshorizont der Wirtschaftssubjekte berücksichtigt werden muss.

In Deutschland beträgt der Anteil der Konsumausgaben an den Gesamtausgaben etwa 60%.

Seit dieser Zeit forschen viele Ökonomen über das Thema Konsumverhalten. Hierfür gibt es mehrere Gründe. Erstens macht der Konsum den weitaus größten Teil der aggregierten Nachfrage aus; er ist deshalb von erheblicher Bedeutung für die Makroökonomie.

Zweitens verbessert sich die Datenlage beständig. Die Analyse neuer und verbesserter Datensätze ermöglicht weitaus detailliertere Untersuchungen und eine Vielzahl neuer Erkenntnisse bezüglich des tatsächlichen Konsumverhaltens. Dabei zeigen sich immer wieder gewisse Widersprüche, wenn die neuen empirischen Erkenntnisse mit den verfügbaren Theorien konfrontiert werden. Sie müssen durch neue Theoriebildung aufgelöst werden. Im Laufe dieses Forschungsprozesses wurden in den letzten Jahren eine Vielzahl spannender Erkenntnisse gewonnen. In diesem Abschnitt werden wir eine Auswahl dieser Einsichten kennenlernen.

15.1.1 Konsumverhalten bei perfekter Voraussicht

Wir beginnen mit einer extremen, aber nützlichen Annahme: Zunächst untersuchen wir das Entscheidungsproblem eines Konsumenten, der mit Sicherheit weiß, wie sich die Zukunft entwickeln wird. Zudem berücksichtigt er alle ihm zur Verfügung stehenden Informationen. Bei der Entscheidung über sein aktuelles Konsumniveau wird ein solches Individuum in zwei Schritten vorgehen:

- Im ersten Schritt wird er den Gesamtwert seines Vermögens ermitteln. Hierzu wird er eine Aufstellung all seiner Vermögensgegenstände (z.B. den Wert seines Aktien- und Wertpapiervermögens, das Guthaben auf seinem Girokonto, den Verkehrswert seiner Eigentumswohnung etc.) erstellen. Davon muss er alle Verbindlichkeiten (beispielsweise den noch ausstehenden Hypothekenkredit samt der anfallenden Zinszahlungen) abziehen. Schließlich muss er zum Gesamtwert seines Finanz-, Immobilien- und Sachvermögens auch den Schätzwert seines Humanvermögens addieren.
- 1 Zu diesem Zweck wird er den erwarteten Nettoverdienst während seines gesamten Arbeitslebens schätzen und den Gegenwartswert der Zahlungen ermitteln. Dieser erwartete Barwert des Arbeitseinkommens ist der Schätzwert des Humanvermögens des Konsumenten.
- Im zweiten Schritt wird der Konsument entscheiden, welchen Teil seines Gesamtvermögens er in der laufenden Periode für Konsumzwecke nutzen soll. Die meisten Ökonomen gehen davon aus, dass Konsumenten ungern allzu starke Schwankungen ihres Konsumniveaus hinnehmen. Es besteht eine Präferenz zur Glättung von Konsumausgaben im Zeitverlauf. Man sollte deshalb vermuten, dass das betrachtete Individuum den aktuellen Konsum genau so wählt, dass das Gesamtvermögen ausreicht, um in jeder Phase des Lebens ungefähr das gleiche Konsumniveau zu erreichen. Ist dieses Konsumniveau höher als das aktuelle Einkommen, wird der fehlende Betrag über Verschuldung abgedeckt. Im umgekehrten Fall wird der Restbetrag gespart, also zum Vermögensaufbau genutzt.

Formal lässt sich ein solches Entscheidungsverhalten folgendermaßen charakterisieren:

$$C_t = C(GV_t) \tag{15.1}$$

wobei C_t das Konsumniveau in Periode t und GV_t die Summe aus Finanz-, Immobilienund Humanvermögen zum Zeitpunkt t repräsentiert.

Bevor wir uns den Problemen einer solchen Beschreibung widmen, betrachten wir ein Beispiel: die Konsumentscheidung einer 21-jährigen Studentin.

Wir wollen annehmen, dass die betrachtete Person plant, in drei Jahren ihr Studium zu beenden. Zum Zeitpunkt der Entscheidung verfügt sie über einige Vermögensgegenstände (wie ein Auto, eine Stereoanlage ...) und einige Verbindlichkeiten, etwa einen Kredit, der zur Finanzierung des Autos aufgenommen wurde.

Zur Vereinfachung wollen wir annehmen, dass sich der Wert der Vermögensgegenstände und der Wert der Schulden genau ausgleichen. Zum Zeitpunkt der Entscheidung besteht das Gesamtvermögen also lediglich aus dem Gegenwartswert der erwarteten Nettoverdienste bzw. dem Humanvermögen. Bei der Ermittlung der Nettoverdienste müssen reale Größen verwendet werden. Erwartet die Studentin, nach Ende ihres Studiums ein Anfangsgehalt von 45.000 € pro Jahr erzielen zu können, wird sie diesen Nominalbetrag unter Verwendung der erwarteten Inflationsrate in Preise des aktuellen Jahres umrechnen. Unterstellen wir eine durchschnittliche erwartete Inflationsrate von 4%, so beträgt das reale Anfangsgehalt $45.000/(1{,}04)^3$€ = 40.000€. Die jährliche erwartete (Real-)Lohnsteigerung betrage 3%. Im Alter von 60 Jahren plant die Studentin in Rente zu gehen. Sie versteuert ihr Einkommen mit einem durchschnittlichen Steuersatz von 25%.

Im Verlauf dieses Kapitels werden wir die Unterscheidung zwischen Immobilien- und Sachvermögen zuweilen vernachlässigen und nur vom Finanz- undImmobilienvermögensprechen.

Wovon hängt der Wert des Humanvermögens ab? Folgen wir dem eigentlichen Wortsinn, würden wir vermuten, dass ausschließlich persönliche Eigenschaften wie Ausbildungsniveau, Intelligenz und Berufserfahrung entscheidend sind. Der von uns benutzte Schätzwert sollte jedoch sinnvollerweise auch andere Aspekte berücksichtigen, die sich auf die Verdienstmöglichkeiten auswirken, z.B. die Entwicklung der Arbeitslosenquote und der Steuersätze.

Der Begriff der Glättung von Konsumausgaben („consumption smoothing") ist zentral für das Verständnis der modernen Konsumforschung. Er beschreibt die in den Konsumpräferenzen begründete Abneigung gegen allzu starke Schwankungen des Konsumniveaus.

Da wir alle Konsumenten sind, können wir durch Selbstbeobachtung die Plausibilität der hier beschriebenen Theorie überprüfen.

Unter Verwendung von ▸ Gleichung (14.7) können wir nun den Gegenwartswert des Arbeitseinkommens bestimmen. Hierzu müssen die erwarteten Nettoverdienste mit dem Realzins diskontiert werden. Y_{Lt} sei das reale Arbeitseinkommen im Jahr t, T_t die reale Steuerlast und $HV(Y^e_{Lt} - T^e_t)$ das Humanvermögen, also der im Jahr t ermittelte Gegenwartswert der erwarteten Nettoverdienste.

Zur Vereinfachung nehmen wir an, der Realzins sei null. Der erwartete Gegenwartswert entspricht dann einfach der Summe aller realen Arbeitseinkünfte, bzw. dem Nettoanfangsgehalt (40.000€)(1 – 0,25) multipliziert mit den erwarteten Lohnsteigerungen.

$$HV(Y^e_{Lt} - T^e_t) = (40.000)(0,75)[1 + (1,03) + (1,03)^2 + \ldots + (1,03)^{36}]$$

Der Term in eckigen Klammern berücksichtigt die Tatsache, dass das Nettogehalt während des Arbeitslebens (37 Jahre) um 3% pro Jahr ansteigt. Unter Verwendung der Eigenschaften geometrischer Reihen ergibt sich für diesen Ausdruck ein Wert von $(1 - 1{,}03^{37})/(1 - 1{,}03) = 66{,}2$. Wir erhalten:

$$GV = HV(Y^e_{Lt} - T^e_t) = 0,75(66,2)(40.000) = 1.986.000$$

Üblicherweise wird zusätzlich berücksichtigt, dass eine Präferenz für möglichst frühen Konsum besteht; wir wollen diese Komplikation hier vernachlässigen.

Wenn die Studentin heute eine Einheit weniger konsumiert, dann folgt aus der Annahme r = 0 dass sie im nächsten Jahr genau eine zusätzliche Einheit konsumieren kann. Dabei muss die Summe des Konsums bezogen auf die gesamte Lebenszeit dem Gesamtvermögen entsprechen. Wenn jährlich eine konstante Menge konsumiert werden soll, muss einfach das Vermögen durch die verbleibenden Lebensjahre dividiert werden. Bei positivem Realzins ist der potenzielle Zusatzkonsum und damit der Anreiz zur Ersparnisbildung größer.

Das Gesamtvermögen GV entspricht dem **Humanvermögen** und nimmt einen Wert von etwa zwei Millionen Euro an.

Um über ihr aktuelles Konsumniveau entscheiden zu können, muss die Studentin schließlich ihre Lebenserwartung bestimmen. Sie geht davon aus, nach der Pensionierung noch 16 Jahre zu leben. Ihr Vermögen muss somit auf die verbleibenden 56 Jahre aufgeteilt werden. Möchte sie in diesem Zeitraum ein konstantes Konsumniveau aufrechterhalten, kann sie pro Jahr Ausgaben in Höhe von 1.986.000/56€ = 35.464€tätigen. In den nächsten drei Jahren ohne Einkommen muss sie hierfür pro Jahr einen Kredit von 35.464 € aufnehmen. Sobald sie verdient, wird die Studentin den Kredit zurückzahlen und zu sparen beginnen, um für die Jahre nach ihrem Arbeitsleben vorzusorgen.

Die Berechnung des optimalen Konsumniveaus wird durch die Annahme erleichtert, dass der reale Zinssatz gleich null ist. Allerdings zwingt diese Annahme uns, einen zentralen Aspekt der Konsumentscheidung zu vernachlässigen: den Zusammenhang zwischen Realzins und Konsumniveau. Um diesen Zusammenhang zu verstehen, können wir das Entscheidungsproblem der Studentin auch folgendermaßen beschreiben: Sie muss zwischen der Alternative „Konsum heute" und der Alternative „Konsum in der Zukunft" wählen. Was sind die Vorteile des sofortigen Konsums? Im Wesentlichen besteht der Vorteil im sofort erzielbaren Nutzengewinn.

Was sind die Nachteile des Konsums heute? Der wesentliche Nachteil ist offensichtlich der Verzicht auf Konsum in der Zukunft. Genau hier kommt der Realzins ins Spiel: Ist der Realzins null, ermöglicht ein aktueller Konsumverzicht einen zukünftigen Zusatzkonsum in gleicher Höhe. Ist der Realzins positiv (bspw. 3%) so führt eine aktuelle Einschränkung des Konsums um 1 € zu einem größeren Zusatzkonsum in der Zukunft (z.B. in Höhe von 1,03 € im Folgejahr). Je höher der Realzins, desto größer sind also die Anreize zum Konsumverzicht bzw. zur Ersparnisbildung.

Viele Aspekte dieser Beschreibung des Konsumverhaltens sind auch in der Realität zu beobachten: Auch wir werden unseren Vermögensbestand sowie erwartete Einkommensgrößen bei Entscheidungen bzgl. des aktuellen Konsumniveaus berücksichtigen. Auf der anderen Seite wecken Berechnungen wie hier den Eindruck, dass sie ein zu großes Ausmaß an Voraussicht, Planungssicherheit und Rechengeschick verlangen. Wir müssen die soeben entwickelte Grundidee deshalb weiterentwickeln.

Die Analyse des Konsumverhaltens muss sich deshalb detailliert mit den Präferenzen von Wirtschaftssubjekten auseinandersetzen: Verändern sich die Präferenzen im Verlauf des Lebens? Welche Rolle spielt der Wunsch, den Nachkommen ein Erbe zu hinterlassen oder das Bedürfnis, nicht weniger zu konsumieren als Nachbarn, Kollegen und andere Referenzgruppen?

15.1.2 Eine realistischere Betrachtung

Ist es wirklich realistisch, dass eine Studentin in den ersten Semestern einen Kredit von 35.464 · 3€ = 106.392€aufnehmen wird? (Sicherlich ist dieser Betrag sehr hoch gegriffen. Sie sollten jedoch wissen, dass eine hohe Kreditaufnahme bei Studenten in Ländern wie den USA durchaus üblich ist, da hohe Studiengebühren zu finanzieren sind.) Ihre eigene Erfahrung zeigt Ihnen, dass viele Gründe dagegensprechen.

1. Ein konstantes Konsumniveau über den gesamten Lebenszeitraum mag weniger erstrebenswert sein, als in der bisherigen Analyse vermutet. Schließlich verändern sich die Lebensumstände im Zeitverlauf. Teure Ausgaben wie der Mitgliedsbeitrag im Golfclub oder die Reise auf einem Luxusdampfer werden häufig in spätere Lebensabschnitte verlagert. Zudem ist es sinnvoll, Zusatzausgaben in späteren Lebensabschnitten (z.B. für die Ausbildung und Versorgung der eigenen Kinder) bereits jetzt zu berücksichtigen.
2. Das tatsächliche Ausmaß an Rationalität, Rechenaufwand und Wissen bei den Konsumentscheidungen mag wesentlich geringer sein als bisher unterstellt.
3. Die bisherige Analyse vernachlässigt die Existenz von Unsicherheit. Die Natur von erwarteten Größen ist allerdings, dass die Dinge auch anders ablaufen können, als von uns erwartet. Krankheit oder Arbeitslosigkeit können die Pläne eines verschuldeten Individuums erheblich beeinträchtigen. Meist wird deshalb die Möglichkeit widriger Lebensumstände bei Konsum- und Sparentscheidungen berücksichtigt, indem man die Verschuldungshöhe begrenzt oder indem man aus Gründen der Vorsorge spart.
4. Selbst wenn unsere Studentin sich schließlich dazu entscheiden sollte, einen Kredit in Höhe von 106.392 € aufzunehmen, wird dies häufig nicht möglich sein. Gerade junge Menschen gelten bei Banken als wenig kreditwürdig. Häufig verlangen Kreditinstitute Sicherheiten, die eine Rückzahlung von Zinsen und Tilgung gewährleisten sollen. Wer solche Sicherheiten nicht aufbringen kann, unterliegt Kreditbeschränkungen, die eine Glättung der Konsumausgaben oft unmöglich machen.

Ökonomen unterstellen üblicherweise ein hohes Ausmaß an Rationalität. Jüngere Ansätze versuchen, die begrenzten Möglichkeiten menschlichen Entscheidungsverhaltens zu berücksichtigen.

Seine besondere Relevanz erhält dieser Aspekt durch die Tatsache, dass die meisten Wirtschaftssubjekte risikoscheu sind: Sie bevorzugen sichere Alternativen vor unsicheren. Auch das Ausmaß an Risikoaversion geht in die Präferenzen der Wirtschaftssubjekte ein.

Alle genannten Gründe verdeutlichen, dass wir unsere Beschreibung des Konsumverhaltens aus ▶ **Abschnitt 15.1.1** modifizieren müssen. Wie können wir dieses Ziel erreichen, ohne ▶ Gleichung (15.1) unnötig zu verkomplizieren? Es zeigt sich, dass eine äußerst einfache Erweiterung zumindest den drei letztgenannten Aspekten Rechnung tragen kann: Der aktuelle Konsum ist demnach nicht nur vom Gesamtvermögen, sondern auch vom aktuellen Einkommen abhängig.

Die Analyse von Kreditbeschränkungen nimmt einen zentralen Platz in der modernen Analyse des Konsumverhaltens ein. Insbesondere bei jüngeren und weniger vermögenden Haushalten beeinflussen sie das Konsumverhalten entscheidend.

So lässt der zweite Aspekt vermuten, dass Konsumenten dazu neigen, einfachen und überschaubaren Regeln zu folgen. Die empirische Forschung zeigt, dass viele Haushalte das aktuelle Einkommen nutzen, um solch eine überschaubare Regel zu formulieren.

Auch der dritte Aspekt sollte dazu führen, dass das aktuelle Einkommen eine wichtige Rolle bei Konsumentscheidungen spielt. Um Überschuldung zu vermeiden und für schwierige Lebenssituationen vorzusorgen, ergibt es durchaus Sinn, das aktuelle Einkommensniveau als Richtschnur für die aktuellen Konsummöglichkeiten zu nutzen.

Besonders deutlich wird die Bedeutung des aktuellen Einkommens bei Betrachtung des vierten Aspekts: Wenn eine Ausdehnung des Konsums per Kreditaufnahme unmöglich ist, stellt das aktuelle Einkommen die natürliche Obergrenze für das Konsumniveau dar.

Um diese Erwägungen in möglichst einfacher Form zu erfassen, erweitern wir ▶ Gleichung (15.1) um das aktuell verfügbare Einkommen:

$$C_t = C\underset{+\quad\;\;+}{(GV_t,\; Y_{Lt} - T_t)} \tag{15.2}$$

Der Konsum ist eine steigende Funktion des Gesamtvermögens und des aktuellen Nettoverdienstes. Das Gesamtvermögen setzt sich weiterhin zusammen aus dem Finanz- und Immobilienvermögen sowie dem Humanvermögen, d.h. dem Gegenwartswert der Nettoverdienste.

Welche Gewichte sollten wir den beiden Determinanten des Konsumniveaus zuordnen? Bei der Beantwortung dieser Frage müssen wir berücksichtigen, dass sich eine Volkswirtschaft aus unterschiedlichen Haushalten zusammensetzt. Junge Haushalte werden ein anderes Konsummuster aufweisen als ältere Haushalte. Inhaber von Immobilien können Kreditsicherheiten aufbringen, die Mietern nicht offenstehen. Generell wird der Konsum der Haushalte, die weniger gut situiert sind, enger mit dem aktuellen Einkommen zusammenhängen – Erwartungen spielen eine weniger bedeutsame Rolle. Vermögendere Haushalte werden hingegen dem aktuellen Einkommen ein geringeres Gewicht beimessen und großen Wert auf eine adäquate Einschätzung der Zukunftsentwicklung legen. Hieraus folgt, dass die Bedeutung des aktuellen Einkommens relativ zum Vermögen letztlich eine empirische Frage ist. Die Fokusbox *„Welche Rolle spielen Erwartungen"* liefert ein Beispiel dafür, wie komplex die Beantwortung dieser Frage ist.

Erwartungen über ein stärkeres Wachstum in der Zukunft beeinflussen den Gegenwartskonsum:

Erwartete zukünftige Produktion ↑ ⇒ Erwartetes zukünftiges Arbeitseinkommen ↑ ⇒ Humanvermögen ↑ ⇒ Gegenwartskonsum ↑

Erwartetes zukünftiges Einkommen ↑ ⇒ Erwartete zukünftige Dividenden ↑ ⇒ Aktienkurse ↑ ⇒ Finanzvermögen ↑ ⇒ Gegenwartskonsum ↑

Trotz allem zeigt sich, dass es überzeugende Hinweise für unsere These gibt, dass der Konsum eine Funktion des aktuellen Einkommens und des Vermögens ist.

FOKUS

Sparen für die Rente – reichen die Ersparnisse?

Wie weitsichtig verhalten sich die Haushalte bei ihren Konsum- und Sparentscheidungen? Um diese Frage zu beantworten, bietet es sich an, die Sparbildung für die Rente zu untersuchen.

▶ **Tabelle 1** liefert uns dazu Hintergrunddaten. Sie stammt aus einer Studie zu Gesundheit und Rente, die James Poterba vom MIT (Massachusetts Institute of Technology) gemeinsam mit Steven Venti und David Wise auf der Basis von Paneldaten der University of Michigan durchgeführt hat. Diese Paneldaten erfassen Umfragen einer repräsentativen Auswahl von 20.000 amerikanischen Haushalten im Alter über 50 Jahre, die regelmäßig alle zwei Jahre befragt werden. Die Tabelle zeigt Durchschnittswert und Zusammensetzung des Gesamtvermögens der Altersgruppe von 65 bis 69 Jahren (also überwiegend im Rentenalter) im Jahr 1999. Sie unterscheidet zudem zwischen Singles und Verheirateten.

Die ersten drei Zeilen beziehen sich auf unterschiedliche Formen von Renteneinkommen. Die erste gibt den Gegenwartswert der Sozialversicherungsrente an; die zweite den Wert aus Betriebsrenten; die dritte schließlich den Gegenwartswert aus individuellen Rentensparplänen. Die weiteren Zeilen geben den Wert aus anderem Vermögen (wie Anleihen, Aktien und Immobilien) an.

Das Durchschnittsvermögen von über einer Million US-$ für Verheiratete ist beträchtlich. Das deutet darauf hin, dass sich die Haushalte bei ihren Sparentscheidungen durchaus weitsichtig verhalten, um sich ein komfortables Rentenniveau zu sichern. Wir sollten mit der Bewertung aber vorsichtig sein. Hinter dem hohen Durchschnittswert verstecken sich markante Unterschiede zwischen verschiedenen Gruppen. Manche sparen sehr viel, andere dagegen kaum etwas. Eine andere Studie von John Scholz, Ananth Seshadri und Surachai Khitatrakun beleuchtet diesen Unterschied. Sie beruht auf den gleichen Paneldaten. Basierend auf diesen Daten ermitteln die Autoren einen Zielwert für das Vermögen für die einzelnen Haushalte, der es ihnen ermöglichen würde, auch nach Renteneintritt ungefähr das gleiche Konsumniveau aufrechtzuhalten wie während des Arbeitslebens. Sie vergleichen dann das tatsächliche Vermögen mit diesem Zielwert.

Die erste Schlussfolgerung dieser Studie entspricht den Aussagen der Studie von Poterba et. al.: Im Durchschnitt sparen die Haushalte genug. Genauer: Für etwa 80% aller Haushalte liegt das Vermögen über dem Zielwert. Nur 20% der Haushalte haben ein Vermögen unter dem Zielwert. Diese Zahlen verbergen aber wichtige Unterschiede zwischen verschiedenen Einkommensgruppen.

In der oberen Hälfte der Einkommensverteilung übersteigt für mehr als 90% aller Haushalte das Vermögen den Zielwert, dabei oft um einen erheblichen Betrag. Das deutet darauf hin, dass diese Gruppe auch für Vererbung spart, also weit mehr als für die eigene Rente notwendig ist.

In den unteren 20% der Einkommensverteilung haben dagegen nur weniger als 70% aller Haushalte ein Vermögen über dem Zielwert – zudem meist mit nur sehr geringem Unterschied beider Werte. Der relativ große Anteil von Haushalten mit einem Vermögen unter dem Zielwert deutet darauf hin, dass eine beträchtliche Zahl von Haushalten – sei es aufgrund schlechter Planung oder einfach aus Pech – nicht genug für die Rente anspart. Für die meisten in dieser Gruppe stammt fast das gesamte Vermögen aus Ansprüchen der Sozialversicherung (der ersten Zeile der Tabelle). Es ist wahrscheinlich, dass der Anteil der Haushalte mit einem Vermögen unter dem Zielwert noch höher wäre, wenn es keine Sozialversicherung gäbe. In der Tat ist es gerade das Ziel der Sozialversicherung, sicherzustellen, dass die Haushalte auch in der Rente genug zum Leben haben. In diesem Sinne scheint sie erfolgreich zu sein.

	Verheiratete Paare	Alleinstehende Haushalte
Rentenversicherungsansprüche	262	134
Betriebsrenten	129	63
Rentenansprüche aus privater Vorsorge	182	47
Anderes Finanzvermögen	173	83
Immobilienvermögen	340	188
Anderes Vermögen	69	18
Gesamtvermögen	1.155	533

Tabelle 1 Durchschnittliches Vermögen der Rentner in den USA im Alter von 65 bis 69 im Jahre 2008 (jeweils in Tausend US-$)
Quelle: Poterba, Venti und Wise, Tabelle A1.

15.1.3 Eine integrierte Sichtweise des Konsumverhaltens

Kehren wir zurück zu unserer Ausgangsfrage – welche Rolle spielen Erwartungen bei der Bestimmung des Konsums? In ▶ Gleichung (15.2) gehen Erwartungen auf zweierlei Weise ein:

- Erwartungen beeinflussen zunächst direkt die Ermittlung des Humanvermögens. Die Rolle von Erwartungen beschränkt sich hierbei nicht auf die Bestimmung der zukünftigen Verdienstmöglichkeiten: Um den erwarteten realen Nettoverdienst zu bestimmen, benötigt man Informationen über die Steuerentwicklung und die Inflationsrate; zur Diskontierung der zukünftigen Zahlungen muss ermittelt werden, welche Realzinsen sich zukünftig ergeben.
- Erwartungen beeinflussen indirekt die Höhe des Finanz- und Sachvermögens. Wie wir in ▶ **Kapitel 14** sahen, wird der Wert von Vermögenswerten wie Aktien, festverzinslichen Wertpapieren und Immobilen auf den Finanzmärkten bestimmt. Erwartungen über die zukünftigen Zahlungsströme und Zinssätze spielen hierbei die entscheidende Rolle. Wir sahen, dass diese Erwartungen bei effizient funktionierenden Finanzmärkten adäquat in den Preisen der Vermögensgegenstände erfasst sind. Der Konsument kann dann den Wert seines Finanz- und Immobilienvermögens einfach als gegeben hinnehmen. Allerdings muss er berücksichtigen, dass Aktienkurse und Immobilienpreise teilweise stark schwanken. Ein Anstieg der Aktienkurse und damit des Aktienvermö

Gehen wir zurück zu den zwei Konsumfunktionen, die wir in den ▸ Kapiteln 3 bzw. 10 benutzten: In der kurzfristigen Betrachtung unterstellten wir eine Konsumfunktion der Form $C = c_0 + c_1 (Y - T)$.Daraus folgte, dass bei zunehmendem Einkommen der Durchschnittskonsum C/Y sank. Dies war angemessen, da wir unser Augenmerk auf transitorische, d.h. vorübergehende, Einkommensschwankungen richteten. In der langfristigen Betrachtung nahmen wir an, dass $S = sY$ bzw. $C = (1 - s)Y$. Daraus folgte, dass im Falle einer Einkommenserhöhung der Konsum proportional mit dem Einkommen zunahm (C/Y blieb konstant). Dies war angemessen, da wir uns auf langfristige bzw. permanente Veränderungen des Einkommens konzentrierten.

gens muss also nicht zwangsläufig zu einem dauerhaften Vermögensgewinn führen. Um zwischen nur temporären und permanenten Vermögensänderungen unterscheiden zu können, muss der Konsument deshalb Erwartungen über die Dauerhaftigkeit von Vermögensänderungen bilden. Die Fokusbox *„Welche Rolle spielen Erwartungen – Schwankungen der Vermögenspreise und Konsum“* beschäftigt sich mit diesem Aspekt.

Aus diesen Erwägungen können wir zunächst folgende Schlussfolgerungen für das Verhältnis zwischen Konsum und Einkommen ziehen:

- Veränderungen des aktuellen Einkommens werden insgesamt nicht in vollem Umfang in Konsumänderungen umgesetzt. Entscheidend für die Stärke der Konsumreaktion ist, ob Einkommensänderungen als permanent oder als nur temporär eingeschätzt werden. Ein dauerhaftes Sinken des Einkommens reduziert das Humanvermögen und schränkt damit den Konsum stark ein. Vorübergehende Einkommenseinbußen haben hingegen schwächere Effekte. Da Rezessionen und Booms üblicherweise nur einige Quartale anhalten und die Volkswirtschaft mittelfristig zum natürlichen Produktionsniveau zurückkehrt, sollte der Konsum in solchen Situationen weniger stark reagieren.
- Selbst in Situationen, in denen das aktuelle Einkommen konstant ist, kann es zu Veränderungen der Konsumnachfrage kommen. Veränderte Zukunftsaussichten werden auch dann zu Konsumreaktionen führen, wenn sie das aktuelle Einkommen unberührt lassen.

Die Auswirkungen der Finanzkrise sind in dieser Hinsicht besonders bemerkenswert.

▸ **Abbildung 15.1** zeigt anhand von Daten aus Konsumentenbefragungen, wie sich die Erwartungen über das Wachstum des Familieneinkommens im kommenden Jahr seit 1990 verändert haben. Bis zum Jahr 2008 blieben sie bemerkenswert stabil. Dann aber kam es zu einem scharfen Rückgang, der sehr lange anhielt. Erst seit 2014 haben sich die Erwartungen wieder erholt. Der scharfe Rückgang zum Ausbruch der Krise im Herbst 2008 überrascht nicht. Als die Konsumenten den starken Produktionseinbruch beobachteten, lag es auf der Hand, auch mit einem Einbruch beim Wachstum des Einkommens zu rechnen. Das ist auch in früheren Rezessionen wie 1991 und 2000 zu beobachten. Bemerkenswert an der Finanzkrise ist, wie lange dieser Einbruch anhielt. Selbst 2015 haben sich die Erwartungen nur teilweise erholt. Pessimistische Erwartungen über das Wachstum des Einkommens verleiteten die Haushalte zu Einschränkungen beim Konsum; dies wiede rum hat dazu beigetragen, dass die Erholung nur langsam und schmerzlich in Gang kam. Erst 2019 hatten sich die Erwartungen wieder erholt. Mit dem Pandemie-Schock kam es 2020 wieder zu einem starken Einbruch, dann aber auch zu einer schnellen Erholung.

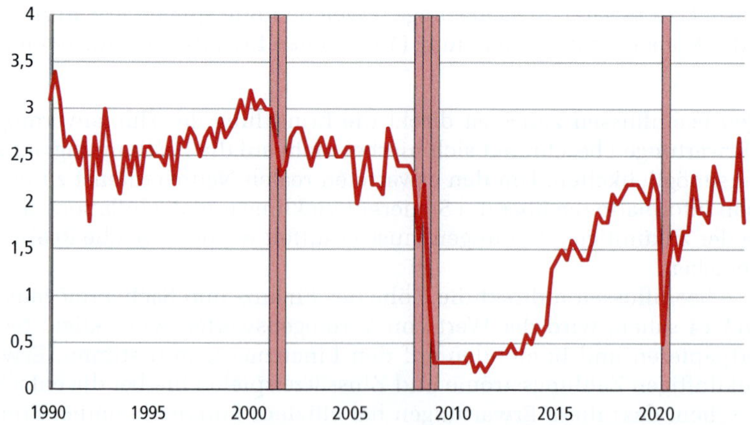

Abbildung 15.1 Erwartete Veränderung des Familieneinkommens (Median) seit 1990. Nach einem scharfen Rückgang im Herbst 2008 verharrten die Erwartungen über die Entwicklung des Familieneinkommens lange Zeit auf niedrigem Niveau.

Quelle: Expected Household Income Change During the Next Year, Survey of Consumers, Table 13, University of Michigan

FOKUS

Welche Rolle spielen Erwartungen – Schwankungen der Vermögenspreise und Konsum

Die dramatischen Bewegungen auf Aktien- und Immobilienmärkten haben das öffentliche Interesse verstärkt auf den Zusammenhang zwischen Vermögenspreisentwicklung und Konsumverhalten gerichtet. Betrachten wir in ▶ **Abbildung 1** die Vermögensentwicklung in den USA. Dort macht Aktienbesitz einen höheren Anteil am Gesamtvermögen aus als in vielen anderen Staaten. ▶ **Abbildung 1** zeigt, dass Aktienkursschwankungen große Vermögensänderungen auslösen können: Der Kurseinbruch nach dem New Economy Boom Ende der 1990er-Jahre löste einen erheblichen Rückgang des Aktienvermögens aus. Zwischen Ende 1999 und Ende 2002 beliefen sich die akkumulierten Nettovermögensverluste bei von US-Haushalten direkt oder indirekt gehaltenen Aktien auf über 7,4 Billionen $. In den fünf Jahren zuvor war das Aktienvermögen um mehr als 11 Billionen $ gestiegen

Diese starken Schwankungen lösten bei vielen Beobachtern erhebliche Befürchtungen aus: Während des starken Anstiegs in der zweiten Hälfte der 1990er-Jahre vermuteten Kommentatoren, dass die Haushalte ihren Konsum „übermäßig stark" ausdehnen würden. Umgekehrt wurde nach dem Einbruch der Aktienkurse ein starker Rückgang bei der Konsumnachfrage befürchtet. Dies würde die durch den starken Einbruch der Investitionen ausgelöste Rezession erheblich verschärfen.

Bevor wir betrachten, was tatsächlich geschah, sind zwei Vorbemerkungen notwendig:

- Zunächst müssen wir verstehen, wie ein durch Aktienkursgewinne ausgelöster Konsumanstieg mit Konsumeinschränkungen bei einem Fall der Aktienkurse zusammenhängt. Was könnte mit der Aussage einer „übermäßig starken" Ausdehnung des Konsums gemeint sein? Unsere Überlegungen oben haben gezeigt, dass Konsumenten bei einem Anstieg ihres Vermögens zwischen temporären und dauerhaften Vermögensänderungen unterscheiden sollten. Ist der Vermögensanstieg dauerhaft, kann der Konsum unbedenklich ausgedehnt werden: Das Gesamtvermögen ist gestiegen; es kann über den gesamten Lebenskonsum aufgeteilt werden. Mehr noch: Ein Haushalt kann ohne Bedenken sein Aktienpaket behalten, um von weiteren Kursanstiegen zu profitieren, indem er den gewünschten Mehrkonsum durch eine zeitweilige Kreditaufnahme oder einen Abbau seiner jährlichen Ersparnis finanziert. Der Rückgang der Sparquote in den USA zeigt, dass viele sich tatsächlich so verhielten.

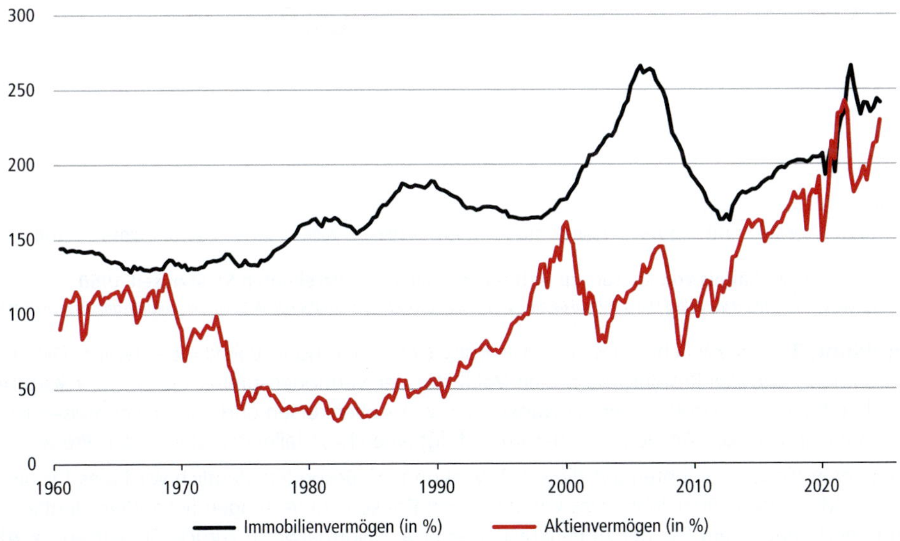

Abbildung 1 Vermögensentwicklung in den Vereinigten Staaten (Aktien- und Immobilienvermögen in Relation zum verfügbaren Einkommen)
Quelle: FRED, Financial Accounts of the United States (Federal Reserve)

Erweist sich der Anstieg der Aktienkurse allerdings wider Erwarten als vorübergehend, kann ein solches Verhalten schmerzhafte Konsequenzen haben. Der Haushalt hat in den Perioden steigender Aktienkurse einen zu großen Teil seines Vermögens verbraucht, weil er den Anstieg falsch eingeschätzt hat.

Sobald er dies realisiert, wird er seinen Konsum in den Folgejahren stark einschränken müssen – vor allem dann, wenn er Kredite zurückzahlen muss, die er zur Finanzierung des Konsums aufgenommen hatte. Eine „übermäßig starke" Ausdehnung des Konsums bedeutet also, dass ein hoher Mehrkonsum auf nur temporären Vermögensgewinnen basiert.

- Zweitens müssen wir uns fragen, wie wir die beiden Fälle unterscheiden können. Wurde der Konsum zu stark (aus temporären Vermögensgewinnen) oder angemessen (aus dauerhaften Vermögensgewinnen) erhöht? Neue Methoden der empirischen Forschung erlauben eine solche Differenzierung. Sie kommen zu dem Ergebnis, dass Haushalte durchaus zwischen den beiden Situationen unterscheiden. Jüngste Untersuchungen für die USA zeigen, dass ein nur zeitweiliger Anstieg des Vermögens eine sehr schwache Erhöhung des Konsums bewirkt – ein Vermögensanstieg um einen Dollar führt zu einer Ausdehnung des Konsums um nur einen bis zwei Cent. Bei einem dauerhaften Anstieg beträgt der entsprechende Anstieg zwischen vier und fünf Cent. Der relativ moderate Konsumanstieg bei dauerhaften Zuwächsen erklärt sich genau aus den Erwägungen, die in diesem Kapitel besprochen wurden: Ein gegebener dauerhafter Vermögensgewinn muss auf alle zukünftigen Lebensjahre verteilt werden.

Verhalten sich die Konsumenten tatsächlich in dieser vorausschauenden Weise, kann selbst ein starker Rückgang der Aktienkurse ohne wesentliche Einschränkungen des Konsums verkraftet werden – der Zusatzkonsum lässt sich langfristig aufrechterhalten, sofern er sich aus dauerhaften Vermögensgewinnen speiste. Tatsächlich entwickelten sich die Konsumausgaben wesentlich robuster, als von den besorgten Beobachtern vermutet. Der Konsum erwies sich als bedeutsamer Faktor zur Stabilisierung der amerikanischen Wirtschaft nach 2000.

Zur Veranschaulichung dieses Ergebnisses dient ▶ **Abbildung 2**. Sie zeigt, wie sich das Verhältnis von Konsumausgaben *C* zu **Nettovermögen***NV* in den USA entwickelt hat. Für die Größe *C* verwenden wir die gesamten Konsumausgaben der privaten Haushalte, für die Variable *NV* die Summe aus Finanz-, Sach- und Immobilienvermögen abzüglich der ausstehenden Verbindlichkeiten.

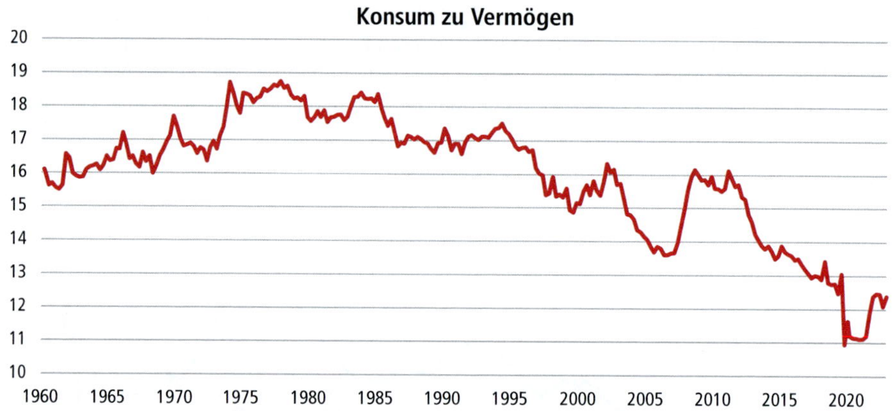

Abbildung 2 Das Verhältnis von Konsum zu Nettovermögen in den Vereinigten Staaten seit 1960
Quelle: FRED, Financial Accounts of the United States (Federal Reserve) und OECD-Codes Konsum (USAPFCEQDSMEI) dividiert durch Nettovermögen (TNWBSHNO)

▶ **Abbildung 2** zeigt zunächst, dass der Ausdruck C/NV eine hohe Volatilität aufweist. Die starken Schwankungen sind das Resultat der hohen Volatilität der Vermögenspreise, die wir in ▶ **Kapitel 14** besprochen haben. Ein Großteil der Schwankungen von Aktienkursen und Immobilienpreisen ist temporär – auf einen starken Anstieg (Fall) der Kurse folgt eine Phase fallender (steigender) Preise.

Wie reagieren die Konsumenten auf diese Schwankungen? Besonders deutlich wird dies für die Zeitspanne ab Mitte der 1990er-Jahre. Das Verhältnis von Konsum zu Vermögen fiel außerordentlich stark ab und kehrte nach dem Fall der Aktienkurse wieder auf Normalwerte zurück. Da wir aus ▶ **Abbildung 1** wissen, wie sich das Vermögen (der Nenner im Ausdruck *C/NV*) in dieser Zeit entwickelt hat, lässt dieser Verlauf den Schluss zu, dass die Konsumenten nur einen begrenzten Teil der Vermögensgewinne in Konsum umgesetzt haben: Pro Vermögenseinheit wurde weniger konsumiert. Die Quintessenz dieser Beobachtung lässt sich so formulieren: Bei ihren Konsumentscheidungen unterschieden die Haushalte sehr wohl zwischen temporären und dauerhaften Vermögenszuwächsen. Sie verhielten sich vorausschauend, berücksichtigten die Erwartung fallender Aktienkurse und konnten so allzu großen Einschränkungen ihres Konsumniveaus vorbeugen. Wäre dies nicht der Fall gewesen, wäre *C/NV* zunächst weniger stark gefallen und später sehr viel ausgeprägter gestiegen. Ein Anstieg aber ist gleichzusetzen mit einem sehr hohen Konsum pro Vermögenseinheit. Sobald die Haushalte realisieren, dass ein solchermaßen hohes Konsumniveau zu starken Einschränkungen der Konsummöglichkeiten in der Zukunft führt, würden sie ihren Konsum reduzieren.

Diese Aussagen unterliegen allerdings zwei Einschränkungen. Zum einen war nach dem Einbruch der Aktienkurse im Jahr 2002 noch nicht abzusehen, wie sie sich weiter entwickeln würden. Wäre es zu einem anhaltend starken und zudem dauerhaften Fall der Kurse gekommen, hätten sich die Erwartungen der Konsumenten letztlich doch als zu optimistisch erwiesen. Dann wäre die *C/NV*-Relation noch weiter gestiegen, die Konsumenten hätten aber auch mit Ausgabenkürzungen reagieren müssen. Tatsächlich erholten sich aber die Kurse nach 2003 deutlich.

Zum anderen besteht das Vermögen ja nicht nur aus Aktien. Die Vermögensverluste in diesem Bereich wurden teilweise durch Vermögensgewinne in anderen Bereichen, wie bei Anleihen, Immobilien oder beim Humanvermögen, aufgefangen. ▶ **Abbildung 1** verdeutlicht, dass der starke Anstieg der Hauspreise, der beträchtliche Vermögensgewinne bei Immobilien nach sich zog, dafür sorgte, dass das Nettovermögen insgesamt keineswegs stark gefallen ist.

Die damals noch erstaunlich robuste Entwicklung der amerikanischen Konsumausgaben hatte somit zumindest zwei Gründe: das vorausschauende Verhalten der Haushalte und die Kompensation von Verlusten bei Aktien durch Vermögensgewinne bei Immobilien. Die Immobilienpreise in den USA sind bis Mitte 2006 sogar rasant angestiegen (vgl. die Entwicklung des Case-Shiller Immobilienpreisindex in ▶ **Abbildung 3**). Viele Konsumenten verschuldeten sich nicht nur beim Kauf ihres Hauses stark. Im Vertrauen darauf, dass die Häuserpreise stetig weiter ansteigen, haben sie den Wertzuwachs ihres Hauses für Kredite verpfändet, um sich so mehr Konsumgüter leisten zu können. Wie ▶ **Abbildung 3** verdeutlicht, ist bis 2007 vor allem die durch Grundstücke abgesicherte Verschuldung als Anteil am verfügbaren Einkommen enorm angestiegen. Mit dem drastischen Einbruch des Immobilienmarktes nach 2006 konnten viele ihre Kredite dann nicht mehr zurückzahlen. Offensichtlich wurde der Unterschied zwischen temporären und dauerhaften Vermögenszuwächsen auf dem Immobilienmarkt vielfach falsch eingeschätzt. Dies war ein Auslöser der dramatischen Finanzkrise, die seit 2007 die Welt in Atem hält (vgl. auch die Fokusbox *„Der Anstieg der Immobilienpreise"* in ▶ **Kapitel 14**).

Was folgt aus dieser Analyse für die zukünftige Entwicklung des Konsums? Wenn die Arbeitslosenquote in einer Rezession dauerhaft ansteigt, reduzieren sich Verdienstmöglichkeiten und somit das Humanvermögen stark. Entscheidend ist, wie lange der Rückgang der Immobilienpreise anhält. Theoretisch ist zwar umstritten, ob Änderungen der Hauspreise gesamtwirtschaftlich überhaupt Vermögenseffekte hervorrufen. Während die Verkäufer verlieren, profitieren die Käufer ja von den niedrigeren Preisen.

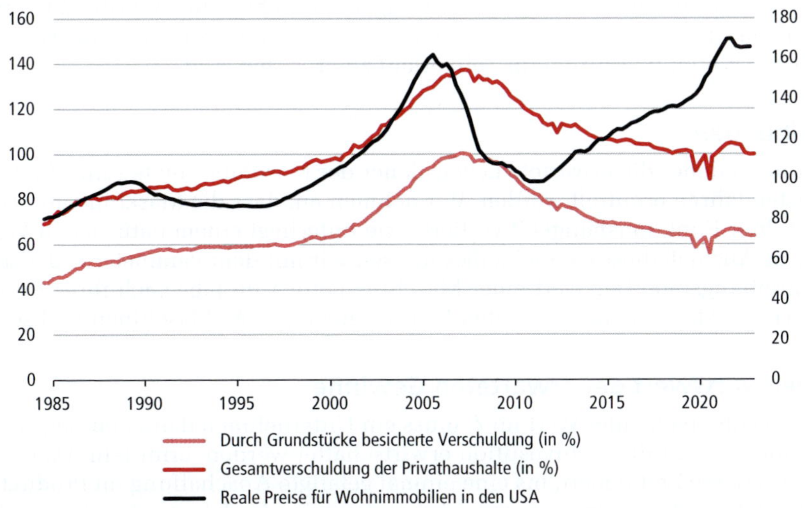

Abbildung 3 Realer Immobilienpreisindex und die Verschuldung der Privathaushalte als Anteil am verfügbaren Einkommen in den Vereinigten Staaten seit 1985

Quellen: Federal Reserve und BIS, FRED Codes: BOGZ1FL154190006Q (Gesamtverschuldung); BOGZ1FL153165106Q (durch Grundstücke besichert); QUSR628BIS (Reale Preise für Wohnimmobilien)

Wer bislang mühsam auf ein Häuschen in Kalifornien angespart hat, kann nach einem Preisverfall nicht nur günstig kaufen, er kann den Rest seiner Ersparnisse zudem auch noch für ein schickes Auto ausgeben. Manche Ökonomen argumentieren deshalb, dass es sich um einen reinen Umverteilungseffekt handelt, der sich auf den Gesamtkonsum kaum auswirkt. Doch in einer kreditbeschränkten Wirtschaft kann der Rückgang der Häuserpreise durchaus starke Effekte auf den Konsum haben. Schließlich hat sich eine beträchtliche Anzahl amerikanischer Haushalte verschuldet, um die von ihrem Eigenheim erhofften Vermögenszuwächse in Konsum umzusetzen. Der durchschnittliche Amerikaner ist gegenüber dem Rest der Welt verschuldet. Empirische Studien zeigen zudem, dass Vermögensänderungen bei Immobilien zu besonders ausgeprägten Reaktionen der Konsumenten führen.

Quelle: Gerhard Illing und Ulrich Klüh, „Vermögenspreise und Konsum: Neue Erkenntnisse, Amerikanische Erfahrungen und Europäische Herausforderungen", Perspektiven der Wirtschaftspolitik, 2005, S. 1–22. Vgl. auch Illing/Ono/Schlegl, Credit Booms, Debt Overhang and Secular Stagnation, *European Economic Review* 108 (2018), S. 78–104 und Mian/Straub/Sufi, Indebted Demand. *Quarterly Journal of Economics* 136 (2021), S. 2243–2307.

15.2 Investitionen

Wie entscheiden Unternehmen über ihre Investitionsausgaben? In ▶ **Kapitel 5** nahmen wir an, dass die Investitionsnachfrage negativ vom aktuellen Zinssatz und positiv vom aktuellen Umsatz abhängt. In ▶ **Kapitel 6** präzisierten wir diesen Zusammenhang, indem wir den Unterschied zwischen Realzins und Nominalzins einführten. Wir wollen nun untersuchen, welche Rolle Erwartungen bei der Investitionsentscheidung spielen.

Der Ausgangspunkt jeder Investitionsentscheidung ist denkbar einfach: Ein Unternehmen muss den erwarteten Gegenwartswert der in Betracht kommenden Investition, wie z.B. der Bau einer neuen Anlage oder der Kauf einer Maschine, mit den Kosten vergleichen, die bei Durchführung dieser Investition entstehen. Übersteigt der Gegenwartswert die Kosten, wird die Investition durchgeführt.

15.2.1 Gewinnerwartungen und Investitionen

In der Folge wollen wir diese Grundidee weiterentwickeln. Hierzu betrachten wir eine typische Investitionsentscheidung und verfolgen sie Schritt für Schritt. Zur Ermittlung des erwarteten Gegenwartswertes muss zunächst bestimmt werden, welche Auszahlungen von der betrachteten Investition im Zeitverlauf zu erwarten sind.

Abschreibungen

Zunächst muss daher die erwartete Lebensdauer der Maschine sowie ihre Nützlichkeit in den nächsten Jahren ermittelt werden. Wir nehmen an, dass die Maschine mit jedem Jahr einen Teil ihrer Funktionsfähigkeit verliert – sie unterliegt einem natürlichen Verschleißprozess. Das Ausmaß dieses Verschleißes messen wir mit dem Parameter δ, der sogenannten Abschreibungsrate. Der Wert einer Maschine beträgt im Jahr nach ihrer Anschaffung nur noch $(1 - \delta)$ Maschinen, im zweiten Jahr nur noch $(1 - \delta)^2$ Maschinen und so fort.

Nehmen wir an, dass ein Unternehmen eine größere Anzahl von Maschinen besitzt, so können wir uns δ als den Anteil der Maschinen vorstellen, die pro Jahr funktionsunfähig werden. Wenn zu Beginn eines Jahres K Maschinen betrieben werden, dann stehen im darauffolgenden Jahr nur noch $(1 - \delta)\,K$ Maschinen zur Verfügung.

Der Gegenwartswert der erwarteten Gewinne

Gegeben ein entsprechender Wert für δ, muss ein Unternehmen dann den Gegenwartswert der Gewinne, die mit dieser Investition erwirtschaftet werden, ermitteln. Da es üblicherweise eine gewisse Zeit dauert, bis eine einmal getätigte Anschaffung im Produktionsprozess eingesetzt werden kann, nehmen wir an, dass eine im Jahr t gekaufte Maschine erst in der Folgeperiode $t + 1$ eingesetzt werden kann. Auch der Verschleißprozess beginnt mit einer entsprechenden Verzögerung.

Angenommen, eine in t erworbene Maschine erwirtschaftet im Folgejahr einen erwarteten (realen) Gewinn in Höhe von Π^e_{t+1}. Der Gegenwartswert dieses erwarteten Gewinns ist dann

$$\frac{1}{1+r_t}\Pi^e_{t+1}$$

In ▶ **Abbildung 15.2** ist diese Vorgehensweise in der oberen Zeile abgebildet: Der erwartete reale Gewinn wird mit dem Realzins r diskontiert, um zu berücksichtigen, dass eine Zahlung in der Zukunft einen geringeren Wert aufweist als eine identische Zahlung heute.

Bezeichnen wir mit Π^e_{t+2} den erwarteten Gewinn pro vollwertiger Maschine in Periode t+2, so ergibt sich als Gegenwartswert:

$$\frac{1}{(1+r_t)(1+r^e_{t+1})}(1-\delta)\,\Pi^e_{t+2}$$

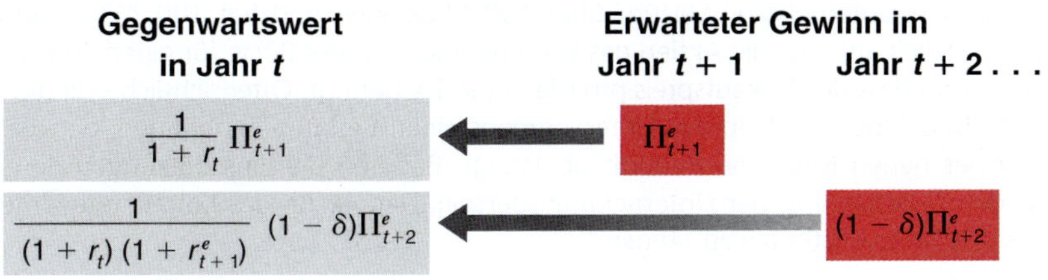

Abbildung 15.2 **Die Bestimmung des Gegenwartswertes der Gewinne**

Π^e_{t+2} muss mit dem Term $(1-\delta)$ multipliziert werden, da die Maschine nach einem Jahr einen Teil ihrer Funktionsfähigkeit eingebüßt hat. Die zweite Zeile in ▶ **Abbildung 15.2** verdeutlicht den Zusammenhang zwischen erwartetem Gewinn pro Maschine, Realzins und Abschreibungsrate grafisch.

Wiederholen wir diese Berechnung für alle Perioden, in denen die Maschine in Gebrauch ist, können wird den Gegenwartswert der erwarteten Gewinne $V(\Pi^e_t)$ als Summe der einzelnen Gegenwartswerte ermitteln:

$$V(\Pi^e_t) = \frac{1}{1+r_t}\Pi^e_{t+1} + \frac{1}{(1+r_t)(1+r^e_{t+1})}(1-\delta)\,\Pi^e_{t+2} + \ldots \tag{15.3}$$

Der Gegenwartswert entspricht dem diskontierten Wert der erwarteten Gewinne in allen Folgeperioden.

Die Investitionsentscheidung

Schließlich muss das Unternehmen entscheiden, ob die betrachtete Investition getätigt werden soll. Hierzu vergleicht es den Gegenwartswert der Maschine mit den Anschaffungskosten. Um die Notation zu vereinfachen, nehmen wir an, dass der Preis einer Maschine in Gütereinheiten genau 1 beträgt: Ist der Gegenwartswert kleiner 1, sollte die Maschine nicht gekauft werden. Im umgekehrten Fall (> 1) übersteigen die diskontierten Gewinne die Anschaffungskosten und die Investition sollte getätigt werden.

Was folgt aus diesen Erwägungen für die Investitionsnachfrage in der gesamten Volkswirtschaft? Bezeichnen wir mit I_t die aggregierte Investitionsnachfrage, mit Π_t den durchschnittlichen Gewinn pro Kapitaleinheit und mit $V(\Pi^e_t)$ den in ▶ Gleichung (15.3) definierten erwarteten Gegenwartswert der Gewinne pro Kapitaleinheit, ergibt sich die folgende Investitionsfunktion:

$$I_t = I\big(V(\underset{+}{\Pi^e_t})\big) \tag{15.4}$$

Die Investitionsnachfrage hängt positiv vom Gegenwartswert erwarteter zukünftiger Gewinne ab. Dieser Gegenwartswert hängt wiederum positiv von den aktuellen und zukünftigen Gewinnen und negativ vom aktuellen und zukünftigen Realzins ab: Je besser die Gewinnaussichten und je niedriger der Realzins, desto höher ist die Investitionsnachfrage.

Die soeben vollzogenen Berechnungen erinnern stark an die Ermittlung des fundamentalen Aktienkurses aus ▶ **Kapitel 14**. In der Tat sind beide Konzepte eng verwandt. Es ist deshalb nicht verwunderlich, dass empirisch ein enger Zusammenhang zwischen Aktienkursen und Investitionstätigkeit besteht. In der Fokusbox *„Investitionstätigkeit und Aktienmarkt"* gehen wir detailliert auf diesen Zusammenhang ein.

FOKUS

Investitionstätigkeit und Aktienmarkt

Nehmen wir an, ein Unternehmen verfügt über 100 Maschinen und hat 100 Aktien ausgegeben. Nehmen wir zusätzlich an, dass die Aktien des Unternehmens an der Börse für einen Preis von 2 € gehandelt werden und dass der Einkaufspreis pro Maschine 1 € beträgt. Offensichtlich sind die Aktionäre bereit, für eine Maschine innerhalb des Unternehmens einen Betrag aufzubringen, der die Anschaffungskosten einer neuen Maschine deutlich übersteigt. Basieren die Einschätzungen der Aktionäre auf einer soliden Einschätzung der Unternehmensperspektiven, sollte das betrachtete Unternehmen erwägen, zusätzliche Investitionen zu tätigen.

Aufbauend auf dieser einfachen Einsicht hat der Ökonom James Tobin die These aufgestellt, dass ein enger Zusammenhang zwischen Aktienmarkt und Investitionstätigkeit besteht. Um seine Grundidee besonders anschaulich zu präsentieren, argumentierte er, dass komplizierte Berechnungen wie in ▶ **Abschnitt 15.2.1** unter Umständen gar nicht notwendig seien. Ein Unternehmen müsse lediglich den Einkaufspreis einer zusätzlichen Einheit Kapital mit dem eigenen Aktienkurs vergleichen. Dieser Aktienkurs zeige, wie die Börse jede eingesetzte Einheit Kapital bewerte. Übersteigt die Bewertung des Aktienmarktes den Einkaufspreis neuer Kapitalgüter, sollte das Unternehmen neue Kapitalgüter beschaffen und somit Investitionen tätigen, im umgekehrten Fall sollte hiervon abgesehen werden.

Tobin berechnete dann eine Größe, die den Wert einer eingesetzten Kapitaleinheit relativ zu ihrem Einkaufswert widerspiegeln sollte. Er bezeichnete sie mit dem Symbol „q" und untersuchte, welche Beziehung zwischen dieser Variablen und der Investitionstätigkeit besteht. Bei der Ermittlung der Größe, die seitdem einfach als „**Tobin's** q" bezeichnet wurde, geht man in zwei Schritten vor:

- Zunächst muss der Wert aller Aktiengesellschaften einer Volkswirtschaft berechnet werden. Hierzu bildet man die Summe der Marktkapitalisierungen aller an der Börse gehandelten Unternehmen (die Marktkapitalisierung ergibt sich als Produkt des Aktienkurses und der Zahl ausstehender Aktien). Da Unternehmen sich nicht nur durch die Ausgabe von Aktien, sondern auch durch andere verzinsliche Wertpapiere finanzieren, muss zur Marktkapitalisierung der Börsenwert der anderen ausstehenden Wertpapiere addiert werden.
- Der sich ergebende Wert wird dann durch den Wert des Kapitalstocks zu Wiederbeschaffungskosten dividiert. Unter Wiederbeschaffungskosten versteht man den Preis, den Firmen zahlen müssten, um alle Maschinen, Anlagen etc. neu zu beschaffen. Üblicherweise enthalten die Bilanzen der Unternehmen entsprechende Informationen.

Die sich ergebende Größe q misst den Wert einer Einheit Kapital relativ zu ihrem aktuellen Einkaufspreis. Je höher q, desto höher schätzen die Finanzmärkte das Gewinnpotenzial des eingesetzten Kapitals ein. Ist q größer als 1 (wie im Beispiel oben), sollte das Unternehmen zusätzliche Investitionen tätigen.

▶ **Abbildung 1** bildet für die Vereinigten Staaten die Veränderungsrate von Tobin's q für jedes Jahr seit 1960 ab (rechte Achse). Gleichzeitig enthält die Abbildung ein Maß für die Investitionstätigkeit in jeder Periode: Auf der linken vertikalen Achse ist eine Variable abgetragen, die misst, wie stark sich das Verhältnis von Investitionen zu Kapitalstock in jedem Jahr verändert. Während für diese Größe die Werte des jeweiligen Jahres verwendet werden, wird bei Tobin's q jeweils der Wert des Vorjahres eingetragen. Für 2010 ist in der Abbildung demzufolge die Veränderungsrate von Tobin's q für 2009 eingetragen.

Diese Vorgehensweise resultiert aus der Tatsache, dass die Investitionen zeitverzögert auf Änderungen der Marktbewertungen reagieren. Ein Grund hierfür könnte sein, dass Unternehmen eine gewisse Zeit benötigen, um Investitionsentscheidungen zu treffen.

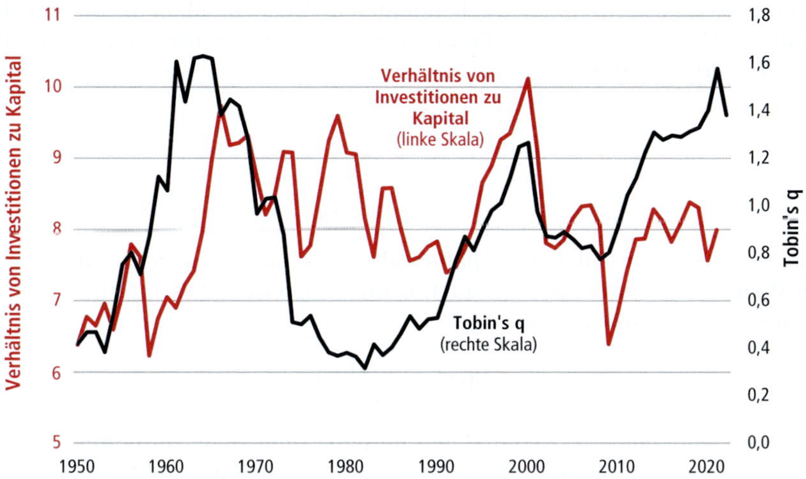

Abbildung 1 Tobin's *q* und das Verhältnis von Investitionen zu Kapital, jährliche Veränderungsraten, seit 1950

Quelle: FRED: Tobin's q: NCBEILQ027S_TNWMVBSNNCB; Investitionen BOGZ1FA105019005Q; Kapital: BEA Fixed Assets Table 4-1 (Private non residential fixed assets).

Die Abbildung deutet auf einen gewissen Zusammenhang zwischen Tobin's *q* und den Investitionen hin, insbesondere während des Anstiegs der Aktienkurse vor der globalen Finanzkrise. Dieser Zusammenhang ist aber nicht besonders eng. Dies gilt vor allem für das letzte Jahrzehnt, in dem die Aktienkurse und damit auch Tobin's *q* erheblich gestiegen sind, das Verhältnis von Investitionen zu Kapital aber nicht zugenommen hat.

Wie lässt sich der fehlende Zusammenhang erklären?

Es könnte an „immateriellen Werten" liegen, das sind Vermögenswerte ohne physische Form, wie geistiges Eigentum, Markenbekanntheit und Reputation und Goodwill. Genau wie bei Maschinen handelt es sich dabei um Kapital. Es lässt sich aber nur schlecht messen. Das kann zu einer Unterschätzung des Gesamtkapitals führen und damit zu einer Überschätzung von Tobin's *q*.

Es kann auch auf höheren Monopolrenten beruhen. Sie erhöhen den Unternehmenswert, führen aber nicht unbedingt zu mehr Investitionen. Beide Faktoren scheinen angesichts der zunehmenden Bedeutung von Unternehmen wie Amazon oder Google, die einen hohen Marktwert, große immaterielle Werte, beträchtliche Monopolrenten und sehr wenig gemessenes Kapital haben, von großer Relevanz zu sein.

Es gibt noch viele andere mögliche Gründe – etwa unterschiedliche Erwartungen von Investoren und Unternehmen oder Blasen und Modeerscheinungen auf dem Aktienmarkt. Es kann daran liegen, dass Unternehmen weniger auf Zinsbewegungen reagieren als der Aktienmarkt. Vielleicht liegt es daran, dass große US-Unternehmen in vielen Ländern tätig sind und wir nur ihre Investitionen in den USA betrachten.

Angesichts der Tatsache, dass die Entwicklung von Tobin's *q* und den Investitionen in der jüngsten Vergangenheit sehr unterschiedlich verlief, hat die richtige Antwort auf diese Fragen große Bedeutung: Sind die Anleger an der Börse viel zu optimistisch, sodass es früher oder später zu einer scharfen Korrektur des Aktienmarktes kommen könnte? Haben Monopolrenten einen immer größeren Anteil am Wert moderner Unternehmen? All dies sind Themen der aktuellen Forschung, aber der relative Beitrag der verschiedenen Faktoren muss noch sorgfältig untersucht werden.

15.2.2 Ein vereinfachter Spezialfall

Bevor wir auf die Implikationen von ▶ Gleichung (15.4) eingehen, wollen wir unser Verständnis der Zusammenhänge an einem vereinfachten Spezialfall vertiefen. Hierzu nehmen wir an, dass die Unternehmen der betrachteten Volkswirtschaft davon ausgehen, dass die zukünftigen Gewinne (pro Kapitaleinheit) sowie die Realzinsen in Zukunft den heute beobachteten Wert beibehalten:

$$\Pi^e_{t+1} = \Pi^e_{t+2} = \ldots = \Pi_t$$

und

$$r^e_{t+1} = r^e_{t+2} = \ldots = r_t$$

Von Ökonomen wird ein solches Verhalten als statische Erwartungsbildung bezeichnet. Wie im **Anhang** zu diesem Kapitel gezeigt, kann ▶ Gleichung (15.3) unter den gegebenen Annahmen umgeformt werden zu:

$$V(\Pi^e_t) = \left(\frac{\Pi_t}{r_t + \delta}\right) \tag{15.5}$$

Der Gegenwartswert der erwarteten Gewinne entspricht dem Verhältnis von Profitrate (dem Gewinn pro Kapitaleinheit) zur Summe aus Realzins und Abschreibungsrate.

Setzen wir ▶ Gleichung (15.5) in ▶ Gleichung (15.4) ein, erhalten wir als Investitionsfunktion:

$$I_t = I\left(\frac{\Pi_t}{r_t + \delta}\right) \tag{15.6}$$

Derartige Abkommen existieren: Viele Firmen leasen z.B. ihre Fahrzeuge von Leasingfirmen.

Wie können wir ▶ Gleichung (15.6) interpretieren? Der Nenner des Ausdrucks in Klammern wird häufig als Gebrauchs- bzw. **Mietkosten des Kapitals** bezeichnet. Um diesen Ausdruck zu verstehen, stellen wir uns vor, dass Unternehmen benötigte Kapitaleinheiten nicht unbedingt kaufen müssen. Alternativ könnten sie Maschinen und Anlagen von spezialisierten Leasingagenturen mieten. Wir können dann fragen, welchen Mietpreis ein solches Spezialunternehmen verlangen würde.

- Damit sich das Leasinggeschäft überhaupt lohnt, muss der erzielte Preis mindestens dem Ertrag alternativer Anlagemöglichkeiten, z.B. dem Kauf festverzinslicher Wertpapiere, entsprechen. Lassen sich mit solchen alternativen Anlagemöglichkeiten Erträge in Höhe des Realzinses r_t erzielen, muss der Mietpreis zumindest r_t multipliziert mit dem Anschaffungspreis der Maschine betragen. Da wir einen Anschaffungspreis von eins unterstellen, ist der Mindestpreis genau r_t.
- Zusätzlich muss die Leasingfirma berücksichtigen, dass die Maschine im Laufe der Vermietung an Wert verliert. Deshalb wird sie über den Realzins hinaus einen Preisaufschlag in Höhe der Abschreibungsrate δ (multipliziert mit dem Maschinenpreis von eins) verlangen.

Aus diesen Erwägungen folgt:

$$\text{Mietkosten} = r_t + \delta$$

Wenn erwartet wird, dass die Zukunft der Gegenwart entspricht, hängt das Investitionsniveau von dem Verhältnis aus Gewinn und der Summe aus Realzins und Abschreibungsrate ab. Gewinn ↑ ⇒ Investitionen ↑ Realzins ↑ ⇒ Investitionen ↓

Auch wenn die meisten Firmen ihre Kapitalgüter kaufen und nicht mieten, erfasst der Term $(r_t + \delta)$ einen äußerst wichtigen Zusammenhang: Er beschreibt die impliziten Kosten, die einem Unternehmen entstehen, wenn es Kapitalgüter für ein Jahr nutzt. Ökonomen bezeichnen diese Kosten häufig als Opportunitätskosten, um zu verdeutlichen, dass für die Investitionsentscheidung nicht die direkt beobachtbaren Anschaffungskosten, sondern vielmehr der Verzicht auf Erträge aus alternativen Anlageformen entscheidend sind.

Auch wenn ▶ Gleichung (15.6) unter der unrealistischen Annahme statischer Erwartungen abgeleitet wurde, gehört sie zum zentralen Basiswissen für Makroökonomen. Sie verdeutlicht, dass die Investitionsnachfrage eine Funktion von Profitrate und Gebrauchskosten ist. Je höher die erzielbaren Gewinne pro Kapitaleinheit, desto mehr Investitionen werden nachgefragt. Je höher der Realzins, umso höher sind die **Gebrauchskosten des Kapitals** und umso niedriger sind die Investitionen.

15.2.3 Aktuelle versus zukünftige Gewinne

Unsere bisherige Analyse impliziert, dass die Investitionsnachfrage primär von den Gewinnerwartungen und nicht von den aktuellen Gewinnen abhängt.

In ▶ Gleichung (15.3) sind die aktuellen Gewinne überhaupt nicht enthalten, da wir annahmen, neu installierte Kapitalgüter würden erst ein Jahr nach ihrer Anschaffung produktiv.

In welchem Verhältnis steht unsere These zu den stilisierten Fakten des Investitionsverhaltens? ▶ **Abbildung 15.3** bildet die Veränderung von Gewinnen und Investitionen für die Vereinigten Staaten seit 1990 ab. Die Abbildung zeigt einen klar positiven Zusammenhang zwischen Veränderungen der Gewinne des Vorjahres und der Investitionstätigkeit. Wir müssen uns deshalb fragen, ob die bisher entwickelte Theorie in drastischem Widerspruch zum beobachteten Investitionsverhalten steht. Aus ▶ **Abbildung 15.3** können wir eine solche Schlussfolgerung jedoch nicht ziehen: Wenn die Firmen einen Anstieg der aktuellen Gewinne als Hinweis für einen dauerhaften Gewinnzuwachs in der Zukunft interpretieren, entwickelt sich der Gegenwartswert aus ▶ Gleichung (15.3) parallel zu den aktuellen Gewinnen; das beobachtete Investitionsverhalten wäre dann konsistent mit unserer Theorie.

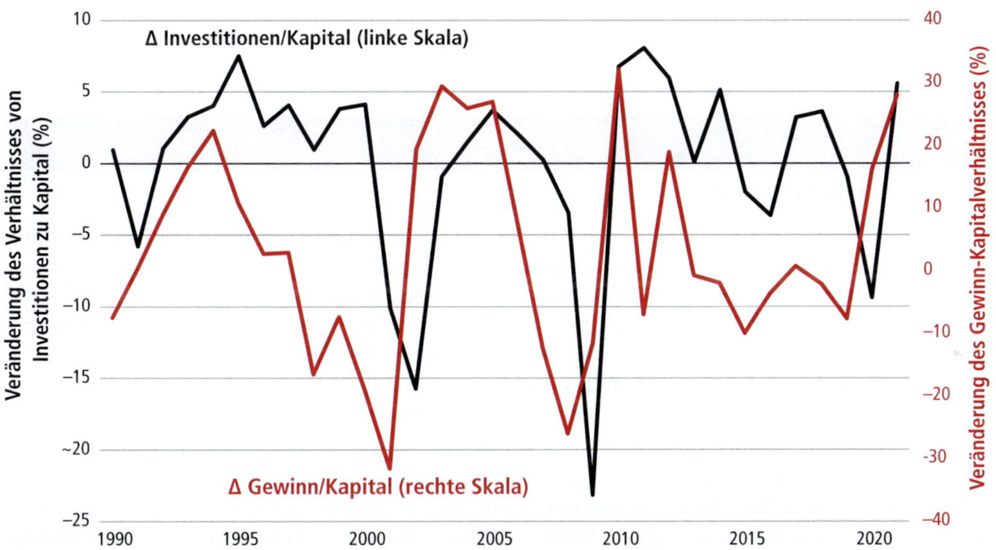

Abbildung 15.3 Der Zusammenhang zwischen Veränderungen der Investitionen und Veränderungen der Gewinne. Obwohl unsere Theorie vorhersagt, dass Gewinne nur eine unbedeutende Rolle bei der Bestimmung der Investitionen einnehmen, weisen Veränderungen der Gewinne des Vorjahres einen engen empirischen Zusammenhang zu Veränderungen der Investitionen auf.

Quelle: Investitionen FRED-Code BOGZ1FA105019005Q; Kapital: BEA Fixed Assets Table 4-1 (Private non residential fixed assets); Gewinne: FRED-Code A466RC1A027NBEA

Dies ist allerdings nicht die Schlussfolgerung, die die Mehrzahl der Ökonomen zieht. Wie die Fokusbox *„Profitabilität und Cashflow"* zeigt, gibt es inzwischen erhebliche Hinweise für die Gegenthese, dass der Zusammenhang zwischen aktuellen Gewinnen und Investitionen stärker ist als von unserer Theorie vorhergesagt. Einerseits zeigt sich, dass Unternehmen mit profitablen Investitionsprojekten, aber niedrigen Gewinnen, tendenziell zu wenig investieren. Andererseits investieren Unternehmen mit hohen aktuellen Gewinnen oft in wenig profitable Projekte.

Warum spielt der aktuelle Gewinn eine Rolle bei der Investitionsentscheidung? Die Gründe dafür sind ganz ähnlich wie bei unserer Diskussion über den Konsum in ▶ **Abschnitt 15.1**. Dort erörterten wir, warum der Konsum direkt vom laufenden Einkommen abhängt. Manche der Gründe, die wir zur Erklärung des Verbraucherverhaltens herangezogen haben, gelten auch für Unternehmen:

- Wenn der aktuelle Gewinn niedrig ist, kann ein Unternehmen, das neue Maschinen kaufen will, die benötigten Mittel durch Kreditaufnahme beschaffen. Aber es könnte zögern, einen Kredit aufzunehmen. Auch wenn die erwarteten Gewinne gut aussehen, kann sich die Lage verschlechtern, sodass das Unternehmen die Schulden nicht zurückzahlen kann. Ist der aktuelle Gewinn jedoch hoch, kann das Unternehmen seine Investitionen möglicherweise allein dadurch finanzieren, dass es einen Teil seiner Gewinne einbehält, ohne einen Kredit aufnehmen zu müssen. Kurz gesagt – ein höherer laufender Gewinn kann das Unternehmen dazu veranlassen, mehr zu investieren.
- Ein Unternehmen, das investieren möchte, hat möglicherweise Schwierigkeiten bei der Kreditaufnahme. Potenzielle Kreditgeber sind nicht unbedingt davon überzeugt, dass das Projekt so gut ist, wie das Unternehmen behauptet. Sie befürchten vielleicht, dass das Unternehmen nicht in der Lage sein wird, den Kredit zurückzuzahlen. Wenn das Unternehmen dagegen aktuell hohe Gewinne erzielt, muss es keine Kredite aufnehmen und potenzielle Kreditgeber nicht überzeugen. Es kann nach eigenem Gutdünken fortfahren und investieren und wird dies mit größerer Wahrscheinlichkeit auch tun.

Um diese Erkenntnisse zu berücksichtigen, müssen wir in der Investitionsfunktion aus ▶ Gleichung (15.6) berücksichtigen, dass die Investitionen nicht nur von den zukünftigen, sondern auch von den aktuellen Gewinnen abhängen:

$$I_t = I\left(\underset{+}{V(\Pi_t^e)}, \underset{+}{\Pi_t}\right) \qquad (15.7)$$

FOKUS

Profitabilität und Cashflow

Welche relative Bedeutung haben Profitabilität (der Gegenwartswert erwarteter zukünftiger Gewinne) und Cashflow (die aktuellen Nettogewinne bzw. der in einer Periode erzielte Zufluss an verfügbaren Mitteln) bei Investitionsentscheidungen? Ähnlich wie bei der Analyse des Zusammenhangs zwischen Erwartungen und Konsum in der Fokusbox *„Welche Rolle spielen Erwartungen"* steht die empirische Beantwortung dieser Frage vor der Herausforderung, dass sich beide Größen meist simultan in die gleiche Richtung bewegen; ein Anstieg des Cashflows signalisiert häufig auch einen Anstieg der zukünftigen Gewinne. Wiederum müssen deshalb Situationen identifiziert werden, in denen die interessierenden Größen in messbarer Weise divergieren.

Owen Lamont von der Universität von Chicago stellt sich genau dieser Aufgabe. Um seine Herangehensweise zu verstehen, beginnen wir mit einem Beispiel. Wir betrachten zwei Firmen, A und B. Unternehmen A betreibt ausschließlich Stahlproduktion. Unternehmen B besteht aus zwei Tochterunternehmen, die unterschiedliche Geschäftsfelder haben: Stahlproduktion und Ölförderung.

Angenommen, es kommt zu einem starken Fall des Ölpreises. Ein solcher Schock reduziert den Cashflow von Unternehmen B. Wir können dann fragen: Welche Konsequenzen haben diese Einbußen für die Investitionstätigkeit von Firma B im Bereich der Stahlproduktion im Vergleich zu Firma A? Basiert die Investitionsentscheidung primär auf Erwägungen zur Profitabilität, sollte kein Unterschied zwischen A und B zu beobachten sein. Spielt der aktuelle Gewinn die entscheidende Rolle, sollte bei Firma B ein wesentlich geringeres Investitionsvolumen zu beobachten sein.

Owen Lamont nutzt diesen Zusammenhang, um zwischen Gewinnerwartungen und aktuellen Gewinnen zu differenzieren. Er betrachtet das Investitionsverhalten von Firmen im Jahre 1986, als ein außerordentlich starker Fall der Ölpreise zu großen Verlusten in der Ölbranche führte. Er fragt, ob Firmen der Ölindustrie ihre Investitionen in anderen Geschäftsfeldern deutlicher reduzierten als andere Firmen. In detaillierten Studien kommt er zu dem Ergebnis, dass dies tatsächlich der Fall war: Eine durch den Ölpreisfall ausgelöste Reduktion der aktuellen Gewinne um einen Euro hatte eine Einschränkung der Investitionsausgaben um bis zu 20 Cent zur Folge.

Quelle: Owen Lamont, „Cash Flow and Investment: Evidence from Internal Capital Markets", Journal of Finance, March 1997.

15.2.4 Umsatz und Gewinn

Nachdem wir gezeigt haben, dass die Investitionsnachfrage von den tatsächlichen und erwarteten Gewinnen abhängt, müssen wir die Determinanten des Unternehmensgewinns ermitteln. Wir beschränken uns hierbei auf zwei zentrale Faktoren: das Umsatzniveau und die Höhe des eingesetzten Kapitalstocks. Wenn der Umsatz eines Unternehmens relativ zu der eingesetzten Kapitalmenge niedrig ist, wird sich dies negativ auf den Gewinn pro Kapitaleinheit auswirken.

Bei gegebenem Kapitalstock steigt der Gewinn mit dem Umsatz, bei gegebenem Umsatz führt ein höherer Kapitalstock zu niedrigeren Gewinnen.

Um diesen Zusammenhang formal zu erfassen, vernachlässigen wir den Unterschied zwischen Umsatz und Produktionsniveau. Die Variable Y_t bezeichnet dann gleichzeitig die Höhe der Produktion und die Höhe des Umsatzes in Periode t, die Variable K_t den Kapitalstock. Gemäß unserer bisherigen Diskussion steigt der Gewinn pro Kapitaleinheit, wenn pro Kapitaleinheit größere Umsätze erzielt werden:

$$\Pi_t = \underset{+}{\Pi}\left(\frac{Y_t}{K_t}\right) \tag{15.8}$$

Ist die soeben abgeleitete Beziehung eine realistische Beschreibung der Realität? ▶ **Abbildung 15.4** legt diesen Schluss nahe. Sie vergleicht die jährliche Veränderung des Gewinns pro Kapitaleinheit (abgetragen auf der rechten vertikalen Achse) mit Veränderung der Größe Y_t/K_t (abgetragen auf der linken vertikalen Achse) für die Vereinigten Staaten im Zeitraum seit 1990. Für die Größe Produktion pro Kapitaleinheit dividieren wir das reale BIP durch den aggregierten Kapitalstock. Die schraffierten Flächen markieren wiederum Jahre, in denen eine Rezession herrschte.

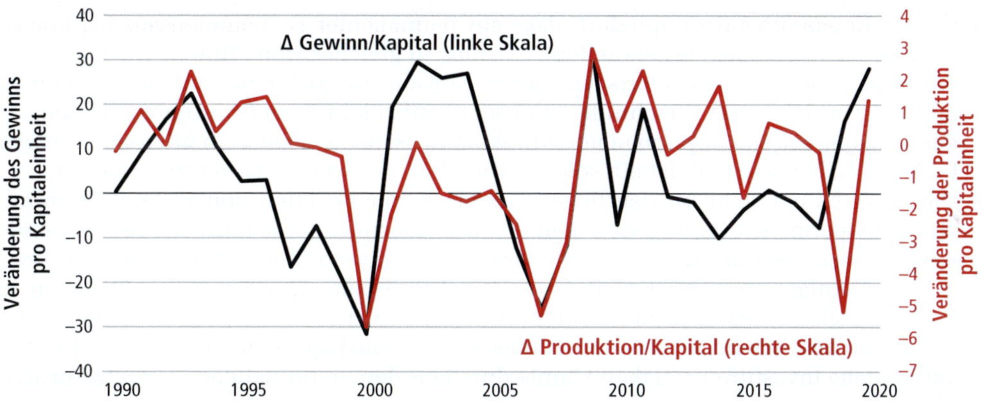

Abbildung 15.4 Veränderung des Gewinns pro Kapitaleinheit und der Produktion pro Kapitaleinheit in den Vereinigten Staaten, seit 1990. Normalerweise entwickeln sich Gewinne und Produktion gleichgerichtet.
Quelle: Kapital: BEA Fixed Assets Table 4-1 (Private non residential fixed assets); Gewinne: FRED Code A466RC1A027NBEA; Output: FRED Code A455RC-1Q027SBEA

▶ **Abbildung 15.4** verdeutlicht, dass eine enge Beziehung zwischen beiden Größen besteht. Bemerkenswert sind insbesondere die starken Einbrüche von Produktion und Gewinn während der Rezession 2001 und der globalen Finanzkrise. Bei der Interpretation des empirischen Zusammenhangs müssen wir beachten, dass der Großteil der jährlichen Schwankungen der Variable „Produktion pro Kapitaleinheit" durch Schwankungen des BIP begründet ist: Der Kapitalstock verändert sich nur allmählich, selbst wenn die Investitionstätigkeit große Sprünge aufweist. Deshalb bedeutet diese Beziehung, dass ein starker Rückgang der Produktion in niedrigeren Gewinnen, ein starker Anstieg in höheren Gewinnen resultiert.

Beachten Sie jedoch, dass der starke Einbruch der Produktion während der Covid-Krise nicht zu einem entsprechenden Gewinnrückgang geführt hat. Warum das so ist, ist Thema aktueller Forschung. Manche werfen den Unternehmen vor, unter dem Vorwand hoher Inflation ihre Preise und Gewinnspannen übermäßig zu erhöhen, ein Verhalten, das sie als „Gierflation" bezeichnet haben. Dies scheint jedoch nicht die wichtigste Erklärung zu sein. Staatliche Stützungsmaßnahmen und Preissprünge aufgrund von Knappheiten scheinen wichtige Faktoren zu sein.

Ein erwarteter Anstieg des Produktionsniveaus führt zu hohen erwarteten Gewinnen und damit schon heute zu zusätzlicher Investitionsnachfrage.

Dieser Zusammenhang wird sich als entscheidend für unsere Analyse im nächsten Kapitel erweisen. Er impliziert eine Beziehung zwischen aktueller und zukünftiger Produktion auf der einen und der Investitionsnachfrage auf der anderen Seite: Zukünftig erwartete Produktionssteigerungen führen zu einem Anstieg der zukünftigen Gewinne. Dies hat aber wiederum schon Auswirkungen auf die aktuelle Investitionstätigkeit. Beispielsweise wird die Erwartung einer langen und ausgeprägten Phase wirtschaftlichen Wachstums zu höheren Gewinnerwartungen führen. Als Folge steigen die Investitionen bereits heute. Es kommt deshalb zu einem sofortigen Anstieg der Nachfrage und damit der Produktion.

15.3 Die Volatilität von Konsum und Investitionen

Zwischen der Behandlung des Konsums in ▸ **Abschnitt 15.1** und der Analyse der Investitionstätigkeit in ▸ **Abschnitt 15.2** besteht eine wichtige Parallele:

- Die Unterscheidung zwischen vorübergehenden (transitorischen) und permanenten Schwankungen des aktuellen Einkommens war entscheidend für unsere Analyse des Konsumverhaltens.
- In der gleichen Weise macht es für Unternehmen einen erheblichen Unterschied, ob ein Anstieg der Verkaufszahlen temporär oder dauerhaft ist. Erwarten Unternehmen, dass ein Umsatzanstieg nur von kurzer Dauer ist, wird sich ihre Einschätzung der Gewinnerwartungen und damit ihre Investitionsplanung nur wenig verändern. So hat zum Beispiel der Anstieg der Verkaufszahlen in der Adventszeit keine erhöhte Investitionstätigkeit zur Folge.

Allerdings bestehen auch erhebliche Unterschiede zwischen den beiden Variablen:

- Unsere Konsumtheorie impliziert, dass ein permanenter Einkommensanstieg höchstens zu einem Anstieg des aktuellen Konsums in gleicher Höhe führen wird. Würden die Haushalte einer Volkswirtschaft ihren Konsum in größerem Umfang ausdehnen, müssten sie sich heute verschulden und somit auf zukünftigen Konsum verzichten. Da der Konsum bei einem permanenten Einkommensanstieg jedoch in allen zukünftigen Perioden höher sein soll, ist ein solches Verhalten normalerweise auszuschließen.
- Dieses Verhalten steht im deutlichen Gegensatz zur Reaktion von Unternehmen auf einen als permanent wahrgenommenen Umsatzanstieg. Zwar führt die resultierende Revision der Gewinnerwartungen zu zusätzlichen Investitionen. Wir haben allerdings keinerlei Anlass zu vermuten, dass die Zuwächse beim Umsatz zu Investitionen in höchstens gleicher Höhe führen sollten. Vielmehr ist zu erwarten, dass es zu einem raschen und deutlichen Aufbau zusätzlicher Produktionskapazitäten kommt. Die hiermit verbundene Investitionstätigkeit könnte durchaus den ursprünglichen Umsatzzuwachs übersteigen.
  Nehmen wir beispielsweise an, dass ein Unternehmen für jede Verkaufseinheit vier Kapitaleinheiten einsetzt. Das Verhältnis von Kapital zu Jahresumsatz beträgt dann vier. Ein dauerhafter Umsatzanstieg in Höhe von 10 Millionen € hätte dann zur Folge, dass Investitionen von 40 Millionen € getätigt werden müssten, um das ursprüngliche Verhältnis beibehalten zu können. Werden die zusätzlichen Kapitaleinheiten in der Periode getätigt, in der der ursprüngliche Umsatzanstieg zu beobachten war, käme es zu einem Anstieg der Investitionen in vierfacher Höhe. In den Folgeperioden würde das Unternehmen zu seinem ursprünglichen Investitionsmuster zurückkehren. Üblicherweise werden Unternehmen ihren Kapitalstock zwar über mehrere Jahre anpassen; an der ursprünglichen Argumentation ändert sich hierdurch jedoch wenig. Selbst wenn sich der Prozess über drei Jahre hinzieht, übersteigt die Investitionssumme den Umsatzanstieg.
  Wir können diese Zusammenhänge auch anhand von ▸ Gleichung (15.8) erläutern. Setzen wir wie üblich Produktion und Umsatzniveau gleich, führt ein anfänglicher Umsatzanstieg zu einem Anstieg von Y. Der Ausdruck Y/K nimmt somit einen höheren Wert an. Es kommt zu Gewinnzuwächsen, die wiederum zusätzliche Investitionen induzieren. Im Zeitverlauf führen höhere Investitionen zu einem größeren Kapitalstock

K und der Kapitalstock pro Produktionseinheit kehrt zu seinem ursprünglichen Niveau zurück. Gleichzeitig sinken die Gewinne pro Produktionseinheit sowie die Investitionen. In Reaktion zu einem permanenten Umsatzanstieg kann es somit zu einer ausgeprägten sofortigen Reaktion der Investitionen kommen, die im Zeitverlauf dann abnimmt.

Diese Ausführungen lassen vermuten, dass die Schwankungen der Investitionsnachfrage wesentlich ausgeprägter sind als die Schwankungen der Konsumnachfrage. ▶ **Abbildung 15.5** erlaubt eine Überprüfung dieser These. Sie zeigt die jährlichen Wachstumsraten von Konsum und Investitionen seit 1960. Um die Interpretation der Abbildung zu vereinfachen, ist jeweils die Abweichung von der durchschnittlichen Wachstumsrate abgetragen.

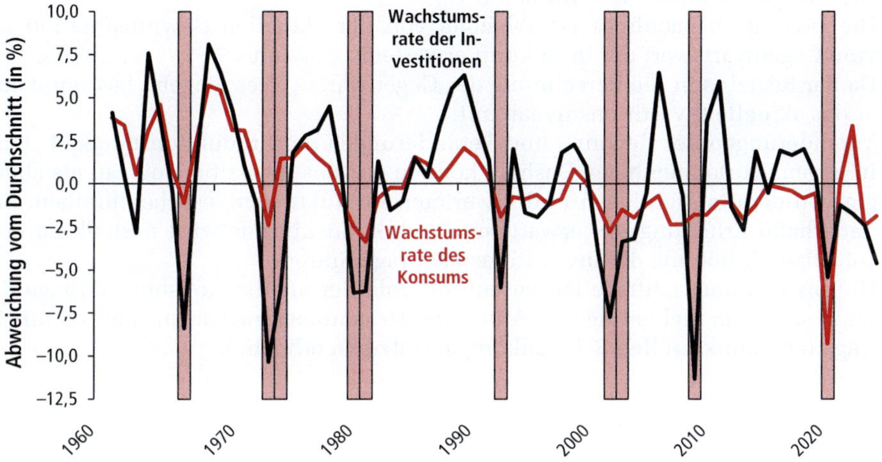

Abbildung 15.5 Relative Wachstumsraten von Konsum und Investitionen in Deutschland seit 1960. Die Volatilität des Konsums ist normalerweise wesentlich geringer als die Volatilität der Investitionen. In der Covid-Pandemie ist der Konsum aber stärker eingebrochen.
Quelle: OECD Main Economic Indicators; FRED-Codes: NAEXKP02DEQ659S (Konsum), NAEXKP04DEA659S (Investitionen)

- ▶ **Abbildung 15.5** erlaubt die folgenden Schlussfolgerungen:
- Konsum und Investitionen bewegen sich üblicherweise gleichgerichtet: So sinken beispielsweise in Rezessionsjahren (durch Balken markiert) die Wachstumsraten deutlich.
- Die Schwankungen der Investitionsnachfrage sind wesentlich ausgeprägter als die Schwankungen der Konsumnachfrage. Die Volatilität der Investitionen ist also deutlich höher. Während die relative Wachstumsrate der Investitionen Werte zwischen −10% und 8% annimmt, schwankt der Konsum in der Regel lediglich zwischen –4% und 5%.
- Eine bemerkenswerte Ausnahme ist der drastische Einbruch des Konsums während der Pandemie 2020 mit einer starken Erholung im Jahr 2022.

Makroökonomische Modelle sollten in der Lage sein, diese Beobachtungen adäquat zu erklären. Den in diesem Kapitel vorgestellten Ansätzen gelingt dies. Gleichzeitig müssen die ermittelten stilisierten Fakten bei der Analyse konjunktureller Schwankungen berücksichtigt werden. In diesem Zusammenhang ist insbesondere folgende Einsicht entscheidend: Obwohl die Investitionen einen viel kleineren Teil der Gesamtnachfrage ausmachen, tragen sie in etwa gleichem Maße zu den Schwankungen der Gesamtproduktion bei wie der mengenmäßig sehr viel bedeutsamere Konsum.

ZUSAMMENFASSUNG

- Die Konsumnachfrage ist abhängig vom Gesamtvermögen und vom aktuellen Einkommen. Das Gesamtvermögen ergibt sich als die Summe aus Finanz-, Immobilien- und Sachvermögen und dem Humanvermögen, also dem Gegenwartswert der erwarteten zukünftigen Nettoverdienste.
- Da der Realzins in die Berechnung des Gesamtvermögens eingeht, bestimmt auch er das aktuelle Konsumniveau mit.
- Die Stärke der Konsumreaktion bei Einkommens- und Vermögensänderungen hängt davon ab, ob die beobachteten Änderungen als dauerhaft (permanent) oder vorübergehend (transitorisch) wahrgenommen werden.
- Bei Einkommensänderungen wird die Konsumnachfrage üblicherweise weniger stark reagieren als im Verhältnis 1:1.
- Die Investitionsnachfrage ist abhängig von der aktuellen Gewinnsituation und vom Gegenwartswert der in Zukunft erwarteten Gewinne.
- Da der Realzins in die Berechnung des Gegenwartswertes eingeht, bestimmt auch er das aktuelle Investitionsniveau mit.
- Veränderungen der Gewinne und Veränderungen der Produktionstätigkeit stehen in engem Zusammenhang. Deshalb können wir das Investitionsniveau als abhängig von dem tatsächlichen und erwarteten Produktionsniveau beschreiben. Eine dauerhafte Erhöhung des erwarteten Produktionsniveaus wird deshalb zu einer sofortigen Erhöhung der Investitionsnachfrage führen.
- Die Investitionsnachfrage ist wesentlich volatiler als die Konsumnachfrage. Obwohl sie einen viel geringeren Anteil der Gesamtnachfrage ausmacht, ist ihr Beitrag zu konjunkturellen Schwankungen trotzdem erheblich.

Übungsaufgaben

(Lösungen auf **MyMathLab | Makroökonomie**)

Verständnistests

1 Welche der folgenden Aussagen sind zutreffend, falsch oder unklar? Geben Sie jeweils eine kurze Erläuterung.

a) Für den durchschnittlichen Studenten sind Humanvermögen und Gesamtvermögen ungefähr identisch.

b) Ein hoher Wert für Tobin's q signalisiert, dass die Aktienmärkte Kapital für überbewertet halten und somit für eine Verringerung der Investitionsausgaben plädieren.

c) Der empirisch zu beobachtende Zusammenhang zwischen aktuellen Gewinnen und Investitionen lässt sich vollständig durch die enge Beziehung zwischen aktuellen und zukünftigen Gewinnen erklären.

d) Veränderungen von Konsum und Investitionen sind üblicherweise gleichgerichtet und von ähnlichem Ausmaß.

2 Ein Konsument verfüge über ein Finanzvermögen von 100.000 €. Er verdient 40.000 € in der aktuellen Periode und erwartet einen jährlichen Reallohnanstieg von 5% in den zwei Folgejahren. Danach beendet er sein Arbeitsleben. Der Realzins beträgt 0%. Es wird erwartet, dass er dieses Niveau beibehält. Der Steuersatz für sein Arbeitseinkommen beträgt 25%.

a) Ermitteln Sie das Humanvermögen sowie das Gesamtvermögen des Konsumenten.

b) Wie hoch sollte der aktuelle Konsum gewählt werden, wenn der Konsument erwartet, noch 10 Jahre zu leben und in jeder Periode den gleichen Betrag für Konsumzwecke nutzen möchte?

c) Wie verändert sich das aktuelle Konsumniveau, wenn der betrachtete Konsument im Ausgangsjahr einen Lottogewinn von 20.000 € erzielt?

d) Angenommen, die Rentenversicherung zahlt nach Eintritt ins Rentenalter 60% des letzten Bruttoverdienstes als Rente aus. Wie verändert sich das aktuelle Konsumniveau, wenn Rentenzahlungen nicht besteuert werden?

3 Eine Großbäckerei erwägt die Anschaffung eines neuen Backautomaten im Wert von 100.000 €. Die Abschreibungsrate beträgt 8% pro Jahr. Mit der neuen Maschine lassen sich zusätzliche Gewinne von 18.000 € im Folgejahr, $18.000(1-0{,}08)$€ im zweiten Jahr, $18.000(1-0{,}08)^2$€ im dritten Jahr usw. erzielen. Sollte die Maschine angeschafft werden, wenn der Realzins folgende Werte annimmt?

a) 5%

b) 10%

c) 15%

4 Ein Absolvent der Universität erhält mit 24 Jahren ein Jobangebot mit einem Jahresgehalt von 40.000 €. Er erwartet, dass der Reallohn bis zur Pensionierung konstant sein wird. Alternativ könnte er ein Auslandsstudium antreten, das zwei Jahre dauert. Nach Beendigung des Programms kann der Absolvent davon ausgehen, ein um 10% höheres Anfangsgehalt zu erzielen, das danach ebenfalls konstant bleibt. Der Steuersatz auf Arbeitseinkommen sei 40%.

a) Gehen Sie von einem Realzins von 0% sowie einem Renteneintrittsalter von 62 Jahren aus. Ermitteln Sie den Betrag, den Sie zahlen würden, um das Auslandsstudium durchführen zu können.

b) Wie verändert sich Ihre Antwort, wenn der Steuersatz auf 30% sinkt? Erläutern Sie Ihre Antwort.

Vertiefungsfragen

5 *Sparen und Kapitalakkumulation*

Nehmen Sie an, alle Konsumenten werden ohne Vermögensausstattung geboren und leben für drei Perioden: Jung, Mittel und Alt. Alle Wirtschaftssubjekte sind in den ersten beiden Lebensabschnitten erwerbstätig und gehen im letzten Lebensabschnitt in Rente. Das Arbeitseinkommen beträgt 5 € in der ersten, 25 € in der zweiten und 0 € in der letzten Lebensperiode. Alle Wirtschaftssubjekte erwarten eine Inflationsrate und einen Realzins von 0%.

a) Wie hoch ist der erwartete Gegenwartswert des Arbeitseinkommens zu Beginn des Lebens? Welches Konsumniveau kann über den gesamten Lebenszeitraum aufrechterhalten werden, wenn in jeder Periode gleich viel konsumiert wird?

b) Wie hoch müssen die Ersparnisse in jedem Lebensabschnitt sein, um das Konsumniveau aus a. realisieren zu können? Erläutern Sie Ihr Ergebnis.

c) Nehmen Sie an, dass in jeder Periode n Personen geboren werden. Wie hoch ist die Gesamtersparnis der Volkswirtschaft in jeder Periode? Erklären Sie.

d) Welchen Wert nimmt das Gesamtvermögen der Volkswirtschaft an? *(Ermitteln Sie das Finanzvermögen jeder Generation und summieren Sie es über alle Generationen. Berücksichtigen Sie, dass das Finanzvermögen auch negativ werden kann, wenn sich eine Generation verschuldet.)*

Nehmen Sie nun an, die junge Generation habe keinen Zugang zu Krediten. Wiederum bestimmt jede Generation ihr Gesamtvermögen und entscheidet, welches Konsumniveau bei freiem Zugang zu Krediten aufrechterhalten werden kann. Ist dieser Betrag allerdings größer als das Einkommen zuzüglich des Finanzvermögens, kann maximal das Einkommen zuzüglich des Finanzvermögens konsumiert werden.

e) Bestimmen Sie das Konsumniveau in jeder Lebensperiode und vergleichen Sie Ihre Antwort mit Teilaufgabe a.

f) Ermitteln Sie die gesamten Ersparnisse und vergleichen Sie diese mit Ihrem Ergebnis aus Teilaufgabe c.

g) Ermitteln Sie das gesamte Finanzvermögen und vergleichen Sie dies mit Ihrem Ergebnis aus Teilaufgabe d.

h) „Eine Liberalisierung des Finanzmarktes birgt Vorteile für Konsumenten, erschwert jedoch die Kapitalakkumulation". Diskutieren Sie diese Aussage.

6 *Sparen bei unsicheren zukünftigen Einkommen*
Nehmen Sie an, alle Konsumenten leben für drei Perioden: Jung, Mittel und Alt. In ihrer Jugend erzielen die Konsumenten 20.000 € Arbeitseinkommen. Das Einkommen im mittleren Alter ist jedoch unsicher: Entweder verdienen sie 40.000 € oder 100.000 €. Die Wahrscheinlichkeit dafür ist jeweils 50%. Im Alter geben die Konsumenten das bis dahin erzielte Einkommen aus. Unterstellen Sie, dass die tatsächliche und erwartete Inflation sowie der reale Zinssatz gleich null sind und ignorieren Sie Steuern für diese Fragestellung.

a) Wie hoch ist das erwartete Einkommen im mittleren Lebensabschnitt? Wie hoch ist der gegenwärtige Diskontwert aller erwarteten Arbeitseinkommen? Wie hoch ist der Konsum in jeder Periode, wenn der Konsument den erwarteten Konsum sein ganzes Leben lang konstant halten möchte? Wie hoch ist die Ersparnis in jeder Periode?

b) Unterstellen Sie nun, dass der Konsument in jeder Periode mindestens im Wert von 20.000 € konsumieren möchte. Hierfür muss er auch das schlechteste Ereignis berücksichtigen: Angenommen, das Einkommen im mittleren Lebensabschnitt beläuft sich auf 40.000 €, wie viel sollte der Konsument in seiner Jugend ausgeben, um einen Minimalkonsum im Wert von 20.000 € in jeder Periode zu erreichen? Vergleichen Sie diesen Wert mit dem Wert aus Teilaufgabe a. für die Jugend des Konsumenten.

c) Gegeben die Antworten aus b; angenommen, das Einkommen des Konsumenten in dessen mittleren Lebensabschnitt beläuft sich auf 10.0000 €: Wie hoch sind nun die Ausgaben in jeder Lebensperiode? Ist das Konsumniveau in allen Perioden konstant (*Hinweis:* Ab der mittleren Lebensperiode wird der Konsument versuchen für die letzten beiden Perioden das Konsumniveau konstant zu halten, solange es den Wert von 20.000 € übersteigt.)?

d) Welche Auswirkungen hat die Unsicherheit über das zukünftige Arbeitseinkommen auf die Ersparnis junger Konsumenten?

Weiterführende Fragen

7 *Konsum- und Investitionsbewegungen*
Suchen Sie in der FRED-Datenbank Daten zu privaten Konsumausgaben, inländischen Bruttoinvestitionen und zum realen BIP für Deutschland ab 1991 (Datencodes NAEXKP02DEQ189S, NAEXKP04DEQ189S und NAEXKP01DEQ189S).

a) Berechnen Sie beide Reihen als Anteil am BIP. Um wie viel ist der Anteil des Konsums im Durchschnitt größer als der der Investitionen?

b) Berechnen Sie die jährlichen Veränderungsraten von Konsum und Investitionen und stellen Sie diese ab dem Jahr 1992 bis 2022 grafisch dar. Was lässt sich über den Verlauf der Graphen aussagen? Vergleichen Sie die Ausschläge. Sind sie für Konsum und Investition gleich hoch?

c) In der FRED-Datenbank sind für die Zeit von 1970 bis 1990 für Deutschland nur Daten zum nominalem BIP sowie Konsum und Investitionen verfügbar. Berechnen Sie daraus mit Hilfe des BIP-Deflators (Code DEUGFCFQDSMEI) die realen Größen. Haben sich der Anteil von Konsum und Investitionen am BIP sowie deren Schwankungen seit 1991 gegenüber dem Zeitraum von 1970 bis 1990 verändert? Wie hat sich die durchschnittliche Wachstumsrate von Konsum und Investitionen zwischen beiden Perioden verändert?

8 *Konsumentenvertrauen und verfügbares Einkommen*
Suchen Sie in der FRED-Datenbank Daten ab dem Jahr 1960 für das real verfügbare Einkommen pro Kopf in den USA (Serie A229RX0) sowie den *Index of Consumer Sentiment* des *Michigan University Survey of Consumers* (Serie UMCSENT). Diese Datenreihe dient zur Quantifizierung des Konsumentenvertrauens. (Verwenden Sie jeweils Quartalszahlen und achten Sie beim verfügbaren Einkommen darauf, dass sie auf das Jahr bezogen (annualisiert) sind.

a) Überlegen Sie sich, bevor Sie die Daten betrachten, ob es eine Beziehung zwischen dem Konsumentenvertrauen und dem verfügbaren Einkommen geben könnte. Was spricht gegen eine Relation?

b) Wie hat sich das real verfügbare Einkommen pro Kopf in den USA im Verlauf der Corona-Pandemie in den Jahren 2020/2021 entwickelt? Hat sich das im Konsumentenvertrauen niedergeschlagen?

c) Stellen Sie die prozentuale Veränderung des verfügbaren Einkommens sowie des Konsumentenvertrauen jeweils gegenüber dem Vorjahresmonat bis Ende 2023 gegenüber. Gibt es einen Zusammenhang zwischen beiden Variablen? Wenn ja, wie stark ist dieser? Gibt es viele Abweichungen von der vermuteten Relation?

d) Betrachten Sie nun auch die Entwicklung nach 2023. Hat sich seitdem die Beziehung zwischen Einkommen und Konsumentenvertrauen verändert?

Anhang: Ableitung des Gegenwartswertes erwarteter zukünftiger Gewinne bei statischen Erwartungen

Ausgangspunkt der Ableitung ist der allgemeine Ausdruck für den Gegenwartswert der Gewinne in ▶ Gleichung (15.3):

$$V(\Pi_t^e) = \frac{1}{1+r_t}\Pi_{t+1}^e + \frac{1}{(1+r_t)(1+r_{t+1}^e)}(1-\delta)\,\Pi_{t+2}^e + \dots$$

Erwarten die Unternehmen, dass die zukünftigen Gewinne sowie die zukünftigen Realzinsen stets den aktuellen Wert beibehalten ($\Pi_{t+1}^e = \Pi_{t+2}^e = \dots = \Pi_t$ und $r_{t+1}^e = r_{t+2}^e = \dots = r_t$), können wir ▶ Gleichung (15.3) umformen zu:

$$V(\Pi_t^e) = \frac{1}{1+r_t}\Pi_t + \frac{1}{(1+r_t)^2}(1-\delta)\,\Pi_t + \dots$$

Ausklammern von $[1/(1+r_t)]\,\Pi_t$ ergibt:

$$V(\Pi_t^e) = \frac{1}{1+r_t}\Pi_t\left(1 + \frac{1-\delta}{1+r_t} + \dots\right) \qquad (15.A1)$$

Der Ausdruck in Klammern entspricht einer geometrischen Reihe der Form $1 + x + x^2 + \dots$ Unter Anwendung von Proposition 2 im ▶ **Anhang B** am Ende dieses Buches können wir deshalb schreiben:

$$(1 + x + x^2 + \dots) = \frac{1}{1-x}$$

Setzen wir x gleich $(1-\delta)/(1+r_t)$, ergibt sich

$$\left(1 + \frac{1-\delta}{1+r_t} + \left(\frac{1-\delta}{1+r_t}\right)^2 + \dots\right) = \frac{1}{1-\left(\frac{1-\delta}{1+r_t}\right)} = \frac{1+r_t}{r_t+\delta}$$

Nach Einsetzen dieses Ausdrucks in Gleichung (A15.1) erhalten wir

$$V(\Pi_t^e) = \frac{1}{1+r_t}\frac{1}{r_t+\delta}\Pi_t$$

beziehungsweise

$$V(\Pi_t^e) = \left(\frac{\Pi_t}{r_t+\delta}\right) \qquad (15.5)$$

Erwartungen, Wirtschaftsaktivität und Politik

16

16.1 Erwartungen und Nachfrage – eine Zusammenfassung 478

16.2 Geldpolitik und die Rolle von Erwartungen 483

- ▸ **Kapitel 14** zeigte, wie Erwartungen die Preise von Anleihen und Aktien beeinflussen.
- ▸ **Kapitel 15** zeigte, wie sich Erwartungen auf Konsum- und Investitionsentscheidungen auswirken. Nun führen wir all diese Aspekte zusammen, um zu untersuchen, wie sich Erwartungen auf Geld- und Fiskalpolitik auswirken.

Kernbotschaft dieses Kapitels: Die Wirkung geld- und fiskalpolitischer Maßnahmen hängt stark davon ab, wie sie die Erwartungen beeinflussen.

- ▸ **Abschnitt 16.1** fasst die bisher gewonnenen Einsichten zusammen: Erwartungen über zukünftige Wachstumsraten und Zinsen beeinflussen die aktuelle Nachfrage und damit die aktuelle Produktion.
- ▸ **Abschnitt 16.2** betrachtet die Geldpolitik. Er zeigt, wie die Wirkung der Geldpolitik von der Reaktion der Erwartungen auf Politikmaßnahmen abhängt. Geldpolitik wirkt unmittelbar über den kurzfristigen Zinssatz. Wie sich dies auf Nachfrage und Produktion auswirkt, hängt stark davon ab, wie Änderungen des kurzfristigen Zinssatzes die Erwartungen über die künftige Zinsentwicklung und den künftigen Konjunkturverlauf beeinflussen und welche Änderungen der Nachfrage dadurch ausgelöst werden.
- ▸ **Abschnitt 16.3** wendet sich dann der Fiskalpolitik zu. Er zeigt, dass im Gegensatz zu unserem einfachen Modell in den Kernkapiteln eine restriktive Fiskalpolitik unter bestimmten Bedingungen sogar kurzfristig die Produktion stimulieren kann. Wiederum ist die entscheidende Frage, wie die Erwartungen auf die Politik reagieren.

16.1 Erwartungen und Nachfrage – eine Zusammenfassung

Überlegen wir, was wir bisher gelernt haben und wie wir auf Basis unserer Erkenntnisse die Bedingungen für das Gleichgewicht auf Güter-, Geld- und Finanzmärkten – das *IS-LM*-Modell – revidieren sollten.

16.1.1 Konsum und Investitionsentscheidungen – die Rolle der Erwartungen

Die zentrale Botschaft von ▸ **Kapitel 15** lautete, dass Konsum und Investitionsentscheidungen sehr stark von den Erwartungen über zukünftige Wachstumsraten und Zinsen beeinflusst werden. Die verschiedenen Kanäle, wie sich Erwartungen auf die aktuellen Konsum- und Investitionsentscheidungen auswirken, sind in ▸ **Abbildung 16.1** zusammengefasst. Es ist bezeichnend, über wie viele verschiedene Kanäle sich zukünftige Erwartungen auf Konsum und Investitionen heute auswirken, sowohl direkt als auch über die Vermögenspreise.

- Ein Anstieg des aktuellen oder zukünftig erwarteten Nettoarbeitseinkommens (nach Abzug von Steuern) erhöht ebenso wie niedrigere aktuelle oder zukünftig erwartete Realzinsen das Humanvermögen (den Gegenwartswert aller Arbeitseinkommen) und lässt daher den Konsum steigen.
- Ein Anstieg der aktuellen oder zukünftig erwarteten realen Dividenden lässt ebenso wie niedrigere aktuelle oder zukünftig erwartete Realzinsen die Aktienkurse steigen. Damit steigen das Finanzvermögen und auch der Konsum.
- Ein Rückgang der aktuellen oder zukünftig erwarteten Nominalzinsen lässt die Kurse der Anleihen steigen. Damit steigen das Finanzvermögen und auch der Konsum. (In diesem Fall sind es die Nominal-, nicht die Realzinsen, weil die Ansprüche von Anleihen in Euro festgelegt sind).
- Ein Anstieg der aktuellen oder zukünftig erwarteten realen Gewinne (nach Abzug von Steuern) erhöht ebenso den Gegenwartswert der realen Gewinne (und damit die Investitionen) wie niedrigere aktuelle oder zukünftig erwartete Realzinsen.

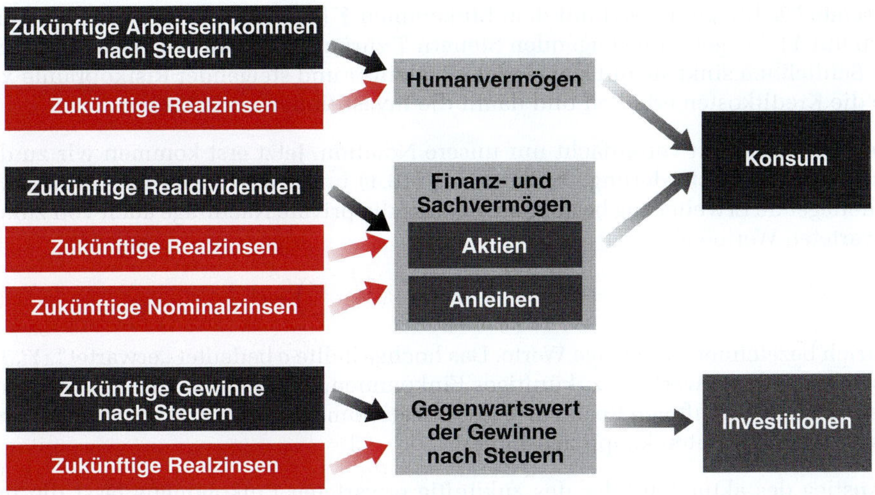

Abbildung 16.1 Erwartungskanäle und Nachfrage. Erwartungen wirken auf Konsum- und Investitionsentscheidungen direkt, aber auch über die Vermögenspreise.

16.1.2 Die *IS*-Kurve mit Erwartungen

Ein Modell des Konsum- und Investitionsverhaltens, das alle Aspekte von ▶ **Abbildung 16.1** enthält, wäre äußerst komplex. Ein solches Modell zu erstellen ist machbar, wie die großen empirischen makroökonomischen Modelle zeigen, die heute als Grundlage der Politikanalyse eingesetzt werden. Hier wollen wir aber nicht ein solch komplexes Modell entwickeln. Wir wollen den Kern dieser Einsichten erfassen (die Abhängigkeit der Konsum- und Investitionsentscheidungen von den Erwartungen), ohne uns in Details zu verlieren.

Daher nehmen wir einige Vereinfachungen vor. Wir reduzieren Gegenwart und Zukunft auf zwei Perioden: (1) Die laufende Periode (das aktuelle Jahr) und (2) die Zukunft, zusammengefasst in eine Periode. So müssen wir nicht die Erwartungen für jedes einzelne Jahr in der Zukunft anführen.

Die Zeitaufteilung in „heute" und „später" nutzen viele von uns, um das eigene Leben zu organisieren: Wir teilen ein in „Dinge, die heute zu erledigen sind" und „Dinge, die warten können".

Wie sollen wir nun die *IS*-Kurve für die laufende Periode formulieren? In ▶ **Kapitel 6** haben wir folgende Gleichung für die *IS*-Kurve abgeleitet:

$$Y = C(Y - T) + I(Y, r + x) + G$$

Wir haben angenommen, dass der Konsum nur vom aktuellen Einkommen abhängt und die Investitionen nur von der aktuellen Nachfrage und dem aktuellen Kreditzins abhängen. Jetzt modifizieren wir dies und berücksichtigen auch die Auswirkungen der Erwartungen. Dabei gehen wir in zwei Schritten vor:

- Erstens schreiben wir die Gleichung einfach in kompakterer Form, ohne dabei ihre Aussagen zu verändern. Wir definieren die gesamte private Nachfrage als Summe von Konsum- und Investitionsausgaben:

  $$A(Y, T, r, x) \equiv C(Y - T) + I(Y, r + x)$$

  A bezeichnet die gesamte private Nachfrage oder einfach die private Nachfrage. Nun können wir die *IS*-Kurve schreiben als:

  $$Y = A(\underset{+}{Y}, \underset{-}{T}, \underset{-}{r}, \underset{-}{x}) + G \qquad (16.1)$$

  Die Eigenschaften der privaten Nachfrage *A* folgen unmittelbar aus den Eigenschaften, die wir in den Kernkapiteln für Konsum- und Investitionsnachfrage abgeleitet haben.

Wir wollen einfach die beiden Nachfragekomponenten, *C* und *I*, die von Erwartungen abhängig sind, zusammenfassen. Die Staatsausgaben *G* werden weiterhin als exogene Größe betrachtet.

Die private Nachfrage A steigt mit dem Einkommen Y (sowohl Konsum wie Investitionen steigen mit Y). Sie geht mit steigenden Steuern T zurück, weil dann die Konsumnachfrage sinkt. Schließlich sinkt sie mit steigendem Realzins r und steigender Risikoprämie x, weil beide die Kreditkosten erhöhen und damit die Investitionen zurückgehen.

Unsicherheit und Risiko hier explizit einzuführen, würde das Modell zu komplex machen. Die Fokusbox „*Makroökonomische Auswirkungen von Unsicherheit*" bietet eine intuitive Einführung.

- Dieser erste Schritt vereinfacht nur unsere Notation. Jetzt erst kommen wir zu der eigentlichen Herausforderung, ▶ Gleichung (16.1) um Erwartungen zu erweitern. Eine naheliegende Erweiterung besteht darin, dass die private Nachfrage auch von zukünftig erwarteten Werten abhängt:

$$Y = A\Big(\underset{+}{Y},\ \underset{-}{T},\ \underset{-}{r},\ \underset{+}{Y'^e},\ \underset{-}{T'^e},\ \underset{-}{r'^e}\Big) + G \qquad (16.2)$$

Schreibweise: Striche stehen für Werte der Variablen in zukünftigen Perioden. Das Superskript e steht für „erwartet."

YoderY `e↑ ⇒ A↑
ToderT `e↑ ⇒ A↓
roderr `e↑ ⇒ A↓

Der Strich bezeichnet zukünftige Werte. Das hochgestellte e bedeutet „erwartet". Y'^e, T'^e und r'^e bezeichnen also erwartetes zukünftiges Einkommen, erwartete zukünftige Steuern und den erwarteten zukünftigen Realzins. Diese Notation mag kompliziert erscheinen; sie fasst aber wichtige Einsichten knapp zusammen:

Ein Anstieg des aktuellen oder des zukünftig erwarteten Einkommens lässt die private Nachfrage steigen.

Werden die aktuellen oder die zukünftig erwarteten Steuern erhöht, geht die private Nachfrage zurück.

Steigen die aktuellen oder die zukünftig erwarteten Realzinsen, dann reduziert dies die private Nachfrage.

Das Gleichgewicht auf dem Gütermarkt ist nun durch ▶ Gleichung (16.2) beschrieben, ▶ **Abbildung 16.2** zeigt die neue *IS*-Kurve. Wie üblich nehmen wir alle anderen Größen außer dem aktuellen Einkommen Y und dem heutigen Realzins r als gegeben an, um die Kurve zu zeichnen. Die *IS*-Kurve ist also gezeichnet für gegebene Werte der aktuellen und zukünftig erwarteten Steuern T und T'^e, für ein gegebenes zukünftig erwartetes Einkommen Y'^e und für gegebene zukünftig erwartete Realzinsen r'^e.

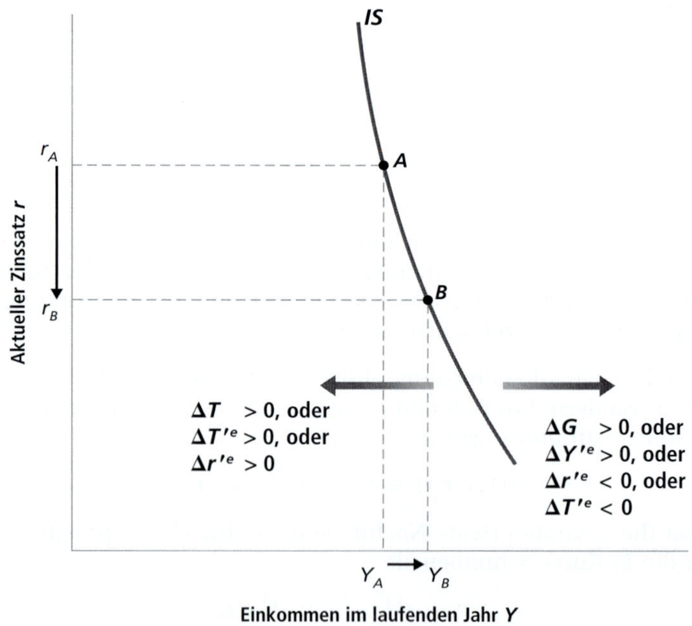

Abbildung 16.2 Die neue *IS*-Kurve. Bei gegebenen Erwartungen führt eine Verringerung der Realzinsen zu einem kleinen Anstieg der Produktion. Die *IS*-Kurve ist steil nach unten gerichtet. Eine Erhöhung der Staatsausgaben oder des erwarteten zukünftigen Einkommens verschiebt die *IS*-Kurve nach rechts. Eine Erhöhung der Steuern, der erwarteten zukünftigen Steuern oder der erwarteten zukünftigen Realzinsen verschiebt die *IS*-Kurve nach links.

Auch die neue *IS*-Kurve, abgeleitet aus **Gleichung (16.2)**, hat einen fallenden Verlauf – aus den gleichen Gründen wie in ▶ **Kapitel 5**. Sinkt heute der Realzins, so nimmt die Nachfrage zu. Über den Multiplikatoreffekt steigt dann auch das Einkommen. Wir können aber noch schärfere Aussagen treffen: Die neue *IS*-Kurve verläuft wesentlich steiler. Anders formuliert: Selbst ein starker Rückgang des aktuellen Realzinses wird nur einen kleinen Effekt auf das Gleichgewichtseinkommen haben.

Überlegen wir uns, warum der Effekt klein ist. Gehen wir von Punkt *A* auf der *IS*-Kurve in ▶ **Abbildung 16.2** aus. Wie sich ein Rückgang des Realzinses auswirkt, hängt von zwei Faktoren ab: die Auswirkung des Realzinses auf die private Nachfrage bei gegebenem Einkommen sowie die Höhe des Multiplikators. Betrachten wir die beiden Faktoren der Reihe nach:

- Ein Rückgang des aktuellen Realzinses wird sich nicht stark auf die Nachfrage auswirken, wenn die Erwartungen bzgl. des zukünftigen Realzinses unverändert bleiben. In den vergangenen Kapiteln haben wir gesehen warum: Ändert sich nur der Realzins im aktuellen Jahr, verändern sich die Gegenwartswerte kaum, sodass sich auch die Nachfrage nur wenig verändert. Unternehmen werden ihre Investitionspläne kaum revidieren, wenn der Realzins im aktuellen Jahr zwar zurückgeht, sie aber nicht damit rechnen, dass auch in Zukunft die Realzinsen niedrig bleiben.
- Auch der Multiplikatoreffekt ist vermutlich klein. Seine Höhe hängt davon ab, wie stark eine Änderung des aktuellen Einkommens die Nachfrage beeinflusst. Wenn sich aber nur das aktuelle Einkommen verändert, während die Erwartungen über das zukünftige Einkommen konstant bleiben, kann dieser Nachfrageeffekt nicht besonders groß sein. Änderungen des Einkommens, die nur als temporär angesehen werden, beeinflussen Konsum- und Investitionsnachfrage nur wenig. Wenn Konsumenten erwarten, dass sich ihr Einkommen nur im aktuellen Jahr erhöht, werden sie ihren Konsum nur unterproportional zu ihrem Einkommensanstieg erhöhen. Rechnen Unternehmen damit, dass die Verkaufszahlen nur im aktuellen Jahr ansteigen, werden sie ihre Investitionspläne, wenn überhaupt, nur wenig revidieren.

Fassen wir zusammen: Ein starker Rückgang des Realzinses – von r_A auf r_B in ▶ **Abbildung 16.2** – führt nur zu einem schwachen Anstieg des Einkommens von Y_A auf Y_B. Die *IS*-Kurve, die durch die Punkte *A* und *B* verläuft, ist sehr steil.

Änderungen aller anderen Größen in **Gleichung (16.2)** außer Y und r verschieben die *IS*-Kurve:

- Ein Anstieg der aktuellen Staatsausgaben (G) verschiebt die *IS*-Kurve nach rechts; ein Anstieg der aktuellen Steuern (T) verschiebt sie nach links. Diese Verschiebungen sind in ▶ **Abbildung 16.2** durch Pfeile angedeutet.
- Auch alle Änderungen der zukünftig erwarteten Variablen verschieben die *IS*-Kurve. Steigt das zukünftig erwartete Einkommen Y'^e, so verschiebt sich die *IS*-Kurve nach rechts. Die Konsumenten fühlen sich reicher und möchten schon heute mehr konsumieren. Liegt das zukünftig erwartete Einkommen höher, nehmen auch die erwarteten Gewinne zu. Die Investitionsbereitschaft steigt. Aufgrund der gleichen Logik schränken Konsumenten ihre aktuelle Nachfrage ein, wenn sie in Zukunft mit höheren Steuern rechnen Die *IS*-Kurve verschiebt sich nach links. Das Gleiche gilt, wenn mit einem Anstieg der zukünftigen Realzinsen gerechnet wird. Auch dies dämpft schon heute die aktuelle Nachfrage. Auch diese Verschiebungen sind in ▶ **Abbildung 16.2** angedeutet.

Sie können sich den Zusammenhang anhand des folgenden Beispiels verdeutlichen: Sie nehmen ein Darlehen mit 30-jähriger Laufzeit auf. Der einjährige Zinssatz fällt von 5% auf 2%, aber alle zukünftigen Zinssätze für die Folgejahre bleiben unverändert. Wie stark sinkt der 30-jährige Zinssatz? (Falls nötig, sollten Sie den Zusammenhang zwischen kurz- und langfristigen Zinssätzen in ▶ Kapitel 14 wiederholen.)

Angenommen, Ihr Arbeitgeber entscheidet sich, allen Mitarbeitern einen einmaligen Bonus von 10.000 € zu zahlen. Eine Wiederholung wird nicht erwartet. Um wie viel werden Sie Ihren Konsum in diesem Jahr erhöhen? (Falls nötig, lesen Sie in ▶ Kapitel 15 die Ausführungen zum Konsumverhalten nach.)

FOKUS

Makroökonomische Auswirkungen von Unsicherheit

Die Zukunft ist von Natur aus unsicher. Wir bilden Erwartungen über den zukünftigen Verlauf; wir wissen aber, dass der Verlauf unsicher ist. Bislang haben wir untersucht, wie sich Erwartungen auf Konsum und Investition auswirken, Unsicherheit dabei aber ausgeblendet. Wie unsicher der Verlauf ist, spielt aber beim gleichen Erwartungswert für unsere Entscheidungen eine große Rolle. Betrachten wir zwei Szenarien.

Im ersten Szenario gehen wir sicher davon aus, dass unser Gehalt im nächsten Jahr um 10 Prozent steigen wird. Im zweiten besteht mit 50% Wahrscheinlichkeit die Chance, dass das Gehalt um 40% steigen wird. Aber mit gleicher Wahrscheinlichkeit besteht das Risiko, dass wir entlassen werden. In diesem Fall finden wir zwar einen neuen Job, aber nur bei einer Gehaltskürzung um 20%. Der Erwartungswert ist in beiden Szenarien gleich: Das im Durchschnitt erwartete Gehalt steigt ja auch im zweiten Fall um 10 Prozent: $0{,}5 * 1{,}4 + 0{,}5 * 0{,}8 = 1{,}1$. Werden wir in beiden Szenarien heute gleich viel konsumieren? Wohl kaum. Im zweiten Szenario sind wir wohl vorsichtiger; wir werden unseren Konsum also nicht schon heute stark erhöhen.

Stellen wir uns nun vor, wir sind Vorstand einer Hotelkette und erfahren, dass im nächsten Jahr vielleicht eine Pandemie ausbrechen könnte, die die Nachfrage im Tourismus stark einbrechen lassen würde. Das Gerücht ist sehr vage; es ist gar nicht klar, welche Gebiete die Pandemie betreffen könnte. Mit anderen Worten: Im Gegensatz zum ersten Fall ist es nicht einmal möglich, Wahrscheinlichkeitseinschätzungen zu formulieren. Das wird uns wohl zu großer Vorsicht verleiten; wir werden so manche Investitionsprojekte begraben, die wir geplant hatten.

Fahren wir mit dem Beispiel fort. Wir sind überzeugt, dass die Unsicherheit innerhalb des kommenden Jahres vorbei sein wird. Dann werden wir wissen, ob die Pandemie kommt und wie stark sie unsere Hotelkette betrifft. Wenn es schwierig ist, Investitionsentscheidungen zu revidieren, ist es ratsam, erst einmal abzuwarten und die Entscheidung erst dann zu treffen, sobald sich die Unsicherheit aufgelöst hat. Ökonomen sprechen in diesem Fall vom **Optionswert des Wartens**. Die falsche Investitionsentscheidung zu treffen, kann sehr kostspielig sein. Es kann viel günstiger sein, erst einmal abzuwarten. Dies gilt auch bei Unsicherheit über wirtschaftspolitische Entscheidungen – wie etwa über das Einführen von Handelsbeschränkungen oder einen harten Brexit.

In diesen Beispielen betrachteten wir die Entscheidungen einzelner Individuen. Sind aber viele Haushalte und Unternehmen solcher Unsicherheit ausgesetzt, kann das massive makroökonomische Auswirkungen haben. Sehen wir uns hierzu drei Beispiele an.

Das erste bezieht sich auf die Weltwirtschaftskrise. Als im Oktober 1929 in den USA die Aktienkurse einbrachen, merkten viele Leute, dass die Zukunft wesentlich düsterer sein wird, als bislang erwartet. Sie fühlten zudem, dass die Zukunft viel unsicherer geworden ist. War der Kurseinbruch nur vorübergehend oder der Auslöser einer lang anhaltenden Rezession? Christina Romer (Berkeley Universität) hat diese Epoche intensiv studiert und argumentiert, dass sowohl pessimistische Erwartungen als auch ein Ansteigen der gefühlten Unsicherheit eine Rolle spielten. Sie verweist darauf, dass der Absatz von Automobilen im Oktober und November 1929 massiv einbrach. Dagegen ist der Absatz in Kaufhäusern kaum eingebrochen. Wären pessimistische Erwartungen der alleinige Auslöser, sollte der Absatz von Automobilen und Kaufhäusern gleichermaßen zurückgehen. Dass aber vor allem der Automobil-Absatz so stark eingebrochen ist, deutet auf die Rolle von Unsicherheit und den Optionswert des Wartens. Solange nicht klar war, wie lang der Schock anhält, entschieden die Konsumenten, erst einmal mit dem Kauf eines Autos abzuwarten. Dieses Verhalten wiederum trug selbst zum Rückgang der Nachfrage bei. Es verschärfte so die Geschwindigkeit des Wirtschaftseinbruchs.

Das zweite Beispiel ist die Finanzkrise 2008/2009. Der Kollaps der Investmentbank Lehman Brothers machte deutlich, dass der Finanzsektor in ernsten Schwierigkeiten war. Aber die Einschätzung darüber, wie schlimm die Lage wirklich war und wie sie sich fortentwickeln würde, war extrem schwierig. Ein Maß für das Ausmaß der Unsicherheit im Finanzsektor ist der Volatilitätsindex VIX. Er berechnet sich aus den Optionspreisen für Kauf und Verkauf von Aktien zu einem festgelegten Preis in der Zukunft. ▶ **Abbildung 1**stellt den Verlauf des VIX dar. Befürchten Investoren einen Zusammenbruch des Aktienmarktes, sind sie bereit, einen hohen Preis für die Option zu zahlen, zu einem festgelegten Preis in der Zukunft verkaufen zu können. Erwarten sie umgekehrt eine rasche Erholung, dann sind sie bereit, einen hohen Preis zu zahlen für die Option, zu einem festgelegten Preis in der Zukunft kaufen zu können. Der VIX Index aggregiert diese Informationen und liefert so ein Maß für die Marktunsicherheit am jeweiligen Tag. ▶ **Abbildung 1** zeigt, wie dramatisch der VIX von September bis November 2008 anstieg. Dieser starke Anstieg der Unsicherheit trug maßgeblich zum dramatischen Rückgang der Nachfrage und der tiefen Rezession bei. Die Abbildung verdeutlicht auch, wie schnell sich der Rauch danach wieder verflüchtigte.

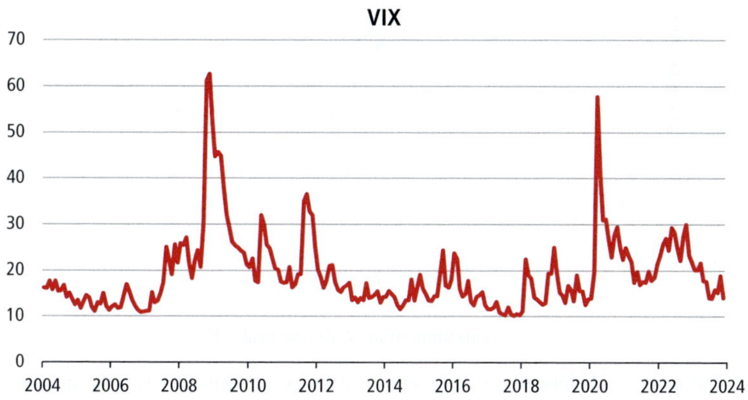

Abbildung 1 **Der VIX Volatilitäts-Index ab 2004 (monatliche Durchschnittswerte), FRED Code VIXCLS**

Das dritte Beispiel ist der Ausbruch der Corona-Pandemie. Nachdem sich das Virus Covid-19 weltweit rasch verbreitete, stieg der VIX Index im März 2020 wieder dramatisch an. Die Investitionsbereitschaft brach in allen Branchen, nicht nur in den direkt betroffenen kontaktintensiven Sektoren, stark ein. Massive geld- und fiskalpolitische Stützungsmaßnahmen versuchten, den Wirtschaftseinbruch zu begrenzen und weckten die Hoffnung auf eine rasche Erholung für wenig betroffene Sektoren. Entsprechend schnell beruhigten sich die Finanzmärkte; die Aktienkurse kletterten bald auf neue Höchststände. Mit dem Angriff Russlands auf die Ukraine Anfang 2022 kam es aber wieder zu einem Anstieg des VIX und einem Einbruch der Aktienkurse.

16.2 Geldpolitik und die Rolle von Erwartungen

Die Zentralbank beeinflusst unmittelbar zunächst nur den aktuellen Realzins r. Die LM-Kurve, die wir in ▶ **Kapitel 6** abgeleitet haben, wird also weiterhin durch eine horizontale Kurve beschrieben – dem Realzins, den die EZB festsetzt. Nennen wir ihn wieder r_0. Damit lassen sich die Gleichungen des IS- und LM-Modells nun so beschreiben:

$$IS: Y = A(Y, T, r, Y'e, T'e, r'e, x'e) + G \tag{16.3}$$

$$LM: r = r_0 \tag{16.4}$$

Die entsprechenden IS- und LM-Kurven, die diese Gleichungen repräsentieren, sind in ▶ **Abbildung 16.3** eingezeichnet. An der vertikalen Achse ist der aktuelle Realzins r abgetragen, an der horizontalen Achse das Einkommen Y im laufenden Jahr.

Die IS-Kurve verläuft relativ steil. Der Grund ist uns mittlerweile vertraut: Bei gegebenen Erwartungen über die Zukunft hat eine Änderung des heutigen Zinssatzes wenig Einfluss auf die private Nachfrage; zudem ist der Multiplikator klein. Die LM-Kurve ist eine horizontale Kurve. Das Gleichgewicht ist durch den Schnittpunkt der beiden Kurven, Punkt A, charakterisiert.

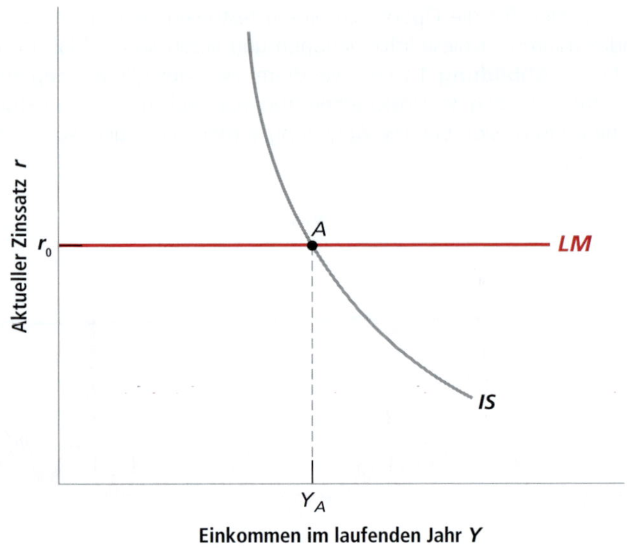

Abbildung 16.3 Das neue *IS-LM*-Modell. Die *IS*-Kurve ist steil nach unten geneigt: Wenn alle anderen Variablen unverändert bleiben, hat eine Veränderung des aktuellen Zinssatzes nur einen kleinen Effekt auf die Produktion. Zum Zinssatz r_0 ist das Gleichgewicht in Punkt A – dem Schnittpunkt von *IS*-und *LM*-Kurve.

Betrachten wir nun, was passiert, wenn die Wirtschaft sich in einer Rezession befindet und die Zentralbank den Realzins senkt.

Bei gegebenen Erwartungen verschiebt eine Geldmengenerhöhung die *LM*-Kurve entlang der steilen *IS*-Kurve nach unten. *r* fällt stark, aber *Y* steigt nur wenig.

Gehen wir zunächst davon aus, dass die expansive Geldpolitik weder die Erwartungen über zukünftige Zinsen noch die Erwartungen über die zukünftige Nachfrage verändert. Senkt die Zentralbank den Zins von Zinssatz $r_0$auf Zinssatz r_1, dann verschiebt sich die *LM*-Kurve in ▶ **Abbildung 16.4** nach unten, von *LM* nach *LM''* (einfache Striche bezeichnen bereits die zukünftig erwarteten Werte; daher verwenden wir einen Doppelstrich für Kurvenverschiebungen). Das Gleichgewicht verschiebt sich von Punkt *A* nach Punkt *B*. Das Einkommen steigt; der Zinssatz sinkt. Weil die *IS*-Kurve aber steil verläuft, hat die expansive Geldpolitik kaum einen Effekt auf die Produktion: Solange Änderungen des aktuellen Zinssatzes die Erwartungen über die Zukunft nicht tangieren, haben sie nur geringe Wirkung auf Nachfrage und Produktion.

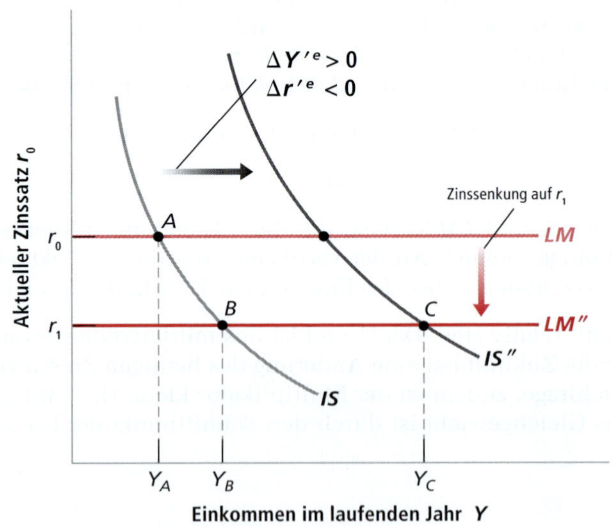

Abbildung 16.4 Die Wirkung einer expansiven Geldpolitik. Die Wirkung einer expansiven Geldpolitik hängt sehr stark davon ab, ob und wie Geldpolitik die Erwartungen beeinflusst.

Ist es aber vernünftig, davon auszugehen, dass die Erwartungen von der expansiven Geldpolitik unberührt bleiben? Ist es nicht viel plausibler, dass bei einer heutigen Zinssenkung die Finanzmärkte damit rechnen, dass auch die Zinsen in Zukunft niedrig bleiben? Dann werden sie auch erwarten, dass die zukünftige Nachfrage, dank der auch in Zukunft niedrigen Zinsen, stimuliert wird. Falls dies zutrifft, wird – bei einem gegebenen Zinssatz heute – die Aussicht auf niedrige Zinsen und hohe Nachfrage in der Zukunft auch heute schon Nachfrage und Produktion stimulieren; die *IS*-Kurve verschiebt sich nach rechts von *IS* nach *IS*''. Das neue Gleichgewicht liegt im Punkt *C*. Obwohl der direkte Effekt der expansiven Geldpolitik recht begrenzt ist, ist deshalb der Gesamteffekt unter Berücksichtigung veränderter Erwartungen wesentlich ausgeprägter.

Dies ist der Grund, weshalb Zentralbanken häufig nicht nur den aktuellen Zins anpassen, sondern dabei auch die Stetigkeit ihrer Politik betonen, um auch die Erwartungen über den Pfad künftiger Zinsen zu beeinflussen. ▶ Kapitel 21 und ▶ 23 betrachten dies genauer.

Fassen wir zusammen: Die Wirkung von Geldpolitik hängt entscheidend davon ab, wie sie die Erwartungen beeinflusst.

- Falls expansive Geldpolitik die Finanzmärkte, Konsumenten und Unternehmen dazu veranlasst, auch die Erwartungen über zukünftige Zinssätze und Produktion zu revidieren, können die Auswirkungen einer expansiven Geldpolitik sehr groß sein.
- Falls aber die Erwartungen über die Zukunft von der Politik nicht berührt werden, wird sie nur einen geringen Effekt haben.

Diese Diskussion knüpft unmittelbar an die Ausführungen in ▶ **Kapitel 14** über die Auswirkung von Geldpolitik auf die Aktienmärkte an. Dort spielten die gleichen Überlegungen eine Rolle. Falls eine Änderung der Politik Investoren, Unternehmen und Konsumenten nicht überrascht, werden sich die Erwartungen nicht ändern. Der Aktienmarkt wird nur schwach reagieren. Die Produktion wird sich, wenn überhaupt, kaum verändern. Kommt aber die Änderung unerwartet und rechnet man damit, dass sie anhält, dann werden die Erwartungen über zukünftige Zinsen nach unten revidiert. Die Erwartungen über die zukünftige Nachfrageentwicklung verbessern sich und der Aktienmarkt wird boomen. Deshalb wird die Produktion schon heute ansteigen.

Vielleicht sind Sie jetzt sehr skeptisch geworden, ob Makroökonomen überhaupt viel über die Effekte von Politikmaßnahmen oder über die Effekte anderer Schocks sagen können. Wenn die Effekte so stark davon abhängen, wie die Erwartungen reagieren, kann man dann überhaupt darauf hoffen, vorhersagen zu können, was geschehen wird? Die Antwort lautet: Ja!

Zu sagen, dass die Auswirkungen einer bestimmten Politik davon abhängen, wie die Erwartungen reagieren, bedeutet keineswegs, dass alles passieren kann. Erwartungen sind nicht arbiträr. Der Fondsmanager, der Anlageentscheidungen treffen muss, das Unternehmen, das über die Investition in eine neue Fabrik entscheiden muss, oder der Konsument, der über seine Rentenpläne nachdenkt – alle machen sich sorgfältig darüber Gedanken, was in Zukunft geschehen wird. Jeder Einzelne bildet Zukunftserwartungen, indem er einzuschätzen versucht, welchen Verlauf die künftige Politik wahrscheinlich nehmen wird. Er überlegt dann sorgfältig, welche Konsequenzen das für seine eigenen Entscheidungen haben könnte. Auch wenn er das nicht unbedingt selbst tut (die meisten von uns lösen nicht ständig komplexe Makromodelle, bevor sie Entscheidungen treffen), so tut er es doch indirekt, indem er in Zeitung und Fernsehen die Analysen von öffentlichen Institutionen und privaten Forschungsinstituten verfolgt. Ökonomen bezeichnen diese Form der zukunftsorientierten Erwartungsbildung als „Rationale Erwartungsbildung". Die Einführung dieses Konzepts war eine der bedeutendsten Entwicklungen in der Makroökonomie während der vergangenen 25 Jahre. Sie hatte enormen Einfluss darauf, wie Makroökonomen über Politik denken. Die Fokusbox *„Rationale Erwartungen"* geht darauf näher ein.

Rationale Erwartungsbildung: Wirtschaftssubjekte treffen Entscheidungen, indem sie die ihnen verfügbaren Informationen effizient nutzen.

Wir könnten jetzt zu unserer Analyse zurückkehren und nach den Implikationen rationaler Erwartungen für die expansive Geldpolitik fragen. Es macht aber mehr Spaß, das Gleiche im Kontext der Fiskalpolitik zu tun. Das werden wir als Nächstes machen.

FOKUS

Rationale Erwartungen

Die meisten Makroökonomen lösen heute ihre Modelle standardmäßig unter der Annahme rationaler Erwartungen. Dies ist jedoch eine relativ neue Entwicklung. Die letzten 25 Jahre der makroökonomischen Forschung bezeichnet man oft als die Revolution rationaler Erwartungen. Die zentrale Bedeutung von Erwartungen ist ein alt bekanntes Thema in der Makroökonomie. Doch bis in die frühen 1970er-Jahre dachten Makroökonomen über Erwartungen auf zwei Arten nach:

- Eine war die Idee der „**Animal Spirits**" (Keynes führte diesen Ausdruck in seiner „Allgemeinen Theorie" (vgl. ▶ Kapitel 24) ein, um damit ein verändertes Investitionsverhalten zu bezeichnen, das sich nicht durch den Einfluss anderer ökonomischer Variablen erklären lässt). Verschiebungen der Erwartungen wurden als wichtig betrachtet; sie blieben aber unerklärt.
- Die andere war das Ergebnis einfacher, rückwärtsgewandter Regeln. Häufig unterstellte man, dass Wirtschaftssubjekte statische Erwartungen haben. Sie gehen davon aus, dass die Zukunft so aussieht wie die Gegenwart (diese Annahme verwendeten wir in ▶ **Kapitel 15** bei Investitionsentscheidungen). Oder man unterstellte adaptive Erwartungen (diese Annahme verwendeten wir in ▶ **Kapitel 8** bei der Analyse der Phillipskurve): Erwies sich etwa die Prognose einer bestimmten Variable als zu niedrig, ging man davon aus, dass die Wirtschaftssubjekte in der nächsten Periode ihre Erwartungen über diese Variable nach oben anpassten. Fiel etwa die tatsächliche Inflationsrate höher als erwartet aus, dann stiegen eben die Inflationserwartungen.

In den frühen 1970er-Jahren kritisierte eine Gruppe von Makroökonomen, angeführt von Robert Lucas (Universität Chicago) und Thomas Sargent (damals auch in Chicago, nun in Stanford), dass diese Annahme nicht richtig wiedergibt, wie Erwartungen im Wirtschaftsablauf gebildet werden. (Für seine Arbeiten erhielt Robert Lucas 1995 den Nobelpreis, Thomas Sargent im Jahr 2011). Sie argumentierten, Ökonomen sollten davon ausgehen, die Wirtschaftssubjekte versuchen, die zukünftige Entwicklung so gut wie nur möglich korrekt vorherzusagen. Das bedeutet nicht, anzunehmen, die Leute könnten die Zukunft vorhersehen, sondern nur, dass sie alle verfügbaren Informationen bestmöglich nutzen.

Anhand der damals populären makroökonomischen Modelle zeigten Lucas und Sargent, dass sich die Aussagen fundamental ändern, wenn man die traditionellen Annahmen zur Erwartungsbildung durch **Rationale Erwartungen** ersetzt. Lucas zweifelte die These an, **Disinflation** erfordere notwendigerweise einen Anstieg der Arbeitslosenquote. Er argumentierte, bei rationalen Erwartungen könnte eine glaubwürdige Politik die Inflation abbauen, ohne dass dies zu einem Anstieg der Arbeitslosigkeit führen müsse.

Eine der zentralen Einsichten von Lucas und Sargent besteht darin, dass die Wirtschaftssubjekte in ihrem Verhalten auch Erwartungen über die zukünftige Wirtschaftspolitik einbeziehen. Dies erfordert aber einen ganz anderen Ansatz zur Analyse wirtschaftspolitischer Maßnahmen. Politiksimulationen in traditionellen Makromodellen unterstellten, dass die Leute auf Änderungen der Politik gar nicht reagieren. Damit unterstellt man jedoch, dass sie systematische Fehler begehen. Es wäre fahrlässig, Politikempfehlungen auf dieser Annahme zu basieren. Deshalb arbeiten seitdem fast alle makroökonomischen Modelle mit der Arbeitshypothese rationaler Erwartungen.

Warum hat es dann so lange gedauert, bis die Theorie rationaler Erwartungen zum Standard der modernen Makroökonomie geworden ist? Dies liegt im Wesentlichen an den technischen Komplikationen: Bei rationalen Erwartungen hängt das Verhalten heute davon ab, wie man die zukünftige Entwicklung einschätzt. Die zukünftige Entwicklung hängt aber wiederum vom Verhalten heute ab. Der Erfolg von Lucas und Sargent bestand vor allem auch darin, zu zeigen, wie man diese Interdependenz technisch lösen kann. Seitdem gelingt es, immer komplexere Modelle mit rationalen Erwartungen zu lösen. Auch in die meisten ökonometrischen Modelle ist mittlerweile die Annahme rationaler Erwartungen integriert.

16.2.1 Abbau des Budgetdefizits bei rationalen Erwartungen

In den Kernkapiteln haben wir folgende Einsichten über die Auswirkungen des Abbaus von Budgetdefiziten gewonnen:

- In der langen Frist dürfte sich ein Abbau des Budgetdefizits positiv auf die Wirtschaft auswirken. Mittelfristig ermöglicht er eine höhere private Ersparnis und einen Anstieg der privaten Investitionen. Langfristig steigen der Kapitalbestand und damit auch die Produktion.
- Kurzfristig aber kann der Abbau eines Budgetdefizits eine Rezession auslösen, wenn er nicht von einer expansiven Geldpolitik begleitet wird.

Wir haben die langfristigen Effekte von Änderungen der Fiskalpolitik in ▶ Abschnitt 11.2 diskutiert.

Wir haben die kurz- und mittelfristigen Effekte von Änderungen der Fiskalpolitik in ▶ Abschnitt 9.3 diskutiert.

Aufgrund dieser negativen kurzfristigen Effekte schrecken viele Regierungen vor der Aufgabe zurück, das Defizit abzubauen (abgesehen davon, dass es unpopulär ist, Steuern zu erhöhen und Ausgaben zu kürzen). Warum sollte man jetzt die Gefahr einer Rezession riskieren, für Erträge, die erst viel später anfallen?

In jüngster Zeit haben einige Ökonomen aber argumentiert, ein Abbau des Budgetdefizits könne sogar kurzfristig die Produktion stimulieren. Wenn schon heute die zukünftigen Vorteile aus dem niedrigeren Defizit in das Kalkül der Wirtschaftssubjekte einbezogen werden, dann könnten die positiven Zukunftserwartungen bereits heute die Nachfrage und damit die Produktion stimulieren. Dieser Abschnitt analysiert dieses Argument genauer. Die Fokusbox *„Kann der Abbau eines Budgetdefizits die Nachfrage stimulieren? Das Beispiel Irland“* analysiert die empirische Evidenz.

Nehmen wir an, die Wirtschaft ist durch die ▶ Gleichungen (16.3) – (die *IS*-Funktion) – und ▶ (16.4) – (die *LM*-Gleichung) – charakterisiert. Gehen wir nun davon aus, die Regierung kündigt einen Abbau des Budgetdefizits an. Sie möchte sowohl die aktuellen wie die zukünftigen Ausgaben, G und G'^e, kürzen. Was passiert mit der Produktion heute?

16.2.2 Der Einfluss von Erwartungen über die Zukunft

Nehmen wir zunächst an, die Erwartungen über zukünftige Produktion (Y'^e) und zukünftige Realzinsen (r'^e)verändern sich nicht. Dann erhalten wir die Standardantwort: Die Kürzung der aktuellen Staatsausgaben verschiebt die *IS*-Kurve nach links; die Produktion geht zurück.

Die entscheidende Frage ist daher, was mit den Erwartungen passiert. Um sie zu beantworten, überlegen wir uns erst, wie sich der Abbau des Defizits mittel- und langfristig auswirkt.

- Auf mittlere Frist beeinflusst der Abbau eines Budgetdefizits die Produktion nicht. Die Zinsen aber sinken, die privaten Investitionen steigen. Das wurde in ▶ **Kapitel 8** gezeigt. Welche Prozesse spielen sich dabei ab?
  Für die mittlere Frist ignorierten wir die Auswirkungen der Kapitalakkumulation auf die Produktion. Das natürliche Produktionsniveau hängt also nur von der Produktivität (die wir als gegeben annahmen) und der natürlichen Beschäftigung ab. Diese wiederum wird von der natürlichen Arbeitslosenquote bestimmt. Solange Staatsausgaben diese Quote nicht beeinflussen, wirken sich Änderungen der Staatsausgaben nicht auf die natürliche Arbeitslosenquote aus. Der Abbau des Budgetdefizits hat also mittelfristig keinen Effekt auf die Produktion.
  Die Produktion ist aber gleich der Summe aus privater und staatlicher Nachfrage. Geht die staatliche Nachfrage zurück, dann müssen die privaten Ausgaben steigen. Niedrigere Zinsen stimulieren die privaten Investitionen. Der Anstieg der privaten Investitionen gleicht mittelfristig den Rückgang der Staatsausgaben gerade aus; die Gesamtproduktion bleibt unverändert.

Mittelfristig verändert sich das Produktionsniveau nicht; höhere Investitionen gleichen den Rückgang der Investitionen aus.

Langfristig: Die zusätzlichen Investitionen führen zu einer Ausweitung des Kapitalstocks; hierdurch steigt die Produktion.

- Langfristig (also unter Berücksichtigung der Kapitalakkumulation auf die Produktion) erhöhen die zusätzlichen privaten Investitionen den Kapitalstock und damit das Produktionsniveau.
  Dies war eine der zentralen Einsichten aus ▶ **Kapitel 11**. Je größer die Sparquote (je mehr also investiert wird), desto höher der Kapitalbestand, desto größer der langfristige Effekt auf das Produktionsniveau.

Stellen wir uns vor, die Zukunft umfasst sowohl die mittlere als auch die lange Frist. Falls Konsumenten, Unternehmen und Finanzmärkte rationale Erwartungen haben, dann werden sie diese mittel- und langfristige Entwicklung in ihr Kalkül einbeziehen. Wenn die Regierung einen Abbau des Budgetdefizits ankündigt, wird für die Zukunft mit einem höheren Produktionsniveau (Y'^e steigt) und einem niedrigeren Zinsniveau (r'^e sinkt) gerechnet.

16.2.3 Effekte in der aktuellen Periode

Fragen wir uns nun, was heute passiert, wenn die Regierung ihr Programm zum Abbau des Defizits ankündigt und erste Schritte umsetzt. ▶ **Abbildung 16.5** zeigt die *IS*- und *LM*-Kurven der laufenden Periode. Als Reaktion auf die Ankündigung müssen wir nun drei Faktoren berücksichtigen, die die *IS*-Kurve verschieben können:

- Die aktuellen Staatsausgaben (G) gehen zurück und verschieben die *IS*-Kurve nach links. Dies ist der Standardeffekt einer Kürzung der Staatsausgaben; der einzige, der im Grundmodell der *IS-LM*-Analyse berücksichtigt wurde.
- Die zukünftig erwartete Produktion Y'^e steigt. Dies verschiebt die *IS*-Kurve nach rechts. Bei gegebenen Zinsen lässt ein Anstieg der zukünftig erwarteten Produktion schon heute die private Nachfrage und damit die Produktion steigen.
- Der zukünftig erwartete Zinssatz r'^e sinkt. Auch dies verschiebt die *IS*-Kurve nach rechts. Die Erwartung sinkender Zinsen in der Zukunft stimuliert schon heute die private Nachfrage und die Produktion, selbst wenn die aktuellen Zinsen konstant bleiben.

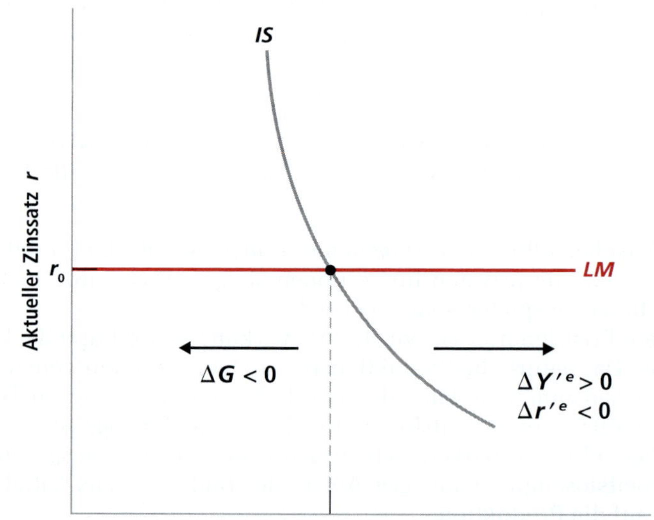

Abbildung 16.5 Die Effekte eines Abbaus des Defizits auf die gegenwärtige Produktion. Ein Abbau des Defizits führt bei Berücksichtigung von Erwartungseffekten nicht unbedingt zu einem Rückgang der Produktion.

Was ist der Nettoeffekt all dieser Verschiebungen? Kann die Stimulierung der privaten Nachfrage durch positive Zukunftserwartungen den Rückgang der Staatsausgaben kompensieren? Ohne genauere Informationen über den Verlauf der *IS*- und *LM*-Kurve und über die Details des Regierungsprogramms lässt sich nicht sagen, welcher Effekt dominiert. Wir sehen aber, dass die aktuelle Produktion bei einer Kürzung der Staatsausgaben nicht unbedingt sinken muss, sondern möglicherweise sogar steigen kann. Wir haben auch Informationen darüber, unter welchen Bedingungen es zu einem Anstieg kommen würde. Je kleiner die aktuellen Kürzungen der Staatsausgaben (G), desto kleiner der negative Effekt auf die aktuelle Nachfrage. Je größer der erwartete Rückgang zukünftiger Staatsausgaben (G'^e), desto stärker der Effekt auf zukünftig erwartete Zinsen und Produktion, desto stärker also der positive Nachfrageeffekt. Eine Verschiebung des Defizitabbaus in die Zukunft (kleine Einschnitte heute, starke Kürzungen später) wird also die aktuelle Produktion eher stimulieren.

Eine solche Verschiebung wirft aber andere Probleme auf: Verschiebt man schmerzhafte Kürzungen schon bei ihrer Ankündigung in die Zukunft, dürfte das die Glaubwürdigkeit des Programms ernsthaft beschädigen: Es besteht die Gefahr, dass die privaten Akteure dann erst gar nicht damit rechnen, dass die Kürzungen tatsächlich vorgenommen werden. Es besteht also eine schwierige Balance: Die aktuellen Kürzungen müssen stark genug sein, die Entschiedenheit des Programms zu demonstrieren; sie sollten aber die aktuelle Nachfrage nicht zu stark dämpfen.

FOKUS

Kann der Abbau eines Budgetdefizits die Nachfrage stimulieren? Das Beispiel Irland

Im Lauf der 1980er-Jahre gab es in Irland zwei Programme zum Abbau des Staatsdefizits:

- Das erste Programm begann 1982. Im Jahr davor, 1981, erreichte das Defizit einen Rekordwert von 13,0% des BIP. Die Schuldenquote war auf 77% gestiegen. Die Regierung musste die Kontrolle über das Budget wiedererlangen. Im Verlauf der nächsten drei Jahre sollte der Defizitabbau vor allem über Steuererhöhungen erfolgen. Man plante ein ambitioniertes Programm. Wäre die Wirtschaft weiter wie bisher gewachsen, wäre das Defizit um fünf Prozentpunkte zurückgegangen.
- Das Ergebnis des Programms war katastrophal. Aus Zeile 2 in ▶ **Tabelle 1** wird deutlich, dass das Wachstum im Jahr 1982 niedrig war, 1983 sogar negativ. Es kam zu einem massiven Anstieg der Arbeitslosigkeit, von 9,5% im Jahr 1981 auf 15% im Jahr 1984 (Zeile 3). Als Folge des niedrigen Wachstums waren die Steuereinnahmen (sie hängen vom Konjunkturverlauf ab) niedriger als erwartet. Das Defizit wurde kaum abgebaut; die Schuldenquote stieg weiter auf 97% im Jahr 1984.
- Ein zweiter Versuch wurde im Februar 1987 in Angriff genommen. Zu dieser Zeit war die Lage noch immer prekär. 1986 belief sich das Defizit auf 10,7% des BIP. Die Schuldenquote erreichte ein Rekordniveau von 116%.

Das neue Programm unterschied sich stark vom alten: Es ging mehr darum, die Rolle des Staates in der Wirtschaft einzuschränken, also um Ausgabenkürzungen statt um Steuererhöhungen. Die Steuereinnahmen sollten durch eine Verbreitung der Steuerbasis erhöht werden, ohne den Grenzsteuersatz anzuheben. Wieder war das Programm sehr ambitioniert. Wäre die Wirtschaft weiter wie zuvor gewachsen, wäre das Defizit um 6,4 Prozentpunkte zurückgegangen.

Das Ergebnis könnte sich kaum drastischer vom ersten Programm unterscheiden: 1987 bis 1989 kam es zu einem starkem Wachstum mit Raten von durchschnittlich mehr als 5%. Die Arbeitslosenquote ging von 17% auf 15% zurück. Wegen des unerwartet starken Wachstums stiegen auch die Steuereinnahmen schneller als geplant; das Defizit sank von 10,7% auf 1,8%.

Einige Ökonomen vertreten die Meinung, der frappierende Unterschied zwischen beiden Programmen sei darauf zurückzuführen, dass die Erwartungen jeweils sehr unterschiedlich reagierten. Weil das erste Paket auf höhere Steuern fixiert war, änderte es nicht die vorherrschende Einschätzung, dass der Staat zu stark in den Wirtschaftsprozess eingreife. Das zweite Programm mit dem Schwerpunkt auf Ausgabenkürzungen hatte einen viel stärkeren Effekt auf die Erwartungen und wirkte sich so positiv auf Nachfrage und Produktion aus.

Stimmt das? Eine Variable, die private Sparquote (definiert als verfügbares Einkommen minus Konsum, dividiert durch verfügbares Einkommen), legt in der Tat nahe, dass die Erwartungen eine wichtige Rolle spielten. Um die Entwicklung der Sparquote zu verstehen, greifen wir die Erkenntnisse von ▶ **Kapitel 15** über das Konsumverhalten nochmals auf. Steigt das verfügbare Einkommen in einer Rezession unerwartet langsam (oder geht es gar zurück), dann schwächt sich der Konsum weniger stark ab, weil viele Menschen damit rechnen, dass es wieder besser wird.

	1981	1982	1983	1984	1986	1987	1988	1989
1. Budgetdefizit (% des BIP)	−13,0	−13,4	−11,4	−9,5	−10,7	−8,6	−4,5	−1,8
2. Wachstumsrate des BIP (%)	3,3	2,3	− 0,2	4,4	− 0,4	4,7	5,2	5,8
3. Arbeitslosenquote (%)	9,5	11,0	13,5	15,0	17,1	16,9	16,3	15,1
4. Private Sparquote (%)	17,9	19,6	18,1	18,4	15,7	12,9	11,0	12,6

Tabelle 1 Fiskalpolitische und makroökonomische Indikatoren, Irland, 1981–1984 und 1986–1989
Quelle: OECD Economic Outlook, Juni 1998

Die Sparquote geht dann also zurück. Schauen wir uns aber in Spalte 4 an, was zwischen 1981 und 1984 passierte: Trotz Rezession nahm die Sparquote sogar zu. Die Leute schränkten also ihren Konsum stärker ein als das verfügbare Einkommen; sie schätzten die Zukunft wohl sehr pessimistisch ein.

Blicken wir nun auf die Jahre 1986 bis 1989. In dieser Zeit war das Wachstum ungewöhnlich stark. Nach der gleichen Logik sollte der Konsum schwächer steigen, die Sparquote also zunehmen. Tatsächlich aber ging sie stark zurück, von 15,7% im Jahr 1986 auf 12,6% 1989. Die Stimmung der Konsumenten verbesserte sich wohl so stark, dass sie ihren Konsum relativ zum verfügbaren Einkommen stark erhöhten.

Kann der starke Unterschied der Erwartungseffekte die Unterschiede der beiden Budgetprogramme ganz erklären? Die Antwort lautet: Nein! Irland änderte sich in der Zeit des zweiten Programms in vielfältiger Weise. Die Produktivität stieg viel schneller als die Reallöhne, sodass die Arbeitskosten sanken. Niedrige Steuersätze, niedrige Arbeitskosten und eine gut ausgebildete Erwerbsbevölkerung zogen viele ausländische Unternehmen an, die in Irland neue Produktionsstätten aufbauten. Diese Faktoren spielten eine zentrale Rolle bei der Erfolgsgeschichte der späten 1980er-Jahre. Auch in den 1990er-Jahren ist Irlands Wirtschaft stark gewachsen, im Durchschnitt mit über 6%. Viele andere Faktoren außer der Fiskalpolitik – wie etwa die **Reale Abwertung** des irischen Pfunds – trugen hierzu bei. Aber der Wechsel 1987 half sicher mit, Konsumenten, Unternehmen (auch im Ausland) und Finanzmärkte davon zu überzeugen, dass ein solider Wandel bevorstand. Zumindest löste der starke Abbau des Defizits in der Zeit von 1987 bis 1989 keine Rezession aus, wie die einfache Version unseres *IS-LM*-Modells vorhersagen würde.

Eine detailliertere Analyse findet sich in Francesco Giavazzi und Marco Pagano, „Can Severe Fiscal Contractions Be Expansionary? Tales of Two Small European Countries", NBER Macroeconomics Annual, 1990, 75–110.

Systematischere Analysen, ob der Abbau von Budgetdefiziten expansiv wirken kann, kommen allerdings zu einer weitgehend negativen Antwort, wenn der Abbau nicht von expansiver Geldpolitik und Wechselkursabwertung flankiert wird. Vgl. die Studie „Will it hurt? Macroeconomic Effects of Fiscal Consolidation", IMF World Economic Outlook, Kapitel 3, Oktober 2010.

Die zentrale Botschaft unserer Überlegungen lautet aber, dass die schmerzhaften kurzfristigen Auswirkungen eines Kürzungsprogramms umso kleiner sind, je besser es gelingt, die Zukunftserwartungen positiv zu beeinflussen. Zwei Beispiele können dies verdeutlichen:

- Maßnahmen, die von Unternehmen und Finanzmärkten als ein Abbau von Verzerrungen in der Wirtschaft interpretiert werden, dürften sich schon auf die aktuelle Produktion positiv auswirken. Nehmen wir die Arbeitslosenunterstützung als ein Beispiel. ▶ **Kapitel 7** zeigte, dass Kürzungen in diesem Bereich die natürliche Arbeitslosenquote senken und so die Produktion steigern. Eine Reform des Sozialversicherungssystems, das großzügige Regelungen der Arbeitslosenunterstützung abbaut, hat in der kurzen Frist deshalb zwei Auswirkungen:
  - Zum einen geht der Konsum der Arbeitslosen zurück. Niedrigere Arbeitslosenunterstützung verringert ihr Einkommen und damit ihren Konsum.
  - Zum anderen aber kann die private Nachfrage aufgrund des Erwartungseffekts steigen. Die Antizipation einer stärkeren Wirtschaftsaktivität in der Zukunft kann schon heute Konsum und Investitionen stimulieren.

Dominiert der zweite Effekt, dann ist durchaus denkbar, dass insgesamt die Nachfrage und damit die Produktion steigen, und zwar nicht nur mittel- sondern auch kurzfristig. (Das bedeutet freilich keineswegs, dass die Arbeitslosenunterstützung ganz eliminiert werden sollte. Selbst wenn im Aggregat die Produktion steigt, müssen wir die Effekte auf die Einkommensverteilung berücksichtigen.)

- Ein anderes Beispiel: Betrachten wir eine Regierung, die jede Kontrolle über ihr Budget verloren hat. Die Staatsausgaben sind hoch, die Steuereinnahmen niedrig und das Defizit enorm. Unter solchen Bedingungen dürfte sich ein glaubwürdiges **Stabilisierungsprogramm** auch kurzfristig positiv auf die Wirtschaftsaktivität auswirken. Vor der Ankündigung rechneten die Leute vermutlich mit einer weiteren Verschlechterung der wirtschaftlichen und politischen Lage. Die Ankündigung eines Reformprogramms könnte dazu beitragen, das Vertrauen in die Zukunft zu stärken. Weniger pessimistische Zukunftsaussichten könnten heute schon die Nachfrage stimulieren, selbst wenn die Steuern als Teil des Programms steigen.

Fassen wir zusammen: Ein glaubwürdiges Programm zum Abbau des Staatsdefizits kann selbst kurzfristig die Wirtschaft stimulieren. Ob dies gelingt, hängt unter anderem von folgenden Faktoren ab:

- *Glaubwürdigkeit des Programms:* Werden die für die Zukunft angekündigten Ausgabenkürzungen und Steuererhöhungen auch wirklich durchgeführt?
- *Zeitpfad des Programms:* Wie stark sind die künftigen Kürzungen im Vergleich zu den Sofortmaßnahmen?
- *Zusammensetzung des Programms:* Baut das Programm bestehende Verzerrungen ab?
- *Zustand der Staatsfinanzen:* Wie hoch ist das Ausgangsdefizit? Ist die geplante Korrektur wirklich die letzte Chance? Was passiert, wenn das Programm fehlschlägt?

All dies verdeutlicht, wie entscheidend Erwartungen für den Erfolg eines Konsolidierungsprogramms sind und welch komplexe Prozesse dabei in der Fiskalpolitik ablaufen. Die Frage, unter welchen Bedingungen der Abbau des Staatsdefizits die Wirtschaft auch kurzfristig stimulieren kann, ist weit mehr als nur ein einfaches Beispiel für die Bedeutung von Erwartungen. Diese Frage war in Europa seit Ausbruch der Eurokrise Anfang 2010 heiß umstritten.

Der scharfe Rückgang der Produktion, in Verbindung mit den fiskalischen konjunkturellen Stützungsmaßnahmen zur Stabilisierung des Nachfrageeinbruchs 2009, führte in fast allen Ländern Europas im Lauf des Jahres 2010 zu hohen Budgetdefiziten und einem drastischen Anstieg der Staatsverschuldung. Es gab keinen Zweifel daran, dass solche Defizite nicht auf Dauer durchgehalten werden können und dass die hohe Verschuldung letztlich wieder abgebaut werden müsste. Die Frage war aber, wann und wie rasant dies erfolgen sollte.

Manche Wirtschaftswissenschaftler und viele Politiker in Europa glaubten, eine drastische Haushaltskonsolidierung sollte so schnell wie möglich begonnen werden. Sie argumentierten, sie sei unumgänglich, um die Investoren von solider Haushaltspolitik zu überzeugen. In ihrer Sicht würden die Erwartungen zukünftig höheren Wachstums die unmittelbaren negativen Effekte der Konsolidierung dominieren, sofern sie mit Strukturreformen zur Stimulierung des Wirtschaftswachstums gekoppelt wären. Der damalige Präsident der Europäischen Zentralbank, Jean Claude Trichet, formulierte diese Sicht im September 2010 folgendermaßen:

> *„[Haushaltskonsolidierung] ist Vorbedingung dafür, das Vertrauen in die Glaubwürdigkeit fiskalpolitischer Ziele zu sichern. Die positive vertrauensbildende Wirkung kann den mit einer Haushaltskonsolidierung verbundenen Nachfragerückgang mehr als kompensieren, sofern die fiskalpolitischen Anpassungsstrategien als glaubwürdig und ehrgeizig genug angesehen werden und sich auf den Abbaustaatlicher Ausgaben konzentrieren. Das aktuelle Umfeld hoher makroökonomischer Unsicherheit bietet besonders günstige Bedingungen dafür, dass sich eine solche positive Wirkung entfaltet.“*

Andere waren wesentlich skeptischer. Sie bezweifelten, dass im Umfeld starker Produktionseinbrüche die positiven Erwartungseffekte stark genug sein könnten und verwiesen darauf, dass die Nominalzinsen bereits bei null lagen, sodass von der Geldpolitik keine große Stützung kommen konnte. Deshalb plädierten sie für eine langsame, aber stetig einsetzende Konsolidierung, auch wenn dies zunächst mit einem Anstieg der Verschuldung einhergeht, bevor später eine Stabilisierung einsetzt.

Diese Debatte wurde berühmt als die Debatte um die Höhe der Fiskalmultiplikatoren. Diejenigen, die eine rasche Haushaltskonsolidierung forderten, argumentierten, dass die Fiskalmultiplikatoren wahrscheinlich negative Werte aufwiesen. Deshalb falle der Nettoeffekt einer Haushaltskonsolidierung auf die Wirtschaftsaktivität positiv aus, wenn sowohl die direkten als auch die Erwartungseffekte berücksichtigt werden. Geringere Haushaltsdefizite könnten also einen Anstieg der Produktion stimulieren. Die Gegenseite argumentierte, gerade in einer unterausgelasteten Wirtschaft seien die Fiskalmultiplikatoren positiv, ja sogar besonders hoch. Ein Abbau der Haushaltsdefizite führe zu einem weiteren Produktionsrückgang, zumindest aber zu einer wesentlich langsameren Erholung.

Leider erwies sich, dass die Skeptiker Recht behielten. Mit zunehmender Evidenz zeigte sich ein negativer Nettoeffekt der Haushaltskonsolidierung. Die stärkste Evidenz dafür ist die Beziehung zwischen Prognosefehlern und dem Ausmaß an Haushaltskonsolidierung über die Länder hinweg. In den meisten Ländern im Euroraum lag das tatsächliche Wachstum in den Jahren 2010 und 2011 weit unter den Prognosen. Bei einer Betrachtung über die Länder hinweg zeigte sich, dass die negativen Prognosefehler sehr eng mit dem Ausmaß an Haushaltskonsolidierung korreliert waren. ▶ **Abbildung 16.6** stellt die Beziehung zwischen den Prognosefehlern beim Wirtschaftswachstum im Jahr 2011 und einem Maß für Haushaltskonsolidierung für 25 Länder in Europa dar. Je stärker die Haushaltskonsolidierung im Jahr 2011, desto höher fielen die (negativen) Prognosefehler für die einzelnen Länder aus. Im Fall von Griechenland ist das besonders auffällig; es trifft aber auch auf viele andere Staaten zu. Die Prognosen wurden anhand von Modellen erstellt, die zwar von positiven, jedoch relativ niedrigen Multiplikatoreffekten ausgingen. Deshalb liefert die empirische Evidenz starke Indizien dafür, dass die Fiskalmultiplikatoren nicht nur positiv waren, sondern wesentlich höher als bei der Erstellung der Wachstumsprognose unterstellt. Offensichtlich konnten die Erwartungseffekte den direkten negativen Nachfrageeffekt sinkender Ausgaben und höher Steuern nicht kompensieren.

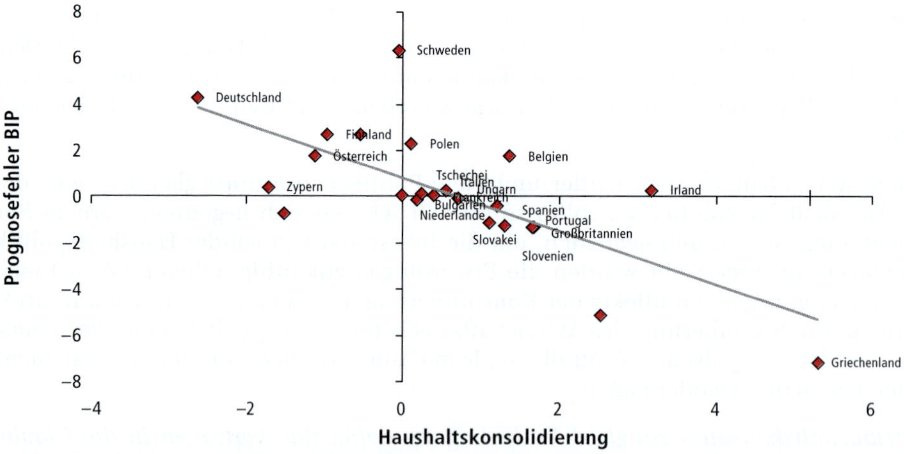

Abbildung 16.6 Prognosefehler und Haushaltskonsolidierung in Europa 2011. Je stärker die Haushaltskonsolidierung in europäischen Ländern im Jahr 2011 ausfiel, desto höher die Prognosefehler der im Vorjahr gemachten Vorhersagen über das Wirtschaftswachstum.

ZUSAMMENFASSUNG

- Die Nachfrage auf dem Gütermarkt hängt von der aktuellen und der zukünftig erwarteten Produktion sowie vom aktuellen und dem zukünftig erwarteten Realzins ab.
- Erwartungen beeinflussen die Nachfrage und damit die Produktion. Eine veränderte Einschätzung der zukünftig erwarteten Produktion oder des zukünftig erwarteten Realzinses verändert schon heute Nachfrage und Produktion.
- Die Auswirkung wirtschaftspolitischer Maßnahmen hängen deshalb stark davon ab, wie diese Maßnahmen die Erwartungen über die Zukunft beeinflussen.
- Die Methode rationaler Erwartungen geht davon aus, dass in die Einschätzung von Konsumenten, Unternehmen und Finanzmärkten über die Entwicklung der Zukunft auch ihre Erwartungen über den Verlauf der Wirtschaftspolitik einfließen. Sie rechnen sich dann aus, welche Konsequenzen sich daraus für zukünftige Realzinsen und Produktion ergeben. Die meisten Wirtschaftssubjekte machen dies zumindest indirekt, indem sie die Zukunftsanalysen von öffentlichen Institutionen und privaten Forschungsinstituten verfolgen.
- Die Annahme rationaler Erwartungen liefert den besten Referenzpunkt, um alternative wirtschaftspolitische Maßnahmen bewerten zu können. Es wäre fahrlässig, Politikempfehlungen auf Modellen zu basieren, die unterstellen, dass die Leute systematisch Fehler machen.
- Die Zentralbank bestimmt die kurzfristigen Nominalzinsen. Die gesamtwirtschaftliche Nachfrage hängt dagegen von den aktuellen und künftig erwarteten Realzinsen ab. Die Wirksamkeit von Geldpolitik hängt daher entscheidend davon ab, ob und wie stark Änderungen des kurzfristigen Nominalzinses die aktuellen und künftig erwarteten Realzinsen beeinflussen.
- Der Abbau eines Budgetdefizits kann unter Umständen die aktuelle Produktion stimulieren, statt sie zu dämpfen. Erwartungen über in Zukunft höhere Produktion und niedrigere Realzinsen stimulieren die Nachfrage in der laufenden Periode. Übersteigt dieser Effekt den direkten, negativen Nachfrageeffekt, dann erhöht sich heute schon die Produktion. Ob dies tatsächlich der Fall ist, hängt von der Glaubwürdigkeit, der Geschwindigkeit und der konkreten Art und Weise der Haushaltskonsolidierung ab sowie davon, ob Geldpolitik in der Lage ist, die Nachfrage zu stützen. Diese Bedingungen waren in Europa Anfang der 2010er- Jahre nicht erfüllt.

Übungsaufgaben

(Lösungen auf **MyMathLab | Makroökonomie**)

Verständnistests

1 Welche der folgenden Aussagen sind zutreffend, falsch oder unklar? Geben Sie jeweils eine kurze Erläuterung.

a) Änderungen des heutigen Realzinses für einjährige Anleihen haben einen viel stärkeren Nachfrageeffekt als Änderungen der für die zukünftigen Jahre erwarteten Realzinsen.

b) Die Berücksichtigung von Erwartungen auf dem Gütermarkt bedeutet, dass die *IS*-Kurve nun viel flacher, wenn auch weiterhin fallend, verläuft.

c) Wird nach einer Erhöhung des heutigen Leitzinses erwartet, dass der Leitzins auch in den kommenden Jahren weiterhin hoch bleibt, dann verschiebt sich die *LM*-Kurve noch stärker nach oben.

d) Die Annahme rationaler Erwartungen bedeutet, dass Konsumenten die Auswirkungen zukünftiger Fiskalpolitik auf die Produktion in ihr Kalkül einbeziehen.

e) Die zukünftig erwartete Fiskalpolitik beeinflusst die Wirtschaftsaktivität in der Zukunft, nicht aber die Produktion in der laufenden Periode.

f) Je nach den Auswirkungen auf die Erwartungen kann ein Abbau des Budgetdefizits die aktuelle Wirtschaftsaktivität stimulieren.

g) Der Verlauf der Programme zum Abbau des Defizits in Irland 1982 und 1987 liefert starke Evidenz gegen die Hypothese, dass ein Abbau des Defizits zu einer Stimulierung der Wirtschaft führen kann.

h) Die Erfahrung in Europa Anfang der 2010er-Jahre liefert starke Evidenz dafür, dass der Erwartungseffekt beim Abbau von Haushaltsdefiziten zu einer Stimulierung der Wirtschaft führen kann.

2 Anfang Juli 2013 erklärte der damalige Präsident der EZB, Mario Draghi: „Der EZB-Rat erwartet, dass die Leitzinsen für längere Zeit auf dem gegenwärtigen oder einem niedrigeren Niveau bleiben werden. Diese Erwartung basiert auf verhaltenen Prognosen über die Inflationsrate auf mittlere Frist.“

Auf Pressekonferenzen nach der Sitzung des EZB-Rates erklärte der Präsident der EZB im Jahr 2015 wiederholt „Die vollständige Umsetzung all unserer geldpolitischen Maßnahmen wird dafür sorgen, dass die Inflationsraten auf mittlere Sicht nachhaltig auf ein Niveau von unter, aber nahe 2% zurückkehren. Sie werden die feste Verankerung der mittel- bis langfristigen Inflationserwartungen unterstützen.“

a) Warum beziehen sich beide Aussagen nicht nur auf die aktuelle Zinsentscheidung, sondern auch auf die zukünftig intendierte Politik?

b) Welche Überlegungen stehen hinter der zweiten Aussage?

3 Bestimmen Sie für die folgenden Ereignisse, ob sich *IS*-Kurve und/oder *LM*-Kurve verschieben. Unterstellen Sie jeweils, dass die Inflationserwartungen in der laufenden Periode und in der Zukunft konstant sind und sich auch keine andere exogene Variable verändert.

a) Eine steilere Zinsstrukturkurve.

b) Ein Rückgang des zukünftig erwarteten Realzinses.

c) Ein Anstieg des Realzinses in der laufenden Periode.

d) Eine Zunahme der künftig erwarteten Steuern zum Abbau der Staatsverschuldung.

e) Ein Rückgang des künftig erwarteten Einkommens.

4 Diskutieren Sie folgende These: *„Die Annahme rationaler Erwartungen ist unrealistisch. Sie bedeutet letztlich, dass man davon ausgeht, alle Wirtschaftssubjekte hätten eine perfekte Kenntnis der Volkswirtschaft.“*

5 Der gerade neu gewählte Bundeskanzler hat im Wahlkampf Steuersenkungen versprochen. Die Wähler vertrauen darauf, dass die Versprechen eingehalten werden. Sie rechnen aber damit, dass die Steuersenkungen erst in der Zukunft vorgenommen werden. Bestimmen Sie, wie sich der Wahlausgang in der laufenden Periode auf Produktion, Zinssatz und private Nachfrage auswirkt. Unterscheiden Sie dabei folgende Fälle (für jeden Fall sollten Sie angeben, wie sich Y'^e, r'^e und T'^e verändern und wie sich die veränderten Erwartungen auf die Produktion heute auswirken.)

a) Die Zentralbank lässt den heutigen Realzins unverändert.

b) Die Zentralbank tut alles, um eine Änderung der aktuellen und zukünftigen Produktion zu verhindern.

c) Die Zentralbank lässt nicht nur den heutigen Realzins, sondern auch den Realzins der nächsten Jahre unverändert.

6 Die Fokusbox *„Kann der Abbau eines Budgetdefizits die Nachfrage stimulieren? Das Beispiel Irland“* untersucht verschiedene Phasen der Haushaltskonsolidierung.

a) Welche Implikationen hat eine Haushaltskonsolidierung auf mittlere und längere Frist? Welche Vorteile ergeben sich aus dem Abbau des Haushaltsdefizits?

b) Die Fokusbox analysiert zwei verschiedene Konsolidierungsprogramme. Worin unterscheiden sie sich?

c) Die Fokusbox präsentiert empirische Evidenz dafür, dass sich die beiden Programme unterschiedlich auf die Erwartungen der Haushalte auswirken. Erläutern Sie diese Evidenz.

d) Auch wenn das Wirtschaftswachstum in Irland in der Zeit zwischen 1987 und 1989 relativ stark war, gibt es gewisse Evidenz dafür, dass es dort auch in der zweiten Konsolidierungsphase weiterhin makroökonomische Probleme gab. Welche Evidenz sehen Sie dafür?

e) Viele erfolgreiche Konsolidierungsprogramme gehen einher mit einer Abfederung durch expansive Geldpolitik und einer dadurch induzierten Abwertung des realen effektiven Wechselkurses (vgl. dazu die folgenden Kapitel). Ermitteln Sie anhand der FRED-Datenbank die Entwicklung des realen effektiven Wechselkurses für Irland (Code: `RNIEBIS`) und untersuchen Sie, wann während der Konsolidierungsprogramme eine reale Abwertung des irischen Pfund erfolgte.

Vertiefungsfragen

7 *Ein neuer Notenbank-Präsident*

Nehmen Sie an, dass der Präsident der Zentralbank in einer fiktiven Ökonomie unerwartet ankündigt, in einem Jahr zurückzutreten. Zur gleichen Zeit wird der Kandidat für die Nachfolge bekannt gegeben. Die Finanzmarktteilnehmer gehen davon aus, dass der Kandidat vom Kongress bestätigt wird. Zudem nehmen sie an, dass der designierte Präsident eine kontraktivere Geldpolitik betreiben wird. Anders ausgedrückt: Die Finanzmarktteilnehmer erwarten, dass das Geldangebot in der Zukunft reduziert wird.

a) Betrachten Sie die Gegenwart als das letzte Amtsjahr des aktuellen Zentralbank-Präsidenten und die Zukunft als „die Zeit danach". Gegeben, dass zukünftig eine kontraktivere Geldpolitik betrieben wird; wie werden sich der zukünftige Zinssatz und der zukünftige Output (zumindest kurzfristig) entwickeln? Angenommen, diese Veränderungen werden genau vorhergesehen: Was passiert mit dem jetzigen Output und dem aktuellen Zinssatz? Wie verändert sich die Zinsstrukturkurve an dem Tag, an dem der aktuelle Zentralbank-Präsident seinen Rücktritt ankündigt?
Nehmen Sie nun an, dass die Amtsperiode eines Zentralbank-Präsidenten begrenzt ist und anstatt des freiwilligen Rücktrittes der Notenbank-Präsident gesetzlich dazu gezwungen ist, im nächsten Jahr zurückzutreten. Die Finanzmarktteilnehmer wissen dies seit einiger Zeit. Gehen Sie wie in Teilaufgabe a. davon aus, dass der designierte Nachfolger eine kontraktivere Geldpolitik betreiben wird.

b) Angenommen, die Finanzmarktteilnehmer sind von der Wahl des Nachfolgers nicht überrascht, sondern konnten die Nachfolgeentscheidung erahnen: Wie wahrscheinlich ist es, dass die Bekanntmachung des Kandidaten für die Nachfolge unter diesen Umständen einen Effekt auf die Zinsstrukturkurve haben wird?

c) Nehmen Sie nun an, dass es bei der Bekanntgabe eine Überraschung gibt und dass die Finanzmarktteilnehmer mit einem Kandidaten gerechnet hatten, der eine noch kontraktivere Geldpolitik betrieben hätte. Wie wird sich unter diesen Umständen die Zinsstrukturkurve am Tag der Bekanntmachung des Nachfolgekandidaten entwickeln?

d) Am 1.11.2019 wurde Christine Lagarde als Nachfolger von Mario Draghi als Präsident der EZB nominiert. Suchen Sie im Internet nach Informationen über die Reaktionen der Finanzmärkte am Tag der Bekanntmachung der Nachfolgeentscheidung. Waren die Fi nanzmarktteilnehmer von der Entscheidung überrascht? Ging man davon aus, dass Christine Lagarde eine Politik verfolgen würde, die zu höheren oder niedrigeren Zinsen in den folgenden drei bis fünf Jahren führen würde? *(Mit Hilfe der Zinsstrukturkurve für europäische Staatsanleihen (abrufbar auf der EZB-Seite „Euro area yield curves" für „AAA rated bonds" und für „all bonds") können Sie auch den Einfluss auf die Steilheit der Zinsstrukturkurve zum Zeitpunkt der Nominierung untersuchen.)*

Weiterführende Fragen

8 *Staatsdefizit und Zinssatz*

Wie die nachfolgende Tabelle zeigt, kam es in der Finanzkrise in den USA im Jahr 2009 zu einem hohen Budgetdefizit. Nach 2011 erfolgte aber eine starke Haushaltskonsolidierung, während das reale BIP weiterhin zunahm.

Jahr	Steuereinnahmen (% des BIP)	Ausgaben (% des BIP)	Überschuss bzw. Defizit (% des BIP)	Reales BIP-Wachstum (%)
2008	17,1	20,2	−3,1	−0,3
2009	14,6	24,4	−9,8	−2,8
2010	14,6	23,4	−8,7	2,5
2011	15,0	23,4	−8,5	2,6
2012	15,3	22,1	−6,8	2,3
2013	16,7	20,8	−4,1	2,2
2014	17,5	20,3	−2,8	2,4

a) Was spielte bei der Haushaltskonsolidierung eine größere Rolle: Die Steigerung auf der Einnahmenseite oder die Kürzung von Ausgaben?
b) Wenn die spätere Haushaltskonsolidierung bereits im Jahr 2009 antizipiert wurde, wie könnte dies dazu beitragen, die Auswirkungen einer Konsolidierung auf das Wirtschaftswachstum zu begrenzen?
c) Aus ▶ **Kapitel 4** und **6** wissen wir, dass die amerikanische Zentralbank im gesamten Zeitraum den Nominalzins nahe null gehalten hat und versprach, die Zinsen auf absehbare Zeit niedrig zu halten. Inwiefern kann eine solche Politik dazu beitragen, die Haushaltskonsolidierung ohne Einbruch des Wirtschaftswachstums durchzuführen?
d) Die amerikanische Zentralbank führte am 25.1.2012 ein Inflationsziel von 2% ein. Inwiefern kann die Einführung eines Inflationsziels in Höhe von 2% die Haushaltskonsolidierung erleichtern in einer Zeit, in der die Nominalzinsen bei null liegen?
e) In früheren Kapiteln wurde der Index des Konsumentenvertrauens als Maß für die Zukunftserwartungen der Haushalte eingeführt. Ermitteln Sie anhand der FRED-Datenbank den Index des Surveys of Consumers der University of Michigan (Code: `UMCSENT`) und überprüfen Sie, wie sich das Konsumentenvertrauen während der Konsolidierungsphase entwickelt hat.

9 *Prognosefehler und Haushaltskonsolidierung*
In seinem *World Economic Outlook* berechnet der IWF jährlich Prognosen für das BIP-Wachstum für das kommende Jahr (GDP growth forecast). In diese Berechnungen gehen auch Prognosen über die Haushaltskonsolidierung (forecast of fiscal consolidation, gemessen als Veränderung des strukturellen Defizits als Anteil am Potenzialoutput) ein, da sich diese auf das BIP-Wachstum auswirkt.
a) Angenommen der IWF erwartet, dass Spanien sein **Strukturelles Defizit** im Jahr 2011 um einen Prozentpunkt verringert. Wie sollte sich dies auf die Vorhersagen über das BIPWachstum in Spanien auswirken? Welche Relevanz hat in diesem Zusammenhang die Höhe des Fiskalmultiplikators? Wie interpretieren Sie einen Fiskalmultiplikator von 0, kleiner 1 und größer 1?
b) Der Prognosefehler des BIP-Wachstums ist definiert als das tatsächliche BIP-Wachstum abzüglich der BIP-Wachstumsprognose. Welcher statistische Zusammenhang zwischen Prognosefehler des BIP-Wachstums und erwarteter Haushaltskonsolidierung ist zu erwarten, wenn der Fiskalmultiplikator vom IWF korrekt eingeschätzt wurde? Warum?
c) Führen Sie mit Hilfe eines Tabellen-Kalkulationsprogramms für die Länder des Euroraums sowie Bulgarien, Großbritannien, Polen, Rumänien, Schweden, Slowenien, Tschechische Republik und Ungarn eine Regressionsanalyse zwischen dem Prognosefehler des BIP-Wachstums und der Prognose über die Haushaltskonsolidierung für das Jahr 2006 durch. Ermitteln Sie den Wert von Beta und das Bestimmtheitsmaß. Hat der IWF in diesem Jahr den Fiskalmultiplikator korrekt eingeschätzt?
d) Führen Sie nun die gleiche Regressionsanalyse für das Jahr 2011 durch. Ermitteln Sie wieder den Wert von Beta und das Bestimmtheitsmaß. Interpretieren Sie dieses Ergebnis! Hat der IWF in diesem Jahr den Fiskalmultiplikator über- oder unterschätzt?
e) Für Deutschland nimmt die Prognose über die Haushaltskonsolidierung im Jahr 2011 einen negativen Wert an. Geben Sie eine Interpretation.
f) Schließen Sie nun zur Überprüfung der Robustheit bei Ihrer Regressionsanalyse aus dem Sample die Länder aus, die sich 2010 oder 2011 in einem Hilfsprogramm des IWF befanden. Um welche Länder handelt es sich? Wie verändern sich Ihre Ergebnisse für Beta und Bestimmtheitsmaß?
g) Nennen Sie mögliche Gründe, warum sich der Fiskalmultiplikator von 2004 auf 2011 verändert haben könnte!
h) Können Sie aus der Analyse Rückschlüsse über die Höhe der Fiskalmultiplikatoren ziehen?

Diese Aufgabe basiert auf der Analyse von Blanchard und Leigh, Growth Forecast Errors and Fiscal Multipliers, *American Economic Review* 103, *PAPERS AND PROCEEDINGS* Mai 2013, S. 117–120. Dort finden Sie einen Link zu den verwendeten Daten.

Teil VI: Die offene Volkswirtschaft

Die nächsten vier Kapitel beschäftigen sich mit der offenen Volkswirtschaft.

Kapitel 17

▶ **Kapitel 17** diskutiert die Implikationen von offenen Güter- und Finanzmärkten. Offene Gütermärkte ermöglichen es, zwischen in- und ausländischen Gütern zu wählen. Eine entscheidende Rolle spielt dabei der reale Wechselkurs: Das ist der relative Preis ausländischer Güter, ausgedrückt in Einheiten inländischer Güter. Offene Finanzmärkte ermöglichen den Anlegern die Wahl zwischen in- und ausländischen Finanzanlagen. Arbitrage-Geschäfte bewirken einen engen Zusammenhang zwischen in- und ausländischem Zinsniveau und dem Wechselkurs (dem aktuellen wie auch dem in Zukunft erwarteten) – dieser Zusammenhang wird Zinsparität genannt.

Kapitel 18

In ▶ **Kapitel 18** steht das Gleichgewicht auf dem inländischen Gütermarkt einer offenen Volkswirtschaft im Mittelpunkt. Es wird gezeigt, dass die Nachfrage nach inländischen Gütern nun auch vom realen Wechselkurs abhängt. Wir untersuchen, wie die Fiskalpolitik sowohl die Produktion als auch die Handelsbilanz beeinflusst. Wir analysieren, unter welchen Bedingungen eine reale Abwertung die Handelsbilanz verbessert und die Produktion erhöht.

Kapitel 19

▶ **Kapitel 19** charakterisiert das Gleichgewicht auf Güter- und Finanzmärkten in einer offenen Volkswirtschaft. Anders formuliert, wir entwickeln eine Version des IS-LM-Modells für die offene Volkswirtschaft. Wir zeigen, dass Geldpolitik bei flexiblen Wechselkursen die Produktion nicht nur über den Zinskanal, sondern auch über den Wechselkurskanal beeinflusst. Ein Übergang zu festen Wechselkursen bedeutet den Verzicht auf die Möglichkeit, den Zinssatz zu beeinflussen.

Kapitel 20

▶ **Kapitel 20** diskutiert die Eigenschaften unterschiedlicher Wechselkursregime. Wir zeigen, wie sich in der mittleren Frist der reale Wechselkurs auch unter einem Regime fester Wechselkurse anpassen kann. Zudem betrachten wir Wechselkurskrisen bei festen Wechselkursen und die Entwicklung der Wechselkurse bei einem flexiblen Währungsregime. Abschließend werden die Vor- und Nachteile unterschiedlicher Wechselkursregime diskutiert, bis zur Einführung einer gemeinsamen Währung wie dem Euro.

Offene Güter- und Finanzmärkte

17

17.1 Offene Gütermärkte ... 501

17.2 Offene Finanzmärkte ... 512

17.3 Schlussfolgerungen und Ausblick ... 522

Bisher sind wir von einer geschlossenen Volkswirtschaft ausgegangen – von einer Volkswirtschaft, die keinerlei Beziehungen mit dem Rest der Welt hat. Wir haben so angefangen, um die Zusammenhänge möglichst einfach zu halten und ein Verständnis für die wichtigsten makroökonomischen Mechanismen zu entwickeln. ▶ **Abbildung 17.1** zeigt die Wachstumsraten in Industriestaaten, Schwellen-und Entwicklungsländern sowie für die Welt insgesamt seit 2000. Es ist auffällig, dass die Wirtschaftsentwicklung (die Veränderung der Wachstumsraten) in Industriestaaten und in Schwellen- und Entwicklungsländern sehr ähnlich verläuft.

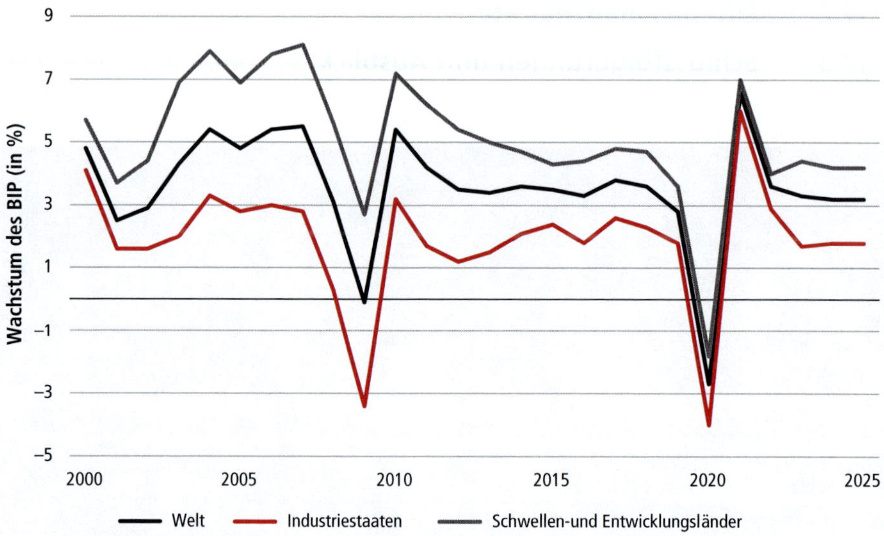

Abbildung 17.1 Wachstum des realen BIP weltweit, in Industriestaaten und in Schwellen- und Entwicklungsländern. Die Wirtschaftsentwicklung in Industriestaaten und in Schwellen- und Entwicklungsländern verläuft sehr ähnlich
Quelle: IMF, World Economic Outlook Data Base, https://www.imf.org/external/datamapper/NGDP_RPCH@WEO/OEMDC/ADVEC/WEOWORLD

So löste die globale Finanzkrise, die ihren Ursprung in den Vereinigten Staaten hatte, eine weltweite Rezession aus mit negativen Wachstumsraten in den Industriestaaten und auch einem starken Wachstumseinbruch in den Schwellenländern (daher der Name „Global"). Es wird daher Zeit, unsere Annahme einer „geschlossenen Wirtschaft" aufzugeben. In diesem und in den nächsten drei Kapiteln beschäftigen wir uns mit den Implikationen der offenen Volkswirtschaft.

Die Offenheit einer Volkswirtschaft hat drei Dimensionen:

1. **Offene Gütermärkte** – sie ermöglichen es Konsumenten und Unternehmen, zwischen in- und ausländischen Gütern zu wählen.
   In keinem Land der Welt ist diese Wahlmöglichkeit ohne Einschränkungen gegeben. Selbst in Ländern, die sich ganz dem Freihandel verpflichtet haben, gibt es Zölle, Steuern auf importierte Güter – und zumindest auf einige Güter auch Quoten – Beschränkungen der Gütermengen, die importiert werden dürfen. In den meisten Industrieländern sind die Zölle im Durchschnitt aber niedrig und sie werden immer niedriger.
2. **Offene Finanzmärkte** – sie ermöglichen es den Anlegern, zwischen in- und ausländischen Finanzanlagen zu wählen.
   Bis vor Kurzem gab es sogar in einigen der reichsten Länder der Welt Kapitalverkehrskontrollen. Darunter versteht man Beschränkungen der ausländischen Anlagen, die Inländer halten dürfen, und Beschränkungen der inländischen Anlagen, die Ausländer halten dürfen. Solche Kapitalverkehrskontrollen werden immer stärker abgebaut – die Weltfinanzmärkte wachsen immer enger zusammen.

3. **Offene Faktormärkte** – sie ermöglichen es den Unternehmen zu entscheiden, wo sie produzieren wollen, und den Arbeitnehmern zu entscheiden, wo sie arbeiten wollen. Auch hier zeichnen sich deutliche Trends ab. Die Produktionsstandorte multinationaler Unternehmen sind über die ganze Welt verstreut. Die Unternehmen produzieren dort, wo sie von niedrigen Kosten profitieren können. Bei der Diskussion über die **Osterweiterung** der Europäischen Union spielte die Befürchtung vor der Konkurrenz billiger Arbeitskräfte aus Osteuropa eine große Rolle. Die Einwanderung aus Niedriglohnländern ist in vielen Ländern ein heißes Eisen, angefangen von Deutschland bis zu den Vereinigten Staaten. Noch größere Befürchtungen sind im Zuge der Globalisierung mit der Verlagerung von Produktionsstätten in Staaten mit niedrigen Lohnkosten verbunden. Das rasante Exportwachstum der Volksrepublik China lässt sowohl in Europa wie in den Vereinigten Staaten immer wieder den Ruf nach Handelsbeschränkungen laut werden.

In der kurzen Frist und mittleren Frist – und darauf liegt der Schwerpunkt in diesem und in den nächsten drei Kapiteln – spielt die Offenheit der Faktormärkte eine weit geringere Rolle als die Offenheit der Güter- und Finanzmärkte. Daher werden wir auf die Faktormärkte nicht weiter eingehen und uns hier auf die ersten beiden Dimensionen der Offenheit konzentrieren.

In den letzten zehn Jahren wurden all diese Trends zu offenen Märkten in Frage gestellt. Geopolitische Spannungen, insbesondere zwischen China und den Vereinigten Staaten, führten zu Zollerhöhungen, Beschränkungen des Kapitalverkehrs und Einschränkungen für ausländische Direktinvestitionen. Wenn sie anhalten, können diese Maßnahmen erhebliche negative makroökonomische Auswirkungen haben.

- ▶ **Abschnitt 17.1** beschäftigt sich mit der Offenheit der Gütermärkte: Welche Faktoren sind für die Entscheidung zwischen inländischen und ausländischen Gütern relevant? Welche Rolle spielt der reale Wechselkurs?
- ▶ **Abschnitt 17.2** beschäftigt sich mit der Offenheit der Finanzmärkte: Welche Faktoren sind für die Entscheidung zwischen in- und ausländischen Finanzanlagen ausschlaggebend? Welche Rolle spielen dabei Zinssätze und Wechselkurse?
- ▶ **Abschnitt 17.3** liefert einen Überblick über die drei folgenden Kapitel.

Kernbotschaft dieses Kapitels: In einer offenen Volkswirtschaft müssen wir uns Gedanken machen über die Wahl zwischen in- und ausländischen Gütern sowie die Wahl zwischen in- und ausländischen Vermögensanlagen.

17.1 Offene Gütermärkte

Betrachten wir zunächst, wie viel Deutschland an den Rest der Welt verkauft und wie viel es umgekehrt aus dem Ausland kauft. Dieses Faktenwissen macht es leichter, die Entscheidung über den Kauf von in- und ausländischen Gütern zu analysieren. Dabei lernen wir die Bedeutung des relativen Preises von inländischen Gütern ausgedrückt in Einheiten ausländischer Güter – des realen Wechselkurses – kennen.

17.1.1 Exporte und Importe

Beim Export (wie beim Import) müssen wir zwischen Waren und Dienstleistungen unterscheiden. Wenn ausländische Unternehmen oder Konsumenten bestimmte Produkte aus Deutschland beziehen, wird dies als **Warenhandel** in der Handelsbilanz erfasst. Wenn wir im Ausland Urlaub machen, importieren wir Dienstleistungen (nämlich Tourismus). Das Gleiche gilt, wenn ein deutsches Unternehmen seine Software von einem indischen Programmierer bezieht. Solche Transaktionen fließen in die Dienstleistungsbilanz ein. Wenn wir auf eigene Faust eine Urlaubsreise nach Italien machen, lässt sich dieser Konsum statistisch aber nicht exakt erfassen. Die Dienstleistungsbilanz ist deshalb auf Schätzungen und Umfragen angewiesen. Exporte und Importe von Waren durch Unternehmen lassen sich zuverlässiger ermitteln. Betrachten wir zunächst den Warenhandel.

Außenhandelsquote: Durchschnitt aus der Summe von Warenimporten und Warenexporten, gemessen als Anteil am BIP.

▶ **Abbildung 17.2** stellt die Entwicklung der Exporte und Importe von Waren als Anteil des deutschen BIP seit 1970 dar (deutsche Warenexporte stehen für die Exporte von Waren aus Deutschland, deutsche Warenimporte stehen für Importe von Waren nach Deutschland). Sowohl der Anteil der Exporte wie der Importe von Waren hat im Zeitverlauf deutlich zugenommen. Eine gute Kennzahl für das Ausmaß der Handelsverflechtungen mit dem Rest der Welt ist die **Außenhandelsquote**. Darunter versteht man den Durchschnitt aus der Summe von Warenimporten und Warenexporten, gemessen als Anteil am BIP. In den 1970er-Jahren lag die Außenhandelsquote im Durchschnitt bei 15% des BIP, mittler-

Die gestrichelte Linie in ▶ Abbildung 17.2 gibt den Anteil der Leistungsbilanz am BIP an. Sie verläuft sehr ähnlich wie der Anteil des Handelsbilanzüberschusses (graue Fläche). Die Beziehung untersuchen wir im ▶ Abschnitt 17.2.

weile ist sie auf 35% im Jahr 2023 gestiegen (die Warenexporte lagen bei über 37%, die Warenimporte bei fast 32%). Deutschland handelt mehr als doppelt so viel (relativ zum BIP) mit dem Rest der Welt wie vor 50 Jahren.

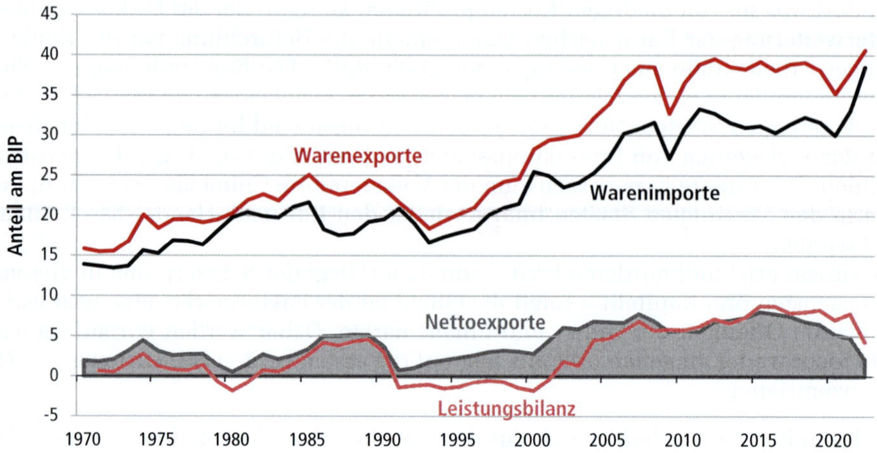

Abbildung 17.2 Deutsche Warenexporte und Warenimporte als Anteil am BIP seit 1970. Seit den 1970er-Jahren haben sich die Anteile der Warenexporte und Warenimporte am BIP mehr als verdoppelt.
Quelle:Statistisches Bundesamt/Spezialhandel; FRED Codes: XTEXVA01DEQ188S; XTIMVA01DEQ188S

Wenn man sich ▶ **Abbildung 17.2** genauer ansieht, dann fallen noch zwei weitere interessante Punkte auf.

Handelsbilanz: Warenexporte minus Warenimporte

Warenexporte > Warenimporte: Handelsbilanzüberschuss

Warenexporte < Warenimporte: Handelsbilanzdefizit

- Obwohl Warenexporte und Warenimporte demselben Trend folgten, übertrafen die Exporte doch immer die Importe. Der deutsche Warenhandel weist also einen Überschuss auf. Aber nicht nur der Anteil am BIP, sondern auch der Anteil am weltweiten Export ist hoch: Wenn man nur den weltweiten Export von Waren betrachtet, war Deutschland in den letzten Jahren lange sogar Exportweltmeister – es hatte den größten Anteil. Mittlerweile hat China diesen Platz eingenommen. Werden auch Dienstleitungen berücksichtigt, dann liegen freilich die Vereinigten Staaten an der Spitze.
- Der Anteil des Überschusses im Warenhandel am BIP variierte während der letzten 50 Jahre stark. Drei Zeitpunkte fallen auf:
  1. 1980 erreichte der Handelsbilanzüberschuss nur 0,6% des BIP. Der Rückgang des Handelsbilanzüberschusses findet seine Begründung in den erhöhten Ölpreisen während der Ölkrise.
  2. Anfang der 1990er-Jahre haben die Importe im Zuge der deutschen Einheit zugenommen, die Exporte gleichzeitig abgenommen.
  3. Im Jahr 2015 ergab sich ein Rekordüberschuss in der Handelsbilanz – das Verhältnis von Handelsbilanzüberschuss zu BIP lag bei 8,8%. Es handelt sich um einen historischen Höchstwert.

Außenbeitrag: Nettoexporte von Waren und Dienstleistungen

Während Deutschland traditionell Überschüsse im Warenhandel erwirtschaftet, weist die Dienstleistungsbilanz ein Defizit auf. Die Dienstleistungsbilanz wird sehr stark vom Reiseverkehr dominiert. Mit anderen Worten: Die Dienstleistungsbilanz ist defizitär, weil mehr Deutsche Urlaub im Ausland machen als Ausländer nach Deutschland reisen. Der Unterschied machte im Jahr 2023 68,9 Mrd. Euro aus. Das Defizit im Reiseverkehr entspricht in etwa dem Defizit der Dienstleistungsbilanz. Insgesamt ist aber die Summe aus Handels- und Dienstleistungsbilanz positiv. Die Summe der Nettoexporte von Waren und Dienstleistungen zusammen bezeichnet man als Außenbeitrag. Deutschland wies im Jahr 2023 einen positiven Außenbeitrag in Höhe von 5,5% des BIP auf.

▶ **Tabelle 17.1** stellt die Außenhandelsquoten für einige OECD-Länder dar. Die USA und Japan nehmen mit einer Außenhandelsquote von 13% bzw. 23% im Ländervergleich die letzten Plätze ein. Die großen europäischen Länder, etwa Deutschland und Großbritannien, haben zwei- oder dreifach höhere Prozentsätze. Für die kleineren europäischen Länder sind die Quoten sogar noch höher, angefangen von 62% für Österreich bis zu 102% für die Slowakei. Dies wirft die Frage auf: Könnten die Exporte eines Landes größer als das BIP werden? Die Antwort auf diese Frage lautet: Ja. Die Fokusbox *„Können die Exporte eines Landes das BIP übersteigen?"* liefert die Erklärung dafür.

Mehr Informationen über die OECD und ihre Mitglieder liefert ▶ Kapitel 1.

	Waren und Dienstleistungen 2022		
Land	Exportquote (%)	Importquote (%)	Außenhandelsquote (%)
Deutschland	51	49	50
Österreich	62	62	62
Euroraum[1]	55	53	54
Luxemburg	211	177	194
Slowakei	99	105	102
Großbritannien	33	36	35
Japan	22	25	23
Vereinigte Staaten	11	15	13

[1] *Einschließlich Handel innerhalb des Euroraums*

Tabelle 17.1 Außenhandelsquoten für ausgewählte OECD-Staaten, 2022
Quelle: OECD, https://www.oecd.org/en/data/indicators/trade-in-goods-and-services.html

Liegen die niedrigen Werte für Japan und die USA daran, dass es dort stärkere Handelsbarrieren gibt als etwa in Deutschland oder der Slowakei? Nein. Die wichtigsten Bestimmungsfaktoren für die Unterschiede der Außenhandelsquoten sind die geografische Lage und die Größe eines Landes. Die geringe Quote Japans lässt sich teilweise aus der großen geografischen Entfernung zu anderen Märkten erklären. Je kleiner ein Land, desto mehr muss es sich auf die Produktion und den Export einiger weniger Produkte spezialisieren und dafür andere Güter importieren. Die Slowakei kann es sich nicht leisten, dieselbe Bandbreite von Gütern wie die Vereinigten Staaten zu produzieren, ein Land, das wirtschaftlich gesehen 200-mal so groß ist. Bei der Berechnung der Außenhandelsquote für den Euroraum sind die Daten nicht um den Handel zwischen den Ländern innerhalb des Euroraums bereinigt. Wenn man diesen Handel herausrechnet, dann ist die Außenhandelsquote des Euroraums viel kleiner. (Im Extremfall, wenn der ganze Handel nur innerhalb des Euroraums stattfände, wäre diese Quote gleich null.)

Allein 39% der deutschen Warenexporte entfallen auf unsere neun unmittelbaren Nachbarländer.

Irland ist geografisch eine eher kleine Insel. Welche Exportquote erwarten Sie? (Antwort: 137%)

Handelbare Güter: Autos, Computer etc. Nicht handelbare Güter: Wohnungen, Haarschnitte, ärztliche Untersuchungen etc.

Bedeuten die geringen Außenhandelsquoten Japans und der USA, dass diese Länder weniger dem internationalen Wettbewerb ausgesetzt sind? Nicht unbedingt. Das Handelsvolumen ist kein gutes Maß für den Grad der Offenheit einer Volkswirtschaft. Viele Sektoren einer Volkswirtschaft sind dem internationalen Wettbewerb ausgesetzt, ohne dass sich dieser Wettbewerb in hohen Importen niederschlagen muss: Wenn diese Sektoren wettbewerbsfähig sind, können sie ihren Marktanteil im Inland verteidigen und Importe abwehren. Ein besseres Maß für die Offenheit einer Wirtschaft ist der Anteil von handelbaren Gütern an der Gesamtproduktion. Darunter versteht man Güter, die mit ausländischen Gütern entweder auf dem Inlandsmarkt oder auf dem Auslandsmarkt in Wettbewerb stehen. Schätzungen haben ergeben, dass die handelbaren Güter in den USA heute ungefähr 60% der Gesamtproduktion ausmachen.

FOKUS

Können die Exporte eines Landes das BIP übersteigen?

Kann die Exportquote eines Landes (der Anteil der Exporte am BIP) größer als eins werden? Auf den ersten Blick scheint dies unmöglich zu sein. Ein Land kann nicht mehr exportieren als es produziert, daher sollte das Verhältnis von Exporten zum BIP kleiner eins sein. Diese Antwort stimmt aber nicht. Der Schlüssel zur richtigen Antwort liegt darin, dass in den Exporten und Importen auch Zwischenprodukte enthalten sind.

Betrachten wir ein Land, das Zwischenprodukte im Wert von 1 Milliarde € importiert. Nehmen wir an, das Land verarbeitet sie weiter zu Endprodukten und setzt dabei nur den Faktor Arbeit ein. Die gesamten Löhne und Gehälter belaufen sich auf 200 Millionen €; es werden keine Gewinne erwirtschaftet. Der Wert der Endprodukte ist in diesem Fall 1,2 Milliarden €. Gehen wir zudem davon aus, dass Endprodukte im Wert von 1 Milliarde € exportiert werden; der Rest wird im Inland konsumiert.

Sowohl Exporte wie Importe belaufen sich auf 1 Milliarde €. Wie groß ist das BIP in dieser Volkswirtschaft? Es ist die Wertschöpfung der inländischen Volkswirtschaft (▶ **Kapitel 2**). In unserem Beispiel beträgt das BIP also genau 200 Millionen €. Die Exportquote (das Verhältnis von Exporten zum BIP) ist damit gleich $1.000€/200€ = 5$.

Die Exporte eines Landes können also das BIP übersteigen. Für manche kleinen Länder, deren Wirtschaft sich auf einen Hafen und Export-Import- Geschäfte beschränkt, ist dies tatsächlich der Fall. Sogar auf kleine Länder, in denen die verarbeitende Industrie eine große Rolle spielt, kann dies zutreffen – zum Beispiel Irland und Luxemburg. Dort betrug die Exportquote im Jahr 2020 137% bzw. gar 211%.

17.1.2 Die Wahl zwischen in- und ausländischen Gütern

Wie wirkt sich die Offenheit der Gütermärkte auf unsere Analyse des Gütermarktgleichgewichtes aus?

In der geschlossenen Volkswirtschaft treffen die Individuen nur eine Entscheidung: Sparen oder Kaufen. In der offenen Volkswirtschaft stehen sie vor zwei Entscheidungen: Sparen, inländische oder ausländische Waren kaufen.

Bisher haben wir uns beim Entscheidungsproblem des Konsumenten auf die Wahl zwischen Konsum und Sparen konzentriert. Bei offenen Gütermärkten stehen die inländischen Konsumenten jedoch vor einer zweiten Entscheidung: Sollen sie in- oder ausländische Produkte kaufen? Auch alle anderen Nachfrager – die Unternehmen oder der Staat im Inland und die Nachfrager im Ausland – stehen vor einer ähnlichen Entscheidung. Sie wirkt sich unmittelbar auf die inländische Produktion aus: Entscheiden sich die Nachfrager, mehr inländische Güter zu kaufen, dann nimmt die Nachfrage nach Gütern im Inland und damit auch die inländische Produktion zu. Kaufen sie stattdessen mehr ausländische Güter, dann steigt die Produktion im Ausland.

Ausschlaggebend für diese Kaufentscheidung ist, wie teuer inländische Güter im Vergleich zu ausländischen Gütern sind. Wir bezeichnen diesen Preis als realen Wechselkurs. Der reale Wechselkurs lässt sich nicht direkt beobachten; man kann ihn nicht in der Zeitung nachlesen. In der Zeitung stehen nur die nominalen Wechselkurse, das Austauschverhältnis zwischen Währungen. Beschäftigen wir uns zunächst mit den nominalen Wechselkursen. Anschließend untersuchen wir, wie wir aus den nominalen Wechselkursen reale Wechselkurse bestimmen können.

17.1.3 Nominale Wechselkurse

Nominale Wechselkurse zwischen zwei Währungen lassen sich auf zwei unterschiedliche Arten definieren. Betrachten wir als Beispiel den Wechselkurs zwischen dem Euroraum und den Vereinigten Staaten. Den Euro bezeichnen wir als inländische Währung, den Dollar als ausländische Währung:

- **Die Mengennotierung:** Sie gibt an, wie viele Einheiten an ausländischer Währung man für eine Einheit inländischer Währung bezahlen muss (sie bezeichnet also den Preis für eine Einheit inländischer Währung, berechnet in ausländischer Währung). Beim Euro-Dollar-Kurs gibt der nominale Wechselkurs in Mengennotierung an, wie viele Dollar man für einen Euro zahlen muss ($/€). Wenn wir von der Spanne zwischen An- und Verkaufskurs absehen, gibt dieser Kurs auch an, wie viele Dollar man beim Umtausch für einen Euro bekommt. Die EZB gibt den Wechselkurs gemäß dieser Definition an. Im Oktober 2024 betrug der so definierte Wechselkurs 1,10$/€ (1,10$ = 1€).
- **Die Preisnotierung:** Sie gibt den Preis für eine Einheit der ausländischen Währung in Einheiten inländischer Währung an. Wenn wir unser Beispiel fortführen, dann gibt der nominale Wechselkurs in Preisnotierung an, wie teuer es (gemessen in Euro) ist, einen Dollar zu kaufen (€/$). Im Oktober 2024 lag der auf diese Weise definierte Wechselkurs im Durchschnitt bei 0,91€/$ (1$ = 0,91€).

Warnung: Viele Lehrbücher und wissenschaftliche Artikel verwenden traditionell die Preisnotierung. In diesem Lehrbuch dagegen benutzen wir die in der Presse übliche Mengennotierung. Sie sollten immer genau prüfen, welche Definition jeweils verwendet wird!

E: Nominaler Wechselkurs: Wie viel an ausländischer Währung muss man für eine Einheit inländischer Währung zahlen? (Aus Sicht des Euroraums: Wie viel kostet ein Euro in Dollar?)

Beide Definitionen sind korrekt, wichtig ist nur, dass man konsistent bleibt. In diesem Buch werden wir den nominalen Wechselkurs immer in der **Mengennotierung** definieren – wie viele Einheiten ausländischer Währung muss ich für eine Einheit inländischer Währung bezahlen? Wir bezeichnen diesen Wechselkurs mit E. Wenn wir beispielsweise den Wechselkurs zwischen dem Euroraum und den Vereinigten Staaten betrachten (mit dem Euro als inländischer Währung), dann bezeichnet E den Preis eines Euro in Dollar – im Oktober 2024 galt demnach $E = 1{,}10\$/€$. Die Preisnotierung ist genau der Kehrwert davon: $1/E = 1/1{,}10\$/€ = 0{,}91\$/€$.

Aufwertung bedeutet einen Anstieg des Wechselkurses E (ein Euro wird, gemessen in Dollar, teurer); Abwertung bedeutet ein Sinken des Wechselkurses E (ein Euro wird, gemessen in Dollar, billiger).

Die Wechselkurse zwischen dem Euro und den meisten ausländischen Währungen verändern sich täglich, sogar jede Minute. Diese Veränderungen bezeichnet man als nominale Ab- bzw. Aufwertungen – kurz: als Ab- bzw. Aufwertungen.

- Eine **Aufwertung** der inländischen Währung bedeutet, dass der Preis der inländischen Währung in Einheiten ausländischer Währung steigt. Entsprechend unserer Definition entspricht eine Aufwertung einem Anstieg des Wechselkurses.
- Eine **Abwertung** der inländischen Währung bedeutet, dass der Preis der inländischen Währung in Einheiten ausländischer Währung sinkt und damit auch der Wechselkurs gemäß unserer Definition.

Zu Zeiten der Deutschen Mark wurde der Wechselkurs in der Regel in Preisnotierung (als DM/$-Kurs) angegeben. 1975 lag der Kurs bei 2,44DM/$. In Euro umgerechnet entspricht dies 1,25€/$ bzw. gemäß unserer Definition (Preis eines Euro in Dollar) 0,8$/€.

▶ **Abbildung 17.3** zeigt die Entwicklung des nominalen Wechselkurses zwischen Euro und Dollar seit 1960 (vor 1999 liegt der Berechnung des nominalen Wechselkurses der DM-Kurs zugrunde), jeweils in Euro umgerechnet zum Kurs von 1,95583 DM je Euro. Drei Punkte fallen bei der Analyse der Abbildung auf:

- In den 1960er-Jahren blieb der nominale Wechselkurs stabil, weil die DM im Bretton-Woods-System an den Dollar gekoppelt war. Im Mai 1971 kam es dann zur Freigabe des Wechselkurses.
- Seitdem beobachten wir einen steigenden Trend für den Wechselkurs. Anfang 1985 war ein Euro 0,6 Dollar wert. Im Frühjahr 2008 lag der Wert eines Euro in Dollar bei 1,60$/€. Der Euro hat während dieses Zeitraums gegenüber dem Dollar also aufgewertet.

Im Januar 1980 lag der Kurs der DM bei 1,73DM/$; im März 1985 bei 3,30DM/$; im Dezember 1987 bei 1,63DM/$. Wie viel ergibt das jeweils umgerechnet als $/DM Kurs bzw. als $/€-Kurs? Wie hat sich der $/€-Kurs seit Januar 1999 entwickelt?

- Im November 2008 lag der Wert dann aber nur mehr bei 1,25$/€, das entspricht einer Abwertung innerhalb eines halben Jahres um 22%. Wir beobachten also auch starke Schwankungen des Wechselkurses. In einem Zeitraum von nur fünf Jahren Anfang der 1980er-Jahre sank der Wert des Euro von 1,12$/€ auf 0,59$/€. In den folgenden drei Jahren hat sich dieser Rückgang vollständig umgekehrt. Ende 1987 stieg der Wert des Euro auf 1,20$/€.
  Anders formuliert: Der Dollar hat in der ersten Hälfte der 1980er-Jahre stark aufgewertet, gefolgt von einer ebenso großen Abwertung in den folgenden drei Jahren. Eine ähnliche Entwicklung beobachten wir seit der Einführung des Euro Anfang 1999 bis zum Frühjahr 2008. Worauf sind diese Schwankungen zurückzuführen? Wie haben sie sich auf die Volkswirtschaften ausgewirkt? Auf diese Frage werden wir in den nächsten Kapiteln zurückkommen.

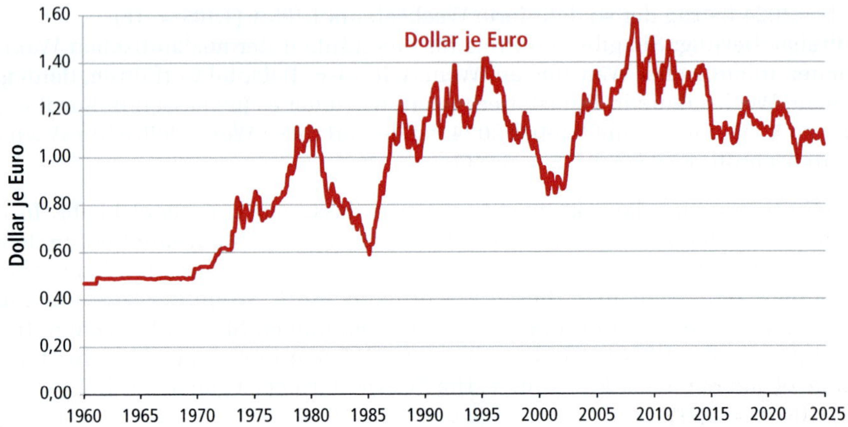

Abbildung 17.3 Der nominale Wechselkurs zwischen Euro und Dollar seit 1960. Der Wechselkurs ist sehr volatil. Dennoch ist langfristig eine leichte Aufwertung des Euro zu beobachten.
Quelle: OECD (vor 1999 liegt der Berechnung des nominalen Wechselkurses der DM-Kurs zugrunde; vgl. FRED-Code: CCUSSP01DEM650N)

Bei der Entscheidung, ob wir lieber in- oder ausländische Güter kaufen sollen, stellt der nominale Wechselkurs aber nur einen Teilaspekt dar. ▸ **Abbildung 17.3** zeigt uns ja nur, wie sich der relative Preis der beiden Währungen, von Dollar im Vergleich zum Euro, bewegt hat. Für einen deutschen Touristen jedoch, der die USA besuchen will, stellt sich weniger die Frage, wie viele Dollar er im Austausch für einen Euro bekommt, sondern wie viele Güter er sich in den Vereinigten Staaten leisten kann. Wie teuer sind sie im Vergleich zu den Preisen in Deutschland? Damit kommen wir zum nächsten Schritt – der Konstruktion des realen Wechselkurses.

17.1.4 Vom nominalen zum realen Wechselkurs

Wie können wir den realen Wechselkurs zwischen Deutschland und den Vereinigten Staaten berechnen – den Preis deutscher Güter ausgedrückt in Einheiten amerikanischer Güter?

Nehmen wir an, in den USA wird nur ein einziges Gut produziert, ein Cadillac, und in Deutschland ein VW Golf. (Diese Annahme ist zwar vollkommen unrealistisch, aber wir werden uns der Realität bald wieder annähern). Die Konstruktion des realen Wechselkurses, des Preises deutscher Güter ausgedrückt in Einheiten amerikanischer Güter, ist in diesem Fall einfach.

- Im ersten Schritt würde man den Europreis des VW Golf in Dollar umrechnen. Der Preis eines VW Golf in Deutschland sei 15.000 Euro. Ein Euro sei 1,25 Dollar wert. Der Preis des VW Golf in Dollar ist demnach $15.000€ \cdot 1{,}25 \text{DollarproEuro} = 18.750 \text{Dollar}$.
- Im zweiten Schritt müssen wir das Verhältnis zwischen dem Preis des VW Golf und des Cadillac in Dollar berechnen. Der Preis eines Cadillac in den USA sei 30.000 $. Der Preis eines VW Golf ausgedrückt in Einheiten eines Cadillac, also der reale Wechselkurs zwischen Deutschland und den USA, wäre demnach $18.750\$/30.000\$ = 0{,}625$.

Berechnung des relativen Preises eines VW Golf in Einheiten eines Cadillac: $15.000€ \cdot 1{,}25\$/€ = 18.750\$$ Preis eines Cadillac: 30.000 $ Relativer Preis eines VW Golf in Einheiten eines Cadillac: $18.750\$/30.000\$ = 0{,}625$

Können wir das Beispiel verallgemeinern? Deutschland und die Vereinigten Staaten produzieren neben Cadillac und VW Golf noch viele andere Produkte. Wir wollen einen realen Wechselkurs konstruieren, der den relativen Preis aller in Deutschland produzierten Güter in Einheiten aller in den Vereinigten Staaten produzierten Güter zuverlässig abbildet.

Unsere Berechnung zeigt, wie wir vorgehen müssen. Anstatt den Dollarpreis des Cadillac und den Europreis des VW Golf zu verwenden, müssen wir für alle in den USA produzierten Güter einen Dollar-Preisindex und für alle in Deutschland produzierten Güter einen Euro-Preisindex verwenden. Der Verbraucherpreisindex (VPI), den wir in ▸ **Kapitel 2** eingeführt haben, ist für diese Aufgabenstellung perfekt geeignet. Der VPI ist ja definitionsgemäß ein Preisindex für die in einer Volkswirtschaft konsumierten Endprodukte und Dienstleistungen.

Bezeichnen wir also den Preisindex für Deutschland mit P, den Preisindex für die USA mit P^* (generell kennzeichnen wir ausländische Variablen immer mit einem Stern). Der nominale Wechselkurs Dollar je Euro ist E. In ▸ **Abbildung 17.4** sind die für die Konstruktion des realen Wechselkurses nötigen Schritte noch einmal zusammengefasst.

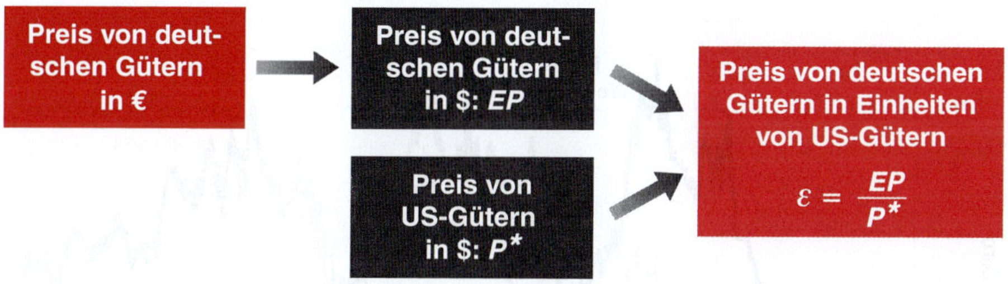

Abbildung 17.4 Die Konstruktion des realen Wechselkurses

- Der Preis der deutschen Güter in Euro ist P. Wir multiplizieren P mit dem Wechselkurs E, dem Preis eines Euro in Dollar, und erhalten so den Preis der deutschen Güter in ausländischer Währung (Dollar), EP.
- Der Preis der amerikanischen Güter in Dollar ist P^*. Der reale Wechselkurs, der Preis deutscher Güter ausgedrückt in Einheiten der amerikanischen Güter, den wir mit ε bezeichnen (das griechische Epsilon) ergibt sich dann als:

ε: Realer Wechselkurs – der Preis inländischer Güter in Einheiten ausländischer Güter.

$$\varepsilon = \frac{EP}{P^*} \tag{17.1}$$

Den realen Wechselkurs erhalten wir, indem wir das inländische Preisniveau mit dem nominalen Wechselkurs multiplizieren und dann durch das ausländische Preisniveau teilen – genau wie bei unserem Beispiel. Es gibt jedoch einen wichtigen Unterschied zwischen dem Beispiel und der allgemeineren Berechnung:

Ein Index ist eine Zahl, die in einem frei gewählten Jahr, dem Basisjahr, einen frei gewählten Wert annimmt (oft 1 oder 100). Weil sowohl das Basisjahr als auch der Wert frei gewählt sind, ist auch das Niveau des Index beliebig und an sich nicht aussagekräftig. Dagegen ist aber die Änderungsrate des Index informativ, weil sie weder vom Basisjahr noch von dem dort festgelegten Wert abhängt. Dass der deutsche Preisindex den Wert 200 annimmt, sagt beispielsweise nichts aus. Nimmt er aber im folgenden Jahr den Wert 210 an, können wir mit seiner Hilfe die Inflationsrate berechnen. Eine 5%-Änderung des Preisindex entspricht einer Inflationsrate in Höhe von 5%.

Im Gegensatz zum Preis eines Golf relativ zum Cadillac ist der reale Wechselkurs ein Index: Sein Niveau ist für sich allein betrachtet nicht besonders aussagekräftig, weil die verwendeten Preisindizes ihrerseits Indexzahlen sind. Wie wir in ▶ **Kapitel 2** gesehen haben, sind sie im frei gewählten Basisjahr immer normiert auf 1 (oder 100). Aber auch wenn das Niveau des realen Wechselkurses an sich keine Bedeutung hat, so sind die Veränderungen des realen Wechselkurses umso aussagekräftiger: Wenn der reale Wechselkurs zwischen Deutschland und den Vereinigten Staaten etwa um 10% steigt, dann bedeutet dies, dass deutsche Güter im Vergleich zu amerikanischen Gütern um 10% teurer geworden sind.

Wie die nominalen Wechselkurse verändern sich auch die realen Wechselkurse im Zeitverlauf. Werden inländische Güter in Einheiten der ausländischen Güter teurer, so bezeichnet man dies als **Reale Aufwertung**. Sinkt der relative Preis der inländischen Güter, ausgedrückt in Einheiten der ausländischen Güter, so wird dies **reale Abwertung** genannt. Real im Gegensatz zu nominal bedeutet, dass wir uns auf Veränderungen der relativen Preise von Gütern und nicht auf Veränderungen der nominalen Wechselkurse beziehen.

- Ein Anstieg des realen Wechselkurses ε (also ein Anstieg der Preise inländischer Güter relativ zu den Preisen ausländischer Güter) entspricht einer realen Aufwertung.
- Umgekehrt bedeutet ein Rückgang des realen Wechselkurses ε eine reale Abwertung: Inländische Güter werden relativ zu ausländischen Gütern billiger.

▶ **Abbildung 17.5** stellt die Entwicklung des gemäß ▶ Gleichung (17.1) konstruierten realen Wechselkurses zwischen Deutschland und den Vereinigten Staaten seit 1975 dar. Für die Zeit vor 1999 liegt der Berechnung des nominalen Wechselkurses wieder der DM-Kurs zugrunde. Zusätzlich ist auch der nominale Wechselkurs aus ▶ **Abbildung 17.3** übernommen. Beide Preisindizes sind für den 1.7.2015 auf den Wert 100 festgesetzt worden. Per Konstruktion entspricht also an diesem Tag der nominale dem realen Wechselkurs.

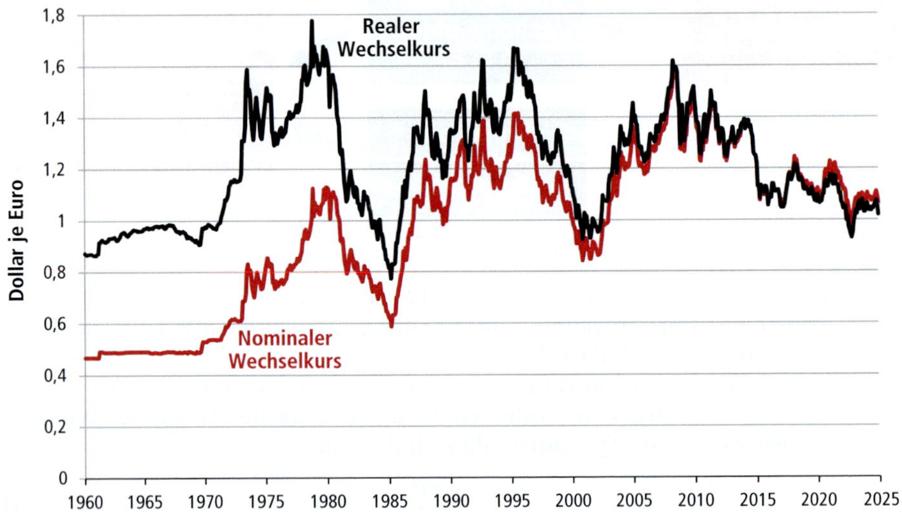

Abbildung 17.5 Realer und nominaler Wechselkurs zwischen Deutschland und den Vereinigten Staaten seit 1960. Nominaler und realer Wechselkurs verlaufen seit 1990 nahezu parallel.
Quelle: OECD, eigene Berechnung anhand des VPI (2015 = 100); Vgl. FRED Codes CCUSSP01DEM650N, DEUCPIALLMINMEI, CPALTT01USM661S

Zwei Punkte fallen in ▶ **Abbildung 17.5** auf:

- Ende 1990 war der reale Wechselkurs ungefähr gleich hoch wie Anfang 1975. In anderen Worten: Der relative Preis deutscher Güter im Verhältnis zu amerikanischen war 1990 derselbe wie 1975.

  Wie lässt sich die Tatsache, dass sich der Euro gegenüber dem Dollar nominal aufwertete, damit in Einklang bringen, dass der Preis deutscher Güter, ausgedrückt in Einheiten amerikanischer Güter, konstant blieb? Gehen wir zurück zur Definition des realen Wechselkurses:

$$\varepsilon = \frac{EP}{P^*}$$

Zwei Dinge sind zwischen 1975 und 1990 passiert:

Erstens, E ist gestiegen: Der Euro, gemessen in Dollar, ist stärker geworden. Er hat nominal aufgewertet.

Zweitens, die Inflation in den Vereinigten Staaten war höher als in Deutschland. Das amerikanische Preisniveau P^* ist also im Vergleich zum deutschen Preisniveau P stärker gestiegen; damit ist der Quotient P/P^* gesunken. Die Abnahme von P/P^* entsprach in etwa der Zunahme des Wechselkurses E, sodass der reale Wechselkurs ε insgesamt konstant geblieben ist.

Seit 1990 verlaufen realer und nominaler Wechselkurs fast identisch. Dies liegt daran, dass die Inflationsraten in Deutschland und den USA seitdem fast gleich hoch sind. Schwankungen des nominalen Wechselkurses führen deshalb unmittelbar zu Schwankungen des realen Wechselkurses.

Was bedeutete das nun 1990 für den deutschen Touristen, der die USA besuchen wollte? Er konnte für einen Euro mehr Dollar kaufen als im Jahr 1975. Bedeutet dies, dass seine Reise, ausgedrückt in Einheiten deutscher Güter, im Vergleich zu 1975 billiger geworden ist? Nein. Er musste bei der Ankunft in den USA entdecken, dass die Preise der Güter dort stärker gestiegen sind als die Preise in Deutschland. Der Kursanstieg des Euro kompensierte also gerade die höhere Inflationsrate in den USA. Der Tourist musste also erkennen, dass seine Reise ausgedrückt in Einheiten deutscher Güter genauso teuer war wie im Jahr 1975.

Die allgemeine Aussage hinter dieser Beobachtung ist, dass sich nominaler und realer Wechselkurs über längere Zeiträume hinweg ganz unterschiedlich entwickeln können, wenn die Inflationsraten zwischen den Ländern recht unterschiedlich verlaufen. In ▶ **Kapitel 20** werden wir auf dieses Thema zurückkommen.

Kann es eine reale Aufwertung ohne nominale Aufwertung geben? Kann es eine nominale Aufwertung ohne reale Aufwertung geben? (Die Antwort ist in beiden Fällen: Ja.)

- Die starken Schwankungen des nominalen Wechselkurses, die man in ▶ **Abbildung 17.3** erkennen konnte, zeigen sich auch im realen Wechselkurs.

  Die Erklärung dafür liegt nahe: Seit den 1990er-Jahren waren die Inflationsraten in den Vereinigten Staaten und Deutschland sehr ähnlich. Deshalb fielen die jährlichen Veränderungen von P/P^* im Vergleich zu den starken Bewegungen des nominalen Wechselkurses E kaum ins Gewicht. Die Schwankungen des realen Wechselkurses ε von Jahr zu Jahr oder sogar über einen Zeitraum von mehreren Jahren hinweg sind also in erster Linie auf Schwankungen des nominalen Wechselkurses E zurückzuführen. Es ist auffallend, dass sich der nominale und der reale Wechselkurs seit Anfang der 1990er-Jahre nahezu gleichlaufend entwickelt haben. Diese Beobachtung spiegelt wider, dass die Inflationsraten in beiden Ländern seitdem sehr ähnlich waren. Die Schwankungen der nominalen Wechselkurse sind also nicht auf Unterschiede der Inflationsraten zurückzuführen.

Bei identischen Inflationsraten wäre P/P^* konstant. E und ε würden dann parallel verlaufen.

17.1.5 Von bilateralen zu multilateralen Wechselkursen

Wir benötigen einen letzten Schritt. Bisher haben wir uns auf den Wechselkurs zwischen Deutschland und den USA konzentriert. Deutschland steht jedoch mit vielen Ländern in Handelsbeziehungen, nicht nur mit den Vereinigten Staaten. In ▶ **Tabelle 17.2** ist die geografische Struktur der deutschen Importe und Exporte dargestellt. Die Zahlen beziehen sich ausschließlich auf den Export und den Import von Waren. Nicht enthalten sind Export und Import von Dienstleistungen, insbesondere Tourismus, da dafür die Aufteilung nach Ländern nicht verfügbar ist.

	Exporte Anteil)	Importe (Anteil)
Euroraum	38,1	35,0
Übrige Länder	61,6	64,9
Darunter:		
Großbritannien	5	2,7
Mittel- und osteuropäische EU-Länder (Bulgarien, Kroatien, Polen, Rumänien, Tschechien, Ungarn)	12,8	15,0
Schweiz	4,3	3,8
Russland	0,6	0,3
USA	10,1	7,0
Japan	1,3	1,9
Hongkong, Singapur, Südkorea, Taiwan	2,8	2,7
China	6,2	11,5
Süd- und ostasiatische Schwellenländer	2,4	4,2
OPEC	1,6	1,4
Alle Länder	100	100

Tabelle 17.2 Deutscher Außenhandel nach Regionen, 2023
Quelle: Deutsche Bundesbank, Monatsbericht März 2024

Realer Außenwert und realerMultilateraler Wechselkurs sind Synonyme. Daneben existiert auch der Ausdruck Realer effektiver Wechselkurs. Ein Beispiel: 10,1% der deutschen Exporte gehen in die Vereinigten Staaten. 7,0% der deutschen Importe stammen aus den Vereinigten Staaten. Bei der Berechnung des realen Außenwertes erhält der Dollar ein Gewicht von (10,1%+7,0%)/2 = 8,55%

Wie kommen wir von bilateralen Wechselkursen, wie dem Wechselkurs zwischen Deutschland und den Vereinigten Staaten, zu multilateralen Wechselkursen? Das ist nicht kompliziert. Wenn wir den durchschnittlichen Preis deutscher Güter in Relation zum durchschnittlichen Preis der Güter der deutschen Handelspartner setzen wollen, dann ist es sinnvoll, den deutschen Anteil am Handel mit jedem Land als Gewicht für dieses Land zu verwenden. Wenn wir die Exportanteile verwenden, dann können wir einen „realen Exportwechselkurs" berechnen. Einen „realen Importwechselkurs" können wir berechnen, indem wir die Importanteile verwenden. Da es mühsam ist, zwei unterschiedliche Wechselkurse zu verfolgen, verwenden wir den multilateralen Wechselkurs meist als Durchschnitt aus Exportanteilen und Importanteilen.

Diesen Wechselkurs bezeichnet man auch als realen Außenwert einer Währung. Auf diese Variable beziehen wir uns, wenn wir vom deutschen multilateralen Wechselkurs beziehungsweise vom deutschen realen Wechselkurs sprechen. Seit der Einführung des Euro im Januar 1999 wird bei der Berechnung des multilateralen Wechselkurses natürlich nur mehr der Handel mit den Staaten außerhalb der Währungsunion berücksichtigt. Dadurch hat sich das Gewicht vor allem des Britischen Pfund, des Dollar, des Schweizer Franken und des Japanischen Yen erhöht. Über 50% des externen Güterhandels der Währungsunion werden mit den Ländern dieser Währungen abgewickelt.

▸ **Abbildung 17.6** zeigt die Entwicklung dieses multilateralen realen Wechselkurses, des durchschnittlichen Preises deutscher Güter relativ zum durchschnittlichen Preis ausländischer Güter seit 1965. Genauso wie die bilateralen realen Wechselkurse, die wir weiter oben betrachtet haben, ist auch der multilaterale reale Wechselkurs eine Indexzahl. Sein Niveau ist demnach willkürlich; hier ist der Wert für 1. Juli 2020 gleich 1 gesetzt.

Abbildung 17.6 Der effektive reale Wechselkurs für Deutschland seit 1965; Index 2020 = 100. Während deutsche Güter bis Mitte der 1980er-Jahre und zwischen 1995 und 2000 im Ausland real billiger wurden, wurden sie danach jeweils teurer. Insgesamt sind deutsche Güter im Ausland im Lauf der Jahre relativ günstiger geworden.
Quelle: BIS via FRED-Datenbank (Code RNDEBIS)

An der Abbildung fällt eine Entwicklung auf, die bereits am **Bilateraler Wechselkurs** zwischen Deutschland und den Vereinigten Staaten in ▶ **Abbildung 17.5** zu erkennen war: Der deutliche Rückgang des realen Wechselkurses Anfang der 1980er-Jahre. Inländische Güter waren Mitte der 1980er-Jahre im Vergleich zu ausländischen Gütern deutlich billiger als am Anfang des Jahrzehnts. Anders ausgedrückt: Für deutsche Güter konnte man in der ersten Hälfte der 1980er-Jahre real immer weniger im Ausland kaufen. Zwischen 1985 und 1995 kehrte sich dieser Trend zunächst wieder um; danach kam es dann bis 2000 wieder zu einer realen Abwertung. In den folgenden Kapiteln werden wir analysieren, worauf diese Ausschläge zurückzuführen sind und welche Auswirkungen die Entwicklung des realen Wechselkurses auf Handelsdefizit und wirtschaftliche Aktivität haben.

17.1.6 Das Gesetz des einheitlichen Preises und die Kaufkraftparität (PPP)

In unserem Autobeispiel war der Dollarpreis eines VW Golf billiger als der eines Cadillac. Wird sich ein amerikanischer Autokäufer deshalb für einen VW Golf entscheiden? In der Realität unterscheiden sich die Autos hinsichtlich vieler Kriterien, aber was müsste geschehen, wären beide Autos gleichwertig? Ignoriert man die Transportkosten, müssten amerikanische Autokäufer verstärkt die billigeren Volkswagen nachfragen. Verschiedene Anpassungsprozesse sind nun denkbar; sie können gleichzeitig ablaufen:

- Durch die erhöhte Nachfrage nach deutschen Pkw steigt der Europreis des Golfs.
- Der Nachfragerückgang nach amerikanischen Autos führt zu sinkenden Dollarpreisen des Cadillac.
- Da amerikanische Käufer Autos in Deutschland mit Euro bezahlen, steigt die Nachfrage nach Euro. Dadurch steigt der Dollarpreis einer Euroeinheit. Der Euro wird aufgewertet.

Alle drei Prozesse bewirken, dass deutsche Autos im Verhältnis zu amerikanischen Autos teurer werden. Ein Gleichgewicht wird erreicht, wenn deutsche und amerikanische Autos, ausgedrückt in Einheiten derselben Währung, gleich teuer sind. Die Hypothese, dass dieses Gleichgewicht erreicht wird, nennt man Gesetz des einheitlichen Preises. Zwischen den USA und Deutschland werden nicht nur Autos, sondern ganze Güterbündel gehandelt. Wenn das Gesetz des einheitlichen Preises für alle Güter gilt, müsste der Preis eines deutschen Güterbündels EP, gemessen in Dollar, gleich dem Preis eines amerikanischen Güterbündels P^* sein. Der reale Wechselkurs wäre immer gleich eins: $\varepsilon = EP/P^* = 1$. Die Hypothese, dass Arbitrage bei freiem Warenhandel zu gleichen Preisen für inund ausländische Güterbündel führt, nennt man Kaufkraftparitätentheorie. Die hohe Volatilität des realen Wechselkurses in ▶ **Abbildung 17.5** macht deutlich, dass die Kaufkraftparität kurzfristig meist nicht erfüllt ist. Dies liegt an Handelsbarrieren, an der Tatsache, dass nicht alle Güter handelbar sind, aber auch daran, dass kurzfristig viele Preise starr sind. Die Kaufkraftparität (Purchasing Power Parity, kurz PPP) haben wir bereits in ▸**Kapitel 10** kennengelernt (vgl. die Fokusbox *„Die Berechnung der Kaufkraftparität (PPP)"* in ▸**Abschnitt 10.1**).

Der PPP-Kurs gibt an, wie hoch der Wechselkurs sein müsste, damit ein Big Mac weltweit in allen Ländern gleich viel kostet wie im Euroraum, damit also $\varepsilon = EP/P^* = 1$ oder $E = P^*/P$ mit $P = 4{,}21€$ (der durchschnittliche Preis eines Big Mac im Euroraum).

▸**Tabelle 17.3** zeigt die populärste Darstellung der Kaufkraftparität, den von der Zeitschrift *„The Economist"* veröffentlichten Big-Mac-Index. Ein Big Mac schmeckt weltweit gleich – egal ob in den USA, in Europa oder in China. Gleichwohl variieren die zum aktuellen Wechselkurs in Dollar umgerechneten Preise zwischen den einzelnen Ländern enorm. Am teuersten war der Big Mac im Juli 2020 in der Schweiz mit einem Preis von umgerechnet 6,07 €. In China gibt es den Burger indessen schon für 2,73 €. Sicher lässt sich ein frischer Big Mac nur schwer von Peking nach Zürich exportieren; er ist kein handelbares Gut. Der Index ist aber trotzdem ein erstaunlich zuverlässiger Indikator dafür, ob eine Währung über- oder unterbewertet sein könnte. Dies gilt insbesondere, wenn man für Unterschiede im Entwicklungsstand der betrachteten Staaten korrigiert und die Wechselkursprognose durch Berücksichtigung des BIP pro Kopf der einzelnen Staaten entsprechend anpasst. Trägt man dem Faktor Rechnung, dass die Preise nicht-handelbarer Güter (wie etwa Mietkosten) in Staaten mit niedrigem BIP pro Kopf niedriger sind als in Staaten mit hohem Entwicklungsstand, fällt der entsprechend angepasste PPP-Kurs umso höher aus, je höher das BIP pro Kopf im betrachteten Land ist.

Für die Schweiz liegt der PPP-Kurs bei 6,5 sfr/4,21 € = 1,54 sfr/€. Dem Index zufolge war der Schweizer Franken gegenüber dem Euro im Juli 2020 um 44,3% überbewertet (1,54/1,07 – 1= 1,443 – 1 = 44,3%).

Land	Big-Mac-Preis P in lokaler Währung	Wechselkurs am 15.07.2020 (lokale Währung je €)	Big-Mac-Preis P/E in €	PPP-Kurs (Preis P in lokaler Währung/ 4,21 €)	Über-/ Unterbewertung relativ zu €
USA	4,82 $	1,14	4,24	1,14	0,7%
Euroraum	4,21 €	1	4,21	1	0,0%
Schweiz	6,5 SFr	1,07	6,07	1,54	44,3%
China	21,7 Yuan	7,96	2,73	5,15	–35,3%
Japan	390 ¥	121,96	3,20	92,64	–24,0%
Großbritannien	3,39 £	0,90	3,76	0,81	–10,6%

Tabelle 17.3 Der Big-Mac-Index im Juli 2020

Quelle: https://github.com/TheEconomist/big-mac-data

17.2 Offene Finanzmärkte

Offene Finanzmärkte ermöglichen es den Anlegern, ihr Portfolio zu diversifizieren, um sowohl inländische als auch ausländische Anlagen zu halten, Zins-Arbitrage zwischen In- und Ausland zu betreiben, auf Veränderungen des Wechselkurses zu spekulieren usw.

Tägliches Transaktionsvolumen mit Dollarbeteiligung: 7,5 Billionen $. Tägliches Warenhandelsvolumen der USA mit dem Rest der Welt: 13 Milliarden $ (nur 0,17% der Währungstransaktionen).

Tatsächlich finden in großem Umfang Diversifikations- und Arbitrage-Geschäfte statt. Der Kauf oder Verkauf von ausländischen Finanzanlagen ist mit dem Kauf oder dem Verkauf ausländischer Währung verbunden – man bezeichnet dies auch als Devisenmarkttransaktionen. Das Volumen der Transaktionen am Devisenmarkt kann uns ein Gefühl dafür geben, wie wichtig die internationalen Finanztransaktionen sind. Im Jahr 2022 belief sich das Tagesvolumen der Devisenmarkttransaktionen in der Welt einschließlich des Handels mit Derivaten auf 7,5 Billionen Dollar. In 90% dieser Transaktionen ist der Dollar auf einer Seite der Transaktion involviert. In 33% der Transaktionen ist der Euro involviert; der Yuan (die chinesische Währung) nur in 4%.

Um ein Gefühl für die Größe dieser Zahlen zu bekommen: Die Summe der amerikanischen Exporte und Importe im Jahr 2022 belief sich auf 13 Milliarden Dollar pro Tag. Nehmen wir an, die Dollartransaktionen am Devisenmarkt hätten ausschließlich in dem

Verkauf von – durch den Export eingenommenen – ausländischen Währungen durch amerikanische Exporteure und in dem Kauf von – zum Kauf ausländischer Güter benötigten – ausländischen Währungen durch amerikanische Importeure bestanden. Das Transaktionsvolumen wäre dann 13 Milliarden $ am Tag gewesen – also nur 0,17% des tatsächlichen täglichen Transaktionsvolumens an den Devisenmärkten, an dem Dollar beteiligt sind. Diese Rechnung zeigt uns, dass die meisten Transaktionen am Devisenmarkt nicht mit Export oder Import zusammenhängen, sondern mit dem Kauf und dem Verkauf von Finanzanlagen. Das Transaktionsvolumen am Devisenmarkt ist nicht nur groß; es nimmt laufend weiter zu. Diese Entwicklung spiegelt zum größten Teil eine Zunahme der Finanztransaktionen wider, weniger eine Zunahme des Güterhandels in den letzten 20 Jahren. Der tägliche Umsatz am Devisenmarkt ist zwar nach der Einführung des Euro zwischen 1999 und 2001 zunächst etwas zurückgegangen – aber nur deshalb, weil der Handel mit den früheren Währungen des Euroraums weggefallen ist. Seit 2001 ist der weltweite Umsatz dann aber wieder stark angestiegen. Das Volumen der Devisenmarktoperationen hat sich seit 2001 versechsfacht.

Für ein Land als Ganzes gesehen hat die Offenheit der Finanzmärkte noch eine andere wichtige Implikation. Sie ermöglicht es erst, Handelsüberschüsse oder -defizite zu erzielen. Erinnern wir uns: Ein Land, das ein Handelsdefizit aufweist, kauft mehr vom Rest der Welt als es an den Rest der Welt verkauft. Um die Differenz zwischen dem, was es kauft, und dem, was es verkauft, bezahlen zu können, muss sich das Land beim Rest der Welt verschulden. Es verschuldet sich, indem es inländische Finanzanlagen für ausländische Anleger so attraktiv macht, dass diese vermehrt in inländische Finanzanlagen investieren – das heißt nichts anderes, als dass sie dem Land Kredit gewähren.

Wir wollen zunächst den Zusammenhang zwischen Handels- und Finanzströmen näher betrachten. Dann sind wir in der Lage, die Bestimmungsgrößen der Finanzströme zu analysieren.

17.2.1 Die Zahlungsbilanz

Alle Transaktionen der Wirtschaftseinheiten eines Landes mit dem Rest der Welt – sowohl Handelsströme als auch Finanzströme – werden in einem Kontensystem erfasst. Dieses System bezeichnet man als **Zahlungsbilanz**. Unter den Wirtschaftseinheiten eines Landes verstehen wir Einwohner, Unternehmen, Regierungen und andere Institutionen mit Sitz im Inland. ▶ **Tabelle 17.4** zeigt die deutsche Zahlungsbilanz für das Jahr 2023. Die Tabelle unterteilt sich in die Leistungsbilanz und in die **Kapitalbilanz**.

Die Leistungsbilanz

Leistungsbilanztransaktionen erfassen den internationalen Tausch von Waren, Dienstleistungen sowie Faktoreinkommen, aber auch unilaterale Transfers, wie sie im Rahmen der Entwicklungshilfe geleistet werden.

- In den ersten beiden Zeilen werden die Werte der Exporte und Importe von Waren und Dienstleistungen erfasst. Importe werden als Zahlungsverpflichtungen, Exporte als Zahlungsforderungen gebucht. Dabei spielt es keine Rolle, ob tatsächlich eine Zahlung stattgefunden hat. Auch Gütertransaktionen, deren Bezahlung zu einem späteren Zeitpunkt erfolgt, werden erfasst. Im Jahr 2023 überstiegen die Warenexporte die Warenimporte, sodass der Warenhandel für Deutschland einen Überschuss in Höhe von 226,8 Milliarden Euro ergab. Gleichzeitig wies die Dienstleistungsbilanz (2) ein Defizit von 63 Milliarden Euro auf.
- Exporte und Importe sind nicht die einzige Quelle für Zahlungen vom Rest der Welt und an den Rest der Welt. Inländer erhalten Kapitalerträge aus ihren ausländischen Kapitalanlagen und Lohneinkommen aus dem Ausland. Ausländer wiederum erhalten Kapitalerträge aus ihren Kapitalanlagen in Deutschland und Lohneinkommen aus ihrer Arbeitstätigkeit hier. Den Saldo aller Faktoreinkommen zwischen Inländern und Ausländern bezeichnet man als Saldo der Primäreinkommen oder auch als Saldo der

Erwerbs- und Vermögenseinkommen. Es ist dieser Saldo, der das BIP vom BNE unterscheidet (siehe dazu die Fokusbox *„Bruttoinlandsprodukt versus Bruttonationaleinkommen“*).

Im Jahr 2023 war der Saldo der Primäreinkommen positiv. Netto erzielten deutsche Inländer Faktoreinkommen in Höhe von 143,9 Milliarden Euro aus dem Rest der Welt. Ausländer erzielten ein leicht höheres Erwerbseinkommen in Deutschland als die Inländer im Ausland; das Vermögenseinkommen, das Inländer im Ausland erzielten, war jedoch höher als das Vermögenseinkommen, das ins Ausland abgeführt wurde.

Zahlungsbilanz Deutschland 2023 (Mrd. Euro)			
Leistungsbilanz			
(1) Warenhandel (Saldo)		226,8	
Warenhandel Ausfuhr	1539,2		
Warenhandel Einfuhr	-1312,4		
(2) Dienstleistungen (Saldo)		-63	
Darunter: Reiseverkehr	-68,9		
(3) Primäreinkommen (Saldo)		143,9	
Darunter Vermögenseinkommen (Saldo)	144,5		
(4) Sekundäreinkommen (Saldo)		-64,9	
(5) Saldo der Leistungsbilanz (1+2+3+4)			243,1
(6) Vermögensänderungsbilanz			-27,3
Kapitalbilanz			
(7) Saldo der Direktinvestitionen		59,7	
(8) Wertpapiertransaktionen (Saldo)		1,2	
(9) Finanzderivate (Saldo)		40,0	
(10) Übriger Kapitalverkehr (Saldo)		130,9	
(11) Saldo der Devisenbilanz (Währungsreserven)		0,9	
(12) Saldo der Kapitalbilanz (7 + 8 + 9 + 10 + 11)			232,6
Statistisch nicht aufgliederbare Transaktionen (12 – 5 – 6)			16,7

Tabelle 17.4 Wichtige Posten der deutschen Zahlungsbilanz, 2023 (Mrd. €)
Quelle: Deutsche Bundesbank, Monatsbericht März 2024

- Die meisten Länder leisten oder empfangen Entwicklungshilfe. Der Nettowert dieser Zahlungen wird als Sekundäreinkommen erfasst. Neben der Entwicklungshilfe zählen dazu auch die Nettozahlungen an inter- und supranationale Organisationen wie den IWF oder die Europäische Union. Die Nettotransfers beliefen sich im Jahr 2023 auf 64,6 Milliarden Euro. Der negative Wert der Sekundäreinkommen zeigt, dass Deutschland im Jahr 2023 – wie auch in den Jahren zuvor – netto betrachtet Auslandshilfe geleistet hat und ein Geberland war.

Die Leistungsbilanz ist die Summe der oben aufgeführten Salden. Was bedeutet ein **Leistungsbilanzüberschuss**? Die Leistungsbilanz erfasst alle im Laufe eines Jahres neu entstandenen Zahlungsforderungen und Zahlungsverpflichtungen gegenüber dem Rest der Welt. Güterexporte führen zu Zahlungsforderungen, Güterimporte zu Zahlungsverpflichtungen gegenüber dem Rest der Welt. Auch die Zinserträge ausländischer Kapitaleigner oder die im Inland erwirtschafteten Löhne ausländischer Arbeitnehmer stellen Zahlungsverpflichtungen dar. Der Saldo der Leistungsbilanz erfasst die Veränderung des Nettoauslandsvermögens bzw. der Nettoauslandsschuld des Inlandes gegenüber dem Ausland. Man spricht von einem Leistungsbilanzüberschuss, wenn die im Laufe eines Jahres neu entstandenen Zahlungsforderungen die neu entstanden Zahlungsverpflichtungen gegenüber dem Ausland übersteigen.

Kann ein Land gleichzeitig ein Handelsbilanzdefizit und eine ausgeglichene Leistungsbilanz aufweisen? Oder ein Leistungsbilanzdefizit ohne Handelsbilanzdefizit? (Die Antwort ist in beiden Fällen: Ja.)

Zählt man alle neu entstandenen Zahlungsverpflichtungen und Zahlungsforderungen gegenüber dem Rest der Welt zusammen, dann wies Deutschland 2023 einen Leistungsbilanzüberschuss in Höhe von 243,1 Milliarden € auf. Der Leistungsbilanzüberschuss belief sich demnach auf 7,1% des BIP. Er kann aus folgenden Gründen vom Überschuss im Warenhandel in Höhe von 226,8 Milliarden Euro abweichen: (a) Die Dienstleistungsbilanz ist in Deutschland traditionell negativ; (b) Deutschland hat Nettozahlungen an die EU und im Rahmen der Entwicklungshilfe geleistet. Diese beiden Posten machen erhebliche Beträge aus. Dieser Abfluss wird aber dadurch kompensiert, dass deutschen Kapitaleignern und Lohnempfängern netto Zinsen und Löhne aus dem Ausland in Höhe von 143,9 Milliarden Euro zuflossen.

Die Kapitalbilanz

Die Tatsache, dass Deutschland im Jahr 2023 einen Leistungsbilanzüberschuss in Höhe von 243,1 Milliarden € aufwies, bedeutet, dass Deutschland 243,1 Milliarden € an den Rest der Welt verliehen hat. Wie diese zusätzlichen Ersparnisse angelegt wurden, zeigen die Kapitalmarkttransaktionen, die in der Kapitalbilanz erfasst werden.

Die Direktinvestitionen deutscher Unternehmen im Ausland waren um 59,7 Milliarden Euro höher als die Direktinvestitionen ausländischer Unternehmen im Inland. Deutsche Anleger legten um 1,2 Milliarden Euro mehr Kapital in Form von Wertpapieren und 40 Milliarden Euro mehr in Form von Finanzderivaten im Ausland an als ausländische Anleger in Deutschland. Schließlich vergaben deutsche Banken um 130,9 Milliarden Euro mehr Kredite und Geldanlagen ins Ausland als ausländische Banken an Haushalte, Banken und Unternehmen in Deutschland.

Die **Devisenbilanz** erfasst die Änderung der **Währungsreserven** der Deutschen Bundesbank. Zu den Währungsreserven gehören die Bestände an ausländischen Devisen, daneben aber auch die Sonderziehungsrechte beim Internationalen Währungsfonds und die Goldbestände. 2023 nahm der Wert der Währungsreserven der Deutschen Bundesbank um 0,9 Milliarden Euro zu. Ein Anstieg (etwa aufgrund von Wertänderungen ausländischer Devisen durch Änderungen des Wechselkurses) ist dabei gleichbedeutend mit einem Anstieg der Forderungen an das Ausland.

Die Summe aus Direkt- und Finanzinvestitionen abzüglich des Rückgangs der Währungsreserven ergibt die Nettozunahme der deutschen Ersparnis. Sie belief sich demnach auf 232,6 Milliarden Euro. In diesem Umfang hat sich der Nettobestand deutscher Kapitalanlagen im Ausland erhöht. Diesen Saldo bezeichnet man als Kapitalbilanz.

Im Prinzip sollte die Summe der Kapitalbilanz das Spiegelbild der Leistungsbilanz sein. Und zwar deshalb, weil eine Zahlungsverpflichtung gegenüber dem Ausland, wie sie beim Güterimport entsteht und in der Leistungsbilanz erfasst wird, gleichzeitig auch als Kapitalmarkttransaktion erfasst werden müsste. Kapitalmarkttransaktionen sind komplex. Ein einfaches Beispiel soll verdeutlichen, wie das Prinzip der doppelten Buchführung innerhalb der Zahlungsbilanz funktionieren sollte: Der Wert eines importierten Cadillac aus den USA wird als Zahlungsverpflichtung in der Leistungsbilanz erfasst. Wird der importierte Wagen direkt in Euro bezahlt, legt der ausländische Exporteur die Eurosumme aber bei einer deutschen Bank an, so hat er eine inländische Kapitalanlage erworben.

Liegt ein Leistungsbilanzdefizit vor, dann muss (bei ausgeglichener Devisenbilanz) ein Land netto Kapital importiert haben: Die Kapitalbilanz weist einen Anstieg der Vermögensforderungen des Auslands auf.

Lesen Sie dazu den Blogbeitrag „Global Current Account Surplus: Is There Trade with Other Planets?“ der stlouisfed.org. ***https://www.stlouisfed.org/on-the-economy/2016/february/global-current-account-surplus-trade-other-planets***

In der Praxis entspricht die Leistungs- jedoch nur selten der Kapitalbilanz, da die Werte für die Leistungsbilanz- und die Kapitalbilanztransaktionen unter Verwendung unterschiedlicher Quellen konstruiert werden. Im Jahr 2023 betrug die Differenz, die statistische Diskrepanz, 16,7 Milliarden Euro. Dieses Beispiel verdeutlicht uns, dass auch für Deutschland die ökonomischen Daten alles andere als perfekt sind. Dieses Messproblem zeigt sich noch auf eine andere Art: Die Summe der Leistungsbilanzdefizite aller Länder der Welt sollte gleich null sein; das Defizit eines Landes sollte genau dem Überschuss entsprechen, den alle anderen Länder in Summe ausweisen. In den Daten ist dies jedoch nicht der Fall: Wenn wir die veröffentlichten Leistungsbilanzdefizite aller Länder der Welt zusammenzählen würden, kämen wir zu dem Ergebnis, dass die Welt insgesamt ein großes **Leistungsbilanzdefizit** ausweisen würde. Einige Ökonomen scherzen, es könnte sich dabei um nicht erfassten Handel mit den grünen Männchen vom Mars handeln. Die meisten jedoch machen Messfehler für das Ergebnis verantwortlich.

Da wir uns nun mit der Leistungsbilanz etwas genauer beschäftigt haben, können wir zu einem Thema zurückkehren, das wir in ▸ **Kapitel 2** angeschnitten haben, dem Unterschied zwischen dem Bruttoinlandsprodukt, dem Maß für die aggregierte Produktion, und dem Bruttonationaleinkommen, einem Maß für das aggregierte Einkommen. Die Fokusbox *„Bruttoinlandsprodukt versus Bruttonationaleinkommen“* behandelt dieses Thema.

FOKUS

Bruttoinlandsprodukt versus Bruttonationaleinkommen

Die Wertschöpfung einer offenen Volkswirtschaft lässt sich messen als:

- Bruttoinlandsprodukt (BIP) – die Wertschöpfung im Inland (die Produktion innerhalb des Landes), oder
- Bruttonationaleinkommen (BNE) – die Wertschöpfung, die durch Produktionsfaktoren im Besitz von Inländern geschaffen wird.

Beide Konzepte liefern wichtige Informationen. Das BIP erfasst die Wertschöpfung im Inland. Das BNE dagegen erfasst das Einkommen der Inländer, egal wo es geschaffen wurde. Sie unterscheiden sich, weil ein Teil der inländischen Produktion meist mit Kapital produziert wird, das sich im Besitz von Ausländern befindet, während sich vielleicht ein Teil des ausländischen Kapitals im Besitz von Inländern befindet. Das BNE entspricht dem BIP zuzüglich dem Saldo der Erwerbs- und Vermögenseinkommen. Für die meisten Länder ist die Differenz zwischen BNE und BIP klein, da sich die Faktoreinkommen aus dem Rest der Welt und an den Rest der Welt annähernd aufheben. Für Deutschland lag das BIP im Jahr 2010 nur um 2% unter dem BNE. Wie ▸ **Abbildung 1** zeigt, unterscheiden sich auch in den USA BIP und BNE kaum. Für viele Ökonomen ist dies allerdings ein Rätsel: Angesichts der hohen Netto-Auslandsverschuldung der USA (vgl. dazu die Fokusbox *„Eine dynamische Analyse der Leistungsbilanz“* im nächsten Kapitel) würde man eigentlich erwarten, dass der Saldo der Vermögenseinkommen stark negativ ist. Offensichtlich sind aber die Kapitalrenditen, die Amerikaner im Ausland erzielen, wesentlich höher als die Renditen ausländischer Anleger in den Vereinigten Staaten. Umgekehrt scheinen die Renditen deutscher Anleger im Ausland nicht allzu hoch zu sein: Trotz der Einkommen aus hohem Auslandsvermögen liegt das deutsche BNE nicht merklich über dem BIP.

Es gibt jedoch ein paar Ausnahmen. Eine davon ist Kuwait. Als in Kuwait Öl gefunden wurde, beschloss die kuwaitische Regierung, einen Teil der Öl-Einnahmen zu sparen und im Ausland zu investieren, um für künftige kuwaitische Generationen mit Kapitalerträgen vorzusorgen, falls die Öl-Einnahmen eines Tages versiegen. Kuwait hatte riesige Leistungsbilanzüberschüsse und vergrößerte so stetig sein Auslandsvermögen.

Im Ergebnis hat Kuwait heute einen großen Bestand an ausländischen Kapitalanlagen. Es erzielt deshalb in großem Umfang Kapitaleinkommen vom Rest der Welt. In ▸ **Abbildung 1** ist das Verhältnis von BIP zu BNE für Kuwait seit 1980 dargestellt. Wegen des positiven Saldos des Erwerbsund Vermögenseinkommens liegt der Anteil des BIP am BNE in Kuwait weit unter eins.

Es ist bemerkenswert, um wie viel größer das BNE während des ganzen Zeitraums im Vergleich zum BIP war. Es ist jedoch auch auffallend, dass der Saldo der Erwerbs- und Vermögenseinkommen bis 2003 zurückging. Der Grund dafür liegt darin, dass Kuwait seinen Verbündeten im Golfkrieg 1990–1991 einen Teil der Kosten des Krieges und des Wiederaufbaus erstatten musste. Kuwait wies deshalb ein Leistungsbilanzdefizit aus. Anders ausgedrückt: Es reduzierte seinen Bestand an Auslandsvermögen. Der sinkende Ölpreis verstärkte diesen Effekt. Dies wiederum führte zu einem Rückgang der Einkommen aus ausländischen Anlagen und zu einer Abnahme der Nettofaktoreinkommen.

Bemerkenswert ist auch die Entwicklung in Irland. ▶ **Abbildung 1** verdeutlicht, dass das BIP dort das BNE bei Weitem übersteigt, 2015 machte das BIP in Irland gut 125% des BNE aus. Offensichtlich haben in den letzten Jahrzehnten viele ausländische Unternehmen stark in Irland investiert. Die dabei erzielten Gewinne fließen zum Großteil an die ausländischen Anteilseigner zurück, sodass das Einkommen der Iren niedriger liegt als die Produktionsleistung. Die starke Präsenz ausländischer Unternehmen ist Zeichen der hohen Attraktivität Irlands als Produktionsstandort im Euroraum. Ein wesentlicher Faktor sind dabei die niedrigen irischen Steuersätze. Sie machen es für viele Unternehmen attraktiv, ihre Gewinne dort zu versteuern.

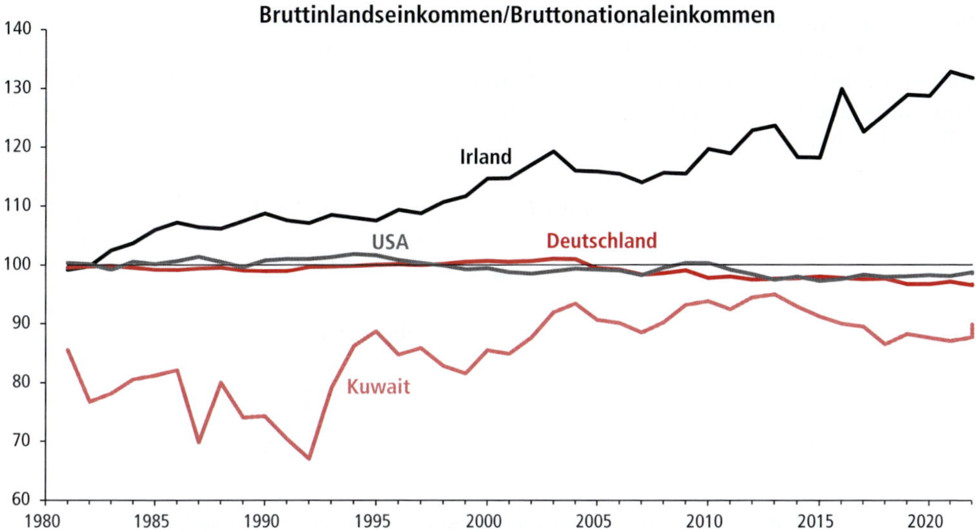

Abbildung 1 Verhältnis von BIP zu BNE in Deutschland, USA, Kuwait und Irland seit 1980
Quelle: FRED (Code: MKTGDPDEA646NWDB (BIP) dividiert durch MKTGNIDEA646NWDB (BNE))

17.2.2 Die Wahl zwischen in- und ausländischen Kapitalanlagen

Kapitalanleger können in einer Welt offener Finanzmärkte entscheiden, wie viel inländische und ausländische Kapitalanlagen sie in ihr Portfolio aufnehmen wollen.

Müssen wir uns nun auch mit der Wahl zwischen in- und ausländischer Geldhaltung beschäftigen? Nein, denn die Wirtschaftssubjekte halten Geld nur, um Transaktionen zu tätigen. Ausländisches Bargeld ist auch als Kapitalanlage nicht attraktiv im Vergleich zu ausländischen, Zins bringenden, Wertpapieren. Für jemanden, der in Deutschland lebt und seine Transaktionen in Euro abwickelt, macht es deshalb keinen Sinn, ausländische Devisen (in Form von Bargeld) zu halten. Daher können wir uns darauf beschränken, die Entscheidung zwischen in- und ausländischen Kapitalanlagen zu analysieren.

Es gibt zwei Ausnahmen:
- **Im Ausland werden Euro oftmals für illegale Transaktionen gehalten. Sie sind leicht einzutauschen und ihre Spur lässt sich nicht verfolgen.**
- **In Ländern mit Hyperinflation erfüllt ausländische Währung eine Wertaufbewahrungsfunktion.**

Wir beschränken uns dabei zunächst auf Wertpapiere mit einjähriger Laufzeit. Betrachten wir das Kalkül eines deutschen Kapitalanlegers, der entscheidet, ob er in ein deutsches Wertpapier mit einjähriger Laufzeit oder ein amerikanisches mit gleicher Laufzeit investieren soll. Wir müssen prüfen, welche Anlage eine höhere Rendite verspricht.

- *Betrachten wir zunächst die Rendite einer deutschen Anleihe mit einjähriger Laufzeit:* i_t sei der Nominalzinssatz für deutsche Anleihen. Für jeden Euro, den man in deutsche Wertpapiere investiert, erzielt man im folgenden Jahr $(1 + i_t)$. (Dies wird in der ▶ **Abbildung 17.7** durch den oberen nach rechts weisenden Pfeil dargestellt.)
- *Vergleichen wir damit die Rendite einer amerikanischen Anleihe mit gleicher Laufzeit:* Bevor der deutsche Investor die Anleihe kaufen kann, muss er zunächst amerikanische Dollar kaufen. Wenn E_t der nominale Wechselkurs zwischen Euro und Dollar ist, so erhält man für jeden Euro E_t Dollar. (Dies ist in der Abbildung durch den nach unten weisenden Pfeil dargestellt.)

i_t^* bezeichnet den Nominalzinssatz auf amerikanische einjährige Anleihen. Am Ende des Jahres erhält der Anleger $E_t(1 + i_t^*)$ Dollar. (Dies ist in der Abbildung durch den unteren nach rechts weisenden Pfeil dargestellt.)

Hiermit endet die Geschichte aber noch nicht. Nach Ablauf des Jahres muss der Anleger seine Dollar wieder in Euro umtauschen. Rechnet er damit, dass der nominale Wechselkurs am Ende des Jahres gleich E_{t+1}^e ist, dann erwartet er, dass er am Ende des Jahres für jeden Euro, den er investiert hat $E_t(1 + i_t)(1/E_{t+1}^e)$ Euro zurückbekommt. (Dies ist in der Abbildung durch den nach oben weisenden Pfeil dargestellt.)

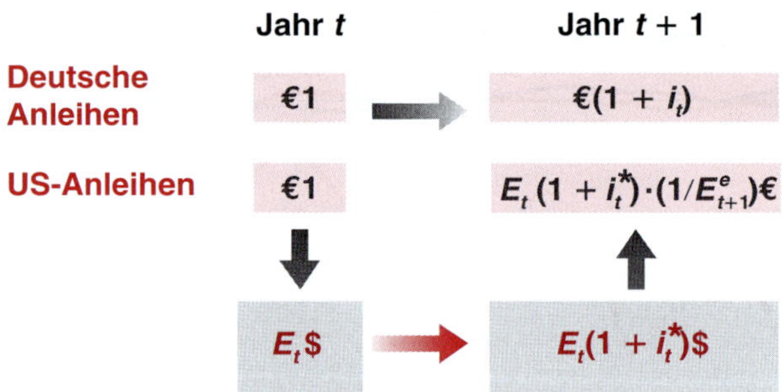

Abbildung 17.7 Die erwartete Rendite einjähriger deutscher und USamerikanischer Wertpapiere

Die Entscheidung, im Inland oder im Ausland zu investieren, hängt nicht nur von den Zinssätzen ab. In das Kalkül fließen immer auch die Wechselkurserwartungen ein.

Die zentrale Aussage hinter diesen Überlegungen ist offensichtlich: Vergleicht man die Renditen deutscher und amerikanischer Wertpapiere miteinander, dann kommt es nicht nur auf die Zinsunterschiede an, man muss auch überlegen, wie sich der Wechselkurs zwischen dem Euro und dem Dollar im Lauf des Jahres entwickeln wird.

Wie in ▶ **Kapitel 14** nehmen wir zunächst an, dass die Anleger einzig und allein an der erwarteten Rendite interessiert sind. Sie werden nur das Wertpapier in ihrem Portfolio halten, das die höchste erwartete Rendite verspricht. Das bedeutet aber: Deutsche und amerikanische Wertpapiere müssen genau die gleiche erwartete Rendite erzielen; niemand wäre bereit, ein Papier mit niedrigerer Rendite zu halten. Es muss also folgende **Arbitrage-Bedingung** erfüllt sein:

Arbitrage führt dazu, dass sich die Rendite der beiden Anlageformen angleicht.

$$(1 + i_t) = E_t(1 + i_t^*)\frac{1}{E_{t+1}^e}$$

Umstellen der Gleichung liefert:

$$(1 + i_t) = (1 + i_t^*)\frac{E_t}{E_{t+1}^e} \qquad (17.2)$$

▶ Gleichung (17.2) bezeichnet man als **Ungedeckte Zinsparität** oder auch einfach nur als Zinsparität.

Welche der beiden Anlageformen riskanter ist, hängt von unserem Standpunkt ab. Aus Sicht des Inlandes sind inländische Wertpapiere mit einem geringeren Risiko verbunden. Aus Sicht des Auslandes sind deutsche Anlagen die riskantere Alternative. (Warum?)

Die Annahme, dass die Anleger allein an der erwarteten Rendite interessiert sind (sie also nur das Wertpapier halten wollen, das die höchste erwartete Rendite verspricht), ist sicher unrealistisch, und dies aus zwei Gründen:

- Sie vernachlässigt Transaktionskosten. Die Anlage in amerikanischen Wertpapieren erfordert drei Transaktionen; bei jeder dieser drei Transaktionen fallen Transaktionskosten an: Erst müssen Dollar gekauft werden, mit denen die Dollar-Anleihe gekauft wird; die Dollarerträge müssen schließlich in Euro zurückgetauscht werden.
- Sie berücksichtigt nicht das Risiko. Der Wechselkurs in einem Jahr ist eine unsichere Größe. Die Anlage in amerikanischen Wertpapieren, ausgedrückt in Euro, ist mit höheren Risiken verbunden als die Anlage in deutschen Wertpapieren.

Am Terminmarkt kann der Anleger sich gegen das Risiko absichern. Er kann heute schon vereinbaren, dass seine Dollar im nächsten Jahr zu einem festen Kurs wieder in Euro umgetauscht werden. Solche Absicherungsgeschäfte bezeichnet man als Swaps. Ersetzt man in ▶ Gleichung (17.2) den erwarteten Wechselkurs durch den Terminkurs, spricht man von gedeckter Zinsparität.

Die ungedeckte Zinsparität ist von der gedeckten Zinsparität zu unterscheiden. Die Gedeckte Zinsparität lässt sich durch folgendes Kalkül ableiten: Kaufe deutsche Wertpapiere oder tausche Euro gegen Dollar und kaufe damit einjährige amerikanische Wertpapiere. Schließe gleichzeitig ein Termingeschäft ab. Das heißt, vereinbare schon heute, nach Ablauf des Jahres Dollar zu einem festgelegten Kurs – dem Terminkurs – gegen Euro zu tauschen.

Um die Kapitalbewegungen zwischen den größten Finanzplätzen der Welt (New York, Frankfurt, London und Tokio) zu charakterisieren, ist die Annahme der ungedeckten Zinsparität gar nicht so weit hergeholt. Kleine Veränderungen der Zinssätze und Gerüchte über bevorstehende Ab- oder Aufwertungen können innerhalb von Minuten enorme Kapitalbewegungen von Hunderten von Milliarden Dollar auslösen. Für die reichen Länder der Welt ist die Arbitrage-Bedingung aus ▶ Gleichung (17.2) also eine gute Annäherung der Realität. In anderen Ländern mit kleiner und weniger weit entwickelten Kapitalmärkten oder Ländern, bei denen verschiedene Formen von **Kapitalkontrollen** wirksam sind, besteht mehr Spielraum bei der Wahl des inländischen Zinssatzes als ▶ Gleichung (17.2) nahelegt. Wir werden auf diesen Punkt am Ende von ▶ **Kapitel 20** zurückkommen.

17.2.3 Zinssätze und Wechselkurse

Wir wollen versuchen, ein besseres Verständnis für die Implikationen der Zinsparität aufzubauen. Zunächst formulieren wir Gleichung (17.2) um:

$$(1 + i_t) = (1 + i_t^*)\frac{1}{1 + [(E^e_{t+1} - E_t)/E_t]} \tag{17.3}$$

Gleichung (17.3) beschreibt einen Zusammenhang zwischen dem nominalen inländischen Zinssatz i_t, dem nominalen ausländischen Zinssatz i_t^* und der erwarteten Aufwertungsrate der einheimischen Währung, $(E^e_{t+1} - E_t)/E_t$. Solange die Zinssätze oder die erwartete Abwertungsrate nicht zu groß sind (sagen wir, kleiner 20% im Jahr), stellt der folgende Ausdruck eine gute Näherung für Gleichung (17.3) dar:

Dies folgt aus Proposition 3 im ▶ Anhang B am Ende des Buches.

$$i_t \approx i_t^* - \frac{E^e_{t+1} - E_t}{E_t} \tag{17.4}$$

Diesen Zusammenhang muss man immer im Kopf haben. Arbitrage impliziert, dass der inländische Zinssatz dem ausländischen Zinssatz entsprechen muss, abzüglich der erwarteten Aufwertungsrate der inländischen Währung.

Eine wichtige Regel: Unter der Annahme der ungedeckten Zinsparität entspricht der inländische Zinssatz näherungsweise dem ausländischen Zinssatz, abzüglich der erwarteten Aufwertungsrate der heimischen Währung.

Wenden wir diese Gleichung auf unser Beispiel an. Beträgt der einjährige Nominalzinssatz in Deutschland 2%, in den Vereinigten Staaten dagegen 5%, wo sollten wir dann unser Geld investieren? Die Antwort lautet:

- Die Entscheidung hängt davon ab, welche Erwartungen wir über den Kurs des Euro gegenüber dem Dollar im Lauf des nächsten Jahres haben. Wertet er um mehr oder um weniger auf als der Zinsnachteil von 3% der deutschen Anleihen? (5% – 2% = 3%).
- Erwarten wir, dass sich der Euro um weniger als 3% aufwertet, oder rechnen wir sogar mit einer Abwertung des Euro, dann sind amerikanische Anleihen attraktiver, weil der Zinssatz in den USA höher ist als in Deutschland.
- Erwarten wir dagegen, dass der Euro um mehr als 3% aufwertet, dann ist umgekehrt die Anlage in deutschen Anleihen rentabler als die Anlage in den USA. Amerikanische Anleihen bringen zwar im nächsten Jahr höhere Zinserträge, wir rechnen aber damit, dass der Dollar im nächsten Jahr gegenüber dem Euro so stark an Wert verlieren wird, dass die Effektivrendite deutscher Anleihen trotzdem attraktiver ist.

In anderen Worten: Die ungedeckte Zinsparität sagt uns, dass die internationalen Anleger für das nächste Jahr im Durchschnitt eine Aufwertung des Euro gegenüber dem Dollar um 3% erwarten müssen. Nur dann sind sie bereit, deutsche Anleihen trotz des niedrigeren Zinssatzes im Portfolio zu halten. Arbitrage-Geschäfte sorgen dafür, dass der Zinsunterschied genau den Aufwertungserwartungen entspricht (ein anderes Beispiel liefert die Fokusbox *„Der Kauf brasilianischer Wertpapiere"*).

Wenn, $E^e_{t+1} = E_t$ dann impliziert die Zinsparitäten-Bedingung $i_t = i^*_t$.

Die Arbitrage-Bedingung zwischen den Zinssätzen und dem Wechselkurs aus Gleichung (17.4) spielt in den nächsten Kapiteln eine zentrale Rolle. Sie deutet darauf hin, dass sich in- und ausländische Zinssätze sehr wahrscheinlich gleich entwickeln – jedenfalls, wenn die Länder nicht willens sind, große Schwankungen ihrer Wechselkurse hinzunehmen. Betrachten wir den Extremfall zweier Länder, die sich verpflichtet haben, ihren bilateralen Wechselkurs auf einem festen Wert zu halten. Ist diese Verpflichtung für die Finanzmärkte glaubhaft, dann rechnen die Anleger mit einem konstanten Wechselkurs; die erwartete Abwertung ist also gleich null. Die Arbitrage-Bedingung verlangt in diesem Fall, dass sich die Zinssätze in den beiden Ländern exakt gleich entwickeln müssen. Wir werden sehen, dass Regierungen meistens keine Verpflichtungen bezüglich des Wechselkurses eingehen, die so absolut formuliert sind. Sie versuchen jedoch oft, große Schwankungen im Wechselkurs zu vermeiden. Damit setzen sie ihrem Spielraum bei der Festsetzung der Zinssätze enge Grenzen, denn der Zinssatz kann nicht zu weit von den Zinsen der übrigen Welt abweichen.

Vergleichen Sie die kurzfristigen Zinsen unterschiedlicher Länder mit den Zinsen des Euroraumes. Man findet sie auf den letzten Seiten einer aktuellen Ausgabe des Economist. Im Vergleich zu welchen Währungen wird eine Abwertung bzw. Aufwertung des Euro erwartet?

Inwieweit verlaufen die Zinssätze der größeren Länder in der Realität im Gleichklang? ▶ **Abbildung 17.8** zeigt den Nominalzins in den Vereinigten Staaten und in Deutschland für Dreimonatsanleihen seit 1970. Aus der Abbildung kann man erkennen, dass beide Zinssätze in einem engen Zusammenhang stehen, aber nicht völlig parallel verlaufen. Zu Beginn der 1980er-Jahre waren die Zinssätze in beiden Ländern sehr hoch. Zinssätze in dieser Höhe wurden in späteren Jahren in beiden Ländern nicht mehr erreicht. Seit dem Jahr 2000 waren die Zinssätze in beiden Ländern relativ niedrig, bis die Zentralbanken ihre Leitzinsen im Kampf gegen die Inflation wieder erhöhten. Gleichwohl gab es auch Phasen, in denen die Zinssätze stark voneinander abwichen: So lag der amerikanische Zins Anfang der 1980er-Jahre um bis zu sechs Prozentpunkte über dem deutschen Zins. In den folgenden Kapiteln werden wir darauf zurückkommen, warum solche Unterschiede entstehen und was für Konsequenzen sie mit sich bringen können.

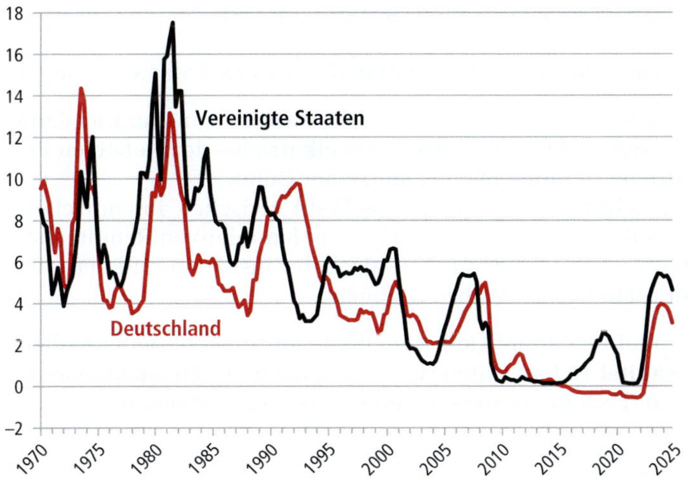

Abbildung 17.8 Nominalzinsen für Wertpapiere mit dreimonatiger Laufzeit; Deutschland und Vereinigte Staaten, seit 1970. Die Zinssätze in Deutschland und den Vereinigten Staaten entwickelten sich relativ ähnlich.
Quelle: OECD Main Economic Indicators; FRED Code: IR3TIB01DEM156N, IR3TIB01USM156N

FOKUS

Der Kauf brasilianischer Wertpapiere

Gehen wir zurück zum September 1993. Brasilien hatte damals extrem hohe Zinssätze. Die brasilianischen Wertpapiere brachten eine monatliche (!) Rendite von 36,9%. Dieser Zinssatz erscheint traumhaft, vor allem im Vergleich mit dem amerikanischen Zinssatz von 3% pro Jahr. Das entspricht einem monatlichen Zinssatz von mageren 0,2%. Sollten wir in dieser Situation nicht alle nur brasilianische Wertpapiere kaufen?

Unsere Analyse hat gezeigt, dass wir noch einen wichtigen Punkt berücksichtigen müssen: Mit welchen Veränderungen der brasilianischen Währung – dem Cruzeiro (so der damalige Name der brasilianischen Währung; heute heißt die Währung Real) – rechnen wir gegenüber dem Dollar? Diese Information ist von entscheidender Bedeutung; der Bruttoertrag in Dollar aus einer einmonatigen Investition in brasilianische Wertpapiere entspricht ja der Bruttoverzinsung dieser Papiere, korrigiert um die erwartete Abwertung des Cruzeiro, also gemäß ▶ Gleichung (17.3) dem Ausdruck:

$$(1 + i_t^*)\frac{1}{1 + [(E_{t+1}^e - E_t)/E_t]}.$$

Welche Abwertungsrate für den Cruzeiro erwarten wir für den kommenden Monat? Nehmen wir an, die Abwertungsrate für den nächsten Monat entspreche der Abwertungsrate des vergangenen Monats. Wir wissen, dass ein Dollar Ende Juli 1993 100.000 Cruzeiro wert war. Einen Monat später, Ende August 1993 lag der Wert eines Dollar schon bei 134.600 Cruzeiro. Die brasilianische Währung wertete im Lauf des August um 34,6% ab. Gehen wir davon aus, dass sich der Cruzeiro mit der gleichen Geschwindigkeit weiter abwertet, dann liegt der Bruttoertrag einer einmonatigen Anlage in brasilianische Wertpapiere nur mehr bei:

$$\frac{1,369}{1,346} = 1,017.$$

Die erwartete Rendite aus einer Anlage in brasilianischen Wertpapieren beträgt also nur noch $(1,017 - 1) = 1,7\%$ pro Monat – weit entfernt von den attraktiven 36,9% im Monat. Diese Rendite von 1,7% im Monat ist zwar immer noch höher als der monatliche Zinssatz auf amerikanische Anleihen (ungefähr 0,2%). Wenn wir aber Risiko und Transaktionskosten berücksichtigen – all die Elemente, die wir bei der Ableitung der Arbitrage-Bedingung außer Acht gelassen haben –, dann erscheint eine Entscheidung gegen eine Anlage in brasilianischen Wertpapieren als durchaus vernünftig.

17.3 Schlussfolgerungen und Ausblick

Wir haben nun den Rahmen für die Analyse der offenen Volkswirtschaft gesetzt:

- Offene Gütermärkte ermöglichen die Wahl zwischen in- und ausländischen Gütern. Sie hängt in erster Linie vom realen Wechselkurs ab – dem relativen Preis inländischer Güter ausgedrückt in Einheiten ausländischer Güter.
- Offene Finanzmärkte ermöglichen eine Wahl zwischen inländischen und ausländischen Kapitalanlagen. Diese Wahl hängt von den relativen Renditen ab, die wiederum von den inländischen und den ausländischen Zinssätzen und der erwarteten Aufwertungsrate der inländischen Währung abhängen.

Im nächsten Kapitel, ▸ **Kapitel 18**, beschäftigen wir uns mit der Offenheit auf den Gütermärkten. In ▸ **Kapitel 19** betrachten wir zudem auch die Finanzmärkte. ▸ **Kapitel 20** diskutiert die Vor- und Nachteile verschiedener Wechselkursregimes.

ZUSAMMENFASSUNG

- Offene Gütermärkte ermöglichen es den Nachfragern – einzelnen Wirtschaftssubjekten und Unternehmen – zwischen inländischen und ausländischen Gütern zu wählen. Offene Finanzmärkte ermöglichen es den Kapitalanlegern, in ihrem Portfolio inländische oder ausländische Anlagen zu halten.
- Der nominale Wechselkurs gibt an, wie viel eine Einheit inländischer Währung in Einheiten der ausländischen Währung kostet. Aus Sicht des Euroraumes ist der nominale Wechselkurs zwischen dem Euroraum und den Vereinigten Staaten der Preis eines Euro, ausgedrückt in Dollar.
- Eine nominale Aufwertung (kurz: eine Aufwertung) verteuert den Preis der inländischen Währung, ausgedrückt in Einheiten der ausländischen Währung. Eine nominale Aufwertung entspricht also einem Anstieg des Wechselkurses.
- Eine nominale Abwertung (kurz: eine Abwertung) verbilligt den Preis der inländischen Währung, ausgedrückt in Einheiten der ausländischen Währung. Eine nominale Abwertung entspricht einem Sinken des Wechselkurses.
- Der reale Wechselkurs ist der relative Preis inländischer Güter, ausgedrückt in Einheiten ausländischer Güter. Er entspricht dem nominalen Wechselkurs multipliziert mit dem inländischen Preisniveau und dividiert durch das ausländische Preisniveau.
- Eine reale Aufwertung verteuert den relativen Preis inländischer Güter, ausgedrückt in Einheiten ausländischer Güter; eine reale Aufwertung entspricht einem Anstieg des realen Wechselkurses.
- Eine reale Abwertung verbilligt den relativen Preis inländischer Güter, ausgedrückt in Einheiten ausländischer Güter; eine reale Abwertung entspricht einem Sinken des realen Wechselkurses.
- Der multilaterale reale Wechselkurs, oder kurz: der reale Wechselkurs, ist ein gewichteter Durchschnitt bilateraler realer Wechselkurse, wobei als Gewicht für jedes ausländische Land der jeweilige Anteil am Handel verwendet wird.
- Die Zahlungsbilanz erfasst die Transaktionen eines Landes mit dem Rest der Welt. Die Leistungsbilanz ist die Summe aus Handels- und Dienstleistungsbilanz, dem Saldo der Primäreinkommen abzüglich der an den Rest der Welt gezahlten Nettotransfers. Die Kapitalbilanz ist gleich den Kapitalzuflüssen aus dem Rest der Welt minus der Kapitalabflüsse an den Rest der Welt.
- Leistungsbilanz und die Summe der Kapital- und Devisenbilanz verhalten sich spiegelbildlich zueinander. Abgesehen von statistischen Problemen sollten sich Leistungsbilanz und die Summe aus Kapital- und Devisenbilanz zu null aufsummieren. Ein Leistungsbilanzdefizit wird durch Nettokapitalzuflüsse vom Rest der Welt finanziert, also durch einen Kapitalbilanzüberschuss. Gleichermaßen ist ein Leistungsbilanzüberschuss mit einem Kapitalbilanzdefizit verbunden.
- Die ungedeckte Zinsparität, kurz Zinsparität, ist eine Arbitragebedingung, die besagt, dass die erwarteten Renditen in inländischer Währung für in- und ausländische Anleihen gleich sein müssen. Die Zinsparität impliziert, dass der inländische Zinssatz ungefähr dem ausländischen Zinssatz abzüglich der erwarteten nominalen Aufwertungsrate der inländischen Währung entspricht.

Übungsaufgaben

(Lösungen auf **MyMathLab | Makroökonomie**)

Verständnistests

1 Welche der folgenden Aussagen sind zutreffend, falsch oder unklar? Geben Sie jeweils eine kurze Erläuterung.

a) Länder mit Nettokapitalzuflüssen müssen ein Leistungsbilanzdefizit aufweisen.

b) Während das Verhältnis von Exporten zum BIP größer als eins sein kann – wie zum Beispiel in Singapur –, ist dies für das Verhältnis von Importen zum BIP nicht möglich.

c) Die Tatsache, dass ein reiches Land wie Japan ein solch niedriges Verhältnis von Importen zum BIP aufweist, ist ein klarer Beweis für ein unfaires Verhalten der Japaner den amerikanischen Exporteuren gegenüber.

d) Die ungedeckte Zinsparität impliziert, dass die realen Zinssätze über alle Länder hinweg gleich sein müssen.

e) Der nominale Wechselkurs wird in diesem Kapitel als der inländische Preis einer Einheit ausländischer Währung definiert.

f) Der nominale und der reale Wechselkurs bewegen sich immer in die gleiche Richtung.

g) Nominaler und realer Wechselkurs bewegen sich häufig in die gleiche Richtung.

h) Wird erwartet, dass der Euro gegenüber dem Dollar aufwertet, muss gemäß der gedeckten Zinsparität der Zins im Euroraum höher sein als der Zinssatz in den USA.

i) Eine reale Aufwertung bedeutet, dass einheimische Güter relativ zu ausländischen Gütern weniger teurer werden.

j) Wenn der nominale Wechselkurs zwischen Euro und Dollar 0,90 ist, dann bedeutet dies, dass ein Euro in Dollar 90 Cent wert ist.

k) Wenn der reale Wechselkurs zwischen Großbritannien und dem Euroraum gleich 2 ist, dann bedeutet dies, dass Güter in Großbritannien doppelt so teuer sind wie im Euroraum.

2 Betrachten Sie zwei fiktive Volkswirtschaften, die eine wird als Inland bezeichnet, die andere als Ausland. Stellen Sie die Zahlungsbilanz für beide Länder auf, die auf den folgenden Transaktionen basiert:

- Das Inland kauft Öl im Wert von 100 € vom Ausland.
- Ausländische Touristen geben auf inländischen Skipisten 25 € aus.
- Inländer investieren 45 € in eine Lebensversicherung im Ausland.
- Inländer kaufen für 5 € illegale Substanzen von Ausländern.
- Ausländische Anleger erhalten 15 € Dividenden aus ihren inländischen Finanzanlagen.
- Inländer spenden 25 € an ausländische Hilfsorganisationen.
- Ausländische Geschäftsleute zahlen Bestechungsgelder in Höhe von 35 € an inländische Regierungsmitglieder.
- Inländische Unternehmen nehmen bei ausländischen Banken Kredite in Höhe von 65 € auf.
- Ausländische Anleger investieren 15 € in inländische Junk Bonds (Anleihen mit hohem Risiko).
- Inländische Anleger verkaufen ausländische Staatsanleihen im Wert von 50 €.

3 Betrachten Sie zwei Wertpapiere, das eine wird in Deutschland in Euro emittiert, das andere in den USA in Dollar. Nehmen Sie an, dass es sich bei beiden um einjährige Wertpapiere handelt, bei denen der Nennwert des Wertpapiers in einem Jahr zurückgezahlt wird. Der Wechselkurs E entspricht $1 \text{Euro} = 1{,}05 \text{Dollar}$.

Die Nennwerte und die Preise der beiden Wertpapiere sind in der folgenden Tabelle enthalten:

	Nennwert	Kurs
Einjährige US-Anleihe	13.333 $	12.698,10 $
Einjährige deutsche Anleihe	10.000 €	9.615,38 €

a) Berechnen Sie für beide Wertpapiere den nominalen Zinssatz.

b) Berechnen Sie den für das nächste Jahr erwarteten Wechselkurs, der mit der ungedeckten Zinsparität konsistent ist.

c) Wenn Sie für den Dollar relativ zum Euro eine Aufwertung erwarten, welches Wertpapier sollten Sie dann kaufen?

d) Nehmen Sie an, Sie sind ein deutscher Anleger. Sie tauschen Euro gegen Dollar und kaufen das US-Wertpapier. Nach Ablauf eines Jahres stellt sich heraus, dass der Wechselkurs E gleich 1,20 ist ($1{,}20 \text{Dollar} = 1 \text{Euro}$). Welche Rendite, ausgedrückt in Euro, konnten Sie für das amerikanische Wertpapier im Vergleich zur Rendite des deutschen Wertpapiers erzielen?

e) Sind die Unterschiede in den Renditen aus Teilaufgabe d. konsistent mit der ungedeckten Zinsparität? Warum oder warum nicht?

Vertiefungsfragen

4 38% der deutschen Warenexporte fließen in den Euroraum. Bedeutet das, dass die deutsche Exportwirtschaft seit der Einführung des Euro viel weniger von Wechselkursschwankungen betroffen ist als früher zu Zeiten der DM? Diskutieren Sie dabei, ob das Handelsvolumen ein zuverlässiger Indikator der Wettbewerbsintensität einer Volkswirtschaft ist.

5 ▶ **Abbildung 17.8** zeigt einen relativ engen Zusammenhang zwischen dem Zinsverlauf in Deutschland und den USA für kurzfristige Anleihen mit einer Laufzeit über 3 Monate. Untersuchen Sie, ob dies auch für Staatsanleihen mit zehnjähriger Laufzeit gilt (FRED Code: IRLTLT01**DE**M156N, IRLTLT01**US**M156N).

6 Nehmen Sie an, es gibt einen Markt, auf dem man Devisen für ein Jahr im Voraus zu einem heute festgelegten Preis kaufen und verkaufen kann – dieser Preis wird als Terminkurs bezeichnet. Bezeichnen Sie den Terminkurs für einen Euro in Dollar mit F_t . Anders ausgedrückt: Es ist möglich, heute einen Vertrag abzuschließen, der festlegt, dass man in einem Jahr einen Euro für F_t Dollar verkauft bzw. kauft.

a) Leiten Sie die folgende Annäherung für die gedeckte Zinsparität ab, wobei i den einjährigen Zinssatz und ein Stern eine ausländische Variable bezeichnet:

$$i_t = i_t^* - \frac{F_t - E_t}{E_t}$$

b) Gehen Sie von den beiden Staatsanleihen und dem Wechselkurs aus Aufgabe 3. aus und finden Sie den Terminkurs (Dollar je Euro), der mit der gedeckten Zinsparität konsistent ist.

c) Wie sollte man handeln, wenn der tatsächliche Terminkurs von dem gerade berechneten abweicht?

d) Nehmen Sie an, der tatsächliche Terminkurs entspricht dem in Aufgabe b. berechneten. Sie kaufen heute Dollar, kaufen heute die amerikanische Staatsanleihe, und Sie schließen heute einen Vertrag ab, die Dollar, die Sie in einem Jahr erhalten werden, zum Terminkurs gegen Euro zu verkaufen. Beeinflusst eine überraschende Entwicklung des Wechselkurses im Laufe des nächsten Jahres die Rendite Ihrer Anlage? Warum oder warum nicht?

7 *Wechselkurs und Arbeitsmarkt*
Nehmen Sie an, dass die heimische Währung abwertet (E sinkt), während P und P^* unverändert bleiben.

a) Wie beeinflusst die nominale Abwertung den relativen Preis inländischer Güter (also den realen Wechselkurs)? Welchen Effekt würde eine nominale Abwertung vermutlich auf die ausländische Nachfrage nach inländischen Gütern haben? Welche Auswirkungen auf die inländische Erwerbslosenquote?

b) Gegeben das ausländische Preisniveau P^*: Wie lässt sich der Preis ausländischer Güter in inländischer Währung ausdrücken? Welchen Effekt hat eine nominale Abwertung auf diesen? Wie beeinflusst eine nominale Abwertung den inländischen Verbraucherpreisindex? (*Hinweis:* Beachten Sie, dass inländische Konsumenten auch importierte Güter kaufen können.)

c) Wie beeinflusst eine nominale Abwertung die Reallöhne, wenn die Nominallöhne konstant bleiben?

d) Bewerten Sie folgende Aussage: „Eine Abwertung der Währung macht inländische Arbeit zum Sonderangebot."

8 Nehmen Sie an, dass die Welt aus drei gleich großen Volkswirtschaften (A, B, C) und drei Gütern (Kleidung, Autos, Computern) besteht. Nehmen Sie weiterhin an, dass die Konsumenten in den drei Ländern gleich viel Geld für jedes der drei Güter ausgeben wollen. Die Produktionswerte der drei Güter sind in folgender Tabelle gegeben:

	A	B	C
Kleidung	10	0	5
Autos	5	10	0
Computer	0	5	10

a) Wie hoch ist das BIP jeder Volkswirtschaft? Angenommen, der gesamte Wert des BIP wird konsumiert, jedoch verschuldet sich kein Land im Ausland; wie viel werden die Konsumenten für jedes der Güter ausgeben?

b) Angenommen, kein Land verschuldet sich im Ausland; wie sieht die Handelsbilanz jedes Landes aus? Wie sieht das Handelsmuster aus, also welches Gut wird jedes Land exportieren und zu wem?

c) Ausgehend von Ihrer Antwort in Teilaufgabe b.: Hat Land A eine ausgeglichene Handelsbilanz mit Land B und mit Land C? Hat irgendein Land eine ausgeglichene Handelsbilanz mit einem anderen?

d) Die Vereinigten Staaten haben ein Leistungsbilanzdefizit. Jedoch gibt es unter den einzelnen Handelspartnern große Unterschiede (so ist das Handelsbilanzdefizit gegenüber China um einiges größer als gegenüber anderen Staaten). Angenommen, die USA gleichen ihr Leistungsbilanzdefizit insgesamt aus. Erwarten Sie, dass damit gegenüber jedem der Handelspartner eine ausgeglichene Bilanz vorliegen wird? Impliziert das enorme Handelsbilanzdefizit gegenüber China, dass China den gleichberechtigten Wettbewerb zwischen amerikanischen und chinesischen Gütern verhindert?

9 Laden Sie den nominalen Wechselkurs zwischen Japan und den Vereinigten Staaten (Reihe CCUSSP01JPM650N) von der FRED-Daten-Seite. Diese Wechselkursreihe gibt den Dollarkurs je Yen an.

a) Wenn der Wechselkurs als Dollar je Yen angegeben wird, welches Land wird dann gemäß der Terminologie des Lehrbuchs als Inland betrachtet?

b) Geben Sie den Kurs des Dollar pro Yen seit 1971 in einer Abbildung wieder. In welchen Zeiträumen hat der Yen aufgewertet? In welchen hat er an Wert verloren?

c) Ermitteln Sie – analog zu ▶ **Abbildung 17.5** für Deutschland – den realen Wechselkurs zwischen Japan und den Vereinigten Staaten (FRED Code für den Preisindex von Japan: JPNCPIALLMINMEI).

d) Betrachten Sie auch den effektiven realen Wechselkurs Japans (Code RNJPBIS). Wie hat er sich im Vergleich zum Dollarkurs entwickelt?

e) Japan befand sich lange in einer anhaltenden Stagnation. Eine Möglichkeit zur Steigerung der Nachfrage bestünde darin, japanische Waren billiger zu machen. Erfordert dies eine Aufwertung oder eine Abwertung des Yen?

f) Wie hat sich der Yen seit 2012 entwickelt? Hat er aufgewertet oder abgewertet? Wie wirkt sich dies auf die gesamtwirtschaftliche Nachfrage Japans aus?

Weiterführende Fragen

10 *Volatilität nominaler und realer Wechselkurse*
In dieser Aufgabe analysieren wir die Entwicklung von nominalem und realem Wechselkurs zwischen Deutschland und den USA bis zur Einführung des Euro. Besorgen Sie sich in den Zeitreihen-Datenbanken der Bundesbank Monatsdaten für den Wechselkurs von Dollar zu D-Mark für den Zeitraum 1955 bis 1998 (Sie finden sie in den Reihen Wechselkurse, *Historische DM-Devisenkurse der Frankfurter Börse*). Achten Sie auf den Wechselkurs, der dort definiert ist, und rechnen Sie ihn in Mengennotierung um. Besorgen Sie für den gleichen Zeitraum zudem Zeitreihen mit Monatsdaten zur Entwicklung des Konsumentenpreisindex in Deutschland und den USA (sie sind in der FRED-Datenbank verfügbar).

a) Berechnen Sie den realen Wechselkurs für die USA relativ zu Deutschland. Stellen Sie die Entwicklung grafisch im Vergleich zur Entwicklung des nominalen Wechselkurses dar. Bestimmen Sie die Perioden, in denen eine nominale Auf- bzw. Abwertung der DM zu beobachten ist.

b) Berechnen Sie mit Monatsdaten die prozentualen Veränderungen des nominalen und realen Wechselkurses gegenüber dem **Vormonat**. Stellen Sie diese grafisch dar (vergleichen Sie dazu auch ▶ **Abbildung 20.1**). Bestimmen Sie die Perioden mit niedrigen Schwankungen der Wechselkurse.

c) Stellen Sie die gleichen Berechnungen gegenüber dem **Vorjahresmonat** an und stellen Sie diese ebenfalls grafisch dar. In welchen Zeitraum ist die Volatilität niedriger?

d) Können Sie Aussagen über die relative Bedeutung von Änderungen des nominalen Wechselkurses und Änderungen der relativen Preise für die Entwicklung des realen Wechselkurses treffen? Ermitteln Sie dazu die Korrelation zwischen Änderungen des realen und des nominalen Wechselkurses.

e) Bislang haben wir uns auf den Wechselkurs zwischen Dollar/DM konzentriert. Führen Sie die Berechnungen nun auch für den Wechselkurs des Französischen Franc und der Italienischen Lira relativ zur DM durch. Sehen Sie Unterschiede zur Entwicklung gegenüber dem Dollar?

f) Bislang haben wir den realen Wechselkurs nur zwischen zwei Ländern betrachtet. Für den Außenhandel kommt es aber auf den effektiven realen Wechselkurs gegenüber den Handelspartnern insgesamt an. Führen Sie die entsprechenden Berechnungen auch für diesen Wechselkurs durch. Verwenden Sie dafür die Daten zu **Abbildung 17.6** der BIS (sie sind auf der FRED-Datenbank mit dem Code RNDEBIS verfügbar). Vergleichen Sie die Volatilität des effektiven realen Wechselkurses mit der des realen Dollarkurses.

11 Betrachten Sie den aktuellen *World Economic Outlook (WEO)* auf der Website des Internationalen Währungsfonds (*www.imf.org*) und finden Sie die Tabelle „Balances on Current Account" im statistischen Anhang. Diese beschreibt die aktuellen Bilanzsalden weltweit. Verwenden Sie für die folgenden Teilaufgaben die Daten für das Jahr 2020 sowie die neuesten verfügbaren Daten.

a) Wie in diesem Kapitel erörtert, sollte die Summe aller Salden gleich null sein. Welchen Wert nimmt diese Summe tatsächlich an? Warum lässt dies auf Messungenauigkeiten und Messfehler schließen? Geben Sie eine Intuition für Ihr Argument. Wenn das Ergebnis korrekt wäre, welche Schlüsse müsste man daraus ziehen?

b) Welche Regionen der Welt sind Defizitländer, welche Überschussländer? Charakterisieren Sie jeweils die 10 Top-Defizit- und Überschussländer.
c) Die Statistiken des WEO prognostizieren in der Regel die Entwicklung für die nächsten zwei Jahre. Betrachten Sie die Prognosen für die zukünftigen Bilanzsalden. Werden sich die Trends in Teilaufgabe b vermutlich ändern?
d) In der FRED-Datenbank sind Daten für das Verhältnis von BIP zu BNE verfügbar. Laden Sie diese Daten für Länder Ihrer Wahl in Ihr Kalkulationsprogramm und zeigen Sie grafisch die Entwicklung im Zeitverlauf. Geben Sie jeweils eine Erklärung, warum das BIP oder das BNE höher ist.

12 Der Economist veröffentlicht regelmäßig den sogenannten „Big-Mac-Index“. Er vergleicht die Preise eines Big-Mac in vielen Ländern weltweit, um die reale Unter- bzw. Überbewertung zur Referenzwährung (dem US-Dollar) zu bestimmen. Eine genauere Erklärung des Konzepts sowie eine interaktive Grafik finden Sie auf der Website des Economist (*http://www.economist. com/content/big-mac-index*). Beachten Sie, dass dort alle Wechselkurse in Mengennotierung aus Sicht der USA angegeben sind.

a) Leiten Sie aus den Angaben vom Juli 2020 die Werte der ▶ **Tabelle 17.3** ab. Der Datensatz ist verfügbar auf der Seite *https://github.com/TheEconomist/big-mac-data*.Verwenden Sie für die folgenden Teilaufgaben nun jeweils den Datensatz vom Juli 2023 sowie den aktuellsten Datensatz zu Big-Mac-Preisen und Wechselkursen, der auf dieser Website abrufbar ist.
b) Ermitteln Sie anhand der aktuellsten Big-Mac-Preise für die Länder aus ▶ **Tabelle 17.3**, wie sich die Über- bzw. Unterbewertung der Währungen gegenüber dem Euro seit Juli 2020 entwickelt haben. Ist es seitdem zu Anpassungen gekommen, die eine Fehlbewertung gemäß dem Big-Mac-Index korrigiert?
c) Berechnen Sie auch für die Länder Norwegen, Polen und Russland den Grad der Fehlbewertung gemäß der Theorie absoluter Kaufkraftparität gegenüber dem Euro.
d) Ermitteln Sie nun für die Länder aus ▶ **Tabelle 17.3** auch das BIP pro Kopf in US-Dollar für Juli 2020. Berechnen Sie eine Regression zwischen dem Dollar-Preis eines Big Mac und dem BIP pro Kopf. Ermitteln Sie den Korrelationskoeffizienten. Stellen Sie die Beziehung grafisch dar.
e) Berechnen Sie wieder für die gleichen Länder den Grad der Fehlbewertung gemäß dem Vorhersagewert der in Teilaufgabe *d.* durchgeführten Regression, der die Entwicklung des BIP pro Kopf für die Erklärung des Big- Mac-Preises (in Dollar) berücksichtigt.
Illustrieren Sie grafisch die Unterschiede der Fehlbewertungen nach beiden Methoden. Welche Methode halten Sie für überzeugender? Erklären Sie, warum der Economist im „Adjusted Index“ Unterschiede im BIP pro Kopf betrachtet.
f) Diskutieren Sie, welche Argumente dagegensprechen könnten, den Big-Mac-Index als zuverlässigen Indikator für kurz- bzw. langfristige Wechselkursveränderungen anzusehen. Inwieweit ist der Index als Wechselkurs für Vergleiche des Lebensstandards geeignet?

13 Vergleichen Sie mit Hilfe der FRED Seite die Entwicklung des tatsächlichen Wechselkurses von Dollar zu Euro (Code CCUSSP01DEQ650N) mit dem um Kaufkraft bereinigten Kurs für Deutschland gemäß der Penn World Table (Version 7.1, Code PPPTTLDEA618NUPN). Verwenden Sie immer die Mengennotierung aus Sicht Deutschlands!

a) Speichern Sie die Daten ab und berechnen Sie Über- bzw. Unterbewertung von DM bzw. Euro relativ zum Dollar ab 1970. In welchen Perioden war die DM bzw. der Euro nach diesem Kaufkraft-Kriterium überbewertet?
b) OECD und Weltbank veröffentlichen ebenfalls um Kaufkraft bereinigte Dollar-Kurse (*https://data.oecd.org/conversion/purchasing-power-parities-ppp.htm*). Vergleichen Sie den OECD-Kurs für Deutschland mit dem nach PWT 7.1 ermittelten Kurs. Finden Sie für den OECD-Kurs signifikante Abweichungen im Vergleich zu den Resultaten in Teilaufgabe *a.*?
c) Ermitteln Sie Perioden der Über- bzw. Unterbewertung ab dem Jahr 2000 auch anhand des Big-Mac-Index mit Hilfe der halbjährlichen Daten für den Euro/Dollar-Kurs. Welche Abweichungen ergeben sich im Vergleich zu *a.* und *b.*?
d) Ermitteln Sie auch die Über- bzw. Unterbewertung von DM bzw. Euro relativ zum Schweizer Franken anhand von FRED Daten, indem Sie die Dollar-Werte für die Schweiz relativ zu den Dollar-Werten für Deutschland berechnen (PPPTTLCHA-618NUPN/ PPPTTLDEA618NUPN und CCUSSP-01DEQ650N/ CCUSSP01CHQ650N). Sind die daraus abgeleiteten Einsichten plausibel? Geben Sie eine Begründung.
e) Ermitteln Sie anhand der OECD-Daten den um Kaufkraft bereinigten Kurs zwischen Italien und Deutschland seit 1960. Berechnen Sie die prozentuale Über- bzw. Unterbewertung des Markt-Wechselkurses E relativ zu diesem Kurs. Seit der Einführung des Euro ist der Marktkurs E fixiert. Wie könnte eine Anpassung von Fehlbewertungen erfolgen?

Der Gütermarkt in einer offenen Volkswirtschaft

18

18.1 Die *IS*-Funktion in der offenen Volkswirtschaft 530

18.2 Handelsbilanz und Produktion im Gleichgewicht 535

18.3 Ein Anstieg von in- und ausländischer Nachfrage 536

18.4 Abwertungen, Handelsbilanz und Produktion 542

18.5 Eine dynamische Analyse – die *J*-Kurve 548

18.6 Ersparnis, Investitionen und Leistungsbilanz 551

Während der Finanzkrise 2009 fürchtete man weltweit, dass sich die Konjunktur in den Vereinigten Staaten abschwächt. Der Rest der Welt machte sich dabei jedoch keine Sorgen um die Vereinigten Staaten, sondern um die eigene Wirtschaftsentwicklung. Man befürchtete, dass ein Abschwung in den Vereinigten Staaten auch die Konjunktur im eigenen Land schwächen könnte. Andererseits fürchtete man sich vor einer Abwertung des Dollar. Eine solche Abwertung würde die Exporte anderer Länder in die USA verteuern; damit würde sich die Handelsbilanz dieser Länder verschlechtern und so das Risiko steigen, dass der Einbruch der Exportnachfrage den Abschwung im eigenen Land verstärkt.

War diese Besorgnis gerechtfertigt? ▸ **Abbildung 17.1** in ▸ **Kapitel 17** zeigt deutlich, dass die Konjunktur damals in der Tat weltweit stark eingebrochen ist. Wie kann ein Abschwung in den Vereinigten Staaten die Weltkonjunktur dämpfen? Um den Mechanismus zu verstehen, müssen wir zunächst unsere Analyse des Gütermarktes aus ▸ **Kapitel 3** erweitern, und die Offenheit der Gütermärkte in die Analyse integrieren. Dies ist die Aufgabe des vorliegenden Kapitels.

Kernbotschaft dieses Kapitels: Die Produktion hängt sowohl von der inländischen wie auch der ausländischen Nachfrage ab.

- ▸ **Abschnitt 18.1** charakterisiert das Gleichgewicht auf dem Gütermarkt für eine offene Volkswirtschaft.
- Die ▸ **Abschnitte 18.2** und **18.3** untersuchen, welche Auswirkungen in- und ausländische Schocks auf die inländische Produktion und die inländische Handelsbilanz haben.
- In den ▸ **Abschnitten 18.4** und in **18.5** werden die Auswirkungen einer realen Abwertung auf Produktion und Handelsbilanz analysiert.
- ▸ **Abschnitt 18.6** gibt eine alternative Charakterisierung des Gleichgewichtes. Sie zeigt den engen Zusammenhang zwischen Ersparnis, Investitionen und der Leistungsbilanz.

18.1 Die *IS*-Funktion in der offenen Volkswirtschaft

In der offenen Volkswirtschaft müssen wir beachten: Ein Teil der inländischen Güternachfrage fällt auf ausländische Güter, ein Teil der ausländischen Güternachfrage fällt auf inländische Güter.

Solange wir die Handelsbeziehungen mit dem Rest der Welt ignorierten, brauchten wir nicht zwischen der inländischen Güternachfrage und der Nachfrage nach inländischen Gütern unterscheiden. Beide waren identisch. Von nun an müssen wir zwischen beiden differenzieren: Ein Teil der inländischen Nachfrage entfällt auf ausländische Güter; ein Teil der Nachfrage nach inländischen Gütern kommt wiederum aus dem Ausland. Wir wollen nun diesen Unterschied genauer betrachten.

18.1.1 Die Nachfrage nach inländischen Gütern

Inländische Güternachfrage($C + I + G$) plus ausländische Nachfrage nach inländischen Gütern (Exporte, X) minus inländische Nachfrage nach ausländischen Gütern (Importe, IM/ε) ist gleich der Nachfrage nach inländischen Gütern ($C + I + G + X - IM/\varepsilon$).

In einer offenen Volkswirtschaft ist die Nachfrage nach inländischen Gütern durch die folgende Gleichung beschrieben:

$$Z \equiv C + I + G + X - IM/\varepsilon$$

Die ersten drei Terme – Konsum C, Investitionen I und Staatsausgaben G – beschreiben die inländische Güternachfrage. In einer geschlossenen Volkswirtschaft würde $C + I + G$ gleichzeitig auch die Nachfrage nach inländischen Gütern beschreiben. Deshalb haben wir bisher nur $C + I + G$ betrachtet. Jetzt müssen wir jedoch zwei Anpassungen vornehmen:

- Zunächst müssen wir die Exporte addieren, die Nachfrage nach inländischen Gütern, die aus dem Ausland kommt. Dafür steht der Term X in Gleichung (18.1).

- Zweitens müssen wir die Importe abziehen, den Teil der inländischen Nachfrage, der auf ausländische Güter und nicht auf inländische Güter entfällt. Dabei müssen wir aber aufpassen: Ausländische Güter unterscheiden sich von inländischen Gütern; wir können nicht einfach die Importmengen *IM* abziehen. Würden wir dies tun, dann würden wir Äpfel (ausländische Güter) von Birnen (inländische Güter) abziehen. Wir müssen zunächst den Wert der Importe in Einheiten inländischer Güter ausdrücken. Dafür steht der Ausdruck IM/ε in Gleichung (18.1). In ▶ **Kapitel 17** haben wir den realen Wechselkurs ε definiert als Preis inländischer Güter, ausgedrückt in Einheiten ausländischer Güter. Umgekehrt ist $1/\varepsilon$ der Preis ausländischer Güter, ausgedrückt in Einheiten inländischer Güter. IM/ε entspricht somit dem Wert der Importe in Einheiten inländischer Güter.

In ▶ Kapitel 3 haben wir den realen Wechselkurs nicht berücksichtigt und statt IM/ε einfach *IM* abgezogen. Das war eine Vereinfachung, weil wir zu Beginn des Buches das Ganze noch nicht so kompliziert darstellen wollten.

18.1.2 Die Bestimmungsgrößen der Nachfrage nach inländischen Gütern

Im nächsten Schritt müssen wir die Bestimmungsgrößen der einzelnen Nachfragekomponenten spezifizieren. Fangen wir mit der inländischen Nachfrage an, also *C*, *I* und *G*.

Zugegebenermaßen sind wir hier wieder etwas nachlässig: Wir erwähnen Dienstleistungen nicht mehr explizit. Wir erlauben uns diesen Luxus, weil der Unterschied zwischen Waren und Dienstleistungen für die folgenden Analysen nicht von Bedeutung ist.

Die Bestimmungsgrößen von *C*, *I* und *G*

Wie müssen wir unsere Analyse von Konsum, Investitionen und Staatsausgaben in einer offenen Volkswirtschaft anpassen? Die Antwort auf diese Frage lautet: Kaum, wenn überhaupt. Die Entscheidung der Konsumenten, wie viel sie ausgeben, hängt immer noch von ihrem Einkommen und ihrem Vermögen ab. Der reale Wechselkurs beeinflusst mit Sicherheit die Aufteilung der Konsumausgaben auf inländische und ausländische Güter; auf das Niveau der Konsumausgaben wirkt er sich aber nur wenig aus. Dasselbe gilt für die Investitionen: Der reale Wechselkurs beeinflusst vor allem die Entscheidung der Unternehmen, ob sie in- oder ausländische Maschinen kaufen, weniger das Niveau der gesamten Investitionsausgaben.

Der Begriff Güter steht im Folgenden in der Regel sowohl für Waren als auch für Dienstleistungen. Die Begriffe Handelsbilanz und Nettoexporte verwenden wir synonym zum Außenbeitrag; sie schließen von nun an also auch Dienstleistungen ein.

Wir können also unsere Analyse von Konsum, Investitionen und Staatsausgaben, die wir bereits im Rahmen der geschlossenen Volkswirtschaft erarbeitet haben, weiterverwenden. Es gilt daher:

$$\text{Inländische Nachfrage: } C + I + G = C(\underset{+}{Y - T}) + I(\underset{+,-}{Y, r}) + G$$

Der Konsum hängt positiv vom verfügbaren Einkommen $Y - T$ ab. Die Investitionen hängen positiv von der Produktion *Y* und negativ vom realen Zinssatz *r* ab. Die Staatsausgaben *G* betrachten wir weiterhin als gegeben. Die Verfeinerungen, die wir in den ▶ **Kapiteln 14** bis **16** vorgenommen haben, als wir uns mit der Rolle der Erwartungen beschäftigten, lassen wir hier beiseite. Es ist vernünftig, sich immer auf eine Sache zu konzentrieren, und an dieser Stelle geht es um die Konsequenzen der Öffnung der Volkswirtschaft. Manche Verfeinerungen werden wir später wieder einführen. (Vorsicht: In der offenen Volkswirtschaft muss das Einkommen nicht unbedingt der Produktion entsprechen. Wir müssen zwischen dem Einkommen der Inländer (BNE) und der inländischen Produktion (BIP) unterscheiden. Zunächst unterstellen wir aber, dass Einkommen und Produktion gleich sind. Erst in ▶ **Abschnitt 18.6** untersuchen wir, welche Modifikationen nötig werden, wenn der Saldo der Vermögenseinkommen nicht null ist.)

Die inländische Nachfrage (C + I + G) hängt vom Einkommen, *Y*, dem Zins, *r*, den Steuern, *T*, und der Höhe der Staatsausgaben, *G*, ab.

Die Bestimmungsgrößen der Importe

Wovon hängt die Menge der Importe *IM* ab? In erster Linie vom Gesamtniveau der inländischen Nachfrage: je höher die inländische Nachfrage, desto höher die Gesamtnachfrage nach allen Gütern, egal ob nach in- oder ausländischen. Natürlich sind die Importe *IM* auch vom realen Wechselkurs abhängig: Je teurer inländische Güter im Vergleich zu ausländischen Gütern sind, desto höher ist die inländische Nachfrage nach ausländischen Gütern; desto höher also die Nachfrage nach Importen.

Die Importmenge *IM* hängt von der Höhe des Einkommens *Y* und dem realen Wechselkurs ε ab.

Daher können wir die Importnachfrage wie folgt schreiben:

$$IM = IM(\underset{++}{Y,\varepsilon}) \tag{18.2}$$

- Die Menge der Importe hängt vom Gesamteinkommen *Y* ab: Ein höheres Einkommen führt zu höheren Importen.
- Die Menge der Importe hängt auch vom realen Wechselkurs ab. Erinnern wir uns daran, dass der reale Wechselkurs ε als Preis der inländischen Güter in Einheiten ausländischer Güter definiert ist. Ein höherer realer Wechselkurs führt dazu, dass die inländischen Güter relativ teurer werden. Dies wiederum führt zu einem Anstieg der Importe *IM*. Dieser Effekt des realen Wechselkurses auf die Importe wird durch das Pluszeichen unter dem realen Wechselkurs ε in Gleichung (18.2) dargestellt. (Wenn ε steigt, steigt *IM*. Zugleich aber sinkt $1/\varepsilon$. Daher lässt sich nicht eindeutig sagen, wie sich der Wert der Importe in Einheiten inländischer Güter IM/ε entwickelt. Wir werden auf diesen Punkt in Kürze zurückkommen.)

Wieder vereinfachen wir hier. Eigentlich müssten wir annehmen, dass die Importe von der inländischen Nachfrage, $C + I + G$, und nicht vom Einkommen *Y* abhängen. Darüber hinaus könnte man die Annahme kritisieren, dass die Importe allein von der Höhe der Nachfrage und nicht von deren Zusammensetzung abhängen. Ein Beispiel: Viele arme Länder importieren den Großteil der Kapitalgüter, konsumieren aber fast ausschließlich heimische Güter. In diesem Fall hätte die Zusammensetzung der Nachfrage einen Einfluss auf die Höhe der Importe.

Die Bestimmungsgrößen der Exporte

Ausländische Variablen kennzeichnen wir mit einem Sternchen (*).

Die Exporte eines Landes sind definitionsgemäß die Importe eines anderen Landes. Wenn wir überlegen, durch welche Faktoren die deutschen Exporte bestimmt werden, dann können wir genauso gut überlegen, durch welche Faktoren die ausländischen Importe bestimmt werden. Aus unserer Diskussion der Bestimmungsgrößen der Importe im letzten Absatz wissen wir, dass sie vom Produktionsniveau der ausländischen Wirtschaft und vom relativen Preis der ausländischen Güter abhängen. Die Produktion der restlichen Welt bezeichnen wir mit Y^*.

Dann können wir die Exporte wie folgt schreiben:

$$X = X(\underset{+-}{Y^*,\varepsilon}) \tag{18.3}$$

Die Exporte hängen von der Höhe des ausländischen Einkommens Y^* und vom realen Wechselkurs ε ab.

- Ein Anstieg der ausländischen Produktion führt zu einem Anstieg der ausländischen Nachfrage nach allen Gütern, ein Teil dieser zusätzlichen Nachfrage entfällt auf deutsche Güter, sodass die Exporte zunehmen.
- Steigt der reale Wechselkurs ε – (inländische Güter werden in Einheiten ausländischer Güter teurer) –, führt dies dazu, dass die Nachfrage nach deutschen Gütern im Ausland zurückgeht, sodass die Exporte abnehmen. Dies war der Ausgangspunkt des Kapitels: Der Rest der Welt macht sich Sorgen um eine Abwertung des Dollar. Sie bedeutet gleichzeitig immer eine Aufwertung anderer Währungen. Ein stärkerer Euro aber bedeutet einen Rückgang der Exporte aus dem Euroraum in die USA.

Dies können wir auch grafisch darstellen. In ▶ **Abbildung 18.1** sind die verschiedenen Bestandteile der Nachfrage als Funktion der Produktion abgetragen; alle anderen Variablen, die die Nachfrage beeinflussen (der Zinssatz, die Steuern, die Staatsausgaben, die ausländische Produktion und der reale Wechselkurs) werden konstant gehalten.

Die Gerade *DD* in ▶ **Abbildung 18.1a** beschreibt die inländische Nachfrage $C + I + G$ als Funktion des Einkommens. Dieser Zusammenhang zwischen Nachfrage und Einkommen ist aus ▶ **Kapitel 3** bekannt. Weiterhin unterstellen wir, dass die Nachfrage mit steigendem Einkommen zunimmt, dass die Steigung aber kleiner als eins ist. (In diesem Kapitel zeichnen wir die Nachfragefunktion und auch die anderen Funktionen als Gerade, nicht als Kurven. Die einzige Rechtfertigung dafür ist Bequemlichkeit. Die folgende Analyse gilt aber ganz generell).

Um die Nachfrage nach inländischen Gütern zu erhalten, ziehen wir zunächst die Importe ab. In ▶ **Abbildung 18.1b** erhalten wir so die Gerade *AA*. Die Gerade *AA* beschreibt die inländische Nachfrage nach inländischen Gütern. Der Abstand zwischen *DD* und *AA* entspricht dem Wert der Importe IM/ε. Da die Importe mit dem Einkommen zunehmen, wird der Abstand zwischen den beiden Geraden mit zunehmendem Einkommen immer größer. Wir können die Gerade *AA* durch zwei Aussagen charakterisieren, die für die weitere Analyse in diesem Kapitel nützlich sein werden.

Der Importwert IM/ε, der Wert der Importe in Einheiten inländischer Güter, verläuft für einen gegebenen realen Wechselkurs ε proportional zu *IM*, der Importmenge.

1. Die Gerade *AA* ist flacher als die Gerade *DD*: Wenn das Einkommen steigt, dann fällt ein Teil der zusätzlichen inländischen Nachfrage nicht auf inländische, sondern auf ausländische Güter. Die Nachfrage nach inländischen Gütern steigt also weniger als die gesamte inländische Nachfrage.
2. Solange ein Teil der zusätzlichen Nachfrage auf inländische Güter entfällt, hat die Gerade *AA* eine positive Steigung: Ein Anstieg des Einkommens führt zu einem Anstieg der Nachfrage nach inländischen Gütern.

Im nächsten Schritt addieren wir die Exporte. In ▶ **Abbildung 18.1c** erhalten wir so die Gerade *ZZ*, die oberhalb der Geraden *AA* liegt. Die Gerade *ZZ* beschreibt die Gesamtnachfrage nach inländischen Gütern. Der Abstand zwischen der Geraden *ZZ* und der Geraden *AA* ist gleich den Exporten. Da die Exporte nicht von der inländischen Produktion abhängen, ist der Abstand zwischen *ZZ* und *AA* konstant, sodass die beiden Geraden parallel verlaufen. Da *AA* flacher ist als *DD*, ist auch *ZZ* flacher als *DD*.

Aus ▶ **Abbildung 18.1c** können wir ableiten, dass die Nettoexporte – die Differenz zwischen Exporten und Importen ($X - IM/\varepsilon$) – eine Funktion des Einkommens sind. Beim Einkommensniveau *Y* beispielsweise entsprechen die Exporte dem Abstand *AC* und die Importe dem Abstand *AB*, sodass sich die Nettoexporte als Abstand *BC* ergeben.

Nettoexporte und Handelsbilanz sind Synonyme. Positive Nettoexporte entsprechen einem Handelsbilanzüberschuss, negative Nettoexporte bezeichnen ein Handelsbilanzdefizit.

Dieser Zusammenhang zwischen den Nettoexporten und Einkommen wird durch die Gerade *NX* (*NX* für Nettoexporte) in ▶ **Abbildung 18.1d** dargestellt. Die Nettoexporte sind eine abnehmende Funktion des Einkommens: Mit zunehmendem Einkommen steigen die Importe, die Exporte bleiben unverändert, sodass sich insgesamt niedrigere Nettoexporte ergeben. Bezeichnen wir das Einkommensniveau, für das der Wert der Importe genau gleich den Exporten ist, mit Y_{HB} (*HB* für Handelsbilanz). Beim Einkommen Y_{HB} sind die Nettoexporte gleich null. Einkommen höher als Y_{HB} führen zu höheren Importen, sodass sich ein Handelsbilanzdefizit einstellt. Einkommen kleiner als Y_{HB} führen zu niedrigeren Importen, sodass sich ein Handelsbilanzüberschuss einstellt.

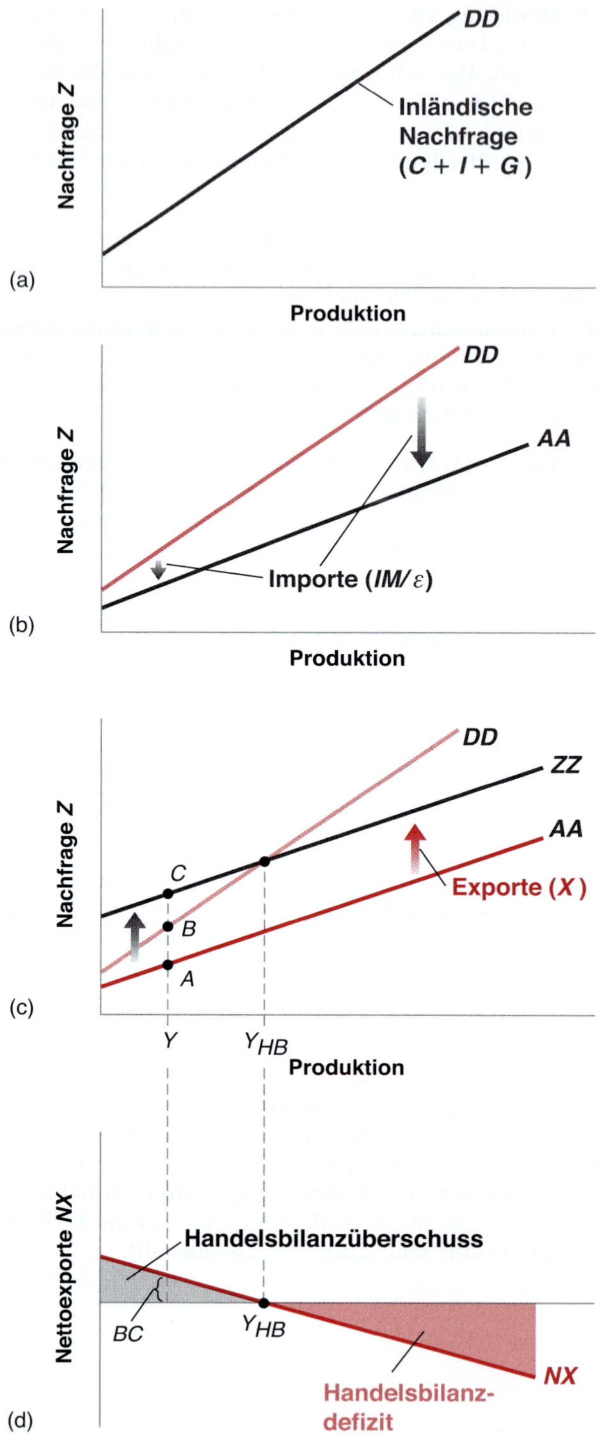

Abbildung 18.1 Nachfrage nach inländischen Gütern und Nettoexporte. Die Nachfrage nach inländischen Gütern hängt positiv vom Einkommen ab. Wir erhalten sie, indem wir von der inländischen Nachfrage den Importwert abziehen und anschließend die Exporte addieren.

18.2 Handelsbilanz und Produktion im Gleichgewicht

Der Gütermarkt ist im Gleichgewicht, wenn die inländische Produktion der Nachfrage nach inländischen Gütern entspricht.

$$Y = Z$$

Bei einem Gleichgewicht auf dem Gütermarkt entspricht die inländische Produktion der Nachfrage nach inländischen Gütern.

Wenn wir für alle Bestandteile der Nachfrage nach inländischen Gütern Z die gerade abgeleiteten Gleichungen einsetzen, erhalten wir:

$$Y = C(Y - T) + I(Y, r) + G + X(Y^*, \varepsilon) - IM(Y, \varepsilon)/\varepsilon \qquad (18.4)$$

Durch diese Gleichgewichtsbedingung wird die Produktion zu einer Funktion aller Variablen, die wir als gegeben annehmen, angefangen von den Steuern über den realen Wechselkurs bis hin zur ausländischen Produktion. Diese Beziehung ist nicht einfach; in ▸ **Abbildung 18.2** ist sie auf benutzerfreundlichere Art grafisch dargestellt.

In ▸ **Abbildung 18.2a** wird die Nachfrage auf der vertikalen Achse abgetragen, die Produktion (oder äquivalent das Einkommen) auf der horizontalen Achse. Die Gerade ZZ beschreibt die Nachfrage als Funktion des Einkommens. Diese Gerade entspricht der Geraden ZZ in ▸ **Abbildung 18.1:**ZZ verläuft steigend, mit einer Steigung kleiner eins.

Das Gleichgewicht befindet sich in dem Punkt, in dem die Nachfrage gleich der Produktion ist, im Schnittpunkt der Geraden ZZ und der 45-Grad-Linie: Dieser Schnittpunkt ist der Punkt A, damit verbunden ist die Produktion Y.

Die gleichgewichtige Produktion wird durch die Bedingung Y = Z bestimmt. Das Produktionsniveau, bei dem die Handelsbilanz ausgeglichen ist, ist durch die Gleichung $X = IM/\varepsilon$ gegeben. Es handelt sich um zwei unterschiedliche Bedingungen.

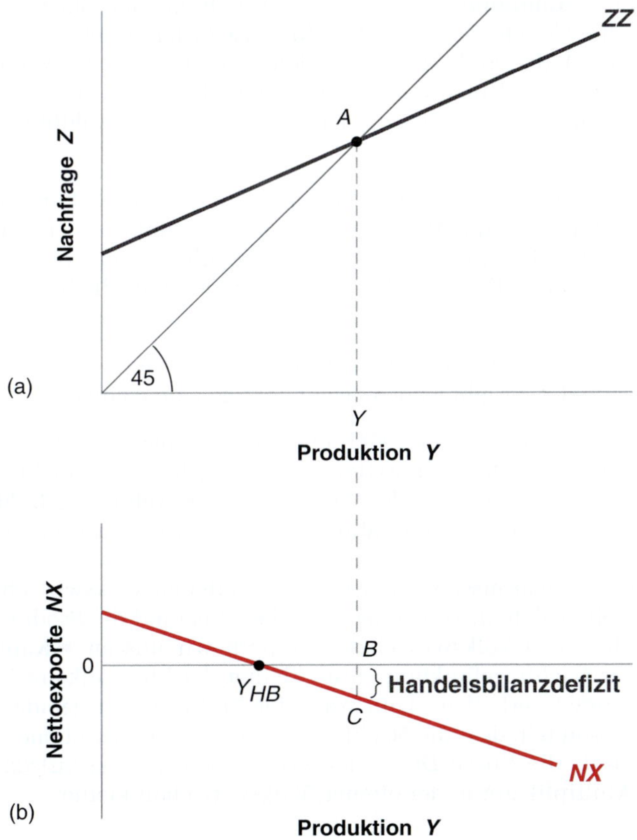

Abbildung 18.2 Produktion im Gleichgewicht und Nettoexporte. Der Gütermarkt befindet sich im Gleichgewicht, wenn die Produktion der Nachfrage nach inländischen Gütern entspricht. Beim gleichgewichtigen Produktionsniveau kann die Handelsbilanz sowohl ein Defizit als auch einen Überschuss aufweisen.

▸ **Abbildung 18.2b** reproduziert ▸ **Abbildung 18.1d**. Die Nettoexporte sind eine abnehmende Funktion des Einkommens. Es gibt keinen Grund, warum das Gleichgewichtseinkommen Y genau dem Einkommen Y_{HB} entsprechen sollte, für das die Handelsbilanz ausgeglichen ist. In ▸ **Abbildung 18.2** ist das Gleichgewichtseinkommen mit einem Handelsbilanzdefizit in Höhe von BC verbunden.

Mit den eben erarbeiteten Werkzeugen werden wir in den folgenden Abschnitten die Fragen beantworten, die wir zu Beginn des Kapitels gestellt haben.

18.3 Ein Anstieg von in- und ausländischer Nachfrage

Welche Auswirkungen haben Veränderungen der Nachfrage auf die Produktion in einer offenen Volkswirtschaft? Beginnen wir mit einem altbekannten Beispiel – einer Erhöhung der Staatsausgaben. Im Anschluss daran werden wir eine neue Fragestellung untersuchen – wie wirkt sich eine höhere Nachfrage im Ausland aus?

18.3.1 Ein Anstieg der inländischen Nachfrage

Wie im Hauptteil des Buches beginnen wir zunächst mit dem Gütermarkt. Wenn wir später Finanz- und Arbeitsmärkte integrieren, werden sich unsere Ergebnisse nur wenig ändern.

Nehmen wir an, die Volkswirtschaft befindet sich in einer Rezession und die Regierung beschließt, die Staatsausgaben zu erhöhen, um auf diesem Weg die inländische Nachfrage zu erhöhen. Wie wird sich diese Maßnahme auf Produktion und Handelsbilanz auswirken?

Die Antwort gibt ▸ **Abbildung 18.3.** Vor der Erhöhung der Staatsausgaben war die Nachfrage durch die Gerade ZZ in ▸ **Abbildung 18.3a** beschrieben. Das Gleichgewicht befand sich in Punkt A, die Produktion im Gleichgewicht war Y. Zur Vereinfachung unterstellen wir, dass die Handelsbilanz in der Ausgangssituation ausgeglichen war – es gibt allerdings keinen Grund, warum dies der Fall sein sollte. In ▸ **Abbildung 18.3b** gilt demnach $Y = Y_{HB}$.

Was geschieht, wenn die Staatsausgaben um ΔG erhöht werden? Für jedes Produktionsniveau ist die Nachfrage nun um ΔG höher; die Nachfragefunktion verschiebt sich also um ΔG von ZZ nach oben auf ZZ'. Das Gleichgewicht verschiebt sich von A nach A'. Die Produktion steigt von Y auf Y'. Die Produktion steigt um mehr als die Staatsausgaben: Grund dafür ist der Multiplikatoreffekt.

Bis zu diesem Punkt klingt die Geschichte ganz ähnlich wie in der geschlossenen Volkswirtschaft in ▸ **Kapitel 3**. Es gibt jedoch zwei wichtige Unterschiede:

Ausgehend von einer ausgeglichenen Handelsbilanz führt eine Erhöhung der Staatsausgaben zu einem Handelsbilanzdefizit.

Steigende Staatsausgaben führen zu einer größeren Produktion. Der Multiplikator ist kleiner als in der geschlossenen Volkswirtschaft.

- Auch die Handelsbilanz verändert sich nun. Da die Staatsausgaben weder in die Exportfunktion noch in die Importfunktion direkt eingehen, verschiebt sich die Relation zwischen den Nettoexporten und der Produktion in ▸ **Abbildung 18.3b** nicht. Der Anstieg der Produktion von Y auf Y' führt demnach zu einem Handelsbilanzdefizit in Höhe von BC.
- Die Erhöhung der Staatsausgaben führt in einer offenen Volkswirtschaft nicht nur zu einem Handelsbilanzdefizit, zudem ist auch der Effekt auf die Produktion geringer als in einer geschlossenen Volkswirtschaft. Erinnern wir uns an ▸ **Kapitel 3:** je flacher die Steigung der Nachfragefunktion, desto kleiner der Multiplikator (würde beispielsweise ZZ horizontal verlaufen, dann wäre der Multiplikator gerade eins.) Aus ▸ **Abbildung 18.1** wissen wir, dass die Nachfragefunktion ZZ in der offenen Volkswirtschaft flacher verläuft als die Kurve DD in der geschlossenen Volkswirtschaft. Aus diesem Grund ist der Multiplikator in der offenen Volkswirtschaft kleiner.

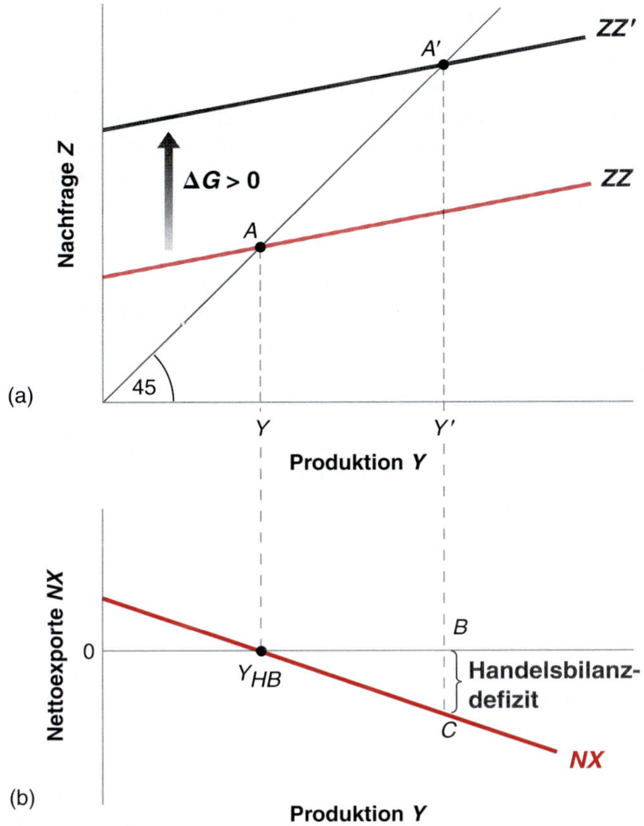

Abbildung 18.3 Auswirkungen einer Erhöhung der Staatsausgaben. Die Erhöhung der Staatsausgaben führt zu einer Ausweitung der Produktion und zu einem Handelsbilanzdefizit.

Das Handelsbilanzdefizit und der kleinere Multiplikator haben dieselbe Ursache: Der Anstieg der Nachfrage betrifft jetzt nicht mehr ausschließlich inländische Güter, sondern kommt zum Teil auch ausländischen Gütern zugute. Wenn das Einkommen steigt, ist die Wirkung auf die Nachfrage nach inländischen Gütern daher kleiner als in einer geschlossenen Volkswirtschaft; der Multiplikator wird kleiner. Da ein Teil des Nachfrageanstiegs nun eben auf Importe entfällt – während die Exporte unverändert bleiben –, ergibt sich ein Handelsbilanzdefizit.

Der kleinere Multiplikator und das Handelsbilanzdefizit haben die gleiche Ursache: Ein Teil der inländischen Güternachfrage entfällt auf ausländische und nicht auf heimische Güter.

Dies sind zwei wichtige Einsichten. In einer offenen Volkswirtschaft wirkt sich eine höhere inländische Nachfrage einerseits nicht mehr so stark auf die Produktion aus wie in der geschlossenen Volkswirtschaft; andererseits ergibt sich ein negativer Effekt auf die Handelsbilanz. Je offener die Volkswirtschaft, desto kleiner der Effekt auf die Produktion und desto größer der negative Effekt auf die Handelsbilanz. Betrachten wir das Beispiel Belgien. Das Verhältnis von Importen zum BIP beträgt für Belgien ungefähr 80%. Wenn in Belgien die inländische Nachfrage steigt, dann wird dies zum größten Teil die Nachfrage nach ausländischen, nicht nach inländischen Gütern stimulieren. Eine Staatsausgabenerhöhung wird daher eher das belgische Handelsbilanzdefizit als die inländische Produktion steigen lassen. Eine Ausweitung der inländischen Nachfrage ist daher für Belgien keine besonders attraktive wirtschaftspolitische Maßnahme. Selbst für die Vereinigten Staaten, mit einem Verhältnis von Importen zu BIP von nur 15%, geht ein Anstieg der Nachfrage mit einer Verschlechterung der Handelsbilanz einher. (Diese Schlussfolgerung wird im ersten **Anhang** zu diesem Kapitel *„Multiplikatoren – Belgien versus die Vereinigten Staaten“* noch weiter vertieft).

18.3.2 Ein Anstieg der ausländischen Nachfrage

Betrachten wir nun einen Anstieg der ausländischen Produktion Y^*. Dies könnte etwa auf höhere Staatsausgaben G^* im Ausland zurückzuführen sein – (wir haben gerade einen Anstieg der inländischen Staatsausgaben analysiert, die gleiche Maßnahme im Ausland wirkt sich analog auf die inländische Nachfrage aus). Um die Auswirkungen auf die inländische Produktion zu analysieren, ist es jedoch egal, worauf der Anstieg der ausländischen Produktion zurückzuführen ist.

▸ **Abbildung 18.4** zeigt die Effekte der höheren Wirtschaftsaktivität im Ausland auf inländische Produktion und Handelsbilanz. Die Nachfrage nach inländischen Gütern in der Ausgangssituation wird durch die Gerade *ZZ* in ▸ **Abbildung 18.4a** dargestellt. Das Gleichgewicht befindet sich in Punkt *A*, mit der Produktion *Y*. Nehmen wir wieder an, die Handelsbilanz ist zunächst ausgeglichen. In ▸ **Abbildung 18.4b** sind also die Nettoexporte beim Produktionsniveau *Y* gleich null ($Y = Y_{HB}$).

***DD* bezeichnet die inländische Güternachfrage, *ZZ* die Nachfrage nach inländischen Gütern. Die Differenz entspricht der Handelsbilanz.**

Für das weitere Vorgehen erweist es sich als nützlich, in ▸ **Abbildung 18.4a** die Gerade einzuzeichnen, die die inländische Güternachfrage $C + I + G$ als Funktion des Einkommens darstellt. Wir bezeichnen diese Gerade mit *DD*. Wir wissen aus ▸ **Abbildung 18.1**, dass *DD* steiler als *ZZ* verläuft. Die Differenz zwischen *ZZ* und *DD* entspricht den Nettoexporten. Wenn die Handelsbilanz im Punkt *A* ausgeglichen ist, dann schneiden sich *ZZ* und *DD* im Punkt *A*.

Betrachten wir nun eine Zunahme der ausländischen Produktion um ΔY^*. Die höhere ausländische Produktion erhöht auch die ausländische Nachfrage nach deutschen Gütern. Als direkter Effekt nehmen daher die deutschen Exporte zu. Bezeichnen wir die Zunahme der Exporte mit ΔX.

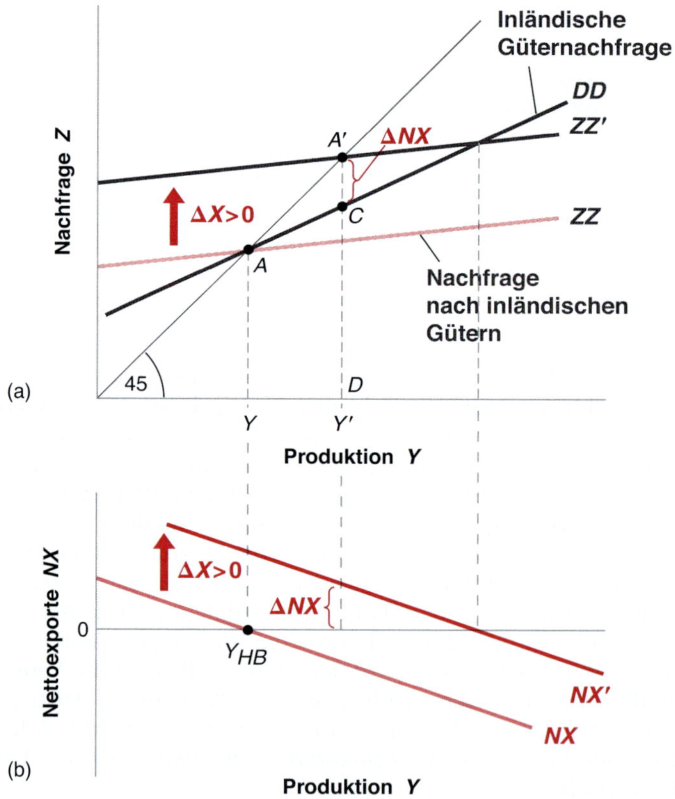

Abbildung 18.4 Auswirkungen einer höheren ausländischen Nachfrage. Eine steigende ausländische Nachfrage erhöht die inländische Produktion und führt zu einem Handelsbilanzüberschuss.

Bei gegebenem Produktionsniveau lassen die gestiegenen Exporte die Nachfrage nach deutschen Gütern um ΔX steigen. Die Gerade, die die Nachfrage nach inländischen Gütern als Funktion der Produktion beschreibt, verschiebt sich dadurch um ΔX nach oben, von ZZ nach ZZ'.

Bei gegebenem Produktionsniveau nehmen die Nettoexporte um ΔX zu. Daher verschiebt sich auch die Gerade, die in ▸ **Abbildung 18.4b** die Nettoexporte als Funktion der Produktion beschreibt, um ΔX nach oben, von NX nach NX'.

In ▸ **Abbildung 18.4a** befindet sich das neue Gleichgewicht in Punkt A' bei der gleichgewichtigen Produktion Y'. Die Zunahme der ausländischen Produktion lässt die inländische Produktion steigen. Die Wirkungskette ist klar: Die höhere Produktion im Ausland stimuliert die Exporte inländischer Güter, sodass Produktion und Güternachfrage im Inland über den Multiplikator zunehmen.

Was geschieht mit der Handelsbilanz? Wir wissen, dass die Exporte zunehmen. Könnte es jedoch sein, dass der Anstieg der inländischen Produktion gleichzeitig die Importe so stark steigen lässt, dass sich die Handelsbilanz am Ende verschlechtert? Nein, die Handelsbilanz muss sich verbessern. Warum? Wenn die ausländische Nachfrage steigt, dann verschiebt sich die Nachfrage nach inländischen Gütern nach oben, von ZZ nach ZZ'; die Gerade DD jedoch, die die inländische Güternachfrage als Funktion der Produktion beschreibt, verschiebt sich nicht. Beim neuen gleichgewichtigen Produktionsniveau Y' entspricht die inländische Nachfrage DC und die Nachfrage nach inländischen Gütern entspricht DA'. Die Nettoexporte entsprechen demnach dem Abstand CA', der, da DD notwendigerweise unterhalb von ZZ' verläuft, positiv ist. Die Importe nehmen zwar zu, aber die Zunahme gleicht die Zunahme der Exporte nicht aus und die Handelsbilanz verbessert sich.

Y^* beeinflusst die Exporte direkt und steht dadurch in Beziehung zur Nachfrage nach inländischen Gütern und zur Produktion. Ein Anstieg von Y^* verschiebt ZZ nach oben. Y^* hat keinen direkten Einfluss auf den Konsum, die Investitionen oder die Staatsausgaben und steht somit nicht in Beziehung zur inländischen Güternachfrage. Ein Anstieg von Y^* verschiebt DD deshalb nicht. Ein Anstieg der ausländischen Produktion erhöht die inländische Produktion und verbessert die Handelsbilanz.

18.3.3 Fiskalpolitik in offenen Volkswirtschaften

Bisher haben wir zwei grundlegende Erkenntnisse abgeleitet:

1. Ein Anstieg der inländischen Nachfrage führt zu einem Anstieg der inländischen Produktion, aber auch zu einem Handelsbilanzdefizit. (Wir haben eine Erhöhung der Staatsausgaben analysiert, die Ergebnisse wären jedoch dieselben gewesen für eine Steuersenkung, einen Anstieg der Konsumausgaben usw.)
2. Ein Anstieg der ausländischen Nachfrage (der auf dieselben Veränderungen zurückzuführen sein könnte, diesmal aber für das Ausland) führt zu einem Anstieg der inländischen Produktion und zu einem Handelsbilanzüberschuss.

Diese Erkenntnisse haben wichtige Implikationen:

Zum Ersten folgt daraus offensichtlich, dass Nachfrageschocks in einem Land sich auch auf andere Länder auswirken. Je stärker die Handelsverflechtungen, desto stärker sind diese Auswirkungen; umso stärker werden sich die Länder in die gleiche Richtung bewegen. Dies zeigt sich ganz deutlich bei einem Blick auf die Daten: die meisten OECD-Staaten hatten in der zweiten Hälfte der 1990er-Jahre ein starkes Wachstum und gerieten Anfang 2000 in eine Rezession. Handelsverflechtungen waren sicher nicht der einzige Grund dafür, dass die **Konjunkturzyklen** in diesen Staaten ähnlich verliefen; sie wurden auch von ähnlichen Schocks der einheimischen Wirtschaft (etwa erst einem Aktienboom, dann dem Einbruch der Aktienkurse) getroffen. Aber empirische Evidenz legt nahe, dass Handelsverflechtungen auch eine große Rolle spielen.

Zum Zweiten bedeuten diese Verflechtungen, dass nationale Wirtschaftspolitik weit komplizierter ist als in einer geschlossenen Volkswirtschaft. Betrachten wir dies anhand der Fiskalpolitik genauer.

Zunächst müssen wir Folgendes beachten: Die meisten Regierungen sind über Handelsbilanzdefizite nicht glücklich, und das aus guten Gründen. Der Hauptgrund: Ein Land, das regelmäßig ein Handelsbilanzdefizit ausweist, akkumuliert einen Schuldenberg gegenüber dem Rest der Welt, sodass es immer höhere Zinszahlungen an den Rest der Welt leisten muss. (Wir vertiefen diesen Punkt in der Fokusbox *„Eine dynamische Analyse der Leistungsbilanz“* am Ende des Kapitels). Aus diesem Grund ist es nicht überraschend, dass die Länder einen Anstieg der ausländischen Nachfrage – der zu einer Verbesserung der Handelsbilanz führt – gegenüber einem Anstieg der inländischen Nachfrage, der zu einer Verschlechterung der Handelsbilanz führt – bevorzugen.

Dies kann gravierende Konsequenzen haben. Stellen wir uns eine Gruppe von Ländern mit intensiven Handelsbeziehungen vor. Ein Nachfrageanstieg in einem Land wird dann zum größten Teil als Anstieg der Nachfrage nach den in anderen Ländern produzierten Gütern wirksam. Nehmen wir an, all diese Länder befinden sich gerade in einer Rezession und alle Länder weisen eine ausgeglichene Handelsposition auf. Unter solchen Umständen ist wahrscheinlich kein Land bereit, Maßnahmen zur Steigerung der inländischen Nachfrage zu ergreifen: Jedes einzelne Land könnte damit nur einen geringen Effekt auf die inländische Produktion erzielen; es müsste zudem noch ein großes Handelsbilanzdefizit hinnehmen. Jedes einzelne Land wird deshalb lieber darauf warten, dass die anderen Länder ihre Nachfrage erhöhen. Wenn aber alle warten, dann geschieht gar nichts; die Rezession wird sich lange Zeit hinziehen.

Gibt es einen Weg, der aus dieser Patt-Situation herausführen könnte? Theoretisch ja. Würden alle Länder ihre Wirtschaftspolitik so koordinieren, dass sie gleichzeitig die Nachfrage erhöhen, dann könnte jedes Land expandieren, ohne sein Handelsbilanzdefizit vergrößern zu müssen (zumindest das Handelsbilanzdefizit gegenüber dem Rest der Gruppe, das gemeinsame Handelsbilanzdefizit gegenüber dem Rest der Welt würde sich auch bei koordinierter Wirtschaftspolitik vergrößern). Der Grund ist klar: Die koordinierte Nachfragesteigerung würde dazu führen, dass sowohl die Exporte als auch die Importe in allen Ländern zunehmen würden. Die Expansion der Nachfrage im Inland wird zwar immer noch zu vermehrten Importen führen, dieser Anstieg bei den Importen wird jedoch durch den Anstieg bei den Exporten ausgeglichen, der auf die Expansion der Nachfrage im Ausland zurückzuführen ist.

„Koordination“ ist ein Begriff, der von den meisten Regierungen gerne und häufig verwendet wird. Die acht größten Länder der Welt – die sogenannten G8-Länder (die Vereinigten Staaten, Japan, Frankreich, Deutschland, Großbritannien, Italien und Kanada sowie Russland; das *G* steht dabei für Gruppe) treffen sich regelmäßig, um ihre wirtschaftliche Lage zu diskutieren, im Kommuniqué am Ende des Treffens fehlt der Begriff „Koordination“ nur selten. Die Realität zeigt jedoch, dass die wirtschaftspolitische Koordination zwischen Ländern nicht sehr ausgeprägt ist. Es gibt einige Gründe, warum dies der Fall ist:

- Koordination impliziert unter Umständen, dass einige Länder mehr zu tun haben als andere. Es kann sein, dass sie dazu nicht bereit sind.
  Nehmen wir an, dass sich nur einige Länder in einer Rezession befinden. Die Länder, die sich nicht in einer Rezession befinden, sind vermutlich nicht bereit, ihre eigene Nachfrage auszuweiten. Wenn sie ihre Nachfrage jedoch nicht ausweiten, dann wird die Handelsbilanz der Länder, die eine expansive Wirtschaftspolitik implementieren, defizitär gegenüber den Ländern, die keine expansive Wirtschaftspolitik implementieren.
  Oder nehmen wir an, dass einige Länder bereits ein großes Budgetdefizit ausweisen. Diese Länder werden ihre Steuern nicht weiter senken oder ihre Staatsausgaben weiter erhöhen wollen, stattdessen werden sie die anderen Länder bitten, mehr von der Anpassung zu übernehmen. Die anderen Länder werden dazu nicht unbedingt bereit sein.
- Länder haben einen großen Anreiz, zunächst zu versprechen, ihre Wirtschaftspolitik zu koordinieren, sie werden sich dann aber in der Regel nicht an ihr Versprechen halten.
  Nehmen wir beispielsweise an, alle Länder hätten vereinbart, die Staatsausgaben zu erhöhen. Sobald diese Vereinbarung getroffen ist, hat jedes Land einen Anreiz, sein Versprechen nicht zu erfüllen. Auf diese Weise könnte es von der Ausweitung der Nachfrage in den anderen Ländern profitieren und gleichzeitig seine Handelsposition verbessern. Wenn jedoch jedes Land betrügt oder sein Versprechen nicht in vollem Umfang erfüllt, dann wird die Expansion der Nachfrage nicht ausreichen, um die Rezession zu überwinden.

Aus diesem Grund passiert es häufig, dass trotz schöner Erklärungen der Politiker auf Gipfeltreffen am Ende die Koordination kläglich im Sande verläuft. Nur wenn es wirklich besonders ernst ist, scheint die Koordinierung doch zu funktionieren, wie etwa in der Finanzkrise. Dies zeigt die Fokusbox *„Das G20-Treffen 2008 – internationale Koordination von Konjunkturpaketen“*.

FOKUS

Das G20-Treffen 2008 – internationale Koordination von Konjunkturpaketen

Im November 2008 trafen sich die Führenden der G20-Staaten zu einem Krisengipfel in Washington. G20 ist eine Gruppe von Finanzministern und Zentralbankchefs der größten Industrie- und Schwellenländer. Sie wurde 1999 gegründet, hatte aber vor der Krise keine große Bedeutung. Als sich die Indizien verstärkten, dass es zu einer ernsten, weltweiten Krise kommen werde, traf sich die Gruppe, um Wirtschaftspolitik und Regulierung der Finanzmärkte zu koordinieren. Weil klar geworden war, dass Geldpolitik an ihre Grenzen stieß, lag ein Schwerpunkt des Treffens auf der Fiskalpolitik. Aufgrund des Einbruchs der Produktion war mit einem Rückgang der Steuereinnahmen und damit einem Anstieg der Staatsdefizite zu rechnen. Dominique Strauss-Kahn, der damalige Chef des IWF, plädierte für verstärkte diskretionäre Konjunkturprogramme – Steuersenkungen oder eine Erhöhung der Staatsausgaben – von durchschnittlich ca. 2% des BIP in jedem Land.

Er argumentierte: „Aktive Fiskalpolitik ist von zentraler Bedeutung, um weltweites Wachstum zu sichern. Konjunkturpakete sind in jedem Land doppelt wirksam, wenn auch die Handelspartner aktive Konjunkturprogramme durchführen." Er räumte ein, dass manche Länder dafür mehr Spielraum als andere haben. „Wir glauben, dass solche Länder – egal ob Industrie- oder Schwellenländer – eine Führungsrolle übernehmen sollten, die am besten in der Lage sind, solche Programme zu finanzieren, und deren Staatsverschuldung eindeutig nachhaltig ist."

Im Lauf der folgenden Monate legten in der Tat die meisten Staaten Konjunkturprogramme auf, um die private Nachfrage oder Staatsausgaben zu stärken. Die Gruppe der G20-Staaten legte insgesamt Konjunkturprogramme im Umfang von ungefähr 2,3% des BIP auf. Einige Staaten mit wenig Handlungsspielraum – wie etwa Italien – hielten sich zurück. Andere dagegen, wie China, Frankreich und die USA, waren viel aktiver.

Waren diese Konjunkturprogramme wirksam? Manche bezweifeln dies. Schließlich war das Wachstum im Jahr 2009 fast durchwegs stark negativ; manche Maßnahmen wirkten vielleicht erst viel zu spät. Entscheidend ist aber die Frage nach dem „kontrafaktischen" Effekt: Was wäre passiert, wenn es die Konjunkturpakete nicht gegeben hätte. Viele sind der Ansicht, dass dann das Wachstum noch viel stärker eingebrochen wäre. Solche kontrafaktischen Effekte sind allerdings schwer nachzuweisen oder zu widerlegen, sodass die Kontroverse darüber anhalten wird. Eine Anekdote des US-Kongress-Abgeordneten Barney Frank verdeutlicht die damit verbundene Problematik. Er meinte:

„Als Politiker beneide ich die Ökonomen. Sie verwenden in ihrer Analyse den „kontrafaktischen Effekt". Sie behaupten, sie könnten erklären, ob bestimmte Maßnahmen sinnvoll waren. Sie versuchen aufzuzeigen, was ohne diese Maßnahmen passiert wäre, und vergleichen die tatsächliche Entwicklung mit der kontrafaktischen Entwicklung für den Fall, dass diese Maßnahme nicht durchgeführt worden wäre. Damit mag man einen Lehrstuhl bekommen. Aber noch kein Politiker ist wiedergewählt worden mit dem Argument „ohne mich wäre alles noch viel schlimmer gekommen".

Wie in ▸ **Kapitel 16** diskutiert, argumentieren manche, Konjunkturpakte seien gefährlich. Weil sie zu einem starken Anstieg der Staatsverschuldung geführt haben, zwängen sie die Regierungen dazu, verstärkt zu sparen. Dies schwäche die Konjunktur und erschwere eine Erholung. In ▸ **Kapitel 22** werden wir darauf wieder zurückkommen. Dieses Argument ist jedoch irreführend. Ein Großteil des Anstiegs der Verschuldung ist nicht die Folge diskretionärer Konjunkturprogramme, sondern ist auf den massiven Rückgang der Steuereinnahmen nach dem starken Einbruch der Wirtschaftsaktivität sowie auf die Stützung des Finanzsektors zurückzuführen. Zudem hatte eine ganze Reihe von Staaten schon vorher hohe Staatsdefizite. Unbestritten ist allerdings, dass der starke Anstieg der Schuldenquote es jetzt erschwert, Fiskalpolitik als Konjunkturinstrument einzusetzen.

Quelle: Eine ausführlichere Darstellung findet sich im IMF Survey online „IMF Spells Out Need for Global Fiscal Stimulus" vom Dezember 2008; http://www.imf.org/en/ News/Articles/2015/09/28/04/53/ soint122908a

18.4 Abwertungen, Handelsbilanz und Produktion

Gegeben P und P^*, falls $E\downarrow \Rightarrow \varepsilon = EP/P^*\downarrow$. In Worten: Bei gegebenen Preisniveaus im In- und Ausland führt eine nominale Abwertung auch zu einer realen Abwertung.

Nehmen wir an, die Europäische Zentralbank ergreift wirtschaftspolitische Maßnahmen, die zu einer Abwertung des Euro führen. (In ▶ **Kapitel 20** werden wir sehen, wie dies durch den Einsatz von Geldpolitik erreicht werden kann; jetzt gehen wir einfach davon aus, dass der Wechselkurs frei gewählt werden kann).

Erinnern wir uns daran, dass der reale Wechselkurs durch folgende Gleichung definiert ist:

$$\varepsilon = \frac{EP}{P^*}$$

Vorschau: **In ▶ Kapitel 20 werden wir die Wirkungen einer nominalen Abwertung für den Fall flexibler Preise untersuchen. Eine nominale Abwertung führt dann kurzfristig, nicht aber langfristig, zu einer realen Abwertung.**

Der reale Wechselkurs ε (der Preis inländischer Güter in Einheiten ausländischer Güter) ist gleich dem nominalen Wechselkurs E (der Preis der inländischen Währung in Einheiten der ausländischen Währung) multipliziert mit dem inländischen Preisniveau P, dividiert durch das ausländische Preisniveau P^*. In diesem Kapitel gehen wir von konstanten Preisniveaus aus. Eine nominale Abwertung führt dann zu einer realen Abwertung in gleichem Umfang. Konkreter: Wenn sich der Euro um 10% gegenüber dem Dollar abwertet (eine zehnprozentige nominale Abwertung), und wenn die Preisniveaus im Euroraum und in den USA unverändert bleiben, dann werden die europäischen Güter im Vergleich zu den US-amerikanischen Gütern um 10% billiger (eine zehnprozentige reale Abwertung).

Wir wollen nun untersuchen, welche Auswirkungen diese reale Abwertung auf Handelsbilanz und Produktion haben wird.

18.4.1 Abwertung und Handelsbilanz: Die Marshall-Lerner-Bedingung

Was passiert, wenn der Euro gegenüber dem Dollar um 10% abwertet?

Die Nettoexporte sind wie folgt definiert:

$$NX \equiv X - IM/\varepsilon$$

Wenn wir X und IM durch die Gleichungen (18.2) und (18.3) ersetzen, erhalten wir:

$$NX = X(Y^*, \varepsilon) - IM(Y, \varepsilon)/\varepsilon$$

Der reale Wechselkurs ε geht auf der rechten Seite der Gleichung an drei Stellen ein: Die reale Abwertung – ein Rückgang von ε – beeinflusst die Handelsbilanz auf drei Wegen.

Im Euroraum produzierte Güter werden in den USA billiger. Deshalb werden mehr europäische Güter in die USA exportiert.

1. *Die Exporte X nehmen zu.* Die reale Abwertung macht inländische Güter im Ausland relativ billiger. Dies führt zu einem Anstieg der ausländischen Nachfrage nach inländischen Gütern – also zu einem Anstieg der Exporte.

Ausländische Güter werden im Euroraum teurer. Dadurch werden weniger Güter aus dem Ausland in den Euroraum importiert.

2. *Die Importe IM gehen zurück.* Die reale Abwertung macht ausländische Güter relativ teurer. Dies führt zu einer Verschiebung der inländischen Nachfrage hin zu inländischen Gütern. Die Menge der Importe geht dadurch zurück.

Ausländische Güter werden im Euroraum teurer. Für eine gegebene Importmenge steigt der Wert der Importe aus dem Ausland.

3. *Der relative Preis der ausländischen Güter in Einheiten inländischer Güter $1/\varepsilon$ steigt.* Dadurch steigen die Ausgaben für die Importe IM/ε. Dieselbe Menge an Importgütern kostet nun in Einheiten inländischer Güter mehr als vorher.

Damit sich die Handelsbilanz als Reaktion auf eine Abwertung verbessert, müssen die Exporte stark genug zunehmen (Punkt 1) und die Importe stark genug zurückgehen (Punkt 2), um den Preisanstieg bei den Importen (der dritte Punkt) zu kompensieren. Die Bedingung, unter der eine reale Abwertung zu einem Anstieg der Nettoexporte führt, ist als **Marshall-Lerner-Bedingung** bekannt. (Die Marshall-Lerner-Bedingung wird am Ende des Kapitels, im zweiten ***Anhang*** *„Die Ableitung der Marshall-Lerner-Bedingung"* formal abgeleitet.) Es zeigt sich – mit einer Einschränkung, auf die wir stoßen werden, wenn wir später in diesem Kapitel dynamische Aspekte einführen –, dass diese Bedingung in der Realität erfüllt ist. Daher werden wir für den Rest des Buches annehmen, dass eine reale Abwertung – ein Rückgang von ε zu einem Anstieg der Nettoexporte – zu einem Anstieg von NX – führt.

Die Bedingung ist nach Alfred Marshall und Abba Lerner benannt, die sie erstmals hergeleitet haben.

18.4.2 Die Auswirkungen einer Abwertung

Wir haben gerade die direkten Effekte einer Abwertung auf die Handelsbilanz analysiert – das heißt, die Effekte einer Abwertung bei gegebener in- und ausländischer Produktion. Dies sind aber nicht die einzigen Auswirkungen. Die Veränderung der Nettoexporte verändert auch die inländische Produktion. Auf diesem Weg werden die Nettoexporte zusätzlich beeinflusst.

Da die Effekte einer realen Abwertung den Effekten eines Anstiegs der ausländischen Produktion sehr ähnlich sind, können wir wieder ▶ **Abbildung 18.4** verwenden.

Genauso wie ein Anstieg der ausländischen Produktion führt bei Gültigkeit der Marshall-Lerner-Bedingung auch eine Abwertung für jedes Produktionsniveau zu einer Zunahme der Nettoexporte. Sowohl die Nachfragefunktion (ZZ in ▶ **Abbildung 18.4a**) als auch die Funktion, die die Nettoexporte beschreibt (NX in ▶ **Abbildung 18.4b**), verschieben sich nach oben. Das Gleichgewicht verschiebt sich von A nach A', die Produktion steigt von Y auf Y'. Analog zur selben Argumentation wie oben verbessert sich die Handelsbilanz: Der Anstieg der Importe, der durch den Anstieg der Produktion induziert wird, fällt kleiner aus als die direkte Verbesserung der Handelsbilanz, die durch die Abwertung hervorgerufen wurde.

Marshall-Lerner-Bedingung: Bei gegebener Produktion lässt eine reale Abwertung die Nettoexporte steigen.

Zusammenfassend lässt sich sagen: Die Abwertung bewirkt eine Verschiebung der Nachfrage, sowohl der in- wie der ausländischen, hin zu inländischen Gütern. Aufgrund dieser Nachfrageverschiebung steigt die inländische Produktion; die Handelsbilanz verbessert sich.

Abwertung und Anstieg der ausländischen Produktion wirken auf die inländische Produktion und die Handelsbilanz in gleicher Weise. Es gibt jedoch einen zwar subtilen, dennoch wichtigen Unterschied zwischen beiden Fällen. Eine Abwertung wirkt, indem sie die ausländischen Güter relativ zu den inländischen Gütern teurer macht. Dies bedeutet jedoch, dass sich die Situation der inländischen Konsumenten und Produzenten bei gegebenem Einkommen verschlechtert hat: Sie müssen nach der Abwertung mehr bezahlen, um ausländische Güter kaufen zu können. Vor allem bei drastischen Abwertungen führt das zu Problemen: Versuchen Regierungen, eine starke Abwertung durchzusetzen, werden sie als Reaktion oft mit Streiks und Straßenunruhen konfrontiert. Dies war beispielsweise 1994–1995 in Mexiko der Fall, als eine starke Abwertung des Peso – von 0,29 Dollar pro Peso im November 1994 auf 0,17 Dollar pro Peso im Mai 1995 – zu einem deutlichen Rückgang des Lebensstandards der Arbeiter führte. Die Abwertung half zwar der mexikanischen Wirtschaft sich zu erholen, der Preis dafür waren jedoch nicht unbedeutende soziale Unruhen.

Als Alternative zu sozialen Unruhen könnte die Regierung höhere Löhne zulassen. Wenn aber die Löhne steigen, steigen mittelfristig auch die Preise. Dies wiederum konterkariert die reale Abwertung. Um den Zusammenhang zwischen Abwertung und Lohnund Preisreaktionen zu verstehen, müssen wir die Angebotsseite stärker als bislang beachten. Wir kommen in ▶ Kapitel 20 darauf zurück.

Nach der deutschen Einheit kam es in Ostdeutschland genau zum gegenteiligen Effekt – zu einer dramatischen Aufwertung. Sie sollte den Lebensstandard der ostdeutschen Bevölkerung verbessern, zementierte zugleich aber auch die mangelnde Wettbewerbsfähigkeit der ostdeutschen Wirtschaft.

Einer Abwertung sind aber auch dadurch Grenzen gesetzt, dass sie nicht im Alleingang durchgesetzt werden kann. Dies aus folgendem Grund: Eine reale Abwertung der eigenen Währung ist gleichbedeutend mit einer Aufwertung der Währung des Handelspartners. Dort wird eine Aufwertung über den eben beschriebenen Wirkungszusammenhang zu einer Verschlechterung der Handelsbilanz und zu einer Rezession führen. Warum sollte das Nachbarland sich damit abfinden? Wahrscheinlich wird es ebenfalls mit einer Abwertung reagieren, um diesen unerwünschten Effekten entgegenzuwirken. Wählt der Handelspartner diese Option, war der Versuch, die eigene Wirtschaft mit Hilfe der Wechselkurspolitik zu stimulieren, vergeblich. Die Abwertung der eigenen Währung kann auf Dauer nur Bestand haben, wenn sie auch den Interessen des Handelspartners entspricht. Ohne Kooperation kann eine einseitige Abwertung allenfalls eine Art wechselseitige Abwertungsspirale auslösen, deren einzige Folge ein stärker fluktuierender Wechselkurs wäre.

Deshalb spricht man in diesem Zusammenhang von einer „Beggar thy neighbour"-Politik: Die Abwertung exportiert Rezession und Arbeitslosigkeit ins Nachbarland.

18.4.3 Die Kombination von Wechselkurs und Fiskalpolitik

Nehmen wir an, eine Regierung verfolgt das Ziel, das Handelsbilanzdefizit bei unveränderter Produktion zu reduzieren. Durch eine Abwertung allein kann dieses Ziel nicht erreicht werden: Eine Abwertung reduziert das Handelsbilanzdefizit, lässt aber gleichzeitig die Produktion steigen. Auch eine kontraktive Fiskalpolitik ist nicht geeignet: Sie reduziert zwar das Handelsbilanzdefizit, gleichzeitig aber sinkt die Produktion.

Dieses Beispiel beschreibt die Situation der USA Ende der 1990er- Jahre: eine stark wachsende Wirtschaft, kombiniert mit einem hohen Leistungsbilanzdefizit.

Wie kann die Regierung ihr Ziel erreichen? Die Antwort lautet: Die Politik muss die richtige Kombination aus Abwertung und kontraktiven fiskalpolitischen Maßnahmen wählen. ▸ **Abbildung 18.5** zeigt, wie diese Kombination aussehen muss.

Das Gleichgewicht im Ausgangspunkt in ▸ **Abbildung 18.5a** liegt in Punkt *A*. Die gleichgewichtige Produktion ist *Y*. Das Handelsbilanzdefizit entspricht der Strecke *BC* in ▸ **Abbildung 18.5b**. Möchte die Regierung das Handelsbilanzdefizit abbauen, ohne dabei das Produktionsniveau zu verändern, muss sie zwei Dinge tun:

1. Die Regierung muss eine Abwertung erreichen, die ausreicht, um das Handelsbilanzdefizit zu beseitigen. Die Abwertung muss demnach genau so groß sein, dass sich die Funktion der Nettoexporte in ▸ **Abbildung 18.5b** von *NX* nach *NX'* verschiebt.
   Das Problem dabei ist, dass durch diese Abwertung und den damit verbundenen Anstieg der Nettoexporte auch die Nachfragefunktion in ▸ **Abbildung 18.5a** verschoben wird, und zwar von *ZZ* nach *ZZ'*. Die Produktion würde dadurch von *Y* auf *Y'* steigen. Würde die Regierung keine zusätzlichen anderen Maßnahmen ergreifen, würde sich das Gleichgewicht von *A* nach *A'* verschieben; die Produktion würde von *Y* auf *Y'* steigen.
2. Um den Anstieg der Produktion zu verhindern, muss die Regierung die Staatsausgaben senken, und zwar genau so, dass sich *ZZ'* wieder zurück nach *ZZ* verschiebt. Diese Kombination aus Abwertung und kontraktiver Fiskalpolitik führt zu einer verbesserten Handelsbilanz bei einem unveränderten Produktionsniveau.

Ausgangspunkt	Handelsbilanzüberschuss	Handelsbilanzdefizit
Niedrige Produktion	$\varepsilon ? G \uparrow$	$\varepsilon \downarrow G ?$
Hohe Produktion	$\varepsilon \uparrow G ?$	$\varepsilon ? G \downarrow$

Tabelle 18.1 Kombinationen von Wechselkurs- und Fiskalpolitik

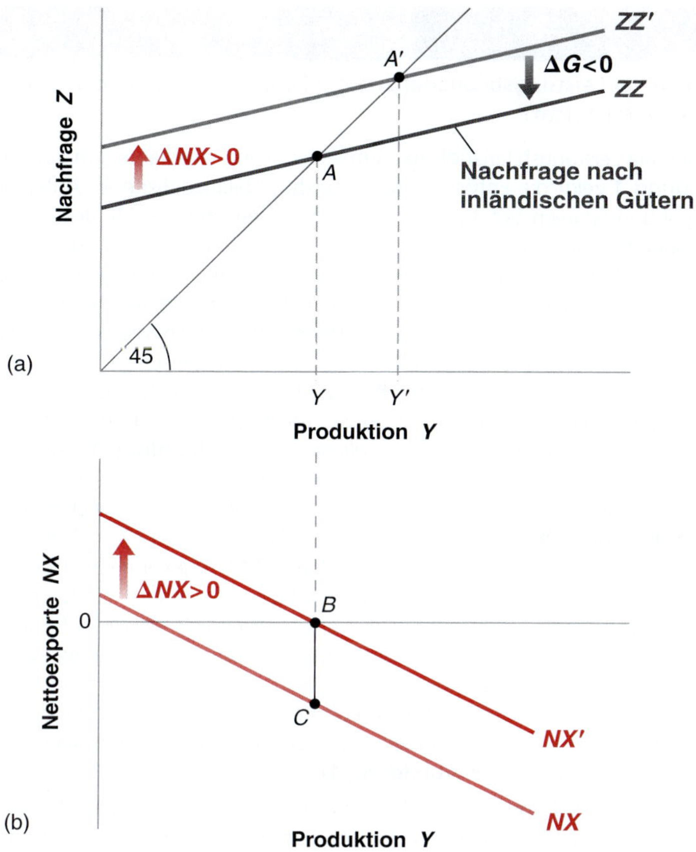

Abbildung 18.5 Das Handelsbilanzdefizit bei konstanter Produktion abbauen. Um das Handelsbilanzdefizit abzubauen, ohne dabei die Produktion zu verändern, muss die Regierung zwei Instrumente nutzen: eine reale Abwertung und eine kontraktive Fiskalpolitik.

Hinter diesem Beispiel verbirgt sich eine allgemeine Einsicht: Will man sowohl das Produktionsniveau als auch die Handelsbilanz beeinflussen, dann braucht man zwei wirtschaftspolitische Instrumente: nicht nur den Wechselkurs, sondern auch die Staatsausgaben. Wir haben gerade ein Beispiel dafür analysiert. Die angemessene Kombination hängt von der Ausgangssituation ab. ▶ **Tabelle 18.1** stellt dar, welche Politikkombinationen je nach Ausgangssituation von Produktion und Handelsbilanz angemessen sind. Betrachten wir beispielsweise die rechte obere Ecke der Tabelle. Die Produktion ist in der Ausgangssituation zu niedrig (anders ausgedrückt, die Arbeitslosigkeit zu hoch), die Volkswirtschaft weist zudem ein Handelsbilanzdefizit aus. Eine Abwertung kann in diesem Fall an beiden Fronten Abhilfe schaffen: Sie reduziert das Handelsbilanzdefizit; die Produktion nimmt zu. Es ist jedoch nicht zu erwarten, dass die Abwertung exakt sowohl den erwünschten Anstieg der Produktion als auch den Ausgleich der Handelsbilanz erreichen kann. Ob die Regierung zusätzlich zur Abwertung die Staatsausgaben erhöhen oder senken muss, hängt wieder von der Ausgangssituation ab, aber auch davon, wie die Abwertung sich auf Produktion und Handelsbilanz auswirkt. In der Tabelle deutet das Fragezeichen an, dass die erforderliche Richtung der Staatsausgaben nicht eindeutig ist. Es ist wichtig, den logischen Zusammenhang hinter allen Fällen zu verstehen.

Eine wichtige Regel: Möchte man zwei Ziele erreichen (Produktion und Handelsbilanz beeinflussen), sollte man zwei Instrumente nutzen (Fiskalpolitik und Wechselkurs).

FOKUS

Das Verschwinden der Leistungsbilanzdefizite der Peripheriestaaten im Euroraum – eine gute oder eine schlechte Nachricht?

Nach 1995 stiegen die Leistungsbilanzdefizite in manchen Peripheriestaaten im Euroraum immer stärker an. ▸ **Abbildung 1** zeigt die Entwicklung der Leistungsbilanzdefizite als Anteil am BIP für Griechenland, Portugal und Spanien seit 1995. Im Jahr 2008 erreichten sie 9% des BIP in Spanien, 12% in Portugal und über 15% in Griechenland. Wie ist es zu den hohen Leistungsbilanzdefiziten gekommen? Der Zusammenschluss souveräner Nationalstaaten zu einem Währungsraum schien anfangs eine große Erfolgsgeschichte zu werden: Der einheitliche Kapitalmarkt ohne Wechselkursrisiken ließ die Zinsaufschläge im gesamten Euroraum sinken und ermöglichte einen massiven Kapitalstrom in die Peripherieländer, der sich im Aufbau hoher Leistungsbilanzdefizite widerspiegelte. In Irland, Spanien und Griechenland stiegen sie bis zum Ausbruch der Krise 2007 stetig an, während Kernländer wie Deutschland und die Niederlande Leistungsbilanzüberschüsse erwirtschafteten. Insgesamt war die Leistungsbilanz für den gesamten Euroraum nahezu ausgeglichen (vgl. ▸ **Abbildung 1**). Nach 1995 stiegen die Leistungsbilanzdefizite in manchen Peripheriestaaten im Euroraum immer stärker an. ▸ **Abbildung 1** zeigt die Entwicklung der Leistungsbilanzdefizite als Anteil am BIP für Griechenland, Portugal und Spanien seit 1995. Im Jahr 2008 erreichten sie 9% des BIP in Spanien, 12% in Portugal und über 15% in Griechenland. Wie ist es zu den hohen Leistungsbilanzdefiziten gekommen? Der Zusammenschluss souveräner Nationalstaaten zu einem Währungsraum schien anfangs eine große Erfolgsgeschichte zu werden: Der einheitliche Kapitalmarkt ohne Wechselkursrisiken ließ die Zinsaufschläge im gesamten Euroraum sinken und ermöglichte einen massiven Kapitalstrom in die Peripherieländer, der sich im Aufbau hoher Leistungsbilanzdefizite widerspiegelte. In Irland, Spanien und Griechenland stiegen sie bis zum Ausbruch der Krise 2007 stetig an, während Kernländer wie Deutschland und die Niederlande Leistungsbilanzüberschüsse erwirtschafteten. Insgesamt war die Leistungsbilanz für den gesamten Euroraum nahezu ausgeglichen (vgl. ▸ **Abbildung 1**).

Das Kapital – so die zunächst vorherrschende Einschätzung – strömte aus Hochlohnländern mit sinkender Wettbewerbsfähigkeit in Regionen mit niedrigem Anfangskapital und ermöglichte dort hohe Wachstumsraten mit entsprechenden Lohnsteigerungen. In der Tat kam es in den Jahren vor der Krise zu einem starken Boom in diesen Regionen, im Wesentlichen angetrieben durch Verschuldung im Ausland. Der Großteil der Kapitalströme floss in den Privatsektor. Besonders in Spanien und Irland stieg die Verschuldung privater Haushalte und Unternehmen rasant an. Angesichts der boomenden Wirtschaft ging dort die Staatsverschuldung bis 2007 sogar stark zurück (vgl. dazu auch die Fokusbox *„Vom Europäischen Stabilitäts- und Wachstumspakt zum Fiskalpakt"* in ▸ **Kapitel 21**. Mit dem Ausbruch der weltweiten Finanzkrise setzte dann aber plötzlich ein drastischer Stimmungsumschwung ein. Ernüchtert mussten viele Investoren erkennen, dass die Rahmenbedingungen keineswegs im ganzen Euroraum so stabil waren wie ursprünglich erhofft. Offensichtlich war es zu einem Überschießen von Kapitalbewegungen und relativer Lohnentwicklung gekommen, verbunden mit einer Verschlechterung der Wettbewerbsfähigkeit. Während die Lohnstückkosten in den Peripherieländern stark angestiegen waren, stagnierten sie in Deutschland.

Statt in produktive Investitionen war ein Teil des Kapitals in unproduktive Finanzanlagen geflossen oder hatte einfach die Immobilienpreise in die Höhe getrieben. Die Anleger realisierten, dass die hohen Wachstumsraten vor 2007 in manchen Ländern offensichtlich nicht nachhaltig waren. Immer mehr Anleger versuchten deshalb, ihr Kapital rasch wieder abzuziehen. Die enge Integration der Finanzmärkte, die zunächst den raschen Zufluss von Finanzmitteln ermöglicht hatte, erleichterte nun umgekehrt auch deren rasanten Abfluss. Durch die abrupte Umkehr der Kapitalströme (*„Sudden Stop"*) drohte die Gefahr eines Zusammenbruchs der gesamten Wirtschaftsaktivität (vgl. dazu auch die Fokusbox *„Risikoprämien – die Grenzen der Zinsparität"* in ▸ **Kapitel 19)**.

Mit dem Ausbruch der Finanzkrise wurde es in den Peripheriestaaten immer schwieriger, am internationalen Kapitalmarkt Kredite zur Finanzierung der Defizite aufzunehmen. Sowohl im Privatsektor als auch im staatlichen Sektor sah man sich gezwungen, die Kreditaufnahme einzuschränken und damit auch das Leistungsbilanzdefizit abzubauen. 2013 wurde die Leistungsbilanz in Portugal und Spanien positiv; selbst in Griechenland war das Defizit fast verschwunden. Weil die meisten Kernstaaten Leistungsbilanzüberschüsse aufweisen, ist die Leistungsbilanz für den gesamten Euroraum positiv.

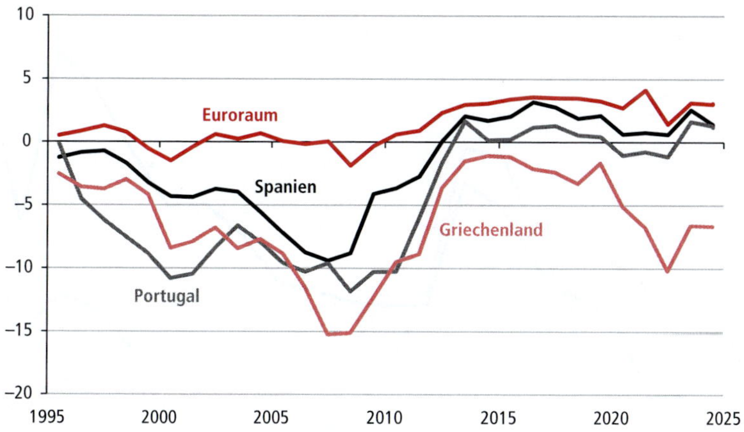

Abbildung 1 Die Entwicklung der Leistungsbilanzdefizite als Anteil am BIP im Euroraum
Quelle: FRED, OECD Economic Outlook

Diese Entwicklung ist eine eindrucksvolle Wende. Sind das aber wirklich gute Nachrichten? Unsere Überlegungen haben gezeigt, dass es zwei ganz unterschiedliche Gründe für die Verbesserung der Leistungsbilanz gibt: Zum einen kann sich die Wettbewerbsposition eines Landes verbessern: Wenn der reale Wechselkurs abwertet, steigen die Exporte, während die Importe zurückgehen; damit verbessert sich die Leistungsbilanz. Der zweite Grund ist ein Rückgang der inländischen Produktion. Wenn die Exporte, die von der Nachfrage im Rest der Welt abhängen, unverändert bleiben, die Importe aber mit der Produktion sinken, verbessert sich die Leistungsbilanz ebenfalls.

Leider gibt es starke Evidenz dafür, dass 2012/2013 der zweite Faktor dominierte. Weil die Staaten Teil des Euroraums sind, können sie ihre Wettbewerbsposition nicht durch eine Abwertung des nominalen Wechselkurses verbessern – zumindest nicht gegenüber den anderen Ländern im Euroraum. Der einzige Weg dazu bestand in einem Rückgang von Löhnen und Preisen. Das hat sich als sehr langsam und schmerzhaft erwiesen (wir untersuchen dies genauer in ▸ **Kapitel 20**).

Der Großteil des Anpassungsprozesses erfolgte stattdessen durch einen Einbruch der Exporte, ausgelöst durch einen Rückgang der Produktion. ▸ **Abbildung 2** zeigt, wie massiv dieser Prozess in Griechenland ablief. Die Abbildung zeigt die Entwicklung von BIP, Exporten und Importen in Griechenland seit 2000. Alle Werte wurden für Anfang 2000 auf 100 normiert. Bis 2008 sind alle drei Variablen stark angestiegen. Nach 2008 aber ist die Produktion um mehr als 25% eingebrochen und lag selbst 2019 noch unter dem Niveau von 2000. Bemerkenswert ist, wie eng sich die Importe im Einklang mit der Produktion verändert haben. Sie sind sogar um über 33% eingebrochen. Auch die Exporte haben sich nicht besonders gut entwickelt. Selbst im Jahr 2016 lagen sie immer noch unter dem Niveau vor Ausbruch der Finanzkrise Anfang 2008; seitdem haben sie sich leicht verbessert.

Um es kurz zu machen: Der Abbau der Leistungsbilanzdefizite der Peripheriestaaten im Euroraum ist großteils eine schlechte Nachricht. Die Entwicklung der Leistungsbilanz folgt letztlich der Entwicklung der Produktion. Diese wiederum hängt stark davon ab, wie sich die Produktion im Vergleich zum Produktionspotenzial verhält. Ist ein Großteil des Rückgangs der Produktion auf einen Rückgang des Produktionspotenzials zurückzuführen, dann wird die Produktion auf Dauer niedrig bleiben (dann bleibt der Leistungsbilanzüberschuss bestehen). Es scheint dagegen wesentlich plausibler, dass die Produktion weit unter dem Produktionspotenzial liegt (in der Terminologie von ▸ **Kapitel 9**: es besteht eine negative Output-Lücke). In diesem Fall werden die Importe ohne weitere reale Abwertung wieder ansteigen, sobald sich die Produktion erholt. Damit ist dann aber wieder mit einem Anstieg des Leistungsbilanzdefizits zu rechnen.

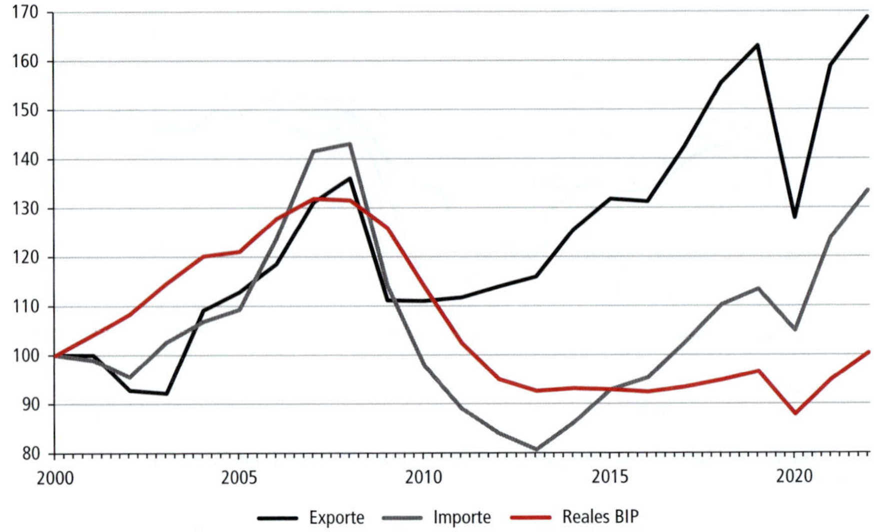

Abbildung 2 BIP, Exporte und Importe in Griechenland seit 2000 (Indexwert 2000 = 100)
Quelle: FRED

18.5 Eine dynamische Analyse – die *J*-Kurve

Bisher haben wir in diesem Kapitel dynamische Aspekte vernachlässigt. Es ist jetzt an der Zeit, sie in die Analyse aufzunehmen. Die dynamischen Aspekte im Zusammenhang mit den Variablen Konsum, Investitionen, Absatz und Produktion, die wir in ▶ Kapitel 3 diskutiert haben, sind in der offenen Volkswirtschaft genauso relevant wie in der geschlossenen Volkswirtschaft. Es treten jedoch zusätzliche Effekte auf, die aus den dynamischen Aspekten der Exporte und der Importe resultieren. Wir wollen uns hier auf diese Effekte konzentrieren.

Wir wollen uns noch einmal mit den Auswirkungen des Wechselkurses auf die Handelsbilanz beschäftigen. Wir haben weiter oben argumentiert, dass eine Abwertung die Exporte steigen, die Importe sinken lässt. Diese Effekte werden jedoch nicht über Nacht wirksam. Betrachten wir beispielsweise eine zehnprozentige Abwertung des Dollar gegenüber dem Euro aus der Sicht der Vereinigten Staaten:

In den ersten Monaten nach der Abwertung wird sich die Abwertung mit großer Wahrscheinlichkeit viel mehr in den Preisen als in den Mengen widerspiegeln. Die Dollarpreise der europäischen Exporte in die USA steigen, die Europreise der Importe aus den USA sinken. Dieser Effekt beruht allein auf der Veränderung des Wechselkurses unter der Annahme, dass der Europreis der europäischen Exporte und der Dollarpreis der Importe aus den USA konstant bleiben. Die Export- und Importmengen werden sich jedoch wahrscheinlich nur langsam anpassen: Es dauert eine Weile, bis die Konsumenten realisieren, dass sich die Preise verändert haben, und bis die Unternehmer zu billigeren Anbietern gewechselt haben. Teilweise sind Liefermengen auch für einen längeren Zeitraum vertraglich fixiert, sodass sich die Im- und Exportmengen kurzfristig gar nicht ändern können. Es kann daher der Fall eintreten, dass eine Abwertung zunächst die Handelsbilanz sogar verschlechtert. Aus der Perspektive der Vereinigten Staaten sinkt ε, aber weder X noch IM passen sich zunächst in großem Umfang an. Dies hat zur Folge, dass die US-amerikanische Handelsbilanz ($X - IM/\varepsilon$) noch weiter ins Defizit gerät.

Im Lauf der Zeit wird sich dann allmählich die Veränderung der relativen Preise sowohl auf Exporte wie auf Importe stärker auswirken. Billigere amerikanische Güter führen dazu, dass die Konsumenten und Unternehmen in den Vereinigten Staaten ihre Nachfrage nach europäischen Gütern reduzieren: Die US-amerikanischen Importe gehen zurück. Billigere amerikanische Güter im Euroraum führen dazu, dass europäische Konsumenten und Unternehmen ihre Nachfrage nach US-amerikanischen Gütern erhöhen: Die amerikanischen Exporte nehmen zu. Wenn die Marshall-Lerner-Bedingung am Ende gilt – und wir haben argumentiert, dass dies der Fall ist –, dann wird die Reaktion der Exporte und der Importe schließlich stärker sein als der negative Preiseffekt. Die Abwertung führt dann zu einer Verbesserung der US-amerikanischen Handelsbilanz.

Die Reaktion der Handelsbilanz auf eine reale Abwertung: Anfangs: (X, IM) konstant, $\varepsilon\downarrow$ $\Rightarrow$ $(X - IM/\varepsilon)\downarrow$ Im Lauf der Zeit: $(X\uparrow, IM\downarrow, \varepsilon\downarrow)$ $\Rightarrow$ $(X - IM/\varepsilon)\uparrow$

▶ **Abbildung 18.6** zeigt die Reaktion der Handelsbilanz auf eine reale Abwertung im Zeitablauf. Vor der Abwertung ist das Handelsbilanzdefizit $0A$. Die Abwertung führt zunächst zu einer Verschlechterung der Handelsbilanz. Das Handelsbilanzdefizit steigt auf $0B$: ε sinkt, aber weder IM noch X verändern sich unmittelbar. Im Zeitverlauf steigen die Exporte und fallen die Importe, sodass das Handelsbilanzdefizit kleiner wird. Schließlich (wenn die Marshall-Lerner-Bedingung gilt) verbessert sich die Handelsbilanz über den ursprünglichen Wert hinaus. Dies geschieht in der Abbildung ab dem Punkt C. Dieser Anpassungsprozess wird von den Ökonomen als ***J*-Kurve** bezeichnet, da die Kurve in der Abbildung – zugegebenermaßen nur mit ein bisschen Fantasie – dem Buchstaben J ähnelt: zunächst runter, dann rauf.

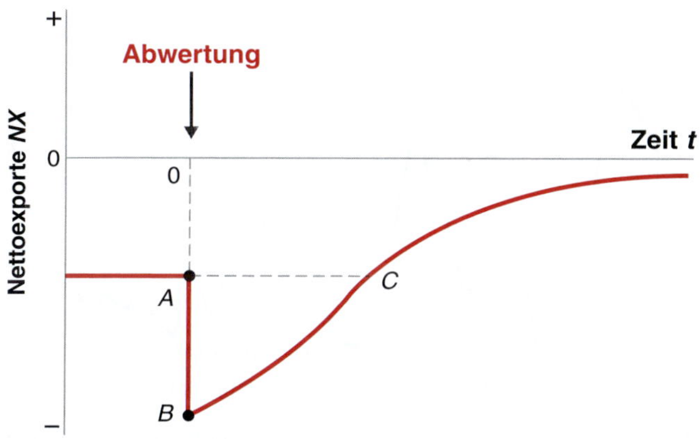

Abbildung 18.6 **Die *J*-Kurve.** Eine reale Abwertung führt zunächst zu einer Verschlechterung und erst dann zu einer Verbesserung der Handelsbilanz.

Ein Beweis für die Bedeutung der dynamischen Effekte des realen Wechselkurses auf die Handelsbilanz sind die Daten der USA und Deutschlands Anfang der 1980er-Jahre: In ▶ **Abbildung 18.7a** sind der reale Außenwert und die Nettoexporte (die Summe aus Handels- und Dienstleistungsbilanz) Deutschlands abgetragen. Vorsicht: Weil die Skala invertiert ist (bei einem Anstieg der Nettoexporte bewegt sich die Kurve nach unten!), sind die Nettoexporte umso größer, je niedriger der gezeichnete Wert. ▶ **Abbildung 18.7b** zeigt den realen Außenwert und das Außenhandelsdefizit der Vereinigten Staaten (ein Anstieg des Defizits ist eine Bewegung nach oben). Wie wir im letzten Kapitel gesehen haben, kam es im Zeitraum von 1980 bis 1985 zu einer starken realen Aufwertung des Dollar, im Zeitraum von 1985 bis Mitte der 1990er-Jahre folgte dann eine starke reale Abwertung. Die Entwicklung in Deutschland verläuft gerade spiegelbildlich. Zwei Punkte werden aus der Abbildung deutlich:

1. Entwicklungen des realen Wechselkurses spiegelten sich in parallelen Entwicklungen des Außenbeitrags wider. Eine Abwertung ging meist mit einer starken Verbesserung der Handelsbilanz einher, eine Aufwertung war mit einer Verschlechterung der Handelsbilanz verbunden.

2 Es gab jedoch deutliche Verzögerungen in der Reaktion der Handelsbilanz auf die Veränderungen des realen Wechselkurses. In den USA blieb das Defizit der Handelsbilanz zwischen 1981 und 1983 trotz der rasanten realen Aufwertung zunächst klein. Trotz der starken realen Abwertung des Dollar nach 2002 ist das Defizit der amerikanischen Leistungsbilanz noch lange weiter angestiegen. Erst 2007 hat sich der Trend gewendet. Zudem können Sondereffekte die Wirkung der Wechselkursbewegungen stören: In Deutschland kam es etwa 2022 im Zug steigender Energiepreise in Folge des Ukraine-Konflikts zu einem Rückgang der Nettoexporte, obwohl der Euro real abwertete.

Die Verzögerungen waren 1985 bis 1988 ungewöhnlich lange. Manche Ökonomen zweifelten damals, ob die Beziehung zwischen realem Wechselkurs und Handelsbilanz noch gelte. Rückblickend zeigte sich, dass sie fortbestand; die Verzögerungen dauerten nur länger als üblich.

Allgemein lassen ökonometrische Analysen, die den dynamischen Zusammenhang zwischen Exporten, Importen und dem realen Wechselkurs untersuchen, den Schluss zu, dass eine reale Abwertung in allen OECD-Ländern letztlich zu einer Verbesserung der Handelsbilanz führt. Sie zeigen jedoch auch, dass dieser Prozess eine Weile dauert, im Allgemeinen zwischen sechs Monaten und einem Jahr. Diese Verzögerungen haben nicht nur Implikationen für die Effekte einer Abwertung auf die Handelsbilanz, sondern auch für die Effekte einer Abwertung auf die Produktion. Wenn eine Abwertung bei unverändertem Außenhandelsvolumen zunächst zu einer Verteuerung der Importe führt, dann bedeutet dies, dass sie zunächst auch einen kontraktiven Einfluss auf die Produktion ausübt, weil das verfügbare Einkommen der Inländer zurückgeht. Wenn sich eine Regierung daher auf eine Abwertung verlässt, um sowohl die Handelsbilanz zu verbessern als auch die inländische Produktion auszuweiten, dann werden die Effekte für eine Weile in die falsche Richtung gehen.

Beachten Sie die invertierte Skala auf der rechten Achse! Negative Nettoexporte entsprechen einem Handelsdefizit.

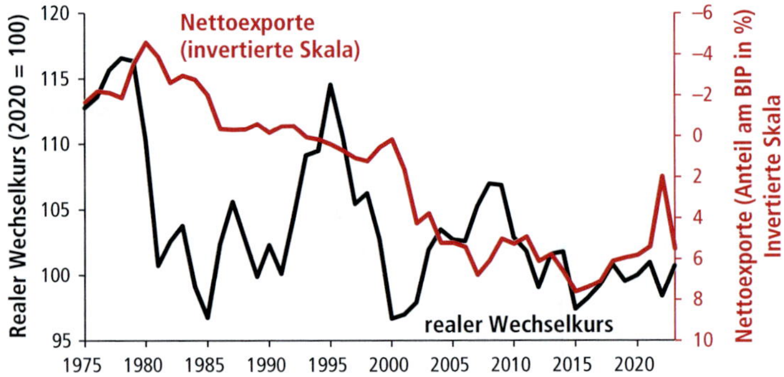

Abbildung 18.7 Realer Außenwert und Anteil der Nettoexporte am BIP in % (invertierte Skala) seit 1975.
a) Deutschland (FRED; BIS RNDEBIS; OECD: (DEUEXPORTADSMEI – DEUIMPORTADSMEI)/ DEUGDPNADSMEI)

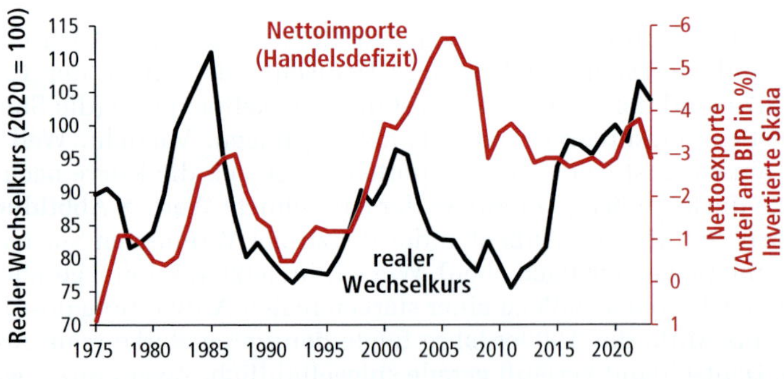

b) USA (FRED; BIS RNUSBIS; BEA: A019RE1A156NBEA). Einer realen Abwertung folgt erst mit deutlicher Verzögerung ein Anstieg der Nettoexporte (bzw. ein Rückgang eines Handelsdefizits). Zudem sind Sondereffekte zu beachten: So kam es in Deutschland 2022 im Zug des Ukraine-Kriegs trotz realer Abwertung zu einem Rückgang der Nettoexporte.

18.6 Ersparnis, Investitionen und Leistungsbilanz

▶ **Kapitel 3** hat gezeigt, dass die Gleichgewichtsbedingung für den Gütermarkt äquivalent ist zu der Bedingung, dass die Investitionen der Ersparnis – der Summe aus privater und staatlicher Ersparnis – entsprechen müssen. Offene Finanzmärkte ermöglichen es für ein Land als Ganzes, sich auch im Ausland zu verschulden oder Ersparnisse im Ausland anzulegen. Wie muss die Bedingung „Investitionen gleich Ersparnis" in der offenen Volkswirtschaft modifiziert werden? Wir werden sehen, dass uns diese alternative Betrachtungsweise des Gleichgewichts wichtige neue Einsichten bringt.

Beginnen wir mit unserer Gleichgewichtsbedingung am Gütermarkt. Die Nachfrage nach inländischen Gütern muss gleich der inländischen Produktion sein:

Inländische Produktion: Y(= BIP)

$$Y = C + I + G - IM/\varepsilon + X$$

Die inländische Ersparnis hängt vom Einkommen der Inländer, dem Bruttonationaleinkommen (BNE), ab. In einer geschlossenen Volkswirtschaft entspricht das Einkommen immer der inländischen Produktion (dem BIP). In einer offenen Volkswirtschaft kann sich das BNE aber stark vom BIP unterscheiden. Wir müssen den Saldo der Primäreinkommen (der Erwerbs- und Vermögenseinkommen) berücksichtigen: Hat ein Land in der Vergangenheit hohes Auslandsvermögen angespart, erzielt es hohe Vermögenseinkommen. Umgekehrt muss ein Land, das sich stark im Ausland verschuldet hat, hohe Zinslasten zurückzahlen. Dies haben die Beispiele Kuwaits und Irlands in der Fokusbox *„Bruttoinlandsprodukt versus Bruttonationaleinkommen"* in ▶ Kapitel 17 deutlich gemacht.

Das BNE kann sich deshalb vom BIP unterscheiden. Das BIP haben wir mit dem Buchstaben Y abgekürzt. Bezeichnen wir den Saldo der Primäreinkommen mit SE, dann lässt sich die Beziehung zwischen BNE und BIP so schreiben:

In den vorhergehenden Abschnitten sind wir immer davon ausgegangen, dass SE = 0. Diese Annahme heben wir nun auf.

$$BNE = Y + SE$$

Substituiert man in der oben angegebenen Gleichgewichtsbedingung Y durch BNE – SE, erhält man:

$$\text{BNE} = C + I + G - IM/\varepsilon + X + SE$$

Der Ausdruck $X - IM/\varepsilon + SE$, die Summe aus Handelsbilanz und dem Saldo der Primäreinkommen, entspricht exakt unserer Definition der Leistungsbilanz in ▶ **Abschnitt 18.2** (dabei vernachlässigen wir die **Laufende Übertragungen**). Wir kürzen die Leistungsbilanz mit den Buchstaben LB ab.

Häufig wird in der Presse zwischen Veränderungen der Leistungs- und der Handelsbilanz nicht unterschieden. Das ist kein großer Fehler, weil sich *SE* meist nur wenig verändert.

$$LB = X - IM/\varepsilon + SE$$

Setzen wir diese Definition der Leistungsbilanz ein, vereinfacht sich unsere Gleichung für das BNE so:

$$\text{BNE} = C + I + G + LB$$

Die private Ersparnis ist durch die Gleichung $S = (\text{BNE} - T) - C$ gegeben. Setzen wir die Gleichung für das BNE hier ein, so erhalten wir:

$$S = C + I + G + LB - T - C = I + G - T + LB$$

Lösen wir diese Gleichung nach LB auf, dann ergibt sich für die Leistungsbilanz:

$$LB = S + (T - G) - I \qquad (18.5)$$

In ▸ Kapitel 17 sind wir von einem ausgeglichenen Saldo der Primäreinkommen (SE = 0) ausgegangen. Die Leistungsbilanz entspricht dann dem Außenbeitrag. Erläutern Sie verbal, warum ein Handelsbilanzdefizit nicht zu einer Neuverschuldung im Ausland führen muss, wenn das Land einen positiven Saldo der Primäreinkommen erzielt.

▸ Abbildung 18.8 verdeutlicht am Beispiel der USA den Zusammenhang zwischen Leistungsbilanz, Staatsbudget und privater Nettoersparnis (der Differenz zwischen privater Ersparnis und privaten Investitionen).

Diese Gleichung besagt, dass die Leistungsbilanz LB immer der Ersparnis des Landes im Ausland entspricht. Die Leistungsbilanz eines Landes ist die Summe der privaten Ersparnis S und der staatlichen Ersparnis $(T - G)$, abzüglich der privaten Investitionen I im Inland. Ein Leistungsbilanzüberschuss bedeutet also, dass die inländische Ersparnis die inländischen Investitionen übersteigt; ein Leistungsbilanzdefizit bedeutet umgekehrt, dass die inländischen Investitionen größer sind als die Ersparnis im Inland.

Um eine präzisere Intuition für diesen Zusammenhang aufzubauen, kehren wir zu unserer Diskussion von Leistungs- und Kapitalbilanz in ▸ **Kapitel 17** zurück. Wir haben dort gesehen, dass ein Land mit einem Leistungsbilanzüberschuss netto Kredit an den Rest der Welt vergibt. Ein Leistungsbilanzdefizit impliziert, dass sich das Land netto beim Rest der Welt verschuldet. Betrachten wir nun ein Land, das mehr investiert als es spart. Dann ist die Summe $S + (T - G) - I$ negativ. Dieses Land muss in Höhe der Differenz Kredit beim Rest der Welt aufnehmen; es weist also ein Leistungsbilanzdefizit auf.

Folgende Aussagen lassen sich aus ▸ Gleichung (18.5) ableiten:

- Ein Anstieg der Investitionen muss sich entweder in einem Anstieg der privaten Ersparnis, der staatlichen Ersparnis oder in einer Verschlechterung der Leistungsbilanz widerspiegeln (einem Rückgang des Leistungsbilanzüberschusses bzw. einem Anstieg des Leistungsbilanzdefizits).
- Ein Anstieg des staatlichen Budgetdefizits muss sich entweder in einem Anstieg der privaten Ersparnis, einem Rückgang der Investitionen oder in einer Verschlechterung der Leistungsbilanz widerspiegeln.
- Ein Land mit einer hohen Sparrate, privat oder staatlich, weist entweder ein hohes Niveau privater Investitionen auf oder einen großen Leistungsbilanzüberschuss.

Es ist jedoch auch wichtig zu verstehen, was wir aus ▸ Gleichung (18.5) nicht erkennen können. Gleichung (18.5) sagt nichts darüber aus, ob ein Budgetdefizit zu einem Leistungsbilanzdefizit, zu einem Anstieg der privaten Ersparnis oder zu einem Rückgang der Investitionen führen wird. Um herauszufinden, wie ein höheres Budgetdefizit finanziert wird, müssen wir explizit prüfen, wie sich die verschiedenen Bestimmungsgrößen der Produktion entwickeln. Wir müssen also untersuchen, wie sich Konsum, private Investitionen, Exporte und Importe verändern. Als ein Beispiel für eine Fehlinterpretation der Gleichung (18.5) betrachten wir folgende Argumentation (in der einen oder anderen Form ist sie häufig in den Zeitungen zu lesen):

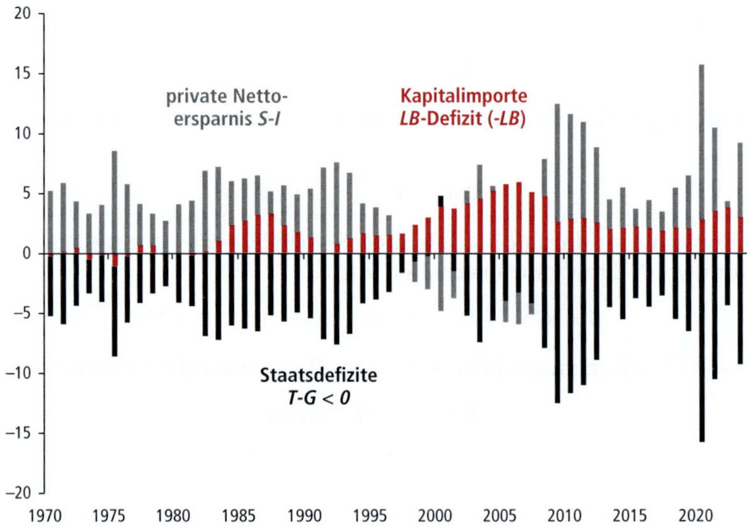

Abbildung 18.8 $LB = S + (T - G) - I$. Der Zusammenhang zwischen Leistungsbilanz, Staatsbudget und privater Nettoersparnis; das Beispiel USA seit 1970
Quelle: FRED; BEA

Charakteristisch für die 1980er-Jahre in den USA ist das sogenannte **Doppeldefizit**: Die hohe Neuverschuldung des Staates spiegelt sich in einem hohen Leistungsbilanzdefizit wider. Ende der 1990er-Jahre wies der Staatshaushalt Überschüsse auf; das hohe Leistungsbilanzdefizit war nun ein Spiegelbild hoher privater Investitionen (bei niedriger privater Ersparnis). Nach der Finanzkrise war die private Nettoersparnis positiv – Konsum und Investitionen sind eingebrochen. Der starke Anstieg des Staatsdefizits ist ein Reflex der Konjunkturprogramme.

> *„Es ist klar, dass die Vereinigten Staaten ihr hohes Leistungsbilanzdefizit durch eine Abwertung nicht abbauen können. Gleichung (18.5) zeigt doch, dass das Leistungsbilanzdefizit den Investitionen abzüglich der Ersparnis entsprechen muss. Warum sollte eine Abwertung die Ersparnis oder die Investitionen beeinflussen? Wie kann dann eine Abwertung das Leistungsbilanzdefizit beeinflussen?"*

Dieses Argument klingt auf den ersten Blick recht überzeugend. Dennoch wissen wir, dass es falsch ist. Wir haben früher gezeigt, dass eine Abwertung die Produktion steigen lässt und damit die Handelsbilanz verbessert. Eine Verbesserung der Handelsbilanz ist gleichbedeutend mit einer Verbesserung der Leistungsbilanz, wenn wir von einem unveränderten Saldo der Primäreinkommen ausgehen. Wo liegt also der Fehler in dem gerade zitierten Argument? Eine Abwertung beeinflusst die Ersparnis und die Investitionen: Indem sie die Nachfrage nach inländischen Gütern beeinflusst, lässt sie die Produktion ansteigen. Eine höhere Produktion führt aber dazu, dass die Ersparnis über die Investitionen steigt. Dies ist äquivalent zu einem Rückgang des Leistungsbilanzdefizits.

Um sicherzustellen, dass man die Inhalte dieses Kapitels verstanden hat, sollte man zurückblättern und alle Fallbeispiele, die wir analysiert haben, noch einmal betrachten, angefangen bei Veränderungen der Staatsausgaben über Veränderungen der Auslandsnachfrage bis hin zu den Kombinationen aus Abwertung und kontraktiver Fiskalpolitik. Für all diese Fälle sollte man untersuchen, was mit den vier Bestandteilen von ▸ Gleichung (18.5) geschieht: mit der privaten Ersparnis, der staatlichen Ersparnis (äquivalent: Budgetüberschuss), den Investitionen und der Leistungsbilanz. Unterschiede zwischen der Leistungs- und Handelsbilanz können unter der Annahme eines ausgeglichenen Saldos der Primäreinkommen vernachlässigt werden. Wichtig ist, die Ergebnisse in Worten darzustellen. Wer dazu in der Lage ist, ist gut vorbereitet für ▸ **Kapitel 19.**

Zeigen Sie, dass ein Anstieg der ausländischen Nachfrage folgende Wirkungen hat: ein Anstieg der privaten Ersparnis, höhere Investitionen (die Zunahme ist geringer als die der Ersparnis), keine Veränderung des Budgetdefizits, eine Verbesserung der Leistungsbilanz.

EXKURS

Zum Abschluss dieses Kapitels eine Denksportaufgabe. Beurteilen Sie folgende drei Aussagen und entscheiden Sie, welche davon zutreffen:

- Der hohe Überschuss in der deutschen Leistungsbilanz zeigt, wie wettbewerbsfähig die deutsche Wirtschaft ist. Das ist ein Zeichen der Stärke der deutschen Industrie. Es geht nicht um Sparen und Investieren, sondern darum, die Exportfähigkeit deutscher Produkte zu stärken.
- Der hohe Überschuss in der deutschen Leistungsbilanz zeigt, dass die deutsche Bevölkerung viel spart und ihre Ersparnisse weltweit investiert. Das ist ein Zeichen der Stärke. Es geht dabei nicht um Wettbewerbsfähigkeit, sondern darum, genug zu sparen.
- Der hohe Überschuss in der deutschen Leistungsbilanz ist nur das Spiegelbild der Tatsache, dass in Deutschland zu wenig investiert wird. Die Tatsache, dass deutsche Ersparnisse im Ausland angelegt werden, ist ein Zeichen für das Misstrauen gegenüber der Rentabilität inländischer Investitionen. Es ist ein Zeichen der Schwäche, dass so viel Kapital ins Ausland exportiert wird. Dies bedarf dringender Korrekturmechanismen.

FOKUS

Eine dynamische Analyse der Leistungsbilanz

Eine offene Volkswirtschaft kann Ersparnisse im Ausland bilden oder Kredite im Ausland aufnehmen. Ein Leistungsbilanzüberschuss bedeutet nach ▶ Gleichung (18.5), dass private und staatliche Ersparnis im Inland die inländischen Investitionen übersteigen. Die Überschüsse der Ersparnisse werden im Ausland angelegt. Der Leistungsbilanzüberschuss (eine Stromgröße) erhöht das **Nettoauslandsvermögen** der Inländer (eine Bestandsgröße). Gehen wir davon aus, dass das Nettoauslandsvermögen eines Landes zu Beginn der Periode 1 gleich null ist. Wenn die Inländer in der Periode 1 nun einen Leistungsbilanzüberschuss in Höhe von LB_1 erwirtschaften, dann verfügen sie zu Beginn der nächsten Periode 2 über das Nettoauslandsvermögen V_2:

$$V_2 = LB_1$$

Das Nettoauslandsvermögen bringt den Inländern Zinseinkünfte in Höhe von rV_t.. Sie werden im Saldo der Primäreinkommen als Vermögenseinkommen der Inländer erfasst. Ein positives Nettoauslandsvermögen führt also in Periode 2 zu den Zinseinnahmen:

$$rV_2 = rLB_1$$

Wir nehmen an, dass der Saldo der Erwerbseinkommen ausgeglichen ist. Dann entspricht der Saldo S E_t gerade den Vermögenseinkommen rV_t. Das BNE in Periode 2 beträgt somit:

$$\text{BNE}_2 = Y_2 + rV_2 = Y_2 + rLB_1$$

Ein Leistungsbilanzüberschuss heute bedeutet also einen Kapitalexport; er lässt das Nettoauslandsvermögen steigen und ermöglicht so Zinseinkommen der Inländer in der Zukunft. (Die Veränderung des Nettoauslandsvermögens in einem Jahr wird allerdings nicht allein durch den Leistungsbilanzsaldo bestimmt. Wir müssen dabei auch Wertveränderungen berücksichtigen.

Aufgrund von Kursverlusten ist das deutsche Nettoauslandsvermögen viel schwächer gestiegen, als die hohen Leistungsbilanzüberschüsse erwarten ließen. Umgekehrt ist in den USA die Nettoauslandsverschuldung dank erzielter Kursgewinne trotz hoher Leistungsbilanzdefizite nur wenig angestiegen.)

Ein Leistungsbilanzüberschuss heute bedeutet aber auch, dass in der laufenden Periode im Inland weniger konsumiert bzw. investiert werden kann – die Absorptionsmöglichkeiten des Inlandes heute werden eingeschränkt. Die **Inländische Absorption** ist die Summe aus privatem und staatlichem Konsum sowie den privaten Investitionen. Sie ist also definiert als $C + I + G$. Somit besteht folgender Zusammenhang zwischen BNE, Absorption und Leistungsbilanz:

$$\text{BNE}_1 = C_1 + I_1 + G_1 + LB_1$$

Das in Periode 1 verfügbare Einkommen (BNE) kann entweder für die heutige inländische Absorption (Konsum oder Investition) verwendet werden oder zum Aufbau eines Leistungsbilanzüberschusses.

Ist ein Leistungsbilanzüberschuss nun gut oder schlecht? Das ist nicht die richtige Frage. Ein Überschuss bedeutet, dass das Inland zukünftig über mehr Absorptionsmöglichkeiten verfügt; dafür aber ist die inländische Absorption heute kleiner. Bei einem Defizit ist es gerade umgekehrt. Es geht also um einen Tausch von Konsum heute gegen Konsum morgen.

- Betrachten wir nochmals das Beispiel Kuwait: Wenn das Land einen Teil seiner Erdöleinnahmen im Ausland anlegt, verzichtet es zwar kurzfristig auf Konsummöglichkeiten, durch die zukünftigen Zinseinkünfte kann das Land aber in Zukunft ein hohes Konsumniveau aufrechterhalten, auch wenn die Ölreserven einmal versiegen sollten.
- Ein anderes Beispiel: Betrachten wir ein Land mit sehr geringer Kapitalintensität. In ▶ Kapitel 11 haben wir gesehen, dass Investitionen in einem solchen Land sehr rentabel sein sollten (je geringer die Kapitalintensität – der Bestand an Kapital pro Kopf –, desto größer die Grenzproduktivität des Kapitals). Verschuldet sich dieses Land nun im Rest der Welt (baut es ein Leistungsbilanzdefizit auf), kann es seine gegenwärtigen Investitionen erhöhen (Kapital im Inland aufbauen), ohne dabei die Ersparnis steigern und damit auf gegenwärtigen Konsum verzichten zu müssen. In Zukunft muss es dann zwar Zinsen an den Rest der Welt zahlen, bis dahin wird aber – zumindest wenn alles gut läuft – die inländische Produktion dank der zusätzlichen Investitionen gestiegen sein. Durch das Wirtschaftswachstum kann es sowohl ein höheres Konsumniveau erreichen als auch seine Auslandsschulden samt Zinszahlungen begleichen.

- Als weiteres Beispiel betrachten wir die Veränderung des Nettoauslandsvermögens seit 1975. Anfang der 1970er-Jahre waren die USA ein Netto-Gläubiger-Land. Als Folge des hohen Leistungsbilanzdefizits wurden die USA im Lauf der 1980er-Jahre zu einem Schuldnerland. Mit dem anhaltenden Leistungsbilanzdefizit erhöhte sich die Auslandsverschuldung stetig. Dennoch ist der Saldo der Primäreinkommen in den USA angestiegen. Die Rendite von US-Investitionen im Ausland scheint höher zu sein als die Rendite ausländischer Anlagen in den USA. Der Anstieg könnte zum Teil aber auch einfach daran liegen, dass die Produktionsaktivität in manchen Dienstleistungssektoren schwer messbar ist: Werden etwa Aktivitäten zur Steuervermeidung ins Ausland verlagert, dann fallen deren Gewinne (etwa Erträge aus Patenten der Pharmaindustrie) im Ausland an. Sie zählen zwar als Vermögenseinkommen zum BNE, das BIP in den USA fällt aber entsprechend niedriger aus. In Deutschland ging das Nettoauslandsvermögen in den 1990er-Jahren zurück – eine Folge der Leistungsbilanzdefizite im Zuge der deutschen Einheit. Seit 1999 steigt es aber mit zunehmenden Leistungsbilanzüberschüssen wieder stark an.

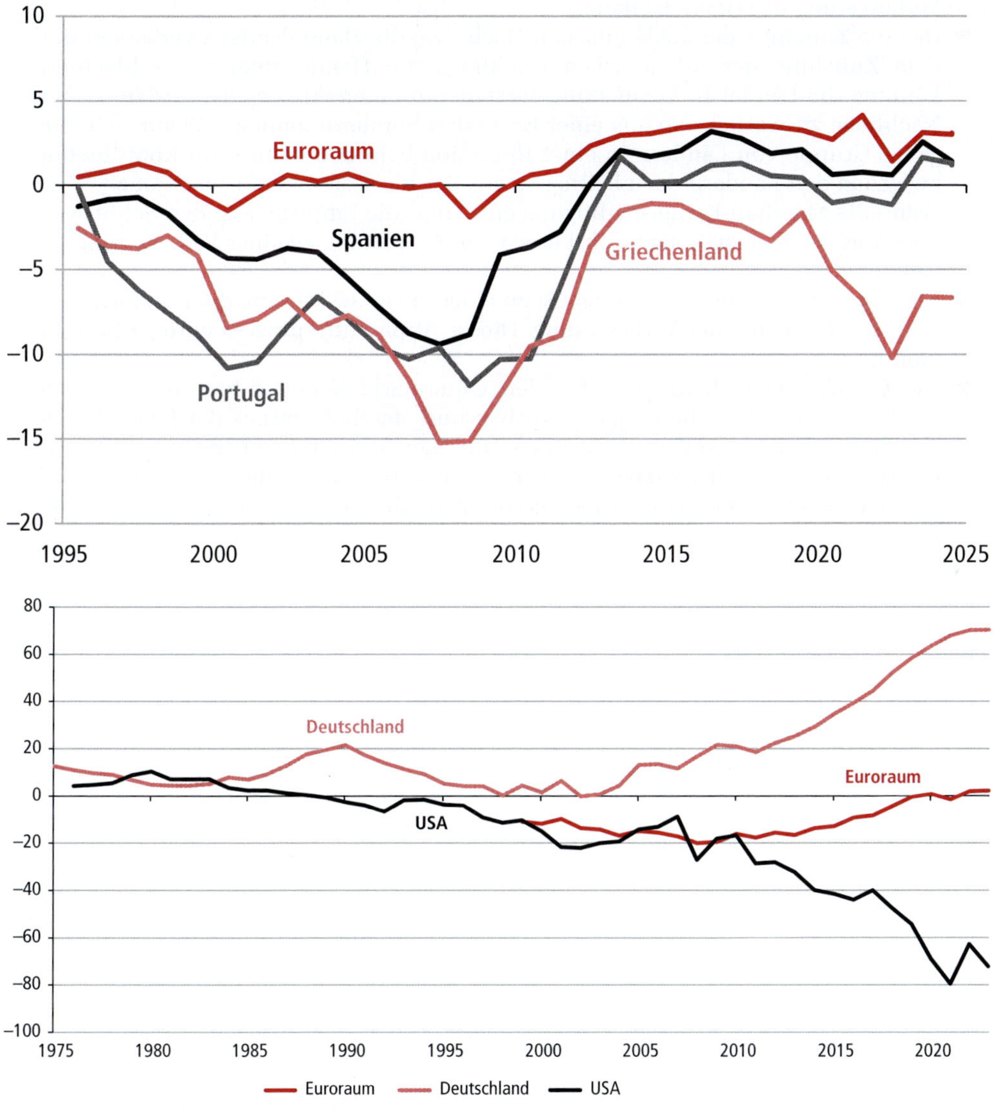

Abbildung 1 Der Zusammenhang zwischen Leistungsbilanz und Nettoauslandsvermögen – USA, Deutschland und Euroraum
a) Leistungsbilanz (Anteil am BIP) seit 1970
b) Nettoauslandsvermögen (Anteil am BIP) seit 1975

Quelle: Leistungsbilanz: OECD/FRED (Code BPBLTT01); Nettoauslandsvermögen: USA BEA; Deutschland und Euroraum Eurostat

ZUSAMMENFASSUNG

- In einer offenen Volkswirtschaft ist die Nachfrage nach inländischen Gütern gleich der inländischen Güternachfrage (Konsum plus Investitionen plus Staatsausgaben), abzüglich des Wertes der Importe (in Einheiten inländischer Güter), zuzüglich der Exporte.
- In einer offenen Volkswirtschaft führt ein Anstieg der inländischen Nachfrage zu einem kleineren Anstieg der Produktion als dies in einer geschlossenen Volkswirtschaft der Fall wäre, da ein Teil der zusätzlichen Nachfrage auf Importe entfällt. Aus demselben Grund führt ein Anstieg der inländischen Nachfrage auch zu einer Verschlechterung der Handelsbilanz.
- Ein Anstieg der ausländischen Nachfrage führt, aufgrund der Zunahme der Exporte, sowohl zu einer Zunahme der inländischen Produktion als auch zu einer Verbesserung der Handelsbilanz.
- Da eine Zunahme der ausländischen Nachfrage die Handelsbilanz verbessert und eine Zunahme der inländischen Nachfrage die Handelsbilanz verschlechtert, könnten die Länder in Versuchung geraten, auf einen Anstieg der ausländischen Nachfrage zu warten, um aus einer Rezession herauszukommen. Wenn sich eine ganze Gruppe von Ländern in einer Rezession befindet, dann kann Koordination zwischen den Ländern dazu beitragen, aus der Rezession herauszukommen.
- Wenn die Marshall-Lerner-Bedingung gilt – und die Empirie lässt den Schluss zu, dass dies der Fall ist –, dann führt eine reale Abwertung zu einer Verbesserung der Nettoexporte.
- Eine reale Abwertung führt zunächst zu einer Verschlechterung der Handelsbilanz und erst dann zu einer Verbesserung. Dieser Anpassungsprozess wird *J*-Kurve genannt.
- Die Gleichgewichtsbedingung für den Gütermarkt kann umformuliert werden zur Bedingung, dass die Ersparnis (privat und staatlich) minus der Investitionen gleich der Leistungsbilanz sein muss. Ein Leistungsbilanzüberschuss geht mit einem Überschuss der Ersparnis über die Investitionen einher. Ein Leistungsbilanzdefizit geht mit einem Überschuss der Investitionen über die Ersparnis einher.

Übungsaufgaben

(Lösungen auf **MyMathLab | Makroökonomie**)

Verständnistests

1 Welche der folgenden Aussagen sind zutreffend, falsch oder unklar? Geben Sie jeweils eine kurze Erläuterung.

a) Das US-amerikanische Handelsbilanzdefizit ist das Ergebnis ungewöhnlich hoher Investitionsaktivität, nicht aber eines Rückgangs der privaten Ersparnis.

b) Aus der Definitionsgleichung des Nationaleinkommens ergibt sich, dass ein Haushaltsdefizit ein Handelsbilanzdefizit verursacht.

c) Mit der Öffnung der Wirtschaft für internationalen Handel steigt der Multiplikator, weil ein Anstieg der Staatsausgaben zu verstärkten Exporten führt.

d) Es ist für die Regierung einer kleinen offenen Volkswirtschaft schwerer, die Produktion zu stabilisieren, als für die Regierung einer großen geschlossenen Volkswirtschaft.

e) Wenn die Handelsbilanz ausgeglichen ist, dann ist die inländische Nachfrage nach Gütern gleich der Nachfrage nach inländischen Gütern.

f) Eine reale Abwertung führt zu einer sofortigen Verbesserung der Handelsbilanz.

g) Eine kleine offene Volkswirtschaft kann ihr Handelsbilanzdefizit durch eine kontraktive Fiskalpolitik zu geringeren Kosten (in Form von Produktionseinbußen) abbauen als eine große Volkswirtschaft.

h) In den Vereinigten Staaten führten reale Aufwertungen in den 1990er-Jahren zu Handelsbilanzdefiziten, Abwertungen dagegen zu Handelsbilanzüberschüssen.

i) Ein Rückgang des Realeinkommens führt zu einem Rückgang der Importe und damit zu einer Verbesserung der Handelsbilanz.

j) Der Rückgang des Leistungsbilanzdefizits in Griechenland nach 2008 ermöglicht einen höheren Lebensstandard für die Bevölkerung Griechenlands.

2 *Der nominale Wechselkurs, der reale Wechselkurs, die inländische und die ausländische Inflation*

a) Verwenden Sie die Definition des realen Wechselkurses und zeigen Sie, dass der folgende Zusammenhang wahr ist. Erläutern Sie die Gleichung verbal. (Verwenden Sie zur Ableitung Proposition 7 und 8 aus ▶ Anhang B am Ende des Buches):

$$\frac{\varepsilon_t - \varepsilon_{t+1}}{\varepsilon_{t+1}} = \frac{E_t - E_{t+1}}{E_{t+1}} + \pi_t - \pi_t^*.$$

b) Wenn die inländische Inflation höher ist als die ausländische Inflation, das Inland sich aber auf einen festen Wechselkurs verpflichtet hat, wie entwickelt sich dann der reale Wechselkurs im Zeitverlauf? Nehmen Sie an, die Marshall-Lerner-Bedingung gilt. Wie entwickelt sich dann die Handelsbilanz? Erklären Sie verbal.

c) Nehmen Sie an, der reale Wechselkurs bleibt konstant auf einem Wert, der eine ausgeglichene Leistungsbilanz garantiert. Wie muss sich dann der nominale Wechselkurs entwickeln, wenn die Inflationsrate im Inland dauerhaft höher ist als im Ausland?

3 *Die Auswirkungen einer Rezession in Europa auf die US-amerikanische Volkswirtschaft*

a) 2022 gingen 18% der US-amerikanischen Exporte in den Euroraum. Die US-amerikanischen Exporte machten wiederum 11,4% des US-amerikanischen BIP aus. Wie groß ist der Anteil der Ausgaben des Euroraums für amerikanische Güter relativ zum amerikanischen BIP?

b) Nehmen wir an, der Multiplikator in den Vereinigten Staaten ist gleich zwei und eine Rezession im Euroraum hat dazu geführt, dass dort die Produktion um 5% relativ zu ihrem natürlichen Niveau gesunken ist. Welche Auswirkungen hat der Abschwung im Euroraum auf das US-amerikanische BIP?

c) Wenn die Rezession im Euroraum auch zu einem Abschwung in den anderen Volkswirtschaften führen würde, die Güter aus den Vereinigten Staaten importieren, dann könnte der Effekt größer ausfallen. Nehmen Sie an, die amerikanischen Exporte fallen insgesamt um 5%. Welche Auswirkungen hat dies auf das amerikanische BIP?

d) Kommentieren Sie die folgende Aussage eines Journalisten: „Wenn der Euroraum keinen Weg aus der Rezession und Schuldenkrise findet, dann wird das Wachstum in den USA zum Stillstand kommen.“

4 ▶ **Tabelle 18.1** hat vier Felder. Illustrieren Sie durch Variation von ▶ **Abbildung 18.4.** jeweils die einzelnen Fälle, die in den Feldern der Tabelle beschrieben werden. Erläutern Sie jeweils, warum das Vorzeichen bestimmter Effekte nicht eindeutig ist.

5 Betrachten Sie eine Volkswirtschaft mit einem festen Wechselkurs. Nehmen Sie an, dass das Preisniveau fest ist.

a) Welche Auswirkungen hat eine Abwertung in den ersten sechs Monaten nach der Abwertung auf die Produktion und die Handelsbilanz?

b) Welche Auswirkungen hat die Abwertung nach den ersten sechs Monaten nach der Abwertung auf die Produktion und die Handelsbilanz?

Vertiefungsfragen

6 *Nettoexporte und Auslandsnachfrage*

a) Nehmen Sie an, die Produktion im Ausland Y^* steigt. Zeigen Sie, wie sich dies auf das Inland auswirkt (versuchen Sie, ▶ **Abbildung 18.4** zu reproduzieren). Wie wirkt sich der Anstieg auf die inländische Produktion und die Nettoexporte im Inland aus?

b) Welche Auswirkungen ergeben sich für die inländischen Investitionen, wenn der Zinssatz konstant bleibt? Was sind die Auswirkungen auf das Budgetdefizit, wenn die Steuern konstant bleiben?

c) Erklären Sie anhand von Gleichung (18.5) die Auswirkung auf die private Ersparnis.

d) In Gleichung (18.5) ist die Produktion im Ausland nicht aufgeführt. Trotzdem wirkt sie sich offensichtlich auf die Nettoexporte aus. Erklären Sie, wie das möglich ist.

7 *Abbau eines Leistungsbilanzdefizits*

a) Betrachten Sie ein Land mit einem Leistungsbilanzdefizit ($LB < 0$). Gehen Sie davon aus, dass die Produktion in der Ausgangssituation dem Produktionspotenzial entspricht und auf mittlere Frist wieder zum Produktionspotenzial zurückkehrt. Das Produktionspotenzial werde nicht vom realen Wechselkurs beeinflusst. Wie muss sich der reale Wechselkurs auf mittlere Frist entwickeln, damit sich das Leistungsbilanzdefizit abbaut (also auf $LB = 0$ ansteigt)?

b) Gehen Sie wieder davon aus, dass die Produktion auf mittlere Frist zum Produktionspotenzial zurückkehrt. Zeigen Sie unter Verwendung der Einkommensidentität, wie sich $C + I + G$ auf mittlere Frist entwickeln muss, wenn der Saldo der LB auf 0 ansteigt. Welche wirtschaftspolitischen Maßnahmen können zu einem Abbau von $C + I + G$ eingesetzt werden? Wie beeinflussen die Politikmaßnahmen die unterschiedlichen Komponenten von $C + I + G$?

8 *Multiplikatoren, offene Märkte und Fiskalpolitik*

Betrachten Sie eine offene Volkswirtschaft, die durch folgende Gleichungen charakterisiert wird:

$$C = c_0 + c_1(Y - T)$$
$$I = d_0 + d_1 Y$$
$$IM = m_1 Y$$
$$X = x_1 Y^*$$

Die Parameter m_1 und x_1 sind die Import- und Exportneigungen. Nehmen Sie an, dass der reale Wechselkurs auf 1 fixiert ist und behandeln Sie die ausländische Produktion Y^* als konstant. Zudem sind Steuern konstant und die Staatsausgaben exogen gegeben. Nun wird die Effektivität von Veränderungen in G unter verschiedenen Annahmen über die **Importneigung** untersucht.

a) Wie lautet die Gleichgewichtsbedingung auf dem inländischen Gütermarkt. Lösen Sie nach dem Einkommen Y auf.

b) Nehmen Sie an, dass die Staatsausgaben um eine Einheit steigen. Welche Auswirkungen hat dies auf den Output Y? Gehen Sie von $0 < m_1 < c_1 + d_1 < 1$ aus.

c) Wie verändern sich die Nettoexporte, wenn die Staatsausgaben um eine Einheit steigen?

Betrachten Sie nun zwei Volkswirtschaften: eine mit $m_1 = 0{,}5$, die andere mit $m_1 = 0{,}1$. In beiden gilt: $c_1 + d_1 = 0{,}6$.

d) Angenommen, eine Volkswirtschaft ist deutlich größer als die andere. Besitzt diese ein größeres oder kleineres Begründung!

e) Berechnen Sie die Werte aus den Teilaufgaben b. und c. für die beiden Länder.

f) In welchem Land wird Fiskalpolitik einen stärkeren Effekt auf den Output erzielen? In welchem Land wird Fiskalpolitik einen stärkeren Effekt auf die Nettoexporte erzielen?

9 *Politikkoordination und die Weltwirtschaft*

Betrachten Sie die folgende offene Volkswirtschaft. Der reale Wechselkurs ist fest und gleich eins. Der Konsum, die Investitionen, die Staatsausgaben und die Steuern sind wie folgt gegeben:

$$C = 10 + 0{,}8(Y - T);\ I = 10;\ G = 10;\ T = 10$$

Die Importe und die Exporte sind durch die folgenden Gleichungen gegeben:

$$IM = 0{,}3Y;\ X = 0{,}3\,Y^*$$

Das Sternchen * kennzeichnet ausländische Variablen.

a) Lösen Sie bei gegebener ausländischer Produktion nach der gleichgewichtigen Produktion im Inland auf. Wie groß ist der Multiplikator in dieser Volkswirtschaft? Wenn das Inland seine Handelsbeziehungen zum Ausland einstellen würde, sodass die Exporte und die Importe gleich null wären, wie groß wäre dann der Multiplikator? Warum sind die beiden Multiplikatoren unterschiedlich?

b) Nehmen Sie an, die ausländische Volkswirtschaft könne durch dieselben Gleichungen beschrieben werden wie die inländische Volkswirtschaft (mit umgekehrten Sternchen). Verwenden Sie die beiden Gleichungssysteme, um für jedes Land nach der gleichgewichtigen Produktion aufzulösen. Wie groß ist nun der Multiplikator für jedes Land? Warum unterscheiden sich die Multiplikatoren von denen der offenen Volkswirtschaft, die in Teilaufgabe a. berechnet wurden?

c) Nehmen Sie an, beide Volkswirtschaften streben ein Produktionsniveau von 125 an. Welcher Anstieg der Staatsausgaben *G* wird in einem Land benötigt, um die angestrebte Produktion zu erreichen, unter der Annahme, dass das andere Land seine Staatsausgaben nicht verändert? Lösen Sie für beide Länder nach den Nettoexporten und nach dem Haushaltsdefizit auf.

d) Welcher Anstieg der Staatsausgaben wird in beiden Ländern benötigt, um in beiden Ländern das angestrebte Produktionsniveau zu erreichen?

e) Warum ist es in der Praxis schwer, eine Koordination der Fiskalpolitik zu erreichen (so wie die gemeinschaftliche Staatsausgabenerhöhung in Teilaufgabe d)?

10 *Die makroökonomischen Auswirkungen eines Zollkrieges*

Betrachten Sie zwei offene *IS-LM*-Volkswirtschaften.

a) Betrachten Sie eine Steuer in Höhe der Rate t auf Importe von ausländischen Gütern (eine derartige Steuer auf ausländische Güter wird als Zoll bezeichnet). Wie wird dadurch die Importfunktion verändert? Wie wird dadurch die Exportfunktion verändert?

b) Welche Auswirkungen ergeben sich für die gleichgewichtige inländische Produktion und die inländischen Nettoexporte aufgrund der Einführung einer Steuer auf ausländische Güter im Inland?

c) Welche Auswirkungen hat dieselbe Steuer auf die ausländische Produktion und die ausländischen Nettoexporte im Gleichgewicht?

d) Nehmen Sie an, dass das Ausland auf den inländischen Zoll reagiert, indem es seinerseits eine ähnliche Steuer auf seine Importe einführt. Welche zusätzlichen Wirkungen ergeben sich aufgrund dieser ausländischen Vergeltungsmaßnahme für die Produktion und das Handelsvolumen im Gleichgewicht? (Nehmen Sie an, dass die beiden Volkswirtschaften identisch sind und dass die ausländische Steuer gleich der inländischen Steuer ist).

Weiterführende Fragen

11 *Handelsdefizit und Investitionen der USA*

a) Die nationale Ersparnis sei als Summe aus privater und staatlicher Ersparnis definiert, also $S + T - G$. Beschreiben Sie, ausgehend von Gleichung (18.5), den Zusammenhang zwischen Handelsdefizit und den Unterschied zwischen nationaler Ersparnis und Investitionen.

b) Betrachten Sie die jährlichen Daten über das BIP, die inländischen Bruttoinvestitionen und die Nettoexporte seit 1980 in den USA aus der FRED-Datenbank mit den Codes `GDP`, `GDPIA` und `A019RC1A027NBEA`. Dividieren Sie die Investitionen und die Nettoexporte jeweils durch das BIP des zugehörigen Jahres, um den Wert der beiden Größen als Anteil am BIP zu erhalten. In welchen Jahren war das US-Handelsbilanzdefizit am höchsten?

c) In den 1980er-Jahren war die Handelsbilanz in den USA ungefähr ausgeglichen. Als die USA in den 1980er-Jahren begannen, ihr Handelsdefizit auszuweiten, argumentierte die Regierung Reagan, dass ein Handelsdefizit attraktive Investitionsmöglichkeiten in den USA eröffnen würde. Betrachten Sie drei Perioden: 1981 bis 1990, 1991 bis 2000, 2001 bis 2010 und 2011 bis 2020. Berechnen Sie für alle Perioden die durchschnittlichen Investitionen und die durchschnittliche Handelsbilanz jeweils als Anteil am BIP. Bestätigt sich die Einschätzung, dass das Handelsbilanzdefizit zur Finanzierung von Investitionen genutzt wurde?

d) Ist ein Handelsdefizit dann beunruhigender, wenn es nicht von einer Erhöhung der Investitionen begleitet wird? Begründung!

e) Die bisherige Analyse konzentrierte sich auf die Handelsbilanz. Entscheidend für die Nettokapitalströme ist aber die Leistungsbilanz. Erläutern Sie den Unterschied zwischen beiden Konzepten. Vergleichen Sie den Verlauf von Handels- und Leistungsbilanz in den USA seit dem Jahr 2000. Welche Rolle spielt dabei der Saldo der Primäreinkommen? (FRED-Codes IEABCA, IEABCGSA, IEABCPIA)

f) Betrachten Sie die Entwicklung von Leistungsbilanz und Nettoauslandsvermögen in den USA (NETFI, IIPUSNETIA) als Anteil am BIP seit dem Jahr 2000. Welche Auswirkung für den Saldo der Primäreinkommen (IEABCPIA) und für das Verhältnis von BNE zu BIP in den USA (GNPA, GDPA) würden Sie erwarten?

g) Nehmen Sie an, der Anstieg des Saldos der Primäreinkommen in den USA ist Folge der Verbuchung von gewinnbringenden Dienstleistungsaktivitäten im Ausland zur Steuervermeidung. Wie würde sich die Leistungsbilanz verändern, wenn diese Aktivitäten wieder in den USA verbucht werden?

12 *Leistungsbilanz und Nettoauslandsvermögen*
Die Fokusbox *„Eine dynamische Analyse der Leistungsbilanz"* machte deutlich, dass Änderungen des Nettoauslandsvermögens nicht allein von den Leistungsbilanzsalden bestimmt werden, sondern auch von Kursgewinnen bzw. -verlusten der Kapitalanlagen inländischer Anleger im Ausland im Vergleich zu denen ausländischer Anleger im Inland. Bestimmen Sie für Deutschland und die USA die Vermögensentwicklung, die sich allein aus der Entwicklung der Leistungsbilanzsalden ergeben würde, indem Sie die kumulierten Leistungsbilanzsalden seit 1980 ermitteln. Vergleichen Sie diese Daten mit der tatsächlichen Entwicklung des Nettoauslandsvermögens seit 1980. Geben Sie eine Erklärung für die unterschiedliche Entwicklung.

Anhang 1: Multiplikatoren – Belgien versus die Vereinigten Staaten

Wenn wir annehmen, dass die Zusammenhänge in ▶ Gleichung (18.4) linear sind, können wir die Effekte der Staatsausgaben, der ausländischen Produktion usw. sowohl auf die Produktion als auch auf die Handelsbilanz berechnen. In diesem Anhang betrachten wir die Unterschiede in den Auswirkungen der Staatsausgaben in einem großen Land wie den Vereinigten Staaten und in einem kleinen Land wie Belgien.

Nehmen wir an, der Konsum und die Investitionen werden für ein gegebenes Land durch die folgenden Gleichungen beschrieben:

$$C = c_0 + c_1(Y - T)$$
$$I = d_0 + d_1 Y - d_2 r$$

Der Konsum C steigt mit dem verfügbaren Einkommen $(Y - T)$. Die Investitionen I steigen mit der Produktion Y und sinken mit dem realen Zinssatz r. c_0, c_1, d_0, d_1, d_2 sind Parameter.

Aus Gründen der Einfachheit vernachlässigen wir Bewegungen des realen Wechselkurses ε und nehmen $\varepsilon = 1$an. Die Exporte und die Importe sind durch die folgenden Gleichungen gegeben:

$$IM = im_1 Y$$
$$X = x_1 Y^*$$

Die Importe IM verhalten sich proportional zur inländischen Produktion Y. Die Exporte X verhalten sich proportional zur ausländischen Produktion Y^*. Die Parameter sind im_1 und x_1. Genauso wie wir c_1 in ▶ **Kapitel 3** als marginale Konsumneigung bezeichnet haben, so bezeichnen wir im_1 als **Marginale Importneigung**.

Die Gleichgewichtsbedingung verlangt, dass die Produktion gleich der Nachfrage nach inländischen Gütern ist:

$$Y = C + I + G - IM + X$$

(Zur Erinnerung: Wir nehmen an, dass ε gleich eins ist, sodass IM/ε einfach zu IM wird.) Ersetzen wir C, I, G, IM und X durch die jeweiligen Gleichungen:

$$Y = [c_0 + c_1(Y - T)] + (d_0 + d_1 Y - d_2 r) + G - im_1 Y + x_1 Y^*$$

Umstellen ergibt:

$$Y = (c_1 + d_1 - im_1)Y + (c_0 + d_0 - c_1 T - d_2 r + G + x_1 Y^*)$$

Wir fassen alle Terme, die Y enthalten, zusammen und lösen nach der Produktion auf:

$$Y = \left[\frac{1}{1 - (C_1 + d_1 - im_1)}\right](c_0 + d_0 - c_1 T - d_2 r + G + x_1 Y^*)$$

Die Produktion ist gleich dem Multiplikator (der Term in eckigen Klammern), multipliziert mit den autonomen Ausgaben (der Term in runden Klammern, der den Effekt all der Variablen beinhaltet, die wir bei der Erklärung der Produktion als gegeben betrachten).

Betrachten wir den Multiplikator, insbesondere den Ausdruck $(c_1 + d_1 - im_1)$ im Nenner. Wie auch in der geschlossenen Volkswirtschaft zeigt $(c_1 + d_1)$ den Effekt eines Anstiegs der Produktion auf die Konsum- und die Investitionsnachfrage; $(-im_1)$ zeigt, dass ein Teil der zusätzlichen Nachfrage nicht auf inländische Güter, sondern auf ausländische Güter entfällt.

- In dem Extremfall, in dem die gesamte zusätzliche Nachfrage auf ausländische Güter entfällt – wenn $im_1 = c_1 + d_1$ – hat ein Anstieg der Produktion keine Rückwirkung auf die Nachfrage nach inländischen Gütern; in diesem Fall ist der Multiplikator gleich eins.
- Im Allgemeinen ist im_1 kleiner als $(c_1 + d_1)$, sodass der Multiplikator größer eins ist. Der Multiplikator ist jedoch kleiner, als er in einer geschlossenen Volkswirtschaft sein würde.

Unter Verwendung dieser Gleichung ist es nicht schwer, die Auswirkungen einer Erhöhung der Staatsausgaben in Höhe von ΔG zu beschreiben:

Der Anstieg der Produktion ist gleich dem Multiplikator multipliziert mit der Veränderung der Staatsausgaben:

$$\Delta Y = \left[\frac{1}{1-(c_1+d_1-im_1)}\right]\Delta G$$

Der Anstieg der Importe, der aus dem Anstieg der Produktion folgt, impliziert die folgende Veränderung der Nettoexporte:

$$\Delta NX = -im_1\Delta Y = -\frac{im_1}{1-(c_1+d_1-im_1)}\Delta G$$

Wir wollen nun analysieren, was diese Formeln implizieren, indem wir numerische Werte für die Parameter wählen.

Nehmen wir an, dass $c_1 + d_1$ den Wert 0,6 annimmt. Welchen Wert sollen wir für im_1 wählen? Wir haben in ▶ **Kapitel 17** gesehen, dass ein Land umso unabhängiger ist, je größer es ist, sodass es auch umso weniger importiert. Wählen wir daher zwei Werte für im_1, einen kleinen Wert, beispielsweise 0,1, für ein großes Land wie die Vereinigten Staaten, und einen großen Wert, beispielsweise 0,5, für ein kleines Land wie Belgien. Der Anteil einer Nachfragesteigerung, der auf die Importe entfällt, ist gleich $im_1/(c_1 + d_1)$. (Eine Nachfragesteigerung in Höhe von einem Euro führt zu einem Anstieg der Ausgaben um $(c_1 + d_1)$ Euro. Davon wird ein Anteil von im_1 Euro für ausländische Güter ausgegeben.) Unsere Wahl von im_1 können wir daher äquivalent auch so beschreiben, dass im großen Land 1/6 (0,1 dividiert durch 0,6) der Nachfrage auf Importe entfällt, während im kleinen Land 5/6 (0,5 dividiert durch 0,6) der Nachfrage auf Importe entfällt.

Wir kehren nun zu den Ausdrücken für Produktion und Handelsbilanz zurück.

Für das große Land:

- Die Auswirkungen einer Veränderung der Staatsausgaben auf die Produktion ergeben sich als:

$$\Delta Y = \frac{1}{1-(0{,}6-0{,}1)}\Delta G = 2{,}0\Delta G$$

- Die Auswirkungen einer Veränderung der Staatsausgaben auf die Handelsbilanz ergeben sich als:

$$\Delta NX = -0{,}1\Delta Y\frac{-0{,}1}{1-(0{,}6-0{,}1)}\Delta G = -2{,}0\Delta G$$

Für das kleine Land:

- Die Auswirkungen einer Veränderung der Staatsausgaben auf die Produktion ergeben sich als:

$$\Delta Y = \frac{1}{1-(0{,}6-0{,}5)}\Delta G = 1{,}11\Delta G$$

- Die Auswirkungen einer Veränderung der Staatsausgaben auf die Handelsbilanz ergeben sich als:

$$\Delta NX = -0{,}5\,\Delta Y \frac{-0{,}5}{1-(0{,}6-0{,}5)} \Delta G = -0{,}56\,\Delta G$$

Diese Berechnungen zeigen, dass in beiden Ländern sehr unterschiedliche Zielkonflikte existieren.

- Für das große Land ist die Wirkung eines Anstiegs von G auf die Produktion groß und die Wirkung auf die Handelsbilanz klein.
- Für das kleine Land ist die Wirkung eines Anstiegs von G auf die Produktion klein und die Verschlechterung der Handelsbilanz ist groß – sie entspricht der Hälfte der Staatsausgabenerhöhung.

Dieses Beispiel zeigt, dass offene Gütermärkte dazu führen, dass es vor allem in kleinen Ländern schwieriger wird, Fiskalpolitik einzusetzen, um die Produktion zu beeinflussen. Je offener die Volkswirtschaft ist, desto kleiner ist die Wirkung der Fiskalpolitik auf die Produktion und desto größer ist die Wirkung auf die Handelsbilanz. Wir werden in den nächsten Kapiteln noch mehr Beispielen für diesen Zusammenhang begegnen.

Anhang 2: Die Ableitung der Marshall-Lerner-Bedingung

Beginnen wir mit der Definition der Nettoexporte, $NX = X - IM/\varepsilon$, und nehmen wir an, dass die Handelsbilanz in der Ausgangssituation ausgeglichen ist, sodass gi$X = IM/\varepsilon$lt. Die ist di Marshall-Lerner-Bedingunge Bedingung, unter der eine reale Abwertung, ein Rückgang von ε, zu einem Anstieg der Nettoexporte führt.

Um diese Bedingung abzuleiten, multiplizieren wir zunächst beide Seiten der Definition oben mit ε:

$$\varepsilon NX = \varepsilon X - IM$$

Nun betrachten wir eine Änderung des realen Wechselkurses in Höhe von $\Delta\varepsilon$. Diese Änderung verändert die linke Seite der Gleichung um $(\Delta\varepsilon)NX + \varepsilon(\Delta NX)$. Wenn die Handelsbilanz zunächst ausgeglichen ist ($NX = 0$), ist der erste Term gleich null, sodass der Gesamteffekt auf der linken Seite gerade gleich $\varepsilon(\Delta NX)$ ist.

Die rechte Seite der Gleichung verändert sich um $(\Delta\varepsilon)X + \varepsilon(\Delta X) - (\Delta IM)$. Bringen wir beide Seiten zusammen, so erhalten wir:

$$\varepsilon(\Delta NX) = (\Delta\varepsilon)X + \varepsilon(\Delta X) - (\Delta IM)$$

Dividieren wir beide Seiten durch εX, ergibt sich:

$$\frac{\varepsilon(\Delta NX)}{\varepsilon X} = \frac{(\Delta\varepsilon)}{\varepsilon X} + \frac{\varepsilon(\Delta X)}{\varepsilon X} - \frac{(\Delta IM)}{\varepsilon X}$$

Wenn die Handelsbilanz in der Ausgangssituation ausgeglichen ist, gilt $\varepsilon X = IM$.

Deshalb können wir den Nenner im letzten Ausdruck auf der rechten Seite durch IM ersetzen. Durch Kürzen vereinfacht sich die Gleichung dann zu:

$$\frac{\Delta NX}{X} = \frac{\Delta\varepsilon}{\varepsilon} + \frac{\Delta X}{X} - \frac{\Delta IM}{IM}$$

Die Veränderung der Handelsbilanz (im Verhältnis zu den Exporten) in Reaktion auf eine Änderung des realen Wechselkurses ist damit gleich der Summe aus drei Termen:

- Der erste Term ist die proportionale Veränderung $\Delta\varepsilon/\varepsilon$ des realen Wechselkurses. Im Fall einer realen Aufwertung ist dieser Ausdruck positiv; entsprechend verteuern sich die ursprünglich importierten Waren.
- Der zweite Term gibt die Veränderung der Exporte $\Delta X/X$ an, die durch die reale Wechselkursänderung induziert wird. Bei einer realen Aufwertung ist dieser Ausdruck negativ: die Exporte gehen zurück
- Der dritte Term ist gleich minus der proportionalen Veränderung der Importe, $-\Delta IM/IM$. Wieder ist dieser Effekt bei einer realen Aufwertung negativ, weil die Menge der importierten Waren zunimmt.

Die Marshall-Lerner-Bedingung besagt, dass die Summe aus all diesen drei Termen kleiner als null sein muss. Wenn die Marshall-Lerner-Bedingung gilt, dann führt eine reale Aufwertung zu einer Verschlechterung der Handelsbilanz. Umgekehrt führt eine reale Abwertung dann zu einer Verbesserung der Handelsbilanz (bei einer realen Abwertung drehen sich die Vorzeichen aller Terme ja gerade um).

Ein Zahlenbeispiel soll die Bedingung verdeutlichen. Nehmen wir an, dass eine Abwertung von 1% zu einem relativen Anstieg der Exporte von 0,9% und zu einer relativen Abnahme der Importe von 0,8% führt. (Laut ökonometrischen Analysen zur Reagibilität der Exporte und der Importe auf den realen Wechselkurs sind diese Zahlen plausibel.) In diesem Fall ist die rechte Seite der Gleichung gleich $-1\% + 0{,}9\% - (-0{,}8\%) = 0{,}7\%$. Die Handelsbilanz verbessert sich demnach: Die Marshall-Lerner-Bedingung ist erfüllt.

Produktion, Zinssatz und Wechselkurs

19

19.1 Das Gleichgewicht auf dem Gütermarkt 566
19.2 Das Gleichgewicht auf den Finanzmärkten 568
19.3 Der Gütermarkt und die Finanzmärkte 571
19.4 Wirtschaftspolitik in einer offenen Volkswirtschaft 574
19.5 Feste Wechselkurse 580

In ▶ **Kapitel 18** haben wir den Wechselkurs behandelt, als ob er ein Politikinstrument des Staates wäre. Der Wechselkurs wird jedoch auf dem Devisenmarkt bestimmt, einem Markt, der – wie wir in ▶ **Kapitel 17** gesehen haben – durch ein enormes Handelsvolumen charakterisiert ist. Daraus ergeben sich zwei naheliegende Fragen: Wovon wird der Wechselkurs bestimmt? Wie kann Wirtschaftspolitik den Wechselkurs beeinflussen?

Diese Fragen stehen im Mittelpunkt dieses Kapitels. Allgemeiner formuliert beschäftigen wir uns mit dem simultanen Gleichgewicht auf dem Gütermarkt und auf den Finanzmärkten, einschließlich des Devisenmarktes. Wir können so charakterisieren, wie sich Produktion, Zinssatz und Wechselkurs in einer offenen Volkswirtschaft bestimmen. Das Modell erweitert das *IS-LM*-Modell aus ▶ **Kapitel 5** auf die offene Volkswirtschaft. Es wird **Mundell-Fleming-Modell** genannt, nach den beiden Ökonomen Robert Mundell und Marcus Fleming, die es in den 1960er-Jahren entwickelt haben. (Das Modell in diesem Kapitel unterscheidet sich in Details von dem Original, kommt aber zu recht ähnlichen Einsichten.)

Kernbotschaft dieses Kapitels: Die Wirkung von Geld- und Fiskalpolitik unterscheidet sich je nach Wechselkursregime stark.

- ▶ **Abschnitt 19.1** behandelt das Gleichgewicht auf dem Gütermarkt.
- ▶ **Abschnitt 19.2** behandelt das Gleichgewicht auf den Finanzmärkten, einschließlich des Devisenmarktes.
- ▶ **Abschnitt 19.3** betrachtet die beiden Gleichgewichtsbedingungen zusammen und analysiert, wie Produktion, Zinssatz und Wechselkurs bestimmt werden.
- ▶ **Abschnitt 19.4** untersucht die Rolle der Politik bei flexiblen Wechselkursen.
- ▶ **Abschnitt 19.5** analysiert die Rolle der Politik in einem Regime fester Wechselkurse.

19.1 Das Gleichgewicht auf dem Gütermarkt

Das Gleichgewicht auf dem Gütermarkt stand im Mittelpunkt von ▶ **Kapitel 18**. Dort haben wir folgende Gleichgewichtsbedingung (Gleichung (18.4)) abgeleitet:

$$Y = C(\underset{+}{Y - T}) + I(\underset{+,-}{Y, r}) + G + X(\underset{+,-}{Y^*, \varepsilon}) - IM(\underset{+,+}{Y, \varepsilon})/\varepsilon$$

Gütermarktgleichgewicht (*IS*): Produktion = Nachfrage nach inländischen Gütern

In einem Gleichgewicht auf dem Gütermarkt muss die Produktion (die linke Seite der Gleichung) der Nachfrage nach inländischen Gütern (der rechten Seite der Gleichung) entsprechen.

Die Nachfrage ergibt sich als Summe aus Konsum C, Investitionen I, Staatsausgaben G, abzüglich dem Wert der Importe IM/ε und zuzüglich der Exporte X.

Der Konsum C hängt positiv vom verfügbaren Einkommen $Y - T$ ab.

Die Investitionen I hängen positiv von der Produktion Y und negativ vom realen Zinssatz r ab.

Die Staatsausgaben G betrachten wir als gegeben.

Die Exporte X hängen positiv von der ausländischen Produktion Y^* ab, aber negativ vom realen Wechselkurs ε.

Das Importvolumen IM hängt sowohl von der Produktion Y als auch vom realen Wechselkurs ε positiv ab.

Für später erweist es sich als nützlich, die letzten beiden Terme unter dem Begriff Nettoexporte zusammenzufassen, die Differenz zwischen Exporten und dem Wert der Importe, $X - IM/\varepsilon$:

$$NX(Y, Y^*, \varepsilon) \equiv X(Y^*, \varepsilon) - IM(Y, \varepsilon)/\varepsilon$$

Aus unseren Annahmen folgt, dass die Nettoexporte *NX* von der inländischen Produktion *Y*, von der ausländischen Produktion Y^* und vom realen Wechselkurs ε abhängen. Eine Zunahme der inländischen Produktion lässt die Importe steigen, damit gehen die Nettoexporte zurück. Nimmt die ausländische Produktion zu, erhöhen sich die Exporte und damit auch die Nettoexporte. Ein Anstieg von ε – eine reale Aufwertung – dämpft die Nettoexporte.

Mit Hilfe der Nettoexporte können wir die Gleichgewichtsbedingung wie folgt umformulieren:

Wir nehmen im ganzen Kapitel an, dass die MarshallLerner-Bedingung gilt, das heißt, dass eine reale Aufwertung zu einem Rückgang der Nettoexporte führt; die Handelsbilanz verschlechtert sich (siehe ▶ Kapitel 18).

$$Y = C(\underset{+}{Y - T}) + I(\underset{+\ -}{Y, r}) + G + NX(\underset{-\ +\ -}{Y, Y^*, \varepsilon}) \qquad (19.1)$$

Die wichtigste Implikation von ▶ Gleichung (19.1) liegt in der Abhängigkeit der Nachfrage – und damit auch der Produktion –, sowohl vom realen Zinssatz wie vom realen Wechselkurs:

- Ein Anstieg des realen Zinssatzes führt zu einem Rückgang der Investitionsausgaben und damit zu einem Rückgang der Nachfrage nach inländischen Gütern. Dies führt, über den Multiplikator, zu einem Rückgang der Produktion.
- Ein Anstieg des realen Wechselkurses – eine reale Aufwertung – verschiebt die Nachfrage hin zu ausländischen Gütern; die Nettoexporte gehen zurück. Der Rückgang der Nettoexporte dämpft die inländische Nachfrage und über den Multiplikatoreffekt auch die Produktion.

Für den Rest des Kapitels vereinfachen wir Gleichung (19.1) in zweierlei Hinsicht:

Erste Vereinfachung: $P = P^* = 1$, also $\varepsilon = E$ Wir können dies tun, da es sich um Indexzahlen handelt.

- In unserer Analyse der kurzen Frist (dem *IS-LM*-Modell) haben wir angenommen, dass das (inländische) Preisniveau gegeben war. Diese Annahme weiten wir auch auf das ausländische Preisniveau aus. Damit bewegen sich der reale Wechselkurs

  $$\varepsilon = \frac{EP}{P^*}$$

  und der nominale Wechselkurs (*E*) im Gleichklang. Eine nominale Abwertung ist unter dieser Annahme identisch mit einer realen Abwertung. Um unsere Notation einfach zu halten, wählen wir *P* und P^* so, dass $P/P^* = 1$. Dann gilt $\varepsilon = E$. Wir können also in Gleichung (19.1) ε durch *E* ersetzen.

Zweite Vereinfachung: $\pi^e = 0$, sodass $r = i$

- Wir unterstellen ein konstantes inländisches Preisniveau. Damit gibt es keine Inflation, weder heute noch in der Zukunft, also auch keine erwartete Inflation. Der nominale Zinssatz entspricht daher dem realen Zinssatz. Wir können den realen Zinssatz *r* in Gleichung (19.1) durch den nominalen Zinssatz *i* ersetzen.

Unter Berücksichtigung dieser beiden Vereinfachungen wird aus Gleichung (19.1):

$$Y = C(\underset{+}{Y - T}) + I(\underset{+\ -}{Y, i}) + G + NX(\underset{-\ +\ -}{Y, Y^*, E}) \qquad (19.2)$$

Die Produktion hängt sowohl vom nominalen Zinssatz als auch vom nominalen Wechselkurs ab.

Wir vernachlässigen hier dabei zunächst den Einfluss von Risiken. Mittlerweile ist klar geworden, dass es sinnvoll ist, das Grundmodell in einer Richtung zu erweitern, in anderen dagegen zu vereinfachen, um die verschiedenen Wirkungsmechanismen besser verstehen zu können. So erweitern wir das Modell um die offene Volkswirtschaft, blenden dabei aber Risikoaspekte erst einmal aus. Sonst würde die Analyse viel zu komplex werden.

19.2 Das Gleichgewicht auf den Finanzmärkten

Als wir die Finanzmärkte im *IS-LM*-Modell analysierten, haben wir lediglich die Wahl zwischen zwei Anlageformen betrachtet, zwischen Geld und Wertpapieren. In einer offenen Volkswirtschaft mit offenen Finanzmärkten müssen wir aber berücksichtigen, dass die Wirtschaftssubjekte auch zwischen in- und ausländischen Wertpapieren wählen können. Wir betrachten nun beide Anlageentscheidungen gemeinsam.

19.2.1 Geld vs. Wertpapiere

Im *IS-LM*-Modell lautete die Bedingung, das Geldangebot muss gleich der Geldnachfrage sein:

$$\frac{M}{P} = YL(i) \tag{19.3}$$

Das reale Geldangebot (die linke Seite von Gleichung (19.3)) haben wir als gegeben betrachtet. Wir haben angenommen, dass die reale Geldnachfrage (die rechte Seite von Gleichung (19.3)) vom Transaktionsvolumen in der Volkswirtschaft abhängt (gemessen durch die reale Produktion Y) und von den Opportunitätskosten der Geldhaltung im Vergleich zur Anlage in Wertpapieren, dem Nominalzins auf Wertpapiere i.

Zwei Einschränkungen aus ▸ Kapitel 17: (1) Die Dollar bzw. Euro, mit denen illegale Transaktionen im Ausland abgewickelt werden, sowie (2) die Dollar bzw. Euro, die in Ländern außerhalb der USA bzw. des Euroraums für inländische Transaktionen verwendet werden. Wir vernachlässigen hier beide Einschränkungen.

Wie müssen wir diese Bedingung ändern, wenn wir eine offene Volkswirtschaft analysieren? Die Antwort auf diese Frage ist erfreulich: In einem Regime flexibler Wechselkurse ändert sich eigentlich sehr wenig, wenn überhaupt.

In einer offenen Volkswirtschaft ist die Nachfrage nach inländischem Geld immer noch in erster Linie eine Nachfrage der Inländer. Es gibt kaum einen Grund, warum etwa ein Europäer US-amerikanische Münzen und Banknoten oder ein Girokonto in Dollar halten sollte. Für Transaktionen in Europa braucht man Euro, keine Dollar. Wenn ein Europäer Anlagen in Dollar halten will, ist es besser für ihn, US-Wertpapiere zu halten, da diese einen positiven Zinsertrag bringen. Die Nachfrage nach Geld durch Inländer hängt für jedes Land immer noch von denselben Faktoren ab wie in der geschlossenen Volkswirtschaft: vom Transaktionsniveau, das wir durch die inländische reale Produktion messen, und von den Opportunitätskosten der Geldhaltung, also dem Nominalzins auf Wertpapiere.

Gleichgewicht auf den Finanzmärkten. Bedingung 1 (*LM*): Geldangebot = Geldnachfrage

Bei flexiblen Wechselkursen wird das reale Geldangebot im Inland von der Zentralbank bestimmt. Wir können also Gleichung (19.3) weiterhin verwenden, um das Gleichgewicht in der offenen Volkswirtschaft zu analysieren. Der Zinssatz muss sich so einstellen, dass das Geldangebot der Geldnachfrage entspricht. Eine Erhöhung des Geldangebots lässt den Zinssatz sinken. Ein Anstieg der Geldnachfrage, beispielsweise aufgrund eines Anstiegs der Produktion, führt zu einem Anstieg des Zinssatzes.

19.2.2 Inländische vs. ausländische Wertpapiere

Gleichgewicht auf den Finanzmärkten. Bedingung 2 (Arbitrage): Der erwartete Ertrag auf inund ausländische Wertpapiere muss gleich sein. Äquivalent dazu: Der Zinssatz im Inland muss gleich sein dem Zinssatz im Ausland korrigiert um die erwartete Aufwertungsrate der inländischen Währung.

Bei der Analyse der Entscheidung zwischen in- und ausländischen Wertpapieren gehen wir wie in ▸ **Kapitel 17** weiterhin davon aus, dass die Kapitalanleger in die Anlage mit dem höchsten erwarteten Ertrag investieren, egal ob es sich um in- oder ausländische Kapitalanleger handelt. Daraus folgt, dass in- und ausländische Wertpapiere im Gleichgewicht denselben erwarteten Ertrag bringen müssen. Andernfalls wären die Anleger nur bereit, entweder das eine oder das andere Wertpapier zu halten, aber nicht beide. Dies kann im Gleichgewicht nicht der Fall sein.

Wie in ▸ **Kapitel 17** impliziert diese Annahme folgende Arbitrage-Bedingung – die Bedingung der Zinsparität:

$$(1 + i_t) = (1 + i_t^*)\frac{E_t}{E_{t+1}^e}$$

Die linke Seite gibt den Bruttoertrag (eins plus dem inländischen Zinssatz i_t) einer Anlage im Inland an. Die rechte Seite bezeichnet den Bruttoertrag einer Anlage im Ausland: In ausländischer Währung beträgt er auch eins plus dem Zinssatz i_t^* auf ausländische Wertpapiere. Aus Sicht des Inländers muss er aber um Bewertungsgewinne oder Verluste aufgrund von Wechselkursveränderungen korrigiert werden. Erwarten wir eine Aufwertung der inländischen Währung ($E_{t+1}^e > E_t$), dann rechnen wir bei Anlagen im Ausland mit einem Wertverlust; im Gleichgewicht muss dies durch eine höhere Auslandsverzinsung kompensiert werden, sodass der Bruttoertrag auf beiden Seiten gleich hoch ist.

Auflösen der Gleichung nach E_t liefert:

$$E_t = \frac{1 + i_t}{1 + i_t^*} E_{t+1}^e \qquad (19.4)$$

In diesem Kapitel gehen wir davon aus, dass der in Zukunft (im nächsten Jahr) erwartete Wechselkurs konstant ist. Wir bezeichnen ihn mit $\bar{E}^e$. (Wir werden diese Annahme in ▶ **Kapitel 20** lockern). Wenn wir den Zeitindex weglassen, dann erhalten wir folgende Gleichgewichtsbedingung:

$$E = \frac{1 + i_t}{1 + i^*} \bar{E}^e \qquad (19.5)$$

Gleichung (19.5) gibt den aktuellen Wechselkurs als Funktion des erwarteten zukünftigen Wechselkurses sowie des in- und ausländischen Zinssatzes an. Ein Anstieg des inländischen Zinssatzes führt unmittelbar *zu einer Aufwertung der inländischen Währung.* Umgekehrt führt ein Anstieg des ausländischen Zinssatzes *zu einer Abwertung der inländischen Währung.* Erwartet man zukünftig einen steigenden Wechselkurs $\bar{E}^e$, so schlägt sich dies bei gegebenem Zinssatz im In- und Ausland bereits unmittelbar heute in einer Aufwertung nieder.

Dieser Zusammenhang zwischen Wechselkurs und inländischem Zinssatz spielt in der realen Welt eine zentrale Rolle. Sie ist auch in diesem Kapitel von zentraler Bedeutung. Um den Zusammenhang besser zu verstehen, vollziehen wir gedanklich nach, welche Entscheidungen Anleger auf Finanz- und Devisenmärkten treffen, die zwischen deutschen und amerikanischen Wertpapieren wählen.

- Im Ausgangspunkt sei der aktuelle und der zukünftig erwartete Wechselkurs gleich eins: $E = E^e = 1$ (1 $ entspreche 1 €). Zudem betrage die Verzinsung sowohl deutscher wie amerikanischer Wertpapiere 5%, sodass $i = i^*$. In diesem Fall sind die erwarteten Renditen beider Wertpapiere gleich hoch; die Arbitrage-Bedingung (19.5) ist erfüllt.
- Aufgrund neuer Informationen rechnen die Finanzmärkte nun damit, dass der Euro im nächsten Jahr um 10% aufwertet – also auf $\bar{E}^e = 1{,}1$\$/€ steigt. Würde sich der aktuelle Wechselkurs nicht verändern, wären deutsche Wertpapiere nun wesentlich attraktiver als amerikanische: Käufer von Dollar-Anleihen müssen ja mit einem Wertverlust von 10% rechnen, die Anlage brächte, in Euro berechnet, trotz der Verzinsung eine negative Rendite von −5% (= 5% Zinsen − 10% Wertverlust). Alle Kapitalanleger wollen deshalb aus den US-amerikanischen Wertpapieren in deutsche wechseln. Dafür müssen sie zunächst ihre US-Wertpapiere gegen Dollar verkaufen, dann Dollar gegen Euro verkaufen und schließlich mit den Euro deutsche Wertpapiere kaufen. Da die Anleger Dollar verkaufen und Euro kaufen, wertet der Euro auf. Um wie viel steigt er? Gleichung (19.5) gibt uns die Antwort: Der aktuelle Wechselkurs muss proportional zum für nächstes Jahr erwarteten Kurs ansteigen: $E = (1{,}05/1{,}05)E^e = 1{,}1$. Der Euro wertet also sofort um 10% auf, damit auf Devisen- und Finanzmärkten wieder Gleichgewicht herrscht.

- Betrachten wir nun ein anderes Beispiel: Der Zinssatz in Deutschland steigt als Folge kontraktiver Geldpolitik der EZB von 5% auf 8%, während die Fed in den USA den Zins konstant lässt. Wir nehmen zudem an, dass sich auch die Erwartungen über den Wechselkurs im nächsten Jahr nicht verändern: $E^e = 1$. Damit wird es nun attraktiver, deutsche Wertpapiere zu halten. Wieder versuchen alle Anleger sofort, Dollar-Anleihen zu verkaufen und in deutsche Wertpapiere umzutauschen. Sie wollen also wieder Dollar verkaufen und Euro kaufen. Das aber führt bereits heute unmittelbar zu einer Aufwertung des Euro. Gleichung (19.5) gibt eine präzise Antwort, um wie viel der Euro steigen muss: $E = (1{,}08/1{,}05)1 \approx 1{,}03$. Der aktuelle Wechselkurs muss um ca. 3% aufwerten.
- Dass ein Anstieg des deutschen Zinssatzes zu einer Aufwertung des Euro führt, ist intuitiv einsichtig: Die stärkere Nachfrage nach Euro lässt den Preis des Euro steigen. Weniger offensichtlich ist, wie stark der Euro aufwerten muss. Die Antwort auf diese Frage liefert folgende Überlegung: Solange sich die Erwartungen über den zukünftigen Wechselkurs nicht verändern, rechnen die Anleger in Zukunft mit einer umso stärkeren Abwertung, je stärker der Euro heute aufwertet (sie erwarten ja, dass der Wechselkurs in Zukunft zu einem bestimmten Wert zurückkehren wird). Ceteris paribus, wenn alle anderen Dinge gleich bleiben, werden US-amerikanische Wertpapiere damit wieder attraktiver: Je höher die in Zukunft erwartete Abwertung des Euro, desto weniger attraktiv ist es, von Dollar in Euro umzuschichten, auch wenn der Zins in Deutschland höher ist.
- Dies beantwortet unsere Frage: Der Euro muss gerade so stark aufwerten, dass die dann in Zukunft erwartete Abwertung des Euro den Anstieg des deutschen Zinssatzes exakt kompensiert. Erst wenn dies der Fall ist, sind die Kapitalanleger wieder indifferent; es herrscht wieder Gleichgewicht.

Es ist wichtig, alle Schritte der Argumentationskette zu verstehen: Der Zinssatz für einjährige deutsche Wertpapiere steigt um 3 Prozentpunkte.

- **Die Kapitalanleger kaufen deutsche Wertpapiere. Um sie zu bezahlen, müssen sie zunächst Euro kaufen.**
- **Der Euro wertet so lange auf, bis man für den Euro im kommenden Jahr mit einer Abwertung von 3% rechnet.**
- **Man erwartet, dass der Euro im kommenden Jahr um 3% abwertet, wenn er heute um 3% aufgewertet hat.**

Die erwartete Abwertung des Euro bringt einen Wechselkursgewinn für Anleger in amerikanischen Wertpapieren: Sie rechnen damit, dass der Dollar im Lauf des kommenden Jahres gegenüber dem Euro um 3% aufwertet. Amerikanische Wertpapiere bringen damit neben dem Zinsertrag von 5% in Dollar einen erwarteten Aufwertungsgewinn des Dollar von 3%. In Euro gemessen, erzielt der Anleger somit wieder den gleichen erwarteten Ertrag von 8%, egal ob er amerikanische oder deutsche Wertpapiere hält. Die Kapitalanleger sind indifferent zwischen beiden Wertpapieren. Es herrscht Gleichgewicht auf dem Devisenmarkt.

Die ursprüngliche Version des Mundell-Fleming-Modells unterstellte statische Erwartungen: Der erwartete Wechselkurs passt sich immer an den gegenwärtigen Wechselkurs an. Wir sprechen von statischen Erwartungen, weil die Wirtschaftssubjekte davon ausgehen, dass der zukünftige Wechselkurs nicht vom gegenwärtigen abweichen wird. Unter dieser Annahme folgt aus der Zinsparität, dass sich der inländische Zins immer an den ausländischen Zins anpassen muss. Überlegen Sie, welche Anpassungsprozesse dann ablaufen werden.

Man muss sich bewusst machen, dass unsere Argumentation stark von der Annahme abhängt, dass der erwartete Wechselkurs bei einer Veränderung des Zinssatzes unverändert bleibt. Jede Aufwertung heute bedeutet dann, dass man in der Zukunft mit einer Abwertung rechnet – es wird ja erwartet, dass der Wechselkurs in der Zukunft zu einem bestimmten konstanten Wert zurückkehrt. Eine Begründung für konstante Erwartungen könnte sein, dass die Anleger langfristig den Wechselkurs erwarten, der den Bedingungen der Kaufkraftparität genügt. Bei fixen Preisniveaus im In- und Ausland gibt es nur einen Wechselkurs, der die Preise in- und ausländischer Güterbündel, ausgedrückt in Einheiten nur einer Währung, gleich teuer macht. Anders ausgedrückt: Die Anleger glauben, Güter-Arbitrage werde bei fixen Preisen langfristig dazu führen, dass der Wechselkurs seinen Gleichgewichtswert erreicht. Wir werden die Annahme, dass der zukünftige Wechselkurs gegeben ist, in ▶ **Kapitel 20** lockern. Die zentrale Schlussfolgerung wird jedoch auch dann Bestand haben: Ein Anstieg des inländischen Zinssatzes relativ zum ausländischen Zinssatz führt zu einer Aufwertung.

▶ **Abbildung 19.1** zeigt den Zusammenhang zwischen dem (inländischen) Zinssatz und dem Wechselkurs, der durch Gleichung (19.5), durch die Zinsparitätenbedingung, impliziert wird. Der Zusammenhang ist für einen konstanten erwarteten zukünftigen Wechselkurs $\bar{E}^e$ und für einen konstanten ausländischen Zinssatz i^* gezeichnet. Je höher der Zinssatz, desto höher der Wechselkurs: die Kurve verläuft steigend. Gleichung (19.5) impliziert auch, dass der Wechselkurs dem erwarteten zukünftigen Wechselkurs entspricht, wenn in- und ausländischer Zinssatz gleich sind: Wenn $i = i^*$, dann gilt $E = \bar{E}^e$. Dieser Punkt wird in ▶ **Abbildung 19.1** mit A bezeichnet.

Was geschieht mit der Kurve, wenn i^* steigt? Was, wenn $\bar{E}^e$ steigt??

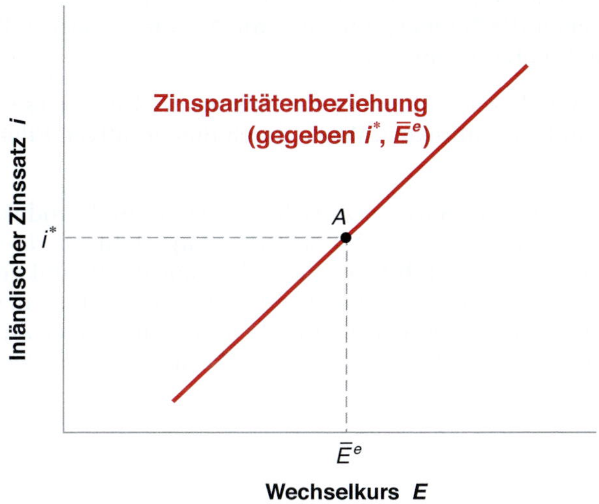

Abbildung 19.1 **Der Zusammenhang zwischen Zinssatz und Wechselkurs unter der Zinsparitätentheorie.** Ein steigender inländischer Zinssatz führt zu einem ansteigenden Wechselkurs – einer Aufwertung.

19.3 Der Gütermarkt und die Finanzmärkte

Wir sind nun in der Lage, das Zusammenspiel von Produktion, Zinssatz und Wechselkurs zu verstehen.

Ein Gleichgewicht auf dem Gütermarkt impliziert, dass die Produktion unter anderem vom Zinssatz und vom Wechselkurs abhängt.

$$Y = C(Y - T) + I(Y, i) + G + NX(Y, Y^*, E)$$

Der Zinssatz wird wiederum von der Zentralbank festgelegt. Es gilt:

$$i = i_0$$

Aus der Zinsparität ergibt sich ein positiver Zusammenhang zwischen inländischem Zinssatz und Wechselkurs:

$$E = \frac{1 + i}{1 + i^*}\bar{E}^e$$

Diese drei Bedingungen bestimmen gemeinsam Produktion, Zinssatz und Wechselkurs. Die Arbeit mit diesen drei Funktionen ist nicht einfach. Wir können sie jedoch auf zwei Funktionen reduzieren: Unter Verwendung der Zinsparität können wir den Wechselkurs in der Gleichgewichtsbedingung für den Gütermarkt eliminieren. Dann erhalten wir folgende zwei Gleichungen, Versionen der bekannten *IS*- und *LM*-Funktionen für die offene Volkswirtschaft:

$$IS: Y = C\left(Y - T\right) + I\left(Y, i\right) + G + NX\left(Y, Y^*, \frac{1 + i}{1 + i^*}\bar{E}^e\right)$$

$$LM: i = i_0$$

Betrachten wir zunächst die *IS*-Funktion. Analysieren wir die Auswirkungen eines Zinsanstiegs auf die Produktion. Ein Zinsanstieg hat nun zwei Effekte:

- Der erste Effekt, der Zinskanal, existierte bereits in der geschlossenen Volkswirtschaft. Es ist der direkte Effekt auf die Investitionen. Ein höherer Zinssatz führt zu einem Rückgang der Investitionen und damit zu einem Rückgang von Nachfrage nach und Produktion von inländischen Gütern.
- Der zweite Effekt, der Wechselkurskanal, wirkt nur in der offenen Volkswirtschaft. Ein Anstieg des inländischen Zinssatzes führt zu einer Aufwertung der inländischen Währung. Die Aufwertung verteuert die inländischen Güter relativ zu den ausländischen Gütern. Damit gehen die Nettoexporte, also die Nachfrage nach inländischen Gütern und die gesamte Produktion zurück.

Beide Effekte wirken in dieselbe Richtung: Ein Anstieg des Zinssatzes reduziert die Nachfrage auf direktem und auf indirektem Weg – durch den negativen Effekt der Aufwertung auf die Nachfrage.

Ein Anstieg des Zinssatzes führt sowohl direkt als auch indirekt (über den Wechselkurskanal) zu einem Rückgang der Produktion.

In ▶ **Abbildung 19.2a** ist die *IS*-Kurve zwischen Zinssatz und Produktion für gegebene Werte aller anderen Variablen – T, G, Y^*, i^* und $\bar{E}^e$ – dargestellt. Die *IS*-Kurve verläuft fallend: Ein Anstieg des Zinssatzes führt zu einem Rückgang der Produktion. Diese *IS*-Kurve sieht der *IS*-Kurve einer geschlossenen Volkswirtschaft sehr ähnlich, in der offenen Volkswirtschaft versteckt sich dahinter jedoch ein sehr viel komplexerer Zusammenhang: Der Zinssatz beeinflusst die Produktion nicht nur direkt über den Zinskanal, sondern auch indirekt über den Wechselkurskanal.

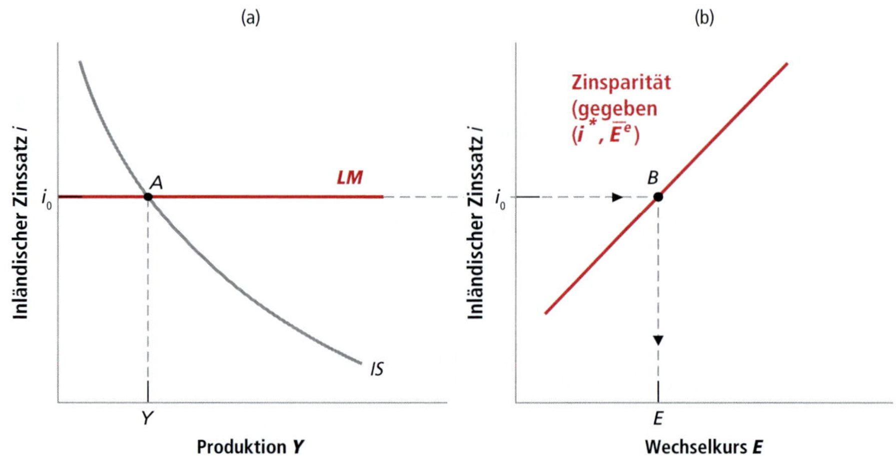

Abbildung 19.2 Das *IS-LM*-Modell in der offenen Volkswirtschaft. Ein steigender Zinssatz führt zu einer sinkenden Produktion direkt und indirekt (über den Wechselkurskanal): Die *IS*-Kurve hat eine negative Steigung. Die *LM*-Kurve ist wie in **Kapitel 6** durch den Zinssatz bestimmt, den die Zentralbank festlegt.

Genau genommen handelt es sich hier um eine modifizierte *IS*-Kurve: Entlang dieser Kurve ist nicht nur der inländische Gütermarkt im Gleichgewicht; auch die durch die Zinsparitätsgleichung beschriebene Gleichgewichtsbedingung für Wertpapiere ist erfüllt.

Die *LM*-Kurve ist die gleiche wie in der geschlossenen Volkswirtschaft. Sie ist eine horizontale Linie bei dem Zinssatz i_0, den die Zentralbank festlegt.

Das simultane Gleichgewicht auf dem Gütermarkt und auf den Finanzmärkten wird in ▶ **Abbildung 19.2a** in Punkt A erreicht, mit der Produktion Y und dem Zinssatz i_0. Der gleichgewichtige Wert des Wechselkurses kann nicht direkt aus der Grafik abgelesen werden. Er lässt sich jedoch leicht aus ▶ **Abbildung 19.2b** ablesen. ▶ **Abbildung 19.2b** entspricht ▶ **Abbildung 19.1** und stellt für jeden gegebenen Zinssatz den durch die Zinsparität bedingten Wechselkurs dar. E ist der Wechselkurs, der sich beim Zinssatz i_0 am internationalen Kapitalmarkt einstellt.

Fassen wir zusammen: Wir haben die *IS*- und die *LM*-Funktion für die offene Volkswirtschaft abgeleitet und dabei die Zinsparität in unser Modell integriert. Deshalb sprechen wir auch vom *IS-LM-ZP*-Modell mit *ZP* für Zinsparität.

Die *IS*-Kurve verläuft fallend: Ein Anstieg des Zinssatzes führt direkt und indirekt (über den Wechselkurs) zu einem Rückgang der Nachfrage und zu einem Rückgang der Produktion.

Die *LM*-Kurve ist eine horizontale Linie bei dem Zinssatz i_0, den die Zentralbank festlegt.

Die gleichgewichtige Produktion und der gleichgewichtige Zinssatz befinden sich im Schnittpunkt der *IS*- und der *LM*-Kurve. Bei gegebenem ausländischen Zinssatz und gegebenem erwarteten zukünftigen Wechselkurs bestimmt der gleichgewichtige Zinssatz den gleichgewichtigen Wechselkurs aus der *ZP*-Kurve, die uns die Gleichgewichtsbeziehung zwischen inländischem Zinssatz und Wechselkurs angibt.

FOKUS

Risikoprämien – die Grenzen der Zinsparität

Die in ▶ **Kapitel 17** formulierte Bedingung der Zinsparität unterstellt, der erwartete Ertrag sei das einzige Entscheidungskriterium für die Anleger. Wir haben aber bereits in ▶ **Kapitel 17** angesprochen, dass Anleger auch Risiken und Liquidität (wie schnell eine Finanzanlage ver- und gekauft werden kann) berücksichtigen. Bei vielen Fragen ist es gerechtfertigt, diese anderen Faktoren auszublenden – und zwar immer dann, wenn sie konstant bleiben. Dann können wir sie einfach durch eine konstante Risikoprämie erfassen, wie dies für Aktienanlagen im **Anhang** von ▶ **Kapitel 14** gezeigt wurde. Manchmal aber sind veränderte Risikoeinschätzungen für die Investitionsentscheidung ausschlaggebend; sie bestimmen dann die Wechselkursbewegungen.

Risikoeinschätzungen spielen für große Anleger (wie etwa Pensionsfonds) eine entscheidende Rolle dafür, ob sie überhaupt in bestimmten Regionen investieren. Die Einschätzung, in einem Land habe sich die Risikosituation verbessert, kann viele ausländische Anleger gleichzeitig veranlassen, dort zu investieren; dies lässt die Nachfrage nach Anlagen des Landes stark ansteigen.

Umgekehrt kann eine Verschlechterung der Risikoeinschätzung die gleichen Anleger dazu veranlassen, all ihre Anlagen im betroffenen Land zu verkaufen – unabhängig davon, wie hoch der Zinssatz ist. Diese Situation bezeichnet man als Kapitalflucht *(sudden stop)*. Viele Schwellenländer in Lateinamerika und Asien waren in Krisenzeiten davon betroffen. Im Verlauf der Finanzkrise 2008 versuchten Kapitalanleger, ihre Investitionen aus manchen Regionen abzuziehen, weil sie die Wirtschaftsentwicklung dort als riskant einschätzten. Unter solchen Bedingungen gilt die Zinsparität in der einfachen Form nicht. Es kann zu einer starken Abwertung des Wechselkurses kommen, selbst wenn die Zinsen im Inland ansteigen.

Auch große Staaten können davon betroffen sein. Die Aufwertung des Dollar im Lauf der 1990er-Jahre (eine der Ursachen für das hohe Leistungsbilanzdefizit in den USA, wie ▶ **Kapitel 18** zeigte) war nicht die Folge hoher Zinsen in den USA im Vergleich zum Rest der Welt. Sie war vielmehr Konsequenz starker ausländischer Nachfrage nach Anlagen in den USA bei konstanten Zinsen. Viele internationale Anleger wollten einen Teil ihres Vermögens in Form amerikanischer Wertpapiere halten. Sie schätzten diese Anlagen als relativ sicher ein – sie waren quasi bereit, eine negative Risikoprämie für sichere Anlagen zu zahlen.

Auch viele ausländische Zentralbanken wollten einen Großteil ihrer Währungsreserven in Form von amerikanischen Staatsanleihen halten, weil der Markt für diese Anleihen sehr liquide ist: Auch große Summen können jederzeit ver- und gekauft werden, ohne dass sich der Preis verändert. Die hohe Nachfrage nach amerikanischen Anleihen bei gegebenem Zinssatz war Ursache für den starken Dollar im Lauf der 1990er-Jahre. Obwohl die Zinsen in den USA vergleichsweise niedrig waren, hatten ausländische Anleger dennoch starkes Interesse an amerikanischen Vermögenswerten und waren deshalb bereit, das hohe Leistungsbilanzdefizit zu finanzieren.

In der Finanzkrise ist die Nachfrage nach amerikanischen Staatsanleihen ebenfalls stark gestiegen. Die USA wurden von Investoren wieder vielfach als „sicherer Hafen" betrachtet – ein Land, in dem Kapitalanlagen sicher sind. Zeiten hoher Unsicherheit führen deshalb meist zu einer starken Nachfrage nach amerikanischen Anleihen und einer Aufwertung des Dollar – trotz historischer Tiefstände der Zinsen. Das scheint etwas paradox, wenn man bedenkt, dass die Krise ihren Ursprung in den USA nahm. Viele Ökonomen fragen sich, wie lange dieser Trend noch anhalten kann. Auch Deutschland gilt als sicherer Hafen – die starke Nachfrage nach Staatsanleihen hat in der Finanzkrise auch hier zu sehr niedrigen Zinsen geführt. Im Euroraum kam es zu einer Flucht des Kapitals aus den Krisenländern in die Kernstaaten (vgl. dazu auch die Fokusbox *„Multiple, sich selbst erfüllende Gleichgewichte"* in ▶ **Kapitel 22**).

19.4 Wirtschaftspolitik in einer offenen Volkswirtschaft

Nun, da wir das *IS-LM*-Modell für die offene Volkswirtschaft abgeleitet haben, können wir mit seiner Hilfe analysieren, wie sich wirtschaftspolitische Maßnahmen auswirken.

19.4.1 Die Wirkungen von Geldpolitik in einer offenen Volkswirtschaft

Ein Zinsanstieg verschiebt die *LM*-Kurve nach oben. Die *IS*-Kurve und die Zinsparitätenkurve bleiben durch die kontraktive Geldpolitik unverändert.

Beginnen wir mit den Auswirkungen einer kontraktiven Geldpolitik. Sie sind in ▶ **Abbildung 19.3** dargestellt. Wenn die Zentralbank sich entscheidet, den Zinssatz von i_0 auf i_1 anzuheben, dann verschiebt sich die *LM*-Kurve nach oben, von *LM* nach *LM'*, wie in ▶ **Abbildung 19.3a** dargestellt. Die *IS*-Kurve als Gleichgewichtsbeziehung zwischen Y und i verändert sich bei einer Zinserhöhung nicht; sie bewirkt vielmehr eine Bewegung entlang der Kurve (die *IS*-Kurve verschiebt sich nur bei einer Veränderung von G , T, Y^* oder i^*). Das Gleichgewicht bewegt sich von A nach A'. Wie ▶ **Abbildung 19.3b** zeigt, führt der Anstieg des Zinssatzes zu einer Aufwertung der inländischen Währung.

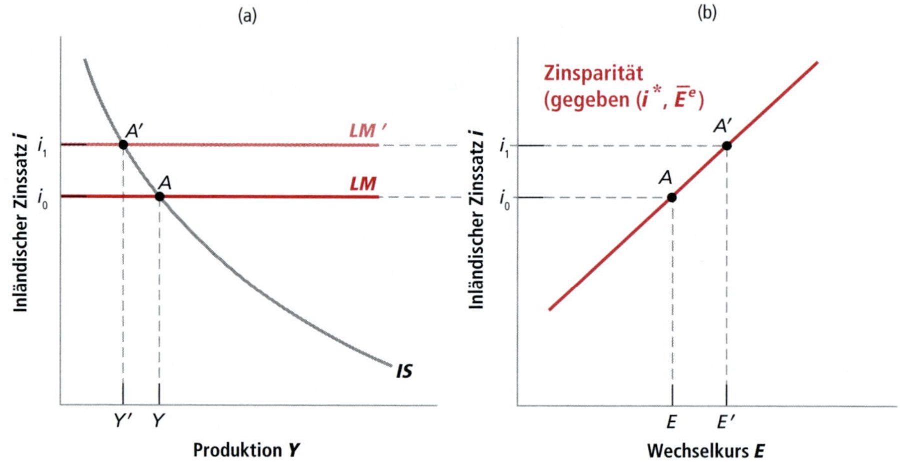

Abbildung 19.3 Wirkungen einer kontraktiven Geldpolitik. Ein Anstieg des inländischen Zinssatzes führt zu einer Aufwertung und einem Rückgang der Produktion. Die Produktion sinkt nicht nur aufgrund des direkten Zinskanals, sondern auch aufgrund des Wechselkurskanals.

Können Sie eine Aussage treffen, wie sich Konsum, Investitionen und Nettoexporte entwickeln?

Geldpolitik wirkt nun also über zwei Kanäle. Wie in der geschlossenen Wirtschaft wirkt sie unmittelbar über den direkten Zinskanal auf die zinsabhängigen Konsum- und Investitionsausgaben. Sie wirkt zusätzlich aber auch über den Wechselkurskanal: Ein Anstieg des Zinssatzes macht inländische Wertpapiere attraktiver, löst eine Aufwertung aus und dämpft damit die Nettoexportnachfrage. Sowohl der höhere Zinssatz als auch die Aufwertung verursachen somit einen Rückgang von Nachfrage und Produktion. Bei einer Zinssenkung kommt es umgekehrt zu steigender Nachfrage sowohl über den Anstieg der Investitionen wie über die höhere Nettoexportnachfrage aufgrund der induzierten Abwertung.

19.4.2 Die Wirkungen von Fiskalpolitik in einer offenen Volkswirtschaft

Betrachten wir nun eine Veränderung der Staatsausgaben. Nehmen wir an, dass die Regierung, ausgehend von einem ausgeglichenen Staatshaushalt, beschließt, die Verteidigungsausgaben zu erhöhen, ohne die Steuern zu erhöhen, sodass es zu einem Budgetdefizit kommt. Was geschieht mit der Produktion? Wie verändert sich die Zusammensetzung der Produktion? Was geschieht mit dem Zinssatz? Wie reagiert der Wechselkurs? Die Antwort auf diese Fragen hängt stark davon ab, wie die Zentralbank auf den Anstieg der Staatsausgaben reagiert. Dies wiederum hängt davon ab, ob sie mit zunehmendem Preisdruck rechnet und deshalb den Leitzins anhebt, um einen drohenden Anstieg der Inflation zu bekämpfen.

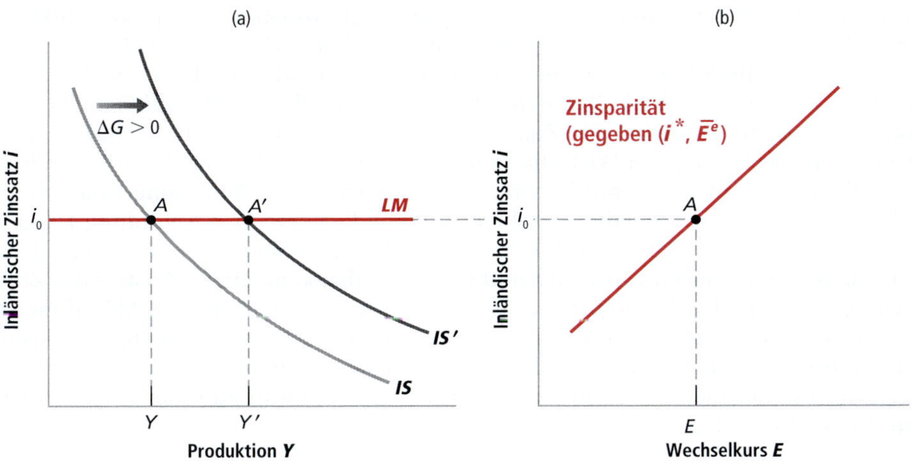

Abbildung 19.4 Auswirkungen einer expansiven Fiskalpolitik bei konstanten Zinsen. Steigende Staatsausgaben führen zu einem Anstieg der Produktion. Der Gesamteffekt hängt stark davon ab, wie die Zentralbank reagiert. Lässt sie den Zinssatz konstant, bleibt der Wechselkurs konstant; die Produktion steigt stark an.

Eine Erhöhung der Staatsausgaben verschiebt die *IS*-Kurve nach rechts. Die *LM*-Kurve und die Zinsparitätenkurve werden durch die Erhöhung der Staatsausgaben nicht beeinflusst.

Betrachten wir zunächst den Fall, dass sich die Wirtschaft zum Ausgangszeitpunkt unter dem Produktionspotenzial befindet ($Y < Y_n$). Solange die höheren Staatsausgaben die Produktion näher an das Produktionspotenzial bringen, aber nicht darüber hinaus, besteht für die Zentralbank kein Grund, einen Anstieg der Inflation zu befürchten (erinnern wir uns an die Diskussion in ▶ **Kapitel 9**, insbesondere ▶ **Abbildung 9.3**). Sie lässt den Zins dann unverändert. ▶ **Abbildung 19.4** beschreibt die Anpassungsprozesse für diesen Fall. Die Volkswirtschaft befindet sich in der Ausgangssituation in Punkt *A*. Der Anstieg der Staatsausgaben in Höhe von $\Delta G > 0$ führt dazu, dass die Produktion bei gegebenem Zinssatz zunimmt, sodass sich die *IS*-Kurve nach rechts verschiebt, in ▶ **Abbildung 19.4a** von *IS* nach *IS′*. Solange die Zentralbank nicht reagiert, bleiben der Zinssatz und damit auch die *LM*-Kurve konstant. Das neue Gleichgewicht befindet sich in Punkt *A′*, mit einem höheren Produktionsniveau. Weil der Zinssatz unverändert bleibt, kommt es in ▶ **Abbildung 19.4b** auch zu keiner Veränderung des Wechselkurses. Die Erhöhung der Staatsausgaben führt also zu einer Zunahme der Produktion. Der Wechselkurs ändert sich dagegen nicht, solange die Zentralbank den Zinssatz nicht anpasst.

Können wir eine Aussage treffen, wie sich die einzelnen Komponenten der Nachfrage entwickeln werden?

- Es ist klar, dass auch der Konsum steigt, wenn die Staatsausgaben steigen. Der Konsum steigt aufgrund des Einkommensanstiegs, die Staatsausgaben steigen per Annahme.
- Auch die Investitionen werden zunehmen. Sie hängen sowohl von der Produktion als auch vom Zinssatz ab: $I = I(Y, i)$. Weil der Zinssatz konstant bleibt, die Produktion aber steigt, nehmen auch die Investitionen zu.
- Wie steht es mit den Nettoexporten? Sie hängen von der in- und ausländischen Produktion und vom Wechselkurs ab: $NX = NX(Y, Y^*, E)$. Weil der Zinssatz konstant bleibt, ändert sich der Wechselkurs nicht. Auch die ausländische Produktion bleibt unverändert, solange der Rest der Welt nicht auf den Anstieg der inländischen Staatsausgaben reagiert. Damit bleibt nur der Effekt der gestiegenen Produktion im Inland. Weil die Importe ansteigen, gehen die Nettoexporte zurück. Das höhere Budgetdefizit führt also zu einer Verschlechterung der Handelsbilanz. Wenn die Handelsbilanz in der Ausgangssituation ausgeglichen war, dann führt das Budgetdefizit zu einem Handelsbilanzdefizit. Wichtig ist, dass eine Ausweitung des Budgetdefizits zwar zu einer Ausweitung des Handelsbilanzdefizits führt, dieser Effekt aber alles andere als mechanisch ist. Zunächst wirkt das Budgetdefizit auf die Produktion und auf den Wechselkurs, dies wiederum wirkt auf das Handelsbilanzdefizit.

Betrachten wir nun den Fall, dass der Anstieg der Staatsausgaben in einer Konjunkturphase erfolgt, in der die Wirtschaft sich schon nahe am Produktionspotenzial befindet. Denken Sie etwa an die Situation in Deutschland nach dem Fall der Mauer 1989, die in der Fokusbox *„Die deutsche Einheit und das Tauziehen zwischen Geld- und Fiskalpolitik"* in ▶ **Kapitel 5** beschrieben wird. Die Zentralbank ist besorgt, dass die höheren Staatsausgaben zu einer Überhitzung der Wirtschaft und damit zu einem Anstieg der Inflation führen. Sie wird deshalb nun darauf mit höheren Zinsen reagieren. ▶ **Abbildung 19.5** beschreibt die Anpassungsprozesse. Wieder verschiebt sich die *IS*-Kurve in ▶ **Abbildung 19.5a** nach rechts von *IS* nach *IS'*. Weil nun die Produktion bei unverändertem Zins weit über das Potenzial hinaus ansteigen würde, reagiert die Zentralbank mit einem Anstieg des Zinssatzes von i_0 auf i_1. Die Produktion steigt deshalb wesentlich weniger. In ▶ **Abbildung 19.5b** führt der gestiegene Zinssatz zu einem Anstieg des Wechselkurses – zu einer Aufwertung der inländischen Währung. Die Erhöhung der Staatsausgaben führt nun also zu einer Zunahme der Produktion, zu einem Anstieg des Zinssatzes und zu einer Aufwertung der inländischen Währung.

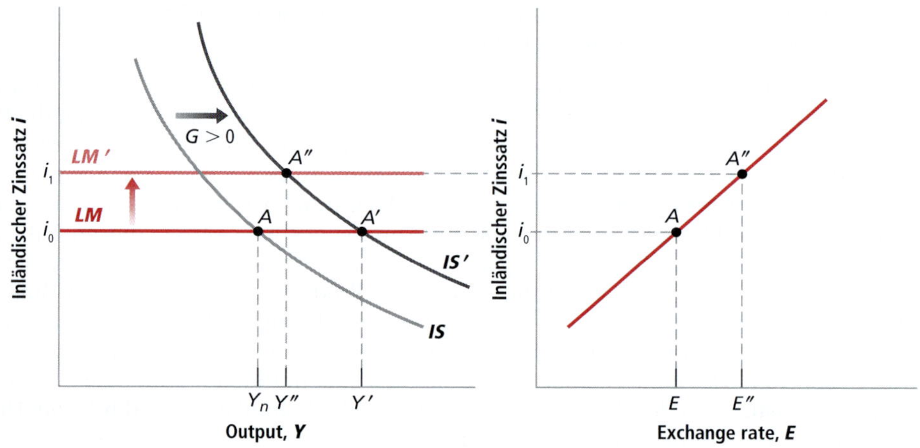

Abbildung 19.5 Auswirkungen einer expansiven Fiskalpolitik, wenn die Zentralbank mit steigenden Zinsen reagiert. Steigende Staatsausgaben führen zu einem Anstieg der Produktion. Wenn die Zentralbank den Zinssatz erhöht, kommt es zu einer Aufwertung des Wechselkurses und einem Rückgang der Nettoexporte.

Untersuchen wir wieder, wie sich die einzelnen Komponenten der Nachfrage entwickeln.

- Wieder steigen Konsum und Staatsausgaben. Der Konsum steigt aufgrund des Einkommensanstiegs, die Staatsausgaben steigen per Annahme.
- Wie sich die Investitionen entwickeln werden, ist nicht eindeutig, weil sie sowohl von der Produktion als auch vom Zinssatz abhängen: $I = I(Y, i)$. Einerseits steigt die Produktion, sodass die Investitionen zunehmen. Andererseits jedoch steigt auch der Zinssatz, sodass die Investitionen abnehmen.
- Die Nettoexporte sinken aus zwei Gründen: Sowohl die Aufwertung als auch der Anstieg der Produktion lassen die Nettoexporte zurückgehen: Durch die Aufwertung nehmen die Exporte ab, die Importe zu, der Anstieg der Produktion lässt die Importe noch weiter ansteigen. Das Budgetdefizit führt also zu einer Verschlechterung der Handelsbilanz. (Ob dieser Effekt größer ist als im Fall konstanter Zinsen lässt sich nicht eindeutig sagen: Die Aufwertung verstärkt ihn zwar. Weil die Produktion aber aufgrund der höheren Zinsen weniger steigt, nehmen auch die Importe weniger stark zu).

Robert Mundell erhielt 1999 den Nobelpreis für Wirtschaftswissenschaften.

Das *IS-LM*-Modell für die offene Volkswirtschaft wurde ursprünglich 1960 von zwei Ökonomen, Robert Mundell von der Columbia University und Marcus Fleming vom IWF, entwickelt. Aus diesem Grund wird es Mundell-Fleming-Modell genannt. In ihrem Ansatz gingen sie davon aus, dass die Zentralbank eine Geldmengensteuerung betreibt; unsere Version überträgt ihre Überlegungen auf den Fall der Zinssteuerung (vgl. die Diskussion in

▶ **Kapitel 4**). Wie alle einfachen Modelle muss man es für bestimmte Fragestellungen anpassen und erweitern, etwa um die Bedeutung von Risiken bei der Portfolioanlage oder die Zinsuntergrenze zu erfassen. Die einfachen Überlegungen, die wir in ▶ **Abbildung 19.3** bis ▶ **Abbildung 19.5** angestellt haben, liefern aber einen guten Ausgangspunkt für viele Analysen. Wie gut das Mundell-Fleming-Modell hilft, um die Wirkungsmechanismen wirtschaftspolitischer Entscheidungen abschätzen zu können, illustrieren zwei Fokusboxen. Die erste Fokusbox analysiert die Kombination kontraktiver Geldpolitik und expansiver Fiskalpolitik in den USA Anfang der 1980er-Jahre. Die zweite Fokusbox hinterfragt, ob die Importzölle der Regierung Trump helfen, das US-Handelsdefizit zu reduzieren.

FOKUS

Kontraktive Geldpolitik und expansive Fiskalpolitik – die Vereinigten Staaten in den frühen 1980er-Jahren

Die frühen 1980er-Jahre waren in den Vereinigten Staaten von drastischen Kursänderungen sowohl in der Geld- als auch in der Fiskalpolitik geprägt.

Ende der 1970er-Jahre kam der Präsident der Fed, Paul Volcker, zu dem Schluss, dass die US-amerikanische Inflation zu hoch wäre, und dass sie reduziert werden müsste. Ende 1979 schlug er einen stark kontraktiven geldpolitischen Kurs ein. Es war ihm klar, dass dies zu einer Rezession führen könnte, aber dass damit in der mittleren Frist eine niedrigere Inflation erreicht werden würde.

Die Kursänderung in der Fiskalpolitik wurde durch die Wahl von Ronald Reagan im Jahr 1980 ausgelöst. Reagan war aufgrund seines Versprechens, eine konservativere Politik machen zu wollen – Steuersenkungen und eine Begrenzung der Rolle des Staates in der Wirtschaft – gewählt worden. Dieses Versprechen war die Grundlage für den Economic Recovery Act im August 1981. Die Einkommenssteuer wurde in drei Stufen von 1981 bis 1983 um 23% gesenkt. Die Unternehmenssteuern wurden gleichermaßen gesenkt. Diese Steuersenkungen wurden jedoch nicht von einem entsprechenden Abbau der Staatsausgaben begleitet. Das Ergebnis war ein rasanter Anstieg des Budgetdefizits, das im Jahr 1983 einen Spitzenwert von 5,6% in Relation zum BIP erreichte.

Welche Motivation hatte die Reagan-Administration, die Steuern zu senken, ohne auch die Ausgaben entsprechend zu senken? Diese Frage wird bis heute diskutiert, es besteht jedoch Übereinstimmung über die zwei wichtigsten Beweggründe.

Ein Beweggrund lag in der Überzeugung einer einflussreichen Randgruppe von Ökonomen, den sogenannten „supply siders", die argumentierten, dass eine Steuersenkung Arbeitnehmer und Unternehmen dazu bringen würde, viel härter und produktiver zu arbeiten, und dass der daraus resultierende Anstieg der Aktivität zu einer Zunahme und nicht zu einem Rückgang der Steuereinnahmen führen würde. Mit anderen Worten: Sie erwarteten einen starken Anstieg des Produktionspotenzials, der sich in vermehrter Produktion und höheren Steuern niederschlägt. Wie erfolgversprechend auch immer das Argument damals ausgesehen haben mag, es erwies sich als falsch. Selbst wenn manche Arbeitnehmer nach der Steuersenkung tatsächlich härter und produktiver gearbeitet haben sollten, die Steuereinnahmen gingen zurück, das Budgetdefizit stieg.

Der andere Beweggrund war die Hoffnung, dass die Steuersenkung und der daraus resultierende Anstieg des Budgetdefizits den Kongress einschüchtern und unter Druck setzen würde, die Ausgaben zu kürzen oder zumindest nicht weiter zu erhöhen. Diese Hoffnung erwies sich zumindest teilweise als richtig. Der Kongress stand selbst unter einem enormen Druck, die Staatsausgaben nicht weiter zu erhöhen. Das Wachstum der Staatsausgaben fiel in den 1980er-Jahren sicher geringer aus, als es sonst der Fall gewesen wäre. Dieser Rückgang der Staatsausgaben war aber nicht genug, um den Steuerausfall aufzufangen und den schnellen Anstieg des Defizits zu vermeiden.

Was auch immer die Gründe für die Defizite gewesen sein mögen, die kombinierten Effekte der kontraktiven Geldpolitik und der expansiven Fiskalpolitik entsprachen genau dem, was das Mundell-Fleming-Modell vorhersagt. ▶ **Tabelle 1** charakterisiert die Entwicklung der wichtigsten makroökonomischen Variablen von 1980 bis 1984.

Von 1980 bis 1982 war die Entwicklung der Wirtschaft geprägt von den Auswirkungen der kontraktiven Geldpolitik. Sowohl die nominalen als auch die realen Zinssätze stiegen deutlich an. Dies führte zu einer starken Aufwertung des Dollar und zu einer Rezession. Das Ziel, die Inflation zu senken, wurde erreicht, wenn auch nicht unmittelbar. 1982 war die Inflation auf ungefähr 4% gesunken. Die niedrigere Produktion und die Aufwertung des Dollar hatten gegensätzliche Effekte auf die Handelsbilanz (die niedrigere Produktion führte zu einem Rückgang der Importe und zu einer Verbesserung der Handelsbilanz; die Aufwertung des Dollar aber zu einer Verschlechterung der Handelsbilanz), sodass das Handelsdefizit bis 1982 mehr oder weniger unverändert blieb. Von 1983 an war die Entwicklung der Wirtschaft von den Auswirkungen der expansiven Fiskalpolitik geprägt. Wie unser Modell vorhersagt, bestanden diese Auswirkungen in einem starken Wirtschaftswachstum, hohen Zinsen und einer weiteren Aufwertung des Dollar. Die Auswirkungen des starken Wirtschaftswachstums und der Aufwertung des Dollar waren ein Anstieg des Handelsdefizits auf 2,7% des BIP 1984. Mitte der 1980er-Jahre waren die *„twin deficits"*, die Zwillingsdefizite von Budget- und Handelsdefizit, zum wichtigsten makroökonomischen Politikthema geworden. Sie blieben die ganzen 1980er-Jahre hindurch und auch in der ersten Hälfte der 1990er-Jahre das wichtigste Thema.

	1980	1981	1982	1983	1984
BIP-Wachstum (%)	–0,5	1,8	–2,2	3,9	6,2
Erwerbslosenquote (%)	7,1	7,6	9,7	9,6	6,2
Inflation (VPI) (%)	12,5	8,9	3,8	3,8	3,9
Zinssatz (nominal) (%)	11,5	14,0	10,6	8,6	9,6
(real) (%)	2,5	4,9	6,0	5,1	5,9
Realer Wechselkurs (1973 = 100)	85,0	101	111,0	117,0	129,0
Handelsbilanzdefizit (% des BIP)	0,5	0,4	0,6	1,5	2,7

Tabelle 1 Makroökonomische Indikatoren, USA, 1980–1984. Inflation: Änderungsrate des Verbraucherpreisindex. Der Nominalzins bezieht sich auf dreimonatige Staatsanleihen. Der Realzins entspricht dem Nominalzins abzüglich der von DRI, einem privaten Prognoseunternehmen, prognostizierten Inflation. Der reale Wechselkurs entspricht dem realen Außenwert.

FOKUS

Das US-Handelsdefizit und die Importzölle der Regierung Trump

Das US-Handelsdefizit lag 2016 bei 2,7% des BIP. Das Versprechen, dieses Defizit zu bekämpfen, war damals im Wahlkampf von Donald Trump ein wichtiges Thema. Er sah es als Beweis dafür, dass die Vereinigten Staaten vom Rest der Welt, insbesondere von China, übervorteilt würden. Nach seinem Wahlsieg führte die Trump-Regierung 2018 dann Zölle auf eine Vielzahl von Importgütern ein. Die meisten Wirtschaftswissenschaftler zweifelten aber sowohl an seiner Diagnose wie auch an der von ihm gewählten Methode.

Zuerst zur Diagnose: Die Mehrheit der Ökonomen sah in den Handelsdefiziten der USA den Reflex einer chronisch niedrigen Ersparnis im Vergleich zu den Investitionen. Weil das Ausland bereit war, den USA Kredite zu gewähren, ließen sich diese Defizite leicht durch Kreditaufnahme im Ausland finanzieren. Ein Abbau der Handelsdefizite könne demnach nur dann erfolgen, wenn die Ersparnis in den USA selbst ansteige (sei es die private oder öffentliche Ersparnis). Manche Ökonomen gingen noch weiter. Sie argumentierten, der Ursprung des Handelsdefizits liege gerade in der Attraktivität von Kapitalanlagen in den USA. Ausländer hätten starkes Interesse daran, Vermögenswerte in den USA zu halten. Diese Nachfrage aus dem Ausland führe zu einer Aufwertung des Dollars. Das wiederum verringere die relative Wettbewerbsfähigkeit amerikanischer Güter und sei Ursache des Handelsdefizits (Erinnern wir uns an die Diskussion in ▶ **Abschnitt 18.6** zur Beziehung zwischen Ersparnis, Investitionen und Leistungsbilanzdefiziten). Kurz zusammengefasst: Das Handelsdefizit spiegele die Finanzkraft der USA wider; es sei kein Grund zur Sorge.

Nun zur Methode: Die Ökonomen argumentierten, dass Zölle kaum helfen würden, wenn der Ursprung des Handelsdefizits in einer zu geringen US-Ersparnis liegt bzw. in der Attraktivität von Vermögenswerten in den USA. Überlegen wir, warum.

Bei gegebenem Wechselkurs verteuern Zölle den Brutto-Preis von Importen für die Konsumenten in den USA. Wie stark der Brutto-Preis ansteigt, hängt davon ab, wie ausländische Firmen auf die Zölle reagieren: Es ist wahrscheinlich, dass sie ihren Netto-Lieferpreis (vor Zoll) senken. Dann steigt der Preis für die Konsumenten in den USA weniger stark als der Zoll. Als Extremfall könnten sie den Netto-Lieferpreis sogar so weit senken, dass der Brutto-Preis für Konsumenten kaum ansteigt. Dann würden sich wohl auch die Importmengen kaum ändern. Weil aber der Netto-Preis sinkt, den die USA für Importe zahlen, sinkt der Wert der Importe in Einheiten inländischer Güter.

Im anderen Extrem bliebe der Netto-Preis konstant. Dann würde der Brutto-Preis für die Konsumenten in den USA genau in der Höhe des Zolls steigen. Nun wird die Nachfrage nach Importen wahrscheinlich sinken. In diesem Fall ändert sich der Netto-Preis nicht, den die Importeure in den USA zahlen, dagegen nehmen die Importmengen ab. Auch in diesem Fall kommt es also wieder zu einem Rückgang der Importwerte.

In beiden Fällen sinkt somit (bei unverändertem nominalem Wechselkurs) der Importwert in Einheiten inländischer Güter. Solange die Exporte konstant bleiben, bedeutet dies einen Abbau des Handelsdefizits. (Es macht dabei jedoch einen Unterschied, wer die Zölle bezahlt: Im ersten Fall zahlen die ausländischen Unternehmen, im zweiten Fall die Konsumenten in den USA). Das niedrigere Handelsdefizit lässt die Nachfrage und damit auch die Produktion in den USA steigen. Es scheint also alles zu passen.

Warum waren dann die Ökonomen trotzdem skeptisch, dass sich durch die Zölle ein Abbau des Handelsdefizits erreichen lässt?

Dafür gibt es vier Gründe:

- Die Zölle könnten zu einem Handelskrieg führen: Wenn andere Länder mit höheren Zöllen auf US-Güter reagieren, könnten auch die US-Exporte stark einbrechen, sodass es zu keiner Veränderung des Handelsdefizits kommt. In der Tat hat China als Gegenreaktion Ende 2018 seine Zölle auf US-Güter erhöht.
- Produziert die US-Wirtschaft schon nahe am Produktionspotenzial (das war 2018 tatsächlich der Fall), kann ein weiterer Anstieg der Produktion zu einer Überhitzung führen. Die Zentralbank würde dann den Zinssatz erhöhen. Dies wiederum würde den Dollar aufwerten (erinnern Sie sich an die Zinsparität, ▶ **Kapitel 17**) und damit dem Rückgang der Nettoexporte durch Zölle entgegenwirken.
- Selbst wenn die Fed den Zinssatz nicht erhöht, könnten Erwartungen über einen Abbau des Handelsdefizits (und damit einem geringeren Bedarf an Auslandskrediten) zu einer Aufwertung des Dollars führen. Wieder würde die Aufwertung dem Rückgang der Nettoexporte durch Zölle entgegenwirken.
- Schließlich verabschiedete die Trump-Administration im Jahr 2017 neben der Erhöhung der Zölle eine Steuerreform, die das Haushaltsdefizit im Jahr 2018 stark ansteigen ließ. Wir haben in diesem Kapitel gelernt, dass ein größeres Haushaltsdefizit wahrscheinlich zu einem größeren Handelsdefizit führt: Solange die Fed nicht gegensteuert, würde das Haushaltsdefizit die Produktion und damit auch die Importe stimulieren. Reagiert die Fed dagegen mit steigenden Zinsen, käme es zu einer Aufwertung des Dollars und somit wiederum zu einem höheren Handelsdefizit. In beiden Fällen dürfte die Wirkung expansiver Fiskalpolitik auf die Handelsbilanz den Effekt der Zölle übertreffen.

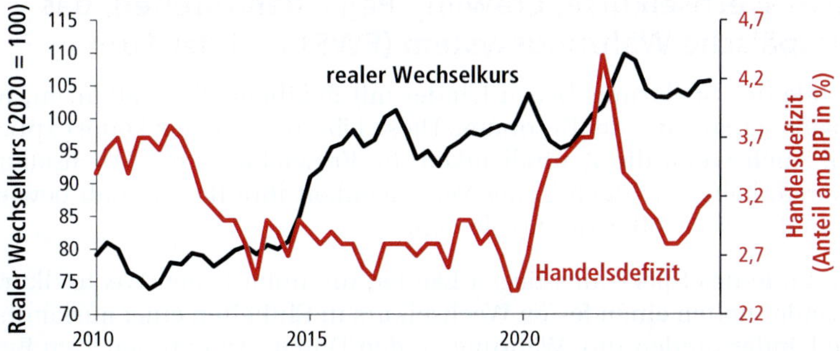

Abbildung 1 Realer Wechselkurs und Handelsdefizit (als Anteil am BIP) der USA seit 2010. FRED-Codes RNUSBIS und A019RE1Q156NBEA

Wie lief es tatsächlich? Es ist schwierig, diese Frage zu beantworten, weil leider zu viele Dinge gleichzeitig passiert sind. Von 2020 an hat ein viel größerer Schock – nämlich Covid – die Entwicklung der US-Wirtschaft dominiert. Die Covid-Krise führte zu einer starken Rezession, gefolgt von einem starken Aufschwung. Sie führte auch zu großen Haushaltsdefiziten, anfänglich sehr niedrigen Zinssätzen, dann aber zu Inflation und steigenden Nominalzinsen. Alle diese Faktoren haben potenzielle Auswirkungen auf den Wechselkurs und die Handelsbilanz. Dies macht es sehr schwer, die spezifischen Auswirkungen der Zölle zu ermitteln.

Wir können aber eine einfache Beobachtung machen. ▶ **Abbildung 1** liefert Evidenz dafür. Sie zeigt, wie sich der reale Wechselkurs (für Anfang 2020 auf 100 normiert) sowie der Anteil des Handelsdefizits am BIP in den USA entwickelt. Um die Grafik zu verstehen, lesen Sie zunächst nochmals die Ausführungen zu ▶ **Abbildung 18.7** nach. Im Unterschied zu Abbildung 18.7 betrachten wir hier die Quartalsdaten ab 2010.

Die Abbildung zeigt, dass sich der Dollar bis Mitte 2022 real aufgewertet hat. Es ist auch zu erkennen, dass das Handelsdefizit ab 2020 stark anstieg. Erst 2022 begann es, sich zu erholen. Obwohl viele Faktoren mitgewirkt haben, macht die Abbildung deutlich, dass die Handelszölle eindeutig nicht ausgereicht haben, um das Defizit zu verringern.

Zölle sind nur eine der Formen, in denen Handelsbeschränkungen auftreten können. Eine ganze Reihe von Kräften wirken zusammen, um den Welthandel zu beschränken: Dazu zählen etwa Sicherheitsbedenken, zum Beispiel Sorgen über eine Technologie-Abhängigkeit von der Volksrepublik China. Sorgen über die Robustheit von Lieferketten führen zu einer Verlagerung der Produktion ins Inland. Industriepolitische Maßnahmen zielen darauf ab, den einheimischen Industriesektor zu stärken. Ob diese Maßnahmen nun angemessen sind oder nicht, sie werden wahrscheinlich erhebliche makroökonomische Auswirkungen haben. Dies ist eine Entwicklung, die in den kommenden Jahren sorgfältig zu beobachten ist.

19.5 Feste Wechselkurse

Bislang haben wir angenommen, dass die Zentralbank den Zinssatz festlegt und zulässt, dass sich der Wechselkurs so anpasst, dass ein Gleichgewicht auf dem Devisenmarkt herrscht. Für die meisten Länder ist diese Annahme nicht realistisch: Die meisten Zentralbanken verfolgen implizit oder explizit bestimmte Wechselkursziele. Sie setzen geldpolitische Maßnahmen ein, um diese Ziele zu erreichen. Die Ziele können implizit oder explizit sein; manchmal bestehen die Ziele in spezifischen Werten, manchmal in **Bandbreiten**. Diese Arrangements für den Wechselkurs (Wechselkursregime genannt) haben viele verschiedene Namen; wir wollen uns zunächst einmal damit beschäftigen, was die einzelnen Namen bedeuten.

19.5.1 Feste Wechselkurse, Crawling Pegs, Bandbreiten, das Europäische Währungssystem (EWS) und der Euro

Erinnern wir uns an die Definition des realen Wechselkurses, $\varepsilon = EP/P^*$. Wenn die inländische Inflation höher ist als die ausländische Inflation, dann bedeutet dies: *P* steigt schneller als P^*. Wenn *E* fest ist, dann nimmt EP/P^* zu. Es kommt also zu einer stetigen realen Aufwertung: Die inländischen Güter werden relativ zu den ausländischen Gütern immer teurer.

Am einen Ende des Spektrums liegen Länder mit flexiblen Wechselkursen, wie die Vereinigten Staaten, Japan oder der Euroraum. Diese Länder verfolgen keine expliziten Wechselkursziele. Auch wenn die Zentralbanken die Entwicklung des Wechselkurses sicher nicht ignorieren, haben sie doch in der Vergangenheit ihre Bereitschaft bewiesen, starke Fluktuationen des Wechselkurses zuzulassen.

Am anderen Ende des Spektrums liegen Länder, die unter festen Wechselkursen operieren. Diese Länder halten einen festen Wechselkurs in Einheiten einer ausländischen Währung. Einige Länder binden ihre Währung an den Dollar. Argentinien zum Beispiel band seine Währung, den Peso, von 1991 bis 2001 an den Dollar, und zwar zum symbolischen Wechselkurs von einem Dollar für einen Peso (▶ **Kapitel 20** wird sich ausführlicher mit diesem Beispiel beschäftigen.) Andere Länder haben ihre Währung früher an den französischen Franc gebunden (in erster Linie die ehemaligen französischen Kolonien); seit der Franc durch den Euro ersetzt wurde, sind sie nun an den Euro gebunden. Wieder andere

Länder binden ihre Währung an einen Währungskorb, mit Gewichten, die der Zusammensetzung ihres Handels entsprechen.

Die Bezeichnung „fest“ ist etwas irreführend: Die Wechselkurse von Ländern, die unter festen Wechselkursen operieren, sind nicht grundsätzlich unveränderlich. Veränderungen sind jedoch selten. Ein extremes Beispiel sind die afrikanischen Länder, die ihre Währung an den Franc gebunden hatten. Als sie ihre Wechselkurse im Januar 1994 anpassten, war dies die erste Anpassung seit 45 Jahren.

Zwischen diesen beiden Extremen liegen viele Länder, die sich in unterschiedlichem Maß auf ein Wechselkursziel verpflichtet haben. Manche Länder beispielsweise haben sich für *„crawling pegs“* (gleitende Bandbreiten) entschieden. Diese Länder sind meist durch Inflationsraten gekennzeichnet, die über der Inflationsrate des Leitwährungslandes liegen (des Landes, an das sie ihre Währung anbinden). Wenn sie ihren nominalen Wechselkurs fest binden würden, dann würde der Anstieg des inländischen Preisniveaus relativ zum Preisniveau des Leitwährungslandes zu einer stetigen realen Aufwertung führen. Die inländischen Güter würden nicht mehr wettbewerbsfähig bleiben. Um diesen Effekt zu vermeiden, legen diese Länder von vornherein bestimmte Abwertungsraten gegenüber der Leitwährung fest. Die Währung bewegt sich „kriechend“ (englisch: *crawl*) gegenüber der Leitwährung.

Eine wiederum andere Regelung besteht darin, dass bestimmte Länder untereinander ihre bilateralen Wechselkurse (die wechselseitigen Wechselkurse zwischen allen Ländern aus dieser Gruppe) innerhalb festgesetzter Bandbreiten halten. Das bekannteste Beispiel dafür war das **Europäisches Währungssystem**, durch das Wechselkursschwankungen innerhalb der Europäischen Union von 1978 bis 1998 geregelt wurden. Gemäß der Regeln des EWS verpflichteten sich die Mitgliedsländer, ihre Wechselkurse gegenüber den anderen Währungen des Systems innerhalb enger Bandbreiten um eine **Zentrale Parität** herum – einen gegebenen Wert für den Wechselkurs – zu halten. Veränderungen der zentralen Parität und Neubewertungen einzelner Währungen waren möglich, es mussten jedoch alle Länder zustimmen. Nach einer größeren Krise 1992/93, die dazu führte, dass einige Länder ganz aus dem EWS ausschieden, wurden Anpassungen der Wechselkurse immer seltener. Die meisten beteiligten Länder gingen noch einen Schritt weiter und führten am 1. Januar 1999 eine gemeinsame Währung ein, den Euro. Wir kommen auf die Implikationen der Euro-Einführung in ▸ **Kapitel 20** zurück.

Wir beschäftigen uns mit der Krise des EWS 1992 in ▸ Kapitel 20.

Wir werden die Vor- und Nachteile dieser verschiedenen Wechselkursregimes im nächsten Kapitel diskutieren. Zunächst jedoch müssen wir analysieren, wie die Entscheidung für einen festen Wechselkurs die Geld- und Fiskalpolitik beeinflusst. Damit beschäftigen wir uns im Rest dieses Abschnitts.

Wenn sich Länder für eine gemeinsame Währung entscheiden, dann ist das, als ob sie eine extreme Form fester Wechselkurse einführen würden: Ihr „Wechselkurs“ ist für jedes Paar von Ländern auf 1:1 fixiert.

19.5.2 Die Entscheidung für einen festen Wechselkurs und die Kontrolle über die Geldpolitik

Nehmen wir an, ein Land entscheidet sich, seinen Wechselkurs zu einer anderen Währung auf einen bestimmten Wert zu fixieren. Nennen wir diesen Wert $\bar{E}$. Wie kann es diese Entscheidung in der Realität umsetzen? Die Regierung kann nicht einfach den Wert des Wechselkurses bekanntgeben und sich dann zur Ruhe setzen. Sie muss Maßnahmen ergreifen, um sicherzustellen, dass der gewählte Wechselkurs auf dem Devisenmarkt auch Bestand hat. Diese Maßnahmen wollen wir uns genauer ansehen.

Ob ein Land seinen Wechselkurs fixiert oder nicht, Wechselkurs und nominaler Zinssatz müssen die Bedingung der Zinsparität erfüllen:

$$(1 + i_t) = (1 + i_t^*)\frac{E_t}{E_{t+1}^e}$$

Nehmen wir nun an, das Land fixiert seinen Wechselkurs auf $\bar{E}$, sodass der aktuelle Wechselkurs $E_t = \bar{E}$ ist. Wenn die Finanzmärkte und die Devisenmärkte daran glauben, dass der Wechselkurs auch in Zukunft auf diesem Wert fixiert bleiben wird, dann rechnen sie damit, dass der zukünftige Wechselkurs E^e_{t+1} ebenfalls gleich $\bar{E}$ ist. Die Zinsparitätenbedingung wird dann zu:

$$(1 + i_t) = (1 + i^*_t) \Rightarrow i_t = i^*_t$$

In Worten: Wenn die Kapitalanleger erwarten, dass der Wechselkurs unverändert bleibt, dann fordern sie in beiden Ländern den gleichen Zinssatz. Unter festen Wechselkursen und perfekter Kapitalmobilität müssen in- und ausländischer Zinssatz gleich sein.

Diese Überlegung folgt unmittelbar aus der Bedingung der Zinsparität. Sie gilt zwingend bei perfekter Kapitalmobilität (Kapitalanleger entscheiden sich immer für den höchsten erwarteten Ertrag). Der Fall fester Wechselkurse in Kombination mit unvollkommener Kapitalmobilität – der für manche Länder in Lateinamerika oder in Asien relevanter ist – wird im Anhang zu diesem Kapitel behandelt.

Diese Bedingung hat eine wichtige Implikation. Eine Politik fixer Wechselkurse bedeutet den Verzicht auf autonome Geldpolitik. Die inländische Zentralbank kann den inländischen Zinssatz bei perfekter Kapitalmobilität nicht mehr selbst festlegen; der Zinssatz im Inland muss vielmehr gleich dem ausländischen Zinssatz sein.

19.5.3 Fiskalpolitik unter festen Wechselkursen

Wenn die Geldpolitik unter festen Wechselkursen nicht mehr eingesetzt werden kann, wie steht es dann mit der Fiskalpolitik? Die Wirkungen von Fiskalpolitik im Fall fester Wechselkurse sind identisch zu dem Fall, den wir in ▶ **Abbildung 19.4** bei flexiblen Wechselkursen betrachtet haben: Solange der Zinssatz konstant bleibt, verändert sich auch der Wechselkurs nicht. Für die Wirksamkeit von Fiskalpolitik kommt es also nicht darauf an, ob die Wechselkurse fix oder flexibel sind. Entscheidend ist die Fähigkeit der Zentralbank, mit Zinsanpassungen zu reagieren. Wie wir in ▶ **Abbildung 19.5** gesehen haben, könnte die Zentralbank mit steigendem Zins reagieren, sobald ein Anstieg der Staatsausgaben die Wirtschaft über das Produktionspotenzial hinaus stimuliert, um so den Inflationsdruck zu bekämpfen. Bei fixen Wechselkursen hat die Zentralbank diese Option gar nicht mehr. Sie kann keine eigenständige Zinspolitik mehr betreiben.

***Beachte:* Im Fall fixer Wechselkurse erfasst die *IS*-Kurve ausschließlich den direkten Zinskanal, weil es keinen indirekten Wechselkurskanal gibt – im Unterschied zur modifizierten *IS*-Kurve bei flexiblen Wechselkursen (▶ Abbildung 19.4a).**

Am Ende dieses Kapitels drängt sich eine Frage auf: Warum sollte sich ein Land überhaupt dafür entscheiden, seinen Wechselkurs zu fixieren? Wir haben bereits mehrere Gründe gefunden, warum dies keine gute Idee zu sein scheint:

- Wenn ein Land seinen Wechselkurs fixiert, gibt es ein sehr wirksames Instrument (die Geldpolitik) auf, mit dem es Handelsungleichgewichte korrigieren und die Konjunktur beeinflussen kann.
- Wenn sich ein Land verpflichtet, einen bestimmten Wechselkurs aufrechtzuerhalten, gibt es die Kontrolle über seinen Zinssatz auf. Nicht nur das, es muss auch noch Bewegungen des Zinssatzes im Ausland nachvollziehen, mit dem Risiko, dass dies unerwünschte Effekte auf die eigene Konjunktur hat. Ein Beispiel dafür findet sich in Europa zu Beginn der 1990er-Jahre. Aufgrund der gestiegenen Nachfrage infolge der deutschen Einheit fürchtete die stabilitätsorientierte Bundesbank die Gefahr einer Inflation und erhöhte daraufhin die Leitzinsen. Um die Parität mit der DM zu halten, waren nun auch andere Länder im EWS gezwungen, ihre Zinssätze anzuheben, obwohl sie vorgezogen hätten, dies nicht zu tun. (Dieses Beispiel ist das Thema der Fokusbox *„Die deutsche Einheit und das EWS“*.)
- Auch wenn das Land die Kontrolle über seine Fiskalpolitik behält, so reicht ein Politikinstrument allein doch nicht aus. Wie wir beispielsweise in ▶ **Kapitel 18** gesehen haben, kann eine expansive Fiskalpolitik dazu beitragen, eine Rezession zu bewältigen, aber nur auf Kosten eines größeren Handelsdefizits. Darüber hinaus kann ein Land, das sein Budgetdefizit abbauen will, unter festen Wechselkursen nicht auf geldpolitische Maßnahmen zurückgreifen, um die kontraktiven Effekte seiner Fiskalpolitik auf die Produktion aufzufangen.

Warum entscheiden sich manche Länder dennoch dafür, ihren Wechselkurs zu fixieren? Warum haben mittlerweile 20 europäische Länder eine gemeinsame Währung eingeführt? Um diese Fragen zu beantworten, müssen wir unsere Analyse noch etwas weiter fortführen. Wir dürfen uns nicht allein wie in diesem Kapitel mit der kurzen Frist beschäftigen, sondern müssen auch beachten, dass sich mittelfristig das Preisniveau anpassen kann. Wir müssen uns mit den Eigenschaften von Wechselkurskrisen beschäftigen. Erst wenn wir all diese Themen analysiert haben, sind wir in der Lage, eine Beurteilung der Vor- und Nachteile verschiedener Wechselkursregimes abzugeben. So werden wir in ▶ **Kapitel 20** vorgehen.

FOKUS

Die deutsche Einheit und das EWS

Unter einem Regime fester Wechselkurse, wie dem Europäischen Währungssystem (EWS), kann kein Land allein seinen Zinssatz verändern, wenn nicht auch die anderen Länder ihre Zinssätze verändern (abgesehen von einem gewissen Grad an Flexibilität, die durch die Bandbreiten ermöglicht wurde). Wie verändern sich dann die Zinssätze in der Realität? Zwei Möglichkeiten sind denkbar: Eine mögliche Regelung wäre, dass alle Länder Veränderungen in ihren Zinssätzen abstimmen und koordinieren. Eine andere Möglichkeit wäre, dass ein Land die Führungsrolle übernimmt und alle anderen Länder folgen müssen – genau dies geschah im EWS, wobei Deutschland die Führungsrolle übernahm.

Während der 1980er-Jahre verfolgten die meisten europäischen Zentralbanken ähnliche Ziele und waren zufrieden damit, der Bundesbank (der deutschen Zentralbank) die Führungsrolle zu überlassen. Im Jahr 1990 jedoch führte die deutsche Einheit zu einer starken Divergenz der Ziele der Bundesbank und der Ziele der Zentralbanken der anderen EWS-Mitgliedsländer. Erinnern wir uns an die makroökonomischen Implikationen der deutschen Einheit aus ▶ **Kapitel 5**: Sowohl die großen Transferzahlungen nach Ostdeutschland als auch der Investitionsboom ließen die Nachfrage in Deutschland stark steigen. Die Bundesbank fürchtete, dass diese Verschiebung zu einer Überhitzung der Konjunktur führen könnte, und entschied sich daher für eine restriktive Geldpolitik. Das Ergebnis war ein starkes Wachstum in Deutschland, kombiniert mit einem starken Anstieg der Zinssätze.

Auch wenn diese Politik für Deutschland geeignet war, war sie für die anderen Länder weit weniger attraktiv. Diese hatten keine vergleichbare Nachfragesteigerung. Um jedoch im EWS verbleiben zu können, waren sie gezwungen, den hohen deutschen Zinssätzen zu folgen. Es kam zu einem starken Rückgang der Nachfrage und der Produktion in den anderen Ländern. Diese Ergebnisse sind in ▶ **Tabelle 1** dargestellt. Sie enthält die nominalen Zinssätze, die Inflationsraten und das BIP-Wachstum von 1990 bis 1992 für Deutschland und für zwei seiner EWS-Partnerländer, Frankreich und Belgien.

Interessant ist zunächst, in welchem Ausmaß sowohl Frankreich als auch Belgien mit ihren Zinssätzen den hohen deutschen Zinssätzen folgten. Die nominalen Zinssätze waren in Frankreich in allen drei Jahren sogar höher als in Deutschland! Dies lag daran, dass Frankreich höhere Zinssätze als Deutschland benötigte, um die Parität zwischen dem Franc und der DM aufrechtzuerhalten; der Grund dafür war, dass die Finanzmärkte nicht sicher waren, ob Frankreich die Parität zwischen dem Franc und der DM wirklich halten würde. Da die Kapitalanleger eine mögliche Abwertung des Franc befürchteten, verlangten sie einen höheren Zinssatz auf französische Wertpapiere als auf deutsche Wertpapiere.

Frankreich und Belgien waren gezwungen, den deutschen Zinssätzen zu folgen – oder ihre Zinssätze sogar noch stärker anzuheben. Beide Länder hatten jedoch eine niedrigere Inflation als Deutschland. Das Resultat waren sehr hohe Realzinsen, viel höher als in Deutschland. Sowohl in Frankreich als auch in Belgien lagen die durchschnittlichen Realzinsen von 1990 bis 1992 nahe 7%. Und in beiden Ländern war der Zeitraum von 1990 bis 1992 gekennzeichnet durch langsames Wachstum und steigende Arbeitslosigkeit. 1990 betrug die Arbeitslosigkeit in Frankreich 8,9%, 1992 betrug sie 10,4%. Die entsprechenden Zahlen für Belgien waren 8,7% und 12,1%.

Wir haben nur zwei der deutschen EWS-Partnerländer betrachtet, die Entwicklung in den anderen EWS-Ländern verlief jedoch ähnlich. 1990 betrug die durchschnittliche Arbeitslosigkeit in der EU noch 8,7%, 1992 war sie auf 10,3% angestiegen.

	Nominalzinsen (%)			Inflation (%)			Realzinsen			BIP-Wachstum (%)		
	1990	1991	1992	1990	1991	1992	1990	1991	1992	1990	1991	1992
Deutschland	8,5	9,2	9,5	2,7	3,7	4,7	5,7	5,5	4,8	5,7	4,5	2,1
Frankreich	10,3	9,6	10,3	2,9	3,0	2,4	7,4	6,6	7,9	2,5	0,7	1,4
Belgien	9,6	9,4	9,4	2,9	2,7	2,4	6,7	6,7	7,0	3,3	2,1	0,8

Tabelle 1 Die deutsche Einheit, Zinssätze und Produktionswachstum: Deutschland, Frankreich, Belgien, 1990–1992. Der Nominalzins ist der kurzfristige Nominalzins. Der Realzins entspricht dem tatsächlich realisierten Realzins, also dem Nominalzins abzüglich der Jahresinflationsrate. Alle Raten sind Jahresraten.
Quelle: OECD Economic Outlook

Die Effekte der hohen realen Zinssätze auf die Ausgaben waren nicht der einzige Grund für die Abschwächung der Konjunktur, aber der wichtigste.

1992 standen eine steigende Zahl von Ländern vor der Frage, ob sie ihre EWS-Parität weiter verteidigen oder aber, ob sie die Parität aufgeben und ihre Zinssätze senken sollten. Aus Sorge über das Risiko von Paritätsanpassungen verlangten die Finanzmärkte höhere Zinssätze in den Ländern, für die sie eine Paritätsanpassung als am wahrscheinlichsten betrachteten. Das Ergebnis waren zwei größere Wechselkurskrisen, eine im Herbst 1992 und eine weitere im Sommer 1993. Zwei Länder, Italien und Großbritannien, mussten das EWS verlassen. Wir werden uns mit diesen Krisen, ihren Ursachen und ihren Implikationen in ▶ **Kapitel 20** beschäftigen.

ZUSAMMENFASSUNG

- In einer offenen Volkswirtschaft hängt die Nachfrage nach Gütern sowohl vom Zinssatz als auch vom Wechselkurs ab. Ein Anstieg des Zinssatzes und auch ein Anstieg des Wechselkurses – eine Aufwertung – dämpft die Nachfrage nach inländischen Gütern.
- Der Zinssatz wird durch die Gleichheit von Geldangebot und Geldnachfrage bestimmt. Der Wechselkurs wird durch die Bedingung der Zinsparität bestimmt. Sie verlangt, dass der inländische Zinssatz gleich dem ausländischen Zinssatz minus der erwarteten Aufwertungsrate sein muss.
- Bei gegebenem erwarteten zukünftigen Wechselkurs und gegebenem ausländischen Zinssatz führt ein Anstieg des inländischen Zinssatzes zu einem Anstieg des Wechselkurses (einer Aufwertung). Sinkt der inländische Zinssatz, so führt dies zu einem Rückgang des Wechselkurses (einer Abwertung).
- Bei flexiblen Wechselkursen führt eine expansive Fiskalpolitik zu einem Anstieg der Produktion. Wenn die Geldpolitik durch einen Anstieg des Zinssatzes gegensteuert, kommt es zu einer Aufwertung. Über den Zins- und den Wechselkurskanal wird die expansive Wirkung der Fiskalpolitik gedämpft.
- Bei flexiblen Wechselkursen wird die Wirkung von Geldpolitik über den Wechselkurskanal noch verstärkt: Die durch Veränderungen des Zinssatzes induzierten Wechselkurseffekte wirken auf die Nachfrage in die gleiche Richtung wie die Zinsänderung.
- Es gibt viele unterschiedliche Wechselkursregimes. Sie reichen von vollkommen flexiblen Wechselkursen über gleitende Bandbreiten und **Feste Wechselkurse** bis hin zur Einführung einer gemeinsamen Währung. Unter festen Wechselkursen fixiert ein Land seinen Wechselkurs in Einheiten einer ausländischen Währung oder in Einheiten eines Währungskorbes.
- Bei festen Wechselkursen und Gültigkeit der Zinsparität muss ein Land seinen Zinssatz dem Zinssatz im Ausland anpassen. Die Zentralbank verliert die Geldpolitik als wirtschaftspolitisches Instrument. Die Fiskalpolitik ist jedoch wirksamer als unter flexiblen Wechselkursen, da Fiskalpolitik nicht durch gegenläufige Änderungen des inländischen Zinssatzes und des Wechselkurses gedämpft werden kann.

Übungsaufgaben

(Lösungen auf **MyMathLab | Makroökonomie**)

Verständnistests

1 Welche der folgenden Aussagen sind zutreffend, falsch oder unklar? Geben Sie jeweils eine kurze Erläuterung.

a) Da der Multiplikator in einer offenen Volkswirtschaft kleiner ist als in einer geschlossenen Volkswirtschaft, ist Fiskalpolitik in einer offenen Volkswirtschaft weniger wirksam als in einer geschlossenen Volkswirtschaft.

b) Geldpolitik ist in einer geschlossenen Volkswirtschaft immer wirksamer als in einer offenen Volkswirtschaft mit flexiblen Wechselkursen.

c) Wenn die Kapitalanleger erwarten, dass der Wechselkurs nächstes Jahr höher sein wird, dann impliziert die Zinsparität, dass der Wechselkurs heute höher sein wird.

d) Wenn die Kapitalanleger erwarten, dass der Dollar gegenüber dem Euro im Lauf des nächsten Jahres abwertet, dann werden die einjährigen Zinssätze in den Vereinigten Staaten höher sein als im Euroraum.

e) Eine expansive Fiskalpolitik stimuliert ceteris paribus die Nettoexporte.

f) Die Zentralbank beeinflusst den Wechselkurs, indem sie den inländischen Zinssatz relativ zum ausländischen Zinssatz verändert.

g) Ein Anstieg des inländischen Zinssatzes stimuliert ceteris paribus den Export.

h) Falls der nächstes Jahr erwartete Wechselkurs sinkt, kommt es zu einer sofortigen Abwertung des heutigen Wechselkurses.

i) Fiskalpolitik wirkt sich in einem Regime mit flexiblen Wechselkursen immer stärker auf die Produktion aus als in einem Regime mit Wechselkursen.

j) Bei fixen Wechselkursen muss die Zentralbank den inländischen Zinssatz an den ausländischen Zinssatz anpassen.

k) Ein Anstieg des inländischen Zinssatzes führt zu einer sofortigen Aufwertung, aber auch zu einer zukünftig erwarteten Abwertung.

2 Betrachten Sie eine offene Volkswirtschaft mit flexiblen Wechselkursen. Gehen Sie davon aus, dass die Produktion dem Produktionspotenzial entspricht, dass aber ein Handelsbilanzdefizit besteht. Worin besteht die geeignete Kombination von Geld- und Fiskalpolitik, um das Defizit abzubauen?

3 In diesem Kapitel zeigten wir, dass eine Zinssenkung in einem Regime mit flexiblen Wechselkursen zu einem Anstieg der Produktion und einer Abwertung der inländischen Währung führt.

a) Wie wirkt sich die Zinssenkung in einem Regime mit flexiblen Wechselkursen auf Konsum und Investition aus?

b) Wie wirkt sich die Zinssenkung in einem Regime mit flexiblen Wechselkursen auf die Nettoexporte aus?

4 **Flexible Wechselkurse** *und makroökonomische Effekte aus dem Ausland*

Betrachten Sie eine offene Volkswirtschaft mit flexiblen Wechselkursen. Im Ausland lässt eine expansive Fiskalpolitik sowohl Y^* und i^* steigen. Mit *ZP* bezeichnen wir die Zinsparität.

a) Zeigen Sie in einem *IS-LM-ZP*-Diagramm, wie sich der Anstieg von Y^* und der Anstieg des Zinssatzes i^* im Ausland auf die inländische Produktion Y und den Wechselkurs E auswirkt, falls die inländische Zentralbank den Zinssatz unverändert lässt. Erklären Sie verbal.

b) Zeigen Sie in einem *IS-LM-ZP*-Diagramm, wie sich ein Anstieg von Y^* und ein Anstieg des Zinssatzes i^* im Ausland auf die inländische Produktion Y und den Wechselkurs E auswirkt, falls die inländische Zentralbank den inländischen Zinssatz in gleicher Höhe anpasst. Erklären Sie verbal.

c) Gehen Sie nun davon aus, dass die Zentralbank versucht, das inländische Produktionsniveau Y zu stabilisieren. Zeigen Sie in einem *IS-LM-ZP*-Diagramm, mit welcher Politik sie auf einen Anstieg von Y^* und einen Anstieg des Zinssatzes i^* im Ausland reagieren muss, um Y konstant zu halten. Erklären Sie verbal. Unter welchen Bedingungen könnte solch eine Politik angemessen sein?

Vertiefungsfragen

5 *Wirtschaftspolitik in einem System mit festen Wechselkursen*

Betrachten wir eine Gruppe von offenen Volkswirtschaften, in denen ein Land, das Leitwährungsland, die Führungsrolle übernimmt. Das Leitwährungsland kann seine Geldpolitik autonom bestimmen. Die anderen Länder (insbesondere Land 2) fixieren ihren Wechselkurs gegenüber dem Leitwährungsland. Wieder unterstellen wir perfekte Kapitalmobilität. Das Leitwährungsland sei das Ausland, Land 2 bezeichnen wir als Inland.

a) Wie wirkt sich ein Anstieg des Zinssatzes im Leitwährungsland auf Zins und Produktion in Land 2 aus?

b) Wie wirkt sich ein Anstieg des Zinssatzes im Leitwährungsland auf die Zusammensetzung der Produktion in Land 2 aus? Gehen Sie dabei davon aus, dass sich die Fiskalpolitik im Land 2 nicht verändert.
c) Kann durch eine entsprechende Fiskalpolitik in Land 2 die Auswirkung des Anstiegs des Zinssatzes im Leitwährungsland auf die inländische Produktion kompensiert werden? Unter welchen Bedingungen könnte solch eine Politik angemessen sein?
d) Fiskalpolitik besteht in der Veränderung sowohl von Staatsausgaben wie Steuereinnahmen. Entwerfen Sie für Land 2 eine geeignete Mischung fiskalpolitscher Instrumente, um Konsum und inländische Produktion auch nach einem Anstieg des Zinssatzes im Leitwährungsland konstant zu halten. Wie verändert sich die Zusammensetzung der Produktion?

6 Zu Beginn der 1980er-Jahre war die US-amerikanische Volkswirtschaft geprägt von kontraktiver Geldpolitik gefolgt von expansiver Fiskalpolitik.
a) Welche Effekte prognostiziert das Mundell- Fleming-Modell für eine kontraktive Geldpolitik?
b) Welche Effekte prognostiziert das Mundell- Fleming-Modell für eine expansive Fiskalpolitik?
c) Betrachten Sie ▶ **Tabelle 1** in der Fokusbox *„Kontraktive Geldpolitik und expansive Fiskalpolitik – die Vereinigten Staaten in den frühen 1980er-Jahren"*. Unterstützen die Daten für die US-amerikanische Volkswirtschaft das Mundell-Fleming-Modell?

7 *Der Wechselkurs als wirtschaftspolitisches Instrument*
Flexible Wechselkurse können die Effektivität von Geldpolitik steigern, solange die Bereitschaft besteht, die inländischen Zinsen anzupassen. Betrachten Sie eine Volkswirtschaft, in der das Geschäftsklima (und damit die Investitionsnachfrage) zurückgegangen ist.
a) Zeigen Sie in einem *IS-LM-ZP*-Diagramm die kurzfristigen Auswirkungen auf Produktion und Wechselkurs, wenn die Zentralbank den Zinssatz konstant hält. Wie verändert sich die Zusammensetzung der Produktion?
b) Gehen Sie nun davon aus, dass die Zentralbank den Zinssatz so anpasst, dass das Produktionsniveau nicht einbricht. Wie verändert sich die Zusammensetzung der Produktion?
c) Welche wirtschaftspolitischen Optionen stehen der Zentralbank zur Verfügung, wenn sie in einem Regime fixer Wechselkurse handeln muss?
d) Erklären Sie, warum Zentralbanken im Normalfall flexible Wechselkurse favorisieren.

Weiterführende Fragen

8 *Nachfrage nach US-Anleihen, Dollar und Handelsdefizit*
Diese Übung untersucht die Fragestellung, wie eine Erhöhung der Nachfrage nach US-Anleihen der von vielen Volkswirten aufgrund des hohen US-Außenhandelsdefizits vorausgesagten Abwertung des Dollar entgegenwirken kann. Hierfür wird das *IS-LM-ZP*-Modell mit folgender abgewandelter Form der ungedeckten Zinsparität betrachtet:

$$(1 + i_t) = (1 + i_t^*)\frac{E_t}{E_{t+1}^e} - x$$

Der Parameter x fasst alle Faktoren zusammen, die die relative Nachfrage nach heimischen Anleihen beeinflussen. Ein Anstieg von x bedeutet, dass Investoren bereit sind, heimische Anleihen auch zu niedrigeren Zinsen (gegeben das ausländische Zinsniveau und die Wechselkursraten) zu halten.
a) Lösen Sie die ungedeckte Zinsparität nach dem Wechselkurs in Periode t auf.
b) Setzen Sie ihr Ergebnis aus a. in die *IS*-Gleichung ein und zeichnen Sie den Grafen der ungedeckten Zinsparität. Nehmen Sie an, dass P und P^* konstant sind und auf den Wert eins normiert.
c) Aufgrund des großen Handelsbilanzdefizits der heimischen Wirtschaft erwarten die Finanzmarktteilnehmer eine zukünftige Abwertung der heimischen Währung. Dadurch nimmt der erwartete Wechselkurs ab. Zeigen Sie die Auswirkungen im *IS-LM-ZP*-Diagramm. Welche Auswirkungen ergeben sich für den aktuellen Wechselkurs und die Handelsbilanz? (*Hinweis:* Bei der Analyse der Handelsbilanz sollten Sie sich daran erinnern, warum sich die *IS*-Kurve verschoben hat.)
d) Gehen Sie nun davon aus, dass die relative Nachfrage nach heimischen Anleihen x zunimmt. Diese Veränderung ist genau so groß, dass die *IS*-Kurve danach wieder die ursprüngliche Position (also vor dem Rückgang des erwarteten Wechselkurses) einnimmt. Zeigen Sie die Auswirkungen dieser Kombination (Rückgang von E_{t+1}^e und Erhöhung von x) anhand des *IS-LM-ZP*-Diagramms mit ungedeckter Zinsparität. Was sind die Auswirkungen auf den Wechselkurs und die Handelsbilanz?
e) Basierend auf ihren bisherigen Ergebnissen: Ist es denkbar, dass ein Anstieg der Nachfrage nach US-Anleihen eine Abwertung des Dollar verhindern könnte? Ist es weiterhin möglich, dass ein Anstieg der Nachfrage nach US-Anleihen das US-Handelsbilanzdefizit verschlimmern könnte? Begründen Sie Ihre Antworten.

9 *Zinsen und langfristige Wechselkursbewegungen*
Aus der FRED-Datenbank können Sie sich für viele Staaten langfristige Daten der OECD über die Zinsen für zehn-jährige Staatsanleihen (mit den Codes `IRLTLT01`) und auch die Wechselkurse zum Dollar (mit den Codes `CCUSMA02`) besorgen.

a) Besorgen Sie sich für die Länder Deutschland, Großbritannien, Japan, Mexiko, Polen, Schweden, Schweiz und die USA die verfügbaren Daten für Dezember 2023 sowie die aktuellsten Daten. Berechnen Sie jeweils den Zinsaufschlag der einzelnen Länder gegenüber Deutschland als Differenz der Zinssätze relativ zu Deutschland.

b) Gemäß der ungedeckten Zinsparität liefern die Zinsaufschläge die (annualisierte) erwartete Aufwertung des Euro gegenüber den Währungen der entsprechenden Länder. Um die über zehn Jahre hin erwartete Aufwertung zu berechnen, muss man den Zinseszinseffekt berücksichtigen. Ist x der Zinsaufschlag, dann ist die über zehn Jahre erwartete Aufwertung $[(1+x)^{10}-1]$. Rechnen die Finanzmärkte mit einer Auf- oder Abwertung des Euro gegenüber den betrachteten Währungen?

c) Gegenüber welchen Währungen ergibt sich eine signifikante Auf- oder Abwertung des Euro über die nächsten zehn Jahre aus Ihren Berechnungen in Teilaufgabe b.? Erscheint Ihnen dies plausibel?

d) Betrachten Sie nun die historische Entwicklung der Zinsaufschläge gegenüber den USA für zehnjährige Staatsanleihen seit 1960 für die Länder, für die diese Daten und auch Wechselkursdaten (mit den Codes `CCUSMA02`) als lange Zeitreihe verfügbar sind. Vergleichen Sie die tatsächliche Entwicklung der Wechselkurse der entsprechenden Länder mit der aus den Zinsaufschlägen berechneten erwarteten Auf- oder Abwertung. Bestätigt sich die ungedeckte Zinsparität?

e) In Ihrem Beitrag *https://voxeu.org/article/ bye-bye-covered-interest-parity* zeigen Claudio Borio, Robert McCauley, Patrick Mc- Guire und Vladyslav Sushko, dass selbst die gedeckte Zinsparität seit 2008 vielfach verletzt ist. Geben Sie eine Begründung dafür. Hat sich diese Entwicklung seit 2016 fortgesetzt?

Anhang: Feste Wechselkurse, Zinssätze und Kapitalmobilität

Die Annahme perfekterKapitalmobilität ist sinnvoll für Länder mit hoch entwickelten Kapitalmärkten und geringen Kapitalverkehrskontrollen, wie zum Beispiel Deutschland, die Vereinigten Staaten und Japan. Die Annahme beschreibt jedoch nicht so gut die Situation in Ländern, deren Finanzmärkte weniger weit entwickelt sind oder in denen es Kapitalverkehrskontrollen gibt. In solchen Ländern verfügen inländische Kapitalanleger unter Umständen weder über das praktische Know-how noch über das gesetzliche Recht, ausländische Wertpapiere zu kaufen, wenn die inländischen Zinssätze niedrig sind. Die Zentralbank eines solchen Landes kann in solchen Ländern zumindest zeitweise sowohl den Zinssatz senken als auch einen konstanten Wechselkurs aufrechterhalten.

Um dies zu verstehen, müssen wir uns noch einmal mit der Bilanz einer Zentralbank beschäftigen. In ▶ **Kapitel 4** haben wir angenommen, dass die Zentralbank ausschließlich inländische Wertpapiere hält. In einer offenen Volkswirtschaft hält die Zentralbank tatsächlich zwei Arten von Wertpapieren: (1) inländische Wertpapiere und (2) **Devisenreserven**. Unter den Devisenreserven können wir uns ausländische Währungen vorstellen, auch wenn sie in der Realität die Form von ausländischen Wertpapieren oder ausländischen Zins tragenden Titeln annehmen können. Gehen wir von einer Bilanz der Zentralbank wie in ▶ **Abbildung A19.1** aus:

Vermögensanlagen	Verbindlichkeiten
Anleihen Währungsreserven	Geldbasis

Abbildung A19.1 Zentralbankbilanz

Auf der Aktivseite befinden sich Wertpapiere und Devisenreserven, und auf der Passivseite die Geldbasis. Die Zentralbank kann die Geldbasis nun auf zwei Arten verändern: Sie kauft oder verkauft inländische Wertpapiere im Rahmen von Offenmarktgeschäften, oder sie kauft oder verkauft ausländische Währung auf dem Devisenmarkt. (Falls Sie ▶ **Abschnitt 4.3** im Kernbereich des Buches nicht gelesen haben, ersetzen Sie den Begriff „Geldbasis" einfach durch „Geldangebot", dann sind Sie in der Lage, der Argumentation zu folgen. Wenn Sie den ▶ **Abschnitt 4.3** gelesen haben, dann erinnern Sie sich daran, dass das Geldangebot gleich der Geldbasis multipliziert mit dem Geldmultiplikator ist. Wenn wir den Geldmultiplikator als gegeben betrachten, können unsere Schlussfolgerungen bezüglich der Geldbasis ohne Schwierigkeiten auf das Geldangebot ausgeweitet werden.)

Perfekte Kapitalmobilität und feste Wechselkurse

Betrachten wir zunächst die Effekte einer Offenmarktoperation bei perfekter Kapitalmobilität und festen Wechselkursen (diesen Fall haben wir auch im letzten Abschnitt dieses Kapitels betrachtet).

- Wieder gehen wir davon aus, dass inländischer und ausländischer Zinssatz in der Ausgangssituation gleich sind, dass also $i = i^*$. Nehmen wir an, die Zentralbank entscheidet sich für eine expansive Offenmarktoperation. Sie kauft inländische Wertpapiere in Höhe von ΔB und schafft dafür im Austausch Geld – sie weitet die Geldbasis aus. Der Wertpapierkauf führt dazu, dass der inländische Zinssatz i fällt. Das ist jedoch nur der Anfang der Geschichte.
- Da der inländische Zinssatz nun unter dem ausländischen liegt, bevorzugen die Kapitalanleger die Anlage in ausländischen Wertpapieren. Um diese kaufen zu können, müssen sie zunächst ausländische Währung kaufen. Sie gehen an den Devisenmarkt und verkaufen inländische gegen ausländische Währung.
- Würde die Zentralbank nicht eingreifen, würde der Preis der inländischen Währung fallen; es käme zu einer Abwertung. Da sich das Land aber auf einen festen Wechsel-

kurs verpflichtet hat, kann die Zentralbank eine Abwertung nicht zulassen. Daher muss sie auf dem Devisenmarkt intervenieren und ausländische gegen inländische Währung verkaufen. Indem die Zentralbank ausländische Währung verkauft und inländische kauft, wird die Geldbasis kleiner.

- Wie viel ausländische Währung muss die Zentralbank verkaufen? Sie muss so lange verkaufen, bis die Geldbasis wieder so groß ist wie vor der Offenmarktoperation. Nur dann sind inländischer und ausländischer Zinssatz wieder gleich; nur dann sind die Kapitalanleger bereit, inländische Wertpapiere zu halten.

Wie lange dauert es, bis all diese Schritte abgelaufen sind? Bei perfekter Kapitalmobilität kann sich das alles innerhalb weniger Minuten nach der anfänglichen Offenmarktoperation abspielen. Nach diesen Schritten sieht die Bilanz der Zentralbank so aus, wie in ▶ **Abbildung A19.2** dargestellt. Der Wertpapierbestand hat sich um ΔB erhöht, die Devisenreserven haben sich dagegen im selben Umfang, also auch um ΔB verringert. Die Geldbasis aber ist unverändert: Zunächst hat sie sich durch die Offenmarktoperation um ΔB erhöht, dann hat sie sich infolge des Verkaufs der Devisenreserven wieder um ΔB verringert.

Vermögensanlagen	Verbindlichkeiten
Anleihen: ΔB	Geldbasis
Währungsreserven: $-\Delta B$	$\Delta B - \Delta B = 0$

Abbildung A19.2 Zentralbankbilanz nach einer Offenmarktoperation und der Intervention auf dem Devisenmarkt

Um zusammenzufassen: Unter festen Wechselkursen und perfekter Kapitalmobilität besteht der einzige Effekt der Offenmarktoperation darin, dass sich die Zusammensetzung der Bilanz der Zentralbank verändert, nicht aber die Geldbasis.

Unvollkommene Kapitalmobilität und feste Wechselkurse

Rücken wir nun von unserer Annahme perfekter Kapitalmobilität ab. Nehmen wir an, es dauert eine gewisse Zeit, bis Kapitalanleger von inländischen in ausländische Wertpapiere wechseln können und umgekehrt.

Nun kann eine expansive Offenmarktoperation den inländischen Zinssatz anfangs unter den ausländischen senken. Im Laufe der Zeit jedoch werden die Anleger in ausländische Wertpapiere gehen. Das lässt auf dem Devisenmarkt die Nachfrage nach ausländischer Währung steigen. Um eine Abwertung der inländischen Währung zu vermeiden, muss die Zentralbank wieder bereitstehen, ausländische Währung zu verkaufen und inländische zu kaufen. Schließlich muss sie genug inländische Währung kaufen, um die Effekte der ursprünglichen Offenmarktoperation auszugleichen. Die Geldbasis ist dann wieder so groß, wie sie vor der Offenmarktoperation war; auch der Zinssatz befindet sich wieder auf seinem ursprünglichen Niveau. Die Zentralbank hält nun mehr inländische Wertpapiere und geringere Devisenreserven.

Der Unterschied zwischen diesem und dem vorangegangenen Fall besteht darin, dass die Zentralbank nun den Zinssatz zumindest für eine gewisse Zeit senken kann, sofern sie bereit ist, einen Verlust an Devisenreserven zu akzeptieren. Wenn es nur ein paar Tage dauert, bis sich die Kapitalanleger anpassen können, dann kann der Zielkonflikt sehr unattraktiv sein – viele Länder mussten dies aus eigener Erfahrung lernen; sie mussten einen großen Verlust an Reserven hinnehmen, ohne den Zinssatz stark beeinflusst zu haben. Vermag die Zentralbank den inländischen Zinssatz jedoch für ein paar Wochen oder Monate zu beeinflussen, dann ist sie vielleicht in manchen Situationen bereit, dies zu tun.

Rücken wir nun noch weiter von der Annahme der perfekten Kapitalmobilität ab. Nehmen wir an, dass die Kapitalanleger als Reaktion auf eine Reduktion des inländischen Zinssatzes entweder nicht in der Lage oder nicht bereit sind, viel von ihrem Portfolio in ausländischen Wertpapieren anzulegen. Ein Grund könnten administrative oder gesetzliche Kapitalkontrollen sein, die es für Inländer entweder illegal oder sehr teuer machen, außerhalb des Landes zu investieren. Für die meisten Länder mit mittlerem Einkommen, von Lateinamerika bis Asien, ist dies der Fall.

Nach einer expansiven Offenmarktoperation fällt der inländische Zinssatz; inländische Wertpapiere werden weniger attraktiv. Manche inländischen Anleger gehen in ausländische Wertpapiere, verkaufen inländische gegen ausländische Währung. Um den Wechselkurs zu halten, muss die Zentralbank inländische Währung kaufen und ausländische bereitstellen. Die Intervention der Zentralbank fällt nun jedoch wahrscheinlich relativ zur ursprünglichen Offenmarktoperation vergleichsweise gering aus. Sofern die Kapitalverkehrskontrollen die Anleger ganz davon abhalten, überhaupt in ausländische Anlagen zu gehen, mag überhaupt keine Notwendigkeit für Devisenmarktinterventionen bestehen.

Selbst wenn wir diesen extremen Fall außer Acht lassen, die Nettoeffekte der ursprünglichen Offenmarktoperation und der dadurch induzierten Devisenmarktinterventionen werden wahrscheinlich ein Anstieg der Geldbasis, ein Fallen des inländischen Zinssatzes, ein Anstieg des Wertpapierbestandes der Zentralbank und ein gewisser – wenn auch begrenzter – Verlust an Devisenreserven sein. Dabei sollte klar geworden sein, dass die Begrenztheit ausländischer Devisenreserven der Zentralbank einer solchen Politik enge Grenzen setzt. Unter unvollkommener Kapitalmobilität verfügt ein Land über eine gewisse Freiheit, seinen Zinssatz zu wählen, und kann dennoch seinen Wechselkurs halten. Diese Freiheit hängt in erster Linie von drei Faktoren ab:

- Dem Entwicklungsgrad der Finanzmärkte sowie dem Ausmaß, zu dem die in- und ausländischen Kapitalanleger willens sind, zwischen in- und ausländischen Anlagen zu wechseln.
- Dem Grad der Kapitalverkehrskontrollen, die es für in- und ausländische Anleger einführen kann.
- Der Menge an Devisenreserven, über die es verfügen kann: Je mehr Reserven das Land hat, desto mehr Reserven kann es sich leisten zu verlieren, wenn es den Zinssatz bei einem gegebenen Wechselkurs senken will.

Unterschiedliche Wechselkursregime

20

20.1 Wechselkurse in der mittleren Frist 592
20.2 Wechselkurskrisen bei festen Wechselkursen 597
20.3 Bewegungen der Wechselkurse bei flexiblen Kursen 600
20.4 Die Wahl zwischen unterschiedlichen Wechselkursregimen 604

Im Juli 1944 trafen sich Repräsentanten von 44 Ländern in Bretton Woods, New Hampshire, um ein neues internationales Geld- und Wechselkurssystem zu entwerfen. Das System, für das sie sich entschieden, basierte auf festen Wechselkursen. Alle Länder, mit Ausnahme der Vereinigten Staaten, fixierten ihre Währung in Einheiten des Dollar. 1973 beendete eine Folge von Wechselkurskrisen das sogenannte „Bretton Woods-System". Seit damals hat die Welt viele nebeneinander existierende Wechselkursregelungen erlebt. Einige Länder operieren unter flexiblen Wechselkursen, andere unter festen Wechselkursen, wieder andere wechseln zwischen verschiedenen Regelungen hin und her. Welches Wechselkursregime das beste für ein Land ist, ist eine der umstrittensten Fragen der Makroökonomie. In diesem Kapitel wird diese Frage diskutiert.

Kernbotschaft dieses Kapitels: Es gibt kein ideales Wechselkursregime. Sowohl fixe wie flexible Wechselkurse haben Vor- und Nachteile.

- ▸ **Abschnitt 20.1** analysiert die mittlere Frist. Wir werden zeigen, dass eine Volkswirtschaft in der mittleren Frist, im Gegensatz zu den Ergebnissen, die wir in ▸ **Kapitel 19** für die kurze Frist abgeleitet haben, immer beim selben realen Wechselkurs und derselben Produktion endet, unabhängig davon, ob sie feste oder flexible Wechselkurse gewählt hat. Dieses Ergebnis bedeutet natürlich nicht, dass die Wahl des Wechselkursregimes irrelevant wird – die kurze Frist ist von großer Bedeutung – aber es handelt sich um eine wichtige Erweiterung und Einschränkung unserer vorangegangenen Analyse.
- ▸ **Abschnitt 20.2** betrachtet einen anderen Aspekt des Systems fester Wechselkurse, die Wechselkurskrisen. Ein Land, das unter festen Wechselkursen operiert, sieht sich während einer Wechselkurskrise meist unter dramatischen Bedingungen dazu gezwungen, seine Parität aufzugeben und abzuwerten. Solche Krisen verursachten den Zusammenbruch des Bretton Woods-Systems. Zu Beginn der 1990er-Jahre erschütterten Wechselkurskrisen das Europäische Währungssystem. In der Asienkrise Ende der 1990er-Jahre spielten sie ebenfalls eine größere Rolle. Es ist wichtig, die Gründe und die Implikationen von Wechselkurskrisen zu verstehen.
- ▸ **Abschnitt 20.3** wendet sich dem Verhalten der Wechselkurse unter einem Regime flexibler Wechselkurse zu. Es wird gezeigt, dass Wechselkurse und insbesondere der Einfluss der Geldpolitik tatsächlich weit komplexer sind, als wir in ▸ **Kapitel 19** angenommen haben. Große Schwankungen des Wechselkurses und die Schwierigkeit, den Wechselkurs durch den Einsatz von Geldpolitik zu beeinflussen, lassen flexible Wechselkurse weniger attraktiv erscheinen, als es in ▸ **Kapitel 19** der Fall war.
- ▸ **Abschnitt 20.4** fasst alle diese Ergebnisse zusammen und beurteilt flexible und feste Wechselkurse noch einmal neu. Es werden zwei aktuelle und wichtige Entwicklungen diskutiert, die Entscheidung für eine gemeinsame Währung in Europa und die weltweite Tendenz zu relativ starken Formen fester Wechselkursregime, angefangen von Currency Boards bis hin zur **Dollarisierung**.

20.1 Wechselkurse in der mittleren Frist

Die Ergebnisse aus ▸ **Kapitel 19** zeigten für die kurze Frist einen scharfen Kontrast zwischen dem Verhalten einer Volkswirtschaft unter flexiblen und unter festen Wechselkursen.

- Unter flexiblen Wechselkursen konnte ein Land, das eine reale Abwertung erreichen wollte (etwa um sein Handelsdefizit abzubauen oder um aus einer Rezession zu kommen), expansive Geldpolitik einsetzen, um durch eine Zinssenkung eine Abwertung des Wechselkurses und damit auch eine reale Abwertung zu erreichen.
- Unter festen Wechselkursen konnte ein Land dagegen auf diese beiden Instrumente nicht mehr zurückgreifen: Definitionsgemäß war der nominale Wechselkurs fixiert, er konnte daher nicht angepasst werden. Der feste Wechselkurs implizierte zusammen mit der Zinsparitätenbedingung, dass das Land seinen Zinssatz nicht anpassen konnte; der inländische Zinssatz musste gleich dem ausländischen Zinssatz bleiben.

Dies ließ flexible Wechselkurse viel attraktiver erscheinen als feste Wechselkurse: Warum sollte man gleich zwei makroökonomische Instrumente aufgeben – den Wechselkurs und den Zinssatz? Wenn wir nun unseren Blickwinkel von der kurzen Frist auf die mittlere Frist verschieben, wird deutlich, dass diese Schlussfolgerungen einer Revision bedürfen.

Die Ergebnisse gelten zwar für die kurze Frist, in der mittleren Frist jedoch verschwimmen die Unterschiede zwischen beiden Regimen. Konkreter: In der mittleren Frist erreicht die Volkswirtschaft denselben realen Wechselkurs und dasselbe Produktionsniveau, unabhängig davon, ob sie unter festen oder flexiblen Wechselkursen operiert.

Die Intuition hinter diesem Ergebnis ist einfach. Erinnern wir uns an die Definition des realen Wechselkurses:

$$\varepsilon = \frac{EP}{P^*}$$

Der reale Wechselkurs ε entspricht dem nominalen Wechselkurs E (dem Preis der inländischen Währung in Einheiten der ausländischen Währung) multipliziert mit dem inländischen Preisniveau P dividiert durch das ausländische Preisniveau P^*. Es gibt zwei Möglichkeiten, wie sich der reale Wechselkurs anpassen kann:

- Durch eine Veränderung des nominalen Wechselkurses E. Diese Möglichkeit ist nur bei flexiblen Wechselkursen gegeben. Wenn wir annehmen, dass sich das ausländische Preisniveau P^* und das inländische Preisniveau P in der kurzen Frist nicht verändern, dann ist dies die einzige Möglichkeit, wie sich der reale Wechselkurs in der kurzen Frist anpassen kann.
- Durch eine Veränderung des inländischen Preisniveaus P relativ zum ausländischen Preisniveau P^*: In der mittleren Frist besteht diese Option sogar für ein Land, das unter festen nominalen Wechselkursen operiert. Und dieser Anpassungsprozess spielt sich tatsächlich bei festen Wechselkursen ab. Die Anpassung erfolgt über das Preisniveau, nicht über den nominalen Wechselkurs.

Wir werden dieses Argument Schritt für Schritt erarbeiten. Zunächst leiten wir die Beziehung von aggregierter Nachfrage und aggregiertem Angebot für eine offene Volkswirtschaft unter festen Wechselkursen ab.

20.1.1 Die aggregierte Nachfrage bei festen Wechselkursen

In einer offenen Volkswirtschaft mit fixen Wechselkursen lässt sich die aggregierte Nachfrage durch folgende Gleichung darstellen:

$$Y = Y\Big(\underset{-}{\frac{\bar{E}P}{P^*}}, \underset{+}{G}, \underset{-}{T}, \underset{-}{i^* - \pi^e}, \underset{+}{Y^*}\Big) \qquad (20.1)$$

Gleichung (20.1) gibt uns die *IS*-Kurve in einem Regime fester Wechselkurse an (**Anhang 1** dieses Kapitels leitet die Gleichung ausführlich her). Sie besagt, dass Nachfrage und Produktion in einer offenen Volkswirtschaft mit festen Wechselkursen von folgenden Variablen abhängen:

- Negativ vom realen Wechselkurs ε, dem festen nominalen Wechselkurs $\bar{E}$, multipliziert mit dem inländischen Preisniveau P, dividiert durch das ausländische Preisniveau P^*. Ein steigender realer Wechselkurs (eine reale Aufwertung) verteuert inländische im Vergleich zu ausländischen Produkten und lässt somit Nettoexport-Nachfrage und Produktion sinken.
- Positiv von den Staatsausgaben G und negativ von den Steuern T. Eine Erhöhung der Staatsausgaben lässt die Produktion ebenso wie eine Steuersenkung steigen.
- Negativ vom inländischen Realzins – dem inländischen Nominalzins abzüglich der erwarteten Inflation π^e. Aufgrund von Zinsparität und fixen Wechselkursen muss der inländische dem ausländischen Nominalzins entsprechen. Der inländische Realzins ist also bestimmt durch $i^* - \pi^e$.
- Positiv vom ausländischen Produktionsniveau Y^*. Ein Anstieg der ausländischen Produktion führt zu einem Anstieg der Exporte, damit zu einem Anstieg von Nettoexporten und Produktion im Inland.

20.1.2 Das Gleichgewicht in der kurzen und in der mittleren Frist

Betrachten wir ein Land mit einem zu hohen realen Wechselkurs. Die Handelsbilanz ist negativ; die Produktion liegt unter dem Produktionspotenzial. Wie werden sich Produktion, Inflation und reale Wechselkurse auf mittlere Frist entwickeln? Wie wir in ▶ **Kapitel 19** gelernt haben, könnte die Zentralbank das Problem in einem Regime flexibler Wechselkurse einfach lösen: Bei einer Zinssenkung käme es zu einer Abwertung des nominalen Wechselkurses. Wenn, wie wir unterstellten, inländisches und ausländisches Preisniveau auf kurze Frist konstant sind, führt die nominale Abwertung zu einer realen Abwertung, einer Verbesserung der Handelsbilanz und einem Anstieg der Produktion.

In einem Regime mit fixen Wechselkursen ist diese Option nicht verfügbar. Die Zentralbank kann den Zins nicht unter den ausländischen Zins senken. Auf kurze Frist bleibt damit das Defizit der Handelsbilanz bestehen; das Land verharrt in der Rezession. Dabei wird es aber nicht bleiben. Auf mittlere Frist werden sich die Preise anpassen. Im **Kernkapitel 9** haben wir gelernt, dass das Preisverhalten gut durch eine Phillipskurve (Gleichung 9.3) beschrieben wird:

$$\pi - \pi^e = (\alpha/L)(Y - Y_n)$$

Im Fall adaptiver Erwartung ist der dynamische Anpassungsprozess etwas komplexer. Auf mittlere Frist kommen wir aber zum gleichen Ergebnis.

Liegt die Produktion über dem Produktionspotenzial, dann ist die Inflation höher als erwartet. Im umgekehrten Fall (den wir hier betrachten) ist die Inflation niedriger als erwartet. In ▶ **Kapitel 9** haben wir gesehen, dass sich die Inflationserwartungen im Lauf der Zeit verändern können. Ist die Inflation niedrig und nicht persistent, dann bleibt die erwartete Inflationsrate im Lauf der Zeit relativ stabil. Die Inflationserwartungen sind dann fest verankert: $\pi^e = \pi^*$. Verändert sich dagegen die Inflationsrate ständig mit hoher Persistenz, orientieren sich die Erwartungen eher an der Rate des Vorjahres: $\pi^e = \pi_{t-1}$. Zur Vereinfachung betrachten wir im Folgenden den Fall fest verankerter Erwartungen. Die Phillipskurve hat dann folgende Gestalt:

$$\pi - \pi^* = (\alpha/L)(Y - Y_n) \qquad (20.2)$$

Nun können wir den dynamischen Prozess analysieren, der zum mittelfristigen Gleichgewicht führt. Wir müssen nur noch Annahmen über die Höhe der Inflation im In- und Ausland in der Ausgangsperiode machen. Bezeichnen wir die Inflation im Ausland mit π_A. Gehen wir zur Vereinfachung davon aus, dass die Produktion im Ausland immer dem Produktionspotenzial entspricht. Die Inflation entspricht damit der Zielgröße des Auslands: $\pi_A = \pi_A^*$.

In einem Regime fixer Wechselkurse muss die Zentralbank ihre geldpolitische Autonomie aufgeben: Sie kann das Inflationsziel π^* nicht autonom festlegen, sondern muss sich an das Ziel der Leitwährung anpassen.

In einem Regime fixer Wechselkurse muss die Inflationsrate im Inland mittelfristig genau der Rate des Landes (Ausland) entsprechen, an den der Wechselkurs gekoppelt ist. Es muss deshalb gelten: $\pi^* = \pi_A^*$. Im Regime fixer Wechselkurse muss die nationale Zentralbank ihre geldpolitische Autonomie aufgeben; sie kann nicht eigenständig die Höhe der angestrebten Inflationsrate π^* bestimmen. Wäre $\pi^* > \pi_A^*$, käme es bei fixen Wechselkursen zu einer ständigen realen Aufwertung, damit aber zu einer Abkehr vom mittelfristigen Gleichgewicht. Unterschiedlich hohe Zielgrößen der Inflationsrate sind mit fixen Wechselkursen nicht kompatibel. (Die Wechselkurse müssten sonst ständig diskret angepasst werden.) Wenn die Produktion dem Produktionspotenzial entspricht, muss also gelten: $\pi = \pi_A = \pi^*$. Solange die Wirtschaft am Produktionspotenzial produziert, ist die Inflation in beiden Ländern gleich hoch; damit bleiben die relativen Preise und auch der reale Wechselkurs konstant.

Betrachten wir nun den Fall, dass die Produktion im Inland zum Ausgangspunkt unter dem Produktionspotenzial liegt. Gemäß Gleichung (20.2) liegt damit die Inflation im Inland unter der im Ausland: $\pi < \pi_A = \pi_A^* = \pi^*$. Das bedeutet aber, dass die Preise im Inland langsamer steigen als im Ausland. Weil der nominale Wechselkurs konstant ist, sinkt damit aber der reale Wechselkurs – es kommt zu einer realen Abwertung. Als Konsequenz werden im Lauf der Zeit die Nettoexporte und damit auch die Produktion im Inland steigen. Die inländische Inflation ist für eine gewisse Zeit niedriger als die Inflation im Ausland. Dieser Prozess setzt sich so lange fort, bis auf mittlere Frist wieder das Produktionspotenzial erreicht wird und damit auch die Inflation auf den Wert π^* zurückkehrt. Auf mittlere Frist ist sie wieder gleich hoch wie im Ausland; der reale Wechselkurs bleibt von da an konstant. Dies ist eine wichtige Erweiterung der Schlussfolgerungen des letzten Kapitels. Dort hatten wir uns voll auf die kurze Frist konzentriert.

Fassen wir zusammen:

- In der kurzen Frist bedeutet ein Regime fester nominaler Wechselkurse, dass auch der reale Wechselkurs fest ist. Dies gilt, solange sich die Inflationsraten nicht anpassen.
- In der mittleren Frist aber kann sich der reale Wechselkurs selbst dann anpassen, wenn der nominale Wechselkurs fix ist. Die Anpassung erfolgt über unterschiedlich hohe Inflationsraten, die im Zeitablauf zu Veränderungen der relativen Preise führen.

20.1.3 Das Für und Wider einer Abwertung

Das Ergebnis, dass die Volkswirtschaft in der mittleren Frist auch bei festen Wechselkursen zum natürlichen Produktionsniveau zurückkehrt, ist wichtig. Der Anpassungsprozess kann jedoch lang und schmerzhaft sein: Die Produktion kann für lange Zeit zu niedrig, die Arbeitslosigkeit für lange Zeit zu hoch bleiben. Gibt es nicht schnellere und bessere Methoden, um die Produktion auf ihr natürliches Niveau zu bringen? Im Rahmen unseres Modells ist die Antwort ein klares Ja.

Nehmen wir an, die Regierung entscheide sich für ein Regime fester Kurse, lasse jedoch eine einmalige Abwertung zu. Bei gegebenem Preisniveau bedeutet eine nominale Abwertung (ein Rückgang des nominalen Wechselkurses) eine reale Abwertung (auch der reale Wechselkurs sinkt). Es kommt zu einem Anstieg der Produktion. In anderen Worten: Eine einmalige Abwertung in der richtigen Höhe kann den ganzen Anpassungsprozess schon auf kurze Frist erreichen, den wir oben als nur langsam und schmerzhaft beschrieben haben. Über eine einmalige Abwertung kehrt die Produktion wesentlich schneller, ohne die schmerzhafte Phase der Unterauslastung und Unterbeschäftigung, zum Produktionspotenzial zurück. Wenn sich ein Land unter einem Regime fester Wechselkurse mit einem großen Handelsdefizit oder einer schweren Rezession konfrontiert sieht, entsteht daher starker politischer Druck, entweder das Festkursregime völlig aufzugeben oder wenigstens eine einmalige Abwertung durchzuführen. Keynes lieferte vor 80 Jahren die wohl überzeugendsten Argumente für diese Sichtweise, als er der Entscheidung Winston Churchills im Jahr 1925 widersprach, der mit dem britischen Pfund wieder zur Vorkriegsparität zurückkehren wollte. Seine Argumente sind in der Fokusbox *„Die Rückkehr Großbritanniens zum Goldstandard – Keynes gegen Churchill“* dargestellt. Die meisten Wirtschaftshistoriker sind der Überzeugung, dass die Geschichte Keynes Recht gab und die Überbewertung des Pfundes einer der wichtigsten Gründe für die schlechte wirtschaftliche Leistung Großbritanniens nach dem Ersten Weltkrieg war.

Diejenigen, die einen Übergang zu flexiblen Wechselkursen oder eine Abwertung ablehnen, nennen gleichwohl einen Grund für ihre Position. Die grundsätzliche Bereitschaft der Regierung, Abwertungen zuzulassen, erhöhe die Wahrscheinlichkeit von Wechselkurskrisen. Um dieses Argument besser verstehen zu können, wollen wir uns im folgenden Abschnitt mit Wechselkurskrisen, deren Ursachen und Folgen beschäftigen.

FOKUS

Die Rückkehr Großbritanniens zum Goldstandard – Keynes gegen Churchill

1925 entschloss sich Großbritannien, zum Goldstandard zurückzukehren. Der Goldstandard war ein System, in dem jedes Land den Preis seiner Währung in Goldeinheiten festlegte und bereit war, zu dieser Parität Gold gegen Währung zu tauschen. Das System implizierte feste nominale Wechselkurse zwischen den Ländern.

Der Goldstandard war das von 1870 bis zum Ersten Weltkrieg herrschende Wechselkursregime. Um den Krieg zum Teil durch Geldschöpfung finanzieren zu können, setzte Großbritannien den Goldstandard 1914 aus. 1925 entschloss sich Winston Churchill, der damalige britische Finanzminister, zum Goldstandard zurückzukehren, und zwar zur Vorkriegsparität – also zum Vorkriegswert des Pfundes in Gold. Da jedoch die Preise in England schneller gestiegen waren als die Preise vieler britischer Handelspartner, war eine Rückkehr zur Vorkriegsparität gleichbedeutend mit einer starken realen Aufwertung: Beim selben nominalen Wechselkurs wie vor dem Krieg waren britische Güter nun relativ zu ausländischen Gütern teurer geworden. (Die Definition des realen Wechselkurses ist: $\varepsilon = \frac{EP}{P^*}$. Das Preisniveau in Großbritannien P war schneller gestiegen als das ausländische Preisniveau P^*. Bei gegebenem nominalem Wechselkurs E implizierte dies einen Anstieg von ε und damit eine reale Aufwertung für Großbritannien.)

Die Entscheidung, zur Vorkriegsparität zurückzukehren, wurde von Keynes scharf kritisiert. In dem Buch „The Economic Consequences of Mr. Churchill", das er 1925 veröffentlichte, argumentierte er wie folgt: Wenn Großbritannien schon zum Goldstandard zurückkehren wolle, dann müsse es dies zu einem niedrigeren Preis des Pfundes in Goldeinheiten tun, zu einem niedrigeren nominalen Wechselkurs als dem Vorkriegswechselkurs. In einem Zeitungsartikel stellte er seine Meinung wie folgt dar:

„Es bleibt jedoch angesichts der möglichen Konsequenzen für Handel und Beschäftigung der Einwand gegen die Rückkehr zum Gold zu den aktuell gegebenen Bedingungen bestehen, auf den ich nie aufgehört habe hinzuweisen. Ich glaube, dass unser Preisniveau, wenn es zur Parität in Gold konvertiert wird, im Vergleich zu den Goldpreisen anderswo zu hoch ist. Selbst wenn wir nur die Preise der Artikel betrachten, die international nicht gehandelt werden, und der Dienstleistungen, also der Löhne, dann zeigt sich, dass diese viel zu hoch sind, um nicht weniger als 5%, wahrscheinlich sogar um 10%. Wenn daher die Preise in den anderen Ländern nicht steigen, dann zwingt uns der Finanzminister zu einer Politik, die von uns verlangt, die Löhne um ungefähr 2 Schilling pro Pfund zu senken. Ich kann nicht glauben, dass dies ohne schweren Schaden für die Gewinne und für den Frieden in der Industrie erreicht werden kann. Ich würde es vorziehen, den Goldwert unserer Währung dort zu lassen, wo er vor einigen Monaten war, statt einen Kampf mit allen Gewerkschaften im Land anzufangen, um die Löhne zu senken. Es erscheint mir weiser, einfacher und gesünder, es für einige Zeit der Währung selbst zu überlassen, ihren Wert zu finden, als eine Situation zu erzwingen, in der die Unternehmen mit der Alternative konfrontiert sind, entweder zu schließen oder die Löhne zu senken, egal was das kostet.

Deshalb bleibe ich bei meiner Meinung, dass der Finanzminister schlecht beraten war – deshalb, weil wir enorme Risiken eingehen, ohne dabei etwas gewinnen zu können."

Es stellte sich heraus, dass Keynes Voraussagen richtig waren. Während andere Länder auf einen Wachstumspfad zurückkehrten, verharrte Großbritannien für den Rest des Jahrzehnts in einer Rezession. Die meisten Wirtschaftshistoriker machen die Überbewertung des Pfunds zu einem großen Teil dafür verantwortlich.

Quelle: „The Nation and Athenaeum", 2. Mai 1925.

20.2 Wechselkurskrisen bei festen Wechselkursen

Betrachten wir ein Land mit festen Wechselkursen. Nehmen wir an, die Kapitalanleger rechnen damit, dass es bald zu einer Anpassung des Wechselkurses kommen könnte – entweder zu einer Abwertung oder zu einem mit einer Abwertung verbundenen Übergang zu flexiblen Wechselkursen.

Soeben haben wir mögliche Gründe für eine solche Situation gesehen:

- Die inländische Währung könnte überbewertet sein. Dann wäre eine reale Abwertung nötig. Auch wenn dies in der mittleren Frist ohne Abwertung erreicht werden könnte, könnten die Kapitalanleger dennoch zu dem Schluss kommen, dass die Regierung den schnellsten Weg wählen wird – und sich daher für eine Abwertung entscheiden wird.
- Zu solchen Überbewertungen kommt es oft in Ländern, die ihren nominalen Wechselkurs fixieren, deren Inflationsrate jedoch die Rate in dem Land übersteigt, an das sie ihren Wechselkurs gebunden haben. Eine höhere relative Inflation bedeutet, dass der Preis der inländischen Güter relativ zu den ausländischen Gütern stetig ansteigt. Es kommt zu einer stetigen realen Aufwertung und damit einer Verschlechterung der Handelsposition. Im Lauf der Zeit wird der Zwang zu einer Anpassung des realen Wechselkurses immer größer; die Kapitalanleger werden immer nervöser.
- Die Situation im Inland erfordert unter Umständen einen niedrigeren inländischen Zinssatz. Unter festen Wechselkursen lässt sich das aber nicht erreichen. Erst wenn das Land bereit ist, zu flexiblen Wechselkursen überzugehen, also den Wechselkurs floaten zu lassen, kann der Zinssatz im Inland sinken. Wie wir aus ▶ **Kapitel 19** wissen, wird dies eine nominale Abwertung des Wechselkurses auslösen.

Sobald die Finanzmärkte davon überzeugt sind, dass es zu einer Abwertung kommen könnte, lässt sich der feste Wechselkurs nur mehr halten, wenn der inländische Zinssatz steigt, und dies meist recht deutlich. Dies erkennen wir unmittelbar an der Zinsparitätenbedingung, die wir in ▶ **Kapitel 17** abgeleitet haben:

$$i_t = i_t^* - \frac{E_{t+1}^e - E_t}{E_t} \tag{20.3}$$

In ▶ **Kapitel 17** haben wir diese Gleichung als Beziehung zwischen dem Nominalzins für einjährige Papiere im In- und Ausland, dem aktuellen Wechselkurs und dem erwarteten Wechselkurs interpretiert. Die Wahl einer einjährigen Periode war jedoch willkürlich. Der Zusammenhang gilt genauso für einen Tag, eine Woche oder einen Monat. Rechnen die Finanzmärkte damit, dass der Wechselkurs in einem Monat um 2% niedriger sein wird, dann werden sie nur bereit sein, inländische Wertpapiere zu halten, wenn der inländische Zinssatz für einen Monat den ausländischen Zinssatz um 2% übersteigt. (Wenn wir den Zinssatz als Zinssatz pro Jahr ausdrücken, dann muss der inländische Zinssatz den ausländischen Zinssatz sogar um 2% · 12 = 24% übersteigen.)

Bei festen Wechselkursen ist der aktuelle Wechselkurs E_t auf einen bestimmten Wert $E_t = \bar{E}$ fixiert. Erwarten die Märkte, dass die Parität aufrechterhalten bleibt, dann gilt auch: $E_{t+1}^e = \bar{E}$. Die Zinsparitätenbedingung besagt einfach, dass dann inländischer und ausländischer Zinssatz gleich sein müssen.

In den meisten Ländern ist die Regierung formal berechtigt, die Wechselkursparität festzulegen. Die Zentralbank ist formal dafür verantwortlich, die Parität aufrechtzuerhalten. In der Praxis jedoch kann man die Wahl der Parität und das Einhalten der Parität nicht voneinander trennen, sodass die Regierung und die Zentralbank gemeinsam die Verantwortung tragen.

Nehmen wir jedoch an, die Kapitalanleger auf den Finanzmärkten rechnen mit einer Abwertung – einem Sinken des Wechselkurses. Sie rechnen zum Beispiel damit, dass die Parität mit einer Wahrscheinlichkeit von 75% aufrechterhalten wird, dass es aber mit einer Wahrscheinlichkeit von 25% im nächsten Monat zu einer 20-prozentigen Abwertung kommen wird. Der Term $(E_{t+1}^e - E_t)/E_t$ in der Zinsparitätenbedingung, Gleichung (20.3), den wir bisher gleich null setzten, verändert sich nun zu $0{,}75 \cdot 0\% + 0{,}25 \cdot (-20\%) = -5\%$. (Mit 75% Wahrscheinlichkeit tritt keine Veränderung ein, mit 25% aber erfolgt eine Abwertung um 20%.)

Möchte die Zentralbank die bestehende Parität aufrechterhalten, muss sie deshalb einen um 5% höheren Zinssatz im Monat anbieten – der jährliche Zinssatz muss um 60% höher liegen (12 Monate · 5% pro Monat)! Der Zinsunterschied, der nötig ist, um die Investoren zu überzeugen, inländische Wertpapiere den ausländischen vorzuziehen, beträgt enorme 60%.

Welche Möglichkeiten haben Regierung und Zentralbank in einer solchen Situation?

Im Sommer 1998 erklärte Boris Jelzin, dass die russische Regierung keine Absicht hätte, den Rubel abzuwerten. Zwei Wochen später brach der Rubel zusammen.

- Zunächst einmal können sie versuchen, die Märkte davon zu überzeugen, dass sie keinerlei Abwertungsabsicht verfolgen. Dies ist immer die erste Verteidigungslinie: Kommuniqués werden veröffentlicht, Premierminister oder Präsidenten erscheinen im Fernsehen, um noch einmal nachdrücklich zu betonen, dass sie der bestehenden Parität absolut verpflichtet sind. Solche Worte sind jedoch nicht viel wert; sie überzeugen die Kapitalanleger nur äußerst selten.
- Als Nächstes kann die Zentralbank den Zinssatz anheben. Meist aber um weniger als notwendig wäre, um Gleichung (20.3) zu erfüllen – in unserem Beispiel, um weniger als 60%. Obwohl die Zinssätze im Inland hoch sind, sind sie doch nicht hoch genug, um das Abwertungsrisiko zu kompensieren. Diese Maßnahme führt typischerweise zu einem großen Kapitalabfluss, da es die Kapitalanleger immer noch vorziehen, aus den inländischen in ausländische Anleihen zu gehen. Sie verkaufen inländische Anleihen gegen inländische Währung, tauschen diese am Devisenmarkt in ausländische Währung um und kaufen damit ausländische Anleihen. Würde die Zentralbank auf dem Devisenmarkt nicht intervenieren, würden die massiven Verkäufe von inländischer Währung zu einer Abwertung führen. Solange die Zentralbank den Wechselkurs halten will, muss sie bereit sein, zum aktuellen Wechselkurs inländische Währung zu kaufen. Sie muss dafür ausländische Währung verkaufen. So verliert sie oft einen Großteil ihrer Reserven an ausländischer Währung. (Im **Anhang** zu ▸ **Kapitel 19** wurde der Mechanismus einer Zentralbankintervention beschrieben.)
- Schließlich – nach ein paar Stunden oder auch erst nach ein paar Monaten – steht die Zentralbank vor der Wahl, den Zinssatz so weit anzuheben, dass Gleichung (20.3) erfüllt wird, oder die Erwartungen der Märkte zu erfüllen und abzuwerten. Wird der kurzfristige inländische Zinssatz sehr stark erhöht, kann dies einen verheerenden Effekt auf Nachfrage und Produktion haben. Diese Vorgehensweise macht nur Sinn, wenn (1) die Marktteilnehmer die Wahrscheinlichkeit einer Abwertung als so niedrig einstufen, dass der Zinssatz nicht allzu stark angehoben werden muss und wenn (2) die Regierung daran glaubt, dass die Märkte bald zu der Überzeugung gelangen, dass keine Abwertung bevorsteht, sodass der inländische Zinssatz wieder sinken kann. Wenn diese Bedingungen nicht gegeben sind, dann bleibt eine Abwertung die einzige Option.

All diese Mechanismen standen im Zentrum der Krise des Europäischen Währungssystems 1992, die in der Fokusbox *„Die Krise des EWS im September 1992“* erläutert wird.

Kurz gesagt: Allein die Erwartung, eine Abwertung könnte bevorstehen, kann schon eine Wechselkurskrise auslösen. Angesichts solcher Erwartungen gibt es nur zwei Optionen:

1. Nachgeben und abwerten oder
2. Kämpfen und die Parität aufrechterhalten. Diese Entscheidung bringt enorme Kosten in Form hoher Zinssätze und einer potenziellen Rezession mit sich. Es ist zudem zu befürchten, dass Kämpfen ohnehin nicht hilft: Die Rezession würde die Regierung später dazu zwingen, den Kurs der Politik zu ändern oder aus dem Amt zu scheiden.

Dies erinnert stark an die Diskussion über Bankenzusammenbrüche in ▸ Kapitel 6: Das Gerücht, eine Bank sei in Schwierigkeiten, veranlasst die Kunden, ihre Gelder abzuziehen und zwingt die Bank zum Konkurs, selbst wenn das Gerücht gar nicht stimmte. Vergleiche dazu auch die Fokusbox *„Multiple, sich selbst erfüllende Gleichgewichte“* in ▸ Kapitel 22.

Eine interessante Komplikation besteht darin, dass es zu einer Abwertung kommen kann, selbst wenn der Glaube, dass es zu einer Abwertung kommen müsse, ursprünglich unbegründet war. Selbst wenn die Regierung ursprünglich keinerlei Absicht hatte, abzuwerten, kann sie zu einer Abwertung gezwungen werden, wenn die Finanzmärkte nur fest genug daran glauben: Die Kosten, die Parität aufrechtzuerhalten, bestehen in einer langen Periode hoher Zinssätze und einer schlimmen Rezession. Die Regierung zieht es daher unter Umständen vor, abzuwerten. Es liegt eine Situation multipler Gleichgewichte vor: Rechnen alle mit einem Fortbestand des festen Wechselkursregimes, bleiben die Zinsen niedrig und die festen Wechselkurse können auf Dauer bestehen bleiben. Rechnen alle dagegen mit einem Zusammenbruch des Regimes fester Kurse, steigen die Zinsen so stark an, dass es zu kostspielig wird, eine Abwertung zu verhindern.

FOKUS

Die Krise des EWS im September 1992

Ein Beispiel für die Probleme, die wir in diesem Abschnitt diskutiert haben, ist die Wechselkurskrise, die das Europäische Währungssystem (EWS) zu Beginn der 1990er-Jahre erschütterte. (Vergleiche auch die Fokusbox in ▶ **Kapitel 19** *„Die deutsche Einheit und das EWS"*).

Zu Beginn der 1990er-Jahre schien das EWS gut zu funktionieren. Das EWS ist 1979 gegründet worden. Es basierte auf festen Paritäten mit Bandbreiten: Jedes Mitgliedsland (darunter Deutschland, Frankreich, Italien und von 1990 an auch Großbritannien) war verpflichtet, seinen Wechselkurs gegenüber allen anderen Mitgliedsländern innerhalb enger Bandbreiten von +/– (plus oder minus) 2,25% bzw. +/– 6% für Italien aufrechtzuerhalten. In den ersten Jahren lief das System noch nicht reibungslos, es kam zu vielen Anpassungen der Paritäten zwischen den Mitgliedsländern. Doch von 1987 bis 1992 kam es nur noch zweimal zu Anpassungen. Es wurde immer häufiger davon gesprochen, die Bandbreiten noch enger zu definieren und sogar zur nächsten Stufe überzugehen – zu einer gemeinsamen Währung.

1992 gelangten die Finanzmärkte jedoch zu der Überzeugung, dass einige Anpassungen bevorstehen würden. Der Grund dafür waren die makroökonomischen Implikationen der deutschen Einheit. Wegen des Nachfragedrucks, der aus der deutschen Einheit resultierte, hielt die Bundesbank die Zinsen hoch, um einen zu starken Anstieg von Produktion und Inflation in Deutschland zu vermeiden. Obwohl die Partnerländer im EWS niedrige Zinssätze benötigt hätten, um die steigende Arbeitslosigkeit in ihren Ländern zu bekämpfen, sahen sie sich gezwungen, den deutschen Zinssätzen zu folgen, um ihre EWS-Paritäten aufrechtzuerhalten. Für die Finanzmärkte erschienen die Positionen der deutschen Partnerländer im EWS zunehmend unhaltbar. Niedrigere Zinssätze außerhalb von Deutschland und damit Abwertungen vieler Währungen gegenüber der DM erschienen zunehmend wahrscheinlich.

Im Laufe des Jahres 1992 sahen sich einige der deutschen Handelspartner deshalb gezwungen, höhere nominale Zinssätze als Deutschland zu wählen. Zur ersten größeren Krise kam es jedoch erst im September 1992. Die Überzeugung, dass einige Länder bald abwerten würden, führte im September 1992 zu spekulativen Attacken auf bestimmte Währungen. Da die Kapitalanleger mit einer baldigen Abwertung rechneten, verkauften sie diese Währungen. Alle oben dargestellten Verteidigungslinien wurden von Zentralbanken und Regierungen der angegriffenen Länder aufgebaut.

Zunächst wurden ernste Kommuniqués verlesen. Sie zeigten jedoch keinen erkennbaren Erfolg. Dann wurden die Zinssätze angehoben, der Tagesgeldsatz in Schweden stieg bis auf 500% (ausgedrückt als Zinssatz per annum). Dies reichte jedoch nicht aus, um Kapitalabflüsse und große Verluste an Währungsreserven der unter Druck geratenen Zentralbanken zu vermeiden.

Zu diesem Zeitpunkt ergriffen die einzelnen Ländern ganz unterschiedliche Maßnahmen: Spanien wertete ab, Italien und Großbritannien setzten ihre Teilnahme am EWS aus. Dagegen entschied sich Frankreich, der Krise mit Hilfe höherer Zinssätze zu trotzen, bis der Sturm vorüber war. ▶ **Abbildung 1** zeigt die Entwicklung der Wechselkurse gegenüber der DM für acht Europäische Länder für die Zeit von Anfang 1992 bis Ende 1993. Die Indexwerte im Januar 1992 sind für alle Länder auf 100 normiert. Die Auswirkungen der Krise im September 1992 sind klar zu erkennen.

Ende September 1992 rechneten die Finanzmärkte damit, dass keine weiteren Abwertungen mehr bevorstehen. Manche Länder waren aus dem EWS ausgeschieden; andere hatten abgewertet, waren aber im EWS verblieben. Diejenigen, die ihre Parität verteidigt hatten, hatten ihre Entschiedenheit gezeigt, im EWS zu bleiben, obwohl dies mit sehr hohen Zinsen erkauft werden musste. Das Problem an sich jedoch, die hohen Zinssätze in Deutschland, war nämlich nicht verschwunden. Es war nur eine Frage der Zeit, bis die nächste Krise kommen würde. Im November 1992 erzwang eine weitere Spekulationswelle eine Abwertung der spanischen Peseta, des portugiesischen Escudo und der schwedischen Krone. Peseta und Escudo wurden im Mai 1993 nochmals weiter abgewertet. Nachdem es im Juli 1993 zu einer weiteren spekulativen Attacke (insbesondere auf den französischen Franc und die dänische Krone) kam, entschieden sich die EWS-Länder, die Bandbreiten um die zentralen Paritäten herum erheblich auszuweiten (auf +/– 15%). Sie gingen damit zu einem System über, das sehr große Schwankungen des Wechselkurses zuließ. Viele Beobachter sahen darin damals das Ende des EWS; doch dieses System breiter Bandbreiten wurde bis zur Einführung einer gemeinsamen Währung im Januar 1999 beibehalten.

Fassen wir zusammen: 1992 kam es zur Krise des EWS, weil die Finanzmärkte davon überzeugt waren, dass die hohen Zinssätze, die nach den Regeln des EWS auch in den Partnerstaaten Deutschlands notwendig wurden, mit der Zeit zu kostspielig würden.

Die Überzeugung, dass einige Länder eine Abwertung anstrebten oder das EWS verlassen würden, führte dazu, dass die Kapitalanleger immer höhere Zinsen verlangten, sodass es für diese Länder noch teurer wurde, ihre Parität zu verteidigen.

Am Ende konnten einige Länder die Kosten nicht mehr tragen; einige werteten ab, andere verließen das EWS. Manche blieben ohne Kursänderung im EWS und mussten dabei substanzielle Kosten (Produktionseinbußen) in Kauf nehmen.

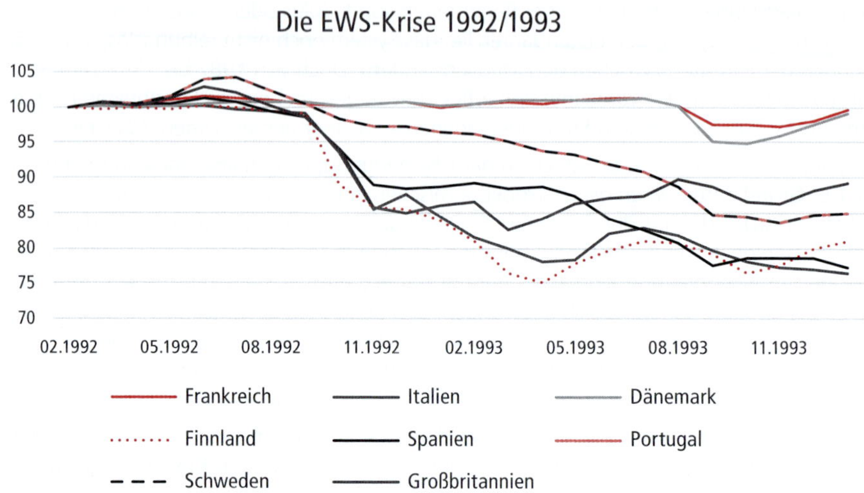

Abbildung 1 Die Entwicklung der Wechselkurse gegenüber der DM für acht Europäische Länder für die Zeit von Anfang 1992 bis Ende 1993. Die Indexwerte im Januar 1992 sind für alle Länder auf 100 normiert.
Quelle: Deutsche Bundesbank, Historische DM-Devisenkurse der Frankfurter Börse, FRED

20.3 Bewegungen der Wechselkurse bei flexiblen Kursen

Dieser Zusammenhang ist in ▶ Abbildung 19.1 dargestellt.

In dem Modell, das wir in ▶ **Kapitel 19** entwickelt haben, bestand ein einfacher Zusammenhang zwischen Zinssatz und Wechselkurs: je niedriger der Zins, desto schwächer der Wechselkurs. Ein Land, das einen stabilen Wechselkurs halten wollte, musste seinen Zinssatz lediglich nahe dem ausländischen Zinssatz halten. Ein Land, das eine bestimmte Abwertung erreichen wollte, musste seinen Zinssatz lediglich im richtigen Umfang senken.

In der Realität ist der Zusammenhang zwischen Wechselkurs und Zinssatz nicht so einfach. Wechselkurse verändern sich oft, ohne dass sich die Zinssätze verändert haben. Wie groß der Effekt einer bestimmten Zinssenkung auf den Wechselkurs sein wird, ist schwer vorherzusagen. Für die Geldpolitik wird es daher sehr viel schwerer, das gewünschte Ergebnis zu erreichen.

Um zu sehen, warum die Dinge komplizierter sind, müssen wir noch einmal auf die Zinsparitätenbedingung zurückgreifen, die wir in ▶ **Kapitel 17**, Gleichung (17.2) abgeleitet haben:

$$(1 + i_t) = (1 + i_t^*)\frac{E_t}{E_{t+1}^e}$$

Wir können diese Gleichung auch wie folgt schreiben:

$$E_t = \frac{1 + i_t}{1 + i_t^*} E_{t+1}^e \qquad (20.4)$$

Stellen wir uns den Zeitraum von t bis t+1 als ein Jahr vor. Der aktuelle Wechselkurs hängt vom Zinssatz für einjährige Papiere im In- und Ausland und von dem für das nächste Jahr erwarteten Wechselkurs ab.

20.3.1 Endogene Wechselkurserwartungen

In ▶ **Kapitel 19** haben wir den für das nächste Jahr erwarteten Wechselkurs E^e_{t+1} als konstant angenommen. Dies war jedoch eine Vereinfachung. Der für nächstes Jahr erwartete Wechselkurs ist nicht konstant. Wenn wir wieder Gleichung (20.4) verwenden, dieses Mal aber für das nächste Jahr, dann wird deutlich, dass der Wechselkurs für das kommende Jahr von dem in einem Jahr erwarteten Zinssatz für einjährige Papiere im In- und Ausland sowie von dem dann für das darauf folgende Jahr erwarteten Wechselkurs abhängt usw. Das heißt, jede Veränderung in den Erwartungen für aktuelle und zukünftige Zinssätze im In- und Ausland und jede Veränderung des in ferner Zukunft erwarteten Wechselkurses wird den aktuellen Wechselkurs beeinflussen.

Untersuchen wir diesen Sachverhalt etwas genauer. Schreiben wir Gleichung (20.4) nicht für das Jahr t, sondern für das darauf folgende Jahr t+1:

$$E_{t+1} = \frac{1 + i_{t+1}}{1 + i^*_{t+1}} E^e_{t+2}$$

Der Wechselkurs für das Jahr t+1 hängt vom erwarteten Zinssatz im In- und Ausland für einjährige Papiere im Jahr t+1 sowie von dem für das Jahr t+2 erwarteten zukünftigen Wechselkurs ab. Der zum Zeitpunkt t für das Jahr t+1 erwartete Wechselkurs hängt also wiederum von dem zwei Jahre später erwarteten Kurs ab:

$$E^e_{t+1} = \frac{1 + i^e_{t+1}}{1 + i^{*e}_{t+1}} E^e_{t+2}$$

Ersetzen wir E^e_{t+1} in Gleichung (20.4), dann ergibt sich:

$$E_t = \frac{(1 + i_t)(1 + i^e_{t+1})}{(1 + i^*_t)(1 + i^{*e}_{t+1})} E^e_{t+2}$$

Der aktuelle Wechselkurs hängt sowohl vom laufenden Zinssatz im In- und Ausland als auch von den für das nächste Jahr erwarteten Zinssätzen im In- und Ausland sowie von dem für in zwei Jahren erwarteten Wechselkurs ab. Wenn wir weiter auf dieselbe Weise in die Zukunft gehen (indem wir nach E^e_{t+2}, E^e_{t+3} usw. bis, sagen wir, $t+n$, auflösen), dann erhalten wir:

$$E_t = \frac{(1 + i_t)(1 + i^e_{t+1})}{(1 + i^*_t)(1 + i^{*e}_{t+1})} \cdot \ldots \cdot \frac{(1 + i^e_{t+n})}{(1 + i^{*e}_{t+n})} E^e_{t+n+1} \qquad (20.5)$$

Nehmen wir an, dass n sehr groß ist, beispielsweise zehn Jahre (Gleichung (20.5) gilt für jeden Wert von n). Diese Gleichung sagt uns, dass der aktuelle Wechselkurs von zwei Faktoren abhängt:

- Von den aktuellen und von den für die nächsten zehn Jahre erwarteten Zinssätzen im In- und Ausland.
- Von dem in zehn Jahren erwarteten Wechselkurs.

Es kann sinnvoll sein, noch einen Schritt weiterzugehen und einen Zusammenhang zwischen den aktuellen und den zukünftigen realen Zinssätzen im In- und Ausland und dem erwarteten zukünftigen realen Wechselkurs abzuleiten. Im ▶ Anhang 2 zu diesem Kapitel finden Sie diese Ableitung. (Diese Ableitung macht nicht besonders viel Spaß, aber es ist eine nützliche Übung. Mit ihr lässt sich der Zusammenhang zwischen den Real- und Nominalzinsen und den realen und nominalen Wechselkursen nochmals auffrischen.) Gleichung (20.5) reicht jedoch aus, um die drei Einsichten zu gewinnen, die wir nun im Detail untersuchen.

▶ Anhang 2 liefert uns die grundlegende Einsicht: Wenn man bei allen 3 Aussagen vor Wechselkurse und Zinssätze „real" setzt, dann gelten die Aussagen ebenfalls.

1. Der heutige Wechselkurs verändert sich eins zu eins mit dem zukünftig erwarteten Wechselkurs.
2. Der heutige Wechselkurs verändert sich, sobald sich die im Inland oder auch im Ausland erwarteten Zinsen verändern.
3. Weil sich der heutige Wechselkurs immer verändert, sobald sich die Erwartungen über zukünftige Variablen ändern, ist er volatil. Er ändert sich häufig, oft mit großen Ausschlägen.

20.3.2 Wechselkurse und die Leistungsbilanz

Alle Faktoren, die den erwarteten zukünftigen Wechselkurs E_{t+n+1} beeinflussen, tangieren auch den aktuellen Wechselkurs E_t. Wenn erwartet wird, dass der Zinssatz im In- und Ausland in beiden Ländern von t bis $t+n$ gleich sein wird, dann wird der Quotient auf der rechten Seite von Gleichung (20.5) gleich eins, sodass sich die Gleichung auf $E_t = E^e_{t+n+1}$ reduziert: Eine Veränderung des erwarteten zukünftigen Wechselkurses wirkt sich auf den aktuellen Wechselkurs im Verhältnis 1:1 aus.

Wenn wir von einem sehr großen n ausgehen, beispielsweise zehn Jahre oder mehr, dann können wir uns E_{t+n+1} als den Wechselkurs vorstellen, der benötigt wird, um in der mittleren Frist oder in der langen Frist eine ausgeglichene Leistungsbilanz zu gewährleisten: Ein Land kann nicht bis in alle Ewigkeit Kredite aufnehmen – also ein Leistungsbilanzdefizit ausweisen –, gleichermaßen wird ein Land auch nicht bis in alle Ewigkeit Kredite geben wollen –, also einen Leistungsbilanzüberschuss ausweisen. Daher ist es wahrscheinlich, dass jede Neuigkeit, die die Prognosen für die Leistungsbilanz in der Zukunft beeinflusst, auch einen Einfluss auf den erwarteten zukünftigen Wechselkurs haben wird und damit wiederum auch auf den aktuellen Wechselkurs. Die Ankündigung beispielsweise, dass das Handelsdefizit größer ausfallen wird als erwartet, könnte dazu führen, dass die Kapitalanleger erwarten, dass zu irgendeinem Zeitpunkt eine Abwertung nötig werden wird, um wieder zu einer ausgeglichenen Leistungsbilanz zu kommen. Daher wird E^e_{t+n+1} sinken und damit wiederum heute schon den aktuellen Wechselkurs E_t sinken lassen.

20.3.3 Wechselkurse und Zinserwartungen

Alle Faktoren, die die aktuellen oder erwarteten Zinssätze im In- und Ausland zwischen t und $t+n$ beeinflussen, beeinflussen den aktuellen Wechselkurs. Bei gegebenen Zinssätzen im Ausland zum Beispiel führt ein Anstieg des aktuellen oder des erwarteten Zinssatzes im Inland zu einem Anstieg von E_t, also zu einer Aufwertung.

▸ **Kapitel 14 beschäftigt sich ausführlicher mit dem Zusammenhang zwischen langfristigen Zinssätzen und aktuellen und zukünftig erwarteten kurzfristigen Zinssätzen.**

Alle Variablen, die die Erwartungen der Kapitalanleger über die zukünftigen Zinssätze verändern, werden Auswirkung auf den aktuellen Wechselkurs haben. Der „Tanz des Dollar" in den 1980er-Jahren beispielsweise, den wir in ▸ **Kapitel 17** diskutiert haben – die starke Aufwertung des Dollar in der ersten Hälfte des Jahrzehnts, gefolgt von der gleichermaßen starken Abwertung –, kann zu einem großen Teil durch die Bewegungen der aktuellen und der erwarteten Zinssätze in den USA im Vergleich zu den Zinssätzen im Rest der Welt während dieses Zeitraums erklärt werden. Während der ersten Hälfte der 1980er-Jahre führte die Kombination von kontraktiver Geldpolitik und expansiver Fiskalpolitik in den USA zu einem Anstieg der kurz- und langfristigen Zinssätze. Der Anstieg der langfristigen Zinssätze spiegelte dabei die Erwartung hoher kurzfristiger Zinssätze in der Zukunft wider. Dieser Anstieg war wiederum ein Hauptgrund für die Aufwertung des Dollar. Sowohl die Geld- als auch die Fiskalpolitik änderten sich in der zweiten Hälfte des Jahrzehnts, sodass die US-amerikanischen Zinssätze fielen und es zu einer Abwertung des Dollar kam.

20.3.4 Die Volatilität von Wechselkursen

Die dritte Implikation folgt aus den ersten beiden. In der Realität, im Gegensatz zu unserer Analyse in ▶ **Kapitel 19**, ist der Zusammenhang zwischen dem Zinssatz i_t und dem Wechselkurs E_t alles andere als mechanisch. Wenn die Zentralbank den Zinssatz senkt, dann müssen die Finanzmärkte sich eine Meinung darüber bilden, ob diese Aktion ein Signal für eine größere Kursänderung der Geldpolitik darstellt. Ist diese Reduktion des Zinssatzes der erste von mehreren Schritten oder handelt es sich nur um eine vorübergehende Zinssenkung? Ankündigungen der Zentralbank sind in diesem Zusammenhang nicht unbedingt hilfreich: Es kann sein, dass die Zentralbank selbst nicht weiß, wie sie sich in der Zukunft verhalten wird. Im Normalfall reagiert sie auf frühe Signale, die sich unter Umständen später umkehren. Die Finanzmärkte müssen sich auch eine Meinung darüber bilden, wie die ausländischen Zentralbanken reagieren werden. Werden sie ihren Kurs beibehalten oder werden sie sich anschließen und ihre Zinsen ebenfalls senken? All dies macht es sehr viel schwerer vorherzusagen, welche Auswirkungen eine Veränderung des Zinssatzes auf den Wechselkurs haben wird.

Wir vernachlässigen hier andere Faktoren , die den Wechselkurs ebenfalls beeinflussen, etwa eine veränderte Risikowahrnehmung, die wir in ▶ Kapitel 19 in der Fokusbox *„Risikoprämien - die Grenzen der Zinsparitätsbedingung"* diskutiert haben.

Ein konkretes Beispiel: Gehen wir zurück zu Gleichung (20.5). Nehmen wir an, dass $E^e_{t+n+1} = 1$. Nehmen wir zudem an, dass der aktuelle und die erwarteten Zinssätze im In- und Ausland alle gleich 5% sind. Der aktuelle Wechselkurs ergibt sich dann als:

$$E_t = \frac{(1,05)^n}{(1,05)^n} 1 = 1$$

Betrachten wir nun eine expansive geldpolitische Maßnahme, durch die der aktuelle inländische Zinssatz i_t von 5% auf 3% fällt. Wird diese Maßnahme zu einem Rückgang von E_t – also zu einer Abwertung – führen, und wenn ja, um wie viel? Die Antwort darauf ist: Es kommt darauf an.

Nehmen wir an, die Anleger erwarten, dass der Zinssatz nur für den Zeitraum von einem Jahr niedriger sein wird, sodass die zukünftig erwarteten $n-1$ Zinssätze unverändert bleiben. Der aktuelle Wechselkurs sinkt dann auf:

$$E_t = \frac{(1,03)\cdot(1,05)^{n-1}}{(1,05)^n} = \frac{1,03}{1,05} = 0,98$$

Die expansive Geldpolitik führt zu einer Abwertung des Wechselkurses um nur $1 - 0,98 = 2\%$.

Nehmen wir nun alternativ an, dass die Kapitalanleger nach dem Rückgang des aktuellen Zinssatzes von 5% auf 3% erwarten, dass diese Zinssatzsenkung fünf Jahre lang anhalten wird (sodass $i_{t+4} = ... = i_{t+1} = i_t = 3\%$). Der Wechselkurs sinkt dann auf:

$$E_t = \frac{(1,03)^5\cdot(1,05)^{n-5}}{(1,05)^n} = \frac{(1,03)^5}{(1,05)^5} = 0,90$$

Dies erinnert an unsere Diskussion der Auswirkungen der Geldpolitik auf die Aktienkurse in ▶ Kapitel 14. Dies ist kein Zufall: Genauso wie die Aktienkurse hängt auch der Wechselkurs von den Erwartungen für Variablen weit in der Zukunft ab. Das Ergebnis wird sehr stark davon beeinflusst, wie sich Erwartungen als Reaktion auf Veränderungen einer aktuellen Variablen (hier des Zinssatzes) verändern.

Die expansive Geldpolitik führt nun zu einer viel stärkeren Abwertung um 10%.

Es ist nicht schwer, sich weitere Fälle auszudenken. Nehmen wir an, die Kapitalanleger hätten die Reduktion des Zinssatzes durch die Zentralbank antizipiert, die tatsächliche Reduktion des Zinssatzes sei jedoch geringer ausgefallen, als von den Kapitalanlegern antizipiert. Die Kapitalanleger werden ihre Erwartungen über den zukünftigen Nominalzins nach oben revidieren. Statt zu einer Abwertung der Währung kommt es dann zu einer Aufwertung!

Als am Ende des Bretton Woods-Systems die Länder von festen zu flexiblen Wechselkursen übergingen, rechneten die meisten Ökonomen damit, dass die Wechselkurse stabil sein würden. Die starken Schwankungen, die sich dann entwickelten und die bis zum heutigen Tag andauern, waren eine Überraschung. Einige Zeit lang glaubte man, dass diese Schwankungen das Ergebnis irrationaler Spekulation auf den Devisenmärkten seien. Erst Mitte der 1970er-Jahre erkannten die Ökonomen, dass diese großen Bewegungen durch die rationale Reaktion der Finanzmärkte auf Neuigkeiten über zukünftige Zinssätze und

Das erste Mal wurde diese Erklärung 1976 von Rüdiger Dornbusch vom MIT gegeben. Mehr zu diesem Beitrag enthält ▶ Kapitel 24.

zukünftige Wechselkurse erklärt werden könnten – so wie wir es hier getan haben. Daraus folgt eine wichtige Implikation: Ein Land, das sich für flexible Wechselkurse entscheidet, muss die Tatsache akzeptieren, dass es im Zeitverlauf großen Schwankungen des Wechselkurses ausgesetzt sein wird. ▶ **Abbildung 20.1** zeigt die monatlichen Schwankungen sowohl des nominalen wie des realen Wechselkurses zwischen DM (Deutschland) und $ (USA) von 1955 bis 1998. Sie verdeutlicht, dass diese Schwankungen nach dem Zusammenbruch des Bretton Woods-Systems Anfang der 1970er-Jahre enorm zugenommen haben. Dabei besteht eine sehr enge Korrelation zwischen den Schwankungen des realen und des nominalen Wechselkurses.

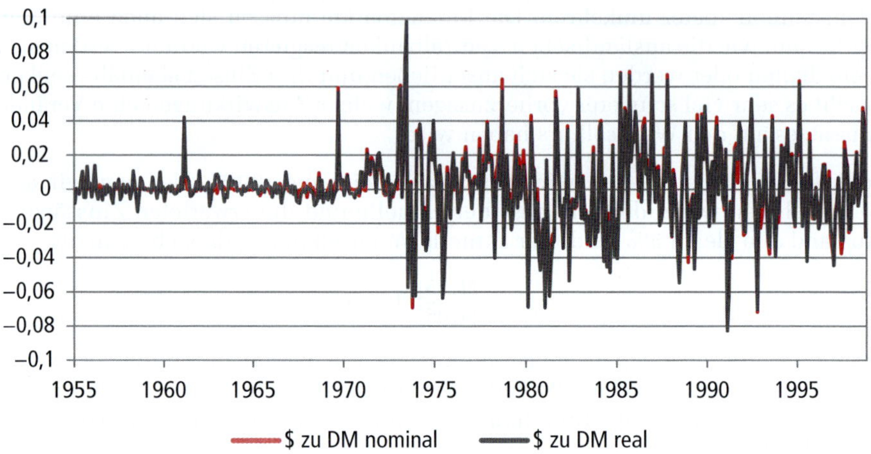

Abbildung 20.1 Die monatlichen Schwankungen des nominalen und realen Wechselkurses zwischen USA ($) und Deutschland (DM) seit 1955. Die Wechselkursschwankungen sind nach dem Zusammenbruch des Bretton Woods-Systems Anfang der 1970er-Jahre stark gestiegen. Bemerkenswert ist die enge Korrelation zwischen den Schwankungen des realen und des nominalen Wechselkurses.

Quelle: Eigene Berechnung aus Daten der Deutschen Bundesbank. Vgl. auch FRED-Codes zu Abb. 17.4

20.4 Die Wahl zwischen unterschiedlichen Wechselkursregimen

Wir wollen nun zu unserer Ausgangsfrage zurückkommen: Sollte sich ein Land für flexible oder für feste Wechselkurse entscheiden? Gibt es Rahmenbedingungen, unter denen flexible Wechselkurse dominieren und Rahmenbedingungen, unter denen feste Wechselkurse dominieren?

Viel von dem, was wir in diesem Kapitel und im vorhergehenden erarbeitet haben, scheint für flexible Wechselkurse zu sprechen:

- In ▶ **Abschnitt 20.1** wurde argumentiert, dass das Wechselkursregime in der mittleren Frist unter Umständen keine Bedeutung hat. Es bleibt jedoch die Tatsache bestehen, dass es in der kurzen Frist von Bedeutung ist. In der kurzen Frist geben Länder, die unter festen Wechselkursen und perfekter Kapitalmobilität operieren, zwei makroökonomische Instrumente auf, den Zinssatz und den Wechselkurs. Dadurch werden nicht nur ihre Möglichkeiten beschränkt, auf Schocks zu reagieren, sondern es kann auch zu Wechselkurskrisen kommen.
- In ▶ **Abschnitt 20.2** wurde gezeigt, dass Abwertungserwartungen in einem Regime fixer Wechselkurse eine tatsächliche Abwertung bewirken können, weil Kapitalanleger hohe Zinsen verlangen. Hohe Zinsen verschlechtern die wirtschaftliche Situation des Landes weiter und üben auf die Regierung Druck aus, tatsächlich abzuwerten – dies ist ein weiteres Argument gegen feste Wechselkurse.

- In ▶ **Abschnitt 20.3** wurde dagegen ein Argument gegen flexible Wechselkurse vorgestellt: Der Wechselkurs kann unter flexiblen Wechselkursen sehr volatil werden und durch Geldpolitik nur sehr schwer zu kontrollieren sein.

Insgesamt betrachtet scheinen aus makroökonomischer Sicht flexible Wechselkurse festen Wechselkursen überlegen zu sein. Dies scheint auch der Konsens zu sein, der sich unter Ökonomen und Wirtschaftspolitikern herausgebildet hat.

Der Konsens sieht wie folgt aus: Im Allgemeinen sind flexible Wechselkurse zu bevorzugen. Es gibt jedoch zwei Ausnahmen:

1. Wenn eine Gruppe von Ländern bereits stark integriert ist, dann kann eine gemeinsame Währung die richtige Lösung sein.
2. Wenn man sich nicht darauf verlassen kann, dass die Zentralbank unter flexiblen Wechselkursen eine verantwortungsbewusste Geldpolitik verfolgt. In diesem Fall kann eine starke Form fester Wechselkurse, wie ein **Currency Board** oder die Dollarisierung eine Lösung darstellen.

Wir wollen nun diese beiden Ausnahmen diskutieren.

20.4.1 Gebiete mit einer gemeinsamen Währung

Länder, die unter einem System fester Wechselkurse operieren, sind gezwungen, denselben Zinssatz aufrechtzuerhalten. Welche Kosten verursacht dieser Zwang? Wenn die Länder mit ähnlichen makroökonomischen Problemen und denselben Schocks konfrontiert sind, dann hätten sie sich ohnehin für ähnliche Politikmaßnahmen entschieden. Der Zwang einer gemeinsamen Geldpolitik stellt unter diesen Umständen keine starke Einschränkung dar.

Dieses Argument wurde zuerst von Robert Mundell untersucht, der analysierte, unter welchen Bedingungen eine Gruppe von Ländern ein Regime fester Wechselkurse oder sogar eine gemeinsame Währung einführen sollte. Damit eine Gruppe von Ländern einen optimalen Währungsraum konstituiert, muss sie gemäß Mundell eine der beiden folgenden Bedingungen erfüllen:

- Die Länder sind ähnlichen Schocks ausgesetzt. Den Grund dafür haben wir bereits gesehen: Wenn die Länder ähnlichen Schocks ausgesetzt sind, dann hätten sie ohnehin die annähernd gleiche Geldpolitik gewählt.
- Wenn die Länder unterschiedlichen Schocks ausgesetzt sind, dann müssen sie einen hohen Grad an Faktormobilität aufweisen. Sind die Arbeitnehmer bereit, aus einem Land, das sich in einer schlechten wirtschaftlichen Situation befindet, in ein Land zu gehen, das sich im Boom befindet, dann trägt die Faktormobilität an Stelle der Wirtschaftspolitik dazu bei, dass sich die Länder an Schocks anpassen. Ist die Erwerbslosenquote in einem Land hoch, dann verlassen die Arbeitnehmer dieses Land, um in anderen Ländern Jobs anzunehmen. Die Erwerbslosenquote in diesem Land geht dann auf den Normalwert zurück. Wenn die Erwerbslosenquote in einem Land sehr niedrig ist, dann kommen die Arbeitnehmer in dieses Land und die Erwerbslosenquote steigt auf den Normalwert. Der Wechselkurs wird als Ausgleichsmechanismus dann gar nicht benötigt.

Aufbauend auf der Analyse von Mundell glauben die meisten Ökonomen, dass der Währungsraum, den die 50 Bundesstaaten der Vereinigten Staaten bilden, einem optimalen Währungsraum sehr nahe kommt. Die erste Bedingung ist zwar nicht erfüllt: die einzelnen Bundesstaaten sind unterschiedlichen Schocks ausgesetzt. Kalifornien wird von Nachfrageverschiebungen aus Asien mehr beeinflusst als der Rest der Vereinigten Staaten. Texas wird mehr davon beeinflusst, wie sich der Ölpreis entwickelt usw. Die zweite Bedingung ist jedoch im Großen und Ganzen erfüllt. Die Mobilität der Arbeit ist in den Vereinigten Staaten beträchtlich. Wenn die wirtschaftliche Lage in einem Bundesstaat schlecht ist, dann verlassen die Arbeitnehmer diesen Bundesstaat. Wenn die wirtschaftliche Lage in einem Bundesstaat gut ist, dann gehen die Arbeitnehmer in diesen Bundesstaat. Die Er-

Jeder US-amerikanische Bundesstaat könnte seine eigene Währung haben und diese gegenüber den Währungen der anderen Bundesstaaten frei floaten lassen. Die Realität sieht jedoch anders aus: Die Vereinigten Staaten sind ein Währungsraum mit einer Währung, dem Dollar.

werbslosenquoten in den einzelnen Bundesstaaten kehren schnell zu ihrem Normalwert zurück, und dies nicht aufgrund der Wirtschaftspolitik auf der Ebene der einzelnen Bundesstaaten, sondern aufgrund der Arbeitsmobilität.

Die USA sind allerdings keine Währungsunion zwischen souveränen Staaten, sondern vielmehr eine souveräne Nation mit Steuerhoheit der Bundesregierung. Darauf basieren eine Vielzahl weiterer stabilisierender Faktoren: Weil die Arbeitslosenversicherung in den USA auf nationaler Ebene organisiert ist, fließen automatische Transferzahlungen an die Bundesstaaten, die von negativen Schocks betroffen sind. Zudem werden regionale Steuerausfälle zum Teil durch Transfers aus dem Bundeshaushalt aufgefangen. Fiskalpolitik ersetzt zu einem gewissen Teil die fehlende Stabilisierungsfunktion regionaler Geldpolitik. Auch die Kosten von Bankenkrisen werden nicht von einzelnen Bundesstaaten getragen.

Die Verwendung einer gemeinsamen Währung bringt viele Vorteile mit sich. Man muss sich nur vorstellen, wie kompliziert das Leben wäre, müsste man jedes Mal, wenn man die Grenze überschreitet, Geld wechseln. Die Vorteile gehen jedoch über die niedrigeren Transaktionskosten hinaus. Sind die Preise in derselben Währung ausgezeichnet, dann wird es für die Käufer viel leichter, die Preise zu vergleichen. Dadurch nimmt der Wettbewerb zwischen den Unternehmen zu, wovon die Konsumenten profitieren.

Mit der Einführung des Euro hat Europa dieselbe Entscheidung getroffen wie die Vereinigten Staaten. Als Anfang 2002 der Prozess des Übergangs von den nationalen Währungen zum Euro abgeschlossen war, wurde der Euro für zunächst zwölf europäische Länder zu einer gemeinsamen Währung. Mittlerweile sind 20 Länder Teil des Euroraums. Sind die Argumente für diese gemeinsame Währung aus wirtschaftlicher Sicht ebenso zwingend wie im Fall der Vereinigten Staaten?

Es steht außer Frage, dass eine gemeinsame Währung für Europa viele der auch in den Vereinigten Staaten existierenden Vorteile mit sich bringt. Ein Bericht der Europäischen Kommission schätzt, dass die Abschaffung der Devisentransaktionen innerhalb des Euroraumes zu Kosteneinsparungen in Höhe von 0,5% des gemeinsamen BIP führt. Es gibt bereits deutliche Anzeichen dafür, dass die Verwendung einer gemeinsamen Währung den Wettbewerb fördert. So suchen europäische Konsumenten beim Kauf eines Autos nach dem niedrigsten Europreis im ganzen Euroraum. In einigen Ländern führte dies bereits zu einem Rückgang der Autopreise.

Die Frage jedoch, ob Europa einen optimalen Währungsraum darstellt, ist umstritten. Der Grund dafür ist, dass keine der beiden Bedingungen von Mundell erfüllt zu sein scheint. Auch wenn die Zukunft anders aussehen mag, in der Vergangenheit waren die europäischen Länder ganz unterschiedlichen Schocks ausgesetzt; erinnern wir uns an die deutsche Einheit 1990, und wie unterschiedlich die Auswirkungen auf Deutschland und auf die anderen europäischen Länder waren. Auch die Arbeitsmobilität ist in Europa sehr gering. Sie wird wahrscheinlich auch in Zukunft gering bleiben. Die Arbeitnehmer sind schon innerhalb der einzelnen europäischen Länder weit weniger mobil als die Arbeitnehmer innerhalb der Vereinigten Staaten. Angesichts der sprachlichen und der kulturellen Unterschiede zwischen den europäischen Ländern, ist die Mobilität zwischen den Ländern vermutlich noch niedriger.

Während der Finanzkrise wurden viele Länder des Euroraums mit einem starken Rückgang von Nachfrage und Produktion konfrontiert; sie können aber weder Zinssatz noch Wechselkurs einsetzen, um die Konjunktur im eigenen Land zu stimulieren. Wie wir in ▶ **Abschnitt 20.1** gesehen haben, muss die Anpassung in der mittleren Frist dennoch erfolgen. Wir haben indes auch gesehen, dass dieser Anpassungsprozess lang und schmerzhaft sein kann. Einige Länder wie Griechenland Portugal und Spanien, die vorher hohe Wachstumsraten und starke Leistungsbilanzdefizite aufwiesen (vgl. die Fokusbox in ▶ **Kapitel 18** *„Das Verschwinden der Leistungsbilanzdefizite der Peripheriestaaten im Euroraum"*) kämpften plötzlich mit einem starken Rückgang der Nachfrage, einem Einbruch der Produktion und massiven Problemen, die hohe Auslandsverschuldung zu bedienen. Eine drastische Abwertung hätte ihnen geholfen, die Nachfrage zu stimulieren und die Leistungsbilanz zu verbessern. In einem einheitlichen Währungsraum ist dies aber nur möglich, wenn das inländische Preisniveau im Vergleich zu dem in den Kernländern sinkt. Die Konsequenz war, dass sich die reale Abwertung viele Jahre hinzieht mit hoher Arbeitslosigkeit und dem Druck, Preise und Löhne im Vergleich zum Rest des Euroraums zu senken. Zum Zeitpunkt der Erstellung des Buchs war dieser Prozess immer noch nicht abgeschlossen. ▸ **Abbildung 20.2** zeigt die Entwicklung des realen Wechselkurses, gemessen anhand der Entwicklung der relativen Lohnstückkosten für Griechenland, Spanien, Italien und Deutschland. Sie macht deutlich, dass es in Griechenland und Spanien mit dem Boom bis 2008 auch zu einer starken realen Aufwertung kam. Danach setzte langsam eine reale Abwertung ein.

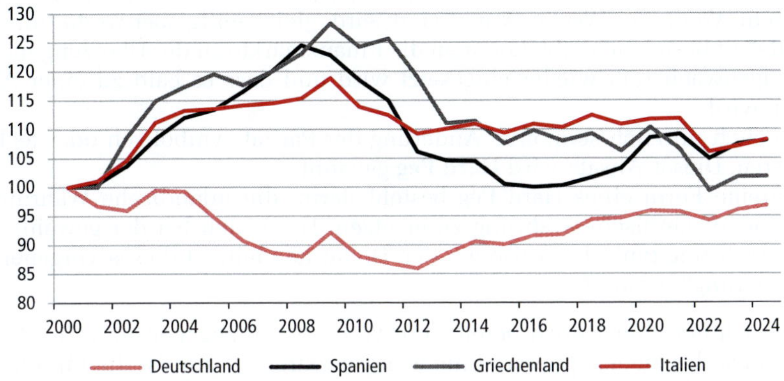

Abbildung 20.2 Die Entwicklung des realen Wechselkurses in Deutschland, Griechenland, Italien und Spanien seit 2000. In Griechenland und Spanien kam es mit dem Boom bis 2008 auch zu einer starken realen Aufwertung. Danach setzte langsam eine reale Abwertung ein. Wettbewerbsindikator basierend auf den relativen Lohnstückkosten.
Quelle: OECD. Ein Anstieg bedeutet eine reale Aufwertung gegenüber den anderen Staaten im Euroraum und 19 weiteren Handelspartnern, FRED

Die Krise weckte starke Zweifel, ob die Staaten in der Lage sein werden, ihr Budgetdefizit zu begrenzen und die Schulden zu bedienen. Sie schürte die Befürchtung, einige Staaten könnten aus dem Euroraum ausscheiden. Die Furcht vor einem solchen Schritt verstärkte die abrupte Umkehr der Kapitalströme und ließ die Zinsen in den betroffenen Staaten stark ansteigen. So wurde es umso schwerer, die Schuldverpflichtungen zu bedienen. Wie am Ende von ▸ **Abschnitt 20.2** beschrieben, löste der „Run" der Finanzanlagen einen starken Anstieg der Risikoprämien aus mit der Gefahr multipler Gleichgewichte. Die Herausforderung für den Euroraum besteht in der Frage, wie solch drastische und lange Einbrüche in Zukunft verhindert werden können. Eine Reihe von Reformmaßnahmen wie eine Bankenunion und Schritte zu einer Fiskalunion versuchen, manche der Faktoren zu beseitigen, die den Einbruch der Produktion in den betroffenen Staaten besonders schmerzhaft machten. Sie haben zum Ziel, einen Weg zu finden, um einerseits durch geeignete Stützungsmaßnahmen Wachstumsimpulse zu geben, zum anderen aber dabei das Risiko zu minimieren, dass notwendige Reformmaßnahmen unterbleiben. Ob diese Maßnahmen ausreichen, um Krisen in Zukunft zu verhindern, bleibt abzuwarten.

Vgl. dazu auch die Fokusboxen *„Die Krise im Euroraum"* in ▸ Kapitel 6 *„Risikoprämien"* in ▸ Kapitel 19 und *„Multiple, sich selbst erfüllende Gleichgewichte"* in ▸ Kapitel 22.

20.4.2 Currency Boards und Dollarisierung

Das zweite Argument für feste Wechselkurse unterscheidet sich deutlich vom ersten Argument. Es beruht auf der Erfahrung, dass es Zeiten geben kann, in denen ein Land seine Freiheit zur eigenständigen Geldpolitik einschränken will. Wir werden uns mit diesem Argument in ▸ **Kapitel 21** ausführlicher beschäftigen.

Betrachten wir ein Land, das in letzter Zeit eine sehr hohe Inflationsrate aufwies. Ein Grund dafür könnte sein, dass es nicht in der Lage war, sein Budgetdefizit anders als durch Geldschöpfung zu finanzieren, sodass es zu einem starken Geldmengenwachstum und zu Inflation kam (vgl. ▸ **Abschnitt 22.4**). Nehmen wir an, dieses Land entscheidet sich, Geldmengenwachstum und Inflation zu reduzieren. Eine Möglichkeit, die Finanzmärkte von der Ernsthaftigkeit dieser Absicht zu überzeugen, besteht darin, den Wechselkurs zu fixieren: Der Zwang, die Parität aufrechtzuerhalten, bindet dann die Hände der Zentralbank. In dem Ausmaß, in dem die Finanzmärkte erwarten, dass die Parität aufrechterhalten wird, werden sich ihre Sorgen verringern, dass das Geldmengenwachstum zur Finanzierung des Budgetdefizits eingesetzt wird und die Inflationsraten hoch bleiben.

Wichtig ist die Einschränkung „in dem Ausmaß, in dem die Finanzmärkte erwarten, dass die Parität aufrechterhalten wird". Das Fixieren des Wechselkurses ist keine magische Lösung. Das Land muss die Kapitalanleger überzeugen, dass der Wechselkurs nicht nur heute, sondern auch in Zukunft fixiert bleiben wird. Daraus ergeben sich zwei Implikationen:

1. Das Fixieren des Wechselkurses muss Teil eines umfassenden wirtschaftspolitischen Pakets sein. Wenn der Wechselkurs fixiert wird, gleichzeitig aber weiterhin ein großes Budgetdefizit bestehen bleibt, kommen die Finanzmärkte zu der Überzeugung, dass das Geldmengenwachstum wieder eingesetzt wird und dass es bald zu einer Abwertung kommen wird.
2. Es kann auch nützlich sein, eine Änderung der Parität symbolisch oder technisch zu erschweren. Dieser Ansatz wird **Hard Peg** genannt.
   Eine extreme Form eines Hard Peg besteht darin, die inländische Währung einfach durch eine ausländische Währung zu ersetzen. Da es sich bei der gewählten ausländischen Währung typischerweise um den Dollar handelt, ist dieses Vorgehen auch als „Dollarisierung" bekannt.

Als Israel in den 1980er-Jahren unter hoher Inflation litt, schlug ein israelischer Finanzminister Dollarisierung als Teil eines Stabilisierungsprogramms vor. Sein Vorschlag wurde als Angriff auf die Souveränität Israels interpretiert. Er wurde kurz danach entlassen.

Nur wenige Länder sind jedoch bereit, ihre Währung aufzugeben und die Währung eines anderen Landes zu akzeptieren. Eine weniger extreme Form ist die Einführung eines Currency Boards. Unter einem Currency Board ist eine Zentralbank bereit, ausländische Währung gegen inländische Währung zum offiziellen Wechselkurs zu tauschen; zusätzlich kann die Zentralbank keine Offenmarktoperationen vornehmen. Das heißt, sie kann keine Staatsanleihen kaufen oder verkaufen.

Das wahrscheinlich bekannteste Beispiel für ein Currency Board ist Argentinien. Dort wurde es 1991 eingeführt, musste jedoch Ende 2001 nach einer Krise aufgegeben werden. Die Ökonomen sind sich nicht einig, welche Schlussfolgerungen man aus den Erfahrungen in Argentinien ziehen sollte. Einige schließen daraus, dass Currency Boards nicht „hart" genug seien: Durch sie könnten Wechselkurskrisen nicht vermieden werden. Wenn sich daher ein Land für die Einführung eines festen Wechselkurses entscheide, dann solle es nicht auf halbem Weg aufhören, sondern gleich die Fremdwährung (etwa Dollar oder Euro) einführen. Andere Ökonomen schließen daraus, dass feste Wechselkurse eine schlechte Idee seien. Wenn Currency Boards überhaupt verwendet würden, dann solle dies nur für eine kurze Zeit geschehen, bevor das Land wieder zu einem Regime flexibler Wechselkurse zurückkehre.

In jüngster Zeit ist diese Frage in Argentinien wieder aktuell geworden. Nach einer Periode der Instabilität mit sehr hohen Inflationsraten bis zu 150% gewann der libertäre Ökonom Javier Milei im November 2023 die Präsidentschaftswahlen in Argentinien mit dem Versprechen, die argentinische Zentralbank ganz abzuschaffen und stattdessen den US-Dollar als Zahlungsmittel einzuführen. Seine Anhänger erhoffen sich einen Regimewechsel hin zu Stabilität. Viele Ökonomen waren aber skeptisch, ob eine solche Dollarisierung der argentinischen Wirtschaft die Inflation erfolgreich bekämpfen kann. Sie warnten, dieser Plan könnte zunächst zu noch höher Inflation und stärkerer Abwertung des Pesos führen. Tatsächlich erreichte die Inflation im Dezember 2023 mit mehr als 210% den höchsten Wert seit Anfang der 1990er-Jahre. Wenn Sie das Buch lesen, können Sie besser einschätzen, ob Javier Milei die Stabilisierung der Wirtschaft gelingen wird.

ZUSAMMENFASSUNG

- Auch unter einem Regime fester Wechselkurse können Länder ihre realen Wechselkurse in der mittleren Frist anpassen. Sie können diese Anpassung erreichen, indem sie sich auf Anpassungen des Preisniveaus verlassen. Nichtsdestoweniger kann der Anpassungsprozess lang und schmerzhaft sein. Anpassungen des Wechselkurses ermöglichen es der Wirtschaft, sich schneller anzupassen. Auf diese Weise werden die Probleme, die aus einem langen Anpassungsprozess entstehen, abgemildert.
- Typischerweise beginnen Wechselkurskrisen, wenn die Teilnehmer auf den Finanzmärkten erwarten, dass eine Währung bald abgewertet wird. Um die Parität zu verteidigen, werden dann sehr hohe Zinssätze nötig, die möglicherweise stark nachteilige makroökonomische Auswirkungen mit sich bringen. Diese nachteiligen Auswirkungen zwingen ein Land, unter Umständen abzuwerten, auch wenn es ursprünglich keine Pläne für eine derartige Abwertung gab.
- Der aktuelle Wechselkurs hängt ab von
  1. der Differenz zwischen dem aktuellen und den erwarteten zukünftigen inländischen Zinssätzen und dem aktuellen und den erwarteten zukünftigen ausländischen Zinssätzen sowie
  2. vom erwarteten Wechselkurs in der Zukunft.
- Alle Faktoren, die den aktuellen oder die erwarteten zukünftigen inländischen Zinssätze steigen lassen, führen schon heute zu einem Anstieg des Wechselkurses.
- Alle Faktoren, die den aktuellen oder die erwarteten zukünftigen ausländischen Zinssätze ansteigen lassen, führen schon heute zu einem Sinken des Wechselkurses.
- Alle Faktoren, die die Erwartungen für den zukünftigen Wechselkurs verändern, führen dazu, dass sich der Wechselkurs schon heute verändert.
- Unter den Ökonomen herrscht Übereinstimmung, dass ein Regime flexibler Wechselkurse im Allgemeinen ein Regime fester Wechselkurse dominiert. Es gibt gleichwohl zwei Ausnahmen:
  1. Wenn eine Gruppe von Ländern stark integriert ist und einen optimalen Währungsraum bildet. (Man kann sich eine gemeinsame Währung einer Gruppe von Ländern als eine extreme Form fester Wechselkurse innerhalb dieser Gruppe von Ländern vorstellen.) Damit Länder einen optimalen Währungsraum bilden, müssen sie entweder ähnlichen Schocks ausgesetzt sein oder die Mobilität des Faktors Arbeit muss zwischen diesen Ländern hoch sein.
  2. Wenn man einer Zentralbank nicht vertrauen kann, dass sie unter flexiblen Wechselkursen eine verantwortungsbewusste Geldpolitik verfolgt. In diesem Fall stellt eine starke Form von festen Wechselkursen, wie zum Beispiel die Dollarisierung oder ein Currency Board, eine Möglichkeit dar, die Hände der Zentralbank zu binden.

Übungsaufgaben

(Lösungen auf **MyMathLab | Makroökonomie**)

Verständnistests

1 Welche der folgenden Aussagen sind zutreffend, falsch oder unklar? Geben Sie jeweils eine kurze Erläuterung.

a) Ist der nominale Wechselkurs fix, dann ist auch der reale Wechselkurs fix.
b) Wenn die inländische Inflationsrate genauso hoch ist wie die ausländische Inflationsrate, dann ist der reale Wechselkurs fix.
c) Eine Abwertung bedeutet einen Anstieg des Wechselkurses.
d) Großbritanniens Rückkehr zum Goldstandard war die Ursache mehrerer Jahre hoher Arbeitslosigkeit.
e) Wenn Anleger plötzlich mit einer starken Abwertung der Währung eines Landes im Lauf des nächsten Jahres rechnen, dann steigen die inländischen Zinsen sofort an.
f) Eine Veränderung des in Zukunft erwarteten Wechselkurses löst eine gegengerichtete Veränderung des heutigen Wechselkurses aus.
g) Wie stark sich eine Zinssenkung auf den Wechselkurs auswirkt, hängt wesentlich von den Erwartungen darüber ab, wie lange die inländischen Zinsen unter den Zinsen im Ausland bleiben werden.
h) Weil die Wirtschaft auf mittlere Sicht ohnehin zum Produktionspotenzial zurückkehrt, macht es keinen Unterschied, ob ein Land ein flexibles oder ein fixes Wechselkursregime wählt.
i) Aufgrund der hohen Mobilität der Arbeitskräfte im Euroraum ist der Euroraum ein idealer Kandidat für eine einheitliche Währung.
j) Die beste Methode für ein Regime fixer Wechselkurse besteht in einem Currency Board.
k) Länder, die ähnliche Güter produzieren und im Großen und Ganzen ähnlichen Schocks ausgesetzt sind, sind ideale Kandidaten für eine gemeinsame Währung.

2 *Wir betrachten ein Land mit einem Regime fester Wechselkurse*

Die *IS*-Kurve ist durch die Gleichung (20.1) gegeben:

$$Y = Y\Big(\underset{+}{\frac{\bar{E}P}{P^*}}, \underset{}{G}, T, \underset{-}{i^*}, \underset{+}{-\pi^e}, \underset{+}{Y^*}\Big) \qquad (20.1)$$

Nehmen Sie an, die Volkswirtschaft befindet sich in der Ausgangssituation im mittelfristigen Gleichgewicht, mit konstanten Preisen und einer Produktion, die der natürlichen Produktion entspricht. Im Folgenden nehmen wir immer an, dass Produktion, Zinssatz und Preisniveau im Ausland unverändert bleiben. Auch die erwartete Inflationsrate im Inland sei konstant.

a) Erklären Sie die Bedeutung der Variablen $(i^* - \pi^e)$. Warum spielt der Zins im Ausland für die Nachfrage im Inland eine Rolle?
b) Erklären Sie, warum die *IS*-Kurve sich nach links verschiebt, wenn EP/P^* steigt.
c) Wie verändert sich der reale Wechselkurs zwischen Periode 1 und 5 in der folgenden Tabelle? Bestimmen Sie die Inflationsrate im In- und Ausland. Zeichnen Sie ein *IS-LM*-Diagramm mit der *IS*-Kurve in Periode 1 und Periode 5.

Periode	P	P^*	E	π	π^*	Realer Wechselkurs
1	100	100	0,5			
2	102	103	0,5			
3	106,1	104	0,5			
4	109,3	106,1	0,5			
5	112,6	108,2	0,5			

d) Wie verändert sich der reale Wechselkurs zwischen Periode 1 und 5 in der folgenden Tabelle? Bestimmen Sie die Inflationsrate im In- und Ausland. Zeichnen Sie ein *IS-LM*Diagramm mit der *IS*-Kurve in Periode 1 und Periode 5.

Periode	P	P^*	E	π	π^*	Realer Wechselkurs
1	100	100	0,5			
2	102	103	0,5			
3	104	106,1	0,5			
4	106,1	109,3	0,5			
5	108,2	112,6	0,5			

e) Wie verändert sich der reale Wechselkurs zwischen Periode 1 und 4 in der folgenden Tabelle? Bestimmen Sie die Inflationsrate im In- und Ausland. Was passiert in Periode 5? Zeichnen Sie ein *IS-LM*-Diagramm mit der *IS*-Kurve in Periode 1 und Periode 5.

Periode	P	P^*	E	π	π^*	Realer Wechselkurs
1	100	100	0,5			
2	103	102	0,5			
3	106,1	104	0,5			
4	109,3	106,1	0,5			
5	112,6	108,2	0,46			

f) Welche Auswirkungen auf Nominal- und Realzins im Inland ergeben sich, wenn die Entwicklung des Wechselkurses in der Endperiode mit der Wahrscheinlichkeit p schon in Periode 4 erwartet wird? Gehen Sie dabei davon aus, dass die Nominalzinsen bis Periode 4 im In- und Ausland gleich sind ($i = i^*$). Diskutieren Sie den Einfluss von Risikoprämien.

g) Besorgen Sie sich auf der Homepage der Deutschen Bundesbank die Daten zum Wechselkurs der DM zur Lira in der Zeit von 1955 bis Ende 1998 (Sie finden sie in der Zeitreihen-Datenbank der Bundesbank *https:// www.bundesbank.de/de/statistiken/zeitreihen- datenbanken* unter Wechselkurse (Devisenkurse)) sowie Daten für den Verbraucherpreisindex in Deutschland und Italien (sie sind auch in der FRED-Datenbank verfügbar). Überprüfen Sie die Definition des Wechselkurses. Identifizieren Sie Perioden, in denen der Wechselkurs fix war. Ermitteln Sie, wie sich der reale Wechselkurs in diesen Perioden entwickelt hat. Untersuchen Sie insbesondere die Zeit der Wechselkurskrise im Herbst 1992.

3 *Politikoptionen im Fall überhöhter realer Wechselkurse in einem Regime fester Wechselkurse*

Der reale Wechselkurs ist überbewertet, wenn inländische Güter relativ zu ausländischen Gütern überteuert sind. Dies schwächt die Nettoexporte, sodass die Nachfrage nach inländischen Gütern zu niedrig ist. Eine solche Situation bringt schwierige Herausforderungen für Regierung und Zentralbank. Wir untersuchen sie in einem *IS-LM-ZP*-Modell. Die *IS*-Kurve ist durch die Gleichung (20.1) gegeben:

$$Y = Y\left(\frac{EP}{P^*}, G, T, i^*, -\pi^e, Y^*\right) \quad (20.1)$$
$$\qquad - + - - +$$

Die Phillipskurven im In- und Ausland lauten:

$$\pi - \pi^e = (\alpha/L)(Y - Y_n)$$
$$\pi_A - \pi_A^e = (\alpha_A/L_A)(Y_A - Y_{nA})$$

Im Folgenden übernehmen wir zwei kritische Annahmen, die wir in diesem Kapitel gemacht haben. Sie werden in den Teilaufgaben a. und b. besprochen. Danach kommen wir zu den Politikoptionen für ein Land mit überbewertetem Wechselkurs.

a) Wir gehen davon aus, dass sich das Ausland immer im mittelfristigen Gleichgewicht befindet. Welche Konsequenzen hat dies für Produktion und Inflation im Ausland?

b) Wir gehen davon aus, dass der Zielwert der Inflationsrate für In- und Ausland gleich hoch ist: $\pi^* = \pi A^*$. Welche Auswirkungen hat diese Annahme für den Fall, dass sowohl Inund Ausland im mittelfristigen Gleichgewicht sind? Lässt sich ein Regime fixer Wechselkurse aufrechterhalten, wenn diese Annahme nicht gilt?

c) Zeichnen Sie ein *IS-LM-ZP*-Diagramm für den Fall, dass der reale Wechselkurs im Inland überbewertet ist. Was ist die zentrale Aussage dieses Diagramms? Wie kann die inländische Wirtschaft in einem Regime fixer Wechselkurse ohne Abwertung zum mittelfristigen Gleichgewicht zurückkehren?

d) Zeichnen Sie ein *IS-LM-ZP*-Diagramm für den Fall, dass der reale Wechselkurs im Inland überbewertet ist. Zeigen Sie, wie die inländische Wirtschaft zum mittelfristigen Gleichgewicht zurückkehren kann, wenn Abwertung eine denkbare Politikoption ist.

e) Erinnern wir uns, dass wir von der Annahme ausgingen, dass immer gilt $i = i^*$. Vergleichen Sie die Erträge auf in- und ausländische Anleihen zum Zeitpunkt der Abwertung. Werden die Besitzer inländi- scher Anleihen daran glauben, dass auch nach der Abwertung weiterhin das Regime fixer Wechselkurse bestehen bleibt? Wie wirkt es sich auf den Zinssatz im Inland aus, wenn die Anleger damit rechnen, dass weitere Abwertungen möglich sind?

4 *Ein Modell einer Wechselkurskrise*

In einer Wechselkurskrise verliert das Regime fixer Wechselkurse an Glaubwürdigkeit. Die Anleger zweifeln daran, dass keine Abwertung erfolgt und rechnen mit einer Abwertung des Wechselkurses in den Folgeperioden. Wir verwenden folgende Bedingung als Approximation für die ungedeckte Zinsparität und betrachten die Entwicklung von Zins und Wechselkurs über sechs Perioden.

$$i_t \approx i_t^* - \frac{E_{t+1}^e - E_t}{E_t}$$

Periode	i_t	it^*	E_t	Eet+$_1$
1		3%	0,5	0,5
2		3%	0,5	0,45
3		3%	0,5	0,45
4		3%	0,5	0,5
5	15%	3%	0,5	0,4
6		3%	0,4	0,4

a) Berechnen Sie mit Hilfe der ungedeckten Zinsparität den inländischen Zinssatz in Periode 1.

b) In Periode 2 beginnt die Krise. Es entstehen Zweifel an der Glaubwürdigkeit des Regimes fixer Wechselkurse. Berechnen Sie mit Hilfe der ungedeckten Zinsparität den inländischen Zinssatz in Periode 2.

c) In Periode 3 setzt sich die Krise fort. In Periode 4 gelingt es aber Zentralbank und Regierung, die Krise zu lösen. Wie kann dies erfolgen?

d) In Periode 5 setzt die Krise wieder ein und verschärft sich dramatisch. Hat die Zentralbank den Zinssatz stark genug erhöht, um die Zinsparität sicherzustellen? Wie wirkt sich das auf die Devisenreserven des Landes aus?

e) Wie löst sich die Krise in Periode 6? Mit welchen Auswirkungen auf die Glaubwürdigkeit von Zentralbank und Regierung ist zu rechnen?

5 *Ein Modell zur Erklärung von Änderungen des Wechselkurses*

Gleichung (20.5) liefert uns Einsichten in die Faktoren, die Veränderungen des nominalen Wechselkurses zwischen in- und ausländischer Währung bestimmen. Bedenken wir, dass diese Gleichung für jeden beliebigen Zeithorizont *n* und für beliebige Zeiteinheiten gelten muss:

$$E_t = \frac{(1+i_t)(1+i^e_{t+1})}{(1+i^*_t)(1+i^{*e}_{t+1})} \cdot \ldots \cdot \frac{(1+i^e_{t+n})}{(1+i^{*e}_{t+n})} E^e_{t+n+1} \qquad (20.5)$$

a) Nehmen wir zunächst als Zeiteinheit einen Tag. Dann sollte der Zinssatz für Tagesgeld- Anlagen über einen Tag relevant sein. Wie können wir starke Wechselkursveränderungen innerhalb eines Tages damit vereinbaren, dass wir keine Änderungen des kurzfristigen Tagesgeld-Zinssatzes beobachten?

b) In ▶ **Kapitel 14** haben wir gelernt, dass der Monatszinssatz (über 30 oder 31 Tage) sich als Durchschnitt bildet des heutigen Tagesgeld-Satzes und des über die kommenden 29 bzw. 30 Tage erwarteten Satzes. Das gilt für beide Länder. Passt dies mit folgender Schlagzeile vom 1. Februar zusammen: *„Die EZB deutete an, den Zins in zwei Wochen zu senken. Daraufhin hat sich der Dollar aufgewertet.“*?

c) In ▶ **Kapitel 14** haben wir gelernt, dass der Zinssatz für zweijährige Anleihen sich als Durchschnitt bildet des heutigen Zinssatzes für einjährige Anleihen und des im nächsten Jahr erwarteten Zinssatzes für einjährige Anleihen. Wieder gilt dies für beide Länder. Passt dies mit folgender Schlagzeile vom 1. März zusammen: *„Die amerikanische Zentralbank deutete an, die Zinsen im Lauf des Jahres in mehreren Schritten zu erhöhen. Daraufhin hat sich der Dollar aufgewertet.“*?

d) Die Leistungsbilanz entspricht dem Kapitalexport (sofern sie positiv ist) bzw. dem Kapitalimport (sofern sie negativ ist) eines Landes gegenüber dem Rest der Welt. Erklären Sie, warum es zu einer Abwertung des Wechselkurses kommt, wenn sich die Leistungsbilanz überraschend und unerwartet verschlechtert hat.

Vertiefungsfragen

6 *Wechselkursanpassungen*

Betrachten wir die Entwicklung genauer, die in der Fokusbox *„Die Krise des EWS im September 1992“* analysiert wurde. Im Europäischen Währungssystem waren die Wechselkurse zwischen verschiedenen Ländern seit 1979 relativ fest mit engen Bandbreiten für Schwankungen, aber auch der Möglichkeit zu diskreten Aufbzw. Abwertungen.

a) Besorgen Sie sich in den Zeitreihen-Datenbanken der Bundesbank Monatsdaten für die Wechselkurse der betrachteten Staaten zur D-Mark für den Zeitraum 1992 bis 1993 (Sie finden sie in den Reihen *Wechselkurse, Historische DM-Devisenkurse der Frankfurter Börse, vgl. auch FRED*). Reproduzieren Sie die ▶ **Abbildung 1** in der Fokusbox, indem Sie den Indexwert für Januar 1992 jeweils auf 100 normieren. Erklären Sie, wie die Daten auf der vertikalen Achse zu interpretieren sind. Bestimmen Sie die Länder mit der höchsten und der niedrigsten Abwertung bis Ende 1993.

b) Nehmen Sie an, die Zinsen für zweijährige Anleihen waren in Italien und Frankreich Anfang 1992 gleich hoch. Die Anleihen welchen Landes hätten dann über den Zwei-Jahres-Zeitraum den höchsten Ertrag erzielt?

c) Nehmen Sie an, die Abwertung bringt die Länder wieder hin zum mittelfristigen Gleichgewicht. Welche Länder waren dann Anfang 1992 am stärksten überbewertet?

7 *Abwertung und Glaubwürdigkeit*

Betrachten Sie eine offene Volkswirtschaft mit festem Wechselkurs *E*. Die Finanzmarktakteure gehen zunächst davon aus, dass die Regierung bereit ist den festen Wechselkurs aufrechtzuerhalten.

Die Zentralbank führt nun eine Abwertung durch. Der Wechselkurs soll weiterhin fixiert bleiben, jedoch auf niedrigerem Niveau $E' < \bar{E}$. Gehen Sie davon aus, dass die Finanzmarktakteure keine weitere Abwertung erwarten und annehmen, dass die Regierung das neue Niveau aufrechterhalten möchte.

a) Wie hoch ist das heimische Zinsniveau vor der Abwertung? Unter der Prämisse, dass die Abwertung glaubwürdig ist: Wie hoch wird das Zinsniveau danach sein?

b) Skizzieren Sie ein *IS-LM*-Diagramm und einen Graphen für die ungedeckte Zinsparität für diese Volkswirtschaft. Unter der Prämisse, dass die Abwertung glaubwürdig ist: Wie verändert sich der erwartete Wechselkurs? Wie beeinflusst dies den Graphen für die ungedeckte Zinsparität?

c) Wie wird die *IS*-Kurve durch die Abwertung beeinflusst? Gegeben die Antwort aus Teilaufgabe b. und die Veränderung der *IS*-Kurve: Wie reagiert das inländische Produktionsniveau auf die Abwertung, sofern die Zentralbank den inländischen Zinssatz konstant hält?
d) Angenommen, vor der Abwertung lag die inländische Produktion unter dem Produktionspotenzial. Wie wird die Zentralbank auf die Zunahme der Nettoexporte reagieren?
e) Angenommen, vor der Abwertung lag die inländische Produktion beim Produktionspotenzial. Wie wird die Zentralbank auf die Zunahme der Nettoexporte reagieren?
f) Gehen Sie nun davon aus, dass die Abwertung nicht glaubwürdig genug ist, sodass die Finanzmarktakteure von einer weiteren Abwertung in der Zukunft ausgehen. Wie beeinflusst die Angst vor einer künftigen Abwertung den erwarteten Wechselkurs? Vergleichen Sie dies mit dem Ergebnis aus Teilaufgabe b. Erklären Sie dies verbal. Gegeben diese Auswirkung auf den erwarteten Wechselkurs: Wie muss sich der inländische Zinssatz verändern, um den neuen festen Wechselkurs stabil zu halten? Vergleichen Sie dies mit dem Ergebnis aus Teilaufgabe a.

Weiterführende Fragen

8 *Realer und nominaler Wechselkurs zwischen China und den USA*

a) Betrachten Sie den Wechselkurs der chinesischen Währung zum US-Dollar (FRED Code CCUSSP02CNM650N). In welchem Zeitraum nach 1994 hatte China einen festen Wechselkurs gegenüber dem Dollar?
b) Betrachten Sie nun den realen Wechselkurs der chinesischen Währung zum Dollar $\epsilon = EP/P^*$; berechnen Sie den Kurs analog zu ▶ **Abbildung 17.4** aus dem nominalen Wechselkurs E und den CPI-Preis-Indizes (für China FRED Code CHNCPIALLMINMEI). War in dem Zeitraum, in dem der nominale Wechselkurs fixiert war, auch der reale Wechselkurs zum Dollar konstant?
c) Betrachten Sie nun den realen effektiven Wechselkurs der chinesischen Währung – den gewichteten Durchschnitt der bilateralen Kurse (FRED Code RBCNBIS). Wie hat er sich im Vergleich zum realen Wechselkurs gegenüber dem Dollar entwickelt? Wie haben sich Änderungen des realen Wechselkurses in diesem Zeitraum auf die gesamtwirtschaftliche Nachfrage in China ausgewirkt?
d) In der Zeit von Juli 2008 bis Juni 2010 lag der Wert des Yuan sehr nahe bei 14,6 US-Cent. Dies war ein zweiter Zeitraum mit festem Wechselkurs. Lassen sich anhand der Entwicklung von nominalem und realem Wechselkurs nach Juni 2010 Anzeichen dafür finden, dass China sich dafür entschieden hat, den Yuan zu schwächen, um die chinesischen Exporte zu fördern und die chinesischen Importe zu dämpfen?

9 *Wechselkurs und Inflation in Argentinien während des Currency Boards sowie unter Präsident Milei. Bei FRED sind Monatswerte des Wechselkurses von Peso zum Dollar (Code ARGCCUSMA02STM) sowie des effektiven realen Wechselkurses (Code RBARBIS) verfügbar.*

a) In welchen Einheiten ist der Wechselkurs *ARGCCUSMA02STM* angegeben? Welches Land wird dabei gemäß der Terminologie des Lehrbuchs als Inland betrachtet? Wie verhält es sich beim Kurs *RBARBIS?*
b) Von 1991 bis Ende 2001 hatte Argentinien ein Currency Board. Der argentinische Peso war eins zu eins an den US-Dollar gekoppelt. Betrachten Sie den Verlauf des nominalen Wechselkurses im Zeitraum von Januar 1990 bis Dezember 2002. Wie hat er sich vor, während und nach dem Currency Board entwickelt? Ermitteln Sie auch die Inflationsrate in dieser Zeit (Code DDOE01ARA086NWDB für Jahresdaten).
c) Wie hat sich der effektive reale Wechselkurs des Peso im gleichen Zeitraum entwickelt? Vergleichen Sie ihn mit dem Kurs des Dollar zum Peso. Dazu müssen Sie die Inverse des Peso-Dollar-Kurses betrachten. Setzen Sie den Indexwert bei beiden Kursen für Januar 1995 auf 100.
d) Nach seinem Sieg bei den Präsidentschaftswahlen im November 2023 führte Javier Milei in Argentinien drastische Reformen durch. Wie hat sich der Wechselkurs seit seinem Amtsantritt entwickelt?
e) Wie haben sich effektiver realer Wechselkurs, Inflation (Code ARGCPALTT01GYM) und BIP (NGDPRSAXDCARQ) seit November 2023 entwickelt? Um den effektiven realen Wechselkurs und den Kurs des Dollar zum Peso zu vergleichen, normieren Sie wieder – wie in Teilaufgabe c. – den Indexwert auf 100, nun für Januar 2024.

10 *Erwartungen und Wechselkurse*

In diesem Kapitel haben wir die Bedeutung von Erwartungen für die Entwicklung der Wechselkurse betont. Diese Aufgabe soll anhand von Daten zeigen, welch zentrale Rolle Erwartungen haben. Zeigen Sie anhand der Ergebnisse von ***Anhang B*** am Ende des Buchs, dass ▶ Gleichung (20.4) Folgendes impliziert: Die prozentuale Änderung des Wechselkurses (die prozentuale Aufwertung der einheimischen Währung) entspricht ungefähr der Änderung der Zinsdifferenziale zwischen inländischen und ausländischen Zinssätzen plus der prozentualen Änderung der Wechselkurserwartungen. Formal:

$$\frac{E_t - E_{t-1}}{E_{t-1}} \approx (i_t - i_t^*) - (i_{t-1} - i_{t-1}^*) + \frac{E_{t+1}^e - E_t^e}{E_t}$$

a) Besorgen Sie sich aus der FRED-Datenbank Monatsdaten der Zinsen für Dreimonatsanleihen in den USA und Deutschland (Codes IR-3TIB01USM156N und IR3TIB01DEM156N). Laden Sie diese Daten in Ihr Tabellenkalkulationsprogramm. Berechnen Sie die monatlichen Veränderungen der Zinsdifferenziale zwischen deutschen und amerikanischen Zinssätzen $(i_t - i_t^*) - (i_{t-1} - i_{t-1}^*)$. Berechnen Sie mit Hilfe des Tabellenkalkulationsprogramms die Standardabweichung dieser monatlichen Veränderungen.

b) Laden Sie sich nun Monatsdaten für den Wechselkurs zwischen Dollar und Euro für die Zeit von 1999 bis 2023 aus der FRED-Datenbank (Code EXUSEU) in Ihre Kalkulationstabelle. Berechnen Sie die Wechselkursänderungen $(E_t - E_{t-1})/E_{t-1}$ und ermitteln Sie die Standardabweichung dieser Wechselkursänderungen.

c) Subtrahieren Sie nun für jeden Monat die Veränderung des Spreads (Teil a) von der prozentualen Änderung des Dollarkurses (Teil b). Nach ▶ Gleichung (20.4) wird die verbleibende Variabilität von Änderungen der Wechselkurserwartungen bestimmt. Berechnen Sie die Standardabweichung der Erwartungsänderung. Wie hoch ist sie im Vergleich zur Standardabweichung der monatlichen Änderung des Dollarkurses (Antwort zu Teilfrage b.)? Vergleichen Sie dies mit der Variabilität der Zinsdifferenziale (Antwort zu Teilfrage a.)

d) Wir betrachteten bisher Zinsdifferenzen für Dreimonatsanleihen. Wenn wir stattdessen Zinsdifferenzen für Anleihen mit einer Laufzeit über 1 oder 10 Jahre betrachten, werden sich die Aussagen stark ändern? Was vermuten Sie? Ändern sich die Aussagen stark, wenn Sie auch die aktuellen Daten nach 2023 bis heute berücksichtigen?

Diese Betrachtung vernachlässigt allerdings einige Komplikationen: Änderungen von Zinssätzen und Erwartungen können miteinander korreliert sein. Zudem vernachlässigt ▶ Gleichung (20.4) Risikoprämien, die sich ebenfalls verändern können. Dennoch gilt die Quintessenz unserer Aussagen auch bei komplexeren Analysen: Kurzfristig verändern sich ökonomische Fundamentaldaten (hier: die Zinsdifferenziale) im Durchschnitt weit weniger als die Wechselkurse. Änderungen der Erwartungen spielen also eine große Rolle für die Erklärung von Wechselkursbewegungen.

Anhang 1: Die *IS*-Kurve bei fixen Wechselkursen

Um die *IS*-Kurve abzuleiten, gehen wir von der Gleichgewichtsbedingung für den Gütermarkt aus, die wir in ▶ **Kapitel 19** formuliert haben, Gleichung (19.1):

$$Y = C(Y - T) + I(Y, r) + G + NX(Y, Y^*, \varepsilon)$$

Die Bedingung besagt, dass der Gütermarkt im Gleichgewicht ist, wenn die Produktion der Nachfrage nach inländischen Gütern entspricht – also der Summe aus Konsum, Investitionen, Staatsausgaben und Nettoexporten.

Erinnern wir uns im nächsten Schritt an folgende Beziehungen:

- Der reale Zinssatz r ist gleich dem Nominalzins i minus der erwarteten Inflation π^e:

$$r = i - \pi^e$$

- Der reale Wechselkurs ε ist definiert als

$$\varepsilon = \frac{EP}{P^*}$$

- Bei festen Wechselkursen ist der nominale Wechselkurs E definitionsgemäß konstant. Den Wert, auf den der Wechselkurs fixiert ist, bezeichnen wir mit $\bar{E}$, sodass:

$$E = \bar{E}$$

- Bei festen Wechselkursen und perfekter Kapitalmobilität muss der inländische Zinssatz i gleich dem ausländischen Zinssatz i^* sein:

$$i = i^*$$

Verwenden wir diese vier Gleichungen, können wir Gleichung (19.1) wie folgt umformulieren:

$$Y = C(Y - T) + I(Y, i^*, -\pi^e) + G + NX\left(Y, Y^*, \frac{\bar{E}P}{P^*}\right)$$

In etwas kompakterer Notation können wir diesen Zusammenhang so darstellen:

$$Y = Y\left(\underset{-}{\frac{\bar{E}P}{P^*}}, \underset{+}{G}, \underset{-}{T}, \underset{-}{i^*}, -\pi^e, \underset{+}{Y^*}\right)$$

Das liefert uns Gleichung (20.1) im Text.

Anhang 2: Der reale Wechselkurs und in- und ausländische reale Zinssätze

Wir haben in ▶ **Abschnitt 20.3** einen Zusammenhang zwischen dem aktuellen nominalen Wechselkurs, dem aktuellen und den erwarteten zukünftigen inländischen und ausländischen nominalen Zinssätzen und dem erwarteten zukünftigen nominalen Wechselkurs abgeleitet (Gleichung (20.4)). In diesem Anhang wird ein ähnlicher Zusammenhang abgeleitet, jedoch für die realen Zinssätze und den realen Wechselkurs. Es wird dann kurz diskutiert, wie dieser alternative Zusammenhang verwendet werden kann, um Entwicklungen des realen Wechselkurses zu analysieren.

Die Ableitung der realen Zinsparitätenbedingung

Gehen wir von der nominalen Zinsparitätenbedingung aus, von Gleichung (19.2):

$$(1 + i_t) = (1 + i_t^*)\frac{E_t}{E_{t+1}^e}$$

Erinnern wir uns an die Definition des Realzinses aus ▶ **Kapitel 6**, Gleichung (6.3):

$$(1 + r_t) = \frac{1 + i_t}{1 + \pi_{t+1}^e}$$

wobei $\pi_{t+1}^e \equiv (P_{t+1}^e - P_t)/P_t$ gleich der erwarteten Inflationsrate ist. Analog dazu ist der ausländische reale Zinssatz durch die folgende Gleichung gegeben:

$$(1 + r_t^*) = \frac{(1 + i_t^*)}{(1 + \pi_{t+1}^e)}$$

wobei $\pi_{t+1}^{*e} \equiv (P_{t+1}^{*e} - P_t^*)/P_t^*$ gleich der erwarteten ausländischen Inflation ist.

Wir verwenden diese beiden Funktionen, um den Nominalzins in der Zinsparitätenbedingung zu eliminieren:

$$(1 + r_t) = (1 + r_t^*)\frac{E_t}{E_{t+1}^e} \cdot \frac{1 + \pi_{t+1}^{*e}}{1 + \pi_{t+1}^e} \quad \text{(A20.1)}$$

Erinnern wir uns, dass gemäß der Definition der Inflation gilt:

$$(1 + \pi_{t+1}^e) \equiv P_{t+1}^e/P_t \text{und} (1 + \pi_{t+1}^{*e}) \equiv P_{t+1}^{*e}/P_t^*$$

Wenn wir diese beiden Funktionen in den Klammerausdruck einsetzen, ergibt sich:

$$\frac{E_t}{E_{t+1}^e} \cdot \frac{1 + \pi_{t+1}^{*e}}{1 + \pi_{t+1}^e} = \frac{E_t}{E_{t+1}^e} \cdot \frac{P_{t+1}^{*e}/P_t^{*e}}{P_{t+1}^e/P_t} = \frac{E_t}{E_{t+1}^e} \cdot \frac{P_t/P_t^*}{P_{t+1}^e/P_{t+1}^{*e}}$$

Gemäß der Definition des realen Wechselkurses zum Zeitpunkt t und $t+1$ gilt:

$$\frac{E_t}{E_{t+1}^e} \cdot \frac{P_t/P_t^*}{P_{t+1}^e/P_{t+1}^{*e}} = \frac{\varepsilon_t}{\varepsilon_{t+1}^e}$$

Wenn wir diesen Ausdruck in Gleichung (A20.1) einsetzen, erhalten wir:

$$(1 + r_t) = (1 + r_t^*)\frac{\varepsilon_t}{\varepsilon_{t+1}^e}$$

oder, äquivalent dazu:

$$\varepsilon_t = \frac{1 + r_t}{1 + r_t^*} \cdot \varepsilon_{t+1}^e \quad \text{(A20.2)}$$

Der aktuelle reale Wechselkurs hängt vom gegenwärtigen Realzins im In- und Ausland und vom erwarteten zukünftigen realen Wechselkurs ab. Diese Gleichung entspricht Gleichung (20.4) im Text, nun aber für den realen und nicht für den nominalen Wechselkurs und für die realen und nicht die nominalen Zinssätze.

Die Auflösung der realen Zinsparitätenbedingung

Der nächste Schritt besteht darin, Gleichung (A20.2) vorwärts aufzulösen, genau so, wie wir dies mit Gleichung (20.4) im Text gemacht haben. Die obige Gleichung impliziert, dass der reale Wechselkurs im Jahr t+1 wie folgt gegeben ist:

$$\varepsilon_{t+1} = \frac{1 + r_{t+1}}{1 + r^*_{t+1}} \cdot \varepsilon^e_{t+2}$$

Wir bilden in t Erwartungen für das Jahr t+1:

$$\varepsilon^e_{t+1} = \frac{1 + r^e_{t+1}}{1 + r^{*e}_{t+1}} \cdot \varepsilon^e_{t+2}$$

Wir ersetzen nun ε^e_{t+1} in der vorherigen Gleichung:

$$\varepsilon_t = \frac{(1 + r_t)}{(1 + r^*_t)} \cdot \frac{(1 + r^e_{t+1})}{(1 + r^{*e}_{t+1})} \cdot \varepsilon^e_{t+2}$$

Wenn wir e^e_{t+2} und die erwarteten Wechselkurse in den folgenden Perioden nach demselben Verfahren ersetzen, ergibt sich:

$$\varepsilon_t = \frac{(1 + r_t)}{(1 + r^*_t)} \cdot \frac{(1 + r^e_{t+1})}{(1 + r^{*e}_{t+1})} \cdots \frac{(1 + r^e_{t+n})}{(1 + r^{*e}_{t+n})} \cdot \varepsilon^e_{t+n+1}$$

Dieser Ausdruck beschreibt den aktuellen realen Wechselkurs als Funktion der Differenz zwischen dem aktuellen und den erwarteten zukünftigen realen Zinssätzen im In- und Ausland und dem erwarteten realen Wechselkurs im Jahr $t + n + 1$.

Der Vorteil dieser Beziehung gegenüber der Gleichung, die wir im Text zwischen dem nominalen Wechselkurs und den nominalen Zinssätzen in Gleichung (20.4) abgeleitet haben, besteht darin, dass es im Allgemeinen einfacher ist, den zukünftigen realen Wechselkurs vorherzusagen als den zukünftigen nominalen Wechselkurs. Wenn die Wirtschaft beispielsweise unter einem großen Handelsbilanzdefizit leidet, können wir zuversichtlich sein, dass es zu einer realen Abwertung kommen wird – dass also ε^e_{t+n+1} sinken wird. Ob es zu einer nominalen Abwertung kommen wird – was mit E^e_{t+n+1} geschehen wird –, ist schwerer zu sagen: Es hängt davon ab, wie sich die Inflation in den nächsten n Jahren entwickelt, sowohl im Inland als auch im Ausland.

Teil VII: Zurück zur Politik

Wir haben uns in beinahe jedem Kapitel dieses Buches mit der Rolle der Politik auseinandergesetzt. In den nächsten drei Kapiteln werden wir all unsere Erkenntnisse zusammenfügen.

Kapitel 21

▶ **Kapitel 21** beschäftigt sich mit zwei Fragen: Wäre es angesichts der Unsicherheit über die Auswirkungen makroökonomischer Politikmaßnahmen nicht besser, ganz darauf zu verzichten, aktive Politik zu betreiben? Und selbst wenn wir davon ausgehen könnten, dass die Wirtschaftspolitik im Prinzip von Nutzen sein kann, können wir den Entscheidungsträgern in Politik und Wirtschaft vertrauen, dass sie die richtigen Politikmaßnahmen implementieren? Die Antworten auf diese Fragen sind: Unsicherheit setzt der Rolle der Politik Grenzen; die Entscheidungsträger tun nicht immer das Richtige. Mit geeigneten Institutionen jedoch kann die Politik helfen und sollte auch eingesetzt werden.

Kapitel 22

▶ **Kapitel 22** beschäftigt sich mit der Fiskalpolitik. Zunächst fassen wir zusammen, was wir bisher gelernt haben. Dann beschäftigen wir uns etwas ausführlicher mit den durch die **Budgetrestriktion** des Staates implizierten Zusammenhängen zwischen Staatsverschuldung, Steuern und Staatsausgaben. Im Anschluss behandeln wir verschiedene weitere Fragestellungen, insbesondere die Gefahren hoher Staatsverschuldung – eine zentrale Herausforderung für viele Industriestaaten.

Kapitel 23

▶ **Kapitel 23** beschäftigt sich mit der Geldpolitik. In diesem Kapitel fassen wir zunächst noch einmal zusammen, was wir bisher gelernt haben, Kapitel für Kapitel. Dann konzentrieren wir uns auf aktuelle Herausforderungen. Zunächst untersuchen wir die Praxis vieler Zentralbanken vor der Finanzkrise, die Inflationssteuerung mit einem Inflationsziel. Wir fragen, welche Regel die Zentralbank verwenden sollte, um die Zinsen anzupassen. Anschließend diskutieren wir die Frage nach der optimalen Inflationsrate und beschreiben die Geldpolitik der EZB im Euroraum. Schließlich untersuchen wir unkonventionelle Geldpolitik und diskutieren die Einführung neuer Instrumente zur makro-prudenziellen Regulierung.

Sollten Politiker in ihrer Entscheidungsfreiheit beschränkt werden?

21

21.1 Unsicherheit und Politik 622

21.2 Erwartungen und Politik 625

21.3 Politökonomische Aspekte 633

In diesem Buch konnte man an vielen Stellen erkennen, wie die richtige Mischung aus Geld- und Fiskalpolitik dazu beitragen kann, ein Land aus einer Rezession herauszuführen, seine Handelsposition zu verbessern, ohne die Produktion zu stimulieren und die Inflation anzuheizen, eine überhitzte Wirtschaft zu dämpfen oder Investitionen und Kapitalakkumulation zu stimulieren und vieles mehr.

Diese Schlussfolgerung steht jedoch in Widerspruch zu den immer lauter werdenden Forderungen, die Entscheidungsfreiheit von Politikern einzuschränken: In der Europäischen Union haben sich die Länder, die den Euro eingeführt haben, verpflichtet, ihr Budgetdefizit unter 3% des nominalen BIP zu halten. Der Europäische Stabilitäts- und Wachstumspakt schränkt den Spielraum der Fiskalpolitik noch weiter ein: Er verpflichtet dazu, mittelfristig einen ausgeglichenen Haushalt anzustreben. Dieser Pakt wurde in der Finanzkrise zwar nicht eingehalten. Wie wir in diesem Kapitel sehen werden, wurden seitdem aber noch striktere Regeln vereinbart, um den Pakt zu stärken. Auch in den Vereinigten Staaten forderten die Republikaner 1994, das Postulat eines ausgeglichenen Budgets in die Verfassung aufzunehmen. Da das Defizit in den USA in der zweiten Hälfte der 1990er-Jahre eliminiert werden konnte, wurden diese Forderungen zwar leiser; das Thema ist aber mit dem starken Anstieg der Verschuldung wieder aktuell.

In vielen Ländern unterliegt die Geldpolitik nicht mehr dem direkten politischen Zugriff. In Anlehnung an das Modell der Bundesbank ist die EZB weitgehend unabhängig von staatlichen Interventionen. Aber auch viele andere Staaten (wie etwa Neuseeland oder Großbritannien) räumten in den 1990er-Jahren ihrer Zentralbank große Unabhängigkeit vom politischen Prozess ein. Doch seit Ausbruch der Finanzkrise gibt es in vielen Regionen Bestrebungen, diese Unabhängigkeit wieder einzuschränken.

Dieses Kapitel untersucht das Für und Wider von Beschränkungen der Wirtschaftspolitik.

Kernbotschaft dieses Kapitels: Es ist hilfreich, Politik als das Resultat von Spielen zwischen Politikern und der Wirtschaft, zwischen Politikern und den Wählern sowie zwischen verschiedenen Politikern zu verstehen. Deshalb ist es sinnvoll, Spielregeln für Politiker festzulegen.

- ▶ **Abschnitt 21.1** und ▶ Abschnitt 21.2 beschäftigen sich mit der Argumentation, dass die Politiker vielleicht gute Absichten verfolgen mögen, dass sie aber am Ende mehr Schlechtes als Gutes bewirken.
- ▶ Abschnitt 21.3 beschäftigt sich mit einer anderen – zynischeren – Argumentationsrichtung, die die Überzeugung vertritt, dass die Politiker das tun, was gut für sie ist, und dass dies nicht notwendigerweise das Beste für das Land sei.

21.1 Unsicherheit und Politik

Das erste Argument zur Rechtfertigung von Beschränkungen der politischen Handlungsfreiheit kann man auf nicht besonders elegante Weise so formulieren: Wer wenig weiß, sollte auch wenig tun. Dieses Argument basiert auf zwei Teilen: Die Makroökonomen, damit auch die politischen Entscheidungsträger, die sich auf den Rat der Makroökonomen verlassen, wissen wenig; deshalb sollten sie auch wenig tun. Wir werden die beiden Teile des Arguments nacheinander analysieren.

21.1.1 Wie viel wissen Makroökonomen eigentlich?

Makroökonomen lassen sich mit Ärzten vergleichen, die Krebs behandeln. Sie wissen viel, es gibt aber auch eine ganze Menge, was sie nicht wissen.

Betrachten wir eine Volkswirtschaft, die unter hoher Arbeitslosigkeit leidet. Die Zentralbank erwägt, die Konjunktur mit expansiver Geldpolitik anzukurbeln. Erinnern wir uns an die Kausalkette zwischen einer Zinssenkung und einer Erhöhung der Produktion – an all die Fragen, mit denen eine Zentralbank konfrontiert ist, wenn sie entscheiden muss, ob und um wie viel sie den Leitzins senken soll:

- Liegt die derzeit hohe Arbeitslosenquote über der natürlichen Arbeitslosenquote, oder ist die natürliche Arbeitslosenquote selbst angestiegen (▶ Kapitel 7)?
- Wenn die Arbeitslosenquote nahe bei der natürlichen Arbeitslosenquote liegt, besteht dann nicht ein Risiko, dass eine expansive Geldpolitik zu einem Rückgang der Arbeitslosigkeit unter die natürliche Arbeitslosenquote und zu einem Anstieg der Inflation führt (▶ Kapitel 9)?
- Wie wirkt sich der Rückgang des kurzfristigen Zinses auf den langfristigen Zinssatz aus (▶ Kapitel 14)? Um wie viel werden die Aktienkurse steigen (▶ Kapitel 14)? Um wie viel wird die Währung abwerten (▶ Kapitel 19 und ▶ 20)?
- Wie lange wird es dauern, bis die niedrigeren langfristigen Zinssätze und die höheren Aktienkurse die Investitions- und die Konsumausgaben beeinflussen (▶ Kapitel 15)? Wie lange wird es dauern, bis die J-Kurven-Effekte abgeklungen sind und sich die Handelsbilanz verbessert (▶ Kapitel 18)? Wie groß ist die Gefahr, dass die Wirkungen zu spät einsetzen, wenn sich die Wirtschaft bereits wieder erholt hat?

Bei der Beurteilung dieser Fragen operieren Zentralbanken – allgemeiner: alle makroökonomischen Entscheidungsträger – nicht in einem Vakuum. Sie verlassen sich in erster Linie auf makroökonometrische Modelle. Die Gleichungen in diesen Modellen liefern Schätzwerte für die einzelnen Beziehungen in der Vergangenheit. Unterschiedliche Modelle liefern jedoch unterschiedliche Antworten. Dies liegt daran, dass sie sich in der Struktur, in der Menge der Gleichungen und in der Menge der Variablen unterscheiden.

▶ **Abbildung 21.1** zeigt diese Diversität. Das Beispiel stammt aus einer vom IWF koordinierten Studie, die nach der Finanzkrise in Auftrag gegeben wurde. In dieser Studie wurden die Betreuer von zehn makroökonometrischen Modellen aufgefordert, die gleiche Frage zu beantworten: *Untersuchen Sie die Auswirkung einer Zinssenkung um einen Prozentpunkt auf die Wirtschaftsaktivität.* Ein Ziel der Studie bestand darin, herauszufinden, wie sich die Antworten über die Modelle hinweg unterscheiden würden.

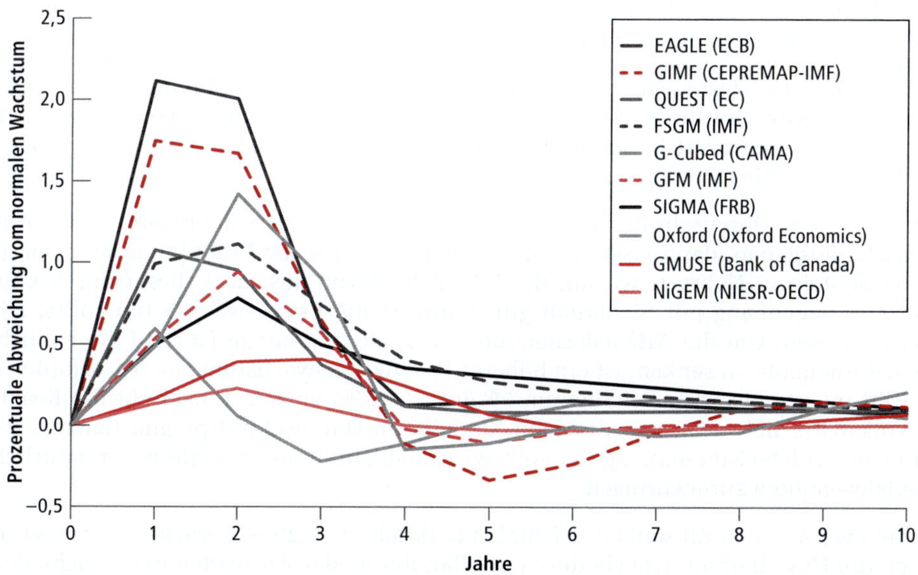

Abbildung 21.1 Wie reagiert das Wachstum auf eine Zinssenkung um einen Prozentpunkt? Die Prognosen von zehn Modellen. Alle zehn Modelle prognostizieren für gewisse Zeit ein stärkeres Wachstum; die Antworten unterscheiden sich aber stark bezüglich Ausmaß und Dauer der realen Effekte.
Quelle: Günter Coenen et al., Effects of Fiscal Stimulus in Structural Models, American Economic Journal Macroeconomics, 2012, Vol. 4, No. 1, S. 22–68.

Drei der Modelle sind von Zentralbanken entwickelt worden; sie werden von ihnen verwendet. Vier Modelle wurden von internationalen Organisationen (wie der Europäischen Kommission, dem IWF oder der OECD) entwickelt und werden von ihnen verwendet. Drei Modelle wurden schließlich von privaten und akademischen Forschungsinstituten entwickelt und werden dort verwendet. Alle Modelle haben eine relativ ähnliche Grundstruktur – letztlich sind sie wesentlich detailliertere Versionen des *IS-LM-PC*-Grundmodells, das wir in diesem Buch kennengelernt haben. Trotzdem liefern sie ganz unterschiedliche Antworten auf die gleiche Frage, wie ▸ **Abbildung 21.1** deutlich macht. Im Durchschnitt steigt die Produktion nach einem Jahr um 0,8%; die Antworten reichen aber von 0,1% bis 2,1%. Nach zwei Jahren ist die Produktion im Durchschnitt um 1 % höher; wieder reicht die Bandbreite aber von 0,2% bis 2%. Kurz gesagt, wenn wir Unsicherheit an der Bandbreite der Antworten messen, dann besteht in der Tat eine substanzielle Unsicherheit über die Effekte von Politikmaßnahmen.

21.1.2 Sollte die Unsicherheit politische Entscheidungsträger veranlassen, weniger zu tun?

In der realen Welt weiß die EZB von all diesen Dingen nichts mit absoluter Sicherheit. Sie kann nur Prognosen erstellen. Sie kennt weder den exakten Wert der natürlichen Arbeitslosenquote noch den exakten Koeffizienten im Gesetz von Okun. Würden wir auch diese Quellen für Unsicherheit berücksichtigen, würde unsere grundlegende Schlussfolgerung noch verstärkt werden.

Sollte diese große Unsicherheit die Entscheidungsträger dazu veranlassen, weniger zu tun? Die Antwort lautet: Im Prinzip ja. Betrachten wir folgendes Beispiel. Es baut auf der Simulation auf, die wir gerade betrachtet haben.

Nehmen wir an, die Wirtschaft im Euroraum befindet sich in einer Rezession. Die Arbeitslosenquote beträgt 7% und die EZB erwägt, mit Geldpolitik die Produktion zu stimulieren. Um uns auf die Unsicherheit über die Effekte von Politikmaßnahmen konzentrieren zu können, nehmen wir an, dass die EZB alles andere mit Sicherheit weiß. Auf Basis ihrer Prognosen weiß sie, dass die Arbeitslosenquote ohne Veränderungen der Geldpolitik im nächsten Jahr immer noch 7% betragen wird. Sie weiß, dass die natürliche Arbeitslosenquote 5% beträgt, die tatsächliche Quote also 2% darüber liegt. Schließlich weiß sie, aufgrund des Gesetzes von Okun, dass die Arbeitslosenquote um 0,4% zurückgeht, wenn das Produktionswachstum ein Jahr lang um 1% höher liegt.

Die EZB weiß also, dass sie für das nächste Jahr ein um 5% höheres Produktionswachstum erreichen müsste, um die Arbeitslosenquote auf die natürliche Rate von 5% zu senken (5% Wachstum reduziert in einem Jahr die Arbeitslosigkeit um $0{,}4 \cdot 5\% = 2\%$). Aber um wie viel müsste die EZB den Leitzins senken?

Wenn wir vom Durchschnitt der Antworten der verschiedenen Modelle aus ▸ **Abbildung 21.1** ausgehen, dann lässt eine Zinssenkung um 1% die Produktion im ersten Jahr um 0,8% steigen. Nehmen wir an, die EZB geht davon aus, dass dieser durchschnittliche Zusammenhang mit Sicherheit gilt. Dann ist die Frage, was sie tun sollte, leicht zu beantworten. Um die Arbeitslosenquote innerhalb von einem Jahr auf die natürliche Arbeitslosenquote zu senken, ist ein höheres Produktionswachstum von 5% erforderlich. Die EZB müsste also den Leitzins um $5\%/0{,}8 = 6{,}25\%$ senken. Entspricht die Reaktion der Volkswirtschaft dem, was die zehn Modelle im Durchschnitt prognostizieren, dann würde eine solche Zinssenkung die Volkswirtschaft zum Ende des Jahres zur natürlichen Arbeitslosenquote zurückbringen.

Nehmen wir an, die EZB senkt den Leitzins wirklich um 6,25%. Berücksichtigen wir nun jedoch die Unsicherheit, wie sie durch die Bandbreite der Antworten der verschiedenen Modelle aus ▸ **Abbildung 21.1** gemessen wird. Erinnern wir uns daran, dass die Bandbreite der Reaktion der Produktion auf eine einprozentige Zinssenkung nach einem Jahr von 0,1% bis 2,1% reichte. Diese Bandbreite bedeutet, dass eine Zinssenkung um 6,25% je nach Modell die Produktion um einen Satz steigen lässt, der irgendwo zwischen 0,625% $(0{,}1 \cdot 6{,}25\%)$ und 13,1%$(2{,}1 \cdot 6{,}25\%)$ liegt. Diese Zahlen bedeuten wiederum, dass die Arbeitslosenquote in einer Bandbreite von 0,25$(0{,}4 \cdot 0{,}625)$ bis5,24$(= 0{,}4 \cdot 13{,}1\%)$ Prozentpunkten zurückgehen wird. Anders ausgedrückt: Die Arbeitslosenquote liegt in einem Jahr zwischen 1,76%$(7\% - 5{,}24\%)$ und 6,75%$(7\% - 0{,}25\%)$!

Die Schlussfolgerung ist klar: Angesichts der großen Unsicherheit über die Effekte der Geldpolitik wäre eine solch starke Zinssenkung um 6,25% unverantwortlich. Wenn die Zinssenkung sich so stark auf die Produktion auswirkt, wie es von einem der zehn Modelle prognostiziert wird, dann könnte die Arbeitslosenquote am Ende des Jahres sogar um 3,24 Prozentpunkte unter der natürlichen Arbeitslosenquote liegen (5% – 1,76%). Das würde zu einem enormen Inflationsdruck führen. Angesichts dieser Unsicherheit sollte die EZB den Leitzins um weit weniger als um 6,25% senken. Eine Zinssenkung von beispielsweise 3% führt zu einer Bandbreite für die Arbeitslosigkeit in einem Jahr von 6,9% bis 4,5% – eine deutlich niedrigere Bandbreite.

Dies ist ein Beispiel für multiplikative Unsicherheit. Da die Auswirkungen von Politikmaßnahmen unsicher sind, erhöht eine aktivere Politik die Bandbreite der Unsicherheit. Diese Einsicht basiert auf William Brainard, „Uncertainty and the Effectiveness of Policy", American Economic Review, Mai 1967, S. 411–425.

21.1.3 Unsicherheit und Beschränkungen der Entscheidungsfreiheit in der Politik

Zusammenfassend lässt sich sagen: Es besteht erhebliche Unsicherheit über die Effekte makroökonomischer Politikmaßnahmen. Diese Unsicherheit sollte die Politiker dazu veranlassen, vorsichtiger zu agieren, also eine weniger aktive Politik zu betreiben. Politikmaßnahmen sollten breit angelegt sein mit dem Ziel, lang anhaltende Rezessionen, eine Überhitzung im Boom und inflationären Druck zu vermeiden. Je höher Inflation oder Arbeitslosigkeit, desto aktiver sollte die Politik sein. Ein Beispiel dafür ist die Finanzkrise, in der massive Änderungen der Geld- und Fiskalpolitik in einem zuvor nie gekanntem Ausmaß wahrscheinlich dafür gesorgt haben, eine Wiederholung der Ereignisse während der Großen Depression in den 1930er-Jahren zu vermeiden. Aber sie sollte nicht den Versuch einer **Feinsteuerung** unternehmen, oder den Versuch, eine bestimmte Arbeitslosenquote oder ein bestimmtes Produktionswachstum zu erreichen.

Diese Schlussfolgerungen wären vor gut 30 Jahren noch umstritten gewesen. Damals gab es eine hitzige Debatte zwischen zwei Gruppen von Ökonomen. Eine Gruppe, angeführt von Milton Friedman aus Chicago, argumentierte, dass aktive Politik wegen langer und unterschiedlicher Verzögerungen mehr Schaden anrichten als Gutes tun würde. Die andere Gruppe, angeführt von Franco Modigliani vom MIT, hatte gerade die erste Generation großer makroökonometrischer Modelle entwickelt. Sie war der Überzeugung, dass sich unter den Ökonomen genug Wissen angesammelt hat, um eine Feinsteuerung der Volkswirtschaft zu ermöglichen. Heute akzeptieren die meisten Ökonomen, dass eine substanzielle Unsicherheit über die Auswirkungen von Politikmaßnahmen herrscht. Sie akzeptieren auch die Implikation, dass diese Unsicherheit mit der Ausnahme von Krisenzeiten wie um die Jahre 2008 und 2009 zu einer weniger aktiven Politik führen sollte.

Bei Friedman und Modigliani handelt es sich um die beiden Ökonomen, die unabhängig voneinander die moderne Konsumtheorie entwickelten, die wir in ▶ Kapitel 15 kennengelernt haben.

Bislang haben wir ein Argument betrachtet, das eine Selbstbeschränkung der Politiker nahelegt. Daraus folgt aber noch nicht, dass den Politikern Beschränkungen auferlegt werden sollten. Wenn die politischen Entscheidungsträger die Implikationen der Unsicherheit verstehen – es gibt keinen Grund anzunehmen, dass sie dies nicht tun –, werden sie von sich aus eine weniger aktive Politik verfolgen. Dies liefert keinen Grund, warum man den Politikern weitere Beschränkungen auferlegen sollte, wie etwa die Forderung nach einer starren Zins- oder Geldmengenregel oder einem ausgeglichenen Budget. Wir wollen uns nun Argumenten zuwenden, die für solche Beschränkungen der Handlungsmöglichkeiten von Politikern sprechen.

21.2 Erwartungen und Politik

Eine zentrale Ursache für die Unsicherheit über Effekte makroökonomischer Politik liegt in der Interaktion zwischen Politik und Erwartungen. Wie eine Politikmaßnahme wirkt, und manchmal sogar, ob sie überhaupt wirkt, hängt nicht nur davon ab, wie sie die aktuellen Variablen beeinflusst, sondern auch davon, wie sie die Erwartungen für die Zukunft beeinflusst (das Hauptthema von ▶ **Kapitel 16**). Die Bedeutung der Erwartungen für die Politik geht jedoch weit darüber hinaus. Dies bringt uns zur Einbeziehung spieltheoretischer Konzepte.

Bis vor 30 Jahren wurde makroökonomische Politik so betrachtet, als handle es sich um die Kontrolle einer komplizierten Maschine. Methoden der optimalen Kontrolltheorie, ursprünglich zur Lenkung von Raketen entwickelt, wurden zunehmend auch verwendet, um makroökonomische Politikmaßnahmen auszuarbeiten. Mittlerweile denken die Ökonomen darüber ganz anders. Es ist klar geworden, dass sich die Volkswirtschaft auf fundamentale Weise von einer Maschine unterscheidet, selbst von einer sehr komplizierten. Im Gegensatz zu einer Maschine besteht die Volkswirtschaft aus menschlichen Wesen und Unternehmen, die versuchen, das Verhalten von politischen Entscheidungsträgern vorherzusagen. Sie reagieren dabei nicht nur auf die aktuelle Politik, sondern auch auf die Erwartungen für die zukünftige Politik. Daher muss man sich makroökonomische Politik als Spiel zwischen den politischen Entscheidungsträgern und „der Volkswirtschaft" vorstellen – konkreter, zwischen den politischen Entscheidungsträgern und den Menschen und den Unternehmen in der Volkswirtschaft. Wenn wir uns daher mit Politik beschäftigen, benötigen wir keine **Kontrolltheorie, optimale**, sondern vielmehr die **Spieltheorie**.

Eine Warnung: Wenn Ökonomen von Spielen sprechen, dann meinen sie damit keineswegs Unterhaltung, sondern vielmehr die **Strategische Interaktion** zwischen Spielern. Im Kontext der makroökonomischen Politik sind die **Spieler** die politischen Entscheidungsträger und die Wirtschaftssubjekte – Haushalte und Unternehmen. Die strategischen Interaktionen sind offensichtlich: Das Verhalten von Haushalten und Unternehmen hängt von den Erwartungen ab, die sie über das Verhalten der Politiker bilden. Umgekehrt hängt das Verhalten der Politiker davon ab, was in der Volkswirtschaft geschieht.

Die Spieltheorie ist zu einem wichtigen Werkzeug in allen Zweigen der Wirtschaftswissenschaften geworden. Der Nobelpreis im Jahr 1994 ging an drei Spieltheoretiker, John Nash aus Princeton, John Harsanyi aus Berkeley und Reinhard Selten aus Deutschland.

Die Spieltheorie hat den Ökonomen viele Erkenntnisse vermittelt. Durch die Spieltheorie kann oftmals erklärt werden, warum ein scheinbar seltsames Verhalten Sinn macht, wenn man verstanden hat, welche Art von Spiel gespielt wird. Eine dieser Erkenntnisse ist für unsere Diskussion der Beschränkungen besonders wichtig: Manchmal kann man in einem Spiel erfolgreicher sein, wenn man auf einige seiner Optionen verzichtet. Um zu sehen, warum dies der Fall ist, wollen wir mit einem Beispiel beginnen, das keinen volkswirtschaftlichen Hintergrund hat: Maßnahmen einer Regierung, die mit einer Entführung konfrontiert ist.

21.2.1 Entführungen und Verhandlungen

Die meisten Regierungen behaupten, dass sie im Fall einer Flugzeugentführung mit den Entführern nicht verhandeln würden. Was sie mit dieser Aussage bezwecken, ist offensichtlich: Sie wollen potenzielle Flugzeugentführer abschrecken, indem sie Flugzeugentführungen unattraktiv machen.

Dieses Beispiel wurde von Finn Kydland von der Carnegie Mellon und von Edward Prescott von der Arizona State University entwickelt, in „Rules rather than Discretion: The Inconsistency of Optimal Plans", Journal of Political Economy, 85-3, Juni 1977, S. 473–492. Beide erhielten für ihre Arbeiten 2004 den Nobelpreis. Es wurde aufgegriffen von Robert Barro und David Gorden in: „Rules, Discretion, and Reputation in a Model of Monetary Policy", Journal of Monetary Economics, 12, 1983, S. 101–20.

Nehmen wir an, dass es trotz dieser Ankündigung zu einer Flugzeugentführung kommt. Wenn das Flugzeug nun schon einmal entführt ist, warum sollte man dann aber nicht verhandeln? Welche Kompensation auch immer die Entführer verlangen, sie ist wahrscheinlich weniger kostspielig als die Alternative – die Gefahr, dass beim Versuch, die Entführung mit Gewalt zu beenden, Menschenleben verloren gehen. Die beste Politik scheint darin zu bestehen, einerseits anzukündigen, dass im Fall einer Flugzeugentführung keine Verhandlungen geführt werden, andererseits aber doch zu verhandeln, sofern es tatsächlich zu einer Flugzeugentführung kommt.

Wer genauer darüber nachdenkt, wird bald feststellen, dass dies eine sehr schlechte Politik wäre. Die Entscheidungen der Flugzeugentführer hängen nicht von den Ankündigungen ab, sondern von ihren Erwartungen darüber, was geschehen wird, falls sie tatsächlich ein Flugzeug entführen. Wenn sie wissen, dass in jedem Fall verhandelt wird, dann betrachten sie die Ankündigungen als irrelevant. Flugzeugentführungen werden also stattfinden.

Was ist nun die beste Politik? Sicher ermöglichen Verhandlungen im Allgemeinen eine bessere Lösung, sobald einmal tatsächlich eine Flugzeugentführung stattgefunden hat. Die optimale Politik besteht aber gerade darin, glaubwürdig zu machen, dass auf keinen Fall verhandelt wird. Mit dem Verzicht auf die Option von Verhandlungen lassen sich Flugzeugentführungen viel eher von vornherein verhindern.

Wir wenden uns nun einem makroökonomischen Beispiel zu, das auf genau dieser Logik basiert. Das Beispiel betrachtet den Zusammenhang zwischen Inflation und Arbeitslosigkeit.

21.2.2 Inflation und Arbeitslosigkeit – ein frischer Blick

In ▶ **Kapitel 8** (Gleichung (8.9)) leiteten wir die Phillipskurve ab. Sie lieferte folgende Beziehung zwischen Inflation und Arbeitslosenquote (wir ignorieren dabei die Zeitindizes):

$$\pi = \pi^e - \alpha(u - u_n) \tag{21.1}$$

Die Inflation π hängt zum einen von der erwarteten Inflation π^e ab, (die erwarteten Preissteigerungen bestimmen, welche Lohnsteigerungen vereinbart werden), zum anderen von der Differenz zwischen tatsächlicher und natürlicher Arbeitslosenquote$u - u_n$. Der Koeffizient α misst, wie stark sich die Arbeitslosenquote bei gegebenen Erwartungen auf die Inflation auswirkt. Übersteigt die Arbeitslosenquote das natürliche Niveau, ist die Inflation niedriger als erwartet; im umgekehrten Fall liegt sie über der erwarteten Rate.

Zur Auffrischung: Gegeben die Lage am Arbeitsmarkt und gegeben ihre Erwartungen über die Preisentwicklung, vereinbaren die Tarifparteien feste Nominallöhne. Ausgehend von diesen Tarifvereinbarungen, legen die Unternehmen ihre Preise fest. Die Veränderungen der Preise (die Inflationsrate) hängen also von der erwarteten Preisentwicklung (der erwarteten Inflationsrate) und der Lage am Arbeitsmarkt ab. Genau das beschreibt Gleichung (25.1).

Nehmen wir an, die Zentralbank kündigt als Politik an, im Durchschnitt eine Inflationsrate vonπ^* zu verwirklichen. Schenken die Tarifparteien diesen Versprechungen Glauben, dann richten sie ihre Lohnabschlüsse an diesen Inflationserwartungen aus($\pi^e = \pi^*$).Sobald die Lohnabschlüsse vertraglich fixiert sind, gilt nun für die Phillipskurve:

$$\pi - \pi^* = -\alpha(u - u_n) \tag{21.2}$$

Würde die Zentralbank ihre Ankündigung einhalten, läge die Inflation tatsächlich bei π^* ; die Arbeitslosenquote würde auf dem natürlichen Niveau verharren.

Mit nur 1% mehr Inflation ließe sich freilich die Arbeitslosenquote schon um 1% drücken (wenn wir von $a = 1$ ausgehen). Überlegen wir, warum eine Regierung versucht sein könnte, die Arbeitslosenquote unter u_n zu drücken. In ▶ **Kapitel 7** haben wir gelernt, dass u_n alles andere als „natürlich" ist, sie ist vielmehr ineffizient hoch – das Resultat struktureller Rigiditäten auf den Güter- und Arbeitsmärkten. Es wäre sozial effizient, die Beschäftigungsquote zu steigern. Ausgehend von Inflationserwartungen $\pi^e = \pi^*$, ließe sich durch eine lockerere Geldpolitik die gesamtwirtschaftliche Wohlfahrt steigern.

Die in ▶ Abbildung 21.2 eingezeichneten Kurven geben Kombinationen zwischen π und u wieder, die gesamtwirtschaftlich jeweils gleich hohe Verluste bringen. Je weiter eine Kurve von B entfernt ist, umso höher die Verluste.

Machen wir uns das anhand von ▶ **Abbildung 21.2** klar. Aus gesamtwirtschaftlicher Sicht wäre Preisstabilität in Kombination mit Null-Arbeitslosigkeit (Punkt B in ▶ **Abbildung 21.2**) ideal. Dann fallen keine Inflationskosten an; zudem würde das sozial effiziente Beschäftigungsniveau realisiert. Jede Abweichung von der Kombination B ist mit Wohlfahrtsverlusten verbunden, weil Inflation und Arbeitslosenquote von der Ideallösung abweichen. Wir erfassen das mit der gesamtwirtschaftlichen Verlustfunktion: $L = (\pi - \pi^*)^2 + u^2$. Je höher Inflation oder Arbeitslosenquote, desto weiter bewegen wir uns von B weg. Umso höher sind dann die gesellschaftlichen Verluste (wir nehmen an, dass sie quadratisch mit $\pi - \pi^*$ und u ansteigen).

Welche Kombination sollte man anstreben? Offensichtlich wäre Punkt B der Idealpunkt. Aufgrund der strukturellen Ineffizienzen auf Güter- und Arbeitsmärkten wird die Arbeitslosenquote jedoch mittelfristig immer bei u_n liegen – ganz egal, wie hoch die Inflation ist. Letztlich sind also nur Kombinationen auf der mittelfristigen Phillipskurve realisierbar (der vertikalen Gerade, die durch u_n verläuft). Unter allen Punkten auf dieser Linie bringt Punkt A mit ($u = u_n$; $\pi = \pi^*$) die geringsten Verluste. Insofern erscheint es ratsam, eine Politik der Preisstabilität anzukündigen.

Zur Vereinfachung gehen wir davon aus, dass sich die Inflationsrate exakt steuern lässt. Wir ignorieren hier also Unsicherheit, das Thema von ▶ Abschnitt 21.1.

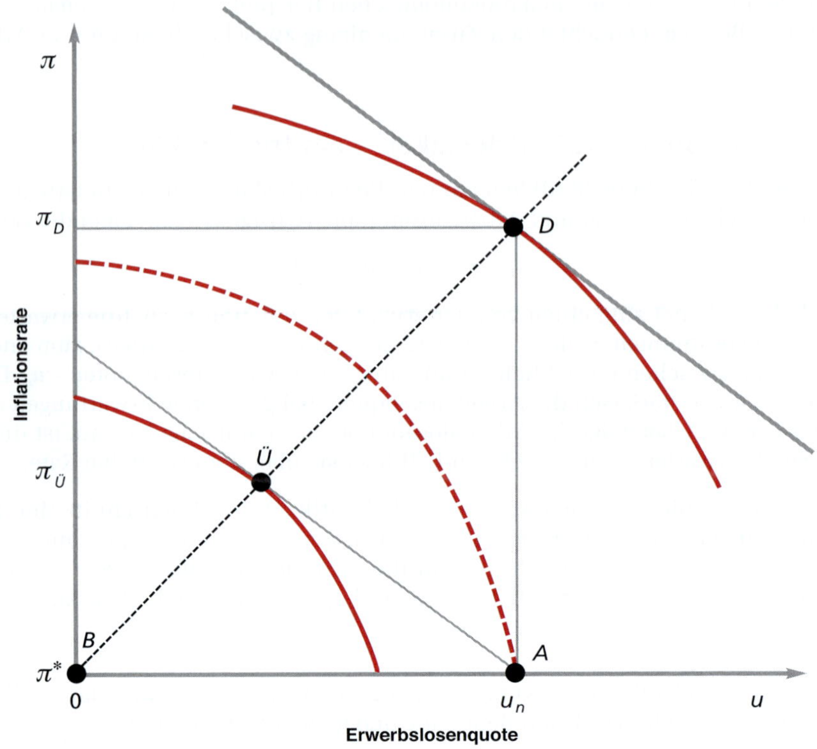

Abbildung 21.2 Anreize für eine Überraschungsinflation. Von allen mittelfristig realisierbaren Lösungen bringt Punkt *A* die geringsten Wohlfahrtsverluste. Kurzfristig gibt es aber starke Anreize, durch eine Überraschungsinflation Punkt *Ü* zu erreichen. Wird dies antizipiert, kommt es zu hoher Inflation (Punkt *D*).

Ist eine solche Ankündigung aber wirklich glaubhaft? Vertrauen die Tarifparteien darauf, gehen sie also von $\pi^e = \pi^*$ aus, vereinbaren sie entsprechend niedrige Löhne. Sobald aber die Löhne festgelegt wurden, ist nun die kurzfristige Phillipskurve relevant. Für $\pi^e = \pi^*$ verläuft sie durch den Punkt *A* mit der Steigung $a = -1$. Kurzfristig gibt es einen Tradeoff zwischen Inflation und Arbeitslosigkeit. Die beste (Verlust minimierende) Kombination unter allen erreichbaren Punkten auf dieser kurzfristigen Phillipskurve ist aber Punkt *Ü*: Bei Inflationserwartungen $\pi^e = \pi^*$ gibt es also starke Anreize, die Beschäftigung durch eine Überraschungsinflation zu steigern. Zwar muss dies mit einer im Vergleich zu Punkt *A* etwas höheren Inflationsrate$\pi_Ü$ erkauft werden. Weil es dadurch aber gelingt, die strukturell zu hohe Arbeitslosenquote zu reduzieren, bringt eine solche Politik gesamtwirtschaftlich kurzfristig eindeutig Vorteile.

In der Spieltheorie bezeichnet man den Anreiz, von der ursprünglich angekündigten Politik abzuweichen, als das Problem der Zeitinkonsistenz. Es handelt sich dabei um ein Spiel zwischen der Geldpolitik und den Tarifpartnern. In der ersten Stufe des Spiels geht es darum, einen Punkt auf der mittelfristigen Phillipskurve anzustreben. Zunächst gibt es also gute Gründe, eine Politik der Preisstabilität anzukündigen, um die Inflationserwartungen der Tarifpartner niedrig zu halten. Gelingt dies, haben die Tarifpartner also niedrige Lohnabschlüsse vereinbart, so verändern sich die Optionen: Die Politik kann nun zwischen allen Kombinationen auf der kurzfristigen Phillipskurve auswählen. Unter diesen Punkten ist *Ü* aber eindeutig besser als *A*. Ein bisschen mehr Inflation ist besser als ein bisschen mehr Arbeitslosigkeit.

- Das Problem ist freilich, dass die Geschichte noch nicht zu Ende ist. Die Tarifpartner werden diesen Anreiz antizipieren und von Anfang an mit einer höheren Inflationsrate rechnen, etwa mit $\pi_Ü$. Das bedeutet aber: Die kurzfristige Phillipskurve verschiebt sich nach oben; Punkt *Ü* ist dann gar nicht mehr realisierbar. Ausgehend von $\pi_Ü$ kann die

Geldpolitik nur mit einer noch stärkeren Dosis Inflation die strukturelle Arbeitslosenquote bekämpfen. Dies antizipierend werden die Tarifpartner mit noch höherer Inflation rechnen; die Phillipskurve verschiebt sich immer weiter nach oben. Letztlich endet die Geschichte damit, dass dieses Spiel nur zu hoher Inflation führt, ohne die Arbeitslosenquote unter ihr natürliches Niveau u_n drücken zu können. Der gut gemeinte Versuch, die Ausgangssituation A zu verbessern, macht also letztlich alles nur noch schlimmer: Die Arbeitslosenquote verharrt bei$u = u_n$; dafür aber steigt die Inflation stark an. Wir enden in Punkt D mit der hohen Inflationsrate π_D. Dort sind die Inflationserwartungen schon so hoch, dass es keinen Anreiz mehr gibt, die Beschäftigung noch weiter zu stimulieren. In D übersteigen die Wohlfahrtsverluste aus noch höherer Inflation den möglichen Gewinn aus höherer Beschäftigung.

Wie relevant ist dieses Beispiel? Sehr relevant. Dies wird deutlich, wenn man ▶ **Kapitel 9** nochmals liest. Wir können die Geschichte der Phillipskurve und den Anstieg der Inflation in den 1970er-Jahren exakt als Versuche interpretieren, eine Arbeitslosenquote unterhalb der natürlichen Arbeitslosenquote aufrechtzuerhalten. Dies führte zu einer immer höheren erwarteten Inflation und zu einer immer höheren tatsächlichen Inflation. In diesem Licht kann die Verschiebung der Phillipskurve als Anpassung der Erwartungen der an der Lohnsetzung Beteiligten an das Verhalten der Zentralbank interpretiert werden.

Welche Politik sollte eine Zentralbank in diesem Fall demnach wählen? Die beste Politik besteht darin, eine glaubwürdige Verpflichtung einzugehen, gar nicht zu versuchen, die Arbeitslosigkeit unter die natürliche Rate zu senken. Wenn die Zentralbank auf die Option verzichtet, von ihren Ankündigungen abzuweichen, dann kann sie Nullinflation erreichen; und die Arbeitslosenquote bleibt auf der natürlichen Rate. Die Analogie zur Flugzeugentführung ist klar: Indem sich die politischen Entscheidungsträger glaubwürdig verpflichten, etwas nicht zu tun, was zu einem bestimmten Zeitpunkt wünschenswert erscheint, können sie insgesamt ein besseres Ergebnis erreichen: keine Flugzeugentführung im Beispiel des letzten Abschnitts, keine Inflation im aktuellen Beispiel.

FOKUS

Anreize zur Überraschungsinflation – ein Spiel zwischen Regierung und Tarifparteien

Spieltheoretisch lässt sich das Problem dynamischer Konsistenz durch ein Spiel zwischen Regierung und Tarifparteien darstellen. Es läuft in drei Stufen ab:

- Stufe 1)
  Die Regierung kündigt eine bestimmte Geldpolitik (und damit eine bestimmte Inflationsrateπ^*) an.
- Stufe 2)
  Die Tarifparteien vereinbaren Lohnsteigerungen, ausgehend von ihren Inflationserwartungen π^e.
- Stufe 3)
  Die Regierung führt eine bestimmte Geldpolitik aus (sie realisiert eine bestimmte Inflationsrate π).

Die zentrale Botschaft der Analyse im Text lautet, dass es unvorsichtig wäre, den Ankündigungen in der ersten Stufe allzu viel Vertrauen zu schenken. Rationale Tarifparteien werden sich vielmehr daran orientieren, was die Regierung in Stufe 3) machen wird, also sobald die Inflationserwartungen π^e und die Lohnkontrakte festliegen. In der Spieltheorie bezeichnet man das als teilspielperfektes Gleichgewicht. Es lässt sich leicht ausrechnen: Die Regierung wird in Stufe 3 versuchen, die Wohlfahrtsverluste bei gegebenem π^e zu minimieren. Ihr Optimierungsproblem lautet:

$$\text{Min } L = (\pi - \pi^*)^2 + u^2$$

unter der Nebenbedingung

$$\pi = \pi^e - (u - u_n)$$

Lösen wir die Nebenbedingung nach u auf, erhalten wir $u = u_n + \pi^e - \pi$. Eingesetzt in L erhalten wir $L = (\pi - \pi^*)^2 + (u_n + \pi^e - \pi)^2$. Abgeleitet nach π folgt als Bedingung erster Ordnung: $2(\pi - \pi^*) - 2(u_n + \pi^e - \pi) = 0$ oder $2\pi - \pi^* - \pi^e - u_n = 0$. Nach π aufgelöst, erhalten wir daraus die Reaktionsfunktion

$$\pi = 1/2(\pi^* + \pi^e) + 1/2\, u_n$$

Ausgehend von Punkt *A* in ▶ **Abbildung 21.2** mit niedrigen Erwartungen $\pi^e = \pi^*$ wäre eine Überraschungsinflation optimal:

$$\pi_{\ddot{U}} = \pi^* + 1/2\, u_n$$

Sie drückt die Arbeitslosenquote auf

$$u_{\ddot{U}} = \frac{1}{2}(u_n)$$

– vgl. Punkt *Ü* mit den Verlusten

$$L_{\ddot{U}} = \frac{1}{4}(U_n)^2 + \frac{1}{4}(U_n)^2 = \frac{1}{2}(U_n)^2$$

- Vorausschauende Tarifparteien antizipieren diesen Anreiz jedoch; sie bilden in Stufe 2 ihre Erwartungen so, dass sie in Stufe 3 nicht mehr überrascht werden. Die dynamisch konsistente (teilspielperfekte) Lösung besteht im Punkt *D* mit hoher Inflationπ_D, ohne damit irgendeinen Beschäftigungseffekt zu erzielen. Für $\pi_D$muss in der Reaktionsfunktion gelten $\pi_D = \pi^e$, sodass $\pi = \pi^* + u_n$ mit$u = u_n$und den Verlusten$L_D = 2(u_n)^2$.

D bezeichnet man als teilspielperfektes Gleichgewicht – ein Gleichgewicht mit rationalen Erwartungen. Das Ergebnis ist klar schlechter als Punkt *A*, also als wenn sich die Regierung auf eine preisstabile Politik gebunden hätte: $\pi = \pi^e = \pi^*$; $u = u_n$; $L_A = (u_n)^2 < L_D$. Eine Möglichkeit, in Stufe 1 eine glaubwürdige Bindung einzugehen, besteht darin, die Geldpolitik einer unabhängigen Zentralbank zu übertragen.

21.2.3 Der Aufbau von Glaubwürdigkeit

Wie kann sich eine Zentralbank glaubwürdig verpflichten, nicht von ihrer angekündigten Politik abzuweichen? Gerade für die EZB, die Anfang 1999 ohne „Track Record" ihre Arbeit aufnehmen musste, lag eine zentrale Herausforderung darin, Glaubwürdigkeit aufzubauen.

Eine Möglichkeit für die Zentralbank, Glaubwürdigkeit herzustellen, besteht darin, auf ihr Potenzial zur Politikgestaltung ganz zu verzichten – etwa indem ihr dieses Potenzial durch ein Gesetz genommen wird. Das Mandat der Zentralbank könnte etwa durch ein Gesetz als einfache Regel definiert werden, das Geldmengenwachstum müsse für immer auf 0% fixiert bleiben. (Eine Alternative, die wir in ▶ **Abschnitt 2.1** diskutiert haben, besteht darin, eine Wechselkursfixierung einzuführen. In diesem Fall verzichtet die Zentralbank auf die Möglichkeit, Wechselkurs und Zinssatz als Politikinstrument einzusetzen.)

Ein solches Gesetz würde zwar das Problem der Zeitinkonsistenz lösen, eine derart rigide Beschränkung bedeutet jedoch, das Kind mit dem Bade auszuschütten. Sicher sollten wir verhindern, dass die Zentralbank die Geldmenge zu stark ausdehnt in dem Versuch, die Arbeitslosenquote unter die natürliche Rate zu senken. Wir sollten jedoch immer noch – unter all den Einschränkungen, die wir in ▶ **Abschnitt 21.1** diskutiert haben – ermöglichen, dass die Zentralbank die Geldmenge ausweiten kann, wenn die Arbeitslosigkeit weit über der natürlichen Rate liegt, und die Geldmenge zu reduzieren, wenn die Arbeitslosigkeit weit darunter liegt. Eine rigide Regel, die ein konstantes Geldmengenwachstum vorschreibt, würde dies unmöglich machen. Es gibt bessere Wege, mit dem Problem der Zeitinkonsistenz umzugehen

1. Zunächst einmal sollte die Zentralbank unabhängig gemacht werden. Wenn man Zentralbanker für längere Amtszeiten ernennt und es schwieriger macht, sie abzulösen, dann wird es wahrscheinlicher, dass sie politischem Druck, die Arbeitslosigkeit unter die natürliche Arbeitslosenquote zu senken, widerstehen können.

2. Zum Zweiten sollte man konservative Zentralbanker wählen, also Personen, die Inflation ablehnen, und die nicht willens sind, ein Mehr an Inflation im Austausch gegen weniger Arbeitslosigkeit zu akzeptieren, wenn die Arbeitslosigkeit der natürlichen Arbeitslosenquote entspricht. Wenn sich die Volkswirtschaft auf dem natürlichen Niveau befindet, wird ein solcher Zentralbanker nicht in Versuchung geraten, eine expansive Geldpolitik zu verfolgen. Damit wird das Problem der Zeitinkonsistenz vollständig verschwinden.

Jemanden zum Zentralbankpräsidenten zu ernennen, dessen Präferenzen nicht denen der Allgemeinheit entsprechen, scheint eine Lösung zu sein, die sich nur Spieltheoretiker ausdenken können. Aber viele Länder haben genau so auf das Problem der Zeitinkonsistenz in der Geldpolitik reagiert. Viele Länder haben ihren Zentralbanken in den letzten beiden Jahrzehnten mehr Unabhängigkeit eingeräumt. Und meistens haben die Regierungen Zentralbanker ernannt, die konservativer waren als die Regierungen selbst – Zentralbanker, die sich mehr um die Inflation und weniger um die Arbeitslosigkeit zu sorgen schienen als die Regierungen selbst (siehe auch die Fokusbox *„War Alan Blinder schlecht beraten, die Wahrheit zu sagen?“*).

▶ **Abbildung 21.3** gibt Grund zu der Vermutung, dass dieser Ansatz erfolgreich war. Auf der vertikalen Achse ist die durchschnittliche jährliche Inflationsrate in 18 OECD-Ländern für den Zeitraum von 1960 bis 1990 abgetragen. Auf der horizontalen Achse ist der Wert eines Index der Zentralbankunabhängigkeit abgetragen, der konstruiert wurde, indem man einige gesetzliche Bestimmungen in der Charter der Bank betrachtete – beispielsweise ob und wie die Regierung den Präsidenten der Bank ablösen kann. Es existiert eine deutliche inverse Beziehung zwischen den beiden Variablen, die durch die Regressionsgerade abgebildet wird: Ein Mehr an Zentralbankunabhängigkeit scheint systematisch mit niedrigerer Inflation verbunden zu sein.

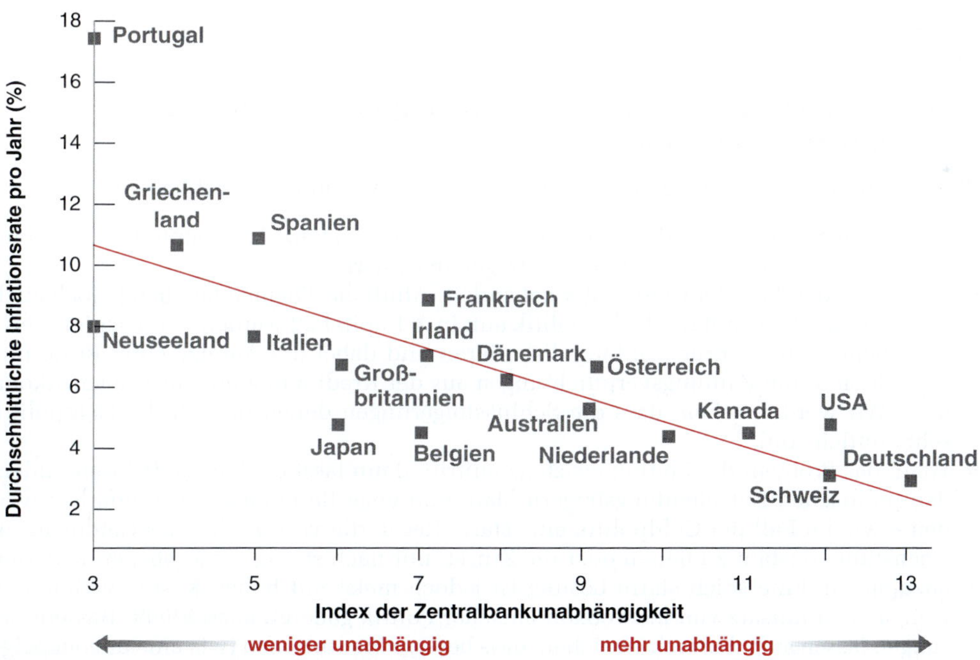

Abbildung 21.3 Zentralbankunabhängigkeit und Inflation. *Für OECD-Länder gilt: je höher der* Grad der Unabhängigkeit der Zentralbanken, desto niedriger die Inflation.
Quelle: Vittorio Grilli, Donato Masciandaro und Guido Tabellini „Political and Monetary Institutions and Public Financial Policies in the Industrial Countries“, Economic Policy, 6(2), 1991, S. 341–392.

FOKUS

War Alan Blinder schlecht beraten, die Wahrheit zu sagen?

Im Sommer 1994 ernannte Präsident Clinton Alan Blinder, einen Ökonomen aus Princeton, zum Vizepräsidenten der Fed, der US-amerikanischen Zentralbank. Ein paar Wochen später deutete Blinder, als er auf einer Wirtschaftskonferenz sprach, an, dass er der Überzeugung sei, dass die Fed sowohl die Verantwortung dafür trage als auch über die Möglichkeiten dazu verfüge, bei hoher Arbeitslosigkeit Geldpolitik einzusetzen, um zur Erholung der Wirtschaft beizutragen. Diese Aussage wurde sehr negativ aufgenommen. Die Aktienkurse fielen und die meisten Zeitungen brachten Leitartikel, die Blinder kritisierten.

Warum fiel die Reaktion der Märkte und der Zeitungen derart negativ aus? Mit Sicherheit war die Aussage Blinders nicht falsch. Es bestehen keine Zweifel daran, dass Geldpolitik eingesetzt werden kann und eingesetzt werden sollte, um dazu beizutragen, die Volkswirtschaft aus einer Rezession herauszuführen. Der Federal Reserve Bank Act von 1978 verpflichtet die Fed sogar, sowohl das Ziel der Vollbeschäftigung als auch das Ziel einer niedrigen Inflation zu verfolgen.

Die Reaktion fiel negativ aus – entsprechend dem Argument, das wir im Text entwickelt haben –, weil Blinder durch seine Aussage enthüllte, dass er kein konservativer Zentralbanker war, dass er sich sowohl um die Arbeitslosigkeit als auch um die Inflation sorgte. Die Arbeitslosenquote lag zum damaligen Zeitpunkt bei 6,1% und damit nahe dem Wert der natürlichen Arbeitslosenquote, den man zum damaligen Zeitpunkt annahm. Die Märkte interpretierten demnach Blinders Aussage so, als hätte er die Absicht, die Arbeitslosigkeit unter die natürliche Arbeitslosenquote zu senken. Die Zinssätze stiegen, da eine höhere Inflation erwartet wurde – die Aktienkurse fielen.

Die Moral der Geschichte: Welche Ansichten auch immer Zentralbanker vertreten, sie sollten versuchen, konservativ zu wirken und sich konservativ anzuhören ... Aus diesem Grund geben viele Zentralbankpräsidenten – zumindest in der Öffentlichkeit – nur widerstrebend zu, dass es überhaupt einen Zielkonflikt zwischen der Arbeitslosigkeit und der Inflation gibt, sogar in der kurzen Frist.

21.2.4 Zeitinkonsistenz und Beschränkungen der politischen Entscheidungsträger

Wir wollen nun zusammenfassen, was wir in diesem Abschnitt gelernt haben:

- Wir haben auf der Basis des Problems der Zeitinkonsistenz Argumente für Beschränkungen der politischen Entscheidungsträger analysiert.
- Wir haben den Fall der Geldpolitik behandelt. Ähnliche Themen tauchen jedoch auch in Zusammenhang mit der Fiskalpolitik auf: In ▶ Kapitel 22 werden wir beispielsweise das Thema Schuldenrückzahlung diskutieren und dabei die Anreize einer Regierung betrachten, ihren Zahlungsverpflichtungen aus der Kreditaufnahme nicht nachzukommen. Wir werden sehen, dass die Schlussfolgerungen denen im Fall der Geldpolitik sehr ähnlich sind.
- Wenn das Problem der Zeitinkonsistenz auftritt, dann lässt es sich rigide lösen, indem den politischen Entscheidungsträgern klare und enge Beschränkungen auferlegt werden – wie im Fall der Geldpolitik eine starre Regel, die vorschreibt, das Geldmengenwachstum konstant zu halten oder die Zinsen nur nach streng vorgegebenen Kriterien anzupassen. Eine solch starre Lösung ist jedoch meist mit hohen Kosten verbunden, weil sie den Einsatz von makroökonomischer Politik generell ausschließt. Bessere Lösungen lassen sich dadurch erreichen, dass bessere Institutionen (wie eine unabhängige Zentralbank) gestaltet werden. Sie können das Problem der Zeitinkonsistenz mildern, ohne Geldpolitik als makroökonomisches Instrument völlig auszuschließen.

21.3 Politökonomische Aspekte

Wir sind bisher von wohlmeinenden politischen Entscheidungsträgern ausgegangen, die versuchen, das Beste für ihr Land zu tun. Die öffentliche Diskussion legt jedoch etwas anderes nahe: Oft hört man die Meinung, dass die Politiker das tun, was für sie selbst am besten sei, dies sei aber nicht immer das Optimale für das Land.

Die Argumente sind allen wohlbekannt: Politiker gehen schweren Entscheidungen aus dem Weg, sie reden ihren Wählern nach dem Mund, Parteipolitik führt zu einer Pattsituation, nichts geht voran. Die Mängel der Demokratie zu diskutieren, ginge für dieses Buch zu weit. Wir wollen hier nur untersuchen, inwieweit diese Argumente auf die makroökonomische Politik zutreffen. Dann werden wir uns mit der Empirie beschäftigen und untersuchen, welches Licht sie auf das Thema der Politikbeschränkungen wirft.

Zu Beginn der 1980er-Jahre senkte die Reagan- Regierung die Steuersätze; die Produktion nahm zu (siehe auch die Fokusbox „*Kontraktive Geldpolitik und expansive Fiskalpolitik*" in ▶ Kapitel 19). Es folgte aber auch eine lange Periode von Defiziten. Es dauerte fast zwei Jahrzehnte, bis diese eliminiert werden konnten. Mit dem Zusammenhang zwischen aktuellen und zukünftigen Steuern beschäftigen wir uns ausführlicher, wenn wir die Implikationen der staatlichen Budgetbeschränkung in ▶ Kapitel 22 analysieren.

21.3.1 Spiele zwischen politischen Entscheidungsträgern und Wählern

Bei vielen makroökonomischen Entscheidungen muss abgewogen werden zwischen kurzfristigen Einbußen und langfristigen Gewinnen – oder, der symmetrische Fall, zwischen kurzfristigen Gewinnen vs. langfristigen Einbußen.

Betrachten wir als Beispiel Steuersenkungen. Sie ermöglichen heute niedrigere Steuern und stimulieren für eine gewisse Zeit in der Regel auch die Produktion. Geht die Steuersenkung jedoch nicht mit dem Abbau von Staatsausgaben im selben Umfang einher, dann steigt das Budgetdefizit; damit aber auch der Zwang zu Steuererhöhungen in der Zukunft. Sind die Wähler kurzsichtig, werden die Politiker den Verlockungen einer Steuersenkung erliegen. Mit einer solchen Politik werden systematisch Defizite aufgebaut, zumindest bis der Schuldenberg so groß geworden ist, dass die Politiker endlich zum Handeln gezwungen werden.

Übertragen wir diese Überlegungen allgemein auf die Wirtschaftspolitik. Nehmen wir wieder an, dass die Wähler kurzsichtig sind. Ist das Hauptziel der Politiker, wiedergewählt zu werden, könnte es dann eine bessere Politik geben, als die aggregierte Nachfrage vor Wahlen auszuweiten, um Wachstum und Beschäftigung zu stimulieren? Zwar lässt sich ein Wachstum über das normale Maß hinaus nicht aufrechterhalten, letztlich muss die Wirtschaft wieder zum natürlichen Niveau zurückkehren. Mit dem richtigen Timing lassen sich jedoch mit höherem Wachstum bei kurzsichtigen Wählern die Wahlen gewinnen. Daher sollten wir einen deutlichen politischen Konjunkturzyklus erwarten: Im Durchschnitt sollte das Wachstum vor den Wahlen höher sein als danach.

Nach dem Gesetz von Okun lässt ein Produktionswachstum über das normale Niveau hinaus die Arbeitslosenquote unter die natürliche Rate sinken. Wir wissen, dass die Arbeitslosenquote in der mittleren Frist wieder zur natürlichen Arbeitslosenquote zurückkehren muss. Dies wiederum erfordert, dass das Produktionswachstum für eine gewisse Zeit unter dem Normalwachstum liegen muss.

Diese Argumente haben Sie in der einen oder anderen Form sicher schon einmal gehört. Ihre Logik ist überzeugend. Es kommt daher vielleicht überraschend, dass diese Argumente die Realität nicht immer gut abbilden.

Die Diskussion zur Besteuerung etwa lässt vermuten, dass Budgetdefizite und hohe Staatsverschuldung schon immer Probleme bereiteten und dass es sie auch immer geben wird. ▶ Abbildung 21.4 zeigt jedoch, dass dies zumindest für die USA und Großbritannien nicht zutrifft. Die Realität ist viel komplexer. Die Abbildung stellt die Entwicklung der Schuldenquote, des Verhältnisses von Staatsverschuldung zum BIP, in den Vereinigten Staaten seit 1870 dar. Zunächst einmal ist auffällig, dass die ersten drei Anstiege der Schuldenquote alle unter ganz besonderen Umständen eintraten: der Erste Weltkrieg, die Weltwirtschaftskrise und der Zweite Weltkrieg – Perioden, in denen die Produktion ungewöhnlich stark einbrach oder in denen ungewöhnlich hohe Rüstungsausgaben erforderlich waren. Bemerkenswert ist auch, dass vom Ende des Zweiten Weltkrieges bis Ende der 1970er-Jahre das Verhältnis von Staatsverschuldung zum BIP stetig abnahm. 1979 betrug das Verhältnis von Verschuldung zum BIP nur 33%, 1946 lag es noch bei 121%.

William Nordhaus hat als Erster eine Theorie des politischen Konjunkturzyklus entwickelt in seinem Aufsatz „The Political Business Cycle", Review of Economic Studies, 1975, Bd. 42, S. 169–190.

Der Zusammenhang zwischen Staatsdefizit, Staatsverschuldung und BIP wird in ▶ Kapitel 22 ausführlich analysiert. In ▶ Kapitel 22 untersuchen wir alternative Erklärungen für die Entwicklung der Staatsverschuldung, sowohl im Zeitverlauf als auch über Länder hinweg.

Diese Schuldenquote in Deutschland enthält nicht die (in Auslandswährung festgesetzten) Reparationslasten Deutschlands an die Alliierten, da wir hier die vom innenpolitischen Prozess bestimmte Entwicklung betrachten wollen.

Ein guter Überblick findet sich in Alberto Alesina und Roberto Perotti (1995), The Political Economy of Budget Deficits, IMF Staff Papers, 42, S. 1–31.

Die jüngste Entwicklung scheint dagegen eher zum Bild kurzsichtiger Politiker zu passen. Sicher, der jüngste Anstieg seit 2007 ist auf die Finanzkrise zurückzuführen. Aber auch schon zu Beginn der 1980er-Jahre bis Mitte der 1990er-Jahre ist die Staatsverschuldung in Deutschland und den USA stetig angestiegen; die Schuldenquote stieg in den USA von 31,9% im Jahr 1981 auf 67% im Jahr 1995. Für kurze Zeit ist sie dann zwar wieder zurückgegangen (zwischen 1998 und 2000 wies der Staatshaushalt einen Überschuss auf), nach 2001 aber lässt ein hohes Staatsdefizit die Schuldenquote in den Vereinigten Staaten stark ansteigen. Dies lag nicht primär an widrigen Umständen, sondern im Wesentlichen an starken Steuersenkungen. Die Erklärung dafür liegt aber weniger in der Kurzsichtigkeit von Politikern, sondern eher – wie der nächste Abschnitt zeigen wird – an Spielen bzw. Kämpfen zwischen verschiedenen politischen Entscheidungsträgern.

Wegen verschiedener Schuldenschnitte ist die Entwicklung in Deutschland komplexer. Zwischen 1900 und 1918 stieg die Schuldenquote von 55% auf 132%. Die im Lauf des Ersten Weltkriegs dramatisch gestiegene inländische Kriegsschuld entwertete sich aber rasch mit der schon 1918 einsetzenden rasanten Inflation, vor allem aber mit der Hyperinflation 1922/23.

1924 war die Schuldenquote auf nur mehr 4,4% geschrumpft (mit fatalen Folgen für das Vertrauen derjenigen, die Kriegsanleihen gezeichnet hatten, in die Glaubwürdigkeit des Staates). Schon in der Weimarer Republik stieg die Schuldenquote auf 45% (1933). Im Jahr 1938 lag sie bei über 54%. Nach dem Zweiten Weltkrieg wurde die Staatsverschuldung (von einigen Ausnahmen abgesehen) auf null abgewertet. Die niedrige Schuldenquote Deutschlands nach 1950 ist also keineswegs das Resultat weitsichtiger, sparsamer Politiker. Der starke Anstieg der Schuldenquote zwischen 1991 und 1999 von 39% auf 60% ist eine Folge der Lasten der deutschen Einheit. Mit der Finanzkrise ist die Schuldenquote auf über 80% angestiegen, danach bis 2019 wieder auf 60% gesunken.

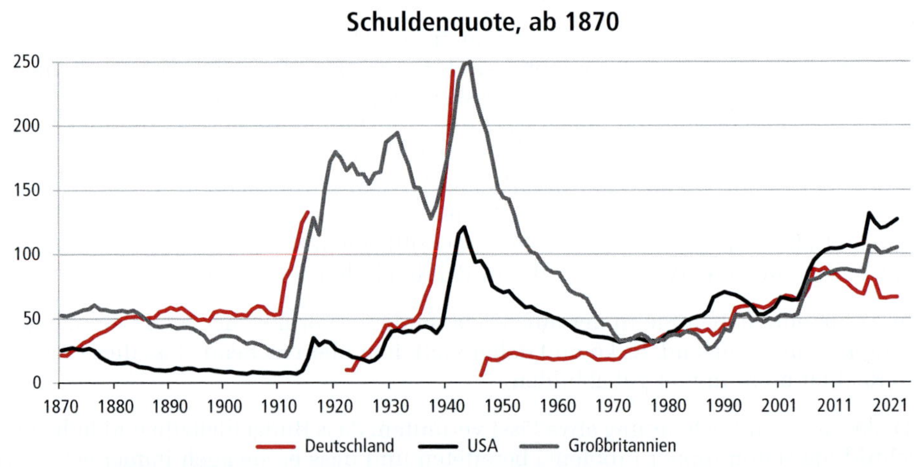

Abbildung 21.4 Die Entwicklung der Schuldenquote, Deutschland, Großbritannien und USA, seit 1870. Die drei stärksten Anstiege der Schuldenquote in den USA seit 1900 erfolgten im Ersten und Zweiten Weltkrieg und in der Weltwirtschaftskrise. In Deutschland ist die Schuldenquote meist auch in Friedenszeiten angestiegen. Die Staatsschulden Deutschlands wurden mehrmals (wie 1922/23 durch Hyperinflation) entwertet.

Quelle: OECD, Reinhart/Rogoff Database, http://www.reinhartandrogoff.com/ sowie Burret, Heiko T., Lars P. Feld, Ekkehard A. Köhler (2013), Sustainability of Public Debt in Germany – Historical Considerations and Time Series Evidence Journal of Economics and Statistics, 2013, no. 233 (3).
Carmen Reinhart und Ken Rogoff stellen auf der Seite http://www.reinhartandrogoff. com/ umfangreiche Daten zu Schuldenquoten vieler Staaten zur Verfügung, die regelmäßig aktualisiert werden.

Offensichtlich hat Kurzsichtigkeit von Politikern in manchen Ländern stärkere Bedeutung als in anderen. Viele Makroökonomen führen dies auf unterschiedliche institutionelle Rahmenbedingungen des politischen Prozesses zurück: Empirische Studien zeigen, dass eine ständige Akkumulierung hoher Staatsverschuldung vor allem in solchen Ländern zu beobachten ist, in denen ein proportionales Wahlrecht (statt eines Mehrheitswahlrechts wie in den USA oder Großbritannien) und ein zersplittertes Parteiensystem vorherrscht.

Kommen wir noch einmal auf das Argument des politischen Konjunkturzyklus zurück. Diesem Argument zufolge versuchen Politiker vor den Wahlen ein hohes Produktionswachstum zu erreichen, um wiedergewählt zu werden. Wenn der politische Konjunkturzyklus wichtig wäre, dann würden wir vor den Wahlen ein schnelleres Wachstum als nach den Wahlen erwarten. ▶ Tabelle 21.1 zeigt die BIP-Wachstumsraten für die Vier-Jahres-Zyklen der US-amerikanischen Regierung seit 1948 und unterscheidet dabei zwischen der Präsidentschaft von Demokraten und Republikanern. Das Wachstum war im Durchschnitt tatsächlich immer in den letzten Jahren einer Regierung am höchsten gewesen. Die durchschnittliche Differenz zwischen den Jahren ist jedoch sehr klein: 3,5% im letzten Jahr vs. 2,8% im ersten Jahr einer Regierung. (Es finden sich noch andere interessante Punkte in der Tabelle, wie zum Beispiel der Unterschied zwischen republikanischen und demokratischen Regierungen; wir werden in Kürze auf diese Punkte zurückkommen.) Es gibt nur wenige Beweise für eine Manipulation – oder zumindest für eine erfolgreiche Manipulation – der Volkswirtschaft, um Wahlen zu gewinnen.

	Jahr der Präsidentschaft				
	erstes	zweites	drittes	viertes	Durchschnitt
Demokraten	2,4	5,1	3,8	3,4	3,7
Republikaner	3,3	0,9	3,2	3,0	2,6
Durchschnitt	2,8	3,0	3,5	3,2	3,1

Tabelle 21.1 Wachstumsraten des BIP (in %) unter Präsidentschaft von Demokraten bzw. Republikanern von 1948 bis 2022
Quelle: Daten von 1948 bis 2022 berechnet aus der Serie GDPCA der FRED-Datenbank, St. Louis Fed, http://research.stlouisfed.org/fred2/

Auch für Deutschland lässt sich ein **Politischer Konjunkturzyklus** in der Periode 1950 bis 1998 nicht nachweisen, wenn man die Zielgrößen der Wirtschaftspolitik (BIP-Wachstum, Arbeitslosigkeit, Inflation) betrachtet. Es gibt keine signifikanten Anzeichen für Versuche, Fiskalpolitik zu nutzen, um vor der Wahl einen künstlichen Aufschwung zu entfachen.

Zur Entwicklung in Deutschland vgl. Albrecht Ritschl, „Sustainability of High Public Debt: what the Historical Record Shows." Swedish Economic Policy Review 1996, 3: S.175–198 sowie: Albrecht Ritschl, Deutschlands Krise und Konjunktur, 1924–1934. Binnenkonjunktur, Auslandsverschuldung und Reparationsproblem zwischen Dawes-Plan und Transfersperre. Berlin, Akademie-Verlag, 2002. (vgl. Helge Berger und Ulrich Woitek „Searching for Political Business Cycles in Germany", Public Choice, 1997, 91, S. 179–197.

21.3.2 Spiele zwischen politischen Entscheidungsträgern

Eine weitere Diskussion konzentriert sich nicht so sehr auf Spiele zwischen Politikern und Wählern, sondern auf Spiele zwischen politischen Parteien. Betrachten wir zum Beispiel das Thema der Rückführung des Budgetdefizits in den Vereinigten Staaten. Obwohl große Budgetdefizite bereits Mitte der 1980er-Jahre von einer breiten Mehrheit als eines der größten makroökonomischen Probleme der Vereinigten Staaten betrachtet wurden, dauerte es nochmals 15 Jahre, bis das Defizit eliminiert werden konnte. Manche Verzögerungen sind Teil des normalen demokratischen Prozesses: Um ein Budgetdefizit zu reduzieren, sind schmerzvolle Entscheidungen nötig, und es dauert seine Zeit, bis ein Konsens gefunden ist. Es scheinen jedoch auch noch andere Faktoren am Werk zu sein. Auch wenn sich die beiden politischen Parteien einig sind, was die Notwendigkeit einer Defizitreduktion angeht, so sind sie doch unterschiedlicher Ansicht, was die Frage betrifft, wie die Rückführung des Budgetdefizits erfolgen sollte. Da die Republikaner eine geringere Rolle des Staates anstreben, legen sie ihren Schwerpunkt auf eine Reduktion der Ausgaben. Die Demokraten dagegen stehen Steuererhöhungen aufgeschlossener gegenüber. Jede Seite beharrt auf ihrem Standpunkt, in der Hoffnung, die andere Seite wird nachgeben.

Spieltheoretiker bezeichnen derartige Situationen als Zermürbungskriege. Die Hoffnung auf ein Nachgeben der anderen Seite führt häufig zu langen und kostspieligen Verzögerungen. Derartige Zermürbungskriege finden oft in Zusammenhang mit der Fiskalpolitik statt. Reduktionen des Budgetdefizits erfolgen daher häufig viel später als eigentlich erforderlich. Dies wird in Zeiten der Hyperinflation besonders deutlich. Wie wir in ▶ Kapitel 22 sehen werden, entstehen Hyperinflationen aufgrund des Einsatzes von Geldschöpfung, um große Budgetdefizite zu finanzieren. Meistens wird die Notwendigkeit der Reduktion von Budgetdefiziten sehr früh anerkannt, die Unterstützung für Stabilisierungsprogramme –

die die Eliminierung dieser Budgetdefizite beinhalten – wird jedoch oft erst dann geleistet, wenn die Inflation ein so hohes Niveau erreicht hat, dass die Wirtschaft ernsthaft in Mitleidenschaft gezogen worden ist.

FOKUS

Fiskalregeln im Euroraum: Die Geschichte des Stabilitäts- und Wachstumspakts

Im Maastricht-Vertrag von 1992 vereinbarten die EU-Mitgliedstaaten, dass die Staaten bestimmte **Konvergenzkriterien** erfüllen müssen, bevor sie dem Euro beitreten dürfen (vgl. die Fokusbox zum *„Euro"* in ▶ **Kapitel 1**). Zwei dieser Kriterien beziehen sich auf die Fiskalpolitik: Die **Defizitquote** (das nominale Budgetdefizit als Anteil am BIP) soll unter 3% liegen; die Schuldenquote (die nominale Staatsverschuldung als Anteil am BIP) unter 60% – zumindest sollte sie sich diesem Wert hinreichend annähern. ▶ **Abbildung 1**zeigt die Entwicklung von Schulden- und Defizitquote in einzelnen Ländern des Euroraums seit 1970.

▶ **Abbildung 1** verdeutlicht, dass sich die Schuldenquote im Euroraum insgesamt nicht allzu stark von der Entwicklung in den Vereinigten Staaten unterscheidet; in Japan ist sie dagegen besonders rasant angestiegen. ▶ **Abbildung 2** illustriert die starken Unterschiede innerhalb der Länder des Euroraums: Die Schuldenquoten von Italien, Belgien und Irland lagen Anfang der 1980er-Jahre sehr hoch – bei knapp 100%. In Irland ist die Schuldenquote ebenso wie in Spanien Anfang des neuen Jahrtausends stark gesunken. Dagegen ist sie in Griechenland stetig angestiegen. Mit der Finanzkrise ist die Schuldenquote auch in Irland und Spanien wieder stark angestiegen. ▶ **Abbildung 3** zeigt die hohen Defizitquoten, die für diesen Anstieg verantwortlich waren.

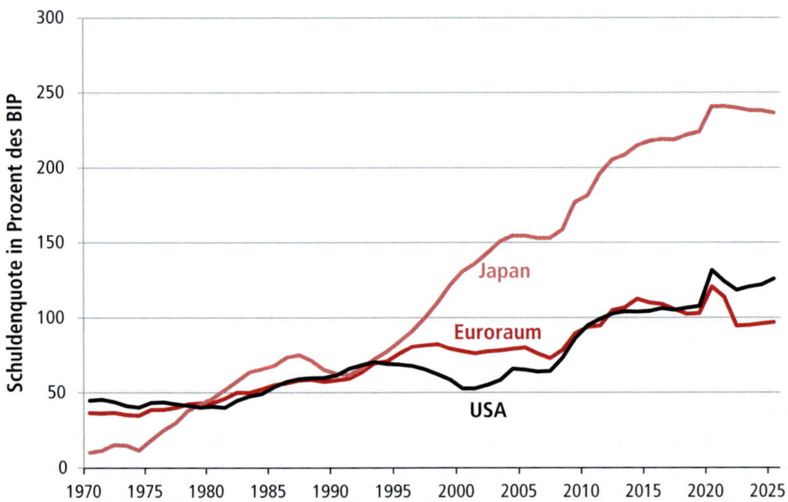

Abbildung 1 Schuldenquote (Bruttoverschuldung in Relation zum BIP): Euroraum, Japan, USA
Quelle: OECD Economic Outlook, Table 36 Gross_Financial_Liabilities

Die Referenzwerte im **Vertrag von Maastricht** forderten als wichtige Voraussetzung für den Beitritt zum Euroraum die Umkehr dieses Trends zu hoher Verschuldung. ▶ **Abbildung 1** lässt erkennen, dass diese Forderung im Lauf der 1990er-Jahre disziplinierend gewirkt hat: Schulden- und Defizitquoten sind in diesem Zeitraum durchwegs zurückgegangen. Wesentlich dazu beigetragen hat freilich auch, dass die hohe Zinsbelastung für stark verschuldete Staaten dank weltweit rückläufiger Zinsen zurückging. In vielen Ländern des heutigen Euroraums sind die Zinsen für Staatsanleihen besonders stark gesunken, weil im Zug der Konvergenz die Risikoprämien gegenüber deutschen Anleihen immer kleiner wurden.

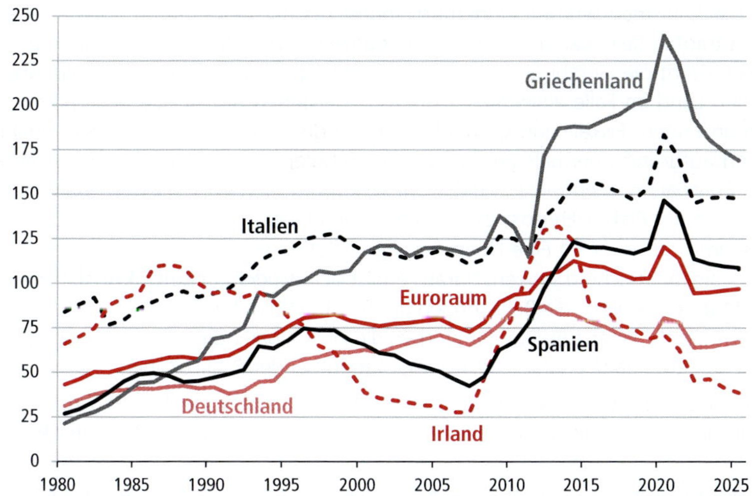

Abbildung 2 Schuldenquote (Bruttoverschuldung in Relation zum BIP): Belgien, Deutschland, Griechenland, Italien, Irland, Spanien

Quelle: OECD Economic Outlook, Table 36 Gross_Financial_Liabilities

Auf Initiative der deutschen Regierung wurden 1997 Regeln beschlossen, die sicherstellen sollten, dass auch nach einem erfolgreichen Beitritt übermäßige Defizite vermieden werden: der Europäische Stabilitäts- und Wachstumspakt (ESWP). Die Regeln des ESWP sind sogar strenger als der Maastricht-Vertrag: Die Euro-Mitgliedsländer verpflichten sich darauf, mittelfristig ein ausgeglichenes Budget zu erreichen. Sie müssen der Europäischen Kommission jährlich Stabilitätsprogramme vorlegen, die als Frühwarnsystem detailliert den Fortschritt auf diesem Weg über die nächsten drei Jahre dokumentieren. Exzessive Defizite (Defizitquoten von über 3%) sind nur in besonderen Ausnahmefällen zulässig. Andernfalls wird beim Überschreiten des Referenzwerts von 3% für das betreffende Mitgliedsland ein Defizitverfahren eingeleitet. Es sieht genaue, freilich nicht verbindlich festgelegte Sanktionen vor. Sie sollen nach Ablauf bestimmter Fristen verhängt werden, in denen das Land seine Fiskalpolitik noch korrigieren kann. Die vorgesehenen Strafzahlungen betragen zwischen 0,25% und 0,5% des BIP.

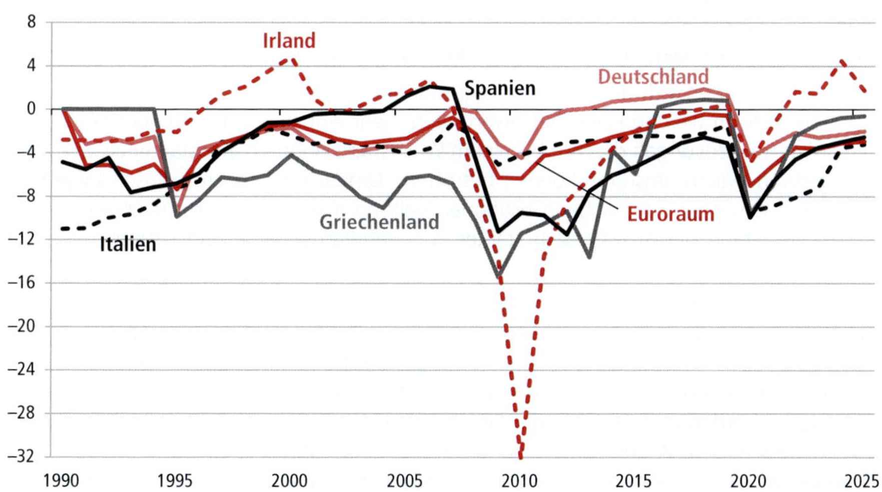

Abbildung 3 Neuverschuldung: Deutschland, Griechenland, Italien, Irland, Spanien und gesamter Euroraum

Quelle: OECD Economic Outlook, Table 31 Financial_Balances

Die Sanktionsmechanismen wurden eingeführt angesichts der Befürchtung, dass ein Land, das eine langfristig nicht tragfähige Fiskalpolitik verfolgt, negative externe Effekte auf alle anderen Mitgliedsländer ausübt: Es besteht die Gefahr, dass die Finanzmärkte damit rechnen, alle Mitgliedsländer würden dem betroffenen Land im Falle eines Staatsbankrotts beistehen und so die Risikoprämien im gesamten Euroraum ansteigen. Fiskal- und Geldpolitik sind zudem langfristig nicht völlig unabhängig voneinander. Wenn aufgrund übermäßiger Defizite der Schuldenstand zu hoch wird, könnte politischer Druck auf die Europäische Zentralbank (EZB) entstehen, ihre Zinsen zu senken bzw. die Geldmenge auszuweiten. Nach der **Fisher-Hypothese** sind die Nominalzinsen vom Realzins und den Inflationserwartungen bestimmt ($i = r + \pi^e$) Eine Überraschungsinflation ($\pi > \pi^e$) könnte den effektiven Realzins und damit die reale Staatsschuld senken. Daraus ergibt sich wieder ein **Zeitinkonsistenzproblem** (vgl. ▸ **Abschnitt 21.2**): der Anreiz, die Belastungen der Staatsschuld durch eine Überraschungsinflation zu reduzieren. Rechnen die Finanzmärkte damit, dass die Zentralbank diesem Druck nachgibt, steigen die Inflationserwartungen – ganz analog zur Argumentation bei der Phillipskurve.

Ein zentrales Anliegen des ESWP bestand also darin, die Fiskalpolitik glaubwürdig zu disziplinieren, um so die funktionelle Unabhängigkeit der EZB zur Sicherung ihres primären Ziels, der Preisstabilität, zu stützen.

Wie die ▸ **Abbildung 2**und ▸ **Abbildung 3** deutlich erkennen lassen, hatte der ESWP nach 1999 jedoch keine allzu große disziplinierende Wirkung: Die Defizitquoten stiegen infolge des schwachen Wachstums wieder an. Auch wenn für den gesamten Euroraum die 3%-Grenze nicht überschritten wurde, zeichnen sich gerade die großen Länder Deutschland und Frankreich durch exzessive Defizite aus. Deutschlands Defizitquote lag von 2001 bis 2005 über der 3%-Grenze und hat damit das Defizitkriterium des Euro-Stabilitätspakts ständig verletzt.

Nach der ursprünglichen Regelung wären für Deutschland 2002/2003 Strafzahlungen fällig geworden. Trotzdem wurde das Defizitverfahren erst im März 2006 verschärft; Strafzahlungen (in Höhe von ca. 11 Mrd. €) wären erst dann zu zahlen, wenn auch 2007 die Defizitgrenze verfehlt wird. Aus politökonomischer Sicht kommt das nicht überraschend: An der Überprüfung der Stabilitätsprogramme und der Beurteilung der Übermäßigkeit von Defiziten ist zwar neben dem Ecofin-Rat (den Finanzministern der nationalen Regierungen) auch die Europäische Kommission (die Exekutive der EU) beteiligt. Die Entscheidungsbefugnis, um Übermäßigkeit und anschließende Sanktionen festzulegen, liegt aber allein beim Rat und damit bei den nationalen Regierungen. Eine Koalition von Defizitsündern kann leicht verhindern, dass die Strafprozedur in Gang kommt. Genau dieser Fall ist bereits 2002 eingetreten. Trotz gegenteiliger Empfehlung der EU-Kommission verhinderte die deutsche Regierung durch Koalitionsbildung eine Warnmeldung. Nach harten Auseinandersetzungen wurde das Defizitverfahren im November 2003 auf Eis gelegt; es kam zu einem Rechtsstreit vor dem Europäischen Gerichtshof.

Im Frühjahr 2005 einigten sich die Finanzminister auf eine Reform des ESWP, die mehr Flexibilität erlaubt. Nach der Reform werden keine Defizitverfahren mehr eingeleitet, falls Länder negative Wachstumsraten aufweisen (zuvor galt dies nur bei einem Wachstumseinbruch, der stärker als 2% war). Doch selbst bei positiven Wachstumsraten können betroffene Länder nun andere „einschlägige Faktoren" wie Strukturreformen oder öffentliche Investitionen geltend machen, um ein Defizitverfahren zu vermeiden. Dahinter stand die Absicht, sich stärker auf Frühwarnsysteme und Gruppenzwang zu verlassen.

Eine Zeit lang ging die Defizitquote im Euroraum auf ein Tief von 0,5% im Jahr 2007 zurück, wiederum vor allem dank starken Wachstums und hoher Einnahmen. Die Finanzkrise löste dann aber einen starken Anstieg aus – 2010 übertraf die Quote mit nahe 6% das Defizitkriterium um fast das Doppelte. 23 der 27 Staaten der Europäischen Union verletzten das Defizitkriterium. Es war offensichtlich, dass die Regeln überdacht werden mussten. Mit der Einführung einer Schuldenbremse wurde in Deutschland schon 2009 eine schärfere Begrenzung im Grundgesetz eingeführt, die ein strukturelles (konjunkturbereinigtes) Defizit kaum mehr – nur in Höhe von maximal 0,35% des BIP – erlaubt, dafür aber eine Klausel für die flexible Anpassung an den Konjunkturverlauf vorsieht. (Der Unterschied zwischen dem konjunkturbereinigten und dem ausgewiesenen Defizit wird im nächsten Kapitel erörtert.) Die Mehrheit der EU-Mitgliedstaaten hat mit der Unterzeichnung des Europäischen Fiskalpakts, der am 1. Januar 2013 in Kraft trat, ähnlichen Schuldenbremsen (mit einer Grenze von 0,5% des BIP) zugestimmt. Sie sollen die langfristige, strukturell bedingte Verschuldung eng begrenzen; zugleich aber eine gewisse Flexibilität zur Stabilisierung im Konjunkturzyklus einräumen. Der Europäische Fiskalpakt hat vier zentrale Elemente:

- Die einzelnen Mitgliedstaaten sollen eine Regel für ein ausgeglichenes Staatsbudget in ihrer nationalen Gesetzgebung, möglichst in der Verfassung verankern.
- Der Vertrag definiert als ausgeglichenes Staatsbudget ein Budgetdefizit, das 3% nicht übersteigt. Vor allem aber soll das strukturell bedingte, um konjunkturelle Schwankungen bereinigte Defizit länderspezifische Grenzen nicht überschreiten. Für Staaten mit einer Schuldenquote höher als 60% soll das konjunkturbereinigte Defizit 0,5% des BIP nicht übersteigen; für die anderen Staaten liegt die Grenze bei höchstens 1%.
- Staaten mit einer Schuldenquote höher als 60% sollen sie im Lauf der Zeit abbauen – und zwar im Durchschnitt pro Jahr mindestens um ein zwanzigstel des Wertes, der die 60%- Grenze übersteigt. (Liegt die Schuldenquote etwa bei 100%, soll sie jedes Jahr mindestens um $0{,}05(100 - 60) = 2\%$ abgebaut werden.)
- Weicht das Budget eines Landes stark von der zweiten Regel ab, wird ein automatischer Korrekturmechanismus (das Verfahren bei einem übermäßigen Defizit) ausgelöst. Die Umsetzung dieses Verfahrens erfolgt länderspezifisch, wird aber von der EU-Kommission und dem Europäischen Rat überwacht.

2015 wurde zudem ergänzt, dass der Fortschritt bei der Umsetzung struktureller Reformen (wie etwa Regelungen des Pensionssystems oder auf Arbeits- und Gütermärkten) bei der Entscheidung berücksichtigt wird, ob ein Verfahren bei einem übermäßigen Defizit ausgelöst wird.

Das durchschnittliche Defizit der Staaten im Euroraum ist bis zum Jahr 2019 stetig auf 0,6% gesunken – wieder dank Wachstums, hoher Einnahmen sowie niedriger Zinsbelastung. Aufgrund der im Vergleich zum BIP-Wachstum niedrigen Zinsen ging die Zinsbelastung vieler Staaten selbst bei hohen Schuldenquoten im Lauf der vergangenen Jahrzehnte zurück (vgl. ▶ **Abbildung 4**).

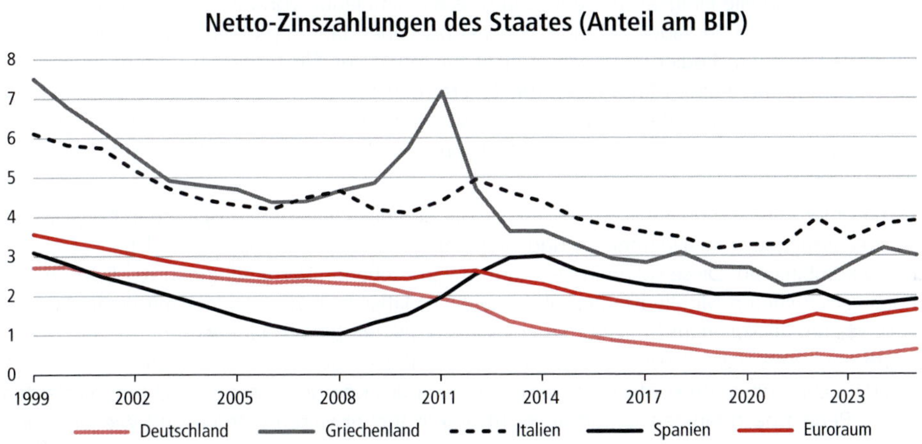

Abbildung 4 Netto-Zinszahlungen des Staates (Anteil am BIP): Deutschland, Griechenland, Italien, Spanien
Quelle: OECD Economic Outlook, Table 33 Net_Interest_Payments

Angesichts der massiv ansteigenden Ausgaben musste das Regelwerk 2021 ausgesetzt werden, um den Ländern die Möglichkeit zu geben, auf die Covid-Pandemie zu reagieren. Die Defizite stiegen wieder an; sie erreichten 2021 7% des BIP des Euroraums (vgl. ▶ **Abbildung 3**) und gingen erst danach wieder zurück.

Weil sich die alten Regeln mit einheitlichen quantitativen Vorgaben für alle als nicht praktikabel erwiesen, versuchte die Europäische Kommission, neue, bessere Regeln zu entwerfen. Sie sollen einerseits eine Schuldenexplosion verhindern, andererseits aber den Ländern genügend Spielraum lassen, um die Finanzpolitik zur makroökonomischen Stabilisierung bzw. zur Bewältigung anstehender Transformationsaufgaben einzusetzen. Sie argumentierte, die Geschichte der europäischen Fiskalregeln zeige, dass es kaum möglich ist, für alle Staaten einheitliche quantitative Regeln zu formulieren: Die Welt ist einfach zu kompliziert.

Die Kommission plädierte für einen Wechsel von starren, einheitlichen Regeln für alle Mitgliedstaaten hin zu Vorgaben, die die unterschiedliche Situation in den einzelnen Mitgliedstaaten berücksichtigen sollten. Sie entwickelte hierzu eine gemeinsame Methodik für alle Mitgliedstaaten samt übergreifender

„Standards", die auf die Tragfähigkeit der Verschuldung abzielen, aber gerade den höher verschuldeten Mitgliedstaaten keine unrealistischen Anpassungen des Defizits abverlangen sollte.

Kernidee ist es, den fiskalischen Anpassungsbedarf durch die Analyse der Schuldentragfähigkeit gemäß den länderspezifischen Besonderheiten zu bestimmen. Es wird eine stochastische Analyse erstellt, die der großen Ungewissheit über die verschiedenen Determinanten der Schuldendynamik Rechnung trägt. Im Mittelpunkt dieser Bewertung steht eine Simulation des Verlaufs der Schuldenquote. Sie berücksichtigt Unsicherheit über Wachstumsraten, Zinssätze, demographische Entwicklung und andere Ereignisse, die sich auf die Defizite auswirken. Eine solche Simulation bezeichnet man als Schuldentragfähigkeitsanalyse (DSA). Sie kann dazu verwendet werden, die Wahrscheinlichkeit zu bewerten, dass die Verschuldung tragbar ist, d.h. dass die Schuldenquote nicht explodiert. Zeigt sich, dass ein erhebliches Risiko besteht, dass die Verschuldung nicht tragfähig ist, kann das Land aufgefordert werden, finanzpolitische Maßnahmen zu ergreifen, um dies zu vermeiden.

Die Schuldenquote sollte in allen Ländern mit einem Schuldenstand von über 60% nach vier bis sieben Jahren mit hoher Wahrscheinlichkeit sinken. Zeitplan und Tempo der Anpassung innerhalb des Zeitraums von vier bis sieben Jahren sollten aber flexibel genug sein, um realistische jährliche Anpassungsziele zu ermöglichen und auch Raum für „grüne" Investitionen in Klimaschutz zu schaffen. Die individuelle Situation der einzelnen Länder sollte stärker als bislang berücksichtigt werden. Als wichtigstes operatives Ziel dient dabei der Nettoausgabenpfad (ohne Zinszahlungen und konjunkturelle Effekte), um das System weniger prozyklisch zu machen. Unabhängige nationale Finanzinstitutionen (IFI) sollten die Einhaltung des vereinbarten Nettoausgabenpfads auf nationaler Ebene überwachen und bewerten.

Eine Reihe von Ländern, insbesondere Deutschland, waren jedoch skeptisch bezüglich des Vorschlags der Kommission. Sie verwiesen auf die Tatsache, dass eine solche Simulation viele Annahmen erfordert, über die keine generelle Einigkeit besteht, und dass die Simulation von den Ländern manipuliert werden könnte. Zudem sei der lange Zeitraum von vier bis sieben Jahren problematisch, weil die Verbindlichkeit etwa bei einem Regierungswechsel nicht garantiert sei. Sie forderten härtere, quantitativere Auflagen, insbesondere eine Mindestzahl für die erforderliche Senkung der Schuldenquote im Laufe der Zeit. Sie verlangten, dem Regelwerk weiterhin sogenannte „Sicherheitslinien" einzuziehen – generelle quantifizierbare Ziele für den Mindestabbau von Schulden- und/oder Defizitquoten als Verfahren bei einem übermäßigen Defizit.

In einem Kompromiss wurde Ende 2023 entschieden, den Vorschlag der Europäischen Kommission zur Tragfähigkeitsanalyse (mit allgemeinen und nationalen Ausweichklauseln) mit solchen „Sicherheitslinien" zu kombinieren. Diese sollen in den künftig vorgesehenen Verhandlungen der EU-Kommission mit hoch verschuldeten Mitgliedstaaten als genereller Maßstab dienen. Länder mit einem Defizit von mehr als 3% des BIP sollen ihr Defizit um mindestens 0,5% des BIP pro Jahr verringern. Liegt die Schuldenquote über 90% des BIP, soll sie pro Jahr um einen Prozentpunkt gesenkt werden. Die Einhaltung soll von der EU-Kommission kontrolliert werden. Kritiker des Kompromisses befürchten, dass sich auch die neuen Regeln nach einigen Jahren als nicht praktikabel erweisen werden und wieder angepasst werden müssen.

21.3.3 Regeln für ein ausgeglichenes Staatsbudget

Wirtschaftspolitik ist mitunter verantwortlich für das Entstehen lang anhaltender Budgetdefizite; diese Defizite werden oft erst dann abgebaut, wenn die Staatsverschuldung auf ein sehr hohes Niveau angestiegen ist. Sollten deshalb Regeln eingeführt werden, die solch negative Wirkungen verhindern?

In den Vereinigten Staaten wurde 1994 vorgeschlagen, in der Verfassung ein ausgeglichenes Budget gesetzlich zu verankern. Dieser Vorschlag könnte sicher das Problem zu hoher Defizite lösen; er würde aber (analog zu starren Regeln für das Geldmengenwachstum) gänzlich verhindern, dass Fiskalpolitik überhaupt als makroökonomisches Stabilisierungsinstrument eingesetzt werden kann.

Ein besserer Weg besteht darin, Regeln einzuführen, die Obergrenzen für Defizite oder Verschuldung festlegen. Das ist freilich schwieriger, als es den Anschein hat. Obergrenzen für Defizit- oder Schuldenquoten sind zwar flexibler als die Forderung eines ausgeglichenen Budgets. Es kann aber sein, dass sie nicht flexibel genug sind, wenn die Wirtschaft von besonders harten Schocks getroffen wird. Die Erfahrungen mit dem Europäischen Stabilitäts- und Wachstumspakt (ESWP), die in der Fokusbox *„Fiskalregeln im Euroraum: Die Geschichte des Stabilitäts- und Wachstumspakts"* beschrieben werden, machen dies deutlich. Flexiblere, damit komplexere Regeln sind viel schwieriger zu entwerfen und noch schwerer durchzusetzen. Eine Regel etwa, die höhere Defizite erlaubt, sofern die Arbeitslosenquote über die natürliche Quote ansteigt, funktioniert nur, wenn sich die natürliche Arbeitslosenquote einfach und ohne Manipulationsspielraum berechnen ließe. Das ist aber unmöglich.

Ein anderer Ansatz besteht darin, Mechanismen einzuführen, die einen automatischen Abbau der Defizite vorsehen, sobald sie entstanden sind.

Betrachten wir als Beispiel einen Mechanismus, der automatische Kürzungen bei den Ausgaben mit sich bringt, wenn das Defizit zu groß wird. Nehmen wir an, dass das Budgetdefizit zu groß ist und Ausgabenkürzungen von insgesamt 5% angestrebt werden. Abgeordneten wird es schwerfallen, den eigenen Wählern zu erklären, warum gerade Projekte gekürzt werden, die sie selbst betreffen. Wenn nun aber automatisch, also ohne Entscheidung des Parlaments, eine allgemeine Ausgabenkürzung nach der „Rasenmähermethode" erfolgt, dann fällt es leichter, auch Kürzungen im eigenen Bereich zu akzeptieren. Abgeordnete, die es schaffen, die Kürzung in bestimmten Bereichen auf etwa nur 4% zu beschränken, könnten dann sogar Erfolg dafür beanspruchen, dass sie größere Kürzungen vermeiden konnten. Dies ist die Methode, mit der es in den Vereinigten Staaten im Lauf der 1990er-Jahre gelungen ist, die Defizite abzubauen. Der Budget Enforcement Act (1990 verabschiedet und 1993 sowie 1997 modifiziert) führte zwei zentrale Regeln ein:

- Er legte für die Ausgaben Beschränkungen fest. Die Ausgaben wurden in zwei Kategorien unterteilt, diskretionäre Ausgaben (Ausgaben für Güter und Dienstleistungen, einschließlich Verteidigungsausgaben) und obligatorische Ausgaben (Transferzahlungen an Individuen). Beschränkungen, Caps genannt, wurden für die diskreten Ausgaben für die nächsten fünf Jahre festgelegt. Sie wurden so festgesetzt, dass sie eine geringe, aber stetige Rückführung der diskretionären Ausgaben (nicht nur nominal, sondern real) erforderlich machten. Für Notfälle wurden explizit Vorkehrungen getroffen. Die Ausgaben für die Operation Desert Storm während des Golfkrieges 1991 waren zum Beispiel nicht den Caps unterworfen.
- Er legte zudem fest, dass neue Transferprogramme nur verabschiedet werden konnten, wenn gezeigt werden konnte, dass sie die Defizite in der Zukunft nicht erhöhen würden (entweder durch die Schaffung von neuen Einnahmen oder durch die Reduktion der Ausgaben in einem anderen bereits bestehenden Programm). Diese Regel ist unter dem Begriff *pay-as-you-go* oder als PAYGO-Regel bekannt.

Entscheidend war, dass die Ausgaben, nicht aber das Defizit im Zentrum dieses Regelwerks standen. Im Fall einer Rezession mit rückläufigen Einnahmen konnte das Defizit ansteigen, ohne einen Rückgang der Ausgaben auszulösen. Dies geschah 1991 und 1992, als aufgrund der Rezession das Defizit anstieg – obwohl die Ausgaben die Beschränkungen durch die Caps erfüllten. Die Verschiebung des Schwerpunktes hatte zwei wünschenswerte Effekte: (1) die Ermöglichung eines größeren Defizits während einer Rezession – wünschenswert aus Sicht der makroökonomischen Politik – und (2) die Verminderung des Drucks, die Regeln während einer Rezession zu verletzen – wünschenswert aus politischer Sicht.

Oberflächlich betrachtet scheint dieses Regelwerk sehr erfolgreich gewesen zu sein: 1998 war das Defizit verschwunden. Aber dafür waren nicht allein diese Regeln verantwortlich. Wichtige Faktoren waren auch das Ende des Kalten Krieges (mit dem daraus resultierenden Rückgang der Verteidigungsausgaben) und der Anstieg der Steuereinnahmen aufgrund des starken Wachstums (die Steuereinnahmen aus Kapitalgewinnen stiegen dank der Aktien-Rallye rasant an). Es spricht aber viel dafür, dass das Regelwerk sicherstellte, dass der Rückgang der Verteidigungsausgaben und der Anstieg der Steuereinnahmen für den Abbau des Defizits statt für höhere Staatsausgaben verwendet wurden.

Mit steigenden Budgetüberschüssen nahm freilich die Bereitschaft des Parlaments zu, die eigenen Regeln zu brechen: Die Ausgabengrenzen wurden systematisch überschritten; die PAYGO-Regel wurde 2002 sogar abgeschafft. Viele Ökonomen gehen davon aus, dass die hohen Staatsdefizite in den Vereinigten Staaten noch lange Jahre anhalten werden. Der Budget Enforcement Act war zwar zum Abbau des Defizits im Lauf der 1990er-Jahre hilfreich, er konnte aber den neuerlichen Anstieg hoher Defizite in jüngster Zeit nicht verhindern. Auch die Erfahrungen im Euroraum, die in der Fokusbox *„Fiskalregeln im Euroraum: Die Geschichte des Stabilitäts- und Wachstumspakts“* diskutiert werden, machen deutlich, dass die Frage nach angemessenen Regeln zur Begrenzung der Staatsverschuldung in Zukunft weiterhin ein zentrales Thema für die Fiskalpolitik bleiben wird.

ZUSAMMENFASSUNG

- Die Effekte makroökonomischer Politikmaßnahmen sind immer unsicher. Diese Unsicherheit sollte die politischen Entscheidungsträger dazu veranlassen, vorsichtiger zu sein und eine weniger aktive Politik zu verfolgen. Politikmaßnahmen sollten breit angelegt sein und darauf abzielen, lang anhaltende Rezessionen zu vermeiden, Booms zu dämpfen und inflationären Druck zu vermeiden. Je höher die Arbeitslosigkeit oder die Inflation ist, desto aktiver sollte sich die Politik verhalten. Die Politik sollte jedoch keine Feinsteuerung versuchen, oder eine konstante Arbeitslosigkeit oder ein konstantes Produktionswachstum anstreben.
- Der Einsatz von makroökonomischen Politikmaßnahmen zur Kontrolle der Wirtschaft unterscheidet sich substanziell von der Kontrolle einer Maschine. Im Gegensatz zu einer Maschine setzt sich die Wirtschaft aus Individuen und Unternehmen zusammen, die versuchen, das Handeln der politischen Entscheidungsträger vorherzusagen, die nicht nur auf die aktuelle Politik, sondern auch auf Erwartungen bezüglich der zukünftigen Politik reagieren. Aus dieser Sicht heraus kann man sich makroökonomische Politik als ein Spiel zwischen den politischen Entscheidungsträgern und der Wirtschaft vorstellen.
- Wenn ein Spiel gespielt wird, ist es für einen Spieler oft vorteilhaft, auf einige seiner Optionen zu verzichten. Wenn es beispielsweise zu einer Flugzeugentführung kommt, dann ist es am besten, mit den Flugzeugentführern zu verhandeln. Eine Regierung jedoch, die sich glaubwürdig dazu verpflichtet, keine Verhandlungen mit Flugzeugentführern zu führen – die also auf die Option von Verhandlungen verzichtet –, kann potenzielle Flugzeugentführer mit einer größeren Wahrscheinlichkeit davon abhalten, überhaupt eine Flugzeugentführung zu versuchen.
- Dieselbe Argumentation trifft auf verschiedene Aspekte der makroökonomischen Politik zu. Eine Zentralbank kann, indem sie sich glaubwürdig dazu verpflichtet, die Geldpolitik nicht einzusetzen, um die Arbeitslosenquote unter die natürliche Rate der Arbeitslosigkeit zu senken, Befürchtungen abschwächen, dass es zu hohem Geldmengenwachstum kommen könnte. Auf diese Weise kann die Zentralbank sowohl die erwartete als auch die tatsächliche Inflation reduzieren. Wenn das Thema Zeitinkonsistenz relevant ist, dann können enge Beschränkungen der politischen Entscheidungsträger – wie zum Beispiel im Fall der Geldpolitik eine Regel, die ein festes Geldmengenwachstum vorgibt – eine grobe Lösung schaffen. Eine derartige Lösung ist jedoch vielleicht mit hohen Kosten verbunden, wenn sie den Einsatz von makroökonomischen Politikinstrumenten völlig ausschließt. Bessere Methoden beinhalten typischerweise das Design von besseren Institutionen (wie zum Beispiel eine unabhängige Zentralbank), die das Problem der Zeitinkonsistenz reduzieren können, ohne dass die Geldpolitik als makroökonomisches Politikinstrument völlig eliminiert wird.
- Ein anderes Argument für Beschränkungen der politischen Entscheidungsträger besteht darin, dass die Politiker unter Umständen Spiele mit der Öffentlichkeit oder untereinander spielen, was zu nicht erstrebenswerten Ergebnissen führen könnte. Die Politiker versuchen vielleicht, kurzsichtige Wähler zu täuschen, indem sie Politikmaßnahmen implementieren, die mit kurzfristigem Nutzen, aber hohen langfristigen Kosten verbunden sind – zum Beispiel große Budgetdefizite. Politische Parteien verschieben unter Umständen schmerzhafte Entscheidungen in der Hoffnung, dass die andere Partei die Anpassung vornehmen und die Schuldzuweisungen erhalten wird. Diese Probleme existieren in der Realität, sie sind jedoch weniger weit verbreitet, als oftmals angenommen wird. In derartigen Fällen können enge Beschränkungen der Politik, wie zum Beispiel ein Zusatzartikel zur Verfassung, mit dem Ziel ein ausgeglichenes Budget zu gewährleisten, wieder eine grobe Lösung schaffen. Bessere Methoden beinhalten bessere Institutionen und eine bessere Ausgestaltung des politischen Entscheidungsprozesses.

Übungsaufgaben

(Lösungen auf **MyMathLab | Makroökonomie**)

Verständnistests

1 Welche der folgenden Aussagen sind zutreffend, falsch oder unklar? Geben Sie jeweils eine kurze Erläuterung.

a) Es besteht so viel Unsicherheit bezüglich der Effekte der Geldpolitik, dass es für uns besser wäre, sie nicht einzusetzen.

b) Wenn man in den USA eine niedrige Arbeitslosigkeit haben möchte, muss man einen Demokraten zum Präsidenten wählen.

c) Es gibt klare Beweise für einen politischen Konjunkturzyklus in den Vereinigten Staaten: Während der Wahlperiode ist die Arbeitslosigkeit niedrig, während der übrigen Zeit ist die Arbeitslosigkeit höher.

d) Regeln sind nicht geeignet, um Budgetdefizite zu reduzieren.

e) Es wäre weise, wenn Regierungen ankündigen würden, mit Geiselnehmern nicht zu verhandeln.

f) Regierungen sollten unter keinen Umständen jemals mit Geiselnehmern verhandeln.

g) Empirische Evidenz deutet darauf hin, dass Staaten mit unabhängiger Zentralbank im Durchschnitt niedrigere Inflationsraten aufweisen.

h) Eine Senkung des Zinssatzes um einen Prozentpunkt kann – je nach verwendetem Modellansatz – die Produktion um nicht mehr als 0,1 Prozentpunkte stimulieren.

i) Eine Senkung des Zinssatzes um einen Prozentpunkt kann – je nach verwendetem Modellansatz - die Produktion um bis zu 2,1 Prozentpunkte stimulieren.

2 Sind Sie dem Problem der Zeitinkonsistenz jemals in Ihrem Privatleben begegnet? Wer waren die Spieler in diesem Spiel?

3 Sie sind der wirtschaftspolitische Berater eines neu gewählten Präsidenten. In vier Jahren wird er sich wieder einer Wahl stellen müssen. Die Inflation betrug letztes Jahr 3% und die Arbeitslosenquote war gleich der natürlichen Arbeitslosenquote. Die Phillipskurve sieht wie folgt aus:

$$\pi_t = \pi_{t-1} - \alpha(u_t - u_n)$$

a) Nehmen Sie an, Sie könnten Fiskalpolitik und Geldpolitik einsetzen, um genau die von Ihnen angestrebte Arbeitslosenquote für die nächsten vier Jahre zu erreichen. Schreiben Sie ein kurzes Memo an den Präsidenten, welche Arbeitslosenquote und welche Inflationsrate er anstreben sollte.

b) Wenn die Phillipskurve durch die folgende Gleichung beschrieben wird

$$\pi_t = \pi_t^e - \alpha(u_t - u_n)$$

wie würden Sie dann den Inhalt Ihres Memos ändern? Die Menschen bilden ihre Inflationserwartungen nicht nur auf Basis der Inflation des vergangenen Jahres, sondern sind sich über die Anreize der Politik bewusst, die in Teilaufgabe a. beschrieben wurden.

4 Welche Vorkehrungen würden Sie treffen, um mit Geiselnahmen durch Terroristen umzugehen? *(Zusatzartikel zur Verfassung, Gesetzgebung, technologische Mittel)*

5 Neuseeland verfasste zu Beginn der 1990er- Jahre eine neue Charter für seine Zentralbank, um eine niedrige Inflationsrate zum einzigen Ziel der Zentralbank zu machen. Welche Motive hatte Neuseeland?

Vertiefungsfragen

6 Es gibt zwei Parteien: die Demokraten, die sich viel mehr um die Arbeitslosigkeit sorgen als um die Inflation, und die Republikaner, die sich viel mehr um die Inflation als um die Arbeitslosigkeit sorgen. Die Phillipskurve wird durch die folgende Gleichung beschrieben:

$$\pi_t = \pi_t^e - \alpha(u_t - u_n)$$

wobei π_t^e beschreibt, welche Inflationsrate im Jahr $t-1$ für das Jahr t erwartet wird.

Am Ende des Jahres finden Wahlen statt. Demokraten und Republikaner haben die gleichen Chancen, die Wahlen zu gewinnen und das nächste Jahre an der Macht zu sein.

a) Beschreiben Sie, wie die Wirtschaftssubjekte ihre Inflationserwartungen für das nächste Jahr bilden werden.

b) Gegeben diese Erwartungen, beschreiben Sie, wie sich die Inflation und die Arbeitslosigkeit im nächsten Jahr entwickeln werden, wenn die Demokraten gewinnen.

c) Gegeben diese Erwartungen, beschreiben Sie, wie sich die Inflation und die Arbeitslosigkeit im nächsten Jahr entwickeln werden, wenn die Republikaner gewinnen.

d) Passen diese Ergebnisse zu den Fakten in ▶ **Tabelle 21.1**? Warum oder warum nicht?

e) Nehmen Sie nun an, dass alle einen Wahlsieg der Demokraten erwarten. Nehmen Sie an, dass die Demokraten tatsächlich gewinnen. Wie entwickeln sich die Inflation und die Arbeitslosigkeit im nächsten Jahr?

f) Wenn die Zentralbank ein Inflationsziel verfolgt und die Geldpolitik bei unabhängiger Zentralbank nicht davon beeinflusst wird, wer die Wahl gewinnt, spielen dann die Präferenzen von Republikanern und Demokraten überhaupt eine Rolle? Wenn die amerikanische Zentralbank wirklich unabhängig wäre, wie könnte man dann die Ergebnisse in ▶ **Tabelle 21.1** erklären?

7 Nehmen Sie an, es liegt ein Budgetdefizit vor. Es kann reduziert werden, indem entweder die Rüstungsausgaben gekürzt werden oder indem Sozialleistungen gekürzt werden oder beides.
Die Demokraten müssen sich entscheiden, ob sie Kürzungen der Sozialleistungen unterstützen sollen. Die Republikaner müssen sich entscheiden, ob sie Kürzungen der Rüstungsausgaben unterstützen sollen. Jede Partei muss sich entscheiden, ohne die Entscheidung der anderen Partei zu kennen.
Die möglichen Ergebnisse können in einer Tabelle dargestellt werden:
Um die Tabelle lesen zu können, sehen Sie sich zum Beispiel das untere rechte Kästchen in der Box an. Wenn die Demokraten eine Kürzung der Sozialleistungen unterstützen und die Republikaner eine Kürzung der Rüstungsausgaben ablehnen, dann ist das Ergebnis, dass die Republikaner sehr glücklich, die Demokraten aber sehr unglücklich sind. Die Republikaner erhalten 3, die Demokraten erhalten –2. Es ist wichtig, dass Sie alle vier Kästchen in der Tabelle verstehen.

a) Wenn sich die Republikaner für eine Kürzung der Rüstungsausgaben entscheiden, was ist dann die beste Antwort der Demokraten? Wie viel erhalten die Republikaner bei dieser Antwort?

b) Wenn die Republikaner eine Kürzung der Rüstungsausgaben ablehnen, was ist dann die beste Antwort der Demokraten? Wie viel erhalten die Demokraten bei dieser Antwort?

c) Wie werden sich die Republikaner entscheiden? Wie werden sich die Demokraten entscheiden? Wird es zu einer Reduktion des Budgetdefizits kommen? Warum oder warum nicht? *(Es handelt sich hier um ein Beispiel für ein Spiel, das in der Spieltheorie als Gefangenendilemma bekannt ist.)* Gibt es eine Möglichkeit, das Ergebnis zu verbessern?

Rüstungsausgaben kürzen	Sozialleistungen kürzen	
	Ja	Nein
Ja	(R = 1, D = 1)	(R = –2, D = 3)
Nein	(R = 3, D = –2)	(R = –1, D = –1)

Fiskalpolitik – eine Zusammenfassung

22

22.1 Fiskalpolitik – was haben wir bisher gelernt? ... 648

22.2 Die staatliche Budgetrestriktion ... 649

22.3 Wichtige Themen aus der Fiskalpolitik ... 658

22.4 Die Gefahren hoher Staatsverschuldung ... 664

22.5 Aktuelle Herausforderungen hoher Staatsverschuldung ... 674

Die staatlichen Schuldenquoten, die im Jahr 2001 im Durchschnitt aller OECD Länder bei 69% lagen, haben sich bis zum Jahr 2024 mit 113% beinahe verdoppelt. In manchen Ländern sind sie noch wesentlich höher gestiegen – so etwa in Italien mit 150% oder in Japan mit 240%. Eine zentrale Herausforderung für die Regierungen besteht in der Frage, ob und wie rasch diese hohen Quoten abgebaut werden sollten, um zu verhindern, dass es zu einer Schuldenexplosion kommt. Von welchen Faktoren hängt es ab, ob staatliche Schulden tragfähig sind?

Diese Zahlen geben die Bruttoverschuldung wieder, auf die sich die öffentliche Diskussion meist bezieht. Für die Frage der Tragfähigkeit relevanter ist die Nettoverschuldung. Diese Größe ist niedriger. Sie korrigiert um Schulden, die von anderen staatlichen Institutionen gehalten werden und berücksichtigt auch Finanzvermögen des Staates. So lag diese Quote in Japan etwa im Jahr 2023 bei nur 115%. Da diese Quote in den einzelnen Ländern aber oft nach unterschiedlichen Kriterien berechnet wird, konzentrieren wir uns hier auf die Brutto-Schuldenquote.

In diesem Kapitel fassen wir zusammen, was wir bisher über Fiskalpolitik gelernt haben, und untersuchen genauer die Dynamik von Staatsdefiziten und Staatsschulden. Wir gehen dabei ausführlich auf die Implikationen der staatlichen Budgetrestriktion ein, das heißt auf den Zusammenhang zwischen Staatsverschuldung, Budgetdefizit, Staatsausgaben und Steuern. So werden wir die Probleme besser verstehen, die mit hoher Verschuldung einhergehen.

Kernbotschaft dieses Kapitels: Die Fiskalpolitik kann ein starkes wirtschaftspolitisches Instrument sein. Wenn man sie einsetzt, muss man sich über die kurz-, mittel- und langfristigen Wirkungen Gedanken machen.

- ▶ **Abschnitt 22.1** fasst zusammen, was wir bisher über Fiskalpolitik gelernt haben
- ▶ **Abschnitt 22.2** betrachtet die staatliche Budgetrestriktion genauer. Wir untersuchen ihre Implikationen für den Zusammenhang zwischen Budgetdefiziten, dem Zinssatz, der Wachstumsrate und der Staatsverschuldung.
- In ▶ **Abschnitt 22.3** beschäftigen wir uns mit wichtigen Bereichen der Fiskalpolitik, für die diese Restriktion eine zentrale Bedeutung hat, angefangen mit der Aussage, dass Budgetdefizite nicht wirklich von Bedeutung sind, über die Frage, wie konjunkturbedingte Schwankungen berücksichtigt werden sollten bis hin zu den Auswirkungen der Alterung der Gesellschaft.
- ▶ **Abschnitt 22.4** behandelt schließlich die Gefahren der Akkumulierung hoher Staatsverschuldung, angefangen vom Risiko multipler, sich selbst erfüllender Gleichgewichte bis hin zu Anreizen für Entschuldung und Hyperinflation.

22.1 Fiskalpolitik – was haben wir bisher gelernt?

- In ▶ **Kapitel 3** haben wir uns mit der Rolle von Staatsausgaben und Steuern bei der Bestimmung der Nachfrage und der Produktion in der kurzen Frist beschäftigt. Wir haben gesehen, wie in der kurzen Frist eine expansive Fiskalpolitik – das heißt, ein Anstieg der Staatsausgaben oder eine Steuersenkung – die Produktion steigen lässt.
- In ▶ **Kapitel 5** haben wir uns mit den kurzfristigen Effekten der Fiskalpolitik auf Produktion und Zinssatz beschäftigt. Wir haben gesehen, wie bei einer restriktiven Fiskalpolitik das verfügbare Einkommen und damit auch der Konsum sinken. Der Nachfragerückgang führt über den Multiplikatoreffekt zu einem Einbruch von Produktion und Einkommen. Wir haben auch gesehen, wie Fiskal- und Geldpolitik koordiniert eingesetzt werden können, um sowohl das Niveau als auch die Zusammensetzung der Produktion zu stabilisieren. Die Auswirkungen der Fiskalpolitik auf die Nachfrage können durch eine Zinssenkung der Zentralbank gemildert werden.
- ▶ **Kapitel 6** zeigte, wie in der Finanzkrise Fiskalpolitik als Stabilisierungsinstrument eingesetzt wurde. Weil in der Liquiditätsfalle der Leitzins nicht weiter gesenkt werden kann, spielt aktive Fiskalpolitik eine wichtige Rolle zur Stabilisierung. Ein starker Anstieg der Staatsausgaben und niedrigere Steuern reichten aber nicht aus, um eine Rezession zu verhindern.

- In ▶ **Kapitel 9** haben wir uns mit den Effekten der Fiskalpolitik in der kurzen und in der mittleren Frist beschäftigt. Wir haben gesehen, dass sich eine Haushaltskonsolidierung in der mittleren Frist (bei gegebenem Kapitalstock) nicht auf das Produktionsniveau auswirkt, sondern nur auf die Zusammensetzung der Ausgaben. In der kurzen Frist dagegen sinkt die Produktion. So wünschenswert eine Haushaltskonsolidierung aus anderen Gründen auch sein mag, so führt sie zunächst zu einer Rezession, wenn die Wirtschaft sich im Ausgangspunkt beim Produktionspotenzial befindet.
- In ▶ **Kapitel 11** haben wir uns damit beschäftigt, wie die Ersparnis und somit auch das Budgetdefizit die Kapitalakkumulation und das Produktionsniveau in der langen Frist beeinflussen. Wenn wir die Wirkung auf die Kapitalakkumulation berücksichtigen, so reduziert ein größeres Budgetdefizit und eine entsprechend geringere volkswirtschaftliche Sparquote die Kapitalakkumulation. In der langen Frist liegt das Produktionsniveau also niedriger.
- In ▶ **Kapitel 16** sind wir wieder zu den Effekten der Fiskalpolitik in der kurzen Frist zurückgekehrt. Wir haben dabei nicht nur die direkten Effekte der Fiskalpolitik durch Steuern und Staatsausgaben berücksichtigt, sondern auch die Effekte der Fiskalpolitik auf die Erwartungen. Wir haben gesehen, wie die Effekte der Fiskalpolitik davon abhängen, welche Erwartungen über die zukünftige Fiskal- und Geldpolitik vorherrschen. Dabei wurde transparent, wie eine Rückführung des Budgetdefizits unter gewissen Umständen zu einem Anstieg der Produktion – sogar in der kurzen Frist – führen kann.
- In ▶ **Kapitel 18** haben wir uns mit den Effekten der Fiskalpolitik beschäftigt, wenn die Volkswirtschaft durch offene Gütermärkte charakterisiert ist. Wir haben gesehen, wie die Fiskalpolitik sowohl die Produktion als auch die Handelsbilanz beeinflusst, und wir haben den Zusammenhang zwischen dem Budgetdefizit und dem Handelsdefizit analysiert. Wir haben gesehen, wie Fiskalpolitik und Wechselkursanpassungen eingesetzt werden können, um das Niveau der Produktion und seine Zusammensetzung zu beeinflussen.
- In ▶ **Kapitel 19** haben wir uns mit der Rolle der Fiskalpolitik in einer Volkswirtschaft beschäftigt, die sowohl offene Gütermärkte als auch offene Finanzmärkte aufweist. Wir haben gesehen, wie unter internationaler Kapitalmobilität die Effekte der Fiskalpolitik vom Wechselkursregime abhängen. Fiskalpolitik hat bei festen Wechselkursen eine sehr viel stärkere Wirkung auf die Produktion als bei flexiblen Wechselkursen.
- In ▶ **Kapitel 21** haben wir uns mit den Problemen beschäftigt, mit denen die politischen Entscheidungsträger konfrontiert sind, angefangen bei der Unsicherheit bezüglich der Wirkung von Politikmaßnahmen bis hin zu den Themen Zeitinkonsistenz und Glaubwürdigkeit. Wir haben die Vor- und die Nachteile von Beschränkungen der Fiskalpolitik gesehen, wie zum Beispiel von einem Verfassungszusatz, der ein ausgeglichenes Budget verlangt.
- In diesem Kapitel beschäftigen wir uns weiter mit den Implikationen der Budgetrestriktion, der sich die Regierung gegenübersieht, und diskutieren anschließend wichtige Themen der Fiskalpolitik.

22.2 Die staatliche Budgetrestriktion

Nehmen wir an, dass die Regierung, ausgehend von einem ausgeglichenen Budget, Steuersenkungen verabschiedet und so ein Budgetdefizit herbeiführt. Wie wird sich die Staatsverschuldung im Zeitverlauf entwickeln? Wird die Regierung in Zukunft gezwungen sein, die Steuern zu erhöhen? Wenn ja, um wie viel wird sie die Steuern erhöhen müssen?

22.2.1 Die Arithmetik von Defiziten und Staatsverschuldung

Um diese Fragen beantworten zu können, müssen wir mit der Definition des Budgetdefizits beginnen. Die staatliche Budgetrestriktion besagt, dass die Veränderung der Staatsverschuldung während des Jahres t dem Defizit entspricht, das während des Jahres t entsteht.

$$\text{Defizit}_t = B_t - B_{t-1} = iB_{t-1} + G_t - T_t \qquad (22.1)$$

Nach unserer Definition bezeichnen die Staatsausgaben G die Ausgaben für Güter und Dienstleistungen. Transferzahlungen sind in G nicht enthalten. Die Transferzahlungen werden stattdessen von T abgezogen; T steht für die Steuern abzüglich der Transferzahlungen.

Die Begriffe Defizit und Staatsverschuldung dürfen nicht verwechselt werden (viele Journalisten und Politiker verwechseln sie). Die Staatsverschuldung ist eine Bestandsgröße, also das, was der Staat als Ergebnis früherer Defizite schuldet. Das Defizit ist eine Stromgröße und sagt aus, wie viel neue Schulden die Regierung während eines gegebenen Jahres aufnimmt.

- B_{t-1} ist die Staatsverschuldung am Ende des Jahres t–1 oder, äquivalent, zu Beginn des Jahres t; B_t ist die Staatsverschuldung am Ende des Jahres t; i ist der Nominalzins. Der Term iB_{t-1} beschreibt demnach die nominalen Zinszahlungen auf die Staatsverschuldung im Jahr t.
- G_t sind die Staatsausgaben für Güter und Dienstleistungen während des Jahres t.
- T_t sind die Steuern abzüglich der Transfers während des Jahres t.

In Worten ausgedrückt: Das Budgetdefizit ist gleich den Staatsausgaben, einschließlich der Zinszahlungen auf die Staatsverschuldung, abzüglich der, um die Transferzahlungen korrigierten, Steuereinnahmen. Wird ein Defizit ausgewiesen, dann nimmt die Staatsverschuldung zu. Bei einem Überschuss nimmt die Staatsverschuldung ab.

Die staatliche Budgetrestriktion verknüpft die Veränderung der Staatsverschuldung mit dem anfänglichen Niveau der Staatsverschuldung (welches die Höhe der Zinszahlungen beeinflusst) und mit den aktuellen Staatsausgaben und Steuern. Es ist oftmals hilfreich, das Defizit in die Summe aus zwei Termen zu zerlegen:

- Die Zinszahlungen auf die Staatsverschuldung, iB_{t-1}.
- Die Differenz zwischen Staatsausgaben und Steuern, $G_t - T_t$. Dieser Term wird als Primärdefizit bezeichnet (äquivalent wird $T_t - G_t$ als Primärüberschuss bezeichnet).

Mit dieser Aufspaltung können wir Gleichung (22.1) wie folgt darstellen:

$$\overbrace{B_t - B_{t-1}}^{\text{Veränderung der Staatsverschuldung}} = \overbrace{iB_{t-1}}^{\text{Zinszahlungen}} + \overbrace{(G_t - T_t)}^{\text{Primärdefizit}}$$

Oder, wenn wir B_{t-1} auf die rechte Seite bringen und die Gleichung umstellen:

$$\overbrace{B_t}^{\text{Staatsverschuldung am Ende von Jahr } t} = \overbrace{(1+i)B_{t-1}}^{(1+i)B_{t-1} \text{ am Ende von Jahr } (t-1)} + \overbrace{G_t - T_t}^{\text{Primärdefizit}} \qquad (22.2)$$

Die Staatsverschuldung am Ende des Jahres t, B_t, ergibt sich als Summe aus dem Schuldenstand am Ende des Jahres t–1, B_{t-1}, multipliziert mit $(1 + i)$ und dem Primärdefizit während des Jahres t, $(G_t - T_t)$. Dieser Zusammenhang wird sich für unsere weitere Vorgehensweise als sehr nützlich erweisen.

Gleichung (22.2) zeigt uns, wie sich die nominale Staatsschuld verändert. Letztlich sind wir aber an der realen Schuldenbelastung interessiert. In Zeiten hoher Inflation verringert sich der reale Schuldenstand ganz einfach deshalb, weil mit steigender Inflation fixe nominale Zahlungen real immer weniger wert werden. Die nominalen Zahlen können daher äußerst irreführend sein. Wie in ▶ **Kapitel 14** lassen sich Nominalwerte und Nominalzinsen aber einfach in reale Werte und Realzinsen überführen, indem wir Gleichung (22.2) durch den jeweiligen Preisindex dividieren. Die reale Maßzahl für das Defizit wird oft als **Inflationsbereinigtes BIP** Defizit bezeichnet. In der Fokusbox *„Inflationsbereinigte Maßzahlen für das Budgetdefizit"* wird gezeigt, dass die Zinszahlungen auf diese Weise korrekt gemessen werden.

Wenn wir durch den Preisindex teilen, können wir die staatliche Budgetrestriktion wie folgt umformulieren:

$$\frac{B_t}{P_t} = (1+r)\frac{B_{t-1}}{P_{t-1}} + \frac{G_t - T_t}{P_t} \qquad (27.3)$$

Bei allen Größen zur Berechnung des realen Budgetdefizits im Jahr t handelt es sich um reale Variablen. Auch die Zinszahlungen messen wir als reale Zinszahlungen – das heißt, es handelt sich hier um das Produkt aus dem realen Zinssatz und den existierenden Schulden, nicht um die nominalen Zinszahlungen.

FOKUS

Inflationsbereinigte Maßzahlen für das Budgetdefizit

Die offiziellen Maßzahlen für das Budgetdefizit (Gleichung (22.1)) sind so konstruiert, dass sich das Budgetdefizit als Summe aus den nominalen Zinszahlungen iB und den Staatsausgaben für Güter und Dienstleistungen G abzüglich der um die Transferzahlungen bereinigten Steuern T ergibt. Dieser Ausdruck misst den Cashflow des Staates. Ist diese Maßzahl positiv, dann gibt der Staat mehr aus als er einnimmt; er muss daher Kredit aufnehmen. Wenn die Maßzahl negativ ist, dann kauft der Staat einen Teil seiner in der Vergangenheit ausgegebenen Schulden zurück.

Dieser Ausdruck ist jedoch keine zuverlässige Maßzahl für die Veränderung der realen Staatsverschuldung – das heißt für die Veränderung der Schulden des Staates, ausgedrückt in Gütern, nicht in Euro.

Um zu sehen, warum dies nicht der Fall ist, betrachten wir das folgende Beispiel: Nehmen wir an, die offizielle Maßzahl für das Budgetdefizit ist gleich null, sodass der Staat weder Schulden aufnimmt, noch Schulden zurückzahlt. Nehmen wir zudem an, die Inflation sei 10%. Dann ist am Ende des Jahres der reale Wert der Schuld um 10% gesunken.

Wenn wir das Defizit als Veränderung des realen Wertes der Staatsverschuldung definieren – so wie wir es sollten –, dann hat der Staat im Lauf des Jahres seine reale Verschuldung um 10% reduziert. Anders ausgedrückt: Der Staat hat einen Budgetüberschuss in Höhe von 10% der ursprünglichen Staatsverschuldung erzielt.

Allgemeiner formuliert: Wenn B für die Staatsverschuldung steht und π für die Inflation, dann überschätzt die offizielle Maßzahl für das Budgetdefizit die korrekte Maßzahl um einen Betrag in Höhe von πB. Man erhält die korrekte Maßzahl für das Budgetdefizit, indem wir Gleichung (22.2) zunächst durch das Preisniveau dividieren:

$$\frac{B_t}{P_t} = (1 + i_t)\frac{B_{t-1}}{P_t} + \frac{G_t - T_t}{P_t}$$

Setzen wir die Definition der Inflationsrate $P_t = P_{t-1}(1 + \pi_t)$ an geeigneter Stelle ein, erhalten wir:

$$\frac{B_t}{P_t} = (1 + i_t)\frac{B_{t-1}}{P_{t-1}(1 + \pi_t)} + \frac{G_t - T_t}{P_t}$$

oder umgeformt:

$$\frac{B_t}{P_t} = \frac{1 + i_t}{1 + \pi_t}\frac{B_{t-1}}{P_{t-1}} + \frac{G_t - T_t}{P_t}$$

Wie ► Anhang B.2, Proposition 6 zeigt, gilt näherungsweise:

$$\frac{1 + i_t}{1 + \pi_t} \approx 1 + i_t - \pi_t$$

Der ex post realisierte Realzins entspricht nun gerade dem Nominalzins, korrigiert um die tatsächliche Inflationsrate. Deshalb gilt: $1 + i_t - \pi_t = 1 + r_t$. Setzen wir diese Ausdrücke in Gleichung (22.2) ein, erhalten wir das korrekte Maß für das Budgetdefizit, Gleichung (22.3).

Die korrekte Maßzahl für das reale Budgetdefizit entspricht den realen Zinszahlungen plus den Staatsausgaben abzüglich der, um die Transferzahlungen bereinigten, Steuern. Diese Maßzahl haben wir im Text verwendet. (Wichtig ist hier, dass r gleich dem nominalen Zinssatz abzüglich der aktuellen Inflation ist. Es wäre genauer, r als „ex post realisierten realen Zinssatz" zu bezeichnen, um ihn vom ex ante geforderten realen Zinssatz zu unterscheiden. Dieser entspricht dem nominalen Zinssatz abzüglich der erwarteten Inflation.)

Die Differenz zwischen der offiziellen und der korrekten Maßzahl für das Budgetdefizit ist gleich πB. Je höher die Inflationsrate π und je höher die Staatsverschuldung B, desto unzuverlässiger die offizielle Maßzahl. In Ländern, in denen sowohl die Inflation als auch die Staatsverschuldung hoch sind, weist die offizielle Maßzahl unter Umständen ein sehr hohes Budgetdefizit aus, obwohl die reale Staatsverschuldung de facto abnimmt. Aus diesem Grund sollte man immer um die Inflation bereinigen, bevor man Schlussfolgerungen bezüglich der Position der Fiskalpolitik ableitet.

► **Abbildung 1** gibt die offizielle Maßzahl und die inflationsbereinigte Maßzahl für das Budgetdefizit der Vereinigten Staaten für die Haushaltsjahre von 1960 bis 2005 wieder. (Zur Erinnerung: Das Haushaltsjahr beginnt am ersten Oktober des vorangegangenen Kalenderjahres und endet am 30. September des aktuellen Kalenderjahres.) Der offiziellen Maßzahl zufolge ergibt sich für sämtliche Jahre von 1970 bis 1997 und seit 2002 ein Budgetdefizit (ein negativer Wert entspricht einem Budgetüberschuss). Nach der inflationsbereinigten Maßzahl dagegen wechseln sich Defizite und Überschüsse ab. Beide Maßzahlen zeigen jedoch, um wie viel größer das Defizit nach 1980 wurde, wie sich die Situation in den 1990er-Jahren verbessert und in den letzten Jahrzehnten wieder drastisch verschlechtert hat. Besonders dramatisch war die Differenz aufgrund der hohen Inflation im Jahr 2022. Bei einer Inflation von 8% und einer Schuldenquote von 120% beträgt die Differenz zwischen beiden Maßzahlen 8% · 120% oder 9,6% des BIP. Anders ausgedrückt: Ein offizielles Budgetdefizit von 5,3% des BIP entspricht einem realen Überschuss von 4,3%. Das Beispiel verdeutlicht, wie stark sich Inflationsbereinigung auswirken kann.

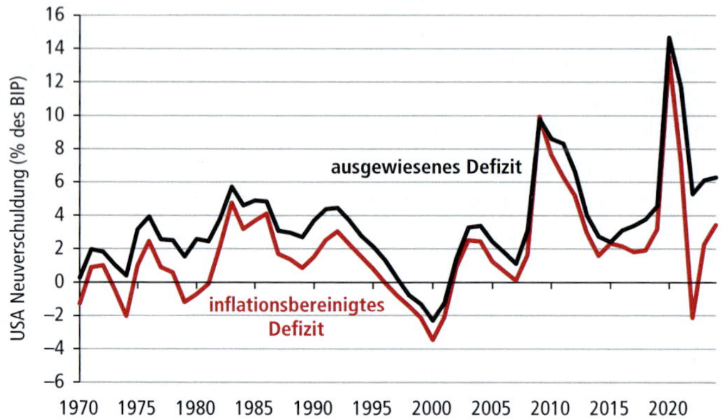

Abbildung 1 Offizielles und inflationsbereinigtes Budgetdefizit für die Vereinigten Staaten, 1960–2020
Quelle: FRED; Codes -FYFSGDA188S (Defizit); FYGFGDQ188S (Schuldenquote); FPCPITOTLZGUSA (Inflation)

22.2.2 Aktuelle Steuern versus zukünftige Steuern

Welche Implikationen ergeben sich für die Entwicklung der Staatsverschuldung und der zukünftigen Steuern, wenn die Steuern über den Zeitraum eines Jahres hinweg gesenkt werden? Gehen wir von einer Situation aus, in der das Budget bis zum Jahr 1 ausgeglichen war. Die anfängliche Staatsverschuldung ist also gleich null. Während des Jahres 1 senkt die Regierung die Steuern für den Zeitraum eines Jahres um eins (zum Beispiel um eine Milliarde Euro). Die Staatsverschuldung am Ende des Jahres 1, B_1, ist daher gleich eins. Wir beschäftigen uns nun mit der Frage, was in dieser Situation weiter geschieht.

Volle Rückzahlung im Jahr 2

Gleichung (22.3) gibt uns die Budgetrestriktion für das Jahr 2 an:

$$B_2 = (1 + r)B_1 + (G_2 - T_2)$$

In diesem Abschnitt gehen wir davon aus, dass es keine Inflation gibt, dass also Real- und Nominalzins identisch sind. Wir können dann das Preisniveau normieren auf $P_t = P_{t-1} = 1$. Prüfen Sie selbst, welche Modifikationen bei positiver Inflation notwendig werden.

Nehmen wir an, die Regierung beschließt, die Staatsverschuldung während des Jahres 2 vollständig zurückzuzahlen. Dann ist die Staatsverschuldung am Ende des Jahres 2 gleich null: $B_2 = 0$. Ersetzen wir B_1 durch 1 und B_2 durch 0 und stellen wir den Ausdruck um, dann erhalten wir:

$$T_2 - G_2 = (1 + r)B_1 = (1 + r)$$

Um die Staatsverschuldung während des Jahres 2 vollständig zurückzahlen zu können, muss die Regierung einen Primärüberschuss in Höhe von $(1 + r)$ erzielen. Dies kann sie auf zwei verschiedene Wege erreichen: Eine Reduktion der Ausgaben oder eine Erhöhung der Steuern. Wir werden hier und im Weiteren annehmen, dass die Anpassung über die Steuern erfolgt, sodass der Pfad der Ausgaben nicht beeinflusst wird. Die im Jahr 1 durchgeführte Steuersenkung in Höhe von 1 muss dann im Jahr 2 durch eine Steuererhöhung in Höhe von $(1 + r)$ ausgeglichen werden.

Der Pfad der Steuern und der Staatsverschuldung für diesen Fall ist in ▶ **Abbildung 22.1a** dargestellt: Wird die Staatsverschuldung im Jahr 2 vollständig zurückgezahlt, dann erfordert die Steuersenkung um 1 im Jahr 1 eine Steuererhöhung in Höhe von $(1 + r)$ im Jahr 2.

Volle Rückzahlung im Jahr 2: $T1\downarrow$ um $1 \Rightarrow T2\uparrow$ um $(1 + r)$

Volle Rückzahlung im Jahr *t*

Nehmen wir nun an, die Regierung beschließt, bis zum Jahr t zu warten, bis sie die Staatsverschuldung zurückzahlt. Von Jahr 2 an bis zum Jahr t–1 bleibt das Primärdefizit also gleich null – Steuereinnahmen und Staatsausgaben sind gleich groß, wenn wir die Zinszahlungen auf die Staatsverschuldung nicht berücksichtigen.

Auch während des zweiten Jahres ist das Primärdefizit gleich null. Aus Gleichung (22.3) wissen wir daher, dass die Staatsverschuldung am Ende des zweiten Jahres gleich dem folgenden Ausdruck ist:

$$B_2 = (1 + r)B_1 + 0 = (1 + r)1 = (1 + r)$$

Das zweite Gleichheitszeichen folgt aus der Tatsache, dass $B_1 = 1$.

Das Primärdefizit im dritten Jahr ist immer noch gleich null, sodass sich für das Ende des dritten Jahres ein Schuldenstand in Höhe des folgenden Ausdrucks ergibt:

$$B_3 = (1 + r)B_2 + 0 = (1 + r)(1 + r)1 = (1 + r)^2$$

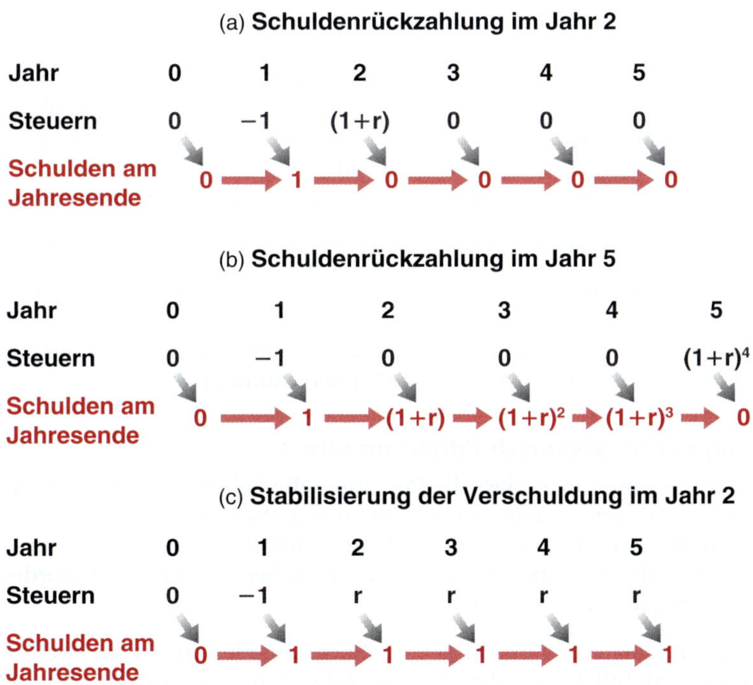

Abbildung 22.1 Steuersenkungen, Schuldenrückzahlung und Stabilisierung der Staatsverschuldung. a) Wird die Staatsverschuldung im zweiten Jahr vollständig zurückgezahlt, dann erfordert eine Steuersenkung in Höhe von 1 im ersten Jahr eine Steuererhöhung in Höhe von $(1 + r)$ im zweiten Jahr. b) Wird die Staatsverschuldung erst im fünften Jahr vollständig zurückgezahlt, dann erfordert eine Steuersenkung in Höhe von 1 im ersten Jahr eine Steuererhöhung in Höhe von $(1 + r)^4$ im fünften Jahr. c) Wenn die Staatsverschuldung vom zweiten Jahr an stabilisiert wird, dann müssen die Steuern vom zweiten Jahr an permanent um r höher sein.

Wenn wir nach dem Schuldenstand am Ende des vierten Jahres und so weiter auflösen, dann wird klar, dass die Staatsverschuldung, solange die Regierung ein Primärdefizit von null ausweist, mit einer Wachstumsrate in Höhe des Zinssatzes wächst. Am Ende des Jahres t–1 nimmt die Staatsverschuldung folgenden Wert an:

$$B_{t-1} = (1 + r)^{t-2} \tag{22.4}$$

Obwohl die Steuern ausschließlich im ersten Jahr gesenkt wurden, wächst die Staatsverschuldung im Lauf der Zeit an. Die Wachstumsrate ist gleich dem Zinssatz. Der Grund dafür ist einfach: Das Primärdefizit ist zwar gleich null, die Staatsverschuldung ist jedoch positiv, es sind also Zinszahlungen auf die Staatsverschuldung zu entrichten. Jedes Jahr muss die Regierung zusätzlichen Kredit aufnehmen, um die Zinsen auf die existierende Staatsverschuldung bezahlen zu können.

Im Jahr t, in dem Jahr, in dem die Regierung beschließt, die Schulden zurückzuzahlen, ergibt sich die folgende Budgetrestriktion:

$$B_t = (1 + r)B_{t-1} + (G_t - T_t)$$

Die Exponenten werden addiert: $(1 + r)(1 + r)^{t-2} = (1 + r)^{t-1}$ Siehe auch ▸ Anhang B am Ende des Buches.

Werden die Schulden im Jahr t vollständig zurückgezahlt, dann ergibt sich am Ende des Jahres ein Schuldenstand B_t in Höhe von null. Wenn wir B_t durch den Wert null ersetzen und $B_t - 1$ durch den Ausdruck aus Gleichung (22.4), dann erhalten wir:

$$0 = (1 + r)(1 + r)^{t-2} + (G_t - T_t)$$

Wenn wir die Gleichung umstellen und $(G_t - T_t)$ auf die linke Seite bringen, dann ergibt sich:

$$T_t - G_t = (1 + r)^{t-1}$$

Vollständige Rückzahlung im fünften Jahr: $T_1\downarrow$ um 1 $\Rightarrow T_5\uparrow$ um $(1 + r)^4$

Um die Schulden zurückzuzahlen, muss die Regierung im Jahr t einen Primärüberschuss in Höhe von $(1 + r)^{t-1}$ ausweisen. Wenn die Anpassung durch Steuern erfolgt, dann führt die ursprüngliche Steuersenkung im ersten Jahr zu einer Steuererhöhung im Jahr t in Höhe von $(1 + r)^{t-1}$. Der Pfad der Steuern und der Staatsverschuldung für den Fall, dass die Schulden im fünften Jahr zurückgezahlt werden, ist in ▸ **Abbildung 22.1b** dargestellt.

Aus diesem Beispiel können wir unsere ersten Schlussfolgerungen ableiten:

- Wenn die Staatsausgaben unverändert bleiben, dann muss eine Steuersenkung schließlich irgendwann in der Zukunft durch eine Steuererhöhung ausgeglichen werden.
- Je länger die Regierung wartet, die Steuern zu erhöhen, oder je höher der reale Zinssatz ist, desto höher ist die am Ende benötigte Steuererhöhung.

Stabilisierung der Staatsverschuldung im Jahr *t*

Bisher haben wir angenommen, dass die Regierung die Schulden vollständig zurückzahlt. Wir wollen nun analysieren, wie sich die Steuern entwickeln, wenn die Regierung die Staatsverschuldung lediglich stabilisiert. (Unter Stabilisierung der Staatsverschuldung versteht man, dass die Steuern oder die Staatsausgaben so verändert werden, dass die Staatsverschuldung konstant bleibt.)

Nehmen wir an, die Regierung beschließt, die Staatsverschuldung vom zweiten Jahr an zu stabilisieren. Eine Stabilisierung der Staatsverschuldung vom zweiten Jahr an bedeutet, dass die Staatsverschuldung am Ende des zweiten Jahres und in den darauf folgenden Jahren auf demselben Niveau wie am Ende des ersten Jahres verbleibt.

Aus Gleichung (22.3) erhalten wir die Budgetrestriktion für das zweite Jahr:

$$B_2 = (1 + r)B_1 + (G_2 - T_2)$$

Unter unserer Annahme, dass die Staatsverschuldung im zweiten Jahr stabilisiert wird, gilt $B_2 = B_1 = 1$. Setzen wir dies in die vorangegangene Gleichung ein, erhalten wir:

$$1 = (1 + r) + (G_2 - T_2)$$

Wir stellen die Gleichung um und bringen $(G_2 - T_2)$ auf die linke Seite:

$$T_2 - G_2 = (1 + r) - 1 = r$$

Um einen weiteren Anstieg der Staatsverschuldung im zweiten Jahr zu vermeiden, muss die Regierung einen Primärüberschuss in Höhe der realen Zinszahlungen auf die existierende Staatsverschuldung ausweisen. In den folgenden Jahren muss die Regierung ebenfalls einen Primärüberschuss in Höhe der realen Zinszahlungen auf die existierende Staatsverschuldung ausweisen: Jedes Jahr muss der Primärüberschuss groß genug sein, um die Zinszahlungen abzudecken, sodass die Höhe der Staatsverschuldung unverändert bleibt. Der Pfad der Steuern und der Staatsverschuldung ist in ▶ **Abbildung 22.1c** dargestellt: Die Staatsverschuldung bleibt vom ersten Jahr an gleich 1; die Steuern bleiben von Ende des ersten Jahres an auf einem um *r* höheren Niveau; äquivalent: vom Ende des ersten Jahres an weist die Regierung einen Primärüberschuss in Höhe von *r* aus.

Stabilisierung der Staatsverschuldung vom zweiten Jahr an:
$T_1\downarrow$ um 1 $\Rightarrow$
$T_2, T_3, \ldots \uparrow$ um r

Die Logik hinter dieser Argumentation lässt sich direkt auf den Fall ausweiten, in dem die Regierung bis zum Jahr *t* wartet, bis sie die Staatsverschuldung stabilisiert. Wann auch immer die Regierung die Staatsverschuldung stabilisiert, muss sie von diesem Zeitpunkt an einen Primärüberschuss ausweisen, der ausreicht, um die Zinszahlungen auf die Staatsverschuldung begleichen zu können.

Dieses Beispiel liefert uns unsere zweiten Schlussfolgerungen:

- Das Vermächtnis von Budgetdefiziten in der Vergangenheit besteht in einer höheren Staatsverschuldung.
- Um die Staatsverschuldung zu stabilisieren, muss die Regierung das Budgetdefizit eliminieren.
- Um das Budgetdefizit zu eliminieren, muss die Regierung einen Primärüberschuss in Höhe der Zinszahlungen auf die existierende Staatsverschuldung ausweisen.

22.2.3 Die Entwicklung der Schuldenquote

Wir haben uns bisher auf die Entwicklung des Niveaus der Staatsverschuldung konzentriert. In einer Volkswirtschaft, in der die Produktion im Zeitverlauf wächst, ist es jedoch sinnvoller, sich stattdessen auf die Schuldenquote – das Verhältnis von Staatsverschuldung zum BIP – zu konzentrieren. Um zu sehen, wie durch diese Veränderung des Blickwinkels unsere Schlussfolgerungen modifiziert werden, müssen wir von Gleichung (22.2) zu einer modifizierten Gleichung übergehen. Sie beschreibt die Entwicklung der Schuldenquote.

Die Arithmetik der Schuldenquote

Um die Entwicklung der Schuldenquote abzuleiten, brauchen wir mehrere Schritte; doch keine Sorge, die Gleichung, die wir am Ende erhalten, ist leicht zu verstehen.

Zunächst müssen wir beide Seiten von Gleichung (22.2) durch das nominale BIP $P_t Y_t$ dividieren. Wir erhalten dann:

$$\frac{B_t}{P_t Y_t} = (1 + i_t)\frac{B_{t-1}}{P_t Y_t} + \frac{G_t - T_t}{P_t Y_t}$$

Im nächsten Schritt schreiben wir

$$B_{t-1}/P_t Y_t \text{ als} (B_{t-1}/P_{t-1} Y_{t-1})(Y_{t-1}/Y_t)(P_{t-1}/P_t), \text{ also :}$$

$$\frac{B_t}{P_t Y_t} = (1 + i_t)\left(\frac{P_{t-1}}{P_t}\right)\left(\frac{Y_{t-1}}{Y_t}\right)\frac{B_{t-1}}{P_{t-1} Y_{t-1}} + \frac{G_t - T_t}{P_t Y_t}$$

Beginnen wir mit $Y_t = (1 + g_t) Y_{t-1}$. Wir dividieren beide Seiten durch Y_t und erhalten: $1 = (1 + g_t) Y_{t-1}/Y_t$. Umstellung ergibt: $Y_{t-1}/Y_t = 1/(1 + g_t)$. Genauso können wir für die Entwicklung des Preisniveaus schreiben: $P_{t-1}/P_t = 1/(1 + \pi_t)$.

Wir definieren nun die Schuldenquote als die Verschuldung bezogen auf das nominale BIP, sodass:

$$b_t = \frac{B_t}{P_t Y_t};\ b_{t-1} = \frac{B_{t-1}}{P_{t-1} Y_{t-1}}$$

und vereinfachen so den Ausdruck zu:

$$b_t = (1 + i_t)\left(\frac{P_{t-1}}{P_t}\right)\left(\frac{Y_{t-1}}{Y_t}\right) b_{t-1} + \frac{G_t - T_t}{P_t Y_t}$$

Um diese Gleichung zu vereinfachen, verwenden wir die Definition der Inflationsrate und der Wachstumsrate der Produktion (wir bezeichnen sie mit g_t, sodass Y_{t-1}/Y_t als $1/(1 + g_t)$ geschrieben werden kann).

Diese Approximation ergibt sich aus Proposition 6 in ▶ Anhang B am Ende des Buches.

Schließlich nutzen wir die Approximation

$$\frac{1 + i_t}{(1 + \pi_t)(1 + g_t)} \approx 1 + i_t - \pi_t - g_t = 1 + r_t - g_t$$

So lässt sich die vorangegangene Gleichung wie folgt darstellen:

$$b_t = (1 + r_t - g_t) b_{t-1} + \frac{G_t - T_t}{P_t Y_t}$$

Wenn wir die Gleichung umstellen, dann erhalten wir:

$$b_t - b_{t-1} = (r_t - g_t) b_{t-1} + \frac{G_t - T_t}{P_t Y_t} \qquad (22.5)$$

Auch wenn einige Zwischenschritte nötig waren, haben wir nun eine Gleichung, die sehr leicht zu interpretieren ist. Die Veränderung der Schuldenquote im Zeitverlauf (die linke Seite der Gleichung) setzt sich aus zwei Termen zusammen:

- Der erste Term ist die Differenz aus dem realen Zinssatz und der Wachstumsrate, multipliziert mit der ursprünglichen Schuldenquote.
- Der zweite Term ist das Verhältnis des Primärdefizits zum BIP.

Wenn zwei Variablen (hier die Staatsverschuldung und das BIP) mit den Raten *r* und *g* wachsen, dann wächst das Verhältnis der beiden Variablen mit der Rate (*r* – *g*). Siehe Proposition 8 in ▶ Anhang B am Ende des Buches.

Vergleichen wir nun ▶ Gleichung (22.5), durch welche die Entwicklung der Schuldenquote beschrieben wird, mit ▶ Gleichung (22.1), durch welche die Entwicklung des Niveaus der Staatsverschuldung beschrieben wird. Der Unterschied besteht in dem Ausdruck $(r - g)$ in Gleichung (22.5) im Vergleich zu i in Gleichung (22.1). Dieser Unterschied lässt sich leicht erklären: Zum einen haben wir durch die Betrachtung von Quoten die nominale Verschuldung um Inflationseffekte bereinigt, sodass nun der Realzins ausschlaggebend ist. Zum anderen müssen wir die Effekte einer wachsenden Wirtschaft berücksichtigen. Nehmen wir an, das Primärdefizit ist gleich null. Die Staatsverschuldung wächst dann mit einer Wachstumsrate gleich dem realen Zinssatz r. Wenn jedoch das BIP ebenfalls wächst, dann wird die Schuldenquote langsamer wachsen; sie wird nur mit einer Rate gleich dem realen Zinssatz abzüglich der Wachstumsrate der Produktion, $(r - g)$, wachsen.

▶ Gleichung (22.5) impliziert, dass der Anstieg der Schuldenquote umso stärker sein wird,

- je höher der reale Zinssatz,
- je niedriger die Wachstumsrate der Produktion,
- je höher die ursprüngliche Schuldenquote,
- je höher das Verhältnis des Primärdefizits zum BIP.

Die Fokusbox *„Der Abbau der Schuldenquoten nach dem Zweiten Weltkrieg“* zeigt uns, welche Rolle diese Faktoren beim Rückgang der hohen Schuldenquoten nach dem Zweiten Weltkrieg spielten.

Mittelfristig einen niedrigen Schuldenstand zu erreichen, war ein zentrales Ziel des Vertrags von Maastricht (vgl. dazu auch ▶ **Kapitel 21**). Der Vertrag legt für die Länder des Euroraumes eine Obergrenze für Defizitquote und Schuldenquote von 3% bzw. 60% fest. Überlegen wir uns, wie diese Regeln sich langfristig auswirken. Was würde passieren, wenn die Staaten im Euroraum jedes Jahr eine konstante Defizitquote von 3% aufweisen? Die nominale Defizitquote erhalten wir, indem wir ▶ Gleichung (22.1) durch das BIP dividieren:

$$(B_t - B_{t-1})/P_t Y_t = (iB_{t-1} + G_t - T_t)/P_t Y_t = d$$

Unterstellen wir eine konstante Defizitquote d, so verändert sich die Schuldenquote, Gleichung (22.5), entsprechend: $b_t - b_{t-1} = d - (g + \pi) b_{t-1}$.

Bei konstanter Defizitquote, konstanter Inflation und konstanter Wachstumsrate konvergiert die Schuldenquote langfristig gegen einen konstanten Wert. Diesen Wert können wir berechnen, indem wir $b_t - b_{t-1} = b$ setzen. Wir erhalten dann $b = d/(g + \pi)$.

Zum Zeitpunkt des Vertrags von Maastricht ging man von einer Inflationsrate $\pi = 0{,}02 = 2\%$ und einem Wachstum von ca. $g = 0{,}03 = 3\%$ aus. Für diese Konstellation konvergiert die Schuldenquote bei einer nominalen Defizitquote $d = 0{,}03$ langfristig gegen $b = 0{,}03/(0{,}03 + 0{,}02) = 0{,}6 = 60\%$.

Mehr zum Vertrag von Maastricht sowie zur aktuellen Entwicklung der Budgetdefizite und Schuldenquoten im Euroraum findet sich in der Fokusbox *„Fiskalregeln im Euroraum: Die Geschichte des Stabilitäts- und Wachstumspakts“* in ▶ Kapitel 21.

Der Stabilitäts- und Wachstumspakt verlangt mittelfristig einen ausgeglichenen nominalen Haushalt, also $d = 0$. Bei einem ausgeglichenen Haushalt wird die Schuldenquote langfristig gegen $b = 0$ konvergieren.

FOKUS

Der Abbau der Schuldenquoten nach dem Zweiten Weltkrieg

Viele Staaten hatten nach dem Zweiten Weltkrieg hohe Schuldenquoten von mehr als 100% des BIP. Aber schon zwei oder drei Jahrzehnte später waren die Schuldenquoten viel niedriger, oft unter 50% des BIP. Wie konnte der Abbau so schnell gelingen? ▶ **Tabelle 1** liefert uns die Antwort.

Sie betrachtet vier Länder: Australien, Großbritannien, Kanada und Neuseeland. *Spalte 1* gibt uns den Zeitraum an, in dem die Schuldenquote der einzelnen Länder abgebaut wurde. Er beginnt im Jahr 1945 oder 1946; das letzte Jahr ist jeweils das Jahr, in dem die Schuldenquote den niedrigsten Wert erreicht hat. In Kanada dauerte es nur 13 Jahre, in Großbritannien dagegen ganze 30 Jahre. *Spalte 2* gibt uns die Schuldenquote am Anfang und am Ende dieses Zeitraums. Am eindrucksvollsten ist die Entwicklung in Großbritannien. Dort ging die Schuldenquote von 270% des BIP im Jahr 1946 um ganze 223 Prozentpunkte auf nur mehr 47% im Jahr 1975 zurück.

Um die Zahlen in der Tabelle zu verstehen, müssen wir auf Gleichung (22.5) zurückkommen. Sie macht deutlich, dass es letztlich zwei Wege gibt (die sich gegenseitig keineswegs ausschließen), wie ein Land seine Schuldenquote abbauen kann. Der erste besteht darin, hohe Primärüberschüsse zu erzielen. Wäre etwa $(r - g)$ gleich null, dann würde der Rückgang der Schuldenquote über einen bestimmten Zeitraum allein durch die Summe der in diesem Zeitraum erzielten Primärüberschüsse (jeweils gemessen als Anteil am BIP) erfolgen. Der zweite Weg besteht in einem Rückgang der Differenz zwischen Realzins und realer Wachstumsrate $(r - g)$. Dies ist möglich über niedrige Realzinsen, hohe Wachstumsraten oder eine Kombination beider Effekte.

Spalte 3 zeigt uns die Primärüberschüsse als Anteil am BIP. Alle Staaten weisen in der Tat Primärüberschüsse auf. Sie machen aber nur einen kleinen Teil des Gesamteffekts aus. Betrachten wir Großbritannien als Beispiel. Die Summe aller Primärüberschüsse als Anteil am BIP über die 30 Jahre hin ist 63% (30 multipliziert mit 2,1%). Das macht weniger als ein Drittel des gesamten Rückgangs von 223% aus.

Betrachten wir nun die realen Wachstumsraten und die Realzinsen in *Spalte 4* und *5*. Es ist bemerkenswert, wie hoch die realen Wachstumsraten und wie niedrig die Realzinsen in dieser Phase waren. In Australien lag der Wert etwa pro Jahr bei fast −7%: $(r - g) = (-2{,}3\% - 4{,}6\%) = -6{,}9\%$. Das bedeutet: Selbst bei einem Primärüberschuss von null wäre die Schuldenquote jedes Jahr um 6,9% zurückgegangen. Mit anderen Worten: Der Rückgang der Schuldenquoten war weniger eine Konsequenz hoher Primärüberschüsse, sondern vor allem eine Folge hoher realer Wachstumsraten und anhaltend negativer Realzinsen.

Das führt uns zur entscheidenden Frage: Warum waren die Realzinsen in dieser Zeit so niedrig? Spalte 6 gibt uns die Antwort: Über diesen Zeitraum waren die Inflationsraten relativ hoch. Hohe Inflation in

Verbindung mit niedrigen Nominalzinsen sorgte für anhaltend negative Realzinsen. Anders formuliert: Ein Großteil des Abbaus der Schuldenquoten kam dadurch zustande, dass die Halter von Staatsanleihen über lange Jahre hinweg mit negativen Realzinsen leben mussten.

Der Abbau der Schuldenquoten nach dem Zweiten Weltkrieg						
Spalte	**1**	**2**	**3**	**4**	**5**	**6**
Land	**Zeitraum von bis**	**Rückgang von auf**	**Primärüberschuss**	**Wachstumsrate**	**Realzins**	**Inflation**
Australien	1946–1963	92–29	1,1	4,6	2,3	5,7
Großbritannien	1946–1975	270–47	2,1	2,6	1,5	5,5
Kanada	1945–1957	115–59	3,6	4,3	1,4	4,0
Neuseeland	1946–1974	148–41	2,3	3,9	2,9	4,9

Tabelle 1 Der Abbau der Schuldenquote nach dem Zweiten Weltkrieg; *Spalte 2* und *3*: in Prozent des BIP, *Spalte 4* bis *6*: in Prozent

Quelle: S. M. A. Abbas et al., „Historical Patterns and Dynamics of Public Debt: Evidence from a New Database", IMF Economic Review, 2011 59 (November): S. 717–742.

22.3 Wichtige Themen aus der Fiskalpolitik

Bisher haben wir die Mechanismen analysiert, die hinter der staatlichen Budgetrestriktion stehen, wir können uns nun mit wichtigen Themen beschäftigen, für die diese Restriktion eine zentrale Rolle spielt.

22.3.1 Die Ricardianische Äquivalenz

Wie beeinflusst die Beachtung der staatlichen Budgetrestriktion die Sicht, die wir von den Auswirkungen von Budgetdefiziten auf die Produktion haben sollten?

Ricardo entwickelte zwar die Logik dieses Arguments, trotzdem zeigte er viele Gründe auf, warum das Argument in der Praxis aus seiner Sicht nicht relevant ist. Im Gegensatz zu Ricardo argumentiert Barro, dass das Argument nicht nur aus logischer Sicht korrekt ist, sondern auch eine gute Beschreibung der Realität darstellt.

Siehe ▶ Kapitel 16 für eine Definition des Humanvermögens und eine Diskussion, welche Rolle es beim Konsum spielt.

Eine extreme Sichtweise ist, dass weder Budgetdefizite noch Staatsverschuldung einen Effekt auf die wirtschaftliche Aktivität haben, sobald man die staatliche Budgetrestriktion berücksichtigt! Dieses Argument ist als **Ricardianische Äquivalenz** bekannt. David Ricardo, ein englischer Ökonom des 19. Jahrhunderts, hat dieses Argument als Erster vorgebracht. Es wurde in den 1970er-Jahren von Robert Barro – damals an der University of Chicago, jetzt an der Harvard University – weiterentwickelt und bekannt gemacht. Aus diesem Grund ist das Argument auch als **Ricardo-Barro-Proposition** bekannt.

Die Logik lässt sich am besten verstehen, wenn wir das Beispiel der Steueränderungen aus ▶ **Abschnitt 22.2** verwenden:

- Nehmen wir an, die Regierung senkt die Steuern dieses Jahr um 1 (zum Beispiel um eine Milliarde Euro). Gleichzeitig kündigt die Regierung an, dass sie, um die Schulden zurückzahlen zu können, im folgenden Jahr die Steuern um $(1 + r)$ erhöhen wird. Welche Auswirkungen wird die anfängliche Steuersenkung auf den Konsum haben?
- Eine Antwort auf diese Frage ist: keine Auswirkungen. Warum? Der Grund ist, dass die Verbraucher realisieren, dass ihnen durch die Steuersenkung nichts geschenkt wird: Die niedrigeren Steuern in diesem Jahr werden durch die höheren Steuern im nächsten Jahr – bezogen auf den Barwert – genau ausgeglichen. Anders ausgedrückt: Das Humanvermögen der Konsumenten – der Barwert der Arbeitseinkommen nach Steuern – wird nicht beeinflusst. Die aktuellen Steuern sinken um 1, aber der Barwert der Steuern des nächsten Jahres steigt genau um $(1 + r)/(1 + r) = 1$, der Nettoeffekt dieser beiden Veränderungen ist also genau gleich null.

- Zur selben Antwort kommt man auch auf andere Weise, wenn man die Ersparnis und nicht den Konsum betrachtet: Die Aussage, dass die Verbraucher ihren Konsum in Reaktion auf eine Steuersenkung nicht verändern, ist gleichbedeutend mit der Aussage, dass die private Ersparnis im Verhältnis 1:1 mit dem Budgetdefizit zunimmt. Das Ricardianische Äquivalenztheorem sagt daher aus, dass, wenn eine Regierung einen gegebenen Pfad der Staatsausgaben durch Budgetdefizite finanziert, die private Ersparnis im Verhältnis 1:1 mit dem Rückgang der staatlichen Ersparnis zunehmen wird, sodass die gesamte Ersparnis unverändert bleibt. Das, was für private Investitionen zur Verfügung steht, wird nicht beeinflusst. Im Zeitverlauf lassen die Mechanismen der staatlichen Budgetrestriktion die Staatsverschuldung ansteigen. Dieser Anstieg erfolgt jedoch nicht auf Kosten der Kapitalakkumulation.

Unter dem Ricardianischen Äquivalenztheorem gibt die lange Reihe von Defiziten und der Anstieg der Staatsverschuldung, durch den die Länder der OECD über einen Großteil der letzten zwanzig Jahre charakterisiert waren, keinen Anlass zur Besorgnis. In dem Maß, in dem die Regierungen entspart haben, haben die Wirtschaftssubjekte, die höheren Steuern in der Zukunft voraussehend, gemäß dem Ricardianischen Äquivalenztheorem mehr gespart. Der Rückgang der staatlichen Ersparnis wurde durch einen gleichgroßen Anstieg der privaten Ersparnis ausgeglichen. Die Volkswirtschaften der OECD verfügen heute über denselben Kapitalstock, über den sie auch ohne den Anstieg der Staatsverschuldung verfügt hätten. Eine hohe Staatsverschuldung ist kein Grund zur Besorgnis.

Wie ernst sollten wir das Ricardianische Äquivalenztheorem nehmen? Die meisten Ökonomen würden antworten: „Ernst, aber nicht so ernst, dass man zu der Überzeugung gelangt, Budgetdefizite und Staatsverschuldung seien nicht relevant." Ein wichtiges Thema in diesem Buch war, dass Erwartungen eine große Rolle spielen. Konsumentscheidungen hängen nicht nur vom aktuellen Einkommen ab, sondern auch vom zukünftigen Einkommen. Wenn es die allgemeine Überzeugung wäre, dass auf eine Steuersenkung in diesem Jahr im nächsten Jahr eine Steuererhöhung folgt, welche die ursprüngliche Steuersenkung genau ausgleicht, dann wären die Auswirkungen auf den Konsum wahrscheinlich gering. Viele Konsumenten würden den Großteil der Steuersenkung oder die gesamte Steuersenkung, in Antizipation der höheren Steuern, im nächsten Jahr sparen. (Wenn wir „Jahr" durch „Monat" oder „Woche" ersetzen, dann wird das Argument sogar noch überzeugender.)

Die Steuererhöhung in t Jahren ist gleich $(1 + r)^{t-1}$. Der Diskontfaktor für einen Euro in t Jahren ist $1/(1 + r)^{t-1}$. Der Wert der Steuererhöhung in t Jahren heute ist daher $(1 + r)^{t-1}/(1 + r)^{t-1} = 1$.

Natürlich sind Steuersenkungen selten mit der Ankündigung einer entsprechenden Steuererhöhung im nächsten Jahr verbunden. Die Konsumenten müssen erraten, wann und wie die Steuern letztlich erhöht werden. Diese Tatsache an sich entkräftet das Ricardianische Äquivalenztheorem aber nicht: Ganz egal, wann die Steuern erhöht werden, die staatliche Budgetrestriktion impliziert in jedem Fall, dass der Barwert der zukünftigen Steuererhöhungen immer gleich der Steuersenkung heute sein muss. Nehmen wir das zweite Beispiel, das wir in ▶ **Abschnitt 22.2** analysiert haben – dargestellt in ▶ **Abbildung 22.1b** – in dem die Regierung t Jahre wartet, bis sie die Steuern schließlich um $(1 + r)^{t-1}$ erhöht. Der Barwert dieser erwarteten Steuererhöhung im Jahr 0 ist gleich $(1 + r)^{t-1}/(1 + r)^{t-1} = 1$ und ist damit genau gleich der ursprünglichen Steuersenkung. Die Veränderung des Humanvermögens, die aus der Steuersenkung resultiert, ist immer noch gleich null.

Je weiter entfernt jedoch die zukünftigen Steuererhöhungen liegen, je unsicherer der genaue Zeitpunkt erscheint, desto wahrscheinlicher wird es, dass die Konsumenten diese zukünftigen Steuererhöhungen nicht beachten. Dies könnte der Fall sein, weil sie erwarten, zu sterben, bevor die Steuern erhöht werden, oder, wahrscheinlicher, weil sie einfach nicht so weit in die Zukunft vorausdenken. Egal welcher Fall zutrifft, das Ricardianische Äquivalenztheorem wird wahrscheinlich nicht mehr gelten.

Wir können daher ohne Bedenken die Schlussfolgerung treffen, dass Budgetdefizite einen wichtigen Effekt auf die Aktivität haben, auch wenn dieser Effekt vielleicht kleiner ist, als wir gedacht hätten, bevor wir das Ricardianische Äquivalenztheorem kennengelernt haben. In der kurzen Frist führen größere Budgetdefizite mit großer Wahrscheinlichkeit zu einer höheren Nachfrage und zu einer höheren Produktion. In der langen Frist führt eine höhere Staatsverschuldung zu einer geringeren Kapitalakkumulation und, als Ergebnis, zu einer niedrigeren Produktion.

22.3.2 Defizite, Stabilisierung und das konjunkturbereinigte Defizit

Hier gibt es eine Analogie zur Geldpolitik: Die Tatsache, dass ein höheres Geldmengenwachstum in der langen Frist zu mehr Inflation führt, impliziert nicht, dass Geldmengenwachstum nicht zur Stabilisierung eingesetzt werden sollte.

Die Tatsache, dass Budgetdefizite langfristig negative Effekte auf die Kapitalakkumulierung und damit auch auf die Produktion haben, impliziert nicht, dass Fiskalpolitik nicht eingesetzt werden sollte, um konjunkturelle Schwankungen zu reduzieren. Sie impliziert vielmehr, dass Defizite, die während Rezessionen entstehen, durch Budgetüberschüsse in Boom-Phasen ausgeglichen werden sollten, damit es nicht zu einem stetigen Anstieg der Staatsverschuldung kommt.

Um besser beurteilen zu können, ob sich die Fiskalpolitik innerhalb dieses Rahmens bewegt, haben die Ökonomen Maßzahlen für das Defizit entwickelt, die zeigen, wie groß das Defizit unter den existierenden Regeln bezüglich der Steuern und der Staatsausgaben sein würde, wenn die Produktion gleich dem natürlichen Produktionsniveau wäre. Derartige Maßzahlen verbergen sich hinter vielen verschiedenen Namen, angefangen von **Vollbeschäftigungsdefizit** (full-employment deficit) bis hin zu strukturellem Defizit (dieser Begriff wird von der OECD verwendet). Wir werden hier den Begriff **Konjunkturbereinigtes Defizit** verwenden, da er recht intuitiv ist.

In diesem Abschnitt ignorieren wir das Produktionswachstum und damit auch den Unterschied zwischen der Stabilisierung der Staatsverschuldung und der Stabilisierung der Schuldenquote (es bietet sich an, zu verifizieren, dass die hier vorgebrachten Argumente auch für den Fall gelten, in dem die Produktion wächst).

Eine derartige Maßzahl liefert eine einfache Vergleichszahl, anhand derer die Richtung der Fiskalpolitik beurteilt werden kann: Wenn das tatsächliche Defizit groß ist, aber das konjunkturbereinigte Defizit gleich null ist, dann kommt es durch die aktuelle Fiskalpolitik nicht zu einem systematischen Anstieg der Staatsverschuldung im Zeitverlauf. Die Staatsverschuldung wird nur so lange anwachsen, solange sich die Produktion unterhalb der natürlichen Produktion befindet; wenn die Produktion jedoch zu ihrem natürlichen Produktionsniveau zurückkehrt, dann wird das Defizit verschwinden und die Staatsverschuldung wird sich stabilisieren.

Aus dieser Überlegung folgt nicht, dass das Ziel der Fiskalpolitik darin bestehen sollte, jederzeit ein konjunkturbereinigtes Defizit von null aufrechtzuerhalten. In einer Rezession wird die Regierung unter Umständen ein Defizit ausweisen wollen, das so groß ist, dass sogar das konjunkturbereinigte Defizit einen positiven Wert annimmt. In diesem Fall liefert die Tatsache, dass das konjunkturbereinigte Defizit positiv ist, eine nützliche Warnung. Die Warnung lautet, dass die Rückkehr der Produktion zum natürlichen Produktionsniveau nicht ausreichen wird, um die Staatsverschuldung zu stabilisieren: Die Regierung wird gezwungen sein, spezifische Maßnahmen zu ergreifen, angefangen von Steuererhöhungen bis hin zu Einschnitten bei den Ausgaben, um das Defizit irgendwann in der Zukunft zurückzuführen.

Die Theorie hinter dem Konzept des konjunkturbereinigten Defizits ist einfach. In der Praxis hat sich das Konzept jedoch als schwer fassbar erwiesen. Um zu sehen, warum dies der Fall war, müssen wir uns damit beschäftigen, wie die Maßzahlen für das konjunkturbereinigte Defizit konstruiert werden. Die Konstruktion erfolgt in zwei Schritten: Zunächst muss bestimmt werden, um wie viel geringer das Defizit ausfallen würde, wenn die Produktion beispielsweise um 1% höher wäre. Im zweiten Schritt muss abgeschätzt werden, wie weit die Produktion von der natürlichen Produktion abweicht.

- Der erste Schritt ist unproblematisch: Eine verlässliche Daumenregel besagt, dass ein Rückgang der Produktion um 1% automatisch zu einem Anstieg des Defizits um 0,5% des BIP führt. Dieser Anstieg ergibt sich daraus, dass die meisten Steuern proportional zur Produktion sind, wohingegen der Großteil der Staatsausgaben nicht vom Niveau der Produktion abhängt. Daraus folgt, dass ein Rückgang der Produktion, der zu einem Rückgang der Einnahmen, nicht jedoch zu einer bedeutenden Veränderung der Ausgaben führt, in einem größeren Defizit resultiert.

Wenn die Produktion beispielsweise 5% unter der natürlichen Produktion liegt, dann wird die Schuldenquote ungefähr um 2,5% größer sein, als wenn die Produktion gleich der natürlichen Produktion wäre. (Diese Auswirkung der Konjunktur auf das Defizit wird als automatischer Stabilisator bezeichnet: Eine Rezession generiert auf natürlichem Wege ein Defizit und damit eine fiskalische Expansion, die der Rezession zum Teil entgegenwirkt.)

- Der zweite Schritt ist komplizierter. Erinnern wir uns an ▶ Kapitel 7: Das natürliche Niveau der Produktion ist das Niveau, das erreicht werden würde, wenn die Arbeitslosenquote der Volkswirtschaft der natürlichen Arbeitslosenquote entsprechen würde. Wenn der Schätzwert für die natürliche Arbeitslosenquote zu niedrig ist, dann wird dies zu einem zu hohen Schätzwert für die natürliche Produktion führen und damit zu einem zu optimistischen Wert für das konjunkturbereinigte Defizit.

Diese Schwierigkeit erklärt zum Teil, was sich in Europa in den 1980er-Jahren abspielte. Ausgehend von der Annahme einer unveränderten natürlichen Arbeitslosenquote sahen die konjunkturbereinigten Defizite der 1980er-Jahre gar nicht so schlecht aus: Wäre die europäische Arbeitslosigkeit zu dem Niveau zurückgekehrt, das in den 1970er-Jahren vorlag, dann hätte der damit verbundene Anstieg der Produktion ausgereicht, um in den meisten Ländern wieder ein ausgeglichenes Budget sicherzustellen. Es stellte sich jedoch heraus, dass ein Großteil des Anstieges der Arbeitslosigkeit einen Anstieg der natürlichen Arbeitslosenquote widerspiegelte; die Arbeitslosigkeit verharrte während der 1980er-Jahre auf einem hohen Niveau. Das Ergebnis war ein Jahrzehnt hoher Defizite und eines starken Anstiegs der Schuldenquote.

Siehe auch weiter oben unsere Diskussion der Entwicklung der Schuldenquoten in der OECD. Zur Diskussion der hohen europäischen Arbeitslosigkeit siehe ▶ Kapitel 1, ▶ 7 und ▶ 8.

22.3.3 Kriege und Defizite

Kriege bringen im Allgemeinen große Defizite mit sich. Wie wir in ▶ **Kapitel 21** gesehen haben, erfolgten die beiden größten Zuwächse der US-amerikanischen Staatsverschuldung im 20. Jahrhundert während des Ersten und des Zweiten Weltkrieges. Mit dem Beispiel des Zweiten Weltkrieges beschäftigen wir uns ausführlicher in der Fokusbox *„Defizite, Konsum und Investitionen in den Vereinigten Staaten während des Zweiten Weltkrieges“*.

Ist es gerechtfertigt, dass sich Regierungen bei der Finanzierung von Kriegen so stark auf Defizite verlassen? Schließlich weisen Volkswirtschaften, die sich im Krieg befinden, typischerweise eine sehr niedrige Arbeitslosigkeit auf, sodass die Argumente für Defizite, die wir weiter oben diskutiert haben und die auf der Stabilisierung der Produktion beruhen, irrelevant sind. Trotzdem lautet die Antwort: Ja. Tatsächlich existieren zwei gute Gründe, warum während eines Krieges Defizite ausgewiesen werden sollten:

Siehe ▶ Abbildung 21.4: Die zwei Höchstwerte liegen im Ersten und Zweiten Weltkrieg.

- Der erste Grund ist verteilungstheoretischer Natur: Defizitfinanzierung ist eine Möglichkeit, einen Teil der Kriegslasten an diejenigen weiterzugeben, die nach dem Krieg leben, und es scheint nur fair zu sein, wenn auch zukünftige Generationen einen Teil der Opfer bringen müssen, die der Krieg erfordert.
- Der zweite Grund ist noch mehr volkswirtschaftlicher Natur: Defizitfinanzierte Ausgaben tragen dazu bei, **Steuerverzerrungen** zu reduzieren.

Wir wollen uns nun nacheinander mit diesen beiden Argumenten beschäftigen:

Die Weitergabe der Kriegslasten

Kriege führen zu einem starken Anstieg der Staatsausgaben. Überlegen wir uns, welche Implikationen die Finanzierung dieser erhöhten Ausgaben durch erhöhte Steuern einerseits und durch Staatsverschuldung andererseits hätte. Um diesen Fall von dem Fall der Produktionsstabilisierung zu unterscheiden, den wir weiter oben diskutiert haben, wollen wir zusätzlich annehmen, dass die Produktion auf dem natürlichen Produktionsniveau fixiert ist.

- Nehmen wir an, die Regierung greift auf Kreditfinanzierung zurück. Aufgrund des scharfen Anstiegs der Staatsausgaben wird es zu einem sehr großen Anstieg der Güternachfrage kommen. Gegeben unsere Annahme, dass die Produktion gleich bleibt, muss der Zinssatz genügend ansteigen, um das Gleichgewicht aufrechtzuerhalten. Die Investitionen, die vom Zinssatz abhängen, werden stark zurückgehen.
- Nehmen wir stattdessen an, die Regierung finanziert den Anstieg der Staatsausgaben durch eine Steuererhöhung, beispielsweise durch eine Erhöhung der Einkommenssteuer. Der Konsum wird stark zurückgehen. Um wie viel der Konsum zurückgehen wird, hängt von den Erwartungen der Konsumenten ab: Je länger die von ihnen erwartete Dauer des Krieges, desto länger werden sie auch höhere Steuern erwarten und desto mehr werden sie ihren Konsum einschränken. Auf jeden Fall wird der Anstieg der Staatsausgaben zum Teil durch einen Rückgang des Konsums ausgeglichen werden. Die Zinssätze werden um weniger ansteigen als im Fall der Kreditfinanzierung. Die Investitionen werden um weniger zurückgehen.

Betrachten wir eine geschlossene Volkswirtschaft, sodass Y = C + I + G. Nehmen wir an, dass *G* steigt und *Y* gleich bleibt. Dann muss *C* + *I* sinken. Wenn die Steuern nicht erhöht werden, dann kommt ein Großteil des Rückgangs von einer Reduktion von *I*. Wenn die Steuern erhöht werden, dann kommt ein Großteil des Rückgangs von einer Reduktion von *C*.

Kurz zusammengefasst: Bei gegebener Produktion erfordert der Anstieg der Staatsausgaben entweder einen Rückgang des Konsums oder einen Rückgang der Investitionen. Welche Anpassung bei einem Anstieg der Staatsausgaben stärker ist – die des Konsums oder die der Investitionen –, hängt davon ab, ob die Regierung auf Steuererhöhungen oder auf Defizite zurückgreift.

Welche Auswirkungen haben all diese Überlegungen darauf, wer die Last des Krieges trägt? Je mehr sich die Regierung auf Defizitfinanzierung verlässt, desto geringer fällt der Rückgang des Konsums während des Krieges aus und desto größer ist der Rückgang der Investitionen. Geringere Investitionen sind gleichbedeutend mit einem kleineren Kapitalstock nach dem Krieg und damit auch mit einer niedrigeren Produktion nach dem Krieg. Indem die Kapitalakkumulierung reduziert wird, werden Defizite zu einer Möglichkeit, einen Teil der Kriegslast an zukünftige Generationen weiterzugeben.

FOKUS

Defizite, Konsum und Investitionen in den Vereinigten Staaten während des Zweiten Weltkrieges

Im Jahr 1939 betrug der Anteil der US-amerikanischen Staatsausgaben für Güter und Dienstleistungen am BIP 15%. 1945 war der Anteil auf 45% gestiegen. Der Anstieg war auf die erhöhten Ausgaben für die nationale Verteidigung zurückzuführen, die von 1% des BIP 1939 auf 36% des BIP 1944 angestiegen waren.

Konfrontiert mit einem derart massiven Anstieg der Ausgaben reagierte die US-amerikanische Regierung mit starken Steuererhöhungen. Das erste Mal in der amerikanischen Geschichte wurde die Einkommenssteuer zu einer bedeutenden Einnahmequelle: Die Einnahmen aus der Einkommenssteuer, die 1939 noch 1% des BIP ausmachten, stiegen auf 8,5% im Jahr 1944. Die Steuererhöhungen waren jedoch immer noch viel geringer als der Anstieg der Ausgaben. Der Anstieg der Einnahmen auf Bundesebene von 7,2% des BIP 1939 auf 22,7% des BIP 1944 war kaum mehr als halb so hoch wie der Anstieg der Ausgaben.

Das Ergebnis war eine Reihe von großen Budgetdefiziten. 1944 erreichte das Defizit auf Bundesebene 22% des BIP. Die Schuldenquote, die 1939 mit 53% bereits aufgrund der Defizite der Regierung während der Weltwirtschaftskrise sehr hoch war, betrug 110%.

Wurde der Anstieg der Staatsausgaben auf Kosten des Konsums oder der privaten Investitionen erreicht? (Wie wir in ▶ **Kapitel 18** gesehen haben, hätte der Anstieg prinzipiell auch durch höhere Importe und ein Leistungsbilanzdefizit erreicht werden können. Die Vereinigten Staaten konnten jedoch während des Krieges keine Schulden aufnehmen; sie vergaben vielmehr ihrerseits Kredite an einige ihrer Verbündeten: Die Transferzahlungen der USamerikanischen Regierung an das Ausland betrugen 1944 6% des US-amerikanischen BIP.)

Die Antwort auf die Frage lautet: Der Anstieg wurde auf Kosten sowohl des Konsums als auch der Investitionen erreicht. Der Anteil des Konsums am BIP ging um 23% zurück, von 74% auf 51%. Ein Teil des Rückgangs des Konsums könnte auf die Antizipation höherer Steuern nach dem Krieg zurückzuführen sein; ein Teil war das Ergebnis der Nichtverfügbarkeit von vielen Gebrauchsgütern; und auch der Patriotismus spielte wahrscheinlich eine große Rolle. Er veranlasste die Amerikaner, mehr zu sparen und Kriegsanleihen zu kaufen, die von der Regierung zur Finanzierung des Krieges herausgegeben wurden. Der Anstieg der Käufe des Staates wurde jedoch auch durch einen sechsprozentigen Rückgang des Anteils der privaten Investitionen am BIP aufgefangen – von 10% auf 4%. Ein Teil der Kriegslast wurde demnach in Form einer geringeren Kapitalakkumulation an die Nachkriegsgenerationen weitergegeben.

Der Abbau von Steuerverzerrungen

Es existiert noch ein weiteres Argument für Defizite, nicht nur in Kriegszeiten, sondern allgemeiner in Zeiten, in denen die Staatsausgaben außergewöhnlich hoch sind. Denken wir beispielsweise an den Wiederaufbau nach einem Erdbeben oder an die Kosten, die mit der Einheit Deutschlands zu Beginn der 1990er-Jahre einhergingen.

Siehe auch die Fokusbox *„Die deutsche Einheit und das Tauziehen zwischen Geld- und Fiskalpolitik“* in ▸ **Kapitel 5.**

Das Argument lautet so: Würde die Regierung die Erhöhung der Staatsausgaben durch eine Erhöhung der Steuern finanzieren, dann müssten die Steuersätze sehr hoch sein. Sehr hohe Steuersätze können zu sehr großen ökonomischen Verzerrungen führen: Wenn sich die Wirtschaftssubjekte sehr hohen Einkommenssteuersätzen gegenübersehen, dann arbeiten sie unter Umständen weniger oder auf dem Schwarzmarkt, wo keine Steuern zu entrichten sind. Anstatt den Steuersatz abwechselnd nach oben oder nach unten zu setzen, um ein ausgeglichenes Budget aufrechtzuerhalten, ist es besser (zur Reduktion von Verzerrungen), einen relativ konstanten Steuersatz festzulegen, um die Steuern zu glätten. Das Glätten der Steuern impliziert, dass immer dann große Defizite anfallen, wenn die Staatsausgaben außergewöhnlich hoch sind. In der restlichen Zeit werden sie durch kleine Überschüsse ausgeglichen.

22.3.4 Defizite und die Überalterung der Bevölkerung

Der Europäische Stabilitäts- und Wachstumspakt fordert mittelfristig einen ausgeglichenen nominalen Haushalt. Wie wir in ▸ **Abschnitt 22.2** gesehen haben, bedeutet dies, dass der reale Haushalt einen Überschuss aufweisen muss. Langfristig würde die staatliche Schuldenquote dann gegen null konvergieren. Kann eine solche Politik überhaupt sinnvoll sein? Wenn man weit in die Zukunft blickt, dann werden demografische Veränderungen einen starken Anstieg der Ausgaben verschiedener staatlicher Programme erzwingen. Viele Ökonomen sind deshalb der Überzeugung, dass die Regierungen bereits jetzt auf diesen Anstieg reagieren sollten, indem sie Einnahmen generieren und Budgetüberschüsse ausweisen. Sie halten also größere Überschüsse für erstrebenswert.

Der prognostizierte Anstieg ist darauf zurückzuführen, dass ein hoher Anteil der staatlichen Ausgaben auf Rentenversicherung und Gesundheitswesen entfällt. Die Ausgaben in diesen Sektoren steigen aus zwei Gründen:

- Die erste und wichtigste Ursache ist das Altern der Bevölkerung, der schnelle Anstieg des Anteils der über 65-Jährigen, der erfolgt, seit die Babyboom-Generation das Rentenalter erreicht, von 2010 an. Steigende Lebenserwartung und sinkende Geburtenraten führen zu einer Überalterung der Gesellschaft. Geht man in Zukunft von einem Renteneintrittsalter von durchschnittlich 67 Jahren aus, dann wird der Altenquotient – das Verhältnis der Bevölkerung ab 67 Jahren zu der Bevölkerung zwischen 20 und 66 Jahren – in Deutschland laut Prognose von knapp 30% im Jahr 2015 auf 52,5% im Jahr 2050 ansteigen. Für eine Person über 65 Jahre werden statt bislang 3,33 nur mehr 1,9 Junge zur Verfügung stehen. Diese Entwicklung wird zu einem hohen Wachstum der Rentenversicherungsleistungen und der Gesundheitsausgaben führen.
- Die zweite Ursache sind die stetig steigenden Kosten im Gesundheitswesen.

Siehe auch die Fokusbox *„Rentenversicherung, Rentenversicherungsreform und Kapitalakkumulation“* in ▸ **Kapitel 11.**

Es ist klar, dass größere Veränderungen in den Ausgabenprogrammen erfolgen müssen. Rentenversicherungsleistungen werden vermutlich reduziert werden, die Bereitstellung von medizinischen Leistungen wird unter Umständen begrenzt werden müssen. Es besteht ebenfalls wenig Zweifel darüber, dass Steuern, die zur Finanzierung der Rentenversicherung verwendet werden, ebenfalls erhöht werden müssen.

Es ist aber genauso klar, dass man nicht warten darf, etwas zu tun, bis die Ausgaben anfangen zu steigen. Wenn man so lange wartet, wird es zu spät sein. Die dann benötigte Reduktion der Leistungen oder der dann benötigte Anstieg der Steuern zur Finanzierung der Programme würde viel zu groß ausfallen. Um nur die prognostizierten Rentenversicherungsleistungen zu finanzieren, müssten die Lohnnebenkosten dann auf ein Niveau ansteigen, das den Jungen kaum mehr Anreize bietet, überhaupt zu arbeiten. Die Finanzierung der höheren Gesundheitsausgaben würde die Steuersätze noch weiter steigen lassen. Es besteht eine weitgehende Übereinstimmung darüber, dass die Regierungen nicht warten sollten, sondern bereits jetzt Maßnahmen treffen sollten.

Worauf sollten diese Maßnahmen abzielen? Sie müssen Steuererhöhungen und Leistungskürzungen kombinieren, um schon jetzt Budgetüberschüsse zu erzielen und angesichts der Ausgaben in der Zukunft Vermögen zu akkumulieren. Je länger mit solchen Maßnahmen gewartet wird, desto schwieriger wird eine Anpassung. Dies nicht nur deshalb, weil Kapitalakkumulation ein langsamer Prozess ist (wie in ▸ **Kapitel 11** diskutiert), sondern auch, weil es mit steigender Überalterung immer schwieriger wird, eine Mehrheit der Wählerstimmen für solche Maßnahmen zu gewinnen. Alle OECD-Länder, auch die Vereinigten Staaten, sind mit den Problemen der Überalterung der Bevölkerung und dem Anstieg der Kosten im Gesundheitswesen konfrontiert. In vielen Ländern wie Deutschland, Frankreich und Italien werden die Rentenversicherungsleistungen im Umlageverfahren finanziert. Die hohen zukünftigen Belastungen aus der Überalterung der Bevölkerung bedeuten, dass die effektive Schuldenquote (unter Berücksichtigung der zukünftigen impliziten Zahlungsverpflichtungen des Staates) wesentlich höher liegt als die ausgewiesene Nominalverschuldung. Die Forderung nach einem ausgeglichenen Haushalt dürfte für manche dieser Länder gar nicht ausreichen, um das Problem zu lösen. Andere Staaten mit weitgehend privater Altersvorsorge (wie Großbritannien oder die Niederlande) sind davon weniger betroffen.

22.4 Die Gefahren hoher Staatsverschuldung

Wir haben nun zwei Belastungen durch eine hohe Staatsverschuldung kennengelernt – eine geringere Kapitalakkumulation sowie höhere Steuersätze und höhere Verzerrungen. Die aktuellen Erfahrungen einiger Länder mit hohen Schuldenquoten weisen jedoch noch auf eine andere Art von Kosten hin: Eine hohe Staatsverschuldung kann zu einem Teufelskreis führen; sie kann den Einsatz von Fiskalpolitik extrem erschweren.

22.4.1 Die Gefahr multipler Gleichgewichte

Um zu sehen, warum dies der Fall ist, kehren wir zu Gleichung (22.5) zurück. Sie beschreibt die Entwicklung der Schuldenquote:

$$\frac{B_t}{Y_t} - \frac{B_{t-1}}{Y_{t-1}} = (r-g)\frac{B_{t-1}}{Y_{t-1}} + \frac{(G_t - T_t)}{Y_t}$$

Betrachten wir ein Land mit hoher Schuldenquote, etwa von 100%. Nehmen wir an, der reale Zinssatz beträgt 3% und die Wachstumsrate 2%. Der erste Term auf der rechten Seite ergibt dann $(3\,\% - 2\%) \cdot 100\,\% = 1\%$ des BIP. Nehmen wir weiter an, dass die Regierung einen Primärüberschuss von 1% ausweist, also gerade genug, um die Schuldenquote konstant zu halten [die gesamte rechte Seite der Gleichung ist gleich $1\,\% + (-1\%) \;=\; 0\,\%$].

Nehmen wir nun an, dass die Kapitalanleger beginnen, einen höheren Zinssatz für das Halten von Staatsanleihen zu fordern. Diese Forderung nach einem höheren Zinssatz könnte darauf zurückzuführen sein, dass die Anleger befürchten, dass die Regierung nicht in der Lage sein könnte, das Defizit unter Kontrolle zu halten und die Anleihen in der Zukunft zurückzuzahlen. Der genaue Grund ist für unsere Analyse nicht von Bedeutung. Um einen konkreten Fall analysieren zu können, nehmen wir an, dass der inländische reale Zinssatz von 3% auf beispielsweise 12% ansteigt.

Betrachten wir die resultierende fiskalische Situation: $(r - g)$ ist nun gleich $12\,\% - 2\,\% = 10\%$. Aufgrund des Anstiegs von $(r - g)$ von 1% auf 10% muss die Regierung ihren Primärüberschuss von 1% auf 10% des BIP erhöhen, nur um die Schuldenquote konstant zu halten. Damit eröffnet sich der Spielraum für potenzielle Teufelskreise.

Nehmen wir an, die Regierung leitet Schritte ein, um einen Anstieg der Schuldenquote zu verhindern. Die Ausgabenkürzungen oder die Steuererhöhungen werden sich mit großer Wahrscheinlichkeit als politisch kostspielig erweisen und damit ein noch größeres Maß an politischer Unsicherheit und die Notwendigkeit eines noch höheren Zinssatzes generieren. Außerdem wird die scharfe fiskalpolitische Kontraktion mit großer Wahrscheinlichkeit zu einer Rezession und damit zu einem Rückgang der Wachstumsrate führen. Sowohl der Anstieg des realen Zinssatzes als auch der Rückgang des Wachstums lassen $(r - g)$ weitersteigen, sodass es noch schwieriger wird, die Schuldenquote zu stabilisieren.

Ab einem bestimmten Punkt wird die Regierung nicht mehr in der Lage sein, den Primärüberschuss stark genug zu erhöhen. Die Staatsverschuldung beginnt dann anzusteigen. Das führt dazu, dass die Finanzmärkte noch besorgter werden und einen noch höheren Zinssatz fordern. Die höheren Zinssätze führen zu noch größeren Defiziten und zu einem noch schnelleren Anstieg der Schuldenquote usw. Irgendwann kommt es dann zu einem Punkt, an dem sich die Regierung gezwungen sieht, ihren Zahlungsverpflichtungen nicht mehr nachzukommen.

Dies erinnert an unsere Diskussion der Wechselkurskrisen in ▸ Kapitel 20 mit der Gefahr von selbsterfüllenden Krisen. Zum Großteil wirken dieselben Mechanismen: Die Erwartungen, dass es zu einem Problem kommen könnte, führen dazu, dass dieses Problem erst entsteht, sodass die ursprünglichen Erwartungen bestätigt werden. Häufig, wie etwa in der Eurokrise, kommen sogar beide Mechanismen zum Tragen.

Kurz zusammengefasst: Je größer die Schuldenquote, desto größer das Potenzial für eine Schuldendynamik, die in eine Katastrophe führen kann. Selbst ursprünglich unbegründete Ängste, dass die Regierung die Schulden nicht vollständig zurückzahlen könnte, können schnell eine sich selbst erfüllende Dynamik in Gang setzen: Indem sie den Zinssatz steigen lassen, den die Regierung auf die Staatsverschuldung zahlen muss, können diese erhöhten Zinszahlungen dazu führen, dass die Regierung die Kontrolle über ihr Budget verliert. Dann steigt die Staatsverschuldung auf ein so hohes Niveau an, dass die Regierung gar nicht mehr in der Lage ist, die Schulden zurückzuzahlen, sodass die ursprünglichen Ängste von selbst bestätigt werden.

Das ist keine rein akademische Diskussion. Betrachten wir die Entwicklung der Zinsaufschläge im Euroraum während der Eurokrise. ▸ **Abbildung 22.2** zeigt die Zinsaufschläge auf italienische und spanische Staatsanleihen mit einer Laufzeit von zehn Jahren im Vergleich zu deutschen Bundesanleihen mit gleicher Laufzeit. Die Zinsaufschläge werden auf der vertikalen Achse in Prozentpunkten gemessen (dem Unterschied der jährlichen Verzinsung für italienische und spanische relativ zu deutschen Staatsanleihen). Nach Ausbruch der Finanzkrise sind diese Zinsaufschläge stark angestiegen, vor allem von Anfang 2011 bis Juli 2012 an.

Abbildung 22.2 Der Anstieg der Zinsaufschläge im Euroraum während der Eurokrise 2012. Die Zinsaufschläge auf italienische und spanische Staatsanleihen im Vergleich zu deutschen Bundesanleihen stiegen von Anfang 2011 bis Juli 2012 stark an. Erst seit Ende Juli 2012, als Mario Draghi, der Präsident der Europäischen Zentralbank, erklärte, die EZB werde im Rahmen ihres Mandats alles tun, um ein Auseinanderbrechen des Euro zu verhindern, sind die Aufschläge wieder zurückgegangen.

Quelle: OECD Main Economic Indicators, FRED-Codes IRLTLT01DEM156N

Im Juli 2012 lag der Zinssatz für italienische Anleihen mit zehnjähriger Laufzeit bei über 6,3%, für spanische sogar bei über 7,5%, während deutsche Bundesanleihen gleicher Laufzeit mit nur 1,2% verzinst wurden. Diese Aufschläge lassen sich auf zwei Faktoren zurückführen:

Zum einen die Furcht, dass die spanische und italienische Regierung einen Schuldenschnitt durchführt (den vereinbarten Betrag an Zinsen und Tilgung nicht mehr voll zurückzahlt); zum zweiten die Furcht, diese Staaten könnten aus dem Euroraum ausscheiden, die Schuldansprüche in nationale Währung umwandeln und diese Währung dem Euro gegenüber abwerten. Innerhalb eines Währungsraums ist eine solche Abwertung eigentlich undenkbar, solange die Märkte nicht damit rechnen, dass der einheitliche Währungsraum auseinanderbricht und die einzelnen Staaten wieder ihre nationale Währung zu einem niedrigeren Wechselkurs einführen. Genau das aber passierte im Frühjahr und Sommer 2012.

Die Fokusbox *„Multiple, sich selbst erfüllende Gleichgewichte"* präsentiert ein Modell, das den Wechsel zwischen „gutem" und „schlechtem" Gleichgewicht illustriert. Lesen Sie dazu auch nochmals die Diskussion in ▸ **Abschnitt 20.2**, wie in einem Regime fixer Wechselkurse die Erwartung, eine Abwertung könnte bevorstehen, eine Wechselkurskrise auslösen kann.

Kehren wir zurück zu unserer Diskussion um sich selbst erfüllende Schuldenkrisen zu Beginn dieses Abschnitts. Noch Mitte März lag der Risikoaufschlag für italienische Anleihen bei 2,8% – das reflektiert die Sorge der Anleger über die Tragfähigkeit der Verschuldung des italienischen Staates mit einer Schuldenquote von über 130%. Italien erwirtschaftete damals einen Primärüberschuss, der auch bei diesen Zinsen ausreichte, um die Schuldenquote stabil zu halten, wenn auch auf hohem Niveau. Wegen der hohen Schuldenquote war das Land fragil, befand sich aber in einem „guten" Gleichgewicht. Die Investoren machten sich aber Gedanken darüber, was bei einem weiteren Anstieg der Zinsen passieren würde, und kamen zu dem Schluss, dass Italien dann nicht mehr in der Lage wäre, einen Primärüberschuss zu erwirtschaften, der hoch genug wäre, um die Schuldenquote zu stabilisieren. Ein Abgleiten in eine Schuldenspirale, das letztlich zu einem Schuldenschnitt zwingt, schien immer wahrscheinlicher. Immer mehr Investoren rechneten damit, dass Italien in einem solchen Fall aus dem Euroraum austreten könnte, um über eine Abwertung der eigenen Währung die Wettbewerbsfähigkeit der einheimischen Wirtschaft zu verbessern und die Schuldenlast zu senken. Die Sorge vor einer solchen Entwicklung trieb Italien weg von einem „guten" hin zu einem „schlechten" Gleichgewicht. Aus Furcht vor einem Ausscheiden aus dem Euroraum stieg der Risikoaufschlag auf weit über 6% an. Der starke Anstieg bestätigte wiederum die ursprünglichen Befürchtungen. Schließlich war es die Europäische Zentralbank, die dafür sorgte, dass Italien wieder zum guten Gleichgewicht zurückgelangte.

Am 26. Juli 2012 erklärte der Präsident der EZB, Mario Draghi, die EZB werde im Rahmen ihres Mandats alles tun, um ein Auseinanderbrechen des Euro zu verhindern. Diese Rede beruhigte die Investoren ebenso wie die Erklärung der EZB im September 2012, im Rahmen des OMT-Programms *(Outright Monetary Transactions)* unter bestimmten Konditionen potenziell unbegrenzt Anleihen mit einer Laufzeit von bis zu drei Jahren von Staaten zu kaufen, die sich der Kontrolle des Europäischen Stabilitätsmechanismus ESM unterwerfen. Danach sind die Zinsaufschläge wieder stark zurückgegangen. So wurde wieder das gute Gleichgewicht erreicht.

Die Rede Draghis und die Einführung des OMT-Programms hatten zum Ziel, das „Redenomination Risk" (das Risiko einer Währungsumstellung) auszuschließen und damit eine Rückkehr zum guten Gleichgewicht zu ermöglichen. Diese Verpflichtung war ausreichend; die EZB musste damals nicht intervenieren.

Italien und Spanien gelang es damals mit Hilfe der EZB, das Abgleiten in eine Schuldenspirale zu vermeiden. Was aber passiert, wenn es einer Regierung nicht gelingt, die Schuldenquote zu stabilisieren? Aus historischer Sicht sind dann zwei Wege denkbar: Entweder kommt es zu einem expliziten Schuldenschnitt (der Aussetzung von Zins- und Tilgungszahlungen) oder die Regierung nimmt Zuflucht dazu, die Schulden über das Anwerfen der Notenpresse (monetäre Finanzierung) zu bedienen. Betrachten wir die beiden Mechanismen der Reihe nach.

FOKUS

Multiple, sich selbst erfüllende Gleichgewichte

Multiple Gleichgewichte können gerade dann auftreten, wenn – im Zusammenspiel zwischen Zentralbank und Fiskalbehörde – Unsicherheit über den zukünftigen Pfad der Wirtschaftspolitik besteht. Rechnen die Kapitalmärkte damit, dass ein Staat dank hoher Wachstumsraten seine Schuldenquote im Lauf der Zeit nachhaltig senken kann, fordern sie nur geringe Risikoaufschläge auf Schuldtitel des Staates und ermöglichen dem Staat so eine günstige Kreditaufnahme. Die niedrigen Zinslasten lassen Spielraum für eine aktive Wachstumspolitik, die eine rasche Erholung erlaubt. Die Erwartungen bestätigen sich von selbst.

Umgekehrt besteht aber auch die Gefahr einer sich selbst erfüllenden negativen Spirale: Weckt eine aktuell hohe Schuldenquote Befürchtungen, dass ein Schuldenschnitt am Ende letztlich unvermeidbar sein wird, steigt die Risikoprämie für Staatsschulden am Kapitalmarkt. Da die erhöhten Zinsausgaben des Staates die Schuldenlast zusätzlich steigern, bestätigen sich diese Befürchtungen von selbst. Auf diese Weise kann eine gefährliche Dynamik entstehen, welche die Staatssolvenz bedroht.

Offensichtlich kann es zu multiplen Gleichgewichten kommen, von denen eines eindeutig schlechter ist als das andere. Bei gleichen Fundamentaldaten kann sich so je nach den Erwartungen der Finanzmärkte entweder das gute oder das schlechte Gleichgewicht realisieren. Ein hoher Zins auf den Finanzmärkten ist dann nicht unbedingt ein verlässliches Indiz für unausweichliche Solvenzrisiken. Diese Überlegungen lassen sich direkt auf die Staatsschuldenkrise im Euroraum übertragen. Die Staaten im Euroraum sind in einer Währung verschuldet, die sie selbst nicht schaffen können. Ein Motiv für die Einführung des Euro lag gerade darin, die Risikoprämien für Staatsschulden dadurch zu senken, dass jede Möglichkeit zu monetärer Alimentierung ausgeschlossen wird.

Eine einfache Grafik soll die Grundidee illustrieren. In ▶ **Abbildung 1** repräsentiert *C* die Kosten eines Staatsbankrotts. Zur Vereinfachung unterstellen wir, dass sie konstant sind. Die Kosten ergeben sich daraus, dass die Wirtschaftsaktivität nach einem Schuldenmoratorium stark einbricht und das Land nur schwer wieder Zugang zum internationalen Kapitalmarkt bekommt. Umgekehrt steigen aber mit zunehmender Schuldenquote die potenziellen Vorteile eines Schuldenschnitts. Weil der Staat seine Altschulden dann nicht mehr bedient, können die Ressourcen für andere Zwecke genutzt werden. Ein Schuldenschnitt ist immer dann vorteilhaft, wenn die Vorteile die Kosten übersteigen. Diese Vorteile sind umso größer, je höher die Schuldenquote (sie nehmen deshalb mit *b* zu), aber auch je höher die

Zinsbelastung. Die Höhe der Zinsen hat somit starke Auswirkungen darauf, ob es tatsächlich zu einem Bankrott kommt.

Bei hohen Kapitalmarktzinsen steigen die Vorteile der Entschuldung mit steigender Schuldenquote b rasch an (vgl. die durch Punkt X verlaufende Kurve in ▶ **Abbildung 1**). Sind die Zinsen am Kapitalmarkt dagegen niedrig, steigt die Kurve nur langsam an (vgl. die durch Punkt Y verlaufende Kurve). Im Fall niedriger Schuldenquoten ($b < b_1$) würde sich ein Schuldenschnitt deshalb auf keinen Fall lohnen. Bei sehr hohen Quoten ($b < b_2$) kommt es dagegen immer zum Schuldenschnitt. Liegen die Schuldenquoten aber in einem mittleren Bereich ($b_1 < b < b_2$), ist das Ergebnis indeterminiert: Bei der Schuldenquote b in ▶ Abbildung 1 sind zwei Gleichgewichte denkbar: Ist die Zinsbelastung am Kapitalmarkt hoch (Punkt X), dann erfolgt ein Schuldenschnitt; solange sie dagegen niedrig bleibt (Punkt Y), werden die Schulden bedient. Im Fall multipler Gleichgewichte versagt die disziplinierende Funktion der Kapitalmärkte: Statt Anreize zum raschen Abbau der Verschuldung zu setzen, führt die Forderung nach hohen Zinsen zu einem sich selbst erfüllenden Schuldenschnitt.

Das Problem multipler Gleichgewichte ergibt sich daraus, dass Fundamentaldaten allein das Marktergebnis nicht determinieren. Welches Gleichgewicht erreicht wird, hängt vielmehr wesentlich auch von der tatsächlich in Zukunft betriebenen Politik ab. Diese wiederum wird im Wechselspiel mit den Kapitalmärkten bestimmt. Die Erwartungen der Kapitalmarktteilnehmer über den zukünftigen Politikpfad determinieren, welcher Pfad letztlich tatsächlich realisiert werden kann. Stimmungsumschwünge, ausgelöst von Ansteckungseffekten in anderen Ländern, können einen abrupten Wechsel zwischen den Gleichgewichten auslösen. Unter solchen Bedingungen können entschiedene Politikmaßnahmen (wie die glaubwürdige Ankündigung des Outright Monetary Transactions (OMT) Programms der EZB) helfen, das gute Gleichgewicht zu verwirklichen.

Quelle: Das in dieser Fokusbox präsentierte Modell wurde von Paul De Grauwe entwickelt in seinem Aufsatz „The Governance of a Fragile Eurozone", in: Australian Economic Review (2012), 45, S. 255–268.

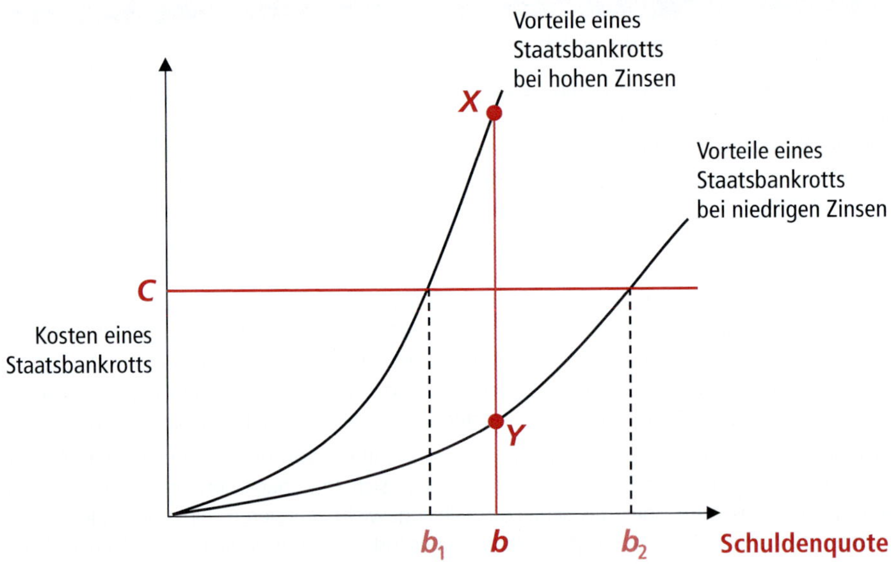

Abbildung 1 Multiple, sich selbst erfüllende Gleichgewichte

22.4.2 Schuldenschnitt

Wenn eine Regierung zu der Überzeugung kommt, dass ihre Schuldenquote zu hoch ist, wie und wie schnell sollte sie diese dann reduzieren? Die Antwort ist: durch Budgetüberschüsse, viele Jahre lang, viele Jahrzehnte lang sogar. Ein historisches Beispiel liefert in diesem Fall England im 19. Jahrhundert. Am Ende der Kriege gegen Napoleon zu Beginn des 19. Jahrhunderts war die Schuldenquote auf über 200% des BIP gestiegen. England verbrachte fast das ganze 19. Jahrhundert damit, die Schuldenquote zu reduzieren, sodass diese im Jahr 1900 bei nur noch 30% des BIP lag.

Die Aussicht auf viele Jahrzehnte fiskalischer Sparsamkeit ist nicht besonders angenehm. Wenn die Schuldenquoten sehr hoch sind, kommt daher gewöhnlich eine alternative Lösung ins Gespräch – die Weigerung, die Schulden zurückzuzahlen. Das Argument ist einfach: Eine Verweigerung der Schuldenrückzahlung – ganz oder teilweise – ist gut für die Wirtschaft. Sie ermöglicht Steuersenkungen und damit eine Verringerung der Verzerrungen. Sie senkt das Risiko von Teufelskreisen. Das Problem bei diesem Argument ist die Zeitinkonsistenz, die wir in ▸ **Kapitel 21** besprochen haben. Wenn die Regierung ihr Versprechen, die Schulden zurückzuzahlen, nicht hält, dann wird sie wahrscheinlich für lange Zeit in der Zukunft große Schwierigkeiten bei dem Versuch haben, jemals wieder Kredite aufzunehmen. Die Finanzmärkte werden sich daran erinnern und kaum bereit sein, neue Kredite zu vergeben. Ein Schritt, der heute attraktiv erscheint, kann sich in der langen Frist als fatal erweisen. Die Weigerung zur Schuldenrückzahlung ist nur eine allerletzte Möglichkeit. Sie sollte wirklich nur dann eingesetzt werden, wenn alle anderen Maßnahmen gescheitert sind.

Meist erfolgt in einem solchen Fall nur ein partieller Schuldenschnitt. Die Gläubiger müssen dann einen „Haarschnitt" in Kauf nehmen. Ein Haarschnitt von 30% bedeutet etwa, dass die Gläubiger nur 70% ihrer Forderungen ausgezahlt bekommen. Ein solcher Schuldenschnitt kann unter vielen Namen (meist Euphemismen) zustande kommen, etwa als Restrukturierung der Schulden, als Umschuldung (bei der etwa die Zinszahlungen gesenkt und/oder die Laufzeit der Anleihe verlängert wird) oder auch (ironischerweise) als Beteiligung privater Gläubiger (die Einbeziehung des privaten Sektors, d.h. der Gläubiger, bei der Lösung des Schuldenproblems durch einen entsprechenden Haarschnitt). Der Schuldenschnitt kann einseitig von der Regierung erklärt werden, meist ist er aber das Resultat von langwierigen Verhandlungen mit den Gläubigern. Müssen die Gläubiger erkennen, dass ihre Forderungen auf keinen Fall vollständig erfüllt werden können, ist es häufig in ihrem Eigeninteresse, die Bedingungen in Verhandlungen mit der Regierung zu klären. So mussten private Gläubiger etwa im Fall der Umschuldung Griechenlands im März 2012 einen Haarschnitt von ungefähr 50% akzeptieren.

22.4.3 Entschuldung durch Gelddrucken und Hyperinflation

Der zweite Weg zur Entschuldung ist das „Anwerfen der Druckerpresse." Bislang sind wir immer davon ausgegangen, dass sich Staaten nur über Anleihen verschulden können. Es gibt aber noch einen anderen Weg: Die Regierung kann sich auch über das Drucken von Geld finanzieren. Das macht sie nicht direkt; sie gibt vielmehr Anleihen aus und zwingt die Zentralbank dann dazu, diese Anleihen gegen die Ausgabe von Geldscheinen zu kaufen. Diesen Prozess nennt man Finanzierung über die Notenpresse oder auch Monetisierung der Schulden. Er führt in der Regel zu Hyperinflation. Weil die Geldschöpfung in diesem Fall nicht auf Entscheidungen der Zentralbank zurückzuführen ist, sondern vom Haushaltsdefizit bestimmt wird, bezeichnet man diesen Fall auch als fiskalische Dominanz der Geldpolitik.

Wie groß ist das Defizit, das die Regierung auf diese Weise finanzieren kann? Bezeichnen wir mit H die nominale Zentralbank-Geldmenge, die in der Wirtschaft im Umlauf ist (zur Vereinfachung sprechen wir im Folgenden von Geldmenge, wobei aber jeweils die Zentralbank-Geldmenge gemeint ist). Bezeichnen wir mit ΔH die Veränderung der Geldmenge vom Ende des letzten Monats bis zum Ende dieses Monats – die Geldschöpfung während des Monats. (Im Fall einer Hyperinflation entwickeln sich die Dinge sehr schnell. Daher ist es besser, nicht zu analysieren, was von Quartal zu Quartal oder von Jahr zu Jahr, sondern was von Monat zu Monat geschieht.)

Die Einnahmen in realen Einheiten (das heißt in Gütereinheiten), die die Regierung generieren kann, wenn sie Geld im Umfang von ΔH schöpft, sind daher gleich $\Delta H/P$ – die Geldschöpfung während des Monats dividiert durch das Preisniveau. Diese realen Einnahmen aus der Geldschöpfung werden **Seignorage** genannt. Die Bezeichnung zeigt den historischen Hintergrund: Das Recht, Geld auszugeben, bedeutete für die Seigneurs der Vergangenheit eine wertvolle Einnahmequelle: Sie konnten die von ihnen gewünschten Güter kaufen, indem sie ihr eigenes Geld druckten und es für die Bezahlung der Güter verwendeten.

Fassen wie das wie folgt zusammen:

$$\text{Seignorage} = \frac{\Delta H}{P} \tag{22.6}$$

Die Seignorage ist gleich der Geldschöpfung, dividiert durch das Preisniveau. Um zu verstehen, welche Wachstumsrate der Geldmenge zur Finanzierung gegebener realer Einnahmen aus Seignorage erforderlich ist, schreiben wir den Ausdruck $\Delta H/P$ wie folgt um:

$$\frac{\Delta H}{P} = \frac{\Delta H}{H}\frac{H}{P}$$

In Worten: Wir können uns die Seignorage $\Delta H/P$ als Produkt aus der Wachstumsrate der nominalen Geldmenge $\Delta H/H$ und der realen Geldmenge H/P vorstellen. Je größer die reale Geldmenge ist, die in der Volkswirtschaft gehalten wird, desto größer ist die Seignorage, die mit einer gegebenen Wachstumsrate der nominalen Geldmenge verbunden ist. Wenn wir diesen Ausdruck in Gleichung (22.6) einsetzen, erhalten wir:

$$\text{Seignorage} = \frac{\Delta H}{H}\frac{H}{P} \tag{22.7}$$

Zur Erinnerung: Die Geldmenge ist eine Bestandsgröße; das Einkommen dagegen eine Stromgröße, hier handelt es sich um das monatliche Realeinkommen.

Auf diese Weise erhalten wir den Zusammenhang zwischen Seignorage, der Wachstumsrate der nominalen Geldmenge und der realen Geldmenge. Um die Größenordnungen einschätzen zu können, ist es hilfreich, beide Seiten von Formel (22.7) durch das Realeinkommen Y (gemessen als Realeinkommen pro Monat), zu dividieren:

$$\frac{\text{Seignorage}}{Y} = \frac{\Delta H}{H}\left(\frac{H/P}{Y}\right) \tag{22.8}$$

Wenn die Regierung ein Budgetdefizit in Höhe von 10% des Realeinkommens ausweist und sich entscheidet, dieses Defizit durch Seignorage zu finanzieren, dann gilt: $\text{Defizit}/Y = \text{Seignorage}/Y = 0{,}1$. Gehen wir davon aus, dass die Zentralbankgeldmenge als Anteil am BIP im Durchschnitt von Monat zu Monat gleich eins ist, dann gilt $(H/P)Y = 1$. Dies impliziert, dass das nominale Geldmengenwachstum gemäß Gleichung (22.6) folgende Bedingung erfüllen muss:

$$\frac{\text{Seignorage}}{Y} = \frac{\Delta H}{H} \Rightarrow \frac{\Delta H}{H} = 0{,}1 = 10\%$$

Um ein Defizit in Höhe von 10% des realen Einkommens durch Seignorage finanzieren zu können, muss die nominale Geldmenge um 10% wachsen. Das ist zweifellos eine hohe Wachstumsrate. Aber man könnte zu dem Schluss kommen, dies sei ein akzeptabler Preis, um in außergewöhnlich schwierigen Zeiten das Defizit zu finanzieren. Leider ist dies eine Milchmädchenrechnung. Mit steigendem Geldmengenwachstum geht in der Regel eine steigende Inflation einher. Hohe Inflation aber führt zu einem Rückgang der Geldnachfrage und damit auch einer rückläufigen Nachfrage nach Zentralbankgeld. Je stärker die Wachstumsrate der Geldmenge, desto weniger Geld wird nachgefragt.

Gehen wir davon aus, in Zeiten niedriger Inflation möchten die Wirtschaftssubjekte Geld in Höhe eines Monatseinkommens halten. Steigt die Inflation aber auf 10%, dann halten sie nur mehr Geld in Höhe ihres wöchentlichen Einkommens. Mit steigendem $\Delta H/H$ sinkt also $(H/P)Y$ in Gleichung (22.6).

Um gleich hohe Einnahmen sicherstellen zu können, muss die Regierung also das Geldmengenwachstum steigern. Damit aber steigt die Inflation weiter an, die Geldnachfrage geht noch stärker zurück; das wiederum erzwingt ein noch höheres Geldmengenwachstum. Schnell wandelt sich Inflation in Hyperinflation. Mit Hyperinflation bezeichnet man Episoden sehr hoher Inflation, wenn die monatliche Inflation die Schwelle von 30% übersteigt. Die Fokusbox *„Gelddrucken und Hyperinflation"* beschreibt einige markante Beispiele der Hyperinflation. Sie enden erst, wenn sich die Fiskalpolitik dramatisch verbessert hat und das Haushaltsdefizit verschwunden ist. Bis dahin aber ist schon beträchtlicher Schaden angerichtet worden.

Heute ist die Schuldenquote in vielen Industriestaaten ungewöhnlich hoch. Sie liegt oft über 100%. Was also sollten die Regierungen tun? Die simple Antwort lautet: Es gibt keine einfache Lösung. In manchen Fällen ist die Verschuldung eindeutig nicht tragfähig. Eine Umschuldung in der einen oder anderen Form ist dann unumgänglich. In anderen Fällen dagegen sind die Schulden vermutlich tragfähig; aber die Gefahren, die wir hier beschrieben haben, lassen sich nicht beschönigen. Sollten die Regierungen versuchen, hohe Primärüberschüsse zu erzielen, um die Verschuldung schnell abzubauen? Der angemessene Pfad der Fiskalpolitik ist sehr schmal. Zu viel Konsolidierung läuft Gefahr, wieder eine Rezession auszulösen; zu wenig dagegen kann in einer explosiven Schuldenspirale enden. Das Beispiel Englands im 19. Jahrhundert verdeutlicht, dass mit einem langen und schmerzhaften Anpassungsprozess zu rechnen ist, bis die Schuldenquote wieder ein niedriges Niveau erreicht hat.

FOKUS

Gelddrucken und Hyperinflation

In der Wirtschaftsgeschichte finden sich zahlreiche Episoden, die in einer Hyperinflation endeten. Ein markantes historisches Beispiel ist die Entwicklung in Deutschland in den Jahren 1922 und 1923. Das Vermögen des Bürgertums war damals überwiegend in festverzinslichen Staatsanleihen investiert. Weil die Rückzahlung dieser Anleihen in nominalen Größen festgelegt war und die Zinszahlungen nicht an die Preisentwicklung angepasst wurden, hat der starke Anstieg des Preisniveaus das Vermögen fast vollständig entwertet: Bei Auszahlung der investierten Beträge konnte man sich davon kaum mehr Lebensmittel, geschweige denn Grundstücke oder andere reale Vermögenswerte kaufen. Im November des Jahres 1923 reichte selbst die unglaubliche Summe von 420 Milliarden Reichsmark gerade einmal dafür aus, das Porto eines normalen Inlandsbriefs zu begleichen. Die massive Geldentwertung führte zur Verarmung eines großen Teils des Bürgertums. Im Verlauf der Jahre 1922 und 1923 haben sich in Deutschland sowohl Geldmengenwachstum als auch Preisanstieg immer stärker beschleunigt. Zum Höhepunkt lag die Inflationsrate pro Tag im Oktober 1923 bei fast 21%; das Preisniveau verdoppelte sich in diesem Monat innerhalb von 3,7 Tagen.

Während die Gläubiger durch die Hyperinflation praktisch enteignet werden, senkt der Preisanstieg die reale Belastung des Staates als Schuldner, sofern er sich nicht in einem entsprechenden Anstieg der Nominalzinsen niederschlägt: Die Staatsschuldenquote – der Anteil der inländischen Staatsverschuldung am nominalen Bruttoinlandsprodukt (BIP) – ging in dieser Zeit in Deutschland stark zurück. Für die in Fremdwährung denominierten Reparationslasten Deutschlands an die Alliierten traf dies jedoch nicht zu: Weil die Reichsmark im Vergleich zur Preisentwertung durch Inflation stärker abwertete, stieg die reale Auslandsverschuldung im Lauf der Hyperinflation zum Teil sogar an.

Die historisch stärkste Hyperinflation war aber nicht diejenige in Deutschland in den Jahren 1922/ 23, sondern die Hyperinflation in Ungarn nach dem Zweiten Weltkrieg. ▶ **Tabelle 1** führt die fünf größten Hyperinflationen im Lauf der letzten 100 Jahre auf. Diese Hyperinflationen weisen einige Gemeinsamkeiten auf. Alle waren sie kurz (sie dauerten im Durchschnitt ca. ein Jahr), aber intensiv, mit monatlichen Inflationsraten von weit über 50%.

Land	Zeitraum	Inflationsrate (%) pro Monat im Durchschnitt	Geldmengen-wachstum (%) pro Monat im Durchschnitt	Monat mit höchster Inflation	Höchste Inflationsrate pro Monat (%)
Ungarn	Aug. 1945–Jul. 1946	19.800	12.200	Juli 1946	$1.295 \cdot 10^{16}$
Zimbabwe	März 2007–Nov. 2008			November 2008	$8 \cdot 10^{10}$
Republik Serbien	April 1992–Jan. 1994	10.700		Januar 1994	309.000.000
Deutschland	Aug. 1922–Nov. 1923	322	314	Oktober 1923	29.525
Griechenland	Nov. 1943–Nov. 1944	365	220	Oktober 1944	11.288

Tabelle 1 Die größten Hyperinflationen

Quellen: Philip Cagan, (1956), Tabelle 1; und Peter Bernholz, (2003), Table 2.1.

Was sind die Ursachen solcher Hyperinflationen? Hohe Inflation geht letztlich immer mit einem hohen nominalen Wachstum der Geldbasis, also der von der Zentralbank bereitgestellten Geldmenge vor allem in Form von Banknoten, einher. Entsprechend korrespondieren hohe Inflationsraten mit einem hohen Wachstum der nominalen Geldmenge (vgl. *Spalte 4* von ▶ **Tabelle 1**). Die betroffenen Volkswirtschaften hatten mit größeren Wirtschaftskrisen zu kämpfen, die sich zunächst in hohen staatlichen Budgetdefiziten niederschlugen. Offensichtlich sahen die Regierungen den einfachsten Ausweg darin, ihre Ausgaben durch Geldschöpfung – dem Anwerfen der Druckerpresse – zu finanzieren. So ist etwa in Zimbabwe die Geldmenge von September auf Oktober 2008 um 57.933% angestiegen.

Zu ähnlichen, wenn auch weniger dramatischen Entwicklungen kam es im Lauf der 1980er-Jahre auch in vielen lateinamerikanischen Staaten und nach dem Zusammenbruch der Sowjetunion Anfang der 1990er-Jahre in deren Folgestaaten. ▶ **Tabelle 2** stellt beispielhaft die durchschnittlichen Inflationsraten pro Monat für vier lateinamerikanische Länder zwischen 1976 und 2000 dar. Alle vier Länder wiesen im betrachteten Zeitraum in zumindest einem der betrachteten Fünfjahresfenster eine durchschnittliche Inflationsrate von mehr als 20% pro Monat auf (vgl. ▶ **Tabelle 2**). In Argentinien und in Brasilien lag die Inflationsrate über ein Jahrzehnt hinweg bei mehr als 10% pro Monat, zum Höhepunkt lag diese Rate in Argentinien bei fast 200% pro Monat – das sind mehr als 3.330% pro Jahr. Alle vier Länder sind dann in den 1990er-Jahren zu niedrigen Inflationsraten zurückgekehrt – in Argentinien ist um 2000 aus Inflation sogar eine Deflation geworden.

	Durchschnittliche monatliche Inflationsrate (%)					
	1976–1980	1981–1985	1986–1990	1991–1995	1996–2000	Höchste Inflationsrate pro Monat (%)
Argentinien	9,3	12,7	20,0	2,3	0,0	197
Brasilien	3,4	7,9	20,7	19,0	0,6	84
Nicaragua	1,4	3,6	35,6	8,5	0,8	127
Peru	3,4	6,0	23,7	4,8	0,9	114

Tabelle 2 Hohe Inflation in Lateinamerika, 1976–2000

Quelle: International Financial Statistics, IMF

Es verwundert nicht, dass Hyperinflationen enorme Kosten aufwerfen:

- Wirtschaftliche Transaktionen werden massiv erschwert. Ein unrühmliches Beispiel ist der mühselige Handel in Deutschland in der Zeit der Hyperinflation. Die Leute mussten schubkarrenweise Geldbündel transportieren, um die einfachsten alltäglichen Käufe erledigen zu können.

- Die Preissignale verlieren immer mehr an Aussagekraft als Knappheitssignale: Da sich die Preise so oft verändern, ist es für Konsumenten und Produzenten schwierig, die relativen Preise der Güter zu beurteilen und gut informierte Entscheidungen zu treffen. Die Empirie zeigt, dass Schwankungen der relativen Güterpreise umso stärker ausfallen, je höher die Inflation ist. Das Preissystem, das für das Funktionieren einer Marktwirtschaft essenziell ist, verliert immer mehr an Effizienz.
- Die Schwankungen der Inflationsrate werden größer. Es wird immer schwieriger, die Inflation für die nahe Zukunft vorherzusagen, ob sie zum Beispiel für das nächste Jahr 500% oder 1.000% betragen wird. Die Kreditaufnahme zu einem festen nominalen Zinssatz wird zu einem Glücksspiel. Wenn man beispielsweise einen Kredit zu einem Zins von 1.000% pro Jahr aufnimmt, dann kann es sein, dass man entweder einen realen Zins von 500% oder 0% zahlt: ein erheblicher Unterschied! Die Konsequenz ist, dass Kreditvergabe und Kreditaufnahme in den letzten Monaten einer Hyperinflation mehr oder weniger zum Erliegen kommen, sodass die Investitionen stark zurückgehen.

Wenn die Inflation und die damit verbundenen Kosten immer schneller ansteigen, entsteht meist ein Konsens, dass die Inflation gestoppt werden muss. Am Ende verschwindet das Haushaltsdefizit; die Zuflucht zur Druckerpresse ist nicht mehr nötig. Bis dahin aber ist schon beträchtlicher Schaden angerichtet worden.

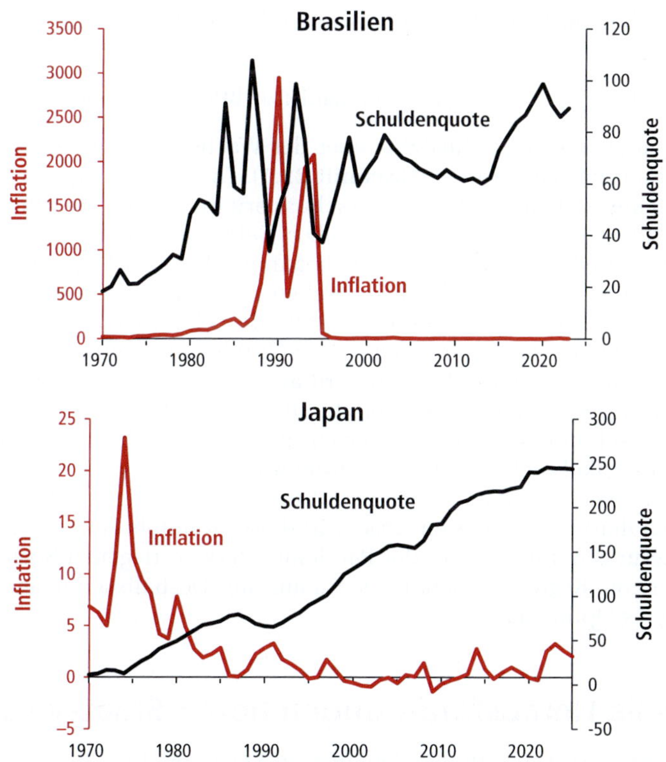

Abbildung 22.3 Inflation (rot, linke Achse) und Schuldenquote (schwarz, rechte Achse) in Brasilien und Japan

Die in der Fokusbox angeführten Beispiele verdeutlichen die Gefahr der Hyperinflation, wenn die Regierung versucht, hohe Schuldenquoten durch Geldschöpfung (das „Anwerfen der Druckerpresse") zu lösen. Hohe Schuldenquoten müssen aber nicht zwangsläufig mit hohen Inflationsraten einhergehen. Werfen wir in ▶ **Abbildung 22.3** einen Blick auf die Entwicklung in Brasilien und Japan. Der starke Anstieg der Schuldenquote in Brasilien im Lauf der 1980er-Jahre geht in der Tat einher mit hoher Inflation. Wie in der Fokusbox angesprochen, wurden damals hohe Budgetdefizite über Geldschöpfung finanziert. Anfang der 1990er-Jahre kam es dann jedoch zu einem Regimewechsel mit dem Ziel, die Inflation wirksam zu bekämpfen. Obwohl Ende der 1990er-Jahre die Schuldenquote wieder auf fast 80% gestiegen war, blieb die Inflationsrate moderat.

Die Bank of England stellt historische Daten zu Schuldenquote und Inflation in Großbritannien für die Zeit ab 1700 zur Verfügung. Sie sind über die FRED Codes PSDOTUKA und CPIIUKA abrufbar.

In Japan (▶ **Abbildung 22.3b**) ist ein Zusammenhang zwischen Anstieg der Schuldenquote und steigender Inflation gar nicht zu erkennen. Wenn überhaupt, scheint die Korrelation eher umgekehrt zu verlaufen: Im Lauf der 1970er-Jahre stieg die Inflation bei niedriger Schuldenquote auf bis zu 23%. Danach aber ging in Japan eine stetig steigende Schuldenquote mit anhaltender Deflation einher. Wie lassen sich solch dramatische Unterschiede erklären? Die Antwort darauf liefern die Erkenntnisse, die wir im Verlauf des Buchs gewonnen haben. Sie erklären auch, warum die starke Ausweitung von Geldbasis und Geldmenge im Verlauf der Finanzkrise nicht zu steigenden Inflationsraten führte. Wie wir gelernt haben, hängt die Auswirkung aktueller Wirtschaftspolitik letztlich entscheidend davon ab, wie sie die Erwartungen über den Verlauf künftiger Politik beeinflussen. Solange Vertrauen darin besteht, dass eine unabhängige Zentralbank für Preisstabilität sorgt, dass der Abbau der Schuldenquote also über fiskalpolitische Maßnahmen erfolgt, bleibt der Anstieg der Inflation selbst nach einem großen Ausgabenschock begrenzt.

Erinnern wir uns an die Kernbotschaft aus ▶ Kapitel 14: Die Wirkung geld- und fiskalpolitischer Maßnahmen hängt stark davon ab, wie sie die Erwartungen beeinflussen.

Die Anpassung nach einem Schock (einem großen Anstieg der Staatsausgaben um ΔG) kann über ganz verschiedene Wege laufen: Sie kann über fiskalische Konsolidierung (Ausgabenkürzungen und/oder Steuererhöhungen) in der Zukunft erfolgen; über Geldschöpfung (die Bereitschaft, zukünftig höhere Inflation in Kauf zu nehmen), aber auch über einen expliziten Staatsbankrott. Wir können dies am besten verstehen, wenn wir in *Gleichung (22.5)* bei der Schuldendynamik auch die Möglichkeit der Geldschöpfung berücksichtigen:

$$b_t - b_{t-1} = (r_t - g_t)b_{t-1} + \text{Primärdefizit/BIP} - \text{Seignorage/BIP}$$

Gehen wir davon aus, dass der Realzins über der Wachstumsrate liegt: $r > g$ (den anderen Fall betrachten wir gleich in ▶ **Abschnitt 22.5**). Die Schuldenquote sinkt, wenn die Regierung einen ausreichenden Primärüberschuss erwirtschaftet. Sie geht aber auch dann zurück, wenn die zusätzlichen Ausgaben über Geldschöpfung finanziert werden. Der künftige Politikpfad ist also nicht eindeutig bestimmt. Welcher Weg eingeschlagen wird, hängt wesentlich von der Koordination zwischen Zentralbank und Regierung ab. Ist die Unabhängigkeit der Zentralbank garantiert, stellt sie zukünftige Preisstabilität sicher. Es ist dann die Aufgabe des Finanzministers, die Schuldenquote über künftige Primärüberschüsse anzupassen. Ein solches Regime wird als monetäre Dominanz bezeichnet. Steht die Zentralbank dagegen unter Druck, Preisstabilität zugunsten der Finanzierung von Ausgaben durch Geldschöpfung zu opfern, spricht man von fiskalischer Dominanz. Solange der künftige Politikpfad nicht eindeutig bestimmt ist, ist auch ein abrupter Wechsel zwischen den alternativen Anpassungspfaden mit unterschiedlichen, sich selbst erfüllenden Gleichgewichten denkbar. Im letzten Abschnitt dieses Kapitels betrachten wir die aktuellen Herausforderungen durch die in der Pandemie stark gestiegenen Staatsverschuldung. Dabei gehen wir vom Regime monetärer Dominanz aus. Deshalb schließen wir von nun an Geldschöpfung als Option aus.

22.5 Aktuelle Herausforderungen hoher Staatsverschuldung

Schon in der Finanzkrise sind Budgetdefizite und Staatsschulden in vielen Ländern stark angestiegen. Die massiven Stützungsmaßnahmen während der Pandemie und hohe Ausgaben als Folge des russischen Kriegs gegen die Ukraine haben diesen Trend 2020 noch weiter verschärft. Viele Regierungen stehen unter starkem Druck, Defizite abzubauen und die Schuldenquote zu stabilisieren, um die Investoren zu beruhigen. Sobald Investoren daran zweifeln, ob die Schulden wirklich zurückgezahlt werden können, verlangen sie hohe Strafzinsen als Entschädigung für das Risiko eines Zahlungsausfalls. Dies verschärft die Finanzprobleme noch weiter. Eine Haushaltskonsolidierung führt aber zumindest kurzfristig wahrscheinlich zu einer Abschwächung der Wirtschaftsaktivität. Die Regierungen stehen damit vor einer schwierigen Entscheidung: Sollen sie eine rasche Haushaltskonsolidierung forcieren, um die Investoren zu beruhigen, und dabei das Risiko schwächeren Wachstums oder gar einer Rezession in Kauf nehmen? Oder sollen sie das Defizit eher langsam abbauen, um die Erholung nicht zu gefährden, damit aber das Risiko eingehen, dass die Investoren an der Tragfähigkeit der Schulden zweifeln?

Eine Kernfrage ist, wie es in Zukunft gelingen kann, die Verschuldung ohne Inflation oder Schuldenschnitt (Umschuldung) wieder abzubauen.

Kehren wir zu ▶ Gleichung (22.5) zurück, um die Schuldendynamik zu verstehen. Sie beschreibt einen einfachen mathematischen Zusammenhang:

$$b_t - b_{t-1} = (r_t - g_t)\, b_{t-1} + \text{Primärdefizit/BIP}$$

Wie sich die Schuldenquote verändert, hängt von zwei Faktoren ab: zum einen von der Differenz zwischen Realzins und realer Wachstumsrate des BIP, multipliziert mit der Schuldenquote, zum anderen vom Verhältnis des Primärdefizits zum BIP.

Liegt der Realzins anhaltend unter der realen Wachstumsrate ($g_t > r_t$), baut sich die Schuldenquote langsam quasi von selbst ab, sofern das Primärdefizit nicht zu hoch ist. Weil die Schulden dann langsamer ansteigen als das BIP, geht der Anteil der Schulden am BIP allmählich zurück. Übersteigt der Realzins dagegen dauerhaft die Wachstumsrate, so lässt sich eine hohe Schuldenquote nur senken, wenn es dem Staat gelingt, über eine Kürzung der Staatsausgaben und/oder eine Steuerhöhung einen Primärüberschuss zu erzielen. Die Entwicklung der Schuldenquote hängt also entscheidend davon ab, wie sich die reale Wachstumsrate im Vergleich zum Realzins entwickeln wird.

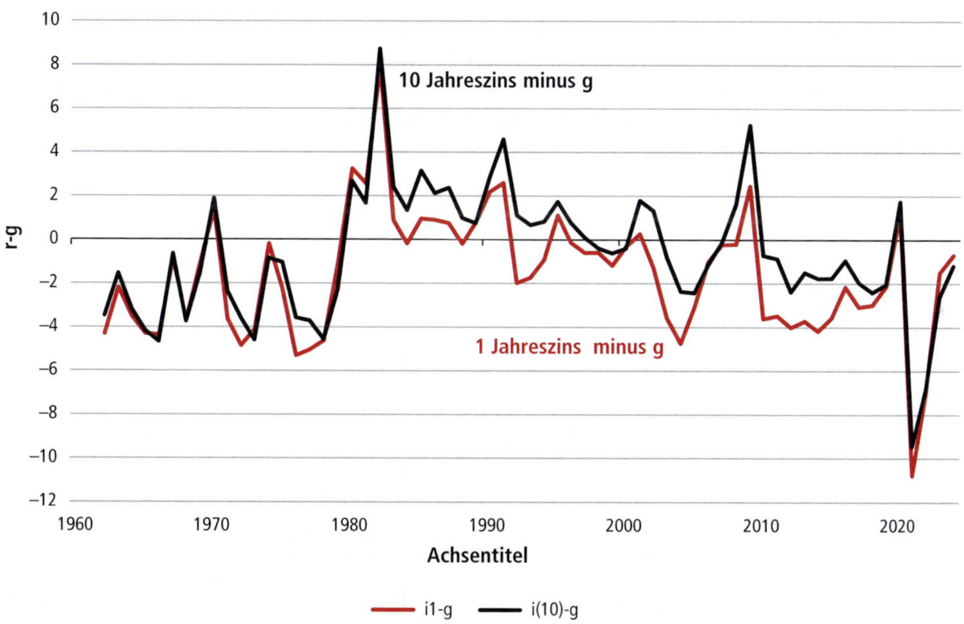

Abbildung 22.4 Die Differenz von Zins und Wachstumsrate für US-Staatsanleihen seit 1960. *r–g* schwankt im Zeitverlauf stark. In den USA war *r–g* im Jahrzehnt vor der Pandemiekrise anhaltend negativ – ähnlich wie in den 1960er- und 1970er-Jahren. *r–g* ist hier ermittelt aus $i–g_{PY}$ – der Differenz von Nominalzins i und Wachstumsrate des nominalen BIP g_{PY}. Weil $i = r+\pi^e$ und $g_{PY} = g+\pi$, zeigt die Abbildung die Beziehung $r–g+\pi^e–\pi$. Die rote Linie ist berechnet anhand des Zinses für einjährige Staatsanleihen, die schwarze Linie anhand des Zinses für zehnjährige Staatsanleihen. Weil Risikoprämien die Verzinsung längerfristiger Anleihen verteuern, liegt die schwarze über der roten Linie.
Quelle: FRED Datenbank (Codes DGS1, DGS10, GDP)

Im vergangenen Jahrzehnt lag der ungewöhnlich niedrige, zum Teil sogar negative Realzins in vielen Staaten anhaltend unter der realen Wachstumsrate. ▶ **Abbildung 22.4** zeigt den Verlauf von *r–g* am Beispiel der Verzinsung nominaler Staatsanleihen relativ zur Wachstumsrate des BIP in den USA seit 1960. Auch in Deutschland lagen die Zinsen zwischen 2010 und 2020 unter der Wachstumsrate des BIP.

Ermitteln Sie den Verlauf von *r–g* für Deutschland anhand der OECD-Daten für den Zins auf Anleihen mit 10-jähriger Laufzeit (FRED-Code IRLTLT01DEM156N) und das nominale Wachstum (aus DEUGDPNQDSMEI).

Solange der Zinssatz niedriger liegt als die Wachstumsrate, sinkt das Verhältnis von Schulden zu BIP im Laufe der Zeit von allein, solange das Primärdefizit nicht zu hoch ist. Um dies zu verstehen, wenden wir ▸ Gleichung (22.5) zur Berechnung der Schuldendynamik auf Deutschland an. Im Jahr 2015 wuchs das nominale BIP dort um knapp 3,4%; der Nominalzins auf Staatsanleihen mit Laufzeit über 10 Jahre lag bei 0,5%. *r–g* lag somit bei −2,9%. Selbst bei einem Primärdefizit von Null wäre die Schuldenquote in Deutschland im Jahr 2015 also um 2,9% gesunken. Anders ausgedrückt: Die Regierung hätte ein Primärdefizit von bis zu 2,9% des BIP ausweisen können; trotzdem wäre die Schuldenquote immer noch gesunken. Tatsächlich erzielte Deutschland sogar einen Primärüberschuss in Höhe von 2%. Diese Entwicklung setzte sich noch bis 2019 fort und trug maßgeblich zum Rückgang der Schuldenquote bei. Mit dem starken Wachstumseinbruch in der Pandemie wurde *r–g* im Jahr 2020 allerdings positiv. Im Jahr der Corona-Pandemie war die Verzinsung zwar selbst für langfristige Anleihen zunächst weiterhin negativ; der Einbruch der Wachstumsrate war aber noch gravierender.

Wie sich die Größe *r–g* nach der Pandemie entwickeln wird, ist von zentraler Bedeutung für die Schuldendynamik. So kann es nicht verwundern, dass es unter den Ökonomen darüber zu heftigen Debatten kommt. Kern der Kontroverse ist die Frage, wie hoch in Zukunft der Realzins für Staatsanleihen sein wird. Wie ▸ **Abbildung 22.5** zeigt, ist in den USA der Realzins für 10-jährige Staatsanleihen zwischen 1990 und 2020 stetig gesunken und war 2020 sogar negativ. Ein solcher Rückgang war auch in vielen anderen Industrienationen zu beobachten. Er spiegelt den Rückgang des natürlichen Zinssatzes r_n wider. Vorherrschende Einschätzung ist, dass dieser Rückgang von grundlegenden Faktoren getrieben wurde, nämlich einer weltweit hohen Ersparnis, weltweit niedrigen Investitionen und einer steigenden Nachfrage nach sicheren Vermögenswerten. Sie veranlasste Anleger dazu, sehr niedrige Zinssätze für sichere Vermögenswerte wie amerikanische oder auch deutsche Staatsanleihen zu akzeptieren. Nach dem Pandemieschock sind die Realzinsen ab 2021 aber wieder angestiegen.

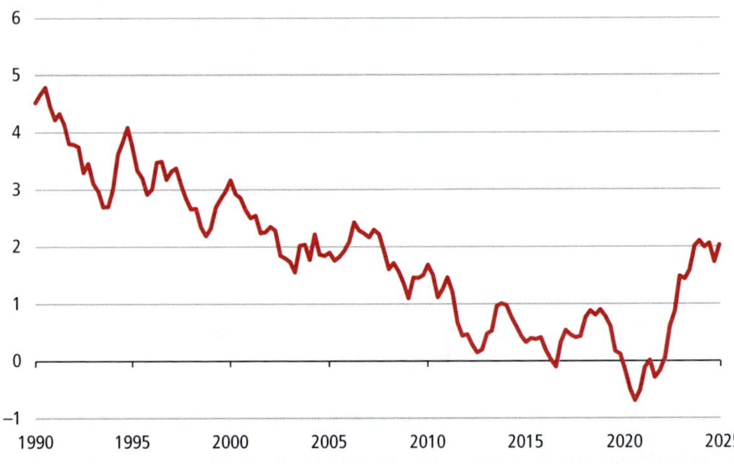

Lesen Sie ▸ **Abschnitt 9.2** in ▸ **Kapitel 9** nochmals, um das Konzept des natürlichen Zinssatzes aufzufrischen.

Abbildung 22.5 Realzins für 10-jährige Staatsanleihen in den USA seit 1990 (berechnet anhand der Differenz zwischen dem Nominalzins für 10-jährige Staatsanleihen und der Inflationsprognose für die nächsten 10 Jahre der Federal Reserve Bank of Cleveland).

Quelle: FRED, Codes: IRLTLT01USM156N (Nominalzins); EXPINF10YR (Erwartete Inflation)

Eine entscheidende Frage für die Dynamik der Staatsverschuldung besteht also darin, ob sich der Trend in diesem Jahrzehnt dauerhaft umgekehrt hat und die Realzinsen vielleicht sogar noch weiter ansteigen. Manche gehen davon aus, dass die Zinsen nach dem Abklingen der Schocks wieder sinken. Sie rechnen mit einer andauernden Phase negativer Realzinsen und säkularer Stagnation – vergleichbar mit der Entwicklung der vergangenen Jahrzehnte in Japan.

Andere warnen dagegen vor einem anhaltenden Anstieg des natürlichen Realzinses. Steigen die Zinsen, wird der fiskalpolitische Handlungsspielraum umso stärker eingeengt, je höher die Schuldenquote ist. So könnte etwa der Kampf gegen die globale Erwärmung einen starken Anstieg der Investitionsaktivität erfordern und damit den Realzins steigen lassen. Ähnliches gilt bei der Notwendigkeit dauerhaft höherer Verteidigungsausgaben. Skeptiker rechnen deshalb damit, dass der Zins bald wieder die Wachstumsrate der Wirtschaft übersteigen könnte und damit eine umfangreiche Haushaltskonsolidierung erforderlich macht. Sie verweisen darauf, dass die Realzinsen noch stärker steigen könnten, sobald die Finanzmärkte aus Sorge vor einem Schuldenschnitt hohe Risikoprämien (einen Zinsaufschlag) verlangen, die einen weiteren starken Anstieg der Schuldenlast wahrscheinlich machen. Damit droht ein gefährlicher Teufelskreislauf (vgl. ▸ **Abschnitt 22.4**).

Die Erfahrung vergangener Krisen zeigt, wie wichtig es ist, langfristig niedrige Schuldenquoten anzustreben, damit hinreichender Spielraum für Neuverschuldung besteht, um Schocks in Krisenzeiten abfedern zu können. Diese Überlegungen legen nahe, die Schuldenquote auf mittlere Frist durch den Abbau von Primärdefiziten (das Erzielen von Primärüberschüssen) wieder zu senken. Bei der Frage, wie schnell mit welcher Rate die Primärdefizite gesenkt werden sollten, ist allerdings Folgendes zu beachten:

Wir haben in ▸ **Kapitel 5** und in ▸ **Abschnitt 9.3** gelernt, dass die Zentralbank als Reaktion auf den Abbau von Haushaltsdefiziten den Zinssatz senken sollte, um einen Produktionsrückgang zu verhindern. Ein starker Abbau des Primärdefizits würde eine starke Senkung des Leitzinses erfordern. Spätestens an der effektiven Zinsuntergrenze ist diese Option aber gar nicht verfügbar.

Eine Überschlagsrechnung ist dabei hilfreich: Nehmen wir an, der Multiplikator beim Abbau der Staatsausgaben sei gleich 1,5. Der Abbau des Primärdefizits um 1% würde dann die Nachfrage um 1,5% senken. Nehmen wir zudem an, eine Senkung des Leitzinses um einen Prozentpunkt erhöht die Nachfrage um 1%. Um einen Produktionsrückgang zu verhindern, müsste der Leitzins dann um 3% gesenkt werden, wenn das Primärdefizit im Verhältnis zum BIP um 2% reduziert wird. Eine solch starke Senkung macht es wahrscheinlich, dass Geldpolitik an die Zinsuntergrenze stößt.

Zusammengefasst: Die Schuldenquoten sind weltweit stark gestiegen; sie nehmen im Zeitablauf weiter zu. Angesichts zukünftiger Herausforderungen wäre es wünschenswert, die Primärdefizite zu reduzieren und die Schuldenquote zu senken. Solange aber die Zinssätze und damit die Kosten der Verschuldung niedrig bleiben, kann dieser Prozess langsam ablaufen. Weil zudem an der Zinsuntergrenze dem Einsatz von Geldpolitik enge Grenzen gesetzt sind, sollte der Abbau von Primärdefiziten langsam erfolgen, um einen Rückgang von Nachfrage und Produktion zu vermeiden.

FOKUS

Schuldenbremse und grüne Investitionen

Die politischen Turbulenzen, die das Urteil des Bundesverfassungsgerichts zur Schuldenbremse vom 15. November 2023 in Deutschland ausgelöst hat, illustrieren eindringlich das Spannungsverhältnis zwischen zwei zentralen Herausforderungen: Einerseits die Notwendigkeit der Finanzierung nachhaltiger „grüner" Investitionen in den Klimaschutz, andererseits die Aufgabe, die Tragfähigkeit staatlicher Verschuldung nicht zu gefährden. Die Spannung zwischen beiden Aufgaben ist evident. Wie lassen sie sich in Einklang bringen?

Das Ziel der Europäische Union, bis 2030 die CO_2-Emissionen gegenüber 1990 um 55% zu reduzieren, erfordert hohe private und öffentliche Investitionen. In Deutschland sollen die Emissionen in diesem Zeitraum sogar um 65 Prozent sinken. Die Kosten für die dazu notwendigen Ausgaben werden auf 1–3% des BIP jährlich geschätzt. Andrerseits gilt es, einen unkontrollierten Anstieg der öffentlichen Verschuldung zu begrenzen. Nach der Finanzkrise 2008 bis 2009 und der Corona-Pandemie hat die Schuldenquote historische Werte erreicht. In einigen Mitgliedstaaten der Europäischen Union lag sie

Ende 2023 bei über 100% des BIP, in Deutschland allerdings nur bei etwa 65,5% des BIP. Wie lässt sich verhindern, dass die staatliche Brutto-Schuldenquote explodiert?

Die Schuldenbremse, die 2009 in Deutschland im Grundgesetz verankert wurde, begrenzt den Spielraum für öffentliche Verschuldung wesentlich schärfer als die Regeln des Maastricht-Vertrags. Zwar erlaubt sie, in Rezessionen und in außergewöhnlichen Krisensituationen (wie etwa Naturkatastrophen) zusätzliche Kredite aufzunehmen. Das strukturelle (konjunkturbereinigte) Defizit darf aber sonst höchstens 0,35% des BIP betragen. Gemäß ▶ Gleichung (22.5) konvergiert die Schuldenquote bei konstanter Defizitquote d, Inflation π und Wachstumsrate g langfristig gegen den Wert $b = d/(g + \pi)$. Bei einer Defizitquote von d = 0,0035, einer Inflationsrate von 2% ($\pi = 0{,}02$) und einem Wirtschaftswachstum von 1% (g = 0,01) würde die Schuldenquote Deutschlands damit auf lange Sicht auf unter 12% des BIP sinken.

Auf kurze Frist zeigt sich zudem eine fundamentale Schwäche: Sobald keine Notlage mehr vorliegt, muss die harte Grenze sofort eingehalten werden. Wegen der außergewöhnlichen Notfallsituation während der Corona-Pandemie hatte der Bund den Haushalt 2021 nachträglich durch eine Kreditermächtigung um 60 Milliarden Euro aufgestockt. Weil diese Gelder zur Bekämpfung der Corona-Krise aber nicht benötigt wurden, wollte die Regierung sie mit einer Änderung des Nachtragshaushalts in Investitionen für den Klimaschutz (den sogenannten Klima- und Transformationsfonds) umschichten. Das Bundesverfassungsgericht erklärte eine solche Umschichtung jedoch für verfassungswidrig. Damit wurde eine heftige Debatte darüber angestoßen, wie sich Klimaschutz und die Begrenzung der Staatsverschuldung vereinbaren lassen. Manche forderten eine Kürzung der Sozialausgaben, andere den Abbau von Subventionen für klimaschädliche Ausgaben. Viele monierten, die Schuldenbremse sei zu restriktiv, um den Herausforderungen durch Klimawandel, Demographie und nationaler Verteidigung gerecht zu werden und forderten eine Reform, die mehr Spielraum für Investitionen etwa zum Ausbau der Infrastruktur zur Energiewende ermöglicht.

Vor Verankerung der Schuldenbremse im Jahr 2009 galt im Artikel 115 des Grundgesetzes die sogenannte *Goldene Regel*: Sie nahm schuldenfinanzierte öffentliche Investitionen in die Infrastruktur bei der Berechnung der Defizitobergrenze aus. Der Staat durfte Kredite bis zur Höhe seiner Investitionen aufnehmen. Weil eine ökonomische Abgrenzung von Investitionen und Konsumausgaben oft schwierig ist und deshalb die Gefahr eines Missbrauchs der Goldenen Regel befürchtet wurde, wurde sie mit der Einführung der Schuldenbremse abgeschafft. Die Schuldenbremse änderte aber nichts am Anreiz von Regierungen, sich auf Ausgaben im Interesse der aktuellen Wählerschaft zu konzentrieren, dagegen aber Investitionen zu vernachlässigen, die erst künftigen Generationen zugutekommen. So ging die öffentliche Nettoinvestitionsquote in Deutschland im Lauf der letzten Jahrzehnte fast auf null Prozent zurück, in vielen Jahren war sie sogar negativ. Kritiker monieren, die öffentliche Hand habe in Deutschland in den vergangenen Jahrzehnten die eigenen Investitionen massiv vernachlässigt und fordern deshalb eine Reform der Fiskalregeln, die mehr Anreize für öffentliche Investitionen liefern. Vorgeschlagen wurde etwa eine Goldene Regel Plus, die eine Schuldenfinanzierung von öffentlichen **Netto**investitionen erlaubt, die durch ein unabhängiges Expertengremium kontrolliert wird.

In vielen anderen Ländern – nicht nur in der Europäischen Union, sondern auch in den USA und in Japan – lag die Schuldenquote Ende 2023 wesentlich höher als in Deutschland. Wie lässt sich dort das Spannungsverhältnis zwischen der Finanzierung „grüner“ Investitionen und der Tragfähigkeit staatlicher Verschuldung lösen? Die Schuldentragfähigkeitsanalyse in ▶ **Kapitel 21** machte deutlich, dass das Ziel, den Schuldenpfad mit hoher Wahrscheinlichkeit zu einer stabilen Schuldenquote zu führen, nicht unbedingt eine (sofortige) Senkung der Schuldenquote erfordert. Die Nachhaltigkeit der Verschuldung lässt sogar einen gewissen Anstieg der Schuldenquote im Laufe der Zeit zu, solange langfristig eine stabile Schuldenquote erreicht wird.

Die Schuldentragfähigkeitsanalyse muss alle relevanten Aspekte und länderspezifischen Eigenheiten erfassen wie implizite Verbindlichkeiten, künftige Verkäufe von Vermögenswerten usw. sowie die mit Wachstumsraten, Zinssätzen und anderen Variablen verbundene Unsicherheit. Sie liefert eine Wahrscheinlichkeitsverteilung darüber, wie sich die Verschuldung auf mittlere Sicht entwickelt. Daraus bestimmt sich die Wahrscheinlichkeit, dass die Verschuldung zu einer stabilen Quote konvergiert und somit nachhaltig ist. Eine wesentliche Einsicht ist dabei, dass die Simulation alle Einnahmen und alle Ausgaben umfassen muss, egal ob sie grün sind oder nicht. Wenn grüne Ausgaben zu einer höheren Verschuldung führen, muss ja auch diese Verschuldung finanziert werden. Grüne Ausgaben sind nicht schuldenfrei: Schulden sind Schulden. Öffentliche Investitionen bringen nicht automatisch genügend Einnahmen, um die Schuldzinsen vollständig zu finanzieren.

Zwar lässt sich der Ausgabenanstieg begrenzen, wenn die Regierung als Instrument vor allem auf CO_2-Steuern und -gebühren setzt statt Subventionen für umweltfreundliches Verhalten zu gewähren. Manch öffentliche Investitionen ermöglichen zudem höhere Staatseinnahmen, entweder direkt, wie etwa Mautgebühren für neue Autobahnen, oder indirekt, weil sie das Wachstum und damit die Staatseinnahmen erhöhen. Aber im Fall grüner Investitionen ist dies nicht sehr wahrscheinlich. Der Übergang zu grüner Energie dürfte das Wachstum zumindest eine Zeit lang verringern. Zudem könnte der Rückgang von Emissionen auch die Einnahmen aus der Besteuerung umweltschädlicher Aktivitäten reduzieren.

Welcher Hebel kann genutzt werden, um trotzdem beide Ziele zu erreichen? Der Hebel ist die Geschwindigkeit, mit der die Schuldenquote stabilisiert wird. Regierungen können Primärdefizite nicht über Nacht beseitigen. Viele kämpfen Ende 2024 mit erheblichen Primärdefiziten zwischen 2% und 4% des BIP. Sowohl politische als auch makroökonomische Sachzwänge begrenzen das Tempo der Anpassung: Der Abbau von Defiziten erfordert, dass politisch populäre Ausgaben gekürzt und unpopuläre Steuern erhöht werden müssen. Zudem senkt eine Haushaltskonsolidierung die Nachfrage. Der Spielraum für die Geldpolitik, durch Zinssenkungen zu helfen, ist begrenzt, vor allem, sobald sie an die untere Zinsgrenze stößt, oder wenn ein Land Teil eines gemeinsamen Währungsraums ist und sich stärker anpassen muss als andere Mitglieder.

Der Hauptbelastung aus Verschuldung ist indirekt; sie hängt stark von der Differenz zwischen Zinssatz und Wachstumsrate ab, der Differenz r - g. Ist sie positiv, dann fällt der Primärüberschuss, den ein Land zur Aufrechterhaltung einer stabilen Schuldenquote aufbringen muss, umso höher aus, je höher die Verschuldung ist. Solange r - g jedoch nahe bei null liegt, hat die Schuldenquote kaum Einfluss auf den erforderlichen Primärüberschuss. Für viele Länder liegt der Wert von r - g derzeit nahe Null. Setzen wir ihn zur Vereinfachung gleich Null, dann bedeutet die Stabilisierung der Schuldenquote einfach, dass die Primärsalden schließlich gegen Null gehen müssen. Berücksichtigen wir zusätzlich die Ungewissheit über die Entwicklung von r – g, muss das Endziel etwas ehrgeiziger sein, es sollte ein kleiner positiver Primärsaldo erzielt werden – etwa 0,5% des BIP. Die Zielvorgabe, sei es ein Nullsaldo oder ein positiver Primärsaldo, kann nicht geändert werden. Aber die Geschwindigkeit, mit der sie erreicht wird, ist der Spielraum, den eine Regierung nutzen kann, um sie zu erreichen.

Betrachten wir folgendes Beispiel: Ausgehend von einer Schuldenquote von 100% und einem Primärdefizit von 3%, strebt die Regierung eine Verringerung des Primärdefizits um jährlich 0,5% des BIP über einen Zeitraum von sieben Jahren an, um am Ende einen Primärüberschuss von 0,5% des BIP zu erreichen. Ein solcher Abbaupfad könnte ein Gleichgewicht zwischen politischen und makroökonomischen Zwängen und der Notwendigkeit ermöglichen, den Schuldenstand zu stabilisieren. Solange das Primärdefizit positiv bleibt, steigt die Schuldenquote zwar weiter an. Vom siebten Jahr an stabilisiert sich die Schuldenquote aber und geht von da an tatsächlich mit 0,5 Prozentpunkten pro Jahr zurück. Allerdings ist sie in der Zwischenzeit nochmals um 6,5% gestiegen.

Gehen wir nun davon aus, dass die Regierung für grüne Investitionen zudem dauerhaft jährlich zusätzlich 0,5% ausgeben muss. Die Gesamtanpassung des nicht-grünen Haushalts muss nun also um 0,5% höher sein, über sieben Jahre hin insgesamt also 3,5%. Wird die Anpassung nun über einen längeren Zeitraum (etwa acht Jahre) gestreckt, dauern die Primärdefizite länger an; entsprechend größer ist der Anstieg der Schuldenquote; sie steigt dann insgesamt um 11,5 Prozentpunkte.

Verfechter einer langsameren Anpassung argumentieren, dass eine solche Strategie es ermöglicht, sowohl die grünen Ziele als auch die Stabilisierung der Verschuldung tatsächlich zu erreichen. Wenn die Verschuldung bei 100% tragfähig war, sollte sie mit hoher Wahrscheinlichkeit auch bei 111,5% immer noch tragfähig sein. Eine zu schnelle Anpassung sei nicht durchführbar und vermutlich kontraproduktiv, weil sie mit politischen Zwängen nicht kompatibel ist. Verfechter eines raschen Abbaus der Verschuldung verweisen dagegen darauf, dass eine lange, stetige Anpassung zu einem Verlust an Glaubwürdigkeit führen könnte. Die Regierung sollte keinen Plan ankündigen, der sich in Luft auflöst oder von optimistisch hohen Wachstumsraten ausgeht. Sobald Investoren und Rating-Agenturen die Schulden herabstufen, kann es zu einem Anstieg der Spreads kommen mit einer noch schwierigeren Anpassung. Es gibt also kein Patentrezept. Es findet sich aber keine bessere Alternative als eine glaubwürdige, vernünftige, mittelfristige Anpassung.

Fassen wir als Quintessenz zusammen: Eine fiskalische Anpassung ist ebenso notwendig wie eine Erhöhung der Umweltausgaben. Letztendlich wird der Kampf gegen die globale Erwärmung den Staat etwas kosten und erfordert einen stärkeren Rückgang des nicht-grünen Primärdefizits. Eine langsame und stetige Anpassung bedeutet für einige Zeit einen Anstieg der Schuldenquote; dies scheint vielen aber ein akzeptabler Preis.

ZUSAMMENFASSUNG

- Die staatliche Budgetrestriktion beschreibt die Entwicklung der Staatsverschuldung als Funktion der Ausgaben und der Steuern. Diese Budgetrestriktion lässt sich durch die Bedingung ausdrücken, die Veränderung der Staatsverschuldung (das Defizit) ist gleich dem Primärdefizit plus den Zinszahlungen auf die Staatsverschuldung. Das Primärdefizit ist die Differenz zwischen Staatsausgaben für Güter und Dienstleistungen G und Steuern abzüglich Transferleistungen T.
- Wenn die Staatsausgaben unverändert bleiben, dann muss eine Steuersenkung letztlich irgendwann in der Zukunft durch eine Steuererhöhung ausgeglichen werden. Je länger die Regierung wartet, die Steuern zu erhöhen, oder je höher der reale Zinssatz ist, desto stärker müssen die Steuern am Ende erhöht werden.
- Das Vermächtnis von Defiziten in der Vergangenheit besteht in einer höheren Staatsverschuldung. Um die Staatsverschuldung zu stabilisieren, muss die Regierung das Defizit eliminieren. Um das Defizit zu eliminieren, muss sie einen Primärüberschuss erwirtschaften. Dieser muss gleich den Zinszahlungen auf die existierende Staatsverschuldung sein.
- Die Entwicklung der Schuldenquote hängt von vier Faktoren ab: der anfänglichen Schuldenquote, dem Primärüberschuss, der realen Wachstumsrate der Produktion und dem realen Zinssatz.
- Unter der Ricardianischen Äquivalenz wird ein größeres Defizit durch einen Anstieg der privaten Ersparnis in gleicher Höhe ausgeglichen. Defizite wirken sich dann weder auf die Nachfrage noch auf die Produktion aus. Staatsverschuldung hat keine Auswirkung auf die Bildung von Kapital. In der Praxis gilt die Ricardianische Äquivalenz aber nicht. Größere Defizite führen zu einer höheren Nachfrage und einer höheren Produktion in der kurzen Frist. Die Akkumulierung von Staatsverschuldung führt zu einer geringeren Akkumulierung von Kapital und damit zu einer niedrigeren Produktion in der langen Frist.
- Um die Volkswirtschaft zu stabilisieren, sollte die Regierung Defizite während Rezessionen ausweisen sowie Überschüsse während Boomphasen. Das konjunkturbereinigte Defizit zeigt, wie groß das Defizit wäre – unter den existierenden Rahmenbedingungen bezüglich der Steuern und der Ausgaben –, wenn die Produktion gleich der natürlichen Produktion wäre.
- Defizite sind in Zeiten hoher Ausgaben, wie zum Beispiel in Kriegszeiten, gerechtfertigt. Relativ zu einer Steuererhöhung führen Defizite zu einem höheren Konsum und zu niedrigeren Investitionen während eines Krieges. Sie verschieben daher einen Teil der Kriegslast von denen, die während des Krieges leben, zu denen, die nach dem Krieg leben. Defizite tragen auch dazu bei, die Steuern zu glätten und Steuerverzerrungen zu reduzieren.
- Hohe Schuldenquoten erhöhen das Risiko eines Teufelskreislaufs: Aus Furcht vor einem Schuldenschnitt fordern Anleger hohe Zinsen. Damit steigt die Verschuldung weiter an. Der Anstieg der Verschuldung erhöht wiederum das Risiko eines Schuldenschnitts und löst so einen weiteren Zinsanstieg aus. Es kann eine Dynamik mit explosiver Schuldenquote entstehen. Unter solchen Bedingungen kommt es letztlich entweder zu einem Schuldenschnitt oder zur Finanzierung über die Notenpresse, die zu Hyperinflation führen kann. Beide Fälle sind mit enormen wirtschaftlichen Kosten verbunden.
- Die Schuldenquoten sind weltweit stark gestiegen. Ein Rückgang wäre wünschenswert. An der Zinsuntergrenze sollte er aber nur langsam erfolgen.

Übungsaufgaben

(Lösungen auf **MyMathLab | Makroökonomie**)

Verständnistests

1 Verwenden Sie die Tabellen und Abbildungen aus diesem Kapitel um die folgenden Aussagen mit wahr, falsch oder unsicher zu bewerten. Erklären Sie Ihre Antwort kurz.

a) Das Budgetdefizit ist die Differenz zwischen Staatsausgaben und Steuern abzuglich Transfers.
b) Der Primärüberschuss ist die Differenz zwischen Steuern abzüglich Transfers und den Staatsausgaben.
c) Die Schuldenquote im Euroraum liegt seit 1980 weit über den Schuldenquoten von den Vereinigten Staaten und Japan.
d) Steuerglättung und Defizitfinanzierung tragen dazu bei, die Lasten eines Krieges über mehrere Generationen hinweg zu verteilen.
e) Die Regierung kann nie eine negative Schuldenposition ausweisen.
f) Die Regierung sollte immer dafür sorgen, konjunkturbedingte Defizite zu eliminieren.
g) Wenn die Ricardianische Äquivalenz gilt, dann hat eine Erhöhung der Einkommenssteuer zum Abbau der Staatsverschuldung weder auf den Konsum noch auf die Ersparnis Auswirkungen.
h) Wenn die Ricardianische Äquivalenz gilt, dann sind Staatsanleihen wertlos.
i) Wenn die Ricardianische Äquivalenz gilt, dann haben Staatsausgaben keine Auswirkungen auf die wirtschaftliche Aktivität.
j) Die Schuldenquote kann 100% nicht übersteigen.
k) Ist die Schuldenquote höher als 100%, dann übersteigen die Ressourcen, die zur Zahlung der Zinsen auf die Staatsverschuldung benötigt werden, das BIP.
l) Ein Haarschnitt reduziert den Wert der Staatsschulden.
m) Das konjunkturbereinigte Defizit ist immer niedriger als das tatsächliche Defizit.
n) Das inflationsbereinigte Defizit ist immer niedriger als das tatsächliche Defizit.
o) Bei Inflationsraten von über 30% im Monat spricht man von Hyperinflation.
p) In einer Hyperinflation sind zwar die Preise verzerrt; die Hyperinflation wirkt sich aber nicht auf die reale Produktion aus.

2 Betrachten Sie folgende Aussage: *„Ein Defizit während eines Krieges kann eine gute Sache sein. Zunächst einmal ist das Defizit vorübergehender Natur. Wenn der Krieg vorbei ist, kann die Regierung sofort zum alten Einkommensund Ausgabenpfad zurückkehren. Zweitens, angesichts der Tatsache, dass die Empirie die Ricardianische Äquivalenz bestätigt, wird das Defizit die Volkswirtschaft während des Krieges stimulieren und so dazu beitragen, dass die Arbeitslosenquote gesenkt werden kann.“* Identifizieren Sie Fehler in dieser Aussage. Ist an dieser Aussage auch etwas korrekt?

3 Nehmen Sie an, dass die Nachfrage nach Zentralbankgeld die folgende Form annimmt:

$$H/P = Y[1 - (r + \pi^e)]$$

$$\text{mit} Y = 1.000 \text{und} r = 0{,}1.$$

a) Nehmen Sie an, dass π^ein der kurzen Frist konstant gleich 25% ist. Berechnen Sie die Seignorage, wenn die Wachstumsrate der Geldmenge $\Delta H/H$ die folgenden Werte annimmt:

1. 25% 2. 50% 3. 75%

b) In der mittleren Frist gilt: $\pi^e = \pi = \Delta H/H$. Berechnen Sie den Wert der Seignorage, der mit den drei Geldmengenwachstumsraten aus Frage a. verbunden ist. Erklären Sie, warum Ihre Antworten von denen in Frage a. abweichen.
c) Wie hoch ist in der mittleren Frist die Wachstumsrate der Geldmenge, die die Seignorage maximiert?

4 Betrachten Sie eine Volkswirtschaft, die wie folgt charakterisiert ist:
Das offizielle Budgetdefizit beläuft sich auf 4% des BIP. Die Schuldenquote beträgt 100%. Der Nominalzins ist gleich 10%. Die Inflationsrate beträgt 7%.

a) Wie groß ist das Primärdefizit/der Primärüberschuss?
b) Wie groß ist das inflationsbereinigte Defizit/ der Überschuss?
c) Nehmen Sie an, die Wachstumsrate der Wirtschaft liegt 2% unter der Wachstumsrate des Produktionspotenzials. Wie groß ist das konjunkturbereinigte und inflationsbereinigte Defizit/der Überschuss?
d) Nehmen Sie an, die Wachstumsrate der Wirtschaft entspricht der Wachstumsrate des Produktionspotenzials, die bei 2% liegt. Steigt oder sinkt die Schuldenquote?
e) Wenn die Situation jener in Teilaufgabe d. entspricht, welchen Wert wird dann die Schuldenquote in zehn Jahren annehmen?
f) Betrachten Sie nun eine Wirtschaft im Steady State, in der Inflationsrate π und reale Wachstumsrate g im Zeitablauf ebenso konstant bleiben wie die Defizitquote d. Aus Gleichung (22.5) folgt $b_t - b_{t-1} = d - (g + \pi)\, b_{t-1}$. Wie entwickelt

sich, ausgehend von einer anfänglichen nominalen Schuldenquote b_0, die Schuldenquote b_t im Zeitablauf? Zeigen Sie, dass b_t unabhängig vom Anfangswert gegen $b_\infty = \frac{d}{\pi + g}$ konvergiert. Gegen welchen Wert konvergiert die Schuldenquote, wenn d = 3% bzw. 0,5%? Gehen Sie dabei von π = 2% und g = 3% aus. Wie beeinflussen Änderungen von π und g die langfristige Schuldenquote? Welche Rolle spielt dabei der Realzins?

Vertiefungsfragen

5 Nehmen Sie an, dass die Kapitalanleger in der Volkswirtschaft aus Aufgabe 4 beginnen, sich Sorgen wegen der Höhe der Schuldenquote zu machen. Sie befürchten, dass eine Abwertung resultieren könnte. Sie befürchten eine Abwertung in Höhe von 20% mit einer Wahrscheinlichkeit von 0,5 im Laufe des nächsten Jahres.

a) Wie wird sich der inländische Zinssatz entwickeln, wenn der ausländische Zinssatz 10% beträgt und auch auf diesem Niveau bleibt?

b) Nehmen Sie an, die Inflationsrate bleibt gleich. Wie entwickelt sich der reale inländische Zinssatz? Was wird aller Wahrscheinlichkeit nach mit der Wachstumsrate geschehen?

c) Was geschieht mit dem offiziellen Budgetdefizit? Was geschieht mit dem inflationsbereinigten Defizit?

d) Nehmen Sie an, die Wachstumsrate sinkt von 2% auf 0%. Was geschieht mit der Veränderung der Schuldenquote?

e) Waren die Befürchtungen der Kapitalanleger gerechtfertigt?

6 *Ricardianische Äquivalenz und Fiskalpolitik*
Betrachten Sie zunächst eine Wirtschaft, in der Ricardianische Äquivalenz nicht gilt.

a) In der Ausgangssituation sei das Budget ausgeglichen. Die Regierung erhöht nun die Konsumausgaben des Staats, lässt aber die Steuern unverändert. Zeigen Sie in einem *IS-LM*-Diagramm die Auswirkungen dieser Politik auf kurze Frist für den Fall, dass die Zentralbank den Zins konstant hält. Wie finanziert die Regierung die zusätzlichen Ausgaben?

b) Betrachten Sie die gleiche Ausgangssituation wie in Teilaufgabe a.; nun finanziert die Regierung den Anstieg der Konsumausgaben des Staats aber über höhere Steuern. Zeigen Sie die Auswirkungen dieser Politik wieder in einem *IS-LM*-Diagramm. Erinnern Sie sich dabei an die Diskussion in ▶ Kapitel 3 über die Höhe des Multiplikators. Welcher Unterschied ergibt sich im Vergleich zu Teilaufgabe a.? Unterstellen wir nun, dass in unserer Wirtschaft Ricardianische Äquivalenz gilt.

c) Betrachten Sie eine Erhöhung der Konsumausgaben des Staats bei unveränderten Steuern wie in Teilaufgabe a. Welche Unterschiede ergeben sich im Vergleich zu den Antworten in Teilaufgabe a. bzw. b.?

d) Betrachten Sie nun eine steuerfinanzierte Erhöhung der Konsumausgaben des Staats wie in Teilaufgabe b. Welche Unterschiede ergeben sich im Vergleich zu den Antworten in Teilaufgabe a., b. bzw. c.?

e) Kommentieren Sie folgende Aussagen. (i) *Wenn Ricardianische Äquivalenz gilt, wirken sich Änderungen der Konsumausgaben des Staats nicht auf die Produktion aus.* (ii) *Wenn Ricardianische Äquivalenz gilt, wirken sich Änderungen der Steuern nicht auf die Produktion aus.*

f) Gehen Sie nun davon aus, dass die Wirtschaft in der Ausgangssituation beim Produktionspotenzial produziert und dass die Zentralbank den Zins so anpasst, dass die Gesamtnachfrage weiterhin dem Produktionspotenzial entspricht, damit die Inflation nicht ansteigt. Welche Auswirkungen hat die Erhöhung der Staatsausgaben in diesem Fall? Macht es einen Unterschied, ob sich die Wirtschaft in der Liquiditätsfalle befindet?

7 Sie sind der Wirtschaftsberater eines Landes, das unter einer Hyperinflation leidet. Diskutieren Sie die folgenden Aussagen von Politikern, die über den richtigen Stabilisierungskurs beraten:

– „Diese Krise wird nicht zu Ende gehen, bevor nicht die Arbeitnehmer ihren gerechten Anteil an der Steuerlast tragen."
– „Die Zentralbank hat demonstriert, dass sie ihre Möglichkeit, Geld zu schöpfen, nicht verantwortungsvoll einsetzt. Daher haben wir keine andere Wahl, als ein Currency Board einzusetzen."
– „Um diese verrückte Situation zu beenden, sind Preiskontrollen nötig."
– „Eine Stabilisierung kann nur erfolgreich sein, wenn es zu einer starken Rezession kommt und zu einem substanziellen Anstieg der Arbeitslosigkeit."
– „Schieben wir die Schuld nicht auf die Zentralbank. Das Problem ist die Fiskalpolitik, nicht die Geldpolitik."

Weiterführende Fragen

8 Betrachten Sie eine Volkswirtschaft mit einer Schuldenquote von 40%, einem Primärdefizit von 4% des BIP, einem Realzins von 3% und einer normalen Wachstumsrate von 3%.

a) Berechnen Sie mit Hilfe eines Tabellenkalkulationsprogramms, wie hoch die Schuldenquote in zehn Jahren sein wird, wenn jedes Jahr das Primärdefizit 4% beträgt und sowohl Wachstumsrate wie Realzins jedes Jahr bei 3% liegen.

b) Berechnen Sie die Schuldenquote in zehn Jahren, wenn der Realzins auf 5% steigt, die anderen Größen sich aber gegenüber Teilaufgabe a. nicht verändern.

c) Berechnen Sie die Schuldenquote in zehn Jahren, wenn die normale Wachstumsrate auf 1% sinkt, sich die anderen Größen aber gegenüber Teilaufgabe a. nicht verändern. Vergleichen Sie die Lösung mit Teilaufgabe b.

d) Nun gelten wieder alle Angaben aus Teilaufgabe a. Die Regierung beschließt, die Schuldenquote bei 50% zu stabilisieren. Zeigen Sie, dass bei einer sofortigen, dauerhaften Reduktion des Primärdefizits auf 1% die Schuldenquote in zehn Jahren auf 50% steigen wird. Wie müsste sich das Primärdefizit danach anpassen, damit die Schuldenquote von da an 50% nicht mehr übersteigt?

e) Nehmen Sie nun an, dass die Regierung zunächst fünf Jahre abwartet (das Primärdefizit also weiterhin bei 4% verharrt), bevor sie ihre Fiskalpolitik ändert. Wie hoch ist die Schuldenquote nach Ablauf der fünf Jahre? Erst nach diesen fünf Jahren beschließt die Regierung, die Schuldenquote bei 50% zu stabilisieren. Wie hoch muss das Primärdefizit vom Jahr sechs bis zehn ausfallen, damit die Schuldenquote am Ende des Jahres zehn bei 50% liegt?

f) Gehen Sie nun davon aus, dass die in d. bzw. e. analysierte Fiskalpolitik die Wachstumsrate der Wirtschaft jeweils vorübergehend dämpft. Wie wirkt sich das auf die erforderliche Reduktion des Primärdefizits aus, um nach zehn Jahren eine Schuldenquote von 50% zu erreichen?

g) Welcher der in den Teilaufgaben d. und e. beschriebenen Politikpfade birgt eine größere Gefahr für die Stabilität der Volkswirtschaft?

9 *Die Fiskalsituation in Deutschland und anderen Europäischen Staaten*

Auf der Homepage der OECD (*https://www.oecd.org/economy/outlook/statistical-annex/*) können Sie sich für alle OECD-Staaten die aktuellen Daten des Economic Outlook über Schuldenquoten und Haushaltsüberschüsse bzw. -defizite (Table 29–38) besorgen. Auf der Homepage des IWF (*http:// www.imf.org/en/Data*) erhalten Sie diese Daten für eine Vielzahl von Staaten aus dem IMF Fiscal Monitor.

a) Wie hoch ist die aktuelle Brutto-Schuldenquote in Deutschland und Italien im Jahr 2020 bzw. im letzten verfügbaren Jahr im Vergleich zum Euroraum und zu den USA? Beschreiben Sie die Entwicklung im vergangenen Jahrzehnt und die Prognosen der nächsten Jahre.

b) Ermitteln Sie die Primärüberschüsse bzw. Defizite mit Hilfe der Daten über *„primary balances“*. Analysieren Sie ihren Beitrag zum Abbau/Anstieg der Schuldenquote. Könnte die Schuldenquote selbst bei einem Primärdefizit sinken? Welche Information liefert die Tabelle zu *„cyclically primary balances“*?

c) Nutzen Sie die Information über langfristige Zinsen (*long term interest rates*) und die Wachstumsrate des nominalen BIP, um den nicht verfügbaren Term der Gleichung (22.5) $r-g$ zu schätzen. Erscheinen Ihre Schätzungen plausibel?

d) Vergleichen Sie die Entwicklung des Primärüberschusses mit der Entwicklung des allgemeinen Haushaltsüberschusses sowie des konjunkturbereinigten Haushaltsüberschusses. Erläutern Sie die Unterschiede.

e) Wie haben sich die Netto-Zinszahlungen des Staates als Anteil am BIP (*net interest payments*) in Deutschland und im gesamten Euroraum im Vergleich zu den USA und Italien seit 2010 und insbesondere seit der Pandemie entwickelt?

Geldpolitik – eine Zusammenfassung

23

23.1 Geldpolitik – was wir bisher gelernt haben 686

23.2 Von der Geldmengen- zur Zinssteuerung – moderne Konzepte der Geldpolitik 688

23.3 Die optimale Inflationsrate 695

23.4 Geldpolitik in der Praxis – die Strategie der EZB 701

23.5 Unkonventionelle Geldpolitik 706

23.6 Lehren aus der Krise – makroprudenzielle Regulierung 711

[redacted]

Die Finanzkrise hat zu einer **Neubewertung** der Geldpolitik geführt. In den zwei Jahrzehnten vor der Krise hatte sich ein einheitlicher Rahmen für Geldpolitik fast aller Zentralbanken gebildet. Man kann ihn so zusammenfassen: Zentralbanken sollten ein Inflationsziel verfolgen. Er basierte auf zwei Prinzipien. Erstens: Das primäre Ziel der Geldpolitik besteht darin, für stabile, niedrige Inflationsraten zu sorgen. Zweitens: Der beste Weg, um dieses Ziel zu verwirklichen, besteht darin, explizit oder zumindest implizit einer Zinsregel zu folgen – einer Regel, die den Leitzins an Veränderungen der Inflationsrate und des Wirtschaftswachstums anpasst.

Bis zur Finanzkrise schien dieser Rahmen sehr erfolgreich zu sein. Die Inflationsraten sind in den meisten Staaten stetig zurückgegangen und blieben stabil. Auch die Schwankungen des Wirtschaftswachstums haben sich verringert. Man sprach vom Zeitalter der „Großen Mäßigung." Viele Forscher untersuchten die Gründe für die Mäßigung und kamen zu dem Schluss, dass bessere Geldpolitik dafür ein wesentlicher Faktor war.

Dann brach die Finanzkrise aus. Sie zwang sowohl Makroökonomen als auch Zentralbanker zu einer Neubewertung mindestens in zweifacher Hinsicht. Zum einen betrifft das die Herausforderungen in der Liquiditätsfalle. Sobald die Wirtschaft an der effektiven Zinsuntergrenze angelangt ist, kann der Leitzins nicht mehr zur Stabilisierung der Wirtschaftsaktivität eingesetzt werden. Das wirft zwei Fragen auf: Wie sollte Geldpolitik gestaltet werden, damit ein Abgleiten in die Liquiditätsfalle von vornherein verhindert werden kann? Kann die Zentralbank an der effektiven Zinsuntergrenze andere Instrumente einsetzen, um die Wirtschaft zu stimulieren?

Daneben geht es um Fragen, die das Mandat der Zentralbank und ihre Instrumente betreffen. Seit Anfang 2000 bis zum Ausbruch der Krise schienen die Industriestaaten auf einem guten Weg zu sein mit tragfähigem Wachstum und stabilen Inflationsraten. Wie wir aber in ▶ **Kapitel 6** gelernt haben, lief im Hintergrund keineswegs alles reibungslos. Es kam zu wichtigen Änderungen im Finanzsystem, wie etwa ein starker Anstieg der Leverage-Rate und eine verstärkte Finanzierung der Geschäftsbanken über den Interbankenmarkt. In vielen Ländern gab es auch einen starken Anstieg der Immobilienpreise. All diese Faktoren erwiesen sich als treibende Kraft für das Entstehen der Krise. Dies wirft wiederum zwei weitere Fragen auf: Wenn wir in die Zukunft blicken, sollten Zentralbanken nicht allein auf stabile Inflationsraten und Wirtschaftswachstum achten, sondern auch auf die Vermögenspreise, Aktienkurse, Immobilienpreisblasen und die Risiken im Finanzsektor? Wenn ja, welche Instrumente stehen dafür zur Verfügung?

Das Ziel dieses Kapitels besteht darin, zusammenzufassen, was wir bisher über Geldpolitik gelernt haben, die Logik hinter dem Verfolgen eines Inflationsziels und einer Zinsregel zu verstehen und schließlich die Diskussion um die Herausforderungen einzuordnen, die sich aus der Finanzkrise ergeben.

23.1 Geldpolitik – was wir bisher gelernt haben

- In ▶ **Kapitel 4** haben wir uns mit den Bestimmungsgrößen von Geldnachfrage und Geldangebot beschäftigt und die Auswirkungen der Geldpolitik auf den Zinssatz analysiert. Wir haben gesehen, wie Geldmengensteuerung und Zinssteuerung funktionieren, um das Gleichgewicht auf dem Geldmarkt zu bestimmen. Wir haben auch gesehen, dass an der effektiven Zinsuntergrenze die traditionellen Instrumente der Geldpolitik an Grenzen stoßen.
- ▶ **Kapitel 5** beschäftigte sich mit den kurzfristigen Effekten der Geldpolitik auf die Produktion. Wir haben gesehen, wie der sinkende Zinssatz die Nachfrage und damit die Produktion steigen lässt.

- In ▶ **Kapitel 6** haben wir zwei wichtige Konzepte eingeführt: Die Unterscheidung zwischen Nominalzins und Realzins sowie die Unterscheidung zwischen dem Leitzins und dem Kreditzins, der für Investitionsentscheidungen ausschlaggebend ist. Der Realzins ist der Nominalzins abzüglich der erwarteten Inflationsrate. Der Kreditzins entspricht dem realen Leitzins plus einer Risikoprämie.
- In ▶ **Kapitel 9** haben wir die Effekte der Geldpolitik in der mittleren Frist untersucht. Wir haben gesehen, dass Geld auf mittlere Frist sich weder auf die Wirtschaftsaktivität noch auf den Realzins auswirkt. Die Wirtschaft kehrt zum Produktionspotenzial zurück; der Realzins entspricht dem natürlichen Realzins oder auch dem Wicksellschen Zinssatz. Auf mittlere Frist wirkt sich Geldpolitik nur auf die Inflationsrate aus. Versucht die Zentralbank, auf mittlere Frist den Realzins unter dem natürlichen Zins zu halten, kommt es zu anhaltender Inflation; die Inflationserwartungen können dann nicht fest verankert bleiben.
  Wir haben auch gesehen, wie an der effektiven Zinsuntergrenze eine Deflationsspirale entstehen kann: Der Realzins liegt über dem natürlichen Zins; es kommt zu Arbeitslosigkeit und Deflation; diese wiederum lässt den Realzins weiter ansteigen, die Nachfrage noch weiter einbrechen und verschärft so das Problem immer weiter.
- In ▶ **Kapitel 14** haben wir ein weiteres wichtiges Konzept eingeführt: die Unterscheidung zwischen kurz- und langfristigen Zinssätzen. Wir haben gelernt, dass die langfristigen Zinsen von den Erwartungen über den Verlauf der zukünftigen kurzfristigen Zinsen und einer Terminprämie abhängen. Die Aktienkurse hängen wiederum von den Erwartungen über den Verlauf der zukünftigen kurzfristigen Zinsen, den zukünftig erwarteten Dividenden und der Aktienprämie ab. Wir haben aber auch gelernt, dass Vermögenspreise von Blasenbildung beeinflusst werden können und damit vom Fundamentalwert abweichen können.
- In ▶ **Kapitel 16** haben wir die Bedeutung der Erwartungen für Nachfrage und Produktion und die Auswirkungen der Geldpolitik auf die Erwartungen berücksichtigt. Wir haben gesehen, dass Geldpolitik den kurzfristigen Nominalzins beeinflusst, dass die Nachfrage jedoch in erster Linie vom aktuellen wie vom künftig erwarteten kurzfristigen Realzins abhängt. Wir haben gesehen, dass die Effekte der Geldpolitik auf die Produktion stark davon abhängen, wie diese Erwartungen auf die Geldpolitik reagieren.
- In ▶ **Kapitel 19** haben wir uns mit den Effekten der Geldpolitik in einer offenen Volkswirtschaft – mit offenen Güter- und Finanzmärkten – beschäftigt. Wir haben gesehen, wie die Geldpolitik in einer offenen Volkswirtschaft Einkommen und Produktion nicht allein durch den Zinssatz beeinflusst, sondern auch über den Wechselkurs. Eine Zinssenkung führt nun auch zu einer Abwertung. Sie lässt Nachfrage und Produktion sowohl über den Zinskanal (die Investitionsnachfrage) als auch über den Wechselkurskanal (die Nettoexportnachfrage) steigen. In einem Regime fixer Wechselkurse muss die Zentralbank auf das Instrument der Zinssteuerung verzichten.
- In ▶ **Kapitel 20** haben wir Vor- und Nachteile verschiedener geldpolitischer Regime diskutiert, flexibler Wechselkurse vs. fester Wechselkurse. Wir haben gesehen, dass in einem Regime flexibler Wechselkurse Zinsänderungen starke Wechselkursbewegungen auslösen können. In einem Regime fixer Wechselkurse verliert die Zentralbank ihre geldpolitische Autonomie; sie kann das Inflationsziel nicht unabhängig festlegen. Spekulative Kapitalbewegungen können in einem Regime fixer Wechselkurse eine Wechselkurskrise und abrupte Abwertungen auslösen. Wir haben die Vor- und Nachteile der Einführung einer gemeinsamen Währung wie des Euro bzw. eines völligen Verzichts auf autonome Geldpolitik diskutiert.
- In ▶ **Kapitel 21** haben wir uns mit den Problemen beschäftigt, mit denen die Wirtschaftspolitik im Allgemeinen und die Geldpolitik im Besonderen konfrontiert ist. Wir haben gesehen, dass Unsicherheit über die Auswirkungen von Politikmaßnahmen zu einem vorsichtigeren Politikeinsatz führen sollte. Wir haben auch gesehen, dass selbst wohlmeinende politische Entscheidungsträger unter Umständen nicht immer das tun, was das Beste ist, dass es also Argumente für Beschränkungen von politischen Entscheidungsträgern gibt. Wir haben uns auch mit den Vorteilen einer unab hängigen Zentralbank und der Ernennung eines konservativen Zentralbankers beschäftigt.

Kernbotschaft dieses Kapitels: Vor der Finanzkrise hat sich für die Geldpolitik ein einheitlicher Rahmen herausgebildet: Zentralbanken sollen ein Inflationsziel mit niedrigen Inflationsraten verfolgen. Die Finanzkrise zwingt zu einer Neubewertung sowohl des Mandats als auch der verwendeten Instrumente. Diese Neubewertung ist noch nicht abgeschlossen.

- In diesem Kapitel erweitern wir diese Analyse. Wir beschäftigen uns zunächst mit dem Regime eines Inflationsziels und mit Zinsregeln sowie der Frage nach der optimalen Inflationsrate. Wir untersuchen, wie die EZB ihre Geldpolitik im Euroraum konkret durchführt. Schließlich diskutieren wir die Herausforderungen, die sich aus der Finanzkrise ergeben.

23.2 Von der Geldmengen- zur Zinssteuerung – moderne Konzepte der Geldpolitik

Die Aufgaben der Geldpolitik lassen sich so zusammenfassen: Sie soll zum einen für stabile, niedrige Inflationsraten sorgen. Zum anderen sollte sie dazu beitragen, die Wirtschaft beim Produktionspotenzial zu stabilisieren, starke Schwankungen der Wirtschaftsaktivität also zu verhindern oder zumindest zu begrenzen.

23.2.1 Ziele für das Geldmengenwachstum und Bandbreiten

Bis in die 1990er-Jahre hinein stand das Geldmengenwachstum im Zentrum der Geldpolitik, angefangen von der Festlegung eines Ziels für die Wachstumsrate der Geldmenge bis hin zur Frage, wie das Geldmengenwachstum auf kurzfristige Schwankungen der Produktion reagieren sollte. Dahinter stand eine simple Logik. In den meisten Ländern ging man ähnlich wie die Deutsche Bundesbank etwa folgendermaßen vor:

- Mit der Wahl einer optimalen Inflationsrate legt die Zentralbank die Rate des nominalen Geldmengenwachstums fest, die sie in der mittleren Frist erreichen sollte.
  Diese Wachstumsrate der nominalen Geldmenge sollte gleich sein der angestrebten Inflationsrate plus der normalen Wachstumsrate der Produktion (der Rate, die durch die Wachstumsrate des technischen Fortschritts und der Bevölkerung bestimmt ist). Liegt beispielsweise die angestrebte Inflationsrate bei 2% und die **Normale Wachstumsrate der Produktion** bei 2%, dann sollte die Zentralbank ein Wachstum der Geldmenge von 4% anstreben.
- Um Geldpolitik zur Stabilisierung kurzfristiger Produktionsschwankungen zu nutzen, lässt die Zentralbank unter Umständen Abweichungen des tatsächlichen Wachstums der Geldmenge von der angestrebten mittelfristigen Zielrate zu. In einer Rezession kann die Zentralbank das Geldmengenwachstum über den mittelfristigen Wert hinaus erhöhen, um niedrigere Zinsen und damit eine raschere Erholung der Produktion zu ermöglichen. In Boom-Zeiten kann sie umgekehrt das Wachstum der Geldmenge drosseln, damit für höhere Zinsen sorgen und so das Wachstum dämpfen.
- Um der Öffentlichkeit ihre Absichten zu kommunizieren, gibt die Zentralbank ein explizites Ziel für das Geldmengenwachstum bekannt. Sie will damit verdeutlichen, welche Inflationsrate sie mittelfristig anstrebt, und zudem klar machen, warum sie von diesem Ziel in der kurzen Frist eventuell abweicht. Möglicherweise zieht es die Zentralbank vor, eine Bandbreite statt einem Zielwert bekannt zu geben – eine Bandbreite, innerhalb derer sie das Wachstum der Geldmenge in der kurzen Frist steuern will.

Dieser Ansatz hat sich jedoch als unzureichend erwiesen. Weltweit haben sich Zentralbanken davon wegbewegt. Ganz neue Konzepte der Geldpolitik haben sich durchgesetzt. Die meisten Zentralbanken verfolgen nun ein explizites *Inflationsziel*; sie konzentrieren sich auf die *Zinssteuerung*, die Wachstumsrate der Geldmenge spielt nur mehr eine untergeordnete Rolle. Wir wollen nun die Gründe dafür analysieren.

23.2.2 Geldmengenwachstum und Inflation – eine andere Sichtweise

Die Orientierung der Geldpolitik am Wachstum der Geldmenge basiert auf der Annahme, dass zwischen Inflation und Geldmengenwachstum auf mittlere Frist ein enger Zusammenhang besteht. In der Realität ist dieser Zusammenhang aber keineswegs besonders eng. Zwar ist bei hohem Geldmengenwachstum die Inflation ebenfalls hoch; umgekehrt bei niedrigem Geldmengenwachstum. Die Beziehung ist jedoch nicht so eng, dass die Zentralbank durch die Festlegung auf eine bestimmte Wachstumsrate der Geldmenge die von ihr angestrebte Inflationsrate erreichen kann, nicht einmal auf mittlere Frist.

Aus ▶ Kapitel 4: *M*1 ist ein Maß für die Geldmenge in der Volkswirtschaft. Sie ist die Summe von Bargeld und Sichteinlagen. Die EZB kann *M*1 nicht direkt kontrollieren. Sie kontrolliert nur *H*, die Geldbasis. Sie könnte bestenfalls versuchen, durch geeignete Wahl von *H* den gewünschten Wert für *M*1 zu erreichen.

Das Wachstum von M1 und die Inflation

Der Zusammenhang zwischen Inflation und Wachstum der Geldmenge im Euroraum ist in ▶ **Abbildung 23.1** dargestellt. In dieser Abbildung tragen wir die Inflationsrate (als Preisindex verwenden wir den VPI) gegen die Wachstumsrate der Geldmenge (*M*1) von 1983 an ab.

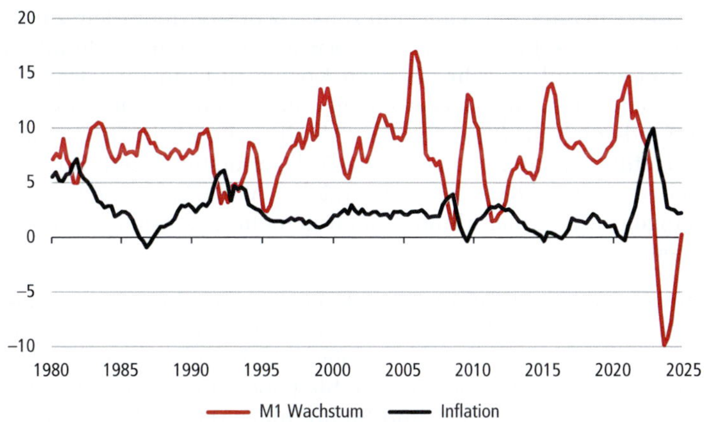

Abbildung 23.1 *M*1-Wachstum und Inflation, seit 1983. Es besteht kein enger Zusammenhang zwischen dem Wachstum von *M*1 und der Inflation, nicht einmal in der mittleren Frist.
Quelle: EZB (https://www.ecb.europa.eu/press/pr/stats/md/html/index.en.html). FRED-Codes MANMM101EZM189S, CPHPTT01EZM661N

▶ **Abbildung 23.1** zeigt, dass der Zusammenhang zwischen dem Wachstum von *M*1 und der Inflation im Euroraum nicht besonders eng ist. Auffallend ist, dass die Inflation bereits zu Beginn der 1980er-Jahre zu sinken begann, während das Wachstum von *M*1 erst Anfang der 1990er-Jahre zurückging. Ab 1996 ist *M*1 dann stark gewachsen, ohne dass sich dies in einem Anstieg der Inflationsrate niedergeschlagen hat.

Für die Zeit vor 1999 hat die EZB aus den Daten der nationalen Zentralbanken aggregierte Daten über Inflation und *M*1- bzw. *M*3-Wachstum für den Euroraum nachträglich konstruiert. Für Deutschland ergäbe sich aber eine vergleichbare Entwicklung.

Von *M*1 zu *M*2, *M*3 und anderen Geldmengenaggregaten

Die hohe Volatilität von *M*1 hängt zudem auch damit zusammen, dass *M*1 sehr empfindlich auf Zinsänderungen reagiert (vgl. ▶ Kapitel 4).

Warum ist der Zusammenhang zwischen dem Wachstum von *M*1 und der Inflation nicht enger? Die Antwort auf diese Frage lautet: Weil die Geldnachfrage nicht stabil ist.

Ein Beispiel sollte sich hier als hilfreich erweisen. Nehmen wir an, dass sich die Haushalte nach der Einführung von Kreditkarten nur noch die Hälfte an Geld halten wie vor der Einführung der Kreditkarten. Anders ausgedrückt: Die reale Geldnachfrage geht um die Hälfte zurück. In der mittleren Frist muss die reale Geldmenge ebenfalls um die Hälfte zurückgehen. Bei gegebener nominaler Geldmenge würde sich damit das Preisniveau verdoppeln. Jede vernünftige Zentralbank würde aber auf den Rückgang der Geldnachfrage mit einer Einschränkung des Geldangebots reagieren. In dieser Zeit lässt sich kein enger Zusammenhang zwischen dem Geldmengenwachstum (das negativ ist) und der Inflation (die konstant bleibt) erkennen.

Wenn sich, als Ergebnis der Einführung vonKreditkarten, die realeGeldnachfrage halbiert,dann gilt: $\frac{M}{P} = \frac{1}{2} YL(i)$ Lesen Sie den Anhang von ▶ Kapitel 5 nochmalsdurch, um zu verstehen,warum strikte Geldmengensteuerungbei-Schwankungen der Geldnachfragezu starkenZinsschwankungen führt

Dass die Geldnachfrage nicht stabil ist, geht über die Einführung von Kreditkarten hinaus. Um dies zu verstehen, müssen wir eine Annahme aufgeben, die uns bisher das Leben leicht machte, nämlich die Vorstellung, dass eine deutliche Trennung zwischen Geld und anderen Vermögensanlagen existiert. In der Realität gibt es viele Finanzanlagen, die Geld sehr nahe kommen. Sie können zwar nicht direkt für Transaktionen eingesetzt werden – zumindest nicht ohne Einschränkungen –, aber sie können zu nur geringen Kosten in Geld umgewandelt werden. Anders ausgedrückt: Sie sind sehr liquide. Dies macht sie zu attraktiven Substituten für Geld. Verschiebungen zwischen Geld und derartigen Finanzanlagen sind der Hauptfaktor für die Verschiebungen der Geldnachfrage.

Betrachten wir als Beispiel Geldmarktfonds. Geldmarktfonds sind Finanzintermediäre, deren Vermögen aus kurzfristig fälligen Interbankeneinlagen besteht und deren Verbindlichkeiten aus Einlagen bestehen (sie werden als Anteile bezeichnet). Die Fonds zahlen den Anlegern einen Zinssatz, der nahe dem Zinssatz des Euribor (dem Zins auf dem europäischen Interbankenmarkt) abzüglich der Verwaltungskosten des Fonds liegt. Einlagen können zwar jederzeit und zu sehr geringen Kosten in Geld umgewandelt werden, sie lassen sich aber nicht direkt für Überweisungen einsetzen. Wegen dieser Einschränkung sind Geldmarktfonds nicht in $M1$ enthalten. Als diese Fonds in Deutschland Anfang der 1990er-Jahre eingeführt wurden, konnten die Anleger erstmals sehr liquide Anlagen halten und dennoch einen attraktiven Zinssatz erzielen. Viele Anleger reduzierten ihre Sichteinlagen und gingen in Geldmarktfonds. Auch manche Spareinlagen sind fast so liquide wie Sichteinlagen.

Im Dezember 2020 war $M3$ gleich 14.521,7 Mrd. €, im Vergleich zu 10.254,3 Mrd. € für $M1$.

Die Verschiebungen zwischen Geld und anderen liquiden Vermögensanlagen haben die Zentralbanken dazu veranlasst, Maßzahlen zu konstruieren und zu beobachten, die nicht nur Geld, sondern auch andere liquide Vermögensanlagen beinhalten. Diese Maßzahlen werden als Geldmengenaggregate bezeichnet. Sie haben die Namen $M2$, $M3$ usw. Im Euroraum umfasst $M2$ neben $M1$ (Bargeld und Sichteinlagen) auch Einlagen mit vereinbarter Laufzeit bis zu 2 Jahren sowie Spareinlagen mit bis zu dreimonatiger Kündigungsfrist. Die von der EZB favorisierte Abgrenzung $M3$ schließt neben $M2$ auch noch Geldmarktfondsanteile, Geldmarktpapiere und Repogeschäfte ein. Diese Abgrenzung soll vermeiden, dass reine Umschichtungen zwischen Geld und geldnahen Aktiva das statistische Aggregat verzerren könnten. ▶ **Tabelle 23.1** gibt einen Überblick über die verschiedenen Geldmengenaggregate im Euroraum.

$M3$						16.112
$M2$			15.135			
$M1$	10.368					
Bargeldumlauf	Täglich fällige Einlagen	Termineinlagen mit Laufzeiten bis zu zwei Jahren	Einlagen mit vereinbarter Kündigungsfrist bis zu drei Monaten	Repogeschäfte	Geldmarktfondsanteile	Schuldverschreibungen von bis zu zwei Jahren (einschließlich Geldmarktpapieren)
1.536	8.832	2.308	2.458	165	739	73

Tabelle 23.1 Geldmengenaggregate im Euroraum im Dezember 2023, Mrd. €
Quelle: EZB https://www.ecb.europa.eu/press/pr/stats/md/html/index.en.html

Man könnte hoffen, dass die Konstruktion von $M3$ und anderen Geldmengenaggregaten eine Lösung für unser oben diskutiertes Problem darstellt: Wenn ein Großteil der Verschiebungen in der Geldnachfrage zwischen $M1$ und anderen Anlagen in $M3$ stattfindet, dann sollte die Nachfrage nach *M*3 stabiler sein als die Nachfrage nach *M*1, sodass es einen engeren Zusammenhang zwischen dem Wachstum von *M*3 und der Inflation als zwischen dem Wachstum von *M*1 und der Inflation geben sollte. Wenn dies der Fall wäre, dann könnte die Zentralbank Ziele für das Wachstum von *M*3 anstelle von *M*1 festlegen. Genau diesen Weg haben tatsächlich viele Zentralbanken gewählt. Auch das hat jedoch nicht besonders gut funktioniert. Zwei Gründe sind dafür maßgeblich:

- Auch wenn der Zusammenhang zwischen dem Wachstum von *M*3 und der Inflation enger ist als der Zusammenhang zwischen dem Wachstum von *M*1 und der Inflation, so ist er immer noch nicht sehr eng. Dies ist in ▶ **Abbildung 23.2** dargestellt. Dort sind Inflationsrate und Wachstumsrate von *M*3 abgebildet. Die Entwicklung des Wachstums von *M*3 verläuft näher an der Entwicklung der Inflation, als es für das Wachstum von *M*1 der Fall war. Dennoch ist der Zusammenhang immer noch nicht eng.
- Wichtiger noch ist die Tatsache, dass die Zentralbank *M*3 viel weniger als *M*1 kontrollieren kann. Wenn die Anleger von Bundesanleihen in Geldmarktfonds umschichten, dann führt dies zu einem Anstieg von *M*3, denn *M*3 beinhaltet Geldmarktfonds, nicht jedoch Bundesanleihen. Die Zentralbank kann und sollte nichts dagegen tun, um solch einen Anstieg von *M*3 zu verhindern: Solange reine Portfolio-Erwägungen dafür verantwortlich sind, wird der Zuwachs der Geldmenge nicht kaufkraftwirksam. *M*3 ist daher eigentlich keine Zielgröße: Denn sie befindet sich weder unter der direkten Kontrolle der Zentralbank, noch ist sie ein Ziel, das für die Zentralbank letztlich von Bedeutung ist.

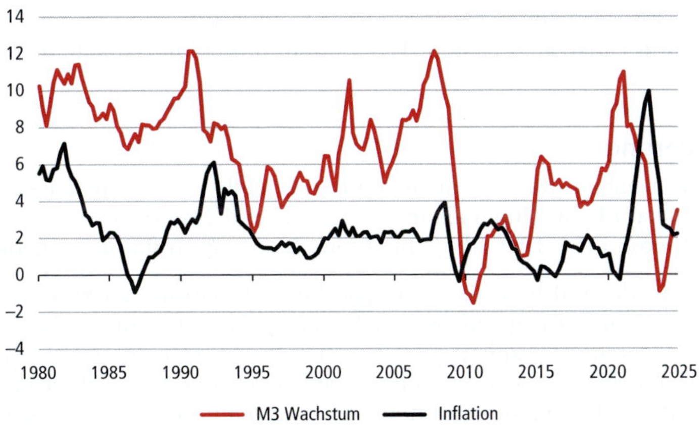

Abbildung 23.2 ***M*3-Wachstum und Inflation, seit 1980.** Der Zusammenhang zwischen dem Wachstum von *M*3 und der Inflation ist enger als der Zusammenhang zwischen dem Wachstum von *M*1 und der Inflation; er ist aber immer noch nicht sehr eng.

Quelle: EZB https://www.ecb.europa.eu/ press/pr/stats/md/html/index. en.html FRED Codes MABMM301EZM189S, CPHPTT01EZM661N

Das Wachstum von *M*3 – Zielbandbreite und Realisierung

Verschiebungen der Geldnachfrage (egal, ob es sich um *M*1 oder *M*3 handelt) einerseits, der schwache Zusammenhang zwischen dem *M*3-Wachstum und Inflation andererseits und schließlich das Problem, *M*3 überhaupt zu kontrollieren, haben einen vorhersehbaren Effekt gehabt: Das Wachstum von *M*3 lag oft weit entfernt von dem von der Zentralbank angekündigten Ziel.

Die Deutsche Bundesbank war die Zentralbank, die am vehementesten die Geldmengenstrategie propagierte. Ausgehend von der Quantitätstheorie, legte sie seit 1975 jedes Jahr im Dezember eine Bandbreite (einen sogenannten Korridor) für das Wachstum von *M*3 fest. Diesen von ihr festgelegten Zielkorridor hat sie aber in mehr als der Hälfte aller Jahre verfehlt. Viel erfolgreicher war sie dagegen darin, das angestrebte Ziel niedriger Inflation zu erreichen.

Weltweit mussten alle Zentralbanken diese Erfahrung machen. So lag auch in den USA das tatsächliche Wachstum von *M2* (für diese Zielgröße kündigte die Fed zu Beginn jedes Jahres Bandbreiten an), in elf von 26 Jahren nach 1975 außerhalb der Bandbreite. Das häufige Verfehlen der Zielbandbreite führt zu einer naheliegenden Frage: Welcher Nutzen liegt darin, eine Bandbreite anzukündigen, wenn die Bandbreite so oft verfehlt wird? Zu genau dieser Schlussfolgerung kam auch die Fed im Jahr 2000. Sie kündigt seitdem keine Zielbandbreite mehr an.

Die EZB gibt nur mehr einen Referenzwert (4,5%) für das Wachstum von *M3* an. Vor der Finanzkrise ist *M3* wesentlich stärker gewachsen als dieser Referenzwert, ohne dass es zu hohen Inflationsraten gekommen wäre. Besonders hoch war das Wachstum beim Ausbruch der Finanzkrise 2007/2008. Angesichts der Turbulenzen am Aktienmarkt schichteten die Anleger ungewöhnlich viel Vermögen in kurzfristige Anlagen um. Die hohe Unsicherheit auf den Finanzmärkten machte es besonders attraktiv, Geld zu halten. Dieser Effekt blähte das Geldmengenwachstum künstlich auf, ohne dass damit ernsthafte Inflationsrisiken verbunden waren – vgl. ▶ **Abbildung 23.2**. Dies wird insbesondere auch an den hohen Wachstumsraten von *M1* (▶ **Abbildung 23.1**) deutlich. Zum Höhepunkt der Eurokrise 2010 sind die Wachstumsraten der Geldmenge im Euroraum negativ geworden und lagen lange unter dem Referenzwert. Während der Pandemie ist sie wiederum stark angestiegen.

23.2.3 Inflationssteuerung und Zinsregeln

Neuseeland war 1990 das erste Land, das Inflationssteuer einführte, und zwar eine Bandbreite von 0 bis 2%; später wurde sie auf 0 bis 3% ausgeweitet. Das nächste Land war Kanada, mit einer Bandbreite für die Inflation von 0 bis 2%. Seitdem wurden Inflationsziele unter anderem von Großbritannien, Schweden, Israel und Tschechien festgelegt. Wie wir gesehen haben, ist der Erfolg der Deutschen Bundesbank darin begründet, dass sie das angestrebte Ziel niedriger Inflationsraten erreicht hat, ganz unabhängig davon, dass sie ihr Geldmengenziel häufig verfehlt hat.

Zentralbanken sind deshalb weltweit zu einer Geldpolitik übergegangen, die auf Inflationssteuerung und Zinsregeln basiert. Wir wollen nun beide Aspekte nacheinander diskutieren.

Inflationssteuerung

In vielen Ländern haben die Zentralbanken das Erreichen einer niedrigen Inflationsrate als ihr wichtigstes und manchmal als ihr einziges Ziel definiert, sowohl in der kurzen als auch in der mittleren Frist. Dies ist als Inflationssteuerung (**Inflation targeting**) bekannt.

- Der Versuch, in der mittleren Frist ein gegebenes Inflationsziel zu erreichen, ist eine deutliche Verbesserung gegenüber dem Versuch, eine bestimmte Wachstumsrate der nominalen Geldmenge einzuhalten. Schließlich besteht das vorrangige Ziel der Geldpolitik in der mittleren Frist darin, eine gegebene Inflationsrate zu erreichen. Folglich ist es besser, die Inflationsrate und nicht das nominale Geldmengenwachstum als Ziel zu haben.
- Der Versuch, in der kurzen Frist ein gegebenes Inflationsziel zu erreichen, ist weit umstrittener. Die ausschließliche Konzentration auf die Inflationsrate bedeutet auf den ersten Blick, dass Geldpolitik darauf verzichten muss, Schwankungen der Wirtschaftsaktivität zu glätten. Dies ist jedoch nicht der Fall. Um das zu verstehen, greifen wir auf den Phillipskurven-Zusammenhang zwischen der Inflation π_t, den Inflationserwartungen der Vorperiode π_t^e , und der Abweichung der Arbeitslosenquoteu_t von der natürlichen Arbeitslosenquote u_n zurück (Gleichung (8.10)):

$$\pi_t - \pi_t^e = -\alpha(u_t - u_n)$$

Wir bezeichnen das Inflationsziel mit π^*. Nehmen wir an, die Zentralbank hat hohe Glaubwürdigkeit, ihr Inflationsziel im Durchschnitt tatsächlich zu erreichen. Die Inflationserwartungen der privaten Wirtschaftssubjekte sind dann bei π^* fest verankert. Der Phillipskurven-Zusammenhang ist dann wie folgt:

$$\pi_t - \pi^* = -\alpha(u_t - u_n)$$

$0 = -\alpha(u_t - u_n) \Rightarrow u_t = u_n$

Kann die Zentralbank ihr Ziel genau verwirklichen, dann entspricht die Arbeitslosenquote u_t exakt der natürlichen Arbeitslosenquote u_n und die Produktion dem Produktionspotenzial. Das Inflationsziel würde also automatisch auch dazu führen, dass die Zentralbank alle Schwankungen der Produktion eliminiert. Selbst wenn das einzige Ziel der Zentralbank – wie etwa bei der EZB – darin besteht, das angestrebte Inflationsziel zu erreichen, stabilisiert sie automatisch auch die Produktion, indem sie das Inflationsziel durchsetzt. Es besteht kein Konflikt zwischen beiden Zielen. Dieses überraschende Resultat hat man auch als „göttliche Koinzidenz" bezeichnet.

Die Intuition dahinter ist einfach: Erkennt die Zentralbank, dass ein negativer Nachfrageschock zu einer Rezession führte, würde sie wissen, dass es ohne Zinssenkung zu einem Rückgang der Inflation unter das Inflationsziel käme. Um eine stabile Inflation sicherzustellen, würde die Zentralbank also mit einer Zinssenkung reagieren. Das Gleiche gilt umgekehrt für einen positiven Nachfrageschock: Um einen Anstieg der Inflation über das Inflationsziel hinaus zu verhindern, erhöht die Zentralbank den Zinssatz und verhindert so nicht nur unerwünschte Preissteigerungen, sondern automatisch auch ein Überhitzen der Wirtschaft. Kurz zusammengefasst: Als Ergebnis aktiver Geldpolitik würde sowohl die Inflation als auch die Produktion stabilisiert.

Das gerade abgeleitete Ergebnis ist beeindruckend: Inflationssteuerung kann auch Abweichungen der Produktion vom natürlichen Niveau eliminieren. Diese starke Aussage muss man jedoch abschwächen:

- Wie wir schon in ▸ **Kapitel 8** gelernt haben, kann die Zentralbank in der kurzen Frist nicht immer die von ihr angestrebte Inflationsrate erreichen. Wie alle anderen makroökonomischen Zusammenhänge gilt auch die Phillipskurven-Relation nicht exakt. Es kann zum Beispiel der Fall eintreten, dass die Inflation steigt, obwohl die Arbeitslosigkeit gleich der natürlichen Arbeitslosenquote ist. In diesem Fall wird die Zentralbank vor einer schwereren Entscheidung stehen: Soll sie die Arbeitslosigkeit beim natürlichen Niveau lassen und gleichzeitig zulassen, dass die Inflation ansteigt, oder soll sie, um die Inflation im Griff zu behalten, die Arbeitslosenquote über das natürliche Niveau hinaus ansteigen lassen?

Diese Einschränkung ist wichtig, dennoch bleibt die grundlegende Aussage bestehen: In der mittleren Frist ist es sinnvoll, eine bestimmte Inflationsrate anzustreben. In der kurzen Frist ermöglicht es Inflationssteuerung, mit Hilfe der Geldpolitik die Produktion beim Produktionspotenzial zu stabilisieren.

Die Taylor-Regel

Die nächste Frage besteht darin, wie das Inflationsziel erreicht werden kann. Die Inflation befindet sich sicherlich nicht unter der direkten Kontrolle der Zentralbank. Direkt kann sie nur den Zinssatz setzen. Wie sollte sie ihn anpassen? John Taylor von der Stanford University schlug eine einfache Regel vor, der die Zentralbank folgen könnte. Die Taylor-Regel lautet wie folgt:

- π_t sei die Inflationsrate und π^* das Inflationsziel.
- i_t sei der nominale Zinssatz und i^* das nominale Zinsziel – der nominale Zinssatz, der sich in der mittleren Frist aus dem Inflationsziel π^* ergibt.
- u_t sei die Arbeitslosenquote und u_n die natürliche Arbeitslosenquote.

Aus ▸ Kapitel 14: In der mittleren Frist ist der reale Zinssatz als r_n gegeben, sodass sich der nominale Zinssatz im Verhältnis 1:1 mit der Inflationsrate bewegt: Wenn $r_n = 2\%$ und das Inflationsziel $\pi^* = 2\%$, dann ergibt sich das nominale Zinsziel als $i^* = 2\% + 2\% = 4\%$. Wenn das Inflationsziel $\pi^* = 0\%$, ergibt sich $i* = 2\% + 0\% = 2\%$.

Nehmen Sie an, die Zentralbank wählt nun den nominalen Zinssatz i. (Wenn wir uns an ▸ **Kapitel 4** erinnern, wissen wir, dass die Zentralbank durch Offenmarktoperationen jeden von ihr angestrebten kurzfristigen Zinssatz erreichen kann.) Dann, so argumentiert Taylor, sollte die Zentralbank der folgenden Regel folgen:

$$i_t = i^* + a(\pi_t - \pi^*) - b(u_t - u_n)$$

wobei a und b positive Koeffizienten sind. Wir wollen nun analysieren, was diese Regel aussagt.

- Wenn die Inflationsrate gleich dem Inflationsziel ($\pi_t = \pi^*$) und die Arbeitslosenquote gleich der natürlichen Arbeitslosenquote ($u_t = u_n$) ist, sollte die Zentralbank den Zinssatz i_t gleich dem Zinsziel i^* setzen. Auf diese Weise kann die Volkswirtschaft auf ihrem Pfad bleiben, mit einer Inflationsrate, die dem Inflationsziel entspricht, und einer Arbeitslosenquote, die gleich der natürlichen Arbeitslosenquote ist.
- Wenn die Inflationsrate höher als das Inflationsziel ist ($\pi_t > \pi^*$), dann sollte die Zentralbank den nominalen Zinssatz i_t über i^* hinaus anheben. Dieser höhere Zinssatz wird die Arbeitslosigkeit ansteigen lassen und dieser Anstieg der Arbeitslosigkeit wird zu einem Rückgang der Inflation führen.

Die Regel a > 1 wird auch als „Taylor-Prinzip" bezeichnet.

Ist a < 1, steigt der Zinssatz weniger als 1:1 mit der Inflationsrate. Ein Anstieg der Inflation lässt dann den Realzins sinken. Dies erhöht die Nachfrage, senkt die Arbeitslosenquote und lässt so die Inflation noch stärker steigen. Eine solche Reaktion erzeugt somit Instabilität.

Der Koeffizient a spiegelt daher wider, wie hoch die Zentralbank die Arbeitslosigkeit im Vergleich zur Inflation gewichtet. Je größer a ist, desto mehr wird die Zentralbank den Zinssatz als Reaktion auf Inflation anheben, desto mehr wird die Volkswirtschaft abgebremst werden, desto mehr wird die Arbeitslosigkeit ansteigen und desto schneller wird die Inflation zum Inflationsziel zurückkehren.

Taylor argumentierte, dass a in jedem Fall größer 1 sein sollte. Warum? Die entscheidende Größe für die Ausgaben ist der reale Zinssatz und nicht der nominale Zinssatz. Wenn die Inflation steigt, dann muss die Zentralbank den realen Zinssatz anheben, wenn sie die Ausgaben und die Produktion dämpfen will. Anders ausgedrückt: Sie muss den nominalen Zinssatz stärker als im Verhältnis 1:1 zur Inflation erhöhen.

- Wenn die Arbeitslosenquote höher ist als die natürliche Arbeitslosenquote ($u > u_n$), sollte die Zentralbank den nominalen Zinssatz senken. Der niedrigere nominale und damit für jede gegebene Inflationsrate auch niedrigere reale Zinssatz wird die Produktion ansteigen lassen, sodass es zu einem Rückgang der Arbeitslosigkeit kommt. Wie der Koeffizient a spiegelt auch b wider, wie hoch die Zentralbank die Arbeitslosigkeit relativ zur Inflation gewichtet. Je größer b ist, desto mehr wird die Zentralbank willens sein, vom Inflationsziel abzuweichen, um die Arbeitslosenquote nahe der natürlichen Arbeitslosenquote zu halten.

Ursprünglich wurde bei der Taylor-Regel statt ($u_t - u_n$) die Abweichung der tatsächlichen Produktion Y_t vom natürlichen Produktionsniveau Y_n, also die Produktionslücke verwendet. Der Unterschied besteht lediglich im entgegengesetzten Vorzeichen und einem anderen Wert für *b*; der genaue Zusammenhang ergibt sich aus dem Gesetz von Okun, vgl. ▸ Kapitel 9, Gleichung (9.3).

Als Taylor diese Regel aufstellte, forderte er nicht, dass sie blindlings befolgt werden müsse: Es gibt viele denkbare Ereignisse, wie etwa eine Wechselkurskrise oder die Notwendigkeit, die Nachfrage und damit den Mix von Geld- und Fiskalpolitik zu verändern, die eine Veränderung des nominalen Zinssatzes rechtfertigen – unabhängig von den Gründen, die in der Taylor-Regel enthalten sind. Er argumentierte jedoch, dass die Regel als Referenzpunkt der Geldpolitik dienen könnte. Eine zentrale Einsicht dieser Regel liegt darin, dass die Zentralbank nicht nur die aktuelle Inflationsrate berücksichtigen sollte, sondern auch die aktuelle Arbeitslosenquote bzw. Abweichungen des Wachstums von der natürlichen Rate.

Seit die Taylor-Regel entwickelt wurde, wird sie sowohl vonseiten der Forschung als auch vonseiten der Zentralbanken stark beachtet:

- Interessanterweise haben Wissenschaftler, die sich mit dem Verhalten der Fed in den Vereinigten Staaten und der Bundesbank in Deutschland beschäftigt haben, herausgefunden, dass die Taylor-Regel das Verhalten beider Zentralbanken über den Zeitraum der 20 Jahre vor der Finanzkrise recht gut beschreibt, obwohl beide Zentralbanken sicherlich nicht bewusst der Taylor-Regel gefolgt sind.
- Andere Wissenschaftler haben untersucht, ob es möglich ist, diese einfache Regel noch weiter zu verbessern: Sollte beispielsweise zugelassen werden, dass der nominale Zinssatz nicht nur auf die aktuelle Inflation reagiert, sondern auch auf die erwartete zukünftige Inflation?
- Wieder andere Wissenschaftler haben diskutiert, ob die Zentralbanken eine explizite Zinsregel einführen und diese streng befolgen sollten, oder ob sie diese Regel eher informell nutzen und die Freiheit haben sollten, von der Regel abzuweichen, wenn es angebracht ist. Wir werden auf diesen Punkt zurückkommen, wenn wir im nächsten Abschnitt das Verhalten der EZB diskutieren.

Allgemein sind die meisten Zentralbanken spätestens seit den 1990er-Jahren in der Praxis zu einer Zinssteuerung übergegangen, die sich durch die Taylor-Regel relativ gut beschreiben lässt. Dann aber kam die Finanzkrise und hat viele Fragen aufgeworfen: die Frage nach der richtigen Höhe des Inflationsziels; die Frage, wie die Zentralbank an der effektiven Zinsuntergrenze reagieren sollte; und schließlich die Frage, ob die Zentralbank nicht auch Finanzmarktstabilität als eigenes Ziel verfolgen sollte. Im nächsten Abschnitt behandeln wir zunächst die Frage nach der optimalen Inflationsrate und gehen anschließend auf die anderen Fragen ein.

23.3 Die optimale Inflationsrate

▶ **Tabelle 23.2** zeigt, dass die Inflation in den reichen Ländern seit den 1980er-Jahren kontinuierlich zurückgegangen ist. Während 1981 die durchschnittliche Inflationsrate in der OECD 10,5% betrug, war sie 2005 auf 2,1% gesunken. 1981 wiesen nur zwei von 30 Ländern eine Inflationsrate von unter 5% auf; 2020 war die Anzahl der Länder auf 33 von 36 gestiegen.

Die Tabelle endet im Jahr 2020. Wie im Buch schon mehrfach angesprochen, ist die Inflation nach der Covid-Pandemie in vielen Ländern stark angestiegen. Der starke Anstieg wirft viele Fragen auf, auf die wir in einer Fokusbox am Ende des Kapitels eingehen.

Bedeutet dies, dass die meisten Zentralbanken nun ihr Ziel erreicht haben? Oder sollten sie eine noch niedrigere Inflationsrate anstreben, vielleicht 0%? Die Antwort hängt von Kosten und Nutzen der Inflation ab.

Jahr	1981	1990	2000	2010	2020
OECD-Durchschnitt (%)*	10,56	6,29	3,14	1,33	2,02
Anzahl der Staaten mit einer Inflation unter 5%**	2/24	15/24	23/30	29/34	33/36

* Durchschnitt der Inflationsraten nach dem BIP-Deflator, gewichtet mit dem relativen Anteil des BIP nach Kaufkraftparität.
**Die zweite Zahl gibt die Gesamtzahl der Mitgliedstaaten im jeweiligen Jahr an.

Tabelle 23.2 Inflation in den OECD-Staaten, 1981–2020

23.3.1 Die Kosten der Inflation

Wir haben in ▶ **Kapitel 22** gesehen, wie eine sehr hohe Inflation – von beispielsweise 30% im Monat oder noch mehr – die wirtschaftliche Aktivität zum Erliegen bringen kann. Die Debatte, die in den OECD-Ländern heute geführt wird, dreht sich jedoch nicht um die Kosten von Inflationsraten von 30% oder mehr. Die Diskussion konzentriert sich stattdessen darauf, ob etwa 0% oder 4% Inflation im Jahr besser sind. Innerhalb dieser Bandbreite identifizieren Ökonomen vier Hauptkosten der Inflation: (1) Schuhsohleneffekte (Transaktionskosten), (2) Steuerverzerrungen, (3) **Geldillusion** und (4) die Volatilität der Inflation.

Auf mittlere Frist wird der Realzins von der Inflation nicht beeinflusst (vgl. ▶ Kapitel 14). Ein Anstieg der Inflationsrate bedeutet also einen Anstieg des Nominalzinses in gleicher Höhe (der Fisher-Effekt).

Schuhsohleneffekte

Mittelfristig lässt eine höhere Inflationsrate den Nominalzins und damit die Opportunitätskosten der Geldhaltung steigen. Dies hat zur Folge, dass die Wirtschaftssubjekte ihre Geldhaltung einschränken. Sie gehen häufiger zur Bank – ihre Schuhsohlen werden stärker abgenutzt. Bei niedrigerer Inflation könnte man auf solche Bankbesuche verzichten und stattdessen produktivere Dinge tun, etwa mehr arbeiten oder auch mehr Freizeit genießen.

Wer in Ländern mit Hyperinflation die langen Schlangen vor den Bankschaltern gesehen hat, die ihr Geld schnell abheben wollen, versteht plastisch, was mit Schuhsohleneffekt gemeint ist. Heutzutage bestehen die Kosten eher in der Zeit, die man am PC mit Homebanking verbringen müsste, statt im Internet surfen zu können.

In Zeiten einer Hyperinflation können die Schuhsohleneffekte enorm werden. In Zeiten mäßiger Inflation sind sie aber sehr begrenzt. Wenn die Leute bei einer Inflation von 4% vielleicht einmal im Monat öfter zur Bank gehen, um eine Umbuchung mehr vorzunehmen, kann man kaum von hohen Kosten sprechen.

Steuerverzerrungen

Die zweite Kostenart der Inflation ergibt sich aus der Interaktion zwischen dem Steuersystem und der Inflation.

Betrachten wir beispielsweise die Besteuerung von Kapitalgewinnen. Die Steuern auf Kapitalgewinne werden auf die Nominalzinsen erhoben. Weil der Nominalzins mit der Inflation ansteigt, ist die Steuer umso höher, je höher die Inflation ist. Folgendes Beispiel soll diesen Sachverhalt verdeutlichen:

- Nehmen wir an, Sie halten ein Wertpapier von 5.000€. Der Realzins liegt bei $r = 3\%$; der marginale Steuersatz bei 50%. Der Nominalzins entspricht dem Realzins plus der erwarteten Inflationsrate. Ohne Inflation ($\pi = 0\%$) liegt der Nominalzins bei $i = r = 3\%$. Von Ihren Zinserträgen in Höhe von 150 € müssen Sie 50%, also 75 €, als Zinssteuer an den Staat abführen.
- Nehmen wir nun an, die Inflation betrage $\pi = 3\%$. Der Nominalzins steigt dann auf $i = r + \pi = 6\%$, die gesamten Zinserträge steigen auf 300 €. Die Hälfte davon (150 €) dient aber nur dazu, den Wertverlust durch Inflation zu kompensieren; sie stellen nur sicher, dass Sie nächstes Jahr real nicht weniger Güter konsumieren können als heute. Einen positiven Realzins könnten Sie nur bei einer Effektivverzinsung über diese Mindestkompensation hinaus erzielen. Wenn Sie aber den Rest(150€ = 50% der Nominalzinsen) an den Staat als Zinssteuer abführen müssen, bleibt Ihnen real keine Rendite mehr.
- Bei einer Inflation von $\pi = 5\%$ und einem Nominalzins $i = r + \pi = 8\%$ müssen Sie als Zinssteuer 200 € abführen. Ihnen bleiben zwar noch 200 € Rendite übrig; aber das ist weniger als der Wertverlust durch die Inflation ($5.000€ \cdot 5\% = 250€$). Die reale Effektivrendite nach Steuern ist also negativ.

Die Probleme, die sich aus dem Zusammenspiel zwischen Besteuerung und Inflation ergeben, gehen über die Besteuerung von Zinsgewinnen hinaus. Um nur ein weiteres Beispiel zu nennen: Verschiedene Einkommensstufen werden mit unterschiedlichen Grenzsteuersätzen besteuert. Die Einkommensstufen werden aber nicht automatisch an die Inflation angepasst. Mit steigendem Nominaleinkommen rutschen die Steuerpflichtigen somit zwangsläufig in höhere Steuerstufen, selbst wenn ihr reales Einkommen konstant bleibt. Diesen Effekt bezeichnet man als schleichende Steuerprogression.

Freibeträge auf Kapitalerträge sind zum Teil als Kompensation für die Inflationsbesteuerung gedacht; sie lösen das Problem aber nicht.

Man könnte argumentieren, dass es sich bei diesen Kosten nicht um Kosten der Inflation an sich handelt, sondern eher um die Kosten eines schlecht konzipierten Steuersystems. In unserem Zinsbeispiel könnte die Regierung das Problem dadurch beseitigen, dass sie die Steuern nur auf die Realzinsen erhebt, also eine Inflationsbereinigung vornimmt. In unserem Beispiel werden also immer nur die Realzinsen in Höhe von 150 € besteuert, sodass 75 € als Zinssteuer an den Staat abzuführen sind. Die Steuergesetzgebung sieht aber nur in den seltensten Fällen solche systematischen Anpassungen vor. Deshalb ist die Inflationsrate von großer Bedeutung und führt zu Verzerrungen.

Geldillusion

Die dritte Art von Kosten der Inflation ergibt sich aus der Geldillusion – aus der Tatsache, dass den Wirtschaftssubjekten bei der Unterscheidung zwischen nominalen und realen Veränderungen offenbar systematische Fehler unterlaufen. Eine Vielzahl von Rechnungen, die bei Preisstabilität ganz einfach wären, werden komplizierter, sobald es Inflation gibt. Wenn wir das Einkommen des aktuellen Jahres mit früheren Einkommen vergleichen wollen, müssen wir über die Entwicklung der Inflation Bescheid wissen. Wenn wir zwischen verschiedenen Vermögensanlagen wählen oder über die Aufteilung zwischen

Konsum und Sparen entscheiden, dann müssen wir den Unterschied zwischen Realzins und Nominalzins kennen. Viele Alltagsbeispiele machen aber deutlich, dass die meisten Leute solche Berechnungen sehr schwierig finden und oftmals nicht die richtigen Entscheidungen treffen können. Ökonomen und Psychologen haben formale Beweise für diese Behauptung gesammelt. Sie legen nahe, dass Inflation in vielen Fällen zu falschen Entscheidungen von Haushalten und Unternehmen führt (siehe auch die Fokusbox *„Geldillusion"*). Trifft dies zu, besteht die einfachste Lösung für das Problem darin, keine Inflation zuzulassen.

Die Volatilität der Inflation

Diese Kosten der Inflation ergeben sich aus der Tatsache, dass eine höhere Inflation im Normalfall auch mit *höherer Volatilität* der Inflation einhergeht. Höhere Volatilität bedeutet wiederum, dass Finanzanlagen, wie etwa Wertpapiere mit fest vereinbarten Nominalzahlungen in der Zukunft, riskanter werden.

Betrachten wir ein Wertpapier, das in zehn Jahren eine Zahlung von 1.000 € verspricht. Bei einer konstanten Inflation über die nächsten zehn Jahre hinweg ist nicht nur der Nominalwert, sondern auch der Realwert des Wertpapiers in zehn Jahren mit Sicherheit bekannt – wir können genau berechnen, wie viel ein Euro in zehn Jahren wert sein wird. Ist die Inflation jedoch volatil, dann wird der reale Wert der 1.000 € in zehn Jahren unsicher. Je höher die Volatilität ist, desto größer die Unsicherheit. Es wird schwierig, für die Rente vorzusorgen. Diejenigen, die in Wertpapiere investiert haben, profitieren, wenn die tatsächliche Inflationsrate niedriger liegt, als ursprünglich erwartet; im umgekehrten Fall verlieren sie. Wenn die Nominalerträge bei zu hoher Inflation nicht mehr ausreichen, den realen Lebensstandard zu sichern, kann Inflation sogar den Abstieg in die Armut zur Folge haben. Deshalb haben Rentner, deren Einkommen zum Teil nominal festgesetzt sind, in der Regel mehr Angst vor Inflation als andere Bevölkerungsgruppen.

Man könnte auch hier, wie im Fall der Besteuerung, argumentieren, dass diese Kosten nicht auf Inflation an sich zurückzuführen sind, sondern eher auf das Unvermögen der Finanzmärkte, Anlageformen zur Verfügung zu stellen, die Anleger vor der Inflation schützen. Anstatt nur nominale Schuldverschreibungen auf den Markt zu bringen (Schuldverschreibungen, die eine feste nominale Zahlung in der Zukunft versprechen), könnten Staat oder Unternehmen auch indexierte Schuldverschreibungen emittieren. Das sind Schuldverschreibungen, die einen nominalen Betrag versprechen, der um die Inflation korrigiert wird. In diesem Fall müssten sich die Wirtschaftssubjekte keine Sorgen um den realen Wert ihrer Schuldverschreibungen zum Zeitpunkt des Ruhestandes machen. Wie wir in ▶ **Kapitel 14** gesehen haben, wurden derartige Schuldverschreibungen mittlerweile in mehreren Ländern wie in Großbritannien und Frankreich eingeführt, sodass sich die Wirtschaftssubjekte nun besser gegen Schwankungen der Inflation schützen können.

FOKUS

Geldillusion

Die Tatsache, dass viele bei ihren Finanzrechnungen die Wirkung der Inflation nicht korrekt erfassen, ist Gegenstand zahlreicher Anekdoten. In letzter Zeit haben Ökonomen und Psychologen jedoch begonnen, sich mit dem Thema der Geldillusion im Detail zu beschäftigen. In einer kürzlich erschienenen Studie haben zwei Psychologen, Eldar Shafir aus Princeton und Amos Tversky aus Stanford und ein Ökonom, Peter Diamond vom MIT, eine Befragung vorgenommen, um die Bestimmungsgründe von Geldillusion herauszufinden. Eine der Fragen, die sie den Teilnehmern aus ganz verschiedenen Gruppen (Personen am Newark International Airport, Personen in zwei Einkaufszentren in New Jersey, und einer Gruppe von Studienanfängern an der Universität Princeton) stellten, lautete wie folgt:

Nehmen Sie an, Adam, Ben und Carl haben jeder eine Erbschaft von 200.000 € gemacht. Alle drei haben diese Erbschaft sofort zum Kauf eines Hauses verwendet. Alle drei haben ihr Haus ein Jahr nach dem Kauf wieder verkauft. Die wirtschaftliche Lage war jedoch in jedem Fall ganz unterschiedlich.

- In der Zeit, als Adam sein Haus besaß, kam es zu einer Deflation von 25% – die Preise aller Güter und Dienstleistungen gingen um ungefähr 25% zurück. Ein Jahr nach dem Erwerb des Hauses verkaufte Adam das Haus für 154.000 € (um 23% weniger, als er es gekauft hatte).
- Während der Zeit, in der Ben das Haus besaß, gab es weder Inflation noch Deflation – die Preise aller Güter und Dienstleistungen veränderten sich während dieses Jahres nicht signifikant. Ein Jahr nach dem Erwerb des Hauses verkaufte Ben das Haus für 198.000 € (um 1% weniger, als er es gekauft hatte).
- Während der Zeit, in der Carl das Haus besaß, gab es eine Inflation in Höhe von 25% – die Preise aller Güter und Dienstleistungen stiegen während des Jahres um ungefähr 25% an. Ein Jahr nach dem Erwerb des Hauses verkaufte Carl das Haus für 246.000 € (das sind 23% mehr, als er es gekauft hatte).

Bitte ordnen Sie Adam, Ben und Carl nach dem Erfolg bei ihrer Haustransaktion. Kennzeichnen Sie die Person, die das beste Geschäft gemacht hat, mit 1, und die Person, die das schlechteste Geschäft gemacht hat, mit 3.

Nominal gerechnet hat Carl sicher das deutlich beste Geschäft gemacht, gefolgt von Ben und Adam. Hier geht es jedoch um die Frage, wie die drei real abgeschnitten haben – also korrigiert um die Inflation. In realen Einheiten ist die Reihenfolge aber gerade umgekehrt: Adam, mit einem Realgewinn von 2% machte das beste Geschäft, gefolgt von Ben (mit einem realen Verlust in Höhe von 1%), gefolgt von Carl (mit einem realen Verlust von 2%). Die Antworten bei der Befragung sind in der folgenden Tabelle zusammengefasst:

Rang	Adam (%)	Ben (%)	Carl (%)
1.	37	15	48
2.	10	74	16
3.	53	11	36

Carl wurde von 48% der Befragten an die erste Stelle gesetzt. Adam wurde gar von 53% der Befragten an die dritte Stelle gesetzt. Diese Antworten lassen vermuten, dass Geldillusion wirklich eine große Rolle spielt. Anders ausgedrückt: Vielen Wirtschaftssubjekten (selbst Studienanfängern in Princeton) fällt es schwer, mit Inflation umzugehen.

23.3.2 Die Vorteile der Inflation

Inflation ist aber nicht nur etwas Schlechtes. Man kann drei Vorteile der Inflation identifizieren: (1) Einnahmen des Staates aus Geldschöpfung (Seignorage), (2) die Möglichkeit, negative Realzinsen als wirtschaftspolitisches Instrument einzusetzen und (3) – etwas paradox – die Tatsache, dass Inflation und Geldillusion genutzt werden können, um Reallohnanpassungen zu erleichtern.

Einnahmen aus Geldschöpfung (Seignorage)

Geldschöpfung – letztlich die Ursache von Inflation – ist ein Weg, um Ausgaben der Regierung zu finanzieren. Anders ausgedrückt: Geldschöpfung ist eine Alternative zur öffentlichen Kreditaufnahme oder zur Besteuerung.

H sei die Geldbasis. Die Geldschöpfung entspricht der Zunahme der Geldbasis. Als Anteil am BIP berechnet gilt: $\frac{\Delta H}{PY} = \frac{\Delta H}{H}\frac{H}{PY}$ mit $\Delta H/H$ als Wachstumsrate der Geldbasis und H/PY als Verhältnis der Geldbasis zum BIP.

Wie wir in ▶ **Kapitel 22** gesehen haben, setzt die Regierung Geldschöpfung im Normalfall nicht ein, um ihre Ausgaben zu finanzieren. Im Allgemeinen emittiert und verkauft die Regierung Anleihen, um bestimmte Ausgaben zu finanzieren. Werden die Anleihen jedoch von der Zentralbank aufgekauft und schöpft die Zentralbank Geld, um sie zu bezahlen, dann kommt es zum selben Ergebnis. Ceteris paribus: Wenn alle anderen Dinge unverändert bleiben, ermöglichen es die Einnahmen aus der Geldschöpfung – die sogenannten Seignorage-Einnahmen – der Regierung, die öffentliche Kreditaufnahme einzuschränken oder die Steuern zu senken.

Wie hoch sind die Einnahmen aus Geldschöpfung in der Praxis? Als wir uns in ▶ **Kapitel 22** mit Hyperinflationen beschäftigt haben, wurde deutlich, dass die Seignorage in Ländern mit hohen Inflationsraten oft eine wichtige Finanzierungsquelle des Staates ist. Für die Länder der OECD dagegen spielen solche Einnahmen heute fast keine Rolle mehr. Betrachten wir den Euroraum als Beispiel. Der Anteil von unverzinslichem Bargeld (Banknoten und Münzen) am BIP ist sehr klein. Der Großteil der Geldbasis besteht aus Reserven der Geschäftsbanken, die mit steigendem Leitzins auch verzinst werden (vgl. ▶ **Abbildung 23.5** für die Entwicklung in den USA nach 2015).

Einnahmen aus Geldschöpfung spielen in Volkswirtschaften ohne funktionierendes Steuer- und Finanzsystem eine wichtige Rolle. Für die Frage, ob OECD-Länder heute eine Inflationsrate von 0% oder von 4% anstreben sollten, sind sie aber irrelevant.

(Mit steigender Inflation geht aber auch die Nachfrage nach Zentralbankgeld zurück, sodass die tatsächlichen Einnahmen noch niedriger ausfallen dürften als in unserer Modellrechnung unterstellt.)

Spielraum für Stabilisierungspolitik – der Optionswert negativer Realzinsen

Bei der Frage nach der optimalen Inflationsrate geht es darum, welche Rate mittelfristig im Durchschnitt angestrebt werden sollte. Liegt die durchschnittliche Inflationsrate bei 0%, so ist auch der Nominalzins im Durchschnitt entsprechend niedrig. Geldpolitik ist jedoch auch ein wirksames Stabilisierungsinstrument. Je niedriger der Nominalzins, desto größer aber die Gefahr, dass die Wirtschaft in einer starken Rezession nicht mehr stimuliert werden kann:

Der Nominalzins ist ja durch die effektive Zinsuntergrenze beschränkt. Setzen wir sie zur Vereinfachung gleich null. Ein Beispiel soll zeigen, was das bedeutet.

Der Nominalzins von null ist eine natürliche Untergrenze: Bei einem negativen Zins würde jeder seine Sichteinlagen lieber in Bargeld wechseln. Dieses Argument ist Basis der makroökonomischen Implikationen der Liquiditätsfalle (vgl. ▶ Kapitel 4). In der Finanzkrise waren die kurzfristigen Zinsen im Euroraum mehrere Jahre lang leicht negativ. Erst wenn sie noch tiefer gefallen wären, hätte es sich für Anleger rentiert, das Geld vom Konto abzuheben.

- Betrachten wir zwei Volkswirtschaften, beide mit einem Realzins von $r = 2\%$. In der ersten Volkswirtschaft strebt die Zentralbank eine durchschnittliche Inflationsrate von $\pi = 4\%$ an. Im Durchschnitt spielt sich dann ein Nominalzins von $i = r + \pi = 2\% + 4\% = 6\%$ ein. In der zweiten Volkswirtschaft will die Zentralbank dagegen eine durchschnittliche Inflationsrate von $\pi = 0\%$ durchsetzen. Der Nominalzins liegt hier im Durchschnitt bei $i = r + \pi = 2\% + 0\% = 2\%$.
- Beide Volkswirtschaften werden von einem starken negativen Schock getroffen, der bei gegebenem Zinssatz kurzfristig Nachfrage und Produktion einbrechen lässt. In der ersten Volkswirtschaft kann die Zentralbank den nominalen Zinssatz von 6% bis auf 0%, senken, eine Reduktion um sechs Prozentpunkte. Wenn sich die erwartete Inflation nicht unmittelbar anpasst, sondern bei 4% bleibt, sinkt damit der effektive (ex post) Realzins von 2% auf –4%. Dies wird in der Regel die Nachfrage stark stimulieren und so zu einer Erholung der Volkswirtschaft beitragen. In der zweiten Volkswirtschaft dagegen kann der Nominalzins nur von 2% auf 0% gesenkt werden, eine Reduktion von nicht mehr als zwei Prozentpunkten. Wenn sich die erwartete Inflation nicht unmittelbar anpasst, sondern bei 0% bleibt, sinkt der reale Zinssatz bestenfalls um zwei Prozentpunkte von 2% auf 0%. Dieser kleine Rückgang des realen Zinssatzes wird die Nachfrage weit weniger stimulieren als im ersten Fall.

Kurz zusammengefasst: Eine Volkswirtschaft mit einer im Durchschnitt höheren Inflationsrate verfügt über einen größeren geldpolitischen Spielraum, um Rezessionen zu bekämpfen. Ist die Inflationsrate dagegen im Durchschnitt sehr niedrig, dann besteht die Gefahr, dass Geldpolitik gar nicht mehr in der Lage ist, die Nachfrage hinreichend zu stimulieren. ▶ Kapitel 6 machte deutlich, dass es sich dabei keineswegs nur um eine theoretische Möglichkeit handelt. Nach der Finanzkrise war der Handlungsspielraum der Geldpolitik in vielen Staaten durch die effektive Untergrenze beschränkt. Es stellt sich die Frage, ob es nicht sinnvoll wäre, in Zukunft im Durchschnitt eine etwas höhere Inflationsrate anzustreben. Manche Ökonomen betrachten niedrige Zinsen als außergewöhnliches Ereignis, das in Zukunft kaum wieder eintreten werde. Sie sehen deshalb keinen Grund, das Inflationsziel anzuheben. Andere dagegen halten die Probleme in der Liquiditätsfalle für so gravierend, dass man das Risiko minimieren sollte, dass so etwas bald schon wieder passiert. Sie plädieren deshalb dafür, ein höheres Inflationsziel anzustreben. Dies ist eine heiße Debatte, die noch keineswegs abgeschlossen ist.

Rigide Nominallöhne – eine neue Sicht der Geldillusion

Ein Beispiel dafür sind die Ergebnisse einer Umfrage unter Managern von Alan Blinder und Don Choi, in „A Shred of Evidence on Theories of Wage Rigidity", Quarterly Journal of Economics, 1990, S. 1003–1016.

Paradoxerweise ergibt sich gerade aus der Geldillusion ebenfalls ein Argument dafür, positive Inflationsraten anzustreben.

Um dies zu verstehen, betrachten wir zwei Szenarien. Im ersten Szenario beträgt die Inflation 4%; unser Lohn steigt nominal, also in Euro, um 1%. Im zweiten Szenario liegt die Inflation bei 0%; unser Lohn sinkt nominal um 3%. Was ist schlimmer? In beiden Fällen sinkt der Reallohn um denselben Prozentsatz – nämlich um 3%. Eigentlich sollten wir also zwischen beiden Szenarien indifferent sein. Tatsächlich jedoch akzeptieren viele den Einschnitt beim Reallohn im ersten Fall viel leichter als im zweiten Fall.

Warum ist dieses Beispiel für unsere Diskussion relevant? Der Grund liegt darin, dass in dem permanenten Umstrukturierungsprozess, dem unsere modernen Volkswirtschaften ausgesetzt sind, manche Arbeitnehmer mitunter reale Lohneinbußen hinnehmen müssen (vgl. die Ausführungen in ▶ **Kapitel 13**). Ein bisschen Inflation – so das Argument – vereinfacht solche Reallohnanpassungen nach unten: Der Reallohn kann selbst bei konstantem Nominallohn sinken. Dieses Argument ist plausibel. Bislang ist allerdings noch nicht nachgewiesen, wie gravierend dieses Argument ist, weil die Periode sehr niedriger Inflationsraten in vielen Volkswirtschaften noch zu kurz ist, um zuverlässige Schlüsse ziehen zu können.

Beachten Sie den Gegensatz zwischen zwei Metaphern: Weil ein bisschen mehr Inflation Reallohnanpassungen erleichtert, sprechen manche Ökonomen davon, dass Inflation wie ein „Schmieröl" für die Räder der Volkswirtschaft wirkt. Andere Ökonomen sprechen davon, dass Inflation „Sand in die Getriebe" der Volkswirtschaft streut. Sie stellen die negativen Effekte der Inflation in den Vordergrund. Beide Sichtweisen müssen nicht unbedingt im Widerspruch zueinander stehen: Wegen rigider Nominallöhne und der Zinsuntergrenze mag bei niedrigen Inflationsraten ein bisschen mehr Inflation als Schmieröl wirken; steigt die Inflation aber stark genug an, bringt sie Sand ins Getriebe. Diese Überlegung macht deutlich, dass die natürliche Wachstumsrate der Wirtschaft durchaus von der durchschnittlichen Inflationsrate abhängen könnte. Geld ist auch mittelfristig nicht unbedingt neutral, wenn die durchschnittliche Inflationsrate zu niedrig oder zu hoch liegt!

Die optimale Inflationsrate – die aktuelle Diskussion

In den meisten OECD-Ländern liegt das Inflationsziel bei ungefähr 2%. Es gibt aber heiße Diskussionen zwischen den Befürwortern einer leicht höheren Inflation (von bis zu ca. 4%) und denen, die für absolute Preisstabilität (eine Inflationsrate von 0%) plädieren.

Diejenigen, die eine Inflationsrate von 0% anstreben, stellen die Tatsache in den Vordergrund, dass sich ein solches Ziel sehr deutlich von allen anderen Zielen unterscheidet: Es bedeutet absolute Preisstabilität. Dies an sich sei bereits wünschenswert. Das Wissen, dass das Preisniveau in zehn oder 20 Jahren mehr oder weniger dasselbe wie heute sein wird, vereinfache viele Entscheidungen; es eliminiere die Gefahr der Geldillusion. Hinzu komme, dass ein Inflationsziel glaubwürdig und einfach formuliert sein sollte, um das Problem der Zeitinkonsistenz (▶ **Kapitel 21**) überzeugend zu lösen. Absolute Preisstabilität könne diese Ziele viel besser erreichen als jedes andere Inflationsziel, egal ob 2%, 4% oder mehr.

Die Befürworter einer leicht höheren Inflationsrate heben hervor, dass die Vorteile einer Inflationsrate von 0% im Vergleich zu einer Rate von 4% sehr gering sind. Viele Kosten der Inflation könnten durch Indexierung des Steuersystems und die Ausgabe indexierter Wertpapiere vermieden werden. Umgekehrt, so argumentieren sie, sind dagegen die Kosten eines weiteren Rückgangs der Inflation auf 0% sehr hoch: Zumindest für gewisse Zeit müsse dies mit einem Anstieg der Arbeitslosigkeit erkauft werden. Bei einer durchschnittlichen Rate von 0% steigt zudem die Gefahr, dass Stabilisierungspolitik an Grenzen der effektiven Zinsuntergrenze stößt. Als das Inflationsziel auf 2% festgelegt wurde, hielt man diese Gefahr für vernachlässigbar gering; die Finanzkrise hat aber die hohen Kosten gezeigt, die damit einhergehen. Bei Zentralbanken stoßen die Verfechter einer höheren Zielrate auf wenig Gegenliebe. Sie befürchten die Gefahr, dass die Inflationserwartungen nicht mehr fest verankert bleiben, sobald das Ziel von 2% auf 4% angehoben wird. Die Öffentlichkeit könnte dann zweifeln, ob es nicht noch weiter auf 5% oder 6% angehoben wird usw.

Die Diskussion ist noch im Gange. Derzeit scheinen die meisten Zentralbanken eine moderate, aber positive Inflationsrate anzustreben, das heißt, Inflationsraten um 2%.

Im Zug einer Anpassung ihrer Strategie beschloss die amerikanische Zentralbank im September 2020, ein Überschießen der Inflation so lange zu tolerieren, bis die Inflation im Durchschnitt der letzten Jahre wieder die Zielgröße von 2% erreicht hat („Average Inflation Targeting").

23.4 Geldpolitik in der Praxis – die Strategie der EZB

Werfen wir nun einen Blick auf die Praxis der Geldpolitik der EZB.

Auch die EZB führte 2021 eine Überprüfung ihrer geldpolitischen Strategie durch. Überprüfen Sie auf der EZB-Homepage *https://www.ecb.europa.eu*, welche Modifikationen dabei vorgenommen wurden.

23.4.1 Der Auftrag der EZB

Die geldpolitische Zielsetzung der EZB ist im Vertrag der Europäischen Union von Maastricht vom 7.2.1992 geregelt. Artikel 105 (1) des Vertrages gibt eine eindeutige Zielhierarchie vor. Er verpflichtet die EZB auf das „vorrangige Ziel, die Preisstabilität zu gewährleisten". Weitere Ziele darf sie nur dann verfolgen, wenn diese die Preisstabilität nicht beeinträchtigen. Diese untergeordneten Zielsetzungen formuliert der Maastrichter Vertrag vage als die Unterstützung der allgemeinen Wirtschaftspolitik der Gemeinschaft. Im Gegensatz dazu ist die Fed durch den Humphrey-Hawkins Act von 1978 *(Full Employment and Balanced Growth Act)* gehalten, ihre Geldpolitik an den Zielen „maximaler Beschäftigung, stabiler Preise und moderater langfristiger Zinsen" zu orientieren.

23.4.2 Der Aufbau der EZB

Die Europäische Zentralbank in Frankfurt bildet zusammen mit den nationalen Zentralbanken der Mitgliedsländer des Euroraums das sogenannte „Eurosystem". Zentrales Beschlussorgan der EZB ist der EZB-Rat, der in der Regel zweimal im Monat tagt. In diesem Gremium treffen sich:

- Das Direktorium der EZB. Das Direktorium besteht aus dem Präsidenten und dem Vizepräsidenten sowie (vier) weiteren Mitgliedern. Die Mitglieder des EZB-Direktoriums werden für acht Jahre nominiert; ihre Amtszeit kann nicht verlängert werden. Die Ernennung der Mitglieder erfolgt einvernehmlich durch die Regierungen der Mitgliedstaaten auf der Ebene der Staats- und Regierungschefs.
- Die Präsidenten der nationalen Zentralbanken der Mitgliedsländer. Sie werden von den einzelnen Mitgliedstaaten berufen; ihre Amtszeit wird durch nationale Regelungen festgelegt, sie muss aber mindestens fünf Jahre betragen.

Im letzten Kapitel haben wir die Bedeutung der Unabhängigkeit von Zentralbanken herausgearbeitet. Die EZB ist eine der unabhängigsten Zentralbanken der Welt. Um sicherzustellen, dass die EZB bei der Verfolgung dieser Ziele nicht von politischen Instanzen beeinträchtigt wird, ist es ihr untersagt, Weisungen von anderen Organen der Europäischen Union oder ihrer Mitgliedstaaten entgegenzunehmen; sie darf außerdem staatlichen Organen keinen Kredit zur Finanzierung von Defiziten gewähren. Dass die Amtszeit ihrer Mitglieder nicht verlängert werden kann, soll deren persönliche Unabhängigkeit sicherstellen.

Beschlüsse des EZB-Rates erfordern die einfache Mehrheit der anwesenden Mitglieder. Jedes Mitglied im EZB-Rat verfügt derzeit über eine Stimme. Allerdings macht die Erweiterung der Europäischen Union eine Änderung des Entscheidungsprozesses im Eurosystem notwendig. Nach der Aufnahme der zehn neuen Mitglieder in die Europäische Union am 1. Mai 2004 können die beitretenden Länder einen Antrag stellen, sich am Wechselkursmechanismus zu beteiligen. Wenn sie dann im Verlauf von zwei Jahren unter Beweis stellen, dass sie die Beitrittskriterien für das Eurosystem ohne Spannungen und ohne Abwertung erfüllen, werden sie in das Eurosystem aufgenommen.

Würden aber zehn weitere Zentralbankpräsidenten mit abstimmen, wäre der Entscheidungsprozess des Gremiums schon aufgrund der großen Zahl der Mitglieder erheblich erschwert. Zudem würde sich die Balance zwischen dem Direktorium und den nationalen Zentralbanken stark zu Gunsten letzterer verschieben. Schließlich sind die einzelnen Länder im Euroraum sehr heterogen – sowohl gemessen am Bevölkerungsanteil wie an der Wirtschaftsleistung (ihrem Anteil am gesamteuropäischen BIP). Die Mitglieder des EZB-Rates betonen zwar, dass sie sich nicht an nationalen oder regionalen Interessen orientieren, sondern an den Bedürfnissen des gesamten Euroraums. Es besteht aber die Gefahr, dass ein Zusammenschluss sehr kleiner Länder (wie Malta und Lettland) mit einfacher Mehrheit eine Geldpolitik beschließt, die nicht den Bedürfnissen des Euroraums als Ganzes angemessen ist.

Um solche Gefahren auszuschließen, wurde der Entscheidungsprozess durch ein Rotationsmodell ähnlich der Fed in den USA reformiert. Bei der Fed dürfen zwar alle zwölf regionalen Präsidenten an den Sitzungen teilnehmen, nur fünf davon haben aber jeweils Stimmrecht; wer stimmberechtigt ist, wechselt jedes Jahr. Lediglich der Präsident der New York Fed ist immer stimmberechtigt. Bei der EZB rotiert das Stimmrecht von Sitzung zu Sitzung. Vertreter von Ländern mit stärkerer Wirtschaftskraft und größerem Finanzsektor dürfen häufiger abstimmen.

23.4.3 Die geldpolitische Strategie der EZB

Der Vertrag von Maastricht überlässt es dem EZB-Rat, das Ziel „Preisstabilität" selbst zu konkretisieren und eine geeignete geldpolitische Strategie festzulegen, um Preisstabilität im Euroraum zu gewährleisten. Die EZB spezifizierte ihre Zielsetzung im Oktober 1998. Preisstabilität sieht sie demnach dann als erreicht an, wenn „der harmonisierte und über die Mitgliedsländer der Währungsunion aggregierte Verbraucherpreisindex (**HVPI**) mittelfristig einen jährlichen Anstieg von weniger als zwei Prozent aufweist." Der HVPI misst die Preisentwicklung eines repräsentativen Korbes von Konsumgütern und Dienstleistungen der privaten Haushalte. ▶ **Kapitel 2** zeigte, wie er berechnet wird. Die Verwendung des HVPI soll transparent machen, dass die Geldpolitik einen umfassenden, effektiven Schutz gegen Kaufkraftverluste der Verbraucher gewährleisten will. Manche Kritiker plädieren dafür, statt dem HVPI die „**Kerninflationsrate**" zugrunde zu legen. Diese versucht, volatilere Komponenten und vorübergehende Faktoren herauszufiltern, um so die fundamentalen Trends der Preisentwicklung aufzuzeigen. Weil es aber keine eindeutige, unumstrittene Methode zur Berechnung solcher Messgrößen gibt, würde ein solches Konzept Manipulationsspielräume eröffnen.

Die Formulierung *„über die Mitgliedsländer der Währungsunion aggregiert"* soll signalisieren, dass die EZB sich an der Entwicklung im gesamten Euroraum, nicht aber an den Bedürfnissen einzelner Länder orientiert. Die Formulierung *„mittelfristig"* soll andeuten, dass die EZB zukunftsorientiert die mittelfristig zu erwartende Inflationsrate zu steuern versucht, dass sie dabei aber bereit ist, kurzfristige Schwankungen der Inflationsrate zu tolerieren. Eine Feinsteuerung der wirtschaftlichen Entwicklung oder der Preise auf kurze Sicht wird nicht angestrebt. Die mittelfristige Ausrichtung soll die erforderliche Flexibilität verleihen, um in geeigneter Weise auf verschiedene wirtschaftliche Schocks zu reagieren.

Viele Ökonomen kritisierten, dass bei der Formulierung der geldpolitischen Strategie keine Untergrenze für die Inflationsrate festgelegt wurde. Damit sei unklar, welche Schwankungen toleriert werden. Es bestehe insbesondere die Gefahr, dass eine zu niedrige Inflationsrate angestrebt werde. ▶ **Kapitel 2** machte bereits deutlich, dass der VPI die wahre Inflationsrate (etwa aufgrund von Substitutionseffekten) eher überschätzt. Im Rahmen einer Überprüfung ihrer geldpolitischen Strategie stellte der EZB-Rat am 8. Mai 2003 klar, dass die EZB eine Inflation von unter, aber *nahe* zwei Prozent anstrebe. Diese Sicherheitsmarge trage eventuellen Messfehlern beim HVPI Rechnung und auch den Auswirkungen von Inflationsunterschieden innerhalb des Euroraums.

Als geldpolitische Strategie formulierte der EZB-Rat 1998 ein Zwei-Säulen-Konzept. Es wurde am 8. Mai 2003 ebenfalls präzisiert. Dabei handelt es sich zum einen um die *wirtschaftliche Analyse* zur Feststellung kurz- bis mittelfristiger Risiken für die Preisstabilität, zum anderen um die *monetäre Analyse* zur Beurteilung mittel- bis langfristiger Inflationstrends. Dieses Konzept ist eine Mischung aus Inflations- und Geldmengensteuerung.

Bei der *wirtschaftlichen Analyse* geht es letztlich um eine mittelfristige Inflationsprognose. Sie versucht, anhand einer umfassenden Beurteilung der aktuellen wirtschaftlichen und finanziellen Entwicklungen die impliziten kurz- bis mittelfristigen Risiken für die Preisstabilität zu erfassen. Sie betrachtet das Zusammenspiel zwischen Angebot und Nachfrage an den Güter-, Dienstleistungs- und Faktormärkten über diese Zeithorizonte. Zu den betrachteten Variablen gehören die Entwicklung der Produktion insgesamt, die Gesamtnachfrage und ihre Komponenten, die Fiskalpolitik, die Kapitalkosten, Arbeitsmarktbedingungen, eine breite Palette von Preis- und Kostenindikatoren, die Wechselkursentwicklung, die Entwicklungen in der Weltwirtschaft und der Zahlungsbilanz für das Eurogebiet sowie die Finanzmärkte. Eine wichtige Rolle spielen dabei gesamtwirtschaftliche Projektionen, die von Experten des Eurosystems erstellt werden. Kurz formuliert: Es geht um eine Einschätzung all der Variablen, die wir bei der Analyse der kurzen und mittleren Frist kennengelernt haben.

Die *monetäre Analyse* konzentriert sich auf die Entwicklung der Geldmenge. Sie ist von der Überzeugung geleitet, dass mittel- bis langfristig ein enger Zusammenhang zwischen Inflation und dem Wachstum der Geldmenge (in der Abgrenzung von $M3$) besteht. 1998 hat der EZB-Rat (in Anlehnung an die frühere Strategie der Deutschen Bundesbank) beschlossen, einen Referenzwert für $M3$ festzulegen. Dieser Referenzwert leitet sich ab aus Prognosen über die mittelfristige Entwicklung des Potenzialwachstums und die Veränderung des Kassenhaltungskoeffizienten für $M3$ sowie aus der angestrebten Inflationsrate. Der von der EZB festgesetzte Referenzwert für das Geldmengenwachstum liegt bei 4,5%.

23.4.4 Das geldpolitische Instrumentarium der EZB

Die Geldpolitik der EZB verwendet als wesentliches Instrument die Zinssteuerung zur Liquiditätsversorgung der Geschäftsbanken. Die EZB bestimmt über Offenmarktgeschäfte und ständige Fazilitäten den Zinssatz, zu dem sich Geschäftsbanken Zentralbankgeld verschaffen können. Damit steuert sie weitgehend den Tagesgeldzins im Interbankenmarkt und so indirekt das gesamte Zinsniveau. Damit beeinflusst sie unmittelbar die wirtschaftliche Aktivität über den Zinskanal (vgl. ▶ **Kapitel 5**) und den Wechselkurskanal. Ebenso wichtig ist aber auch der Einfluss auf die Inflationserwartungen. Eine besondere Rolle kommt dabei der Kommunikation mit der Öffentlichkeit, insbesondere mit den Finanzmärkten, zu. Durch hohe Transparenz der Zentralbank soll die Tendenz der zukünftigen Geldpolitik von den Märkten antizipiert werden, um so die Inflationserwartungen zu beeinflussen.

Lesen Sie nochmals die Fokusboxen *„Kreditgeschäfte der EZB“* in ▶ Kapitel 4 sowie *„Die Krise im Euroraum“* in ▶ Kapitel 6.

Offenmarktgeschäfte

Die EZB führt wöchentlich Offenmarktgeschäfte durch. Im Rahmen von Tendergeschäften versteigert sie Liquidität an die Geschäftsbanken. Die Details haben wir bereits in ▶ **Kapitel 4** besprochen. Die EZB legt nicht nur den Leitzins fest, sondern einen Zinskorri dor mit einer Untergrenze (dem Einlagesatz) und eine Obergrenze (dem Spitzenrefinanzierungssatz). Damit möchte sie sicherstellen, dass die Zinsen am Tagesgeldmarkt nicht zu stark schwanken.

Die EZB nutzt zur Versteigerung zwei verschiedene Auktionsverfahren:

1. Bei einem Mengentender legt sie den Zinssatz (den sogenannten Hauptrefinanzierungssatz) vorab fest; die Geschäftsbanken geben die zu diesem Zins von ihnen gewünschte Liquiditätsnachfrage an. In der Regel sollen Zuteilungsquoten sicherstellen, dass bei einer Überbietung nicht mehr Liquidität bereitgestellt wird, als von der Zentralbank gewünscht. Während der Finanzkrise teilt die EZB den Geschäftsbanken aber alle Gebote zum vorher festgelegten Zinssatz vollständig zu. Damit will sie sicherstellen, dass sie ausreichend mit Liquidität versorgt sind.
2. Bei einem Zinstender geben die Banken in ihren Geboten sowohl Zinssatz als auch nachgefragte Menge an. Die EZB legt einen Mindestbietungssatz fest, unter dem sie keine Liquidität bereitstellt. Von Juni 2000 bis Oktober 2008 folgte sie diesem Verfahren. Nach Eingang der Gebote bestimmt die EZB den marginalen Zinssatz, zu dem sie Liquidität bereitstellt. Die Zuteilung auf die einzelnen Bieter erfolgt dabei nach dem sogenannten amerikanischen Verfahren: Alle Banken, die einen höheren Zins geboten haben, erhalten eine volle Zuteilung. Die Banken, die den marginalen Zins bieten, werden nur mit einer bestimmten Zuteilungsquote bedient. Alle anderen gehen leer aus; sie müssen sich Liquidität auf dem Tagesgeldmarkt verschaffen.

Zinsentscheidungen werden in der Regel auf den Sitzungen des EZB-Rats getroffen. Sie finden achtmal im Jahr statt. Für diese Sitzung bereitet der große Mitarbeiterstab umfangreiche Analysen der wirtschaftlichen und monetären Entwicklung vor. Mitglieder des EZB-Rates signalisieren meist schon im Vorfeld die Richtung der Zinsentscheidungen, um die Erwartungen der Marktteilnehmer in die gewünschte Richtung zu lenken. An den Terminkursen für kurzfristige Zinsen lässt sich die Richtung der Zinsentscheidungen ablesen, die von den Märkten erwartet werden. Analysen dieser Terminkurse zeigen, dass die Zinsentscheidungen meist sehr gut antizipiert wurden. Dass kaum überraschende Entscheidungen getroffen werden, lässt sich als Indiz für eine gute Kommunikationsstrategie werten. In Krisenfällen kann die EZB aber auch außerhalb der regulären Sitzungstermine durch Feinsteuerungsoperationen rasch auf einen veränderten Liquiditätsbedarf reagieren. Mit Schnelltendern kann sie innerhalb von Stunden befristete Liquidität bereitstellen.

Im Lauf der Finanzkrise hat die EZB ihre Zinsen stark gesenkt und dabei die Bereitstellung von Reserven für die Geschäftsbanken sowohl durch qualitative wie quantitative Lockerung stark ausgeweitet. Sie stellte ihre Liquiditätsversorgung immer stärker auf längerfristige Refinanzierungsgeschäfte von bis zu vier Jahren um. Traditionell kauft die EZB nicht direkt Wertpapiere, sondern akzeptiert sie nur als Sicherheiten bei der Bereitstellung von Liquidität an die Geschäftsbanken. Mit dem Wechsel zur Politik quantitativer Lockerung Anfang 2015 sind aber die direkten Käufe vor allem von Staatsanleihen stark angestiegen.

Die EZB hat am 1. Januar 1999 ihre Arbeit aufgenommen. Ohne „Track Record" aus der Vergangenheit musste sie, unterstützt durch die oben dargestellten institutionellen Rahmenbedingungen, rasch Glaubwürdigkeit aufbauen. Gemessen am Verlauf der langfristigen Zinssätze ist es ihr gelungen, die Inflationserwartungen im Euroraum niedrig zu halten. Viele Beobachter warfen ihr sogar vor, dass sie sich – etwa im Vergleich zur Fed – zu strikt am Ziel der Preisstabilität orientiert.

Wie bereits in ▶ **Kapitel 6** diskutiert, steht die EZB seit der Finanzkrise vor enormen Herausforderungen. Eine einheitliche Geldpolitik kann nicht auf regionale Schocks in den einzelnen Ländern des Euroraums zugeschnitten werden. In Nationalstaaten trägt in der Regel Fiskalpolitik zur Stabilisierung solcher Schocks bei. Weil es bislang jedoch keine euroweite Fiskalpolitik gibt, sind große Spannungen kaum zu vermeiden. Dies lässt sich anhand der Taylor-Regel gut illustrieren. Die rote Linie in ▶ **Abbildung 23.3** gibt die Leitzinsen der EZB (repräsentiert durch den Tagesgeldzins) von 1999 bis 2013 wieder. Die schwarze Linie gibt im Vergleich dazu den Zinssatz an, der nach einer Taylor-Regel für den gesamten Euroraum angemessen gewesen wäre.

▶ **Abbildung 23.3** macht deutlich, dass der tatsächliche Zinssatz (rote Linie) bis Ende 2008 niedriger lag, als es die Taylor-Regel (schwarze Linie) empfehlen würde. Bemerkenswert ist aber noch etwas anderes: Wenn wir die gleiche Regel nur für die „Kern-Länder" berechnen (die hellrote Linie in ▶ **Abbildung 23.3**; jedes Land wird dabei jeweils mit dem BIP gewichtet), war die Taylor-Regel bis 2007 durchaus angemessen: Der Leitzins folgt in diesem Zeitraum nahezu perfekt der hellroten Linie. Zu den Kernländern zählen dabei Belgien, Deutschland, Finnland, Frankreich, die Niederlande und Österreich. Im Gegensatz dazu hätte eine auf die Länder Irland, Portugal und Spanien zugeschnittene Taylor- Regel einen weit höheren Zinssatz gefordert (vgl. die gepunktete Linie). Dann hat sich die Lage genau umgekehrt: Während für die Kernländer eigentlich höhere Zinssätze angemessen wären, wären für die Krisenstaaten negative Zinsen angemessen.

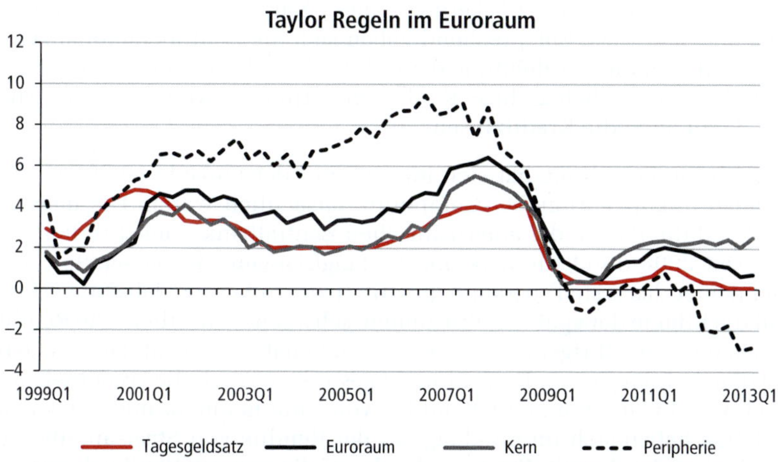

Abbildung 23.3 Taylor-Regel und EZB-Leitzins: Heterogenität im Euroraum. Nach der Taylor-Regel unterscheidet sich der für die Peripherie (Irland, Portugal und Spanien) angemessene Zinssatz stark von dem für den Kern (Belgien, Deutschland, Finnland, Frankreich, die Niederlande und Österreich) des Euroraums. Verwendete Koeffizienten für die Taylor-Regel a =1,5 und b = 0,5 und r^* =3,5. Der ursprünglichen Version von Taylor folgend basieren die Berechnungen auf der Produktionslücke, nicht auf der Arbeitslosenquote.

Die Berechnungen basieren auf Daten von Marcus Drometer, Thomas Siemsen und Sebastian Watzka, 2013, The Monetary Policy of the ECB: A Robin Hood Approach? CESifo Working Paper No.4178.

Dies ist nicht überraschend: In den ersten Jahren nach der Einführung zählten vor allem Spanien und Irland zu den Boom-Regionen, während sich die Wirtschaft in Deutschland sehr schwach entwickelte. Seit Ausbruch der Finanzkrise ist es genau umgekehrt. Eine einheitliche Geldpolitik kann aber solchen Heterogenitäten kaum gerecht werden. Deshalb sind andere Instrumente erforderlich, um die notwendigen Anpassungen durchzusetzen. So hätte etwa eine schärfere Regulierung des Finanzsektors vor Ausbruch der Krise dazu beitragen können, eine Blasenbildung in den Wachstumsregionen zu dämpfen. Dieses Instrument ist ein Bestandteil der „makroprudenziellen" Regulierung, der in Zukunft große Bedeutung zukommen wird. Bevor wir darauf in ▶ **Abschnitt 23.6** ausführlicher eingehen, analysieren wir die Maßnahmen unkonventioneller Geldpolitik.

23.5 Unkonventionelle Geldpolitik

Zum Ausbruch der Finanzkrise haben fast alle Zentralbanken ihre Leitzinsen rasch auf null gesenkt. Konventionelle Geldpolitik, die sich auf Zinsanpassungen beschränkt, ist damit an ihre Grenzen gestoßen. Wie in ▶ **Kapitel 6** diskutiert, haben aber die Zentralbanken mit einer Reihe unkonventioneller Maßnahmen experimentiert, um ein Abgleiten in Deflation zu verhindern und so selbst unter solchen Bedingungen die Wirtschaftsaktivität wirksam zu stabilisieren. Die Idee unkonventioneller Maßnahmen ist einfach: Während der Leitzins an der Untergrenze verharrt, sind andere Zinssätze als Folge von Risikoprämien noch positiv. Die Risikoprämien wurden bereits in ▶ **Kapitel 6** beim Kreditzins eingeführt. Dort haben wir aber nicht untersucht, wovon die Risikoprämien im Detail abhängen und wie Geldpolitik darauf Einfluss nehmen kann. Die Risikoprämie wird bestimmt durch Angebot und Nachfrage nach Vermögenswerten. Geht die Nachfrage nach bestimmten Vermögenswerten zurück, etwa aufgrund gestiegener Risikoaversion, dann steigt die Risikoprämie. Steigt die Nachfrage dagegen, dann sinkt die Risikoprämie – unabhängig davon, ob die Nachfrage von privaten Investoren oder von Zentralbanken erfolgt.

Diese Logik veranlasste viele Zentralbanken, andere Vermögenswerte zu kaufen als kurzfristige Staatsanleihen, um so die Risikoprämie und damit auch die Kreditzinsen zu senken, mit der Intention, die Wirtschaftsaktivität in Gang zu bringen. Die Zentralbank kann ihre Vermögenswerte bei konstanter Bilanzsumme in riskantere Anlagen umschichten (qualitative Lockerung), aber auch zusätzliche Vermögensanlagen kaufen und damit ihre Bilanz ausdehnen (quantitative Lockerung). Diese Käufe wurden finanziert durch eine Ausdehnung der Geldbasis. Entsprechend haben sich die Zentralbankbilanzen stark ausgeweitet. Obwohl sich die Ausdehnung der Geldbasis nicht in einer Senkung des Leitzinses niedergeschlagen hat, haben diese Käufe von Vermögenswerten deren Risikoprämien gesenkt und damit auch die Kreditzinsen.

Die ökonometrische Forschung hat sich intensiv mit der Frage beschäftigt, wie wirksam die Maßnahmen unkonventioneller Geldpolitik tatsächlich waren. Die meisten Studien beziehen sich auf die Politik der amerikanischen Zentralbank. Viele Studien zeigen, dass die Ankäufe seit 2008 durchaus wirksam die langfristigen Zinsen senkten. Wenig überraschend schneidet das erste Programm quantitativer Lockerung dabei am erfolgreichsten ab, während die Effekte der späteren Programme schwächer ausfallen. Die Rendite der US-Staatsanleihen mit zehnjähriger Laufzeit ist diesen Schätzungen zufolge von Oktober 2008 bis März 2010 um einen ganzen Prozentpunkt gesunken. Auch die Hypothekenzinsen mit einer Laufzeit von 30 Jahren und die Renditen von Unternehmensanleihen beispielsweise mit „Baa"-Rating haben sich im Einklang mit der Rendite von Staatsanleihen mit langer Laufzeit stabilisiert. Inwieweit dies tatsächlich auf die quantitative Lockerung zurückzuführen ist oder mit der entschiedenen Bereitschaft der Fed zur qualitativen Lockerung zusammenhängt, ist jedoch schwer zu quantifizieren.

Als allgemeine Einschätzung lässt sich zusammenfassen, dass unkonventionelle Maßnahmen sich in der Tat in niedrigeren Kreditkosten, steigenden Aktienkursen und einem schwächeren Wechselkurs niederschlagen, dass aber die Wirkungskanäle auf die Realwirtschaft weit komplexer und weniger zuverlässig sind als im Fall konventioneller Geldpolitik. Anders formuliert: An der Zinsuntergrenze ist Geldpolitik zwar nicht völlig wirkungslos; ihre Effektivität ist aber doch begrenzt.

Die Ausweitung der Geldbasis hat zu einem starken Anstieg der Vermögenswerte der Zentralbanken geführt. Wie ▶ **Abbildung 23.4** zeigt, stiegen die Bilanzen der Zentralbanken in Japan und der Schweiz auf über 100% des BIP. Im Lauf der Krise hielten die Geschäftsbanken die zusätzliche Liquidität durch Ausweitung der Geldbasis fast durchwegs in Form von Überschussreserven der Zentralbank. Solange die Zinsen an der Zinsuntergrenze lagen, waren sie indifferent zwischen dem Halten von Überschussreserven und dem Halten verzinslicher Anlagen.

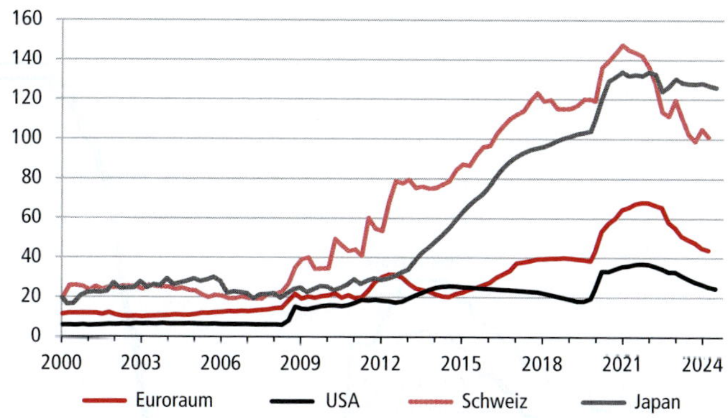

Abbildung 23.4 Anstieg der Vermögenswerte der Zentralbanken als Anteil am BIP. Unkonventionelle Geldpolitik hat zu einem starken Anstieg der Vermögenswerte der Zentralbanken geführt. Gemessen als Anteil am BIP, ist die Ausweitung in der Schweiz und Japan am stärksten.
Quelle: BIZ, Central bank total assets

Eine zentrale Frage ist, ob und wie schnell die Zentralbanken ihre Bilanz wieder abbauen sollten, wenn sich die Wirtschaftsaktivität normalisiert. Mit der Ausweitung der Geldbasis stiegen im Laufe der Krise die Überschussreserven der Geschäftsbanken bei der Zentralbank stark an (vgl. ▸ **Abbildung 4.12** in ▸ **Kapitel 4**). Angesichts der Zinsuntergrenze waren sie indifferent zwischen dem Halten von Überschussreserven und dem Halten verzinslicher Anlagen.

Wie aber soll man mit diesen Überschussreserven umgehen, wenn die Wirtschaft wieder in Schwung kommt und der Leitzins erhöht werden muss, um einer drohenden Überhitzung entgegenzuwirken? Falls die Zentralbank den Leitzins anhebt, die Überschussreserven jedoch nicht verzinst werden, wären Geschäftsbanken nicht mehr bereit, solche Reserven zu halten. Sie würden vielmehr versuchen, sie auf dem Interbankenmarkt zu verkaufen. Dann aber würde der Zins am Interbankenmarkt (die Federal Funds Rate in den USA bzw. die Euro short-term rate im Euroraum) wieder auf null fallen; die restriktive Geldpolitik wäre zum Scheitern verurteilt. Die Geschäftsbanken würden die zu niedrigen Zinsen zur Ausweitung ihrer Kreditvergabe nutzen. Welche Optionen bieten sich als Ausstiegsstrategie an?

Um zu verhindern, dass der Zins am Interbankenmarkt bei null verharrt, könnte die Zentralbank die gesamten Überschussreserven wieder zurückkaufen. Sie müsste im Gegenzug dafür aber alle Anleihen verkaufen, die sie im Zuge der quantitativen Lockerung in ihrer Bilanz angehäuft hat. Die starke Ausweitung der Geldbasis müsste somit in raschem Tempo wieder rückgängig gemacht werden.

Betrachten wir, welche Strategie die amerikanische Zentralbank einschlug, als sie Ende 2015 mit dem Ausstieg aus unkonventioneller Geldpolitik begann. Sie hob den Leitzins langsam an. Die Fed befürchtete damals zu Recht, ein rascher Abbau der Geldbasis könnte starke Verwerfungen am Anleihemarkt auslösen. Stattdessen hat sie deshalb ein anderes geldpolitisches Instrument eingesetzt: Sie begann wieder damit, auch auf Überschussreserven Zinsen zu zahlen. Wie früher schon die Bundesbank und in ihrer Nachfolge auch die EZB (vgl. ▸ **Abbildung 4.9**) betreibt die amerikanische Zentralbank seitdem ein Floor-System. Sie legt zwei Sätze fest: Zum einen den Zins auf Reserven, zu dem Geschäftsbanken bei der Fed Liquidität anlegen können. Zum anderen den Diskontsatz, zu dem Geschäftsbanken sich Liquidität von der Fed leihen können.

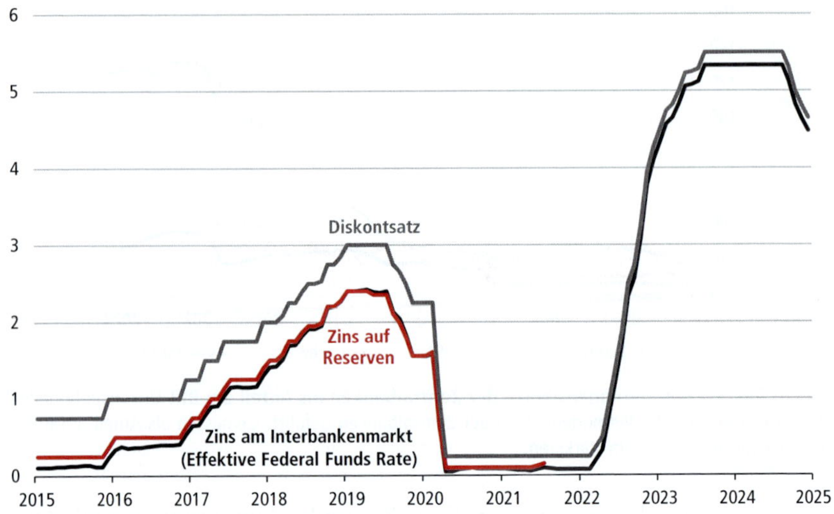

Abbildung 23.5 Ausstiegsstrategie der Fed ab Dezember 2015 – Diskontsatz, Zins auf Reserven und Zins am Interbankenmarkt (Effektive Federal Funds Rate). Der Zins am Interbankenmarkt wird vom Zinskorridor der Fed bestimmt.

Quelle: FRED: INTDSRUSM193N, IOER, FEDFUNDS

▶ Abbildung 23.5 zeigt, dass unsere Überlegungen auf die USA so nicht ganz zutreffen: Der Zins am Interbankenmarkt liegt dort leicht unter dem Zinssatz auf Reserven! Dies liegt an einer technischen Feinheit des US-Geldmarkts: Manche Finanzinstitute haben keinen direkten Zugang zur Fed; sie können ihre Reserven nicht direkt bei ihr anlegen. Deshalb sind sie bereit, die Reserven auch zu einem leicht niedrigeren Zinssatz zu verleihen. Unsere Botschaft gilt unabhängig davon: Die Untergrenze für den Marktzins wird durch den Satz auf Reserven bestimmt.

Der Diskontsatz wirkt als Obergrenze, der Zins auf Überschussreserven quasi als Untergrenze für den Zins am Interbankenmarkt. Läge der Zins am Interbankenmarkt über dem Diskontsatz (der Obergrenze), wäre es für Geschäftsbanken günstiger, einen Kredit bei der Fed aufzunehmen statt auf dem Interbankenmarkt. Fällt der Zins am Interbankenmarkt umgekehrt unter der Zins auf Reserven, würden Geschäftsbanken ihre überschüssige Liquidität lieber bei der Fed anlegen, statt sie an andere Banken zu verleihen. Sie könnten dann bei der Fed ja einen höheren Zinssatz erzielen. Der Zins am Interbankenmarkt (die effektive Federal Funds Rate) folgt also – ähnlich wie im Euroraum – dem von der Fed gesetzten Einlagesatz (vgl. die Fokusbox *„Kreditgeschäfte der EZB"* in ▶ **Kapitel 4**). **▶ Abbildung 23.5** zeigt, wie die Fed zwischen 2015 und 2019 diesen Zins schrittweise erhöht hat. Damit konnte sie erfolgreich eine restriktive Geldpolitik einleiten, ohne die Ausweitung der Geldbasis rasch abbauen zu müssen. Die Verzinsung auf Überschussreserven der Geschäftsbanken war dabei zentraler Bestandteil ihrer Ausstiegsstrategie. Die Normalisierung der Geldpolitik der Fed wurde im August 2019 beendet. Im Zug der Pandemiekrise wurden die Zinsen wieder rasch gesenkt. Von März 2022 an wurde der Diskontsatz dann wiederum stark angehoben bis auf 5,5% im August 2023.

Fassen wir zusammen: Die Geldpolitik ist im Fluss. In der Finanz- und Pandemiekrise war der Spielraum der Zentralbanken weltweit durch die effektive Zinsuntergrenze begrenzt. Um das Inflationsziel weiterhin zu verfolgen, mussten sie neben dem Leitzins auch andere Instrumente einsetzen. Als Folge unkonventioneller geldpolitischer Maßnahmen wurden die Bilanzen der Zentralbanken stark ausgeweitet. Sie halten eine weit größere Menge an Vermögenswerten als vor der Krise; die Geldbasis ist heute wesentlich größer als früher. Beim Ausstieg aus der unkonventionellen Geldpolitik ist eine zentrale Frage, wie rasch Zentralbanken wieder zu der Situation vor der Krise zurückkehren sollen und können. Damals war die Geldbasis viel kleiner; die Überschussreserven wurden in der Regel nicht verzinst. Eine erfolgreiche restriktive Politik kann aber auch ohne einen solch raschen Abbau der Zentralbank-Bilanzen durchgeführt werden: Die Zentralbank muss im Gleichklang mit der Erhöhung ihrer Leitzinsen auch den Zinssatz auf Überschussreserven anheben oder – äquivalent dazu – im Austausch gegen die Überschussreserven eigene, verzinste Schuldverschreibungen ausgeben. Angesichts der Herausforderungen in der Pandemie wurden die Bilanzen der Zentralbanken nochmals stark ausgeweitet.

Die Bilanz der EZB stieg auf 8,5 Billionen Euro im Dezember 2021 an. Nach dem starken Anstieg der Inflation wechselten die Zentralbanken 2022 zu einer restriktiven Geldpolitik.

Mit dem Abbau von Überschussreserven leiteten sie den Ausstieg aus dem Anleihen-Kaufprogramm ein. Als im Zuge der Pandemie und dem Krieg Russlands in der Ukraine im Euroraum der Inflationsdruck zunahm, begann die EZB zunächst, ihr Aufkaufprogramm auslaufen zu lassen. Erst Anfang September 2022 wurde der Leitzins angehoben. Ihre Bilanz baute sich nur langsam ab – im Dezember 2024 lag sie noch bei 6,4 Billionen Euro. Die Fokusbox *„Covid, Inflation und Geldpolitik"* untersucht den Ausstieg aus der unkonventionellen Geldpolitik nach der Pandemie.

FOKUS

Covid, Inflation und die Geldpolitik

Als die Zentralbanken noch mit den Lehren aus der globalen Finanzkrise beschäftigt waren, stellte die Covid-Krise sie im Jahr 2020 vor zusätzliche Herausforderungen: Im Euroraum brach die Produktion im 2. Quartal 2020 um mehr als 14% ein. Auf die Covid-Krise reagierten sowohl Fiskal- wie Geldpolitik mit starken Stabilisierungsmaßnahmen. Wie in ▶ **Kapitel 9** beschrieben, schnürten die einzelnen Regierungen der Länder des Euroraums massive Stützungspakete. Die Europäische Union gründete zudem Anfang 2021 den Aufbaufond „Next Generation EU" mit einem Investitionsprogramm im Umfang von insgesamt 723,8 Mrd. Euro. Doch auch die EZB reagierte rasch mit einer weiteren Ausweitung ihrer quantitativen Lockerungsmaßnahmen.

▶ **Abbildung 1** verdeutlicht den scharfen Einbruch zu Beginn der Pandemie. Sie stellt die Entwicklung von BIP Wachstum, Inflation und Zins im Euroraum ab 2019 dar. Die Inflationsrate fiel bis Dezember 2020 ins Negative auf minus 0,3%. Weil der Leitzins schon vor der Pandemie ohnehin negativ war, sah sich die EZB veranlasst, ihre quantitative Lockerung weiter auszuweiten. Sie verpflichtete sich zudem darauf, die Zinsen erst zu erhöhen, nachdem sie den Kauf von Staatsanleihen beendet.

Auffallend ist aber, was danach geschah. 2021 kam es zu einer Erholung. Ab Sommer 2021 begann der Inflationsdruck zuzunehmen. Die Inflation stieg sehr stark an bis auf 10,6% im Oktober 2022. Der Leitzins verharrte jedoch noch bis zum Sommer 2022 an der Zinsuntergrenze. Er blieb auch bis weit in das Jahr 2023 hinein unter der Inflationsrate. Dies führt zur Frage, warum es so lange gedauert hat, bis die EZB mit Zinserhöhungen reagiert hat. Die Taylor-Regel, die wir in diesem Kapitel kennengelernt haben, hätte eine viel frühere Anpassung des Leitzinses an die Inflation nahegelegt. Das hätte viel früher zu steigenden Realzinsen geführt.

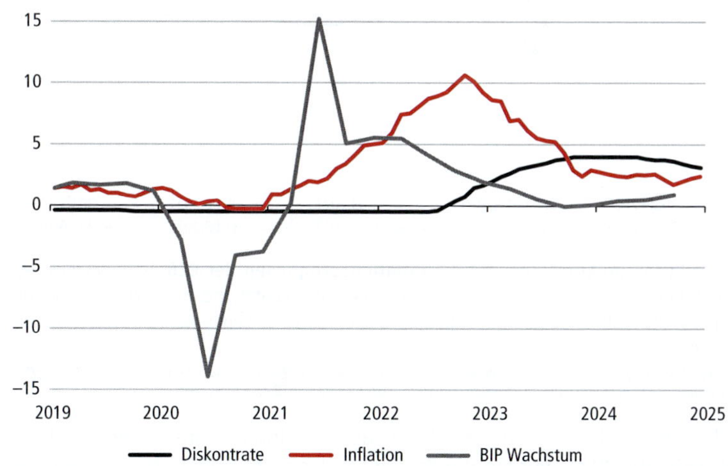

Abbildung 1 Wachstum, Inflation und Zins im Euroraum ab 2019. Die EZB wartete lange mit einer Zinsanhebung als Reaktion auf steigende Inflation.

Quelle: FRED. Wachstumsrate des BIP (NAEXKP01EZQ657S), Inflation (CPHPTT01EZM659N) und Diskontrate der EZB (ECBDFR).

Es gibt im Wesentlichen zwei Gründe für das Zögern: Der erste Grund besteht darin, dass die EZB sich an ihr Versprechen gebunden sah, die Zinsen erst nach dem Ausstieg aus dem Anleihen-Kaufprogramm zu erhöhen. Im Dezember 2021 kündigte sie die Beendigung des PEPP (*Pandemic Emergency Purchase Programme*) ab März 2022 an. Auf der Sitzung im Februar 2022 signalisierte sie eine schnellere Reduzierung der Ankäufe von Vermögenswerten. Im Juni 2022 stieg sie schließlich aus dem umfangreichen Programm der quantitativen Lockerung aus und begann dann im Juli mit Zinserhöhungen.

Warum hat sich die EZB zu dieser Bedingung verpflichtet? Mit der Verpflichtung wollte sie ein klares Signal an die Finanzmärkte senden, dass sich die Zentralbank nicht durch eine zu frühzeitige Anhebung der Zinssätze einer stetigen Erholung entgegenstellt. Mit diesem Signal glaubte sie, eine stärkere Investitionstätigkeit und damit eine raschere Erholung sichern zu können. Im Nachhinein sind die meisten Beobachter der Ansicht, dass diese Verpflichtung zu stark war und die EZB vorsichtiger agieren hätte sollen. In der Tat wirft dies eine allgemeine Diskussion darüber auf, ob es für eine Zentralbank sinnvoll ist, sich in einem unsicheren wirtschaftlichen Umfeld auf einen bestimmten politischen Kurs festzulegen. Eine solche Ankündigung mag zwar anfänglich stärkere Auswirkungen haben. Doch wenn es keine klaren Öffnungsklauseln gibt, kann sich die Zentralbank später dazu gezwungen sehen, an einer Politik festzuhalten, die dann nicht mehr angemessen ist.

Der zweite Grund dafür, dass die EZB zu langsam auf den Inflationsschub reagierte, liegt darin, dass sie nicht mit der anhaltenden Persistenz der Inflation rechnete. Sie ging vielmehr davon aus, dass sich die Preisentwicklung nach dem Schock der Energiekrise wieder beruhigen werde. ▶ **Abbildung 2** zeigt den erwarteten Verlauf der Inflationsraten ab dem zweiten Quartal 2020 jeweils über die nächsten 3 Jahre, basierend auf makroökonomischen Projektionen über die Entwicklung der Inflation, die von Mitarbeitern des Eurosystems und der EZB vierteljährlich erstellt werden.

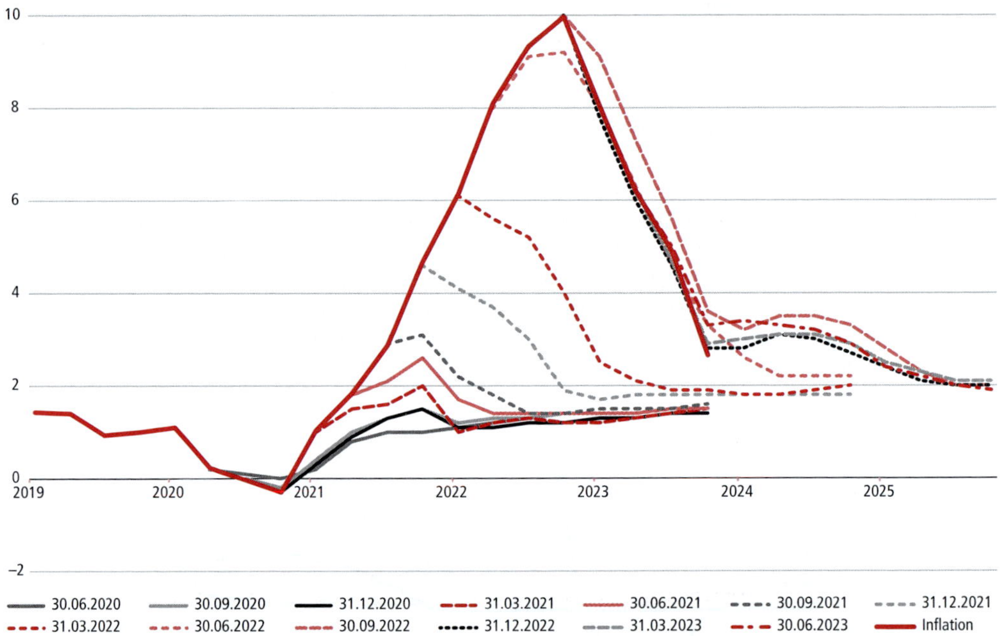

Abbildung 2 Die Inflation im Euroraum und die Inflationsprognosen der EZB. Trotz des Anstiegs der Inflation ab Frühjahr 2021 wurde durchwegs der Anstieg der Inflation stark unterschätzt und ein rascher stetiger Rückgang prognostiziert. Erst Anfang des Jahres 2023 begann die Inflation tatsächlich zu sinken. y-Achse: Tatsächliche und prognostizierte Inflation im Euroraum.

Quelle: Von Experten der EZB erstellte gesamtwirtschaftliche Projektionen für den Euroraum (https://www.ecb.europa.eu/pub/projections/html/all-releases.en.html). Die Abbildung zeigt den Verlauf der Projektionen, die im Zeitraum von Mitte 2020 bis Mitte 2023 erstellt wurden.

Bis Anfang 2021 gingen die Projektionen davon aus, die Inflationsrate werde anhaltend unter 2% bleiben. Erst ab Frühjahr 2021 wurden die Prognosen langsam angehoben. Es wird jedoch deutlich, dass der Anstieg der Inflation stark unterschätzt wurde. Es wurde durchwegs jeweils ein rascher stetiger Rückgang der Inflation prognostiziert. Erst nach Dezember 2022 begann die tatsächliche Inflation zu sinken; die Prognosen erwiesen sich (nach einer anfänglichen Überschätzung im Herbst 2022) nun als zutreffender. Da die EZB anfangs davon ausging, dass die Inflation rasch von selbst zurückgehen würde, sah sie keinen Anlass, den Leitzins anzupassen. Erst als klar wurde, dass die Inflation länger hoch bleiben würde, sah sie sich zu einer Straffung gezwungen.

Die amerikanische Zentralbank verhielt sich bei der Inflationsbekämpfung sehr ähnlich; sie hielt die Zinsen trotz steigender Inflation zunächst aus den gleichen Gründen lange niedrig. Auch die amerikanische Zentralbank betrieb zu Beginn der Pandemie eine Politik der „Forward Guidance" mit der Verpflichtung, ihre Zinsen über längere Zeit niedrig zu halten. Zudem gingen die Inflationsprognosen des Entscheidungsgremiums der Fed – des Federal Open Market Committee (FOMC) – ebenfalls davon aus, die Inflation werde schnell wieder abklingen. Solange die Inflation immer weiter anstieg, sagten die Prognosen jeweils voraus, sie würde vom folgenden Quartal an wieder zu sinken beginnen. Die Studie von Gauti Eggertsson und Don Kohn „The Inflation Surge of the 2020s; The Role of Monetary Policy" (*https://www.brookings.edu/articles/the-inflation-surge-of-the-2020s-the-role-of-monetary-policy/*) liefert eine gute Analyse der Politik der Fed in der Covid-Pandemie.

Warum lagen die Zentralbanken bei der Inflationsbekämpfung so weit daneben? Wir diskutierten den Grund dafür in ▶ **Kapitel 8**. Die Zentralbanken gingen davon aus, die Auswirkungen der Arbeitslosigkeit auf die Lohninflation würden aufgrund der relativ flachen Phillipskurve begrenzt sein, selbst wenn die starke Fiskalexpansion zu einer niedrigen Arbeitslosigkeit führen würde. Was sie nicht vorhersahen, war der Anstieg der Preisinflation bei gegebener Lohninflation. Er ergab sich aus der Kombination von starker Nachfrage mit Angebotsbeschränkungen und einem allgemeinen Anstieg der Rohstoffpreise. Mitarbeiter der EZB, die die Ursachen der Fehleinschätzungen analysierten, kamen zu dem Schluss, dass falsche Annahmen über die Entwicklung der Energiepreise für drei Viertel der Fehleinschätzungen der gesamten Inflationsprognosen für 2021 verantwortlich waren. Es dauerte eine Weile, bis die Zentralbanken die Quelle der Inflation erkannten und begannen, den Leitzins zu erhöhen.

Zwischen Juli 2022 und September 2023 hob die EZB dann jedoch in kurzer Zeit in entschlossenen Schritten ihre Zinssätze um insgesamt 4,5 Prozentpunkte an. Der Leitzins stieg leicht über die Inflationsrate; die Realzinsen wurden wieder positiv. Die höheren Realzinsen dämpften vor allem die Nachfrage im Immobiliensektor. Mit fallenden Energiepreisen sind die Inflationsraten zurückgegangen. Die Arbeitslosenquote blieb weiterhin sehr niedrig. In ihren Inflationsprognosen rechnete die EZB damit, dass sie kurzzeitig wieder leicht ansteigen dürfte. Der weitere Rückgang der Inflation werde sich stark verlangsamen (vgl. ▶ **Abbildung 2**); die „letzte Meile" hin zum Inflationsziel von 2 % werde besonders herausfordernd. Sie befürchtete, die Knappheit an Arbeitskräften könne einen Anstieg der Löhne und damit Zweitrundeneffekte mit wieder steigenden Inflationserwartungen auslösen.

Andere dagegen argumentierten, der Zyklus der Zinserhöhungen sei beendet und forderten wieder eine Umkehr zu sinkenden Zinsen. Sie fürchteten, die EZB unterschätze nunmehr wiederum den Rückgang der Inflation und betreibe deshalb eine zu restriktive Politik mit der Gefahr einer drohenden Rezession.

Wenn Sie dieses Kapitel lesen, wissen Sie die Antwort. In jedem Fall lassen sich aus dieser Episode stark steigender Inflationsraten einige Lehren ziehen. Es ist riskant, sich in einem sehr unsicheren Umfeld auf einen bestimmen politischen Kurs festzulegen. Zudem kann Inflation nicht nur durch niedrige Arbeitslosigkeit und den Arbeitsmarkt entstehen, sondern auch durch Angebotsengpässe auf dem Gütermarkt.

23.6 Lehren aus der Krise – makroprudenzielle Regulierung

Schon vor der Finanzkrise ignorierten Zentralbanker keineswegs die Entwicklung von Blasen. Viele Zentralbanker äußerten die Sorge, Vermögenspreisblasen könnten die Finanzmarktstabilität gefährden. Doch sie zögerten, angesichts der Entwicklung der steigenden Immobilienpreise zu intervenieren. Dies hat eine Reihe von Gründen. Zum einen fanden sie es schwierig, zu beurteilen, ob der Anstieg der Preise auf Fundamentaldaten (dazu zählen auch niedrige Zinsen) oder auf Blasenbildung zurückzuführen war. Zum anderen befürchteten sie, dass höhere Zinsen, die den Preisanstieg vielleicht hätten dämpfen können, zugleich auch das Wirtschaftswachstum beeinträchtigen und eine Rezession auslösen könnten. Schließlich, so waren manche überzeugt, wenn es sich wirklich um eine Blasenbildung handelte, dann könnten die schädlichen Auswirkungen auf die Nachfrage beim späteren Platzen der Blase durch entsprechende Zinssenkungen begrenzt werden.

Die Finanzkrise zwingt zu einer Neubewertung dieser Überlegungen. Wie wir in ▸ **Kapitel 15** gelernt haben, löste der Rückgang der Immobilienpreise in Verbindung mit dem fragilen Finanzsystem eine der schwersten makroökonomischen Krisen aus. Aus dieser Einsicht hat sich ein breiter Konsens herausgebildet:

- Es ist riskant, abzuwarten. Selbst wenn Zweifel bestehen, ob der Preisanstieg nicht doch fundamental gerechtfertigt sein könnte, kann es sinnvoller sein, zu handeln: Es ist besser, sich eine Zeit lang einem fundamentalen Preisanstieg entgegenzustemmen, selbst wenn sich das später als falsch erweisen sollte, statt das Platzen einer Blase mit gravierenden negativen Auswirkungen auf die gesamte Makroökonomie in Kauf zu nehmen. Gleiches gilt für den Aufbau von Finanzmarktrisiken, etwa zu hohen Leverage- Raten im Bankensektor. Es ist besser, solch hohe Raten zu unterbinden, selbst auf die Gefahr hin, die Kreditvergabe des Bankensektors zu dämpfen, statt das Risiko einer Finanzkrise in Kauf zu nehmen.
- Der Zinssatz ist nicht das geeignete Instrument, um Blasenbildung, exzessive Kreditvergabe und riskantes Verhalten im Finanzsektor zu bekämpfen. Es ist ein zu grobes Mittel, weil es die gesamte Wirtschaftsaktivität beeinträchtigt, statt an der Wurzel des Problems anzusetzen. **Makroprudenzielle Maßnahmen** sind dazu viel besser geeignet. Solche Regelungen können direkt ansetzen beim Schuldner oder beim Gläubiger, bei den Banken oder bei anderen Finanzinstituten – je nachdem, wo es angemessen ist.

Wie sollte makroprudenzielle Regulierung gestaltet sein? Manche Instrumente zielen auf den **Schuldner** ab:

- **Maximale Beleihungsgrenze:** Wenn die Zentralbank über einen exzessiven Anstieg der Immobilienpreise besorgt ist, kann sie die Bedingungen verschärfen, zu denen Schuldner Hypotheken aufnehmen. Sie könnte maximale Beleihungsgrenzen einführen – eine Obergrenze für die Kreditsumme im Verhältnis zum Wert der Immobilie. Niedrigere Beleihungsgrenzen dämpfen die Nachfrage nach Immobilien und können so den Preisanstieg bremsen.
- **Begrenzung von Fremdwährungskrediten:** Wenn die Zentralbank befürchtet, dass Schuldner zu viele Kredite in Fremdwährung aufnehmen, kann sie solche Kredite begrenzen. Ein Beispiel zur Verdeutlichung: In Ungarn waren – ähnlich wie in anderen Staaten Zentraleuropas – zwei Drittel aller Hypothekenkredite an den Schweizer Franken gekoppelt. Das hat einen simplen Grund: Die Schweiz hatte extrem niedrige Zinsen. Es schien deshalb viel attraktiver, einen Kredit in Schweizer Franken aufzunehmen als zu den höheren Zinsen in ungarischer Währung. Die Hauskäufer ignorierten dabei aber das Risiko, dass die ungarische Währung (der Forint) gegenüber dem Schweizer Franken abwerten könnte. Tatsächlich kam es jedoch zu einer solchen drastischen Abwertung. Als Folge stieg die reale Hypothekenbelastung um mehr als 50%, sodass viele Haushalte ihre Kredite nicht mehr bedienen konnten.

Manche Instrumente zielen auf den **Kreditgeber** ab, auf **Banken** oder **ausländische Investoren**:

- **Mindestanforderungen an das Eigenkapital:** Die Zentralbank könnte die Mindestanforderungen für die Eigenkapitalausstattung erhöhen. Eine hohe Eigenkapitalausstattung ermöglicht es im Krisenfall, Verluste abzufedern, ohne dabei die Existenz der Banken zu gefährden. In ▸ **Kapitel 6** haben wir gelernt, dass hohes Leverage (eine niedrige Eigenkapitalausstattung) ein Hauptgrund dafür war, dass der Rückgang der Immobilienpreise die Finanzkrise auslöste. Schraubt die Zentralbank die Anforderungen an die Eigenkapitalquoten im Bankensektor hoch, dann wird dieser Effekt begrenzt. Mit den Basler Eigenkapitalrichtlinien (Basel II bzw. Basel III) werden die Minimalanforderungen an das Eigenkapital verschärft. Basel III lässt zudem Spielraum, diese Anforderungen in Boom-Phasen im Konjunkturzyklus automatisch zu verschärfen, um die prozyklische Wirkung der Kreditvergabe zu dämpfen.

- **Kapitalverkehrskontrollen:** Die Zentralbank könnte den Kapitalzufluss aus dem Ausland dämpfen. Kehren wir wieder zum Beispiel Ungarn zurück: Ausländische Investoren, die günstige Kredite zu niedrigen Zinsen gewähren, können ihre Einstellung abrupt ändern und so einen „Sudden Stop" auslösen. Diese Gefahr wird reduziert, wenn die Zentralbank den Kapitalzufluss aus dem Ausland durch Kapitalkontrollen beschränkt. Das kann in ganz unterschiedlicher Weise erfolgen, etwa indem auf solche Kapitalimporte niedrigere Steuern erhoben werden, die weniger anfällig für einen plötzlichen Stimmungsumschwung sind (wie etwa ausländische Direktinvestitionen), oder auch durch die Beschränkung der inländischen Haushalte, Kredite in Auslandswährung aufzunehmen. Es ist allerdings umstritten, inwieweit solche Kapitalverkehrskontrollen durchsetzbar sind.

Zwar herrscht mittlerweile weitgehend Einigkeit darüber, dass makroprudenzielle Regulierung genutzt werden sollte, aber viele Fragen sind noch offen:

In vielen Fällen wissen wir nicht genau, wie diese Instrumente wirklich wirken: Wie stark wirkt sich eine Senkung der Beleihungsgrenze auf die Immobiliennachfrage aus? Werden ausländische Investoren Wege finden, um Kapitalkontrollen zu umgehen?

Wahrscheinlich gibt es komplexe Rückwirkungen zwischen traditioneller Geldpolitik und diesen makroprudenziellen Instrumenten. So findet sich Evidenz dafür, dass niedrige Zinsen zu exzessivem Risikoverhalten beitragen – sei es von Investoren oder von Finanzintermediären. Wenn die Zentralbank sich dafür entscheidet, die Zinsen zu senken, um die Wirtschaftsaktivität zu stabilisieren, dann sollte sie gleichzeitig verschiedene makroprudenzielle Instrumente anpassen, um das Eingehen exzessiver Risiken zu verhindern. Wir wissen derzeit aber noch wenig, wie dies genau erfolgen soll.

Eine wichtige Frage ist, ob makroprudenzielle Instrumente ebenso wie die Geldpolitik der Kontrolle der Zentralbank unterliegen sollten oder ob dafür nicht besser eine eigene Institution geschaffen werden sollte. Für eine Bündelung beider Aufgaben spricht, dass diese Instrumente eng miteinander verzahnt sind, sodass nur eine zentrale Koordination die richtige Mischung finden kann. Andererseits könnte eine solche Zentralisierung zu Zielkonflikten zwischen unabhängiger Geldpolitik und makroprudenziellen Erwägungen führen, sodass eine strikte Trennung zwischen diesen Funktionen sichergestellt sein müsste.

Verschiedene Länder haben derzeit ganz unterschiedliche Wege eingeschlagen. Im Euroraum und in Großbritannien werden beide Aufgaben der Zentralbank übertragen. In den USA liegt die Verantwortung für makroprudenzielle Regulierung bei einem Gremium, das der Kontrolle des Finanzministeriums untersteht – allerdings in enger Abstimmung mit der Zentralbank.

Die vielen Krisen der vergangenen Jahrzehnte haben gezeigt, dass die Sicherung makroökonomischer Stabilität nicht nur den Einsatz traditioneller geldpolitischer Instrumente erfordert, sondern auch Instrumente zur makroprudenziellen Regulierung. Diese Instrumente richtig einzusetzen, bleibt eine große Herausforderung.

ZUSAMMENFASSUNG

- Traditionell konzentrierte sich Geldpolitik auf das Geldmengenwachstum. Die Zentralbanken legten die Wachstumsrate der Geldmenge fest, die mit der angestrebten Inflationsrate konsistent war. Aufgrund des schwachen Zusammenhangs zwischen der Inflation und dem Geldmengenwachstum wurde dieser Ansatz von den meisten Zentralbanken mittlerweile aufgegeben.
- Heute betreiben Zentralbanken Inflationssteuerung; sie konzentrieren sich auf die Zinssteuerung; die Wachstumsrate der Geldmenge spielt nur mehr eine untergeordnete Rolle.
- Die Taylor-Regel liefert ein nützliches Instrumentarium, um Zinsentscheidungen zu analysieren. Die Regel besagt, die Zentralbank sollte ihren Zinssatz in Reaktion auf zwei Hauptfaktoren verändern: die Abweichung der Inflationsrate vom Inflationsziel und die Abweichung der tatsächlichen von der natürlichen Arbeitslosenquote. Eine Zentralbank, die dieser Regel folgt, stabilisiert die Wirtschaft und erreicht auf mittlere Frist ihr Inflationsziel.
- Die optimale Inflationsrate hängt ab von den Kosten und Nutzen der Inflation. Höhere Inflation führt oft zu Verzerrungen, vor allem in Verbindung mit einem nicht perfekt indexierten Steuersystem. Sie geht im Normalfall einher mit höherer Volatilität der Inflation. Dies steigert die Unsicherheit; es wird für Haushalte und Unternehmen schwieriger, Entscheidungen zu treffen. Eine im Durchschnitt höhere Inflationsrate ermöglicht es der Zentralbank andererseits, durch drastische Zinssenkungen negative Realzinsen zu erreichen. Diese Option kann bei der Verhinderung der effektiven Zinsuntergrenze hilfreich sein.
- Die EZB ist eine der unabhängigsten Zentralbanken der Welt. Es ist ihr untersagt, Weisungen von anderen Organen der Europäischen Gemeinschaft oder ihrer Mitgliedstaaten entgegenzunehmen; sie darf außerdem staatlichen Organen keinen Kredit zur Finanzierung von Defiziten gewähren. Vorrangiges Ziel der EZB ist es, Preisstabilität zu gewährleisten. Die EZB definiert Preisstabilität so, dass der harmonisierte und über die Mitgliedsländer der Währungsunion aggregierte Verbraucherpreisindex (HVPI) mittelfristig einen jährlichen Anstieg von knapp unter, aber *nahe* bei zwei Prozent aufweist.
- An der effektiven Zinsuntergrenze verfolgten die Zentralbanken verschiedene Wege unkonventioneller Geldpolitik. Sie besteht vor allem im Aufkauf von Wertpapieren mit dem Ziel, Risiko- und Laufzeitprämien zu senken. Diese Käufe haben zu einem starken Anstieg der Zentralbankbilanz geführt. Eine offene Frage ist, ob und wie diese Ausweitung der Zentralbankbilanz in Zukunft wieder abgebaut werden sollte oder ob unkonventionelle Maßnahmen auch in normalen Zeiten eingesetzt werden sollten.
- Die Finanzkrise hat verdeutlicht, dass stabile Inflationsraten allein keine hinreichende Bedingung für makroökonomische Stabilität darstellen. Instrumente zur makroprudenziellen Regulierung liefern eine wichtige Ergänzung, um in Zukunft Blasenbildung und Kreditwachstum zu begrenzen und zudem auch die Risiken im Finanzsektor. Die Frage, wie diese Instrumente am besten genutzt werden sollten, ist aber derzeit noch offen; sie stellt eine große Herausforderung für die Gestaltung der Geldpolitik dar.
- Die Zentralbanken haben erst spät auf den jüngsten, von der Covid-Pandemie und dem Ukrainekonflikt ausgelösten Inflationsschub reagiert. Dies lag an einer zu starken Verpflichtung, die Zinssätze lange niedrig zu halten, und an einer Fehleinschätzung der für die Inflation verantwortlichen Faktoren.

Übungsaufgaben

(Lösungen auf **MyMathLab | Makroökonomie**)

Verständnistests

1 Welche der folgenden Aussagen sind zutreffend, falsch oder unklar? Geben Sie jeweils eine kurze Erläuterung.

a) Das wichtigste Argument für eine positive Inflationsrate in OECD-Ländern ist die Seignorage.
b) Die EZB sollte ein Ziel für das Wachstum von *M*3 verfolgen, da sich *M*3 relativ eng mit der Inflation bewegt.
c) Der Kampf für Preisstabilität ist das vorrangige Ziel der EZB.
d) Die Ankündigung von Zielbandbreiten für das Geldmengenwachstum würde die Flexibilität und damit die Effektivität der Geldpolitik stark einschränken.
e) Wir würden genauso gut fahren, wenn wir den Präsidenten der EZB durch eine Taylor- Regel ersetzen würden.
f) Je höher die Inflationsrate ist, desto höher ist die effektive Besteuerung von Einkommen.
g) Die Taylor-Regel liefert eine Anleitung, wie Zentralbanken den Leitzins in Rezessionen und Booms anpassen sollten.
h) Die meisten Zentralbanken weltweit haben ein Inflationsziel in Höhe von 0%.
i) Eine Politik quantitativer Lockerung hat zum Ziel, durch den Kauf von Wertpapieren Risiko- und Laufzeitprämien zu senken.
j) Eine Konsequenz der Finanzkrise besteht in strikterer Regulierung von Finanzinstitutionen und höheren Kapitalanforderungen.
k) Weil fast jeder streng zwischen nominalen und realen Größen unterscheidet, führt Inflation nicht zu Verzerrungen bei Kaufentscheidungen.

2 Die Zentralbank legt – in der Regel in Abstimmung mit der Regierung – ein bestimmtes Inflationsziel π^* fest. Gehen wir davon aus, dass die Wirtschaft immer im mittelfristigen Gleichgewicht ist und in unserer Wirtschaft die Geldnachfragefunktion $M/P = YL(i)$gilt, die wir in ▶ **Kapitel 4** abgeleitet haben.

a) Bestimmen Sie die Zielgröße für den Leitzins im mittelfristigen Gleichgewicht bei einem Inflationsziel π^*.
b) Betrachten Sie das mittelfristige Gleichgewicht und gehen Sie davon aus, dass sich das Produktionspotenzial im Lauf der Zeit nicht verändert. Bestimmen Sie nun die Beziehung zwischen der Wachstumsrate der Geldmenge und der Inflation. Geben Sie eine Erklärung.
c) Betrachten Sie das mittelfristige Gleichgewicht und gehen Sie nun davon aus, dass das Produktionspotenzial jedes Jahr um 3% steigt. Wirkt sich der Anstieg der Wachstumsrate des Produktionspotenzials auf die Zielgröße für den Leitzins aus? Bestimmen Sie wieder die Beziehung zwischen Wachstumsrate der Geldmenge und Inflation. Wird die Inflation höher oder niedriger sein als die Wachstumsrate der Geldmenge? Geben Sie eine Begründung.
d) Wie wirkt sich eine häufige Änderung der Wachstumsrate des Produktionspotenzials auf die Fähigkeit der Zentralbank aus, das Inflationsziel zu verwirklichen? Erläutern Sie Ihre Argumente.
e) Betrachten Sie nun ▶ **Abbildung 23.1** und ▶ **22.2**. Entspricht der dort beschriebene Verlauf den hier abgeleiteten Aussagen? Geben Sie eine Begründung.

3 *Inflationsindexierte Anleihen*

In ▶ **Kapitel 14** wurden inflationsindexierte Anleihen vorgestellt. Sie haben normalerweise eine längere Laufzeit; hier betrachten wir aber zur Vereinfachung Anleihen mit einer Laufzeit von einem Jahr.

a) Eine normale Bundesanleihe verspricht eine Auszahlung in Höhe von 100 € in einem Jahr. Wie hoch ist der Preis der Anleihe P_B heute, wenn der Nominalzins bei 5% liegt?
b) Wie hoch ist der erwartete Realzins einer Anleihe mit Preis P_B, wenn die erwartete Inflationsrate bei $\pi^e = \pi^* = 2\%$ liegt (mit $1 + \pi^e = P^e_{t+1}/P_t$)? Wie hoch ist der tatsächliche Realzins, wenn die Inflationsrate im nächsten Jahr höher (niedriger) ist als erwartet?
c) Eine inflationsindexierte Anleihe passt die Auszahlung an die tatsächliche Inflationsrate an. Angenommen, die erwartete Inflationsrate liegt bei $\pi^e = \pi^* = 2\%$. Wie hoch ist der Preis der indexierten Anleihe P_{Bx} heute, wenn der Nominalzins bei 5% liegt? Wie hoch sind die Auszahlungen der Anleihe, wenn die tatsächliche Inflationsrate bei π_{t+1} liegt? Wie hoch ist der tatsächliche Realzins, wenn die Inflationsrate im nächsten Jahr höher (niedriger) ist als erwartet?
d) Würden Sie als Investor indexierte oder nominale Anleihen bevorzugen?

4 Nehmen Sie an, die Nachfrage nach Zentralbankgeld sei stabil und durch folgende Formel bestimmt:

$$H = [c + \theta(1 - c)]PYL(i)$$

Zeigen Sie die drei Wege, auf denen die Geldpolitik den gleichgewichtigen Zinssatz bei einem gegebenen Niveau des Outputs senken kann. Erklären Sie für jeden Fall, wie der Mechanismus funktioniert. Erläutern Sie, warum für bestimmte Wege hohe Unsicherheit besteht.

Tatsächlich sind c und θ nicht konstant. Ermitteln Sie anhand der EZB-Daten, wie sich die beiden Größen und das Verhältnis M1/H im Euroraum seit 2000 verändert haben. Besorgen Sie sich dazu aus dem Statistical Data Warehouse der EZB (*https://www.ecb.europa.eu*) Jahresdaten für M1, C (currency in circulation) sowie H (base money). Die Daten finden Sie in den Reihen „Monetary aggregates" bzw. „Minimum reserves and liquidity." Anfang 2012 hat die EZB den Mindestreservesatz gesenkt. Durch welche Faktoren lassen sich die Veränderungen der Größen erklären? Wie hat sich das auf θ ausgewirkt?

Vertiefungsfragen

5 „Die Befürchtung, dass im Fall von Deflation die realen Zinssätze nicht negativ sein können, ist nicht angebracht. Die Fiskalpolitik kann die Kosten der Kreditaufnahme so weit senken, wie sie will, indem sie die Kreditnehmer subventioniert." Diskutieren Sie die Aussage.

6 *Inflationsziele*
Nehmen Sie an, die Zentralbank verfolgt das Inflationsziel π^*. In ▶ **Kapitel 8** haben wir zwei unterschiedliche Versionen der Phillipskurve $\pi - \pi^e = (\alpha/L)(Y - Y_n)$ kennengelernt, die sich dadurch unterscheiden, wie die Inflationserwartungen gebildet werden.

a) Beschreiben Sie die unterschiedlichen Versionen der Erwartungsbildung. Ist die Zentralbank bei beiden Versionen in der Lage, sicherzustellen, dass die Inflationsrate in jeder Periode dem Inflationsziel π^* entspricht? Wie sollte sie dabei vorgehen?
b) Gehen Sie davon aus, dass die Inflationserwartungen fest verankert sind und der Zielgröße entsprechen ($\pi^e = \pi^*$). Ist die Aufgabe der Zentralbank in diesem Fall einfacher?
c) Gehen Sie davon aus, dass die Inflationserwartungen jeweils der Inflationsrate der Vorperiode entsprechen ($\pi_e = \pi_{t-1}$). Ist die Aufgabe der Zentralbank in diesem Fall schwieriger?
d) Welche Schlussfolgerungen ziehen Sie aus den Antworten der Teilaufgaben b. und c. für die Bedeutung der Glaubwürdigkeit der Zentralbank?
e) Wenn die Zentralbank in der Lage ist, die Inflationsrate in jeder Periode entsprechend dem Inflationsziel bei π^* zu halten, bedeutet dies, dass es zu dramatischen Fluktuationen bei der Arbeitslosigkeit kommen wird?
f) In Teilaufgabe a. gingen wir davon aus, dass die Zentralbank in der Lage ist sicherzustellen, dass die Inflationsrate in jeder Periode dem Inflationsziel entspricht. Ist das realistisch?
g) Ein Kernproblem für die Zentralbank besteht darin, dass die natürliche Arbeitslosenquote im Zeitablauf schwanken kann. Welche Herausforderungen stellen sich dadurch bei der Aufgabe, das Inflationsziel zu erreichen?

7 *Inflationssteuerung und Taylor-Regel im* IS-LM-*Modell*
Diese Übung basiert auf dem Aufsatz „Short-Run Fluctuations" von David Romer, der auf seiner Website (*emlab.berkeley.edu/users/dromer/ index.shtml*) verfügbar ist. Betrachten Sie eine geschlossene Volkswirtschaft, in der die Zentralbank eine Zinssetzungsregelung verfolgt. Die *IS*-Gleichung lautet wie folgt:

$$Y = C(Y - T) + I(Y, r) + G$$

r bezeichnet dabei den realen Zinssatz.
Die Zentralbank setzt den nominalen Zinssatz nach folgender Regel:

$$i = i^* + a(p^e - p^*) + b(Y - Y_N)$$

p^e bezeichnet die erwartete Inflationsrate, p^* das Inflationsziel und Y_N das natürliche Produktionsniveau. Zudem ist $a > 1$ und $b > 0$. i^* bezeichnet den Zinssatz, den die Zentralbank setzt, wenn die erwartete Inflation dem Inflationsziel entspricht und die Produktion auf ihrem natürlichen Niveau liegt. Die Zentralbank wird den Zinssatz erhöhen, wenn die erwartete Inflation über das Zielniveau steigt oder wenn der Output über seinem natürlichen Niveau liegt.
Nominaler und realer Zinssatz verhalten sich wie folgt:

$$r = i - p^e$$

a) Führen Sie eine neue Variable r^* ein: $r^* = i^* - p^*$ Drücken Sie, mit Hilfe der Gleichung für den realen Zinssatz, die Zinssetzungsregel wie folgt aus:

$$r = r^* + (a - 1)(p^e - p^*) + b(Y - Y_N)$$

b) Stellen Sie die *IS*-Kurve in einem Diagramm mit r auf der vertikalen und Y auf der horizontalen Achse grafisch dar. Zeichnen Sie die Zinssetzungsregelung aus Teilaufgabe a. in das gleiche Diagramm (halten Sie dabei p^e, p^* und Y_N konstant). Bezeichnen Sie die Zinssetzungsregel als Geldpolitik(GP)-Beziehung $i(Y, \pi)$.
c) Zeigen Sie anhand dieses Diagramms, dass ein Anstieg der Staatsausgaben zu einer Erhöhung des Outputs und einer Erhöhung des realen Zinssatzes in der kurzen Frist führt.
d) Die Zentralbank senkt nun das Inflationsziel. Wie beeinflusst dies die GP-Beziehung (*Achtung*: $a > 1$)? Was passiert mit dem Output und dem Zinssatz in der kurzen Frist?

8 Sie sind amerikanischer Kongressabgeordneter. Eines Tages verfolgen Sie diese Aussage eines anderen Politikers:

„Der Präsident der Fed ist der mächtigste Wirtschaftspolitiker der Vereinigten Staaten. Wir sollten die wichtigsten wirtschaftlichen Entscheidungen nicht jemandem überlassen, der nicht gewählt wurde und damit keine Legitimation für sein Handeln besitzt. Der Kongress sollte der Fed eine explizite Taylor-Regel vorschreiben. Der Kongress sollte nicht nur das Inflationsziel festlegen, sondern auch die Gewichtung zwischen Inflation und Arbeitslosigkeit bestimmen. Warum sollte der Wille eines Einzelnen über dem Willen des Volkes, der im demokratischen und legislativen Prozess zum Ausdruck kommt, stehen?“

Sind Sie der gleichen Meinung? Diskutieren Sie Vor- und Nachteile der Einführung einer expliziten Taylor-Regel für die Fed.

Weiterführende Fragen

9 Gehen Sie auf die Webseite der EZB, *www.ecb.int*, und studieren Sie die aktuellsten Informationen.

a) Wie hat sich die Wachstumsrate der Geldmenge in den letzten Monaten entwickelt? Ist eine Beziehung zur Entwicklung der Inflation erkennbar?

b) Scheint die EZB sich eher wegen einer Abschwächung der wirtschaftlichen Aktivität oder wegen eines Anstiegs der Inflation Sorgen zu machen?

c) Wie entwickelte sich der Leitzins, wie der Hauptrefinanzierungszins?

d) Anfang 2015 begann die EZB mit einem Programm quantitativer Lockerung zum Ankauf von Anleihen. Charakterisieren Sie Ankaufprogramm und Ausstiegsstrategie der EZB. Untersuchen Sie, wie sich seitdem die Bilanz von EZB und Bundesbank entwickelt hat. Gehen Sie dabei insbesondere auf die Entwicklung der Nettozinserträge und Gewinne ein.

10 *Interne Inflationsprognosen der EZB*

Die von Experten der EZB im Lauf des Jahres 2021/22 erstellten Inflationsprognosen haben den Anstieg der Inflation im Euroraum stark unterschätzt und jeweils mit einem raschen stetigen Rückgang gerechnet. In ihrer Analyse der Ursachen dieser Fehleinschätzungen argumentieren Mitarbeiter der EZB, die EZB habe „außerordentliche Entwicklungen wie die nie da gewesenen Strompreis-Dynamiken und Angebotsengpässe“ nicht kommen sehen.

a) Untersuchen Sie anhand von Box 6 des *ECB Economic Bulletin*, Issue 1/2023, inwieweit Energiepreis-Dynamik und Angebotsengpässe zu den Fehleinschätzungen der Inflationsprognose beigetragen haben.

b) Ende 2023 rechneten viele Finanzmarktexperten damit, dass die EZB im Lauf des Jahres 2024 ihre Leitzinsen wieder senken werde. In ihren Inflationsprognosen ging die EZB dabei davon aus, der weitere Rückgang der Inflation werde sich stark verlangsamen; die Inflation könnte kurzzeitig wieder leicht ansteigen. Prüfen Sie, wie sich die Inflation im Euroraum tatsächlich entwickelt hat bis zu dem Zeitraum, zu dem Sie das Buch lesen. Prüfen Sie auch, ob die von Experten der EZB erstellte Inflationsprognose (*https://www.ecb.europa.eu/pub/projections/html/all-releases.en.html*) die tatsächliche Entwicklung der Inflation in diesem Zeitraum unter- oder überschätzt hat.

11 *Die Gefahr der Zinsuntergrenze*

Betrachten Sie die Entwicklung der kurzfristigen Zinsen seit 2000 in folgenden Regionen: Euroraum, USA, Großbritannien, Schweiz, Schweden und Dänemark. Als Annäherung für die Leitzinsen können sie die OECD-Daten für kurzfristige Zinsen (Tagesgeldsatz) aus den Main Economic Indicators verwenden (in der FRED-Datenbank verfügbar mit den Codes IRSTCI01 (für den Euroraum IRSTCI01EZM156N; für andere Länder ersetzen Sie den Ländercode EZ – etwa mit GB für Großbritannien; CH für die Schweiz und US für USA.

a) In welchen Regionen kam es zu einer Periode anhaltend niedriger Leitzinsen?

b) Prüfen Sie für den Euroraum auch anhand von EZB-Daten, wie stark die *Euro short-term rate* von den Leitzinsen der EZB abweicht. Vergleichen Sie das mit der Entwicklung in den USA.

c) Untersuchen Sie, ob die Zinsuntergrenze auch in den BRIC-Staaten (Brasilien, Russland, Indien und China – Ländercodes BR, RU, IN und CN) bindend wurde. Geben Sie eine Erklärung.

Epilog – die Geschichte der Makroökonomie

24

24.1 Keynes und die Weltwirtschaftskrise 720

24.2 Die neoklassische Synthese 721

24.3 Die Kritik der rationalen Erwartungen 724

24.4 Forschungsrichtungen vor der globalen Finanzkrise 727

24.5 Lehren aus der Finanzkrise für die Makroökonomie 730

24.6 Aktuelle Forschungsrichtungen 732

[redacted]

In diesem Buch präsentierten wir Ihnen das theoretische Instrumentarium, mit dem Wirtschaftswissenschaftler makroökonomische Fragen behandeln, sowie die Schlüsse, die sie daraus ziehen und die noch offenen Kontroversen. Wie dieser theoretische Rahmen entstand, ist eine faszinierende Geschichte. Sie ist Thema unseres letzten Kapitels.

Kernbotschaft dieses Kapitels: Moderne Makroökonomie ist das Ergebnis eines lang andauernden, komplexen Prozesses von Aufbau, Krisen und Erneuerung.

- ▶ **Abschnitt 24.1** behandelt die Anfänge der modernen Makroökonomie: Keynes und die Weltwirtschaftskrise.
- ▶ **Abschnitt 24.2** wendet sich der neoklassischen Synthese zu, einer Synthese der Ideen Keynes und der Ideen früherer Ökonomen. Diese Theorie beherrschte die makroökonomische Diskussion bis in die frühen 1970er-Jahre.
- ▶ **Abschnitt 24.3** beschreibt mit der Kritik der rationalen Erwartungen den großen Angriff auf die **Neoklassische Synthese**. Er führte in den 1970er- und 1980er-Jahren zu einer völligen Neuordnung der Makroökonomie.
- ▶ **Abschnitt 24.4** stellt die aktuelle Forschungsentwicklung vor.
- ▶ **Abschnitt 24.5** zieht Lehren aus der Finanzkrise für die Makroökonomie.
- ▶ **Abschnitt 24.6** präsentiert eine Auswahl aktueller Methoden und Forschungsrichtungen

24.1 Keynes und die Weltwirtschaftskrise

Die Geschichte der modernen Makroökonomie beginnt im Jahre 1936 mit der Veröffentlichung von Keynes Allgemeiner Theorie der Beschäftigung, des Zinses und des Geldes. Als Keynes die Allgemeine Theorie verfasste, vertraute er einem Freund an: „Ich glaube, dass ich gerade ein Buch über Wirtschaftstheorie schreibe, das die Herangehensweise an wirtschaftliche Fragestellungen wenn nicht sofort, so doch im Verlauf der kommenden 10 Jahre revolutionieren wird.“

Keynes sollte Recht behalten. Der Zeitpunkt der Veröffentlichung hat zum augenblicklichen Erfolg des Buches beigetragen. Die Weltwirtschaftskrise stellte nicht nur eine wirtschaftliche Katastrophe dar, sie verdeutlichte auch das intellektuelle Scheitern der wirtschaftswissenschaftlichen Schule der Konjunkturtheorie – wie die Makroökonomie damals bezeichnet wurde. Kaum ein Ökonom konnte eine plausible Erklärung für Dauer und Ausmaß der damaligen Depression anführen. Die von der Roosevelt-Regierung ergriffenen wirtschaftspolitischen Maßnahmen des New Deal basierten auf Instinkt; sie entbehrten einer wirtschaftstheoretischen Begründung. Dagegen lieferte die Allgemeine Theorie eine Interpretation der Ereignisse, ein theoretisches Gerüst mit einer klaren Befürwortung staatlicher Interventionen.

Die Allgemeine Theorie betonte die Bedeutung der **Effektive Nachfrage** – der *aggregierten Nachfrage*, wie wir sie heute nennen. In der kurzen Frist, argumentierte Keynes, bestimme die Nachfrage das Produktionsniveau. Selbst wenn die Produktion zu ihrem natürlichen Niveau zurückkehren könne, verlaufe der Anpassungsprozess bestenfalls langsam. Das wohl bekannteste Zitat Keynes ist deshalb: „In the long run, we are all dead.“

Indem Keynes das Konzept der effektiven Nachfrage ableitete, führte er viele Bausteine der modernen Makroökonomie ein:

- Der Multiplikator, der erklärt, wie Nachfrageschocks verstärkt werden und zu größeren Produktionsschwankungen führen können.
- Die Liquiditätstheorie (so nannte Keynes seine Theorie der Geldnachfrage), die aufzeigt, wie die Geldpolitik die Zinsen und die aggregierte Nachfrage beeinflussen kann.
- Die Bedeutung der Erwartungen für Konsum- und Investitionsentscheidungen; die Idee, dass Animal Spirits (Änderungen der Erwartungen) eine wichtige Erklärung von Nachfrage- und Produktionsschwankungen liefern.

Für Ökonomen war die Allgemeine Theorie mehr als ein simples Traktat. Sie lieferte klare wirtschaftspolitische Implikationen und sie entsprach dem Zeitgeist. Darauf zu warten, dass sich die Wirtschaft von selbst erholte, sei schlichtweg nicht zu verantworten. In der

Mitte einer Rezession für einen ausgeglichenen Staatshaushalt zu sorgen, sei nicht nur dumm, sondern auch gefährlich. Der aktive Einsatz der Fiskalpolitik sei ein unabdingbares Instrument, um wieder Vollbeschäftigung zu erreichen.

24.2 Die neoklassische Synthese

Innerhalb weniger Jahre hatte die Allgemeine Theorie die Makroökonomie verändert. Nicht alle ließen sich von ihr überzeugen; nur wenige stimmten ihr in allen Punkten zu. Trotzdem wurde sie zum Referenzpunkt der Debatte.

Anfang der 1950er-Jahre war ein breiter Konsens entstanden, der auf der Integration vieler Ideen von Keynes und älterer Ökonomen beruhte. Diesen Konsens nannte man die *neoklassische Synthese*. So schrieb Paul Samuelson 1955 in seinem Lehrbuch Economics, dem ersten modernen Volkswirtschaftslehrbuch:

> *In den letzten Jahren gaben 90% aller Ökonomen ihre Position als „Keynesianer“ oder „Anti-Keynesianer“ auf. Stattdessen arbeiteten sie an einer Synthese aus allem, was ihnen aus älteren und moderneren Theorien der Einkommensbestimmung brauchbar erschien. Das Ergebnis, man könnte es Neoklassik nennen, wird in seiner allgemeinsten Form von allen, mit der Ausnahme von vielleicht 5% rechts- und linksextremer Autoren, akzeptiert.*

Die neoklassische Synthese dominierte die ökonomische Denkweise in den folgenden 20 Jahren. Der Fortschritt war so bemerkenswert, dass einige die Periode Anfang der 1940erbis in die frühen 1970er-Jahre das goldene Zeitalter der Makroökonomie nannten.

24.2.1 Fortschritt an allen Fronten

Die erste große Herausforderung nach der Veröffentlichung der Allgemeinen Theorie war, Keynes Gedanken formal darzustellen. Keynes, dem die Mathematik nicht fremd war, vermied sie gleichwohl in der Allgemeinen Theorie. Dies provozierte endlose Kontroversen über Keynes Aussagen und mögliche logische Widersprüche.

Das *IS-LM*-Modell

Keynes Ideen wurden in zahlreichen formalen Darstellungen präsentiert. Die einflussreichste war das *IS-LM*-Modell, das John Hicks und Alvin Hansen in den 1930er- und frühen 1940er-Jahren entwickelten. Die ursprüngliche Version des *IS-LM*-Modells, das dem in ▸ **Kapitel 5** dieses Buches sehr ähnlich war, wurde kritisiert, weil es viele Einsichten von Keynes überging: Erwartungen spielten keine Rolle, Preis- und Lohnanpassungen kamen gar nicht vor. Gleichwohl bildete das *IS-LM*-Modell ein Fundament, auf das man bauen konnte. Deshalb war es so erfolgreich. Die Diskussionen drehten sich um die Steigungen von *IS*- und *LM*-Kurve. Welche Variablen wurden von den beiden Beziehungen nicht erfasst, um welche Preis- und Lohngleichungen sollte man das Modell erweitern?

Konsum-, Investitions- und Geldnachfragetheorien

Keynes hatte sowohl die Bedeutung des Konsum- und Investitionsverhaltens als auch die Wahl zwischen Geld und Anlagen hervorgehoben. An allen drei Fronten erzielte man große Fortschritte.

In den 1950er-Jahren entwickelten Franco Modigliani (damals an der Carnegie Mellon University, später am MIT) und Milton Friedman (an der University of Chicago) unabhän gig voneinander jene Konsumtheorie, die Sie in ▸ **Kapitel 15** kennenlernten. Beide betonten die Bedeutung der Erwartungen für gegenwärtige Konsumentscheidungen.

James Tobin aus Yale entwickelte eine Investitionstheorie, deren Grundlage die Beziehung zwischen dem Gegenwartswert der Gewinne und den Kosten der Investition bildete. Dale Jorgensen aus Harvard entwickelte die Theorie weiter und testete sie. Sie ist Ihnen aus ▸ **Kapitel 15** vertraut.

Tobin entwickelte zudem eine Theorie der Geldnachfrage und eine umfassendere Entscheidungstheorie zwischen alternativen Anlageformen, die auf den Kriterien Liquidität, Ertrag und Risiko beruhte. Mit seiner Arbeit trug er nicht nur zu einem besseren Verständnis der Finanzmärkte innerhalb der Makroökonomie bei, sondern legte auch das Fundament der Theorie der Finanzmärkte.

Wachstumstheorie

Parallel zur Konjunkturtheorie wuchs erneut das Interesse am Wirtschaftswachstum. Ganz im Gegensatz zur Stagnation in den Jahren vor dem Zweiten Weltkrieg, wiesen die meisten Länder in den 1950er- und 1960er-Jahren hohe Wachstumsraten auf. Obwohl es auch weiterhin konjunkturelle Schwankungen gab, stieg der Lebensstandard rapide an. Das Wachstumsmodell, das Robert Solow 1956 am MIT entwickelte, lieferte den theoretischen Rahmen, innerhalb dessen die unterschiedlichen Wachstumsfaktoren behandelt werden konnten. Es löste eine wahrhafte Explosion an Arbeiten über die Rolle der Ersparnis und des technischen Fortschritts aus.

Makroökonometrische Modelle

Alle Beiträge wurden in immer größer werdenden makroökonometrischen Modellen zusammengefasst. Das erste makroökonometrische Modell der Vereinigen Staaten, das Anfang der 1950er-Jahre von Lawrence Klein an der University of Pennsylvania erstellt wurde, entsprach einem erweiterten *IS-LM*-Modell mit 16 Gleichungen. Mit der Weiterentwicklung der Volkswirtschaftlichen Gesamtrechnungen (wodurch bessere Daten zur Verfügung standen), der Ökonometrie und der Computer, nahmen die Modelle schnell größere Ausmaße an. Der bestechendste Fortschritt wurde mit dem MPS-Modell erzielt (MPS steht für MIT-Penn-SSRC, den beiden Universitäten und der Forschungseinrichtung Social Science Research Council, die bei der Entstehung mitwirkten), das während der 1960er-Jahre von einer von Franco Modigliani geleiteten Forschungsgruppe erarbeitet wurde. Wieder handelte es sich um ein erweitertes *IS-LM*-Modell, das durch eine Phillipskurve ergänzt wurde. Alle Bausteine – Konsum, Investitionen und Geldnachfrage – spiegelten jedoch den gewaltigen empirischen und theoretischen Fortschritt wider, der in den Jahren nach Keynes gemacht wurde.

Keynesianer vs. Monetaristen

Viele Makroökonomen, die sich selbst als Keynesianer bezeichneten, waren von diesem Fortschritt so überzeugt, dass sie eine strahlende Zukunft vor sich sahen. Konjunkturelle Schwankungen ließen sich immer besser erklären und die Weiterentwicklung der Modelle ermöglichte den verbesserten Einsatz der Wirtschaftspolitik. Die Zeit, in der sich die Wirtschaft genauestens steuern und Rezessionen vermeiden ließen, schien greifbar nahe.

Diesem Optimismus setzte ein kleine, aber einflussreiche Gruppe – die Monetaristen – eine gehörige Portion Skeptizismus entgegen. Ihr geistiger Anführer war Milton Friedman. Obgleich Friedman den gewaltigen Fortschritt der letzten Jahre sah – er selbst war der Vater einer der wichtigsten Beiträge, der Konsumtheorie –, teilte er den allgemeinen Enthusiasmus nicht. Er war davon überzeugt, dass die Wirtschaftsprozesse noch immer nur wenig verstanden wurden. Er stellte sowohl die Motive der Regierungen als auch die Behauptung, ihr Wissen sei groß genug, makroökonomische Größen zu verbessern, infrage.

In den 1960er-Jahren machte die Debatte zwischen Keynesianern und Monetaristen Schlagzeilen. Im Zentrum standen drei Streitpunkte: (1) die Wirksamkeit der Geldpolitik im Vergleich zur Fiskalpolitik, (2) die Phillipskurve und (3) die Rolle der Politik.

Geldpolitik vs. Fiskalpolitik

Keynes betonte, dass sich Rezessionen besser mit Fiskalpolitik als mit Geldpolitik abwenden ließen. Dies entsprach der allgemeinen Überzeugung. Nach der Meinung vieler verlief die *IS*-Kurve ziemlich steil: Der Zinssatz habe nur einen geringen Einfluss auf die Nachfrage und die Produktion. Mit ihrem direkten Einfluss auf die Nachfrage könne die Fiskalpolitik die Produktion viel schneller und verlässlicher steuern.

Friedman stellte diesen Schluss vehement infrage: Zusammen mit Anna Schwartz untersuchte er in dem 1963 erschienen Buch „A Monetary History of the United States, 1867–1960" sorgfältig die Geldpolitik und den Zusammenhang zwischen Geld und Produktion in den Vereinigten Staaten für den Zeitraum eines Jahrhunderts. Sie kamen nicht nur zu dem Schluss, dass Geldpolitik sehr wirksam sei, sondern, dass diese einen Großteil der Produktionsschwankungen erklären könne. Sie machten Fehler der Geldpolitik für die Weltwirtschaftskrise verantwortlich. Einen durch die Bankenkrise verursachten Rückgang der Geldmenge hätte die Fed durch eine Ausweitung der monetären Basis vermeiden können; sie hat es aber nicht getan.

Friedmans und Schwartz' Herausforderung löste eine heftige Debatte und intensive Forschungen über die jeweilige Wirkung der Fiskal- und Geldpolitik aus. Am Ende wurde tatsächlich ein Konsens erreicht. Sowohl Fiskal- als auch Geldpolitik zeigten eindeutig Wirkungen. Würden sich politische Entscheidungsträger nicht nur um die Höhe, sondern auch die Zusammensetzung der Produktion kümmern, sollten sie eine Kombination beider Instrumente nutzen.

Die Phillipskurve

Die zweite Debatte kreiste um die Phillipskurve. Diese war nicht Bestandteil des ursprünglichen Keynesianischen Modells. Da sich mit ihrer Hilfe aber Lohn- und Preisentwicklungen bequem (und scheinbar verlässlich) erklären ließen, war sie in die neoklassische Synthese integriert worden. In den 1960er-Jahren glaubten viele Keynesianer aufgrund der ihnen damals verfügbaren Daten, dass es eine auch langfristig stabile Beziehung zwischen Inflation und Arbeitslosigkeit geben müsse.

Milton Friedman und Edmund Phelps (von der Columbia University) widersprachen dieser Ansicht scharf. Die Existenz eines langfristig stabilen Zusammenhangs könne selbst einfachsten ökonomischen Argumenten nicht standhalten. Würden die politischen Entscheidungsträger diesen scheinbaren Zusammenhang ausnutzen, indem sie mit hohen Inflationsraten die Arbeitslosigkeit bekämpften, würde er schnell zusammenbrechen. In ▸ **Kapitel 8** untersuchten wir die Entwicklung der Phillipskurve und sahen, dass Friedman und Phelps Recht hatten. Mitte der 1970er-Jahre war schließlich die einhellige Meinung, dass kein langfristiger Zusammenhang zwischen Inflation und Arbeitslosigkeit existiere.

Die Rolle der Politik

In der dritten Debatte ging es um die Rolle der Politik. Zweifelnd, dass das Wissen der Ökonomen ausreiche, die Produktion zu stabilisieren, und misstrauisch, dass die politischen Entscheidungsträger die richtigen Entscheidungen treffen würden, bevorzugte Friedman so einfache Regeln wie ein stabiles Geldmengenwachstum (wir besprachen diese Regel in ▸ **Kapitel 23**). Ein Zitat Friedmans aus einer Rede vor dem Kongress im Jahre 1958:

> *„Eine konstante Geldmengenwachstumsrate wird nicht für vollkommene Stabilität sorgen, obgleich sich mit ihr jene Fluktuationen, die wir zeitweilig in der Vergangenheit erleben mussten, vermeiden lassen. Es ist verführerisch, noch weiter zu gehen und eine wechselnde Geldpolitik zu nutzen, um andere Faktoren auszugleichen, die für Rezession und Expansion verantwortlich sind […]. Die verfügbaren Belege lassen, zumindest nach dem heutigen Wissensstand, schwere Zweifel aufkommen, dass sich wirtschaftliche Aktivitäten mit Hilfe einer genau dosierten Geldpolitik steuern lassen. Der diskretionären Geldpolitik sind damit enge Grenzen gesetzt und die Gefahr ist groß, dass sie die Angelegenheiten eher verschlechtert als verbessert.*

Der politische Druck, sowohl bei geringfügigen Preissteigerungen als auch bei geringfügigen Preis- und Beschäftigungsrückgängen „irgendetwas zu tun“, ist bei der gegenwärtigen öffentlichen Meinung sicherlich sehr groß. Wir sollten diesen Argumenten folgend eine Lektion lernen: Dem öffentlichen Druck nachzugeben, wird häufig mehr Schaden als Nutzen erzeugen.“

Quelle: „The Supply of Money and Changes in Prices and Output“, Zeugnis vor dem US Kongress, 1958.

Wie Sie in ▶ **Kapitel 21** gesehen haben, ist die Debatte über die Rolle makroökonomischer Wirtschaftspolitik noch nicht beendet. Das Wesen der Argumente mag sich etwas geändert haben, sie begleiten uns aber noch immer.

24.3 Die Kritik der rationalen Erwartungen

Trotz der Kämpfe zwischen Keynesianern und Monetaristen machte die Makroökonomie um 1970 den Eindruck eines erfolgreichen und reifen Forschungsfeldes. Sie konnte erfolgreich wirtschaftliche Ereignisse erklären und lieferte eindeutige wirtschaftspolitische Empfehlungen. Alle Diskussionen fanden innerhalb eines gemeinsamen theoretischen Rahmens statt. Doch schon innerhalb weniger Jahre geriet das Forschungsfeld in die Krise. Die Krise hatte zwei Ursachen.

Die eine waren die Ereignisse. Mitte der 1970er-Jahre erreichte die Stagflation die meisten Länder, ein Ausdruck der die damalige Koexistenz hoher Arbeitslosigkeit und hoher Inflationsraten beschrieb. Makroökonomen hatten die Stagflation nicht vorhergesehen. Nach einigen Jahren der Forschung wurde eine überzeugende Erklärung geliefert, die auf der nachteiligen Wirkung solcher Schocks auf die Preise und die Produktion beruhte. (Wir behandelten die Wirkungen dieser Schocks in ▶ Kapitel 9.) Aber es war schon zu spät, um den Schaden, den die ganze Disziplin nahm, wieder rückgängig zu machen.

Die andere Ursache waren die Ideen. Anfang der 1970er-Jahre führte eine kleine Gruppe von Wirtschaftswissenschaftlern – Robert Lucas von der University of Chicago, Thomas Sargent, damals an der University of Minnesota und heute in New York und Robert Barro, damals in Chicago und heute in Harvard – einen großen Angriff gegen die etablierte Makroökonomie an. Sie nahmen kein Blatt vor den Mund. In einem Artikel von 1978 äußerten sich Lucas und Sargent:

Um die einfache Tatsache zu erkennen, dass die Vorhersagen [keynesianischer Wirtschaftstheorie] grob daneben lagen und dass die Doktrin, auf der sie beruhten, zerbrochen wurde, bedarf es keiner wirtschaftstheoretischer Raffinessen. Gegenwärtig stehen Studenten der Konjunkturtheorie vor der Aufgabe, in den Trümmern die Beiträge der keynesianischen Revolution, die gerettet werden können und brauchbar bleiben, von denen zu trennen, die getrost verworfen werden können.

24.3.1 Die drei Folgen der rationalen Erwartungen

Die Lucas-Kritik

Die erste Folge war, dass man die existierenden makroökonomischen Modelle nicht länger dazu verwenden konnte, wirtschaftspolitische Empfehlungen abzuleiten. Diese Modelle erkannten zwar, dass Erwartungen das Verhalten beeinflussten, berücksichtigten diese aber nicht ausdrücklich. Man nahm an, dass alle Variablen von anderen gegenwärtigen und vergangenen Variablen einschließlich der wirtschaftspolitischen Variablen abhingen. Auf diese Weise erfassten die Modelle die Zusammenhänge in der Vergangenheit auf der Grundlage der vergangenen Wirtschaftspolitik. Veränderte sich aber die Wirtschaftspolitik, so Lucas, würden sich auch die Erwartungsbildungen der Leute wandeln. Dadurch könnten Schätzungen, die auf in der Vergangenheit geltenden Zusammenhängen basierten, und damit insbesondere Simulationen mit bestehenden makroökonometrischen Modellen, nicht für die Prognose der Wirkung einer neuen Wirtschaftspolitik herangezogen werden. Diese Kritik an den makroökonometrischen Modellen wurde als **Lucas-Kritik** bekannt. Um nochmals die Geschichte der Phillipskurve heranzuziehen: Die Daten bis Anfang der 1970er-Jahre ließen einen stabilen Zusammenhang zwischen Arbeitslosigkeit und Inflation vermuten. Sobald die Politiker aber versuchten, diesen Zusammenhang auszunutzen, war er verschwunden.

Rationale Erwartungen und die Phillipskurve

Die zweite Folge war, dass rationale Erwartungen, sobald sie in die keynesianischen Modelle integriert wurden, sehr unkeynesianische Ergebnisse lieferten. Abweichungen der Produktion von ihrem natürlichen Niveau durften den Modellen zufolge nur sehr kurzfristig erfolgen, viel kurzfristiger als dies von den Keynesianern behauptet wurde. Dieser Schluss beruhte auf der erneuten Betrachtung des aggregierten Angebotes.

Keynesianische Modelle erklärten die langsamen Produktionsanpassungen durch die langsamen Preis- und Lohnanpassungen des Phillipskurvenmechanismus. So führe eine Erhöhung der Geldmenge zunächst zu einer höheren Produktion und zu einem Rückgang der Arbeitslosigkeit. Die niedrigere Arbeitslosigkeit führe dann zu höheren Nominallöhnen und Preisen. Die Anpassung erfolge so lange, bis sich die Löhne und Preise proportional zur Geldmenge erhöht hätten, bis die Arbeitslosigkeit und die Produktion wieder ihr natürliches Niveau erreicht hätten.

Dieser Anpassungsprozess, betonte Lucas, hänge stark von adaptiven, an der Entwicklung in der Vergangenheit orientierten Inflationserwartungen ab. So reagierten die Löhne im MPS-Modell lediglich auf die gegenwärtige und die vergangene Inflationsrate sowie auf die gegenwärtige und vergangene Arbeitslosigkeit. Würde man jedoch annehmen, dass die Lohnsetzer rationale Erwartungen bildeten, erfolge die Anpassung wahrscheinlich viel schneller. Veränderungen der Geldmenge hätten in dem Ausmaß, wie sie antizipiert würden, keinen Einfluss auf die Produktion: Würden die Lohnsetzer ein Geldmengenwachstum von 5% antizipieren, legten sie für das folgende Jahr vertraglich um 5% höhere Löhne fest. Die Unternehmen erhöhten die Preise ihrerseits um 5%. Am Ende verblieben die reale Geldmenge und die Produktion unverändert.

Folgte man der Logik Keynes, argumentierte Lucas, könne nur die nicht antizipierte Inflation die Produktion beeinflussen. Vorhersehbare Änderungen der Geldmenge sollten keine Wirkung auf die Produktion haben. Etwas allgemeiner formuliert: Vorausgesetzt die Lohnsetzer hätten rationale Erwartungen, würden Nachfrageschwankungen wahrscheinlich nur so lange reale Wirkungen zeigen, wie die Nominallöhne vertraglich fixiert wären, also etwa für ein Jahr. Selbst auf seinem eigenen Gebiet könne das keynesianische Modell keine überzeugende Theorie der lang andauernden Wirkungen der Nachfrage auf die Produktion liefern.

Optimale Kontrolle vs. Spieltheorie

Die dritte Folge war, dass es falsch war, Politik als Kontrolle über ein kompliziertes, aber passives System zu verstehen, solange Leute und Unternehmen rationale Erwartungen bildeten. Man musste sich Politik viel mehr als Spiel zwischen den politischen Entscheidungsträgern und der Wirtschaft vorstellen. Das richtige Werkzeug war nicht die optimale Kontrolle, sondern die Spieltheorie. Die Spieltheorie führte zu einem anderen Verständnis der Politik. Ein plakatives Beispiel ist die zeitliche Inkonsistenz, die von Finn Kydland und Edward Prescott (damals an der Carnegie Mellon University, heute an der Arizona State University) untersucht wurde, ein Thema, das wir in ▶ **Kapitel 21** behandelten: Gute Absichten seitens der Politiker können zu einem Desaster führen.

Fassen wir die Ergebnisse zusammen: Als rationale Erwartungen eingeführt wurden, waren keynesianische Modelle nicht länger für wirtschaftspolitische Empfehlungen brauchbar, konnten keynesianische Modelle nicht länger langfristige Abweichungen der Produktion vom Gleichgewichtsniveau erklären und die Theorie der Politik musste mit Hilfe spieltheoretischer Werkzeuge neu geschrieben werden.

24.3.2 Die Integration der rationalen Erwartungen

Wie Sie wahrscheinlich schon am Ton des Zitates von Lucas und Sargent erkennen konnten, war die intellektuelle Atmosphäre innerhalb der Makroökonomie in den frühen 1970er-Jahren angespannt. Doch schon nach wenigen Jahren begann man mit der Integration der Ideen (nicht der Leute, die schlechte Stimmung hielt an), welche die 1970er- und 1980er-Jahre kennzeichnen sollte.

Ziemlich schnell fand die Idee, dass rationale Erwartungen die richtige Arbeitshypothese bildeten, weite Verbreitung. Nun glaubten Makroökonomen nicht, dass Leute, Unternehmen und Akteure auf den Finanzmärkten immerzu rationale Erwartungen bildeten. Aber rationale Erwartungen stellen einen natürlichen Referenzpunkt dar, zumindest solange Ökonomen nicht besser verstehen, ob und wie wirkliche Erwartungen systematisch von rationalen Erwartungen abweichen.

Die Arbeit begann mit den von Lucas und Sargent gestellten Herausforderungen.

Die Folgen rationaler Erwartungen

Zunächst begann man mit der systematischen Erforschung der Rolle und der Folgen rationaler Erwartungen auf Güter-, Finanz- und Arbeitsmärkten. Viele der Entdeckungen wurden Ihnen in diesem Buch vorgestellt:

- Robert Hall (damals am MIT, heute in Stanford) zeigte, dass sich Änderungen des Konsumverhaltens nur schwer prognostizieren ließen, wenn Konsumenten sehr vorausschauend sind (der Definition in ▶ **Kapitel 15** folgend): Die beste Konsumprognose für das kommende Jahr sei der gegenwärtige Konsum. Dieses Ergebnis, das damals viele Makroökonomen überraschte, beruht auf einer einfachen Intuition: Vorausschauende Konsumenten ändern ihr Konsumverhalten nur, wenn sie Neues über die Zukunft erfahren. Per Definition sind solche Neuigkeiten nicht prognostizierbar. Dieses Konsumverhalten, bekannt als Random Walk des Konsums, dient der Konsumforschung seitdem als Benchmark.
- Rüdiger Dornbusch vom MIT zeigte, dass die große Volatilität des Wechselkurses in einem Regime flexibler Kurse, die man bislang als Ergebnis der Spekulation irrationaler Spekulanten interpretierte, voll und ganz mit der Annahme rationaler Erwartungen vereinbar war. Seine Argumentation, die wir aus ▶ Kapitel 20 kennen: Änderungen der Geldpolitik führten zu lang anhaltenden Änderungen der nominalen Zinssätze; Änderungen der gegenwärtigen und der erwarteten Zinssätze führten ihrerseits zu großen Änderungen des Wechselkurses. Dornbuschs Modell, bekannt als Modell überschießender Wechselkurse, wurde zum Ausgangspunkt jeder Diskussion über Wechselkursbewegungen.

Lohn- und Preisbildung

Zweitens gab es eine systematische Untersuchung der Lohn- und Preisbestimmung, die weit über die Phillipskurvenbeziehung hinausging. Zwei bedeutende Beiträge lieferten Stanley Fischer vom MIT und John Taylor (damals Colombia University, heute Stanford). Beide zeigten, dass Löhne und Preise sich selbst bei rationalen Erwartungen nur langsam an Änderungen der Arbeitslosigkeit anpassen.

Sie wiesen auf eine bedeutende Eigenschaft der Lohn- und Preisbestimmung hin: überlappende Lohn- und Preisentscheidungen. Im Gegensatz zu der eben angeführten einfachen Geschichte, dass alle Löhne und Preise gleichzeitig infolge einer antizipierten Geldmengenerhöhung stiegen, fänden Lohn- und Preisentscheidungen in Form mehrerer Anpassungsstufen statt. Der Prozess verlaufe wohl eher langsam, die Lohn- und Preisanpassungen ähnelten einem Hürdenlauf. Damit zeigten Fischer und Taylor, dass die zweite Frage, die von der Kritik der rationalen Erwartungen aufgeworfen wurde, lösbar war, dass also die langsame Rückkehr der Produktion zu ihrem natürlichen Niveau mit rationalen Erwartungen auf den Arbeitsmärkten vereinbar war.

Die Theorie der Politik

Drittens führte die Anwendung der Spieltheorie auf die Politik zu einem Ausbruch der Forschung über die Art der Spiele, nicht nur zwischen den Politikern und der Wirtschaft, sondern auch zwischen den politischen Entscheidungsträgern – zwischen den Parteien, zwischen der Zentralbank und der Regierung oder zwischen den Regierungen verschiedener Lander. Eine der größten Leistungen dieses Ansatzes ist wohl, dass er einen strukturierten Zugang zu bis dahin verschwommenen Konzepten wie „Glaubwürdigkeit", „Reputation" und „Selbstbindung" schaffen konnte. Gleichzeitig verschob sich das Interesse von dem, was „Regierungen tun sollten" zu dem, was „Regierungen tatsächlich tun". Ökonomen wurden sich bewusst, dass sie auch politische Nebenbedingungen beachten mussten, wenn sie Politiker beraten wollten.

Zusammenfassend können wir sagen, dass die Herausforderung der Kritik der rationalen Erwartungen bis Ende der 1980er-Jahre zu einer sorgfältigen Überprüfung der Makroökonomie geführt hatte. Die grundlegenden Strukturen hatte man um die Implikationen der rationalen Erwartungen, etwas allgemeiner formuliert um das vorausschauende Verhalten der Leute und Unternehmen, erweitert. Der Inhalt dieses Buches gibt gewissermaßen wieder, was wir unter dieser Synthese verstehen und was heute die Grundlage der Makroökonomie bildet.

Bevor wir zusammenfassen, was wir heute zu den Grundlagen der Makroökonomie zählen – wir werden dies im letzten Abschnitt tun –, sollten wir einen kurzen Blick auf die aktuelle Forschung werfen. Viele der Ideen sind noch zu spekulativ, um zu den Grundlagen zu zählen, einige werden diesen Sprung aber sicher schaffen.

24.4 Forschungsrichtungen vor der globalen Finanzkrise

Seit dem Ende der 1980er-Jahre dominieren drei Gruppen die Forschungsschlagzeilen: Die Neuklassiker, die **Neokeynesianer** und die Vertreter der neuen Wachstumstheorie. (Beachten Sie die großzügige Verwendung der Begriffe neu und neo. Im Gegensatz zu den Waschmittelherstellern sind den Ökonomen die Begriffe für *neu und verbessert* ausgegangen. Die unterschwellige Botschaft ist aber die gleiche.)

24.4.1 Neuklassik und die Real Business Cycle Theorie

Die Kritik der rationalen Erwartungen war mehr als nur eine Kritik an der keynesianischen Wirtschaftstheorie. Sie lieferte eine eigene Interpretation konjunktureller Schwankungen. Anstatt Fluktuationen mit unvollkommenen Arbeitsmärkten und langsamen Lohn- und Preisanpassungen zu begründen, so Lucas, sollten Makroökonomen besser untersuchen, inwieweit diese durch Schocks auf vollkommenen Märkten mit flexiblen Preisen und Löhnen zu erklären seien.

Dieses Forschungsprogramm wird von den Neuklassikern verfolgt. Ihr geistiger Führer ist Edward Prescott. Die Modelle, die er und seine Anhänger entwickeln, kennt man als **Real Business Cycle Modelle**. Die Modelle gehen davon aus, dass sich die Wirtschaft immer im Gleichgewicht befinde. In diesem Sinne könne man alle Fluktuationen der Produktion als Fluktuationen der gleichgewichtigen Produktion verstehen.

Wodurch entstehen diese Fluktuationen? Prescott schlägt als Antwort den technischen Fortschritt vor. Würden neue Entdeckungen gemacht, steige die Produktivität, wodurch wiederum die Produktion steige. Das Produktivitätswachstum löse einen Lohnanstieg aus, der Arbeitsanreiz steige und die Arbeitnehmer arbeiteten mehr. Ein Produktivitätswachstum führe deshalb zu einem Anstieg der Produktion und der Beschäftigung, wie wir es in der realen Welt beobachten könnten.

Der RBC-Ansatz wurde aus unterschiedlichen Gründen kritisiert. Wir sahen in ▸ **Kapitel 12**, dass der technische Fortschritt das Ergebnis vieler Innovationen ist, deren Verbreitung innerhalb des Wirtschaftssystems lange Zeit beansprucht. Es ist schwer vorstellbar, wie dieser Diffusionsprozess die großen kurzfristigen Produktionsschwankungen auslösen sollte, die wir in der Realität beobachten. Genauso schwer lassen sich Rezessionen als Zeiten technischen Rückschritts begreifen, in denen die Produktivität und die Produktion zurückfallen. Zuletzt sprechen überzeugende Belege dafür, dass Geldpolitik, die in RBCModellen keinerlei Wirkung hat, in der realen Welt die Produktion beeinflusst.

Viele Ökonomen glauben nicht, dass der RBC-Ansatz überzeugende Erklärungen für größere Produktionsschwankungen liefere. Gleichwohl erweist er sich als nützlich. Er macht darauf aufmerksam, dass nicht alle Schwankungen als Abweichungen der Produktion von ihrem Gleichgewicht zu verstehen sind. Auf eher technischem Gebiet führte der RBCAnsatz neue Lösungsansätze für komplexe Modelle ein, die heute in der Forschung weit verbreitet sind. Der Ansatz wird sich wohl eher weiterentwickeln als verschwinden. Inzwischen beinhalten einige RBC-Modelle **Nominale Rigiditäten** im Sinne von Fischer und Taylor. Diese Modelle implizieren, dass Fluktuationen nicht allein durch Produktivitätsschocks, sondern auch durch Änderungen der nominalen Geldmenge hervorgerufen werden.

24.4.2 Neokeynesianismus

Der Begriff Neokeynesianer bezeichnet eine locker verbundene Forschergruppe, die die Überzeugung teilt, dass die Synthese, die als Reaktion auf die Kritik der rationalen Erwartungen entstand, grundsätzlich richtig sei. Sie sind aber auch der gemeinsamen Überzeugung, dass die Unvollkommenheiten auf den unterschiedlichen Märkten und deren Folgen für die Makroökonomie noch viele offene Fragen aufwerfen würden.

Ein Forschungszweig untersucht die Lohnfindung auf dem Arbeitsmarkt. In ▸ **Kapitel 7** behandelten wir den Effizienzlohnansatz – die Idee, dass zu geringe Löhne zu Drückebergerei am Arbeitsplatz, zu moralischen Versuchungen innerhalb des Unternehmens und zu Schwierigkeiten der Rekrutierung und Motivation guter Mitarbeiter führen können. Ein einflussreicher Forscher auf diesem Gebiet ist George A. Akerlof von der University of California in Berkeley, der die Bedeutung von „Normen" untersucht, Regeln, die in allen Organisationen und damit auch in Unternehmen existieren, um zu bestimmen, was fair und was unfair ist (Akerlof erhielt 2001 den Nobelpreis). Diese Forschung brachte ihn dazu, Bereiche, die bis dahin der Soziologie und der Psychologie überlassen wurden, und ihre makroökonomischen Folgen zu untersuchen. Eine weitere Forschungsrichtung, forciert von Peter Diamond (MIT), Dale Mortenson (Cornell) und Christopher Pissarides (LSE London), konzentrierte sich auf Suchfriktionen auf dem Arbeitsmarkt. Sie hat sich als sehr hilfreich für das Verständnis der Faktoren erwiesen, die Veränderungen der großen Arbeitnehmerströme und der Verhandlungsmacht auf dem Arbeitsmarkt auslösen, die wir in ▸ **Kapitel 7** betrachteten. Die drei Forscher wurden 2010 mit dem Nobelpreis ausgezeichnet.

Ein anderer Zweig der neokeynesianischen Forschung untersucht die Bedeutung unvollkommener Kreditmärkte. Außer bei der Analyse der Rolle der Banken in der Weltwirtschaftskrise und in der gegenwärtigen japanischen Rezession nahmen wir in diesem Buch an, dass Geldpolitik über den Zinskanal wirke und dass Leute und Unternehmen zum Marktzins so viel Geld leihen könnten, wie sie wollten. In der Praxis kann ein Großteil der Leute und Unternehmen einen Kredit nur bei einer Bank beantragen. Banken wiederum verwehren vielen potenziellen Kunden einen Kredit, obwohl diese dazu bereit wären, den von der Bank geforderten Zins zu zahlen. Warum dies geschieht und wie dies unser Verständnis der Wirkung der Geldpolitik verändert, ist Gegenstand einer umfassenden

Forschung, insbesondere von Ben Bernanke (lange an der Princeton University, danach bis Anfang 2014 Chef der amerikanischen Zentralbank, 2022 mit dem Nobelpreis ausgezeichnet) sowie von Mark Gertler (New York University).

Ein weiterer Forschungszweig beschäftigt sich mit nominalen Rigiditäten. Wir sahen schon weiter oben wie Fischer und Taylor zeigten, dass die Produktion auch langfristig von ihrem natürlichen Niveau abweichen kann, wenn Preis- und Lohnentscheidungen gestaffelt sind. Dieser Schluss wirft eine Reihe offener Fragen auf. Wenn überlappende Lohn- und Preiskontrakte zumindest teilweise für die Produktionsschwankungen verantwortlich sind, warum wird die Lohn- und Preissetzung dann nicht synchronisiert? Warum werden die Preise nicht häufiger angepasst? Warum werden Preise und Löhne nicht gleichzeitig, zum Beispiel an jedem ersten Werktag der Woche, neu bestimmt? George A. Akerlof, seine Frau Janet Yellen (von 2013 bis 2018 Chef der amerikanischen Zentralbank, danach bis Januar 2025 Finanzministerin der US-Regierung) und N. Gregory Mankiw (von der Harvard University), die sich mit diesen Fragen befassten, leiteten ein überraschendes und wichtiges Ergebnis ab, den Ansatz der Speisekarten-Kosten: Jedem Lohn- und Preissetzer sei es ziemlich gleichgültig, wann und wie häufig er den eigenen Lohn oder die eigenen Preise festlege (der Gewinn eines Einzelhändlers ändere sich nicht stark, wenn er jede Woche die Waren neu auszeichne). Selbst geringe Preisänderungskosten – wie die Kosten einer neuen Speisekarte – könnten zu seltenen, überlappenden Preisanpassungen führen. Durch diese Staffelung ändere sich das Preisniveau nur langsam. Nachfrageschwankungen bewirkten dann große Produktionsschwankungen. Kurzum, auf individuellem Niveau unbedeutende Entscheidungen (die Frequenz der Lohn- und Preisanpassung), könnten große aggregierte Wirkungen zeigen (langsame Reaktion des Preisniveaus und großer Einfluss von Schwankungen der aggregierten Nachfrage auf die Produktion).

24.4.3 Neue Wachstumstheorie

Während die Wachstumstheorie in den 1960er-Jahren noch zu den aktivsten Forschungsfeldern zählte, verfiel sie später in einen intellektuellen Tiefschlaf. Ende der 1980er-Jahre erlebte sie jedoch ihr großes Comeback. Die neuen Beiträge erhielten das Etikett **Neue Wachstumstheorie**.

Zwei Volkswirte, Robert Lucas (der Gleiche, der die Kritik der rationalen Erwartungen in die Welt setzte) und Paul Romer, damals an der University of California in Berkeley, heute an der New York University, spielten bei der Festlegung der Forschungsagenda eine wichtige Rolle. Als die Wachstumstheorie Ende der 1960er-Jahre aus dem Blick geriet, blieben zwei Fragen weitgehend ungelöst. Eine war die nach den Determinanten des technischen Fortschritts. Die andere war die nach der Bedeutung steigender Skalenerträge. Könnte man mit der Verdoppelung der beiden Produktionsfaktoren Kapital und Arbeit in Wirklichkeit mehr als das Doppelte produzieren? Die neue Wachstumstheorie konzentriert sich auf diese beiden Themen. Die Untersuchung des technischen Fortschritts in ▸ **Kapitel 12** und der Zusammenhang zwischen technischem Fortschritt und Arbeitslosigkeit in ▸ **Kapitel 13** geben einige der auf diesem Gebiet erzielten Fortschritte wieder. Ein Beispiel ist die Arbeit von Philippe Aghion (damals an der Harvard University, heute am Collège de France) und Peter Howitt (Brown University), die einen Ansatz weiterentwickeln, der schon von Joseph Schumpeter Anfang der 1930er-Jahre erforscht wurde. Es handelt sich um die Idee, dass Wachstum ein Prozess der kreativen Zerstörung ist, bei dem laufend neue Produkte auf den Markt kommen, die die alten verdrängten. Ein anderes Beispiel ist die Arbeit von Alwyn Young (von der University of Chicago) über das Wachstum in den schnell wachsenden asiatischen Ländern, die wir in ▸ **Kapitel 12** behandelten.

Verschiedene Forschungsansätze versuchten auch, die Bedeutung spezifischer Institutionen für das Wachstum zu identifizieren. Andrej Shleifer (Harvard University) untersuchte, wie sich unterschiedliche Rechtssysteme auf die Organisation des Wirtschaftssystems auswirken: Wie beeinflussen sie Finanzmärkte und Arbeitsmärkte und über diese Kanäle letztlich auch das Wachstum? Daron Acemoglu (MIT) erforschte, wie man von purer Korrelation zwischen Institutionen und Wachstum (demokratischere Länder sind im Durchschnitt reicher) zu einer Analyse der Kausalität übergehen kann: Bedeutet die Korrelation, dass Demokratie zu höherem Pro-Kopf-Wachstum führt, oder gibt es einen anderen Faktor, der sowohl für mehr Demokratie als auch höheres Wachstum sorgt. Am Beispiel der Kolonialisierungseffekte versucht Acemoglu zu zeigen, dass Wachstum stark geprägt wurde von der Art der Institutionen, die im Zug der Kolonialisierung geschaffen wurden, und leitet daraus eine kausale Beziehung ab.

24.4.4 Auf dem Weg zu einer Synthese?

In den 1980er- und 1990er-Jahren kam es zu heftigem Streit zwischen den Vertretern dieser verschiedenen Richtungen, insbesondere zwischen „Neuen Klassikern" und „Neuen Keynesianern". Letztere beschuldigten die erste Gruppe, ihre Theorie auf wenig plausiblen Erklärungen von Konjunkturschwankungen aufzubauen und die Rolle von Friktionen zu ignorieren. Neue Klassiker verwiesen umgekehrt auf manche Ad-hoc-Annahmen mancher neu-keynesianischer Modelle. Von außen (ja, manchmal sogar von innen) erschien Makroökonomie mehr Schlachtfeld als ein Forschungsgebiet zu sein.

Anfang des neuen Jahrtausends aber schien sich eine Synthese herauszubilden. Methodisch baute sie auf dem Ansatz der Real-Business-Cycle-Theorie auf mit ihrer exakten Beschreibung des Optimierungsverhaltens von Haushalten und Unternehmen. Sie berücksichtigte die Bedeutung von Änderungen in der Rate des technischen Fortschritts, die sowohl von der „RBC-Theorie" wie von der Neuen Wachstumstheorie betont wird. Aber sie integrierte auch wesentliche Elemente des neu-keynesianischen Ansatzes – sie integrierte viele Friktionen wie Suchprozesse am Arbeitsmarkt, unvollständige Information auf Kreditmärkten und die Rolle nominaler Rigiditäten für die aggregierte Nachfrage. Es gab zwar keine Konvergenz zu einem einzigen einheitlichen Modell oder einer einheitlichen Liste relevanter Friktionen, aber es herrschte Übereinstimmung über den Forschungsrahmen und die analytische Vorgehensweise.

Ein gutes Beispiel dafür ist die Forschung von Michael Woodford (Columbia University New York) und Jordi Gali (Pompeu Fabra in Barcelona). Sie entwickelten gemeinsam mit Koautoren das Neue Keynesianische Modell, das Nutzen- und Gewinnmaximierung mit nominalen Rigiditäten kombiniert – der Kern dieses Modells wurde in einfacher Form in ▶ **Kapitel 16** vorgestellt. Dieser Modellansatz hat sich als höchst einflussreich bei der Neugestaltung der Geldpolitik erwiesen – angefangen von Inflationssteuerung bis zu Zinsregeln, die in ▶ **Kapitel 23** behandelt wurden. Der Ansatz bildet die Basis einer neuen Klasse großer Modelle, die auf der einfachen Struktur aufbauen, aber eine große Zahl von weiteren Friktionen einbauen. Sie lassen sich nur mehr numerisch lösen. Diese Modelle, DSGE-Modelle *(dynamic general equilibrium analysis)* genannt, sind mittlerweile zum Standardinstrument der Zentralbanken geworden.

24.5 Lehren aus der Finanzkrise für die Makroökonomie

Gerade als eine neue Synthese zu entstehen schien und die Makroökonomen das Gefühl hatten, dass sie nun über die notwendigen Instrumente zur Gestaltung der Wirtschaftspolitik verfügen, begann die Finanzkrise, die immer noch anhält, während dieser Abschnitt geschrieben wird. In ▶ **Abschnitt 24.1** haben wir gesehen, wie die große Depression die keynesianische Revolution anstieß. Dies wirft die Frage auf: Wird die Finanzkrise zu einer neuen Revolution führen? Es ist noch zu früh, um darauf eine Antwort zu geben, doch scheint das nicht sehr wahrscheinlich.

Keine Frage, die Krise ist ein ernstes intellektuelles Versagen der Makroökonomie. Das Versagen besteht darin, nicht erkannt zu haben, dass eine so große Krise möglich ist; dass ein vergleichsweise kleiner Schock (der Rückgang der Immobilienpreise) sich zu einer größeren Finanzkrise mit Folgen für die gesamte Weltwirtschaft entwickeln kann. Die

Ursache für dieses Versagen lag darin, dass die Rolle von Finanzinstitutionen zu wenig beachtet wurde. Um fair zu sein: Einige Ökonomen, die sich intensiver mit dem Finanzsystem beschäftigten, schlugen schon frühzeitig Alarm, wie etwa Nouriel Roubini von der New York University oder Forscher, die an der Bank für internationalen Zahlungsverkehr in Basel systemische Risiken von Finanzmärkten untersuchten.

Im Großen und Ganzen wurde jedoch die komplexe Rolle von Banken und anderen Finanzinstituten bei der Intermediation zwischen Schuldnern und Gläubigern in den meisten makroökonomischen Modellen vernachlässigt. Es gab aber Ausnahmen: Doug Diamond (Universität Chicago) und Philip Dybvig (Universität Washington) – sie wurden gemeinsam mit Ben Bernanke 2022 mit dem Nobelpreis ausgezeichnet – erforschten schon in den 1980er-Jahren die Mechanismen von Bank Runs (vgl. ▶ **Kapitel 4**): Weil Aktiva illiquide, Passiva aber liquide sind, unterliegen selbst solvente Banken dem Risiko eines Runs. Dieses Problem kann nur vermieden werden, wenn die Zentralbank in einem solchen Fall Liquidität bereitstellt. Bengt Holmström (MIT) und Jean Tirole (Toulouse), die 2016 bzw. 2014 mit dem Nobelpreis ausgezeichnet wurden, zeigten, dass Fragen der Liquidität in modernen Volkswirtschaften zentrale Bedeutung zukommt. Nicht nur Banken, selbst Unternehmen können durchaus in die Lage geraten, zwar solvent, aber trotzdem illiquide zu sein – also nicht in der Lage, sich zusätzliche Mittel zu beschaffen, um an sich rentable Projekte fertigzustellen. Andrej Shleifer (Harvard University) und Robert Vishny (Universität Chicago) wiesen in ihrer Arbeit über die Grenzen der Arbitrage nach, dass als Folge asymmetrischer Information Investoren Arbitragemöglichkeiten nicht ausnutzen können, wenn der Vermögenswert unter den Fundamentalwert sinkt. Im Gegenteil, sie können sogar genötigt werden, auch selbst solche Vermögenswerte zu verkaufen und so zu einem Preisverfall beizutragen. Die Forschungsrichtung der Verhaltensökonomie (etwa von Richard Thaler, Chicago University) hat aufgezeigt, in welcher Weise Individuen vom Modell des rationalen Agenten abweichen und welche Implikationen sich daraus für Finanzmärkte ergeben.

Die meisten Elemente, die zum Verständnis der Krise notwendig sind, waren also durchaus verfügbar. Ein Großteil dieser Forschung spielte sich aber außerhalb der Makroökonomie ab, etwa im Bereich Finanzierung. Diese Elemente wurden nicht in ein konsistentes makroökonomisches Modell integriert, ihre Wechselwirkungen waren nicht ausreichend erforscht. Leverage, Liquidität und Komplexität – Faktoren, die miteinander kombiniert die Finanzkrise antrieben, fehlten weitgehend in den Modellen, die Zentralbanken verwendeten.

Mittlerweile hat sich dies stark geändert. Das Finanzsystem mit den makroökonomischen Wechselbeziehungen hat sich – nicht ganz überraschend – zu einem zentralen Forschungsgebiet entwickelt. Die Integration der Einzelteile in große makroökonomische Modelle ist auf gutem Weg. Das gilt auch für die Politikimplikationen, etwa für makroprudenzielle Regulierung oder die Gefahren hoher Staatsverschuldung. Es steht noch ein weiter Weg bevor, am Ende werden die Modelle der Makroökonomie reichhaltiger sein und zu einem besseren Verständnis des Finanzsystems beitragen. Aber wir sollten realistisch sein: Wie die Geschichte lehrt, werden wieder andere Schocks auftreten, über die zu wenig nachgedacht wurde.

Die Lehren aus der Krise gehen weit darüber hinaus, den Finanzsektor in makroökonomische Modelle zu integrieren. Die Große Depression hat zu Recht Zweifel an der makroökonomischen Stabilität der Marktwirtschaft geweckt und stärkere Eingriffe der Wirtschaftspolitik gerechtfertigt. Die Finanzkrise hat ähnliche Fragen aufgeworfen. Sowohl neuklassische Modelle wie neu-keynesianische Modelle haben die Vorstellung gemeinsam, dass die Produktion zumindest mittelfristig dem natürlichen Produktionsniveau entspricht. Neuklassische Modelle vertraten die extreme Position, dass dies auch kurzfristig der Fall ist. Neu-Keynesianer konzentrierten sich auf kurzfristige Abweichungen, aber auch in ihrem Verständnis kehrt sie mittelfristig wieder zum natürlichen Produktionsniveau zurück. Die Große Depression war ebenso bekannt wie die lange Stagnation in Japan; sie wurden aber als Pathologien interpretiert, verursacht von gravierenden, vermeidbaren wirtschaftspolitischen Fehlern. Viele Ökonomen halten diesen Optimismus mittlerweile für übertrieben. Lange Jahre in der Liquiditätsfalle haben klar gemacht, dass der übliche Anpassungsmechanismus mit Hilfe von Zinssenkungen außer Kraft gesetzt werden kann und dass die verfügbaren Optionen – egal ob für Geld- oder Fiskalpolitik – begrenzter sind, als man früher dachte.

Wenn es einen Konsens gibt, dann die Überzeugung, dass der Anpassungsprozess zwar im Fall kleiner Schocks und unter normalen Bedingungen funktioniert; dass er dagegen bei außergewöhnlich großen Schocks versagt und der Spielraum für Politik dann begrenzt ist. Es kann lange dauern, bis sich die Wirtschaft von selbst erholt.

24.6 Aktuelle Forschungsrichtungen

Forschung schreitet voran, indem sie die Implikationen ihrer eigenen Logik untersucht (z.B. die Implikationen von Keynes' Sicht der Makroökonomie), indem sie auf äußere Ereignisse reagiert (Lehren aus der Großen Depression, aus der globalen Finanzkrise, aus der Covid-Pandemie) und indem sie die verfügbaren Forschungstechnologien nutzt (wie löst man komplexe Modelle, zu welchen Daten hat man Zugang).

Diese dritte Dimension spielt heute eine entscheidende Rolle. So wie vor 80 Jahren die Erstellung der Volkswirtschaftlichen Gesamtrechnung wesentlich dazu beigetragen hat, dass die Makroökonomie quantitativer und datenbasierter wurde, spielt heute die Verfügbarkeit disaggregierter Daten eine wichtige Rolle. Im Gegensatz zu den Religionskriegen der 1970er- und 1980er-Jahre, die sich auf theoretische Argumente konzentrierten, geht ein Großteil der Faszination in der Makroökonomie heute auf Studien zurück, die sich auf große Datensätze stützen oder diese erstellen, um ein viel besseres Verständnis der Vorgänge in der Wirtschaft zu erhalten. In diesem Abschnitt zeigen wir vier Beispiele, die alle Daten verwenden, die noch vor einem Jahrzehnt nicht verfügbar oder nachvollziehbar gewesen wären.

Literatur: Raj Chetty mit Koautoren, „The economic impacts of COVID-19. Evidence from a new public database built using private sector data", Quarterly Journal of Economics, 2024, Band 139(2): 829–889.

Der Arbeitsaufwand und die Bedeutung von Teamarbeit bei Arbeiten mit großen Datensätzen spiegeln sich in der Tatsache wider, dass seine Studie 21 Mitautoren hat. Das ist in den Naturwissenschaften schon lange Standard, in den Wirtschaftswissenschaften ist es bislang aber ganz ungewöhnlich.

Das erste Beispiel ist die Forschung von Raj Chetty (in Harvard). Er hat zusammen mit einer großen Zahl von Mitarbeitern sehr große Datensätze auf der Grundlage privater und öffentlicher Informationen erstellt, die ein besseres und detaillierteres Verständnis der Wirtschaft ermöglichen. Seine Forschung über die wirtschaftlichen Auswirkungen der Covid-Pandemie, die wir in der Fokusbox *„Empirische Evidenz: Inflation oder Deflation?"* in ▶ **Kapitel 9** kennengelernt haben, liefert eine gute Illustration: Um möglichst zeitnah verstehen zu können, was in der Pandemie genau passierte, kombiniert Chetty Daten von einer Reihe privater Unternehmen (z.B. Kreditkartenunternehmen, Datenaggregatoren für kleine Unternehmen, Lohnbuchhaltungsunternehmen, Arbeitsmarkt-Matching-Sites) mit öffentlichen Informationen über Anträge auf Arbeitslosenunterstützung, Daten über Covid-Fälle und Todesfälle sowie Google-Mobilitätsberichte. Auf diese Weise generiert er Daten über Covid, Einkommen, Beschäftigung, demografische und Einkommensverteilung auf der Ebene der einzelnen Postleitzahlen. Anhand dieses Datensatzes konnte er zeigen, wie Covid anfangs dazu führte, dass Besserverdienende ihre Ausgaben für Dienstleistungen einschränkten. Dies wiederum führte dazu, dass kleine lokale Unternehmen Umsatzeinbußen hinnehmen mussten und Arbeitsplätze abbauten. Davon waren wiederum in erster Linie Geringverdienende betroffen. Chetty untersuchte die Auswirkungen verschiedener Stützungsprogramme. Er kommt zu dem Schluss, dass das erste Programm im März 2020 zwar große Auswirkungen auf den Konsum hatte, die nachfolgenden Transfers jedoch weitgehend gespart wurden. Vergleicht man die Granularität dieser Ergebnisse beispielsweise mit einer Regression des Gesamtverbrauchs auf das Gesamteinkommen, wird deutlich, wie Big Data es uns heute ermöglicht, die makroökonomische Dynamik und das Verhalten heterogener Wirtschaftsakteure viel besser und schneller zu verstehen.

Ein zweites Beispiel ist eine Arbeit von Emi Nakamura (Berkeley). Sie hat, ebenfalls zusammen mit Koautoren, einen neuen Blick auf die US-amerikanische Phillipskurve geworfen. Ihre empirische Strategie bestand darin, Daten auf der Ebene der Bundesstaaten zu verwenden, um schwierige Probleme bei der Schätzung der Phillipskurve auf US-Ebene zu umgehen. Wie in ▶ **Kapitel 8** erläutert, besagt die Phillipskurve, dass die Inflation sowohl von der Arbeitslosenquote als auch von der erwarteten Inflation abhängt. Von grundlegender Bedeutung ist die Auswirkung der Arbeitslosenquote auf die Inflation – die so genannte „Steigung" der Phillipskurve. Ist der Koeffizient für die Arbeitslosenquote klein, so hat eine Überhitzung angesichts der erwarteten Inflation nur geringe direkte Auswirkungen auf die Inflation; umgekehrt kann ein starker Anstieg der Arbeitslosigkeit erforderlich sein, um die Inflation wieder auf das Zielniveau zurückzuführen.

Literatur: Jonathan Hazell, Juan Herreño, Emi Nakamura, & Jón Steinsson, „The slope of the Phillips Curve: Evidence from US States", Quarterly Journal of Economics, 2022, Band 137(3): 1299–1344.

Empirisch ist es schwierig, diesen Steigungskoeffizienten zu schätzen, da es schwierig ist, die erwartete Inflation zu messen und zu kontrollieren. Der Ansatzpunkt ihrer Studie und die Motivation für die Verwendung von Daten auf Ebene der US-Bundesstaaten ist, dass die erwartete Inflation auf US-Ebene in allen Bundesstaaten ähnlich sein dürfte. Unterschiede in der Inflation auf Ebene der Bundesstaaten können daher auf Unterschiede in den Arbeitslosenquoten zurückgeführt werden. Dies ergibt eine zuverlässigere Schätzung des Steigungskoeffizienten. Ausgehend von disaggregierten Preisdaten in den einzelnen Bundesstaaten konstruiert sie ein Maß für die Preisinflation bei nicht handelbaren Gütern auf Bundesstaatsebene und untersucht dessen Beziehung zur Arbeitslosigkeit auf Bundesstaatsebene. Die Schlussfolgerung ist, dass die Steigung in der Tat recht flach ist und sich in den letzten vier Jahrzehnten nicht wesentlich verändert hat. Dies ist eine wichtige politische Schlussfolgerung. Denn sie impliziert, dass eine Rückkehr zur Zielinflation für einige Zeit eine hohe Arbeitslosigkeit erfordern könnte.

Das dritte Beispiel ist eine Arbeit von Stefanie Stantcheva, wiederum mit vielen Koautoren. Es ist bekannt, dass CO_2-Steuern, die Ökonomen im Allgemeinen als bestes Instrument zur Bekämpfung von CO_2-Emissionen ansehen, unpopulär sind. Dies hat die US-Regierung beispielsweise dazu veranlasst, auf Subventionen für grüne Energie statt auf Steuern auf braune Energie zu setzen, um die Emissionen zu senken. Subventionen bedeuten jedoch größere Haushaltsdefizite und müssen letztendlich zu höheren Steuern führen, und sie sind leichter Gegenstand von Lobbyismus und daraus resultierenden Verzerrungen. Es ist daher von großer Bedeutung, die Art der Opposition zu verstehen. Glauben die Menschen nicht an die globale Erwärmung? Oder zweifeln sie daran, dass die Maßnahmen funktionieren, oder aber machen sie sich Sorgen über die Auswirkungen dieser Steuern auf die Verteilung? Um dies herauszufinden und so zur Gestaltung der Politik beizutragen, konzipierte Stantcheva eine internetgestützte sozialökonomische Umfrage unter 40.000 Personen in 20 Ländern, in der die Meinungen der Menschen zu verschiedenen Maßnahmen erfragt. Dabei wurde untersucht, wie diese von ihren sozioökonomischen Merkmalen abhängen.

Literatur: Antoine Decheziepretre, Adrien Fabre, ... & Stefanie Stantcheva et al., „Fighting Climate Change: International Attitudes Toward Climate Policies", American Economic Review 2025, Band 115 (4): 1258–1300.

In einer zweiten Phase zeigte sie einer Untergruppe dieser Personen zwei Videos. Eines davon zeigte Fakten zum Klimawandel, das zweite die Auswirkungen verschiedener klimapolitischer Maßnahmen. Neben anderen Schlussfolgerungen zeigt die Studie, dass der Widerstand gegen CO_2-Steuern abnimmt, wenn die Menschen erkennen, dass die Einnahmen zur Finanzierung umweltfreundlicher Investitionen verwendet werden, oder wenn ihnen die Wirksamkeit der politischen Maßnahmen vor Augen geführt wird. Dies liefert kein Patentrezept für Regierungen. Es kann aber dazu beitragen, sowohl die Gestaltung der Politik als auch ihre Kommunikation besser zu gestalten.

Literatur: Einen guten Einblick gibt ihre Nobelpreisvorlesung: Claudia Goldin, An Evolving Economic Force, 2024, American Economic Review, 114(6): 1515–39.

Als letztes Beispiel betrachten wir die Arbeit von Claudia Goldin. Ihre historische Forschung zur Ungleichheit und zur Bedeutung von Bildung und Humankapital für Wirtschaftswachstum und Lohnstruktur in den USA haben wir bereits in ▶ **Kapitel 13** kennengelernt. 2023 bekam sie den Nobelpreis für ihre empirische Analyse umfangreicher historischer Datensätze. Sie liefert wichtige Einsichten zum Verständnis der Rolle von Frauen auf den Arbeitsmärkten. Insbesondere untersucht sie, wie und warum sich geschlechtsspezifische Unterschiede bei den Einkommen und Beschäftigungsquoten im Laufe der Zeit verändert haben. In vielen Archiven hat sie Daten aus den USA über 200 Jahre gesammelt, und sie konnte zeigen, dass die Erwerbsbeteiligung von Frauen über diesen gesamten Zeitraum keinen Aufwärtstrend aufweist, sondern eine U-förmige Kurve bildet. Die Erwerbsbeteiligung verheirateter Frauen nahm mit dem Übergang von der Agrar- zur Industriegesellschaft im frühen 19. Jahrhundert ab, stieg dann aber mit dem Wachstum des Dienstleistungssektors zu Beginn des 20. Jahrhunderts. Goldin erklärt dieses Muster als Ergebnis des Strukturwandels und der sich entwickelnden sozialen Normen in Bezug auf die Verantwortung der Frauen für Haus und Familie.

Im Laufe des 20. Jahrhunderts stieg das Bildungsniveau der Frauen stetig an. In den meisten Industriestaaten ist es heute im Durchschnitt wesentlich höher als das der Männer. Goldin wies nach, dass der Zugang zur Antibabypille eine wichtige Rolle bei der Beschleunigung dieses Wandels spielte, weil sie neue Möglichkeiten der Karriereplanung bot. Trotz Modernisierung, Wirtschaftswachstum und einem steigenden Anteil erwerbstätiger Frauen im 20. Jahrhundert schloss sich aber die Einkommenslücke zwischen Frauen und Männern über einen langen Zeitraum kaum. Laut Goldin liegt dies zum Teil daran, dass Bildungsentscheidungen, die sich auf die lebenslangen Karrierechancen auswirken, in einem relativ jungen Alter getroffen werden. Wenn die Erwartungen junger Frauen von den Erfahrungen früherer Generationen geprägt sind - zum Beispiel von ihren Müttern, die erst wieder arbeiten gingen, als die Kinder erwachsen waren -, dann verläuft die Entwicklung langsam. Goldin hat gezeigt, dass der größte Teil des Einkommensunterschieds heute zwischen Männern und Frauen im gleichen Beruf besteht und größtenteils mit der Geburt des ersten Kindes entsteht.

Dies sind nur einige Beispiele. Sie zeigen aber, wie die Kombination von Internet, Big Data, Online-Umfragen und bald auch generativer KI zusammen mit der Integration von Ökonomie, Soziologie, Psychologie und politischer Ökonomie unser Verständnis der Makroökonomie verbessern kann und das Feld in Zukunft prägen wird.

ZUSAMMENFASSUNG

- Die Geschichte der modernen Makroökonomie beginnt 1936 mit Keynes Veröffentlichung der Allgemeinen Theorie der Beschäftigung, des Zinses und des Geldes. Keynes Beitrag wurde im *IS-LM*-Modell von John Hicks und Alvin Hansen in den 1930er- und frühen 1940er-Jahren formal umgesetzt.
- Die Periode Anfang der 1940er- bis Anfang der 1970er-Jahre kann als goldenes Zeitalter der Makroökonomie bezeichnet werden. Zu den bedeutendsten Fortschritten zählten die Entwicklung der Konsum-, Investitions-, Geldnachfrageund Portfoliotheorie, die Entwicklung der Wachstumstheorie und die Entwicklung großer makroökonometrischer Modelle.
- Die größte Diskussion fand während der 1960er-Jahre zwischen Keynesianern und Monetaristen statt. Die Keynesianer glaubten, dass die Weiterentwicklung der makroökonomischen Theorie eine bessere Steuerung der Volkswirtschaft ermöglichen werde. Die von Milton Friedman angeführten Monetaristen betrachteten die Möglichkeiten der Regierung, die Produktion zu stabilisieren, etwas skeptischer.
- In den 1970er-Jahren befand sich die Makroökonomie in einer Krise. Dies aus zwei Gründen: Der eine war das Aufkommen der Stagflation, die die meisten Ökonomen überraschte. Der andere war der von Robert Lucas angeführte theoretische Angriff. Lucas und seine Nachfolger zeigten, dass aus der Einführung rationaler Erwartungen folgte, (1) dass aus keynesianischen Modellen keine wirtschaftspolitischen Schlüsse gezogen werden konnten, (2) dass keynesianische Modelle keine lang andauernden Abweichungen der Produktion von ihrem natürlichen Niveau erklären konnten und (3) dass die Theorie der Politik mit dem Instrumentarium der Spieltheorie überarbeitet werden musste.
- In den 1970er- und 1980er-Jahren verbrachte man viel Zeit mit der Einbindung der rationalen Erwartungen in die Makroökonomie. Wie auch in diesem Buch dargestellt, sind sich Makroökonomen heute der Rolle der Erwartungen bei der Beurteilung von Schocks, der Politik und deren Komplexität viel stärker bewusst als vor zwei Jahrzehnten.
- Bis zur Finanzkrise gab es drei Forschungsrichtungen: Neuklassiker untersuchten, inwieweit Produktionsschwankungen als Bewegungen des gleichgewichtigen Produktionsniveaus verstanden werden können, im Gegensatz zu Abweichungen vom natürlichen Produktionsniveau. Neokeynesianer suchten nach formalen Konzepten, die den Einfluss von Marktunvollkommenheiten auf die Produktion erfassen können. Die neue Wachstumstheorie erforschte die Rolle von Forschung & Entwicklung und steigenden Skalenerträgen.
- Die Finanzkrise spiegelt ein großes intellektuelles Versagen der Makroökonomie wider: das Versagen, die makroökonomische Bedeutung des Finanzsystems zu verstehen. Obwohl viele der zum Verständnis der Krise erforderlichen Elemente bereits vor der Krise entwickelt worden waren, standen sie nicht im Mittelpunkt makroökonomischen Denkens. Sie wurden nicht in große makroökonomische Modelle integriert. Nach der Krise konzentrierte sich ein Großteil der Forschung auf die Interaktion zwischen Makroökonomie und Finanzwesen.
- Die Krise hat auch eine größere Frage aufgeworfen, nämlich die, auf welchem Anpassungsprozess die Produktion auf ihr natürliches Niveau zurückkehrt. Wenn es einen Konsens gibt, dann den, dass bei kleinen Schocks und normalen Fluktuationen der Anpassungsprozess funktioniert und die Politik die Rückkehr beschleunigen kann, dass aber bei großen, außergewöhnlichen Schocks der normale Anpassungsprozess versagen kann, der Spielraum für die Politik begrenzt sein kann und es lange dauern kann, bis sich die Wirtschaft erholt.
- Ein Großteil der aktuellen Forschung ist stark empirisch ausgerichtet. Sie nutzt die Tatsache, dass heute viel größere Datensätze verfügbar und handhabbar sind, sowohl öffentliche wie private. Diese Daten ermöglichen ein viel detaillierteres Verständnis makroökonomischer Zusammenhänge.

Teil VIII: Anhänge

A Einführung in die Volkswirtschaftlichen Gesamtrechnungen

B Mathematische Grundlagen

C Ökonometrie – eine Einführung

D Glossar

E Variablen im Buch

Einführung in die Volkswirtschaftlichen Gesamtrechnungen

A

A.1	Die Verteilungsseite	740
A.2	Die Verwendungsseite	742
A.3	Einige warnende Hinweise	745

Dieser Anhang führt in die Grundlagen und die wichtigsten Fachausdrücke der Volkswirtschaftlichen Gesamtrechnungen ein. Die Volkswirtschaftlichen Gesamtrechnungen (VGR) ermitteln das Bruttoinlandsprodukt (BIP) – das zentrale Maß für die gesamtwirtschaftliche Produktionsaktivität. Wir betrachten das BIP von zwei Seiten: von der Verteilungsseite (wem fließt welcher Anteil des BIP zu?) und von der Verwendungsseite (wofür werden die produzierten Güter verwendet?).

A.1 Die Verteilungsseite

▶ Tabelle A.1 betrachtet die Verteilungsseite des Bruttoinlandsprodukts – sie beantwortet die Frage: Wem fließt welcher Anteil des BIP zu? Im volkswirtschaftlichen Kreislauf entspricht die Produktion dem Einkommen. Wir müssen jedoch sorgfältig unterscheiden, wem die Einkommen zufließen. Ein Teil der Einkommen fließt ins Ausland, ein anderer an den Staat. Die ersten zehn Zeilen der Tabelle zeigen, wie man vom BIP zum Volkseinkommen gelangt. Das Volkseinkommen ist das Einkommen, das an die inländischen Produktionsfaktoren Arbeit und Kapital gezahlt wird.

Von der Bruttowertschöpfung zum Volkseinkommen			2023	
1		Bruttoinlandsprodukt		4.121
2a		Primäreinkommen aus der übrigen Welt	362	
2b		Primäreinkommen an die übrige Welt	–197	
2	+	Saldo der Primäreinkommen mit der übrigen Welt	165	
3	=	Bruttonationaleinkommen (Bruttosozialprodukt)		4.286
4	–	Abschreibungen	848	
5	=	Nettonationaleinkommen (Primäreinkommen)		3.438
6a		laufende Transfers aus der übrigen Welt	106	
6b		laufende Transfers an die übrige Welt	158	
6	+	Saldo der Sekundäreinkommen (laufende Transfers aus dem Rest der Welt)	–52	
7	=	Verfügbares Einkommen (der Inländer) (nachrichtlich:) Verfügbares Einkommen der privaten Haushalte		3.386 2.295
5		Nettonationaleinkommen (Primäreinkommen)		3.438
8	–	Produktions- und Importabgaben abzgl. Subventionen	358	
9	=	Volkseinkommen		3.080
Die Komponenten des Volkseinkommens:				
10		Arbeitnehmerentgelt		2.159
11		Unternehmens- und Vermögenseinkommen		922

Tabelle A.1 Die Verteilungsseite des BIP in Deutschland, 2023, Mrd. €

Quelle: Volkswirtschaftliche Gesamtrechnung, Statistisches Bundesamt, Wiesbaden (Stand: Februar 2024), vorläufige Werte. https://www.destatis.de/DE/Themen/Wirtschaft/Volkswirtschaftliche-Gesamtrechnungen-Inlandsprodukt/Tabellen/inlandsprodukt-verwendung-bip.html

Ausgangspunkt ist das Bruttoinlandsprodukt (*Zeile 1*). Es ist der Marktwert aller im Inland produzierten Waren und Dienstleistungen abzüglich der von anderen Wirtschaftseinheiten bezogenen Vorleistungen (wie Rohstoffe, Vorprodukte, Handelswaren, Reparaturleistungen usw.).

- Die nächsten drei Zeilen führen uns vom BIP zum Bruttonationaleinkommen (BNE), früher als Bruttosozialprodukt (BSP) bezeichnet (*Zeile 3*). Während das BIP die im Inland produzierten Güter und Dienstleistungen misst, unabhängig davon, wem die Wertschöpfung letztlich zufließt (Inlandskonzept), erfasst das BNE das (Brutto-)Ein-kommen aller Inländer, egal, wo die Wertschöpfung stattgefunden hat (Inländerkonzept). Um vom BIP zum BNE zu gelangen, müssen wir somit zuerst alle Einnahmen hinzurechnen, die den Inländern als Faktoreinkommen aus dem Rest der Welt zufließen. Das sind zum Teil Erwerbs-, vor allem aber Vermögenseinkommen – etwa die Dividenden, die deutschen Besitzern von Aktien eines amerikanischen Unternehmens überwiesen werden. Umgekehrt müssen wir all die Einkommen abziehen, die aus der Produktion in Deutschland an Nicht-Inländer fließen: Zins- und Dividendenzahlungen deutscher Unternehmen an Ausländer ebenso wie die Einkommen von Wochenendpendlern etwa aus Osteuropa, die in Deutschland arbeiten. Sie tragen zwar zur Produktion (BIP) in Deutschland bei; das Einkommen fließt aber ins Ausland. (Sobald sie freilich ihren Wohnsitz in Deutschland nehmen, zählen sie als Inländer.)
- Den Saldo zwischen beiden Größen bezeichnet man als Saldo der Primäreinkommen – die Differenz der Erwerbs- und Vermögenseinkommen von Inländern und Ausländern. Im Jahr 2023 war das BNE in Deutschland um 165 Mrd. € höher als das BIP (*Zeile 2*).
- Der nächste Schritt führt vom BNE zum Primäreinkommen (*Zeile 5*). Man bezeichnet es auch als Nettonationaleinkommen. Dazu müssen wir vom BNE die Abschreibungen auf Kapital (*Zeile 4*) abziehen. Abschreibungen dienen dem Ersatz von veralteten Kapitalanlagen; sie können also nicht als Einkommen an die Produktionsfaktoren (sei es als Löhne oder Gewinne) ausgezahlt werden.
- Das Primäreinkommen gibt prinzipiell Aufschluss über das Einkommen, das allen Inländern (einschließlich dem Staat) insgesamt zur Verfügung steht. Allerdings muss es um zwei Größen korrigiert werden, um zu einem wirklich schlüssigen Einkommensmaß zu werden. Einerseits erhält der deutsche Staat laufende Transfers (auch Sekundäreinkommen genannt) aus der übrigen Welt (*Zeile 6a*) (insbesondere Subventionszahlungen, die von der EU an strukturschwache Regionen fließen), andererseits aber muss er laufende Transfers an die übrige Welt (*Zeile 6b*) zahlen (etwa Zahlungen an die EU). Das verfügbare Einkommen (*Zeile 7*) erhalten wir deshalb erst, wenn wir das NNE um den Saldo dieser Sekundäreinkommen korrigieren. Für Deutschland als Nettozahler an die EU ist der Saldo negativ.
- Eine weitere wichtige Größe der Verteilungsrechnung ist das Volkseinkommen (*Zeile 10*). Vom NNE gelangen wir zum Volkseinkommen, indem Produktions- und Importabgaben abgezogen, an Unternehmen gezahlte Subventionen dagegen addiert werden. Mehrwert- und Ökosteuern machen den größten Anteil der Produktionsabgaben aus. Aber auch Tabak- und Alkoholsteuer ebenso wie Importzölle müssen berücksichtigt werden. All diese Abgaben werden beim Verkauf gleich vorweg abgezogen; sie sind also für die Auszahlung von Löhnen oder Gewinnen gar nicht verfügbar. Umgekehrt fließen staatliche Subventionen (etwa in der Kohle- und Stahlindustrie) zusätzlich zu den Verkaufserlösen auch in Lohn- oder Gewinnzahlungen ein.
- Das Volkseinkommen lässt sich nun aufteilen in Arbeitnehmerentgelte sowie in Unternehmens- und Vermögenseinkommen. Arbeitnehmerentgelte machen 74% des Volkseinkommens aus (*Zeile 11* als Anteil von *Zeile 10*). Dabei handelt es sich um die Summe aus Bruttolöhnen und -gehältern und Arbeitgeberbeiträgen. Diese reichen von Sozialversicherungsbeiträgen der Arbeitgeber (bei Weitem der größte Anteil) zu solch exotischen Elementen wie Heiratszuschüssen der Arbeitgeber. Die Unternehmensund Vermögenseinkommen (*Zeile 12*) werden als Rest nach Abzug des Arbeitnehmerentgelts vom Volkseinkommen berechnet. Die verfügbaren Angaben über die Unternehmensgewinne reichen in Deutschland nicht aus, um eine eigenständige Berechnung des BIP über die Verteilungsseite zu ermöglichen. Die Aufteilung des Volkseinkommens auf die Produktionsfaktoren Arbeit und Kapital bezeichnet man als Primärverteilung. Sie gibt uns aber nur wenig Aufschluss darüber, wie das Einkommen auf Individuen verteilt ist: Steuern und Transfers bewirken eine Umverteilung; zudem halten immer mehr Arbeiter ja auch Aktien oder Anteile an Fonds und erzielen somit Vermögenseinkommen.

Bevor wir zur Verwendungsseite kommen, wollen wir noch erläutern, wie man ausgehend vom Volkseinkommen das verfügbare Einkommen privater Haushalte (das Einkommen, das den Haushalten nach Abzug der Steuern und Sozialabgaben und dem Zufluss von Transferzahlungen zur Verfügung steht) ermitteln kann. Die Erwerbstätigen zahlen aus ihrem Einkommen Steuern und Sozialversicherungsbeiträge. Den größten Teil machen Lohn- und Einkommenssteuern aus. Sowohl Arbeitgeber wie Arbeitnehmer führen zudem Sozialbeiträge (Renten- und Arbeitslosenversicherung) ab. Viele Menschen wiederum erhalten nicht (nur) Einkommen aus der Produktion, sondern auch aus Transfers, etwa Rentenzahlungen, Arbeitslosengeld und BAföG-Zahlungen an Studenten. Berücksichtigen wir diese Anpassungen, erhalten wir das verfügbare Einkommen der privaten Haushalte. Es ist das Einkommen, über das die privaten Haushalte insgesamt tatsächlich frei verfügen können. Im Jahr 2023 betrug es 2.159 Mrd. €, also ca. 57% des BIP. Daneben stellt der Staat aber auch soziale Sachleistungen unentgeltlich zur Verfügung (insbesondere Leistungen des Bildungs- und Gesundheitssystems), die in diese Größe nicht einfließen.

A.2 Die Verwendungsseite

▶ Tabelle A.2 betrachtet die Verwendungsseite der VGR: Wofür werden die produzierten Güter verwendet?

			2023	in % des BIP
1		Private Konsumausgaben	2090	51%
2	+	Konsumausgaben des Staates	889	21,6
3	+	Bruttoanlageinvestitionen	904	21,9
4		Bauten	487	11,8
5		Ausrüstungen	275	6,7
6		Sonstige Anlagen	142	3,4
7	+	Vorratsveränderungen und Nettozugang an Wertsachen	67	1,6
8	=	Inländische Verwendung von Gütern	3950	95,8
9	+	Außenbeitrag (Exporte minus Importe)	172	4,2
10		Exporte von Waren und Dienstleistungen	1943	47,1
11		Importe von Waren und Dienstleistungen	1771	43,0
12	=	**Bruttoinlandsprodukt**	**4121**	

Tabelle A.2 Die Verwendungsseite des BIP in Deutschland in jeweiligen Preisen, 2023, Mrd. €, vorläufige Werte
Quelle: Volkswirtschaftliche Gesamtrechnung, Statistisches Bundesamt, Wiesbaden (Stand Februar 2024), https://www.destatis.de/DE/ZahlenFakten/GesamtwirtschaftUmwelt/VGR/Inlandsprodukt/Tabellen/VerwendungBIP.html

Beginnen wir mit den drei Komponenten der inländischen Nachfrage: privater und staatlicher Konsum sowie Investitionen.

- Der private Konsum (*Zeile 1*) macht bei Weitem den größten Anteil der Gesamtnachfrage aus, nämlich etwa 51% des BIP.
  Zum privaten Konsum zählen auch Ausgaben für die Nutzung von Wohnraum. Würde die VGR nur die tatsächlich anfallenden Mieten zählen, wären die Mieteinnahmen abhängig vom Anteil von Apartments und Häusern, der vermietet wird, statt von den Eigentümern selbst genutzt zu werden. Würde etwa jeder zum Eigentümer des Apartments oder Hauses, in dem er selbst lebt, dann würden die Mietausgaben auf null sinken, das ausgewiesene BIP entsprechend fallen. Um dieses Problem zu vermeiden, behandelt die VGR alle Häuser und Apartments so, als ob sie vermietet wären. Folg-

lich werden die Mietausgaben berechnet als tatsächliche Mieten plus kalkulatorische Mieten für die von ihren Eigentümern genutzten Wohnungen. Es wird angenommen, dass die Eigentümer eines Hauses Wohnraum zu einem Preis konsumieren, der dem kalkulatorischen Mieteinkommen dieses Hauses entspricht.

- Die Konsumausgaben des Staates (*Zeile 2*) setzten sich zusammen aus dem Kauf von Gütern durch den Staat und der Entlohnung der Staatsbediensteten (staatliche Dienstleistungen werden so bewertet, als ob die Staatsbediensteten ihre Arbeitskraft an den Staat verkaufen). Der staatliche Konsum umfasst Ausgaben des Bundes, der Länder und der Gemeinden.
- Wir müssen dabei beachten, dass im staatlichen Konsum weder staatliche Transferzahlungen noch die Zinszahlungen auf Staatsverschuldung enthalten sind. Der Grund liegt darin, dass Transfers und Zinszahlungen nur eine Umverteilung zwischen verschiedenen Bevölkerungsgruppen bewirken. Diese Zahlungsströme stellen aber keinen Erwerb von Waren oder Dienstleistungen dar; deshalb sollten sie in der Verwendungsrechnung auch nicht enthalten sein. Das bedeutet, dass der in ▶ Tabelle A.2 ausgewiesene staatliche Konsum erheblich geringer ist als die Zahlen, die man typischerweise mit staatlicher Aktivität assoziiert. Wenn wir an der Frage interessiert sind, wie stark der Staat Einfluss auf die Wirtschaftsaktivität nimmt (etwa bei der Berechnung der Staatsquote, dem Anteil der über den Staat fließenden Ausgaben am BIP), sollten dagegen Transfers und Zinszahlungen enthalten sein (vergleiche hierzu ▶ Tabelle A.3).
- Unter Investitionen verstehen wir die heimischen Bruttoanlageinvestitionen (*Zeile 3*). Sie setzen sich aus drei verschiedenen Komponenten zusammen: Bauten, Ausrüstungen und sonstige Anlagen. Zu den sonstigen Anlagen zählen v.a. immaterielle **Anlageinvestitionen** wie Software für EDV und Urheberrechte. Die Investitionen umfassen auch private Wohnbauten und öffentliche Investitionen einschließlich militärischer Waffensysteme.
- Ist die gesamtwirtschaftliche Produktion niedriger als die Gesamtnachfrage, gleichen die Unternehmen die Differenz durch einen Abbau ihrer Lager aus. Wenn umgekehrt die Produktion die Verkäufe übersteigt, bauen die Unternehmen ihre Lager aus. *Zeile 7* in ▶ Tabelle A.2 gibt die Vorratsveränderungen an, manchmal auch (etwas irreführend) als „Lagerinvestition" bezeichnet. Die Größe ist definiert als die Wertänderung der Vorräte an Waren, die zum Wiederverkauf oder zur Be- und Verarbeitung bestimmt sind. Im Jahr 2023 war die Vorratsveränderung positiv: Die Produktion in Deutschland war um 67 Mrd. € höher als die gesamten Verkäufe von deutschen Gütern.
- Als Summe aus privatem und staatlichem Konsum und der privaten Investition erhalten wir die Nachfrage nach Gütern durch deutsche Firmen, deutsche Haushalte und den deutschen Staat. In einer geschlossenen Volkswirtschaft wäre dies identisch mit der Nachfrage nach deutschen Gütern. Deutschland ist aber eine offene Volkswirtschaft. Deshalb sind zwei Anpassungen notwendig, um die Gesamtnachfrage nach deutschen Gütern zu ermitteln. Erstens müssen wir die Exporte addieren, den Erwerb von deutschen Waren und Dienstleistungen im Ausland (*Zeile 10*). Zweitens müssen wir die Importe abziehen, also die Käufe von Waren und Dienstleistungen aus dem Ausland (*Zeile 11*). Im Jahre 2023 waren die Exporte um ca. 172 Mrd. € höher als die Importe. Der Außenbeitrag (der Saldo zwischen Exporten und Importen) (*Zeile 9*) war folglich positiv mit plus 172 Mrd. €.
- Wenn wir privaten und staatlichen Konsum, die Investitionen und die Nettoexporte addieren, erhalten wir den Gesamtwert der in Deutschland produzierten Güter und Dienstleistungen, also wieder das BIP (*Zeile 12*).

▶ Tabelle A.3 gibt genaueren Aufschluss über die wichtigsten Posten der Einnahmen und Ausgaben des Staates. Sie macht deutlich, dass sich Konsumausgaben und Gesamtausgaben des Staates stark unterscheiden. Steuern und Sozialbeiträge sind die wesentlichen Einnahmequellen des Staates mit knapp 90% der Gesamteinnahmen. Im Vergleich dazu fallen andere Einnahmequellen wie Verkäufe aus Markt- und Nichtmarktproduktion und Vermögenseinkommen (etwa aus den abgeführten Gewinnen der Deutschen Bundesbank) kaum ins Gewicht. Wesentliche Bestandteile der Konsumausgaben des Staates sind die Posten Arbeitnehmerentgelt sowie soziale Sachleistungen (dazu zählen insbesondere die

Ausgaben im Gesundheitswesen). Die staatlichen Investitionen sind in ▶ Tabelle A.3 Bestandteil der Bruttoanlageinvestitionen. **Monetäre Sozialleistungen** (wie Rentenzahlungen, Arbeitslosengeld und Sozialhilfe) und die aufgrund der Staatsverschuldung anfallenden Zinszahlungen machen ebenfalls einen großen Anteil der Gesamtausgaben des Staates aus. Vorleistungen sind Käufe des Staates bei privaten Unternehmen. Übersteigen die Gesamtausgaben die Einnahmen des Staates, ergibt sich ein negativer Finanzierungssaldo. In diesem Umfang steigt die Verschuldung des Staates. Im Jahr 2023 lagen die Einnahmen des Staates um 87 Mrd. € niedriger als die Ausgaben – der Finanzierungssaldo war negativ. Gemessen in % des BIP lag er bei −2,1%; die **Staatsquote** (die gesamten Staatsausgaben als Anteil am BIP) betrug im Jahr 2023 48,3%.

		2023	in % des BIP
1	**Einnahmen**	**1902**	**46,1%**
2	Verkäufe	158	3,8%
3	Sonstige Subventionen	0,2	0,0%
4	Vermögenseinkommen	30	0,7%
5	Steuern	954	23,1%
6	Nettosozialbeiträge	710	17,2%
7	Sonstige laufende Transfers	31	0,8%
8	Vermögenstransfers	19	0,5%
9	**Ausgaben**	**1989**	**48,3%**
10	Vorleistungen	256	6,2%
11	Arbeitnehmerentgelt	327	7,9%
12	Sonstige Produktionsabgaben	0,2	0,0%
13	Vermögenseinkommen	36	0,9%
14	Subventionen	66	1,6%
15	Monetäre Sozialleistungen	661	16,0%
16	Soziale Sachleistungen	360	8,7%
17	Sonstige laufende Transfers	92	2,2%
18	Vermögenstransfers	83	2,0%
19	Bruttoinvestitionen	108	2,6%
20	Nettozugang an nichtproduzierten Vermögensgütern	-1	0,0%
21	**Finanzierungssaldo**	**-87**	**-2,1%**

Tabelle A.3 Einnahmen und Ausgaben des Staates in Deutschland, 2023, Mrd. €

Quelle: Volkswirtschaftliche Gesamtrechnung, Statistisches Bundesamt, Wiesbaden (Stand: März 2024), https://www.destatis.de/DE/Themen/Wirtschaft/Volkswirtschaftliche-Gesamtrechnungen-Inlandsprodukt/Tabellen/eu-stabilitaetspakt-defizit-staat.html

A.3 Einige warnende Hinweise

Die Volkswirtschaftlichen Gesamtrechnungen liefern eine in sich konsistente Berechnung der gesamtwirtschaftlichen Aktivität. Aber die VGR basiert auf einer Reihe von Konventionen. Häufig ist es nämlich nicht eindeutig, ob bestimmte Aspekte überhaupt einbezogen werden sollten oder nicht. Zudem ist es mitunter arbiträr, wie bestimmte Einkommens- oder Ausgabenarten eingeordnet werden sollen. Die Liste der hieraus resultierenden Probleme ist lang. An dieser Stelle führen wir nur drei Beispiele an:

- Häusliche Arbeit wird vom BIP nicht mitgezählt. Ein prägnantes Beispiel: Zwei Familien entschließen sich, lieber gegenseitig ihre Kinder zu beaufsichtigen, statt sich um das eigene Kind zu kümmern; sie bezahlen sich dafür gegenseitig. Diese Vereinbarung lässt das ausgewiesene BIP steigen. Das wahre BIP bleibt davon aber sicherlich unberührt. Eine Lösung wäre, Heimarbeit im BIP mitzuzählen – auf die gleiche Art, wie ja auch kalkulatorische Mieten für selbstgenutzte Wohnflächen angerechnet werden.
- Der Kauf eines Hauses wird genauso wie der gewerbliche Immobilienbau als Investition behandelt, die Nutzung von Wohnraum dann als Teil des Konsums. Vergleichen wir dies mit der Erfassung von Automobilkäufen. Obwohl auch Automobile für einen sehr langen Zeitraum genutzt werden können (wenn auch nicht so lange wie Häuser), werden diese nicht als Investition, sondern als Konsum behandelt. Sie erscheinen in der VGR also nur in dem Jahr, in dem sie gekauft wurden.
- Unternehmenskäufe von Maschinen werden als Investition erfasst. Dagegen wird der Kauf von Bildung als Konsum von Bildungsdienstleistungen behandelt. Aber Bildung von Humankapital ist sicherlich zum großen Teil eine Investition: Die Leute investieren in Bildung, um ihr künftiges Einkommen zu steigern.

Die Liste könnte beliebig weitergeführt werden. Doch diese Beispiele sollten nicht zu dem Fehlschluss verleiten, die Volkswirtschaftlichen Gesamtrechnungen seien fehlerhaft. Viele der gerade diskutierten Entscheidungen zur Rechnungslegung wurden aus gutem Grund getroffen, meist aus Gründen der Verfügbarkeit von Daten oder zur Vereinfachung. Der wesentliche Punkt sollte sein, die Zahlen, die uns die VGR zur Verfügung stellt, optimal zu nutzen. Deshalb muss man sich mit der Logik der VGR auseinandersetzen; man sollte aber auch verstehen, warum bestimmte Entscheidungen getroffen wurden und welche Beschränkungen sich daraus ergeben.

A.3.1 Weiterführende Literatur

Genaue Hinweise über die Berechnung von Größen der Volkswirtschaftlichen Gesamtrechnungen und anderer Statistiken finden Sie auf der Homepage des Bundesamtes für Statistik in Wiesbaden: *http://www.destatis.de/*. Auch aktuelle Daten können hier abgerufen werden.

Mathematische Grundlagen

B

B.1 Geometrische Reihen 748

B.2 Nützliche Approximationen 749

B.3 Funktionen 752

B.4 Logarithmische Skalen 753

Dieser Anhang gibt eine kurze Einführung in wichtige mathematische Konzepte und Aussagen, die im Buch verwendet werden.

B.1 Geometrische Reihen

Definition Eine geometrische Reihe ist eine Summe von Zahlen der Form:

$$1 + x + x^2 + \ldots + x^n$$

x ist eine Zahl (größer oder kleiner als eins). x^n bedeutet x hoch n, die Zahl x wird also n-mal mit sich selbst multipliziert.

Beispiele für solche Reihen sind:

- Die Summe der Nachfrage aus jeder Runde des Multiplikatorprozesses (▶ Kapitel 3). Ist c die marginale Konsumneigung, dann berechnet sich die Summe der Nachfragesteigerungen über n Runden als:

$$1 + c + c^2 + \ldots + c^{n-1}$$

- Der diskontierte Gegenwartswert einer Folge von Zahlungen in Höhe von einem Euro über n Jahre (▶ Kapitel 14). Bei einem Zinssatz i ergibt sich:

$$1 + \frac{1}{1+i} + \frac{1}{(1-i)^2} + \ldots + \frac{1}{(1+i)^{n-1}}$$

In der Regel sind wir bei solchen Reihen an zwei Fragen interessiert. Zunächst wollen wir ermitteln, wie wir den Wert der betrachteten Summe ermitteln können. Weiterhin stellen wir uns die Frage, ob die Summe gegen einen bestimmten endlichen Wert konvergiert, wenn wir n ansteigen lassen, oder ob sie explodiert. Folgende Vorschläge beantworten diese Fragen:

Proposition 1 zeigt uns, wie sich die Summe berechnen lässt:

Proposition 1

$$1 + x + x^2 + \ldots + x^n = \frac{1 - x^{n+1}}{1 - x} \tag{B.1}$$

Die Beweisführung erfolgt folgendermaßen: Zunächst multiplizieren wir die Summe mit $(1 - x)$. Unter Ausnutzung der Tatsache, dass $x^a x^b = x^{a+b}$ (Potenzen werden multipliziert, indem man ihre Exponenten addiert):

$$(1 + x + x^2 + \ldots + x^n)(1 - x) = 1 + x + x^2 + \ldots + x^n - x - x^2 - \ldots - x^{n+1} = 1 - x^{n+1}$$

Bis auf den ersten und den letzten Ausdruck heben sich alle Terme zwischen den beiden Gleichheitszeichen gegenseitig auf. Wenn wir nun beide Seiten durch $(1 - x)$ dividieren, erhalten wir Gleichung (B.1).

Diese Gleichung ist sehr allgemeiner Natur, sie gilt für jedes x und jedes n. Für $x = 0{,}9$ und $n = 10$ beträgt die Summe z.B. 6,86. Für $x = 1{,}2$ und $n = 10$, ist die Summe 32,15.

Proposition 2 zeigt uns, was passiert, wenn n größer wird:

Proposition 2 Für $0 < x < 1$ konvergiert die Summe mit steigendem n gegen $1/(1 - x)$. Für $x \geq 1$ explodiert die Summe mit steigendem n.

Hier die Beweisführung: Für $0 < x < 1$ konvergiert x^n mit steigendem n gegen null. Damit vereinfacht sich Gleichung (B.1) zu $1/(1 - x)$. Für $x > 1$ wird x^n mit steigendem n immer größer. $1 - x^n$ wird dann eine sehr große negative Zahl. Weil für $x > 1$ auch der Nenner $1 - x$ negativ (aber konstant) ist, wird der Quotient immer größer. Die Summe explodiert mit steigendem n.

Anwendung aus ▶ Kapitel 14: Wir berechnen den Gegenwartswert einer jährlichen Zahlung von 1 € bis in alle Ewigkeit, angefangen vom nächsten Jahr, bei einem Zinssatz i. Der Gegenwartswert ist

$$\frac{1}{(1+i)} + \frac{1}{(1+i)^2} + \ldots \tag{B.2}$$

Wenn wir $1/(1+i)$ ausklammern, können wir den Ausdruck umformulieren zu:

$$\frac{1}{(1+i)}\left[1 + \frac{1}{(1+i)} + \ldots\right]$$

Der Ausdruck in Klammern ist eine geometrische Reihe mit $x = 1/(1+i)$.

Weil der Zinssatz i positiv ist, gilt $1 + i > 1$ und damit $x < 1$. Wir wenden Proposition 2 an und erhalten für den Klammerausdruck für großes n:

$$\frac{1}{1 - \frac{1}{(1+i)}} = \frac{(1+i)}{(1+i-1)} \frac{(1+i)}{i}$$

Den Klammerausdruck in der Gleichung oben ersetzen wir mit $(1+i)/i$ und erhalten so:

$$\frac{1}{(1+i)}\left[\frac{(1+i)}{i}\right] = \frac{1}{i}$$

Der Gegenwartswert einer sich jährlich wiederholenden Zahlung von 1 € ab dem nächsten Jahr zum Zinssatz i ist genau 1 € dividiert durch i. Für $i = 5\%$ erhalten wir 1/0,05 € = 20 €.

B.2 Nützliche Approximationen

In diesem Buch haben wir verschiedene Approximationen verwendet, um das Rechnen zu vereinfachen. Diese Approximationen sind zuverlässig, wenn die Variablen x, y und z klein sind, also etwa zwischen 0 und 0,1 liegen. In den folgenden Absätzen verwenden wir die Werte $x = 0{,}05$ und $y = 0{,}03$.

Proposition 3

$$(1+x)(1+y) \approx (1+x+y) \tag{B.3}$$

Hier ist der Beweis: Wenn wir den Ausdruck $(1+x)(1+y)$ ausmultiplizieren, erhalten wir $1 + x + y + xy$. Bei kleinen Werten für x und y ist das Produkt xy sehr klein. Bei der Approximation können wir diesen Ausdruck daher ignorieren. So gilt etwa für $x = 0{,}05$ und $y = 0{,}03{:}xy = 0{,}0015.(1+x)(1+y)$ ist ungefähr gleich $(1+x+y)$. Für unser Beispiel liefert die Approximation das Ergebnis 1,08. Zum Vergleich: Der exakte Wert ist 1,0815.

Proposition 4

$$(1+x)^n \approx 1 + nx \tag{B.4}$$

Der Beweis folgt durch wiederholte Anwendung von Proposition 3. Um zu zeigen, dass $(1+x)^2 \approx 1 + 2x$ setzen wir dort einfach $y = x$. Für $x = 0{,}05$ liefert die Approximation den Wert 1,10. Der exakte Wert ist 1,1025.

Dann gilt aber auch $(1+x)^3 = (1+x)^2(1+x) \approx (1+2x)(1+x)$. Setzen wir nun $y = 2x$, so erhalten wir gemäß Proposition 3:$(1+2x)(1+x) \approx (1+2x+x) \approx 1+3x$.

Je größer n, desto ungenauer die Approximation. Für $x = 0{,}05$ und $n = 5$ liefert unsere Approximation den Wert 1,25, im Vergleich zum exakten Wert 1,2763. Für $n = 10$ erhalten wir 1,50 statt dem exakten Wert 1,63.

Proposition 5

$$\text{Für } (1+x)^T = (1+y)^\tau(1+z)^{T-\tau} \text{ gilt approximativ } Tx \approx \tau y + (T-\tau)^z \quad \text{(B.4)}$$

Den Beweis erhalten wir, indem wir auf beiden Seiten den natürlichen Logarithmus bilden. Für den natürlichen Logarithmus eines Produkts gilt ja $\ln A^\tau B^{T-\tau} = \tau \ln A + (T-\tau) \ln B$. Somit erhalten wir

$$T \ln(1+x) = \tau \ln(1+y) + (T-\tau)(1+z)$$

Verwenden wir die Approximation $\ln(1+x) \approx x$, so erhalten wir unmittelbar

$$Tx \approx \tau y + (T-\tau)z$$

Anwendung aus ▶ Kapitel 14: Aus Gründen der Arbitrage gilt folgende Beziehung zwischen dem Zinssatz einer Anleihe mit zwei Jahren Laufzeit und den Zinssätzen zweier einjähriger Anleihen (dem aktuellen und dem erwarteten Zinssatz für das laufende und das kommende Jahr):

$$(1+i_{2t})^2 = (1+i_{1t})(1+i^e_{1t+1})$$

Setzen wir in Proposition 5 einfach $T = 2; \tau = 1; x = i_{2t}, y = i_{1t}$ und $z = i^e_{1t+1}$, so erhalten wir unmittelbar

$$2\, i_{2t} \approx i_{1t} + i^e_{1t+1}$$

Dies kann vereinfacht werden zu:

$$i_{2t} = \frac{(i_{1t} + i^e_{1t+1})}{2}$$

Der Zinssatz einer Anleihe mit zwei Jahren Laufzeit entspricht ungefähr dem Durchschnitt des aktuellen und des für das nächste Jahr erwarteten Zinssatzes für einjährige Anleihen.

Proposition 6

$$\frac{(1+x)}{(1+y)} \approx (1+x-y) \quad \text{(B.6)}$$

Hier ist der Beweis: Betrachten wir das Produkt $(1+x-y)(1+y)$. Ausmultiplizieren liefert $(1+x-y)(1+y) = 1+x+xy-y^2$. Sind sowohl x wie auch y klein, dann sind die Terme xy und y^2 sehr klein. Es gilt also approximativ: $(1+x-y)(1+y) \approx (1+x)$. Teilen wir beide Seiten der Approximation durch $(1+y)$, erhalten wir Proposition 6.

Für $x = 0{,}05$ und $y = 0{,}03$ liefert die Approximation 1,02 im Vergleich zum exakten Wert 1,019.

Anwendung aus ▶ Kapitel 6 und 14: Der Realzins ist definiert als:

$$(1+r_t) = \frac{(1+i_t)}{(1+\pi^e_t)}$$

$$(1+r_t) \approx (1+i_t-\pi^e_t)$$

oder vereinfacht:

$$r_t \approx i_t - \pi^e_t$$

Diese Approximation haben wir im Buch häufig benutzt: Der Realzins entspricht ungefähr dem Nominalzins abzüglich der erwarteten Inflationsrate.

Anwendung aus ▶ Kapitel 17: Arbitrage zwischen in- und ausländischen Anleihen führt zu der folgenden Gleichung:

$$(1+i_t) = (1+i^*_t)/\left(1+\frac{(E^e_{t+1}-E_t)}{E_t}\right)$$

Wenden wir Proposition 6 auf der rechten Seite der Gleichung an, so erhalten wir:

$$(1 + i_t^*)/\left(1 + \frac{(E_{t+1}^e - E_t)}{E_t}\right) \approx \left(1 + i_t^* - \frac{(E_{t+1}^e - E_t)}{E_t}\right)$$

Wir setzen diesen Ausdruck in die Arbitrage-Beziehung ein und erhalten so:

$$(1 + i_t) \approx \left(1 + i_t^* - \frac{(E_{t+1}^e - E_t)}{E_t}\right)$$

Wenn wir von beiden Seiten den Wert 1 abziehen, gelangen wir zu der einfachen Bedingung:

$$i_t \approx i_t^* - \frac{(E_{t+1}^e - E_t)}{E_t}$$

Der Zinssatz im Inland muss ungefähr dem Zinssatz im Ausland entsprechen, abzüglich der erwarteten Aufwertungsrate der inländischen Währung.

Unsere Approximationen sind auch sehr nützlich, wenn wir Wachstumsraten betrachten. Die Wachstumsrate einer Variablen x bezeichnen wir mit $g_x = \Delta x/x$, analog für z, g_z und y, g_y. Die nachfolgenden Beispiele verwenden die Werte $g_x = 0{,}05$ und $g_y = 0{,}03$.

Proposition 7 Für $z = xy$ gilt

$$g_z \approx g_x + g_y \tag{B.7}$$

Hier der Beweis: Δz sei die Veränderung von z, wenn x um Δx und y um Δy steigt. Per Definition gilt:

$$z + \Delta z = (x + \Delta x)(y + \Delta y)$$

Teilen wir beide Seiten durch z, dann gilt für die linke Seite

$$\frac{(z + \Delta z)}{z} = \left(1 + \frac{\Delta z}{z}\right)$$

Die rechte Seite können wir schreiben als

$$\frac{(x + \Delta x)(y + \Delta y)}{z} = \frac{(x + \Delta x)}{x}\frac{(y + \Delta y)}{y} = \left(1 + \frac{\Delta x}{x}\right)\left(1 + \frac{\Delta y}{y}\right)$$

Das erste Gleichheitszeichen folgt aus der Tatsache, dass $z = xy$, das zweite Gleichheitszeichen folgt aus der Umformung der beiden Brüche.

Wenn wir diese Ausdrücke auf der linken und rechten Seite einsetzen, erhalten wir

$$\left(1 + \frac{\Delta z}{z}\right) = \left(1 + \frac{\Delta x}{x}\right)\left(1 + \frac{\Delta y}{y}\right)$$

bzw.

$$(1 + g_z) = (1 + g_x)(1 + g_y)$$

Wegen Proposition 3 gilt $(1 + g_z) \approx (1 + g_x + g_y)$, oder auch

$$g_z \approx g_x + g_y$$

Für $g_x = 0{,}05$ und $g_y = 0{,}03$ liefert uns die Approximation gz = 8% im Vergleich zum exakten Wert 8,15%.

Anwendung aus ▶ Kapitel 13: Die Produktionsfunktion sei $Y = NA$, mit Y als Produktion, N als Beschäftigung und A als Produktivitätsmaß. Wir bezeichnen die Wachstumsraten von Y, N, und A mit g_Y, g_N, und g_A. Aus Proposition 7 folgt:

$$g_y \approx g_N + g_A$$

Die Wachstumsrate der Produktion entspricht ungefähr der Wachstumsrate der Beschäftigung plus der Rate des Produktivitätswachstums.

Proposition 8 Für $z = x/y$ gilt:

$$g_z \approx g_x - g_y$$

Hier der Beweis: Δz sei die Veränderung von z, wenn x um Δx und y um Δy steigt. Per Definition gilt

$$z + \Delta z = \frac{x + \Delta x}{y + \Delta y}$$

Teilen wir beide Seiten durch z, dann gilt für die linke Seite wieder

$$\frac{(z + \Delta z)}{z} = \left(1 + \frac{\Delta z}{z}\right)$$

Die rechte Seite können wir schreiben als

$$\frac{(x + \Delta x)}{(y + \Delta y)}\frac{1}{z} = \frac{(x + \Delta x)}{(y + \Delta y)}\frac{y}{x} = \frac{(x + \Delta x)/x}{(y + \Delta x)/y} = \frac{1 + (\Delta x/x)}{1 + (\Delta y/y)}$$

Das erste Gleichheitszeichen folgt aus der Tatsache, dass $z = x/y$, das zweite Gleichheitszeichen folgt aus der Umformung der beiden Brüche. Die dritte Gleichung vereinfacht den Ausdruck.

Wenn wir diese Ausdrücke auf der linken und rechten Seite einsetzen, erhalten wir

$$1 + \Delta z/z = \frac{1 + (\Delta x/x)}{1 + (\Delta y/y)}$$

oder nach Einsetzen

$$1 + g_z = \frac{1 + g_x}{1 + g_y}$$

Wegen Proposition 6 gilt $(1 + g_z) \approx (1 + g_x - g_y)$, oder:

$$g_z \approx g_x - g_y$$

Für $g_x = 0{,}05$ und $g_y = 0{,}03$ liefert die Approximation $g_z = 2\%$, während der wahre Wert bei 1,9% liegt.

B.3 Funktionen

Funktionen werden in diesem Buch informell verwendet, um darzustellen, wie eine Variable von einer oder mehreren anderen Variablen abhängt.

Manchmal untersuchen wir, wie eine Variable *Y* von einer anderen Variablen *X* abhängt. Diese Beziehung schreiben wir als

$$Y = f(\underset{+}{X})$$

Das Pluszeichen unter *X* deutet an, dass eine positive Beziehung besteht: Steigt *X*, dann wird auch *Y* steigen. Ein Minuszeichen unter *X* deutet eine negative Beziehung an: Steigt *X*, geht *Y* zurück.

Häufig betrachten wir den Fall, dass die Variable *Y* von mehreren anderen Variablen *X* abhängt, etwa von *X* und *Z*:

$$Y = f(\underset{+}{X}, \underset{-}{Z})$$

Die Vorzeichen deuten an, dass mit steigendem X auch Y ansteigt, während Y mit steigendem Z abnimmt. Ein Beispiel für eine solche Funktion ist die Investitionsfunktion aus ▶ Kapitel 5:

$$I = I(\underset{+}{Y}, \underset{-}{i})$$

Diese Gleichung besagt, dass die Investitionen I mit der Nachfrage Y steigen, aber mit höherem Zinssatz i abnehmen.

Manchmal ist es sinnvoll, von einer linearen Beziehung zwischen zwei oder mehreren Variablen auszugehen. Ein gegebener Zuwachs von X führt dann immer zum selben Anstieg von Y. In diesem Fall ist die Funktion gegeben durch:

$$Y = a + bX$$

Diese Gleichung wird durch eine Gerade repräsentiert, die für jeden Wert X den jeweiligen Wert Y angibt.

Der Parameter a gibt den Wert von Y an, wenn X gleich null ist. Er wird als Achsenabschnitt bezeichnet, weil er den Wert von Y angibt, wenn die Gerade die vertikale Achse schneidet ($X = 0$).

Der Parameter b gibt an, um wie viel Y steigt, wenn X um eine Einheit zunimmt. Er gibt die Steigung der Geraden an.

Die einfachste **Lineare Gleichung** ist die Funktion $Y = X$. Sie repräsentiert die 45-Grad-Linie mit der Steigung 1. Ein anderes Beispiel für eine lineare Funktion ist die Konsumfunktion (3.2) in ▶ Kapitel 3:

$$C = c_0 + c_1 Y_V$$

mit C als Konsum und Y_V als verfügbarem Einkommen. Der Parameter c_0 gibt das Konsumniveau an, wenn das verfügbare Einkommen einen Wert von null annehmen würde. Der Parameter c_1 gibt an, um wie viel der Konsum wächst, wenn das Einkommen um eine Einheit steigt; c_1 wird als marginale Konsumneigung bezeichnet.

B.4 Logarithmische Skalen

Eine Variable, die mit konstanter Rate wächst, nimmt über die Zeit mit immer größeren Zuwächsen zu. Betrachten wir die Variable X, die über die Zeit mit einer konstanten jährlichen Rate von 3% wächst.

- Beginnen wir im Jahr 0. Nehmen wir für diese Periode an, dass $X = 2$. Ein Wachstum von 3% bedeutet, dass sich X um 0,06 (0,03 mal 2) erhöht.
- Nach 20 Jahren ist X nun gleich $2(1{,}03)^{20} = 3{,}61$. Eine Wachstumsrate von 3% bedeutet einen Zuwachs um 0,11 (0,03 mal 3,61).
- Gehen wir nun zum Jahr 100. X ist auf $2(1{,}03)^{100} = 38{,}4$ angestiegen. Eine Wachstumsrate von 3% bewirkt einen Zuwachs um 1,15 (0,03 mal 38,4), also einen um 20- mal höheren Zuwachs als im Jahre 0.

Wenn wir X gegen die Zeit abtragen und an der vertikalen Achse eine Standardskala (eine lineare Skala) verwenden, sieht der Verlauf wie in ▶ Abbildung B.1a aus. Die Zuwächse von X werden im Lauf der Zeit immer größer (0,06 im Jahr 0, 0,11 im Jahr 20, 1,15 im Jahr 100). Die Kurve, die die Variable X in Abhängigkeit der Zeit darstellt, wird immer steiler.

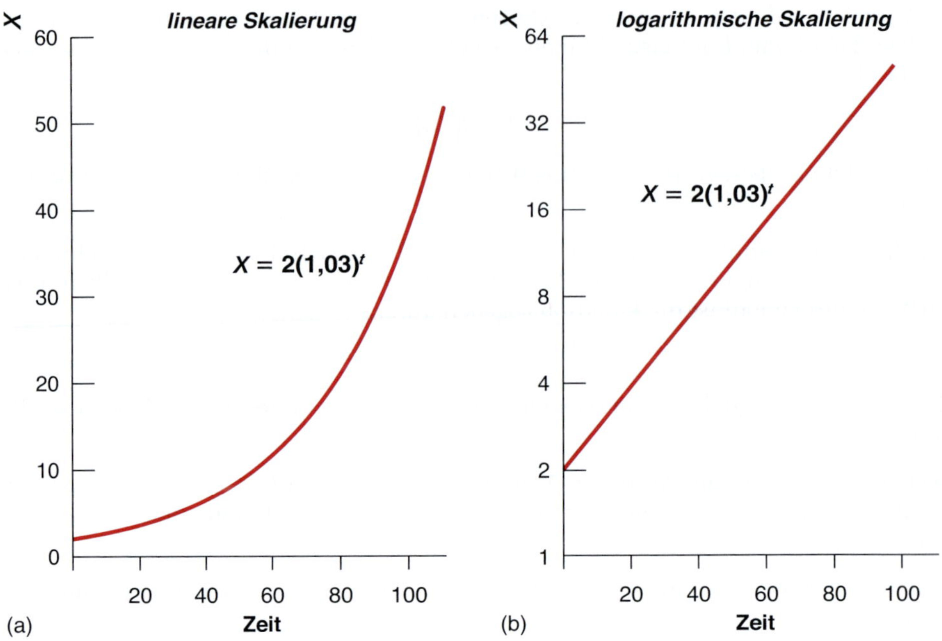

Abbildung B.1 a) Die Entwicklung von *X* unter Verwendung einer linearen Skala b) Die Entwicklung von *X* unter Verwendung einer logarithmischen Skala

Eine andere Möglichkeit zur Darstellung der Entwicklung von X besteht in der Verwendung einer logarithmischen Skala für die vertikale Achse. Die logarithmische Skala hat die Eigenschaft, dass der gleiche proportionale Anstieg einer Variablen durch den gleichen vertikalen Abstand repräsentiert wird. Das Verhalten der Variable X, die jedes Jahr den gleichen proportionalen Zuwachs (3%) aufweist, wird nun durch eine Gerade repräsentiert. ▸ Abbildung B.1b stellt die Entwicklung von X mit logarithmischer Skala dar. Dass diese transformierte Beziehung durch eine Gerade beschrieben wird, zeigt an, dass X mit einer konstanten Rate wächst. Je höher die Wachstumsrate, desto steiler die Gerade.

Im Gegensatz zur Variablen X wachsen ökonomische Variablen wie das BIP nicht mit einer konstanten Rate pro Jahr. Ihre Wachstumsraten sind in manchen Jahrzehnten höher, in anderen niedriger. Rezessionen können auch negatives Wachstum für ein paar Jahre bedeuten. Dennoch ist es oft instruktiver, die Entwicklung über die Zeit unter Verwendung einer logarithmischen Skala zu verfolgen. Überlegen wir, warum.

▸ Abbildung B.2a bildet das reale BIP der USA zwischen 1890 und 2000 unter Verwendung einer linearen Skala ab. Weil das reale BIP in den USA im Jahr 2000 ungefähr 43-mal höher war als 1890, ist der gleiche proportionale Zuwachs des BIP im Jahr 2000 43-mal höher als 1890. Die Kurve, welche die Entwicklung des BIP darstellen soll, wird also mit der Zeit immer steiler. Anhand der Abbildung ist kaum zu erkennen, ob die Wirtschaft heute schneller oder langsamer wächst als vor 50 oder 100 Jahren.

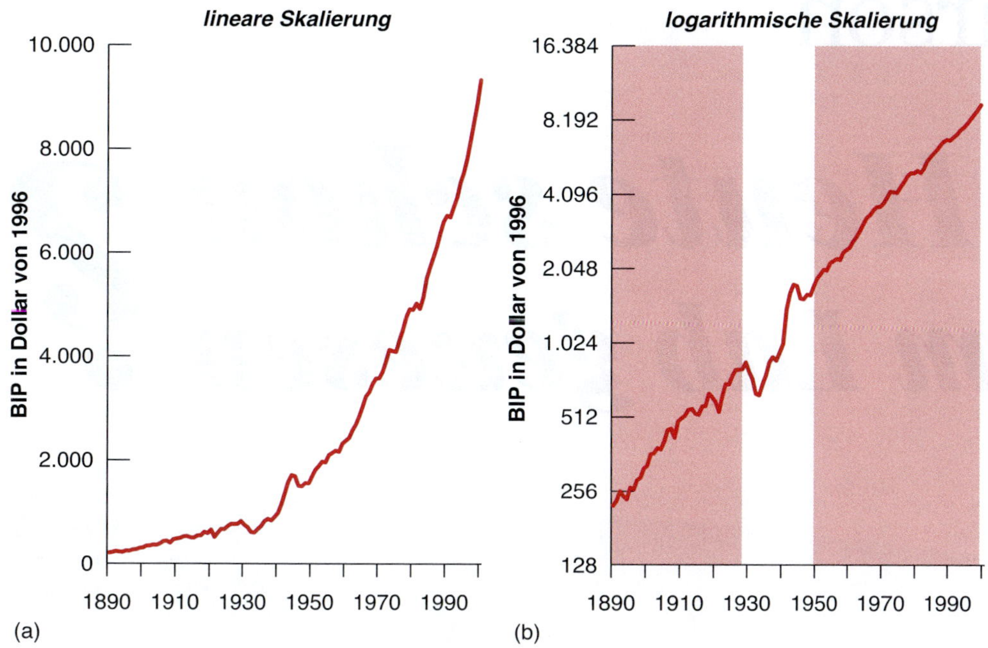

Abbildung B.2 a) Die Entwicklung des BIP der Vereinigten Staaten unter Verwendung einer linearen Skala b) Die Entwicklung des BIP der Vereinigten Staaten unter Verwendung einer logarithmischen Skala
Quelle: Historical Statistics of the Unites States; http://www.bea.gov/national/ index.htm

▸ Abbildung B.2b bildet das reale BIP der USA von 1890 bis 2000 ab, nun aber unter Verwendung einer logarithmischen Skala. Wäre die Wachstumsrate des BIP jedes Jahr gleich hoch (wäre also der proportionale Anstieg des BIP in jedem Jahr gleich hoch), dann würde die Entwicklung durch eine Gerade abgebildet – genau so, wie bei der Variablen X in ▸ Abbildung B.1b. Weil aber die Wachstumsraten des BIP von Jahr zu Jahr schwanken (der proportionale Anstieg des BIP ist nicht in jedem Jahr gleich hoch), ist die Entwicklung des BIP nicht durch eine solche Gerade charakterisiert. Die Linie explodiert aber nicht, wie es in ▸ Abbildung B.2a der Fall ist. Wir können sie deshalb in anschaulicher Weise interpretieren:

- Wenn wir in ▸ Abbildung B.2b eine Gerade zeichnen sollten, welche die Entwicklung von 1890 bis 1929 darstellt, und eine andere Gerade für die Phase von 1950 bis 2000 (die beiden in der Abbildung schattierten Perioden), dann hätten die beiden Geraden ungefähr die gleiche Steigung. Das sagt uns, dass die durchschnittlichen Wachstumsraten in beiden Perioden ungefähr gleich hoch waren.
- Der Produktionsrückgang von 1929 bis 1933 ist in ▸ Abbildung B.2b klar erkennbar. Das Gleiche gilt für die starke Erholung der Produktion in den folgenden Jahren. Mitte der 1950er-Jahre scheint die Produktion das ursprüngliche Trendwachstum wieder zu erreichen. Das bedeutet, dass die Weltwirtschaftskrise nicht zu einem dauerhaft niedrigen Produktionsniveau geführt hat.

Es ist offensichtlich, dass man in beiden Fällen diese Einsichten aus ▸ Abbildung B.2a nicht hätte erkennen können. Man kann sie nur anhand der logarithmischen Skala in ▸ Abbildung B.2b sehen. Dies verdeutlicht, wie wertvoll die logarithmische Skala ist.

Ökonometrie – eine Einführung

C

C.1 Veränderungen des Konsums und des verfügbaren Einkommens 758

C.2 Der Unterschied zwischen Korrelation und Kausalität 761

Woher sollen wir wissen, dass der Konsum vom verfügbaren Einkommen abhängt? Woher kennen wir den Wert der marginalen Konsumneigung?

Um diese und ähnliche Fragen zum empirischen Zusammenhang zwischen ökonomischen Größen beantworten zu können, verwendet die moderne Forschung ökonometrische Methoden. Mit diesem Begriff bezeichnen wir statistische Verfahren, die speziell für die Anwendung auf ökonomische Sachverhalte entwickelt wurden. Obwohl Ökonometrie ein sehr formales und mathematisches Teilgebiet der Volkswirtschaftslehre ist, das sich zudem äußerst schnell weiterentwickelt, sind die grundlegenden Konzepte auch uns zugänglich.

Im Rahmen dieses Anhangs wollen wir diese Konzepte anhand eines einfachen Beispiels kennenlernen. Zu diesem Zweck zeigen wir, wie sich der in ▶ Kapitel 3 eingeführte Zusammenhang zwischen Konsum und verfügbaren Einkommen empirisch bestimmen lässt. Wir konzentrieren uns hierbei auf die Schätzung der marginalen Konsumneigung c_1.

C.1 Veränderungen des Konsums und des verfügbaren Einkommens

Die marginale Konsumneigung gibt an, wie stark in der Bundesrepublik Deutschland der Konsum bei einer Veränderung des verfügbaren Einkommens reagiert. Um einen ersten Eindruck von der Beziehung zwischen beiden Variablen zu bekommen, stellen wir die Veränderung beider Größen in einem Streudiagramm grafisch dar (▶ Abbildung C.1).

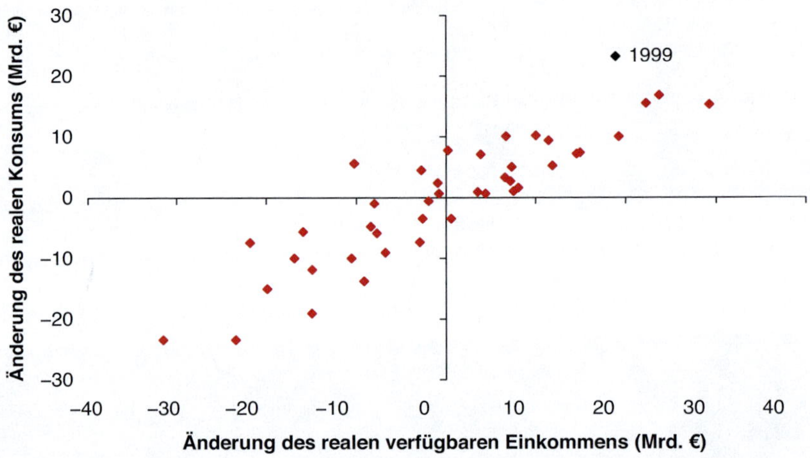

Abbildung C.1 Änderungen des Konsums gegenüber Änderungen des verfügbaren Einkommens. Bundesrepublik Deutschland, 1960–2003. Es besteht ein klar positiver Zusammenhang zwischen Änderungen des Konsums und Änderungen des verfügbaren Einkommens.
Quelle: Statistisches Bundesamt Wiesbaden

Auf der vertikalen Achse der Abbildung ist die tatsächliche jährliche Veränderung des Konsums abzüglich der durchschnittlichen jährlichen Veränderung für den Zeitraum von 1961 bis 2003 abgetragen (die Werte für das Jahr 1991 wurden nicht berücksichtigt, da die Daten im Jahr der Deutschen Einheit wenig plausible Werte aufweisen). Mit C_t bezeichnen wir den Konsum im Jahr t, mit $\Delta C_t = C_t - C_t - 1$ die Veränderung des Konsums zwischen den Jahren $t - 1$ und t und mit $\overline{\Delta C}$ die durchschnittliche jährliche Veränderung des Konsums. Auf der vertikalen Achse ist somit die Variable $\Delta C_t - \overline{\Delta C}$ abgetragen. Der Wert dieser Größe ist positiv für Jahre, in denen der Konsum stärker anstieg als durchschnittlich. Er ist negativ, wenn das Konsumwachstum unter seinem durchschnittlichen Wert lag.

Analog hierzu wird auf der horizontalen Achse die Veränderung des verfügbaren Einkommens pro Jahr abzüglich der durchschnittlichen jährlichen Veränderung des verfügbaren Einkommens seit 1961 abgetragen: $\Delta Y_{Vt} - \overline{\Delta Y_V}$.

Jeder Punkt in der Abbildung stellt somit die Abweichung beider Größen von ihren jeweiligen Mittelwerten für ein bestimmtes Jahr dar. So überstieg im Jahr 1999 die Veränderung des Konsums die des durchschnittlichen Konsums um 23 Milliarden €. Die Veränderung des verfügbaren Einkommens war um 19 Milliarden € größer als der Durchschnitt.

Aus ▶ Abbildung C.1 können wir zwei zentrale Folgerungen ableiten:

1. Zwischen der Veränderung des Konsums und der Veränderung des verfügbaren Einkommens besteht ein stark positiver Zusammenhang. Die Mehrzahl der Punkte liegt im oberen rechten und im unteren linken Quadranten das Diagramms: Wenn also das verfügbare Einkommen überdurchschnittlich zunimmt, dann steigt tendenziell auch der Konsum überdurchschnittlich an; wenn das verfügbare Einkommen unterdurchschnittlich wächst, dann gilt dies auch für den Konsum.
2. Der positive Zusammenhang der beiden Variablen ist zwar deutlich ersichtlich, aber nicht perfekt. Betrachten wir zum Beispiel die Punkte im oberen linken Quadranten: Sie bilden Jahre mit unterdurchschnittlichen Veränderungen des verfügbaren Einkommens und mit einem überdurchschnittlichen Wachstum des Konsums ab.

Die Ökonometrie erlaubt nun eine Quantifizierung und Überprüfung unserer Schlussfolgerungen. Unter Verwendung eines statistischen Programmpakets – wie z.B. SPSS, STATA oder EViews – können wir durch die Punktwolke in ▶ Abbildung C.1 eine Linie legen, deren Steigung den Zusammenhang zwischen den beiden Größen am besten beschreibt. Das hierbei verwendete Verfahren wird als Kleinste-Quadrate-Methode (KQ) bzw. Ordinary Least Squares-Verfahren (OLS) bezeichnet. Der Ausdruck „Kleinste Quadrate" beschreibt die wesentliche Eigenschaft der Linie: Sie wird genau so gewählt, dass die Summe der quadrierten vertikalen Abstände zwischen den Punkten und der gewählten Gerade minimiert wird – die Linie liefert uns die „kleinsten Quadrate".

Die aus den Daten geschätzte Gleichung wird **Regressionsgleichung**, die oben beschriebene Linie Regressionsgerade genannt. In unserem Fall lautet die geschätzte Regressionsgleichung:

$$(\Delta C_t - \overline{\Delta C}) = 0{,}68\left(\Delta Y_{Vt} - \frac{H}{\Delta Y_V}\right) + \text{Residuum}; \overline{R}^2 = 0{,}79 \qquad (C.1)$$

Die sich aus der geschätzten Gleichung ergebende Regressionsgerade ist in ▶ Abbildung C.2 dargestellt.

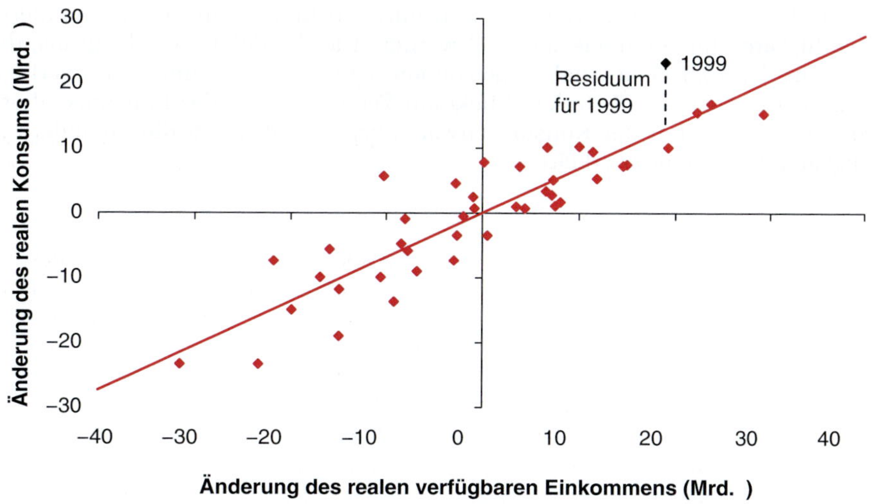

Abbildung C.2 Änderungen des Konsums und Änderungen des verfügbaren Einkommens: die Regressionsgerade. Bundesrepublik Deutschland, 1960–2003 Die Regressionsgerade wird gewählt, indem die Summe der quadrierten vertikalen Abstände zwischen den Punkten und der gewählten Gerade minimiert wird.
Quelle: Statistisches Bundesamt Wiesbaden

Gleichung (C.1) gibt zudem zwei wichtige Kennzahlen von Regressionen an (statistische Programmpakete liefern eine große Anzahl zusätzlicher Informationen; in der Fokusbox *„Zum Verständnis ökonometrischer Ergebnisse“* stellen wir eine Auswahl dieser Informationen dar):

- Die erste wichtige Kennziffer ist der Schätzwert der Konsumneigung. Die geschätzte Gleichung sagt aus, dass ein Anstieg des verfügbaren Einkommens um 1 Milliarde € über seinen durchschnittlichen Wert tendenziell mit einem Anstieg der Konsumausgaben um 0,68 Milliarden € über seinen normalen Wert verbunden ist. Anders ausgedrückt: Die marginale Konsumneigung beträgt 0,68. Sie ist also positiv und kleiner als eins.
- Die zweite wichtige Kennziffer der Gleichung ist die Größe $\bar{R}^2$. Sie ist ein Maß für die Güte der Regression und wird als Bestimmtheitsmaß bezeichnet.
  Nachdem wir den Effekt des verfügbaren Einkommens auf den Konsum geschätzt haben, können wir die Veränderung des Konsums in jedem Jahr in zwei Teile zerlegen: den Teil, der durch eine Veränderung des verfügbaren Einkommens hervorgerufen bzw. „erklärt“ wird – der erste Term auf der rechten Seite von Gleichung (C.1) – und den verbleibenden Teil, der nicht durch die Veränderung des verfügbaren Einkommens erklärt wird. Diesen zweiten Teil bezeichnen wir als Residuum. Das Residuum des Jahres 1999 wird in ▶ Abbildung C.2 durch die vertikale Distanz zwischen der Regressionsgeraden und dem für 1999 stehenden Punkt veranschaulicht. Die Gerade gibt an, welche Konsumänderung bei der in diesem Jahr beobachteten Änderung des verfügbaren Einkommens zu erwarten ist. Der Punkt gibt an, welche Konsumänderung sich tatsächlich ergeben hat.
  Wenn alle Punkte in ▶ Abbildung C.2 genau auf der geschätzten Gerade liegen würden, dann wären alle Residuen gleich null; Konsum und verfügbares Einkommen wären dann perfekt positiv miteinander korreliert, und alle Veränderungen des Konsums könnten vollständig durch Veränderungen des verfügbaren Einkommens erklärt werden. Allerdings ist es offensichtlich, dass dies nicht der Fall ist. Dies kann man anhand des Wertes $\bar{R}^2$ erkennen. Zur Wiederholung: $\bar{R}^2$ ist das Maß der Güte Regression. Der sich ergebende Wert für $\bar{R}^2$ liegt immer zwischen null und eins. Er gibt an, welcher Anteil der Konsumschwankungen durch Schwankungen des verfügbaren Einkommens erklärt wird. Wenn $\bar{R}^2$ gleich eins wäre, dann wären die beiden Variablen perfekt miteinander korreliert; alle Punkte würden genau auf der Geraden liegen. Bei einem Wert von null würde überhaupt keine Beziehung zwischen den beiden Größen vorliegen. Der Wert, den $\bar{R}^2$ in Gleichung (C.1) annimmt (0,79) ist hoch, aber nicht sehr hoch: Etwa 79% der beobachteten Variation des Konsumwachstums kann durch Veränderungen des verfügbaren Einkommens „erklärt“ werden. Dies bestätigt die Erkenntnis, die wir bereits aus der grafischen Analyse gewonnen hatten: Veränderungen des verfügbaren Einkommens haben einen starken Effekt auf Veränderungen des Konsums; allerdings wird ein gewisser Teil der Konsumschwankungen nicht durch die Veränderung des verfügbaren Einkommens erklärt.

FOKUS

Zum Verständnis ökonometrischer Ergebnisse

In Lehrbüchern und wissenschaftlichen Publikationen werden häufig die Ergebnisse ökonometrischer Testverfahren präsentiert. Die folgende Abbildung soll Ihnen helfen, den typischen Output eines statistischen Programmpakets (in der Mitte der Abbildung) zu verstehen.

1. Die Variable, deren Entwicklung wir erklären wollen, wird abhängige Variable genannt. Im vorliegenden Beispiel ist die abhängige Variable die jährliche Veränderung des Konsumniveaus abzüglich der jährlichen durchschnittlichen Konsumänderung, abgekürzt mit dC.

2. Die Schätzperiode umfasst alle Jahre von 1961 bis 2002, bis auf das Jahr 1991, auf das wegen der verzerrenden Effekte der deutschen Vereinigung verzichtet wurde. Insgesamt stehen also 41 **Beobachtungen** zur Verfügung. Die Zahl der **Freiheitsgrade** ist die Anzahl an Beobachtungen abzüglich der Anzahl zu schätzender Parameter. In unserem Fall wird nur ein Parameter (die marginale Konsumneigung) geschätzt. Folglich erhalten wir 40 Freiheitsgrade. Wir könnten jedoch auch weitere Parameter schätzen. Bspw. könnte uns die Diskussion aus ▶*Kapitel 15* veranlassen, das Finanz- und Immobilienvermögen in die Regressionsgleichung aufzunehmen, um zu schätzen, welchen Effekt eine Veränderung des Vermögens auf den Konsum hat. Wir sollten allerdings beachten, dass die Zahl der Beobachtungen relativ zur Zahl der Parameter nicht zu klein werden sollte: Je größer die Zahl der Freiheitsgrade, desto verlässlicher werden die Schätzwerte.

3. Die Größe $\overline{R}^2$ ist ein Maß für die Güte der Regression. Sie gibt an, wie gut die ermittelte Gerade den Zusammenhang zwischen den Größen erfasst. Etwas exakter formuliert: $\overline{R}^2$ gibt an, welcher Teil der Veränderung der abhängigen Variable durch Veränderungen der unabhängigen Variable erklärt wird.

```
Abhängige Variable: dC - Ordinary Least Squares
Anzahl Beobachtungen: 41
Anzahl Freiheitsgrade: 40
R̄²: 0,79
Unabhängige Variable    Koeffizient    t-Statistik
        dY                0,68410         12,73
```

4. Die Variable, welche die abhängige Variable „erklären" soll, wird **unabhängige Variable** genannt. In unserem Fall betrachten wir lediglich eine unabhängige Variable: die jährliche Veränderung des verfügbaren Einkommens abzüglich der durchschnittlichen jährlichen Veränderung, abgekürzt dY.

5. Für jede unabhängige Variable ermittelt das statistische Programmpaket den geschätzten Koeffizienten (in unserem Beispiel 0,68) sowie die dazugehörige ***t*-Statistik**. Die *t*-Statistik gibt für jeden geschätzten Parameter an, mit welcher Sicherheit wir davon ausgehen können, dass der wahre Parameter nicht gleich null ist, dass also überhaupt ein Zusammenhang zwischen beiden Größen besteht. Je größer die *t*-Statistik, desto geringer ist die Wahrscheinlichkeit, dass kein Zusammenhang besteht. Im vorliegenden Fall ist diese Wahrscheinlichkeit äußerst gering, nämlich weniger als 1 %.

C.2 Der Unterschied zwischen Korrelation und Kausalität

Wir müssen beachten, dass unsere bisherigen Erkenntnisse sich ausschließlich auf die Existenz eines Zusammenhangs zwischen beiden Größen beziehen. Wir konnten lediglich zeigen, dass die Veränderung des Konsums und die des verfügbaren Einkommens positiv korreliert sind. In unserer Interpretation allerdings haben wir bereits die kausale Aussage getroffen, dass ein Anstieg des verfügbaren Einkommens einen Anstieg des Konsums hervorruft.

Diese kausale (ursächliche) Aussage jedoch sollten wir noch einmal überdenken. Die positive Beziehung zwischen verfügbarem Einkommen und Konsum könnte ebenso die Auswirkungen von Konsumschwankungen auf das verfügbare Einkommen widerspiegeln.

Tatsächlich hatten wir in ▶ Kapitel 3 gezeigt, dass es keine eindeutige Wirkungsrichtung gibt: Wenn die Konsumenten mehr ausgeben, dann steigen Produktion, Volkseinkommen und damit auch das verfügbare Einkommen an.

Wenn das verfügbare Einkommen steigt, steigt der Konsum. Wenn also die Beziehung zwischen Konsum und verfügbarem Einkommen auf beiden Effekten beruht, dann sollten wir Gleichung (C.1) nicht in einer Weise interpretieren, die so tut, als ob lediglich das verfügbare Einkommen den Konsum beeinflusst.

Ein Beispiel sollte uns an dieser Stelle helfen: Nehmen Sie an, dass der Konsum nicht vom verfügbaren Einkommen abhängt und somit der wahre Wert von c_1 gleich null wäre. (Dies ist sicherlich nicht besonders realistisch; aber es macht den Sachverhalt am deutlichsten klar.) Zeichnen wir nun die Konsumfunktion als horizontale Linie (eine Gerade mit einer Steigung von null) in ▶ Abbildung C.3 ein. Als Nächstes unterstellen wir, dass das verfügbare Einkommen zunächst gleich Y_V ist. Wir erhalten dann eine Ausgangskombination von Konsum und verfügbarem Einkommen, die durch Punkt A gekennzeichnet ist.

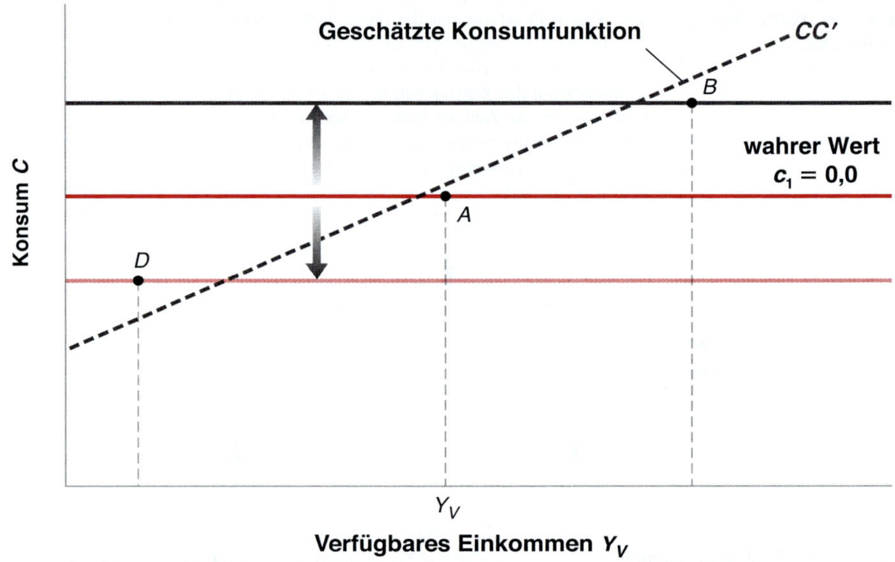

Abbildung C.3 Das Problem von Kausalität und Korrelation im Konsum- Einkommens-Beispiel
Obwohl die marginale Konsumneigung annahmegemäß einen Wert von null hat, erhalten wir für die Regressionsgerade eine positive Steigung. Bei der Verwendung ökonometrischer Verfahren müssen wir deshalb zwischen Korrelation und Kausalität unterscheiden.

Nehmen wir nun an, dass aufgrund eines Anstiegs des Konsumentenvertrauens die Konsumenten ihre Konsumausgaben erhöhen und sich somit die Konsumgerade nach oben verschiebt. Im Modell aus ▶ Kapitel 3 würde es zu einem Anstieg der Produktion, des Volkseinkommens und auch des verfügbaren Einkommens kommen, sodass die neue Kombination von Konsum und verfügbarem Einkommen durch den Punkt *B* charakterisiert wird. Falls die Konsumenten pessimistischer werden, kommt es zu einer genau entgegengesetzten Entwicklung: Die Konsum-Einkommens-Kombination ist durch Punkt *D* gegeben.

Eine solchermaßen vorgenommene Analyse liefert uns damit die Punkte *A*, *B* und *D*. Wenn wir nun mit Hilfe ökonometrischer Verfahren eine Linie durch diese „Punktwolke" legen, dann erhalten wir die steigende Gerade *CC*`. Wir würden somit einen positiven Wert für die Konsumneigung c_1 schätzen, obwohl der „wahre" Wert von c_1 null ist. Der Grund für unsere Fehleinschätzung ist, dass wir die positive Beziehung zwischen verfügbarem Einkommen und Konsum als kausale Beziehung interpretiert haben: Wir sind einfach davon ausgegangen, dass das verfügbare Einkommen den Konsum beeinflusst, obwohl die Wirkungskette genau umgekehrt verläuft: Gestiegener Konsum führt zu höherer Nachfrage, höherer Produktion und damit zu höherem verfügbarem Einkommen.

Der Unterschied zwischen Kausalität und Korrelation ist eine der zentralen Erkenntnisse der empirischen Forschung. Die Tatsache, dass zwei Variablen einem ähnlichen Verlauf folgen, bedeutet nicht automatisch, dass Veränderungen der ersten Variable Veränderungen der zweiten Variable hervorrufen. Möglicherweise wirkt die Kausalität ja in die andere Richtung: Veränderungen der zweiten Variablen rufen Veränderungen der ersten Variablen hervor. Vielleicht wirkt die Kausalität wie in diesem Beispiel auch in beide Richtungen: Das verfügbare Einkommen beeinflusst den Konsum, und der Konsum wirkt sich auf das verfügbare Einkommen aus. Schließlich besteht noch die Möglichkeit, dass beide Variablen von einer dritten Variablen beeinflusst werden, die wir in unserer Analyse gar nicht berücksichtigt haben.

Gibt es einen Ausweg aus diesem Dilemma? Können wir den Effekt des verfügbaren Einkommens auf den Konsum trotz der schwierigen Unterscheidung zwischen Korrelation und Kausalität ermitteln? Die Antwort darauf ist: Ja, soweit uns zusätzliche Informationen zur Verfügung stehen. Würden wir z.B. wissen, dass eine spezifische Veränderung des verfügbaren Einkommens nicht durch eine Veränderung des Konsums hervorgerufen wurde, dann könnten wir die Konsumneigung schätzen, indem wir die Reaktion des Konsums betrachten, die sich aufgrund genau dieser spezifischen Veränderung des verfügbaren Einkommens ergab.

Eine solche Vorgehensweise scheint das Problem nur an der Oberfläche zu lösen: Wie können wir mit Sicherheit ausschließen, dass die Änderung des verfügbaren Einkommens nicht doch auf eine Veränderung des Konsums zurückzuführen ist? Wie können wir Situationen identifizieren, in denen das verfügbare Einkommen sich unabhängig vom Konsum veränderte? Tatsächlich ist es oft schwierig, solche Daten zu finden. Es ist aber nicht unmöglich. Nehmen wir zum Beispiel an, dass die Regierung eines Landes eine Steuersenkung in mehreren Schritten durchführt. Dies würde eine Erhöhung des verfügbaren Einkommens nach sich ziehen, die zunächst nicht in einer Erhöhung der Konsumausgaben begründet sein kann. Wenn wir dann beobachten, dass sowohl das verfügbare Einkommen als auch der Konsum steigen, dann können wir davon ausgehen, dass der Anstieg des Konsums vollständig auf den Effekt des gestiegenen verfügbaren Einkommens auf den Konsum zurückzuführen ist.

Dieses Beispiel verdeutlicht die allgemeine Vorgehensweise:

- Finde exogene Variablen – d.h. Variablen, die zwar das verfügbare Einkommen beeinflussen, von ihm selbst aber unabhängig sind.
- Betrachte dann die Veränderung des Konsums nicht in Abhängigkeit der gesamten Veränderung des verfügbaren Einkommens – so wie wir das in der obigen Regression gemacht haben –, sondern in Abhängigkeit der Veränderungen, die durch diese exogenen Variablen hervorgerufen wurden.

Indem wir diese Strategie verfolgen, können wir den bereinigten Effekt des verfügbaren Einkommens auf den Konsum schätzen. Das Problem besteht jedoch darin, geeignete exogene Variablen zu finden. Die Ökonometrie bezeichnet dies als Identifizierung der **Instrumentvariablen**, wobei der Begriff *Instrumentvariable* für exogene Größen steht, welche die gewünschten Eigenschaften aufweisen. Die Schätzverfahren unter Verwendung solcher Instrumente nennt man Instrumentvariablen-Verfahren.

Glossar

D

A

Abschreibungsrate

Der Anteil des Kapitalbestandes, der innerhalb eines Jahres verfällt.

Achsenabschnitt

In einer linearen Beziehung zwischen zwei Variablen der Wert der ersten Variable, wenn die zweite den Wert null annimmt.

Adaptive Erwartungen

Eine Methode, Erwartungen zu bilden, indem die Erwartungen (rückwärts gewandt) an Fehler aus der Vergangenheit angepasst werden.

Aggregierte Produktion

Die gesamte in einer Volkswirtschaft produzierte Menge an Gütern.

Aggregierte Produktionsfunktion

Sie spezifiziert die Beziehung zwischen der Gesamtproduktion in einer Volkswirtschaft und den dabei verwendeten Inputs (wie Kapital und Arbeit).

Aktien

Von Unternehmen emittierte Finanzanlagen, die in Zukunft einen Zahlungsstrom von Dividenden (Zahlungen aus den Unternehmensgewinnen) versprechen.

Aktienkurs

Der nominale Fundamentalwert des Aktienkurses entspricht dem erwarteten Gegenwartswert künftiger nominaler Dividenden, diskontiert mit dem aktuellen und den künftigen nominalen Zinssätzen. Der reale Fundamentalwert des Aktienkurses entspricht dem erwarteten Gegenwartswert zukünftiger realer Dividenden, diskontiert mit dem aktuellen und den künftigen realen Zinssätzen. Bei spekulativen Blasen und Launen kann der Aktienkurs vom Fundamentalwert abweichen.

Aktienprämie

Risikoprämie, die Anleger fordern, um Aktien statt Anleihen höchster Bonität (mit dem besten Rating) zu halten.

Aktuelle Rendite

Das Verhältnis der Kuponzahlung zum Preis der Anleihe.

Akzelerierende Phillipskurve

Siehe modifizierte Phillipskurve.

Animal Spirits

Ein Ausdruck, den Keynes in seiner „Allgemeinen Theorie“ eingeführt hat, um Veränderungen des Investitionsverhaltens zu bezeichnen, das sich nicht durch den Einfluss anderer Variablen erklären lässt.

Anlageinvestitionen

Siehe Investitionen.

Arbeitnehmerentgelt

In der VGR bezeichnet es die Summe aus Bruttolöhnen und Gehältern sowie den Sozialbeiträgen der Arbeitgeber.

Arbeitskräftepotenzial

Bevölkerung im arbeitsfähigen Alter; der Teil der Bevölkerung, der grundsätzlich dem Arbeitsmarkt zur Verfügung steht.

Arbeitslosenquote

Quotient der Zahl der Arbeitslosen und der Zahl der Erwerbspersonen.

Arbeitsproduktivität

Die Produktion je Beschäftigten.

Arbitrage

Die Forderung, dass die erwartete Rendite zweier Finanzanlagen gleich sein muss. (Diese Forderung geht von risikoneutralen Anlegern aus. Bei Risikoaversion gilt die um eine Risikoprämie modifizierte Arbitrage-Bedingung.)

Aufwertung

(reale) Ein Anstieg des relativen Preises inländischer Güter in Einheiten der ausländischen Güter. Gleichbedeutend mit einem Anstieg des realen Wechselkurses.

Außenbeitrag

Die Differenz zwischen Exporten und Importen von Waren und Dienstleistungen (auch als Nettoexporte bezeichnet). Der Außenbeitrag ist die Summe aus Handels- und Dienstleistungsbilanz.

Außenhandelsquote

Durchschnitt aus der Summe von Warenimporten und Warenexporten, gemessen als Anteil am BIP.

B

Bandbreiten

(bei festen Wechselkursen) Die Grenzen in einem Wechselkursregime mit festen Bandbreiten, innerhalb derer Schwankungen des Wechselkurses gegenüber den anderen Währungen des Systems zugelassen sind.

Bargeld
Münzen und Banknoten.

Basisjahr
Das Jahr, dessen Preise als Basis zur Konstruktion des realen BIP verwendet werden (man spricht deshalb auch vom BIP in Preisen des Basisjahres).

Bestandsgröße
Eine Variable, die den Bestand zu einem bestimmten gegebenen Zeitpunkt (etwa am Jahresende) angibt. Beispiele sind Vermögen oder Verschuldung.

Bestimmtheitsmaß
(R^2) Maß für die Güte der Regression. Es liegt immer zwischen null und eins. Bei einem Wert von null liegt überhaupt keine Beziehung zwischen den Größen vor; bei einem Wert von eins sind die Variablen perfekt miteinander korreliert.

Bilateraler Wechselkurs
Der reale Wechselkurs zwischen zwei Ländern.

BIP-Deflator
Das Verhältnis von nominalem zu realem BIP. Ein Maß für das allgemeine Preisniveau. Eine Indexzahl, deren Niveau in einem bestimmten Jahr auf 1 oder 100 festgesetzt wird. Die Veränderungsrate des BIP-Deflators ist die Inflationsrate.

BIP in jeweiligen Preisen
Siehe nominales BIP.

BIP-Wachstum
Die Wachstumsrate des realen BIP. Im Jahr t entspricht sie $(Y_t - Y_{t-1})/Y_{t-1}$.

BIP zu konstanten Preisen
Siehe reales BIP.

Bruttoinvestitionen
In der VGR die Summe aus Bruttoanlageinvestitionen in Ausrüstungen, Bauten und sonstigen Anlagen.

Bruttonationaleinkommen
(BNE) Das Einkommen der Inländer, unabhängig davon, wo das Einkommen produziert wurde. Es unterscheidet sich von der inländischen Produktion (dem BIP) durch den Saldo der Primäreinkommen aus der übrigen Welt – die Differenz der Erwerbs- und Vermögenseinkommen von Inländern und Ausländern. Das BNE wurde früher als Bruttosozialprodukt (BSP) bezeichnet.

Budgetrestriktion
(staatliche) Sie verknüpft die Veränderung der Staatsverschuldung mit dem Ausgangsniveau der Staatsverschuldung (davon hängt die Höhe der Zinszahlungen ab) und mit den aktuellen Staatsausgaben und Steuern. Das Defizit lässt sich in die Summe aus zwei Termen zerlegen: das Primärdefizit und die Zinszahlungen auf die Staatsverschuldung.

C

Cashflow
Der in einer Periode erzielte Zufluss an verfügbaren Mitteln.

Corporate Bonds
Siehe Unternehmensanleihen.

Currency Board
Ein System fester Wechselkurse, in dem das gesamte Zentralbankgeld durch Devisenreserven gedeckt ist. Die Zentralbank verpflichtet sich, jederzeit Devisen zum offiziellen Wechselkurs zu kaufen oder zu verkaufen, aber keine Offenmarktoperationen vorzunehmen, also keine Staatsanleihen zu kaufen oder zu verkaufen.

Current Population Survey
(CPS) Eine große monatliche Umfrage unter einer Stichprobe von Haushalten in den USA, die repräsentativ für die Gesamtbevölkerung der Vereinigten Staaten ist. Sie ist die wichtigste Quelle für Statistiken zu den Themenbereichen Erwerbsbevölkerung, Beschäftigung, Partizipation und Einkommen und bildet auch die Basis zur Berechnung der Arbeitslosenquote.

D

Dauer der Arbeitslosigkeit
Die Zeitdauer, während der eine Erwerbsperson nicht beschäftigt ist.

Defizitquote
Das nominale Budgetdefizit im Verhältnis zum nominalen BIP.

Deflation
Negative Inflation.

Depression
Eine lange und anhaltende Rezession.

Devisen
Fremdwährungen. Alle Währungen mit Ausnahme der Währung des betreffenden Landes.

Devisenbilanz
Erfasst die Änderung der Währungsreserven (siehe dort) der Zentralbank.

Devisenreserven
Siehe Währungsreserven.

Dienstleistungen
Güter, die nicht gelagert werden können, wie Gastgewerbeleistungen, Handwerkerleistungen, Kultur- und Sportveranstaltungen, öffentliche Gebühren, Urlaubsreisen, Verkehrstarife, Versicherungen und Bankgebühren.

Dienstleistungsbilanz
Die Differenz zwischen Exporten und Importen von Dienstleistungen.

Disinflation
Ein Rückgang der Inflationsrate.

Diskontanleihen
Anleihen, die nur eine einzige Zahlung am Ende der Laufzeit versprechen.

Diskontfaktor
Der heutige Wert einer Währungseinheit, die zu einem späteren Zeitpunkt ausgezahlt wird.

Diskontierter erwarteter Gegenwartswert
Der heutige Wert einer erwarteten Folge von künftigen Auszahlungen (diskontiert mit dem aktuellen und den künftig erwarteten nominalen Zinssätzen). Auch als diskontierter Gegenwartswert oder einfach als Gegenwartswert bezeichnet.

Diskontrate
Die Rate, mit der zukünftige Zahlungen diskontiert werden (bei nominalen Auszahlungen entspricht sie dem Nominalzins, bei realen Auszahlungen dem Realzins).

Dividenden
Die Zahlungen an Aktionäre aus den Unternehmensgewinnen. Die Höhe der Dividenden wird (im Gegensatz zu den fest vereinbarten Zinsen von Anleihen) vom Unternehmen selbst bestimmt.

Dollarisierung
Die extremste Form eines Hard Peg. Sie ersetzt die inländische Währung durch eine ausländische Währung, bislang typischerweise den Dollar.

Doppeldefizit
Hohe Neuverschuldung des Staates, kombiniert mit einem hohen Leistungsbilanzdefizit. Die Situation, durch die die Vereinigten Staaten während der 1980er-Jahre geprägt waren.

Dynamik
Bewegungen einer oder mehrerer Variablen über die Zeit.

E

Effektive Arbeit
Die Menge an effektiv verfügbarer Arbeit in einer Volkswirtschaft. Sie kann sich durch technischen Fortschritt erhöhen: Verdoppelt sich der Stand der Technik, so wirkt dies genauso, als ob die Volkswirtschaft doppelt so viele Beschäftigte hätte. Wird auch als Arbeit in Effizienzeinheiten bezeichnet.

Effektive Nachfrage
Synonym für aggregierte Nachfrage.

Effizienzlohn
Der Lohn, zu dem ein Arbeiter seine Tätigkeit am effizientesten (produktivsten) ausübt.

Eigenkapitalquote
Der Anteil des Eigenkapitals an der Bilanzsumme eines Unternehmens

Eigentumsrechte für neue Produkte
Siehe Patentrecht.

Einkommen
Der Strom an Erträgen aus Arbeit, Vermietung und Verpachtung, Zinsen und Dividenden.

Einlagensicherung
Sicherungssystem, um zu verhindern, dass Anleger ihre Einlagen überstürzt zurückfordern und so eine Liquiditätskrise mit der Gefahr von Zusammenbrüchen gesunder Banken auslösen.

Endogenes Wachstum
Theorieansätze, die durch eine Kombination der Akkumulation von physischem Kapital und Humankapital stetiges Wachstum selbst ohne technischen Fortschritt generieren.

Endogene Variable
Eine Variable, die von anderen Variablen im Modell abhängt und damit modellendogen bestimmt wird.

Entmutigte Arbeitnehmer
Arbeitnehmer, die sich zwar nicht aktiv auf Arbeitsuche befinden, die aber einen Job annehmen würden, wenn er sich bieten würde.

Erwartungshypothese
Die Hypothese, dass Finanzinvestoren risikoneutral sind und dass deshalb die erwartete Rendite aller Finanzanlagen gleich sein muss.

Erwerbsbevölkerung
Zahl der Erwerbspersonen (der Summe aus Erwerbstätigen und Arbeitslosen).

Erwerbslosenquote
Der Quotient aus der Zahl der Erwerbslosen und der Zahl der Erwerbspersonen (vgl. auch Arbeitslosenquote).

Erwerbspersonen
Die Summe aus Erwerbstätigen und Arbeitslosen (auch Erwerbsbevölkerung).

Erwerbsquote
Das Verhältnis von Erwerbspersonen zur Gesamtbevölkerung im arbeitsfähigen Alter.

Erwerbstätigen
Personen, die einer Erwerbstätigkeit nachgehen. Dazu zählen sowohl Selbstständige wie auch Arbeitnehmer, die in einem Beschäftigungsverhältnis stehen.

Euribor
European Interbank Offered Rate – der Zinssatz, zu dem sich Banken untereinander am Interbankenmarkt kurzfristig Liquidität in Euro leihen, ohne dafür Sicherheiten zu hinterlegen.

Europäisches Währungssystem
(EWS) Ein System fester Wechselkurse zwischen den meisten Staaten der Europäischen Union von 1978 bis 1998.

Eurostat
Das statistische Amt der Europäischen Union.

Exogene Variable
Eine Variable, die innerhalb des Modells nicht erklärt, sondern als gegeben angenommen wird.

Expansive Fiskalpolitik
Eine Erhöhung der Staatsausgaben oder eine Reduktion der Steuern. Eine Politik, die zu einer Zunahme des Budgetdefizits führt.

Expansive Geldpolitik
Die Zentralbank senkt die Zinsen. Sie kauft im Rahmen von Offenmarktoperationen inländische Wertpapiere und erhöht dafür im Austausch die Menge an Zentralbankgeld.

Exporte
(X) Der Kauf von inländischen Waren und Dienstleistungen durch Ausländer.

F

Federal Funds Rate
Der Zinssatz, der in den Vereinigten Staaten für Gleichgewicht auf dem Interbanken- Markt (dem federal funds market) sorgt. Es ist der Zinssatz, den die Fed (die US-amerikanische Zentralbank) durch Änderungen ihrer Geldpolitik unmittelbar beeinflusst.

Feinsteuerung
Eine makroökonomische Politik, die versucht, ein vorgegebenes Ziel (wie eine bestimmte Arbeitslosenquote oder eine bestimmte Wachstumsrate des BIP) exakt zu erreichen.

Feste Wechselkurse
Ein Wechselkursregime zwischen zwei oder mehreren Staaten, das einen festen Kurs vereinbart, der nur selten verändert wird.

Finanzvermögen
Der Wert aller Finanzanlagen, abzüglich aller Verbindlichkeiten. Manchmal auch einfach als Vermögen bezeichnet.

Fisher-Hypothese
Die Aussage, dass ein Anstieg der Inflation mittelfristig den Nominalzins 1:1 erhöht und so den Realzins unverändert lässt, weil die erwartete Inflationsrate in den Nominalzins eingeht.

Flexible Wechselkurse
Ein Wechselkursregime, in dem der Kurs auf dem Devisenmarkt frei ohne Interventionen der Zentralbanken bestimmt wird.

Forschung und Entwicklung
(F&E) Ausgaben mit dem Ziel, neue Ideen und neue Produkte zu entdecken und zu entwickeln.

G

Gebrauchskosten des Kapitals
Die Nutzungskosten des Kapitals über ein Jahr bzw. eine bestimmte Zeitperiode. Sie bestimmen sich aus Realzins plus Abschreibungsrate (den Nutzungskosten des Kapitals, wenn es von Leasing-Agenturen gemietet würde. Auch als „user cost" oder Mietkosten des Kapitals bezeichnet.

Gedeckte Zinsparität
Siehe Zinsparität.

Gegenwartswert
Siehe diskontierter erwarteter Gegenwartswert.

Geldbasis
Siehe Zentralbankgeld.

Geldillusion
Die Tatsache, dass den Wirtschaftssubjekten bei der Unterscheidung zwischen nominalen und realen Veränderungen offenbar systematische Fehler unterlaufen.

Geldmarktfonds
Finanzintermediäre, deren Vermögen aus kurzfristig fälligen Interbankeneinlagen besteht und deren Verbindlichkeiten aus Einlagen bestehen (sie werden als Anteile bezeichnet).

Geldmengenaggregat
Der Marktwert bestimmter Aggregate liquider Finanzanlagen. Siehe M1, M2, M3.

Geldmengensteuerung
Bei einer Geldmengensteuerung legt die Zentralbank die Geldmenge fest; der Zinssatz bestimmt sich endogen aus Geldangebot und Geldnachfrage (vgl. auch Zinssteuerung).

Geometrische Reihe
Eine mathematische Reihe, in der das Verhältnis eines Terms zum vorhergehenden Term konstant bleibt. Beispiele sind der Multiplikatorprozess oder der diskontierte Gegenwartswert bei konstantem Zinssatz.

Gesamtvermögen
(*GV*) Summe aus Finanz-, Immobilien- und Sachvermögen sowie dem Humanvermögen.

Gesetz von Okun
Siehe Okun'sches Gesetz.

Gewinnaufschlag
Der Aufschlag der Preise über die Grenzkosten, den die Unternehmen aufgrund ihrer Marktmacht erzielen. Je höher der Gewinnaufschlag, desto niedriger der Reallohn, der sich gesamtwirtschaftlich aus dem Preissetzungsverhalten der Unternehmen ergibt.

Glättung von Konsumausgaben
Die in den Konsumpräferenzen begründete Abneigung gegen allzu starke Schwankungen des Konsumniveaus („consumption smoothing").

Gleichgewicht
Gleichheit zwischen Angebot und Nachfrage.

Gleichgewichtsbedingung
Die Bedingung, dass Angebot und Nachfrage gleich sind.

Goldene Regel der Kapitalakkumulation
Der Kapitalbestand, bei dem der Konsum pro Kopf maximiert wird.

Goldstandard
Ein Währungssystem, in dem ein Land den Preis der eigenen Währung in Einheiten von Gold fixiert und sich verpflichtet, zu diesem Kurs jederzeit Gold gegen die eigene Währung zu tauschen.

Government Bonds
Siehe Staatsanleihen.

H

Haavelmo-Theorem
Es zeigt, dass der Multiplikatoreffekt bei ausgeglichenem Staatshaushalt gerade gleich eins ist.

Handelbare Güter
Güter, die mit ausländischen Gütern entweder auf dem Inlandsmarkt oder auf dem Auslandsmarkt im Wettbewerb stehen.

Hard Peg
Mechanismen, um in einem System fester Wechselkurse eine Änderung der Parität symbolisch oder technisch zu erschweren.

Hauptrefinanzierungssatz
Der Zinssatz, zu dem die EZB im Rahmen ihrer Offenmarktgeschäfte Geld für Geschäftsbanken bereitstellt.

Haushaltsdefizit
Siehe Budgetdefizit.

Haushaltskonsolidierung
Siehe Kontraktive Fiskalpolitik.

Hedonischer Preisindex
Der Versuch, die Inflationsrate um Preissteigerungen zu bereinigen, die auf Qualitätsverbesserungen beruhen. Er behandelt Güter als eine bestimmte Mischung von Charakteristika und versucht, die mit einem bestimmten Produkt verbundenen nutzenstiftenden Eigenschaften der unterschiedlichen Charakteristika zu erfassen.

High-powered money
Siehe Zentralbankgeld.

Humankapital
(H) Kenntnisse der Beschäftigten in einer Volkswirtschaft.

Humanvermögen
(HV) Erwarteter Barwert des Arbeitseinkommens. Geschätzter Gegenwartswert der erwarteten Nettoverdienste während des gesamten Arbeitslebens.

HVPI
Siehe harmonisierter Verbraucherpreisindex.

Hyperinflation
Sehr hohe Inflation.

I

Identität
Eine Gleichung, die definitionsgemäß gilt (mit dem Symbol $\equiv$ bezeichnet).

Immobilienvermögen
Der Wert des Immobilienbestandes.

Importneigung
(marginale) Der marginale Effekt (im_1), den eine zusätzliche Einheit inländischen Einkommens auf den Import hat.

Index der Erzeugerpreise gewerblicher Produkte
Erfasst die Preisentwicklung der im Inland hergestellten und abgesetzten industriellen Güter.

Indexierte Anleihen
Sie versprechen statt fixer nominaler Auszahlungen Zahlungen, die um die Inflationsrate bereinigt sind, und ermöglichen damit einen Schutz vor dem Inflationsrisiko.

Indexzahl
Eine Zahl (wie etwa der BIP-Deflator), die kein natürliches Niveau hat und deren Niveau in einem bestimmten Jahr deshalb willkürlich (meist auf 1 oder 100) festgesetzt werden kann.

Indirekte Steuern
Steuern auf Waren und Dienstleistungen wie etwa die Umsatzsteuer.

Inflation
Ein anhaltender Anstieg des allgemeinen Preisniveaus.

Inflationsbereinigtes BIP
Siehe reales BIP.

Inflationserwartungen
Die erwartete Inflationsrate. Die Inflationserwartungen können fest verankert (konstant) sein oder sich an den in der Vergangenheit beobachteten Inflationsraten orientieren. Bei rationalen Erwartungen orientieren sich die Inflationserwartungen an der zukünftig erwarteten Geldpolitik. Verfügt die Zentralbank über Glaubwürdigkeit, für stabile Inflationsraten zu sorgen, sind die Inflationserwartungen fest verankert.

Inflationsrate
Die Rate, mit der das Preisniveau im Zeitverlauf ansteigt.

Inflationssteuer
Das Produkt aus Inflationsrate und realer Geldmenge.

Inflation targeting
(direkte Inflationssteuerung) Eine Geldpolitik, die darauf abzielt, mittelfristig eine bestimmte Inflationsrate zu erreichen.

Inländische Absorption
Siehe Absorption.

Inländische Güternachfrage
Die Summe aus Konsum, Investition und Staatsausgaben.

Instrumentvariablen
Ein Schätzverfahren in der Ökonometrie, das zur Identifizierung der Kausalbeziehung zwischen verschiedenen Variablen Instrumente verwendet.

***IS*-Gleichung**
Die Gleichgewichtsbedingung auf dem Gütermarkt. Sie besagt, dass die Produktion (bzw. das Einkommen) der Güternachfrage Z entsprechen muss oder – äquivalent –, dass die Investition der Ersparnis entsprechen muss.

IS-Kurve
Eine Kurve, die das Gleichgewichtseinkommen als eine Funktion des Zinssatzes darstellt. Sie hat einen fallenden Verlauf. Die Kurve leitet sich aus dem Gleichgewicht auf dem Gütermarkt (der IS-Funktion) ab.

J

J-Kurve
Eine Kurve, die zeigt, dass die Handelsbilanz auf eine reale Abwertung im Zeitablauf verzögert reagiert: Zunächst kommt es zu einer Verschlechterung der Handelsbilanz, bevor sie sich verbessert.

Junk bond
Anleihe mit hohem Ausfallrisiko (Ramschanleihe).

K

Kapitalbilanz
Sie erfasst alle Kapitalmarkttransaktionen gegenüber dem Rest der Welt und gibt an, wie zusätzliche Ersparnisse im Ausland gebildet wurden.

Kapitalintensität
Bezeichnet die Menge des eingesetzten Kapitals je Beschäftigten. Bei konstanten Skalenerträgen hängt die produzierte Menge je Beschäftigten nur von der Kapitalintensität ab.

Kapitalkontrollen
Beschränkungen der ausländischen Kapitalanlagen, die Inländer halten dürfen, und Beschränkungen der inländischen Kapitalanlagen, die Ausländer halten dürfen.

Kassenhaltungskoeffizient
Verhältnis von Geldnachfrage zu Nominaleinkommen.

Kaufkraft
Einkommen in Gütereinheiten.

Kausalität
Die Beziehung zwischen Ursache und Wirkung.

Kerninflationsrate
Inflationsrate, die aus einem Warenkorb ermittelt wird, der Güter mit stark schwankenden Preisen ausklammert, um zuverlässige Informationen über den mittelfristigen Preistrend zu erhalten.

Kettenindex
Statistisches Verfahren zur Verkettung von Wachstumsraten.

Konfidenzintervall
Bei der Schätzung der dynamischen Effekte einer Variablen auf eine andere gibt es das Intervall an, in dem der wahre Parameter bei wiederholten Stichproben mit einer bestimmten vorgegebenen Wahrscheinlichkeit liegt.

Konjunkturbereinigtes Defizit
Eine Maßzahl für das Defizit, die schätzt, wie groß das Defizit (bei unveränderten Regeln für Steuern und Staatsausgaben) sein würde, wenn die Produktion dem Produktionspotenzial entspräche. Sie versucht, das nominale Defizit um konjunkturbedingte Effekte (etwa aufgrund der automatischen Stabilisatoren) zu bereinigen. Auch als Vollbeschäftigungsdefizit oder strukturelles Defizit (so die Terminologie der OECD) bezeichnet.

Konjunkturzyklen
Siehe Produktionsschwankungen.

Konstante Skalenerträge
Eine Eigenschaft der aggregierten Produktionsfunktion. Konstante Skalenerträge liegen vor, wenn bei einem proportionalen Anstieg (Rückgang) aller Inputs auch die Produktion proportional steigt (bzw. zurückgeht).

Konsumausgaben des Staates
(G) Käufe von Waren und Dienstleistungen durch den staatlichen Sektor – also Bund, Länder und Gemeinden.

Konsumfunktion
Eine Verhaltensgleichung, die den Konsum als Funktion ihrer Determinanten (wie des verfügbaren Einkommens) beschreibt.

Konsumneigung
(marginale) Der marginale Effekt (c_1), den eine zusätzliche Einheit verfügbares Einkommen auf den Konsum hat.

Kontraktive Fiskalpolitik
Maßnahmen zum Abbau eines Budgetdefizits, Erhöhung der Steuern oder Reduktion der Staatsausgaben. Auch als Haushaltskonsolidierung bezeichnet.

Kontraktive Geldpolitik
Die Zentralbank erhöht die Zinsen.

Kontrolltheorie, optimale
Die mathematischen Methoden zur Kontrolle eines Systems (ursprünglich zur Lenkung von Maschinen, etwa Raketen).

Konvergenz
Wenn Länder mit niedrigerer Produktion je Beschäftigten schneller wachsen, kommt es zu einer Konvergenz der Produktion je Beschäftigten zwischen den Ländern.

Konvergenzkriterien
Siehe Vertrag von Maastricht.

Korrelation
Ein Maß, das erfasst, wie stark sich zwei Variablen gemeinsam bewegen. Positive Korrelation deutet darauf hin, dass die beiden Variablen sich in die gleiche Richtung bewegen. Negative Korrelation deutet darauf hin, dass die beiden Variablen sich in die entgegengesetzte Richtung bewegen. Bei einer Korrelation von null ist keine Beziehung zwischen beiden Variablen erkennbar.

Kreative Zerstörung
Die bereits von Joseph Schumpeter formulierte These, dass Wachstum ein Prozess der kreativen Zerstörung ist, bei dem laufend neue Produkte (und Arbeitsplätze) auf den Markt kommen, die die alten verdrängen.

Kuponanleihen
Anleihen, die mehrfache Zahlungen während der Laufzeit und eine Zahlung am Ende versprechen.

Kuponzahlungen
Zahlungen während der Laufzeit einer Anleihe.

Kuponzins
Das Verhältnis von Kuponzahlung zum Nominalwert einer Anleihe.

Kurze Frist
Beschreibt, wie sich die Makroökonomie von Jahr zu Jahr entwickelt.

Kurzfristige Anleihen
Anleihen mit einer Laufzeit von bis zu einem Jahr.

L

Lagerinvestitionen
Siehe Vorratsinvestitionen.

Lange Frist
Eine langfristige Perspektive von über 50 Jahren.

Langfristige Anleihen
Anleihen mit einer Laufzeit von zehn oder mehr Jahren.

Laufende Übertragungen
In der Leistungsbilanz der Nettowert von Zahlungen an die und aus der Entwicklungshilfe sowie der Nettozahlungen an und von internationalen Organisationen.

Launen
(oder Fads) Zeiten, in denen Anleger wegen einer Modeerscheinung (fad) oder aus Überoptimismus bereit sind, mehr als den fundamentalen Wert für eine Aktie zu bezahlen.

Lebenszyklus-Hypothese des Konsums
Konsumtheorie von Franco Modigliani, die betont, dass die gesamte Lebensspanne als Planungshorizont der Wirtschaftssubjekte berücksichtigt werden muss.

Leistungsbilanzdefizit
Private und staatliche Ersparnisse im Inland reichen nicht zur Finanzierung der inländischen Investitionen. Die Differenz wird durch Nettokapitalzuflüsse vom Rest der Welt finanziert. Dies bedeutet einen Rückgang des Nettoauslandsvermögens.

Leistungsbilanzüberschuss
Private und staatliche Ersparnisse im Inland übersteigen die inländischen Investitionen. Entspricht einem Nettokapitalabfluss an den Rest der Welt (also einem Anstieg des Nettoauslandsvermögens).

Leverage Rate
Das Verhältnis von Bilanzsumme zu Eigenkapital. Mit steigendem Leverage, auch Hebeleffekt genannt, wirken sich Gewinne und Verluste stärker auf die Verzinsung des eingesetzten Eigenkapitals aus.

Libor
(London Interbank Offered Rate) Der Zinssatz, zu dem sich Banken untereinander am Interbankenmarkt in London kurzfristig Liquidität in Dollar leihen können, ohne dafür Sicherheiten zu hinterlegen.

Lineare Gleichung
Eine Beziehung zwischen zwei Variablen X und Y, sodass ein gegebener Zuwachs von X immer zum selben Anstieg von Y führt. Die Beziehung wird durch eine Gerade repräsentiert.

Liquiditätsfalle
Die Situation einer horizontalen Geldnachfrage. Wenn der Nominalzins bei null liegt, kann Geldpolitik ihn nicht weiter senken: Eine weitere Erhöhung der Geldmenge hat keine Auswirkungen auf den Nominalzins.

Liquiditätspräferenz
Präferenz für Geldhaltung gegenüber verzinslichen Anleihen, weil Geld zur Abwicklung von Transaktionen verwendet werden kann. Von Keynes eingeführter Begriff.

LM-Gleichung
Die Gleichgewichtsbedingung auf Geld- und Finanzmärkten. Sie stellt einen Zusammenhang zwischen Geldmenge, Nominaleinkommen und dem Zinssatz dar und fordert, dass das Geldangebot der Geldnachfrage entspricht.

LM-Kurve
Die Kurve, die alle Kombinationen von Zinssatz und Einkommen zeigt, die mit einem Gleichgewicht auf Geld- und Finanzmärkten konsistent sind. Bei einer Zinssteuerung ist die LMKurve eine horizontale Gerade. Sie ist bestimmt durch den von der Zentralbank festgelegten Zinssatz.

Logarithmische Skala
Eine Skala mit der Eigenschaft, dass der gleiche proportionale Anstieg einer Variablen durch den gleichen vertikalen Abstand auf der Skala repräsentiert wird. Wächst eine Variable mit konstanter Rate, so wird sie auf der logarithmischen Skala also durch eine Gerade beschrieben.

Lohnindexierung
Eine Regel, nach der die Löhne automatisch an die Inflation angepasst werden.

Lohnsetzungsgleichung
Die Gleichung, die den Zusammenhang zwischen Reallohn und Arbeitslosenquote als Resultat von Lohnverhandlungen charakterisiert.

Lohnspreizung
(steigende) Zunehmende Lohnungleichheit durch stärkere Spreizung der relativen Löhne für verschiedene Beschäftigungsgruppen.

Lucas-Kritik
Die These von Robert Lucas, dass die Beziehung zwischen wirtschaftlichen Variablen sich ändern kann, wenn sich die Wirtschaftspolitik ändert. Ein Beispiel ist der Trade-off zwischen Inflation und Arbeitslosigkeit. Aus der These folgt, dass die Prognose der wirtschaftlichen Folgen einer Politikmaßnahme nicht auf Basis von Zusammenhängen durchgeführt werden kann, die in der Vergangenheit beobachtet worden sind.

M

M1
Abgrenzung der Geldmenge als Summe aus Bargeld und Sichteinlagen.

M2
Geldmenge *M1* plus Spareinlagen mit bis zu dreimonatiger Kündigungsfrist und Termineinlagen.

M3
Geldmenge *M2* plus Geldmarktfondsanteile, Geldmarktpapiere und Repogeschäfte (die von der EZB favorisierte Abgrenzung der Geldmenge).

Makroökonomie
Die Analyse gesamtwirtschaftlicher (aggregierter) ökonomischer Variablen, wie die gesamtwirtschaftliche (aggregierte) Produktion oder das aggregierte Preisniveau.

Makroprudenzielle Regulierung
Siehe Regulierung, makroprudenzielle.

Marginale Importneigung
Siehe Importneigung.

Marginale Konsumneigung
Siehe Konsumneigung.

Marshall-Lerner-Bedingung
Die Bedingung, die erfüllt sein muss, damit eine reale Abwertung die Handelsbilanz verbessert.

Mehrwert
Die von einem Unternehmen im Produktionsprozess zusätzlich geschaffenen Werte; Produktionswert abzüglich der Vorleistungen (der von anderen Unternehmen bereits geschaffenen Werte).

Mengennotierung
Siehe Wechselkurs (nominaler).

Mietkosten des Kapitals
Siehe Gebrauchskosten des Kapitals.

Mikroökonomie
Analyse von Entscheidungen einzelner Wirtschaftssubjekte und einzelner Märkte.

Mikrozensus
Eine jährliche Befragung des Statistischen Bundesamtes in Wiesbaden einer repräsentativen Gruppe von Haushalten.

Mindestreservesatz
Der Prozentsatz der Sichtguthaben, den die Geschäftsbanken als Mindestreserveverpflichtungen in Form von Zentralbankgeld halten müssen.

Mittlere Frist
Erstreckt sich über einen Zeitraum von zehn Jahren.

Modell
Eine Struktur, die bestimmte Annahmen zur Vereinfachung der Realität trifft, um sich auf die Analyse und Interpretation spezifischer Fragestellungen zu konzentrieren.

Modifizierte Phillipskurve
Sie erfasst die Beziehung zwischen (i) Veränderungen der Inflationsrate und (ii) Arbeitslosenquote. Auch als um Erwartungen erweiterte oder akzelerierende Phillipskurve bezeichnet.

Monetäre Sozialleistungen
Monetäre staatliche Transferzahlungen wie Rentenzahlungen, Arbeitslosengeld II und Grundsicherung.

Multilateraler Wechselkurs
Der reale Wechselkurs zwischen einem Land und seinen Handelspartnern, berechnet als gewichteter Durchschnitt der bilateralen Wechselkurse. Auch als realer Außenwert oder realer effektiver Wechselkurs bezeichnet.

Multiplikator
Das Verhältnis der Änderung einer endogenen Variablen zur Änderung einer exogenen Variablen (etwa dem Anstieg der Produktion relativ zum Anstieg des autonomen Konsums).

Mundell-Fleming-Modell
Ein Modell, das das simultane Gleichgewicht auf Güter-, Geld- und Finanzmärkten in einer offenen Volkswirtschaft untersucht.

N

Natürliche Arbeitslosenquote
(u_n) Die Arbeitslosenquote, bei der Preis- und Lohnentscheidungen miteinander konsistent sind. Auch als strukturelle Arbeitslosenquote bezeichnet.

Natürliches Beschäftigungsniveau
(N_n) Bestimmt sich aus natürlicher Arbeitslosenquote und Erwerbsbevölkerung.

Neokeynesianer
Eine Forschergruppe, die die Bedeutung von Marktunvollkommenheiten und Preisrigiditäten zur Erklärung von Konjunkturschwankungen betont.

Neoklassische Synthese
Ein Konsens in der Makroökonomie, der sich in den frühen 1950er-Jahren etablierte als Integration von Ideen von Keynes und von früheren Ökonomen.

Nettoauslandsvermögen
(V) Das Vermögen der Inländer im Ausland abzüglich des Vermögens der Ausländer im Inland.

Nettoexporte
Die Differenz zwischen Exporten und Importen von Waren und Dienstleistungen. Die Handelsbilanz gibt die Differenz zwischen Exporten und Importen von Waren an; die Dienstleistungsbilanz die Differenz zwischen Exporten und Importen von Dienstleistungen. Die Summe aus beiden bezeichnet man auch als Außenbeitrag.

Nettonationaleinkommen
Bruttonationaleinkommen abzüglich der Abschreibungen. Auch als Primäreinkommen bezeichnet.

Nettovermögen
(NV) Vermögen abzüglich der Verbindlichkeiten.

Neubewertung
(einer Währung) Veränderung der zentralen Parität in einem Regime fester Wechselkurse.

Neueinstellungen
Von Unternehmen neu beschäftigte Arbeitskräfte.

Neue Wachstumstheorie
Neue Forschungsrichtung in der Wachstumstheorie, die die Bestimmungsgründe des technischen Fortschritts und die Bedeutung zunehmender Skalenerträge für das Wachstum untersucht.

New Economy
Siehe Neue Ökonomie

Nominale Rigiditäten
Die träge Anpassung von Nominallöhnen und Preisen an veränderte wirtschaftliche Bedingungen.

Nominaler Wechselkurs
Siehe Wechselkurs (nominaler).

Nominales BIP
Die zu den Preisen der aktuellen Periode bewertete Summe aller Waren und Dienstleistungen für den Endverbrauch, die in einem bestimmten Zeitraum hergestellt wurden. Das nominale BIP bezeichnet man auch als BIP in jeweiligen Preisen.

Nominalwert der Anleihe
Die abschließende Zahlung einer Anleihe am Ende der Laufzeit.

Nominalzins
Zins ausgedrückt in Euro (oder in einer anderen Währungseinheit).

Normale Wachstumsrate der Produktion
Die Wachstumsrate der Produktion, die notwendig ist, um die Arbeitslosenquote konstant zu halten.

O

Offene Faktormärkte
Die Möglichkeit für Unternehmen zu entscheiden, wo sie produzieren wollen, und für Arbeitnehmer zu entscheiden, wo sie arbeiten wollen.

Offene Finanzmärkte
Die Möglichkeit für Anleger, zwischen in- und ausländischen Finanzanlagen zu wählen.

Offene Gütermärkte
Die Möglichkeit für Konsumenten, zwischen in- und ausländischen Gütern zu wählen.

Offenmarktoperation
Ausweitung bzw. Reduktion der Geldmenge durch die Zentralbank durch den An- oder Verkauf von inländischen Wertpapieren. Siehe expansive bzw. kontraktive Geldpolitik.

Osterweiterung
Erweiterung der Europäischen Union: Am 1. Mai 2004 wurden neben Malta und Zypern auch acht zentral- und osteuropäische Staaten (Estland, Lettland, Litauen, Polen, Slowenien, Slowakei, Tschechische Republik und Ungarn) Mitglied der Europäischen Union.

Ö

Ökonometrie
Auf die Wirtschaftswissenschaften angewandte statistische Methoden.

P

Panel-Daten
Sammlung von Daten, in der Informationen zu den gleichen Haushalten über einen längeren Zeitraum verfolgt werden.

Partizipationsrate
vgl. Erwerbsquote

Patentrecht
Legt die Eigentumsrechte an den Erträgen fest, die ein Unternehmen aus seiner eigenen Forschungs- und Entwicklungsaktivität erzielen kann.

***PC*-Kurve**
Die Kurve, die die Phillipskurve (die Beziehung zwischen Inflationsrate und Arbeitslosenquote) abbildet.

Permanente Einkommenshypothese des Konsums
Die von Milton Friedman entwickelte Konsumtheorie, die betont, dass Konsumentscheidungen nicht auf der Basis des aktuellen Einkommens getroffen werden, sondern des erwarteten permanenten Einkommens.

Phillipskurve
Die Kurve, die die empirische Beziehung zwischen (i) Inflationsrate und (ii) Arbeitslosenquote abbildet. Die ursprüngliche Phillipskurve erfasst die Beziehung zwischen Inflationsrate und Arbeitslosenquote. Die modifizierte Phillipskurve erfasst die Beziehung zwischen (i) Veränderungen der Inflationsrate und (ii) Arbeitslosenquote.

Politischer Konjunkturzyklus
Konjunkturschwankungen, die durch Manipulationen der Politiker ausgelöst werden, mit dem Ziel, Wahlen zu gewinnen.

Preisindex für die Lebenshaltung
Siehe Verbraucherpreisindex.

Preisindizes des Außenhandels
Erfassen die Preisentwicklung von Ausfuhr- und Einfuhrgütern.

Preisnotierung
Siehe Wechselkurs (nominaler).

Preissetzungsgleichung
Die Gleichung, die den Reallohn aus dem Preissetzungsverhalten der Unternehmen und ihrer Marktmacht (dem Gewinnaufschlag) bestimmt.

Primärdefizit
Die Differenz zwischen den Staatsausgaben für Güter und Dienstleistungen und den Steuern abzüglich der Transferleistungen (ohne Zinszahlungen auf die Staatsverschuldung).

Primäreinkommen
Siehe Nettonationaleinkommen bzw. Saldo der Primäreinkommen.

Primärüberschuss
Ein negatives Primärdefizit (ein Überschuss der Steuereinnahmen über die Staatsausgaben, ohne Berücksichtigung von Zinszahlungen auf die Staatsverschuldung).

Private Ersparnis
(*S*) Ersparnis des privaten Sektors. Das verfügbare Einkommen der Haushalte abzüglich ihres Konsums.

Produktion je Beschäftigten
Das BIP dividiert durch die Anzahl der Beschäftigten in einer Volkswirtschaft.

Produktion je effektiver Arbeit
Das BIP dividiert durch die Anzahl der Beschäftigten und den Stand der Technik.

Produktion pro Kopf
Das BIP dividiert durch die Anzahl der Gesamtbevölkerung in einer Volkswirtschaft (als Maß für den Lebensstandard verwendet).

Produktionsfunktion
Siehe aggregierte Produktionsfunktion.

Produktionsschwankungen
Schwankungen des Produktionswachstums um ein Trendwachstum (auch als Konjunkturzyklen bezeichnet).

Prognosefehler
Differenz zwischen dem tatsächlichen Wert einer Variablen und dem Wert, der vorher prognostiziert wurde.

Prozentpunkt
Unterscheidung zwischen Prozent (%) und Prozentpunkt: Wenn die Arbeitslosenquote von 8% auf 4% zurückgeht, dann ist sie um 50% bzw. um vier Prozentpunkte gesunken.

R

Random Walk
Etwas – ein Molekül oder der Kurs einer Aktie – folgt einem Random Walk, wenn jeder Schritt, den es macht, mit gleicher Wahrscheinlichkeit nach oben oder nach unten geht. Seine Bewegungen sind also unvorhersehbar.

Rationale Erwartungen
Die Bildung von Erwartungen auf der Basis von Prognosen, die alle verfügbaren Informationen über die zukünftige Entwicklung der relevanten Variablen verwenden, statt einfache Extrapolationen aus der Vergangenheit zu benutzen.

Rationale spekulative Blase
(bubble) Ein Anstieg des Aktienkurses über den Fundamentalwert in der rationalen Erwartung, dass der Aktienkurs noch weiter steigen wird.

Real Business Cycle Modelle
(RBC) Modelle, die annehmen, dass alle Produktionsschwankungen Schwankungen des Produktionspotenzials selbst, nicht Abweichungen von diesem Niveau darstellen.

Reale Abwertung
Siehe Abwertung (reale).

Reale Aufwertung
Siehe Aufwertung (reale).

Realer Außenwert
Siehe multilateraler Wechselkurs.

Realer effektiver Wechselkurs
Siehe multilateraler Wechselkurs.

Realer Wechselkurs
Siehe Wechselkurs (realer).

Reales BIP
Das inflationsbereinigte Bruttoinlandsprodukt, auch als BIP zu konstanten Preisen oder BIP in Preisen des Basisjahres bezeichnet.

Realzins
Zins in Einheiten eines Warenkorbes. Der ursprünglich (ex ante) geforderte Realzins entspricht dem Nominalzins abzüglich der erwarteten Inflationsrate. Der effektive (ex post realisierte) Realzins entspricht dem Nominalzins abzüglich der tatsächlichen Inflationsrate.

Regressionsgerade
Die Gerade, die den Zusammenhang zwischen den betrachteten Variablen nach der Kleinste-Quadrate-Methode am besten beschreibt (minimiert die Summe der quadrierten vertikalen Abstände zwischen den beobachteten Werten und der geschätzten Geraden).

Regressionsgleichung
Das Ergebnis der Kleinste- Quadrate-Methode (KQ) bzw. des Ordinary Least Squares-Verfahrens (OLS). Liefert die aus den Daten geschätzte Gleichung, zusammen mit dem Bestimmtheitsmaß (dem Maß für die Güte der Regression).

Renditestrukturkurve
Siehe Zinsstrukturkurve.

Reservationslohn
Der Lohnsatz, zu dem der Erwerbstätige gerade indifferent ist zwischen Erwerbstätigkeit und Arbeitslosigkeit.

Reserven der Geschäftsbanken
Das von den Geschäftsbanken bei der Zentralbank gehaltene Zentralbankgeld – die Differenz zwischen den Einlagen (den Verbindlichkeiten der Geschäftsbanken) und den Aktiva, über die sie durch Kreditvergabe an Unternehmen und Haushalte bzw. in Form von Wertpapierhaltung verfügen.

Residuum
Die Differenz zwischen dem tatsächlich beobachteten Wert einer Variablen und dem Wert, der von der geschätzten Regressionsgleichung impliziert wird. Kleine Residuen sind ein Zeichen für eine hohe Güte der Regression.

Ricardianische Äquivalenz
Die These, dass weder Budgetdefizite noch Staatsverschuldung einen Effekt auf die wirtschaftliche Aktivität haben, weil die privaten Haushalte bei ihren Sparentscheidungen die staatliche Budgetrestriktion berücksichtigen. Auch als Ricardo-Barro-Proposition bekannt.

Ricardo-Barro-Proposition
Siehe Ricardianische Äquivalenz.

Risikoaversion
Ein Individuum ist risikoavers, wenn es eine sichere Auszahlung einer unsicheren Auszahlung mit gleichem Erwartungswert bevorzugt. Bei Anlageentscheidungen berücksichtigt ein risikoaverses Individuum nicht nur die erwartete Rendite, sondern auch das Risiko.

Risikoprämie
Der Unterschied zwischen der Rendite einer unsicheren Anlage und der Rendite einer sicheren Anlage, der einen Anleger indifferent zwischen beiden Anlagen macht. Die Aktienprämie ist die Risikoprämie, die Anleger fordern, um Aktien statt Anleihen höchster Bonität (mit dem besten Rating) zu halten.

S

Saldo der Erwerbs- und Vermögenseinkommen
Siehe Saldo der Primäreinkommen.

Saldo der Primäreinkommen
(Saldo der Erwerbsund Vermögenseinkommen) Die Differenz der Erwerbs- und Vermögenseinkommen von Inländern und Ausländern (Saldo aller Faktoreinkommen zwischen Inländern und Ausländern): Inländer erhalten Kapitalerträge aus ihren ausländischen Kapitalanlagen und Lohneinkommen aus dem Ausland. Ausländer wiederum erhalten Kapitalerträge aus Kapitalanlagen im Inland und Lohneinkommen aus ihrer Arbeitstätigkeit im Inland. Dieser Saldo unterscheidet das BNE vom BIP: Alle im Ausland erzielten Einnahmen der Inländer werden zum BIP addiert; die im Inland erzielten Einnahmen von Ausländern dagegen abgezogen.

Schattenbankensektor
bezeichnet Finanzintermediäre (wie Hedgefonds, Geldmarktfonds und Private Equity Unternehmen), die nicht der strengen Bankenregulierung unterliegen.

Schuhsohleneffekt
Die Kosten, die durch häufige Gänge zur Bank anfallen, um Bargeld abzuheben.

Seignorage
Die realen Einnahmen aus der Geldschöpfung.

Sichteinlagen
Ein Bankkonto, das dem Anleger die Möglichkeit einräumt, jederzeit Bargeld abzuheben oder Überweisungen auszuführen bis zur Höhe des Kontostandes.

Simulation
Überprüfung anhand von Modellrechnungen, wie sich Änderungen exogener Variablen auf die endogenen Modellvariablen auswirken.

Solow-Residuum
Differenz zwischen dem tatsächlichen Produktionswachstum und dem Anteil, der dem Wachstum von Arbeit und Kapital zugerechnet werden kann. Auch als Wachstumsrate der totalen Faktorproduktivität bezeichnet.

Sovereign Debt
Siehe Staatsanleihen.

Sozialleistungen
Reale staatliche Transfers wie die Ausgaben im Gesundheitswesen oder Sozialhilfe, soweit es sich um Leistungen für die Unterbringung in Heimen handelt.

Sparneigung
(marginale) Der marginale Effekt, den eine zusätzliche Einheit verfügbares Einkommen auf die Ersparnis hat $(1 - c_1)$.

Sparquote
Der Anteil des Einkommens, der gespart wird.

Spieler
Die Teilnehmer an einem Spiel. Je nach Kontext können die Spieler Individuen, Unternehmen, Regierungen, Zentralbanken usw. sein.

Spieltheorie
Die Analyse von strategischen Interaktionen zwischen Spielern mit dem Ziel, Prognosen über das Ergebnis des Spiels zu machen.

Spitzenrefinanzierungssatz
Von der EZB festgelegte Obergrenze – der Zinssatz, zu dem sich Geschäftsbanken refinanzieren können, die dringend zusätzliche Liquidität benötigen.

Staatsdefizit
Siehe Budgetdefizit.

Staatsquote
Gesamte Staatsausgaben im Verhältnis zum BIP. Zu den gesamten Staatsausgaben zählen neben den Konsumausgaben des Staates auch die monetären und sozialen Sozialleistungen, Bruttoinvestitionen des Staates und die aufgrund der Staatsverschuldung anfallenden Zinszahlungen.

Stabilisierungsprogramm
Ein Regierungsprogramm mit Maßnahmen zur Reform von Geld- und Fiskalpolitik mit dem Ziel, die Wirtschaft (insbesondere in einer Hyperinflation) zu stabilisieren.

Stabilitäts- und Wachstumspakt
(Europäischer) (ESWP) Wurde 1997 in den EU-Vertrag aufgenommen als Verpflichtung der Mitgliedstaaten, übermäßige öffentliche Defizite zu vermeiden und mittelfristig zumindest einen ausgeglichenen Haushalt anzustreben.

Stagflation
Die Kombination von Stagnation und Inflation.

Steady State
Bezeichnet eine Wirtschaft mit ausgewogenem Wachstum: Sowohl Produktion als auch Kapital wachsen mit der gleichen Rate wie die effektive Arbeit.

Steuerverzerrungen
Ökonomische Verzerrungen (wie die Einschränkung des Arbeitsangebots oder die Zunahme der Schwarzarbeit) als Folge hoher Steuersätze.

Strategische Interaktion
In der Spieltheorie eine Situation, in der die Handlungen verschiedener Spieler wechselseitig voneinander abhängig sind.

Streudiagramm
Eine Abbildung, die die Entwicklung einer Variablen gegenüber einer anderen über einen bestimmten Zeitraum abträgt.

Stromgröße
Eine Variable, die als Menge in einem bestimmten Zeitintervall (einem Jahr) ausgedrückt wird, etwa Einkommen, Ersparnis oder Defizit.

Strukturelle Arbeitslosenquote
Siehe natürliche Arbeitslosenquote.

Strukturelles Defizit
Siehe konjunkturbereinigtes Defizit.

Subprime-Anleihen
Anleihen, die Forderungen auf die Rückzahlung (Zins und Tilgung) von Hypothekenkrediten an private Kreditnehmer mit niedriger Zahlungsfähigkeit (geringer Bonität) bündeln. Sie werden von den emittierenden Banken in der Regel weiterverkauft. Als Sicherheit für die Anleihe dienen die beliehenen Immobilien. Anleihen, die durch Immobilien gesichert sind, bezeichnet man als „mortgage backed securities."

Swaps
Absicherungsgeschäfte am Terminmarkt.

T

Tagesgeldmarkt
Der Markt, an dem Geschäftsbanken, die am Ende des Tages über Überschussreserven (überschüssiges Zentralbankgeld) verfügen, diese Liquidität an Geschäftsbanken verleihen, die nicht über genügend Reserven verfügen. Der Zinssatz am Tagesgeldmarkt heißt Tagesgeldsatz (in den Vereinigten Staaten auch federal funds rate).

Taylor-Regel
Eine von John Taylor vorgeschlagene Regel, wie die Zentralbank den Nominalzins anpassen soll bei Abweichungen der Inflationsrate vom Inflationsziel und der Arbeitslosenquote von der natürlichen Arbeitslosenquote (bzw. der tatsächlichen Produktion vom Produktionspotenzial).

Technisch bedingte Arbeitslosigkeit
Durch technischen Fortschritt ausgelöste Arbeitslosigkeit.

Technischer Fortschritt
Verbesserungen im Stand der Technik.

Tobin's *q*
Wert einer eingesetzten Kapitaleinheit relativ zu ihrem Einkaufswert, berechnet als Quotient aus der Summe der Marktkapitalisierungen aller an der Börse gehandelten Unternehmen und dem Wert des Kapitalstocks zu Wiederbeschaffungskosten.

Totale Faktorproduktivität
Siehe Solow-Residuum.

Transfers
Monetäre oder direkte Transfers des Staates. Siehe Monetäre Sozialleistungen und soziale Sozialleistungen.

Ü

Überspringen
(in der Wachstumstheorie) Das Phänomen, dass Staaten sich bei der Führungsposition (dem Vergleich der Produktion pro Kopf) abwechseln, ohne dass ein Konvergenz-Prozess zu beobachten ist. (Staaten rücken nahe an die Spitze und überholen dann für eine bestimmte Zeit.)

U

Umlageverfahren
Ein Rentenversicherungssystem, bei dem die Beiträge der Beschäftigten unmittelbar im gleichen Jahr als Leistungen an die jeweiligen Rentner ausgezahlt werden.

Umlaufgeschwindigkeit
Nominaleinkommen dividiert durch die Geldmenge (Kehrwert des Kassenhaltungskoeffizienten).

Ungedeckte Zinsparität
Siehe Zinsparität.

Unternehmensanleihen
Anleihen, die von einem Unternehmen begeben wurden (auch als corporate bonds bezeichnet). Siehe auch Anleihen.

V

Verbraucherpreisindex
(VPI) Er berechnet die Kosten für einen detaillierten Warenkorb von Gütern und Dienstleistungen (früher als Preisindex für die Lebenshaltung bezeichnet). Die Inflationsrate ergibt sich als Veränderung des VPI.

Verbriefung
(englisch: Securitization) Schaffung von handelbaren Wertpapieren (Anleihen) durch Bündelung von Forderungen aus verschiedenen Krediten. So wurden aus einer großen Anzahl von unterschiedlichen Hypothekenkrediten-Anleihen, sog. mortgage backed securities, geschaffen und anschließend weiterverkauft.

Verfügbares Einkommen
Das Einkommen, das den Haushalten nach Abzug von Steuern und Erhalt von Transfers verbleibt.

Verhaltensgleichung
Eine Gleichung, die bestimmte Verhaltensaspekte (etwa von Konsumenten) beschreibt.

Verhandlungsmacht
Die relative Stärke einer Partei in einer Auseinandersetzung oder Verhandlung.

Vermögen
Siehe Finanzvermögen.

Vertrag von Maastricht
Ratifiziert am 7.2.1992; er regelt die Bedingungen für die Einführung einer gemeinsamen europäischen Währung (des Euro). Insbesondere stellt er verschiedene Konvergenzkriterien auf als Voraussetzung für den Beitritt in das Europäische Währungssystem. Dazu zählen eine niedrige Inflationsrate, eine Budgetdefizitquote unter 3% und eine Schuldenstandsquote unter 60%.

VGR
Siehe Volkswirtschaftliche Gesamtrechnungen.

Vollbeschäftigungsdefizit
Siehe Konjunkturbereinigtes Defizit.

Vorleistungen
Die von anderen Unternehmen als Zwischenprodukte bereits geschaffenen Werte. Sie werden deshalb bei der Berechnung des BIP nicht noch einmal gezählt.

VPI
Siehe Verbraucherpreisindex.

W

Wachstumsrate der totalen Faktorproduktivität
Siehe Solow-Residuum.

Währungsreserven
Die Währungsreserven einer Zentralbank bestehen im Wesentlichen aus den Beständen an ausländischen Devisen (alle Wertpapiere in ausländischer Währung, die eine Zentralbank in ihrer Bilanz hält). Dazu zählen aber auch die Sonderziehungsrechte beim Internationalen Währungsfonds und die Goldbestände. Auch als Devisenreserven bezeichnet.

Warenhandel
Handel von Waren (Exporte und Importe von Gütern); verbucht in der Handelsbilanz.

Weltwirtschaftskrise
Die weltweite Depression während der 1930er-Jahre des 20. Jahrhunderts.

Z

Zahlungsbilanz
Ein Kontensystem, das alle Transaktionen (Handels- und Finanzströme) der Wirtschaftseinheiten eines Landes mit dem Rest der Welt erfasst.

Zeitinkonsistenzproblem
Das Problem, dass Anreize bestehen, von der ursprünglich angekündigten Politik abzuweichen. Es liefert Argumente dafür, den politischen Entscheidungsträgern Beschränkungen aufzuerlegen.

Zentralbankgeld
Die Verbindlichkeiten der Zentralbank. Sie bestehen aus Bargeld, das von Nicht- Banken gehalten wird, und der Reservehaltung der Geschäftsbanken (siehe Reserven der Geschäftsbanken). Wird auch als Geldbasis oder high-powered money bezeichnet.

Zentrale Parität
In einem Regime fester Wechselkurse der Kurs (die Parität), um den der Wechselkurs gegenüber den anderen Währungen schwankt (das Zentrum der Bandbreiten).

Zinssteuerung
Bei einer direkten Zinssteuerung legt die Zentralbank einen bestimmten Zinssatz i_0 fest; die Zentralbankgeldmenge passt sich dann endogen an die Geldnachfrage an. Das Geldangebot wird endogen bestimmt.

Zinsstrukturkurve
Die Beziehung zwischen Laufzeit und Rendite von Wertpapieren. Auch als Renditestrukturkurve bezeichnet.

Variablen im Buch

E

$( )^d$	bedeutet „nachgefragt“
$( )^e$	bedeutet „erwartet“
$( )^s$	bedeutet „angeboten“
*	bedeutet: Variablen im Ausland
A	gesamte private Nachfrage (Summe von Konsum- und Investitionsausgaben), auch: Arbeitsproduktivität (Stand der Technik)
α	Wirkung der Inflationsrate auf die Erwerbslosenquote bei gegebenen Inflationserwartungen
B	Staatsverschuldung
β	Wirkung eines Anstiegs der Wachstumsrate der Produktion auf die Erwerbslosenquote
C	Konsum
CU	Bargeld (Currency)
c	Anteil der Bargeldhaltung an der gesamten Geldmenge
c_0	Konsum bei einem verfügbaren Einkommen von null
c_1	marginale Konsumneigung
D	Sichteinlagen, auch: Aktiendividenden
δ	Abschreibungsrate
E	nominaler Wechselkurs (Preis für eine Einheit ausländischer Währung in inländischer Währung)
$\bar{E}$	fester Wechselkurs
E^e	zukünftig erwarteter Wechselkurs
ε	realer Wechselkurs
G	Staatsausgaben
g_A	Wachstumsrate des technischen Fortschritts
g_K	Wachstumsrate des Kapitalstocks
g_M, g_m	Wachstumsrate der nominalen Geldmenge
g_N	Wachstumsrate der Bevölkerung, auch Wachstumsrate der Anzahl der Beschäftigten
g, g_Y	Wachstumsrate der Produktion
$\bar{g}_Y$	normale Wachstumsrate der Produktion
GV	Gesamtvermögen (► *Kapitel 15*)
H	Zentralbankgeld (Geldbasis, high-powered money) auch Humankapital
HB	Handelsbilanz (► *Kapitel 18*)
HV	Humanvermögen (► *Kapitel 15*)
I	Investitionen (Anlageinvestitionen)
IM	Importe
i	Nominalzins
i_1	Zinssatz für Anleihen mit einjähriger Laufzeit
i_2	Zinssatz für Anleihen mit zweijähriger Laufzeit
i^*	Nominalzins im Ausland
K	Kapitalbestand (Kapitalstock)
L	Erwerbspersonen
LB	Leistungsbilanz (► *Kapitel 18*)

M	Geldmenge (nominale)
μ	Gewinnaufschlag (Gewinnaufschlag-Faktor der Preise über die Löhne)
N	Beschäftigung
N_n	natürliches Beschäftigungsniveau
NV	Nettovermögen (▶ *Kapitel 15*)
NX	Nettoexporte
P	BIP-Deflator; VPI; Preisniveau
P^*	Preisniveau im Ausland
π	Inflationsrate
Π	Gewinn pro Kapitaleinheit
Q	Aktienkurs
R	Zentralbankreserven der Geschäftsbanken
r	Realzins
S	private Ersparnis
s	private Sparquote
SP	Saldo der Primäreinkommen (▶ *Kapitel 18*)
T	Steuern der Haushalte abzüglich der erhaltenen Transferleistungen
θ	Reservesatz der Geschäftsbanken
U	Arbeitslosigkeit
u	Erwerbslosenquote
u_n	natürliche Erwerbslosenquote
V	Gegenwartswert einer Folge von Auszahlungen, auch: Nettoauslandsvermögen (▶ *Kapitel 18*)
W	Nominallohn
Y	reale Produktion, reales BIP
Y_V	Verfügbares Einkommen
Y_L	Arbeitseinkommen
Y_n	natürliches Produktionsniveau
Y^*	reale Produktion im Ausland
X	Exporte
Z	Güternachfrage
z	Faktoren, die die Lohnsetzung beeinflussen
z_t	Auszahlung im Jahr t

Stichwortverzeichnis

A

Abbau des Budgetdefizits 151
Ableitung der Marshall-Lerner-Bedingung 563
Abschreibung 51, 331
Abwertung 594
  Dollar 532
  Peso 543
  reale 508
Afrika 317
Aghion, Philippe 729
Akerlof, George 728
Aktienindex
  realer 433
Aktienkurs
  Bestimmung 432
Aktienmarkt 464
Aktienprämie
  equity premium 434
Altenquotient 340
Analyse
  monetäre 703
  wirtschaftliche 703
Angebot und Nachfrage nach Zentralbankgeld 121
Angus Maddison 46
Anleger
  risikoavers 428
  risikoneutral 428
Anleihe
  indexierte 423
  Kurs 424
  Märkte 423
Anleiherenditen mit unterschiedlichen Laufzeiten 429
Anpassung
  des realen Wechselkurses in der mittleren Frist 592
Anpassungsprozess 95, 159, 344
Arbeit
  effektive 359
  in Effizienzeinheiten 359
Arbeitsangebotsfunktion 234
Arbeitseinkommen 52
Arbeitslosengeld 223
Arbeitslosenquote 28, 692
  gleichgewichtige 222
  natürliche 220, 223
  strukturelle 224
Arbeitslosenversicherung 219
Arbeitslosigkeit
  durchschnittliche Dauer 206
  technisch bedingte 389
Arbeitsmarkt 202
Arbeitsmarktgleichgewicht 233
Arbeitsproduktivität 220
Arbitrage 425
  Bedingung 518
  zwischen in- und ausländischen Anleihen 750
Argentinien 608
Aufbau
  der EZB 701
  von Glaubwürdigkeit 630
Aufwertung
  reale 508
Auktionsverfahren 704
Ausbreitung neuer Technologien 368, 370
Ausfallrisiko 422
Außenbeitrag 86, 502, 743
Außenhandelsquote 501
Außenwert
  realer 510
Auswirkungen einer Abwertung 543
automatische Stabilisatoren 102

B

Babyboom-Generation 663
Bandbreiten um die zentralen Paritäten 599
Barro, Robert 626, 658
Basisjahr 55
bei expansiver Geldpolitik 435
Bernanke, Ben 729
Beschäftigung
  natürliche 268
Beschäftigungsniveau
  natürliches 268
Beschäftigungsverhältnis 205
Bestandsgröße 108, 331
Big Mac-Index 310, 512
Bilanz
  der Zentralbank 115
  einer Geschäftsbank 119
Bildungsausgaben 348
BIP 48, 84
  Deflator 57
  pro Kopf 53
Bismarck, Otto von 339
Blasen 437
  rationale 438
Blaupausen 318
Blinder, Alan 632
BNE 51
Brainard, William 625
Bretton Woods-System 592
Bruttoanlageinvestition 743
Bruttoinlandsprodukt 48, 740
Bruttonationaleinkommen 741
Bruttosozialprodukt 51, 741
Budgetdefizit 650
  Abbau 489
  inflationsbereinigte Maßzahl für das 651
Budgetrestriktion
  staatliche 648
Bureau of Economic Analysis 45

C

Cashflow 468
China 373
  Datenqualität 36
  Wachstumsraten 36
Churchill, Winston 596
Cobb, Charles 354
Cobb-Douglas-Produktionsfunktion 342
Composite-Index 432
Consols 419
consumption smoothing 453
Council of Economic Advisers 45
Covid-Pandemie 27
Crash 438
Currency Board 608
Current Population Survey 209

D

DAX 432
Defizit
  konjunkturbereinigtes 638
  strukturelles 660
Deflation 177, 255
  Zinsuntergrenze 177
Deutsche Bundesbank 45, 691
Devisenbilanz
  ausgeglichene 515
Devisenreserve 588
Dienstleistungen 501
Dienstleistungsbilanz 501, 502
Direktorium der EZB 701
Dividendenstrom 433
Dollarisierung 608
Dollarpreise
  internationale 309
Dornbusch, Rüdiger 603, 726
Douglas, Paul 354
Dynamik 159

E

Effektivverzinsung 116, 423
Effizienzlohn 215
Eigenkapitalquote 180
Einkommensverteilung 61
Einlagensicherung 182
Einlagesatz 124
Einnahmen aus Geldschöpfung 699
Endverbrauch 48
Entscheidungsfreiheit in der Politik
  Unsicherheit und Beschränkungen 625
Entstehungsseite 50
Entwicklung 367
Entwicklungshilfe 514
Entwicklungsökonomie 317
Ersparnis 108, 551
Ersparnisbildung 454
erwarteter Gegenwartswert
  zukünftige Gewinne bei statischen Erwartungen 476
Erwartungen 452, 625
  die Rolle von 483
  Preisniveau 217
Erwartungsbildung 241
Erwerbslose 63
Erwerbslosenquote 63
Erwerbspersonen 63
ESWP 637
Europäisches Währungssystem 581
Europäische Zentralbank 106
Euro Short-Term Rate 123
Eurosystem 701

EWS 599
Expansionsphase 57
expansive Fiskalpolitik in den Vereinigten Staaten in den frühen 1980er-Jahren 577
expansive Geldpolitik 150
 Effekte der 484
expansive Offenmarktoperation 116, 117
Export 86, 501, 530
Exportquote 503
EZB
 geldpolitisches Instrumentarium 703
 geldpolitische Strategie 702
 Rat 701

F

fad 438
Faktormobilität 605
Fazilitäten 124
F&E 367
Finanzintermediäre 119
Finanzmarkt
 offener 512
Finanzvermögen 108, 453
Fischer, Stanley 726
Fiskalpakt 635
Fiskalpolitik 89, 148
 in offener Volkswirtschaft 574
 unter festen Wechselkursen 582
fixed income 423
Fleming, Marcus 566
Forschung 367
 angewandte 367
Fortschritt
 in der Produktionsfunktion 358
 technischer 371
Freizeit 53
Fremdfinanzierungsquote 180
Friedman, Milton 244, 452, 721, 723
full-employment deficit 660
Funktionen 87, 752

G

Gebiete mit einer gemeinsamen Währung 605
Gegenwartskonsum 456
Gegenwartswert 424, 462
 der künftig erwarteten Dividenden 433
 diskontierter 416
Geld 108
Geldangebot 112
Geldbasis 121, 588, 699
Geldillusion 697
Geldmarktfonds 690
Geldmengenaggregat 690
Geldmengensteuerung 167
Geldnachfrage 106
 Verschiebungen 690
Geldpolitik
 in der Praxis 701
 vs. Fiskalpolitik 723
Geld- und Fiskalpolitik 151
Generationenkonflikt 339
geometrische Reihe 418, 748
geometrische Summe
 unendliche 419
Geschäftsbanken 119
gesetzlicher Mindestlohn 219
Gesetz von Okun 65
Gesundheitswesen 663
Gewinnaufschlag 223
Gewinnerwartung 462
Gewinn pro Kapitaleinheit 469
Glaubwürdigkeit 704
Gleichgewicht 143
 auf dem Arbeitsmarkt 222
 auf dem Gütermarkt 90
 auf den Finanzmärkten 568
 Bedingung 90
 Bedingung auf dem Gütermarkt 98
 Einkommen 143
 mit rationalen Erwartungen 630
 von Geldnachfrage und Geldangebot 112
gleitende Bandbreite 581
Goldene Regel der Kapitalakkumulation 338
Golden Rule 338
Golden-Rule-Kapitalbestand 339
Goldstandard 596
Gorden, David 626
Grenzertrag
 abnehmender 319, 321
Grundlagenforschung 367
Güternachfrage 86
 inländische 530

H

Haavelmo-Theorem 102
Hall, Robert 726
Handel
 internationaler 396
handelbare Güter 503
Handelsbilanz 501
Handelsbilanzdefizit 537
Handelsbilanzüberschuss 502
Hansen, Alvin 721
Hard Peg 608
Harsanyi, John 626
Hauptrefinanzierungssatz 704
Hauptrefinanzierungssatz 123
Haushaltskonsolidierung 280
Heston, Alan 309
Hicks, John 721
Hochqualifizierte im Vergleich zu Niedrigqualifizierten 396
Hochschulausbildung 347
Howitt, Peter 729
Humankapital 347
Humanvermögen 453
Humanvermögens 453

I

ILO-Daten 63
Import 86, 501, 531
Importnachfrage 532
Index 508
indirekte Steuern 52
Inflation 254, 262
 erwartete 238
 Kosten 695
 und Arbeitslosigkeit 627
 Volatilität 697
 Vorteile 698
inflationsbereinigte Maßzahlen für das Budgetdefizit 650
Inflationserwartung 175
Inflationserwartungen 175
Inflationsrate 57
 erwartete 173, 238
Inflationssteuerung 692
Informationsverteilung
 asymmetrische 215
Inländerkonzept 741
Inlandskonzept 741
Interbankenmarkt 190
Internationale Arbeitsorganisation (ILO) 63
Internationaler Währungsfonds 27
International Financial Statistics 27
Investition 85, 89, 330, 462, 551
 gleich Ersparnis 98, 551
Investitionstätigkeit 464
Investitionsverhalten
 stilisierte Fakten 467
IS-Funktion
 in der offenen Volkswirtschaft 530
IS-Kurve 143
IWF 27

J

Japan 316

K

Kapital 321
 im Steady State 334
 physisches 347
Kapitalakkumulation 317, 331
Kapitalbestand 328
Kapitaldeckungsverfahren 340
Kapitaleinkommen 52
Kapitalintensität
 Veränderung 331
Kapitalmobilität 588
 perfekte 588
Kaufkraftparität 308, 309
Kerninflationsrate 59
Kettenindex-Verfahren 79
Keynesianer 721
Keynes, John Maynard 98
konjunkturbereinigtes Defizit 660
Konjunkturzyklus
 politischer 635
konservative Zentralbanker 631
Konstante Skalenerträge 319
Konstruktion des realen Wechselkurses 506
Konsum 86, 338, 459
 privater 742
 übermäßig starke Ausdehnung 459
Konsumausgaben
 der privaten Haushalte 84
 im Zeitverlauf 453
Konsumnachfrage 452
Konsumneigung
 marginale 758
Konsumverhalten 452
Konsumverzicht
 Anreize 454
kontraktive Offenmarktoperation 117
Konvergenz 313
Konvergenz-Prozess 315
Koordination 540

Korridor 691
Kredit 453
Kriegslasten 662
Krise vom September 1992 599
Künstliche Intelligenz 35
Kurse 422
Kuznets, Simon 48
Kydland, Finn 626

L

Lagerinvestition 85, 743
Laspeyres-Index 79
laufende Transfers 741
Laufzeit 422
Laufzeitrendite 423
Lebensqualität 53
Lebensstandard 35, 52, 53, 307
Lebensstandard 33
Leistungsbilanzüberschuss 515
Lerner, Abba 543
Leverage 180
Leverage-Rate 180
Liquidität 113
Liquiditätspräferenz 109
Liquiditätsprämie 428
logarithmische Skala 306, 754
Lohnindexierung 254
Lohnsetzungsgleichung 221
Lohnspreizung 393
 Ursachen für den Anstieg 396
Lohnverhandlung 214
Lucas, Robert 486, 729

M

M1 689
M2 690
M3 690
Maastricht 701
Makroökonomische Daten 26
Mankiw, N. Gregory 729
Marshall, Alfred 543
Maschinenstürmer 389
Mehrheitswahlrecht 634
Mengennotierung 505
Mengentender 704
Mikrozensus 209
Mindestreserveverpflichtungen 120
Modell 86
 makroökonometrisches 722
Modigliano, Franco 721
Monetaristen 722
Moral Hazard 215
multiplikative Unsicherheit 625
Multiplikator 91
Multiplikatoreffekt 91
Mundell, Robert 566, 605

N

Nachfrage
 effektive 720
Nachfragesteigerung, koordinierte 540
Nash, John 626
Nettoauslandsvermögen 554
Nettoexport 533
Nettoinlandsprodukt 51
Nettonationaleinkommen 52, 741
Neueinstellung 271
Neuklassik 727
New Deal 720
New Economy 34
Nikkei-Index 432
Nominalanleihe 423
Nominaleinkommen 109
nominales BIP 54
Nominallohnsenkung 256
Nominalwert der Anleihe 423
 je effektiver Arbeit 360
Nominalzins 172, 421
 in Deutschland 174
No Ponzi Game
 Bedingung 439

O

OECD 26
OECD-Prognose der Inflation 175
OECD-Staaten 313
Offenmarktgeschäfte 115, 703
Offenmarktoperationen 116
öffentliche Güter 54
Ökonometrie 94
OPEC 247
Opportunitätskosten
 in Form von Lohnverzicht 348
optimale Kontrolle 725
optimalenInflationsrate
 optimale 699
Organisation erdölexportierender
 Länder 247
Organisation für wirtschaftliche Entwicklung und Zusammenarbeit 26
Outputlücke 268

P

Parteiensystem
 zersplittertes 634
Patentrecht 369
Penn World Tables 309, 310
Persistenz der Inflation 241
Pfandbriefe 189
Phelps, Edmund 723
Phillips, A. W. 236
Phillipskurve 245, 254, 255, 722
 Zusammenbrechen 241
Politik 622, 625
Politikbeschränkung 633
Ponzi, Charles 439
PPP 308
 Berechnung 309
Preisnotierung 505
Preis von Computern 62
Prescott, Edward 626, 727
Primärdefizit 650
Primäreinkommen 741
Primärüberschuss 650
Primärverteilung 741
private Ersparnis 98
Problem dynamischer Konsistenz 629
Produktion
 Dynamik 332
 im Steady State 334
 je Beschäftigten 360
 natürliche 268
 pro Kopf 35
 und Kapitalakkumulation 330
Produktionsfunktion 219
Produktionsniveau
 natürliches 268
Produktionspotenzial 268
Produktions- und Importabgaben 52
Produktivität 34, 387
 des Forschungsprozesses 367
Produktivitätspotential 35
Produktivitätswachstum 34
Profitabilität 468
 des Forschungsprozesses 369
Prozentpunkt 26
Purchasing Power Parity 308, 512

Q

Qualitätsänderungen von Gütern 62

R

Random Walk 434
Rating-Agenturen 189
Rating-Unternehmen 423
reale Geldmenge 146
Realeinkommen 146
Realertrag eines Zahlungsstroms 421
realer Wechselkurs 504, 615
reales BIP 55, 77
reale Zinsparitätenbedingung 616
Reallohn 61, 221
Realzins 172, 173, 421, 750
 effektiver 175
 ex ante 175
 ex post 175
 in Deutschland 175
Reform
 des Sozialversicherungssystems 490
Regressionsgerade 243, 759
Regressionsgleichung 759
reine Inflation 61
Rekapitalisierung 196
relative Löhne
 Entwicklung aus dem Ausbildungsstand 395
Rendite 116, 423
 von Anleihen 422
Rentenbeitragssatz 340
Rentenversicherung 663
 gesetzliche 340
 gesetzliches 339
Reservationslohn 213
Revolution, industrielle 315
Rezession 57
Ricardianisches Äquivalenztheorem 659
Ricardo, David 658
Rigide Nominallöhne 700
Risiko 519
Risikoprämie 184, 423, 433
 für Staatsanleihen 430
Romer, Paul 729
Ruhepunkt 333

S

Sachvermögen 453
Saldo
 der Erwerbs- und Vermögenseinkommen 514
 der Primäreinkommen 514
Samuelson, Paul 236, 721
Sargent, Thomas 486
Schattenbankensektor 190
Schattenwirtschaft 54
Schätzung der marginalen
 Konsumneigung 758

Schocks, ähnliche 605
Schuhsohleneffekt 695
Schulausbildung 347
Schuldenbelastung
reale 650
Schuldenquote
Entwicklung 655
Schuldenstand
realer 650
Schuldverschreibung 180
indexierte 697
Schumpeter, Joseph 729
Schwankung der Investitionsnachfrage 471
Schwartz, Anna 723
Schwarzmarkt 54
Seignorage 670, 698
Sekundäreinkommen 741
selbsterfüllende Krise 665
Selektion
adverse 215
Selten, Reinhard 626
Sichteinlagen 180
skill-biased 396
Solow-Residuum 382
Solow, Robert 236, 317
Sozialbeiträge 52
Sozialhilfe 219
Sparneigung 99
Sparquote 321, 328, 332, 338
Anstieg 328, 343
spekulative Attacke 599
Spieltheorie 626, 725
Spitzeder, Adele 439
Spitzenrefinanzierungssatz 124
Staatsanleihen 423
Staatsausgaben 85, 89
Staatsquote 743
Staatsverschuldung
Stabilisierung 654
Zinszahlungen 743
Stagflation 724
Stalinistisches Wachstum 335
Statistisches Bundesamt 45
Steady State 333, 334, 342
Kapitalintensität 342
Sterilisierungspolitik 116
Steuern 89, 652
Steuern, direkte 52
Steuerverzerrung 695
Stille Reserve 203
Stone, Richard 48
Stromgröße 108, 331
struktureller Wandel 391
Subprime-Hypotheken 189
Summers, Robert 309
supply siders 577
Synthese
neoklassische 721

T

Tanz des Dollar 602
Tarifverhandlung 212
Taylor, John 726
Taylor-Prinzip 694
Taylor-Regel 170, 693
Technik
Stand 358
technischer 396
technischer Fortschritt 317
technisches Wissen 318
teilspielperfektes Gleichgewicht 629
Tendergeschäfte 124
Terminkurs 704
Terminmarkt 519
Theorie
rationaler Erwartungen 486
Tigerstaaten 316
Tobin, James 464, 722
Tobin's q 464
Training on the Job 348
Transaktionskosten 519
Transaktionsvolumen 107
Transfereinkommen 52
Transferzahlungen 85
staatliche 743
Tulpenmanie in Holland 439

U

Überbewertung 437
Überinvestition 338
Übernachtdarlehenskosten 124
Überraschungsinflation 628
Überstunden 271
Umlageverfahren 340
Unsicherheit 624
Unternehmen 212
Unternehmensgewinn 469

V

Verbraucherpreisindex 58
verbrieft 189
verfügbare Einkommen 87
Verhalten der Geschäftsbanken 119
Verhandlungsmacht 214
Vermögen 108
Vermögensänderung
Dauerhaftigkeit 458
permanente 458
temporäre 458
Vermögensgewinn
dauerhafter 460
temporärer 460
Vermögenspreise
Schwankungen 459
Verteilungsseite 50, 740
Vertrag von Maastricht 657
Verwendungsseite 50, 742
VGR 50
Volatilität 697
von Konsum und Investition 470
Volkseinkommen 52, 741
Volkswirtschaftliche Gesamtrechnungen 48
Volkswirtschaftslehre 15
Vorleistung 49

W

Wachstum
Arbeitsproduktivität 270
nach dem Zweiten Weltkrieg 334
Wachstumsrate
der totalen Faktorproduktivität 382
Wachstumsrate des Produktionspotenzials 270
Wachstumstheorie 317
Grundlagen 307
neue 729
Wachstum von M3 Zielbandbreite und Realisierung 692
Wahl
zwischen in- und ausländischen Kapitalanlagen 517
Wahlrecht
proportionales 634
Währungsraum
optimaler 605
Waren 501
und Dienstleistungen 84
Warenhandel 501
Wechselkurs 519
bilateraler 510
fester 580, 588, 592
fixieren 608
flexibler 592
Wechselkurskrisen 665
bei festen Wechselkursen 597
Weltwirtschaftskrise 720
Wert der Importe 531
Wertpapierfonds 109
Wettbewerb
Beschränkung 223
vollkommener 220
Wirtschaftspolitik in einer offenen Volkswirtschaft 574

Y

Young, Alwyn 729

Z

Zahlungsbilanz 513
Zeitinkonsistenz 369, 628, 632
Zermürbungskrieg 635
Ziele für das Geldmengenwachstum und Bandbreiten 688
Zinsen
kurzfristige 422
langfristige 422
Zinseszinseffekt 313
Zinsparität
Bedingung 520
gedeckte 519
ungedeckte 519
Zinsregel 692
Zinssätze 519, 588
Zinssteuerung 117, 688
Zinsstrukturkurve 422, 429
Zinstender 704
Zinszahlungen auf die Staatsverschuldung 650
Zollkrieg 559
Zukunftserwartung 490
Zusammenhang
zwischen Leistungsbilanz, Staatsbudget und privat 552
Zusammensetzung des Bruttoinlandsproduktes 84
Zusammenspiel zwischen Besteuerung und Inflation 696
Zuteilungsquote 704
Zwei-Säulen-Konzept 703